Microsoft Exchange Server 2016 – Das Handbuch

Thomas Joos

Microsoft Exchange Server 2016 – Das Handbuch

Thomas Joos

Lektorat: Thomas Braun-Wiesholler, Boris Karnikowski
Fachlektorat: Georg Weiherer, Münzenberg
Copy-Editing: Friederike Daenecke, Zülpich
Satz: mediaService, www.mediaservice.tv
Herstellung: Susanne Bröckelmann
Umschlaggestaltung: Michael Oreal, Köln, unter Verwendung eines Bildes von Maxiphoto/
iStockphoto.
Druck und Bindung: Druckerei C.H. Beck, Nördlingen

Bibliografische Information der Deutschen Nationalbibliothek
Die Deutsche Nationalbibliothek verzeichnet diese Publikation in der
Deutschen Nationalbibliografie; detaillierte bibliografische Daten
sind im Internet über http://dnb.d-nb.de abrufbar.

ISBN:
Print   978-3-96009-013-7
PDF   978-3-96010-030-0
ePub   978-3-96010-031-7
mobi   978-3-96010-032-4

1. Auflage 2016

Dieses Buch erscheint in Kooperation mit O'Reilly Media, Inc. unter dem Imprint »O'REILLY«.
O'REILLY ist ein Markenzeichen und eine eingetragene Marke von O'Reilly Media, Inc. und
wird mit Einwilligung des Eigentümers verwendet.

Copyright © 2016 dpunkt.verlag GmbH
Wieblinger Weg 17
69123 Heidelberg

5 4 3 2 1 0

Inhalt

Vorwort 17

Teil A   Einstieg und Installation 19

1   Neuerungen und Grundlagen 21
Neuerungen im Überblick 22
  Änderungen der Serverrollen im Überblick 23
  Edge-Transport, Koexistenz und bessere Datenbankverfügbarkeitsgruppen 25
  Systemvoraussetzungen im Überblick 26
  Öffentliche Ordner und Exchange Admin Center 27
  Clientanbindung und Hochverfügbarkeit 27
  Outlook im Web – Die neue Outlook Web App 28
  Das bleibt in Exchange 2016 unverändert 29
Outlook 2016 mit Exchange 2016 29
Clutter und Outlook 2016 – Besserer Überblick im Postfach 30
ReFS und Database Divergence Detection 31
Grundlagen zur Installation von Exchange 2016 32
Was gibt es nicht mehr in Exchange 2016? 33
Editionen von Exchange Server 2016 33
Exchange 2016 lizenzieren 34
Zusammenfassung 35

2   Installation und Grundeinrichtung 37
Active Directory für Exchange 2016 vorbereiten 38
  Funktionsebenen von Gesamtstrukturen und Domänen verstehen 38
  Active Directory per Schemamaster erweitern 39
  Voraussetzungen an Domänencontroller und IPv6 41
Softwarevoraussetzungen für Exchange 2016 41
  Betriebssystem für Exchange vorbereiten 41
  Tools und Voraussetzungen installieren 42
Vorbereiten von Active Directory und Domänen 44
Installation von Exchange 2016 durchführen 47
  Installation in der grafischen Benutzeroberfläche 47
  Automatische Installation oder Deinstallation über die Eingabeaufforderung 50
  Installation von Exchange 2016 delegieren 53
  Rollup Packages und kumulative Updates installieren 54
  Exchange-Sprachpakete installieren 54
  Exchange-Verwaltungstools installieren 55
  Exchange 2016 deinstallieren 55
Erste Schritte nach der Installation 56
  Installation in der Exchange Management Shell überprüfen und Fehler beheben 56
  Microsoft Exchange Analyzer nutzen 58

Product Key eingeben 59
Exchange-Zertifikate konfigurieren 60
E-Mail-Versand und -Empfang konfigurieren 65
Diagnose für den E-Mail-Verkehr erstellen 65
Virtuelle Verzeichnisse konfigurieren 66
Fehlerbehebung während der Installation 67
Exchange-Server mit ADSI-Edit aus Active Directory entfernen 69
Neuinstallation durch Setupfehler oder falsche Uhrzeit 70
Exchange-Reparatur-Installation durchführen 70
System-Benutzerpostfächer verschieben und neu erstellen 71
Exchange und Domänencontroller – Probleme bei der Zusammenarbeit beheben 72
Virtualisierung von Exchange 2016 73
Allgemeine Hinweise zu virtuellen Exchange-Servern 74
Integrationsdienste und Zeitsynchronisierung beachten 75
Automatisches Starten und Herunterfahren 75
Snapshots und Datensicherungen für virtuelle Server 75
Daten von virtuellen Servern aus Hyper-V auslesen 76
Zusammenfassung 78

3   Erste Schritte **79**
Erste Schritte mit Exchange 2016 80
Das Exchange Admin Center verstehen 80
Verwalten der Exchange-Organisation 82
Verwalten der Exchange-Server 83
Verwalten der Empfänger 84
Einführung in die Exchange Management Shell 86
Office 365, Exchange und Microsoft Azure-Dienste mit der PowerShell
gemeinsam verwalten 88
Notwendige Erweiterungen für die PowerShell in Office 365 und Microsoft Azure 88
Mit der PowerShell an Office 365 anmelden 88
Überblick über das Office 365-Abonnement in der PowerShell 89
Office 365-Benutzer in der PowerShell verwalten 90
Die Office-365-PowerShell mit der Exchange Management Shell verbinden 90
Clientzugriff testen 90
User Principal Name (UPN) und E-Mail-Domänen anpassen 91
Dienstpunkte und virtuelle Verzeichnisse verstehen und überprüfen 92
Nachrichtenfluss konfigurieren 93
Sendeconnector erstellen 93
Konfigurieren der E-Mail-Domänen 96
E-Mail-Adressenrichtlinien verwalten 98
E-Mail-Größen definieren 100
Allgemeine Informationen zu Serverrollen und -Diensten 101
Systemdienste von Exchange 2016 102
Ordnerstruktur von Exchange 2016 105
Den Pickup-Ordner für selbst erstellte E-Mails verwenden 107
Die Funktion des Replay-Ordners 108
Active Directory-Replikation überprüfen 108
Zusammenfassung 110

Teil B   Einrichtung und Verwaltung 111

4   Nachrichtenfluss und Connectors 113

Informationen zum E-Mail-Routing in Exchange 2016 114
    Routing über verschiedene Server und Exchange-Versionen 116
    Zustellungsgruppen, Routingziele und Transportdienste verstehen 122
Sendeconnectors erstellen und verwalten 125
    Neue Sendeconnectors erstellen 126
    Sendeconnectors in der Exchange Management Shell erstellen 130
    Sendeconnectors verwalten 130
    Eigenschaften eines Sendeconnectors per Exchange Management Shell konfigurieren . 131
Empfangsconnectors erstellen und verwalten 132
    Neue Empfangsconnectors erstellen 132
    Sicherheit von Empfangsconnectors verwalten 134
    Relaying für Applikationsserver erlauben 136
Direkte Verbindung von Transportservern mit dem Internet 137
E-Mail-Fluss testen 138
Zustellungs-Agents und Transport-Agents 138
    Zustellungs-Agents und -Connectors 138
    Transport-Agents für ältere Versionen 139
    Transport-Agents verwalten 140
Allgemeine Einstellungen für Exchange-Transportserver 141
    Transportserver konfigurieren 141
    Nachrichtengröße beschränken 145
Akzeptierte Domänen und Remotedomänen 148
    Remotedomänen verstehen 149
    Remotedomänen konfigurieren 150
Warteschlangen (Queues) 151
    Erster Einblick in die Warteschlangenanzeige 151
    Warteschlangentypen in Exchange 2016 152
    Warteschlangen verwalten 153
    Warteschlangendatenbank verwalten 156
Nachrichtenverfolgung (Message Tracking) 157
    Nachrichtenverfolgung konfigurieren 157
    Nachrichtenverfolgung verwenden 160
SMTP für Fortgeschrittene 160
Transportregeln für den Nachrichtenfluss erstellen 165
    Transportregeln verstehen 165
    Erste Schritte mit Transportregeln 166
    Transportregel in der Exchange Management Shell erstellen 169
Zusammenfassung 170

5   Exchange-Datenbanken verstehen 171

Einführung in die Datenbankstruktur 172
Postfachdatenbanken erstellen und verwalten 173
    ReFS verwenden 173
    Neuen Postfachspeicher anlegen 175
    Datenbanken verschieben 176
    Postfachdatenbanken verwalten 176

Dateien aus Exchange-Datenbanken in .pst-Dateien exportieren 183
   Postfächer in Exchange 2007 exportieren 183
   Berechtigung für den Export in Exchange 2016 erteilen 183
   .pst-Dateien in ein Postfach importieren 185
   Postfächer in .pst-Dateien exportieren 186
   Exchange Mailbox Merge Wizard (ExMerge) 187
   Microsoft Exchange PST Capture 189
Transaktionsprotokolle verwalten 192
   Grundlagen zu Transaktionsprotokollen 192
   Die Prüfpunktdatei (.chk) verstehen 193
   Umlaufprotokollierung verstehen 193
   Probleme mit schnell anwachsenden Transaktionsprotokollen beheben 194
Exchange-Datenbankfehler beheben 195
   Prüfung bei Serverausfall 195
   Datenbanken auf Konsistenz überprüfen 196
   Datenbanken mit der Exchange Management Shell reparieren 197
   Offlinedefragmentierung einer Exchange-Datenbank 198
   Datenbanken und Verbindungen in der Exchange Management Shell testen 200
Zusammenfassung 201

6 Clientanbindung an Exchange 203
Übersicht über die Clientanbindung 204
   Exchange-Clientzugriff in der Management Shell testen 205
   Funktionen in Outlook zusammen mit Exchange 205
   Microsoft-Verbindungsuntersuchung 207
Autodiscover und AutoConnect mit Outlook 207
   Allgemeine Informationen zur automatischen Anbindung an Exchange 207
   Autodiscover in der Exchange Management Shell testen 211
   Erstellen eines DNS-Eintrags für Autodiscover 212
   Autodiscover mit Office 365 und Exchange 212
   Autodiscover in Hybrid-Umgebungen 213
   Autodiscover mit Exchange und Lync/Skype 213
Startoptionen zur Fehlerbehebung von Outlook 2016 214
Outlook Web App (OWA) konfigurieren 215
   OWA-Zugriff für Benutzerkonten aktivieren und deaktivieren 216
   Outlook Web App bedienen 216
   Den Offlinemodus in Outlook Web App nutzen 219
   Virtuelle Ordner von Outlook Web App verwalten 220
   Outlook Web App-Richtlinien kennenlernen und nutzen 220
   GZIP-Komprimierung konfigurieren 222
   Outlook Web App-Dienste überprüfen und Fehler beheben 223
Mailtipps in Exchange 2016 konfigurieren 224
E-Mails mit Exchange 2016 und Outlook verschlüsseln 225
   Voraussetzungen für die E-Mail-Verschlüsselung 225
   Zertifikate installieren und in Outlook einbinden 225
   E-Mails mit Outlook verschlüsseln 229
   S/MIME in Outlook Web App 229
   E-Mails mit Office 365 verschlüsseln 230
Smartphones und Tablet-PCs mit Exchange ActiveSync (EAS) anbinden 231
   Direct Push-Grundlagen 231
   Benutzerverwaltung für Exchange ActiveSync 232

Exchange ActiveSync-Postfachrichtlinien **232**
ActiveSync-Gerätezugriffsregeln **234**
Zertifikatbasierte Authentifizierung mit ActiveSync und OWA **238**
Funktionsweise der zertifikatbasierten Authentifizierung **238**
Voraussetzungen für den Einsatz der zertifikatbasierten Authentifizierung **239**
UPN und E-Mail-Domänen anpassen **240**
Server für zertifikatbasierte Authentifizierung konfigurieren **241**
Clients für die Zertifikatauthentifizierung konfigurieren **242**
OWA mit Zertifikatauthentifizierung nutzen **244**
POP3 oder IMAP4 für den mobilen Verbindungsaufbau verwenden **245**
POP3 versus IMAP4 . . . . **245**
POP3 und IMAP4 aktivieren **246**
POP3 und IMAP4 konfigurieren **247**
Zusammenfassung **248**

7 Empfänger, Gruppen und Kontakte verwalten **249**
Einführung in die Benutzerverwaltung **250**
Postfächer erstellen **251**
Freigaben – Shared Mailboxes **255**
Raum- und Gerätepostfächer erstellen und verwalten **255**
Ressourcenpostfach erstellen **256**
Rechte für Raumpostfächer verwalten **258**
Raumlisten erstellen und verwalten **258**
Postfächer konvertieren **258**
Moderierter Transport – Nachrichtengenehmigung **259**
Postfächer verwalten **259**
Benutzerdaten, E-Mail-Adressen und Postfachnutzung **260**
Erweiterte Postfachfunktionen steuern – Smartphones & Co. anbinden **261**
Berechtigungen zur Verwaltung an Anwender zuweisen **264**
Calendar Repair Assistant – Kalender und Besprechungen konsistent halten **264**
Postfächer löschen und deaktivieren **266**
Postfächer erneut verbinden **266**
Postfachberechtigungen – Anwendern Zugriff auf andere Postfächer erteilen **267**
Anmeldung von Postfächern überwachen **273**
Mit LUMAX Berichte von Active Directory-Objekten erstellen **274**
Postfächer verschieben **274**
Postfächer innerhalb der Exchange-Organisation verschieben **275**
Postfächer zwischen Organisationen verschieben **278**
Besprechungsanfragen erstellen und verwalten **279**
Neue Besprechungsanfrage erstellen **280**
Besprechungen bearbeiten oder absagen **282**
Besprechungsanfragen beantworten und Kalender verwalten **283**
Kontakte und E-Mail-aktivierte Benutzer anlegen und verwalten **284**
Verteilergruppen erstellen und verwalten **285**
Eine neue Verteilergruppe anlegen **286**
Eine Benennungsrichtlinie für Verteilergruppen erstellen **287**
Verteilergruppen verwalten – Moderation und Mitgliedschaftsgenehmigung **288**
Nachrichtenmoderation für Verteilergruppen **289**
Gruppenmitgliedschaften mit der Mitgliedschaftsgenehmigung verwalten **290**
Dynamische (abfragebasierte) Verteilergruppen **291**
Verteilergruppen-Verwaltung delegieren **292**

Adresslisten und Adressbuchrichtlinien verwalten 293
    Neue Adresslisten erstellen und verwalten 293
    Adressbuchrichtlinien anlegen 295
    Offlineadresslisten verwenden 296
Zusammenfassung 298

8 Teamwork mit Exchange 299
Öffentliche Ordner einsetzen 300
    Grundlagen und wichtige Fragen zu öffentlichen Ordnern in Exchange 2016 300
    Möglichkeiten der öffentlichen Ordner 301
    Öffentliche Ordner mit OWA und Outlook 2016 303
    Öffentlichen Ordner aktivieren 304
    Öffentlichen Ordner erstellen und verwalten 307
    Öffentliche Ordner in Outlook anlegen 311
    Öffentliche Ordner verwalten 312
Freigegebene Postfächer 319
    Freigegebene Postfächer verstehen 320
    Ein freigegebenes Postfach erstellen 320
    Ein Benutzerpostfach in ein freigegebenes Postfach konvertieren 321
Websitepostfächer – Exchange und SharePoint gemeinsam betreiben 321
    Grundlagen zu Websitepostfächern 321
    Websitepostfächer in der Praxis 323
    Das Websitepostfach in der Praxis nutzen 325
    Websitepostfächer unter Office 365 nutzen 325
Zusammenfassung 326

Teil C   Compliance 327

9 Richtlinien und Archivierung 329
Grundlagen zur Archivierung 330
Das Archivpostfach aktivieren und anpassen 332
    Das Archivpostfach aktivieren 332
    Das Archivpostfach verwenden 333
    Die Archivierung deaktivieren, Aufbewahrungszeiten und erneutes Verbinden 333
    Archivrichtlinien ändern 334
    Kontingente für das Archiv konfigurieren 336
    E-Mail-Archivierung mit Exchange 2016-Bordmitteln in der Praxis 336
Die Messaging-Datensatzverwaltung 340
    Aufbewahrungsrichtlinien verstehen und einsetzen 341
    Aufbewahrungstags (Retention Tags) erstellen 342
    Aufbewahrungsrichtlinien (Retention Policies) erstellen 345
    Den Assistenten für verwaltete Ordner konfigurieren 349
    Gesetzliche Aufbewahrungspflicht (Legal Hold) 349
Das Compliance-Archiv 350
    Grundlagen zur Archivierung 350
    Das Compliance-Archiv verstehen 351
    Ein Compliance-Archiv erstellen 352
    Ein Compliance-Archiv entfernen 354

Compliance-eDiscovery 354
Die neue Compliance-Suche nutzen 359
Journale nutzen 359
Journale verwalten 360
Journale für Postfachdatenbanken aktivieren oder deaktivieren 362
Zusammenfassung 362

10 Data Loss Prevention (DLP) und mehr 363
DLP in Exchange 2016 nutzen 364
Eine DLP-Richtlinie aus einer Vorlage erstellen 364
DLP-Richtlinien verwalten 367
Richtlinientipps verwalten 368
Dokumentenfingerabdrücke erstellen 371
Informationsrechte verwalten 371
Grundlagen und erste Schritte zu IRM 371
Transportschutzregeln einsetzen 372
Outlook-Schutzregeln mit Outlook verwenden 374
Die Transport- und Journalentschlüsselung nutzen 375
Die Verwaltung von Informationsrechten aktivieren oder deaktivieren 376
Informationsrechte in Outlook Web App verwalten 377
Informationsrechte in Exchange ActiveSync verwalten 378
IRM für interne E-Mails aktivieren oder deaktivieren 378
Die Protokollierung der Verwaltung von Informationsrechten
aktivieren oder deaktivieren 379
Postfachüberwachungsprotokollierung 379
Die Postfachüberwachungsprotokollierung aktivieren 380
Eine Postfachüberwachungsprotokollsuche erstellen 382
Administratorüberwachungsprotokollierung 382
Das Überwachungsprotokoll verstehen 382
Die Administratorüberwachungsprotokollierung verwalten 385
Änderungen in der Ereignisanzeige anzeigen 386
Die gesetzten Berechtigungen anzeigen 387
Zusammenfassung 387

Teil D   Sicherheit und Hochverfügbarkeit 389

11 Edge-Transport-Server 391
Edge-Transport mit Exchange 2016 391
Edge-Transport-Server in Exchange 2016 installieren 392
Installation überprüfen und lizenzieren 394
Edge-Transport-Server mit der Organisation verbinden 394
Edge-Abonnement verstehen 396
Den Address Rewriting Agent verwalten 397
Address Rewriting Agents aktivieren und deaktivieren 398
Address Rewriting Agents konfigurieren 398
Zusammenfassung 401

12 Viren- und Spamschutz 403

Den integrierten Virenschutz verwalten 404
   Den Virenschutz testen 405
   Den Virenschutz aktualisieren 405
   Den Virenschutz deaktivieren oder umgehen 406
   Exchange Online Protection und Exchange 2016 407
   Die Standardrichtlinie für Antischadsoftware konfigurieren 407
Wichtige Einstellungen für Virenscanner auf Dateisystemebene 409
Spamschutz und E-Mail-Sicherheit mit Exchange 413
   Die Spamschutzfunktionen installieren 414
   Spam Confidence Level (SCL) im Überblick 416
Spamfilter in Exchange konfigurieren 417
   Spamserver aussperren: Verbindungsfilter konfigurieren 417
   Spamabsender gezielt blockieren: Absenderfilterung konfigurieren 420
   Schüsse ins Blaue verhindern: Empfängerfilterung konfigurieren 422
   Absender vor der Zustellung überprüfen: Die Sender-ID verwenden 424
   Spam-E-Mails anhand ihres Inhalt entlarven: Inhaltsfilterung verwenden 425
   Antispameinstellungen für Postfächer konfigurieren 429
   Spamsender entdecken: Absenderzuverlässigkeitsfilterung verwenden 430
   Anlagenfilter konfigurieren 431
Transportregeln für Spam-E-Mails erstellen 432
Sicherheit und Virenschutz mit Outlook 2016 432
   Bilder automatisch herunterladen 433
   Anlagenbehandlung: Dateianlagen absichern 433
   Einstellungen für Makros und Add-Ins konfigurieren 434
   Office 2016 mit Richtlinien steuern 435
   Junk-E-Mail-Filter in Outlook: Schutz vor Phishing und Spam 436
Zusammenfassung 438

13 Berechtigungen verstehen und einrichten 439

Verwaltungsrollengruppen und Verwaltungsrollen verstehen 440
   Geteilte und gemeinsame Active Directory-Verwaltung verstehen und aktivieren 441
   Grundlagen zu Verwaltungsrollengruppen 443
   Die Pflege von Verwaltungsrollengruppen delegieren 446
Verwaltungsrollen im Detail 448
   Verwaltungsrolleneinträge bearbeiten 449
   Verwaltungsrollenbereiche verwalten 450
   Verwaltungsrollenbereiche erstellen und verwalten 451
Verknüpfte Rollengruppen verwalten 456
   Vertrauensstellungen zwischen Active Directory-Gesamtstrukturen erstellen 457
   Erstellen einer verknüpften Rollengruppe 461
Rechte mit dem RBAC Manager steuern 463
Die Verwaltung von Rollengruppen überwachen 465
Endbenutzerrollen: Zuweisungsrichtlinien für Verwaltungsrollen 466
   Rollenzuweisungsrichtlinien hinzufügen, entfernen und verwalten 469
   Verwaltungsrollen einer Zuweisungsrichtlinie hinzufügen, entfernen und anzeigen 470
Die gesetzten Berechtigungen anzeigen lassen 471
Zusammenfassung 472

14 Datensicherung und Wiederherstellung 473

Grundlagen der Exchange-Sicherung 473
Exchange-Datenbanken online sichern 475
   Grundlagen der Onlinesicherung 476
   Exchange-Datensicherung mit der Windows Server-Sicherung 477
   Exchange-Daten mit dem Sicherungsprogramm wiederherstellen 478
Exchange-Datenbanken offline sichern 479
   Offlinesicherung wiederherstellen 481
   Probleme beim Offlinebackup 482
Erweiterte Wiederherstellungsmöglichkeiten 482
   Wiederherstellungsdatenbanken nutzen 483
   Die Exchange-Komponenten auf einem Server wiederherstellen 486
   Die Datenbankportabilität verwenden 488
   Dial-Tone-Wiederherstellung 489
   Aufbewahrungzeit für gelöschte Elemente konfigurieren 490
   Single Item-Recovery für Exchange durchführen 491
   Getrennte Postfächer erneut verbinden 491
Outlook reparieren und wiederherstellen 499
   Gelöschte E-Mails mit Outlook wiederherstellen 499
   Daten aus .ost-Dateien wiederherstellen 501
   Profileinstellungen und E-Mail-Konten sichern 501
   Outlook reparieren und Probleme lösen 502
   Outlook startet nicht, weil ein Prozess noch aktiv ist 503
   Add-Ins untersuchen und deaktivieren 504
   Datendateien wiederherstellen 504
Einen kompletten Server mit dem Sicherungsprogramm wiederherstellen 505
Das Betriebssystem reparieren 506
   Problemaufzeichnung – Fehler in Windows nachvollziehen und beheben 506
   Bootprobleme beheben 506
   Windows-Abstürze analysieren und beheben 508
Zusammenfassung 510

15 Hochverfügbarkeit mit Exchange 2016 511

Datenbankverfügbarkeitsgruppen verstehen 512
   Einstieg in DAG 513
   Mehr zu DAG, Clusterdienst und zum Active Manager 514
   Grundlagen zur Erstellung und Verwendung einer DAG 514
Eine Datenbankverfügbarkeitsgruppe erstellen und löschen 515
   Datenbankverfügbarkeitsgruppe erstellen 516
   Datenbankverfügbarkeitsgruppe konfigurieren 517
   Mitglieder zu einer DAG hinzufügen, entfernen und reparieren 520
   AutoReseed für eine DAG konfigurieren 521
   Mitgliedsserver einer Datenbankverfügbarkeitsgruppe wiederherstellen 523
   Service Packs und Updates auf Mitgliedern einer DAG installieren 524
   DAG-Netzwerke erstellen und verwalten 524
Postfachdatenbankkopien für DAG einrichten 527
   Grundlagen zu Postfachdatenbankkopien 527
   Eine Postfachdatenbankkopie erstellen 528
   Verzögertes Schreiben von Transaktionsprotokollen aktivieren 530
   Postfachdatenbankkopien verwalten 531
   Serverswitchover und Rechenzentrumswitchover 535
Zusammenfassung 538

16   Exchange mit Office 365 539

Voraussetzungen bei Hybridbereitstellungen 540
DNS-Einstellungen und Zertifikate konfigurieren 542
Den Office 365 Hybrid Configuration Wizard verwenden 542
Office 365 über die lokale PowerShell verwalten und testen 544
Eigene Domänen in Office 365 anbinden und verwalten 545
  Domänen in Office 365 hinzufügen 546
  Domänen endgültig an Office 365 anbinden 547
Migration zu Office 365 549
Office 365 gemeinsam mit Exchange betreiben 550
  Tools für Office 365 in Verbindung mit Exchange 550
  OneDrive for Business in Exchange 2016 einbinden 552
  Probleme mit Office 365 schnell und einfach beheben 553
  Mehrere Gesamtstrukturen mit Office 365 nutzen 553
  Intrusion Detection-Einstellungen bei der Migration zu Office 365 beachten 554
  Mail Protection Reports for Office 365 554
  Mit Office 365 E-Mails verschlüsseln 555
  Multi-Faktor-Authentifizierung in Office 365 556
  Client Access Policy Builder: Richtlinien für Office 365 erstellen und umsetzen 556
  Office 365 Mobile Device Management 558
Zusammenfassung 565

Teil E   Migration, Sprachkommunikation und Überwachung 567

17   Migration und Planung 569

Die Exchange 2016-Infrastruktur planen 570
  Änderungen der Serverrollen im Überblick 571
  Vorgehensweise bei der Planung von Exchange 2016 571
  Prozessoren und Arbeitsspeicher planen 572
  Festplattenspeicher planen 572
  Gelöschte Objekte und das Datenbankwachstum berücksichtigen 573
  Transaktionsprotokolle bei der Planung berücksichtigen 573
  WAN-Leitungen planen 574
Active Directory-Analyse durchführen 574
  Active Directory-Domänencontroller überprüfen und Fehler beheben 575
  Namensauflösung testen und Netzwerkverbindungen überprüfen 577
Zu Exchange 2016 migrieren 579
  Migration vorbereiten: Schemas erweitern 579
  Exchange 2016-Installation durchführen 580
  MAPI-HTTP aktivieren 580
  Installation überprüfen und Migration vorbereiten 582
  Transportregeln und mehr migrieren 585
  Connectors konfigurieren 585
  Postfächer migrieren 586
  Öffentliche Ordner migrieren 587
  Checkliste für das Entfernen von Exchange-Servern 590
Allgemeine Hinweise zur Migration nach Exchange 2016 591

Erweiterte Migrationsaufgaben 592
    Das Offlineadressbuch migrieren 592
    Den Nachrichtenfluss von Exchange 2007/2010/2013 auf Exchange 2016 umstellen .. 594
Zusammenfassung 594

18 Unified Messaging **595**
Grundlagen zu Unified Messaging in Exchange 2016 597
    UM aus Sicht der Benutzer 597
    UM aus Sicht des Administrators 598
    Unified Messaging-Wählpläne 599
Voicemail und Unified Messaging bereitstellen 599
    Die erforderlichen UM-Sprachpakete hinzufügen 600
    UM-Wählpläne erstellen 601
    UM-IP-Gateways erstellen 604
    Optionale UM-Sammelanschlüsse erstellen und konfigurieren 606
    UM-Postfachrichtlinien einsetzen 607
    Automatische UM-Telefonzentrale erstellen und nutzen 608
Unified Messaging verwalten 610
    Benutzer für Voicemail aktivieren 610
    Aktive Anrufe mit der Leistungsüberwachung anzeigen 612
Zusammenfassung 612

19 Exchange 2016 und Skype for Business Server 2015 .... **613**
Skype for Business Server 2015 614
    Verbesserungen an der Oberfläche und Flexibilität bei der Bereitstellung 614
    Neuerungen in Skype for Business Server 2015 615
    Skype und Festnetztelefone: Anruf über Arbeit 616
    Server für Skype for Business Server 2015 vorbereiten 616
    Active Directory für Skype vorbereiten 617
    Skype-Topologie erstellen 618
    DNS-Einstellungen überprüfen und Einträge festlegen 620
    Topologie bereitstellen und Installation abschließen 621
    Skype for Business Server aktualisieren 623
Exchange und Skype verbinden 624
    Vorteile beim Einsatz von Exchange 2016 und Skype 2016 624
    Voraussetzungen für die Integration von Skype for Business Server 2015 und
    Microsoft Exchange 2016 624
    Exchange Server 2016 mit Skype for Business Server 2015 verbinden 625
    Zertifikate für die Zusammenarbeit zwischen Exchange und Skype einrichten 626
    DNS für Exchange- und Skype-Verbindung vorbereiten 627
    Exchange mit Skype in der Exchange Management Shell verbinden 628
    Skype for Business Server in Outlook Web App integrieren 629
    Wählpläne zwischen Exchange und Skype synchronisieren 630
    Das Exchange UM-Integrationsprogramm 632
Zusammenfassung 632

20 Exchange 2016 im Verbund 633

Funktionsweise eines Exchange-Verbunds 634
    Organisationsbeziehungen verstehen 635
    Freigaberichtlinien verstehen 635
    Zertifikate für Vertrauensstellungen zwischen Exchange-Organisationen ... 635
Verbundvertrauensstellungen erstellen und verwalten 636
    Verbundvertrauensstellungen erstellen 637
    Verbundvertrauensstellungen verwalten 637
    Verbundfreigaben zwischen Exchange-Organisationen 639
Organisationsbeziehungen anlegen und verwalten 640
    Neue Organisationsbeziehungen anlegen 640
    Organisationsbeziehungen verwalten 640
Freigaberichtlinien erstellen und verwalten 641
    Neue Freigaberichtlinien erstellen 641
    Freigaberichtlinien konfigurieren 641
    Veröffentlichung von Kalenderinformationen im Internet aktivieren 642
Zusammenfassung 643

21 Überwachung und Leistungsverbesserung 645

Auf Active Directory über Exchange zugreifen 645
    LDAP-Lesezugriffe mit der Leistungsüberwachung messen 646
    Den LDAP-Zugriff auf Domänencontrollern überwachen 647
Exchange-Server und Postfachzugriffe überwachen 648
Exchange-Administratoren überwachen 649
    Exchange-Administratoren mit Bordmitteln überwachen 649
    Änderungen in der Ereignisanzeige darstellen lassen 650
Exchange mit kostenlosen Zusatztools überwachen 651
    Exchange Reporter: Berichte regelmäßig per E-Mail versenden 651
    Einen öffentlichen Ordner für E-Mail aktivieren 652
    TechNet Gallery: Generate Exchange Environment Reports using Powershell ... 653
    Modern Exchange Environment Report with Health Checks 653
    Exchange Monitor 653
    ManageEngine Exchange Health Monitor 3.0 654
Leistungsprobleme beheben und hohe CPU-Last in den Griff bekommen 655
    Microsoft Sysinternals Process Explorer verwenden 656
    Hohe CPU-Last in den Exchange-Diensten vermeiden 656
    Exchange 2013 CPU Sizing Checker und mehr nutzen 657
    Prozessorauslastung messen und optimieren 657
Aus der PowerShell E-Mails für Systembenachrichtigungen schreiben 658
Zusammenfassung 659

Index 661

Über den Autor 673

Vorwort

Mit Exchange 2016 stellt Microsoft seine neue Exchange-Version zur Verfügung. Ich habe mich auch dieses Mal wieder ausführlich mit der neuen Version beschäftigt und dieses Buch geschrieben.

In diesem Buch wurden alle praktischen Bereiche umfassend behandelt und zusätzlich viele Tricks und Kniffe zur Verwaltung von Exchange 2016 gezeigt. Auch auf die Exchange Management Shell und die zahlreichen Zusatzwerkzeuge gehe ich umfassend ein, genauso wie auf die Zusammenarbeit mit Office 365.

Als Ergänzung zu diesem Buch finden Sie auf meinen Blog *https://thomasjoos.wordpress.com* zahlreiche weitere Artikel und Links zu Videotrainings von mir. Vieles steht Ihnen vollständig kostenlos zur Verfügung. Parallel zu diesem Buch finden Sie bei video2brain verschiedene Videotrainings von mir, die sich ebenfalls umfassend mit Exchange befassen. Ein Blick lohnt sich, die Links sind auf dem Blog zu finden.

Ich habe in diesem Buch alles behandelt, was Sie als Exchange-Administrator wissen sollten. Mir war in der aktuellen Ausgabe dieses Buchs besonders wichtig, noch stärker auf die Umsetzung der Informationen in der täglichen Praxis zu achten.

Ich wünsche Ihnen viel Spass mit Exchange 2016!

Ihr Thomas Joos

Teil A
Einstieg und Installation

Kapitel 1: Neuerungen und Grundlagen 21
Kapitel 2: Installation und Grundeinrichtung 37
Kapitel 3: Erste Schritte 79

Kapitel 1
Neuerungen und Grundlagen

In diesem Kapitel:

Neuerungen im Überblick 22

Outlook 2016 mit Exchange 2016 29

Clutter und Outlook 2016 ? Besserer Überblick im Postfach 30

ReFS und Database Divergence Detection 31

Grundlagen zur Installation von Exchange 2016 32

Was gibt es nicht mehr in Exchange 2016? 33

Editionen von Exchange Server 2016 33

Exchange 2016 lizenzieren 34

Zusammenfassung 35

Mit Exchange Server 2016 stellt Microsoft die neue Version des am weitesten verbreiteten Servers als Plattform für Messaging und Zusammenarbeit im Unternehmen zur Verfügung. Die aktuelle Version bietet einige Neuerungen, zum Beispiel eine direkte Zusammenarbeit mit SharePoint Server 2016 und Windows Server 2012 R2. Die Zusammenarbeit mit Windows Server 2016 integriert Microsoft durch ein kumulatives Update oder ein Service Pack.

Zwar kann die neue Version ihre Datenbanken noch nicht als SQL Server-Datenbanken ablegen, sondern verwendet weiterhin die Extensible Storage Engine (ESE). Allerdings hat Microsoft die Datenbank weiter verbessert und beschleunigt. Die zweite wichtige Frage, die sich Administratoren bei jeder Version stellen, nämlich »Gibt es noch öffentliche Ordner?«, kann man ebenfalls mit »Ja« beantworten. Aber auch hier hat Microsoft Verbesserungen eingebaut. Wir kommen in diesem und in weiteren Kapiteln noch auf dieses Thema zu sprechen.

Die Connectors, die E-Mail-Adressenrichtlinien und die generelle Struktur haben sich im Vergleich zu Exchange Server 2010/2013 nicht wesentlich verändert. Vieles ist neu in Exchange Server 2016, aber zahlreiche Einstellungen und die generelle Grundstruktur sind gleich geblieben. Administratoren kommen also schnell mit dem Server klar.

Hinweis

Im weiteren Verlauf dieses Buchs werden wir die Schreibweise *Exchange Server 2016* zu *Exchange 2016* kürzen.

Neuerungen im Überblick

Exchange 2016 verfügt über zahlreiche Neuerungen, darunter eine engere Anbindung an Office 365, eine bessere Hochverfügbarkeit und einige Optimierungen unter der Haube.

Microsoft will Exchange-Umgebungen in Zukunft etwas einfacher gestalten und auch die Hochverfügbarkeit weiter verbessern, vereinfachen und vor allem in den produktiven Betrieb integrieren. Datenbankkopien sollen zum Beispiel nicht nur als Backup für den Ausfall genutzt werden, sondern auch als aktiver Teil der Umgebung. In Exchange 2016 lässt sich zum Beispiel der Suchindex von Postfachdatenbanken aus passiven Kopien erstellen, und aktive Kopien können Fehler und Inkonsistenzen auf Basis von passiven Datenbankkopien erkennen und beheben.

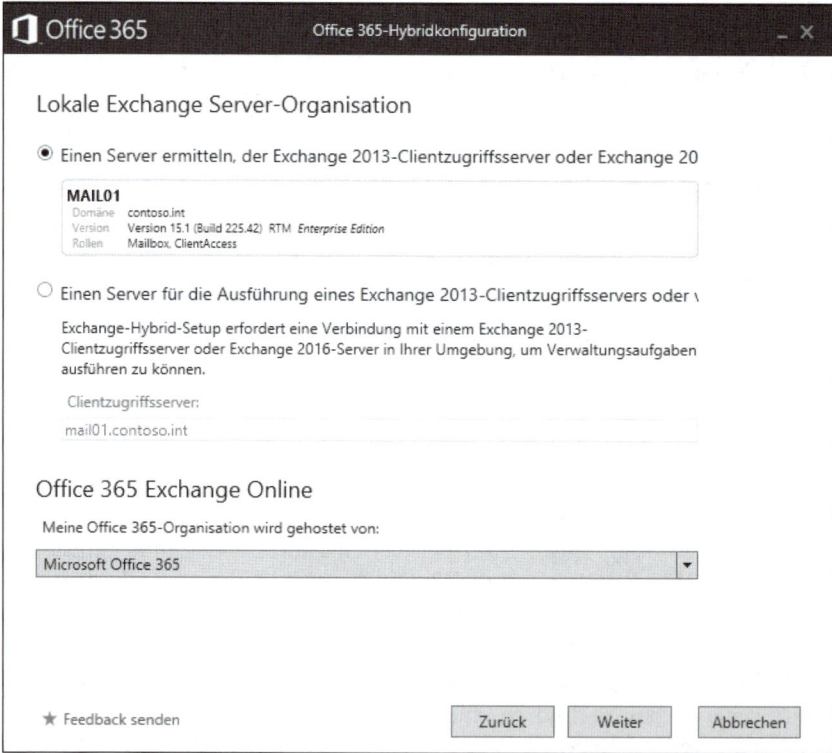

Abbildung 1.1: Exchange Server 2016 lässt sich effizienter und einfacher an Windows Server 2012 R2 anbinden.

Offiziell lässt sich Exchange 2016 auf Servern mit Windows Server 2012/2012 R2 installieren. Windows Server 2016 wird aktuell noch nicht unterstützt. Die Domänencontroller in Active Directory müssen mindestens auf Windows Server 2008/2008 R2 basieren, und der Betriebsmodus der Domäne und Gesamtstruktur muss auf *Windows Server 2008 R2* gesetzt sein.

Exchange 2016 verwendet kein herkömmliches MAPI-Protokoll mehr, sondern bindet auch interne Clients per MAPI (Messaging Application Programming Interface) über HTTPS an die Postfächer an. Dieses Protokoll wurde mit Exchange 2013 SP1 eingeführt, und Administratoren können es optional aktivieren. In Exchange 2016 ist diese Funktion bereits automatisch aktiviert. Vorgängerversionen bis hin zu Exchange 2013 nutzen noch den Remoteprozeduraufruf (Remote Procedure Call, RPC) über HTTPS. Dieser lässt sich aber auch weiterhin nutzen. Das neue Protokoll verwenden vor allem Outlook 2013 SP1 und Outlook 2016, aber auch Outlook 2010 mit neuem Service Pack.

Änderungen der Serverrollen im Überblick

In Exchange Server 2016 gibt es keine dedizierte Serverrolle für den Clientzugriff mehr. Der Clientzugriffsserver (Client Access Server, CAS) wird abgeschafft, seine Funktion übernehmen zukünftig die Postfachserver. Alle Funktionen, die Clientzugriffsserver beherrschen, werden also von den Postfachservern übernommen.

Greift ein Anwender zum Beispiel auf einen Postfachserver zu, auf dem sich nicht sein Postfach befindet, überprüft der Server in Active Directory, welcher Server das Postfach bereitstellt, und leitet die Anfrage des Anwenders automatisch weiter. Diese Aufgabe hat bisher der Clientzugriffsserver übernommen. Das heißt, Postfachserver stehen zukünftig auch für den Zugriff per Outlook im Web, Outlook, Exchange Active Sync, IMAP und SMTP zur Verfügung. Die entsprechenden Ports müssen dazu in der Firewall freigeschaltet werden.

Microsoft will dadurch die Anzahl der notwendigen Exchange-Server im Unternehmen reduzieren. Dadurch sparen sich Unternehmen Hardwarekosten, Lizenzen und Verwaltungsaufwand. Nutzen Unternehmen die Unified Messaging-Funktionen in Exchange, übernehmen die Postfachserver auch hier die Aufgaben des Clientzugriffsservers. Das heißt, auch das Session Initiation Protocol (SIP) und das Real-Time Transport Protocol (RTP) sind auf Postfachservern aktiv.

SETUP VON MICROSOFT EXCHANGE SERVER 2016   ?

Serverrollenauswahl

Wählen Sie die Exchange-Serverrollen aus, die Sie auf diesem Computer installieren möchten:

- [ ] Postfachrolle
- [✓] Verwaltungstools
- [ ] Edge-Transport-Rolle

[ ] Für die Installation von Exchange Server erforderliche Windows Server-Rollen und -Funktionen automatisch installieren

Abbildung 1.2: Exchange 2016 verfügt nur noch über die Postfachrolle und die Edge-Transport-Rolle.

Unternehmen, die Exchange 2016 in bestehende Organisationen mit Exchange 2010/2013 installieren, können vorhandene Clientzugriffsserver aber weiterhin einsetzen. Greifen Anwender auf den Clientzugriffsserver zu, kann Exchange 2010/2013 die Anfragen zum Postfachserver mit Exchange 2016 weiterleiten.

Auch Loadbalancer sollen in dieser Konstellation weiterhin funktionieren. Hier sollten Administratoren am besten bereits jetzt testen, wie dies in der Praxis aussieht. Microsoft verspricht, dass in Umgebungen problemlos Clientzugriffsserver mit Exchange 2013 parallel zu Postfachservern mit Exchange 2016 eingesetzt werden können, auch gemischt in Loadbalancer-Umgebungen. Viele Unternehmen nutzen den Lastenausgleich, um Postfachanfragen schnell an Postfachserver weiterzuleiten. Auch wenn es in Exchange Server 2016 keine Clientzugriffsserver mehr gibt, können Unternehmen weiterhin auf Loadbalancer setzen. In Exchange Server 2016 finden dazu folgende Vorgänge statt:

1. Der Client nimmt eine Verbindung zum Loadbalancer auf.
2. Der Loadbalancer weist die Sitzung einem der Postfachserver zu, die im Loadbalancer hinterlegt sind. Dies muss nicht der Postfachserver des Anwenders sein.
3. Der Postfachserver authentifiziert den Anwender und fragt das Active Directory nach dem Postfachserver des Anwenders ab.
4. Der Postfachserver leitet den Anwender zu seinem Postfachserver oder dem lokalen Postfach. Dabei wird das Protokoll verwendet, mit dem der Anwender zugreift, zum Beispiel HTTP, IMAP oder POP3.

Bereits während der Installation von Exchange 2016 fällt auf, dass der Server weitaus weniger Optionen anbietet. Die Serverrollen Hub-Transport und Unified-Messaging hat Microsoft seit Exchange 2013 ebenfalls entfernt. Die Funktion der beiden Rollen übernehmen die Postfachserver und Clientzugriffsserver in Exchange 2013, und ab Exchange 2016 nur noch die Postfachserver. Das Exchange Admin Center und die webbasierte Exchange-Systemsteuerung von Exchange 2010 hat Microsoft zum Exchange Admin Center (EAC) zusammengefasst.

Der Postfachserver umfasst alle Serverkomponenten aus Exchange: Clientzugriffsprotokolle, Transportdienst, Postfachdatenbanken und Unified Messaging. Der Postfachserver verarbeitet alle Vorgänge für die aktiven Postfächer auf dem lokalen Server.

Für den E-Mail-Transport in Exchange 2016 sind die drei Dienste Front-End-Transport-Dienst, Hub-Transport-Dienst und Postfachtransportdienst zuständig. Diese Dienste gehören zu der Postfachserver-Rolle. Hub-Transport-Server gibt es nicht mehr und auch keine Clientzugriffsserver.

Die in Exchange 2010 von der Hub-Transport-Serverrolle bereitgestellten Funktionen werden komplett vom Postfachtransportdienst auf Postfachservern ausgeführt. Die in Exchange 2010 von der Unified-Messaging-Serverrolle bereitgestellten Funktionen werden nun vom Unified-Messaging-Dienst ausgeführt.

Die Transportdienste sind ebenfalls für das Verwenden und Umsetzen der verbesserten Transportregeln zuständig. Diese werden als Richtlinien zur Verhinderung von Datenverlust (Data Loss Prevention, DLP) bezeichnet und sollen verhindern, dass sensible Daten nach außerhalb versendet werden. Microsoft hat dazu die Möglichkeiten der Transportregeln deutlich erweitert. Es ist zum Beispiel möglich, Anwender daran zu hindern, bestimmte Daten aus der eigenen Organisation hinaus zu versenden.

Außerdem sind in Exchange 2016 Funktionen zur Überprüfung auf Schadsoftware bereits nach der Installation integriert. Die Technik schützt Exchange von Anfang an vor Schadsoftware. Die Server scannen alle ein- und ausgehenden E-Mails auf Viren. Unternehmen, die Antivirenprogramme von Drittherstellern einsetzen, können die in Exchange 2016 integrierte Funktion jederzeit deaktivieren.

Exchange 2016 lässt sich in Organisationen installieren. in denen bereits Exchange 2010/2013 verwendet wird.

Edge-Transport, Koexistenz und bessere Datenbankverfügbarkeitsgruppen

Die Edge-Transport-Rolle existiert bereits von Anfang an, nicht erst bei Erscheinen des ersten Service Packs wie bei Exchange Server 2013.

Die Hochverfügbarkeit wird weiter über Datenbankverfügbarkeitsgruppen (Database Availability Groups, DAG) abgewickelt. Allerdings lassen sich diese in der neuen Version einfacher einrichten. Sie müssen zum Beispiel keine IP-Adressen mehr für diese Gruppen reservieren und konfigurieren.

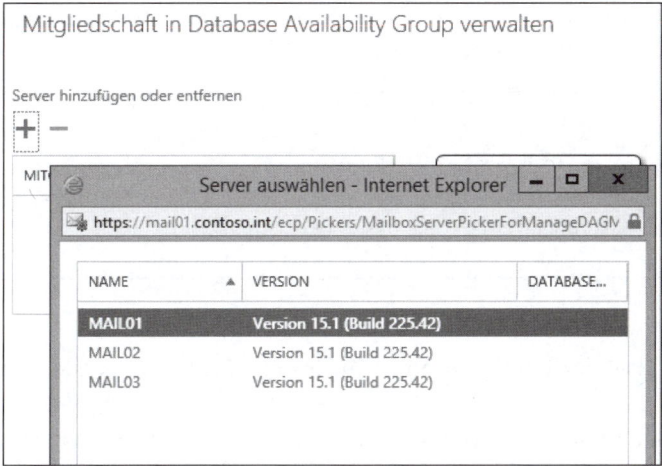

Abbildung 1.3: Datenbankverfügbarkeitsgruppen (Database Availability Groups) wurden in Exchange 2016 ebenfalls verbessert.

Microsoft verspricht außerdem eine bessere Leistung für Hochverfügbarkeitsgruppen und besseren Failover, wenn eine Datenbank ausfällt. Microsoft geht von einer Zeitersparnis von 33 % aus, wenn ein Failover durchgeführt werden muss. Zeugenserver für DAG-Cluster lassen sich in der neuen Version auch in Microsoft Azure positionieren.

Betreiben Sie eine Exchange-Umgebung in einem größeren Netzwerk, werden Sie sich freuen zu hören, dass Microsoft den Datenverkehr im WAN deutlich reduzieren will. Der Suchindex in Exchange 2016 kann auch passive Kopien von Datenbankverfügbarkeitsgruppen nutzen.

Bisher wurde der Inhalt der passiven Kopien einer Datenbankverfügbarkeitsgruppe von aktiven Datenbanken erstellt. Der Suchindex der verschiedenen Datenbanken wurde ebenfalls immer über aktive Datenbankkopien auch dann erstellt, wenn die entsprechenden Server über das WAN angebunden sind. Exchange 2016 nutzt dazu in Zukunft direkt die passive Kopie am jeweiligen Standort für das Erstellen des Index. Dadurch wird der Index beschleunigt zur Verfügung gestellt, erhält schneller neue Informationen und entlastet gleichzeitig die WAN-Leitung.

Systemvoraussetzungen im Überblick

In diesem Abschnitt erfahren Sie, welche Systemvoraussetzungen für den Einsatz von Exchange 2016 erfüllt sein müssen.

Zusammenarbeit mit älteren Serverversionen und Betriebssystemen

Unternehmen, die zu Exchange Server 2016 migrieren, können in der Organisation noch Exchange-Server mit Exchange 2010/2013 betreiben; Exchange 2007 wird nicht mehr unterstützt.

Wollen Sie auf die neue Exchange-Version aktualisieren, müssen daher zunächst alle Exchange-2007-Server aus der Organisation entfernt werden. Damit Exchange 2016 zusammen mit Exchange 2010/2013 in einer gemeinsamen Organisation installiert werden kann, muss auf den vorhandenen Servern das aktuelle kumulative Update installiert sein.

Hinweis

Damit Exchange 2016 optimal mit Exchange 2010 zusammenarbeiten kann, wird mindestens das Exchange 2010 SP3 Update Rollup 9 und neuer benötigt. Für die Zusammenarbeit mit Exchange Server 2013 benötigen Sie Exchange 2013 mit kumulativem Update 8 oder neuer.

Netzwerk und Hardware

Exchange 2016 nutzt IPv6 und IPv4 zur Kommunikation. Auch wenn Sie im Netzwerk IPv6 nutzen, muss IPv4 aktiv sein.

Exchange 2016 ist nur noch als 64-Bit-Version verfügbar. Dies bedeutet, das Betriebssystem und alle Komponenten im Server müssen 64-Bit-fähig sein. Die Server sollten über mindestens 4 GB Arbeitsspeicher (Clientzugriff), beziehungsweise 8 GB (Postfachserver) verfügen, besser aber über mehr. Zusätzlich benötigt der Server genügend freien Festplattenplatz mit einer Kapazität von mindestens 30 GB.

Alle Partitionen müssen mit dem NTFS-System formatiert sein. Die Festplatte oder Partition, auf der Sie die Datenbankdateien von Exchange betreiben, sollten Sie mit dem ReFS-Dateisystem von Windows Server 2012 R2 formatieren. Dieses ist leistungsfähiger und gegen Abstürze ausfallsicherer.

Als Outlook-Client für Exchange 2016 eignen sich vor allem folgende Versionen:

- Outlook 2016
- Outlook 2016 für Mac
- Outlook 2013
- Outlook 2010 mit KB2965295
- Outlook für Mac für Office 365
- Outlook für Mac 2011

Öffentliche Ordner und Exchange Admin Center

In Exchange 2016 gibt es weiterhin öffentliche Ordner. Allerdings hat sich die Speicherform der Ordner seit Exchange 2013 geändert. Öffentliche Ordner-Datenbanken gibt es in Exchange 2016 in der bekannten Form nicht mehr, das gilt auch für Exchange 2013.

Gemeinsame Inhalte werden jetzt über spezielle Postfächer zur Verfügung gestellt, die wiederum zur Ausfallsicherheit mit Datenbankverfügbarkeitsgruppen (Database Availability Group, DAG) abgesichert werden. Öffentliche Ordner sind daher in Exchange 2016 als Postfach innerhalb der Postfachdatenbank abgebildet. Dies erleichtert die Konfiguration und verbessert die Hochverfügbarkeit. Die Verwaltung von öffentlichen Ordnern findet im Exchange Admin Center statt.

Um öffentliche Ordner zu nutzen, erstellen Sie zunächst ein Postfach für öffentliche Ordner und danach die öffentlichen Ordner in diesem Postfach. Während der Installation erstellt Exchange 2016 keine Datenbanken für öffentliche Ordner. Die Postfächer für öffentliche Ordner sind in der Postfachdatenbank gespeichert, die auch die Benutzerpostfächer zur Verfügung stellt.

Öffentliche Ordner profitieren in Exchange 2016 also von vorhandenen Hochverfügbarkeits- und Speichertechnologien des Postfachspeichers.

E-Mails und Dokumente werden oft in zwei voneinander getrennten Systemen gespeichert. Das Websitepostfach ist ein neues Konzept seit Exchange 2013, und auch in Exchange 2016 weiterhin verfügbar. Es ermöglicht den Zugriff auf SharePoint-Websitedokumente und E-Mails in Outlook 2013/2016 über die gleiche Clientbenutzeroberfläche.

Ein Websitepostfach besteht aus der Mitgliedschaft in einer SharePoint-Website, gemeinsam genutztem Speicher in einem Exchange-Postfach für E-Mails und einer SharePoint-Website für Dokumente. Skype for Business Server 2015 ermöglicht die Archivierung von Inhalten in Exchange 2016 und die Nutzung von Exchange 2016 als Kontaktspeicher.

In Exchange 2016 können Sie im Exchange Admin Center ein freigegebenes Postfach erstellen. Dabei handelt es sich um einen Empfängertyp, der den Zugriff von mehreren Anwendern erlaubt. Die Verwaltung der Exchange-Infrastruktur findet vermehrt im erweiterten und webbasierten Exchange Admin Center statt. Dieses basiert seit Exchange 2013 nicht mehr auf der Microsoft Management Console (MMC) von Windows-Servern, sondern ist webbasiert. Zusätzlich gibt es auch weiterhin die Exchange-Verwaltungsshell (Exchange Management Shell).

Die Verwaltungskonsole aus Exchange 2010 gibt es also in Exchange 2016 in der bekannten Form nicht mehr. Microsoft hat die Funktionen der Exchange-Verwaltungskonsole und der webbasierten Exchange-Systemsteuerung zum webbasierten Exchange Admin Center (EAC) zusammengefasst. Das EAC ist nach der Installation über *https://<Servername>/ecp* über den Webbrowser erreichbar. Die Verwaltung des Servers erfolgt über diese Konsole.

Clientanbindung und Hochverfügbarkeit

Die Kommunikation zwischen Outlook und Exchange findet in den neuen Versionen über HTTP(S) statt; RPC wird standardmäßig nicht mehr verwendet. Aus diesem Grund lässt sich nur noch Outlook ab Version 2010 an Exchange 2016 anbinden.

Ältere Versionen wie zum Beispiel Outlook 2000/2003/2007 werden nicht mehr unterstützt. Diese Versionen können sich nur noch über POP3 oder IMAP mit dem Server verbinden.

Outlook 2016 arbeitet mit Exchange 2016 und dem Offlinecachemodus der neuen Version am besten zusammen.

Hinweis

In Exchange 2016 erfolgt der gesamte Microsoft-Outlook-Clientzugriff über das MAPI/HTTPS-Protokoll.

Die Datenbankverfügbarkeitsgruppen (DAG) gibt es bereits in Exchange 2010. Diese haben Windows Server 2008/2008 R2 Enterprise/Datacenter als Betriebssystem vorausgesetzt, da die Funktion Teile eines Clusters nutzt.

Nachdem seit Windows Server 2012 die Editionen Standard/Datacenter identisch sind und es keine Enterprise-Edition mehr gibt, lassen sich Datenbankverfügbarkeitsgruppen auch mit Windows Server 2012/2012 R2 Standard nutzen. Die Datenbankverfügbarkeitsgruppen sind außerdem Bestandteil der Standard-Edition von Exchange 2016.

Das Verschieben von Postfächern zu Exchange 2016 hat Microsoft seit Exchange 2010 ebenfalls verbessert. Es lassen sich mehrere Postfächer gleichzeitig verschieben und E-Mail-Benachrichtigungen beim Verschieben versenden. Bei Problemen kann der Assistent den Vorgang wiederholen und Postfächer können priorisiert verschoben werden. Außerdem besteht die Möglichkeit, den Zugriff nach dem Verschieben erst nach einer Überprüfung freizuschalten.

Outlook im Web – Die neue Outlook Web App

Für Anwender hat Microsoft die Oberfläche von Outlook Web App erneuert. Diese ist an Outlook 2016 orientiert. Einmal synchronisiert können Anwender auch offline mit Outlook Web App 2016 arbeiten. Microsoft hat die Bezeichnung Outlook Web App in Exchange 2016 in »Outlook im Web« geändert.

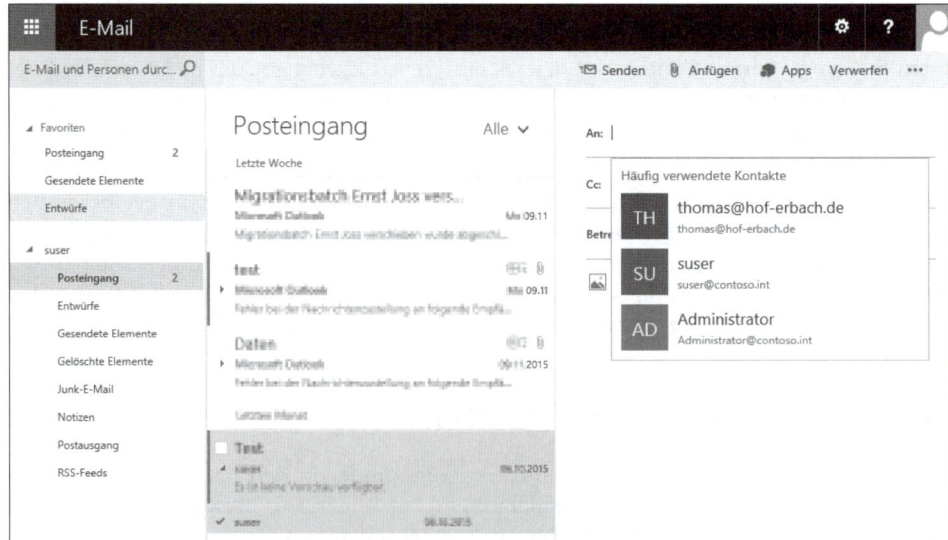

Abbildung 1.4: Outlook Web App, auch Outlook im Web genannt, wurde in Exchange 2016 überarbeitet.

Neu ist auch die Integration von Apps für Outlook im Web. So lässt sich die Oberfläche mit neuen Funktionen erweitern. Outlook im Web funktioniert am besten mit Internet Explorer ab Version 10, Microsoft Edge in Windows 10, Firefox sowie Google Chrome. Die neue Oberfläche hat Microsoft zusätzlich für die Touchbedienung optimiert, sodass auch Anwender mit Tablet-PCs damit arbeiten können. Zusätzlich hat Microsoft die Ansicht des Kalenders und der Kontakte verbessert.

Die Möglichkeit zur Moderation von Verteilerlisten über Outlook im Web ist in Exchange 2016 nicht mehr verfügbar. S/MIME zur Verschlüsselung von E-Mails wird seit Exchange 2013 SP1 wieder unterstützt, auch in Outlook im Web von Exchange 2016. Outlook im Web nutzt zur Rechtschreibprüfung die Dienste des Webbrowsers.

Apps in Outlook versuchen aus dem Inhalt einer E-Mail Anforderungen vorherzusehen und schlagen automatisch Aktionen vor. Wenn eine E-Mail eine Anschrift enthält, bietet die Bing Maps-App eine Bing-Registerkarte mit einem Direktlink zu einer Karte und Routenplänen an.

Wenn ein Satz in einer E-Mail als mögliches Aktionselement erkannt wird, schlägt die Aktionselemente-App eine Aufgabe vor. Mit der App für vorgeschlagene Termine wird eine Besprechungsanfrage in einer E-Mail als Termin vorgeschlagen, der Ihrem Kalender hinzugefügt werden kann.

Administratoren können die Apps, die Benutzern in der Organisation zur Verfügung stehen, über das Exchange Admin Center verwalten. Benutzer können ihre Apps selbst verwalten. Administratoren können Benutzern erlauben, Apps von Office.com herunterzuladen.

Das bleibt in Exchange 2016 unverändert

Zunächst müssen sich Administratoren keine Sorgen machen, dass mit Exchange 2016 alles anders wird. Die grundlegende Struktur in Exchange 2016 bleibt im Vergleich mit den Vorgängerversionen weitgehend unverändert.

Auch die Verwaltungswerkzeuge *Exchange Admin Center* (vorher Exchange-Verwaltungskonsole) und *Exchange Management Shell* (vorher Exchange-Verwaltungsshell) bleiben erhalten und sehen noch fast so aus wie in Exchange 2013. Die grundsätzliche Struktur und der Aufbau von Exchange sind ebenfalls unverändert. Microsoft beschreibt die neue Exchange-Entwicklung auch nicht als Revolution, sondern als Weiterentwicklung von Exchange 2013. Exchange Server 2016 wird Exchange 2010/2013 unterstützen, aber keinerlei Kompatibilität mit Exchange Server 2007 mitbringen.

Outlook 2016 mit Exchange 2016

Outlook 2016 arbeitet optimal mit Exchange 2016 zusammen und unterstützt auch interne Mechanismen für die Suche im Postfach oder das Anfügen von Dateianlagen. Außerdem kann sich die neue Outlook-Version bereits verwendete Dateianlagen merken. Wird eine solche Anlage erneut versendet, kann diese dadurch wesentlich schneller angehängt werden.

Über den neuen Assistenten zum Anhängen von Dokumenten stehen auch Cloudspeicher zur Verfügung. Hier lassen sich OneDrive for Business, OneDrive, aber auch Bibliotheken aus SharePoint integrieren. Außerdem zeigt Outlook 2016 Dateianhänge übersichtlicher an. Teilen Sie mit Anwendern ein Dokument, das in SharePoint gespeichert ist, erhalten die Empfänger der E-Mail mit dem Anhang automatisch Berechtigungen in SharePoint, wenn diese noch nicht gesetzt sind. Die Berechtigungen lassen sich sogar über das Dropdownmenü des Dateianhangs in SharePoint oder Office 365 setzen.

Die Exchange Web Services (EWS) gehören in Exchange 2016 der Vergangenheit an. Zwar unterstützt Exchange 2016 zunächst weiterhin EWS, allerdings liegt die Zukunft in den REST-APIs. Endgültig abgeschafft werden Zugriffe mit MAPI/CDO. Microsoft will zukünftig Entwicklern mehr Möglichkeiten geben, um Anwendungen für Exchange zur Verfügung zu stellen.

Microsoft integriert in Exchange 2016 dazu REST-APIs, mit denen sich Anwendungen für Exchange anbinden lassen. Diese gibt es bereits für Office 365, und sie bieten vereinfachte Zugriffe auf Exchange-Komponenten. Dadurch lassen sich Programme integrieren, die auf Kalender, Kontakte oder E-Mails zugreifen. Außerdem lassen sich auf diesem Weg auch Apps für Smartphones integrieren.

Clutter und Outlook 2016 – Besserer Überblick im Postfach

Exchange 2016 wurde mit der in Office 365 eingeführten Clutter-Technik ausgestattet. Dabei handelt es sich um einen intelligenten Filter, der wichtige E-Mails im Postfach erkennt und in einem eigenen Ordner anzeigen kann. Zwar unterstützen auch Outlook 2010/2013 Clutter, allerdings wird die Funktion erst mit Exchange 2016 und Outlook 2016 optimal genutzt.

Clutter erkennt nach einer Analyse des Postfachs wichtige und unwichtige Absender von E-Mails. Die neue Technik kann E-Mails priorisieren und auf diese Weise wichtige E-Mails zuerst anzeigen. Unwichtige E-Mails werden in den Clutter-Ordner verschoben und können daher später gelesen werden.

Unternehmen, die zu Exchange 2016 wechseln, sollten auch den Einsatz von Outlook 2016 einplanen. Die neue Version kann zum Beispiel umfangreiche Dateianhänge als Link versenden und dabei auf Daten in OneDrive for Business (Office 365) oder OneDrive zugreifen. Unternehmen, die SharePoint 2016 einsetzen, können SharePoint eng an Exchange anbinden. Versenden Anwender große Dateianhänge, kann Outlook 2016 automatisch die Speicherung der Daten in SharePoint vorschlagen und anstelle des Anhangs einen passenden Link versenden. Diese Vorgehensweise funktioniert auch in Outlook Web App von Exchange 2016.

Dadurch werden die Exchange-Datenbanken enorm entlastet und es wird sichergestellt, dass Dateien auf den SQL-Datenbanken von SharePoint effizienter zur Verfügung gestellt werden. Außerdem bietet die neue Version eine Multifaktor-Authentifizierung und bessere Einstellungsmöglichkeiten für den Cachemodus sowie den Zeitraum, in dem Outlook E-Mails vom Server herunterladen soll. Microsoft will mit Exchange auch die Zusammenarbeit von Gruppen mit Exchange, SharePoint und Office 2016 deutlich verbessern und dabei auch die Office-Anwendungen enger in Collaboration integrieren.

Arbeiten Sie im Unternehmen mit Exchange mit Data Loss Protection, also dem Verhindern des unerlaubten Versendens geheimer Daten, können Sie jetzt auch andere Office-Programme einbinden. Zwar unterstützen bereits SharePoint 2013 und Outlook 2013 die Technik, allerdings lässt sich diese jetzt direkt auf andere Office-Programme ausdehnen. Das heißt, die Anwender werden bereits daran gehindert, geheime Daten zu versenden, bevor die Dokumente fertiggestellt sind. Dies entlastet die Exchange-Server, da diese nicht erst beim Senden der E-Mails aktiv werden müssen, sondern die Umgebung bereits beim Erstellen von Dokumenten eingreifen kann.

ReFS und Database Divergence Detection

Microsoft empfiehlt, die Datenspeicher für Postfachserver mit dem ReFS-Dateisystem zu formatieren. Dieses Dateisystem ist vollständig kompatibel mit Tools, die normalerweise auf NTFS setzen, allerdings unempfindlicher beim Absturz des Servers. Davon profitieren vor allem die Datenbankdateien in Exchange 2016. Außerdem kann sich das ReFS-Dateisystem bei Abstürzen schneller reparieren, wovon auch Exchange-Datenbanken profitieren.

Zusätzlich kann ReFS mit mehr Dateien und größeren Datenträgern umgehen und sich selbst bei einem Ausfall schneller reparieren. ReFS arbeitet besser mit den neuen Speicherplätzen (Storage Spaces) zusammen und bietet eine vollständige Kompatibilität mit NTFS-Anwendungen und Dateifreigaben. Entdeckt ReFS einen Fehler in einem Speicherplatz, veranlasst das Dateisystem eine Reparatur. Dazu verwendet es gespeicherte Prüfsummen und Metadaten des Systems. Allerdings ist dazu bei der Erstellung eines Speicherplatzes eine Ausfallsicherheit notwendig. Sie können auf ReFS-Datenträgern allerdings weder die Komprimierung noch das verschlüsselte Dateisystem einsetzen. Auch Windows-Datenträgerkontingente funktionieren nicht. Außerdem können Sie Datenträger nicht verkleinern oder vergrößern wie mit NTFS. Diese Funktionen werden auf Exchange-Servern aber ohnehin nicht verwendet.

Exchange 2016 bietet dazu eine neue Funktion mit der Bezeichnung Database Divergence Detection und kann Probleme in den Datenbanken dadurch schneller erkennen und beheben, vor allem beim Einsatz auf ReFS-Datenträgern. Exchange 2016 überwacht im laufenden Betrieb die aktiven Kopien von Datenbanken und vergleicht die Daten mit den passiven Datenbanken. Findet Exchange dabei signifikante Fehler, korrupte Bereiche oder Divergenzen, kann sich die Datenbank automatisch reparieren. Es ist also durchaus sinnvoll, auch in kleinen Unternehmen zukünftig auf Datenbankverfügbarkeitsgruppen zu setzen. Treten in Exchange-Umgebungen dennoch Probleme auf, die durch automatische Mechanismen nicht mehr repariert werden können, lassen sich Datenbanken deutlich schneller wiederherstellen als in den Vorgängerversionen.

Unter Umständen kann es auch Sinn ergeben, die Datenbanken auf Datenträger mit direkten Speicherplätzen (Storage Spaces Direct) abzulegen. In Windows Server 2016 lassen sich Speicherplätze über mehrere Server verteilen, ähnlich wie bei VMware Virtual SAN. Unternehmen sollten daher den Einsatz von direkten Speicherplätzen in Erwägung ziehen, wenn auf Exchange 2016/Windows Server 2016 umgestellt werden soll. Dabei spielt es keine Rolle, ob Sie Exchange virtualisieren oder auf physischen Servern betreiben.

Die neue Exchange-Version unterstützt größere Festplatten mit kleineren IOPS, ohne dass die Leistung des Servers einbricht. Microsoft verspricht auch den leistungsstarken Betrieb auf Festplatten mit 8 TB und 7.200 RPM auf Basis von JBOD.

Anwender können in Exchange auch über Outlook Web App Office-Dokumente lesen und bearbeiten, ohne dass auf dem zugreifenden Rechner Office installiert sein muss. Dies war generell auch mit den Vorgängerversionen möglich, allerdings mussten bisher Administratoren Änderungen an der Umgebung vornehmen. Damit das Online-Lesen/Bearbeiten funktioniert, muss für Exchange 2016 ein dedizierter Office Web Apps Server auf Basis von Office Web Apps Server 2016 bereitgestellt werden. Ein solcher Server wird außerdem für jeden Namensraum (Name Space) in Exchange 2016 benötigt.

Grundlagen zur Installation von Exchange 2016

Damit Sie Exchange 2016 installieren können (siehe Kapitel 2), ist auf dem Server die Erweiterung Microsoft Unified Communications Managed API 4.0 Runtime (*http://tinyurl.com/ axohycv*) sowie das .NET Framework 4.5.2 notwendig. Beide müssen Sie manuell installieren. Alle anderen Voraussetzungen richtet der Installations-Assistent von Exchange 2016 automatisch ein.

Sie können Exchange 2016 nicht auf Core-Servern installieren, es ist eine vollständige Installation von Windows Server 2012 oder am besten Windows Server 2012 R2 notwendig. Die neuen Nano-Server von Windows Server 2016 werden derzeit ebenfalls noch nicht unterstützt. Ob sich das ändert, ist derzeit noch unklar.

Die Verwaltungstools von Exchange 2016 können Sie auch auf Arbeitsstationen mit Windows 7/8 und Windows 10 installieren. Vor der Installation von Exchange 2016 bietet es sich zusätzlich an, über den Server-Manager die Remoteserver-Verwaltungstools für Active Directory auf dem Exchange-Server zu installieren, das Snap-In *Active Directory-Schema* zu starten und über das Kontextmenü eine Verbindung zum Schemamaster aufzubauen.

Unternehmen, die auf SharePoint 2013/2016 setzen, können über SharePoint besser Postfächer und öffentliche Ordner in Exchange 2016 durchsuchen. Dazu verwendet Exchange 2016 die Suchschnittstelle, die auf der FAST-Suche von SharePoint basiert.

E-Mails, die Anwender in SharePoint 2013/2016 auf Servern mit Exchange 2016 finden, lassen sich in *.pst*-Dateien exportieren. Auch an FAST Search Server lässt sich Exchange 2016 anbinden. Die neue Exchange-Version lässt sich auch an Domänen anbinden, die auf Windows Server 2008/2008 R2 basieren; es ist nicht unbedingt Windows Server 2012/2012 R2 notwendig. Sie können Exchange 2016 zwar auf Domänencontrollern installieren, Microsoft empfiehlt dieses Vorgehen allerdings nicht. Nachdem Sie Exchange 2016 installiert haben, können Sie den Server weder zu einem Domänencontroller heraufstufen noch einen Domänencontroller herabstufen.

Microsoft gibt Exchange 2016 auch für die Virtualisierung frei. Optimal dazu geeignet ist Hyper-V in Windows Server 2012 R2 und Windows Server 2016.

Treten nach der Installation Probleme beim Aufrufen der Hilfe auf, lassen sich diese in der Exchange Management Shell mit dem Befehl *Set-ExchangeAssistanceConfig -ControlPanelHelpURL* beheben.

Mit Exchange 2016 verbessert Microsoft auch die Hilfefunktion in der Exchange Management Shell. Um neue Hilfedateien direkt in die Management Shell herunterzuladen, verwenden Sie am besten das Cmdlet *Update-ExchangeHelp -Verbose*.

Die Hilfe lässt sich auch offline im Netzwerk aktualisieren. Dazu laden Sie zunächst die notwendigen Hilfedateien herunter und integrieren diese anschließend auf dem Exchange-Server. Die Vorgehensweise zeigen die Exchange-Entwickler in einem Blogbeitrag (*http://tinyurl.com/ omb228c*).

Was gibt es nicht mehr in Exchange 2016?

Outlook 2003/2007 und verknüpfte Connectors sind in Exchange 2016 nicht mehr verfügbar und lassen sich entsprechend nicht mehr nutzen. Bei einer solchen Verknüpfung sendet Exchange alle E-Mails, die über einen bestimmten Empfangsconnector eingehen, unabhängig von anderen Regeln über den verknüpften Sendeconnector.

Eine solche Verknüpfung hat immer Vorrang. Die Verknüpfung erfolgt in Exchange 2010 über die Exchange-Verwaltungsshell. Für verknüpfte Connectors werden andere Connectors und Regeln immer deaktiviert. Vor dem Einsatz von Exchange 2016 müssen Sie diese Connectors daher auflösen.

Die verwalteten Ordner sind nicht mehr verfügbar. Deren Funktionen sind jetzt in den Aufbewahrungsrichtlinien (Retention Policies) integriert. Aktivieren Sie die Antispamfilter auf Postfachservern, lassen sich diese nur noch in der Exchange-Verwaltungsshell verwalten.

Die Hub-Transport- und Unfied-Messaging-Serverrollen sind nicht mehr verfügbar. Die Funktion dieser Server übernehmen Postfachserver. Die MMC-basierte Verwaltungskonsole gehört der Vergangenheit an. Die Verwaltung findet entweder über die Exchange-Verwaltungsshell oder das webbasierte Exchange Admin Center statt.

Die Verwaltung der Datenbanken, der angebundenen Smartphones/Tablet-PCs und der Grenzwerte für Postfächer hat Microsoft vereinfacht. Es gibt weniger Menüs und keine verschachtelten Strukturen mehr.

Exchange 2016 unterstützt keinen Zugriff mehr auf freigegebene Postfächer anderer Benutzer, die Moderation von Verteilerlisten und Anpassungen des Lesebereichs in Outlook im Web. Außerdem hat Microsoft viele Tools entfernt, beispielsweise den Best Practices Analyzer. Diese Tools unterstützen nur noch Exchange 2010. Neben diesen Tools hat Microsoft auch die Protokollanzeige und andere Anwendungen aus der Toolbox entfernt.

Editionen von Exchange Server 2016

Wie bereits die Vorgängerversionen steht Exchange Server 2016 in den beiden Editionen Standard und Enterprise zur Verfügung. Die Installationsdateien der beiden Editionen sind identisch. Die Lizenzierung wird lediglich über die Eingabe des jeweiligen Product Keys unterschieden. Jeder Exchange-Server wird zunächst als Testversion installiert. Erst durch die Angabe des Product Keys wird festgelegt, welche Edition im Einsatz ist. Sie können durch Anpassen des Product Keys jederzeit von der Standard-Edition zur Enterprise-Edition wechseln. Setzen Sie allerdings bereits die Enterprise-Edition ein, müssen Sie den Server neu installieren, um zukünftig die Standard-Edition zu nutzen.

Exchange Server 2016 Standard Edition kann Servern aber nur maximal fünf Datenbanken bereitstellen. Setzen Sie Exchange Server 2016 Enterprise ein, können Sie auf jedem Server bis zu 100 Datenbanken bereitstellen.

Wenn Sie Datenbankverfügbarkeitsgruppen nutzen, dürfen diese 16 Mitglieder umfassen. Beim Einsatz der Standard-Edition darf jeder Server aber nur maximal fünf aktive oder passive Datenbankkopien bereitstellen. Wird die Enterprise-Edition eingesetzt, lassen sich auch hier bis zu 100 Datenbanken nutzen.

Verwenden Sie einen Edge-Transport-Server, können Sie bedenkenlos auch auf die Standard-Edition setzen. Auf diesen Servern werden keine Datenbanken bereitgestellt, daher gibt es bei der Standard-Edition auch keine Einschränkungen.

Exchange 2016 lizenzieren

Für jeden Server, auf dem Sie Exchange 2016 installieren, müssen Sie eine Lizenz erwerben. Wie bereits beim Vorgänger gibt es die beiden Editionen Standard (für kleine und mittlere Unternehmen) sowie Enterprise (für große Unternehmen).

Für alle Benutzer, die auf Exchange zugreifen, benötigen Sie außerdem eine Clientzugriffslizenz (Client Access License, CAL). Auch hier gibt es zwei Typen:

- **Standard-CAL** Mit dieser CAL decken Sie die Grundfunktionen für den Zugriff der Anwender ab. Beispiele dafür sind der Zugriff auf E-Mail, die Aufgaben und die Kontakte.

- **Enterprise-CAL** Wollen Sie Enterprise-Funktionen verwenden, müssen die Anwender zusätzlich zur Standard-CAL noch eine Enterprise-CAL nutzen. Dies gilt aber nur für Postfächer, die auch auf diese Funktionen zugreifen. Ein Beispiel dafür ist die Archivierung. Enterprise-CALs bauen also immer auf Standard-CALs auf.

Standard-CALs und Enterprise-CALs arbeiten beide mit den Editionen Standard und Enterprise von Exchange 2016 zusammen. Neben den beiden Exchange 2016-Editionen gibt es also auch Standard-CALs und Enterprise-CALs für die jeweiligen Clients.

Die Lizenzen lassen sich zwischen den Editionen mischen. Dies bedeutet, dass Sie für die Enterprise Edition von Exchange 2016 nicht unbedingt auch Enterprise-CALs benötigen und umgekehrt. Enterprise-CALs schalten Funktionen innerhalb der beiden Editionen frei, die Anwender nutzen können, wie beispielsweise einen verbesserten Spamschutz, die Archivierung oder Unified Messaging. Diese Funktionen stehen in beiden Server-Editionen zur Verfügung, benötigen aber Enterprise-CALs für diejenigen Anwender, die diese Funktion nutzen.

Andere Anwender, die mit dem gleichen Server arbeiten, benötigen zum Beispiel nur die Standard-CALs, wenn diese die neuen Funktionen nicht nutzen. Zunächst benötigt jeder Anwender eine Standard-CAL. Nutzen Anwender Funktionen, die eine Enterprise-CAL benötigen, müssen Sie diese zusätzlich zur Standard-CAL zuweisen. Für folgende Funktionen in Exchange 2016 benötigen Sie Enterprise-CALs und zusätzlich Standard-CALs für die Anwender:

- Archivierung von Postfächern über das neue Archivierungspostfach

- Suchmöglichkeiten zwischen verschiedenen Postfächern

- E-Mail-Transportrichtlinien

- Verwendung der Rechteverwaltung innerhalb von Exchange

Zusätzlich zu Exchange-CALs benötigt jeder Anwender, der sich mit Exchange verbindet, auch eine CAL für den Windows-Server. Verwenden Anwender die Rechteverwaltung von Windows Server 2012/2012 R2, benötigen diese zusätzlich eine CAL für die Rechteverwaltung.

Hinweis

Weder die Standard-CAL noch die Enterprise-CAL von Exchange 2016 enthalten eine Outlook-Lizenz. Die Standard-CAL enthält das Recht, auf das Postfach zuzugreifen, aber keinerlei Rechte, Outlook einzusetzen. Sie müssen daher Outlook getrennt lizenzieren.

Für Unternehmen, die eine Lizenz für Exchange External Connector einsetzen, gibt es für Exchange 2016 keinerlei Änderungen.

Zusammenfassung

In diesem Kapitel konnten Sie sich einen kurzen Überblick darüber verschaffen, welche Neuerungen es in Exchange 2016 gibt und wie Sie diese Neuerungen nutzen. Auch auf das Thema Lizenzierung wurde in diesem Kapitel eingegangen, und es wurde erläutert, worauf Sie bei der Installation achten müssen. Im nächsten Kapitel erfahren Sie, wie Sie Exchange 2016 optimal installieren.

Kapitel 2
Installation und Grundeinrichtung

In diesem Kapitel:

Active Directory für Exchange 2016 vorbereiten 38

Softwarevoraussetzungen für Exchange 2016 41

Vorbereiten von Active Directory und Domänen 44

Installation von Exchange 2016 durchführen 47

Erste Schritte nach der Installation 56

Fehlerbehebung während der Installation 67

Virtualisierung von Exchange 2016 73

Zusammenfassung 78

In diesem Kapitel erfahren Sie, wie Sie Exchange 2016 auf einem Server einrichten. Wir gehen bei der Installation davon aus, dass Sie Exchange 2016 auf einem Server mit Windows Server 2012 R2 installieren, da diese beiden Systeme optimal aufeinander abgestimmt sind.

Tipp

Für Testumgebungen können Sie Exchange 2016 auch kostenlos bei Microsoft herunterladen und ohne die Eingabe eines Product Keys ausprobieren. Sie finden die Dateien auf der Seite *http://tinyurl.com/zq4z487*.

Outlook-Clients vor der Version 2010 werden nicht unterstützt. E-Mail-Clients auf OS X, die Distributed Authoring and Versioning (DAV) erfordern (Entourage 2008 für Mac RTM und Entourage 2004), werden ebenfalls nicht unterstützt.

Hinweis

Sie können Exchange 2016 in Organisationen mit Exchange 2010 installieren. Ältere Versionen, auch Exchange 2003/2007, lassen sich nicht gemeinsam mit Exchange 2016 betreiben.

Wollen Sie von älteren Versionen migrieren, müssen Sie entweder zuerst nach Exchange 2010 SP3 mit aktuellem kumulativem Update (Cumulative Update, CU) migrieren oder die Daten in eine andere Organisation übernehmen.

Die Domänencontroller und Schemamaster in der Active Directory-Gesamtstruktur müssen mindestens mit Windows Server 2008 R2 oder höher installiert sein. Außerdem muss die Funktionsebene der Gesamtstruktur ebenfalls mindestens Windows Server 2008 R2 oder höher sein.

Active Directory für Exchange 2016 vorbereiten

Wie alle Serversysteme von Microsoft benötigt auch Exchange 2016 einige Zusatztools und Erweiterungen, die Sie vor der Installation des Servers installieren müssen. Zunächst installieren Sie das Betriebssystem, am besten Windows Server 2012 R2, und nehmen den Server in die Domäne mit auf, in der Sie auch Exchange integrieren wollen.

Stellen Sie vor der Installation von Exchange 2016 sicher, dass die Funktionsebene Ihrer Gesamtstruktur mindestens Windows Server 2008 R2 entspricht und dass der Schemamaster mit Windows Server 2008 R2 oder höher installiert ist.

Funktionsebenen von Gesamtstrukturen und Domänen verstehen

Während der Installation oder nachträglich legen Sie die Funktionsebene der Gesamtstruktur und damit aller Domänen sowie einzelner Domänen fest. Active Directory kann auf verschiedenen Funktionsebenen betrieben werden:

- auf der Funktionsebene der einzelnen Domänen in der Gesamtstruktur
- auf der Funktionsebene der Gesamtstruktur, die dann für alle Domänen gültig ist

Sie können die Funktionsebene für die Domänen im Snap-In *Active Directory-Benutzer und -Computer* über das Kontextmenü der Domäne einstellen. Die Funktionsebene für die Gesamtstruktur stellen Sie über das Snap-In *Active Directory-Domänen und -Vertrauensstellungen* ein, und zwar ebenfalls über das Kontextmenü.

Das Abändern der Funktionsebene lässt sich nicht rückgängig machen. Eine Ausnahme ist die mögliche Herabstufung von Windows Server 2012/2012 R2 auf Windows Server 2008 R2. Das funktioniert allerdings nur dann, wenn Sie den Active Directory-Papierkorb noch nicht aktiviert haben.

Während die Funktionsebene der Gesamtstruktur nur einmal verändert werden muss, müssen Sie für jede Domäne der Gesamtstruktur deren eigene Funktionsebene anpassen. Diese beiden Ebenen können teilweise unabhängig voneinander jeweils verschiedene Funktionsebenen annehmen. Diese Funktionsebenen weisen keine Kompatibilitätsunterschiede für Mitgliedsserver oder -PCs auf.

Wichtig ist der Modus nur für die integrierten Domänencontroller. Das heißt, auch im Betriebsmodus Windows Server 2012/2012 R2 dürfen Sie Server mit Windows Server 2003/ 2008/2008 R2 als Mitgliedsserver betreiben, nur eben nicht als Domänencontroller.

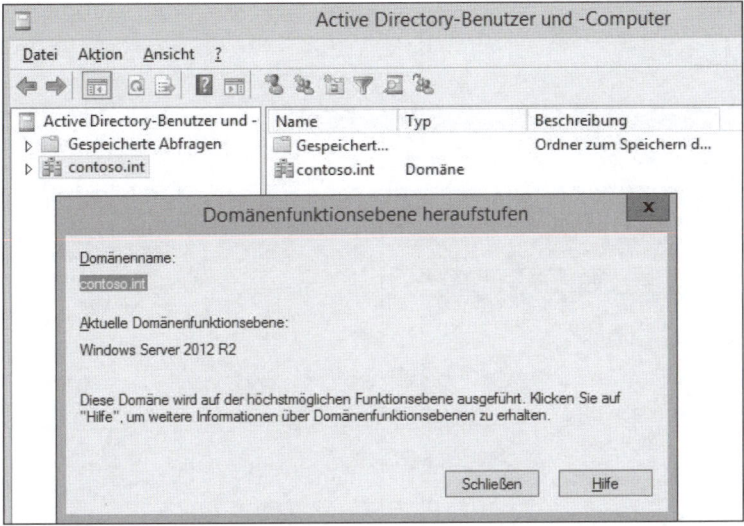

Abbildung 2.1: Die Funktionsebene der Domänen und Gesamtstrukturen spielt auch in Exchange 2016 eine wichtige Rolle.

Active Directory per Schemamaster erweitern

Active Directory verfügt über ein erweiterbares Schema. Dieses bietet die Möglichkeit, zusätzliche Informationen im Ordner flexibel zu speichern. Diese Funktion wird beispielsweise von Exchange genutzt. Alle notwendigen Informationen zu einem E-Mail-Postfach werden in Active Directory abgelegt. Bei der Installation von Exchange wird das Schema von Active Directory um die notwendigen Attribute und Klassen erweitert.

Damit das Schema erweitert werden kann, wird der Schemamaster benötigt. In jeder Gesamtstruktur gibt es nur einen Schemamaster. Nur auf diesem Schemamaster können Änderungen am Schema vorgenommen werden. Steht der Schemamaster nicht mehr zur Verfügung, können auch keine Erweiterungen des Schemas stattfinden und die Installation von Exchange schlägt fehl. Der erste installierte Domänencontroller der ersten Domäne und Struktur einer Gesamtstruktur erhält die Rolle des Schemamasters. Der Schemamaster hat ansonsten keine Auswirkungen auf den laufenden Betrieb.

Damit der Schemamaster angezeigt werden kann, müssen Administratoren zunächst das Snap-In registrieren, das das Schema anzeigt. Aus Sicherheitsgründen wird dieses Snap-In zwar installiert, jedoch nicht angezeigt. Durch Eingabe des Befehls *Regsvr32 schmmgmt.dll* in der Eingabeaufforderung wird die Konsole verfügbar gemacht.

Im Anschluss können Sie das Snap-In *Active Directory-Schema* in eine MMC über *Datei/Snap-In hinzufügen* integrieren. Mit einem Klick der rechten Maustaste auf *Active Directory-Schema* im Konsolenstamm und durch Auswahl von *Betriebsmaster* öffnet sich ein neues Fenster, in dem der Betriebsmaster angezeigt wird.

Sie können mithilfe dieses Fensters später den Betriebsmaster auch auf einen anderen Domänencontroller verschieben. Dazu müssen Sie sich über das Kontextmenü von *Active Directory-Schema* mit dem Domänencontroller verbinden, auf den Sie die Rolle übertragen wollen. Den Schemamaster können Sie sich mit folgendem Aufruf in der Eingabeaufforderung anzeigen lassen:

```
Dsquery server -hasfsmo schema
```

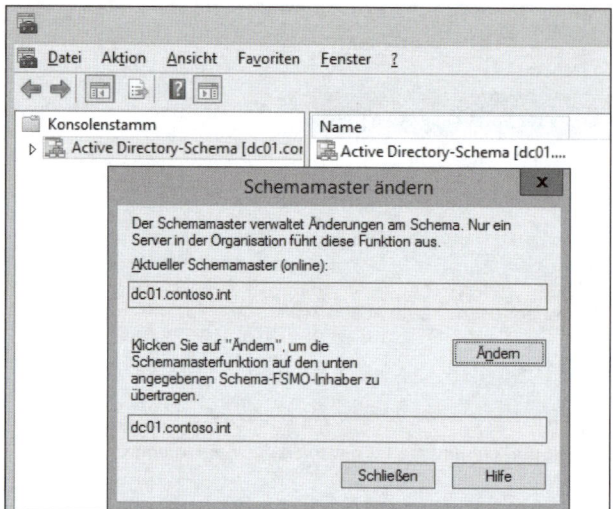

Abbildung 2.2: Anzeigen des Schemamasters einer Gesamtstruktur

Die Schemaerweiterungen sollten Sie am besten direkt auf dem Schemamaster durchführen.

Tipp

In einigen Fällen erscheint ein Schemaerweiterungsfehler mit der Nummer 8224. Dieser tritt vor allem auf virtuellen Servern häufig auf. Das Problem liegt an der TCP-Chimneyabladung (TCP Chimney Offload) und der empfangsseitigen Skalierung (Receive Side Scaling), da hier die Funktionen von der CPU, nicht von der Netzwerkkarte berechnet werden. Teilweise vermeiden Sie den Fehler, wenn diese beiden Funktionen deaktiviert werden. Das funktioniert in der Befehlszeile mit den folgenden Anweisungen:

```
Netsh int tcp set global rss=disabled
Netsh int tcp set global chimney=disabled
Netsh int tcp show global
```

Der letzte Befehl zeigt den Status an. Erscheint bei Ihnen kein Fehler, müssen Sie keine Aktionen durchführen.

Voraussetzungen an Domänencontroller und IPv6

Exchange arbeitet enger mit den Domänencontrollern und Active Directory zusammen als andere Serverdienste. Daher müssen Sie beim Betrieb darauf achten, dass die Domänencontroller gewisse Voraussetzungen erfüllen.

Der Schemamaster wird standardmäßig auf dem ersten in einer Gesamtstruktur installierten Domänencontroller ausgeführt. Auf dem Schemamaster muss eines der folgenden Betriebssysteme ausgeführt werden:

- Windows Server 2012/2012 R2 Standard oder Datacenter
- Windows Server 2008 R2 Standard, Enterprise oder Datacenter

An jedem Active Directory-Standort, an dem Exchange 2016 installiert werden soll, muss mindestens ein globaler Katalogserver und ein beschreibbarer Domänencontroller installiert sein. Exchange 2016 unterstützt keine schreibgeschützten Domänencontroller (RODC).

In Exchange 2016 wird IPv6 vollständig unterstützt, allerdings nur, wenn auch IPv4 installiert ist. Sie können IPv4 deaktivieren, sodass nur IPv6 aktiviert ist; die Deinstallation von IPv4 wird nicht unterstützt und auch nicht empfohlen.

Softwarevoraussetzungen für Exchange 2016

Exchange 2016 lässt sich nicht, wie zum Beispiel SQL Server, auf Core-Servern installieren, sondern Sie müssen eine vollständige Installation von Windows Server 2012/2012 R2 verwenden. Außerdem müssen Sie auf dem Server noch Vorbereitungen treffen. Auf diese gehen wir nachfolgend ein.

Betriebssystem für Exchange vorbereiten

Beachten Sie bei der Installation von Windows Server 2012/2012 R2, dass standardmäßig der Core-Modus voreingestellt ist. Entsprechend müssen Sie vorher die Auswahl auf *Server mit grafischer Benutzeroberfläche* umstellen. Haben Sie versehentlich einen Core-Server mit Windows Server 2012 R2 installiert, können Sie diesen in der PowerShell zu einem vollwertigen Server aktualisieren:

```
Install-WindowsFeature Server-Gui-Mgmt-Infra, Server-Gui-Shell -Restart
```

Hinweis

Exchange 2016 unterstützt vollständig IPv6. Sie dürfen aber IPv4 auf dem Server nicht deinstallieren. Es ist allerdings möglich, IPv4 zu deaktivieren.

Bevor Sie Exchange 2016 auf einem Server installieren, sollten Sie die aktuellsten Updates für das Betriebssystem installieren. Die Konfiguration dazu erreichen Sie am schnellsten, indem Sie das Tool *Wuapp.exe* starten. Möglicherweise müssen Sie den Server mehrmals neu starten und aktualisieren, bis kein Update mehr zur Installation angezeigt wird.

Unter manchen Umständen erhalten Sie Fehlermeldungen, wenn Sie Windows-Updates über das Remotedesktopprotokoll (RDP) auf virtuellen Exchange-Servern installieren wollen. Rufen

Sie in diesem Fall die Eigenschaften der Netzwerkverbindung auf dem virtuellen Server und danach die Einstellungen der Netzwerkkarte auf dem Virtualisierungshost auf.

Klicken Sie auf die Netzwerkkarte, und wählen Sie *Konfigurieren*. Wechseln Sie zur Register-karte *Erweitert*, und deaktivieren Sie die Funktion *Abladung großer Sendungen V2*.

Falls das nicht hilft, suchen Sie direkt im Fernwartungsfenster von Hyper-V nach den Updates, also ohne den erweiterten Sitzungsmodus.

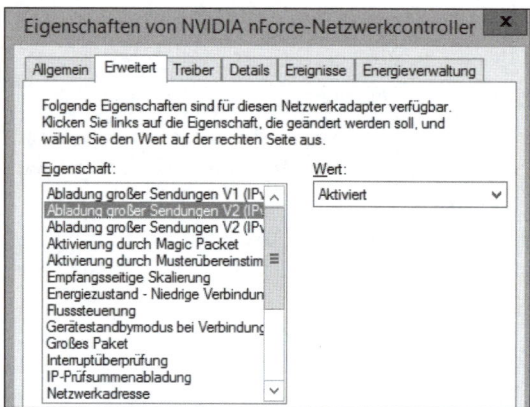

Abbildung 2.3: Konfigurieren der Netzwerkverbindungen für die Installation von Patches auf virtuellen Servern

Wenn Sie die Postfachserverrolle installieren und der Server als Mitglied einer Datenbankver-fügbarkeitsgruppe (Database Availability Group, DAG) definiert werden soll, muss die Stan-dard- oder Datacenter-Edition von Windows Server 2012/2012 R2 installiert werden. Die Essentials-Edition bleibt in diesem Fall also außen vor.

Für das Upgrade auf Microsoft Unified Communications Managed API (UCMA) 4.0 müssen Sie zuerst alle vorherigen Versionen von UCMA deinstallieren. Rufen Sie dazu am besten *Appwiz.cpl* auf dem Server auf.

Tools und Voraussetzungen installieren

Exchange 2016 unterstützt nicht die Installation auf Core-Servern und schon gar nicht erst die Installation auf den neuen Nano-Servern von Windows Server 2016. Sie benötigen für den Betrieb eine vollständige Installation von Windows, inklusive der grafischen Oberfläche.

Tipp

Bevor Sie auf einem Server mit Windows Server 2012 R2 die Installation von Exchange 2016 beginnen, sollten Sie sicherstellen, dass alle Patches auf dem Server installiert sind. Die Update-Verwaltung starten Sie am schnellsten durch die Eingabe von *wuapp* auf der Startseite.

Exchange 2016 ist auch kompatibel mit Windows Server 2012 R2 Update, der Serverversion von Windows 8.1 Update, allerdings nicht mit Windows Server 2016. Der Vorteil der neuen Version ist das bessere Kontextmenü der Icons auf der Startseite und einiges mehr, zum Beispiel die bessere Filter-möglichkeit von Anwendungen auf der Startseite.

Nutzen Sie später direkte Speicherplätze (Storage Spaces Direct) zur Ablage der Datenbanken, können Sie den dazu notwendigen Cluster auf Basis von Nano-Servern bereitstellen. Dadurch steigt auch die Leistung der Postfachserver. Allerdings wird Exchange 2016 auch nach der Veröffentlichung von Windows Server 2016 weder Core- noch Nano-Server unterstützen.

Bevor Sie Exchange 2016 auf einem Server mit Windows Server 2012/2012 R2 installieren können, benötigen Sie die notwendigen Serverrollen und Features auf dem Server. Hier hat sich im Vergleich zu Exchange 2013 wenig verändert. Alle notwendigen Voraussetzungen installieren Sie am schnellsten über die PowerShell mit folgendem Befehl:

```
Install-WindowsFeature Net-HTTP-Activation, Desktop-Experience, NET-Framework-45-Features,
RPC-over-HTTP-proxy, RSAT-Clustering, RSAT-Clustering-CmdInterface, RSAT-Clustering-Mgmt,
RSAT-Clustering-PowerShell, Web-Mgmt-Console, WAS-Process-Model, Web-Asp-Net45, Web-Basic-Auth,
Web-Client-Auth, Web-Digest-Auth, Web-Dir-Browsing, Web-Dyn-Compression, Web-Http-Errors,
Web-Http-Logging, Web-Http-Redirect, Web-Http-Tracing, Web-ISAPI-Ext, Web-ISAPI-Filter,
Web-Lgcy-Mgmt-Console, Web-Metabase, Web-Mgmt-Console, Web-Mgmt-Service, Web-Net-Ext45,
Web-Request-Monitor, Web-Server, Web-Stat-Compression, Web-Static-Content, Web-Windows-Auth,
Web-WMI, Windows-Identity-Foundation, RSAT-ADDS
```

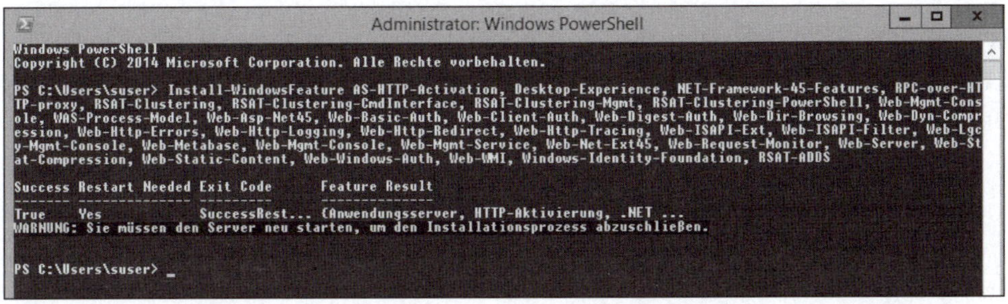

Abbildung 2.4: Die notwendigen Erweiterungen für Exchange 2016 installieren Sie am besten über die PowerShell.

Damit Sie Exchange installieren können, muss danach noch Microsoft Unified Communications Managed API 4.0, Core Runtime 64-Bit (*http://tinyurl.com/zoe6xmy*), installiert werden. Außerdem benötigen Sie das .NET Framework 4.5.2 (*http://tinyurl.com/jbhalep*). Danach installieren Sie Exchange 2016 über das Installationsprogramm.

Der generelle Ablauf deckt sich noch mit der Installation von Exchange 2013. Sie können problemlos Exchange 2016 in Organisationen mit Exchange 2010/2013 installieren.

Installieren Sie Exchange 2016 in einer Testumgebung, wird das Active Directory-Schema automatisch für die Installation vorbereitet. Sie müssen dazu keine weiteren Befehle eingeben.

Nach der Installation erhalten Sie über das Cmdlet *Get-ExchangeServer |fl* umfangreiche Informationen. Das Exchange Admin Center (in vorherigen Versionen als Exchange-Verwaltungskonsole bezeichnet) unterscheidet sich nicht von der Version in Exchange 2013. Das heißt, die generelle Verwaltung der neuen Version bleibt zunächst gleich, teure Schulungen werden wohl nicht notwendig sein, wenn sich Administratoren bereits mit Exchange 2013 auskennen.

Möchten Sie einen Edge-Transport-Server installieren, reicht auch die Eingabe des Befehls *Install-WindowsFeature ADLDS*. Auch hierzu müssen Sie – falls noch nicht geschehen – Microsoft Unified Communications Managed API 4.0 sowie .NET Framework 4.5.2 installieren. Danach wird der Server über die Installationsdateien von Exchange 2016 im Netzwerk integriert.

Außerdem müssen auf dem Server die Remoteserver-Verwaltungstools für Active Directory installiert sein. Diese werden über den gezeigten PowerShell-Befehl aber automatisch installiert.

Tipp

In der PowerShell starten Sie am schnellsten mit dem Befehl *Restart-Computer* einen Server mit Windows Server 2012/2012 R2 neu.

Verwenden Sie bei der Installation der notwendigen Serverrollen für Exchange 2016 noch die Option *-restart*, startet der Server nach der Installation der notwendigen Rollen und Features automatisch neu.

Vorbereiten von Active Directory und Domänen

Haben Sie den Server für Exchange 2016 vorbereitet und auch die Domänencontroller und andere Voraussetzungen überprüft, müssen Sie Active Directory und das Schema noch erweitern. Bevor Sie Microsoft Exchange 2016 installieren, müssen Sie Active Directory und Domänen vorbereiten. Zwar kann auch das Exchange-Installationsprogramm die Aufgaben während der Installation von Exchange durchführen, sauberer ist es aber, wenn Sie die Erweiterung vorher über die Befehlszeile installieren.

Das Schema erweitern Sie zunächst über das Exchange-Installationsprogramm in einer Befehlszeile auf dem Server. Geben Sie dazu alternativ einen der beiden folgenden Befehle ein:

```
Setup /PrepareSchema /IAcceptExchangeServerLicenseTerms
```

oder

```
Setup /ps /IAcceptExchangeServerLicenseTerms
```

Wenn Sie Exchange 2016-Setup mit einem Konto ausführen, das über die erforderlichen Berechtigungen (Schema-Admins, Domänen-Admins und Organisations-Admins) für das Vorbereiten von Active Directory und der Domäne verfügt, wird die Vorbereitung von Active Directory und der Domäne vom Assistenten automatisch ausgeführt. Das heißt, Sie müssen keine manuelle Vorbereitung durchführen. Allerdings ist die manuelle Erweiterung besser, weil Sie so die Erweiterung von der eigentlichen Installation trennen können.

Bei einer Neuinstallation von Exchange 2016 geben Sie anschließend den folgenden Befehl ein, damit der Assistent das Active Directory erweitert:

```
Setup /PrepareAd /IAcceptExchangeServerLicenseTerms /OrganizationName: <Organisationsname>
```

Neben Schemaerweiterungen und Rechten legen diese Befehle eine neue Organisationseinheit (OU) mit den entsprechenden Sicherheitsgruppen an. Mit dem folgenden Befehl bereiten Sie anschließend alle Domänen der Gesamtstruktur für Exchange vor:

```
Setup /PrepareAllDomains /IAcceptExchangeServerLicenseTerms
```

Der Computer, auf dem dieser Befehl ausgeführt wird, muss über Port 389 eine Verbindung mit allen Domänen in der Gesamtstruktur herstellen können. Lassen sich Exchange-Server nicht installieren, hilft es meist, wenn Sie diese beiden Befehle erneut eingeben. Dadurch werden Objekte überprüft, neu angelegt und Fehler oft beseitigt.

Tipp

Wenn Sie bei den Befehlen die Option */DomainController* verwenden, können Sie noch den Domänencontroller angeben, der als Schemamaster fungiert.

Die Schemaerweiterungen sollten Sie am besten direkt auf dem Schemamaster durchführen oder auf einem Server, der sich am gleichen Standort wie der Schemamaster befindet.

Im Anschluss müssen Sie warten, bis die Replikation der Änderungen in der gesamten Exchange-Organisation abgeschlossen ist, bevor Sie mit dem nächsten Schritt fortfahren. Der für die vollständige Replikation benötigte Zeitraum hängt von Ihrer Active Directory-Topologie ab. Jeder Domänencontroller muss zunächst die notwendigen Daten über seine Replikationsverbindungen erhalten. Um zu überprüfen, ob dieser Schritt erfolgreich abgeschlossen wurde, vergewissern Sie sich, dass in der Stammdomäne eine neue Organisationseinheit mit den Microsoft Exchange-Sicherheitsgruppen vorhanden ist.

```
C:\software\x2k16>Setup /PrepareSchema /IAcceptExchangeServerLicenseTerms

Welcome to Microsoft Exchange Server 2016 Unattended Setup

Dateien werden kopiert...
Dateikopiervorgang beendet.
Setup erfasst nun zusätzliche für die Installation
erforderliche Informationen.

Die Voraussetzungen für Microsoft Exchange Server werden überprüft

    Analyse der Voraussetzungen                 ABGESCHLOSSEN

Microsoft Exchange Server wird konfiguriert

    Das Active Directory-Schema wird erweitert   ABGESCHLOSSEN

Der Installationsvorgang von Exchange Server wurde erfolgreich abgeschlossen.
C:\software\x2k16>Setup /PrepareAd /IAcceptExchangeServerLicenseTerms /Organizat
ionName: Contoso

Welcome to Microsoft Exchange Server 2016 Unattended Setup

Dateien werden kopiert...
Dateikopiervorgang beendet.
Setup erfasst nun zusätzliche für die Installation
erforderliche Informationen.

Die Voraussetzungen für Microsoft Exchange Server werden überprüft

    Analyse der Voraussetzungen                 ABGESCHLOSSEN

Microsoft Exchange Server wird konfiguriert

    Vorbereitung der Organisation               ABGESCHLOSSEN

Der Installationsvorgang von Exchange Server wurde erfolgreich abgeschlossen.
C:\software\x2k16>Setup /PrepareAllDomains /IAcceptExchangeServerLicenseTerms -

Welcome to Microsoft Exchange Server 2016 Unattended Setup

Dateien werden kopiert...
Dateikopiervorgang beendet.
Setup erfasst nun zusätzliche für die Installation
erforderliche Informationen.

Die Voraussetzungen für Microsoft Exchange Server werden überprüft

    Analyse der Voraussetzungen                 ABGESCHLOSSEN

Microsoft Exchange Server wird konfiguriert

    Vorbereiten der Domäne - Status             ABGESCHLOSSEN

Der Installationsvorgang von Exchange Server wurde erfolgreich abgeschlossen.

C:\software\x2k16>_
```

Abbildung 2.5: Vor der Installation von Exchange 2016 müssen Sie Schema, Gesamtstruktur und Domänen erweitern.

Hinweis

Denken Sie daran, bei den obigen *Setup*-Befehlen jeweils den Parameter */IAcceptExchangeServerLicense-Terms* mit anzugeben. Ansonsten brechen die Befehle mit einem Fehler ab.

Die Befehle erstellen unter anderem in der aktuellen Domäne eine globale Domänengruppe mit dem Namen *Exchange Install Domain Servers*. Die Gruppe enthält die Exchange-Server im Unternehmen. Der Befehl nimmt diese Gruppe in den Container *Microsoft Exchange System Objects* auf. Außerdem wird die Gruppe *Exchange Install Domain Servers* der universellen Sicherheitsgruppe *Exchange Servers* hinzugefügt.

Die Gruppe *Exchange Install Domain Servers* wird verwendet, wenn Exchange 2016 in einer untergeordneten Domäne installiert wird, bei der es sich um einen anderen Active Directory-Standort als die Stammdomäne handelt. Um den Befehl *Setup /PrepareAllDomains* auszuführen, müssen Sie Mitglied der Gruppe *Organisations-Admins* sein.

Um *Setup /PrepareDomain* auszuführen, wenn die vorbereitete Domäne bereits vorhanden war, bevor Sie *Setup /PrepareAD* ausgeführt haben, müssen Sie Mitglied der Gruppe *Domänen-Admins* in der Domäne sein. Wenn die vorbereitete Domäne erstellt wurde, nachdem Sie *Setup /PrepareAD* ausgeführt haben, müssen Sie Mitglied der Exchange-Gruppe *Organisations-Admins* und der Gruppe *Domänen-Admins* in der Domäne sein.

Tipp

Für Domänen, die sich an einem anderen Active Directory-Standort als die Stammdomäne befinden, tritt bei */PrepareDomain* teilweise ein Fehler auf. Warten Sie die Active Directory-Replikation ab, oder erzwingen Sie die Replikation zwischen dieser Domäne und der Stammdomäne. Führen Sie anschließend */PrepareDomain* erneut aus.

Sie müssen den Befehl zur Erweiterung der Domänen in jeder Domäne ausführen, in der Sie Exchange 2016 installieren. Dieser Befehl muss auch in jeder Domäne ausgeführt werden, die E-Mail-aktivierte Benutzer enthalten soll, auch dann, wenn Exchange 2016 in der Domäne nicht installiert ist.

Um zu überprüfen, ob dieser Schritt erfolgreich abgeschlossen ist, können Sie Folgendes sicherstellen:

1. Im Container *Microsoft Exchange System Objects* befindet sich eine neue globale Gruppe *Exchange Install Domain Servers*. Um erweiterte Container in *Active Directory-Benutzer und -Computer* anzuzeigen, klicken Sie im Snap-In *Active Directory-Benutzer und -Computer* im Menü *Ansicht* auf *Erweiterte Features*.
2. Die Gruppe *Exchange Install Domain Servers* ist Mitglied der universellen Sicherheitsgruppe *Exchange Servers* in der Stammdomäne.

Installation von Exchange 2016 durchführen

Haben Sie alle Vorbereitungen vorgenommen, starten Sie die Installation von Exchange 2016, am besten in der grafischen Oberfläche. Klicken Sie dazu doppelt auf die Datei *setup.exe*.

Hinweis

Wenn Sie in Exchange 2016 die Postfachrolle installieren, werden automatisch die Transportdienste, die Clientzugriffsdienste und der Postfachdienst installiert. In Exchange 2010 gab es für jeden dieser Dienste noch eine eigene Rolle.

Wenn Sie den ersten Exchange-2016-Server in der Organisation installieren, muss das verwendete Konto Mitglied der Gruppe *Organisations-Admins* sein. Haben Sie das Schema bereits vorbereitet und nicht den ersten Server mit Exchange 2016 in der Organisation installiert, muss das verwendete Konto Mitglied der Exchange-2016-Rollengruppe *Organization Management* sein.

Administratoren, die Mitglied der Rollengruppe *Delegated Setup* sind, können Exchange-2016-Server bereitstellen, die zuvor durch ein Mitglied der Verwaltungsrollengruppe *Organization Management* bereitgestellt wurden.

Hinweis

Nach der Installation von Exchange 2016 auf einem Server darf der Servername nicht geändert werden.

Installation in der grafischen Benutzeroberfläche

Starten Sie das Setupprogramm mit einem Doppelklick auf *Setup.exe*. Legen Sie auf der Seite *Soll nach Updates gesucht werden* fest, ob eine Verbindung mit dem Internet hergestellt werden soll und Produkt- und Sicherheitsupdates für Exchange 2016 heruntergeladen werden sollen.

Generell ist es zu empfehlen, den Installations-Assistenten zu aktualisieren. Bestätigen Sie auch die Lizenzbedingungen, bevor Sie die Installation fortsetzen. Sie können während der Installation außerdem auswählen, ob Sie *Empfohlene Einstellungen verwenden* oder *Empfohlene Einstellungen nicht verwenden* nutzen wollen. Die zweite Option erlaubt mehr Auswahlmöglichkeiten.

Wählen Sie auf der Seite *Serverrollenauswahl* aus, ob die Postfachrolle, die Edge-Transport-Rolle oder nur die Verwaltungstools auf dem Server installiert werden sollen. Im Gegensatz zu Exchange 2010 können Sie hier keine weiteren Rollen auswählen. Alle Rollendienste hat Microsoft auf die Rolle *Postfachrolle* konfiguriert. Sie können auf dem gleichen Server nicht parallel beide Rollen installieren.

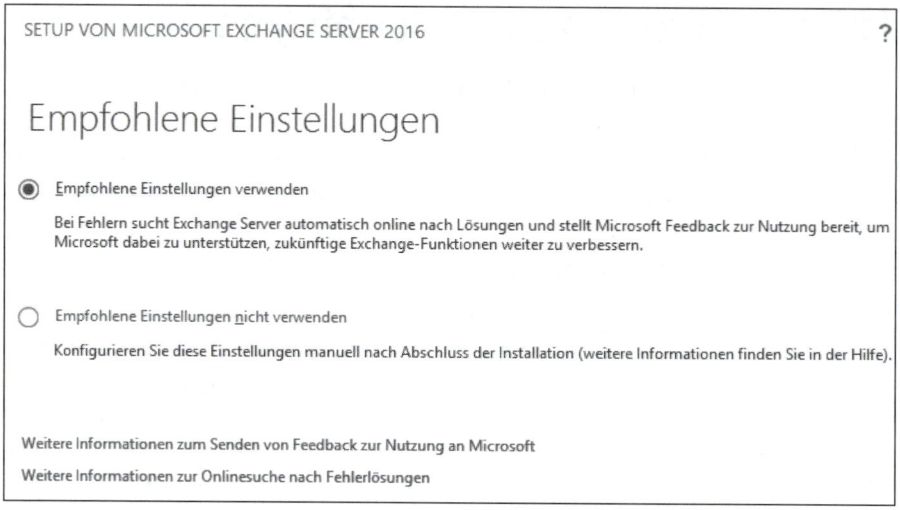

SETUP VON MICROSOFT EXCHANGE SERVER 2016   **?**

Empfohlene Einstellungen

◉ Empfohlene Einstellungen verwenden

Bei Fehlern sucht Exchange Server automatisch online nach Lösungen und stellt Microsoft Feedback zur Nutzung bereit, um Microsoft dabei zu unterstützen, zukünftige Exchange-Funktionen weiter zu verbessern.

○ Empfohlene Einstellungen nicht verwenden

Konfigurieren Sie diese Einstellungen manuell nach Abschluss der Installation (weitere Informationen finden Sie in der Hilfe).

Weitere Informationen zum Senden von Feedback zur Nutzung an Microsoft

Weitere Informationen zur Onlinesuche nach Fehlerlösungen

Abbildung 2.6: Auswählen der Installationsoptionen von Exchange 2016

Die Verwaltungstools werden bei der Installation automatisch installiert. Diese können Sie jedoch auch auf Arbeitsstationen mit Windows 8/8.1 oder Windows 10 installieren.

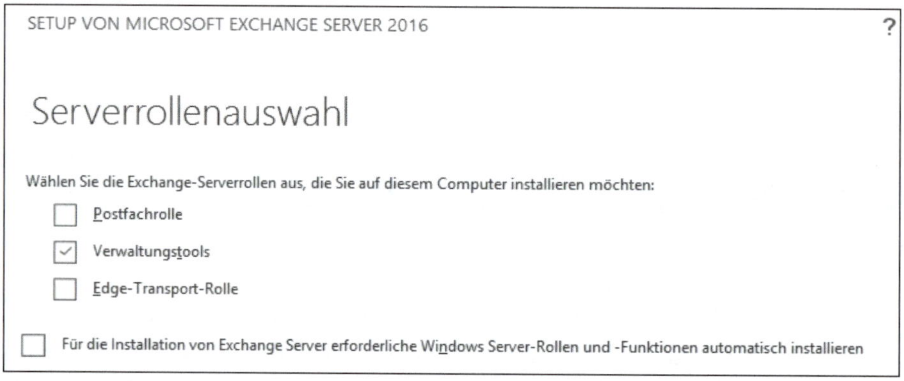

SETUP VON MICROSOFT EXCHANGE SERVER 2016   **?**

Serverrollenauswahl

Wählen Sie die Exchange-Serverrollen aus, die Sie auf diesem Computer installieren möchten:

☐ Postfachrolle

☑ Verwaltungstools

☐ Edge-Transport-Rolle

☐ Für die Installation von Exchange Server erforderliche Windows Server-Rollen und -Funktionen automatisch installieren

Abbildung 2.7: Auswählen der Serverrollen für die Installation von Exchange 2016

Aktivieren Sie das Kontrollkästchen *Für die Installation von Exchange Server erforderliche Windows Server-Rollen und -Funktionen automatisch installieren*, damit alle erforderlichen Windows-Voraussetzungen installiert werden, falls diese fehlen oder Änderungen erfordern. Eventuell müssen Sie den Server neu starten, um die Installation einiger Windows-Funktionen abzuschließen. Auch wenn Sie die Rollen bereits installiert haben, kann es sinnvoll sein, diese Option zu nutzen, da durch die Aktivierung auch notwendige Änderungen durchgeführt werden können, ohne dass Sie manuell eingreifen müssen.

Als Nächstes wählen Sie den Installationspfad aus. Außerdem erfahren Sie, wie viel Speicherplatz die Installation benötigt.

SETUP VON MICROSOFT EXCHANGE SERVER 2016

Speicherplatz und Speicherort der Installation

Erforderlicher Speicherplatz: 8696,2 MB

Verfügbarer Speicherplatz: 125432,1 MB

Geben Sie den Pfad für die Exchange Server-Installation an:

C:\Program Files\Microsoft\Exchange Server\V15   [Durchsuchen]

Abbildung 2.8: Auswählen des Installationspfads

Sie können auf dieser Seite aber auch einen anderen Installationspfad auswählen. Wenn es sich um den ersten Exchange-Server in Ihrer Organisation handelt und Sie Active Directory nicht bereits konfiguriert haben, können Sie während der Installation auch den Namen der Organisation festlegen. Der Name der Exchange-Organisation darf nur die folgenden Zeichen enthalten:

- A bis Z
- a bis z
- 0 bis 9
- Leerzeichen (jedoch nicht führend oder nachgestellt)
- Bindestrich

Der Name der Organisation darf maximal 64 Zeichen enthalten und darf nicht leer sein. Wählen Sie als Sicherheitsmodell das Modell mit geteilten Berechtigungen aus. Für die meisten Organisationen ist es nicht erforderlich, das Modell mit geteilten Berechtigungen von Active Directory anzuwenden.

Wenn Sie die Verwaltung von Active Directory und die Exchange-Konfiguration voneinander trennen wollen, können Sie die geteilten Berechtigungen für die rollenbasierte Zugriffssteuerung (Role Based Access Control, RBAC) verwenden.

Wenn Sie die Postfachrolle installieren, legen Sie auf der Seite für die Einstellungen zum Schutz vor Schadsoftware fest, ob die Prüfung auf Schadsoftware aktiviert oder deaktiviert werden soll. Falls Sie die Prüfung auf Schadsoftware jetzt deaktivieren, können Sie sie später jederzeit wieder aktivieren.

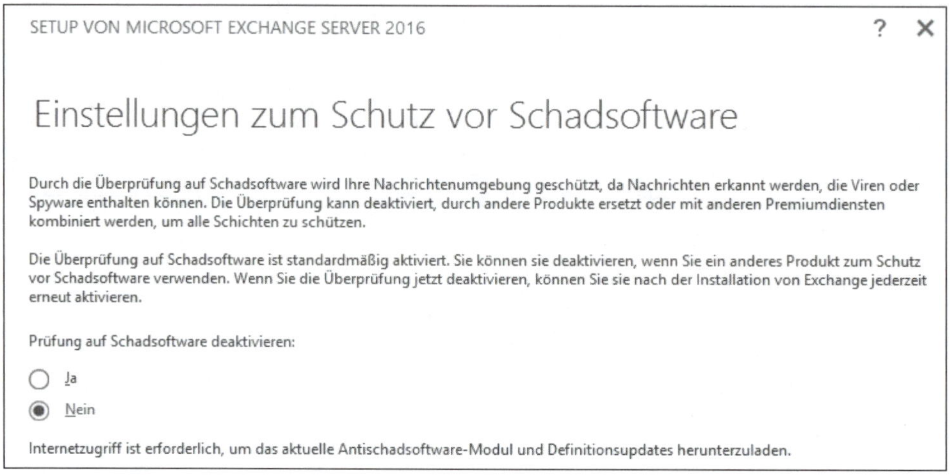

SETUP VON MICROSOFT EXCHANGE SERVER 2016   ?   ✕

Einstellungen zum Schutz vor Schadsoftware

Durch die Überprüfung auf Schadsoftware wird Ihre Nachrichtenumgebung geschützt, da Nachrichten erkannt werden, die Viren oder Spyware enthalten können. Die Überprüfung kann deaktiviert, durch andere Produkte ersetzt oder mit anderen Premiumdiensten kombiniert werden, um alle Schichten zu schützen.

Die Überprüfung auf Schadsoftware ist standardmäßig aktiviert. Sie können sie deaktivieren, wenn Sie ein anderes Produkt zum Schutz vor Schadsoftware verwenden. Wenn Sie die Überprüfung jetzt deaktivieren, können Sie sie nach der Installation von Exchange jederzeit erneut aktivieren.

Prüfung auf Schadsoftware deaktivieren:

○ Ja

◉ Nein

Internetzugriff ist erforderlich, um das aktuelle Antischadsoftware-Modul und Definitionsupdates herunterzuladen.

Abbildung 2.9: Konfigurieren der Virenschutzeinstellungen

Überprüfen Sie anschließend den Status, um festzustellen, ob die Überprüfung der Voraussetzungen für die Organisation und die Serverrollen erfolgreich abgeschlossen wurde. Eventuell gemeldete Fehler müssen Sie beheben, bevor Sie Exchange 2016 installieren können.

Klicken Sie nach dem Beheben eines gemeldeten Fehlers auf *Zurück* und dann auf *Weiter*, um die Überprüfung der Voraussetzungen erneut auszuführen. Überprüfen Sie auch alle gemeldeten Warnungen. Sind alle Überprüfungen der Bereitschaft erfolgreich abgeschlossen, klicken Sie auf *Weiter*, um die Installation von Exchange 2016 zu starten. Erscheint der Fehler, dass ein Sendeconnector für den Adressraum * fehlt, bedeutet das lediglich, dass noch keine E-Mails in das Internet gesendet werden können. Den Connector erstellen Sie aber ohnehin erst später.

Schließen Sie die Installation von Exchange 2016 ab, sobald keine Fehler mehr angezeigt werden.

Automatische Installation oder Deinstallation über die Eingabeaufforderung

Exchange 2016 lässt sich auch über die Eingabeaufforderung automatisiert installieren. Sie können die Rollen über eine Befehlszeile mitgeben, die Vorbereitung des Schemas (früher *Forestprep*) durchführen und alle weiteren Optionen ageben, die auch über die grafische Oberfläche zur Verfügung stehen.

Hierüber können Sie auch Exchange 2016 unbeaufsichtigt installieren. Die Installation über die Befehlszeile erfolgt über das Setupprogramm *Setup.exe*. Dabei stehen Ihnen einige Optionen zur Verfügung, über die Sie die Installation automatisieren können. Diese Optionen lassen sich auch miteinander kombinieren:

- **/mode:<Setupvariante>** Als *<Setupvariante>* können Sie *Install* oder *Uninstall* verwenden. Wählen Sie diese Option nicht aus, wird das Standardverhalten *Install* verwendet.

- **/mode:RecoverServer** Über diese Option reparieren Sie eine Exchange-Installation direkt auf dem Server, wenn Exchange nicht mehr ordnungsgemäß funktioniert. Während dieses Vorgangs ruft der Server auch Daten ab, die in Active Directory hinterlegt sind.

- **/role:\<Serverrollen\>** (oder auch */r:\<Serverrollen\>*) Über diese Option können Sie die Serverrollen auswählen, die Sie auf dem Server installieren wollen. Sie können aus den nachfolgend genannten Rollen auswählen. Geben Sie den Befehl *Setup /role:Mailbox* oder *Setup /r:M* ein, um einen normalen Exchange-Server zu installieren. Folgende Optionen stehen zur Auswahl:
  - *Mailbox* (oder *MB* oder *M*)
  - *ManagementTools* (oder *MT* oder *T*)

Die folgenden Optionen sind optional. Werden diese Optionen nicht mitgegeben, verwendet das Installationsprogramm die jeweilige Standardeinstellung:

- **/Mdbname** Name der Standarddatenbank des Servers, wenn Sie einen Postfachserver installieren

- **/DbFilePath** Pfad zur *.edb*-Datei der Datenbank

- **/LogFolderPath** Pfad, in dem Exchange die Transaktionsprotokolle speichern soll

- **/ExternalCASServerDomain** Installieren Sie einen Clientzugriffsserver, können Sie hierüber die externe URL für den virtuellen Ordner *OWA/ActiveSync/Web Services/OAB* angeben.

- **/OrganizationName:\<Name der Exchange-Organisation\>** Diese Option wird nur benötigt, wenn Sie den ersten Exchange-Server in einer Organisation installieren. Bei zusätzlichen Servern können Sie diese Option nicht verwenden.

- **/TargetDir:\<Zielordner\>** Hier können Sie einen Installationsordner auswählen, wenn Sie mit dem Standardpfad *C:\Programme\Microsoft\Exchange Server\v15* nicht einverstanden sind.

- **/SourceDir:\<Quellordner\>** Pfad der Exchange-Installationsdateien

- **/UpdatesDir:\<Ordner, aus dem Aktualisierungen bezogen werden\>** Hier können Sie einen Ordner angeben, aus dem das Installationsprogramm Aktualisierungen für Exchange 2016 beziehen kann. Bei den Updatedateien muss es sich entweder um *.exe*- oder um *.msp*-Dateien handeln. Diese Funktion ergibt erst dann Sinn, wenn Updates oder Service Packs für Exchange 2016 verfügbar sind.

- **/DomainController:\<FQDN eines DCs\>** Hier können Sie einen Domänencontroller mitgeben, den das Setupprogramm für die benötigte Verbindung zu Active Directory verwendet.

- **/AnswerFile:\<Dateiname\>** Mit dieser Option können Sie den Pfad und die Bezeichnung einer Antwortdatei mitgeben. In dieser Datei können Sie verschiedene erweiterte Optionen wählen, die Sie auch als Option für die Installation über die Befehlszeile mitgeben können. Als Syntax für die Textdatei nehmen Sie die Werte, die Sie in diesem Abschnitt sehen, und dann den Wert in folgender Schreibweise: *\<Schlüssel\>=\<Wert\>*

- **/DoNotStartTransport** Wenn Sie diese Option verwenden, wird nach der erfolgreichen Installation der Dienst *Microsoft Exchange Transport* zunächst nicht gestartet. Dieser Dienst ist für das Versenden von E-Mails vom Server verantwortlich und stellt den SMTP-Server von Exchange zur Verfügung. Beenden Sie den Dienst, ist der Server über Port 25 nicht mehr erreichbar. Dieser Dienst wird vor allem auf Edge-Transport-Servern benötigt. Wollen Sie nach der Installation auf einem Server noch Konfigurationen vornehmen, bevor E-Mails über diesen Server versendet werden, ist diese Option sinnvoll.

- **/EnableErrorReporting** Bei dieser Option wird die Fehlerberichterstattung an Microsoft aktiviert. Diese ist selten sinnvoll und wird normalerweise nicht benötigt.

- **/CustomerFeedbackEnabled:<Wahrheitswert>** Hier geben Sie mit *true* oder *false* ein, ob Sie am Programm zur Benutzerfreundlichkeit teilnehmen wollen.

- **/RemoveProvisionedServer:<Servername>** (oder */rprs*) Verwenden Sie diese Option, wird das mit */rprs* erstellte Platzhaltercomputerkonto entfernt.

Sie können die beschriebenen Optionen auch miteinander mischen. Die ausführliche Befehlszeile sieht dann folgendermaßen aus:

```
Setup.exe [/Mode:<Setupmodus>] [/IAcceptExchangeServerLicenseTerms]
[/Role:<Serverrolle>] [/InstallWindowsComponents]
[/OrganizationName:<Name der Exchange-Organisation>]
[/TargetDir:<Zielordner>] [/SourceDir:<Quellordner>]
[/UpdatesDir:<Ordner mit Updates>]
[/DomainController:<FQDN>] [/DisableAMFiltering]
[/AnswerFile:<Dateiname>] [/DoNotStartTransport]
[/EnableErrorReporting] [/CustomerFeedbackEnabled:<True | False>]
[/AddUmLanguagePack:<Sprachpaket>]
[/RemoveUmLanguagePack:<Unified Messaging-Sprachpaket>]
[/NewProvisionedServer:<Server>] [/RemoveProvisionedServer:<Server>]
[/MdbName:<Postfachdatenbank>] [/DbFilePath:<Pfad zu den .edb-Dateien>]
[/LogFolderPath:<Pfad zu den Protokolldateien>] [/ActiveDirectorySplitPermissions:<True | False>]
[/TenantOrganizationConfig:<Pfad>]
```

Das Setupprogramm überprüft zunächst die Voraussetzungen. Falls nicht alle Voraussetzungen erfüllt sind, tritt bei der Installation ein Fehler auf, genauso wie dies bei der Installation in der grafischen Oberfläche der Fall ist. Starten Sie den Server nach Abschluss der Installation neu.

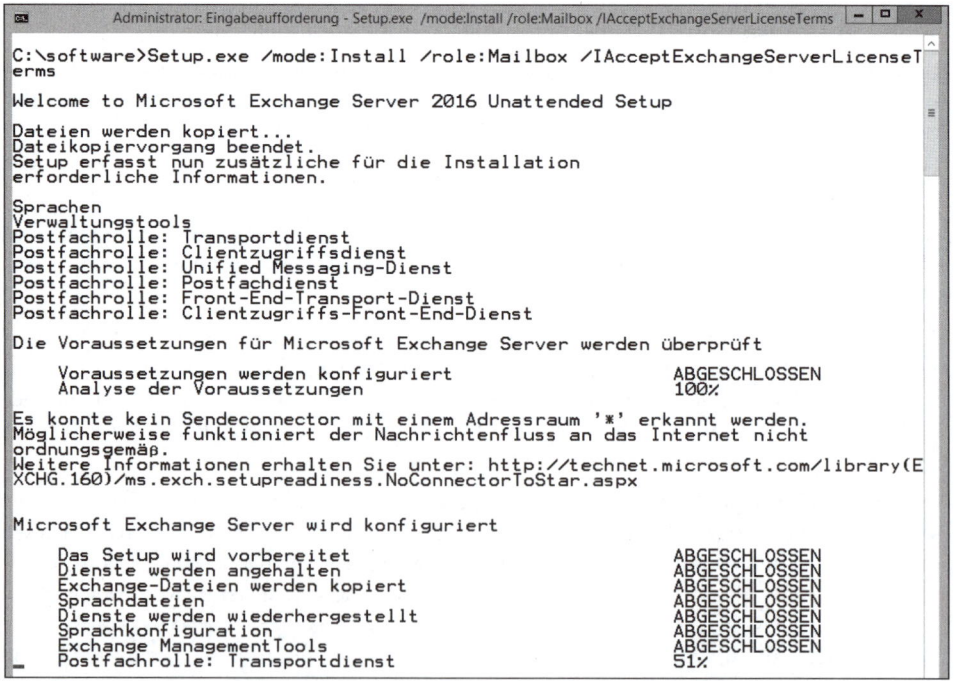

Abbildung 2.10: Exchange 2016 lässt sich auch über die Befehlszeile installieren.

Einfache Beispiele:

- *Setup.exe /mode:Install /role:Mailbox /OrganizationName:Contoso /IAcceptExchangeServer LicenseTerms*   Installiert die Postfachrolle und erstellt die Organisation *Contoso*.

- *Setup.exe /mode:Install /role:Mailbox /TargetDir:"C:\Exchange Server"*   Wenn Sie nicht den Standardordner für die Installation verwenden, sondern selbst einen Ordner angeben wollen.

- *Setup.exe /mode:Uninstall*   Entfernt Exchange komplett vom aktuellen Server.

- *Setup.exe /role:Mailbox /UpdatesDir:"C:\ExchangeServer\New Patches"*   Aktualisiert mit Patches und installiert dann die Rolle *Postfachserver* sowie die Verwaltungstools. Wenn ein Sprachpaket im Ordner vorhanden ist, wird das Sprachpaket ebenfalls installiert.

- *Setup.exe /mode:Install /role:Mailbox /DomainController:DC01*   Verwendet den Domänencontroller *DC01*, um während der Installation Abfragen an Active Directory zu senden und Änderungen vorzunehmen.

- *Setup.exe /mode:Install /role:AnswerFile:c:\ExchangeConfig.txt*   Installiert die Serverrolle mit Einstellungen in der Datei *ExchangeConfig.txt*.

Installation von Exchange 2016 delegieren

Administratoren können die Installation eines Exchange-Servers vorbereiten sowie den Namen festlegen und die eigentliche Installation der Systemdateien an untergeordnete Administratoren delegieren. Der Administrator, der den Server installiert, benötigt bei diesem Vorgang keine Rechte für die Organisation, da der Organisations-Admin alles Notwendige vorgegeben hat.

Der erste Server der Organisation lässt sich allerdings nicht auf diesem Weg delegieren. Für eine solche Installation verwenden Sie die Option *NewProvisionedServer* der Setupdatei von Exchange 2016. Bei diesem Vorgang legt das Setupprogramm alle notwendigen Serverobjekte an, konfiguriert die Gruppenmitgliedschaften und setzt entsprechende Berechtigungen. Die Syntax des Befehls lautet:

```
Setup.exe /NewProvisionedServer:<Servername> /IAcceptExchangeServerLicenseTerms
```

Über eine solche Delegierung lässt sich Exchange allerdings nur installieren; eine Deinstallation ist auf diesem Weg nicht möglich. Nach der Bereitstellung sehen Sie den Server bereits im Exchange Admin Center über *Server*. Das Computerkonto des Servers muss dazu aber bereits in Active Directory vorhanden sein. Anlegen lässt sich das Konto zum Beispiel über das Snap-In *Active Directory-Benutzer und -Computer*.

Wie Sie Rechte in Exchange auf Basis von Rollen vergeben, zeigen wir Ihnen in Kapitel 13. Damit Administratoren delegierte Server installieren können, müssen zuvor die Benutzerkonten in die Rollengruppe *Delegated Setup* aufgenommen werden. Sie benötigen dazu die Exchange Management Shell (in Exchange 2013 als Exchange-Verwaltungsshell bezeichnet). Über den Befehl

```
Get-RoleGroupMember "Delegated Setup"
```

lassen Sie sich die aktuellen Mitglieder der Gruppe anzeigen.

Mit dem Befehl

```
Add-RoleGroupMember "Delegated Setup" -Member <Benutzerkonto>
```

nehmen Sie Benutzerkonten in die Gruppe auf.

Entfernen können Sie Benutzer über:

```
Remove-RoleGroupMember "Delegated Setup" -Member <Benutzerkonto>
```

Rollup Packages und kumulative Updates installieren

Nach der Installation eines Servers sollten Sie auch jeweils das aktuelle Rollup Package oder kumulative Updates (CU) installieren. Auch nach dem Erscheinen von Service Packs erscheinen Rollup Packages, die auf dem Service Pack aufbauen. Aus diesem Grund sollten Sie immer das aktuelle Service Pack und die darauf aufbauenden Rollup Packages installieren. Diese enthalten eine Sammlung wichtiger Aktualisierungen. Kumulative Updates enthalten immer alle Updates des vorhergehenden Updates. Mit den Installationsdateien von kumulativen Updates können Sie immer auch einen kompletten Server neu installieren.

Tipp

Manche Updates erweitern das Schema von Active Directory. Das heißt, es kann durchaus sinnvoll sein, vor einer Installation auch das Schema mit den Installationsdateien des CU zu aktualisieren. Entpacken Sie dazu die Installationsdateien, und erweitern Sie das Schema, die Gesamtstruktur und die Domänen mit den folgenden drei Befehlen:

```
Setup.exe /PrepareSchema /IacceptExchangeServerLicenseTerms
Setup.exe /PrepareAD /IacceptExchangeServerLicenseTerms
Setup.exe /PrepareDomain /IAcceptExchangeServerLicenseTerms
```

In den meisten Fällen sind die Packages kumulativ, sie enthalten also auch die Patches des vorangegangenen Pakets. Laden Sie sich das aktuelle Update-Paket herunter, und installieren Sie dieses auf allen Exchange-Servern. Überprüfen Sie vorher im Internet, ob es bekannte Probleme gibt. Die Installation läuft immer gleich ab:

1. Sie laden sich das aktuelle Package herunter. Dieses liegt normalerweise im *.msp*-Format vor oder als *.exe*-Datei.

2. Sie klicken doppelt auf das Package und bestätigen die Installation. Die Installation kann durchaus bis zu 20 Minuten dauern, abhängig von den Dateien, die das Package austauscht.

3. Auch wenn es nicht immer notwendig ist, sollten Sie nach der Installation den Server möglichst neu starten, damit sichergestellt ist, dass alle Serverdienste noch problemlos funktionieren.

Exchange-Sprachpakete installieren

Exchange 2016 wird standardmäßig sprachneutral installiert. Auch über das Internet bietet Microsoft verschiedene Sprachen für Exchange an.

Die Sprachen sind vor allem wichtig, um Anwendern die richtigen Bezeichnungen für die Ordner in ihren Postfächern zu bieten. Wollen Sie bereits während der Installation eine zusätzliche Sprache installieren, verwenden Sie folgenden Befehl:

```
Setup.exe /mode:install /roles:.... [/LanguagePack:]
```

Jedes Service Pack für Exchange bringt in den meisten Fällen auch ein neues Sprachpaket. Das heißt, nach der Installation von Service Packs müssen Sie auch die Sprachpakete aktualisieren.

Sprachen lassen sich nicht einzeln installieren, sondern immer nur über das Sprachpaket auf Servern integrieren. Der schnellste Weg, die unterstützten Sprachen für Outlook im Web und Outlook auf einem Exchange-Server zu installieren, ist der Download des entsprechenden Sprachpakets. Nach dem Download starten Sie per Doppelklick die Installation.

Nach der Überprüfung klicken Sie auf *Installieren*, um die Sprachpakete auf dem Server zu installieren. Einzelne Sprachen können Sie an dieser Stelle nicht auswählen.

Tipp

In der Datei *ExchangeSetup.log* im Ordner *C:\ExchangeSetupLogs* sehen Sie den Fortschritt der Installation. Hier können Sie auch recht schnell Fehler entdecken und beheben. Suchen Sie nach einem Fehler im Internet, erhalten Sie oft schon Hinweise für die Problemlösung.

Exchange-Verwaltungstools installieren

Sie können auf einem anderen Server oder einer Arbeitsstation mit Windows 8.1 und Windows 10 die Verwaltungstools für Exchange 2016 installieren. Allerdings müssen Sie darauf achten, dass in Exchange 2016 auch die Verwaltungstools ein 64-Bit-System voraussetzen. Die Installation auf einem 32-Bit-Computer ist daher nicht möglich.

Nachdem Sie die Voraussetzungen geschaffen haben, können Sie über die Exchange-2016-Installationsdateien die Verwaltungstools für Exchange 2016 installieren. Sie können aber auch ohne die Installation der Verwaltungstools auf das Exchange Admin Center von Exchange 2016 zugreifen. Dazu verwenden Sie den Link *https://<Servername>/ecp*. Die Verwaltungstools integrieren aber die Cmdlets für die Verwaltung von Exchange über die Management Shell.

Exchange 2016 deinstallieren

Wollen Sie auf einem Server Exchange 2016 deinstallieren, rufen Sie das Applet *Programme deinstallieren* über die Systemsteuerung auf. Wählen Sie *Microsoft Exchange Server 2016* aus, und klicken Sie dann auf *Deinstallieren*. Am schnellsten starten Sie das Programm, wenn Sie auf der Startseite von Windows Server 2012/2012 R2 die Zeichenfolge »appwiz.cpl« eintippen und mit der ⏎-Taste bestätigen. Anschließend startet das Setupprogramm von Exchange 2016 und Sie können auswählen, dass Exchange 2016 von diesem Server entfernt werden soll.

Hinweis

In Exchange 2016 ist es nicht mehr möglich, einzelne Serverrollen von einem Exchange-Server zu entfernen oder zu installieren.

Erste Schritte nach der Installation

In den nächsten Abschnitten erfahren Sie, wie Sie nach der Installation den Exchange-Server anpassen und welche Einstellungen nach der Installation notwendig sind. Zunächst sollten Sie das Exchange Admin Center auf dem Server über die URL *https://<Servername>/ecp* öffnen. Hierbei sollten keine Fehler erscheinen. Öffnen Sie die Konsole direkt mit dem Browser auf dem Server, kann die erweiterte Sicherheit des Internet Explorers stören. Bestätigen Sie in diesem Fall einfach die Meldungen, damit diese nicht mehr erscheinen.

Nach dem Start des Exchange Admin Centers melden Sie sich zunächst als Administrator an und legen die Anzeigesprache und Heimatzeitzone fest. Klicken Sie anschließend auf *Server*, um sicherzustellen, dass der Server ordnungsgemäß in die Umgebung integriert wurde.

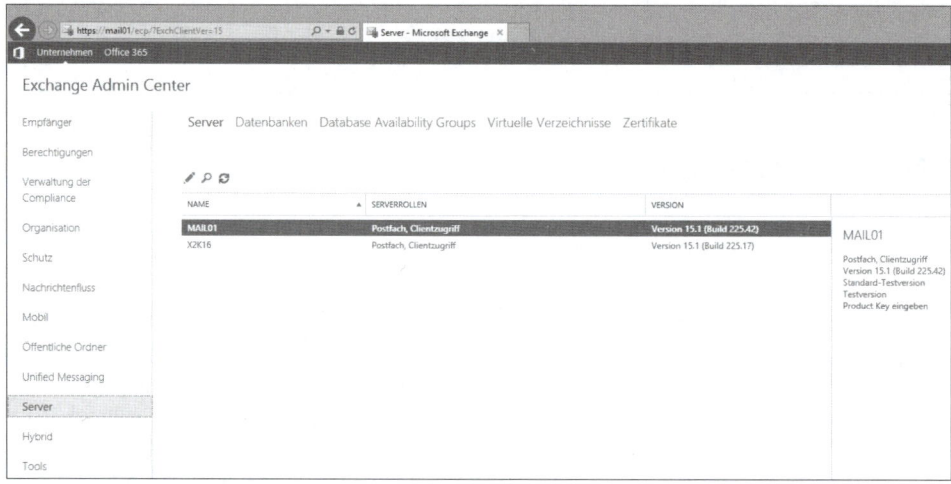

Abbildung 2.11: Erfolgreicher Start des Exchange Admin Centers

Installation in der Exchange Management Shell überprüfen und Fehler beheben

Um die Installation zu überprüfen, verwenden Sie am besten die Exchange Management Shell und geben den folgenden Befehl ein. Bereits der erfolgreiche Start der Exchange Management Shell zeigt an, dass der Server generell funktioniert. Lassen Sie sich danach Informationen zum Server anzeigen:

```
Get-ExchangeServer |fl Name, AdminDisplayVersion
```

Als *AdminDisplayVersion* wird Version 15.1 (Build 225.42) erscheinen. Hier sehen Sie auf Wunsch auch andere Informationen, wenn Sie lediglich die Option *|fl* verwenden. Standardmäßig erfolgt bei jedem Start eines Exchange 2016-Servers die Bindung an einen zufällig ausgewählten Domänencontroller sowie an einen globalen Katalogserver am eigenen Standort.

Diese Daten können Sie ebenfalls über das Cmdlet *Get-ExchangeServer* in der Exchange Management Shell anzeigen. Sie können auch das Cmdlet *Set-ExchangeServer* verwenden, um eine statische Liste mit Domänencontrollern zu konfigurieren, an die die Bindung eines Exchange

2016-Servers erfolgen soll. Eine andere Möglichkeit besteht in der Konfiguration einer Liste mit Domänencontrollern, die Exchange nicht verwenden soll.

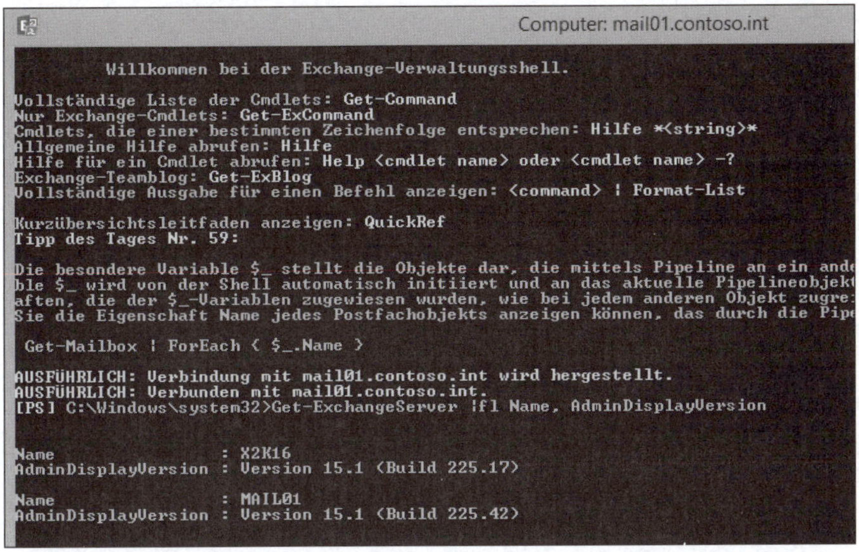

Abbildung 2.12: Überprüfen des Exchange-Servers

Tipp

Nach der Installation von Exchange 2016 sollten Sie in der Exchange-Verwaltungsshell mit dem Cmdlet *Test-ServiceHealth* überprüfen, ob alle Serverdienste auf dem Server noch funktionieren.

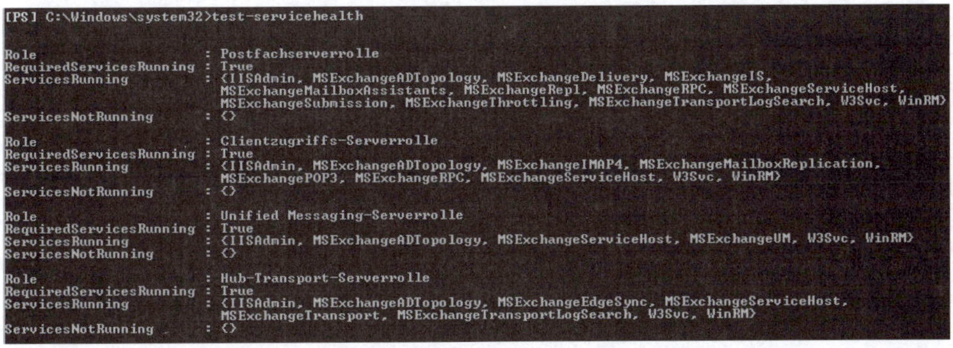

Abbildung 2.13: Überprüfen der Exchange-Dienste auf dem neuen Server

Mit dem kostenlosen PowerShell-Skript *Test-ExchangeServerHealth.ps1* (*http://tinyurl.com/ hnh8yd6*) können Sie mit einem Befehl den Zustand Ihrer Exchange-Server anzeigen lassen. Zur Verwendung laden Sie das Skript herunter, kopieren es auf den Exchange-Server und führen es aus. Bei der Ausführung des Skripts kann es zu Fehlermeldungen kommen, wenn das Skript bestimmte Daten nicht auslesen kann. Aber für die meisten Belange erhalten Sie schnell einen guten Überblick über die Exchange-Server in der Organisation.

In der Datei *ignorelist.txt* können Sie einzelne Bereiche zur Überprüfung ausschließen. Sie können das Skript auch mit PowerShell ISE öffnen und verschiedene Einstellungen ändern, zum Beispiel die Möglichkeit, den Bericht per E-Mail zu versenden. Außerdem müssen Sie hier teilweise englische Einstellungen in deutsche Beschreibungen ändern und mehr.

Verwenden Sie in der Exchange Management Shell das Cmdlet *Get-HealthReport -Identity <Exchange-Server>*, erhalten Sie für den Server einen umfassenden Bericht zu den Serverkomponenten und deren Zustand.

In der Exchange Management Shell sehen Sie, welche Exchange-Komponenten funktionieren (*Healthy*) und welche Dienste nicht funktionieren (*Unhealthy*). Auf Basis des Ergebnisses können Sie im Internet nach Fehlerbehebungen suchen.

Häufig ist es notwendig, den Exchange-Informationsspeicher oder einen anderen Dienst neu zu starten. Dazu nutzen Sie *Net stop msexchangeis* und *Net start msexchsangeis*. In der Exchange Management Shell verwenden Sie dazu *Restart-Service mesexchangeis*.

Nach dem Neustart von Diensten sollten Sie diese immer mit *Test-ServiceHealth* testen. Das Cmdlet kann die Systemdienste aber auch über das Netzwerk prüfen:

```
Test-ServiceHealth -Server <Servername>
```

In der Spalte *ServicesNotRunning* sind die Dienste zu sehen, die nicht gestartet sind. Über das Netzwerk können Sie Dienste auch starten lassen:

```
Invoke-Command -Computername <Servername> {Start-Service msexchangeis}
```

Danach können Sie mit *Test-ServiceHealth* den Dienst erneut überprüfen.

In diesem Zusammenhang ist auch der Befehl *Get-Service *exchange* -Computername <Servername>* interessant. Mit diesem Befehl überprüfen Sie in der PowerShell, ob Exchange-Dienste auf bestimmten Servern noch funktionieren oder gestoppt sind.

Microsoft Exchange Analyzer nutzen

In der Microsoft TechNet-Galerie finden Sie das neue Tool Exchange Analyzer (*http://tinyurl.com/zlzfa5u*). Dieses kann die Exchange-Installation auf Fehler überprüfen beziehungsweise auf Einstellungen, die von den Empfehlungen von Microsoft abweichen. Das Tool ist kompatibel mit Exchange 2013 und Exchange 2016.

Bei dem Tool handelt es sich um ein PowerShell-Skript, das erweiterte Module genutzt. Nach dem Download öffnen Sie das Archiv und kopieren das Verzeichnis auf den Exchange-Server. Das Verzeichnis im Unterordner *Modules* kopieren Sie in das Verzeichnis *C:\Windows\System32\WindowsPowerShell\v1.0\Modules*. Danach rufen Sie die Exchange Management Shell auf und starten das Skript mit dem Befehl *.\Run-ExchangeAnalyzer.ps1*. Wollen Sie ausführliche Informationen in der Exchange Management Shell erhalten, verwenden Sie den folgenden Befehl: *.\Run-ExchangeAnalyzer.ps1 -Verbose*.

Hinweis

Um das Skript ausführen zu können, müssen Sie vorab mit *Set-ExecutionPolicy* die Ausführungsrichtlinie auf *Unrestricted* setzen. Vergessen Sie nicht, sie anschließend wieder mit *Restricted* zurückzusetzen.

Ersetzen Sie die Version durch eine aktuelle Version, müssen Sie den Kopiervorgang erneut durchführen.

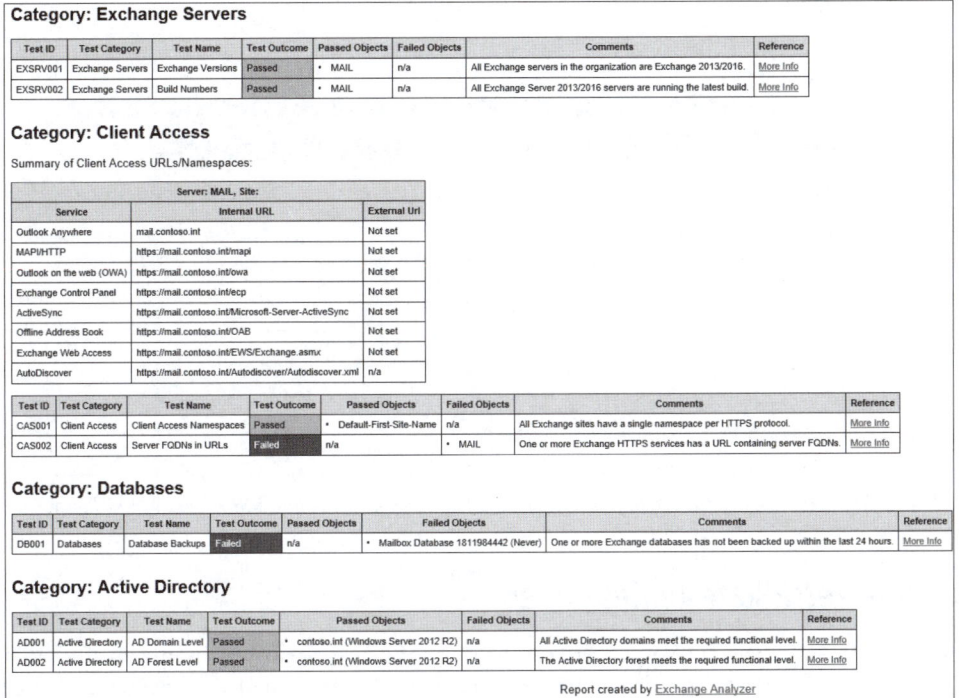

Category: Exchange Servers

Test ID	Test Category	Test Name	Test Outcome	Passed Objects	Failed Objects	Comments	Reference
EXSRV001	Exchange Servers	Exchange Versions	Passed	• MAIL	n/a	All Exchange servers in the organization are Exchange 2013/2016.	More Info
EXSRV002	Exchange Servers	Build Numbers	Passed	• MAIL	n/a	All Exchange Server 2013/2016 servers are running the latest build.	More Info

Category: Client Access

Summary of Client Access URLs/Namespaces:

Server: MAIL, Site:		
Service	**Internal URL**	**External Url**
Outlook Anywhere	mail.contoso.int	Not set
MAPI/HTTP	https://mail.contoso.int/mapi	Not set
Outlook on the web (OWA)	https://mail.contoso.int/owa	Not set
Exchange Control Panel	https://mail.contoso.int/ecp	Not set
ActiveSync	https://mail.contoso.int/Microsoft-Server-ActiveSync	Not set
Offline Address Book	https://mail.contoso.int/OAB	Not set
Exchange Web Access	https://mail.contoso.int/EWS/Exchange.asmx	Not set
AutoDiscover	https://mail.contoso.int/Autodiscover/Autodiscover.xml	n/a

Test ID	Test Category	Test Name	Test Outcome	Passed Objects	Failed Objects	Comments	Reference
CAS001	Client Access	Client Access Namespaces	Passed	• Default-First-Site-Name	n/a	All Exchange sites have a single namespace per HTTPS protocol.	More Info
CAS002	Client Access	Server FQDNs in URLs	Failed	n/a	• MAIL	One or more Exchange HTTPS services has a URL containing server FQDNs.	More Info

Category: Databases

Test ID	Test Category	Test Name	Test Outcome	Passed Objects	Failed Objects	Comments	Reference
DB001	Databases	Database Backups	Failed	n/a	• Mailbox Database 1811984442 (Never)	One or more Exchange databases has not been backed up within the last 24 hours.	More Info

Category: Active Directory

Test ID	Test Category	Test Name	Test Outcome	Passed Objects	Failed Objects	Comments	Reference
AD001	Active Directory	AD Domain Level	Passed	• contoso.int (Windows Server 2012 R2)	n/a	All Active Directory domains meet the required functional level.	More Info
AD002	Active Directory	AD Forest Level	Passed	• contoso.int (Windows Server 2012 R2)	n/a	The Active Directory forest meets the required functional level.	More Info

Report created by Exchange Analyzer

Abbildung 2.14: Mit dem Microsoft Exchange Analyzer überprüfen Administratoren die Exchange-Installation.

Product Key eingeben

Während der Installation von Exchange 2016 ist zunächst keine Eingabe eines Product Keys erforderlich. Geben Sie auch nach der Installation keinen Key ein, können Sie diese Exchange-Installation einige Zeit testen. Nach der Testzeit stellt der Server den Betrieb ein.

Haben Sie einen Product Key vorliegen, geben Sie diesen über das Exchange Admin Center ein. Klicken Sie dazu auf den Menübefehl *Server*, und klicken Sie auf den noch nicht lizenzierten Server. Wählen Sie aus dem Menü das Stiftsymbol aus, um Einstellungen des Servers zu bearbeiten.

Im Fenster geben Sie den Product Key ein und klicken auf *Speichern*. Stimmt der Schlüssel, zeigt die Verwaltungskonsole den Server auf der rechten Seite als lizenziert an. Sie sollten nach der Eingabe am besten den Server neu starten, mindestens aber den Systemdienst des Informationsspeichers. Sie können den Product Key auch über die Exchange Management Shell eingeben. Verwenden Sie dazu folgenden Befehl:

```
Set-ExchangeServer -Identity <Servername> -ProductKey <Product Key>
```

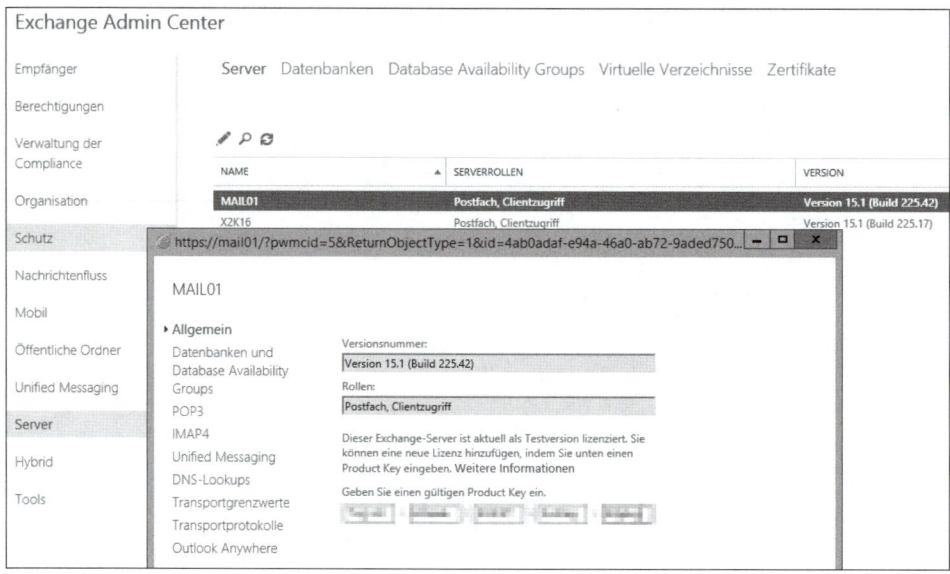

Abbildung 2.15: Bearbeiten der Eigenschaften eines neuen Exchange-Servers und Eintragen des Product Keys

Exchange-Zertifikate konfigurieren

Exchange 2016 setzt wie die Vorgängerversionen auf SSL-gesicherte Verbindungen und Verschlüsselung. Aus diesem Grund benötigt jeder Exchange-Server ein eigenes Serverzertifikat. Während der Installation stellt sich jeder Exchange-Server ein selbst signiertes Zertifikat aus und verwendet dieses für die einzelnen Verschlüsselungen.

Tipp

Sie haben auch die Möglichkeit, eine Zertifikatanforderung in der Exchange Management Shell zu erstellen. Dies ist zum Beispiel dann sinnvoll, wenn Sie diese Anforderung für das Einreichen bei der Zertifizierungsstelle eines Drittherstellers verwenden müssen. In diesem Fall verwenden Sie zum Beispiel die folgenden Befehle:

```
$RequestData = New-ExchangeCertificate -GenerateRequest -Server MAIL01 -SubjectName "c=com,
S=germany, L=berlin, O=Contoso, OU=ex, CN=webmail.contoso.com" -DomainName webmail.contoso.com,
autodiscover.contoso.com -PrivateKeyExportable $true
Set-Content -Path \\MAIL01\c$\download\ssl-request.req -Value $RequestData
```

Dadurch erstellen Sie eine Textdatei, in der die Zertifikatsanforderung abgelegt ist. Wird auf Basis dieser Zertifikatsanforderung ein Zertifikat erstellt, können Sie dieses ebenfalls in der Exchange Management Shell mit Exchange verbinden. Dazu kopieren Sie das heruntergeladene Zertifikat in das Verzeichnis, in das Sie bereits die Zertifikatsanforderung kopiert haben:

```
$Data = [Byte[]]$(Get-Content -Path "\\mail01\c$\download\webmail.cer" -Encoding byte -ReadCount 0)
Import-ExchangeCertificate -Server MAIL01 -FileData $Data | Enable-ExchangeCertificate -Server
MAIL01 -Services IIS
```

Das Problem dabei ist, dass kein Client dieser Zertifizierungsstelle vertraut, was in Zertifikatfehlermeldungen resultiert. In Exchange 2016 hat Microsoft das Problem aber entschärft, da sich die Server untereinander vertrauen. Sie müssen daher nicht unbedingt das Zertifikat anpassen. In produktiven Umgebungen ist es aber besser, wenn Sie auf Basis der Active Directory-Zertifikatdienste ein neues Zertifikat ausstellen lassen und für Exchange nutzen. Diese Einrichtung sollten Sie so schnell wie möglich nach der Installation durchführen.

Internen Zertifizierungsstellen vertrauen Clients, die Mitglied der gleichen Active Directory-Gesamtstruktur sind, automatisch. Bei Zertifizierungsstellen von Drittherstellern müssen Sie das Zertifikat der Zertifizierungsstelle manuell in die vertrauenswürdigen Stammzertifizierungsstellen integrieren, sofern sie noch nicht bekannt ist.

Tipp

Sie können bei einer Migration zu Exchange 2016 auch das alte Zertifikat Ihrer Exchange-Server weiterverwenden. Dazu exportieren Sie das Zertifikat in der Zertifikatverwaltung oder in den Internetinformationsdiensten (IIS) in eine *.pfx*-Datei. Diese können Sie in Exchange 2016 wieder importieren.

Vorbereiten der Zertifikatänderung auf dem Exchange-Server

In Exchange 2016 haben Sie die Möglichkeit, Serverzertifikate im Exchange Admin Center zu verwalten. Um dem Server ein Zertifikat zuzuweisen, klicken Sie im Exchange Admin Center auf *Server* und dann auf *Zertifikate*.

Jeder Exchange-Server in der Organisation erhält sein eigenes Zertifikat. Um ein neues Zertifikat zu installieren, klicken Sie zunächst auf das Pluszeichen. Der Assistent erstellt eine Zertifikatanforderung, die Sie dann entweder über die Active Directory-Zertifikatdienste oder über das Webfrontend des Drittherstellers anfordern.

Abbildung 2.16: Im Exchange Admin Center installieren Sie neue Zertifikate für Exchange 2016.

Sie erstellen jetzt eine Zertifikatanforderung. Diese übertragen Sie zu den Active Directory-Zertifikatdiensten, um ein Zertifikat zu erhalten:

1. Klicken Sie auf das Pluszeichen im Fenster, um den Assistenten für die Installation von Zertifikaten zu starten.

2. Bestätigen Sie *Anforderung eines Zertifikats von einer Zertifizierungsstelle erstellen*.

3. Im nächsten Schritt des Assistenten geben Sie den Namen ein, mit dem das Zertifikat angezeigt werden soll.

4. Auf der nächsten Seite legen Sie fest, dass Sie untergeordnete Domänen mit dem Zertifikat anbinden wollen. Setzen Sie nur eine Domäne ein, ist das nicht notwendig.

5. Danach wählen Sie den Exchange-Server aus, auf dem Sie die Anforderung des Zertifikats speichern wollen.

6. Im nächsten Fenster wählen Sie die Serverdienste aus. Klicken Sie auf jeden Serverdienst und auf das Stiftsymbol. Geben Sie für jeden Dienst den vollständigen DNS-Namen an, mit dem auf den Server zugegriffen wird.

7. Danach erhalten Sie eine Zusammenfassung aller DNS-Namen, die mit dem Zertifikat verknüpft werden.

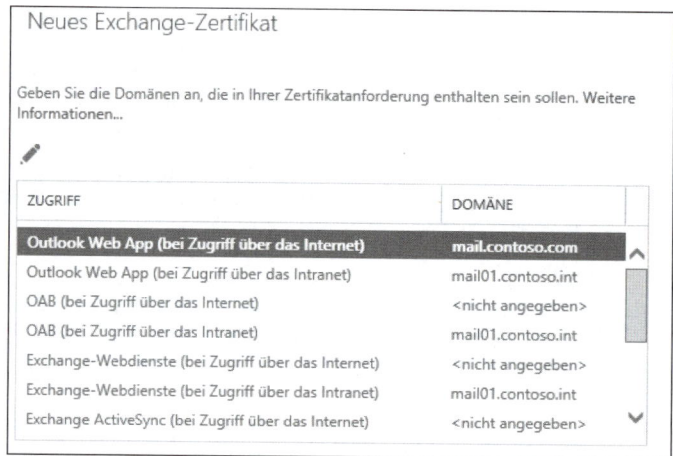

Abbildung 2.17: Festlegen der Exchange-Dienste, die ein neues Zertifikat erhalten sollen

8. Anschließend geben Sie den Namen der Organisation und einige Daten zum Unternehmen ein.

9. Danach speichern Sie die Anforderung als Textdatei in einer Freigabe im Netzwerk. Mit dieser Datei fordern Sie das Zertifikat anschließend an.

10. Sie sehen im Exchange Admin Center den Status des Zertifikats als *Ausstehende Anforderung*.

Zertifikat von der Zertifizierungsstelle abrufen

Im nächsten Schritt öffnen Sie das Webfrontend des Zertifikatausstellers:

1. Falls Sie die Active Directory-Zertifikatdienste verwenden wollen, erreichen Sie diese über die Adresse *https://<Servername>/certsrv*.

2. Wählen Sie *Ein Zertifikat anfordern* und anschließend *erweiterte Zertifikatanforderung*.

3. Wählen Sie die Option *Reichen Sie eine Zertifikatanforderung ein, die eine Base64-codierte CMD- oder PKCS10-Datei verwendet, oder eine Erneuerungsanforderung, die eine Base64-codierte PKCS7-Datei verwendet,* ein.

4. Im nächsten Fenster geben Sie im Feld *Gespeicherte Anforderung* den Text der *.req*-Datei ein, die Sie im Vorfeld erstellt haben. Sie öffnen die Datei im Editor und kopieren den Inhalt in die Zwischenablage. Sie müssen den kompletten Text der Datei verwenden.

5. Wählen Sie als Zertifikatvorlage *Webserver*, und klicken Sie auf *Einsenden*.

6. Anschließend laden Sie das Zertifikat als *.cer*-Datei herunter und speichern diese Datei auf dem Exchange-Server.

Neues Zertifikat in Exchange integrieren

Als Nächstes integrieren Sie das neue Zertifikat in Exchange. Dazu arbeiten Sie wieder mit dem Exchange Admin Center:

1. Klicken Sie auf *Server/Zertifikate*.

2. Klicken Sie auf das Zertifikat in der Konsole mit dem Status *Ausstehende Anforderung* und danach auf *Abschließen*.

3. Wählen Sie die heruntergeladene *.cer*-Datei aus, und schließen Sie den Vorgang ab. Das Zertifikat wird danach als »Gültig« angezeigt.

Erscheint ein Fehler, überprüfen Sie, ob das Zertifikat der Stammzertifizierungsstelle auf dem Exchange-Server bei den vertrauenswürdigen Stammzertifizierungsstellen hinterlegt ist:

1. Geben Sie *Certlm.msc* auf der Startseite ein.

2. Erweitern Sie in der Konsole *Zertifikate/Vertrauenswürdige Stammzertifizierungsstellen/Zertifikate*.

3. Überprüfen Sie an dieser Stelle, ob das Zertifikat der Zertifizierungsstelle hinterlegt ist. Finden Sie das Zertifikat nicht, geben Sie in der Eingabeaufforderung den Befehl *Gpupdate /force* ein, damit das Zertifikat der Stammzertifizierungsstelle von der internen Zertifizierungsstelle abgerufen wird.

Nach diesem Vorgang haben Sie das Zertifikat erfolgreich in Exchange integriert. Markieren Sie das Zertifikat, können Sie über das Stift-Symbol jederzeit Einstellungen ändern und dieses auch mit den anderen Diensten in Exchange verbinden. Dazu klicken Sie im neuen Fenster auf *Dienste*, markieren die noch nicht ausgewählten Dienste und klicken auf *Speichern*. In manchen Fällen werden Sie noch gefragt, ob bereits vorhandene Zertifikate überschrieben werden sollen. Das bestätigen Sie.

Hinweis

Wollen Sie nicht mit einem internen Zertifikat von den Active Directory-Zertifikatdiensten arbeiten, können Sie auch ein externes Zertifikat kaufen und dieses integrieren. Die Vorgehensweise ist nahezu identisch, nur verwenden Sie die Weboberfläche des entsprechenden Anbieters.

Sehr wichtig an dieser Stelle ist, dass Sie den Namen, mit dem der Server aus dem Internet erreichbar ist, als allgemeinen Name hinterlegen, wenn Sie ein Zertifikat ausstellen.

Ansonsten erhalten Clients, die aus dem Internet auf den Server zugreifen, eine Fehlermeldung, da der Name des Zertifikats nicht mit der URL für den Zugriff übereinstimmt. Dieser Bereich ist vor allem für die Verwendung von Outlook und Exchange ActiveSync wichtig. Falls ein Zertifikatfehler in Outlook Web App erscheint, können Anwender diesen ohne große Auswirkungen bestätigen. Outlook verweigert allerdings die Verbindung bei solchen Fehlern.

Das Zertifikat sollte als »Gültig« angezeigt werden. Dazu muss das von der Zertifizierungsstelle bezogene Zertifikat in den vertrauenswürdigen Stammzertifizierungsstellen auf dem Exchange-Server hinterlegt sein.

Arbeiten Sie mit den Active Directory-Zertifikatdiensten, installiert der Exchange-Server das Zertifikat der Vertrauensstellung automatisch über die Gruppenrichtlinien. Das Zertifikat der Stammzertifizierungsstelle muss auf dem Exchange-Server hinterlegt sein, damit der Exchange-Server den Zertifikaten dieser Zertifizierungsstelle vertraut.

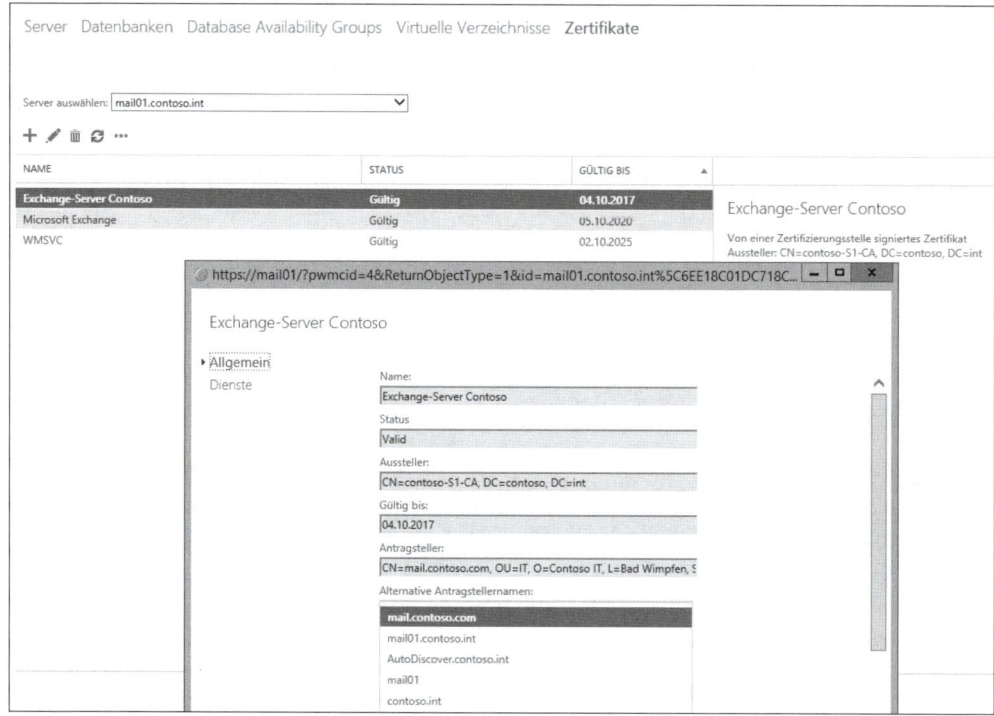

Abbildung 2.18: Ausstellen von Zertifikaten

DigiCert SSL Installation Diagnostics Tool – Sicherheitstests

Vermuten Sie Probleme beim externen Zugriff auf Ihre Exchange-OWA-Seite, können Sie dies über das Unternehmen DigiCert (*https://www.digicert.com/help*) kostenlos online überprüfen lassen. Sie müssen dazu nur die Adresse des Servers eingeben. Außerdem können Sie mit dem Tool auch überprüfen, ob das Zertifikat anfällig für eine Heartbleed-Attacke ist.

Sie sehen außerdem die IP-Adresse, die dem Rechnernamen mit dem Zertifikat zugewiesen ist, und erfahren, wie lange das Zertifikat noch gültig ist. Auch die Protokolle, die das Zertifikat unterstützt, sehen Sie an dieser Stelle. Der Hersteller bietet auch noch Tools an, mit denen Sie Namen von internen Servern und von Zertifikaten anpassen können.

E-Mail-Versand und -Empfang konfigurieren

Der Empfang und Versand von E-Mails setzt sich aus verschiedenen Bereichen zusammen. Nach der Installation kann ein Exchange-Server zunächst noch keine E-Mails empfangen und senden. Dies ist auch bei Exchange 2016 so.

Zunächst müssen Sie einige Einstellungen vornehmen. In Kürze sind das folgende Bereiche, die Sie im Exchange Admin Center finden:

1. Exchange nimmt zunächst nur E-Mails für Domänen an, die im Menü *Nachrichtenfluss* bei *Akzeptierte Domänen* hinterlegt sind.

2. Damit ein Exchange-Server E-Mails entgegennehmen kann, muss ein Empfangsconnector erstellt und so konfiguriert sein, dass er E-Mails vom sendenden Server akzeptiert. Empfangsconnectors finden Sie über *Nachrichtenfluss/Empfangsconnectors*. Standardmäßig legt Exchange 2016 bereits Connectors an.

3. Damit Exchange-Server E-Mails intern zustellen können, muss die in der E-Mail angegebene Adresse in der Organisation vorhanden sein. Welche E-Mail-Adressen der Server an die Anwender verteilt, sehen Sie auf der Registerkarte *E-Mail-Adressenrichtlinie* im Bereich *Nachrichtenfluss*.

4. Postfächer für Anwender erstellen Sie über *Empfänger/Postfächer*. An dieser Stelle können Sie auch gleich neue Benutzerkonten in Active Directory anlegen.

5. Damit Exchange E-Mails aus dem Unternehmen hinaus versenden kann, muss mindestens ein Sendeconnector erstellt sein. Diese Konfiguration finden Sie über *Nachrichtenfluss* auf der Registerkarte *Sendeconnectors*. Nach der Installation ist noch kein solcher Sendeconnector vorhanden. Sie müssen mindestens einen Connector mit der Domäne * erstellen. Das bedeutet, dass über diesen Connector alle ausgehenden E-Mails versendet werden.

Diagnose für den E-Mail-Verkehr erstellen

Ein wichtiges Diagnoseprogramm für den E-Mail-Fluss ist Exchange Server SMTPDiag-Tool, das Sie von der Microsoft-Internetseite *http://tinyurl.com/hkn9mm4* kostenlos herunterladen können.

Mit diesem Tool können Sie über die Eingabeaufforderung Probleme beim SMTP-Versand diagnostizieren und so die Sendeconnectors des Servers testen. Die Installationsdateien des Tools enthalten ein ausführliches Word-Dokument, in dem der Umgang erläutert wird.

Das Tool überprüft, ob eine E-Mail per SMTP zugestellt werden kann. Geben Sie den Befehl *Smtpdiag <Absenderadresse> <Empfängeradresse>* ein, zum Beispiel *Smtpdiag joost@contoso.com thomas.joos@web.de*. Das Tool überprüft, ob der Server die E-Mail durch die DNS-Auflösung zustellen könnte, und listet eventuell aufgetretene Probleme sehr detailliert auf. Sie sehen bei der Ausgabe auch, ob Server Verbindungen nicht akzeptieren oder andere Fehler auftreten, und können gezielt bei den entsprechenden Servern zur Fehlerbehebung ansetzen.

Sie erkennen im Test, ob ein Server Fehler meldet und ob eventuell der empfangende Server keine Verbindungen von anderen Servern akzeptiert. Mit dem Tool erkennen Sie, woran der Fehler bei der Übertragung liegt, und können genau recherchieren.

Über die Microsoft-Seite *https://testconnectivity.microsoft.com* können Sie die Verbindung Ihrer Exchange-Organisation mit dem Internet testen. Der Remote Connectivity Analyzer dient zum Testen der Verbindung von Outlook, Smartphones oder Office 365. Haben Sie den gewünschten Test ausgewählt, geben Sie noch die Daten des Exchange-Servers ein, den Sie testen wollen, sowie die Benutzerdaten, mit denen Sie die Verbindung aufbauen. Anschließend testet das Tool die Verbindung und zeigt an, ob die Konfiguration funktioniert.

Virtuelle Verzeichnisse konfigurieren

Nach der Installation von Exchange 2016 sollten Sie auch die verschiedenen virtuellen Verzeichnisse auf dem Server konfigurieren. Diese sind für die Anbindung der verschiedenen Clients notwendig. Vor allem die folgenden Verzeichnisse sollten dafür überprüft oder angepasst werden:

- OWA Virtual Directory
- ECP Virtual Directory
- EWS Virtual Directory
- ActiveSync Virtual Directory
- PowerShell Virtual Directory
- MAPI Virtual Directory
- OAB Virtual Directory

Hinweis

Generell empfiehlt Microsoft den Einsatz einer sogenannten Split-DNS- Konfiguration. Bei dieser verwenden Sie intern die gleiche Domäne wie extern, zum Beispiel *webmail.contoso.com*.

Um die verschiedenen virtuellen Verzeichnisse zu konfigurieren, verwenden Sie entweder das Exchange Admin Center oder die Exchange Management Shell. Im Exchange Admin Center finden Sie die Konfiguration der virtuellen Verzeichnisse über den Menüpunkt *Server*.

Wollen Sie die virtuellen Verzeichnisse in der Exchange Management Shell konfigurieren, verwenden Sie zum Beispiel die folgenden Befehle:

```
Get-OWAVirtualDirectory -Server MAIL01 | Set-OWAVirtualDirectory -InternalURL https://
webmail.contoso.com/owa -ExternalURL https://webmail.contoso.com
Get-ECPVirtualDirectory -Server MAIL01 | Set-ECPVirtualDirectory -InternalURL https://
webmail.contoso.com/ecp -ExternalURL https://webmail.contoso.com/ecp
Get-WebServicesVirtualDirectory -Server MAIL01 | Set-WebServicesVirtualDirectory -InternalURL
https://webmail.contoso.com/ews/exchange.asmx -ExternalURL https://webmail.contoso.com/ews/
exchange.asmx
Get-ActiveSyncVirtualDirectory -Server MAIL01 | Set-ActiveSyncVirtualDirectory -InternalURL https://
webmail.contoso.com/Microsoft-Server-ActiveSync -ExternalURL https://webmail.contoso.com/
Microsoft-Server-ActiveSync
Get-PowerShellVirtualDirectory -Server MAIL01 | Set-PowerShellVirtualDirectory -InternalURL https://
webmail.contoso.com/PowerShell -ExternalURL https://webmail.contoso.com/PowerShell
Get-MAPIVirtualDirectory -Server MAIL01 | Set-MAPIVirtualDirectory -InternalURL https://
webmail.contoso.com/mapi -ExternalURL https://webmail.contoso.com/mapi
Get-OabVirtualDirectory -Server MAIL01 | Set-OabVirtualDirectory -InternalURL https://
webmail.contoso.com/oab -ExternalURL https://webmail.contoso.com/oab
```

Grundsätzlich ist es auch sinnvoll, wenn Sie den internen Service Connection Point (SCP) für die Anbindung von Outlook ebenfalls entsprechend anpassen:

```
Set-ClientAccessServer -Name MAIL101 -AutoDiscoverServiceInternalUri https://
autodiscover.contoso.com/autodiscover/autodiscover.xml
```

Das Gleiche gilt auch für die Outlook Anywhere-Konfiguration. Hier können Sie auch die Standardauthentifizierung nutzen, müssen aber darauf achten, dass Sie auch für das Web SSL konfiguriert haben:

```
Get-OutlookAnywhere -Server MAIL01 | Set-OutlookAnywhere -ExternalHostname webmail.contoso.com
-ExternalClientsRequireSsl:$true -ExternalClientAuthenticationMethod:Basic -InternalHostName
webmail.contoso.com -InternalClientsRequireSsl:$true -InternalClientAuthenticationMethod:Basic
```

Fehlerbehebung während der Installation

In manchen Situationen bricht die Installation des Servers ab. Ist das bei Ihnen der Fall, können Sie mit der Schaltfläche *Wiederholen* die erneute Installation der entsprechenden Komponenten veranlassen, ohne den Server oder die Installation neu starten zu müssen. Die Installationsroutine von Exchange 2016 führt eine eigene Protokolldatei, in der alle Informationen der Installation gespeichert sind.

Diese Datei trägt die Bezeichnung *ExchangeSetup.log* und wird im Ordner *C:\ExchangeSetup Logs* gespeichert. Hier werden alle Informationen abgelegt, die während der Installation anfallen. Untersuchen Sie Probleme während der Installation von Exchange 2016, sollten Sie die Datei *ExchangeSetup.log* verwenden, da diese Datei mehr Informationen enthält, nach denen Sie auch im Internet suchen können, wenn Probleme auftreten. Treten Probleme während der Installation auf, haben Sie die größte Chance, in dieser Protokolldatei den Fehler zu finden.

Geben Sie den entsprechenden Fehler in eine Suchmaschine ein, finden Sie sicherlich ausführliche Hilfen zum Problem. Die Protokolldateien der Exchange-2016-Installation liegen im Textformat vor und können von jedem Texteditor gelesen werden. Normalerweise werden diese Protokolldateien nur im Fehlerfall benötigt.

In der Datei *ExchangeSetup.msilog* werden die Informationen gespeichert, die der Windows-Installer während der Extraktion der Exchange-Server-Installationsdateien protokolliert.

Sie können diese Datei auch während der Installation aufrufen, wenn Ihrer Meinung nach die Installation einer Rolle zu lange dauert. Tritt ein Fehler während der Installation auf, wartet das Setupprogramm häufig nach verschiedenen Intervallen und hält den Fehler auch in der Protokolldatei fest. So können Sie bereits nach dem Fehler suchen, während Exchange noch versucht, den Server zu installieren. Entsprechende Fehler sehen Sie dann am Ende der Datei.

```
                                                    ExchangeSetup.log - Editor
 Datei  Bearbeiten  Format  Ansicht  ?
[10.05.2015 09:49:20.0454]  [0]  ***********************************************
[10.05.2015 09:49:20.0470]  [0]  Starting Microsoft Exchange Server 2016 Setup
[10.05.2015 09:49:20.0470]  [0]  ***********************************************
[10.05.2015 09:49:20.0470]  [0]  Local time zone: (UTC+01:00) Amsterdam, Berlin, Bern, Rom, Stockholm, Wien.
[10.05.2015 09:49:20.0470]  [0]  Operating system version: Microsoft Windows NT 6.2.9200.0.
[10.05.2015 09:49:20.0485]  [0]  Setup version: 15.1.225.42.
[10.05.2015 09:49:20.0485]  [0]  Logged on user: CONTOSO\suser.
[10.05.2015 09:49:20.0501]  [0]  Der Registrierungsschlüssel "HKEY_LOCAL_MACHINE\SOFTWARE\Microsoft\Exchange
[10.05.2015 09:49:20.0532]  [0]  Der Registrierungsschlüssel "HKEY_LOCAL_MACHINE\SOFTWARE\Microsoft\Exchange
[10.05.2015 09:49:20.0798]  [0]  Command Line Parameter Name='sourcedir', Value='C:\software\x2k16'.
[10.05.2015 09:49:20.0814]  [0]  Command Line Parameter Name='mode', Value='Install'.
[10.05.2015 09:49:20.0814]  [0]  RuntimeAssembly was started with the following command: '/sourcedir:C:\soft
[10.05.2015 09:49:20.0814]  [0]  Der Registrierungsschlüssel "HKEY_LOCAL_MACHINE\SOFTWARE\Microsoft\Exchange
[10.05.2015 09:49:22.0767]  [0]  Finished loading screen CheckForUpdatesPage.
[10.05.2015 09:49:56.0100]  [0]  Finished loading screen UpdatesDownloadsPage.
[10.05.2015 09:50:05.0507]  [0]  Starting file's copying...
[10.05.2015 09:50:05.0570]  [0]  Setup copy files from 'C:\software\x2k16\Setup\ServerRoles\Common' to 'C:\W
[10.05.2015 09:50:05.0710]  [0]  Finished loading screen CopyFilesPage.
[10.05.2015 09:50:05.0726]  [0]  Disk space required: 1987625733 bytes.
[10.05.2015 09:50:05.0726]  [0]  Disk space available: 133473669120 bytes.
[10.05.2015 09:50:31.0964]  [0]  Finished loading screen InitializingSetupPage.
[10.05.2015 09:50:31.0964]  [0]  File's copying finished.
[10.05.2015 09:50:50.0123]  [0]  Setup is choosing the domain controller to use
[10.05.2015 09:51:00.0296]  [0]  Setup is choosing a local domain controller...
[10.05.2015 09:51:05.0641]  [0]  Setup has chosen the local domain controller dc01.contoso.int for initial d
[10.05.2015 09:51:10.0220]  [0]  PrepareAD has either not been run or has not replicated to the domain contr
[10.05.2015 09:51:10.0235]  [0]  The schema master domain controller is available
[10.05.2015 09:51:10.0235]  [0]  The schema master domain controller is in the local domain; setup will use
[10.05.2015 09:51:10.0251]  [0]  Setup is choosing a global catalog...
[10.05.2015 09:51:10.0282]  [0]  Setup has chosen the global catalog server dc01.contoso.int.
[10.05.2015 09:51:10.0313]  [0]  Setup will use the domain controller 'dc01.contoso.int'.
[10.05.2015 09:51:10.0313]  [0]  Setup will use the global catalog 'dc01.contoso.int'.
```

Abbildung 2.19: Aufrufen des Protokolls während der Installation

Bricht die Installation mit einem Fehler ab, erhalten Sie ebenfalls einen entsprechenden Hinweis. Auch dieser hilft bei der Recherche. Starten Sie die Installation erneut, startet Exchange im Wartungsmodus und Sie können mit der Installation fortfahren, nachdem Sie den Fehler behoben haben.

SETUP VON MICROSOFT EXCHANGE SERVER 2016 ? ✕

Unvollständige Installation ermittelt

Setup hat festgestellt, dass eine frühere Installation von Exchange auf diesem Computer nicht erfolgreich abgeschlossen wurde. Das Setup versucht jetzt, diese Installation abzuschließen. Klicken Sie auf "Weiter", um den Vorgang fortzusetzen.

Abbildung 2.20: Exchange 2016 erkennt fehlerhafte Installationen und kann diese jederzeit fortsetzen.

Das Erste, was Sie bei der Fehlerbehebung in der Eingabeaufforderung tun sollten, ist das Anpingen des Domänencontrollers mit seiner IP-Adresse und seinem FQDN. Der Server muss fehlerfrei erreicht werden, damit die Installation von Exchange gelingt. Deutet der Fehler auf Probleme in der Active Directory-Verbindung hin, sollten Sie zum Beispiel mit dem Befehlszeilentool Dcdiag eine Diagnose von Active Directory auf dem Domänencontroller durchführen.

Starten Sie die Installation nach einem Abbruch erneut, erkennt der Assistent, dass bereits Dienste installiert sind, und kann die Installation fortsetzen.

In einigen Fällen weist auch der Installations-Assistent Sie auf Probleme hin und erläutert, wie Sie diese beheben. Bei einer erneuten Installation müssen Sie über ADSI-Edit zum Beispiel häufig einzelne Werte aus Active Directory entfernen.

Exchange-Server mit ADSI-Edit aus Active Directory entfernen

Wenn bei einem Server gar nichts mehr geht, die Installation aber schon so weit fortgeschritten ist, dass der Server in Active Directory integriert ist, können Sie den Server und dessen Konfiguration direkt aus Active Directory über ADSI-Edit löschen.

Allerdings sind solche Vorgänge mit Vorsicht durchzuführen, da Sie durch das direkte Löschen von Objekten in Active Directory eine Gesamtstruktur stark beschädigen können. Die Daten von Exchange 2016 finden Sie am schnellsten über den ADSI-Editor in der Programmgruppe *Verwaltung*. Um die Daten von Exchange abzurufen, gehen Sie folgendermaßen vor:

1. Starten Sie den ADSI-Editor über *Tools* im Server-Manager oder durch Eingabe des Begriffs auf der Windows-Startseite.

2. Klicken Sie im Fenster mit der rechten Maustaste auf *ADSI-Editor*, und wählen Sie *Verbindung herstellen*.

3. Aktivieren Sie die Option *Bekannten Namenskontext auswählen*, und wählen Sie im Dropdownlistenfeld den Eintrag *Konfiguration* aus.

4. Klicken Sie auf *OK*, um die Verbindung aufzubauen.

Navigieren Sie dann zu *Konfiguration/Configuration/CN=Services/CN=Microsoft Exchange/ <Name der Organisation>/CN=Administrative Groups/CN=Exchange Administrative Groups*.

Hier finden Sie die wichtigsten Daten von Exchange 2016 zur Verbindung mit Active Directory. Alle Änderungen, die Sie hier vornehmen, haben sofortige Auswirkungen auf die Exchange-Struktur im Unternehmen.

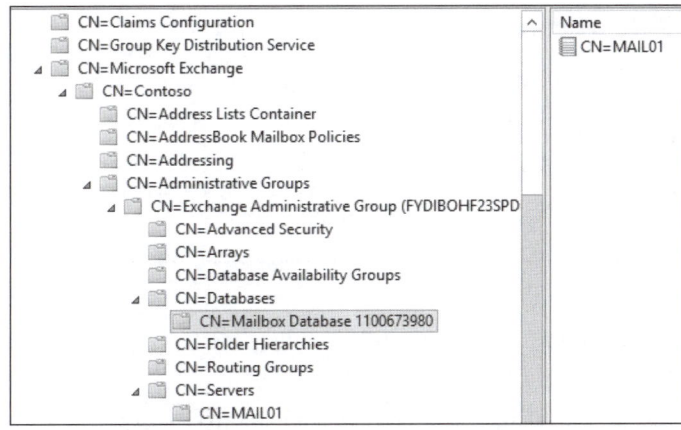

Abbildung 2.21: Anzeigen der Exchange-Daten in Active Directory

Im Container *CN=Servers* finden Sie weitere Container für jeden einzelnen Exchange-Server. Im Container *CN=Databases* finden Sie die Datenbanken. Lässt sich ein Server gar nicht mehr installieren, löschen Sie seinen Container unterhalb von *CN=Servers* und seine Datenbank unterhalb von *CN=Databases*.

Öffnen Sie anschließend das Exchange Admin Center auf einem anderen Server, sehen Sie, dass der Server nicht mehr in der Serverkonfiguration auftaucht. Führen Sie eine erneute Installation von Exchange 2016 auf dem Server durch.

Gelingt das nicht, führen Sie die Schritte erneut aus. Installieren Sie in diesem Fall auch das Betriebssystem neu auf dem Server. Wenn gar nichts mehr hilft, probieren Sie es mit einem anderen Servernamen, da bei bestimmten Fehlern der Servername noch an verschiedenen Stellen in Active Directory steht und sich dort nicht korrekt entfernen lässt.

Neuinstallation durch Setupfehler oder falsche Uhrzeit

Laufen die Uhren des Exchange-Servers und des Domänencontrollers nicht synchron, bricht die Installation oft mit einem Fehler ab. Überprüfen Sie bei einem Setupfehler daher immer die Uhrzeit auf dem Domänencontroller und die Uhrzeit auf dem Exchange-Server, und gleichen Sie diese untereinander ab. Bei bis zu fünf Minuten Unterschied ist kein Problem zu erwarten, aber ab fünf Minuten Unterschied macht Active Directory oft Probleme.

Wollen Sie die Zeit auf dem Exchange-Server während der Installation mit dem Domänencontroller synchronisieren, geben Sie in der Eingabeaufforderung den folgenden Befehl ein:

```
Net time \\<Name des Domänencontrollers> /set /yes
```

Anschließend synchronisiert sich die Zeit automatisch.

Exchange-Reparatur-Installation durchführen

Funktionieren Systemkomponenten in Exchange 2016 nicht, können Sie eine Reparatur-Installation durchführen. Bei diesem Vorgang werden keine Daten gelöscht, sondern nur die Systemdateien repariert. Die Installation dazu nehmen Sie in der Befehlszeile vor.

Wechseln Sie dazu in das Verzeichnis mit den Installationsdateien von Exchange 2016 oder dem entsprechenden Service Pack oder CU, das Sie installiert haben. Die Reparaturinstallation starten Sie mit:

```
Setup /m:upgrade /IAcceptExchangeServerLicenseTerms
```

Exchange überprüft den Server und versucht dann Systemkomponenten zu reparieren. Starten Sie den Server danach neu, sollte Exchange wieder funktionieren.

Tipp

Lassen sich neue Exchange-Server nicht installieren, kann es helfen, die Vorbereitungen für Active Directory und die Domänen erneut durchzuführen. Dazu verwenden Sie folgende Befehle:

```
Setup /PrepareAd /IAcceptExchangeServerLicenseTerms /OrganizationName: <Organisationsname>
```

```
Setup /PrepareAllDomains /IAcceptExchangeServerLicenseTerms
```

System-Benutzerpostfächer verschieben und neu erstellen

Bei Reparatur-Installationen, Testumgebungen oder auch in größeren Netzwerken passiert es häufig, dass sich Exchange nicht installieren lässt, weil Postfächer fehlen oder auf gelöschten Datenbanken angelegt wurden. Um das Problem zu lösen, werden diesen Benutzern einfach neue Postfächer auf anderen Datenbanken zugewiesen. Probleme machen in diesem Fall vor allem Systempostfächer und Systembenutzer für die Archivierung.

Mit dem folgenden Cmdlet lassen sich alle Benutzer anzeigen, für die Exchange aktuell kein Postfach finden kann. Sollen neue Server installiert werden, erhalten Administratoren häufig Fehler in der Art »Cannot find E-discovery arbitration mailbox with name=$name« und »Skipping creating Discovery Arbitration mailbox beause of insufficient permissions« angezeigt.

Lassen Sie sich dazu zunächst die Arbitration-Postfächer anzeigen:

```
Get-Mailbox -Arbitration | Select Name,Database
```

Danach können Sie die defekten Postfächer reparieren:

```
Set-Mailbox <Fehlerhaftes Postfach> -Database <Neue Datenbank> -Arbitration
```

Danach können Sie mit dem folgenden Cmdlet nach weiteren Benutzern suchen, für die kein Postfach gefunden werden kann:

```
Get-Mailbox | Select Name,Database
```

Danach können Sie die defekten Postfächer auch hier reparieren:

```
Set-Mailbox <Fehlerhaftes Postfach> -Database <Neue Datenbank>
```

Haben Sie diese Befehle ausgeführt, sollten keinerlei defekte Postfächer angezeigt werden. Starten Sie die Installation neu, sollte diese an genau der Stelle fortgesetzt werden, an der sie abgebrochen ist.

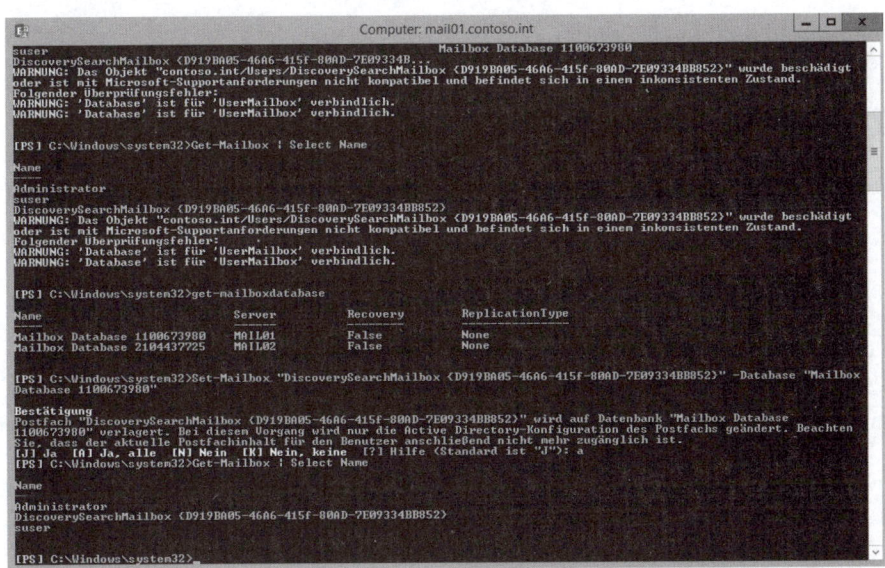

Abbildung 2.22: In der Exchange Management Shell lassen sich schnell Probleme mit System-Postfächern finden und beheben.

Neben dieser Fehlermeldung können aber auch Fehlermeldungen erscheinen, dass bei einigen Benutzern die Datenbank fehlt. Auch dieses Problem liegt dann meistens daran, dass einige Systembenutzer nicht mehr gefunden werden können.

Hier kann es hilfreich sein, wenn Sie die Exchange-Benutzer aus Active Directory löschen und anschließend über den folgenden Befehl des Exchange-Installationsprogramms neu herstellen lassen:

```
Setup.exe /preparead /IacceptExchangeServerLicenseTerms
```

Wird dadurch das Problem noch nicht gelöst, lassen sich die entsprechenden Postfächer auch neu anlegen. Dazu verwenden Sie die beiden folgenden Befehle:

```
Get-User | Where {$_.Name -like "SystemMailbox*"} | EnablE-Mailbox –Arbitration
Get-User | Where {$_.Name -like "FederatedEmail*"} | EnablE-Mailbox -Arbitration
```

Exchange und Domänencontroller – Probleme bei der Zusammenarbeit beheben

Exchange und die Domänencontroller arbeiten eng zusammen. Gibt es bei der Verbindung Probleme, können Sie die Exchange Management Shell dazu verwenden, die Zusammenarbeit zu testen und eventuelle Fehler zu beheben.

Mit *Get-ExchangeServer |fl *Domain** lassen Sie sich die Active Directory-Domäne anzeigen, in der sich das Konto des Exchange-Servers befindet. Außerdem sehen Sie hier, welche Domänencontroller auf dem Exchange-Server als statische Verbindung konfiguriert wurden. Standardmäßig verwendet Exchange eine dynamische Zuordnung der Domänencontroller.

Sie können mit dem Cmdlet *Get-DomainController* die Domänencontroller am Standort anzeigen lassen, mit denen sich Exchange verbinden kann. Sie erhalten durch dieses Cmdlet weitere Informationen, wie Standort, Datum der letzten Replikation und mehr.

Die statische Zuordnung können Sie in der PowerShell ebenfalls anpassen. Den statischen Domänencontroller passen Sie mit *Set-ExchangeServer* an. Die Syntax dazu lautet:

```
Set-ExchangeServer -Identity <Exchange-Server> - StaticDomainControllers <Domänencontroller> -
StaticGlobalCatalogs <Globaler Katalog>
```

Haben Sie die Einstellung geändert, können Sie sie wiederum mit *Get-ExchangeServer |fl *Domain** anzeigen. Das hilft zum Beispiel bei Verbindungs- oder Leistungsproblemen von Exchange, die durch die Verbindung mit Active Directory-Domänencontrollern verursacht werden.

Sie haben in diesem Fall aber auch die Möglichkeit, langsame Domänencontroller oder Domänencontroller, die weit entfernt sind, von Exchange auszuschließen. Dazu verwenden Sie die Option *-StaticExcludedDomainControllers*. Die Syntax des Befehls ist ansonsten identisch.

Grundsätzlich haben Sie auch die Möglichkeit, den Domänencontroller zu steuern, der in der aktuellen Sitzung der Exchange Management Shell genutzt wird. Mit *Get-AdServerSettings* rufen Sie die Einstellung ab. Um einen bestimmten Domänencontroller festzulegen, verwenden Sie:

```
Set-AdServerSettings -PreferredServer <Servername>
```

Der Befehl *Get-AdSite* zeigt den Active Directory-Standort an, dem der aktuelle Exchange-Server zugewiesen ist. Wird hier ein falscher Standort angezeigt, sind Leistungsprobleme in Exchange schnell erklärt. Sie können in der Exchange Management Shell aber auch den Standort steuern:

```
Set-AdSite <AD-Standort> -HubSiteEnabled $true
```

Die Replikation zwischen den Standorten, die auch Exchange betrifft, fragen Sie mit *Get-AdSiteLink* ab.

Das Cmdlet *Get-Credential* wird verwendet, um den Benutzernamen und das Kennwort eines Benutzers auszulesen, der über Rechte verfügt, die Daten abzurufen. Dazu sind nicht alle Administratoren berechtigt. Die Anmeldeinformationen werden in der Variable *$UserCredentials* gespeichert:

```
$UserCredentials = Get-Credential
```

Die Variable wird anschließend an die Option *Credential* für das Cmdlet *Get-DomainController* übergeben. Um eine noch aussagekräftigere Liste zu erhalten, lassen sich die Daten besser anordnen mit:

```
Get-DomainController -DomainName toparis.de -Credential $UserCredentials | Format-Table -AutoSize
Name, ADSite
```

Über diesen Weg lassen sich auch Informationen zu Organisationseinheiten anzeigen:

```
Get-OrganizationalUnit
```

Auch hier können Sie Filter verwenden:

```
Get-OrganizationalUnit -SearchText "Einkauf" | Format-Table Name, DistinguishedName
```

In großen Umgebungen spielen zum Beispiel auch Vertrauensstellungen eine wichtige Rolle. Diese lassen sich ebenfalls in der Exchange Management Shell anzeigen:

```
Get-Trust
```

Virtualisierung von Exchange 2016

Exchange 2016 ist offiziell für die Virtualisierung freigegeben. Sie können beide Serverrollen, also Postfachserver und Edge-Transport-Server, virtualisieren. Microsoft empfiehlt zur Virtualisierung von Exchange 2016 die folgenden Produkte:

- Windows Server 2012 R2
- Hyper-V Server 2012 R2
- Windows Server 2016
- Hyper-V Server 2016

Microsoft empfiehlt allerdings nicht die Bereitstellung von Exchange 2016 über virtuelle Computer in Microsoft Azure. Wenn Sie Exchange 2016 in der Cloud nutzen wollen, setzen Sie daher besser auf Office 365. Natürlich können Sie Exchange 2016 auch mit anderen Virtualisierungslösungen virtualisieren. Allerdings sollten Sie bei Microsoft und dem entsprechenden Hersteller vorher sicherstellen, dass die entsprechende Lösung auch für Exchange 2016 geeignet ist und Sie durch den Einsatz nicht den Support verlieren.

Hinweis

Exchange 2016 unterstützt nicht die Verwendung von dynamischem Arbeitsspeicher in Windows Server 2012 R2. Weisen Sie daher immer festen Arbeitsspeicher zu.

Sie sollten allerdings für virtuelle Exchange-Server keine Snapshots erstellen. Von den Snapshots wird auch die Datenbank von Exchange erfasst. Setzen Sie einen Snapshot zurück, kann es zu erheblichen Problemen in den Exchange-Datenbanken kommen. Erst mit Windows Server 2016 ergibt die Verwendung von Snapshots Sinn, da Microsoft hier die neuen Production Snapshots integriert. Diese binden den virtuellen Server und seine Datenbanken über den Volumeschattenkopie-Dienst (Volume Shadows Copy Service, VSS) in den Snapshot mit ein.

Tipp

VMware bietet eine kostenlose PDF-Datei, mit der Sie den Betrieb von Exchange 2016 auf Basis von vSphere planen können (*http://tinyurl.com/gttzdr9*).

Sie können dieses Dokument durchaus auch für die Planung des Einsatzes von Exchange 2016 auf Basis von VMware vSphere verwenden. Nutzen Sie als Grundlage für die Planung der virtuellen Prozessoren zusätzlich noch die Informationen der Exchange-Entwickler (*http://tinyurl.com/pll6lzp*).

Allgemeine Hinweise zu virtuellen Exchange-Servern

Exchange unterstützt ein Verhältnis von virtuellen zu logischen Prozessoren von maximal 2:1; empfohlen wird ein Verhältnis von 1:1. Ein Dualprozessorsystem mit Quad-Core-Prozessoren enthält zum Beispiel insgesamt acht logische Prozessoren im Hostsystem. Weisen Sie in einem System nicht mehr als insgesamt 16 virtuelle Prozessoren zu.

Sie müssen jedem virtuellen Exchange-Server ausreichend Speicherplatz für die Nachrichtenwarteschlangen sowie für die Datenbanken und Protokolldateien auf Postfachservern zuweisen.

Der verwendete Speicher für Exchange-Daten (Postfachdatenbanken und Transportwarteschlangen) kann aus virtuellen Festplatten mit einer festen Größe, SCSI-Pass-Through-Speicher oder iSCSI-Speicher bestehen. Bei jedem vom Exchange-Server verwendeten Speicher für Exchange-Daten muss es sich um Speicher auf Blockebene handeln.

Exchange 2016 unterstützt nicht die Verwendung von NAS-Speichern (Network Attached Storage). Außerdem wird kein NAS-Speicher unterstützt, der für den Gast als Speicher auf Blockebene über den Hypervisor dargestellt wird. Feste VHDs können aber in SMB-3.0-Dateifreigaben gespeichert sein, wenn auf dem virtuellen Server Windows Server 2012/2012 R2 ausgeführt wird.

SMB-3.0-Dateifreigaben werden ausschließlich als Speicher fester VHDs unterstützt. Solche Dateifreigaben können nicht für die direkte Speicherung von Exchange-Daten verwendet werden. Wenn SMB-3.0-Dateifreigaben zur Speicherung fester VHDs verwendet werden, sollte der Speicher, der die Dateifreigabe unterstützt, für hohe Verfügbarkeit konfiguriert sein. Die Konfiguration von iSCSI-Speicher für die Verwendung eines iSCSI-Initiators in einem virtuellen Exchange-Server wird unterstützt.

Integrationsdienste und Zeitsynchronisierung beachten

Virtualisieren Sie Exchange-Server, müssen Sie bei der Zeitsynchronisierung in der entsprechenden Virtualisierungslösung eventuell ebenfalls Konfigurationen vornehmen. Vor allem, wenn Sie Exchange Server oder SharePoint virtualisieren, sind Konfigurationsmaßnahmen notwendig. Auf jedem virtuellen Computer installiert Hyper-V zum Beispiel automatisch die Integrationsdienste. Dabei handelt es sich um ein Softwarepaket, das die Leistung virtueller Server deutlich verbessert.

Rufen Sie dazu für jeden Server die Einstellungen auf, und klicken Sie auf *Integrationsdienste*. Hier können Sie einstellen, ob sich die virtuellen Server mit dem Host synchronisieren sollen. Für virtuelle Windows-Server in Active Directory-Domänen sollten Sie diese Synchronisierung deaktivieren, da durch die Zeitsynchronisierung Inkonsistenzen auftreten können. Vor allem bei der Virtualisierung von SharePoint, Exchange oder virtuellen Domänencontrollern ist diese Konfiguration eine häufige Fehlerquelle.

Da die Server Mitglied einer Domäne sind, synchronisieren sie die Zeit mit einem Domänencontroller in der Domäne.

Automatisches Starten und Herunterfahren

In den Einstellungen von virtuellen Maschinen können Sie auch festlegen, wie der virtuelle Server beim automatischen Starten oder Stoppen reagieren soll. Über dieses Verhalten legen Sie fest, wie sich virtuelle Server verhalten sollen, wenn der Hyper-V-Host neu startet oder herunterfährt.

Microsoft empfiehlt als Einstellung für *Automatische Stoppaktion* die Option *Gastbetriebssystem herunterfahren*. Die Speicherung des Zustands empfiehlt Microsoft nicht, da dadurch die Synchronisierung der Farmserver gestört wird. Das Herunterfahren ist die optimalste Einstellung, wenn der Host neu gestartet werden muss.

Beim Herunterfahren schließt Exchange 2016 alle noch offenen Synchronisierungsvorgänge ab, sodass beim erneuten Start keine Inkonsistenzen durch veraltete Daten entstehen können. Als automatische Startaktion empfiehlt Microsoft entweder keine Aktion oder die Einstellung, dass der Server neu starten soll, wenn er beim Herunterfahren gestartet war.

Snapshots und Datensicherungen für virtuelle Server

Unternehmen, die über Hyper-V virtuelle Server zur Verfügung stellen, müssen in den meisten Fällen auch das Datensicherungskonzept der virtuellen Maschinen überdenken und auf die virtuellen Server hin optimieren. Viele Unternehmen behandeln im Bereich der Datensicherung virtuelle Server genauso wie physische Server, obwohl sich generell virtuelle Server leichter sichern lassen und andere Vorgänge notwendig sind. Außerdem kann es leicht zu E/A-Problemen kommen, wenn auf den physischen Hyper-V-Hosts die virtuellen Server über die herkömmlichen Backupclients angebunden sind.

Solche Sicherungen sind ineffizient und können auch die Leistung und Stabilität der Server beeinträchtigen. Datensicherungen, die Hyper-V unterstützen, sichern die Server nicht auf herkömmlichem Weg, sondern auf Ebene des Hypervisors. Diese Lösungen können zum Beispiel Snapshots von virtuellen Servern erstellen und diese Snapshots dann sichern, und zwar vollkommen automatisiert. Allerdings müssen Sie im Bereich Exchange sehr vorsichtig mit Snapshots umgehen, da diese die Zeitsynchronisierung während der Erstellung stören.

Hinweis

Offiziell werden Snapshots für Exchange 2016 erst wieder in Windows Server 2016 unterstützt.

Zwischen Start und Ende des Snapshots gibt es eine Latenz, was die Datensynchronisierung von Exchange stört. Hyper-V unterstützt auch für virtuelle Maschinen den Volumeschattenkopie-Dienst (Volume Shadow Copy Service, VSS). Wichtig ist in diesem Fall, dass Sie VSS auf dem Server entsprechend konfigurieren und den VSS-Writer, der die Schattenkopien erstellt, auch für Hyper-V aktivieren.

Sie müssen sicherstellen, dass VSS die *.vhdx*-Dateien der virtuellen Server auf dem Host konsistent im Bereich der Schattenkopien des physischen Servers sichert. Auf diese Weise lassen sich Backups von Hyper-V-Servern erstellen, ohne dass Sie die Sicherung innerhalb der virtuellen Maschine starten müssen oder Host und physische Server unnötig belasten und beeinträchtigen.

Die Sicherung kann auch über das interne Datensicherungsprogramm in Windows Server 2012/2012 R2 erfolgen.

Daten von virtuellen Servern aus Hyper-V auslesen

Administratoren benötigen oft einen Überblick über die verschiedenen Server im Netzwerk. Betreiben Sie im Unternehmen virtuelle Exchange-Server auf Basis von Hyper-V, können Sie mit einfachen Tools und Befehlen schnell und einfach Daten wie IP-Adressen, Festplattendaten oder die Konfiguration auslesen. Dazu sind nicht immer teure Zusatztools wie der System Center Virtual Machine Manager notwendig. Oft reichen Bordmittel oder günstige Freewarebeziehungsweise Opensource-Tools.

Verwenden Sie im VMware vSphere-Client oder in Hyper-V die grafische Oberfläche, um zum Beispiel die IP-Adressen virtueller Server auszulesen, müssen Sie sich durch zahlreiche Fenster klicken, um die notwendigen Informationen abzufragen. Im Hyper-V-Manager sehen Sie die IP-Adressen und Netzwerkdaten von virtuellen Servern zum Beispiel, wenn Sie einen Server markieren und ganz unten im Fenster die Registerkarte *Netzwerk* aufrufen.

Sie sehen an dieser Stelle auch den virtuellen Switch, mit dem der virtuelle Server verbunden ist, und erkennen, welchen Status die Verbindung hat. Dies funktioniert auch, wenn Sie Hyper-V in Windows 8.1/10 nutzen. Sie sehen im Fenster zusätzlich die aktuelle MAC-Adresse des Servers. Diese spielt zum Beispiel auch für den Aufbau eines Lastenausgleichsclusters eine Rolle. Über diesen Weg können Sie die IP-Adressen der virtuellen Server im Hyper-V-Manager für alle angebundenen Hyper-V-Hosts anzeigen.

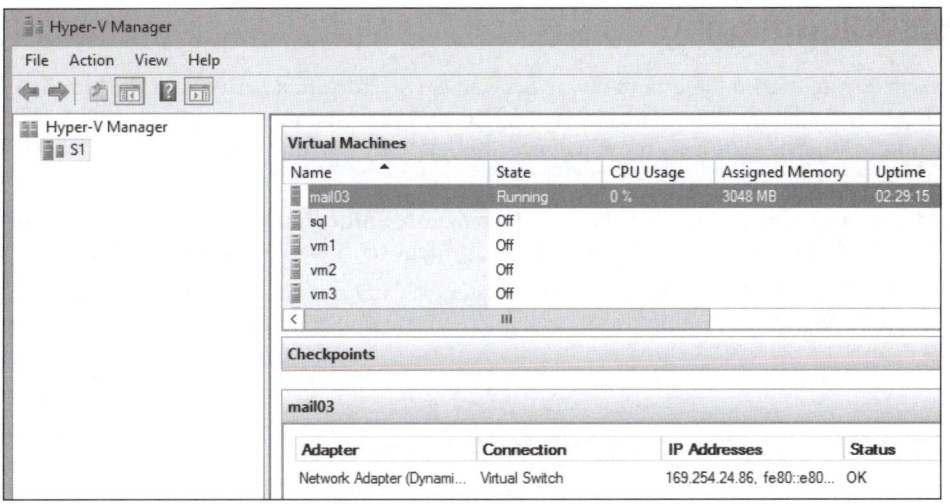

Abbildung 2.23: Im Hyper-V-Manager können Sie die Daten virtueller Server auslesen, nachdem Sie den entsprechenden Computer markiert haben.

Zum Auslesen der IP-Adressen und Netzwerkdaten können Sie auch das Cmdlet *Get-VMNetworkAdapter* nutzen. Wollen Sie zum Beispiel aus allen virtuellen Servern die IP-Adressen auslesen, rufen Sie mit *Get-VM* die virtuellen Server eines Hosts ab und übergeben das Ergebnis an *Get-VMNetworkAdapter*.

Anschließend können Sie zum Beispiel das Ergebnis noch filtern und nur die IP-Adressen der virtuellen Server anzeigen. Dazu verwenden Sie zum Beispiel den folgenden Befehl:

```
Get-VM | foreach{(Get-VMNetworkAdapter $_).IPAddresses}
```

Mit dem Zusatz *foreach* liest der Befehl nacheinander die gewünschten Daten aller virtuellen Maschinen aus und zeigt diese an. Mit dem Befehl lesen Sie aber nicht nur die IP-Adressen der virtuellen Server auf einem lokalen Hyper-V-Host aus, sondern können auch Hosts im Netzwerk durchsuchen. Dazu nutzen Sie den folgenden Befehl:

```
Get-VM -computername <Name des Hyper-V-Hosts> | foreach{(Get-VMNetworkAdapter $_).IPAddresses}
```

WMI-Abfragen sind eine weitere Möglichkeit, um Daten virtueller Server, aber auch von physischen Servern im Netzwerk abzufragen. Dazu nutzen Sie die PowerShell und das Cmdlet *Get-WmiObject*. Dem Cmdlet übergeben Sie ein bestimmtes WMI-Objekt und lassen sich so die entsprechenden Daten des Servers anzeigen. Um zum Beispiel Daten von Festplatten auszulesen, verwenden Sie das WMI-Objekt *Win32_LogicalDisk*. Als Beispiel nutzen Sie den Befehl *Get-WmiObject Win32_LogicalDisk*. Sie haben auch die Möglichkeit, das Ergebnis zu filtern. Dazu nutzen Sie die Option *-Filter*.

Auch für das Cmdlet *Get-WMIObject* haben Sie die Möglichkeit, über das Netzwerk Daten von physischen oder virtuellen Servern abzufragen. Dazu nutzen Sie die Option *-Computername*. Außer Laufwerken können Sie auch Einstellungen der Netzwerkkarten abfragen. Dazu verwenden Sie die Klasse *Get-WmiObject Win32_Networkadapter*.

Virtuelle Exchange-Server können Bestandteil eines Clusters sein und auch Mitglied von Datenbankverfügbarkeitsgruppen (DAGs). Auch Funktionen wie die Livemigration können Sie nutzen.

Zusammenfassung

In diesem Kapitel haben Sie erfahren, wie Sie Active Directory, den Server und die einzelnen Domänen für Exchange 2016 vorbereiten. Außerdem wurde darauf eingegangen, wie Sie die notwendigen Voraussetzungen für Exchange 2016 installieren und wie Exchange 2016 auf einem Server eingerichtet wird.

Auch die automatisierte und die geskriptete Installation wurde Ihnen in diesem Kapitel erläutert. Das Thema Fehlerbehebung war ebenfalls ein wichtiger Bestandteil des Kapitels.

Im nächsten Kapitel erfahren Sie, wie Sie die ersten Schritte mit Exchange 2016 durchführen, wie Sie den Server verwalten und wie Sie Nachrichten von und zu Exchange senden.

Kapitel 3
Erste Schritte

In diesem Kapitel:

Erste Schritte mit Exchange 2016 80

Nachrichtenfluss konfigurieren 93

Allgemeine Informationen zu Serverrollen und -Diensten 101

Active Directory-Replikation überprüfen. 108

Zusammenfassung 110

In diesem Kapitel gehen wir ausführlicher auf die einzelnen Serverrollen von Exchange 2016 ein. Außerdem erläutern wir die Systemdienste und Ordner, die ein Exchange-Server benötigt und die von Administratoren verwaltet werden müssen.

Administratoren, die eine Exchange-Infrastruktur verwalten, sollten nicht nur über das Exchange Admin Center als grafische Oberfläche oder die Exchange Management Shell Bescheid wissen, sondern auch die Hintergründe verstehen, da bei Problemen mit dem Server oft hier die Lösung liegt. Die Serverrollen und die Standorte in Active Directory interagieren miteinander. Exchange-Administratoren, die Exchange 2016 über mehrere Standorte verteilt einsetzen, sollten sich daher auch mit der Thematik der Active Directory-Standorte auseinandersetzen.

Erste Schritte mit Exchange 2016

Nach der Installation von Exchange können Sie sich durch ein paar erste Schritte mit der Konfiguration von Exchange 2016 vertraut machen. Die Verwaltungskonsole von Exchange 2016 trägt die Bezeichnung Exchange Admin Center, ist aber webbasiert.

Die Verwaltung von Exchange 2016 findet hauptsächlich über das Exchange Admin Center und die Exchange Management Shell statt. Sie können das webbasierte Exchange Admin Center auch über das Netzwerk mit der URL *https://<Servername>/ecp* aufrufen, ohne dass auf dem entsprechenden Client die Verwaltungstools installiert sein müssen. Eine Domänenmitgliedschaft für den Aufruf ist nicht notwendig, da die Authentifizierung über die Weboberfläche stattfindet.

Im folgenden Abschnitt geben wir eine erste Einführung in diese Werkzeuge, bevor wir in den weiteren Kapiteln des Buchs ausführlicher auf sie eingehen. Die Exchange Management Shell ist nur verfügbar, wenn Sie die Exchange-Verwaltungstools installiert haben.

Das Exchange Admin Center verstehen

Sie starten das Exchange Admin Center über *https://<Servername>/ecp*. Nach der Anmeldung finden Sie die verschiedenen Bereiche zur Verwaltung der Konsole. In Kapitel 1 und 2 sind wir bereits auf wichtige Punkte eingegangen.

Tipp

Vor allem bei Migrationen zu Exchange 2016 kann es passieren, dass sich die Konsole nicht öffnet. Verwenden Sie in diesem Fall die URL:

https://<Servername>/ecp/?ExchClientVer=15

Haben Sie das Exchange Admin Center zum ersten Mal gestartet, sehen Sie den typischen Aktionsbereich ganz rechts. In diesem Bereich werden Befehle und Aktionen angezeigt. Der Aktionsbereich mit den verfügbaren Befehlen zieht sich – quasi als roter Faden – durch die gesamte Bedienung.

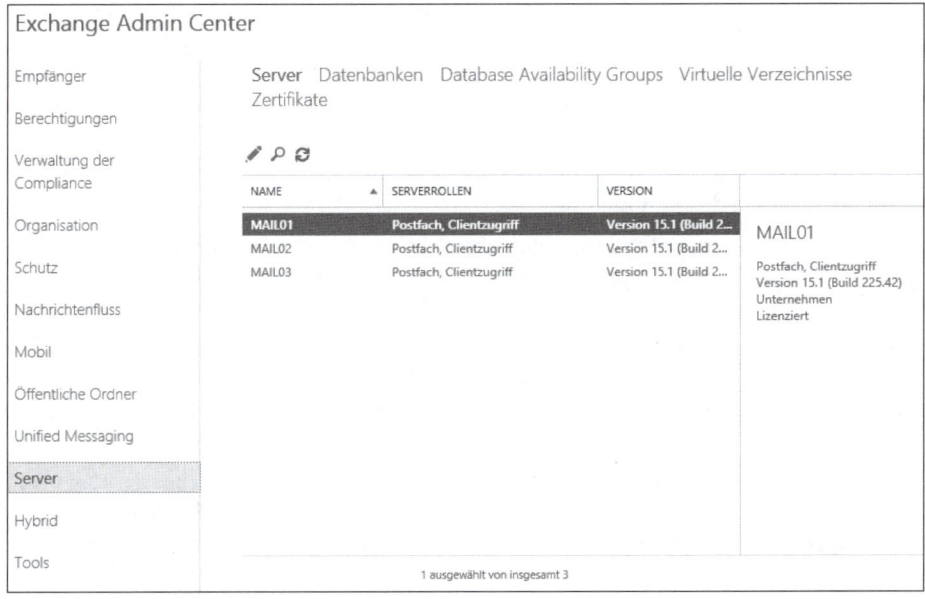

Abbildung 3.1: Ein erster Blick in das neue Exchange Admin Center

Für einzelne Objekte finden Sie aber auch im mittleren Fenster wichtige Schaltflächen, wie zum Beispiel das Stiftsymbol zum Bearbeiten von Einstellungen. Sie können die Einstellungen aber auch per Doppelklick öffnen.

Abbildung 3.2: Der Aktionsbereich im Exchange Admin Center

Auch auf der linken Seite der Konsole sehen Sie, dass die einzelnen Menüpunkte in der Navigationsleiste gegenüber Exchange 2010 deutlich verändert wurden. Zunächst fällt auf, dass die Navigationsleiste nicht mehr so tief verschachtelt ist, sondern viele Aufgaben der Verwaltung in den mittleren Bereich der Konsole gewandert sind, während auf der linken Seite die Hauptmenüpunkte zur Verfügung stehen.

Die einzelnen Aktionen, die Sie durchführen können, erscheinen dann wieder nach der Auswahl des Menüpunkts in der Symbolleiste.

Unterhalb dieser verschiedenen Menüpunkte stehen Ihnen die verschiedenen Bereiche zur Verfügung, über die Sie die Einstellungen der Organisation, der Benutzer, Objekte und Server vornehmen.

Sie finden auch über *Server/Datenbanken* die verschiedenen Datenbanken der Server in der Organisation. Hier zeigt das Exchange Admin Center die Datenbanken der Postfachserver der Organisation an. Über diesen Bereich können Sie die Datenbanken verwalten und auch Bereitstellungen aufheben oder erneut aktivieren.

Im Exchange Admin Center sehen Sie über *Empfänger* oben links alle Postfächer der Organisation. Klicken Sie auf die drei Punkte in der Symbolleiste, können Sie über *Spalten hinzufügen/entfernen* festlegen, welche Informationen Sie zu den einzelnen Empfängern anzeigen lassen wollen.

Abbildung 3.3: Die Verwaltung der Empfänger erfolgt ebenfalls im Exchange Admin Center.

Auch die Reihenfolge, in der die Informationen angezeigt werden, lässt sich an dieser Stelle festlegen. Über alle Spalten können Sie auch eine Sortierung durchführen, indem Sie auf die jeweilige Überschrift klicken. Die drei Punkte in der Symbolleiste finden Sie auch für andere Objekte im Exchange Admin Center vor. Dadurch werden Ihnen weitere Befehle bereitgestellt, die über die Möglichkeiten der Symbolleiste hinausgehen.

Verwalten der Exchange-Organisation

Über den Menüpunkt *Organisation* erreichen Sie die Einstellungen, die für die gesamte Organisation, also alle Exchange-Server, alle Datenbanken und alle Empfänger gelten.

In Exchange 2016 nehmen Sie solche Einstellungen aber auch in den anderen Menüs vor. Über *Organisation* verbinden Sie mehrere Exchange-Organisationen mit einer Verbundvertrauensstellung, installieren die neuen Apps in Outlook Web App oder steuern die Adresslisten.

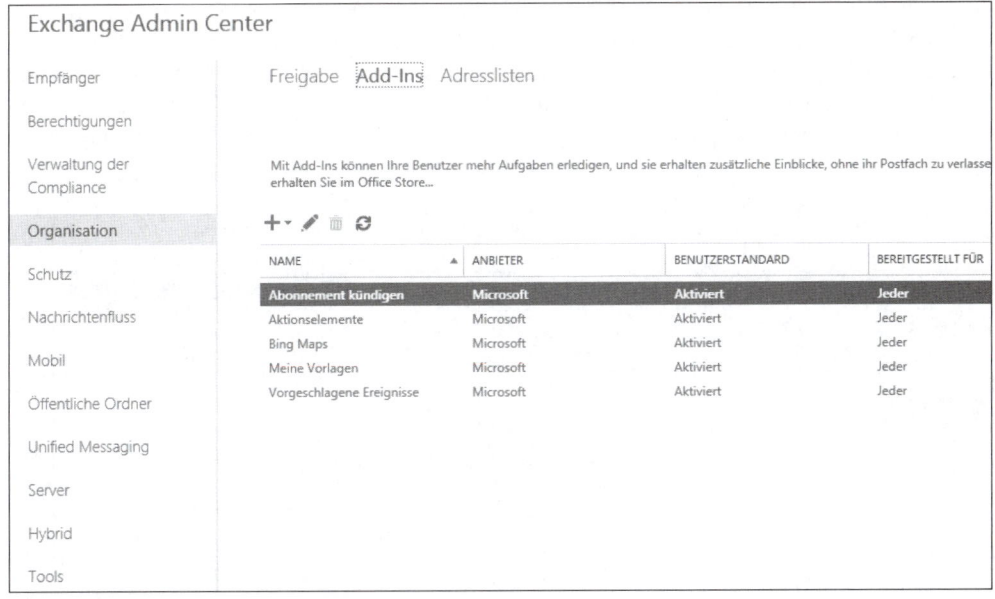

Abbildung 3.4: Verwalten der Apps in Exchange 2016

Verwalten der Exchange-Server

Über den Menüpunkt *Server* auf der linken Seite des Exchange Admin Centers erreichen Sie alle serverspezifischen Einstellungen der Serverkonfiguration. Hier verwalten Sie zum Beispiel die verschiedenen Postfachdatenbanken aller Exchange-Server.

Unterhalb des Menüpunkts *Server* finden Sie im oberen Bereich verschiedene Einstellungen. Klicken Sie direkt auf den Menüpunkt *Server*, werden Ihnen im Ergebnisbereich alle notwendigen Informationen für alle Exchange-Server der kompletten Organisation angezeigt. Hier sehen Sie auch, welche Serverrollen den einzelnen Exchange-Servern zugewiesen wurden.

Über die einzelnen Menüs haben Sie im Aktionsbereich rechts weitere Möglichkeiten, um Einstellungen für die entsprechend markierte Einstellung vorzunehmen.

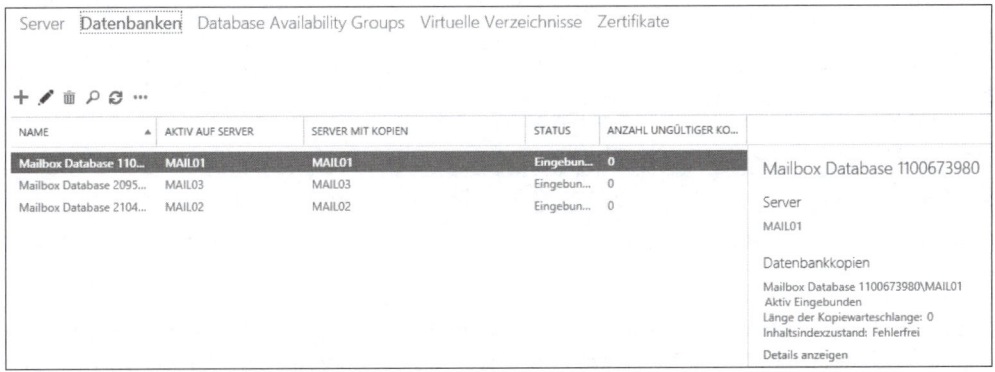

Abbildung 3.5: Verwalten der Exchange-Server über die Serverkonfiguration

Wenn Sie über die Symbolleiste die Eigenschaften eines Servers über das Stiftsymbol aufrufen, erhalten Sie ausführliche Informationen über die Edition und Konfiguration des Servers. Sie sehen, ähnlich zu den Benutzerkonten, an zentraler Stelle alle relevanten Informationen zum Server. Da Exchange 2016 auf ein Rollenmodell aufbaut, erhalten Sie an dieser Stelle die Information, welche Rollen den einzelnen Servern zugewiesen sind. Neben dem Abruf von Informationen können Sie über verschiedene Menüs zahlreiche Einstellungen vornehmen.

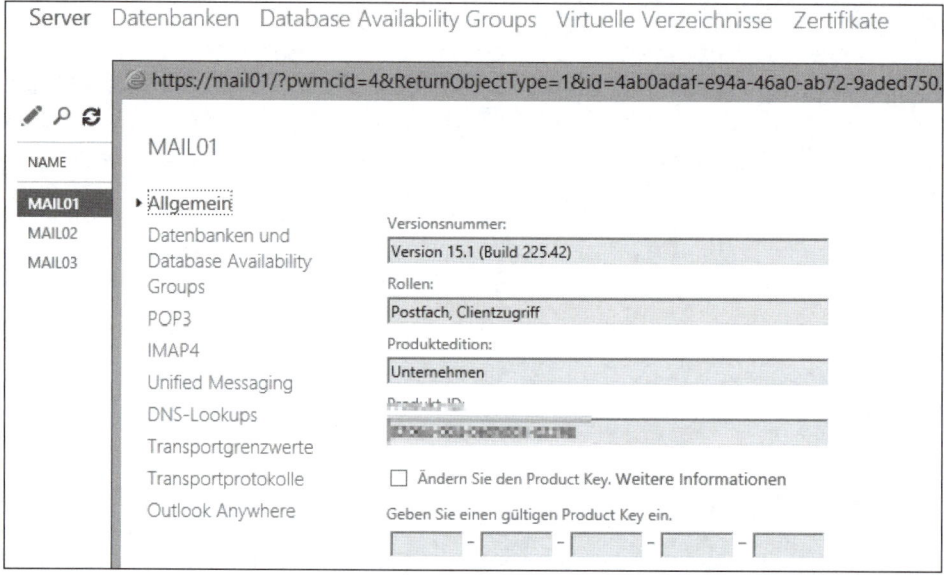

Abbildung 3.6: Eigenschaften eines Exchange-Servers

Verwalten der Empfänger

Über den Menüpunkt *Empfänger* erreichen Sie alle Einstellungen, die Ihre Empfänger auf allen Exchange-Servern der Organisation betreffen.

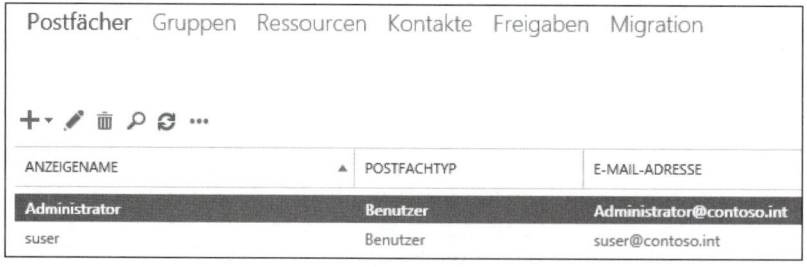

Abbildung 3.7: Verwalten der Empfänger

Über diesen Menüpunkt können Sie Postfächer verwalten, Benutzer anlegen (auch zugehörige Benutzerkonten in Active Directory), Verteilergruppen und E-Mail-Kontakte erstellen sowie Postfächer erneut verbinden. Außerdem können Sie über den Menüpunkt *Migration* Postfächer zwischen Servern verschieben.

Klicken Sie auf den Menüpunkt *Empfänger*, werden Ihnen in der Mitte der Konsole alle Empfänger innerhalb der Exchange-Organisation angezeigt. Sie sehen hier nicht nur die Empfänger des aktuellen Servers oder der Domäne, sondern alle Empfänger der Organisation innerhalb der Gesamtstruktur.

Darüber hinaus können Sie noch Filter erstellen, um die Ansicht der Empfänger Ihrer Organisation an Ihre Anforderungen anzupassen. Auch diese Funktion erreichen Sie über einen Link in der Konsole direkt. Klicken Sie auf den Link *Erweiterte Suche*, erscheint innerhalb der Konsole ein weiterer Eingabebereich, über den Sie konfigurieren können, nach welchem Attribut die Empfänger angezeigt werden sollen.

Des Weiteren können Sie in den mittleren Fensterbereich klicken, um die einzelnen Konfigurationsmöglichkeiten anzuzeigen. Die entsprechenden Befehle werden in der rechten Seite der Konsole angezeigt.

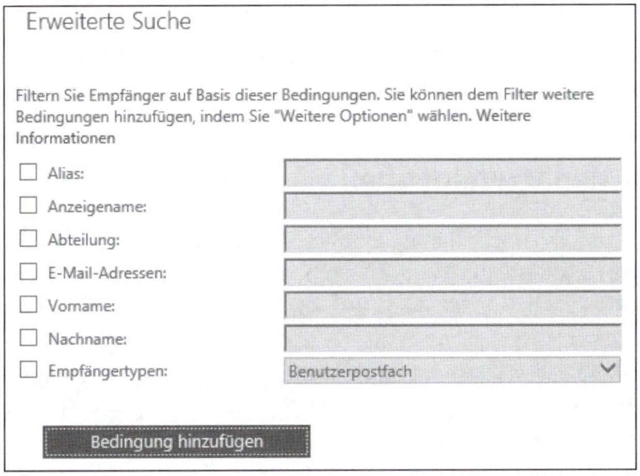

Abbildung 3.8: Konfiguration eines Filters zur Anzeige von Empfängern

Sie können auch neue Postfächer für ein bereits vorhandenes Benutzerkonto erstellen. Haben Sie Postfächer erstellt, können Sie diese im gleichen Bereich anklicken und die Eigenschaften aufrufen. Daraufhin werden Ihnen alle Informationen zu diesem Benutzerkonto und dem dazugehörigen Postfach angezeigt.

Hier können Sie auch Änderungen vornehmen. Sie sehen auf der ersten Registerkarte bereits, auf welchem Server und innerhalb welchen Postfachspeichers sich das Postfach befindet. Zusätzlich erfahren Sie, welche Datenmenge bereits im Postfach gespeichert ist, und erhalten weitere Informationen, wie zum Beispiel die letzte Anmeldung, um zu erkennen, ob das Postfach überhaupt noch verwendet wird.

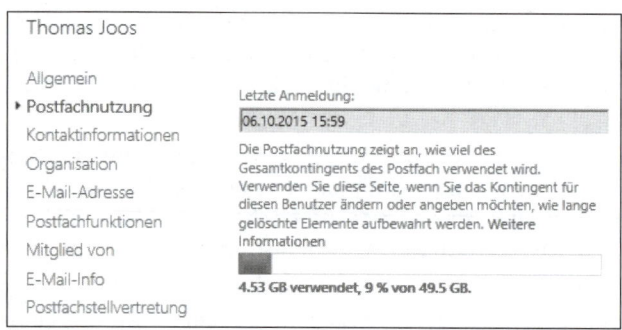

Abbildung 3.9: Anzeigen von Benutzerpostfächern

Klicken Sie auf die einzelnen Spalten in der Komplettansicht, können Sie die Ansicht auch nach dem entsprechenden Bereich filtern. Außerdem haben Sie die Möglichkeit, die Spalten per Drag & Drop beliebig anzuordnen. Auch hier stehen Ihnen die Filtermöglichkeiten zur Verfügung, die Sie bereits im Menü *Empfänger* vorgefunden haben.

Einführung in die Exchange Management Shell

Neben der grafischen Verwaltung existiert noch die Exchange Management Shell, die die Befehlszeilenoberfläche von Exchange 2016 startet. Die meisten neuen Serverprodukte von Microsoft bauen auf der PowerShell auf. Dies trifft auch auf Exchange 2016 zu. Microsoft erweitert die Funktionen ständig.

Generell ist der Umgang mit der Exchange Management Shell nicht sehr kompliziert. Wenn Sie *Get-Command* eingeben, sehen Sie alle Befehle, die die Shell zur Verfügung stellt. Die Exchange Management Shell bietet jedoch eine ausführliche Hilfe an.

Haben Sie nur den Teil eines Befehls in Erinnerung, können Sie mit dem Platzhalter * arbeiten. Der Befehl *Get-Command *mailbox* zeigt zum Beispiel alle Cmdlets an, deren Name mit »mailbox« endet.

Ist der gesuchte Befehl nicht dabei, können Sie auch mehrere Platzhalter verwenden, zum Beispiel den Befehl *Get-Command *mailbox**. Diese Anweisung zeigt alle Befehle an, in denen das Wort »mailbox« an einer beliebigen Stelle vorkommt.

Haben Sie das gewünschte Cmdlet gefunden, unterstützt die PowerShell Sie mit weiteren Möglichkeiten. Für nahezu alle Cmdlets gilt die Regel, dass diese in vier Arten vorliegen.

So gibt es Cmdlets mit dem Präfix *New-*, um etwas zu erstellen, zum Beispiel *New-Mailbox*. Das gleiche Cmdlet gibt es dann immer auch mit *Remove-*, um etwas zu löschen, zum Beispiel *RemovE-Mailbox*. Wollen Sie das Objekt anpassen, gibt es das Präfix *Set-*, zum Beispiel *Set-Mailbox*. Als Letztes gibt es noch das Cmdlet *Get-*, zum Beispiel *Get-Mailbox*, um Informationen zum Objekt abzurufen.

Neben diesen Cmdlets gibt es noch viele andere, wie zum Beispiel *Start-* und *Stop-* oder *Export-* und *Import-*Cmdlets. Allerdings brauchen Sie für die meisten Administrationsaufgaben die erwähnten *New-*, *Remove-*, *Set-* und *Get-*Cmdlets.

Geben Sie nur den Aufruf des Cmdlets oder Optionen ein, passiert entweder gar nichts oder das Cmdlet zeigt alle Objekte der Organisation an oder Sie werden nach der Identität des Objekts gefragt. So listet das Cmdlet *Get-Mailbox* alle Postfächer der Organisation auf.

Wollen Sie nur ein einzelnes Objekt bearbeiten, müssen Sie noch den Namen des Objekts angeben. Tun Sie das nicht, erhalten Sie entweder eine Fehlermeldung, die Sie darüber informiert, welche Optionen fehlen – was ebenfalls eine Hilfe sein kann –, oder die Exchange Management Shell fragt nach und nach die notwendigen Optionen ab und legt das Objekt an, zum Beispiel über *New-Mailbox*.

Das Gleiche gilt für die anderen *Set-*, *Remove-* und *Get-*Cmdlets. Wollen Sie aber lieber alle notwendigen Informationen und Optionen in einer Befehlszeile angeben, anstatt diese nach und nach einzugeben, bietet die Exchange Management Shell eine ausführliche Hilfe an. Mit dem Befehl *Help <Cmdlet>* erhalten Sie Informationen zum entsprechenden Cmdlet, zum Beispiel mit *Help New-Mailbox*.

Für viele Cmdlets gibt es noch die Option *Help <Cmdlet> -Detailed*. Dieser Befehl bietet noch mehr Informationen. Mit dem Befehl *Help <Cmdlet> -Examples* lassen sich Beispiele für den Befehl anzeigen. Auch das funktioniert für alle Befehle in der Exchange Management Shell.

Mit *Get-*Cmdlets lassen Sie sich Informationen zu Objekten anzeigen. Diese Informationen sind in der Exchange Management Shell wesentlich umfangreicher als im Exchange Admin Center. Mit der Option *|fl* lassen Sie die Ausgabe formatieren. Auch hier sehen Sie, wie viele Informationen die Exchange Management Shell zur Verfügung stellt.

Wollen Sie aber nicht alle Informationen, sondern nur einzelne Parameter anzeigen, können Sie diese nach der Option *|fl* anordnen. Sollen zum Beispiel für das Postfach *thomas.joos@contoso.int* nur der Displayname, die Datenbank, der Alias und die Organisationseinheit (Organizational Unit, OU) angezeigt werden, verwenden Sie den Befehl *Get-Mailbox thomas.joos@contoso.int |fl DisplayName, Database, Alias, OrganizationalUnit*. Die Groß- und Kleinschreibung spielt übrigens beim Aufruf von Cmdlets keine Rolle. Neben der formatierten Liste (*fl*) können Sie auch eine formatierte Tabelle (*ft*) verwenden.

Sie können in der PowerShell auch alle Exchange-Datenbanken ausgeben lassen, die auf den Servern Ihrer Organisation angelegt wurden. Rufen Sie dazu in der Exchange Management Shell den Befehl *Get-MailboxDatabase* auf. Sie erhalten mit diesem Befehl nicht nur eine formatierte Liste aller Postfachdatenbanken eines Servers, sondern alle Postfachdatenbanken auf allen Exchange-Servern in der Organisation.

Über den Befehl *Dismount-Database* können Sie die Bereitstellung einer Datenbank in der Befehlszeile aufheben (siehe Kapitel 5). Sie müssen dazu lediglich den Namen der Datenbank mitgeben, damit die Exchange Management Shell weiß, von welcher Datenbank die Bereitstellung aufgehoben werden soll. Sie können so zum Beispiel den Befehl *Dismount-Database (Get-MailboxDatabase)* eingeben.

Wenn Sie den Namen einer Datenbank direkt eingeben, müssen Sie Anführungszeichen verwenden. In diese schreiben Sie die Bezeichnung der Postfachdatenbank, wenn Sie die Eingabe des Befehls in einer einzelnen Zeile durchführen. Alternativ rufen Sie nur den Befehl *Dismount-Database* auf und geben dann den Namen ein, den Sie vorher mit *Get-MailboxDatabase* abgefragt haben.

Nach der Ausführung des Befehls erhalten Sie keine weitere Meldung. Sie erkennen aber im Exchange Admin Center, dass die Bereitstellung der Postfachdatenbank aufgehoben worden ist. Drücken Sie die Taste ⌨ auf der Tastatur, erscheint der eingegebene Befehl noch einmal. Sie können den Befehl *Dismount-Database* in *Mount-Database* abändern, damit die Datenbank wieder bereitgestellt wird. Sie erhalten bei der Bereitstellung keine weitere Meldung, können aber im Exchange Admin Center die F5-Taste drücken, damit der Status der Datenbank wieder als *Bereitgestellt* angezeigt wird.

Eine weitere Möglichkeit der Exchange Management Shell ist das Auslesen der Postfächer innerhalb einer Postfachspeicherdatenbank. Geben Sie den Befehl *Get-Mailbox* ein, erhalten Sie eine Liste aller Postfächer der Organisation angezeigt. Sie sehen hier auch, auf welchem Server die einzelnen Postfächer liegen und ob ein Grenzwert eingetragen ist, der das Senden verbietet. Über den Befehl *Get-Mailbox | ft DisplayName, Database* können Sie sich die Postfächer sortiert nach Postfachdatenbank und Anzeigenamen anzeigen lassen.

Office 365, Exchange und Microsoft Azure-Dienste mit der PowerShell gemeinsam verwalten

Neben der Möglichkeit, Windows und Microsoft-Server mit der PowerShell zu verwalten, können Sie auch lokal auf Clouddienste wie Office 365 oder Microsoft Azure zugreifen. Auch der Zugriff auf Amazon Web Services (AWS) ist über die PowerShell möglich.

Alle Befehle lassen sich in einer einzelnen Powershell-Sitzung durchführen, Sie müssen keine verschiedenen Fenster verwenden, um lokale Server, Microsoft-Serveranwendungen und Clouddienste von Drittanbietern zu verwalten. Sie haben auch die Möglichkeit, in einer gemeinsamen Konsole auf Basis der Exchange Management Shell die Verwaltung von Microsoft Azure oder Office 365 durchzuführen.

Jeder Microsoft-Serverdienst, den Sie installieren, erweitert auch die Möglichkeiten der PowerShell. Seit der PowerShell 4 in Windows Server 2012/2012 R2 und Windows 8/8.1 ist es auch nicht mehr notwendig, zusätzliche Module erst manuell zu laden, bevor die Befehle zur Verfügung stehen.

Notwendige Erweiterungen für die PowerShell in Office 365 und Microsoft Azure

Um Office 365 und Microsoft Azure zu verwalten, müssen Sie zusätzliche Module herunterladen und auf dem Server installieren:

- Microsoft Online Services-Anmelde-Assistent (*http://tinyurl.com/jusgwz6*)
- Azure Active Directory-Modul für Windows PowerShell (32-Bit-Version) (*http://tinyurl.com/9a3x892*)
- Azure Active Directory-Modul für Windows PowerShell (64-Bit-Version) (*http://tinyurl.com/9ocx38h*)

Mit der PowerShell an Office 365 anmelden

Nachdem Sie die Erweiterungen installiert haben, können Sie sich in der PowerShell zunächst mit Ihrem Office 365-Konto verbinden. Dazu verwenden Sie das Cmdlet *Connect-MsolService*. Findet die PowerShell das Modul nicht, lassen Sie es mit *Import-Module MSOnline* laden. Im Fenster authentifizieren Sie sich mit einem Administrator-Benutzer bei Office 365. Mit dem Cmdlet *Get-Command *msol** lassen Sie sich die einzelnen Cmdlets anzeigen.

Gelingt die Anmeldung an Office 365 nicht, liegt das in den meisten Fällen an Problemen mit dem Microsoft Online Services-Anmelde-Assistent. Installieren Sie in diesem Fall entweder die aktuellste Betaversion oder verwenden Sie die aktuellste offizielle Version von der Office-365-Seite. Achten Sie bei der Installation auch auf die korrekte Sprache. Beide Versionen können Sie nicht parallel auf einem Rechner betreiben, sondern Sie müssen die andere Version immer deinstallieren (*appwiz.cpl*), bevor Sie den Nachfolger installieren. Häufig hilft es auch, wenn Sie den Registrywert *MSOIDCRLVersion* auf den Wert »7.250.4551.0« setzen. Diesen finden Sie im folgenden Schlüssel:

[HKEY_LOCAL_MACHINE\SOFTWARE\Microsoft\MSOIdentityCRL

Überblick über das Office 365-Abonnement in der PowerShell

Das Cmdlet *Get-MsolDomain* zeigt die Domänen an, die Sie in Ihrem Office 365-Abonnement verwenden. Sie sehen hier auch den Status der Domäne. Über *Get-MsolLDomainVerificationDns* können Sie die Daten zur Domäne abfragen.

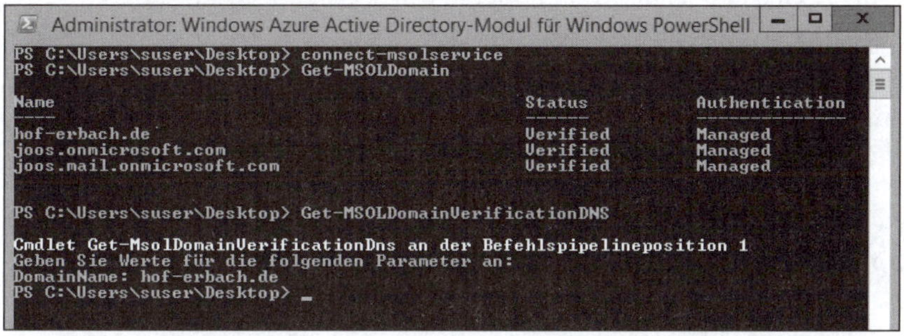

Abbildung 3.10: In der PowerShell verwalten Sie umfassend Ihre Exchange-Umgebung und Office 365.

Sie können Domänen über die PowerShell entfernen und die Standarddomäne festlegen:

```
Set-MsolDomain -Name contoso.onmicrosoft.com -IsDefault
```

Sobald Sie die Standarddomäne geändert haben, können Sie nicht mehr benötigte Domänen löschen:

```
Remove-MsolDomain -DomainName contoso.com
```

Alle verfügbaren Rollen für den Zugriff in Ihrem Office-365-Abonnement lassen Sie sich in der PowerShell mit *Get-MsolRole* anzeigen. Achten Sie darauf, dass die Benutzerrolle *Benutzerverwaltungsadministrator* weitere Rechte für die Benutzerverwaltung hat, zum Beispiel zum Zurücksetzen von Kennwörtern. Das Cmdlet *Get-MsolUser* zeigt Informationen zu Ihren Benutzern an.

Um zum Beispiel die lizenzierten Benutzer aufzulisten, verwenden Sie den Befehl *Get-Msol User |ft UserPrincipalName, Displayname, *lic**. Mit der Option *-Autosize* wird die Tabelle an die Fenstergröße angepasst.

Um die Lizenzen eines bestimmten Benutzers zu verwalten, verwenden Sie:

```
Get-MsolUser -UserPrincipalName "<UPN>" | select licenses, islicensed | fl
```

Sie können auch Lizenzen direkt zuweisen:

```
Set-MsolUserLicense -UserPrincipalName "<UPN>" -AddLicenses "<Name der Lizenz>"
```

Eine ausführliche Liste zu den Möglichkeiten von *Set-MsoUserLicense* finden Sie im TechNet (*http://tinyurl.com/jp8958b*).

Office 365-Benutzer in der PowerShell verwalten

Neben den bereits erwähnten Cmdlets gibt es weitere Befehle, mit denen Sie Benutzer in Office 365 anlegen, verwalten oder löschen können. Die wichtigsten in diesem Bereich sind:

New-MsolUser   Erstellen eines neuen Benutzers. Um zum Beispiel einen neuen Benutzer anzulegen, verwenden Sie *New-MsolUser -UserPrincipalName "<E-Mail-Adresse" -DisplayName "Anzeigename"*. Das Kennwort wird über das Cmdlet erstellt.

Remove-MsolUser   Das Cmdlet löscht den Benutzer und gibt die zugewiesenen Lizenzen frei. Am Postfach kann man sich auf diesem Weg noch 30 Tage lang anmelden.

Restore-MsolUser   Der ursprüngliche Status des Benutzers wird wiederhergestellt. Das funktioniert bis zu 30 Tage nach der Lösung.

Set-MsolUser   Anpassen eines Benutzers und Ändern von dessen Einstellungen.

Set-MsolUserPassword   Ändern des Kennworts eines Benutzers

Alle Cmdlets zum Verwalten von Benutzern sehen Sie mit *Get-Command *msoluser**. Gruppen können Sie in Office 365 auch mit der PowerShell verwalten. Die entsprechenden Befehle sehen Sie mit *Get-Command *msolgroup**.

Die Office-365-PowerShell mit der Exchange Management Shell verbinden

In vielen Umgebungen sind Office-365-Konten und lokale Exchange-Server parallel im Einsatz. Daher kann es sinnvoll sein, in der PowerShell mit den Office-365-Cmdlets auch die Befehle aus der Exchange Management Shell nutzbar zu machen. Dazu speichern Sie die Anmeldedaten von Office 365 zunächst in einer Variablen:

```
$cred = Get-Credential
```

Danach erstellen Sie eine neue PowerShell-Sitzung, die eine Verbindung zu Office 365 und zur Exchange Management Shell aufbaut:

```
$Session = New-PSSession -ConfigurationName Microsoft.Exchange -ConnectionUri https://
ps.outlook.com/powershell -Credential $cred -Authentication Basic -AllowRedirection
```

Haben Sie auch diese Daten in der Variablen gespeichert, importieren Sie sie mit:

```
Import-PSSession $Session
```

Clientzugriff testen

Der schnellste Weg, um den Zugriff auf den Exchange-Server zu testen, führt über Outlook Web App (OWA), in Exchange 2016 auch Outlook im Web genannt. Haben Sie Ihren Exchange-Server installiert, können Sie auf dem Server oder von einem anderen PC im Netzwerk Outlook Web App über den Link *https://<Servername>/owa* testen. OWA ist bereits standardmäßig nach der Installation aktiviert und SSL-verschlüsselt.

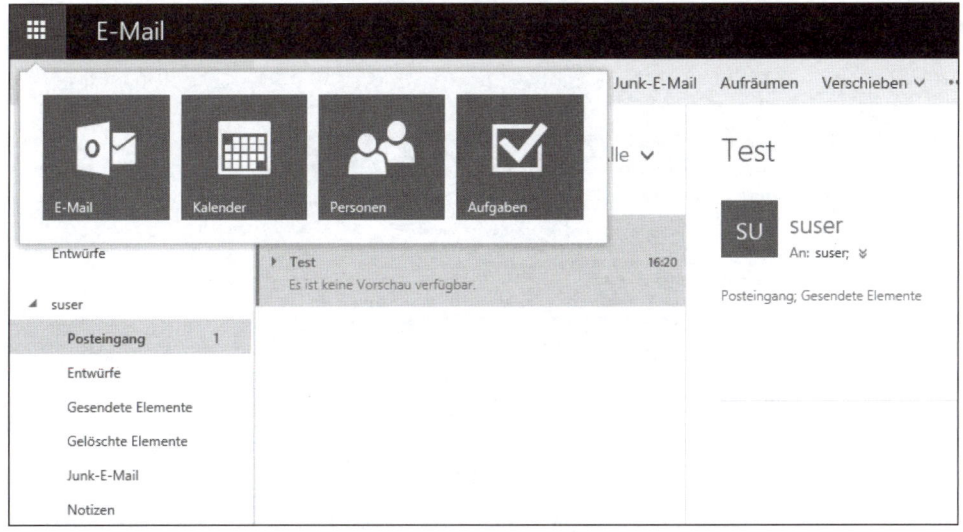

Abbildung 3.11: So nutzen Sie die Anbindung von Outlook Web App an Exchange 2016.

User Principal Name (UPN) und E-Mail-Domänen anpassen

Generell ist es auch in Exchange 2016 sinnvoll, den UPN-Anmeldenamen in den Eigenschaften von Benutzerkonten in Active Directory um die primäre E-Mail-Adresse zu erweitern.

Der UPN ist eine Syntax der Anmeldenamen in der Form von *<Benutzername>@<Active Directory-Domäne>*. UPNs sind in einer Gesamtstruktur immer eindeutig. Sie können durchaus UPNs erstellen, die den E-Mail-Adressen der Anwender entsprechen. Dies vereinfacht die Anmeldung.

Der Vorteil dabei ist, dass Autodiscovery und andere Dienste wesentlich besser funktionieren. Sie sollten beim Einsatz von Unified Messaging und Skype for Business Server 2015 auch die SIP-Adresse als UPN nutzen (siehe auch die Kapitel 18 und Kapitel 19). Sie finden den UPN in den Eigenschaften auf der Registerkarte *Konto*.

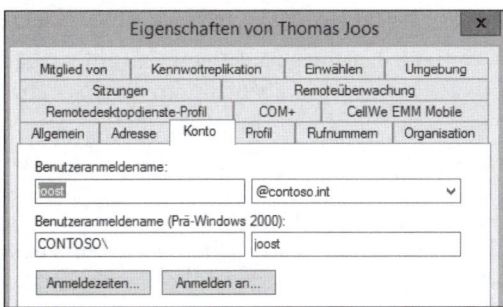

Abbildung 3.12: Verwalten der Kontonamen für Benutzer

Sie können die UPN-Suffixe der Active Directory-Domänen im Snap-In *Active Directory-Domänen und Vertrauensstellungen* in den Eigenschaften des obersten Menüpunkts *Active Directory-Domänen und -Vertrauensstellungen* pflegen.

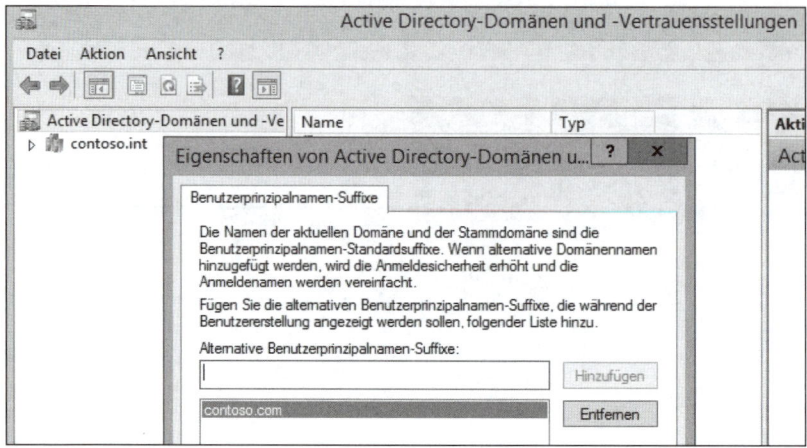

Abbildung 3.13: Pflegen der Benutzersuffixe in Active Directory

Tragen Sie als UPN-Suffix die Domänen ein, die Sie für Benutzer als primäre E-Mail-Adresse nutzen. Sie können nach dem Anlegen in den Eigenschaften der Benutzerkonten diese Domänen auswählen. Jedem Benutzer können Sie aber nur einen UPN zuordnen, mit dem er sich auch an der Domäne anmelden kann. Verwenden Sie hier die E-Mail-Adresse, kann sich der Benutzer am Rechner mit seiner E-Mail-Adresse anmelden und auf Wunsch auch in Lync oder Skype for Business.

Dienstpunkte und virtuelle Verzeichnisse verstehen und überprüfen

Exchange Server 2016 arbeitet eng mit Active Directory und den Internetinformationsdiensten (Internet Information Services, IIS) auf dem Server zusammen. Die Verbindung mit den einzelnen Serverdiensten wird mithilfe von virtuellen Verzeichnissen über IIS hergestellt. Daher sollten sich Administratoren mit den virtuellen Verzeichnissen auseinandersetzen. Diese sind auch im Exchange Admin Center über den Bereich *Server* mit einem eigenen Menüpunkt zu finden.

Der Zugriff von Outlook-Clients erfolgt über den sogenannten ClientAccessService. In Exchange Server 2016 ist dieser Dienst auf Postfachservern installiert. Die Konfiguration dieses Diensts lässt sich in der Exchange Management Shell mit dem Befehl *Get-ClientAccessService* anzeigen.

Outlook lädt das Offline-Adressbuch über eine Webseite herunter. Auch hier wird ein virtuelles Verzeichnis verwendet. Ob dieses funktioniert, können Sie ebenfalls in der Exchange Management Shell anzeigen:

```
Get-OabVirtualDirectory -Server mail | fl
```

Seit Exchange Server 2013 und Outlook 2013 können Exchange und Outlook über das neue und stabilere MAPI/HTTP-Protokoll miteinander kommunizieren. Auch hierzu wird ein virtuelles Verzeichnis verwendet, dessen Konfiguration Sie mit dem folgenden Befehl überprüfen können:

```
Get-MapiVirtualDirectory | fl
```

Der Zugriffspunkt für Outlook Web App lässt sich ebenfalls über die Exchange Management Shell anzeigen. Hier können Sie zum Beispiel den folgenden Befehl verwenden:

```
Get-OwaVirtualDirectory    -Identity "mail\OWA (Default Web Site)" | fl
```

Damit sich Smartphones und Tablet-PCs mit Exchange ActiveSync synchronisieren können, wird ebenfalls ein virtuelles Verzeichnis verwendet. Ob dieses funktioniert, lässt sich mit dem folgenden Befehl überprüfen:

```
Get-ActiveSyncVirtualDirectory -Server mail | fl
```

Nachrichtenfluss konfigurieren

Bevor Ihre Exchange-Server Nachrichten empfangen und senden können, müssen Sie verschiedene Einstellungen vornehmen. Auf diese sind wir bereits in Kapitel 2 eingegangen. In den folgenden Abschnitten zeigen wir Ihnen ausführlich, wie Sie den Nachrichtenfluss in Exchange 2016 steuern, damit die Exchange-Server einsatzbereit sind.

Sendeconnector erstellen

Den E-Mail-Empfang regeln Exchange-Server über Empfangsconnectors. Hierzu legt Exchange bereits bei der Installation Connectors an, um den E-Mail-Empfang zu steuern. Sie können die Konfiguration dieser Connectors in der Exchange Management Shell überprüfen, indem Sie den folgenden Befehl aufrufen:

```
Get-ReceiveConnector -Server mail | ft name,tra*,bindings,remo* -AutoSize
```

Wollen Sie zusätzlich Informationen angezeigt bekommen, verwenden Sie den folgenden Befehl:

```
Get-ReceiveConnector -Server mail | fl
```

Bevor Sie E-Mails an das Internet senden können, müssen Sie auf dem Postfachserver einen Sendeconnector erstellen. Gehen Sie hierzu wie folgt vor:

1. Öffnen Sie das Exchange Admin Center, indem Sie in Ihrem Browser die Adresse *https://<Servername>/ecp* aufrufen.
2. Geben Sie Ihren Benutzernamen und das zugehörige Kennwort in die Felder *Domäne/Benutzername* und *Kennwort* ein, und klicken Sie dann auf *Anmelden*.
3. Wechseln Sie zu *Nachrichtenfluss/Sendeconnectors*. Klicken Sie auf der Seite *Sendeconnectors* auf *Hinzufügen* (Pluszeichen).
4. Geben Sie im Fenster einen Namen für den Sendeconnector an, und wählen Sie die Option *Internet*. Klicken Sie dann auf *Weiter*.

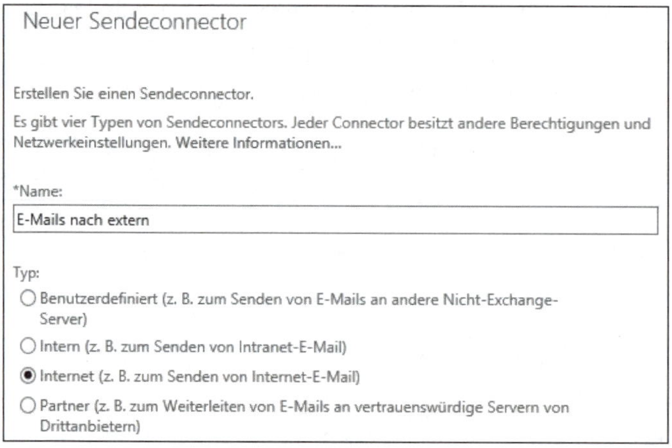

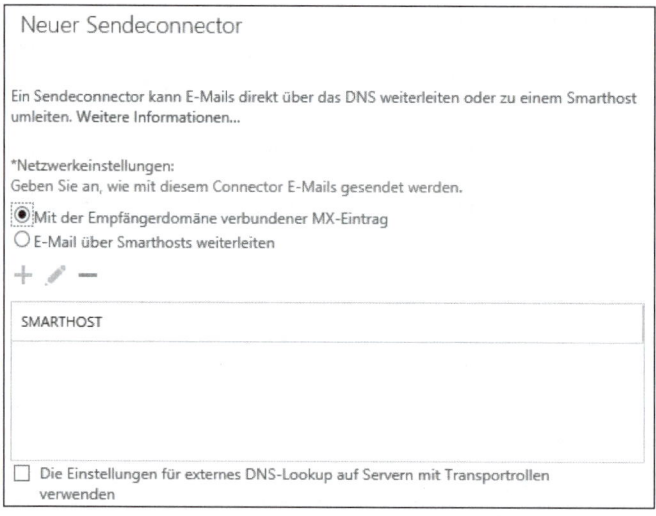

Abbildung 3.14: Erstellen eines Sendeconnectors

5. Stellen Sie sicher, dass die Option *Mit der Empfängerdomäne verbundener MX-Eintrag* akti-viert ist, wenn der Server die E-Mails direkt zustellen soll. Klicken Sie dann auf *Weiter*. Alternativ können Sie alle E-Mails auch zum Smarthost Ihres Providers senden.

Abbildung 3.15: Konfigurieren eines Sendeconnectors

6. Klicken Sie unter *Adressraum* auf *Hinzufügen*. Stellen Sie sicher, dass im Fenster *Domäne hinzufügen* als *Typ* die Einstellung *SMTP* aktiviert ist. Geben Sie im Feld *Vollqualifizierter Domänenname (FQDN)* den Wert * ein. Auf Wunsch können Sie später weitere Connectors für bestimmte Domänen erstellen.

7. Klicken Sie auf *Speichern*. Damit sendet dieser Connector alle E-Mails ins Internet. Sie kön-nen für einzelne Domänen auch eigene Connectors erstellen. Exchange verwendet immer zuerst passende Connectors – und den Platzhalter-Sendeconnector nur dann, wenn kein passender Connector verfügbar ist.

8. Stellen Sie sicher, dass das Kontrollkästchen *Sendeconnector mit Bereich* deaktiviert ist, und klicken Sie auf *Weiter*. Eingeschränkte Connectors funktionieren nicht für alle Exchange-Server der Organisation, sondern nur für ausgewählte.

9. Klicken Sie unterhalb von *Quellserver* auf *Hinzufügen*. Wählen Sie im Fenster *Server auswählen* einen oder mehrere Postfachserver aus, die zum Senden von E-Mails an das Internet verwendet werden sollen.

10. Nachdem Sie die Server ausgewählt haben, klicken Sie auf *Hinzufügen* und anschließend auf *OK*. Klicken Sie auf *Fertig stellen*, damit der Connector verfügbar ist.

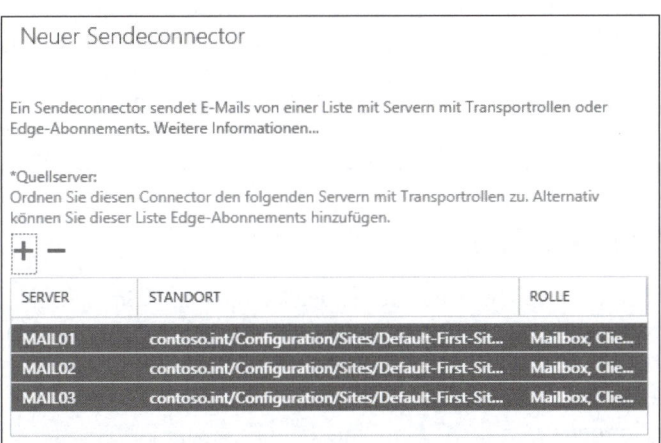

Abbildung 3.16: Festlegen der Postfachserver, die den Connector nutzen dürfen

Hinweis

Bei der Installation von Exchange 2016 wird ein standardmäßiger Empfangsconnector erstellt. Dieser Empfangsconnector akzeptiert anonyme SMTP-Verbindungen von externen Servern.

Wenn Sie eingehende Verbindungen von externen Servern einschränken wollen, ändern Sie den Empfangsconnector *Default Frontend <Server>* im Bereich *Nachrichtenfluss/Empfangsconnectors*.

Stellen Sie sicher, dass der neue Sendeconnector im Exchange Admin Center unter *Nachrichtenfluss/Sendeconnectors* angezeigt wird. Öffnen Sie Outlook Web App, und senden Sie eine E-Mail-Nachricht an einen externen Empfänger. Wenn der Empfänger die Nachricht erhält, haben Sie den Sendeconnector erfolgreich konfiguriert.

Tipp

Einen Connector für die Verbindung zum Internet erstellen Sie auf Wunsch auch in der Exchange Management Shell:

```
New-SendConnector -Internet -Name "To Internet" –AddressSpaces "*" –DNSRoutingEnabled:$TRUE
–SourceTransportServers "mail01"
```

Wollen Sie anstatt der direkten Zustellung einen Smarthost verwenden, können Sie ebenfalls die Exchange Management Shell verwenden:

```
New-SendConnector -Internet -Name "To Internet" –AddressSpaces "*" –DNSRoutingEnabled:$FALSE
–SourceTransportServers "mail01" –SmartHosts "IP-Adresse des Smarthosts"
```

Aktualisieren Sie Ihre bisherige Exchange-Umgebung auf Exchange 2016 und liegt bereits ein Sendeconnector vor, können Sie die neu installierten Exchange-Server mit Exchange Server 2016 ebenfalls in der Exchange Management Shell hinzufügen:

```
Get-SendConnector -Identity "To Internet" | Set-SendConnector -SourceTransportServers
@{Add="mail02","mail03"}
```

Konfigurieren der E-Mail-Domänen

Damit der Exchange-Server E-Mails empfangen und versenden kann, müssen Sie festlegen, welche E-Mail-Domänen die Exchange-Infrastruktur verwalten soll. Je nach Netzaufbau können dies auch mehrere Domänen sein. Außerdem muss festgelegt werden, über welche Connectors die einzelnen Domänen Mails versenden dürfen.

Ein wichtiger Schritt bei der Konfiguration des E-Mail-Flusses in Exchange 2016 besteht darin, festzulegen, welche E-Mail-Domänen die Exchange-Server entgegennehmen und welche Domänen die diversen Connectors akzeptieren. Diese Domänen haben in Exchange 2016 die Bezeichnung »akzeptierte Domänen«. Für akzeptierte Domänen ist Exchange zuständig, das bedeutet, die E-Mails bleiben innerhalb der Exchange-Organisation; kein Connector versendet sie nach außen.

Kommen E-Mails für die akzeptierten Domänen bei einem Exchange-Server der Organisation an, nimmt er diese entgegen und stellt sie dem jeweiligen Benutzer zur Verfügung. Eine der verwendeten Domänen betrachtet Exchange 2016 immer als Standarddomäne.

Um die als Standard akzeptierte Domäne zu ändern, legen Sie eine neue akzeptierte Domäne an und bestimmen diese als neue Standarddomäne. Um eine neue akzeptierte Domäne für die Exchange-Organisation zu erstellen, gehen Sie folgendermaßen vor:

1. Starten Sie das Exchange Admin Center (*https://<Servername>/ecp*).
2. Die Einstellungen befinden sich im Menüpunkt *Nachrichtenfluss/Akzeptierte Domänen*.
3. Im Bereich *Akzeptierte Domänen* zeigt Exchange die standardmäßig akzeptierte Domäne an. Diese ergibt sich aus Active Directory.

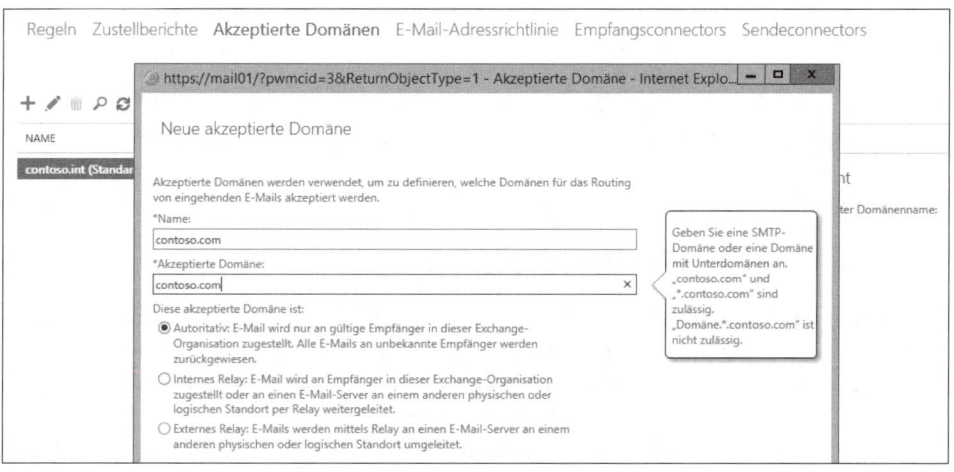

Abbildung 3.17: Anpassen der akzeptierten Domänen in Exchange 2016

Wenn Sie auf das Pluszeichen klicken, öffnet sich das Fenster zur Konfiguration einer neuen akzeptierten Domäne. Hier legen Sie die Domäne fest und wählen aus, welchen Typ die neue akzeptierte Domäne haben soll. Exchange bietet dabei drei verschiedene Typen an:

- **Autoritativ** E-Mails zu autoritativen Domänen muss Exchange 2016 innerhalb der Organisation zustellen. Das heißt, einem Active Directory-Benutzerkonto in der Gesamtstruktur muss eine E-Mail-Adresse dieser Domäne zugeordnet sein, ansonsten ist die E-Mail nicht zustellbar. Hier besteht auch die Möglichkeit, mit Platzhaltern zu arbeiten, um auch Unterdomänen automatisch zu konfigurieren. So führt zum Beispiel *.contoso.com* dazu, dass Exchange auch alle Unterdomänen von *contoso.com* als akzeptierte Domänen ansieht. Sollen einzelne E-Mail-Domänen in den Empfängerrichtlinien konfiguriert werden, dürfen Sie nicht mit Platzhaltern arbeiten, sondern müssen die einzelnen untergeordneten Domänen direkt eintragen.

- **Internes Relay** Auch bei dieser Auswahl bleibt die E-Mail innerhalb des Unternehmens. Die E-Mail-Adresse muss nicht zwingend in der Gesamtstruktur des Exchange-Servers vorhanden sein, sondern kann auch in einer anderen Gesamtstruktur liegen. In diesem Fall sendet Exchange die E-Mail aus der Organisation per SMTP zu einem anderen fest vorgegebenen E-Mail-Server. Außerdem liegen die Adressen der Empfänger als Kontakte im globalen Adressbuch. Durch die gemeinsame Nutzung von Active Directory mit Exchange 2016 definiert die Grenze der Active Directory-Gesamtstruktur (Forest) die Exchange-2016-Organisation. Es ist nicht möglich, dass eine Active Directory-Gesamtstruktur (Forest) mehrere unterschiedliche Exchange-2016-Organisationen oder eine Exchange-2016-Organisation mehrere Gesamtstrukturen (Forests) umfasst.

- **Externes Relay** Bei dieser Auswahl nimmt Exchange die E-Mail an und sendet sie über einen Sendeconnector aus der Organisation hinaus. Über diese Domäne haben Sie ansonsten keinerlei weitere Kontrolle; der Server funktioniert in diesem Fall ausschließlich als Relay.

Tipp

Sie können eine neue akzeptierte Domäne auch in der Exchange Management Shell erstellen:

```
New-AcceptedDomain -Name <Name> -DomainName <Domäne> -DomainType Authoritative
```

E-Mail-Adressenrichtlinien verwalten

E-Mail-Adressenrichtlinien (in früheren Versionen Empfängerrichtlinien genannt) dienen zur Verwaltung der E-Mail-Adressen der Empfänger in der Organisation. Ihre Anwender können erst dann E-Mails senden und empfangen, wenn ihnen eine oder mehrere E-Mail-Adressen auf Basis einer E-Mail-Adressenrichtlinie zugewiesen worden sind.

Standardmäßig baut Exchange 2016 die E-Mail-Adressen aus der Domäne von Active Directory auf und verwendet diese automatisch. Sie können diesen Aufbau an Ihre Anforderungen anpassen und mit einer oder mehreren Richtlinien die Struktur der E-Mail-Adressen aller Empfänger Ihrer Organisation steuern. Exchange ist für alle E-Mail-Domänen zuständig, die in den akzeptierten Domänen definiert sind.

In den E-Mail-Adressenrichtlinien können Sie diejenigen Domänen für die Generierung von E-Mail-Adressen in der Organisation verwenden, die auf der Registerkarte *Akzeptierte Domänen* im Exchange Admin Center unter *Nachrichtenfluss* festgelegt worden sind.

Bevor Sie E-Mail-Adressenrichtlinien ändern, müssen Sie zunächst die akzeptierten Domänen konfigurieren. Exchange 2016 legt während der Installation eine Richtlinie für E-Mail-Adressen mit dem Namen *Default Policy* an. Sie können parallel mehrere Richtlinien definieren. Die Richtlinien lassen sich anhand von Prioritäten ordnen, wobei immer die erste zutreffende Richtlinie und deren Regeln für einen Benutzer angewendet werden.

Die *Default Policy* hat immer die niedrigste Priorität und kann nicht gelöscht werden. Definieren Sie mehrere Richtlinien und passt für einen Benutzer keine dieser Richtlinien, wird immer die *Default Policy* angewendet. Sollen alle Mitarbeiter der Organisation dieselbe Internetdomäne als E-Mail-Adresse erhalten, brauchen Sie nicht mehrere Richtlinien zu definieren und können die *Default Policy* anpassen. Sie benötigen lediglich dann eine zweite oder mehrere Richtlinien, wenn einige Empfänger Ihrer Organisation eine andere Domäne in ihrer E-Mail-Adresse erhalten sollen als andere.

Um Einstellungen in der Richtlinie zu ändern, führen Sie einen Doppelklick auf die Richtlinie aus. Es erscheint das Fenster zum Bearbeiten von E-Mail-Adressenrichtlinien. Auf der ersten Seite definieren Sie den Namen der Richtlinie sowie die Priorität, wenn Sie eine neue Richtlinie erstellen.

Die *Default Policy* ist für alle Empfängertypen in der Organisation zuständig. Empfängertypen sind nicht nur Benutzer, sondern auch Kontakte, Verteilerlisten oder öffentliche Ordner. Über den Link *Vorschau der Empfänger anzeigen, für die diese Richtlinie gilt* bei *Anwenden auf* in den Eigenschaften der Richtlinie können Sie sich anzeigen lassen, für welche Objekte in Active Directory die Richtlinie angewendet wird.

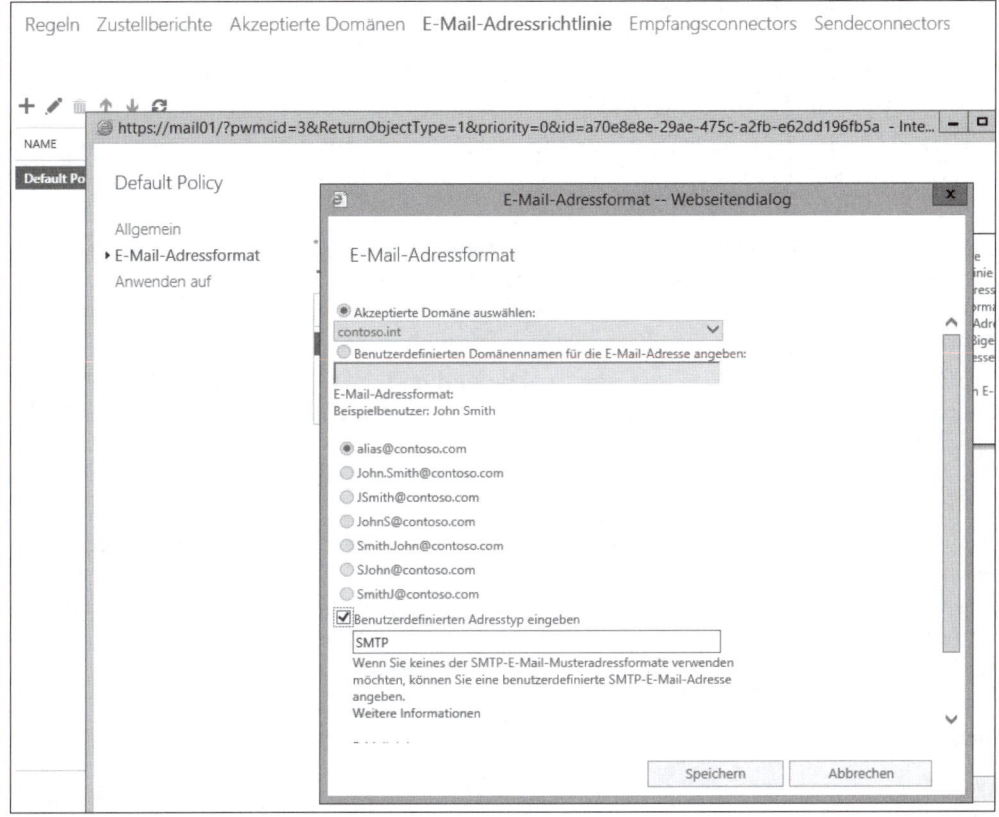

Abbildung 3.18: Anpassen der E-Mail-Adressrichtlinie

Hierbei werden die entsprechenden Felder ausgelesen, die Sie für Empfänger in Active Directory festgelegt haben. Sobald Sie ein Attribut festgelegt haben, müssen Sie den Wert eingeben, nach dem die Empfänger gefiltert werden sollen. Sie können für einzelne Attribute mehrere Werte hinterlegen. Achten Sie darauf, dass Sie hier nicht mit Platzhaltern arbeiten können, sondern dass der Wert exakt mit dem Feld in Active Directory übereinstimmen muss.

Auf der Seite *E-Mail-Adressformat* legen Sie fest, wie die E-Mail-Adressen Ihrer Empfänger generiert werden sollen. Hier können Sie definieren, welche Domäne an die Empfänger als Adresse propagiert werden soll.

Sie können hier die E-Mail-Domänen auswählen, die Sie auf der Registerkarte *Akzeptierte Domänen* festgelegt haben, oder SMTP-Domänen direkt eingeben. In diesem Fall müssen Sie aber vorher konfigurieren, dass der Exchange-Server diese Domäne tatsächlich akzeptiert.

Über die Schaltfläche *Hinzufügen* können Sie weitere Domänen sowie die Variablen hinzufügen, die zum Aufbau der Adresse vor der Domäne verwendet werden. Werden hier nicht alle Domänen angezeigt, die Sie im Unternehmen einsetzen, sollten Sie diese zunächst auf der Registerkarte *Akzeptierte Domänen* im Bereich *Nachrichtenfluss* anlegen.

Um auch den E-Mail-Namen vor der Domäne automatisch generieren zu lassen, können Sie vor dem @-Zeichen mit Variablen arbeiten. Unter Exchange 2016 können Sie auswählen, wie die E-Mail-Adresse aufgebaut sein soll, ohne direkt die Variablen zu kennen.

Sie können für Empfänger innerhalb einer Richtlinie nur eine SMTP-Adresse als Antwortadresse definieren, auch wenn der Empfänger E-Mails unter mehreren Adressen empfangen könnte. Empfänger können E-Mails mit allen Adressen empfangen, wenn sie aber auf eine E-Mail antworten, wird die Antwortadresse verwendet.

Klicken Sie im Konfigurationsfenster für die E-Mail-Adresse auf die Adresse, die als Antwortadresse verwendet werden soll, und aktivieren Sie anschließend das Kontrollkästchen *Dieses Format für Adresse der Antwort-E-Mail verwenden*.

Empfänger können E-Mails zu allen E-Mail-Adressen empfangen, die Sie in einer Richtlinie definieren. Die E-Mail-Adresse, die als Antwortadresse definiert ist, verwenden die Clients zum Versenden von Nachrichten. Hier handelt es sich um die Hauptadresse Ihres Unternehmens.

Beachten Sie, dass Ihre Änderungen sofort aktiv sind und die E-Mail-Adressen Ihrer Benutzer angepasst werden. Die alten E-Mail-Adressen werden dabei nicht gelöscht, sondern müssen von Ihnen manuell über die Benutzereigenschaften entfernt werden. Anwender können weiterhin E-Mails mit den alten E-Mail-Adressen empfangen, solange diese Adressen noch ihrem Benutzerkonto zugeordnet sind.

Um eine Richtlinie in der Priorität zu verschieben, müssen Sie diese mit der rechten Maustaste anklicken und im Kontextmenü die Pfeilschaltflächen anwählen. Sie können die Richtlinie mit diesem Menü nach oben oder nach unten verschieben. Exchange wendet auf Empfänger immer die erste zutreffende Richtlinie an. Treffen auf einen Benutzer die Bedingungen mehrerer Richtlinien zu, wird die Richtlinie mit der höheren Priorität angewendet.

Tipp

Wollen Sie die neuen Richtlinien in der Exchange Management Shell erstellen, verwenden Sie zum Beispiel den folgenden Befehl:

```
New-EmailAddressPolicy -Name Contoso -IncludedRecipients AllRecipients —ConditionalCompany
"Contoso" -EnabledEmailAddressTemplates "SMTP:%1@contoso.com"
```

Wenn Sie eine neue E-Mail-Richtlinie erstellen, wird diese nicht automatisch an die Postfächer weiterverteilt. Sie können diesen Vorgang aber ebenfalls in der Exchange Management Shell starten:

```
Update-EmailAddressPolicy -Identity Contoso
```

E-Mail-Größen definieren

Sie sollten an den verschiedenen Stellen in Exchange 2016 überprüfen, ob die angegebenen Maximalgrößen für E-Mails Ihren Vorgaben im Unternehmen entsprechenden. Wir gehen in Kapitel 4 ausführlich auf dieses Thema ein. Nachfolgend finden Sie eine Liste, wie Sie die Größen einstellen können. Sie verwenden dazu am einfachsten das Exchange Admin Center:

*   Maximale Größe, die ein Exchange-Server entgegennimmt: *Nachrichtenfluss/Empfangsconnectors/<Eigenschaften des Connectors>/Maximale Größe für empfangene Nachricht (MB)*.

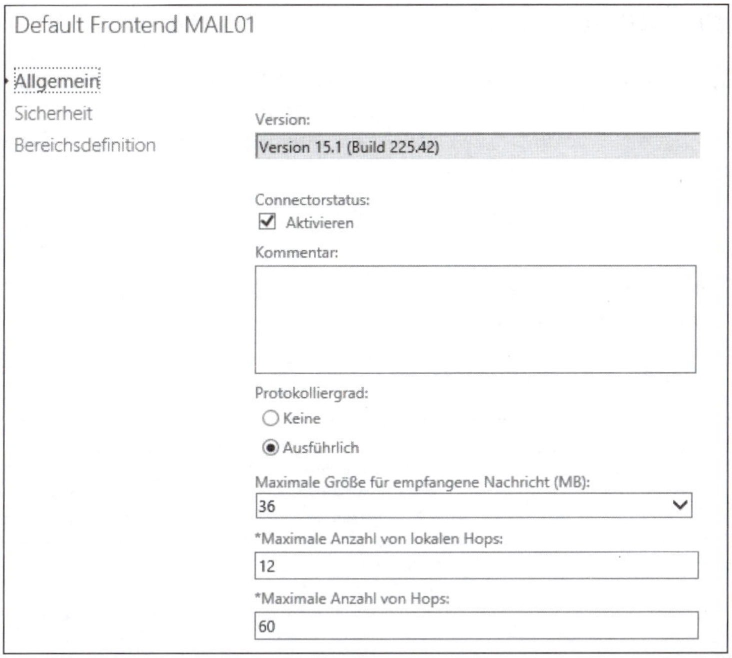

Default Frontend MAIL01

Allgemein
Sicherheit
Bereichsdefinition

Version:

Version 15.1 (Build 225.42)

Connectorstatus:
☑ Aktivieren

Kommentar:

Protokolliergrad:
○ Keine
◉ Ausführlich

Maximale Größe für empfangene Nachricht (MB):

36

*Maximale Anzahl von lokalen Hops:

12

*Maximale Anzahl von Hops:

60

Abbildung 3.19: Einstellen der maximalen Nachrichtengröße für empfangene Nachrichten

- Maximale Größe, die ein Exchange-Server sendet: *Nachrichtenfluss/Sendeconnectors/ <Eigenschaften des Connectors>/Maximale Größe für gesendete Nachricht (MB)*.

- Globale Einstellung für alle Connectors; hier verwenden Sie die Exchange Management Shell und als Beispiel folgenden Befehl:

```
Set-TransportConfig -MaxSendSize 100MB -MaxReceiveSize 100MB
```

Allgemeine Informationen zu Serverrollen und -Diensten

Die eingeschränkten Serverrollen in Exchange 2016 sind eine der maßgeblichsten Änderungen seit Exchange 2003/2007/2010/2013. Im Vergleich zu Exchange 2007/2010 gibt es zwar in der Bedienung der Rollen Unterschiede, Exchange 2010 bietet aber die gleichen Rollen und Funktionen wie Exchange 2007. Hier bringt Exchange 2016 einige Neuerungen mit, die wir bereits in den Kapiteln 1 und 2 behandelt haben.

Zunächst gibt es in Exchange 2016 nur noch die Rollen Postfach und Edge-Transport-Server. Diese beiden Rollen sorgen in der neuen Version für den E-Mail-Fluss, die Speicherung der Daten und den Zugriff der Clients.

Durch diese neuen Möglichkeiten können Unternehmen einzelne Exchange-Server speziell nach deren gewünschter Funktion einsetzen, aber ohne die unnötige Komplexität von Exchange 2010/2013. Lesen Sie sich dazu auch die Kapitel 1 und 2 durch.

Systemdienste von Exchange 2016

In diesem Abschnitt gehen wir ausführlicher auf die einzelnen Systemdienste von Exchange 2016 ein. Sie finden die Dienste am schnellsten über die Eingabe von »services.msc« auf der Startseite von Windows Server 2012/2012 R2. Die Dienste von Exchange tragen die Bezeichnung *Microsoft Exchange <Spezieller Dienstname>*.

Tipp

Sie können sich die einzelnen Exchange-Dienste auch in der Exchange Management Shell anzeigen lassen. Dazu verwenden Sie den folgenden Befehl:

```
Get-Service msex* | ft -AutoSize
```

Microsoft Exchange Active Directory-Topologie	Stellt den Exchange-Dien...	Wird au...	Automa...	Lokales System
Microsoft Exchange DAG-Verwaltung	Der Microsoft Exchange ...	Wird au...	Automa...	Lokales System
Microsoft Exchange EdgeSync	Repliziert Konfigurations...	Wird au...	Automa...	Lokales System
Microsoft Exchange Frontend Transport	Dieser Dienst dient als Pr...	Wird au...	Automa...	Lokales System
Microsoft Exchange IMAP4	Stellt IMAP (Internet Mes...		Manuell	Lokales System
Microsoft Exchange POP3	Stellt POP3-Dienste (Pos...		Manuell	Lokales System
Microsoft Exchange Search Host Controller	This service provides hos...	Wird au...	Automa...	Lokales System
Microsoft Exchange Server Extension for Windows Server Backup	Enables Windows Server ...		Manuell	Lokales System
Microsoft Exchange Unified Messaging	Aktiviert Microsoft Excha...	Wird au...	Automa...	Lokales System
Microsoft Exchange Unified Messaging-Anrufrouter	Aktiviert die Funktionen ...	Wird au...	Automa...	Lokales System
Microsoft Exchange-Antispamupdate	Der Microsoft Exchange-...	Wird au...	Automa...	Lokales System
Microsoft Exchange-Benachrichtigungsbroker	Der Microsoft Exchange-...		Automa...	Lokales System
Microsoft Exchange-Compliancedienst	Host für Compliancedie...	Wird au...	Automa...	Lokales System
Microsoft Exchange-Diagnose	Agent, der den Serversta...	Wird au...	Automa...	Lokales System
Microsoft Exchange-Diensthost	Stellt einen Host für zahl...	Wird au...	Automa...	Lokales System
Microsoft Exchange-Einschränkungen	Beschränkt die Rate der ...	Wird au...	Automa...	Netzwerkdienst
Microsoft Exchange-IMAP4-Back-End	Stellt IMAP-Dienste (Inte...		Manuell	Netzwerkdienst
Microsoft Exchange-Informationsspeicher	Verwaltet den Microsoft ...	Wird au...	Automa...	Lokales System
Microsoft Exchange-Integritätsdienst	Verwaltet die Exchange-...	Wird au...	Automa...	Lokales System
Microsoft Exchange-Konformitätsprüfung	Der Microsoft Exchange-...	Wird au...	Automa...	Lokales System
Microsoft Exchange-POP3-Back-End	Stellt den POP3-Dienst (...		Manuell	Netzwerkdienst
Microsoft Exchange-Postfach-Assistenten	Führt die Hintergrundver...	Wird au...	Automa...	Lokales System
Microsoft Exchange-Postfachreplikation	Verarbeitet Verschiebun...	Wird au...	Automa...	Lokales System
Microsoft Exchange-Postfachtransportübergabe	Dieser Dienst, der auf de...	Wird au...	Automa...	Lokales System
Microsoft Exchange-Postfachtransportzustellung	Dieser Dienst, der auf de...	Wird au...	Automa...	NT-AUTORIT...
Microsoft Exchange-Replikation	Der Microsoft Exchange-...	Wird au...	Automa...	Lokales System
Microsoft Exchange-RPC-Clientzugriffsdienst	Verwaltet Client-RPC-Ve...	Wird au...	Automa...	Lokales System
Microsoft Exchange-Suche	Fördert die Indizierung u...	Wird au...	Automa...	Lokales System
Microsoft Exchange-Transport	Der Microsoft Exchange-...	Wird au...	Automa...	Netzwerkdienst
Microsoft Exchange-Transportprotokollsuche	Stellt Fähigkeiten zur Re...	Wird au...	Automa...	Lokales System

Abbildung 3.20: Die Systemdienste von Exchange 2016 verwalten Sie in der Dienstesteuerung von Windows Server 2012/2012 R2.

Abhängig von den installierten Rollen werden nicht immer alle Dienste installiert oder gestartet. Im folgenden Abschnitt gehen wir auf die wichtigsten Dienste ein. Nach der Installation von Exchange 2016 sollten Sie darauf achten, dass die notwendigen Dienste auch gestartet sind. Funktionieren einige Komponenten nicht, überprüfen Sie, ob eventuell Dienste mit dem Starttyp *Automatisch* nicht gestartet oder abgestürzt sind. Hier hilft oft auch die Ereignisanzeige auf den Exchange-Servern.

- **Microsoft Exchange Active Directory-Topologie** Da Exchange 2016 eng mit den Active Directory-Standorten zusammenarbeitet, ist ein Dienst notwendig, der für die Synchronisierung der Daten mit Active Directory zuständig ist. Dieser Dienst hat keine Abhängigkeiten und läuft auf allen Servern.

- **Microsoft Exchange DAG-Verwaltung** Dieser Dienst steuert die Verwaltung von Postfachservern und die Zusammenarbeit mit Datenbankverfügbarkeitsgruppen (Database Availability Groups, DAGs). Der Dienst muss auf Postfachservern gestartet sein, vor allem, wenn Sie mit DAGs arbeiten.

- **Microsoft Exchange EdgeSync** Dieser Dienst dient zur Synchronisation von Daten mit eventuell vorhandenen Edge-Transportservern. Er spielt im Bereich des Spamschutzes eine Rolle, da hierüber auch die Daten der Empfänger mit Outlook synchronisiert werden, welche die vertrauten Absender betreffen (siehe Kapitel 11).

- **Microsoft Exchange Frontend Transport** Dieser Dienst sorgt für den Nachrichtenverkehr zwischen Postfachservern in der Organisation. Er wird auch auf allen Postfachservern ausgeführt und dient als SMTP-Proxy, um Nachrichten weiterzuleiten.

- **Microsoft Exchange IMAP4** und **Microsoft Exchange POP3** Diese Dienste steuern den Zugriff von Benutzern auf ihre Postfächer über das POP3- oder IMAP-Protokoll auf den Servern. Outlook verwendet zum Zugriff HTTPS und liest demnach direkt den Informationsspeicher aus. Sollen Anwender auch per IMAP oder POP3 auf ihre Postfächer zugreifen können (zum Beispiel über das Internet), werden diese beiden Dienste benötigt.

- **Microsoft Exchange Search Host Controller** Dieser Dienst stellt die Verbindung zwischen der Postfachsuche und Anwendungen wie SharePoint zur Verfügung. Auf diesem Weg lässt sich auch von anderen Anwendungen wie SharePoint eine Suche durchführen.

- **Microsoft Exchange Server Extension for Windows Server Backup** Dieser Dienst ermöglicht die Onlinedatensicherung der Exchange-Datenbanken mit der internen Windows-Server-Sicherung (siehe Kapitel 14). Ohne diesen Dienst ist keine Onlinesicherung der Datenbanken mit der Windows-Sicherung möglich.

- **Microsoft Exchange Unified Messaging** Dieser Dienst stellt die Unified Messaging-Funktionen bereit. Er routet eingehende Fax- und Sprachnachrichten in die Postfächer der Anwender.

- **Microsoft Exchange Unified Messaging-Anrufrouter** Der Dienst stellt die Telefoniefunktionen und Speechfunktionen bereit.

- **Microsoft Exchange-Antispamupdate** Dieser Dienst ist für den Download der Antispamdefinitionen zuständig (siehe Kapitel 12).

- **Microsoft Exchange-Benachrichtigungsbroker** Dieser Dienst sorgt für die Kommunikation und den Austausch von Benachrichtigungen zwischen verschiedenen Exchange-Servern.

- **Microsoft Exchange-Compliancedienst** Dieser Dienst steuert das Archiv und die Funktionen für Compliance in Exchange 2016. Er ist auch für die Zusammenarbeit der Systemdienste zuständig, die Archiv- und Speicherfunktionen bieten.

- **Microsoft Exchange-Diagnose** Dieser Dienst ist dafür zuständig, die Server in der Organisation auf ihren Zustand und ihre Stabilität hin zu überprüfen.

- **Microsoft Exchange-Diensthost** Dieser Dienst steuert die Kommunikation der verschiedenen Exchange-Dienste sowie die Anbindung von Clients und die Überwachung der Protokolle wie RPC/HTTPS und MAPI/HTTPS.

- **Microsoft Exchange-Einschränkungen** Dieser Dienst verhindert, dass einzelne Benutzer oder Dienste den Server durch zu viele Benutzeranfragen oder Aktionen überlasten und lahmlegen. Er limitiert die Anzahl an Benutzerinteraktionen mit dem Server. Er ist auch für die Einhaltung von Einschränkungen für Benutzer bezüglich des Mailversands notwendig.

- **Microsoft Exchange-Informationsspeicher** Der Informationsspeicher ist für die Verbindung der Clients und Server zu den Exchange-Datenbanken zuständig. Er ermöglicht den Benutzern den Zugriff auf den Postfachspeicher und den Speicher für die öffentlichen Ordner. Ohne diesen Dienst ist kein Zugriff auf die Postfächer der Benutzer möglich. Dieser Dienst ist auf Postfachservern einer der wichtigsten Dienste. Läuft er nicht mehr, deutet das auf Probleme mit den Datenbanken hin.

- **Microsoft Exchange-Konformitätsprüfung** Auch dieser Dienst muss gestartet sein, damit sichergestellt ist, dass die Systemkomponenten funktionieren.

- **Microsoft Exchange-Postfach-Assistenten** Dieser Dienst stellt verschiedene Funktionen für Kalender und die Planung von Ressourcen für Besprechungsanfragen bereit. Er wird auch für den Abwesenheits-Assistenten benötigt. Dieser Dienst ist vom Systemdienst *Microsoft Exchange Active Directory-Topologie* abhängig.

- **Microsoft Exchange-Postfachreplikation** Dieser Dienst steuert das Verschieben von Benutzerpostfächern zwischen Servern.

- **Microsoft Exchange-Postfachtransportübergabe** Auch dieser Dienst ist für den Transport zuständig. Er sorgt dafür, dass E-Mails der Anwender in den MIME-Standard konvertiert werden, und gibt diese an den Transportdienst weiter.

- **Microsoft Exchange-Postfachtransportzustellung** Dieser Dienst stellt zusammen mit dem Dienst *Microsoft Exchange-Transport* den SMTP-Server des Exchange-Servers zur Verfügung und ist für den Transportstack des Servers zuständig. Dieser Dienst ist dafür zuständig, E-Mails von Postfachservern zum Transportdienst zu übertragen. Die Server transportieren dann die E-Mails zu den jeweiligen Transportservern im Active Directory-Standort des Empfängers.

- **Microsoft Exchange-Replikation** Dieser Dienst wird für die Replikation von Datenbanken benötigt, wenn Sie Datenverfügbarkeitsgruppen (Database Availability Groups, DAG) einsetzen. Ist dieser Dienst nicht gestartet, werden keine Daten mehr für DAG repliziert (siehe Kapitel 15).

- **Microsoft Exchange-RPC-Clientzugriffsdienst** Dieser Dienst ist dazu vorgesehen, Clientanbindungen zu steuern, die auch über das Internet eintreffen. Über den Dienst greifen unter anderem die verschiedenen Cmdlets der Exchange-Verwaltungsshell zu, um die Anbindung an Clientzugriffsserver zu steuern, zum Beispiel *Set-RpcClientAccess*. Über diesen Befehl lassen sich zum Beispiel bestimmte Outlook-Clients und -Versionen blockieren. Die Anbindung an Exchange ist ohne diesen Dienst nicht möglich.

- **Microsoft Exchange-Suche** Dieser Dienst verwaltet die Indizierung auf dem Server sowie die Suche nach E-Mails. Verwenden Sie keine Indizierung, benötigen Sie diesen Dienst nicht. Haben Sie jedoch die Indizierung einzelner Informationsspeicher aktiviert, steht der Index lediglich dann zur Verfügung, wenn dieser Dienst gestartet ist. Der Dienst läuft auf Servern mit der Postfach-Rolle.

- **Microsoft Exchange-Transport** Dieser Dienst ist für das Versenden von E-Mails zwischen Exchange-Servern und dem Internet zuständig.

- **Microsoft Exchange-Transportprotokollsuche**   Dieser Dienst ist für die Nachrichten-verfolgung (Message Tracking) und das Durchsuchen der Protokolle für den Nachrichten-versand zuständig (nicht zu verwechseln mit den Transaktionsprotokollen der Datenbank).

Ordnerstruktur von Exchange 2016

Auch wenn die verschiedenen Ordner von Exchange 2016 nicht ständig zur Verwaltung not-wendig sind, sollten Administratoren die Funktion der einzelnen Unterordner im Exchange-2016-Installationsordner kennen.

Wir kommen in den einzelnen Kapiteln dieses Buchs noch auf den einen oder anderen Ordner zu sprechen. Im folgenden Abschnitt geben wir einen Überblick über die wichtigsten Ordner. Standardmäßig wird Exchange 2016 im Ordner *C:\Program Files\Microsoft\Exchange Ser-ver\V15* installiert, genauso wie Exchange 2013. Sie können den Installationsordner während der Installation frei wählen.

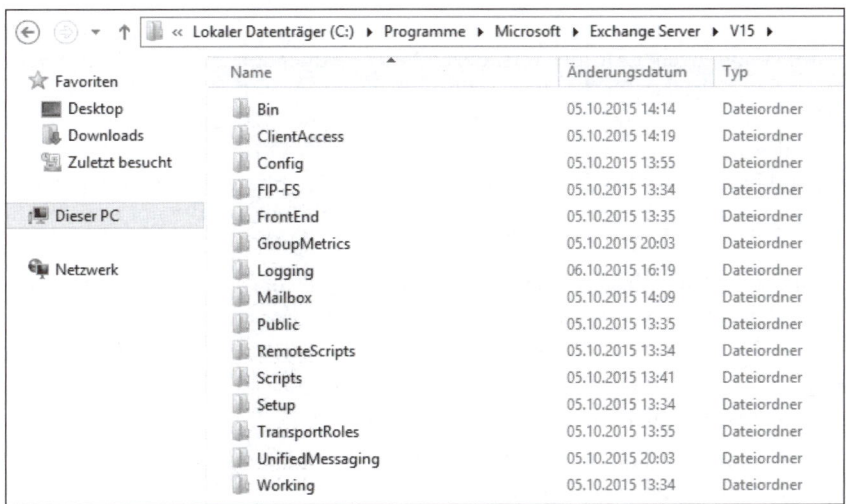

Abbildung 3.21: Die Ordnerstruktur von Exchange 2016 im Explorer anzeigen

Unabhängig vom Installationsordner gibt es Unterordner mit verschiedenen Funktionen:

- **\Bin**   In diesem Ordner werden die Verwaltungsprogramme und Zusatzprogramme von Exchange 2016 gespeichert. Hier finden Sie die ausführenden Dateien und wichtigsten Pro-gramme sowie die Systemdateien von Exchange 2016. Auch das eine oder andere Zusatztool wie *Eseutil.exe* finden Sie hier. Programme von Drittherstellern benötigen häufig Zugriff auf diesen Ordner.

- **\ClientAccess**   In diesem Ordner befindet sich die Konfiguration der Clientzugriffsser-ver-Rolle eines Exchange-Servers. Dieser Ordner spielt in Exchange 2013 nur auf Clientzu-griffsservern eine Rolle, in Exchange 2016 ist er auch auf Postfachservern wichtig. In diesem Ordner befinden sich zum Beispiel die notwendigen Ordner für die Autodiscover-Funktion von Outlook und die Ordner *Owa*, *exchweb* sowie *PopPImap* und *Sync*. Diese Ordner ent-halten dann wiederum die Installations- und Konfigurationsdateien der entsprechenden Funktion.

- **\FIP-FS** In diesem Ordner liegen die Steuerdateien des integrierten Virenschutzes in Exchange 2016. Im Unterordner *\Bin* finden Sie wiederum Tools wie *FPSDiag.exe*, die in der Befehlszeile bei der Diagnose des Virenschutzes helfen.

- **\FrontEnd** In diesem Ordner sind verschiedene Systemdateien gespeichert, die den Benutzerzugriff steuern. Auch Startdateien für verschiedene Unified-Messaging-Funktionen und den Zugriff über Outlook finden Sie hier. Zusammen mit *\ClientAccess* ist das ein wichtiger Ordner.

- **\GroupMetrics** Bei der Gruppenmetrik handelt es sich um eine Sammlung von Informationen zu Verteilergruppen und dynamischen Verteilergruppen in Ihrer Organisation. Sie enthält die Anzahl der Mitglieder und die Anzahl der Mitglieder außerhalb Ihrer Organisation. Gruppenmetrikdaten werden verwendet, um E-Mail-Infos in Microsoft Exchange 2016 zu unterstützen. E-Mail-Infos sind informative Meldungen, die dem Absender beim Verfassen einer Nachricht angezeigt werden.

- **\Logging** In diesem Ordner befinden sich verschiedene Protokolldateien von Exchange 2016, allerdings nicht die Transaktionsprotokolle der Datenbank (siehe Kapitel 5).

- **\Mailbox** Dieser Ordner enthält alle Dateien, die zur Exchange-Datenbank gehören. Für jede Datenbank ist ein eigener Ordner verfügbar. Dieser Ordner spielt auf Postfachservern eine wichtige Rolle. In diesem Ordner liegen die Transaktionsprotokolle und die restlichen Dateien der Exchange-Datenbanken. Hier finden Sie auch die *.dll*-Dateien für die Erstellung von E-Mail-Adressen. Dort werden auch die Daten des Offlineadressbuchs gespeichert. In diesem Ordner liegen weiterhin die Daten und Konfigurationen der öffentlichen Ordner. Auf die Dateien der Datenbanken gehen wir vor allem in Kapitel 5 noch ausführlicher ein.

- **\Public** In diesem Ordner liegen keine Daten von öffentlichen Ordnern, sondern die *.xml*-Dateien und Treiber, die von Transportservern benötigt werden, um E-Mails zu versenden.

- **\RemoteScripts** In diesem Ordner liegen Skripts für Multiserverumgebungen und die Zusammenarbeit verschiedener Exchange-Infrastrukturen.

- **\Scripts** Dieser Ordner enthält die Skripts, die die Exchange Management Shell für automatisierte Aufgaben zur lokalen Verwendung nutzt.

- **\Setup** Dieser Ordner enthält die beiden Unterordner *Data* und *Perf*. Diese Ordner enthalten wiederum notwendige *.xml*-Dateien, die für die Konfiguration von Exchange 2016 benötigt werden.

- **\TransportRoles** Dieser Ordner enthält die Unterordner *agents*, *data*, *Logs*, *Pickup*, *Replay* und *Shared*. Die beiden Ordner *Pickup* und *Shared* werden für den E-Mail-Versand benötigt. Alle Protokolldateien, die den E-Mail-Fluss von Transportservern betreffen, werden im Ordner *Logs* gespeichert. Im Ordner *data* werden die Daten der IP-Filter-Datenbank und der Warteschlangen (siehe Kapitel 4) gespeichert.

- **\UnifiedMessaging** Diese Daten enthalten die Daten für die Konfiguration der Unified-Messaging-Rolle, der Spracherkennung und einige Skripts. Hier werden auch die Sprachnachrichten abgespeichert.

- **\Working** Hierbei handelt es sich um einen Ordner für Converter, die neuen OWA-Apps und andere Daten. Es spielt keine wesentliche Rolle.

Den Pickup-Ordner für selbst erstellte E-Mails verwenden

Wenn Sie speziell formatierte E-Mail-Nachrichten als Dateien im *Pickup*-Ordner ablegen (*C:\Program Files\Microsoft\Exchange Server\V15\TransportRoles\Pickup*), werden diese durch Exchange 2016 automatisch zugestellt.

Diese Funktion können vor allem Administratoren zu Testzwecken, aber auch Applikationen verwenden, die E-Mail-Nachrichten über Exchange versenden sollen. Die Nachrichten werden als *.eml*-Datei in den *Pickup*-Ordner kopiert. Nach dem Kopiervorgang werden folgende Prozesse abgewickelt:

1. Exchange 2016 überprüft alle fünf Sekunden, ob sich im *Pickup*-Ordner eine *.eml*-Datei befindet. Dieses Intervall kann nicht verändert werden. Standardmäßig kann Exchange bis zu 100 Nachrichten pro Minute aus diesem Ordner verwalten. Sie können diesen Grenzwert in der Exchange Management Shell über den Befehl *Set-TransportServer* anpassen.

2. Im Anschluss überprüft Exchange, ob die Grenzwerte für Nachrichten in diesem Ordner eingehalten worden sind, zum Beispiel die maximale Zahl der Empfänger und die Größe des E-Mail-Headers. Auch diese Grenzwerte können Sie über den Befehl *Set-TransportServer* steuern.

3. Als Nächstes wird die aktuell verarbeitete *.eml*-Datei in eine *.tmp*-Datei umbenannt. Teilweise wird den Namen auch noch die aktuelle Zeit und das Datum angehängt, wenn bereits eine identische *.tmp*-Datei existiert. Die Datei kann an dieser Stelle nicht mehr manuell gelöscht werden; sie wird durch das System gesperrt.

4. Als Nächstes wird die Nachricht versendet und die *.tmp*-Datei gelöscht. Wird der Dienst *Microsoft Exchange-Transport* während eines solchen Vorgangs neu gestartet, werden alle *.tmp*-Dateien wieder in *.eml*-Dateien umbenannt und der Prozess beginnt von vorne. Dieser Effekt kann in doppelt zugestellten E-Mail-Nachrichten resultieren.

Damit die Nachrichten über den *Pickup*-Ordner zugestellt werden können, müssen die *.eml*-Dateien entsprechende Voraussetzungen erfüllen:

1. Die Nachricht muss als Textdatei dem SMTP-Format entsprechen.

2. Die Datei muss zwingend die Endung *.eml* haben.

3. Es muss mindestens ein Absender im *From:*-Bereich der Datei existieren (siehe auch Kapitel 4).

4. Es muss mindestens ein Empfänger im *To:*-, *Cc:*- oder *Bcc:*-Bereich hinterlegt sein.

5. Es muss eine Leerzeile zwischen dem Header und dem E-Mail-Body (dem Text der E-Mail) existieren:

```
01 To: <administrator@contoso.com>
02 From: <test@contoso.com>
03 Subject: Testnachricht
04
05 Das ist der E-Mail-Body mit dem Text.
```

Die Zeilen 1 bis 3 bilden den Header, die Zeile 5 den Body der Nachricht. Auch MIME-Nachrichten können im Ordner abgelegt werden. Diese Nachrichten werden dann allerdings eher von Applikationen erstellt, da sich diese nicht für Testzwecke eignen.

MIME ist ein Nachrichtenformat, das ursprünglich dazu eingeführt wurde, per E-Mail verschickte Dateien anhand ihrer Dateierweiterung zu erkennen und vor dem Verschicken mittels eines Headers zu kennzeichnen, um sie dann beim Empfänger mit der richtigen Software darstellen oder wiedergeben zu können.

```
To: <administrator@contoso.com>
From: <test@contoso.com>
Subject Message subject
MIME-Version: 1.0
Content-Type: text/html; charset=iso-8859-1
Content-Transfer-Encoding: 7bit

<HTML><BODY>
<TABLE>
<TR><TD>cell 1</TD><TD>cell 2</TD></TR>
<TR><TD>cell 3</TD><TD>cell 4</TD></TR>
</TABLE>
</BODY></HTML>
```

Kann eine Nachricht aus dem *Pickup*-Ordner nicht zugestellt werden, bleibt die *.eml*-Datei im Ordner erhalten und es werden entsprechende Meldungen in der Ereignisanzeige im Anwendungsprotokoll protokolliert.

Die Funktion des Replay-Ordners

Im *Replay*-Ordner (*C:\Program Files\Microsoft\Exchange Server\V15\TransportRoles\Replay*) werden E-Mails abgelegt, die über Connectors von Drittherstellern kommen oder in Exchange 2016 importiert wurden, um sie über den Server zu versenden.

Grundsätzlich bietet der *Replay*-Ordner die gleichen Funktionen, und auch der Prozess für das Versenden von E-Mails ist identisch mit dem Prozess im *Pickup*-Ordner.

Active Directory-Replikation überprüfen

Das wichtigste Tool, um die Replikation in Active Directory zu überprüfen, ist *Repadmin.exe*. Geben Sie in der Eingabeaufforderung den Befehl *Repadmin.exe/showreps* ein. Es werden Ihnen alle durchgeführten Replikationsvorgänge von Active Directory sowie etwaige Fehler mit Angabe der Ursache für die nicht funktionierende Replikation anzeigt.

Sie können sich die Anzeige auch in eine Textdatei mit *Repadmin/showreps >C:\repl.txt* umleiten lassen. Mit *Repadmin/showrepl * /csv > reps.csv* leiten Sie die Replikationsinformationen in eine *.csv*-Datei um.

Den Status der Replikation erfahren Sie auch in der PowerShell. Dazu verwenden Sie das Cmdlet *Get-ADReplicationUpToDatenessVectorTable <Name des Servers>*. Eine Liste aller Server erhalten Sie mit:

```
Get-ADReplicationUpToDatenessVectorTable * | Sort Partner,Server | ft Partner,Server,UsnFilter
```

Microsoft stellt für die Diagnose der Replikation von Domänencontrollern das Active Directory Replication Status Tool kostenlos im Download Center zur Verfügung (*http://tinyurl.com/6mnjldm*). Mit dem Tool sehen Sie in einem übersichtlichen Fenster, ob die Replikation zwischen den Domänencontrollern funktioniert.

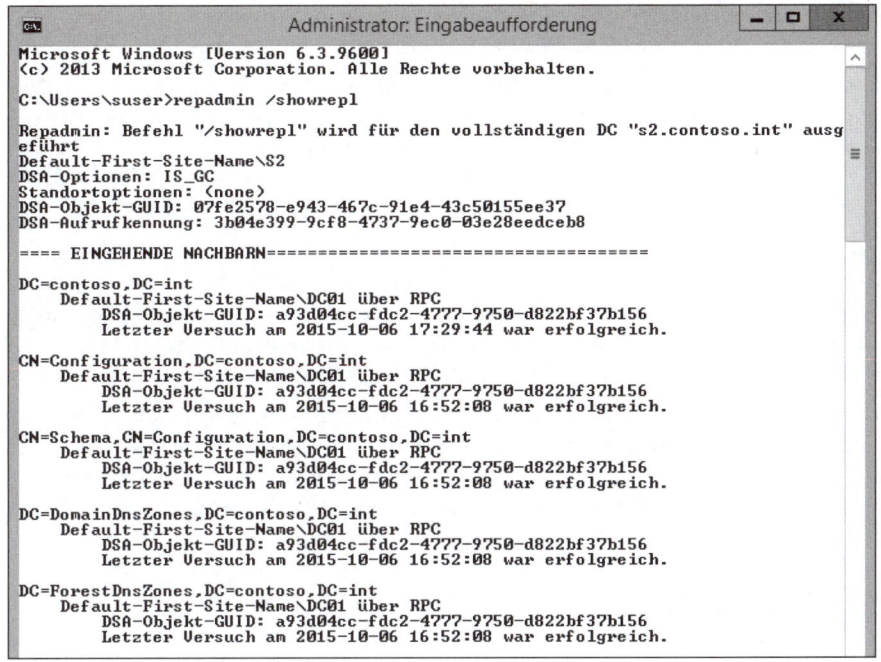

Abbildung 3.22: Über die Eingabeaufforderung finden Sie Probleme bei der Active Directory-Replikation am schnellsten.

Die Version von *Dcdiag.exe*, die mit Windows Server 2012/2012 R2 ausgeliefert wird, enthält einen Test, mit dem sich Replikationsprobleme anzeigen lassen, die von Kerberos-Problemen verursacht werden. Öffnen Sie eine neue Eingabeaufforderung, und geben Sie den folgenden Befehl ein:

```
Dcdiag /test:CheckSecurityError /s:<Name des Domänencontrollers, der Probleme hat>
```

Anschließend überprüft *Dcdiag.exe* für diesen Domänencontroller, ob irgendeine Active Directory-Replikationsverbindung Probleme mit der Übertragung von Kerberos hat.

Das wichtigste Tool für die Diagnose von Domänencontrollern ist *Dcdiag.exe*. Sie können das Tool in der Befehlszeile mit Administratorrechten aufrufen, indem Sie *Dcdiag* eingeben. Eine ausführliche Diagnose erhalten Sie durch *Dcdiag /v*. Mit *Dcdiag /a* überprüfen Sie alle Domänencontroller am gleichen Active Directory-Standort, und mit *Dcdiag /e* werden alle Server in der Gesamtstruktur getestet.

Um sich nur die Fehler und keine Informationen anzeigen zu lassen, verwenden Sie *Dcdiag /q*. Die Option *Dcdiag /s:<Domänencontroller>* ermöglicht den Test eines Servers über das Netzwerk. Es wird während des Tests auch geprüft, ob das Computerkonto in Active Directory in Ordnung ist und ob das Computerkonto sich richtig registriert hat.

Sie können über die Option *Dcdiag /RecreateMachineAccount* eine Fehlerbehebung versuchen, wenn der Test fehlschlägt. Über *Dcdiag /FixMachineAccount* können Sie ebenfalls eine Fehlerbehebung versuchen. Eine weitere Option, die Fehler behebt, ist *Dcdiag /fix*.

Geben Sie in der Eingabeaufforderung den Befehl *Nltest /dclist:<NetBIOS-Domänenname>* ein, zum Beispiel *Nltest /dclist:contoso*. Alle Domänencontroller sollten mit ihren vollständigen

Domänennamen ausgegeben werden. Werden einzelne Domänencontroller nur mit ihrem Net-BIOS-Namen angezeigt, überprüfen Sie deren DNS-Registrierung auf den DNS-Servern.

Wenn Sie mit *Net stop netlogon* und dann *Net start netlogon* den Anmeldedienst auf dem Domänencontroller neu starten, versucht der Dienst die Daten der Datei *netlogon.dns* aus dem Ordner *\Windows\System32\config\netlogon.dns* erneut in DNS zu registrieren. Gibt es hierbei Probleme, finden sich im Ereignisprotokoll unter *System* Einträge des Diensts, die bei der Problemlösung weiterhelfen.

Auch der Befehl *Nltest /dsregdns* hilft oft bei Problemen in der DNS-Registrierung. Funktioniert die erneute Registrierung durch Neustart des Anmeldedienstes nicht, löschen Sie die DNS-Zone *_msdcs* und die erstellte Delegierung. Beim nächsten Start des Anmeldedienstes liest dieser die Daten von *netlogon.dns* ein, erstellt die Zone *_msdcs* neu und schreibt die Einträge wieder in die Zone. Mit *Dcdiag* lassen sich danach die Probleme erneut diagnostizieren.

Außerdem können Sie mit dem Befehl *Net accounts* in der Eingabeaufforderung den Status des Domänenkontos eines Domänencontrollers überprüfen. Innerhalb der Ausgabe von *Net accounts* sollte die Rolle des Computers *Primär* sein, wenn es sich um den PDC-Emulator handelt. Bei allen anderen Domänencontrollern wird an dieser Stelle die Rolle *Sicherung* angezeigt.

Zusammenfassung

In diesem Kapitel haben Sie erfahren, welche Aufgaben Sie nach der Installation von Exchange 2016 durchführen sollten. Wir sind auch darauf eingegangen, welche Systemdienste es gibt und wie die Ordnerstruktur von Exchange aussieht. Zusätzlich haben Sie in diesem Kapitel die ersten Schritte bei der Einrichtung und im Umgang mit der neuen Exchange Admin Center unternommen.

Im nächsten Kapitel zeigen wir Ihnen, wie Sie den Nachrichtenfluss in Exchange über Connectors optimal gestalten. Lesen Sie dazu auch die entsprechenden Abschnitte in Kapitel 1 und in diesem Kapitel durch.

Teil B
Einrichtung und Verwaltung

Kapitel 4: Nachrichtenfluss und Connectors 113

Kapitel 5: Exchange-Datenbanken verstehen 171

Kapitel 6: Clientanbindung an Exchange 203

Kapitel 7: Empfänger, Gruppen und Kontakte verwalten 249

Kapitel 8: Teamwork mit Exchange 299

Kapitel 4
Nachrichtenfluss und Connectors

In diesem Kapitel:

Informationen zum E-Mail-Routing in Exchange 2016 114
Sendeconnectors erstellen und verwalten 125
Empfangsconnectors erstellen und verwalten 132
Direkte Verbindung von Transportservern mit dem Internet 137
E-Mail-Fluss testen 138
Zustellungs-Agents und Transport-Agents 138
Allgemeine Einstellungen für Exchange-Transportserver 141
Akzeptierte Domänen und Remotedomänen 148
Warteschlangen (Queues) 151
Nachrichtenverfolgung (Message Tracking) 157
SMTP für Fortgeschrittene 160
Transportregeln für den Nachrichtenfluss erstellen 165
Zusammenfassung 170

In den Kapiteln 2 und 3 haben wir Ihnen bereits gezeigt, wie Sie Exchange 2016 so konfigurieren, dass der E-Mail-Versand und -Empfang funktionieren. In diesem Kapitel gehen wir ausführlicher auf den Nachrichtenfluss und die Möglichkeiten der Connectors ein. Haben Sie Exchange 2016 installiert und angepasst, bestehen die weiteren Aufgaben darin, den E-Mail-Fluss von Exchange 2016 zu konfigurieren.

Bevor Sie sich also mit diesem Kapitel beschäftigen, sollten Sie sich die Konfiguration in Kapitel 3 erneut ansehen. In diesem Kapitel gehen wir die notwendigen Konfigurations- und Verwaltungsaufgaben durch, die zum Transportieren von E-Mails gehören. Exchange 2016 nutzt für den Versand von E-Mails ins Internet sowie zwischen verschiedenen Active Directory-Standorten das SMTP-Protokoll. Auch Exchange 2016 kann, wie seine Vorgänger, keine E-Mails per POP3 abholen, sondern unterstützt ausschließlich die Zustellung per SMTP (Simple Mail Transfer Protocol).

Viele Unternehmen haben jedoch für ihre Mitarbeiter keine einzelnen POP3-Postfächer, sondern ein Sammel-POP3-Postfach, in dem alle E-Mails landen, die an das Unternehmen geschickt werden. Ein POP3-Connector holt dann die E-Mails aus dem Postfach ab und stellt sie dem Exchange-Server zu, der wiederum die E-Mails auf Basis der E-Mail-Adressen verteilt. Das Abholen von E-Mails per POP3 kann allerdings nur für sehr kleine Unternehmen empfohlen werden und ist selbst dann nicht optimal und stabil. Größere Unternehmen sollten auf SMTP setzen.

Der erste Schritt bei der Konfiguration des E-Mail-Flusses besteht darin, dass Sie festlegen, welche E-Mail-Domänen die Exchange-Server entgegennehmen und welche über die diversen Connectors aus dem Unternehmen heraus versendet werden. Bevor Sie Connectors erstellen oder Richtlinien konfigurieren, müssen Sie die SMTP-Namensräume festlegen, die die Exchange-Server Ihrer Organisation entgegennehmen.

Diese Domänen werden akzeptierte Domänen genannt (siehe Kapitel 3). Standardmäßig wird während der Installation als erste SMTP-Domäne der FQDN der Active Directory-Gesamtstruktur festgelegt. Hierbei handelt es sich allerdings nur in Ausnahmefällen auch um die E-Mail-Domäne des Unternehmens, daher müssen Sie hier zunächst Anpassungen vornehmen. Wie das geht, zeigen wir Ihnen in Kapitel 3.

Tipp

Arbeiten Sie mit einem externen Exchange-Server, zum Beispiel einem Edge-Transport-Server, der direkt mit dem Internet verbunden ist und E-Mails über den MX-Eintrag der Domäne erhält, können Sie über die Seite *http://mxtoolbox.com* die MX-Einträge Ihrer E-Mail-Domänen überprüfen. Sie sehen hier, welche MX-Einträge vorhanden sind und welche IP-Adressen für das Zustellen der E-Mails verwendet werden.

Informationen zum E-Mail-Routing in Exchange 2016

In Exchange 2016 verschicken Postfachserver die E-Mails (siehe Kapitel 1, 2 und 3). Hub-Transport-Server gibt es seit Exchange 2013 nicht mehr. Der Edge-Transport-Server ist in Exchange 2016 verfügbar. Sie können weiterhin vorhandene Exchange 2010/2013-Edge-Transport-Server verwenden oder diese sofort auf Exchange 2016 aktualisieren.

Ein Exchange 2010-Edge-Transport-Server erfordert eine Verbindung mit einem Hub-Transport-Server. In Exchange 2016 befindet sich der Transportdienst auf dem Postfachserver. Daher verläuft der Internetnachrichtenfluss zwischen dem Transportdienst auf dem Postfachserver und dem Edge-Transport-Server.

Sie können auf einem Exchange 2010-Edge-Transport-Server ein Abonnement für einen eigenständigen Exchange 2016-Postfachserver oder für einen Server einrichten, bei dem der Postfachserver und der Clientzugriffsserver auf einem Server installiert sind.

Sie müssen das EdgeSync-Abonnement nicht neu erstellen, wenn Sie die vorhandene Exchange 2010-Organisation auf Exchange 2016 aktualisieren. Die Verfahren zur Bereitstellung eines neuen Edge-Transport-Servers in der Exchange 2016-Organisation gleichen denen früherer Versionen von Exchange. Alle Verfahren, die auf dem Hub-Transport-Server ausgeführt werden, führen Sie in Exchange 2016 auf dem Postfachserver aus.

Bei Exchange 2016 wartet immer der sendende Server darauf, dass der empfangende Server die E-Mail entweder in ein Postfach oder an einen weiteren Transportserver zugestellt hat. Stellt der sendende Server fest, dass sich eine E-Mail auf dem Empfangsserver nicht zustellen lässt, versucht Exchange 2016 eine Zustellung auf einem alternativen Weg. Diesen Transportcache behandeln wir in späteren Abschnitten in diesem Kapitel noch ausführlicher.

Benutzer haben die Möglichkeit, eine E-Mail bis zum Erreichen des Empfängers zu verfolgen. Mit der Nachrichtenverfolgung in Outlook Web App (OWA) können alle Benutzer Nachrichten verfolgen.

Exchange 2016 kennt mehr Filter und Aktionen beim Erstellen von neuen Transportregeln. Die Cmdlets *New-TransportRule* und *Set-TransportRule* bieten die Möglichkeit, alle Aktionen mit einem einzigen Befehl festzulegen.

Außerdem lassen sich in Exchange 2016 Regeln auf Basis eines AD RMS-Schutzes (Active Directory Rights Management Services) erstellen. Mehr zu diesem Thema erfahren Sie in Kapitel 10. Empfangsconnectors überwachen die Nachrichtenübermittlungen nach Benutzer und IP-Adresse.

Sie können direkt im Exchange Admin Center als Administrator Transport- und Journalregeln erstellen. Das Exchange Admin Center erreichen Sie über *https://<Servername>/ecp*. Über den Link *Nachrichtenfluss/Regeln* stehen Ihnen verschiedene Optionen zur Verfügung, um Transportregeln und Journalregeln zu erstellen.

Eine Komponente des Transportdiensts ist der Categorizer. Dieser entscheidet für jede E-Mail, ob sie intern zugestellt werden kann oder ins Internet zu einem Smarthost oder per MX (Mail Exchange) direkt dem Zielsystem zugestellt wird (siehe Kapitel 3). Der Ablauf beim Versenden von E-Mail ist folgender:

1. Ein Anwender verschickt über Outlook eine E-Mail. Diese E-Mail legt der Client im Postausgang ab.

2. Der Postfachserver des Anwenders erkennt die Nachricht und überträgt die E-Mail aus dem Postfach.

3. Der Transportdienst erhält die Nachricht, kategorisiert diese, wendet Nachrichtenrichtlinien an und stellt die Nachricht an einen Server am Standort des Empfängers über SMTP zu. Dabei laufen im Detail folgende Vorgänge ab:

   – Die Nachricht wird in die Übermittlungswarteschlange (Submission Queue) auf dem Server aufgenommen.

   – Ist auf dem Server ein Virusschutzprogramm aktiv, überprüft der Agent für den Virenschutz die E-Mail.

   – Haben Sie Journalregeln erstellt, wendet der Agent diese als nächste an.

   – Der Categorizer versucht, die Empfängeradresse in Active Directory aufzulösen, oder entscheidet auf dieser Basis, ob es sich um einen internen oder externen Empfänger handelt, auch auf Basis der verwendeten Domänen zu den E-Mail-Empfängern.

4. Anhand dieser Erkenntnis berechnet der Server die beste Route zum Empfänger und stellt die Servernamen und die IP-Adressen der nächsten Hops fest.

5. Bevor der Server die E-Mail an den nächsten Hop weiterschickt, formatiert er die Nachricht so, dass der Inhalt für den Empfänger lesbar ist. Dabei wandelt der Server die Mail von MIME oder UUencode in Base64 um und konvertiert auch den Text entsprechend.

6. Als Nächstes wendet der Server Transportregeln und nochmals die Journalregeln an. Die Journalregel überprüft zum Beispiel nach dem Transport-Agent, ob eine Änderung der Nachricht eine neue Journalanforderung rechtfertigt.

7. Als Nächstes stellt der Server die E-Mail in die Übermittlungswarteschlange zum nächsten Server.

8. Anschließend wird die E-Mail per SMTP an das Zielsystem gesendet.
9. Der Server überträgt die Nachricht in Form einer RPC-Verbindung zum Postfachserver des Empfängers.

Routing über verschiedene Server und Exchange-Versionen

E-Mails stellt Exchange 2016 auf Basis der Replikationsverbindungen zwischen Active Directory-Standorten zu. Dazu verwendet Exchange automatisch erstellte Connectors, die die verschiedenen Active Directory-Standorte miteinander verbinden.

Nachfolgend beschreiben wir auch die Vorgänge bei der Zusammenarbeit von Exchange 2010/2013 mit Exchange 2016 und in Infrastrukturen, in denen nur Exchange 2016 im Einsatz ist.

Nachrichtenversand beim parallelen Einsatz von Exchange 2010/2013 und 2016

In Exchange 2010 hat Microsoft Techniken integriert, um den Ausfall von Hub-Transport-Servern abzufangen und den Versand von E-Mails sicherzustellen, indem der Quellserver diese erneut versendet. In Exchange 2010 wartet immer der sendende Server darauf, dass der empfangende Server die E-Mail entweder in ein Postfach zugestellt oder an einen weiteren Transportserver weitergeleitet hat. Stellt der sendende Server fest, dass eine E-Mail auf dem Empfangsserver nicht zugestellt werden kann, versucht Exchange 2010 eine Zustellung auf einem alternativen Weg.

Server A schickt eine Mail an Server B, der die E-Mail zwar entgegennimmt, aber aufgrund von Netzwerkproblemen nicht an Server C weiterleiten kann. Server A hat die E-Mail zwar erfolgreich an Server B zugestellt, diese aber noch nicht gelöscht. Stellt Server A fest, dass Server B die E-Mail nicht an Server C weitersenden kann, versucht Server A auf einem alternativen Weg, zum Beispiel über Server D, die E-Mail an Server C zuzustellen. Auch hier behält Server A die E-Mail weiterhin auf dem Server, bis sichergestellt ist, dass Server D die E-Mail an Server C zugestellt hat. Geht die Kette weiter, übernimmt Server D die Überwachung, ob Server C die Mail an Server E weitergeleitet hat, und so weiter.

Exchange überwacht nicht nur die Zustellung an den nächsten Server, sondern auch an den übernächsten. Die Kommunikation für diese Technik erfolgt mit den beiden SMTP-Befehlen XSHADOW und XQDISCARD. Haben Sie auf einem Server die beiden Rollen Postfach und Hub-Transport installiert, versucht Exchange auch bei einer lokalen Zustellung von E-Mails diese an einen weiteren Hub-Transport-Server zu senden, bevor eine direkte Zustellung erfolgt. Der Sinn dieser Technik ist, dass eine E-Mail immer auf zwei Transportservern liegen muss, um sicherzustellen, dass diese nicht verloren geht.

In Einzelfällen kann es durchaus passieren, dass E-Mails einem Anwender mehrfach zugestellt werden. Allerdings ist das sicher besser als ein Totalverlust der E-Mail. Damit diese Technik funktioniert, muss der empfangende Server dem sendenden Server mit XSHADOW mitteilen, dass er diese Technik auch beherrscht. Die Meldung wird beim Senden von EHLO an den sendenden Server übertragen. Mit dem SMTP-Befehl XQDISCARD fragt der sendende Server beim empfangenden Server ab, welche E-Mails er an weitere Server übertragen hat, damit der sendende Server diese Mails dann löschen kann.

Erst wenn sich der sendende Server beim empfangenden Server authentifiziert hat und er dann die XSHADOW-Meldung erhält, legt er eine spezielle Warteschlange an, in der er die E-Mails zwischenspeichern kann, die er an den empfangenden Server sendet. Vorher werden die E-Mails ganz normal behandelt.

Nach der erfolgreichen Übertragung von XSHADOW fragt der sendende Server immer wieder mit XQDISCARD beim sendenden Server nach, ob die E-Mail versendet ist und aus der Cachewarteschlange entfernt werden kann. Das Intervall dazu ist 5 Minuten lang, in denen der Server jeweils dreimal mit XQDISCARD nachfragt. Erhält der sendende Server innerhalb dieser Zeit keine Antwort, versucht er die Zustellung an andere Transportserver der Organisation. Insgesamt testet der Server bis zu sieben Tage lang eine mögliche Zustellung, bevor die E-Mail als nicht zustellbar erkannt wird und der Absender einen Nichtzustellbarkeitsbericht erhält.

Über das Internet kann diese Technik nur dann eingesetzt werden, wenn sich der sendende Server am empfangenden Server authentifiziert. Erst nach der Authentifizierung findet die XSHADOW-Abfrage statt.

Der Transportcache ist standardmäßig nach der Installation von Exchange 2016 bereits aktiviert. Sie können den Status über die Exchange Management Shell anzeigen lassen, indem Sie den Befehl *Get-TransportConfig* eingeben. Den Status finden Sie im Bereich *ShadowRedundancyEnabled*. Am schnellsten überprüfen Sie den Status mit *Get-TransportConfig |fl *Shadow**.

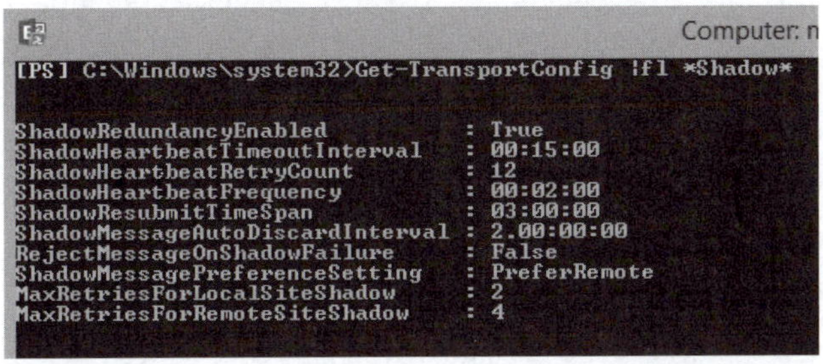

Abbildung 4.1: Anzeigen der Transportkonfiguration eines Servers in der Exchange Management Shell

Mit dem Befehl *Set-TransportConfig -ShadowRedundancyEnabled $true* aktivieren Sie den Transportcache, und der Befehl *Set-TransportConfig -ShadowRedundancyEnabled $false* deaktiviert die Technik.

Mit den Optionen *ShadowHeartbeatTimeoutInterval* (der Standardwert beträgt 15 Minuten) und *ShadowHeartbeatRetryCount* (Standardwert 12 Versuche) des Cmdlets *Set-TransportConfig* konfigurieren Sie das Intervall. Die Option *ShadowMessageAutoDiscardInterval* steuert den maximalen Verbleib in der Cache-Warteschlange.

Ein Beispielaufruf für die Änderung auf 10 Minuten und 8 Versuche sieht so aus:

```
Set-TransportConfig -ShadowHeartbeatTimeoutInterval 00:10:00 -ShadowHeartbeatRetryCount 8
```

Senden Sie mit Outlook oder Outlook Web App eine E-Mail, stellt der Client diese in den Postausgang. Anschließend holt ein Hub-Transport-Server die E-Mail ab, wenn Sie mit Exchange 2010 arbeiten. Der Client bemerkt das und kopiert die E-Mail in den Ordner für gesendete Objekte. Kann der Hub-Transport-Server die E-Mail nicht zustellen, bemerkt das der Postfachserver und veranlasst, dass ein weiterer Hub-Transport-Server die E-Mail aus den gesendeten Objekten abholt und sie zustellt.

Setzen Sie Exchange 2010/2013/2016 zusammen mit Exchange 2003/2007 ein, erhält ein Transportserver keine Antwort durch XSHADOW, da die älteren Exchange-Versionen diese Technik nicht beherrschen. In diesem Fall sendet Exchange die Nachricht dennoch, verwendet aber nicht den Transportcache.

Dies bedeutet: Bei gemischten Umgebungen kann der Versand von E-Mails nicht sichergestellt werden. Das gilt auch, wenn Exchange die Nachricht an ein externes System versendet, das den Cache nicht unterstützt. Auch hier funktioniert der Empfang, ist aber nicht durch den Cache abgesichert.

Mit der Option *MaxAcknowledgementDelay* des Cmdlets *Set-ReceiveConnector* konfigurieren Sie die maximale Verzögerung, die der Empfangsconnector beim Empfang von Systemen ohne Unterstützung des Transportcache auf eine SMTP-Bestätigung wartet. Standardmäßig ist für den Empfangsconnector eine Bestätigungsverzögerung von bis zu 30 Sekunden eingestellt.

Für Exchange 2010/2013 empfiehlt Microsoft ausdrücklich, Clientzugriffsserver nicht in der DMZ (der demilitarisierten Zone) zu betreiben. Alle E-Mails, auch interne E-Mails zwischen verschiedenen Postfachservern, leitet Exchange 2016 immer über den Transportdienst. Dies hat den Vorteil, dass hinterlegte Transportregeln immer auf alle E-Mails angewendet werden.

Haben Sie die akzeptierten E-Mail-Domänen festgelegt, können Sie Connectors erstellen, um den Nachrichtenfluss Ihrer Exchange-Organisation zu steuern (siehe auch Kapitel 3). Die Basis der Connectors sind die akzeptierten Domänen (siehe Kapitel 3). Unter Exchange 2016 gibt es Sende- und Empfangsconnectors. Diese müssen auf den einzelnen Servern konfiguriert sein, damit der Nachrichtenfluss funktioniert.

Empfangsconnectors legt Exchange 2016 bereits bei der Installation an, Sendeconnectors müssen Sie manuell erstellen (siehe Kapitel 3). Sie müssen keinerlei Connectors erstellen oder konfigurieren, um den Nachrichtenfluss zwischen Servern innerhalb des Unternehmens zu steuern, auch nicht zwischen Active Directory-Standorten. Die notwendigen Connectors und Verbindungen richtet Exchange 2016 automatisch ein.

Während der Installation von Exchange 2016 erstellt Exchange automatisch Connectors, die den Transport zwischen Servern steuern. Diese Connectors basieren auf den Standorten von Active Directory.

E-Mail-Routing in Exchange 2016

Die wichtigste Verbesserung der Shadow-Redundanz seit Exchange 2013 ist, dass der Transportserver eine redundante Kopie aller empfangenen Nachrichten erstellt, bevor dem sendenden Server der Empfang der Nachricht bestätigt wird. Diese Technik hat Microsoft auch in Exchange 2016 übernommen.

Ob der sendende Server die Shadow-Redundanz unterstützt oder nicht, spielt keine Rolle mehr. So wird sichergestellt, dass von allen Nachrichten eine redundante Kopie erstellt wird, während sie übermittelt werden. Falls Exchange 2016 feststellt, dass die ursprüngliche Nachricht während der Übertragung verloren gegangen ist, wird die redundante Kopie der Nachricht übermittelt. Diese Funktion ist in Exchange 2016 standardmäßig aktiv.

Wenn eine Nachricht von einem Transportserver innerhalb der Transportgrenze für Hochverfügbarkeit empfangen wird, versucht Exchange zwei redundante Kopien der Nachricht auf den Transportservern innerhalb der Grenze beizubehalten. Wenn eine Nachricht die Transportgrenze für Hochverfügbarkeit überschreitet, behält Exchange die redundanten Nachrichtenkopien nicht mehr bei.

E-Mails, die vom Transportdienst auf einem Postfachserver erfolgreich verarbeitet oder an einen Postfachempfänger übermittelt wurden, werden in das Sicherheitsnetz verschoben.

Sie können Exchange 2016 so konfigurieren, dass eine Nachricht zurückgewiesen wird, auch wenn keine redundante E-Mail-Kopie erstellt wurde. Verwenden Sie dafür das Cmdlet *Set-TransportConfig* mit der Option *RejectMessageOnShadowFailure*. Die E-Mail wird mit einem vorübergehenden Fehler zurückgewiesen, der sendende Server kann die Nachricht jedoch erneut übertragen. Der SMTP-Antwortcode lautet *451 4.4.0 Message failed to be made redundant*. Sie sollten Exchange so konfigurieren, dass Nachrichten, von denen keine redundante Kopie erstellt werden kann, nur dann zurückgewiesen werden, wenn Ihre Organisation über mehrere Exchange 2016-Postfachserver verfügt.

Tipp

Das Cmdlet *Set-TransportConfig* mit der Option *ShadowRedundancyEnabled $true* aktiviert die Shadow-Redundanz auf allen Transportservern in der Organisation. Mit *$false* wird die Shadow-Redundanz auf allen Transportservern in der Organisation deaktiviert.

Über das Cmdlet *Set-TransportConfig* mit der Option *RejectMessageOnShadowFailure $false* legen Sie fest, dass die primäre Nachricht trotzdem von den Transportservern in der Organisation akzeptiert wird. Mit *$true* werden Nachrichten von keinem Transportserver in der Organisation akzeptiert oder bestätigt, bis eine Schattenkopie der Nachricht erstellt wurde. Wenn keine Schattenkopie der Nachricht erstellt werden kann, wird die primäre Nachricht mit einem vorübergehenden Fehler zurückgewiesen.

Sie sollten diesen Wert nur dann auf *$true* festlegen, wenn Sie über mehrere Exchange 2016-Postfachserver in einer Datenbankverfügbarkeitsgruppe (DAG) oder an einem Active Directory-Standort verfügen. Diese Option ist nur von Bedeutung, wenn die Option *ShadowRedundancyEnabled* auf *$true* festgelegt ist.

Das Hauptziel der Shadow-Redundanz besteht darin, immer über zwei Kopien einer Nachricht innerhalb einer Transportgrenze für Hochverfügbarkeit zu verfügen, während die Nachricht übermittelt wird. Bei einer Transportgrenze für Hochverfügbarkeit kann es sich um Folgendes handeln:

1. Eine DAG für Postfachserver, die Mitglieder einer DAG sind. Hierzu gehören auch DAGs, die sich über mehrere Active Directory-Standorte erstrecken.
2. Ein Active Directory-Standort für Postfachserver, die zu keiner DAG gehören.

Die Shadow-Redundanz verfolgt nie Shadow-Nachrichten über eine Transportgrenze für Hochverfügbarkeit hinweg. Wenn eine Nachricht die Transportgrenze für Hochverfügbarkeit überschreit, beginnt die Shadow-Redundanz oder wird neu gestartet. Dadurch wird der Datenverkehr durch Shadow-Nachrichten reduziert, und es wird verhindert, dass Shadow-Nachrichten über die Transportgrenze für Hochverfügbarkeit hinweg erneut gesendet werden. Hub-Transport-Server in Exchange 2010 sind ein Sonderfall.

Wenn der Transportdienst auf einem Exchange 2016-Postfachserver eine Nachricht von einem Absender außerhalb der Transportgrenze für Hochverfügbarkeit empfängt, spielt es für den Postfachserver keine Rolle, ob der sendende Server die Shadow-Redundanz unterstützt oder nicht. Solange die Shadow-Redundanz aktiviert ist, erstellt der Postfachserver, der die Nachricht empfängt, eine redundante Kopie der Nachricht auf einem anderen Postfachserver innerhalb der Transportgrenze für Hochverfügbarkeit und bestätigt danach dem sendenden Server den Empfang der Nachricht.

Wenn ein Exchange 2016-Transportserver eine Nachricht an einen Empfänger außerhalb der Transportgrenze für Hochverfügbarkeit überträgt und der SMTP-Server auf der anderen Seite den Empfang der Nachricht bestätigt, verschiebt der Transportserver die Nachricht, wie alle anderen erfolgreich verarbeiteten Nachrichten, in das Sicherheitsnetz. Die Nachricht kann aus dem Sicherheitsnetz nicht erneut übermittelt werden.

Einrichtung und Verwaltung

Hinweis

Wenn ein Hub-Transport-Server in Exchange 2010 eine Nachricht an einen Exchange 2016-Postfachserver am gleichen Active Directory-Standort überträgt, kündigt der Hub-Transport-Server in Exchange 2010 über den XSHADOW-Befehl Unterstützung für die Shadow-Redundanz an, der Postfachserver jedoch nicht. Dies verhindert, dass der Hub-Transport-Server in Exchange 2010 eine Schattenkopie der Nachricht auf einem Exchange 2016-Postfachserver erstellt.

Wenn der Transportdienst auf einem Exchange 2016-Postfachserver eine Nachricht an einen Exchange 2010-Hub-Transport-Server am gleichen Active Directory-Standort überträgt, erstellt der Exchange 2016-Postfachserver eine Schattenkopie der Nachricht für den Exchange 2010-Hub-Transport-Server.

Nachdem der Exchange 2016-Postfachserver die Bestätigung vom Exchange 2010-Hub-Transport-Server über den Empfang der Nachricht erhalten hat, verschiebt der Exchange 2016-Postfachserver die erfolgreich verarbeitete Nachricht in das Sicherheitsnetz.

Wenn der primäre Server die Nachricht erfolgreich an den nächsten Hop übertragen und dieser Hop den Empfang der Nachricht bestätigt hat, aktualisiert der primäre Server den Löschstatus der Nachricht in *Übertragung abgeschlossen*. Der Shadow-Server ermittelt den Löschstatus der Shadow-Nachrichten in den Shadow-Warteschlangen, indem der primäre Server abgefragt wird.

Wenn der Shadow-Server eine SMTP-Sitzung mit dem primären Server öffnet, führt der Shadow-Server den Befehl XQUERYDISCARD aus, um den Löschstatus der primären Nachrichten zu ermitteln. Wenn der Shadow-Server innerhalb eines konfigurierten Zeitintervalls keine SMTP-Sitzung mit dem primären Server geöffnet hat, öffnet der Shadow-Server eine SMTP-Sitzung mit dem primären Server und führt den XQUERYDISCARD-Befehl aus.

Das Zeitintervall wird über das Cmdlet *Set-TransportConfig* mit der Option *ShadowHeartbeat-Frequency* gesteuert. Nachdem der Shadow-Server eine SMTP-Sitzung mit dem primären Server geöffnet hat, antwortet der primäre Server mit den Löschbenachrichtigungen für Nachrichten, die für den abfragenden Shadow-Server relevant sind.

Hinweis

In Exchange 2016 werden Löschbenachrichtigungen nicht im Arbeitsspeicher, sondern auf einem Datenträger gespeichert. Aus diesem Grund bleiben die Löschbenachrichtigungen nach einem Neustart des Microsoft Exchange-Transportdiensts erhalten.

Nach dem Start des Diensts stehen die Informationen zu erfolgreich verarbeiteten Nachrichten sowohl dem primären Server als auch dem Shadow-Server weiterhin zur Verfügung.

Die Shadow-Redundanz minimiert den Nachrichtenverlust aufgrund von Serverausfällen. Wenn ein Transportserver nach einem Ausfall wieder online geschaltet wird, gibt es zwei Möglichkeiten: Der Server wird mit einer neuen Transportdatenbank online geschaltet. In diesem Szenario kann die Transportdatenbank aufgrund von Datenbeschädigung oder eines Hardwarefehlers nicht wiederhergestellt werden.

Da der Transportserver in diesem Fall über eine neue Datenbank-ID verfügt, wird er von den anderen Transportservern in der Organisation als neue Route erkannt. Dies gilt auch für Situationen, in denen ein Server nicht wiederhergestellt werden kann und als Ersatz ein neuer Server bereitgestellt wird.

Der Server wird mit derselben Transportdatenbank online geschaltet. In diesem Szenario ist der betreffende Transportserver nicht ausgefallen, sondern war so lange offline, bis der Shadow-Server den Besitz für die Nachrichten übernommen und diese erneut übermittelt hat. Dieses Szenario kann beispielsweise durch einen Netzwerkkartenfehler oder eine längere Wartung des Servers verursacht werden.

Im folgenden Beispiel wird angenommen, dass es sich bei dem ausgefallenen Server um den Server *Mailbox01* handelt:

1. *Mailbox01* wird mit einer neuen Datenbank wieder online geschaltet.
2. Wenn *Mailbox01* nicht mehr verfügbar ist, übernimmt jeder Server, der Shadow-Nachrichten für *Mailbox01* in die Warteschlange eingereiht hat, den Besitz dieser Nachrichten und übermittelt die Nachrichten erneut. Die Nachrichten werden an ihre Ziele übermittelt.
3. Die maximale Verzögerung für Nachrichten entspricht dem Wert der Option *ShadowHeartbeatFrequency* im Cmdlet *Set-TransportConfig*. Der Standardwert beträgt 2 Minuten.

Ein weiteres Beispiel:

1. *Mailbox01* wird mit derselben Datenbank wieder online geschaltet.
2. Anschließend übermittelt der Server die Nachrichten in seiner Warteschlange, die bereits von denjenigen Servern übermittelt wurden, auf denen Schattenkopien der Nachrichten für *Mailbox01* gespeichert sind. Dies führt zur doppelten Zustellung dieser Nachrichten. Exchange-Postfachbenutzer erhalten aufgrund der Funktion zur Erkennung von Nachrichtenduplikaten keine doppelten Nachrichten. Empfänger in anderen Messagingsystemen als Exchange erhalten jedoch möglicherweise Duplikate ihrer Nachrichten.
3. Die maximale Verzögerung für Nachrichten entspricht dem Wert der Option *ShadowResubmitTimeSpan* im Cmdlet *Set-TransportConfig*. Der Standardwert ist 3 Stunden.

Sicherheitsnetz in Exchange 2016

In Exchange 2016 ist der primäre Mechanismus für hohe Verfügbarkeit von Postfächern die Datenbankverfügbarkeitsgruppe (Database Availability Group, DAG). In Exchange 2010 schützte der Transportdumpster vor Datenverlusten. Dazu wurde eine Warteschlange erfolgreich zugestellter Nachrichten beibehalten, die noch nicht in passiven Postfachdatenbankkopien in der DAG repliziert wurden. Wenn aufgrund eines Ausfalls einer Postfachdatenbank oder eines Servers eine veraltete Kopie der Postfachdatenbank höher gestuft werden musste, wurden die Nachrichten im Transportdumpster automatisch erneut an die neue aktive Kopie der Postfachdatenbank übermittelt.

Der Transportdumpster heißt seit Exchange 2013 Sicherheitsnetz. Das Sicherheitsnetz ist eine Warteschlange, die mit dem Transportdienst auf einem Postfachserver verbunden ist. In dieser Warteschlange werden Kopien von Nachrichten gespeichert, die vom Server erfolgreich verarbeitet wurden.

Sie können angeben, wie lange das Sicherheitsnetz Kopien der erfolgreich verarbeiteten Nachrichten speichert, bevor sie ablaufen und automatisch gelöscht werden. Das Sicherheitsnetz erfordert keine DAGs. Für Postfachserver, die zu DAGs gehören, speichert das Sicherheitsnetz Kopien zugestellter Nachrichten auf anderen Postfachservern am lokalen Active Directory-Standort.

Das Sicherheitsnetz ist redundant. Wenn das primäre Sicherheitsnetz für mehr als 12 Stunden nicht verfügbar ist, werden Anforderungen zur Neuübermittlung zu Anforderungen zur

Shadow-Neuübermittlung, und Nachrichten werden aus dem Shadow-Sicherheitsnetz erneut übermittelt. Für die Shadow-Redundanz wird eine redundante Kopie der Nachricht gespeichert, während die Nachricht übertragen wird. Das Sicherheitsnetz bewahrt eine redundante Kopie einer Nachricht auf, nachdem die Nachricht erfolgreich verarbeitet wurde. Das Sicherheitsnetz setzt also da ein, wo die Shadow-Redundanz endet.

Das primäre Sicherheitsnetz befindet sich auf dem Postfachserver, auf dem die primäre Nachricht vorhanden war, bevor sie erfolgreich vom Transportdienst verarbeitet wurde. Nachdem der primäre Server die primäre Nachricht verarbeitet hat, wird die Nachricht von der aktiven Warteschlange in das primäre Sicherheitsnetz auf demselben Server verschoben.

Das Shadow-Sicherheitsnetz befindet sich auf dem Postfachserver, auf dem die Shadow-Nachricht vorhanden war. Sobald der Shadow-Server ermittelt, dass der primäre Server die primäre Nachricht erfolgreich verarbeitet hat, verschiebt der Shadow-Server die Shadow-Nachricht aus der Shadow-Warteschlange in das Shadow-Sicherheitsnetz auf demselben Server.

Zustellungsgruppen, Routingziele und Transportdienste verstehen

Das Routing in Exchange 2016 bietet eine vollständige Unterstützung für Datenbankverfügbarkeitsgruppen (Database Availability Groups, DAG). In Exchange 2016 hosten alle Postfachserver den Transportdienst.

Hinweis

Der Transportdienst auf einem Postfachserver kommuniziert nie direkt mit einer Postfachdatenbank, sondern mit dem Postfachtransportdienst auf dem Postfachserver.

Nur der Postfachtransportdienst kommuniziert mit der Postfachdatenbank auf dem lokalen Postfachserver. Wenn der Postfachserver Mitglied einer DAG ist, akzeptiert nur der Postfachtransportdienst auf dem Postfachserver, auf dem die aktive Kopie der Postfachdatenbank gespeichert ist, eine Nachricht für den Zielempfänger.

Der Postfachtransportdienst kommuniziert mithilfe von Remoteprozeduraufrufen (Remote Procedure Calls, RPC), um Nachrichten an die lokale Postfachdatenbank zu senden oder von dieser zu empfangen. Wenn der Postfachserver Mitglied einer DAG ist, verwendet der Postfachtransportdienst RPC nur zur lokalen Kommunikation mit den aktiven Kopien der Postfachdatenbanken. RPCs werden daher nie für die serverübergreifende Kommunikation verwendet. Stattdessen kommunizieren der Postfachtransportdienst und die Transportdienste auf anderen Postfachservern über SMTP.

Für das Routing in Exchange 2016 wurden Routingziele und Zustellungsgruppen eingeführt. Das endgültige Ziel einer Nachricht wird als *Routingziel* bezeichnet. Postfachdatenbanken sind das Routingziel für jeden Empfänger mit einem Postfach in der Exchange-Organisation.

Hinweis

Das Routen von Nachrichten an Empfänger in öffentlichen Ordnern funktioniert in Exchange 2016 genauso wie das Routen von Nachrichten an Postfachempfänger.

Ein Zustellungs-Agent-Connector oder ein fremder Connector werden als Routingziel für Nachrichten verwendet, die nicht über SMTP gesendet werden. Das können zum Beispiel auch Fax-Connectors sein.

Ein Server für die Aufgliederung der Verteilergruppen kann ebenfalls ein Routingziel sein, wenn eine Verteilergruppe über einen eigenen Server verfügt, der für die Aufgliederung der Mitgliedsliste der Gruppe zuständig ist. Ein Server für die Aufgliederung der Verteilergruppen ist immer ein Hub-Transport-Server oder ein Exchange 2016-Postfachserver.

Jedes Routingziel in Exchange 2016 verfügt über einen Transportserver, der für die Zustellung von Nachrichten an dieses Routingziel zuständig ist. Es kann sich dabei auch um eine Sammlung von Servern handeln. Diese Sammlung von Transportservern wird als Zustellungsgruppe bezeichnet. Bei einem Transportserver kann es sich um einen Exchange 2016-Postfachserver oder einen Exchange 2010-Server handeln, auf dem die Hub-Transport-Serverrolle installiert ist. Wenn das Routingziel eine Postfachdatenbank ist, müssen die Transportserver in der Zustellungsgruppe mit der gleichen Exchange-Version installiert sein wie die Postfachdatenbank. Ist das Routingziel ein Connector oder ein Server für die Aufgliederung der Verteilergruppen, kann die Zustellungsgruppe sowohl Exchange 2016-Postfachserver als auch Exchange 2010-Hub-Transport-Server umfassen.

Befindet sich der Quelltransportserver in der Zielzustellungsgruppe, ist das Routingziel selbst der nächste Hop für die Nachricht. Die Nachricht wird vom Quelltransportserver an die Postfachdatenbank oder den Connector auf einem Transportserver in der Zustellungsgruppe gesendet.

Wenn sich der Quelltransportserver außerhalb der Zielzustellungsgruppe befindet, wird die Nachricht über den kostengünstigsten Routingpfad an die Zielzustellungsgruppe weitergeleitet. Es gibt bei diesen Vorgängen verschiedene Arten von Zustellungsgruppen.

Routingfähige DAGs sind eine Sammlung von Exchange 2016-Postfachservern, die zu einer gemeinsamen DAG gehören. Die Postfachdatenbanken in der DAG sind die Routingziele, die von dieser Zustellungsgruppe verwaltet werden. Wenn eine Nachricht vom Transportdienst auf einem Postfachserver empfangen wurde, leitet der Transportdienst die Nachricht an den Postfachtransportdienst auf dem Postfachserver in der DAG weiter, auf dem derzeit die aktive Kopie der Zielpostfachdatenbank gespeichert ist. Der Postfachtransportdienst auf dem Zielpostfachserver sendet die Nachricht anschließend an die lokale Postfachdatenbank.

Eine Postfachzustellungsgruppe ist eine Sammlung von Exchange-Servern der gleichen Version, die sich am gleichen Active Directory-Standort befinden. Der Active Directory-Standort stellt die Grenze der Zustellungsgruppe dar. Die Postfachdatenbanken auf Exchange 2010-Postfachservern werden von den Exchange 2010-Hub-Transport-Servern am Active Directory-Standort bedient.

Die Postfachdatenbanken auf Exchange 2016-Postfachservern am Active Directory-Standort, die zu keiner DAG gehören, werden vom Transportdienst auf Exchange 2016-Postfachservern am Active Directory-Standort bedient.

Wenn eine Nachricht auf dem Zielpostfachserver am Active Directory-Zielstandort empfangen wurde, leitet der Transportdienst die Nachricht unter Verwendung von SMTP an den Postfachtransportdienst weiter. Der Postfachtransportdienst sendet die Nachricht dann mit RPC an die lokale Postfachdatenbank.

In Exchange 2010 wird die Nachricht einem zufälligen Exchange 2010-Hub-Transport-Server am Active Directory-Zielstandort zugestellt. Dieser verwendet RPC, um die Nachricht in die Postfachdatenbank zu schreiben.

Eine Mitgliedschaft in mehreren Zustellungsgruppen ist möglich. Zum Beispiel kann ein Exchange 2016-Postfachserver, der Mitglied einer DAG ist, auch der Quellserver eines Sendeconnectors mit Bereich sein.

Wenn ein Server eine Nachricht an eine Remotezustellungsgruppe senden muss, muss ein Routingpfad für die Nachricht ermittelt werden. Exchange 2016 berechnet den kostengünstigsten Routingpfad, indem die Kosten der IP-Standortverknüpfungen addiert werden, die zum Erreichen des Ziels durchlaufen werden müssen. Wenn das Ziel ein Connector ist, werden die dem Adressraum zugewiesenen Kosten zu den Kosten addiert, die zum Erreichen des Connectors erforderlich sind. Sind mehrere Routingpfade möglich, verwendet Exchange den Routingpfad mit den geringsten Gesamtkosten. Wenn mehrere Routingpfade die gleichen Gesamtkosten aufweisen, wird der Routingpfad mit der geringsten Anzahl von Hops verwendet.

Exchange verwendet den Routingpfad, der dem Ziel am nächsten liegt und in der alphanumerischen Reihenfolge am niedrigsten ist. In Exchange 2016 kann sich eine Zustellungsgruppe über mehrere Active Directory-Standorte erstrecken. Außerdem kann es mehrere Routingpfade zu mehreren Active Directory-Zielstandorten geben. Exchange legt einen einzigen Active Directory-Standort in der Zielzustellungsgruppe als primären Standort fest.

Der Front-End-Transportdienst wird auf allen Clientzugriffsservern ausgeführt und fungiert als Proxy für den eingehenden und ausgehenden externen SMTP-Datenverkehr für die Exchange 2016-Organisation. Für ausgehende Nachrichten verwendet der Transportdienst Sendeconnectors zur Kommunikation mit dem Front-End-Transportdienst auf einem Clientzugriffsserver.

Ausgehende Nachrichten werden per Proxy über den Front-End-Transportdienst weitergeleitet, wenn der Parameter *FrontEndProxyEnabled* des Sendeconnectors auf *$true* festgelegt ist oder wenn in den Eigenschaften des Sendeconnectors im Exchange Admin Center die Option *Proxy über Clientzugriffsserver* ausgewählt ist. Exchange verwendet einen beliebigen Front-End-Transportserver am lokalen Active Directory-Standort. Nur der Transportdienst auf dem Postfachserver verfügt über Sendeconnectors.

Der Transportdienst lädt Routingtabellen basierend auf Informationen aus Active Directory und verwendet Zustellungsgruppen, um die Weiterleitung von Nachrichten festzulegen. Der Front-End-Transportdienst wird nicht als Mitglied einer Zustellungsgruppe betrachtet, auch wenn der Postfachserver und der Clientzugriffsserver auf dem gleichen Server installiert sind. Daher kann der Front-End-Transportdienst nur mit dem Transportdienst kommunizieren.

Die Routingtabellen enthalten keine Sendeconnectorrouten, aber eine spezielle Liste mit Postfachservern am lokalen Active Directory-Standort, damit ein Failover möglich ist. Beim Routing im Front-End-Transportdienst werden die Namen der Nachrichtenempfänger in den Postfachdatenbanken aufgelöst. Der Front-End-Transportdienst sucht für jede Postfachdatenbank die Zustellungsgruppe und die zugehörigen Routinginformationen.

Für Nachrichten, die an einen Empfänger gerichtet sind, wird ein Postfachserver in der Zielzustellungsgruppe ausgewählt. Dabei wird der Postfachserver bevorzugt, der dem Active Directory-Standort am nächsten liegt. Für Nachrichten, die an Empfänger mit mehreren Postfächern gerichtet sind, werden die ersten 20 Empfänger verwendet, um einen Postfachserver in der am nächsten gelegenen Zustellungsgruppe auswählen.

Der Postfachtransportdienst wird auf allen Postfachservern ausgeführt und besteht aus zwei getrennten Diensten: dem Dienst für die Postfachtransportübermittlung und dem Dienst für die Postfachtransportzustellung. Bei eingehenden Nachrichten empfängt der Dienst für die Postfachtransportzustellung SMTP-Nachrichten vom Transportdienst und stellt über einen RPC eine Verbindung mit der lokalen Postfachdatenbank her, um die Nachricht zuzustellen.

Bei ausgehenden Nachrichten stellt der Dienst für die Postfachtransportübermittlung über einen RPC eine Verbindung mit der lokalen Postfachdatenbank her, um die Nachrichten abzurufen, und übermittelt die Nachrichten per SMTP an den Transportdienst. Der Postfachtransportdienst ist zustandslos und stellt keine Nachrichten in die lokale Warteschlange.

Ebenso wie der Transportdienst lädt der Postfachtransportdienst Routingtabellen basierend auf Informationen aus Active Directory und verwendet Zustellungsgruppen, um die Weiterleitung von Nachrichten festzulegen.

Der Postfachtransportdienst weist jedoch einige einzigartige Routingaspekte auf: Da sich der Transportdienst und der Postfachtransportdienst auf dem gleichen Exchange 2016-Postfachserver befinden, gehört der Postfachtransportdienst immer zur gleichen Zustellungsgruppe wie der Postfachserver. Diese Zustellungsgruppe wird als lokale Zustellungsgruppe bezeichnet.

Der Dienst für die Postfachtransportübermittlung sendet Nachrichten nicht automatisch an den Transportdienst auf dem lokalen Postfachserver oder auf anderen Postfachservern in der eigenen lokalen Zustellungsgruppe. Der Dienst für die Postfachtransportübermittlung greift auf die gleichen Informationen zur Routingtopologie zu wie der Transportdienst und kann daher Nachrichten an den Transportdienst auf Postfachservern außerhalb der Zustellungsgruppe senden. Die Postfachserver in der lokalen Zustellungsgruppe werden als Fallbackoptionen genutzt und zur Zustellung an Empfänger ohne Postfach verwendet.

Der Postfachtransportdienst kommuniziert nur mit dem Transportdienst auf dem lokalen Exchange 2016-Postfachserver. Der Postfachtransportdienst kommuniziert niemals mit Postfachdatenbanken auf anderen Postfachservern. Wenn ein Benutzer eine Nachricht aus dem Postfach sendet, löst der Dienst die Namen der Nachrichtenempfänger auf. Empfängt der Dienst für die Postfachtransportzustellung eine Nachricht vom Transportdienst, kann der Dienst die Zustellung der Nachricht an eine lokale Postfachdatenbank akzeptieren oder ablehnen.

Der Dienst für die Postfachtransportzustellung kann die Nachricht zustellen, wenn sich der Empfänger in einer aktiven Kopie einer lokalen Postfachdatenbank befindet. Ist dies nicht der Fall, kann der Dienst für die Postfachtransportzustellung die Nachricht nicht zustellen und muss dem Transportdienst einen Unzustellbarkeitsbericht senden.

Sendeconnectors erstellen und verwalten

Sendeconnectors verwalten Sie im Exchange Admin Center über den Menüpunkt *Nachrichtenfluss* auf der Registerkarte *Sendeconnectors*. Im Gegensatz zu Empfangsconnectors legt Exchange während der Installation keinen Sendeconnector an. Sie müssen manuell mindestens einen Connector anlegen, damit Exchange E-Mails versenden kann. Mehr zu diesem Thema lesen Sie auch in Kapitel 3.

Hinweis

Standardmäßig legt Exchange 2016 zwar Empfangsconnectors zum Empfangen von E-Mails an, allerdings keine Sendeconnectors. Um E-Mails mit Exchange zu versenden, müssen Sie also immer auch Sendeconnectors erstellen.

Sendeconnectors speichert Exchange in Active Directory als Konfigurationsobjekt. Erhält ein Server eine E-Mail, überprüft er in Active Directory, welcher Sendeconnector für die E-Mail-

Domäne zuständig ist, und stellt die E-Mail entsprechend zu. Dazu sind im Connector die Server hinterlegt, die die E-Mails zustellen können.

Sind für einen Sendeconnector mehrere Server zuständig, verteilt der Connector die E-Mails lastabhängig. Durch diese Konfiguration erhalten Sie eine Ausfallsicherheit, da die E-Mail erst zugestellt wird, wenn der empfangende Server auch tatsächlich zur Verfügung steht. Diese Ausfallsicherheit gilt aber nur für die Server, die für einen einzelnen Connector konfiguriert sind. Legen Sie mehrere Connectors für den gleichen Adressraum an, wird diese Lastverteilung außer Funktion gesetzt. Sendeconnectors stellen logische Gateways dar, um den Nachrichtenfluss innerhalb und nach bzw. von außerhalb der Organisation zu steuern.

Neue Sendeconnectors erstellen

Standardmäßig erstellt Exchange bei der Installation keine Sendeconnectors. Sie müssen mindestens einen Sendeconnector manuell erstellen und konfigurieren, wenn die Server in Ihrem Unternehmen eine direkte Verbindung zum Internet haben sollen (siehe Kapitel 3). Sie benötigen im Unternehmen mindestens einen Sendeconnector, auf dem hinterlegt ist, welche E-Mail-Domänen über welche Server ins Internet versendet werden.

Sie müssen keine Sendeconnectors zwischen den Exchange-Servern Ihrer Organisation erstellen. Nur Connectors, die Nachrichten ins Internet oder an andere E-Mail-Systeme übermitteln, müssen Sie manuell erstellen. Haben Sie den Assistenten zur Erstellung eines neuen Sendeconnectors aufgerufen, legen Sie auf der ersten Seite zunächst einen Namen fest.

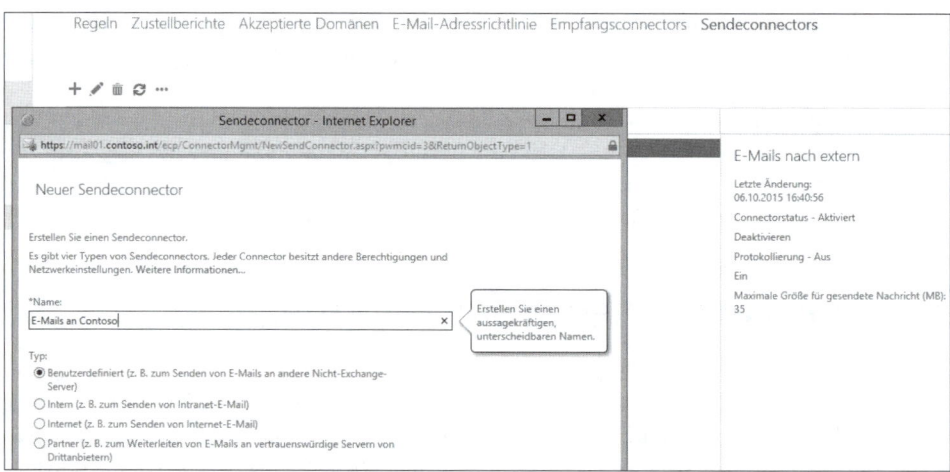

Abbildung 4.2: Erstellen eines neuen Sendeconnectors

Auf der ersten Seite legen Sie auch die Verwendung des Connectors fest. Durch die Auswahl des Verwendungstyps legen Sie die Authentifizierung für den Connector fest. Sie müssen allerdings nicht zwingend einen Verwendungstyp auswählen, sondern können die Auswahl auch auf *Benutzerdefiniert* belassen. Alle Möglichkeiten zur Authentifizierung lassen sich auch nachträglich festlegen:

- **Intern**   Wenn Sie einen Sendeconnector für den internen Versand innerhalb Ihrer Organisation erstellen, wählen Sie als Verwendungstyp *Intern* aus. Dies kann zum Beispiel sinnvoll

sein, wenn Sie zwischen zwei Servern spezifische Connectors, auch auf Basis von Domänen, erstellen wollen.

• **Internet**   Wollen Sie über den Connector E-Mails ins Internet zustellen, dann verwenden
Sie diese Option.

• **Partner**   Diese Art von Connector verwenden Sie, wenn Sie E-Mails zwischen verschiedenen Organisationen oder E-Mail-Systemen im Unternehmen oder zwischen Partnern versenden wollen. Bei dieser Art von Connector können Sie beispielsweise mit TLS-Verschlüsselung (Transport Layer Security) auf Basis von SSL (Secure Sockets Layer) und
Zertifikaten arbeiten. Dieser Connector wird so konfiguriert, dass er nur Verbindungen zu
Servern zulässt, die sich mit TLS-Zertifikaten authentifizieren und die in der Liste der
Domänen enthalten sind. Verwenden Sie zur Konfiguration das Cmdlet *Set-TransportConfig* mit der Option *TLSSendDomainSecureList*.

Auf der nächsten Seite legen Sie fest, wohin die E-Mails gesendet werden sollen, die über diesen
Connector verschickt werden. Sie können an dieser Stelle entweder eine IP-Adresse, einen
FQDN oder die Auflösung über MX-Einträge verwenden.

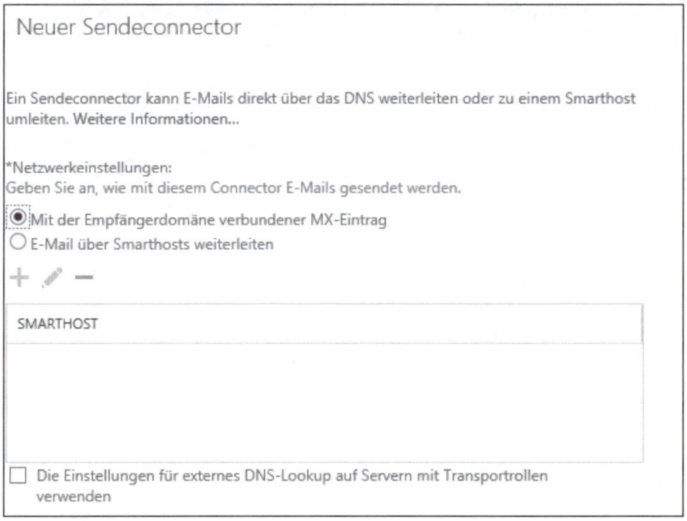

Abbildung 4.3: So legen Sie die Ziele eines Sendeconnectors fest.

Wählen Sie die direkte Zustellung per MX-Eintrag, müssen Sie zuvor sicherstellen, dass Ihr
Exchange-Server Internetadressen über DNS auflösen kann und auch das Recht hat, zu den
einzelnen Empfangsservern direkt E-Mails zu senden. Sie müssen dazu Ihre internen DNS-Server so konfigurieren, dass auch externe Internetadressen aufgelöst werden können.

Die direkte Zustellung bietet sich eigentlich nur für größere Firmen an. Das Problem ist, dass
viele E-Mail-Server im Internet nicht von allen Servern E-Mails annehmen, sondern nur von
großen und bekannten Providern, deren Server eine statische IP-Adresse besitzen. Wenn Sie
keine statische IP-Adresse im Internet haben, sondern mit einer dynamischen IP-Adresse arbeiten (also zum Beispiel einen typischen DSL-Anschluss haben), dann werden Sie mit vielen
E-Mail-Servern Schwierigkeiten haben.

Wählen Sie in dem Fall zur Sicherheit die Zustellung zu Ihrem Provider aus, der auch den
DNS-Server für Ihre Domäne verwaltet. Dieser sendet die E-Mails weiter. Die notwendigen
Daten dieses Smarthosts erhalten Sie von Ihrem Provider.

Um einen neuen Smarthost hinzuzufügen, klicken Sie auf das Plus-Zeichen. Aktivieren Sie zusätzlich noch die Option *Die Einstellungen für externes DNS-Lookup auf Servern mit Transportrollen verwenden*, wenn Sie statt der hinterlegten DNS-Server im Netzwerkadapter eigene DNS-Server für den Connector hinterlegen wollen, die die Namensauflösung für den Connector durchführen. Dadurch können Sie die herkömmliche Namensauflösung von Windows von der DNS-Auflösung für E-Mails trennen. Diese Einstellung ist jedoch optional.

Sie finden diese DNS-Server über das Cmdlet *Set-TransportService* oder über das Menü *DNS-Lookups* in den Eigenschaften des Servers im Exchange Admin Center bei *Servers*. Die Einstellung können Sie jederzeit anpassen, auch nach der Erstellung des Sendeconnectors.

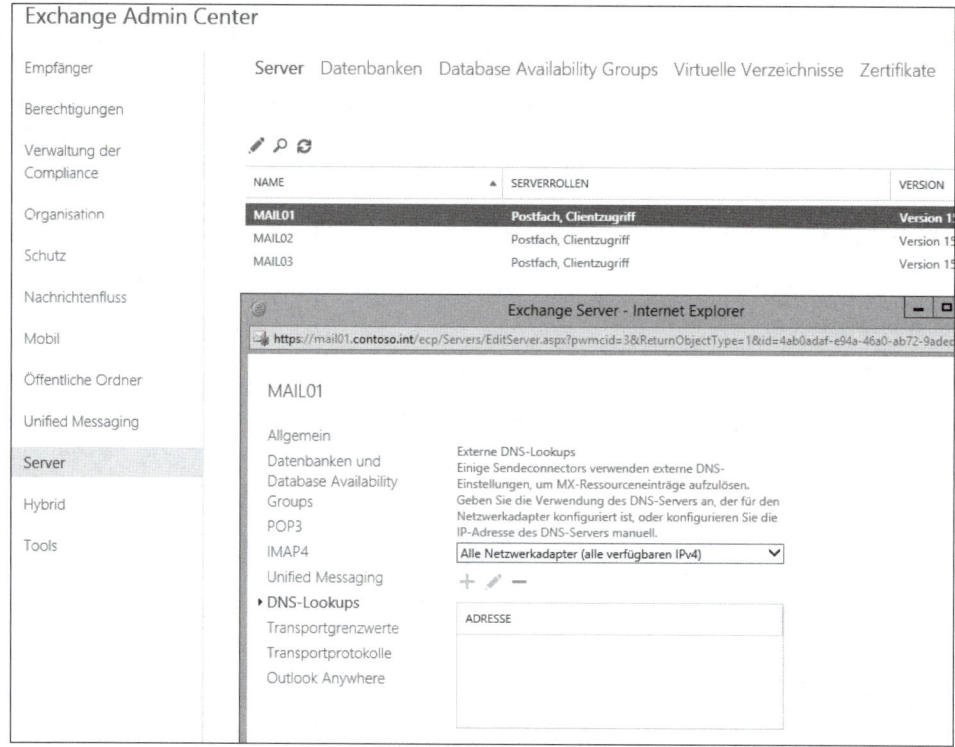

Abbildung 4.4: Festlegen eigener DNS-Server für die Namensauflösung

Auf der nächsten Seite des Assistenten zum Erstellen neuer Sendeconnectors legen Sie den Adressraum fest, der über diesen Connector versendet werden soll. Wollen Sie alle E-Mail-Domänen über diesen Connector versenden, wählen Sie als Domäne den Platzhalter * aus.

Hinweis

Sie können beim Anlegen von neuen Sendeconnectors für einzelne E-Mail-Domänen einen eigenen Connector erstellen. Findet Exchange keinen passenden Connector für eine spezielle Domäne, wird automatisch der Connector mit dem Adressraum * verwendet. Wird ein passender Connector gefunden, verwendet Exchange ihn auch dann, wenn ein Connector mit dem Adressraum * vorhanden ist.

Haben Sie zum Versenden einen Smarthost eingetragen, geben Sie auf der nächsten Seite die Authentifizierungsdaten für den Smarthost ein. Unterstützt der empfangende E-Mail-Server das Protokoll Transport Layer Security (TLS), können Sie die Option *Standardauthentifizierung erst nach dem Start von TLS anbieten* aktivieren. In diesem Fall wird die Authentifizierung verschlüsselt. Allerdings unterstützen nicht alle E-Mail-Server standardmäßig TLS.

Bei der TLS-Verschlüsselung handelt es sich um eine besondere Art der SSL-Verbindung. Im Gegensatz zur normalen Übertragung ist es bei TLS nicht mehr möglich, den Datenverkehr zwischen zwei SMTP-Servern abzuhören. Benötigt der empfangende E-Mail-Server keine Authentifizierung, können Sie die Einstellung auf *Keine* belassen. Wenn Sie mehrere Smarthosts angeben, müssen alle Smarthosts den gleichen Benutzernamen und das Kennwort akzeptieren.

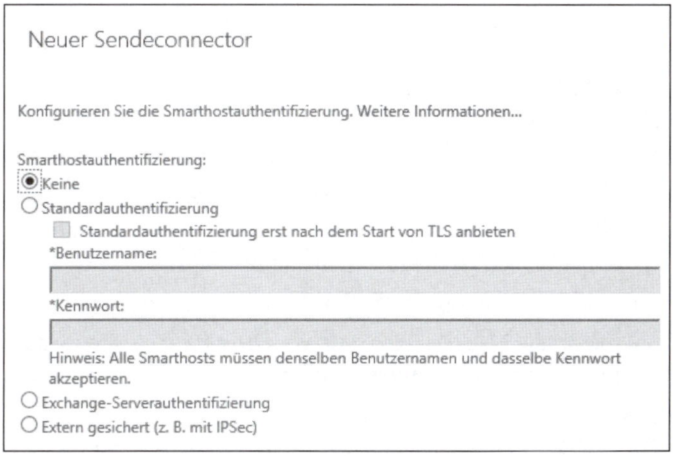

Abbildung 4.5: Konfigurieren der Authentifizierung für den Smarthost

Zusätzlich haben Sie an dieser Stelle noch zwei weitere Möglichkeiten zur Authentifizierung:

- **Exchange-Serverauthentifizierung**   Bei dieser Art der Authentifizierung wird eine Exchange-interne Authentifizierung wie TLS oder Kerberos verwendet.

- **Extern gesichert**   Bei dieser Einstellung können Sie zum Beispiel IPSec oder ein virtuelles privates Netzwerk (Virtual Private Network, VPN) für die Verbindung verwenden. Bevor der Connector nach einem Verbindungsaufbau E-Mails zu senden versucht, wird auf die Authentifizierung gewartet. Diese wird allerdings nicht durch den Exchange-Server gesteuert.

Alternativ können Sie auch einen eigenen Connector für einzelne E-Mail-Domänen erstellen. Exchange verwendet immer den Connector mit der hinterlegten E-Mail-Domäne zum Versenden und erst dann Connectors mit dem Platzhalter. Durch Deaktivierung der Option *Sendeconnector mit Bereich* kann der Connector standardmäßig von allen Servern in der Exchange-Organisation verwendet werden. Aktivieren Sie diese Option, kann der Connector nur von Servern verwendet werden, die am gleichen Active Directory-Standort positioniert sind.

Anschließend wählen Sie aus, welche Transportserver dieser Connector verwenden darf, um seine E-Mails zu versenden. Wählen Sie an dieser Stelle mehrere Server aus, verteilt der Connector das Versenden der E-Mails auf Basis der Last der Server. Ist ein Server nicht verfügbar, verwendet der Connector einen anderen hinterlegten Quellserver.

Der Connector wird im Anschluss im Exchange Admin Center angezeigt. Wenn Sie ihn doppelt anklicken oder seine Eigenschaften aufrufen, können Sie alle konfigurierten Einstellungen nachträglich anpassen.

Sendeconnectors in der Exchange Management Shell erstellen

Mit dem Cmdlet *New-SendConnector -Name <Connectorname> -AddressSpaces <Adressraum> <Optionale Parameter>* erstellen Sie Connectors auch in der Exchange Management Shell von Exchange:

```
New-SendConnector -Name "Microsoft" -Usage Custom -AddressSpaces "*.microsoft.com;1",
"*.fabrikam.com;2" -DNSRoutingEnabled $false -SmartHosts 192.168.178.95 -MaxMessageSize 20MB
```

- *Name*: Microsoft
- *Verwendungstyp*: Benutzerdefiniert
- SMTP-Adressraum: *microsoft.com* und alle Unterdomänen
- Die Adressraumkosten sind 1. Exchange verwendet immer den Connectorweg mit den niedrigsten Gesamtkosten, also der Summe aller verwendeten Connectors.
- Der Connector sendet außerdem noch E-Mails an die Domäne *fabrikam.com*, ebenfalls mit allen Unterdomänen. Die Adressraumkosten zu diesem Namensraum sind 2.
- Der Connector verwendet den Smarthost 192.168.178.95.
- Für diesen Connector gilt eine maximale Nachrichtengröße von 20 MB. Größere E-Mails verweigert der Connector und informiert den Absender darüber.

Die Option *IsCoexistenceConnector* wird nicht mehr unterstützt. Wenn Sie eine Hybridumgebung konfigurieren, in der die Postfächer zum Teil lokal und zum Teil in der Cloud gehostet werden, empfiehlt sich die Verwendung des Assistenten für die Hybridkonfiguration.

Ebenfalls nicht mehr unterstützt wird die Option *LinkedReceiveConnector*. Sie wurde zum Beispiel in Exchange 2010 zum Erstellen von Connectors verwendet, die Nachrichten an den Antispamdienst eines Drittanbieters routen konnten. In Exchange 2016 werden E-Mails an den Antispamdienst unter Verwendung des MX-Eintrags geroutet, und verknüpfte Connectors sind nicht erforderlich.

Die standardmäßige maximale Nachrichtengröße, die durch die Option *MaxMessageSize* angegeben wird, wurde erhöht. Die Option *TlsCertificateName* wurde in Exchange 2013 hinzugefügt und wird zum Authentifizieren des lokalen Zertifikats für ausgehende Verbindungen verwendet.

Sendeconnectors verwalten

Rufen Sie die Eigenschaften von Sendeconnectors auf, können Sie alle Einstellungen, die Sie beim Erstellen angeben, über verschiedene Menüs ändern. Die Optionen haben wir in den vorangegangenen Abschnitten behandelt. Im folgenden Abschnitt gehen wir auf die Möglichkeiten ein, die sich nicht aus den vorangegangenen Abschnitten ergeben.

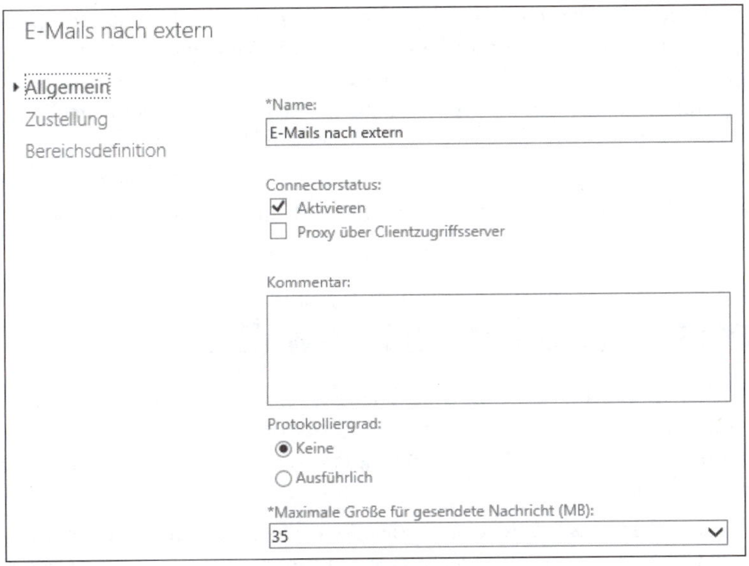

Abbildung 4.6: Die Eigenschaften eines Connectors verwalten

Neben den Eigenschaften können Sie über den Aktionsbereich rechts im Exchange Admin Center einen Connector auch zeitweise deaktivieren. Ein deaktivierter Connector kann jederzeit wieder aktiviert werden, sodass er für den E-Mail-Verkehr wieder zur Verfügung steht. Die Konfiguration des Connectors geht während der Deaktivierung nicht verloren. Sie deaktivieren einen Connector, indem Sie ihn im Exchange Admin Center markieren und die Option *Deaktivieren* auswählen.

Auf der Registerkarte *Allgemein* in den Eigenschaften können Sie nachträglich den Namen des Connectors anpassen:

- **Connectorstatus** Zeigt an, ob der Connector aktiviert oder deaktiviert ist. Den Status können Sie an dieser Stelle ebenfalls ändern.

- **Protokolliergrad** Wählen Sie hier aus, welche Bereiche Exchange bezüglich des Connectors protokollieren soll.

- **Maximale Größe für gesendete Nachricht (MB)** Geben Sie hier einen Wert in Megabyte ein, wenn Sie für die Nachrichten, die über diesen Connector gesendet werden, eine maximale Nachrichtengröße festlegen wollen. Der gültige Eingabebereich liegt zwischen 0 und 2.096.128 MB. Um alle Einschränkungen aufzuheben, aktivieren Sie die Option *unlimited*.

Eigenschaften eines Sendeconnectors per Exchange Management Shell konfigurieren

Mit dem Cmdlet *Set-SendConnector* können Sie Einstellungen für einen vorhandenen Sendeconnector anpassen. Ein Beispiel wäre:

```
Set-SendConnector "Connection to Contoso.com" -MaxMessageSize 50MB -ProtocolLoggingLevel Verbose
```

Über dieses Cmdlet können Sie auch Parameter konfigurieren, die in der GUI nicht zur Verfügung stehen, zum Beispiel den Wert *ForceHELO*, mit dem Sie die Verwendung des älteren SMTP-Befehls HELO statt des neueren EHLO erzwingen können. Dies kann notwendig sein, wenn Sie mit einem Postfachserver kommunizieren wollen, der den neuen Befehl nicht versteht.

Zudem können Sie für spezielle Netzwerkumgebungen den Parameter *Port* angeben, falls die Kommunikation mit dem anderen Server auf einem anderen Port als dem standardmäßigen Port TCP/25 erfolgen soll.

Empfangsconnectors erstellen und verwalten

Empfangsconnectors werden direkt für einzelne Exchange-Server auf Serverebene erstellt. Diese Connectors bilden auf Exchange-Servern den SMTP-Endpunkt, zu dem andere Server Verbindungen aufbauen und E-Mails senden. Ohne einen Empfangsconnector kann ein Exchange 2016-Transportserver keine E-Mails empfangen.

Während der Installation von Exchange 2016 erstellt der Assistent automatisch Empfangsconnectors, die Sie aber nachträglich bearbeiten oder anpassen können. Der Connector *Default Frontend <Servername>* ist bereits so konfiguriert, dass er E-Mails aus dem Internet empfangen kann.

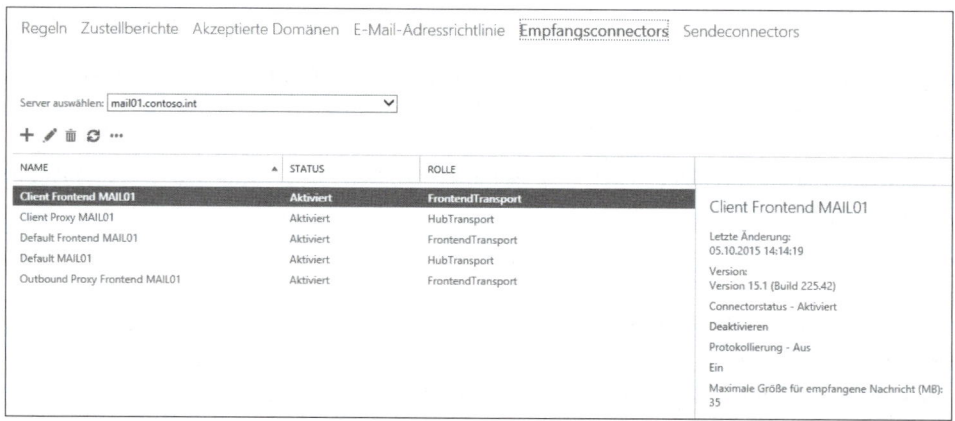

Abbildung 4.7: Verwalten der Exchange-Empfangsconnectors

Wenn Sie einen Empfangsconnector erstellen, wird er in Active Directory als untergeordnetes Objekt des Servers gespeichert.

Neue Empfangsconnectors erstellen

Sie finden die Konfiguration von Empfangsconnectors im Exchange Admin Center über *Nachrichtenfluss/Empfangsconnectors*. Die angelegten Empfangsconnectors werden im Ergebnisfenster der Konsole im unteren Bereich angezeigt. Über das Pluszeichen erstellen Sie einen neuen Connector.

Bereits nach der Installation von Exchange sind standardmäßige Empfangsconnectors angelegt, allerdings keine Sendeconnectors. Für beide Standardconnectors ist keine Konfiguration erforderlich, da beide bereits korrekt eingestellt sind. Sie können die Namen aber nachträglich in den Eigenschaften anpassen:

- **Client Frontend <Servername>** Dieser Connector dient dem Verbindungsaufbau von Nicht-MAPI-Clients, zum Beispiel der Verbindung über POP3 oder IMAP4. Der Connector nimmt über jede Netzwerkverbindung von allen IP-Adressen entsprechende Anfragen entgegen. Er antwortet über Port 587 auf die Anfrage von Nicht-MAPI-Clients.

- **Default Frontend <Servername>** Dieser Connector nimmt Nachrichten von anderen Transportservern der Organisation auf Port 25 entgegen. Er akzeptiert ebenfalls Verbindungen von allen IP-Adressen. Dieser Connector ist zudem für den Empfang externer E-Mails zuständig.

Starten Sie den Assistenten für die Erstellung eines neuen Empfangsconnectors, haben Sie ähnliche Auswahlmöglichkeiten wie bei der Erstellung eines Sendeconnectors. Wenn Sie den Assistenten starten, müssen Sie auf der ersten Seite zunächst den Namen und den Verwendungszweck festlegen.

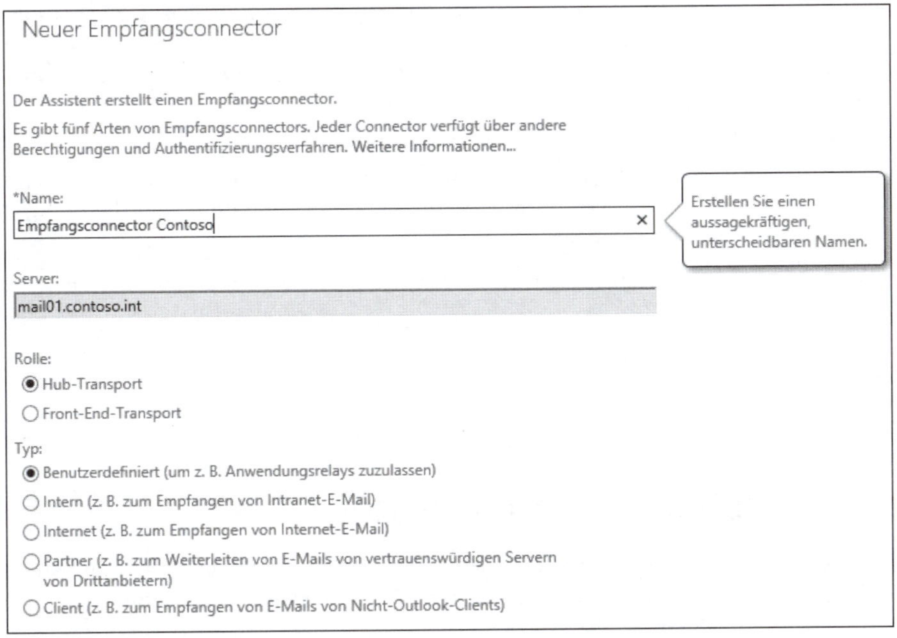

Abbildung 4.8: Erstellen eines neuen Empfangsconnectors

Beim Verwendungszweck können Sie zwischen fünf Punkten auswählen, die hauptsächlich für die Konfiguration der Authentifizierung benötigt werden:

- **Benutzerdefiniert** Es ist nicht zwingend notwendig, die Authentifizierung bereits bei der Erstellung festzulegen, wenn Sie einen neuen Connector für bestimmte Szenarien erstellen. In diesem Fall können Sie die Option *Benutzerdefiniert* verwenden.

- **Intern** Wenn Sie einen Empfangsconnector für den internen Versand Ihrer Organisation oder einen Empfangsconnector zwischen verschiedenen Gesamtstrukturen innerhalb Ihres Unternehmens erstellen, wählen Sie als Verwendungstyp *Intern* aus.

- **Internet** Wenn Sie diese Option auswählen, kann der Connector Nachrichten aus dem Internet empfangen. Dazu wird die Authentifizierung deaktiviert, sodass der Exchange-Server auch anonyme Verbindungen entgegennimmt. Da die Authentifizierung nicht erlaubt ist, kann dieser Connector nicht dazu verwendet werden, dass externe Clients diesen Connector als Relay für die Anwendung nutzen.

- **Partner** Bei dieser Art von Connector können Sie wie beim Sendeconnector eine interne TLS-Verschlüsselung konfigurieren.

- **Client** Bei dieser Art von Connector nimmt der Connector E-Mails von Anwendern entgegen, die sich nicht über Outlook (MAPI) oder Outlook Web App mit dem Server verbinden, sondern E-Mails per SMTP versenden.

Auf der nächsten Seite geben Sie die IP-Adressen des Servers an, bei denen er auf eine Verbindung warten soll. Standardmäßig hört der Connector auf Port 25 alle verbundenen IP-Adressen.

Jeder Empfangsconnector benötigt eine eigene Kombination aus IP-Adresse und Port, auf die er hören kann. Standardmäßig hören die bereits angelegten Empfangsconnectors auf alle verfügbaren IP-Adressen des Servers.

Haben Sie als Verwendungstyp *Benutzerdefiniert*, *Partner*, *Intern* oder *Client* ausgewählt, erscheint die Seite *Remotenetzwerkeinstellungen*. Geben Sie auf der Seite die IP-Adresse oder den IP-Adressbereich der Remoteserver ein, von denen der Connector eingehende Verbindungen akzeptiert.

Wenn Sie zum Beispiel die Adresse 192.168.1.1 eingeben, akzeptiert der Empfangsconnector nur Nachrichten von diesem Host. Geben Sie 192.168.1.0/24 an, akzeptiert der Empfangsconnector Nachrichten aus dem gesamten Klasse-C-Subnetz von 192.168.1.0. Sie können an dieser Stelle sowohl IPv4- als auch IPv6-Adressen angeben.

Tipp

Mit dem Cmdlet *New-ReceiveConnector* erstellen Sie Empfangsconnectors in der Exchange Management Shell.

Sicherheit von Empfangsconnectors verwalten

Wie Sendeconnectors können Sie auch bei Empfangsconnectors die Eigenschaften aufrufen, um deren Konfiguration zu ändern. Hierüber können Sie Connectors auch deaktivieren oder löschen.

Auf der Registerkarte *Sicherheit* können Sie nachträglich die Authentifizierung für Empfangsconnectors konfigurieren, also wie sich Clients an diesem Server anmelden müssen, damit der Connector E-Mails entgegennimmt. Dabei haben Sie verschiedene Möglichkeiten:

- **Transport Layer Security (TLS)** Aktivieren Sie diese Option, verwendet der Server das STARTTLS in der EHLO-Antwort an SMTP-Server, die eine Verbindung herstellt, und wartet auf eine TLS-Authentifizierung. Die Datenübertragung ist ähnlich wie beim Zugriff auf eine HTTPS-Adresse über SSL verschlüsselt.

- **Domänensicherheit aktivieren (Gegenseitige TLS-Authentifizierung)** Aktivieren Sie diese Option, muss der Empfangsconnector sich mit TLS-Authentifizierung am Remoteserver genauso authentifizieren, wie sich der Remoteserver am lokalen Server authentifiziert.

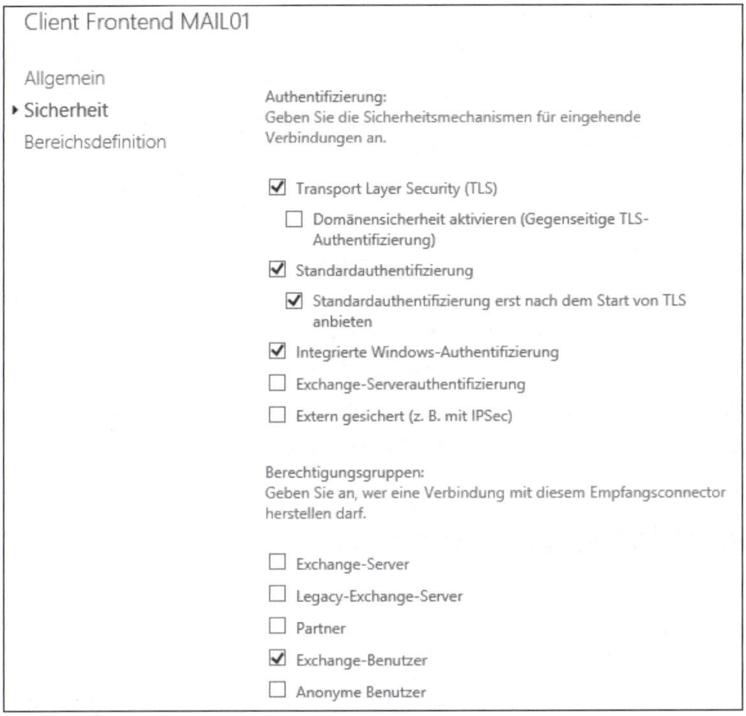

Client Frontend MAIL01

Allgemein
▶ Sicherheit
Bereichsdefinition

Authentifizierung:
Geben Sie die Sicherheitsmechanismen für eingehende Verbindungen an.

☑ Transport Layer Security (TLS)
  ☐ Domänensicherheit aktivieren (Gegenseitige TLS-Authentifizierung)
☑ Standardauthentifizierung
  ☑ Standardauthentifizierung erst nach dem Start von TLS anbieten
☑ Integrierte Windows-Authentifizierung
☐ Exchange-Serverauthentifizierung
☐ Extern gesichert (z. B. mit IPSec)

Berechtigungsgruppen:
Geben Sie an, wer eine Verbindung mit diesem Empfangsconnector herstellen darf.

☐ Exchange-Server
☐ Legacy-Exchange-Server
☐ Partner
☑ Exchange-Benutzer
☐ Anonyme Benutzer

Abbildung 4.9: Konfigurieren der Eigenschaften von Empfangsconnectors

- **Standardauthentifizierung**   Aktivieren Sie diese Option, verwendet der Connector AUTH in der EHLO-Antwort an SMTP-Server, die eine Verbindung herstellen. Der Server akzeptiert dann die Standardauthentifizierung. Da bei der Standardauthentifizierung der Benutzername und das Kennwort unverschlüsselt beziehungsweise nur Base64-kodiert gesendet werden, sollten Sie zusätzlich mit TLS-Verschlüsselung arbeiten.

- **Standardauthentifizierung erst nach dem Start von TLS anbieten**   Aktivieren Sie diese Option, startet der Connector zunächst TLS und bietet erst danach die Standardauthentifizierung an. In diesem Fall wird die Übertragung des Benutzernamens und des Kennworts verschlüsselt.

- **Integrierte Windows-Authentifizierung**   Aktivieren Sie diese Option, verwendet der Connector NTLM und Kerberos für die Authentifizierung. Hierbei werden keine Kennwörter übertragen.

- **Exchange-Serverauthentifizierung**   Aktivieren Sie diese Option, verwendet der Connector zur internen Kommunikation zwischen Exchange-Servern entweder eine TLS-Vertrauensstellung oder Kerberos über TLS Unterstützt werden die Versionen von Exchange 2003 bis Exchange 2016.

- **Extern gesichert (z.B. mit IPSec)**   Bei dieser Option wird die Verbindung durch ein virtuelles privates Netzwerk (VPN) oder über IPSec gesichert. Aktivieren Sie diese Option, kann Exchange diese Sicherung nicht überprüfen, da sie außerhalb der Exchange-Dienste stattfindet.

Bevor Sie jedoch diese Authentifizierungsmethode auswählen, sollten Sie zuerst die Option *Exchange-Server* im Bereich *Berechtigungsgruppen* wählen, damit die Kommunikation funktioniert. Hier steuern Sie über vordefinierte Sammlungen von Berechtigungen, wer E-Mails an diesen Empfangsconnector senden darf. Jeder Berechtigungsgruppe wird ein unterschiedlicher Satz von Berechtigungen erteilt. Folgende Optionen sind verfügbar:

- **Exchange-Server**   Mitglieder der universellen Sicherheitsgruppe *Exchange-Servers* in der OU *Microsoft Exchange Security Groups* in Active Directory

- **Legacy-Exchange-Server**   Mitglieder der universellen Sicherheitsgruppe *ExchangeLegacyInterop* in der gleichen OU in Active Directory

- **Partner**   Benutzerkonten aus anderen Gesamtstrukturen, die an diese Organisation angebunden sind

- **Exchange-Benutzer**   Authentifizierte Benutzerkonten

- **Anonyme Benutzer**   Nicht authentifizierte Benutzer

Mit dem Cmdlet *Set-ReceiveConnector* können Sie Einstellungen für einen vorhandenen Empfangsconnector über die Exchange Management Shell anpassen.

Relaying für Applikationsserver erlauben

In vielen Unternehmen gibt es Server, zum Beispiel ERP-, CRM- oder auch SharePoint-Server, die für ihre Funktionen einen E-Mail-Server auf SMTP-Basis ansprechen müssen, um E-Mails zu senden. Dies gilt auch für Multifunktionsgeräte oder Scanner.

Aus Sicherheitsgründen blockiert Exchange E-Mails, die nicht von internen Anwendern kommen. Dabei spielt es keine Rolle, ob Exchange E-Mails intern zustellen oder über entsprechende Connectors aus dem Unternehmen hinaus versenden soll. Ist das Relaying für den Server deaktiviert, erhalten andere Server die Meldung »550 5.7.1 Unable to relay«. Die Lösung dieses Problems sollte darin bestehen, dem Server das Relaying zu erlauben. Sie finden diese Einstellungen im Exchange Admin Center über *Nachrichtenfluss/Empfangsconnectors*:

1. Rufen Sie die Einstellungen des Connectors *Default <Servername>* auf, sehen Sie bei *Sicherheit* und *Bereichsdefinition*, von welchen Servern der Connector E-Mails empfängt.

2. Wollen Sie weiteren Servern das Senden erlauben, sollten Sie einen neuen Empfangsconnector erstellen, der E-Mails von den entsprechenden Geräten entgegennimmt. Den Standardconnector sollten Sie möglichst nicht verändern.

Tipp

Die Einstellungen der aktuellen Empfangsconnectors können Sie sich auch in der Exchange Management Shell mit dem Befehl *Get-ReceiveConnector* anzeigen lassen.

Um einen neuen Connector zu erstellen, der das Relaying erlaubt, gehen Sie folgendermaßen vor:

1. Starten Sie das Exchange Admin Center.

2. Klicken Sie auf *Nachrichtenfluss/Empfangsconnectors*.

3. Erstellen Sie einen neuen Connector.

4. Weisen Sie dem Connector einen Namen zu, und wählen Sie in dem Listenfeld darunter den Eintrag *Benutzerdefiniert* aus.

5. Entfernen Sie auf der nächsten Seite den vorhandenen Eintrag der hinterlegten IP-Adressen, und klicken Sie auf *Hinzufügen*.

6. Tragen Sie die IP-Adresse des Exchange-Servers ein, und bestätigen Sie mit *OK*.

7. Auf der nun geöffneten Seite *Remotenetzwerkeinstellungen* löschen Sie den Eintrag und klicken auf *Hinzufügen*. Geben Sie hier die IP-Adressen aller Geräte ein, die E-Mails zu diesem Connector senden sollen.

8. Schließen Sie die Erstellung des Connectors ab.

9. Rufen Sie anschließend die Eigenschaften des Connectors auf.

10. Wechseln Sie zur Registerkarte *Sicherheit*.

11. Aktivieren Sie das Kontrollkästchen *Anonyme Benutzer*.

12. Überprüfen Sie alle Einstellungen der restlichen Registerkarten, und bestätigen Sie dann das Fenster mit *OK*.

13. Öffnen Sie die Exchange Management Shell, und geben Sie den folgenden Befehl ein:

```
Get-ReceiveConnector "<Empfangsconnector>" | Add-ADPermission -User "<Domäne>\ANONYMOUS-
ANMELDUNG" -ExtendedRights "Ms-Exch-SMTP-Accept-Any-Recipient"
```

Sie können die hier durchgeführten Aufgaben aber auch in der Exchange Management Shell durchführen:

```
New-ReceiveConnector -Name "Relay" -RemoteIPRanges ("10.0.0.54","10.0.0.55") -TransportRole
"FrontendTransport"  -Bindings ("0.0.0.0:25") -Usage "Custom" -Server "<Server>"
Get-ReceiveConnector "Servername\Relay" | Add-ADPermission -User "NT AUTHORITY\ANONYMOUS LOGON"
-ExtendedRights "Ms-Exch-SMTP-Accept-Any-Recipient"
```

Direkte Verbindung von Transportservern mit dem Internet

Sie können Transportserver auch ohne Edge-Transport-Server direkt mit dem Internet verbinden. In diesem Fall muss ein Sendeconnector erstellt werden, der direkt eine Verbindung zum Internet aufbauen kann. Gehen Sie bei der Erstellung eines Sendeconnectors für die Internetanbindung eines Servers genauso vor wie in diesem Kapitel und in Kapitel 3 beschrieben. Geben Sie als Adressraum den Platzhalter * ein, damit dieser Connector alle E-Mails ins Internet versenden kann, für die es noch keinen anderen Connector gibt.

Damit ein Server über das Internet erreichbar ist (wenn Sie ein SMTP-Gateway verwenden), sollten Sie einen neuen Empfangsconnector erstellen und diesem als Verwendungstyp *Internet* zuweisen. Achten Sie darauf, diesem Connector eine eindeutige IP-Adresse zuzuweisen.

Auch bei den bereits angelegten Connectors sollten Sie den IP-Bereich anpassen, damit keine Überschneidungen entstehen. Erstellen Sie einen Empfangsconnector mit dem Verwendungstyp *Internet*, lässt dieser auch anonyme Verbindungen zu. Aus diesem Grund sollten Sie möglichst die Verbindung von Internet und internen E-Mails voneinander trennen.

Am besten ist es, wenn Sie für die Internetanbindung eine eigene Netzwerkkarte mit eigener IP-Adresse in den Server einbauen und diese IP-Adresse für den Empfangsconnector für Internetmails verwenden. Zwischen den Netzwerkkarten können Sie mit einer Firewall, zum Beispiel auch der Windows-Firewall, eine sichere Kommunikation ermöglichen.

E-Mail-Fluss testen

Sie können in der Exchange Management Shell auch den E-Mail-Fluss testen. Dazu verwenden Sie das Cmdlet *Test-Mailflow -SourceMailboxServer <Postfachserver>*. Sie erhalten auch hier das passende Ergebnis und können feststellen, ob der E-Mail-Fluss auf dem entsprechenden Postfach-Server funktioniert.

Zusammen mit dem E-Mail-Fluss auf den Exchange-Servern sollten Sie auch die Abarbeitung der Warteschlangen auf den Transportservern überprüfen. Auch hier stehen Cmdlets in der Exchange-Verwaltungsshell zur Verfügung: *Get-TransportServer | Get-Queue*.

Die einzelnen Ports auf den Servern sollten Sie ebenfalls testen. Dazu verwenden Sie das Cmdlet *Test-Port* und den entsprechenden Port. Vor allem die Ports 25 (Transportserver), 135 (Clientzugriffsserver und Postfachserver), 443 (Clientzugriffsserver) und 587 (Transportserver) müssen offen sein und kommunizieren können.

Laden Sie von der Seite Franky's Web unter *http://tinyurl.com/hklwd3b* das PowerShell-Skript *.\Test-MailDomain.ps1* herunter. Mit ihm testen Sie, ob die eigene oder andere E-Mail-Domänen optimal von Exchange erreicht werden können. Die Syntax lautet:

.\Test-MailDomain.ps1 -Domainname <Domäne>

Zustellungs-Agents und Transport-Agents

Für die Zusammenarbeit mit Drittherstellerprodukten, die Exchange zum Austauschen von E-Mails nutzen, spielen Zustellungs-Agents und Transport-Agents eine wichtige Rolle. Wir gehen nachfolgend auf diese Connectors ein.

Zustellungs-Agents und -Connectors

Ein Zustellungs-Agent kann Nachrichten aus Ihrer SMTP-Exchange-Serverumgebung an ein System zustellen, in dem das SMTP-Protokoll nicht verwendet wird, zum Beispiel an einen Fax-Connector. Jeder Zustellungs-Agent ist einem Zustellungs-Agent-Connector zugeordnet. Der Connector übermittelt an den Zustellungs-Agent weitergeleitete Nachrichten an das Nicht-SMTP-Gerät zur weiteren Verarbeitung oder reiht die Nachrichten in eine Warteschlange ein.

Die Vorteile dieses Systems sind, dass Sie die Warteschlangenverwaltung für Nachrichten verwenden können, dass keine Dateiübertragung an einen Ablageordner notwendig ist und dass Sie die Nachrichtenzustellung überprüfen können.

Ein Zustellungs-Agent ist eine im Transportdienst eines Postfachservers installierte Software, die eine Verbindung mit dem fremden System für die Nachrichtenzustellung herstellen kann. Die Software ist in der Lage, Nachrichten aus den Warteschlangen auf den Postfachservern abzurufen und an das fremde System zuzustellen. In der Regel werden Zustellungs-Agents von Drittanbietern zur Verfügung gestellt. Achten Sie beim Einsatz aber auf Kompatibilität zu Exchange 2016.

Zum Lieferumfang von Exchange 2016 gehört ein Zustellungs-Agent-Connector für Textnachrichten. Installieren Sie den entsprechenden Zustellungs-Agent im Transportdienst auf den Postfachservern, die als Quellserver für die Zustellungs-Agent-Connectors dienen.

Ein Zustellungs-Agent-Connector leitet Nachrichten weiter, die an fremde Systeme ohne SMTP-Protokoll gerichtet sind. Wenn eine Nachricht an den Zustellungs-Agent-Connector weitergeleitet wird, führt der zugeordnete Zustellungs-Agent die Inhaltskonvertierung und die Nachrichtenzustellung durch.

Sie können Zustellungs-Agent-Connectors nicht im Exchange Admin Center erstellen. Sie verwenden dazu die Exchange Management Shell und das Cmdlet *New-DeliveryAgentConnector*. Die Zustellungs-Agent-Connectors bearbeiten Sie mit *Set-DeliveryAgentConnector*. Sie können einen oder mehrere Postfachserver für den Connector angeben, indem Sie die Option *Source-TransportServers* verwenden.

Sie können den Zustellungs-Agent-Connector für Textnachrichten zum Weiterleiten von Nachrichten an mobile Geräte wie Smartphones verwenden. Führen Sie auf dem Exchange-Server das Cmdlet *Get-DeliveryAgentConnector | f1* aus, um den Connector und alle zugehörigen Optionen anzuzeigen.

Transport-Agents für ältere Versionen

Exchange 2016 unterstützt Transport-Agents, die mit Microsoft .NET Framework entwickelt wurden. Um die Unterstützung älterer Transport-Agents zu aktivieren, müssen Sie die entsprechende XML-Anwendungskonfigurationsdatei ändern:

%ExchangeInstallPath%Bin\EdgeTransport.exe.config, %ExchangeInstallPath%Bin\MSExchange-Transport.exe.config

Die Unterstützung für ältere Transport-Agents wird über Schlüssel in den Anwendungskonfigurationsdateien festgelegt (standardmäßig sind keine Schlüssel vorhanden):

- **useLegacyV2RuntimeActivationPolicy**   Dieser Schlüssel aktiviert oder deaktiviert die Unterstützung für ältere Transport-Agents. Gültige Werte für diesen Schlüssel sind *true* oder *false*. Wenn dieser Schlüssel nicht angegeben wird, lautet der Standardwert *false*.

- **supportedRuntime version**   Dieser Schlüssel gibt die Version von Microsoft .NET Framework an, die für den Agent erforderlich ist.

Wenn Sie mehrere Werte angeben wollen, verwenden Sie separate Einträge des Schlüssels *supportedRuntime version*. Änderungen an Anwendungskonfigurationsdateien werden aber erst nach dem Neustart des entsprechenden Diensts angewendet:

- *Microsoft Exchange-Front-End-Transport (MSExchangeFrontendTransport)*

- *Microsoft Exchange-Transport (MSExchangeTransport)*

Beim Neustart der Dienste wird die Nachrichtenübermittlung auf dem Server vorübergehend unterbrochen. Gehen Sie folgendermaßen vor, um die Unterstützung für ältere Transport-Agents zu aktivieren:

1. Führen Sie den folgenden Befehl aus, um die entsprechende Anwendungskonfigurationsdatei im Editor zu öffnen:

```
Notepad %ExchangeInstallPath%Bin\<AppConfigFile>
```

2. Navigieren Sie zum Schlüssel *</configuration>* am Ende der Datei, und fügen Sie vor dem Schlüssel *</configuration>* die folgenden Schlüssel ein:

```
<startup useLegacyV2RuntimeActivationPolicy="true">
    <supportedRuntime version="v4.0" />
    <supportedRuntime version="v3.5" />
```

```
    <supportedRuntime version="v3.0" />
    <supportedRuntime version="v2.0" />
</startup>
```

3. Speichern und schließen Sie die Anwendungskonfigurationsdatei. Führen Sie den folgenden Befehl aus, um den zugehörigen Windows-Dienst zu starten:

```
Net stop <Dienst> && Net start <Dienst>
```

Transport-Agents verwalten

Sie können die Transport-Agents im Front-End-Transportdienst nicht mit Exchange Admin Center verwalten. Sie müssen Exchange-Cmdlets in die Windows PowerShell-Sitzung importieren:

1. Öffnen Sie auf dem Server die PowerShell, und führen Sie dann den folgenden Befehl aus:

```
Add-PSSnapin Microsoft.Exchange.Management.PowerShell.SnapIn
```

2. Führen Sie den folgenden Befehl aus, um die Transport-Agents im Front-End-Transportdienst auf einem Server anzuzeigen:

```
Get-TransportAgent -TransportService FrontEnd
```

Wenn Sie einen Transport-Agent installieren, registriert Exchange nur die *.dll*-Dateien, die dem Transport-Agent zugeordnet sind. Sie müssen sicherstellen, dass alle Dateien, Registrierungsschlüssel und anderen Objekte, von denen der Transport-Agent abhängig ist, ordnungsgemäß installiert und konfiguriert sind.

Transport-Agents haben Vollzugriff auf alle gefundenen E-Mail-Nachrichten. Exchange 2016 schränkt das Verhalten eines Transport-Agents nicht ein. Aus diesem Grund sollten Sie nur Transport-Agents installieren, die vertrauenswürdig sind und vollständig in einer Testumgebung getestet wurden.

Transport-Agents werden in deaktiviertem Zustand installiert, um sicherzustellen, dass der Nachrichtenfluss von noch nicht konfigurierten Transport-Agents unbeeinträchtigt bleibt. Nach der Installation müssen Sie den Transport-Agent aktivieren:

```
Install-TransportAgent -Name <Name> -TransportAgentFactory <"TransportAgentFactory"> -AssemblyPath
<Pfad>
```

Beispiele:

```
Install-TransportAgent -Name "Contoso Transport Agent" -TransportAgentFactory "vendor.exchange.
ContosoTransportAgentfactory" -AssemblyPath "C:\Program Files\Vendor\TransportAgent\ContosoTrans
portAgentFactory.dll"
```

Agent aktivieren:

```
Enable-TransportAgent "Contoso Transport Agent"
```

Agent deaktivieren:

```
Disable-TransportAgent "Fabrikam Transport Agent"
```

Informationen zum Agent anzeigen:

```
Get-TransportAgent "Transport Rule Agent" |fl
```

Transport-Agents mit einer hohen Priorität (0 ist am höchsten) verarbeiten E-Mails zuerst. Führen Sie den folgenden Befehl aus, um die Priorität eines vorhandenen Transport-Agents zu ändern:

```
Set-TransportAgent <TransportAgentIdentity> -Priority <Zahl>
```

Beispiel:

```
Set-TransportAgent "Contoso Transport Agent" -Priority 3
```

Woher wissen Sie, dass dieses Verfahren erfolgreich war? Geben Sie den folgenden Befehl ein, um die Eingabe zu überprüfen:

```
Get-TransportAgent |ft Name,Priority
```

Mit dem folgenden Befehl lassen sich die Agents wieder deinstallieren:

```
Uninstall-TransportAgent <TransportAgentIdentity>
```

Allgemeine Einstellungen für Exchange-Transportserver

Neben den Einstellungen für Sende- und Empfangsconnectors auf Transportservern können Sie im Exchange Admin Center und der Exchange Management Shell auch Einstellungen vornehmen, die die allgemeine Konfiguration von Transportservern betreffen, also des E-Mail-Flusses als Ganzem.

In der Exchange Management Shell verwenden Sie das Cmdlet *Get-TransportService*, um die Konfiguration der Transportserver in der Organisation anzuzeigen.

Ausführliche Informationen erhalten Sie mit *Get-TransportService |fl*, wie bei allen *Get*-Cmdlets.

Transportserver konfigurieren

Über den Befehl *Set-TransportServer* oder *Set-TransportService* passen Sie Konfigurationen der Transportserver in der Exchange Management Shell an. Neben den Einstellungen für die Connectors finden Sie im Exchange Admin Center über den Menüpunkt *Server* sämtliche Transportserver der Organisation.

Klicken Sie auf den Server, dessen Konfiguration Sie überprüfen wollen, und wählen Sie *Bearbeiten* (das Stiftsymbol) aus. Es öffnet sich ein neues Fenster, über das Sie einige Einstellungen für den Transportserver anpassen können. Zur Verwaltung des E-Mail-Transports stehen Ihnen verschiedene Registerkarten zur Verfügung.

Auf der Registerkarte *Allgemein* finden Sie Informationen über die Edition, die Produkt-ID und die installierten Rollen auf dem Server. Wenn der Product Key für den Server noch nicht eingegeben ist, finden Sie einen Hinweis vor, dass die Exchange Server-Software noch nicht lizenziert ist.

Auf der Registerkarte *DNS-Lookups* können Sie unabhängig von der DNS-Konfiguration der Netzwerkkarten spezielle DNS-Server eintragen, die für die interne und externe Namensauflösung für E-Mails verwendet werden. Die DNS-Namensauflösung im Netzwerk ist für den erfolgreichen Betrieb von Exchange 2016 extrem wichtig.

Einrichtung und Verwaltung

Sie können entweder zur Namensauflösung alle eingebauten Netzwerkkarten verwenden (diese Einstellung ist Standard) oder eine einzelne Karte auswählen, wenn mehrere verbaut sind. Außerdem können Sie über die Option *Benutzerdefinierte Einstellungen* andere DNS-Server für die Namensauflösung eintragen, als das Betriebssystem für sonstige Abfragen verwendet.

Auf der Registerkarte *Transportgrenzwerte* stellen Sie für verschiedene Funktionen des Nachrichtenflusses Zeitgrenzen ein, die ausschließlich die Verarbeitung von Nachrichten betreffen. Auf dieser Registerkarte stellen Sie keine Grenzwerte für die Benutzer Ihrer Exchange-Organisation ein. Hauptsächlich geht es bei diesen Grenzwerten um die Wiederholungsversuche, die der Exchange-Server bei erfolglosem Nachrichtenfluss starten kann, um die Nachricht doch noch zuzustellen. Die einzelnen Optionen sind selbsterklärend. Normalerweise müssen Sie hier keine Änderungen vornehmen.

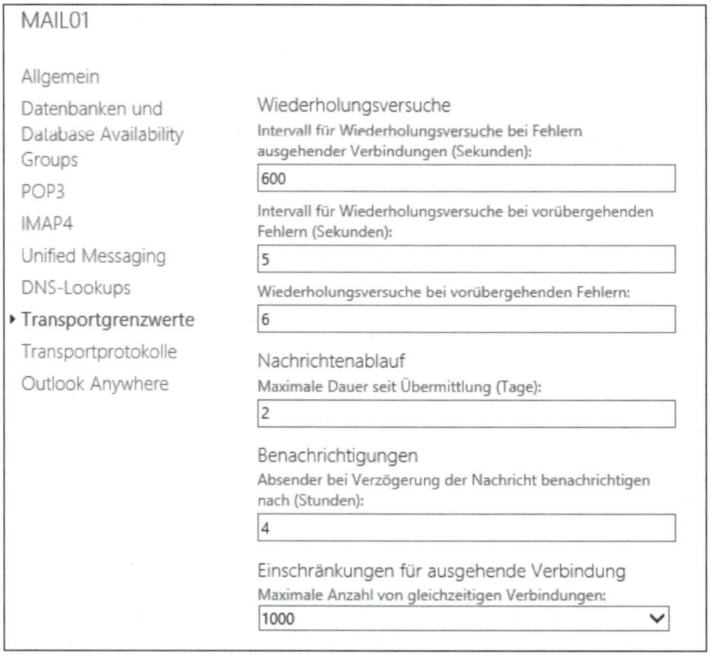

Abbildung 4.10: Transportgrenzwerte in Exchange 2016 konfigurieren

- **Intervall für Wiederholungsversuche bei Fehlern ausgehender Verbindungen (Sekunden)** Sie sollten den Standardwert 600 nur ändern, wenn Sie aufgrund von Timeouts auf Firewalls oder Proxyservern keine andere Wahl haben.

- **Intervall für Wiederholungsversuche bei vorübergehenden Fehlern (Sekunden)** Hier legen Sie das Intervall zwischen den einzelnen Verbindungsversuchen fest, die bei der Option *Wiederholungsversuche bei vorübergehenden Fehlern* angegeben sind. Der Standardwert ist 5 Sekunden.

- **Wiederholungsversuche bei vorübergehenden Fehlern** Hier legen Sie die maximale Anzahl von Wiederholungsversuchen fest, wenn ein Verbindungsfehler mit einem Remoteserver auftritt. Der Standardwert ist 6. Legen Sie diesen Wert auf 0 fest, versucht der Server nicht sofort, wieder eine Verbindung herzustellen.

- **Maximale Dauer seit Übermittlung (Tage)** Hier konfigurieren Sie den Ablauftimeout für eine Nachricht. Befindet sich eine Nachricht länger in der Warteschlange, als hier als Zeitraum definiert wurde, wird die Nachricht als andauernd fehlerhaft an den Absender zurückgeschickt. Die Standardeinstellung beträgt 2 Tage.

- **Absender bei Verzögerung der Nachricht benachrichtigen nach (Stunden)** Hier steuern Sie, wie lange der Server wartet, bevor er eine Benachrichtigung über den Zustellungsstatus (Delivery Status Notification, DSN) an den Absender der E-Mail verschickt. Der Standardwert ist 4 Stunden.

- **Maximale Anzahl von gleichzeitigen Verbindungen** Hier legen Sie die maximale Anzahl ausgehender Verbindungen fest. Erreicht der Server das Verbindungslimit, baut der Server keine neuen Verbindungen auf. Der Standardwert ist 1000.

- **Maximale Anzahl von gleichzeitigen Verbindungen pro Domäne** Hier geben Sie die maximale Anzahl gleichzeitiger Verbindungen für eine einzelne Domäne an. Der Standardwert ist 20.

Hinweis

Die beiden letzten Angaben beeinflussen die Geschwindigkeit, mit der Ihr Server anstehende E-Mails versenden möchte. Nehmen wir an, Ihr Server möchte 1000 E-Mails versenden. In diesem Fall kann er über den Wert *Maximale Anzahl von gleichzeitigen Verbindungen* dazu gebracht werden, dass er versucht, alle diese E-Mails gleichzeitig zu versenden, indem 1000 Verbindungen parallel aufgebaut werden.

Sind unter diesen 1000 E-Mails jedoch beispielsweise 500 Empfänger in der Domäne *hotmail.com*, greift der zweite Wert, also *Maximale Anzahl von gleichzeitigen Verbindungen pro Domäne*, indem er nur 20 gleichzeitige Verbindungen zu Hotmail aufbaut. Bei der Einstellung der Werte müssen Sie jedoch immer auch daran denken, mit welcher Bandbreite der Server mit dem Internet verbunden ist.

Steht Ihnen nur eine geringe Bandbreite zur Übertragung der Daten zur Verfügung, kann diese bereits durch wenige gleichzeitige Verbindungen ausgelastet sein. Weitere Verbindungen könnten dann zwar noch aufgebaut werden, erhalten aber nur sehr wenige Daten. Dies kann dazu führen, dass die Verbindung vom gegenüberliegenden Server mit einem Timeoutfehler abgebrochen wird. Die beiden Werte und die Bandbreite müssen deshalb immer gleichzeitig betrachtet werden.

Auf der Registerkarte *Transportprotokolle* aktivieren Sie die Nachrichtenverfolgung und die Konnektivitätsprotokollierung. Hier legen Sie auch den Speicherort der Protokolle fest. Standardmäßig ist die Nachrichtenverfolgung bei Exchange 2016 nach der Installation bereits aktiv. Der Basisordner aller Protokolle ist der Ordner *C:\Program Files\Microsoft\Exchange Server\V15\TransportRoles\Logs*. Die einzelnen Protokolle werden in entsprechenden Unterordnern angelegt. Folgende Optionen stehen zur Verfügung:

- **Protokoll für Nachrichtenverfolgung aktivieren** Standardmäßig ist die Nachrichtenverfolgung auf Transportservern aktiviert. Hier können Sie die Funktion für einzelne Server deaktivieren.

- **Protokollpfad der Nachrichtenverfolgung** In diesem Feld wird der aktuelle Speicherort der Protokolle zur Nachrichtenverfolgung angezeigt. Die Protokolle sind standardmäßig im Unterordner *MessageTracking* gespeichert.

- **Konnektivitätsprotokoll aktivieren** Hier aktivieren oder deaktivieren Sie die Protokollierung für die Serververbindungen des Exchange-Servers.

- **Konnektivitätsprotokollpfad** In diesem Feld wird der aktuelle Speicherort der Konnektivitätsprotokolle angezeigt. Die Konnektivitätsprotokolle werden standardmäßig im Unterordner *Hub\Connectivity* gespeichert.

- **Protokollpfad senden** In diesem Feld wird der aktuelle Speicherort der Sendeconnectorprotokolle angezeigt. Die Sendeconnectorprotokolle werden standardmäßig im Unterordner *Hub\ProtocolLog\SmtpSend* gespeichert. Alle Sendeconnectors, die auf dem Transportserver konfiguriert sind, verwenden die gleichen Protokolle.

- **Protokollpfad für Empfangsprotokoll** In diesem Feld wird der aktuelle Speicherort der Empfangsconnectorprotokolle angezeigt. Die Empfangsconnectorprotokolle werden standardmäßig im Unterordner *Hub/ProtocolLog\SmtpReceive* gespeichert. Alle Empfangsconnectors, die auf dem Transportserver konfiguriert sind, verwenden die gleichen Protokolle.

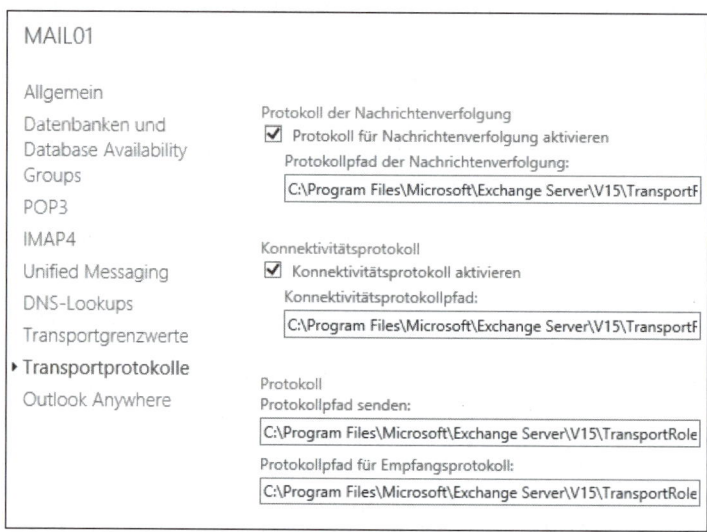

Abbildung 4.11: Konfigurieren der Protokollierung für einen Exchange-Server

Mit den Cmdlets *Set-TransportServer* oder *Set-TransportService* können Sie die Einstellungen in der Exchange Management Shell ändern. Hiermit können Sie insbesondere auch festlegen, wie groß die einzelnen Protokolldateien jeweils werden dürfen und nach welcher Zeit alte Dateien automatisch gelöscht werden sollen.

Tipp

Auf einem Server im Produktiveinsatz sollten Sie die Lage der Protokolldateien verändern, damit diese nicht auf dem Systemlaufwerk abgelegt werden und dort gegebenenfalls Platz für wichtige Aktionen des Betriebssystems belegen.

Nachrichtengröße beschränken

Die maximale Größe für empfangene oder gesendete Nachrichten beträgt 10 MB. Sie steuern diese über das Cmdlet *Set-TransportConfig* und die Option *MaxReceiveSize*. Alternativ finden Sie diese Einstellungen im Exchange Admin Center über *Nachrichtenfluss/Empfangsconnectors/ Mehr/Einstellungen für Organisationstransport/Grenzwerte/Maximale Größe für empfangene Nachricht*.

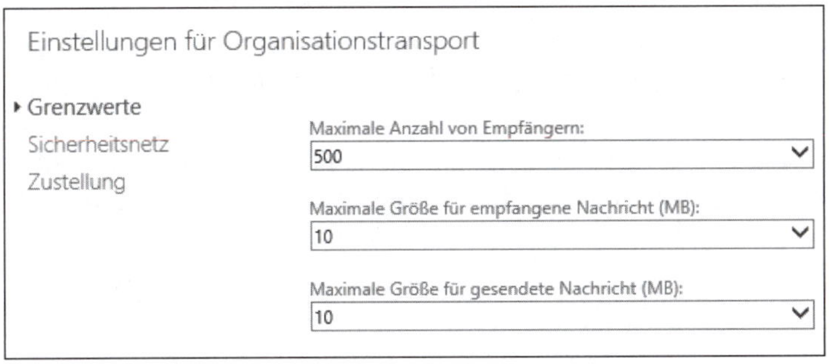

Abbildung 4.12: Konfigurieren der Grenzwerte für Nachrichten

Die maximale Größe für gesendete Nachrichten steuern Sie auf der gleichen Seite. Das gilt dann auch für die Steuerung der maximalen Empfänger. In der Exchange Management Shell verwenden Sie das Cmdlet *Set-TransportConfig* mit der Option *MaxSendSize*.

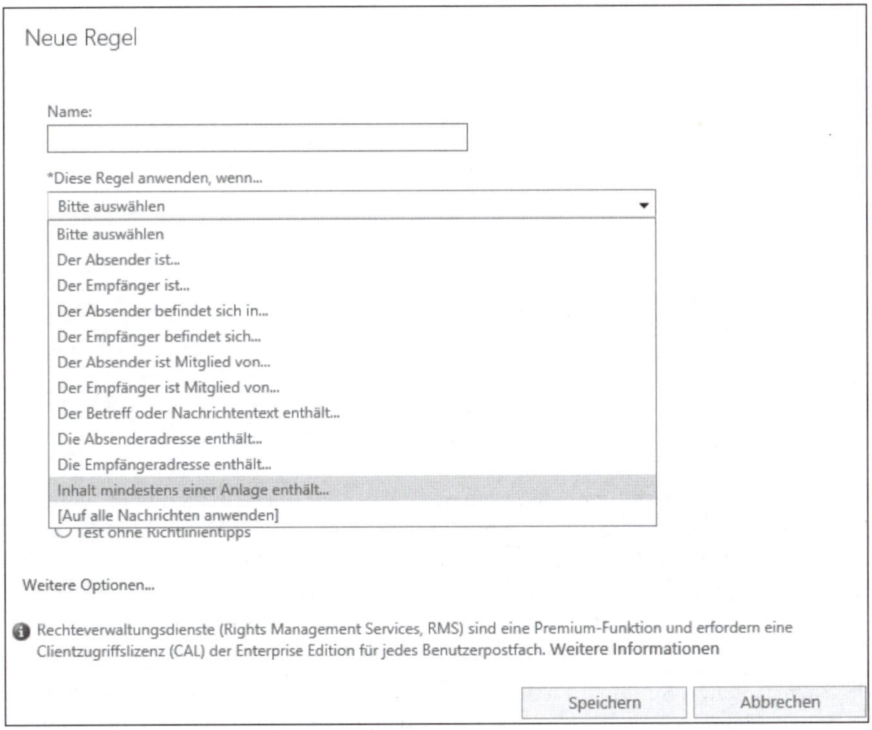

Abbildung 4.13: Konfigurieren einer neuen Regel zum Steuern der Anlagengröße

Die maximale Anzahl von Empfängern pro Nachricht steuern Sie auch in der Exchange Management Shell mit dem Cmdlet *Set-TransportConfig* und der Option *MaxRecipientEnvelopeLimit*.

Die maximale Anlagengröße von E-Mails legen Sie in Transportregeln fest, die für alle Postfachserver in der Organisation gelten. Dazu verwenden Sie die Cmdlets *New-TransportRule* und *Set-TransportRule* mit der Option *AttachmentSizeOver*. Alternativ erstellen Sie eine neue Regel über *Nachrichtenfluss/Regeln/Nachrichten nach Größe filtern*. Verwenden Sie die Bedingung *Diese Regel anwenden, wenn/Mindestens eine Anlage/größer oder gleich ist*.

Die maximale Kopfzeilengröße durch einen Empfangsconnector beträgt 128 KB. Sie steuern diese mit den Cmdlets *New-ReceiveConnector* und *Set-ReceiveConnector* und der Option *MaxHeaderSize*.

Im Exchange Admin Center steuern Sie den Empfang und die Größe von Nachrichten über *Nachrichtenfluss/Empfangsconnectors/Bearbeiten* auf der Registerkarte *Allgemein* mit *Maximale Größe für empfangene Nachricht*.

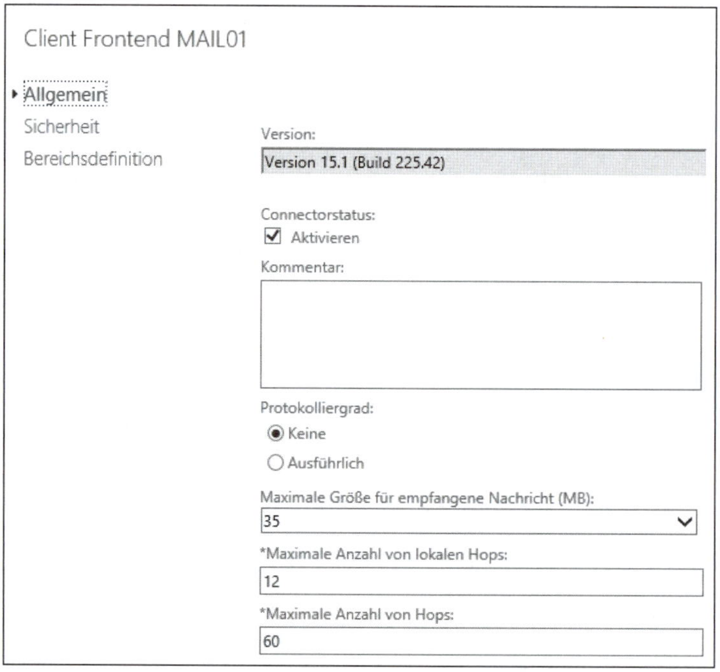

Abbildung 4.14: Steuern der maximalen Größe für das Empfangen von Nachrichten

Wenn die Anzahl von Empfängern für einen anonymen Absender überschritten wird, wird die Nachricht für die ersten 200 Empfänger angenommen. Die Mehrzahl der SMTP-Messagingserver erkennt, dass eine Empfängerbeschränkung wirksam ist. Der SMTP-Messagingserver sendet die Nachricht auch weiterhin erneut in Gruppen von 200 Empfängern, bis die gesamte Nachricht allen Empfängern zugestellt wurde. Sie verwenden dazu *New-ReceiveConnector* und *Set-ReceiveConnector* mit der Option *MaxRecipientsPerMessage*.

Die maximale Nachrichtengröße durch einen Sendeconnector beträgt 10 MB. Sie steuern die Einstellung mit den Cmdlets *New-SendConnector* und *Set-SendConnector* und der Option *MaxMessageSize*.

Auch diese Einstellung finden Sie im Exchange Admin Center. Navigieren Sie dazu über *Nachrichtenfluss/Sendeconnectors/Bearbeiten* zur Registerkarte *Allgemein*, und legen Sie im Feld *Maximale Größe für gesendete Nachricht* einen Grenzwert fest.

Abbildung 4.15: Konfigurieren der Grenzwerte für einen Connector

Die maximale Nachrichtengröße durch einen Active Directory-Standortlink ist unbeschränkt. Sie steuern sie mit dem Cmdlet *Set-AdSiteLink* und der Option *MaxMessageSize*.

Auch die maximale Nachrichtengröße durch einen Zustellungs-Agent-Connector ist unbeschränkt. Sie konfigurieren sie mit *New-DeliveryAgentConnector* und *Set-DeliveryAgentConnector* über die Option *MaxMessageSize*.

Die maximale Nachrichtengröße durch einen fremden Connector legen Sie mit *Set-ForeignConnectorParameter* und *MaxMessageSize* fest.

Die maximale Kopfgröße für Nachrichten im *Pickup*-Ordner (siehe Kapitel 3) ist 64 KB. Sie steuern sie mit *Set-TransportService* und *PickupDirectoryMaxHeaderSize*.

Die maximale Anzahl von Empfängern pro Nachricht für Nachrichten im *Pickup*-Ordner ist 100 und wird mit *Set-TransportService PickupDirectoryMaxRecipientsPerMessage* gesteuert.

Sie können Größenbeschränkungen auch für einzelne Benutzer festlegen, nicht nur für die komplette Organisation oder einzelne Connectors. Dazu verwenden Sie die folgenden Cmdlets:

- *Set-DistributionGroup*
- *Set-DynamicDistributionGroup*
- *Set-Mailbox*
- *Set-MailContact*
- *Set-MailUser*
- *Set-MailPublicFolder*
- *Set-RemoteMailbox*

Die Option *MaxSendSize* steuert die maximale Größe von Nachrichten, die gesendet werden. Sie finden die Einstellungen auch im Exchange Admin Center über *Empfänger/Postfächer/Bearbeiten/Postfachfunktionen* im Abschnitt *Nachrichtenfluss*.

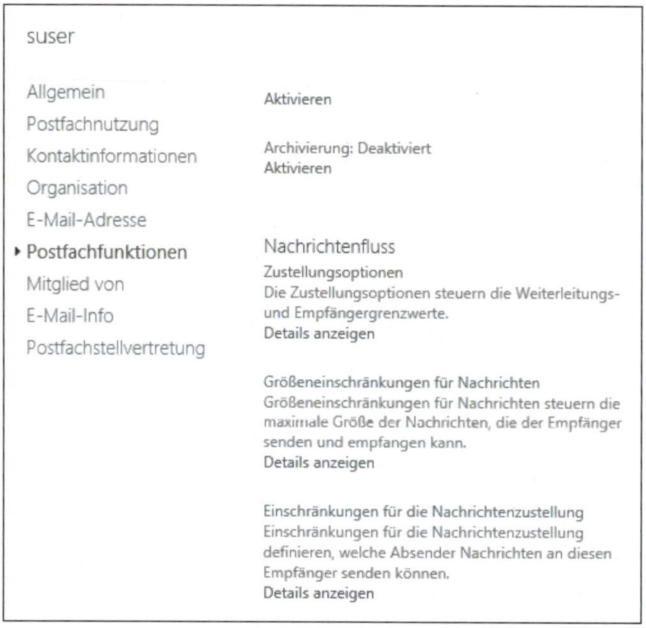

Abbildung 4.16: Konfigurieren der Nachrichtengröße für einzelne Benutzer

Sie können verschiedene Nachrichtengrößenbeschränkungen auf verschiedenen Ebenen in der Exchange-Organisation festlegen. Beim Weiterleiten einer Nachricht durch die Transportinfrastruktur kann die Nachricht unterschiedlichen Beschränkungen der Nachrichtengröße unterliegen.

Beschränkungen der Nachrichtengröße für die Empfangsconnectors, die Nachrichten aus dem Internet empfangen, sollten kleiner als oder gleich den Beschränkungen der Nachrichtengröße sein, die Sie für Ihre interne Exchange-Organisation konfiguriert haben.

Hinweis

Beschränkungen auf Benutzerebene haben Vorrang vor anderen Beschränkungen der Nachrichtengröße. Daher können Sie ein Benutzerkonto so konfigurieren, dass seine Beschränkungen die für Ihre Organisation festgelegten Standardbeschränkungen der Nachrichtengröße überschreiten.

Wenn eine Nachricht an einen Empfänger im Internet gesendet oder von diesem empfangen wird, werden die Organisationsbeschränkungen angewendet.

Akzeptierte Domänen und Remotedomänen

In Kapitel 3 haben wir Ihnen gezeigt, wie Sie in Exchange 2016 über akzeptierte Domänen festlegen, welche E-Mail-Domänen Ihre Exchange-Infrastruktur verwalten kann.

Remotedomänen verstehen

In diesem Zusammenhang sind auch die Remotedomänen wichtig. Über diese Domänen legen Sie fest, wie sich Exchange beim Versenden von Nachrichten an diese Domänen verhalten soll, zum Beispiel für aktivierte Abwesenheitsnachrichten.

Sie können Remotedomänen erstellen, um die Einstellungen für die Nachrichtenübermittlung zwischen der Microsoft Exchange 2016-Organisation und Domänen außerhalb Ihrer Exchange-Organisation zu steuern. Sie können auch Nachrichtenformatrichtlinien anwenden und zulässige Zeichensätze für Nachrichten angeben, die von Benutzern Ihrer Organisation an die Remotedomäne gesendet werden. Bei den Einstellungen für Remotedomänen handelt es sich um globale Konfigurationseinstellungen für die Exchange-Organisation. Das heißt, die Einstellungen gelten für alle Exchange-Server.

Die Remotedomäneneinstellungen werden während der Kategorisierung im Transportdienst auf Postfachservern auf die Nachrichten angewendet. Bei der Empfängerauflösung wird die Empfängerdomäne mit den konfigurierten Remotedomänen verglichen. Wenn durch die Konfiguration einer Remotedomäne verhindert wird, dass ein bestimmter Nachrichtentyp an Empfänger in dieser Domäne gesendet werden kann, wird die Nachricht gelöscht.

Wenn Sie für die Remotedomäne ein bestimmtes Nachrichtenformat festlegen, werden Nachrichtenkopfzeile und -inhalt geändert. Die Einstellungen gelten für alle Nachrichten. Wenn Sie Nachrichteneinstellungen auf Basis von Anwendern konfigurieren, wird die Organisationskonfiguration durch diese Einstellungen außer Kraft gesetzt.

Standardmäßig gibt es nach der Installation bereits einen Remotedomäneneintrag. Der Adressraum der Domäne wird als Sternchen (*) konfiguriert. Das Sternchen steht für alle Remotedomänen. Wenn Sie keine weiteren Remotedomäneneinträge erstellen, gelten für alle Nachrichten, die an alle Empfänger in allen Remotedomänen gesendet werden, die gleichen Einstellungen.

Beim Konfigurieren von Remotedomänen können Sie verhindern, dass bestimmte Nachrichtentypen an diese Domäne übermittelt werden. Zu diesen Nachrichtentypen gehören Abwesenheitsnachrichten, automatische Antwortnachrichten, Unzustellbarkeitsberichte (Non-Delivery Reports, NDRs) und Weiterleitungsbenachrichtigungen für Besprechungen.

Sie können auch das Nachrichtenformat und den Zeichensatz angeben. Diese Einstellungen stellen sicher, dass die gesendeten E-Mails mit dem empfangenden E-Mail-System kompatibel sind. In Exchange 2016 können Benutzer unterschiedliche automatische Antworten für interne und externe Empfänger angeben. Darüber hinaus sind die in der Organisation verfügbaren Typen von automatischen Antworten auch von der verwendeten Microsoft Outlook-Version abhängig.

Sie können verhindern, dass Unzustellbarkeitsberichte an eine Remotedomäne gesendet werden. Durch das Blockieren von Unzustellbarkeitsberichten für eine Remotedomäne unterbinden Sie, dass die im Unzustellbarkeitsbericht enthaltenen Daten Ihre Organisation verlassen.

Mit Exchange 2016 können Sie genau steuern, welche Inhalte eines Unzustellbarkeitsberichts für eine Remotedomäne bestimmt sind. Sie können Unzustellbarkeitsberichte für eine Remotedomäne zulassen und gleichzeitig alle Diagnoseinformationen entfernen. Auf diese Weise verhindern Sie, dass Informationen zur Exchange-Bereitstellung Ihre Organisation verlassen, und stellen gleichzeitig externen Absendern Unzustellbarkeitsbenachrichtigungen zur Verfügung.

Remotedomänen konfigurieren

Diese Funktion steuern Sie über das Cmdlet *Set-RemoteDomain* mit der Option *NDRDiagnosticInfoEnabled*. Diese Einstellung lässt sich für jede Remotedomäne festlegen. Sie können das Cmdlet *Set-RemoteDomain* auch dazu verwenden, um die Eigenschaften einer Remotedomäne zu konfigurieren.

Im folgenden Beispiel werden Abwesenheitsbenachrichtigungen für die Remotedomäne *Contoso* deaktiviert:

```
Set-RemoteDomain Contoso -AllowedOOFType None
```

Im folgenden Beispiel werden nur externe Abwesenheitsnachrichten zugelassen:

```
Set-RemoteDomain Contoso -AllowedOOFType External
```

Im nächsten Beispiel werden automatische Antworten an die Remotedomäne *Contoso* zugelassen (standardmäßig deaktiviert):

```
Set-RemoteDomain Contoso -AutoReplyEnabled $true
```

Als Nächstes werden automatische Weiterleitungen an die Remotedomäne zugelassen (standardmäßig deaktiviert):

```
Set-RemoteDomain Contoso -AutoForwardEnabled $true
```

Nachfolgend werden Zustellungsberichte an die Remotedomäne *Contoso* deaktiviert (standardmäßig aktiviert):

```
Set-RemoteDomain Contoso -DeliveryReportEnabled $false
```

Als Nächstes werden Unzustellbarkeitsberichte an die Remotedomäne deaktiviert (standardmäßig aktiviert):

```
Set-RemoteDomain Contoso -NDREnabled $false
```

Die Inhaltsübertragungscodierung ermöglicht die Umleitung von E-Mails über ältere SMTP-Messagingserver, die nur Nachrichten im *Text*-Format unterstützen. In Exchange 2016 stehen die folgenden Methoden für die Inhaltsübertragungscodierung zur Verfügung:

- **7-bit** Dieser Wert gibt an, dass Nachrichtentextdaten bereits im einfachen US-ASCII-Textformat vorliegen und für die Nachricht keine Nachrichtencodierung erfolgt ist.

- **Quoted-printable (QP)** Diese Codierungsmethode verwendet druckbare US-ASCII-Zeichen zur Codierung der Nachrichtentextdaten. In der Standardeinstellung verwendet Exchange 2016 QP für die Codierung binärer Nachrichtendaten.

- **Base64** Diese Codiermethode basiert auf dem PEM-Standard (Privacy-Enhanced Mail), der in RFC 1421 definiert ist. Die Base64-Codierung verwendet die 64-Zeichenalphabet-Codiermethode sowie in PEM definierte Zeichen zum Auffüllen der Ausgabe, um die Nachrichtentextdaten zu codieren. Die Base64-Codierung erzeugt einen vorhersagbaren Zuwachs der Nachrichtengröße und eignet sich für Binärdaten und Nicht-US-ASCII-Text.

Sie konfigurieren die Methode für die Inhaltsübertragungscodierung über die Cmdlets *Set-OrganizationConfig* und *Set-RemoteDomain* mit der Option *ByteEncoderTypeFor7BitCharsets*.

Die Einstellungen für die Übertragungscodierung, die Sie mit *Set-OrganizationConfig* festlegen, gelten für alle Nachrichten in der Exchange-Organisation. Die Einstellungen für die Inhaltsübertragungscodierung, die Sie mit *Set-RemoteDomain* konfigurieren, gelten nur für Nachrichten, die an externe Empfänger in der Remotedomäne gesendet werden.

Option in *Set-OrganizationConfig*	Option in *Set-RemoteDomain*
0	Use7Bit
1	UseQP
2	UseBase64
5	UseQPHtmlDetectTextPlain
6	UseBase64HtmlDetectTextPlain
13	UseQPHtml7BitTextPlain
14	UseBase64Html7BitTextPlain

Tabelle 4.1: Einstellungen für Remotedomänen in der Organisation

Führen Sie zum Beispiel folgenden Befehl aus, um die Codierungsmethode für die Inhaltsübertragung auf Base64 festzulegen:

```
Set-OrganizationConfig -ByteEncoderTypeFor7BitCharsets 2
```

Mit folgendem Aufruf konfigurieren Sie die Methode zur Inhaltsübertragungscodierung für alle Empfänger in einer Remotedomäne:

```
Set-RemoteDomain -ByteEncoderTypeFor7BitCharsets <Wert>
```

Führen Sie zum Beispiel folgenden Befehl aus, um die Codierungsmethode für die Inhaltsübertragung auf Base64 festzulegen:

```
Set-RemoteDomain -ByteEncoderTypeFor7BitCharsets UseBase64
```

Warteschlangen (Queues)

Ein weiterer wichtiger Bereich, auch für die Konfiguration eines Exchange-Servers, ist die Verwaltung der Warteschlangen und des Nachrichtentrackings. Zu den regelmäßigen Tätigkeiten eines Exchange-Administrators gehört die Überwachung der Warteschlangen seines Servers.

Alle ein- und ausgehenden E-Mails werden in die einzelnen Warteschlangen gestellt, bevor sie zugestellt werden. Sie können mithilfe der Warteschlangen sehr schnell feststellen, ob Probleme beim Versenden von E-Mails auftreten oder nicht. Mithilfe der Warteschlangen können Sie zudem den E-Mail-Verkehr eines Exchange-Servers nach außerhalb, auf andere Exchange-Server oder ins Internet stoppen, ohne die Benutzer zu beeinträchtigen. In Exchange 2016 werden die Daten der Warteschlangen in einer ESE-Datenbank gespeichert.

Erster Einblick in die Warteschlangenanzeige

Die Warteschlangen verwalten Sie über die Exchange-Toolbox. Die Verwaltung findet über den Eintrag *Warteschlangenanzeige* statt. Sie können sich in der Warteschlangenanzeige mit allen Transportservern in Ihrem Unternehmen verbinden und sich alle Warteschlangen an zentraler Stelle anzeigen lassen.

Die Warteschlangenanzeige in Exchange 2016 zeigt nicht alle Warteschlangen an, sondern nur jene, in denen Nachrichten enthalten sind, die zugestellt werden müssen. Die einzige Ausnahme ist die Standardwarteschlange *Übermittlung*.

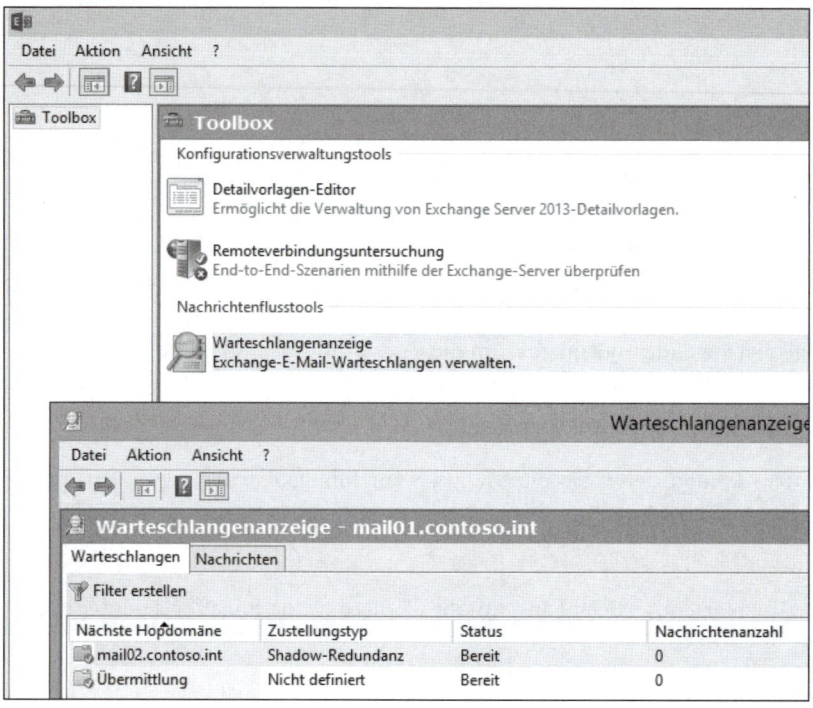

Abbildung 4.17: Verwaltung der Warteschlangen mithilfe der Warteschlangenanzeige in der Exchange-Toolbox

Über den Link *Verbindung mit dem Server herstellen* können Sie eine Verbindung zu jedem beliebigen Transportserver herstellen. Über das Menü *Ansicht* lassen sich verschiedene Einstellungen in der Warteschlangenanzeige anpassen, zum Beispiel auch die Optionen oder welche Registerkarten angezeigt werden sollen.

Über die Schaltfläche *Filter erstellen* können Sie die Warteschlangen und Nachrichten nach speziellen Kriterien anzeigen. Vor allem auf Servern mit starkem Nachrichtenfluss kann es sehr hilfreich sein, wenn Sie nach bestimmten Warteschlangen oder Nachrichten suchen können.

Neben der Warteschlangenanzeige im Exchange Admin Center können Sie sich die Warteschlangen auch in der Exchange Management Shell anzeigen lassen. Über *Get-Queue* werden Ihnen alle aktuellen Warteschlangen auf dem lokalen Server angezeigt. Über den Befehl *Get-Queue |fl* erhalten Sie eine ausführlichere, formatierte Liste der Warteschlangen

Warteschlangentypen in Exchange 2016

Abhängig vom E-Mail-Routing werden E-Mails zunächst in bestimmten Warteschlangen gespeichert, bevor sie zugestellt werden können. Exchange 2016 stellt dazu verschiedene Arten von Warteschlangen zur Verfügung:

- **Übermittlungswarteschlange** In diese Warteschlange werden zunächst alle eingehenden Nachrichten abgelegt, die vom Categorizer noch klassifiziert werden müssen. Der Categorizer legt fest, wohin eine Nachricht zugestellt wird und ob diese intern verbleibt oder ins Internet versendet werden soll. Der Categorizer liest zum Beispiel auch aus Verteilerlisten die einzelnen Empfänger aus, damit die Nachrichten zugestellt werden können. In dieser Warteschlange landen daher alle E-Mails, die durch SMTP oder den *Pickup*-Ordner (siehe Kapitel 3) zugestellt werden. Diese Warteschlange gibt es auf jedem Transportserver nur einmal. Erst wenn der Categorizer die Nachricht klassifiziert hat, wird sie in die entsprechende Zustellungswarteschlange gestellt.

- **Postfachzustellungswarteschlange** In diese Warteschlange werden E-Mails gestellt, die von Transportservern per gesicherter RPC-Verbindung zugestellt werden sollen. Diese Warteschlange gibt es nur auf Transportservern. Sie enthält auch nur die Nachrichten, die zu Postfachservern am gleichen Standort wie der entsprechende Transportserver zugestellt werden sollen. Auf einem Transportserver können mehrere Mailbox Delivery Queues existieren.

- **Remotezustellungswarteschlange** In dieser Warteschlange werden E-Mails gespeichert, die auf andere Server per SMTP übertragen werden sollen. Aus diesem Grund können diese Warteschlangen mehrmals existieren. In jeder einzelnen Remote Delivery Queue werden die Nachrichten gespeichert, die zum gleichen Server übertragen werden müssen. Auf Servern enthält diese Warteschlange E-Mails, die anderen Servern an anderen Active Directory-Standorten zugestellt werden sollen. Diese Warteschlangen werden dynamisch erstellt und automatisch drei Minuten nach dem Zustellen der letzten E-Mail aus der Warteschlange wieder gelöscht. Sind sehr viele dieser Warteschlangen vorhanden, kann dies ein Zeichen dafür sein, dass der Server Probleme hat, die externen Nachrichten auszuliefern.

- **Warteschlange für nicht verarbeitbare Nachrichten** In dieser Warteschlange werden Nachrichten gespeichert, die Exchange 2016 nach einem Serverabsturz als gefährlich für das System klassifiziert. Diese Warteschlange sollte immer leer sein. Ist das der Fall, wird die Warteschlange nicht angezeigt, wenn Sie die Warteschlangenanzeige öffnen.

- **Nicht-erreichbar-Warteschlange** In dieser Warteschlange werden alle Nachrichten gespeichert, die nicht zugestellt werden können. Diese Warteschlange gibt immer nur einmal.

Warteschlangen verwalten

Sie können Warteschlangen überwachen oder direkt in den Nachrichtenfluss eingreifen. Dazu stehen Ihnen verschiedene Möglichkeiten zur Verfügung:

- **Warteschlangen anhalten** Klicken Sie mit der rechten Maustaste auf eine Warteschlange, können Sie im Kontextmenü den Eintrag *Anhalten* auswählen. In diesem Fall können zwar die Anwender weiterhin E-Mails schreiben, die auch tatsächlich zur Warteschlange zugestellt werden, allerdings verlassen keine E-Mails mehr den Server, sondern bleiben in der Warteschlange. Angehaltene Warteschlangen werden mit einem eigenen Symbol in der Warteschlangenanzeige aufgeführt.

- **Warteschlangen fortsetzen** Wenn Sie mit der rechten Maustaste auf eine angehaltene Warteschlange klicken, können Sie diese über den Kontextmenübefehl *Fortsetzen* wieder aktivieren. In diesem Fall werden alle enthaltenen Nachrichten sofort zugestellt.

- **Warteschlangen wiederholen**   Kann eine Nachricht aus der Warteschlange nicht zugestellt werden, wird nach einiger Zeit automatisch eine Wiederholung gestartet. Über das Kontextmenü oder den Aktionsbereich einer Warteschlange können Sie den Befehl *Wiederholen* auswählen. In diesem Fall wird die Zustellung der Nachricht sofort durchgeführt, auch wenn der Zeitplan noch keine Wiederholung vorsieht.

- **Registerkarte** Nachrichten   In der Warteschlangenanzeige sehen Sie die Nachrichten, die sich derzeit in den Warteschlangen befinden. Sie sehen deren SCL (Spam Confidence Level, siehe Kapitel 12).

- **Eigenschaften von Nachrichten**   Hier sehen Sie weitere Informationen über die E-Mail, den sendenden Server und den Empfänger. Auch das Sende- und Empfangsdatum finden Sie an dieser Stelle.

- **Identität**   Die Nachrichtenidentität wird von der Warteschlangendatenbank zugewiesen, wenn die Nachricht zur Verarbeitung empfangen wird.

- **Betreff**   Dieses Feld zeigt den Betreff der E-Mail an. Der Wert wird aus dem Kopfzeilenfeld *Subject:* übernommen.

- **Internetnachrichten-ID**   Dieses Feld zeigt den Wert des Kopfzeilenfelds *MessageID:* an. Der Wert dieser Eigenschaft wird als GUID, gefolgt von der SMTP-Adresse des sendenden Servers, gebildet.

- **Von Adresse**   Dieses Feld zeigt die SMTP-Adresse des Absenders an.

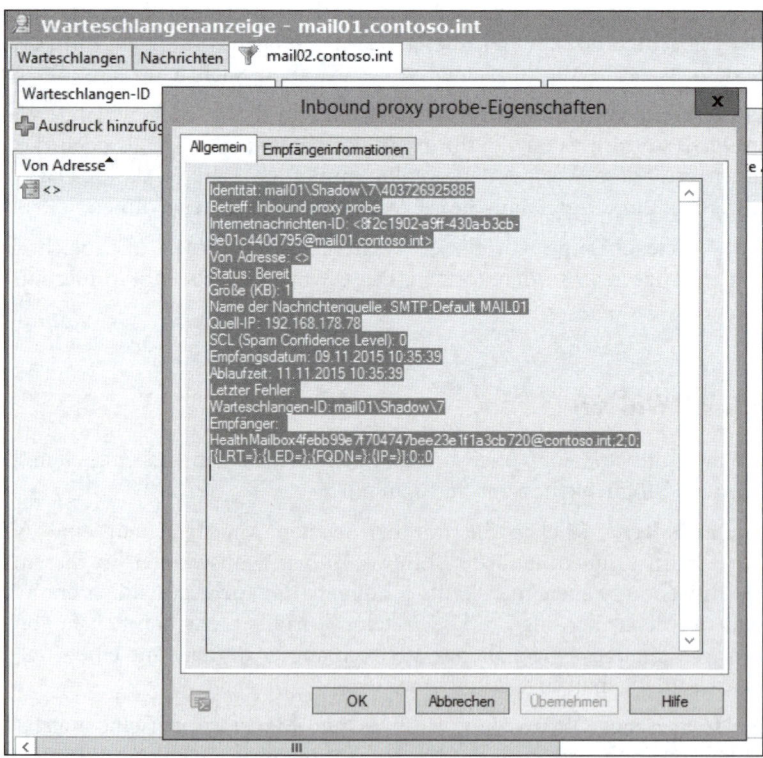

Abbildung 4.18: In diesem Dialogfeld lassen Sie sich Informationen zu einer E-Mail in den Warteschlangen anzeigen

- **Status**   Hier wird der aktuelle Status der E-Mail angezeigt. Eine E-Mail kann einen der folgenden Statuswerte aufweisen:

  - **Aktiv**   Die Nachricht wartet auf Zustellung oder Kategorisierung; es liegt noch kein Fehler vor.

  - **Entfernen ausstehend**   Die E-Mail wurde vom Administrator gelöscht, befand sich aber bereits in der Zustellung. Die E-Mail wird gelöscht, wenn die Zustellung mit einem Fehler endet. Ansonsten wird die Zustellung ausgeführt.

  - **Anhaltevorgang ausstehend**   Die E-Mail wurde vom Administrator angehalten, befand sich aber bereits in der Zustellung. Die E-Mail wird angehalten, wenn die Zustellung mit einem Fehler endet. Ansonsten wird die Zustellung ausgeführt.

  - **Bereit**   Die E-Mail befindet sich in der Warteschlange und ist zur Verarbeitung bereit.

  - **Wiederholen**   Fehler beim letzten Verbindungsversuch für die Warteschlange, in der sich diese E-Mail befindet. Die E-Mail wartet auf den nächsten Wiederholungsversuch der Warteschlange.

  - **Angehalten**   Die E-Mail wurde vom Administrator angehalten.

- **Größe (KB)**   Dieses Feld zeigt die Größe der E-Mail an.

- **Name der Nachrichtenquelle**   Dieses Feld zeigt den Namen der Komponente an, die diese E-Mail an die Warteschlange übermittelt hat.

- **Quell-IP**   Dieses Feld zeigt die IP-Adresse des externen Servers an, der die E-Mail an die Exchange-Organisation übermittelt hat.

- **SCL (Spam Confidence Level)**   Dieses Feld zeigt die SCL-Bewertung (Spam Confidence Level) der E-Mail an. Gültige SCL-Einträge sind die ganzen Zahlen von 0 bis 9. Ein leerer SCL-Eintrag zeigt an, dass die Nachricht nicht vom Inhaltsfilter-Agent verarbeitet wurde. Mehr zum Thema Spamschutz finden Sie in Kapitel 12.

- **Empfangsdatum**   Dieses Feld zeigt das Datum und die Uhrzeit des Empfangs der E-Mail durch den Server an.

- **Ablaufzeit**   Dieses Feld zeigt den Zeitpunkt an, zu dem die E-Mail abläuft und aus der Warteschlange gelöscht wird, wenn sie nicht zugestellt werden kann.

- **Letzter Fehler**   Dieses Feld zeigt den letzten für eine E-Mail aufgezeichneten Fehler.

- **Warteschlangen-ID**   Dieses Feld zeigt die ID der Warteschlange an, in der sich die E-Mail befindet. Die Warteschlangenidentität wird in der Form *Server/Ziel* angegeben.

- **Empfänger**   Dieses Feld zeigt die Liste der Empfänger an, an die die E-Mail gesendet werden soll.

Mit dem Cmdlet *Get-Message* können Sie die Eigenschaften einer E-Mail anzeigen, die sich zurzeit in der Warteschlange für die Zustellung befindet.

Über das Kontextmenü können Sie die Nachricht auch aus der Warteschlange löschen. Dazu stehen Ihnen die beiden folgenden Möglichkeiten zur Verfügung:

- **Entfernen (mit Unzustellbarkeitsbericht)**   Wenn Sie diesen Menüpunkt im Kontextmenü oder dem Aktionsbereich auswählen, wird die Nachricht gelöscht und der Absender erhält einen Unzustellbarkeitsbericht. Er erfährt also, dass seine E-Mail nicht zugestellt werden konnte.

- **Entfernen (ohne Senden eines Unzustellbarkeitsberichts)**   Wählen Sie diesen Menüpunkt aus, wird die Nachricht gelöscht, aber die Absender der E-Mails erhalten keinerlei Benachrichtigungen darüber.

Sie erkennen bereits an der Anzeige der Warteschlangen, welchen Status diese haben. Schon allein durch diesen schnellen Überblick lässt sich feststellen, ob der Nachrichtenfluss in Ihrer Exchange-Organisation funktioniert.

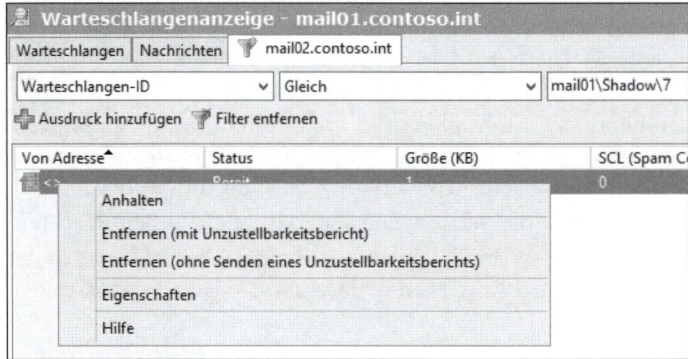

Abbildung 4.19: E-Mails in den Warteschlangen verwalten

- Befindet sich der Status einer Warteschlange im normalen Zustand und können Nachrichten aus dieser Warteschlange ohne Probleme zugestellt werden, wird diese als *Aktiv* gekennzeichnet.

- Konnten E-Mails aus dieser Warteschlange fehlerfrei zugestellt werden und befinden sich keine E-Mails mehr in dieser Warteschlange, wird sie als *Fehlerfrei* gekennzeichnet.

- Können E-Mails aus einer Warteschlange nicht zugestellt werden, erhält sie nach einiger Zeit den Status *Fehler*. In diesem Fall kann die Warteschlange zwar keine E-Mails zustellen, allerdings versucht Exchange trotzdem, die E-Mails an die jeweiligen Empfänger weiterzuleiten, da möglicherweise lediglich ein temporäres Verbindungsproblem vorliegt. Weist eine Warteschlange den Status *Fehler* auf, sollten Sie in jedem Fall überprüfen, welches Problem vorliegt.

Werden Nachrichten nicht zugestellt, liegt eventuell ein Problem mit der Namensauflösung vor. Zunächst sollten Sie testen, ob das Problem nur temporär ist, und die Warteschlange erneut zur Verbindung zwingen.

Klicken Sie dazu mit der rechten Maustaste auf diese Warteschlange, und wählen Sie im Kontextmenü den Befehl *Wiederholen*. Klicken Sie auf eine Warteschlange doppelt, können Sie sich den Inhalt der Warteschlange anzeigen lassen. Klicken Sie einzelne E-Mails in den Warteschlangen mit der rechten Maustaste an, können Sie auch hier verschiedene Aktionen durchführen, die analog zur Warteschlange sind, aber nur die ausgewählten E-Mails betreffen.

Warteschlangendatenbank verwalten

Die ESE-Datenbank der Warteschlangen wird standardmäßig im Ordner *C:\Program Files\Microsoft\Exchange Server\V15\TransportRoles\data\Queue* gespeichert.

Wie bei allen ESE-Datenbanken werden Aktionen zunächst in den Transaktionsprotokollen, im Arbeitsspeicher und dann erst auf der Festplatte abgelegt. Die Warteschlangendatenbank verwendet die Umlaufprotokollierung. Aus diesem Grund kann die Datenbank nicht ohne Weiteres zur Wiederherstellung von E-Mails verwendet werden. Im Ordner der Warteschlangendatenbank gibt es verschiedene Dateien, die beim Versenden von E-Mails über Exchange 2016 eine Rolle spielen:

- **mail.que**   Diese Datei enthält die Datenbank der Warteschlangen.

- **temp.edb**   Diese temporäre Datenbank dient zur Verifizierung des Schemas der Warteschlangendatenbank und wird beim Starten des Servers benötigt.

- **trn*.log**   Bei dieser Datei handelt es sich um das Transaktionsprotokoll der Datenbank. Bei aktiveren Servern werden mehrere Transaktionsprotokolle angelegt. Die Datei *trn.log* ist aber immer die aktive Transaktionsprotokolldatei; die anderen Dateien sind Archive, die bereits in die Datenbank *mail.que* geschrieben worden sind.

- **trn.chk**   Bei dieser Datei handelt es sich um die Prüfpunktdatei. Sie enthält die Informationen darüber, welche Transaktionen bereits in die Datenbank geschrieben wurden (siehe Kapitel 5).

- **trnres00001.jrs** und **trnres00002.jrs**   Bei diesen beiden Dateien handelt es sich um Platzhalter für die Transaktionsprotokolldateien. Sie werden nur verwendet, wenn der Festplattenplatz nicht mehr ausreicht, um neue Transaktionsprotokolldateien anzulegen.

Nachrichtenverfolgung (Message Tracking)

Die Nachrichtenverfolgung gehört zu den wichtigen Werkzeugen bei der Diagnose und Überwachung Ihrer Exchange-Organisation. Sie können sich mithilfe der Nachrichtenverfolgung die zugestellten E-Mails und deren Informationen anzeigen lassen. Die Nachrichtenverfolgung greift auf Protokolldateien zu, in denen das Versenden und der interne Transport der Nachrichten protokolliert werden.

Standardmäßig finden Sie die Protokolldateien für die Nachrichtenverfolgung im Ordner *C:\Program Files\Microsoft\Exchange Server\V15\TransportRoles\Logs\MessageTracking*. Hat eine Protokolldatei ihre maximale Größe erreicht, wird eine neue Datei angelegt und es findet eine Nummerierung statt. Die Protokolldateien werden im Textformat abgespeichert. Die einzelnen Werte sind durch Kommas voneinander getrennt (CSV).

Nachrichtenverfolgung konfigurieren

Bei Exchange 2016 ist die Nachrichtenverfolgung bereits standardmäßig aktiviert. Sie finden die Einstellungen der Nachrichtenverfolgung in den Eigenschaften des Servers im Exchange Admin Center. Klicken Sie auf *Server*, und rufen Sie die Eigenschaften des Servers auf.

Auf der Registerkarte *Transportprotokolle* finden Sie die Konfiguration der Nachrichtenverfolgung. Wir haben die einzelnen Felder bereits im Abschnitt zur Verwaltung der allgemeinen Einstellungen von Transportservern behandelt.

Um die Einstellungen der Nachrichtenverfolgung anzupassen, können Sie auch die Exchange Management Shell verwenden. Zur Konfiguration der Nachrichtenverfolgung in der Exchange Management Shell verwenden Sie die beiden Cmdlets *Set-MailboxServer* und *Set-TransportServer* bzw. *Set-TransportService*.

Sie können über das Exchange Admin Center und über die Exchange Management Shell die Nachrichtenverfolgung auf einzelnen Servern deaktivieren, falls diese nicht gewünscht ist. Auf dem gleichen Weg können Sie die Nachrichtenverfolgung auch wieder aktivieren.

Einrichtung und Verwaltung

Um die Nachrichtenverfolgung auf Transportservern zu deaktivieren, verwenden Sie diesen Befehl:

```
Set-TransportServer <Servername> -MessageTrackingLogEnabled:$false
```

Mit dem folgenden Befehl aktivieren Sie die Nachrichtenverfolgung auf Transportservern wieder:

```
Set-TransportServer <Servername> -MessageTrackingLogEnabled:$true
```

Auf Postfachservern können Sie die Nachrichtenverfolgung über die folgenden beiden Befehle aktivieren oder deaktivieren:

- Um die Nachrichtenverfolgung auf Postfachservern zu deaktivieren, verwenden Sie diesen Befehl:

  ```
  Set-MailboxServer <Servername> -MessageTrackingLogEnabled: $false
  ```

- Mit dem folgenden Befehl aktivieren Sie die Nachrichtenverfolgung auf Postfachservern wieder:

  ```
  Set-MailboxServer <Servername> -MessageTrackingLogEnabled: $true
  ```

Viele Unternehmen wollen die Protokolldateien für die Nachrichtenverfolgung an einen anderen Speicherort verlegen. Achten Sie beim Ändern des Speicherorts aber darauf, dass Sie die Protokolldateien lokal speichern lassen, nicht auf einer Netzwerkfreigabe. Um den Speicherort der Protokolldateien auf einem Transportserver anzupassen, verwenden Sie folgenden Befehl:

```
Set-TransportServer <Servername> -MessageTrackingLogPath <Pfad>
```

Anführungszeichen benötigen Sie bei der Angabe des Pfads zum Speicherort grundsätzlich nur, wenn dieser Leerzeichen enthält. Sie müssen den Ordner vorher nicht anlegen, der Befehl erstellt diesen selbst. Allerdings werden die bereits angelegten Protokolldateien nicht kopiert, sie verbleiben in ihrem ursprünglichen Ordner.

Auf Postfachservern verwenden Sie diesen Befehl:

```
Set-MailboxServer <Servername> -MessageTrackingLogPath <Pfad>
```

Überprüfen Sie nach dem Ändern des Speicherorts die Berechtigungen für den Ordner der Protokolldateien. Die notwendigen Berechtigungen werden durch den Befehl nicht gesetzt, sondern müssen manuell angepasst werden. Sie sollten ausschließlich folgende Berechtigungen auf den Speicherort der Protokolldateien festlegen:

- **Administrator** Vollzugriff
- **System** Vollzugriff
- **Netzwerkdienst** Lesen, Schreiben, Unterordner und Dateien löschen. Vor allem die Berechtigungen des Netzwerkdiensts sind wichtig, da der Systemdienst Microsoft-Exchange-Transport die Berechtigungen des Netzwerkdiensts dazu verwendet, um Protokolldateien anzulegen.

Standardmäßig darf die Protokolldatei für die Nachrichtenverfolgung eine Größe von etwa 10 MB erreichen. Wird diese Größe erreicht, legt Exchange automatisch eine neue Protokolldatei an.

Um die maximale Größe einer Protokolldatei auf Transportservern anzupassen, verwenden Sie diesen Befehl:

```
Set-TransportServer <Servername> -MessageTrackingLogMaxFileSize <Größe>
```

Auf Postfachservern nutzen Sie entsprechend folgenden Befehl:

```
Set-MailboxServer <Servername> -MessageTrackingLogMaxFileSize <Größe>
```

Standardmäßig darf der Ordner der Protokolldateien eine Größe von 250 MB erreichen. Wird dieser Grenzwert erreicht, löscht Exchange automatisch die älteste Protokolldatei im Ordner. Allerdings werden nur so lange neue Protokolldateien angelegt, bis die entsprechenden Voraussetzungen nicht mehr erfüllt sind:

- Die Größe des Ordners für die Protokolldateien hat den Grenzwert erreicht. Um den Grenzwert für den Ordner festzulegen, verwenden Sie den Befehl

  ```
  Set-TransportServer <Servername> -MessageTrackingLogMaxDirectorySize <Ordnergröße>
  ```

  beziehungsweise:

  ```
  Set-MailboxServer <Servername> -MessageTrackingLogMaxDirectorySize <Ordnergröße>
  ```

- Die Protokolldatei hat ihr maximales Alter erreicht. Hat eine Protokolldatei ihr maximales Alter erreicht, wird sie durch die Umlaufprotokollierung automatisch gelöscht. Der Standardwert für das maximale Alter sind 30 Tage. Um das maximale Alter anzupassen, verwenden Sie den Befehl

  ```
  Set-TransportServer <Servername> -MessageTrackingLogMaxAge <Alter>
  ```

  beziehungsweise:

  ```
  Set-MailboxServer <Servername> -MessageTrackingLogMaxAge <Alter>
  ```

Das Format für das Alter geben Sie nach der Syntax TT.HH:MM:SS ein. Legen Sie als Wert 00:00:00 fest, wird verhindert, dass Protokolldateien automatisch beim Erreichen ihres maximalen Alters gelöscht werden. In diesem Fall werden diese Dateien erst gelöscht, wenn der Grenzwert für die Größe des Ordners erreicht wird. Dies kann bei Unternehmen wichtig sein, die aufgrund gesetzlicher Vorschriften besonderen Aufbewahrungsrichtlinien unterliegen.

In der Nachrichtenverfolgung ist es nicht möglich, den Text der E-Mails zu protokollieren.

Tipp

Die Einstellung für die Nachrichtenverfolgung lassen Sie sich am besten wie folgt in der Exchange Management Shell anzeigen:

```
Get-TransportServer | Select Name,MessageTrackingLogEnabled | ft -auto
```

oder mit:

```
Get-TransportService | Select Name,MessageTrackingLogEnabled | ft -auto
```

Einrichtung und Verwaltung

Nachrichtenverfolgung verwenden

Die Nachrichtenverfolgung verwenden Administratoren am besten direkt im Exchange Admin Center. Hier finden Sie im Bereich *Nachrichtenfluss* die Möglichkeit, E-Mails nachzuverfolgen. Administratoren können über *Nachrichtenfluss/Zustellberichte* E-Mails nachverfolgen.

Wenn Sie eine Nachricht gefunden haben, können Sie entscheiden, ob Sie den E-Mail-Fluss dieser Nachricht weiterverfolgen oder deren Eigenschaften betrachten wollen. Rufen Sie die Eigenschaften der Nachricht auf, erhalten Sie Informationen über Absender und Empfänger der Nachricht. Zusätzlich bekommen Sie alle maßgeblichen Informationen der E-Mail wie Sendedatum, Server, Größe der Nachricht, Priorität und Verschlüsselung angezeigt.

Außerdem erfahren Sie die interne ID der Nachricht, mit deren Hilfe Sie jederzeit speziell nach dieser Nachricht suchen können. Diese Nachrichten-ID (Message-ID) wird auch beim Transport der Nachricht zu anderen E-Mail-Systemen nicht verändert und kann somit dort ebenfalls zur Suche nach der Nachricht verwendet werden.

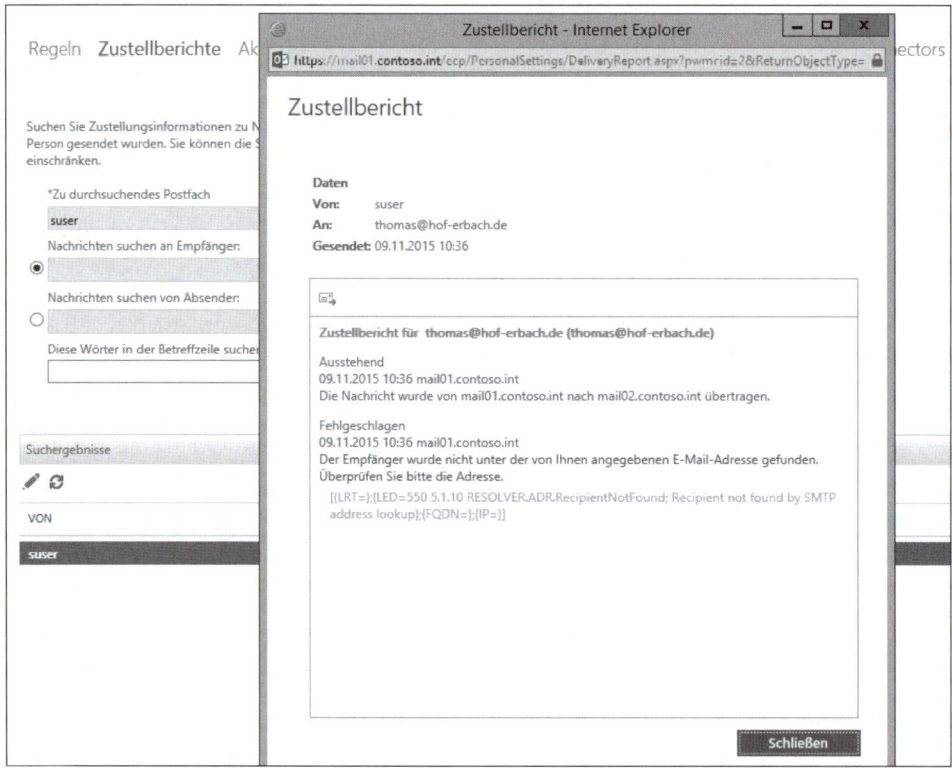

Abbildung 4.20: Nachrichtenverfolgung in Exchange 2016

SMTP für Fortgeschrittene

Wenn Sie einen Exchange-Server verwalten, sollten Sie sich ein wenig mit SMTP (Simple Mail Transfer Protocol) beschäftigen. Vermuten Sie Probleme beim Versenden oder Empfangen von E-Mails, können Sie mit Telnet hervorragend den Fluss von E-Mails in allen SMTP-E-Mail-Servern verfolgen. Es ist dabei unerheblich, ob es sich um einen Exchange-Server, einen Linux-Server oder eine Blackbox handelt, SMTP bleibt SMTP. Das Versenden einer E-Mail ist schlussendlich nichts anderes als der Verbindungsaufbau zum Port 25 des E-Mail-Servers.

Testen Sie die SMTP-Anleitung auf den folgenden Seiten ruhig aus. Sie können hier kein System verbiegen, sondern emulieren lediglich das Versenden von E-Mails. Sie können zum Beispiel mit Telnet testen, ob ein bestimmter Server überhaupt E-Mails zum Remoteserver, beispielsweise über die Firewall hinweg, senden darf oder nicht, bevor Sie diesen Server in einem SMTP-Connector aktivieren. Wickeln Sie erfolgreich einen E-Mail-Versand über SMTP ab, können Sie schon fast sicher sein, dass der E-Mail-Fluss des Servers auch funktioniert.

Um mit Telnet eine Verbindung zu einem E-Mail-Server aufzubauen, benötigen Sie ein beliebiges Telnet-Programm. Für die Tests eines E-Mail-Servers reicht im Normalfall der Client aus, der mit Windows ausgeliefert wird (*Telnet.exe*). In Windows Vista, Windows 7/8/10 und Windows Server 2008 R2/2012/2012 R2 müssen Sie den Telnet-Client zunächst über Features aktivieren.

Für Windows 7/8/10 verwenden Sie die Systemsteuerung oder suchen nach »optionalfeatures« auf der Startseite bzw. im Startmenü. In Windows Server 2008 R2/2012/2012 R2 benutzen Sie den Server-Manager, indem Sie das entsprechende Feature hinzufügen.

Wollen Sie das lokale Echo auf einem Client aktivieren (also Ihre eigenen Eingaben angezeigt bekommen), müssen Sie in der Eingabeaufforderung zunächst Telnet aufrufen. Geben Sie dazu einfach »telnet« ein. Sind Sie auf der Telnet-Oberfläche, können Sie den Befehl *Open <Servername> 25* eingeben. Bestätigen Sie Ihre Eingabe, baut der Client die Verbindung zum gewünschten E-Mail-Server auf. In der Eingabeaufforderung können Sie direkt mit *telnet <Servername> 25* eine Verbindung zum gewünschten SMTP-Server aufbauen.

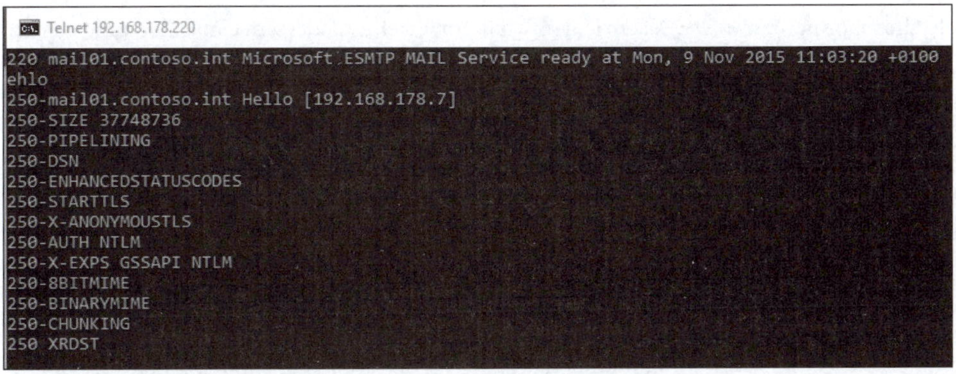

Abbildung 4.21: Verbindungsaufbau zum E-Mail-Server über Telnet

Alle SMTP-Befehle können wahlweise in Groß- oder Kleinbuchstaben geschrieben werden. Zur besseren Verdeutlichung werden hier im Buch ausschließlich Großbuchstaben verwendet.

Um die Verbindung zu trennen, können Sie entweder das Fenster der Eingabeaufforderung schließen oder in der Telnet-Oberfläche *QUIT* eingeben. Nach dem Verbindungsaufbau können Sie jetzt mit SMTP-Befehlen das Versenden einer E-Mail testen. Dieser Ablauf ist dabei nahezu identisch mit dem Versenden von E-Mails zwischen zwei E-Mail-Servern.

Haben Sie die Verbindung aufgebaut, müssen Sie sich zuerst am SMTP-Server identifizieren. Sind Sie auf der Suche nach einem Verbindungsproblem, haben Sie hier schon die erste Chance auf eine Fehlerbehebung. Führen Sie zum Beispiel einen Verbindungstest mit einem E-Mail-

Server im Internet durch, besteht die Möglichkeit, dass Sie sofort nach dem Verbindungsaufbau wieder getrennt werden. In einem solchen Fall wurde Ihnen vom Administrator des Remote-E-Mail-Servers kein Recht eingeräumt, mit dem Server eine Verbindung herzustellen, oder der Server ist nicht entsprechend konfiguriert.

Sie können deshalb bereits hier mit der Fehlerbehebung ansetzen. Um sich an einem E-Mail-Server zu identifizieren, können Sie zwischen zwei Befehlen wählen. Der etwas ältere und mittlerweile weniger verbreitete Befehl lautet *HELO* (für Hello). Sie sollten nach dem *HELO* noch die Bezeichnung des Computers anhängen, von dem aus Sie die Verbindung aufbauen, zum Beispiel *HELO DELL-EXCHANGE01*.

Der neuere Standard ist das *Extended Hello* mit dem Befehl *EHLO*. Melden Sie sich mit diesem Befehl an einem SMTP-Server an, weiß der Remoteserver, dass Sie die erweiterte SMTP-Sprache verwenden wollen und auch verstehen, und begrüßt Sie nach der Eingabe mit den unterstützten Befehlen. Sind Sie an dieser Stelle und erscheint keine Fehlermeldung, wurden Sie erfolgreich vom SMTP-Server identifiziert. Ein älterer SMTP-Server kann möglicherweise den Befehl *EHLO* nicht verstehen und reagiert mit einer Fehlermeldung. In diesem Fall sollte der Client den Verbindungsaufbau erneut mit dem Befehl *HELO* versuchen.

Das Versenden einer E-Mail lässt sich grundsätzlich in drei Teile unterteilen: optional die Anmeldung am Server mit Benutzername und Kennwort, das Senden des *Envelope* (Umschlag) und das Senden des *Message-Texts* (Nachrichtentexts).

Der Nachrichtentext selbst besteht aus zwei Teilen: dem *Header* und dem *Body* der Nachricht. Die Angaben im *Envelope* sagen dem SMTP-Server, wohin er eine Nachricht schicken soll. Diese Angabe allein ist für die Zustellung zuständig. Die Angabe im Header einer Nachricht hat lediglich dekorativen Charakter und wird beispielsweise vom E-Mail-Programm dem Benutzer angezeigt.

Vergleichen können Sie diese Nachricht mit einem Brief, auf dessen Umschlag eine andere Adresse steht als im Briefkopf des Briefs selbst. Als Nächstes müssen Sie dem Remoteserver noch mitteilen, wer der Absender der E-Mail ist. Um dem Server mitzuteilen, wie der Absender heißt, verwenden Sie den Befehl *MAIL FROM:*. Nach dem Doppelpunkt geben Sie ohne Leerzeichen den Absender an, zum Beispiel:

MAIL FROM:<test@test.com>

Unterläuft Ihnen bei der Eingabe ein Fehler und bestätigt der Remoteserver den Absender nicht, geben Sie einfach den Befehl noch einmal ein. Hier kann es auch sein, dass Sie vom SMTP-Server getrennt werden, da Sie sich nicht authentifiziert haben.

Auf diesem Weg können Sie auch Empfangsconnectors für den Internetmailverkehr testen. Bei Empfangsconnectors für den Internetmailempfang ist der anonyme Zugriff gestattet, bei normalen Empfangsconnectors dagegen nicht. Erhalten Sie einen Fehler angezeigt, der besagt, dass der Server die Verbindung nicht akzeptiert, können Sie in den Eigenschaften des Empfangsconnectors in den Sicherheitseinstellungen bei *Berechtigungsgruppen* noch die anonymen Benutzer zulassen.

Im nächsten Schritt müssen Sie jetzt die Adresse des Empfängers eingeben, der die E-Mail erhalten soll. Hier ist zwingend die E-Mail-Adresse des Benutzers einzugeben, nicht der Benutzername. Wollen Sie eine E-Mail einem Benutzer zustellen, der nicht von diesem E-Mail-Server verwaltet wird, da er zu einer anderen Domäne gehört, wird der Vorgang, den Sie hier durchführen, Relaying genannt.

Dics bedeutet, dass Sie einem Benutzer mithilfe eines anderen E-Mail-Servers eine Nachricht schicken. Da dies von vielen Spammern ausgenutzt wird, ist das Relaying bei vielen Servern deaktiviert, wenn der Benutzer nicht mit dem Benutzernamen oder der IP-Adresse des Rechners am E-Mail-Server freigeschaltet ist. In einem solchen Fall erhalten Sie eine Fehlermeldung angezeigt, wenn Sie die E-Mail abschicken wollen.

Zum Testen sollten Sie deshalb immer zuerst Benutzer verwenden, die durch den Exchange-Server verwaltet werden.

Die Adresse des Empfängers geben Sie mit dem Befehl *RCPT TO:* an, gefolgt von der E-Mail-Adresse. Führen Sie zum Beispiel den Test an der installierten Testumgebung durch, geben Sie Folgendes ein:

RCPT TO:<administrator@contoso.int>

Nach der Eingabe wird Ihnen die Verifizierung des Absenders bestätigt. Als Nächstes müssen Sie jetzt den Nachrichtentext eingeben. Er besteht aus dem *Header* und dem *Body*. Als *Header* verwenden Sie einen Betreff, den Absender und den Empfänger, als *Body* den eigentlichen Text der E-Mail. Meist reicht für schnelle Tests der SMTP-Verbindung die Eingabe des E-Mail-Texts aus.

Geben Sie den Befehl *DATA* ein, und bestätigen Sie, um zur Eingabe des Betreffs und des E-Mail-Texts zu gelangen. Wenn Sie den Befehl eingegeben und bestätigt haben, erscheint eine Meldung des Remoteservers, der Sie zur Eingabe auffordert. Haben Sie alle Eingaben für die E-Mail vorgenommen und den Text eingegeben, wird die E-Mail mit der Tastenfolge ⏎ . ⏎ abgeschickt. Diese Eingabe wird Ihnen auch in der Telnet-Session so angezeigt.

Diese Endemarkierung des Nachrichtentextes bedeutet natürlich auch, dass in einer E-Mail nirgendwo eine Zeile vorkommen darf, in der nur ein einzelner Punkt steht. Möchten Sie aber eine solche Nachricht schreiben, müssen Sie statt eines Punkts eben zwei Punkte verwenden. Der zweite Punkt wird dann bei der Speicherung der Nachricht wieder entfernt.

Wollen Sie einen Betreff für die E-Mail eingeben, geben Sie in der Eingabeaufforderung den Befehl *SUBJECT:* und ein Leerzeichen, gefolgt von dem gewünschten Text, ein. Sie müssen dabei den Text nicht in Anführungszeichen schreiben, auch wenn er Leerzeichen enthält. Alle Zeilen, die Sie nun eingeben, gehören zum Header der E-Mail; ihre Inhalte werden zum Beispiel vom E-Mail-Programm des Empfängers in den entsprechenden Feldern angezeigt. Zur Eingabe des Bodys gelangen Sie, indem Sie eine Leerzeile durch Drücken der ⏎-Taste einfügen.

Während der Eingabe des Texts können Sie ohne Probleme die ⏎-Taste verwenden, da erst die Kombination ⏎ . ⏎ zum Beenden der E-Mail führt. Haben Sie Ihre Eingabe beendet, geben Sie die oben erwähnte Tasten-/Zeichenkombination ein. Die E-Mail wird jetzt vom Exchange-Server angenommen und dem Empfänger zugestellt.

Sie können jetzt weitere E-Mails verschicken oder die Verbindung mit dem Remoteserver mit *QUIT* beenden. Als Nächstes können Sie in Outlook oder Outlook Web App überprüfen, ob die E-Mail zugestellt wurde.

Exchange 2016 meldet verschiedene Fehler, wenn Server keine Verbindung zum entsprechenden Empfangsconnector aufbauen können. Über diese Meldung erfahren Sie, wo das Problem liegt und wie Sie die Verbindung dennoch herstellen können:

- **530 5.7.1 Client was not authenticated** Bei diesem Fehler hat der Absender der Nachricht nicht das Recht, E-Mails zu diesem Server zu übertragen. Entweder müssen Sie die Authentifizierung konfigurieren oder dem Sender das Recht geben, Nachrichten zum entsprechenden Empfangsconnector zu senden.

- **535 5.7.3 Authentication unsuccessful**   Tritt dieser Fehler auf, hat der sendende Server falsche Authentifizierungsinformationen gesendet. Überprüfen Sie, ob die Authentifizierungsdaten korrekt konfiguriert sind.

- **550 5.7.1 Client does not have permission to submit to this server**   Bei diesem Fehler hat die Authentifizierung zwar geklappt, der Absender hat aber keine Rechte, E-Mails an diesen Server zu senden.

- **550 5.7.1 Client does not have permission to send as this server**   Der Absender der E-Mail verwendet als Domäne eine autorisierende Domäne. Dieser Fehler tritt auf, wenn von außerhalb, zum Beispiel vom Internet, zu einem Edge-Transport-Server eine E-Mail gesendet wird, die eine Domäne verwendet, für die Exchange autorisierend zuständig ist.

- **550 5.7.1 Client does not have permission to send on behalf of the from address**   Diese Meldung besagt, dass der Absender im Auftrag einer Adresse sendet, die im Header hinterlegt ist. Soll diese Funktion unterstützt werden, benötigt der Client das Recht auf dem Exchange-Server, dass er alle möglichen Absender verwenden darf.

- **550 5.7.1 Unable to Relay**   In diesem Fall gehört die Domäne der E-Mail nicht zu den akzeptierten Domänen.

Durch das Versenden einer E-Mail über mehrere E-Mail-Server wird der Header der E-Mail ständig erweitert. In diesem Header werden die Informationen der verschiedenen E-Mail-Server angegeben, über die diese E-Mail gelaufen ist. Sie können diesen Header in Outlook anzeigen lassen und so sehr leicht feststellen, über welche E-Mail-Server diese E-Mail verschickt wurde.

Um in Outlook 2016 den Header einer E-Mail anzusehen, öffnen Sie die E-Mail und klicken auf die Registerkarte *Nachricht* der E-Mail. Rufen Sie auf der Registerkarte die Schaltfläche *Eigenschaften* auf.

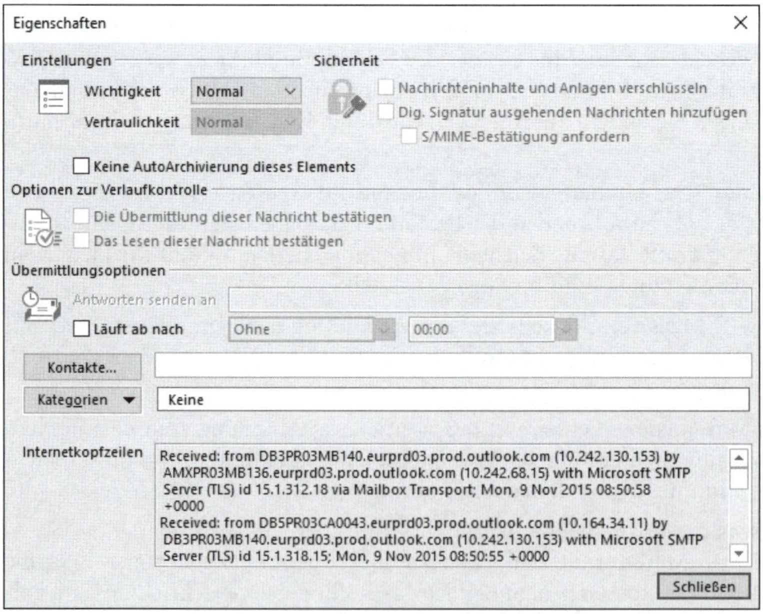

Abbildung 4.22: Anzeigen des Headers (der Internetkopfzeilen) von E-Mails

In Outlook Web App ist es ebenfalls möglich, E-Mail-Header anzuzeigen. Öffnen Sie dazu die E-Mail in Outlook Web App, und klicken Sie auf die Schaltfläche für die erweiterten Aktionen rechts oben. Anschließend bekommen Sie den Header der E-Mail in einem neuen Popupfenster angezeigt.

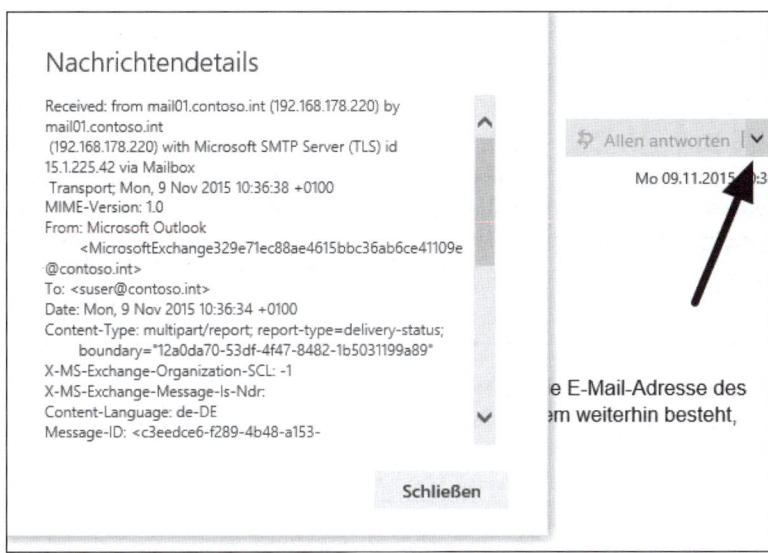

Abbildung 4.23: Anzeigen der Nachrichtendetails in Outlook Web App

Transportregeln für den Nachrichtenfluss erstellen

Unter Exchange 2016 besteht die Möglichkeit, ähnlich wie in Outlook, Regeln zu erstellen, auf deren Basis Nachrichten speziell behandelt werden. Auf allen Transportservern in der Organisation läuft der Transportregel-Agent.

Transportregeln verstehen

Mit Transportregeln können Sie E-Mails, die Ihre Organisation durchlaufen, auf bestimmte Bedingungen prüfen und entsprechende Aktionen direkt auf dem Server ausführen.

Der Hauptunterschied zwischen Transportregeln und den Regeln, die Sie in einer Clientanwendung wie Outlook erstellen, besteht darin, dass mit Transportregeln Aktionen für E-Mails ausgeführt werden, während sie noch übertragen werden. Posteingangsregeln werden dagegen erst nach der Zustellung der Nachricht angewendet.

Sie verwenden das Exchange Admin Center oder die Exchange Management Shell, um eine Transportregel zu erstellen. Nachdem Sie die Regel erstellt haben, wird sie in Active Directory gespeichert. Während E-Mails die Transportpipeline durchlaufen, wird der Transportregel-Agent aufgerufen. Der Transportregel-Agent ist ein spezieller Transport-Agent, der die von Ihnen erstellten Transportregeln verarbeitet.

Mit Transportregelbedingungen geben Sie die Merkmale von E-Mails an, auf die eine Transportregelaktion angewendet werden soll. Bedingungen bestehen aus einem oder mehreren Prädikaten, die die Teile einer Nachricht angeben, die untersucht werden sollen. In der Exchange Management Shell zeigen Sie die Prädikate mit dem Cmdlet *Get-TransportRulePredicate* an.

Ausnahmen basieren wiederum auf den gleichen Prädikaten, die auch für die Erstellung von Transportregelbedingungen verwendet werden. Hier werden E-Mails identifiziert, auf die Transportregelaktionen nicht angewendet werden sollen.

Eine vollständige Liste der Transportregelaktionen erhalten Sie mit dem Cmdlet *Get-Transport RuleAction*.

Die von Ihnen erstellten Transportregeln werden in Active Directory gespeichert und stehen nach der Replikation von Active Directory auf allen Exchange-Servern in Ihrer Exchange 2016-Organisation zur Verfügung. Wird eine Transportregel erstellt bzw. eine vorhandene Transportregel geändert oder gelöscht, werden die Änderungen auf alle Active Directory-Domänencontroller in der Organisation repliziert.

Tipp

Sie finden die Konfiguration der Transportregeln im Exchange Admin Center über das Menü *Nachrichtenfluss/Regeln*.

Sie können mit Transportregeln eine Lösung zur Verhinderung von Datenverlust (Data Loss Prevention, DLP) einführen, die über Regeln verfügt, mit denen Sie das vorhandene Transportregelframework nutzen können. DLP ist ein Premium-Feature, für das eine Enterprise-Clientzugriffslizenz (Client Access License, CAL) erforderlich ist.

Mit Transportregeln kann auch der Inhalt von unterstützten Dateitypen überprüft werden. Wenn die Nachricht eine komprimierte Archivdatei wie eine *.zip*- oder *.cab*-Datei enthält, prüft der Transportregel-Agent die in der Anlage befindlichen Dateien.

Unterstützt werden standardmäßig Excel-, Word-, PowerPoint- und PDF-Dateien, nicht jedoch OneNote- und Publisher-Dateien. Sie können allerdings die Unterstützung für diese Dateitypen mit der iFilter-Integration aktivieren. Wir kommen in den nächsten Abschnitten noch auf diese Möglichkeiten zurück. In Exchange 2016 werden *.gif*- und *.png*-Dateitypen nicht unterstützt.

Erste Schritte mit Transportregeln

Sie können neue Regeln erstellen, indem Sie im Menü des Plus-Symbols den Eintrag *Neue Regel erstellen* auswählen. In Exchange 2016 können Sie über diese Regel auch Bereiche der Active Directory-Rechteverwaltung verwenden.

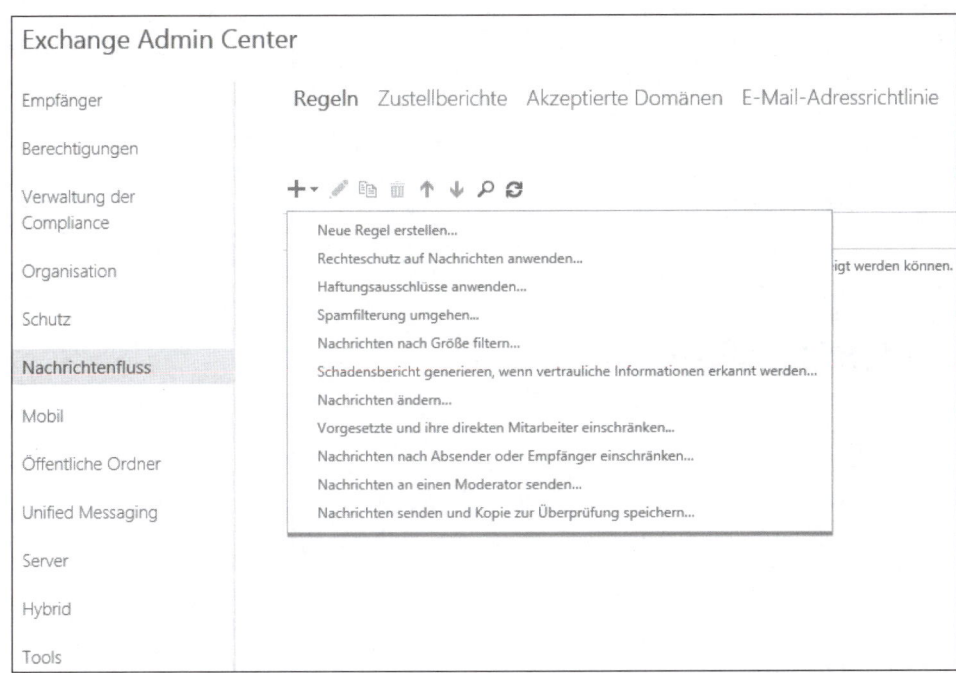

Abbildung 4.24: Erstellen von neuen Regeln in Exchange 2016

Standardmäßig ermöglicht das Exchange Admin Center die einfache Erstellung von Transportregeln. Diese Regeln bestehen aus einer einzigen Bedingung und einer einzigen Aktion ohne jede Ausnahme:

1. Navigieren Sie zu *Nachrichtenfluss/Regeln*.

2. Klicken Sie auf *Neu* (das Plus-Zeichen), um eine neue Transportregel zu erstellen. Sie können eine Regel über eine integrierte Regelvorlage erstellen. Klicken Sie dazu auf den Pfeil neben *Neu*. Daraufhin wird eine Liste der verfügbaren Vorlagen angezeigt.

3. Wählen Sie die gewünschte Bedingung aus den verfügbaren Bedingungen aus, die im Dropdownlistenfeld *Diese Regel anwenden, wenn…* aufgeführt sind. Für einige der Bedingungen müssen Sie Werte angeben. Falls Sie keine Bedingung angeben und diese Regel auf alle Nachrichten in Ihrer Organisation angewendet werden soll, wählen Sie die Bedingung *[Auf alle Nachrichten anwenden]* aus.

4. Wählen Sie die Aktion aus, die von der Regel auf Nachrichten angewendet werden soll. Für einige der Aktionen müssen Sie Werte angeben.

5. Klicken Sie auf *Weitere Optionen*, um zusätzliche Bedingungen oder Aktionen hinzuzufügen oder bestimmte Ausnahmen festzulegen. Dadurch werden alle Transportregeleigenschaften aktiviert. Nachdem Sie auf *Weitere Optionen* geklickt haben, füllen Sie die Felder aus, um Ihre Regel zu erstellen.

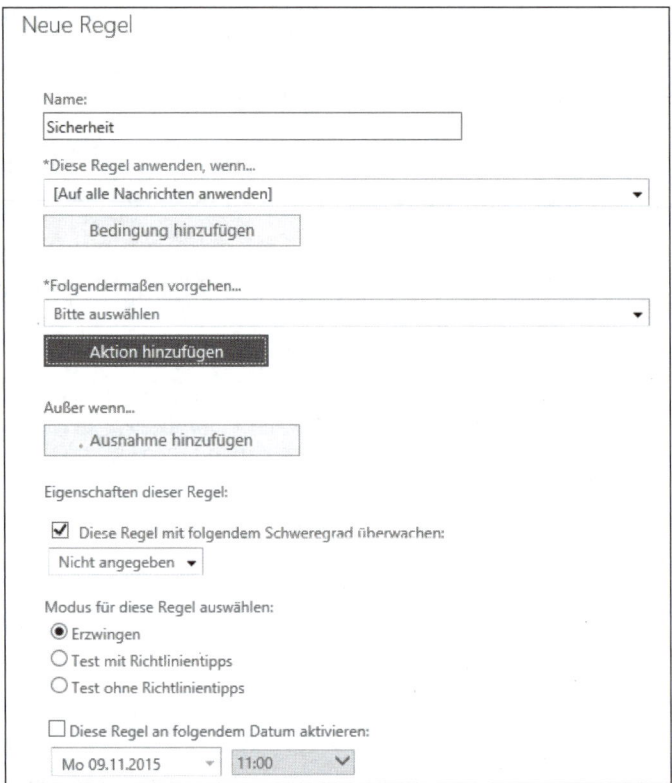

Abbildung 4.25: Bedingungen für eine Regel festlegen

6. Klicken Sie auf *Bedingung hinzufügen*, um weitere Bedingungen hinzuzufügen. Wenn Sie mehrere Bedingungen festlegen, können Sie eine beliebige Bedingung entfernen, indem Sie neben dem Eintrag auf das *X*-Symbol klicken.

7. Klicken Sie auf *Aktion hinzufügen*, um weitere Aktionen hinzuzufügen.

8. Klicken Sie auf *Ausnahme hinzufügen*, und wählen Sie anschließend die Ausnahmen im Dropdownlistenfeld *Außer wenn...* aus, wenn Sie die Regel für bestimmte Nachrichten nicht anwenden wollen.

9. Sie können festlegen, dass keine weiteren Regeln ausgeführt werden, nachdem diese Regel auf eine Nachricht angewendet wurde. Aktivieren Sie hierzu das Kontrollkästchen *Keine weiteren Regeln anwenden*. Falls Sie diese Option aktiviert haben und eine Nachricht von dieser Regel verarbeitet wird, werden auf diese Nachricht keine nachfolgenden Regeln angewendet.

10. Für Transportregeln, die sich auf Richtlinien zur Verhinderung von Datenverlusten beziehen (siehe Kapitel 10), können Sie einen Überwachungsschweregrad angeben. Wenn ein Benutzer eine Aktion wählt, die nicht mit einer Richtlinie zur Verhinderung von Datenverlusten übereinstimmt, kann ein Schadensbericht generiert werden. Aktivieren Sie das Kontrollkästchen *Diese Regel mit folgendem Schweregrad überwachen*, um einen Überwachungsschweregrad für diese Regel anzugeben.

11. Wenn diese Regel nach einem bestimmten Datum wirksam werden soll, klicken Sie auf *Diese Regel an folgendem Datum aktivieren*. Geben Sie anschließend ein Datum an.

12. Ebenso können Sie festlegen, dass die Regel an einem bestimmten Datum nicht verarbeitet wird. Klicken Sie hierzu auf *Diese Regel an folgendem Datum deaktivieren*. Geben Sie anschließend ein Datum an.

In Exchange 2016 können Sie eine Transportregel im Testmodus erstellen. So können Sie neue Regeln testen, ohne den Nachrichtenfluss zu beeinträchtigen. Wählen Sie eine der folgenden Optionen aus:

- **Erzwingen**   Diese Option aktiviert die Regel.

- **Test mit Richtlinientipps**   Diese Option aktiviert die Regel, und in den Protokollen der Nachrichtenverfolgung wird aufgezeichnet, welche Auswirkungen die Regel hätte, wenn sie erzwungen würde. Exchange führt aber keine Aktionen aus, die sich auf die Zustellung der Nachricht auswirken. Zusätzlich werden Absender über die von der Regel ausgeführten Aktionen benachrichtigt, wenn die Regel die Aktion *Absender mit Richtlinientipp benachrichtigen* enthält.

- **Test ohne Richtlinientipps**   Diese Option aktiviert die Regel, und in den Protokollen der Nachrichtenverfolgung wird aufgezeichnet, welche Auswirkungen die Regel hätte, wenn sie erzwungen würde. Exchange führt keine Aktionen aus, die sich auf die Zustellung der Nachricht auswirken.

Klicken Sie auf *Speichern*, um die Erstellung der Regel abzuschließen.

Transportregel in der Exchange Management Shell erstellen

Transportregeln können Sie auch in der Exchange Management Shell erstellen. In diesem Beispiel wird eine neue Transportregel erstellt, um E-Mails, die von außerhalb der Organisation an die Verteilergruppe *Verkauf* gesendet werden, die Zeichenfolge *Externe Mail an Verkauf* voranzustellen:

```
New-TransportRule -Name "Mark messages from the Internet to Sales DG" -FromScope NotInOrganization
-SentTo "Verkauf" -PrependSubject "Externe Mail an Verkauf"
```

Regeln, die Sie in der Exchange Management Shell erstellen, sind auch im Exchange Admin Center verfügbar und lassen sich auf Wunsch anpassen. Sie können Regeln aber auch in der Shell überprüfen:

```
Get-TransportRule
```

Sie müssen den Namen einer Regel angeben, um die ausführlichen Eigenschaften einer bestimmten Transportregel anzuzeigen:

```
Get-TransportRule <Name> |fl
```

Wenn Sie die Eigenschaften einer bestimmten Regel ändern wollen, können Sie neben Exchange Admin Center auch das Cmdlet *Set-TransportRule* verwenden. Mit diesem Cmdlet können Sie beliebige Eigenschaften, Bedingungen, Aktionen oder Ausnahmen ändern, die einer Regel zugeordnet sind:

```
Set-TransportRule "Absender gehört zum Vertrieb" -ExceptIfFrom "Thomas Joos"
```

Sie können eine Regel deaktivieren, um den Transportregel-Agent vorübergehend daran zu hindern, eine Transportregel auszuführen. Diese Funktion können Sie im Exchange Admin Center oder in der Exchange Management Shell durchführen:

1. Navigieren Sie im Exchange Admin Center zu *Nachrichtenfluss*.
2. Wählen Sie *Regeln* aus.
3. Deaktivieren Sie das Kontrollkästchen neben dem Namen einer Regel, um diese Regel zu deaktivieren.
4. Aktivieren Sie das Kontrollkästchen neben dem Namen einer Regel, um diese Regel zu aktivieren.

Tipp

In der Shell verwenden Sie den Befehl *Disable-TransportRule <Name>*, um eine Regel zu deaktivieren.

Um Regeln zu aktivieren, verwenden Sie *Enable-TransportRule <Name>*.

Den Status sehen Sie mit dem Cmdlet *Get-TransportRule | ft Name, State*.

Der Aufruf *Remove-TransportRule <Name>* löscht eine Transportregel.

Klicken Sie im Exchange Admin Center auf eine Regel, können Sie verschiedene Aufgaben durchführen:

- Sie können die Regel über deren Kontrollkästchen deaktivieren oder wieder aktivieren.
- Sie können die Regel löschen.
- Sie können die Regel bearbeiten und alle Einstellungen vornehmen, die Sie auch beim Erstellen vorgenommen haben.
- Sie können die Priorität der Regel ändern, also die Reihenfolge, in der die Regeln angewendet werden.

Zusammenfassung

In diesem Kapitel haben wir Ihnen umfassend gezeigt, wie der E-Mail-Fluss in Exchange 2016 funktioniert und wie Sie Connectors erstellen. Auch Transportregeln, E-Mail-Sicherheit und erweiterte SMTP-Befehle waren Bestandteil des Kapitels. Und auch die Nachrichtenverfolgung, die Warteschlangen sowie das Thema Relaying haben wir ausführlich behandelt.

Im nächsten Kapitel zeigen wir Ihnen, wie Sie mit den Datenbanken in Exchange 2016 umgehen.

Kapitel 5

Exchange-Datenbanken verstehen

In diesem Kapitel:

Einführung in die Datenbankstruktur 172

Postfachdatenbanken erstellen und verwalten 173

Dateien aus Exchange-Datenbanken in .pst-Dateien exportieren. 183

Transaktionsprotokolle verwalten 192

Exchange-Datenbankfehler beheben 195

Zusammenfassung 201

In diesem Kapitel erläutern wir Ihnen die Erstellung und Verwaltung von Postfachspeicher. Außerdem erfahren Sie, wie sich Speicher anlegen und verwalten lässt.

Exchange 2016 setzt immer noch auf die ESE-(Extensible Storage Engine-)Datenbank. Generell gibt es daher seit Exchange 5.5 keine größeren Unterschiede, außer der deutlich gesteigerten Geschwindigkeit und besseren Stabilität. Eine Neuerung seit den Vorgängerversionen von Exchange 2010/2013 ist der Wegfall von Speichergruppen. In Exchange 2010/2013/2016 gibt es nur noch Postfachspeicher und Speicher für öffentliche Ordner, die jeweils einen eigenen Satz von Transaktionsprotokollen haben. Exchange 2016 wiederum verwendet nur noch Postfachdatenbanken. Hier sind auch öffentliche Ordner gespeichert. Es gibt daher keine Datenbanken mehr für öffentliche Ordner.

Postfachdatenbanken sind einzigartig in der Organisation und lassen sich in Exchange 2016 deutlich einfacher wiederherstellen als bei den Vorgängerversionen. Mehr zu diesem Thema erfahren Sie in Kapitel 14. Wir erläutern Ihnen in diesem Kapitel und in Kapitel 14 auch die Wartung von Exchange-Datenbanken sowie die Reparatur.

Im Bereich der Hochverfügbarkeit hat Microsoft einige Änderungen vorgenommen. Die Techniken für die fortwährende lokale Replikation (Local Continuous Replication, LCR), Standby Continuous Replication (SCR), Cluster Continuous Replication (CCR) und Single Copy Cluster (SCC) sind in Exchange 2010/2013/2016 nicht mehr enthalten. Für eine Ausfallsicherheit sorgen die neuen Datenbankverfügbarkeitsgruppen (Database Availability Groups, DAG), die wir ausführlich in Kapitel 15 behandeln. Die Sicherung und Wiederherstellung von Datenbanken behandeln wir außerdem in Kapitel 14.

Tipp

Das Jetstress Tool *http://tinyurl.com/zusa38k* simuliert auf einer Serverhardware den realen Einsatz von Exchange mit allen Features, die Exchange auch auf einem richtigen Server ausführt. Da Exchange ein sehr festplattenlastiges Serverprogramm ist, sollten vor allem Administratoren großer Exchange-Organisationen die Hardware eines potenziellen Exchange-Servers vor der Installation testen.

Nach dem Entpacken der Datei können Sie über die neue Programmgruppe *Microsoft Exchange Jetstress* starten. Das Tool dient vor allem dazu, das Festplattensystem von Postfachservern zu testen.

Einführung in die Datenbankstruktur

Exchange 2016 baut immer noch auf der Datenbanktechnologie von Exchange 5.5 bis Exchange 2013 auf. Der Server basiert auf der Joint-Engine-Technologie (JET). Auf deren Basis wurde die Extensible Storage Engine (ESE) von Exchange entwickelt.

Während es in Exchange 2010 zwei Arten von Datenbanken gibt, nämlich Postfachdatenbanken und öffentliche Ordnerdatenbanken, kennen Exchange 2013/2016 nur noch Postfachdatenbanken. Öffentliche Ordner werden in der neuen Version in einem Postfach der Postfachdatenbank gespeichert. Das trägt zur Hochverfügbarkeit bei und erleichtert die Replikation. Die Dateien der Datenbanken werden von Exchange auf dem jeweiligen Datenträger gespeichert.

Diese Dateien haben die Endung *.edb*. Die Datenbankdateien sind seit Exchange 2010/2013 nicht mehr in *.edb*- und *.stm*-Dateien aufgeteilt, sondern bestehen nur noch aus einer einzelnen *.edb*-Datei pro Datenbank, die Sie beim Verschieben berücksichtigen müssen.

In dieser Datei liegen alle Daten der jeweiligen Datenbank. Bei der Installation eines Postfachservers legt Exchange automatisch eine Postfachdatenbank an. Für öffentliche Ordner legen Sie manuell Datenbanken an oder speichern die öffentlichen Ordner in der bereits vorhandenen Postfachdatenbank.

Durch das Anlegen mehrerer Datenbanken können Sie die Konsistenz Ihrer verschiedenen Daten erhöhen. Selbst wenn eine Datenbank und deren Dateien beschädigt sind, können Benutzer, deren Postfächer sich in einer anderen Datenbank befinden, weiterhin problemlos arbeiten. Bei einem notwendigen Wiederherstellungsvorgang einer Datenbank wird die Arbeit der Benutzer, deren Postfächer auf andere Datenbanken verteilt sind, nur minimal beeinträchtigt. Dadurch ist auch die Dauer eines Wiederherstellungsvorgangs bei kleineren Datenbanken um einiges kürzer als bei größeren.

Microsoft empfiehlt für die Datenträger, auf denen Sie Exchange-Datenbanken speichern, eine feste Größe der Zuordnungseinheit (NTFS Allocation Unit Size) von 64 KB. Diese Einstellung können Sie beim Anlegen eines neuen Volumes festlegen. Um zu überprüfen, ob der Datenträger, auf dem Sie die Exchange-Datenbank speichern, optimal konfiguriert ist, verwenden Sie die Eingabeaufforderung oder die PowerShell. Geben Sie dann den folgenden Befehl ein:

```
Fsutil fsinfo ntfsinfo [Laufwerkbuchstabe:]
```

Sie sehen die Größe der Zuordnungseinheit im Bereich *Bytes pro Cluster*. Ändern können Sie diese Einstellung nur über eine Neuformatierung.

Postfachdatenbanken erstellen und verwalten

Während in Exchange 2010 zwei Arten von Datenbanken – Postfachdatenbanken und Datenbanken für öffentliche Ordner – existieren, müssen Sie in Exchange 2016 nur noch Postfachdatenbanken berücksichtigen.

Die Datenbanken bilden in Exchange 2010 bis Exchange 2016 die oberste Ebene der Datenbankstruktur. Speichergruppen wie bei den Vorgängerversionen von Exchange 2010/2013 gibt es nicht mehr. Darüber hinaus sind Datenbanken nicht mehr an ein Serverobjekt gebunden, sondern erhalten eine eigene Kennzeichnung in der Organisation. Dies erleichtert die Bereitstellung von Datenbanken auch auf anderen Servern, ohne komplexe Wiederherstellungsaufgaben durchführen zu müssen.

Für jeden Postfachserver gibt es mindestens eine angelegte Datenbank. Weitere Datenbanken lassen sich nachträglich erstellen. Alle Datenbanken der Organisation finden Sie im Exchange Admin Center über *Server/Datenbanken*. Hier sehen Sie auch, auf welchem Server die jeweilige Datenbank aktuell bereitgestellt ist. Klicken Sie auf das Pluszeichen, können Sie neue Datenbanken erstellen. In diesem Bereich ändern Sie auch Einstellungen für Datenbanken.

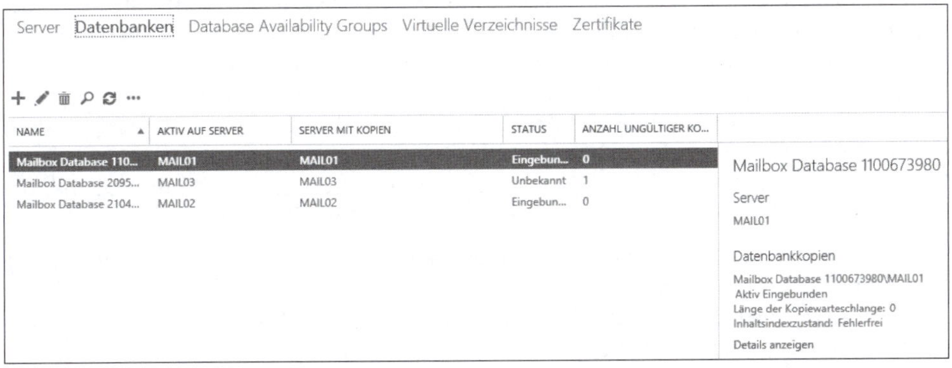

Abbildung 5.1: Datenbanken verwalten in Exchange 2016

Die erste standardmäßig angelegte Postfachdatenbank auf einem Postfachserver besteht aus der Datei *Mailbox Database <Nummer>.edb* im Ordner *C:\Program Files\Microsoft\Exchange Server\V15\Mailbox\Mailbox Database <Nummer>*.

ReFS verwenden

Microsoft empfiehlt, Exchange-Datenbanken auf Basis von Exchange Server 2016 auf dem ReFS-Dateisystem abzulegen. Neben einer besseren Leistung ist hier vor allem die Stabilität des Dateisystems ein Vorteil. ReFS-Datenträger sind neu seit Windows Server 2012. Auch

Windows Server 2012 R2 bietet die Unterstützung für ReFS. Sie haben daher die Möglichkeit, Festplatten mit dem neuen ReFS-Dateisystem zu formatieren. Dies funktioniert aber nur auf Datenplatten in Windows Server 2012/2012 R2.

Das Betriebssystem kann von ReFS-Datenträgern nicht booten. ReFS (Resilient File System, robustes Dateisystem) soll in der Lage sein, defekte Dateien automatisch zu reparieren. Außerdem gilt ReFS im Vergleich zu NTFS als wesentlich unempfindlicher gegenüber Abstürzen des Betriebssystems oder dem Ausschalten des Servers ohne vorheriges Herunterfahren. Das neue Dateisystem arbeitet optimal mit neuen Speicherpools zusammen. Speicherpools erlauben das Zusammenfassen mehrerer physischer Datenträger zu einem logischen Pool.

Neben der automatischen Korrektur soll das Dateisystem keine langen Ausfallzeiten mehr durch Reparaturmaßnahmen benötigen und kann zur Reparatur heruntergefahren werden. Reparaturen lassen sich im laufenden Betrieb durchführen. Stundenlange Reparaturaktionen gehören der Vergangenheit an. In ReFS lassen sich Metadaten und Prüfsummen von Dateien wesentlich effizienter integrieren als in den Vorgängerversionen.

ReFS protokolliert Änderungen in Dateien und kann ursprüngliche Änderungen speichern. NTFS überschreibt ältere Versionen von Metadaten und Prüfsummen unwiederbringlich. Das heißt, Daten gehen nicht verloren, sondern können im ReFS-Dateisystem wiederhergestellt werden, auch wenn Anwender oder Serverdienste wie Exchange Dateien geändert haben. Das funktioniert ähnlich wie bei den Schattenkopien in NTFS, ist aber nicht vom Erstellen solcher Schattenkopien abhängig, sondern läuft ständig im Hintergrund. Die Technik entspricht in etwa den transaktionalen Datenbanken. Der Vorteil dabei ist, dass auch bei Stromausfällen keinerlei Daten auf ReFS-Datenträgern verloren gehen können.

Allerdings handelt es sich bei ReFS um kein Dateisystem, das Daten in Datenbanken speichern kann. Microsoft hat nur einige Vorteile des transaktionalen Systems integriert. ReFS trägt auch den immer größeren Dateien und Festplatten Rechnung. Das System unterstützt eine in nächster Zeit unerreichbare Größe von Dateien und Festplatten, die weit über die Möglichkeiten von NTFS hinausgehen. Laut Angaben von Microsoft beherrschen ReFS-Datenträger eine Größe von 16 Exabyte. Ordner auf ReFS-Dateiträgern können eine nahezu unbegrenzte Anzahl Dateien speichern, und auch die Anzahl der Ordner kann mehrere Trillionen betragen. Dateinamen können eine Länge von 32.000 Unicodezeichen erreichen. Die Leistung soll durch große Dateien aber nicht einbrechen. Dafür sorgt die neue Technologie im Hintergrund, die Daten effizienter speichert.

Wie bei NTFS lassen sich auch in ReFS Berechtigungen auf Basis der Zugriffssteuerungslisten (Access Control Lists, ACLs) vergeben. ReFS unterstützt keine Komprimierung von Dateien über das Dateisystem und auch keine Verschlüsselung einzelner Dateien. Auch Quotas auf dem Datenträger unterstützt ReFS nicht.

Administratoren bemerken bei der Verwendung des neuen Dateisystems keinen Unterschied zu NTFS, die Bedienung ist vollkommen transparent. Auch Entwickler können die standardmäßige API von NTFS für den Zugriff auf ReFS nutzen. Laut Microsoft sollen auch keine Inkompatibilitäten mit aktuellen Anwendungen bestehen. Programme, die mit NTFS funktionieren, sollen auch mit ReFS laufen. Das liegt nicht zuletzt daran, dass die Zugriffsschnittstelle (API), mit der das Dateisystem kommuniziert, der von NTFS entspricht. Nur die zugrunde liegende Technik ist unterschiedlich. Die Master File Table (MFT) auf ReFS-Datenträgern unterscheidet sich ebenfalls von NTFS.

Neuen Postfachspeicher anlegen

Neue Datenbanken erstellen Sie im Bereich *Server/Datenbanken* über das Pluszeichen. Haben Sie den Assistenten gestartet, geben Sie zunächst einen Namen für den Postfachspeicher ein und wählen den Postfachserver aus, auf dem Exchange die Datenbank erstellen soll.

Der Name kann bis zu 64 Zeichen lang sein, darf jedoch nicht alle Zeichen enthalten, zum Beispiel kein \ / " = , ;. Klicken Sie auf *Durchsuchen*, um die Postfachserver der Organisation anzuzeigen, auf denen der Assistent die Datenbank erstellen soll.

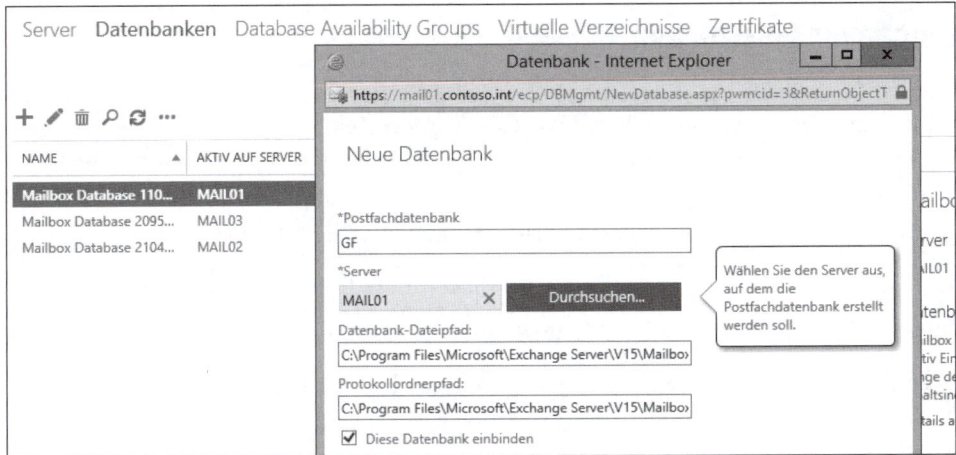

Abbildung 5.2: So erstellen Sie eine neue Postfachdatenbank auf einem Remoteserver.

Auf der Seite legen Sie auch den Pfad der *.edb*-Datei und den Pfad der Transaktionsprotokolle für die Datenbanken fest. Auf die Transaktionsprotokolle kommen wir noch ausführlicher in diesem Kapitel zu sprechen.

In Exchange 2010/2013/2016 hat jeder Postfachspeicher seinen eigenen Satz an Transaktionsprotokollen. In Exchange 2007 haben sich die einzelnen Datenbanken einer Speichergruppe jeweils einen Satz Transaktionsprotokolle geteilt.

Aktivieren Sie das Kontrollkästchen *Diese Datenbank einbinden*, wenn Sie diese Datenbank gleich aktiv nutzen möchten. Durch das Bereitstellen einer Datenbank wird sie online geschaltet. Sie können die Bereitstellung auch noch nach der Erstellung in den Eigenschaften durchführen. Lassen Sie die Postfachspeicherdatenbank über die Schaltfläche *Speichern* erstellen. Anschließend zeigt das Exchange Admin Center die Datenbank an. Wenn bei der Erstellung ein Fehler auftritt, finden Sie in der Zusammenfassung eine Erklärung.

In der Exchange Management Shell können Sie mit dem Cmdlet *New-MailboxDatabase* jeweils auf dem verbundenen Server einen Postfachserver erstellen, zum Beispiel so:

```
New-MailboxDatabase -Name "Buchhaltung" -EdbFilePath D:\DatabaseFiles\MailboxDatabase01.edb
-LogFolderPath D:\DatabaseFiles\LogFolder
```

Mit dem Befehl *Mount-Database -Identity <Name der Datenbanken>* stellen Sie eine Datenbank nach der Erstellung bereit.

Tipp

Nachdem Sie eine neue Datenbank angelegt haben, sollten Sie den Exchange-Informationsspeicher einmal neu starten.

Am besten verwenden Sie dazu die Eingabeaufforderung, die PowerShell oder die Exchange Management Shell mit den Befehlen *Net stop msexchangeis* und *Net start msexchangeis*.

Datenbanken verschieben

Sie können Datenbanken auch an andere Orte auf dem Server verschieben. Dazu verwenden Sie die Exchange Management Shell und das Cmdlet *Move-DatabasePath*. Um den Verschiebevorgang auszuführen, muss die Einbindung der Datenbank vorübergehend aufgehoben werden;

```
Move-DatabasePath -Identity <Datenbank> -EdbFilePath <Neuer Pfad zur EDB-Datei>
```

Beim Verschieben können Sie auch einen neuen Pfad für die Transaktionsprotokolle angeben:

```
Move-DatabasePath DB01 -EdbFilePath D:\DB01\DB01.edb -LogFolderPath E:\DB01
```

Um sich den aktuellen Speicherort der Exchange-Datenbank anzeigen zu lassen, können Sie ebenfalls die Exchange Management Shell verwenden:

```
Get-MailboxDatabase |fl Name,EdbFilePath,LogFolderPath
```

Sie können Datenbanken in der Exchange Management Shell umbenennen, bevor Sie diese verschieben:

```
Set-MailboxDatabase "Mailbox Database 32566324217" -Name "DB01"
```

Ist die Einbindung der Datenbank aufgehoben, wird die Datenbank nach Abschluss des Befehls nicht erneut eingebunden. Wenn die angegebene Datenbank bei der Ausführung eingebunden ist, wird die Einbindung automatisch aufgehoben und die Datenbank anschließend erneut eingebunden. In der Zwischenzeit ist die Datenbank für die Benutzer nicht verfügbar.

Sie können das Cmdlet nicht für replizierte Postfachdatenbanken ausführen (siehe Kapitel 15). Um den Pfad einer replizierten Datenbank zu ändern, müssen Sie zunächst alle replizierten Kopien entfernen. Anschließend können Sie den Verschiebevorgang ausführen. Nach Abschluss des Verschiebevorgangs lassen sich Kopien der Postfachdatenbank hinzufügen.

Postfachdatenbanken verwalten

Wenn Sie die Eigenschaften einer Datenbank aufrufen, stehen Ihnen mehrere Registerkarten zur Verfügung, über die Sie einzelne Konfigurationen für die Datenbank durchführen.

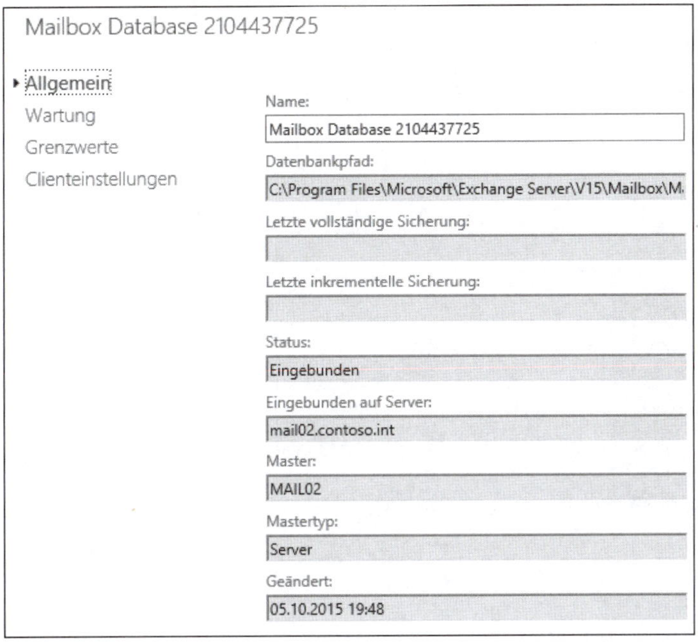

Mailbox Database 2104437725

▶ Allgemein
Wartung
Grenzwerte
Clienteinstellungen

Name:

Mailbox Database 2104437725

Datenbankpfad:

C:\Program Files\Microsoft\Exchange Server\V15\Mailbox\M

Letzte vollständige Sicherung:

Letzte inkrementelle Sicherung:

Status:

Eingebunden

Eingebunden auf Server:

mail02.contoso.int

Master:

MAIL02

Mastertyp:

Server

Geändert:

05.10.2015 19:48

Abbildung 5.3: Die allgemeinen Eigenschaften einer Postfachdatenbank

Allgemeine Einstellungen von Postfachdatenbanken

Auf der Registerkarte *Allgemein* sind der Pfad und der Name der Datenbank angegeben. Haben Sie Datenbankverfügbarkeitsgruppen (Database Availability Groups, DAG) im Einsatz, werden im Bereich *Server, die eine Kopie dieser Datenbank hosten* die Server mit Kopien der Datenbank angezeigt.

Um sich den ganzen Pfad einer Datenbank anzeigen zu lassen, klicken Sie in den Text. Im Anschluss können Sie sich mit der ⟶-Taste den kompletten Pfad anzeigen lassen, indem Sie sich in dem Textfeld bewegen. Hier können Sie den Pfad allerdings nicht anpassen, sondern nur einsehen. Auf der Registerkarte *Allgemein* sehen Sie auch den Status der Postfachdatenbank und den Zeitpunkt der letzten Sicherung. Im Feld *Geändert* sehen Sie das Datum und die Uhrzeit der letzten Änderung der Datenbank.

Auf der Registerkarte *Allgemein* wird Ihnen auch der Zeitpunkt der letzten Sicherung des Postfachspeichers angezeigt. Während einer Vollsicherung werden die Datenbank und die Transaktionsprotokolle gesichert. Nach der Sicherung der Transaktionsprotokolle werden diese gelöscht.

Der Löschvorgang wird nicht von Exchange, sondern durch das Datensicherungsprogramm durchgeführt. Während der inkrementellen Sicherung werden nur die Transaktionsprotokolle gesichert und gelöscht. Die Datenbankdateien werden bei dieser Sicherung nicht gesichert. Mehr zu diesem Thema erfahren Sie in Kapitel 14.

Postfachdatenbanken warten

Auf der Registerkarte *Wartung* können Sie die Einstellungen des Journalempfängers angeben, einen Wartungszeitplan festlegen und die Datenbank beim Start des Servers bereitstellen. Sie können an dieser Stelle auch die Umlaufprotokollierung aktivieren, was allerdings nicht zu empfehlen ist. Mit dem Kontrollkästchen *Umlaufprotokollierung aktivieren* legen Sie fest, dass die Transaktionsprotokolle immer wieder überschrieben werden.

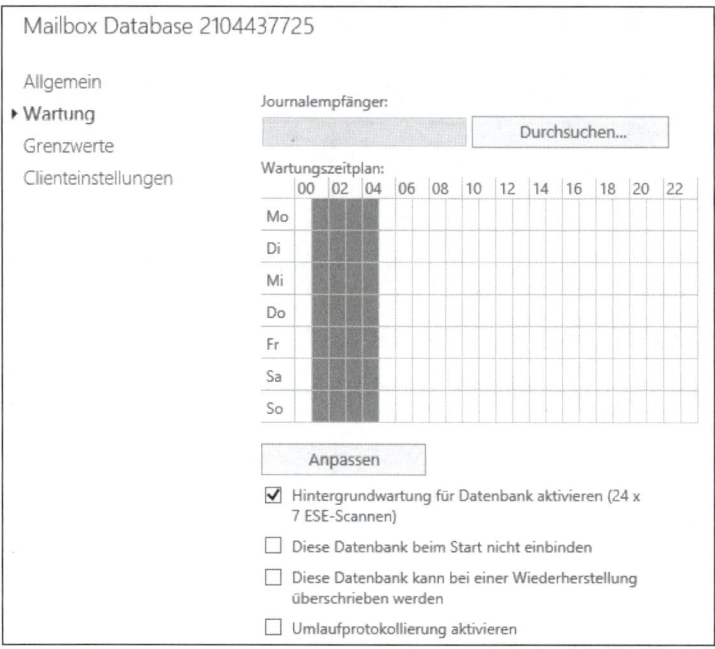

Abbildung 54: Wartung einer Postfachdatenbank

Eine Neuerung seit Exchange 2010/2013 ist die Wartung der Datenbank im Hintergrund. Es wird nicht mehr nur nachts eine Wartung durchgeführt, die möglicherweise die gleichzeitig laufende Sicherung ausbremst, sondern der Server wartet seine Datenbanken automatisch im laufenden Betrieb.

Aktivieren Sie das Kontrollkästchen *Diese Datenbank beim Start nicht einbinden*, um zu verhindern, dass Exchange diese Postfachdatenbank beim Start des Servers automatisch bereitstellt. Diese Option ist standardmäßig nicht aktiviert; jeder neue Postfachspeicher wird mit dem Starten des Servers automatisch bereitgestellt. Sie können die Bereitstellung jederzeit widerrufen, indem Sie auf den Postfachspeicher klicken und aus dem Menü *Mehr* (das Symbol mit den drei Punkten) die Option *Einbindung aufheben* auswählen. In diesem Fall können sich die Benutzer nicht mehr mit ihrem Postfach verbinden, die Daten bleiben aber erhalten.

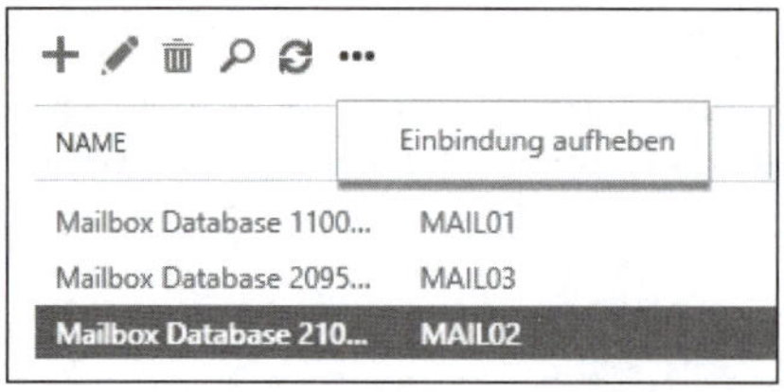

Abbildung 5.5: Bereitstellung einer Datenbank aufheben

Über das Listenfeld *Journalempfänger* der Registerkarte *Wartung* im Dialogfeld zu den Eigenschaften der Datenbanken definieren Sie, dass ein Bericht über alle E-Mails, die an Postfächer in diesem Postfachspeicher zugestellt werden, zu einem speziellen Empfänger weiterversendet wird. Diese Einstellung ist aus datenschutzrechtlichen Gründen nur mit Vorsicht zu benutzen. Sie sollten deshalb Rücksprache mit Ihrer Geschäftsleitung und gegebenenfalls den weiteren zuständigen Stellen (Betriebsrat, Datenschutzbeauftragter) halten.

Wichtig ist auch die Einstellung für den Wartungszeitplan, auch wenn Exchange die Wartung automatisch durchführt. Deaktivieren Sie die automatische Wartung, dann führt Exchange sie zum festgelegten Zeitraum durch. Während dieser Wartungsarbeiten wird zum Beispiel die Datenbank defragmentiert, und gelöschte Postfächer, die ihren Aufbewahrungszeitraum (standardmäßig 30 Tage) überschritten haben, werden gelöscht. Außerdem überprüft Exchange während der Wartung, ob für alle Postfächer dieses Postfachspeichers noch ein Benutzer in Active Directory existiert oder ob das zugeordnete Benutzerobjekt gelöscht ist.

Hinweis

Durch den Wartungsvorgang und die Onlinedefragmentierung wird jedoch nicht die Datenbank verkleinert. Dazu müssen diese Dateien mit der Offlinedefragmentierung und dem Tool *Eseutil.exe* und der Option */d* bearbeitet werden.

Die Onlinedefragmentierung fasst freie Bereiche der Datenbank, die nebeneinander liegen, zusammen, damit sie einfacher und schneller wieder beschrieben werden können. Die Datenbankdateien insgesamt bleiben so groß wie vor der Onlinedefragmentierung.

Bei der Offlinedefragmentierung löscht Eseutil freie Bereiche und verkleinert dadurch die Datenbankdateien.

Auf der Registerkarte *Wartung* in den Eigenschaften von Datenbanken können Sie verschiedene Einstellungen vornehmen, die die Optimierung der Datenbank betreffen. Die Option *Diese Datenbank kann bei einer Wiederherstellung überschrieben werden* wird nur bei einem Wiederherstellungsvorgang benötigt. Dieser Punkt wird in Kapitel 15 genauer erörtert.

Grenzwerte von Postfachdatenbanken festlegen und in Outlook anzeigen

Auf der Registerkarte *Grenzwerte* in den Eigenschaften von Datenbanken können Sie verschiedene Maximalwerte für die Größe von Postfächern definieren, die für alle Postfächer in dieser Datenbank Gültigkeit haben. Sie können festlegen, was mit Empfängern passieren soll, deren Postfächer eine bestimmte Größe überschreiten. Dazu stehen Ihnen gestaffelte Grenzwerte zur Verfügung:

- **Warnmeldung senden ab (GB)**   Erreicht die Postfachgröße eines Benutzers diesen Wert, schickt der Exchange-Server in regelmäßigen Abständen eine E-Mail an diesen Benutzer.

- **Senden verbieten ab (GB)**   Ab dieser Postfachgröße darf der Benutzer keine E-Mails mehr senden, aber erhält weiterhin E-Mails.

- **Senden und Empfangen verbieten ab (GB)**   Mit dieser Option sollten Sie sehr vorsichtig umgehen, da bei Überschreitung dieses Werts der Benutzer keinerlei Eintragungen mehr in seinem Postfach vornehmen kann. Er darf nur noch Objekte löschen. Andere Benutzer, die während einer solchen Sperrung des Postfachs E-Mails an diesen Benutzer senden, erhalten einen Unzustellbarkeitsbericht (NDR). Beachten Sie, dass zu einem Postfach nicht allein E-Mails gehören, sondern auch Elemente wie Kontakte, Kalendereinträge oder Aufgaben.

Einrichtung und Verwaltung

- **Zeitspanne zwischen Warnmeldungen**   Hier legen Sie fest, wann und wie oft der Exchange-Server eine Warnmeldung an Benutzer versenden soll, wenn Grenzwerte überschritten wurden. Die Meldung wird als E-Mail in das Postfach des Anwenders zugestellt.

- **Gelöschte Elemente aufbewahren für (Tage)**   Löschen Benutzer Objekte, werden diese in den gelöschten Objekten des Postfachs aufbewahrt. Exchange markiert diese Objekte nur als gelöscht. Sie können jedoch während des definierten Zeitraums wiederhergestellt werden. Zu diesem Zweck gibt es die Option *Gelöschte Elemente wiederherstellen* in Outlook (siehe den nächsten Abschnitt).

- **Gelöschte Postfächer aufbewahren für (Tage)**   Hier legen Sie fest, wie lange ein gelöschtes Postfach wieder mit einem neuen Benutzer in Active Directory verbunden werden kann, bevor es endgültig gelöscht wird.

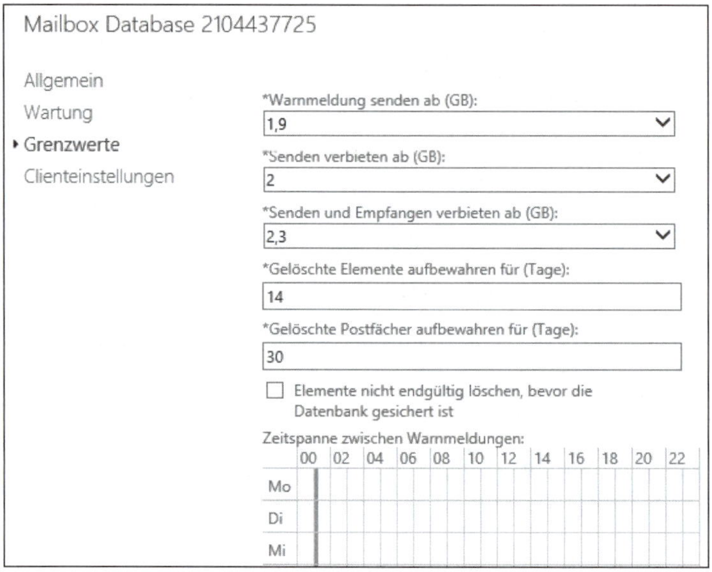

Abbildung 5.6: Grenzwerte für Datenbanken festlegen

Wurde der Benutzer zum zugehörigen Postfach gelöscht, markiert Exchange das Postfach ebenfalls als gelöscht und entfernt es nach 30 Tagen vom Server. Dies geschieht ebenfalls im Rahmen der Onlinewartung. Beachten Sie auch, dass die Onlinewartung während der Onlinedatensicherung des Postfachspeichers unterbrochen wird.

Sie sollten daher darauf achten, dass Datensicherung und Onlinewartung nicht unbedingt zum selben Zeitpunkt stattfinden, wenn Sie die automatische Wartung deaktivieren. Sie riskieren zwar keinen Datenverlust, allerdings werden die notwendigen Onlinewartungsarbeiten der Datenbank verzögert oder durchgeführt, wenn Benutzer bereits mit dem System arbeiten. Die Performance ist unter diesen Umständen und je nach Anzahl der Benutzer nicht optimal.

Kontingentinformationen in Outlook anzeigen

Sie können die hinterlegten Grenzwerte für eine Postfachdatenbank in Outlook anzeigen lassen. Anwender haben so einen Überblick, wie viel freien Speicherplatz sie noch haben, und können rechtzeitig Daten archivieren oder löschen. Sie finden die Informationen, wenn Sie in Outlook 2010/2013/2016 die Registerkarte *Datei* aufrufen, im Bereich *Postfach aufräumen*.

Abbildung 5.7: Outlook 2016 kann den verbrauchten Speicherplatz des Postfachs auf dem Server anzeigen.

Auch in der normalen Arbeitsumgebung von Outlook 2016 sehen Sie auf der Registerkarte *Start* im linken unteren Bereich des Fensters, wie viel Speicherplatz noch frei ist.

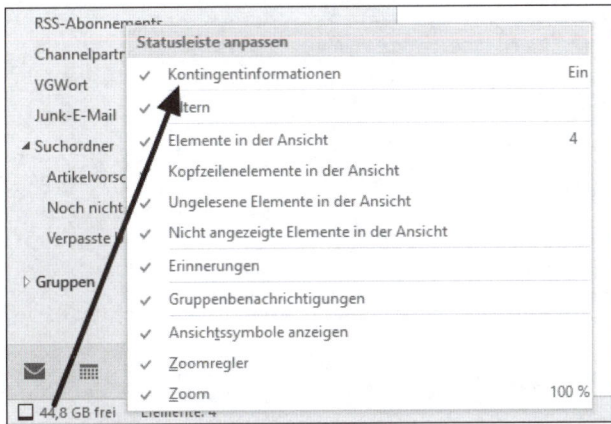

Abbildung 5.8: Anzeige des freien Speicherplatzes in Outlook 2016

Standardmäßig zeigt Outlook 2016 diese Informationen jedoch nicht an. Anwender müssen dazu mit der rechten Maustaste auf die Statusleiste klicken und die Option *Kontingentinformationen* aktivieren.

Clienteinstellungen für Datenbanken verwalten

Auf der Registerkarte *Clienteinstellungen* in den Eigenschaften einer Datenbank nehmen Sie Einstellungen bezüglich des Offlineadressbuchs vor. Über die Schaltfläche *Durchsuchen* neben dem Textfeld *Offlineadressbuch* legen Sie fest, wie die Standard-Offlineadressliste des Benutzers lautet.

Benutzer können sich jederzeit auch andere Offlineadresslisten herunterladen. Die konfigurierte ist lediglich die Offlineadressliste, die dem Benutzer als Standard angeboten wird (siehe Kapitel 7).

Gelöschte E-Mails innerhalb des Grenzwerts in Outlook wiederherstellen – der Exchange-Server-Papierkorb

Die Anwender können mithilfe von Outlook 2010/2013/2016 gelöschte Elemente selbst wiederherstellen, wenn diese noch innerhalb der Grenzwerte liegen, die wir im vorangegangenen Abschnitt besprochen haben.

In Outlook 2016 finden Sie die Wiederherstellung auf der Registerkarte *Ordner* unter dem Befehl *Gelöschte Elemente wiederherstellen*.

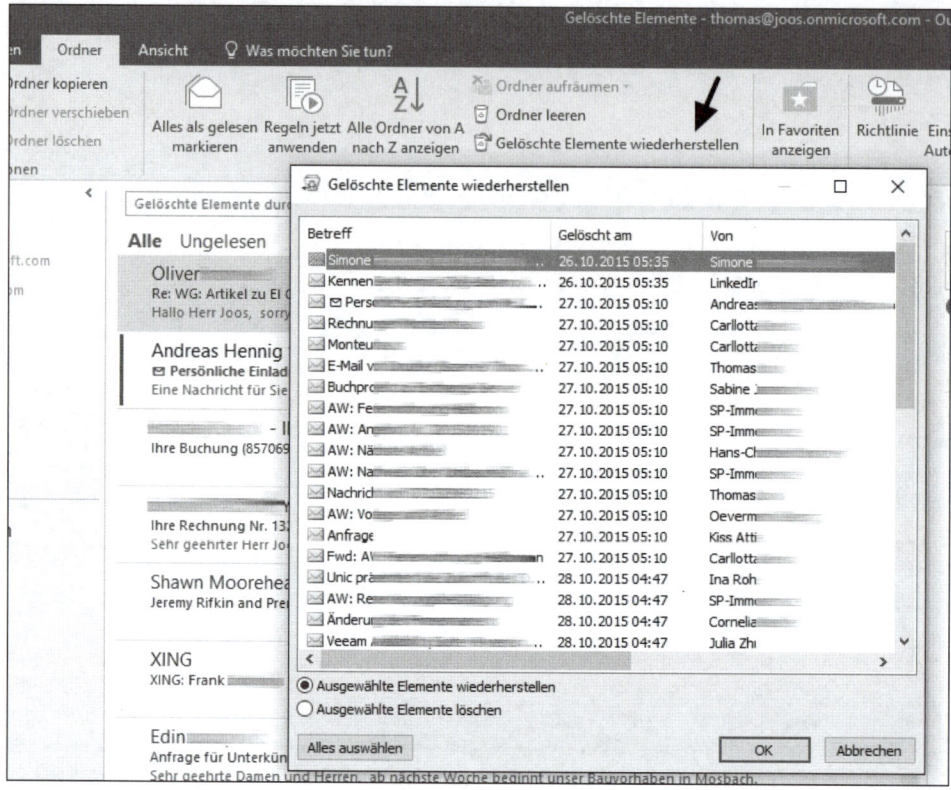

Abbildung 5.9: Wiederherstellen gelöschter Objekte in Outlook 2016

Nach der Auswahl des Befehls werden die E-Mails angezeigt, die gelöscht wurden und sich nicht mehr im Ordner *Gelöschte Elemente* befinden. Diese E-Mails können in diesem Fenster vom Exchange-Server wiederhergestellt werden und sind anschließend im Ordner *Gelöschte Elemente* wieder verfügbar.

Datenbanken löschen

Wollen Sie eine Postfachdatenbank löschen, müssen Sie sicherstellen, dass keine Postfächer mehr darin enthalten sind. Exchange verweigert sonst den Löschvorgang.

Verschieben Sie daher vorher alle Postfächer in andere Postfachdatenbanken. Beim Verschieben von Postfächern können die Empfänger in Outlook 2010/2013/2016 weiter mit dem Postfach arbeiten.

Löschen Sie Datenbanken im Exchange Admin Center, werden allerdings die entsprechenden Dateien auf dem Dateisystem nicht gelöscht. Diese Dateien müssen Sie manuell löschen, nachdem die entsprechende Datenbank aus dem Exchange Admin Center entfernt wurde. Sie löschen die Datenbanken über den Bereich *Server/Datenbanken*.

Dateien aus Exchange-Datenbanken in .pst-Dateien exportieren

Eine häufig verwendete Methode, um Inhalte aus Exchange-Datenbanken zu migrieren, besteht darin, die Inhalte der Postfächer in *.pst*-Dateien zu exportieren. Zum Beispiel können Sie diese Daten zur Wiederherstellung oder bei Migrationen in andere Exchange-Organisationen verwenden, oder Anwender können diese Dateien direkt in Outlook einbinden.

Handelt es sich bei dem Computer, auf dem Sie den Exportvorgang durchführen, nicht um den Exchange-Server selbst, muss dieser dennoch Mitglied der gleichen Active Directory-Gesamtstruktur sein. Außerdem müssen Sie sich am Computer mit einem Konto anmelden, das in der Exchange-Organisation umfassende Administratorrechte hat. Der Vorgang beim Export ist denkbar einfach.

Exchange 2016 verfügt über eine sehr granulare Berechtigungsstruktur auf Basis zahlreicher Rollen. Seit Exchange 2010/2013 SP1 gibt es neue Cmdlets, die wir in den folgenden Abschnitten behandeln.

Postfächer in Exchange 2007 exportieren

Um für eine Migration zu Exchange 2016 Postfächer in Exchange 2007 zu exportieren, verwenden Sie andere Cmdlets als in der aktuellen Exchange-Version. Zunächst lassen Sie sich mit dem Befehl *Get-MailboxDatabase* eine Liste aller Exchange-Datenbanken anzeigen. Mit dem Befehl

```
Get-Mailbox -Database <Name des Exchange-Servers>\<Postfachdatenbank> | Export-Mailbox
-PSTFolderPath <Pfad>
```

exportiert die Exchange Management Shell anschließend nach Bestätigung der Abfrage alle Postfächer eines Servers in *.pst*-Dateien.

Mit dem folgenden Befehl importieren Sie *.pst*-Dateien aus einem Ordner in eine bestimmte Datenbank:

```
Get-Mailbox -Database <Name des Exchange-Servers>\<Postfachdatenbank> | Import-Mailbox
-PSTFolderPath <Pfad>
```

Was mit allen Benutzern geht, funktioniert auch mit einzelnen Anwendern. Fügen Sie am Ende des Befehls noch die Option *-Confirm:$false* an, erfolgt der Export sofort ohne Rückfrage, zum Beispiel über Skripts.

Berechtigung für den Export in Exchange 2016 erteilen

Bevor Sie die Cmdlets für den Export und Import in Exchange 2016 verwenden können, müssen Sie Rechte für den Export vergeben. Standardmäßig dürfen auch Organisationsadministratoren oder Domänenadministratoren keine Exportvorgänge durchführen und sehen auch die entsprechenden Cmdlets nicht.

Als Administrator dürfen Sie sich zwar diese Rechte erteilen, können aber standardmäßig noch nicht automatisch darüber verfügen. Geben Sie in der Exchange Management Shell zunächst den folgenden Befehl ein:

```
New-ManagementRoleAssignment -Role "Mailbox Import Export" -User "<Benutzername>"
```

Alternativ können Sie auch eine Gruppe berechtigen:

```
New-ManagementRoleAssignment -Role "Mailbox Import Export" -SecurityGroup "<Gruppe>"
```

Anschließend müssen Sie die Exchange Management Shell neu starten, da erst dann die Rechte verfügbar sind. Ohne diese Rechte können Sie sich als Administrator noch nicht mal die entsprechenden Cmdlets anzeigen lassen.

Abbildung 5.10: Zuweisen von Rechten für das Exportieren von Postfächern

Nach dem Neustart der Exchange Management Shell stehen die beiden Cmdlets *New-MailboxExportRequest* und *New-MailboxImportRequest* zur Verfügung. Hilfe erhalten Sie über *Help New-MailboxExportRequest*, und über den Befehl *Help New-MailboxExportRequest -Detailed* erhalten Sie ausführlichere Informationen.

Mit *Help New-MailboxExportRequest -Examples* zeigt die Exchange Management Shell auch Beispiele an. Das Ganze funktioniert auch für *New-MailboxImportRequest*. Die beiden alten Cmdlets *Import-Mailbox* und *Export-Mailbox* hat Microsoft entfernt.

In der folgenden Auflistung gehen wir auf diese Cmdlets und deren Möglichkeiten ein. Diese Cmdlets stehen auch in Exchange 2013 zur Verfügung:

* **New-MailboxImportRequest** Mit diesem Cmdlet importieren Sie Daten einer *.pst*-Datei in Exchange-Datenbanken. Der Befehl überprüft den Import auf Duplikate und übergeht diese beim Import.

* **Get-MailboxImportRequest** Mit diesem Cmdlet erhalten Sie Informationen über aktuelle Importvorgänge und deren Status.

* **Get-MailboxImportRequestStatistics** Mit diesem Befehl lassen sich weiterführende Informationen anzeigen, die über die Möglichkeiten von *Get-MailboxImportRequest* hinausgehen.

* **RemovE-MailboxImportRequest** Dieses Cmdlet löscht Importvorgänge, die noch in der Warteschlange stehen. Auch bereits durchgeführte Importvorgänge lassen sich mit dem Befehl aus der Anzeige entfernen.

* **ResumE-MailboxImportRequest** Mit diesem Cmdlet starten Sie einen fehlgeschlagenen Import erneut. Auch mit *Suspend-MailboxImportRequest* pausierte Importvorgänge lassen sich mit dem Cmdlet erneut starten.

* **Set-MailboxImportRequest** Mit diesem Cmdlet passen Sie Optionen eines bereits erstellten Importvorgangs nachträglich an.

* **Suspend-MailboxImportRequest** Mit diesem Befehl halten Sie einen oder mehrere Importvorgänge an.

* **New-MailboxExportRequest** Mit diesem Befehl exportieren Sie Postfächer in *.pst*-Dateien.

* **Get-MailboxExportRequest** Dieses Cmdlet zeigt Informationen zu den anstehenden Exportvorgängen an.

- **Get-MailboxExportRequestStatistics** Mit diesem Cmdlet zeigen Sie erweiterte Informationen an, die *Get-MailboxExportRequest* nicht anzeigt.

- **RemovE-MailboxExportRequest** Löscht anstehende Exportvorgänge oder entfernt die Anzeige bereits durchgeführter Vorgänge.

- **ResumE-MailboxExportRequest** Mit diesem Cmdlet starten Sie einen fehlgeschlagenen Export erneut. Auch mit *Suspend-MailboxExportRequest* pausierte Exportvorgänge lassen sich mit dem Cmdlet wieder starten.

- **Set-MailboxExportRequest** Mit diesem Cmdlet passen Sie Optionen eines bereits erstellten Exports-Vorgangs nachträglich an.

- **Suspend-MailboxExportRequest** Mit diesem Befehl halten Sie einen oder mehrere Exportvorgänge an.

Die Cmdlets zum Importieren und Exportieren bieten mit der Option *-ContentFilter* weitreichende Möglichkeiten zur Filterung an. Mit dem Cmdlet *Get-Mailbox -Database <Name der Datenbank>* lassen Sie sich die Postfächer einer Datenbank anzeigen, zum Beispiel mit *Get-Mailbox -Database "Mailbox Database 2011011114"*. Alle Postfächer der Organisation lassen Sie sich mit *Get-Mailbox* anzeigen.

.pst-Dateien in ein Postfach importieren

Wollen Sie *.pst*-Dateien in ein Exchange-Postfach importieren, verwenden Sie das Cmdlet *New-MailboxImportRequest*. Die zu importierenden *.pst*-Dateien müssen über eine Dateifreigabe zur Verfügung stehen, da die Cmdlets nur noch UNC-Pfade akzeptieren. Um eine *.pst*-Datei zu importieren, verwenden Sie den folgenden Befehl:

```
New-MailboxImportRequest -Mailbox <Name des Postfachs> -FilePath <UNC-Pfad und Name der .pst-Datei>
```

Beispiel:

```
New-MailboxImportRequest -Mailbox joost -FilePath \\s1\temp\outlook1.pst
```

Bei diesem Befehl importieren Sie den kompletten Inhalt der *.pst*-Datei. Verwenden Sie zusätzlich die Option *-Verbose*, erhalten Sie weitere Informationen während des Imports und finden auch schneller eventuelle Fehler.

Wird Ihnen eine Fehlermeldung angezeigt, überprüfen Sie mit dem folgenden Befehl, ob der Benutzer, mit dem Sie den Befehl durchführen, auch über die Rechte »Mailbox Import Export« verfügt:

```
Get-ManagementRoleAssignment -RoleAssignee <Gruppe oder Benutzer>
```

Außerdem muss das entsprechende Zielpostfach vorhanden sein. Dieses Verhalten können Sie folgendermaßen überprüfen:

```
Get-Mailbox -Identity <Name>
```

Mit dem folgenden Befehl überprüfen Sie, ob Sie über genügend Rechte für das Postfach verfügen:

```
Get-Mailbox -Identity <Name> | Get-MailboxPermission
```

Mit den beiden Cmdlets *Get-MailboxImportRequest* und *Get-MailboxImportRequestStatistics* lassen Sie sich Informationen zu dem Importvorgang anzeigen. Auch bei diesen Cmdlets können nen Sie mit Pipes arbeiten, um ausführlichere Informationen zu erhalten:

```
Get-MailboxImportRequest <Name des Importvorgangs> |fl
```

Nachdem der Import erfolgreich durchgeführt wurde, müssen Sie die Anzeige des Importvorgangs noch löschen. Dazu verwenden Sie das Cmdlet *RemovE-MailboxImportRequest*. Neben der Möglichkeit, die komplette *.pst*-Datei zu importieren, können Sie auch einzelne Ordner auswählen, die importiert werden sollen. Andere Ordner ignoriert der Befehl dann:

```
New-MailboxImportRequest -Mailbox <Name> -FilePath <UNC-Pfad und Name der .pst-Datei>
-IncludeFolders <Name des Ordners aus der .pst-Datei>
```

Wollen Sie bestimmte Ordner vom Import ausschließen, verwenden Sie die Option *-ExcludeFolders*. Mit der Option *-ExcludeDumpster* schließen Sie den Papierkorb vom Import aus.

Sie haben auch die Möglichkeit, den Zielordner im Postfach genau festzulegen, in den das Cmdlet die Daten importieren soll:

```
New-MailboxImportRequest -Mailbox <Name> -FilePath <UNC-Pfad und Name der .pst-Datei>
-TargetRootFolder <Ordner im Postfach>
```

Den Ordner erstellt das Cmdlet automatisch, er muss nicht vorhanden sein. Verwenden Sie die Option *-IsArchive*, importiert der Assistent die *.pst*-Datei in das Archiv des Benutzers:

```
New-MailboxImportRequest -Mailbox <Name> -IsArchive -FilePath <UNC-Pfad und Name der .pst-Datei>
```

Postfächer in .pst-Dateien exportieren

Postfächer exportieren Sie entweder in der Exchange Management Shell oder über das Exchange Admin Center in *.pst*-Dateien. Wir zeigen Ihnen nachfolgend beide Möglichkeiten.

Wollen Sie Postfächer in der Exchange Management Shell exportieren, verwenden Sie folgenden Befehl:

```
New-MailboxExportRequest -Mailbox <Name> -FilePath <UNC-Pfad und Name der .pst-Datei>
```

Auch hierbei berücksichtigt das Cmdlet alle Ordner des Postfachs und importiert sie in die *.pst*-Datei. Mit den Cmdlets *Get-MailboxExportRequest* und *Get-MailboxExportRequestStatistics* lassen Sie sich Informationen anzeigen. Auch hier können Sie mit den gleichen Optionen zum Ein- und Ausschließen von Ordnern arbeiten wie beim Import.

Zusätzlich steht Ihnen beim Export noch die Option *-ContentFilter* zur Verfügung, mit der Sie filtern können, welche E-Mails exportiert werden sollen.

Sie haben auch die Möglichkeit, mit einem kurzen Skript alle Postfächer eines Servers in *.pst*-Dateien zu exportieren. Verwenden Sie dazu die folgenden Befehle. Geben Sie keine Datenbank an, werden alle Postfächer aller Datenbanken auf diesem Weg exportiert.

```
$Export = Get-Mailbox -Database <Name der Datenbank>
$Export|%{$_|New-MailboxExportRequest -FilePath "<UNC-Pfad>\$($_.alias).pst"}
```

Anschließend exportiert das Cmdlet alle Postfächer in den von Ihnen angegebenen Ordner.

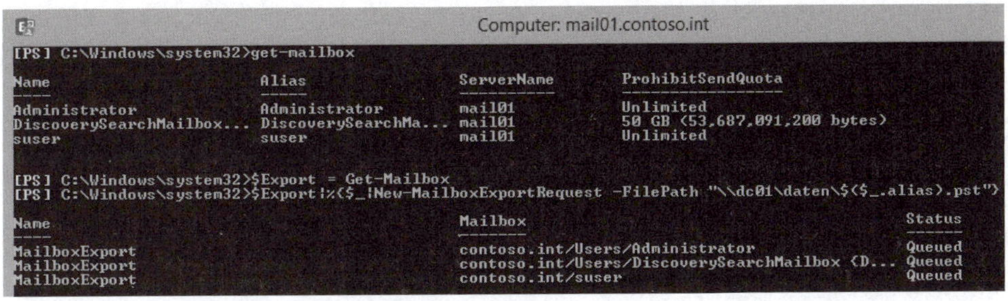

Abbildung 5.11: Exportieren mehrerer Postfächer

Entfernen Sie die Option *-Database* vom ersten Befehl, exportiert das Cmdlet sämtliche Postfächer aller Exchange-Server in der Organisation. Sie haben auch die Möglichkeit, in der Exportvariable nur diejenigen Benutzerkonten anzugeben, deren Besitzer sich in einer bestimmten Organisationseinheit (OU) befinden. Dazu verwenden Sie den folgenden Befehl:

```
$Export = Get-Mailbox -OrganizationalUnit "<Name der OU>"
```

Natürlich können Sie auch das Archivpostfach in eine *.pst*-Datei exportieren:

```
New-MailboxExportRequest -Mailbox <Name> -IsArchive -FilePath <Pfad und Name der .pst-Datei>
```

Um mehrere Archivpostfächer zu exportieren, verwenden Sie wieder eine Variable, die Sie entsprechend füllen:

```
$Export = Get-Mailbox -Database <Name>
$Export|%{$_|New-MailboxExportRequest -FilePath \\<UNC-Pfad>\$($_.alias).pst -IsArchive}
```

Exchange Mailbox Merge Wizard (ExMerge)

Mit dem Tool ExMerge können Sie die Inhalte der Postfächer eines Exchange-Servers unter Exchange 2000 oder Exchange 2003 in *.pst*-Dateien exportieren und auf einem anderen Server wieder importieren. Auf diesem Weg können Sie auch alte Exchange-Versionen zu Exchange 2016 migrieren.

Sie können *.pst*-Dateien auch nur exportieren und mit den neuen Cmdlets wieder importieren. Die Bedienung ist recht einfach, da Sie eine grafische Oberfläche zum Tool enthalten. Kopieren Sie die Datei am besten direkt in den *\bin*-Ordner der Exchange-Installation.

Das Tool kann auch Elemente basierend auf dem Datum aus der Datenbank in *.pst*-Dateien verschieben und damit zur Archivierung dienen. Sie können auch basierend auf Kriterien wie Betreff oder Anlagen Nachrichten extrahieren und löschen. Auf diese Weise können Administratoren auch bestimmte Nachrichten oder Anlagen aus der Exchange-Datenbank entfernen.

In einer gemischten Umgebung können Sie ein Postfach aus einer administrativen Gruppe in eine andere Gruppe übertragen oder in eine andere Exchange-Organisation übernehmen. Die Versionen von ExMerge sind für Exchange 5.5 und Exchange 2000/2003 unterschiedlich. ExMerge finden Sie auf der Exchange 2000-CD im *Support*-Ordner.

Für Exchange 2003 können Sie das Tool über *http://tinyurl.com/cs4avju* herunterladen. ExMerge ist nicht für den Einsatz für Exchange 2007/2010/2013 geeignet. Verwenden Sie zum Export der Postfächer ausschließlich das Exchange-Dienstkonto oder ein Konto, das explizit Leserechte für alle Postfächer hat.

187

Die *.ini*-Datei von ExMerge ist allerdings auf englische Exchange-Server ausgelegt. Falls Sie einen deutschen Exchange 2003-Server einsetzen, müssen Sie den Inhalt der *.ini*-Datei bearbeiten. Die Datei sollte so aussehen:

```
; EXEMERGE.INI
[EXMERGE]
LocalisedExchangeServerServiceName=Microsoft Exchange-Nachrichtenspeicher
LocalisedPersonalFoldersServiceName=Persönliche Ordner
LoggingLevel=3
LogFileName=C:\ExMerge.log
DataDirectoryName=C:\EXMERGEDATA
MergeAction=0
SourceServerName=COMPUTER
DomainControllerForSourceServer=
SrcServerLDAP-Port=
DestServerName=
DomainControllerForDestServer=
DestServerLDAP-Port=
SelectMessageStartDate=
SelectMessageEndDate=
ListOfFolders=
FileContainingListOfFolders=
FoldersProcessed=2
ApplyActionToSubFolders=1
FileContainingListOfMailboxes=
RemoveIntermediatePSTFiles=1
DateAttribute=0
DataImportMethod=2
ReplaceDataOnlyIfSourceItemIsMoreRecent=1
CopyUserData=1
CopyAssociatedFolderData=1
CopyFolderPermissions=1
CopyDeletedItemsFromDumpster=1
FileContainingListOfMessageSubjects=
SubjectStringMatchCriteria=0
FileContainingListOfAttachmentNames=
AttachmentNameStringMatchCriteria=1
MapFolderNameToLocalisedName=1
[International]
DefaultLocaleID=1031
[Folder Name Mappings]
Inbox = Posteingang
Deleted Items = Gelöschte Objekte
Sent Items = Gesendete Objekte
Outbox = Postausgang
```

Vor dem Einsatz von ExMerge lesen Sie sich ausführlich noch folgende Knowledge Base-Artikel durch:

- *http://tinyurl.com/zggr65t*
- *http://tinyurl.com/hn3xgqx*
- *http://tinyurl.com/gmbjth3*
- *http://tinyurl.com/zadtep8*
- *http://tinyurl.com/j7zjteb*
- *http://tinyurl.com/gstpvkx*

Microsoft Exchange PST Capture

Neben der Möglichkeit, über die PowerShell .pst-Dateien in Exchange zu importieren, bietet Microsoft auch ein Tool an, das .pst-Dateien importieren kann. Das Tool finden Sie im Download-Center von Microsoft (*http://tinyurl.com/avjvh4b*).

PST Capture 2.0 kann nicht nur .pst-Dateien in Exchange 2010/2013/2016 importieren, sondern auch .pst-Dateien von Clients einlesen und in Office 365-Postfächer importieren. Microsoft stellt auf der Downloadseite auch die Agents für 32-Bit- und 64-Bit-Betriebssysteme zur Verfügung. Das Tool ist daher vor allem bei der Migration zu Exchange 2016 sinnvoll, wenn parallel noch ein Server mit Exchange 2007/2010/2013 im Einsatz ist.

Auch wenn Sie ältere Exchange-Versionen als Exchange 2013 einsetzen, sollten Sie möglichst die neue Version von PST Capture 2.0 nutzen. Neben der Exchange 2013-Unterstützung hat Microsoft in der Version 2.0 einige Fehler behoben und Limitierungen entfernt. Sie können mit PST Capture zum Beispiel mehr als 1000 Arbeitsstationen überwachen, .pst-Dateien einlesen und sie direkt auf Exchange-Servern oder in Office 365 importieren.

Die Version 2.0 unterstützt auch die Zusammenarbeit mit dem alten Agents 1.0. Sie müssen daher nicht unbedingt den Agent auf den Arbeitsstationen aktualisieren. Allerdings arbeitet der neue Agent zuverlässiger mit der Version 2.0 zusammen.

.pst-Dateien mit Agents von Clientcomputern einlesen

Microsoft Exchange PST Capture kann .pst-Dateien auf den Clientcomputern oder dem Server nicht nur in Exchange-Datenbanken importieren, sondern auch über spezielle Agents auf den Clientcomputern .pst-Dateien von Outlook-Clients einlesen und in Exchange-Postfächer importieren. Voraussetzung ist dafür allerdings Windows Vista/7/8/10 und Windows Server 2008/2008 R2/2012/2012 R2.

Das Tool scannt dazu nicht nur einmalig .pst-Dateien auf den Arbeitsstationen in der Domäne ein, sondern kann angebundene Clientcomputer überwachen und neu erstellte .pst-Dateien über die Verwaltungskonsole des Tools auf dem Server zentral einlesen. Der Import findet über einen Assistenten mit grafischer Oberfläche statt. Der Assistent untersucht alle angebundenen Computer und zeigt an, wo Anwender eine neue .pst-Datei angelegt haben.

Neue .pst-Dateien zeigt das Tool anschließend in der Verwaltungskonsole des Tools an. Anschließend können Sie genau festlegen, welche .pst-Dateien auf den einzelnen Computern, welche Ordner und mit welchen Einstellungen Sie die Daten aus der .pst-Datei in die Exchange-Datenbanken auf dem Server importieren wollen. Für den Import darf Outlook auf dem Clientcomputer aber nicht gestartet sein, da ja ansonsten die .pst-Datei verwendet wird.

Ein weiterer Nachteil der Lösung ist, dass in der aktuellen Version die .pst-Datei auf dem Client vorhanden bleibt und der Anwender sie weiter nutzen kann. Die Daten der Datei integriert das Tool zwar in das Postfach und zeigt den Inhalt in einem eigenen Ordner im Postfach an, aber die .pst-Datei bleibt verbunden. Dies bedeutet, Administratoren müssen die Anwender darüber informieren, keine Daten in der .pst-Datei zu speichern, sondern auf dem Server im Exchange-Postfach.

Microsoft Exchange PST Capture einrichten

Das eigentliche Tool installieren Sie auf einem Exchange-Server als Systemdienst. Dieser Dienst muss über Administratorrechte verfügen. Den Client installieren Sie auf den Endcomputern, auf denen .pst-Dateien für den Import auf den Server liegen und die Sie überwachen wollen.

Auf dem Server, auf dem Sie den Systemdienst des Tools Microsoft Exchange PST Capture installieren, muss zusätzlich Outlook 2010/2013/2016 x64 installiert sein. Das Konto, das Sie für den Import auf den Server nutzen, muss zusätzlich ein Postfach in der Exchange-Organisation haben und der Rolle Public Folder Management zugewiesen sein. Das Konto hinterlegen Sie bei der Installation des Serverdiensts auf dem Exchange-Server. Am besten erstellen Sie dazu ein neues Benutzerkonto, weisen diesem ein Postfach zu und erteilen anschließend die Rechte an den Benutzer.

Das Postfach erstellen Sie im Exchange Admin Center im Bereich *Empfänger/Postfach*. Anschließend nehmen Sie das Postfach in die lokale Administrator-Gruppe auf dem Exchange-Server auf. Der nächste Schritt besteht darin, die Exchange-Rolle *Public Folder Management* zuzuweisen. Dazu gehen Sie in Exchange 2010 folgendermaßen vor (die Schritte in Exchange 2013/2016 erfahren Sie in Kapitel 8):

1. Rufen Sie mit *https://<Servername>/ecp* in Exchange 2010 die Exchange-Systemsteuerung auf.
2. Klicken Sie auf *Rollen und Überwachung*.
3. Wählen Sie *Administratorrollen*.
4. Klicken Sie doppelt auf die Rolle *Public Folder Management*.
5. Klicken Sie bei *Mitglieder* auf *Hinzufügen*.
6. Fügen Sie das erstellte Konto hinzu.

Im nächsten Schritt installieren Sie den Serverpart des Tools auf dem Exchange-Server (*PST-Capture.msi*). Während der Installation müssen Sie auch den Benutzernamen des Dienstkontos eingeben.

Ansonsten erfordert die Installation zunächst keine weiteren Angaben. Ist die Installation erfolgreich abgeschlossen, erhalten Sie eine entsprechende Meldung angezeigt. Überprüfen Sie anschließend zunächst, ob der Systemdienst *Microsoft Exchange PST Capture Service* gestartet und das Konto zum Importieren hinterlegt ist.

Starten Sie anschließend die Verwaltungskonsole *PST Capture*. Auch diese muss sich ohne Fehler starten lassen, damit das Tool einsatzbereit ist. Standardmäßig verwendet das Tool den TCP-Port 6674 auf dem Server. Wollen Sie diesen ändern, müssen Sie vor der Installation der Agents die PST Capture Console auf dem Server starten und *Tools/Settings* aufrufen. Bei *General* sehen Sie den aktuellen Port. Ändern Sie diesen, müssen Sie den Systemdienst *Microsoft Exchange PST Capture Service* neu starten. Alle Agents, die bereits installiert wurden, müssen Sie neu installieren. Oder Sie ändern den Port in der Registrierungsdatenbank auf dem Client ab. Die Einstellungen dazu finden Sie im Schlüssel *HKEY_LOCAL_MACHINE\SOFT-WARE\Microsoft\Exchange\PST Capture\DiscoveryAgent*.

Agent für Microsoft Exchange PST Capture installieren

Sobald der Serverdienst installiert ist, können Sie auf Clientcomputern den Agent installieren. Während der Installation geben Sie den Namen des Servers und den Port ein. Standardmäßig verwenden Sie hier den Port 6674. Wollen Sie die Installation automatisiert durchführen und skripten, verwenden Sie den folgenden Befehl:

```
Msiexec /i \\<Freigabe>\PSTCaptureAgent.msi /q CENTRALSERVICEHOST=<Servername> SERVICEPORT=6674
```

Sie können die *.msi*-Datei aber auch ganz normal installieren. Die Eingaben, die Sie vornehmen, speichert das Tool in der Registrierungsdatenbank im Schlüssel *HKEY_LOCAL_MA-CHINE\SOFTWARE\Microsoft\Exchange\PST Capture\DiscoveryAgent*.

Hier können Sie nachträglich Änderungen vornehmen oder durch Export/Import die Konfiguration auch übertragen.

Speichern Anwender die .pst-Dateien auf einem Dateiserver, müssen Sie auch auf diesem den Agent installieren, damit der Serverdienst die .pst-Datei finden und importieren kann. Microsoft stellt dazu auch einen 64-Bit-Client zur Verfügung.

.pst-Dateien im Netzwerk finden und PST Capture mit Office 365 verbinden

Erstellen Anwender in Outlook eine neue .pst-Datei, um Daten zu speichern, erkennt das der Agent, und Sie können mit der Verwaltungskonsole auf dem Server die PCs entsprechend anzeigen. Anwender bekommen zunächst davon nichts mit. Das heißt, die Erstellung von .pst-Dateien funktioniert nach der Installation des Tools genauso wie vorher.

Die Verwaltungskonsole von PST Capture zeigt neu erstellte .pst-Dateien aber nicht automatisch an, sondern Sie müssen explizit nach neuen .pst-Dateien suchen. Dazu wählen Sie die Schaltfläche *New PST Search* aus. Zuvor sollten Sie über *Tools/Settings* die Einstellungen von PST Capture vornehmen und dabei zum Beispiel festlegen, dass PST Capture die .pst-Dateien direkt in das Archivpostfach des Anwenders kopieren soll.

Wollen Sie .pst-Dateien direkt in Postfächer in Office 365 importieren, müssen Sie in den Einstellungen über *Tools/Settings/Online Connection* noch die Anmeldedaten für Office 365 hinterlegen.

Anschließend lassen Sie die angebundenen PCs nach neuen .pst-Dateien scannen. Dazu wählen Sie *New PST Search*. Wählen Sie zunächst die Domäne aus, die Sie durchsuchen wollen. Sie haben im Fenster auch die Möglichkeit, nur einzelne Organisationseinheiten zu untersuchen.

Im Fenster sehen Sie die Computer mit installiertem Agent an einem grünen Bildschirmsymbol. Als Nächstes wählen Sie aus, welche Datenträger das Tool nach neuen .pst-Dateien scannen soll.

Anschließend legen Sie fest, ob Sie den Scanvorgang sofort oder erst zu einem bestimmten Zeitpunkt starten möchten. Nach der Auswahl beginnt der Scanvorgang, und das Scanfenster wird angezeigt. Klicken Sie auf *Start Scan*, um den Vorgang zu starten. Findet das Tool .pst-Dateien, zeigt es diese im unteren Fensterbereich an.

.pst-Dateien importieren – lokal oder nach Office 365

Nach einem Scanvorgang hat das Tool unter Umständen eine oder mehrere .pst-Dateien gefunden. Diese zeigt der Scanner in der PST Capture Console an. Um die Dateien jetzt zu importieren, aktivieren Sie das Kontrollkästchen und klicken auf *New Import List*. Anschließend können Sie auswählen, ob Sie die .pst-Dateien auf einem lokalen Exchange-Server importieren wollen (*OnPrem Import List*) oder in Office 365 (*Cloud Import List*).

Haben Sie zuvor bereits eine Liste erstellt, können Sie auch diese verwenden. Anschließend öffnet PST Capture eine neue Registerkarte mit der Importliste. Hier müssen Sie den einzelnen .pst-Dateien Postfächer zuordnen.

Dazu wählen Sie in der Spalte *Destination Mailbox* den Link *Set Mailbox* und wählen das Postfach aus. Klicken Sie anschließend auf *Import All Now*. Damit der Importvorgang funktioniert, darf die .pst-Datei entweder nicht mit dem lokalen Outlook auf dem Client verbunden sein – Sie müssen diese also zuvor lokal trennen –, oder der Anwender muss Outlook schließen.

Das Tool liest jetzt die Daten der .pst-Dateien ein und integriert sie so in das Postfach, wie Sie über *Tools/Settings* festgelegt haben. Nach dem erfolgreichen Importvorgang können Sie im Postfach des Anwenders überprüfen, ob die Daten übernommen wurden.

Microsoft geht im TechNet-Bereich für Exchange Tools (*http://tinyurl.com/87z6cya*) genauer auf Exchange PST Capture ein.

Transaktionsprotokolle verwalten

Bereits beim Anlegen einer Datenbank müssen Sie festlegen, wo die Protokolle dieser Speichergruppe gespeichert sein sollen. Transaktionsprotokolle sind ein wichtiger Bereich in der Datenspeicherung von Exchange.

Grundlagen zu Transaktionsprotokollen

Jede Datenbank hat einen eigenen Satz an Transaktionsprotokollen. Exchange 2016 arbeitet mit Transaktionsprotokolldateien wie die Vorgängerversionen auch. Der Unterschied seit Exchange 2007 ist, dass Datenbanken jetzt über eigene Transaktionsprotokolle verfügen und sich diese nicht innerhalb von Speichergruppen teilen müssen.

Alle Aktionen, die die Benutzer durchführen und die somit Änderungen in der Datenbank zur Folge haben, wie beispielsweise E-Mails schreiben, Termine planen, öffentliche Ordner erstellen usw., müssen von Exchange gespeichert werden. Damit dieser Speichervorgang jederzeit konsistent und performant ist, arbeitet Exchange ähnlich wie ein Datenbankserver. Jede Änderung und jede Aktion wird zunächst in ein Transaktionsprotokoll geschrieben. Innerhalb dieser Datei arbeitet Exchange dann Änderung für Änderung ab und speichert sie in seiner Datenbank (der *.edb*-Datei).

Diese Protokolldateien sind für den Betrieb eines Exchange-Servers sowie die Datensicherung unerlässlich. Sobald eine derartige Datei von Exchange komplett beschrieben ist (die maximale Größe beträgt 1 MB), legt der Server automatisch eine neue Transaktionsprotokolldatei an. Werden Transaktionsprotokolle beschädigt, vor allem, wenn die darin enthaltenen Änderungen noch nicht in der Datenbank gespeichert sind, ist die zugehörige Datenbank nicht mehr konsistent.

Sie können Transaktionsprotokolle entweder im selben Ordner oder auf demselben Datenträger wie die Datenbank aufbewahren oder einen getrennten Datenträger wählen. Microsoft empfiehlt, die Transaktionsprotokolldateien auf einem getrennten Festplattensystem zu speichern. Dies hat Stabilitäts- und Performancegründe.

Hinweis

Löschen Sie keinesfalls manuell Transaktionsprotokolle! Wenn Sie eine Onlinesicherung Ihrer Datenbank mit einem Exchange-tauglichen Datensicherungsprogramm durchführen, werden diese Dateien gesichert und danach automatisch gelöscht. Ein manuelles Eingreifen ist nicht notwendig.

Selbst wenn die Datenbankdatei (*.edb*) verloren geht, können Ihre Exchange-Daten sehr einfach mit den Transaktionsprotokollen wiederhergestellt werden. Das Löschen übernimmt nicht Exchange, sondern das Datensicherungsprogramm (siehe Kapitel 14).

Zur Not können Sie auch das Windows-eigene Datensicherungsprogramm verwenden, um die Exchange-Datenbanken auf dem Server zu sichern.

Sie sollten von Beginn an Exchange-Server online sichern. Versäumen Sie dies, besteht die Möglichkeit, dass die Partition überläuft, in der die Transaktionsprotokolldateien gespeichert sind. Kann Exchange keine neuen Transaktionsprotokolldateien anlegen, da kein Plattenplatz mehr vorhanden ist, stellt der Server seine Funktion ein und kein Benutzer kann sich mehr mit dem System verbinden.

Exchange legt aus diesem Grund zwei Reservetransaktionsprotokolle an: *E<nn> res00001.jrs* und *E<nn>res00002.jrs*. Sind diese jedoch ebenfalls vollgeschrieben, steht Ihr Exchange-Server still. Die erste Datenbank und deren Transaktionsprotokolle werden im Ordner *C:\Program Files\Microsoft\Exchange Server\V15\Mailbox\Mailbox Database <ID>* gespeichert.

Die Prüfpunktdatei (.chk) verstehen

Die Prüfpunktdatei (Checkpoint File) spielt für die Arbeit von Exchange mit den Transaktionsprotokollen und damit der Datenbank eine große Rolle. Jeder Satz von Transaktionsprotokollen und jede Datenbank verfügen über eine eigene Prüfpunktdatei. Diese Datei wird in dem Ordner der Transaktionsprotokolle gespeichert, den Sie bei der Erstellung gewählt haben.

Die Datei hat die Endung *.chk*. In dieser Datei hält Exchange fest, welche Änderungen aus den Transaktionsprotokollen bereits in die Datenbank geschrieben sind. Geht diese Datei verloren, schreibt Exchange beim Starten des Servers alle Informationen, die in den Transaktionsprotokolldateien vorhanden sind, noch einmal in die Datenbank.

Dabei entstehen aber keine Duplikate der Objekte, sondern Exchange überprüft, ob sich noch Daten in den Transaktionsprotokollen befinden, die nicht in der Datenbank vorhanden sind. Je nach Anzahl Ihrer Transaktionsprotokolle kann diese Aktion einige Minuten bis Stunden dauern. Dieser Vorgang wird auch als Soft-Recovery bezeichnet. Er wird in Kapitel 14 ausführlich besprochen.

Umlaufprotokollierung verstehen

Die Umlaufprotokollierung ist in der Exchange-Welt ein wichtiger Begriff, den Sie verstehen sollten. Umlaufprotokollierung heißt nichts anderes, als dass Exchange nicht ständig neue Transaktionsprotokolle anlegt, sondern nur mit einigen wenigen Protokolldateien arbeitet und diese fortwährend überschreibt. Exchange 5.5 hat standardmäßig noch damit gearbeitet, Exchange ab der Version 2000 tut das jedoch nicht mehr.

So wie Sie bei Exchange 5.5 die Umlaufprotokollierung deaktivieren konnten, können Sie sie bei Exchange 2016 in den Eigenschaften der Datenbanken unter *Server/Datenbanken* auf der Registerkarte *Wartung* für Postfachdatenbanken aktivieren.

Durch die Aktivierung der Umlaufprotokollierung sparen Sie zwar im Idealfall Festplattenplatz, bei Problemen mit der Datenbank oder einer notwendigen Wiederherstellung (siehe Kapitel 14) kann Exchange jedoch nur noch auf einen begrenzten Datenstamm zurückgreifen.

Sie können die Umlaufprotokollierung für jede Datenbank getrennt aktivieren oder deaktivieren. Sie sollten die Umlaufprotokollierung nur dann aktivieren, wenn der Inhalt der Datenbank für Ihr Netzwerk nicht sonderlich wichtig ist. Für Postfachdatenbanken sollte die Umlaufprotokollierung niemals aktiviert werden.

Probleme mit schnell anwachsenden Transaktionsprotokollen beheben

Da alle Exchange-Vorgänge in den Transaktionsprotokollen gespeichert und diese wiederum nur durch das Datensicherungsprogramm gelöscht werden, besteht bei vielen Exchange-Organisationen das Problem, dass die Transaktionsprotokolle schnell anwachsen und so die Festplatten eines Servers schnell zum Überlaufen bringen.

Loops – E-Mail-Schleifen

Ein weit verbreitetes Problem sind Loop-Mails, also E-Mails, die zwischen verschiedenen Servern oder Postfächern aufgrund falsch konfigurierter Regeln oder fehlerhafter Empfängerrichtlinien hin- und hergeschickt werden.

Da diese E-Mails teilweise in Sekundenbruchteilen hin- und hergeschickt werden, besteht schnell die Gefahr, dass die Anzahl der Transaktionsprotokolle extrem rasch anwächst. Normalerweise finden Sie durch die Überwachung der Ereignisanzeige und der Warteschlange schnell den Fehler.

Offenes Relay

Die Anzahl Ihrer Transaktionsprotokolle wächst sehr schnell an, wenn Ihr Exchange-Server als offenes Relay im Internet steht. Dabei wird er von anderen Servern als Zwischenstation (Relais) zum Versenden von Spam oder Viren verwendet. Stellen Sie sicher, dass nur speziell eingetragene Server Ihren Exchange-Server als Relay verwenden dürfen, und am besten nur jene in Ihrem internen Netzwerk (siehe Kapitel 4).

Virenscanner auf Dateisystemebene

Wenn Sie auf einem Exchange-Server einen Virenscanner auf Dateisystemebene installieren (ein Postfachscanner macht hier keine Probleme), müssen Sie sicherstellen, dass bei einem Scanvorgang nicht der Ordner der Datenbanken gescannt wird.

Virenscanner verändern die gescannten Dateien und markieren sie als gescannt. Zusätzlich besteht das Problem, dass die Exchange-Datenbank durch einen solchen Vorgang zerstört werden kann. Vermeiden Sie es also, dass ein solcher Filescanner auf Dateiebene auf Ihre Exchange-Datenbank zugreifen kann. Ein Virus kann sich in dieser Datei ohnehin nicht festsetzen, sondern nur innerhalb der Datenbank, die aber von Dateisystemscannern nicht durchsucht werden kann.

Datenbank exportieren und Postfächer verschieben

Lassen Sie eine große Anzahl von Postfächern exportieren oder verschieben, wird auch eine große Anzahl von Transaktionsprotokollen geschrieben. In diesem Fall sollten Sie vorher eventuell die Umlaufprotokollierung aktivieren.

Vor der Aktivierung der Umlaufprotokollierung sollten Sie jedoch eine vollständige Sicherung der Datenbanken durchführen und durch einen Neustart des Systemdiensts für den Informationsspeicher sicherstellen, dass alle Transaktionsprotokolle in die Datenbanken geschrieben sind.

Je größer die Anzahl an Postfächern ist, die Sie exportieren oder verschieben, desto weniger genau können Sie wissen, wie groß die Anzahl der Protokolle wird. Eine Aktivierung der Umlaufprotokollierung beseitigt dieses Problem, erhöht aber auch die Gefahr eines Datenverlusts.

Exchange-Datenbankfehler beheben

Exchange speichert seine Daten innerhalb einer Datenbank ab. Leider kann es passieren, dass eine solche Datenbank korrupt ist und Daten verloren gehen oder zumindest Mitarbeiter nicht mehr mit dem E-Mail-Server arbeiten können.

In diesem Abschnitt zeigen wir Ihnen, wie Sie in diesem Fall am besten vorgehen, ohne überhastete Entscheidungen zu treffen. Die hier beschriebenen Methoden beziehen sich vor allem auf Exchange 2016, sind aber teilweise auch auf die Vorgängerversionen übertragbar.

Das Wissen über die Speicherarchitektur und die Datensicherung von Exchange ist spätestens bei einem Wiederherstellungsvorgang wichtig. Durch das Anlegen mehrerer Datenbanken erhöhen Sie die Konsistenz der Exchange-Daten. Selbst wenn eine Datenbank und deren Dateien beschädigt werden, können Benutzer, deren Postfächer sich in einer anderen Datenbank befinden, weiterhin problemlos arbeiten.

Bei einem notwendigen Wiederherstellungsvorgang einer Datenbank wird die Arbeit der Benutzer, deren Postfächer auf anderen Datenbanken verteilt sind, nur minimal beeinträchtigt. Dadurch ist auch die Dauer eines Wiederherstellungsvorgangs bei kleineren Datenbanken um einiges kürzer als bei größeren. Der erste Schritt, um die Benutzer vor korrupten Datenbanken zu schützen, ist daher das Anlegen möglichst vieler Datenbanken.

Bei jedem Beenden oder Starten des Servers überprüft Exchange anhand der Prüfpunktdatei (*.chk*), welche Transaktionsprotokolle noch nicht in die Datenbank geschrieben wurden, und schreibt die restlichen Transaktionsprotokolle in die Datenbank. Das Herunterfahren eines Exchange-Servers kann daher etwas dauern, wenn viele Transaktionsprotokolle zu verarbeiten sind.

Wird ein Exchange-Server beim Herunterfahren und Schreiben in die Datenbank unterbrochen, führt er diesen Vorgang beim Starten erneut durch. Geht diese Datei verloren oder wird sie absichtlich gelöscht, schreibt Exchange beim Starten des Servers alle Informationen, die in den Transaktionsprotokolldateien vorhanden sind, noch einmal in die Datenbank.

Dieser Vorgang heißt Soft-Recovery. Der Exchange-Server führt diese Aufgabe selbstständig und ohne Eingreifen eines Administrators durch. Je nach Anzahl der Transaktionsprotokolle kann dieser Vorgang einige Minuten bis Stunden dauern. Ein Soft-Recovery-Vorgang lässt sich auch mithilfe des Befehlszeilentools Eseutil durchführen.

Prüfung bei Serverausfall

Nach dem Ausfall eines Exchange-Servers sollten Sie zunächst die Infrastruktur der Systeme und des Netzwerks überprüfen. Sammeln Sie hierfür ausführliche Informationen darüber, was genau passiert ist, wenn der Informationsspeicher nicht mehr starten kann oder eine Datenbank korrupt ist.

Der erste Blick geht dabei in die Ereignisanzeige. Lesen Sie alle Einträge, die zum entsprechenden Ausfall passen. Einträge der Exchange-Datenbanken werden hauptsächlich im Anwendungsprotokoll abgelegt. Schauen Sie aber auch im Systemprotokoll nach Einträgen, die parallel zu den Datenbankfehlern angelegt wurden. Oft liegt bei Fehlern in Exchange-Datenbanken ein Hardwaredefekt der Festplatte oder des RAID-Controllers vor. Dieser muss nicht auf den ersten Blick ersichtlich sein.

Da Exchange jedoch extrem mit den Festplatten arbeitet, wird ein Fehler recht schnell den Dienst beeinträchtigen, während andere Serverdienste unter Umständen noch funktionieren. Der erste Schritt bei ausgefallenen Datenbanken ist daher die Überprüfung der Hardware und der Datenträger des Servers. Die meisten Hersteller liefern dazu entsprechende Diagnosetools mit aus. Auch der Status der Exchange-Datenbank ist wichtig.

In den Ereignisanzeigen wird festgehalten, warum eine Datenbank nicht mehr bereitgestellt werden kann. Auf Basis dieser Informationen können Sie als Nächstes entscheiden, was zu tun ist. Es ergibt keinen Sinn, eine Exchange-Datenbank aus der Datensicherung zurückzuspielen oder zu reparieren, wenn die Hardware des Servers defekt ist oder Active Directory nicht mehr korrekt funktioniert. Wie bei jeder Problemlösung geht hier zunächst eine ausführliche Analyse voraus.

Datenbanken auf Konsistenz überprüfen

Mit dem Befehl *Eseutil /mh* überprüfen Sie die Konsistenz der Datenbanken. Ein Beispiel für den Befehl ist:

```
Eseutil /mh " Mailbox Database.edb"
```

Bevor Sie den Befehl verwenden, müssen Sie die Bereitstellung für die Datenbank aufheben, genauso wie bei der Defragmentierung.

Im Bereich *State* sollte *Clean Shutdown* erscheinen. Ist die Datenbank nicht korrekt heruntergefahren, erscheint hier *Dirty Shutdown*. Steht bei *Bad Checksum Error Count* nicht der Wert *none*, müssen Sie die Datenbank reparieren.

Um sich einen Überblick über die Datenbanken zu verschaffen, verwenden Sie zunächst die Exchange Management Shell und den Befehl *Get-MailboxDatabase*. Mit *Get-MailboxDatabase | Select Name, Mounted* sehen Sie den Zustand der Datenbanken. *Get-MailboxDatabase -Status* bietet noch mehr Informationen, zum Beispiel den Bereitstellungsstatus.

Mit dem Cmdlet

```
Get-MailboxDatabase -Status | Select Name, Mounted, LastFullBackup,LastIncrementalBackup,
BackupinProgress
```

erhalten Sie Informationen zu Datenbanken und deren Sicherung. Den Zustand der Replikation in Datenbankverfügbarkeitsgruppen rufen Sie mit *Get-MailboxDatabaseCopyStatus* auf.

Ab Exchange 2010/2013 SP1 verwenden Sie das Cmdlet *New-MailboxRepairRequest*. Auch in Exchange 2016 verwenden Sie diesen Befehl:

```
New-MailboxRepairRequest -Database "Mailbox Database" -CorruptionType SearchFolder,
AggregateCounts,ProvisionedFolder,FolderView
```

Ein weiterer Test besteht darin, die Integrität der Datenbank zu überprüfen:

```
Eseutil /g "Mailbox Database <ID>.edb"
```

Der nächste Test besteht darin, die Datenbankdatei auf Konsistenz zu überprüfen. Nutzen Sie hierfür Eseutil mit der Option */k*.

Datenbanken mit der Exchange Management Shell reparieren

Ab Exchange 2010/2013 SP1, also auch in Exchange 2016, können Sie für die Reparatur von Exchange-Datenbanken zusätzlich zu Eseutil auch das Cmdlet *New-MailboxRepairRequest* verwenden.

Die Funktionen des alten Tools *Isinteg* sind im Cmdlet *New-MailboxRepairRequest* der Exchange Management Shell integriert. Das Cmdlet kann auch Datenbanken überprüfen, die bereitgestellt sind. Das Befehlszeilentool *Isinteg* kann in alten Exchange-Versionen nur Datenbanken reparieren, die nicht online sind. In Exchange Server 2016 verwenden Sie zur Reparatur *New-MailboxRepairRequest*. Die Syntax des Befehls lautet:

```
New-MailboxRepairRequest -[Mailbox] <MailboxIdParameter> -CorruptionType <MailboxStoreCorrupti-
onType[]> [-Archive <SwitchParameter>] [-Confirm [<SwitchParameter>]] [-DetectOnly <SwitchParame-
ter>] [-DomainController <Fqdn>] [-WhatIf [<SwitchParameter>]]
```

Sie können mit der Option *-Mailbox* ein einzelnes Postfach überprüfen, mit *-Database* eine komplette Datenbank und mit *-Archive* das Archivpostfach eines Anwenders.

Die Option *-CorruptionType* gibt mit zusätzlichen Parametern an, welche Überprüfungen das Tool durchführen soll. Hier stehen die Parameter *SearchFolder*, *AggregateCounts*, *Provisioned-Folder* und *FolderView* zur Verfügung.

Verwenden Sie die Option *-DetectOnly*, zeigt das Tool die Fehler lediglich an, behebt sie aber nicht. Sie können auf jedem Postfachserver immer nur eine Datenbank gleichzeitig überprüfen. Beispiele erhalten Sie in der Exchange Management Shell, wenn Sie den folgenden Befehl verwenden:

```
Get-Help New-MailboxRepairRequest -Examples
```

Findet das Cmdlet Fehler, sollten Sie in der Ereignisanzeige über *Windows-Protokolle/Anwendung* die Ereignisse beobachten. Die Einträge finden Sie auf dem Postfachserver, auf dem Sie die Datenbank überprüfen lassen. Die Quelle der Ereignisse sind *MSExchangeIS Mailbox Store* und folgende mögliche IDs:

- 10047: Mailbox-Überprüfung gestartet
- 10064: Öffentliche Ordner-Überprüfung gestartet
- 10048: Überprüfung erfolgreich beendet
- 10050: Ein Postfach wurde vom Assistenten übersprungen
- 10059: Datenbanküberprüfung gestartet
- 10062: Korruption entdeckt

Nach dem Test sollten Sie also in der Ereignisanzeige den Eintrag mit der ID 10048 finden; die ID 10062 deutet auf einen Fehler hin. Behebt das Cmdlet Fehler auf der Datenbank, können Sie den Reparaturvorgang unterbrechen, indem Sie die Bereitstellung der Datenbank aufheben. Repariert der Assistent ein Postfach, kann der entsprechende Anwender bis zum Abschluss der Reparatur nicht auf sein Postfach zugreifen.

Offlinedefragmentierung einer Exchange-Datenbank

Durch das Verschieben von Benutzerkonten zwischen Postfachdatenbanken, aber auch durch die normale Arbeit mit dem Exchange-Server wachsen die Datenbankdateien an. Leere Bereiche innerhalb der Datenbank werden zwar erneut genutzt, der Umfang der Datenbankdateien wird jedoch nicht geringer. Auch nach einem Reparaturvorgang ist es unerlässlich, für die Datenbankdateien eine Offlinedefragmentierung durchzuführen. Und sogar zum Reparieren lässt sich die Offlinedefragmentierung nutzen, da der Assistent auch defekte Bereiche aus der Datenbank löscht.

Die Offlinedefragmentierung dauert bei entsprechender Datenbankgröße oft stundenlang, aber nur dadurch stellen Sie sicher, dass die Datenbankdateien nach einer Reparatur vollständig in Ordnung sind. Während der Offlinedefragmentierung löscht Exchange leere und – falls noch vorhanden – korrupte Seiten aus den Datenbanken. Benutzer können während dieser Zeit nicht mit der Datenbank arbeiten, da sie nicht zur Verfügung steht.

Während der Onlinedefragmentierung werden die Datenbanken nicht verkleinert. Die Onlinedefragmentierung stellt lediglich Festplattenplatz wieder zur Verfügung, der von Exchange nicht mehr verwendet wird. Es werden leere Bereiche innerhalb der Datenbank zusammengefasst, aber es werden keine Dateien verkleinert und es wird keine Konsistenz überprüft beziehungsweise wiederhergestellt. Die Gesamtgröße der Datei bleibt gleich.

Für die Offlinedefragmentierung müssen Sie die Bereitstellung der Datenbanken aufheben oder den Informationsspeicherdienst beenden. Um eine Offlinedefragmentierung durchzuführen, starten Sie Eseutil mit der Option /d und dem Pfad zur Datenbank. Das Tool legt vor dem Defragmentierungsvorgang eine temporäre Kopie der Datenbankdatei an, die defragmentiert und nach dem Vorgang wieder zurückkopiert wird.

Die Temporärdateien werden auf dem Laufwerk angelegt, auf dem Sie Eseutil aufrufen, und lassen sich mit der Option /t auch steuern. Aus diesem Grund sollte auf dem Datenträger genügend freier Speicherplatz vorhanden sein, also mindestens die doppelte Größe der Exchange-Datenbanken. Steht nicht genügend Speicherplatz zur Verfügung, kann Eseutil im Notfall keine Datenbank defragmentieren oder reparieren. Die einzige Alternative stellt das langwierige Kopieren der Datenbank- und Eseutil-Dateien auf einen anderen Computer dar. Erhalten Sie beim Start Fehlermeldungen angezeigt, dass die Datenbank keine Defragmentierung zulässt, versuchen Sie die Datenbank wieder bereitzustellen. Starten Sie dann den Systemdienst für den Informationsspeicher neu, und heben Sie danach die Bereitstellung wieder auf. Exchange sollte jetzt alle Transaktionsprotokolle in die Datenbank geschrieben haben.

Ist auf einem Server nicht genügend Speicherplatz vorhanden, um mit Eseutil eine Datenbank zu reparieren, oder ist die Hardware ist defekt, ist es sinnvoll, Eseutil auf einem anderen Server oder PC ohne installierten Exchange-Server zu starten. Dadurch besteht die Möglichkeit, die zeitaufwendige Reparatur von Exchange parallel zum Aufsetzen eines neuen Servers durchzuführen. Um eine Postfachdatenbank zu defragmentieren, müssen Sie deren Bereitstellung aufheben (dismounten). Nach diesem Vorgang können Anwender keine Verbindung mehr zum Postfach herstellen, bis Sie die Bereitstellung wiederherstellen. Um eine Datenbankbereitstellung aufzuheben, verwenden Sie folgenden Befehl:

```
Dismount-Database -Identity <Name der Datenbank>
```

Das Aufheben der Bereitstellung müssen Sie noch bestätigen. Kennen Sie den Namen der Datenbank nicht, können Sie ihn mit *Get-MailboxDatabase* anzeigen lassen. Standardmäßig speichert Exchange 2016 die Datenbankdatei in einem Unterordner mit dem Namen der

Datenbank im Ordner *C:\Program Files\Microsoft\Exchange Server\V15\Mailbox*. Haben Sie die Datenbank defragmentiert, besteht der nächste Schritt darin, die Bereitstellung wiederherzustellen. Dazu verwenden Sie den Befehl:

```
Mount-Database -Identity <Name der Datenbank>
```

Sie erhalten keine Rückmeldung über den Befehl, es darf aber auch keine Fehlermeldung erscheinen. Anschließend können Sie wieder die Größe der Datenbank nach der Defragmentierung überprüfen und den Umfang des leeren Bereichs in der Datenbank feststellen:

```
Get-MailboxDatabase -Status |ft Name,DatabaseSize,AvailableNewMailboxSpace
```

Die Syntax in der Befehlszeile für eine Offlinedefragmentierung lautet zum Beispiel:

```
Eseutil /d "Mailbox Database.edb"
```

Sie können auch direkt in den Ordner der Datenbanken wechseln, um sich die Eingabe des Pfads zu sparen. Hat Eseutil mit der Defragmentierung begonnen, wird die Datenbank geöffnet und eine Kopie angelegt.

Während der Defragmentierung werden auch automatisch defekte Bereiche der Datenbank gelöscht. Durch diese Option können also korrupte Datenbanken wieder repariert oder nach einer Reparatur überprüft werden. Wird die Defragmentierung durch Herunterfahren des Servers unterbrochen, kann es sein, dass die temporär angelegte Datenbankdatei noch nicht über die Originaldateien kopiert wurde.

Lokalisieren Sie dann die Temporärdatenbank, und kopieren Sie diese über die Originaldateien. Erhalten Sie beim Start eine Fehlermeldung angezeigt, die besagt, dass die Datenbank keine Defragmentierung zulässt, versuchen Sie die Datenbank wieder bereitzustellen. Starten Sie dann den Systemdienst für den Informationsspeicher neu, und heben Sie anschließend die Bereitstellung wieder auf. Exchange sollte jetzt alle Transaktionsprotokolle in die Datenbank geschrieben haben.

Für die Offlinedefragmentierung müssen Sie die Bereitstellung der Datenbanken aufheben oder den Informationsspeicherdienst beenden. Beenden Sie den Informationsspeicherdienst, werden aber auch alle anderen Datenbanken auf dem Server beendet.

Mit dem folgenden Befehl zeigen Sie die aktuelle Größe der *.edb*-Datei der entsprechenden Datenbank sowie die Datenmenge an, um die Sie die Datenbank verkleinern können. Für den Befehl müssen Sie die Datenbank nicht herunterfahren:

```
Get-MailboxDatabase -Status |ft Name,DatabaseSize,AvailableNewMailboxSpace
```

Ist der Unterschied zwischen *DatabaseSize* und *AvailableNewMailBoxSpace* relativ groß, bietet es sich an, eine Defragmentierung durchzuführen. Starten Sie dazu Eseutil mit der Option */d*, und geben Sie den Pfad zur Datenbank an, wie bereits zuvor dargestellt.

Müssen Sie eine Exchange-Datenbank reparieren, ist es wichtig zu wissen, auf welche Basis von gesicherten Daten Sie zurückgreifen können. Nicht immer gelingt es, eine korrupte Datenbank mit den beschriebenen Mitteln zu reparieren. Stattdessen müssen Sie teilweise Daten oder die komplette Datenbank aus einer Sicherung wiederherstellen und unter Umständen mit Eseutil bearbeiten.

Grundsätzlich ist eine Onlinesicherung der einzig richtige und professionelle Weg zur Sicherung von Exchange-Datenbanken. Dabei sichert das Datensicherungsprogramm die Exchange-Daten, während die Exchange-Dienste weiterlaufen. Die Datenbank wird im Anschluss als gesichert markiert. Die Onlinesicherung kann zwar auch vom Windows-Datensicherungsprogramm durchgeführt werden, allerdings sollte dieses Programm nur in Ausnahmefällen oder übergangsweise eingesetzt werden.

Auf Dauer sollten Sie nur Profitools, wie zum Beispiel Symantec Backup Exec (ehedem Veritas Backup Exec) für kleinere Firmen oder Symantec NetBackup für größere Systeme, sowie die entsprechenden Agents für den Exchange-Server verwenden.

Bei einer Onlinesicherung liest das Sicherungsprogramm jede einzelne Datenbanktabelle Stück für Stück aus. Da Änderungen in der Datenbank auch durchgeführt werden können, wenn kein Benutzer angemeldet ist, muss ein weiterer Mechanismus der Datensicherung diese Daten erfassen, wenn die Tabellen von der Sicherung bereits auf Band geschrieben wurden.

Exchange schreibt solche Änderungen in sogenannte Patchdateien auf den Datenträger. Nach dem Sichern aller Tabellen werden zum Schluss die Patchdateien gesichert, damit auch tatsächlich alle Änderungen in der Datensicherung berücksichtigt wurden.

Zum Abschluss sichert das Datensicherungsprogramm standardmäßig außerdem die Transaktionsprotokolle und löscht sie anschließend. Die Dateien sollten keinesfalls manuell gelöscht werden. Um Exchange-Datenbanken zu sichern, stehen für die verschiedenen Datensicherungsprogramme verschiedene Möglichkeiten zur Verfügung.

Datenbanken und Verbindungen in der Exchange Management Shell testen

Haben Sie die generelle Serververfügbarkeit und auch die Systemdienste überprüft, testen Sie als Nächstes die Exchange-Datenbanken. Dazu verwenden Sie die Exchange Management Shell. Sie haben auch hier die Möglichkeit, den Status für alle Server in Erfahrung zu bringen:

```
Get-MailboxDatabase | Get-MailboxDatabaseCopyStatus
```

Achten Sie darauf, dass die produktiven Datenbanken den Status *Mounted* besitzen. Der nächste Schritt besteht darin, dass Sie überprüfen, ob Outlook-Clients noch mit HTTP und TCP auf die Exchange-Clientzugriffsserver zugreifen können. Auch dazu verwenden Sie die Exchange Management Shell und die beiden folgenden Befehle:

```
Test-OutlookConnectivity -Protocol http
Test-OutlookConnectivity -Protocol tcp
```

Bevor Sie den Test mit dem Cmdlet ausführen können, müssen Sie mit dem Exchange-Skript *New-TestCasConnectivityUser.ps1* einen Testbenutzer erstellen. Um das Skript auszuführen, wechseln Sie in der Exchange Management Shell in das Verzeichnis *C:\Program Files\Microsoft\Exchange Server\V15\Scripts*.

Geben Sie den Befehl *.\New-TestCasConnectivityUser.ps1* ein. Anschließend fragt das Skript Sie nach einem sicheren Kennwort für den neuen Testbenutzer. Den Namen des Benutzers legt das Skript selbst fest.

Bestätigen Sie das Anlegen mit der ⏎-Taste. Sie können das Skript auch so starten, dass ein bestimmter Postfachserver automatisch verwendet wird. Die Syntax dazu ist: *Get-MailboxServer | .\New-TestCasConnectivityUser.ps1*. Achten Sie darauf, den Befehl am besten direkt im Verzeichnis *C:\Program Files\Microsoft\Exchange Server\V15\Scripts* auszuführen.

Sie erhalten auch hier eine Rückmeldung, ob die Verbindung erfolgreich war. Alle Clientzugriffsserver filtern Sie mit *Get-ClientAccessServer*. Ob Exchange ActiveSync funktioniert, testen

Sie in der Exchange-Verwaltungsshell mit *Test-ActiveSyncConnectivity -ClientAccessServer <Servername>*.

Zusätzlich stehen noch mehr Cmdlets für die Analyse zur Verfügung. Die Syntax ist ähnlich:

- *Test-OwaConnectivity*
- *Test-EcpConnectivity*
- *Test-WebServicesConnectivity*
- *Test-PopConnectivity*
- *Test-ImapConnectivity*

Microsoft stellt auch ein Tool zur Verfügung, mit dem Anwender Probleme bei der Verbindung von Clients zu Exchange beheben können. Das Microsoft-Verbindungsuntersuchung-Tool laden Anwender auf der Seite des Remote Connectivity Analyzers (*https://testconnectivity.microsoft.com/*) herunter. Die Installationsdatei lässt sich auch direkt über den Link *http://tinyurl.com/ho2jht9* herunterladen. Nach der Installation können Anwender mit dem Tool Verbindungsprobleme mit Outlook lösen.

Zusammenfassung

In diesem Kapitel haben wir Ihnen gezeigt, wie Sie Datenbanken für Postfächer anlegen und diese verwalten. Auch das Exportieren und Importieren von *.pst*-Dateien war Thema dieses Kapitels. Außerdem sind wir in diesem Kapitel auf die Reparatur und die Überprüfung sowie auf die Optimierung der Exchange-Datenbanken eingegangen.

Im nächsten Kapitel zeigen wir Ihnen, wie Sie Server in Exchange 2016 optimal verwalten und einstellen.

Einrichtung und Verwaltung

Kapitel 6

Clientanbindung an Exchange

In diesem Kapitel:

Übersicht über die Clientanbindung 204

Autodiscover und AutoConnect mit Outlook.. 207

Startoptionen zur Fehlerbehebung von Outlook 2016 214

Outlook Web App (OWA) konfigurieren... 215

Mailtipps in Exchange 2016 konfigurieren 224

E-Mails mit Exchange 2016 und Outlook verschlüsseln... 225

Smartphones und Tablet-PCs mit Exchange ActiveSync (EAS) anbinden 230

Zertifikatbasierte Authentifizierung mit ActiveSync und OWA 238

POP3 oder IMAP4 für den mobilen Verbindungsaufbau verwenden................................ 245

Zusammenfassung 248

In diesem Kapitel gehen wir auf die einzelnen Möglichkeiten des Clientzugriffs auf Exchange 2016 ein. Wir zeigen Ihnen die Einrichtung und Verwaltung von Outlook, die Anbindung von Smartphones/Tablet-PCs über Exchange ActiveSync (EAS) sowie Möglichkeiten der Clientanbindung mit Outlook Web App (OWA).

Hinweis

In Exchange Server 2016 gibt es keine dedizierte Serverrolle für den Clientzugriff mehr. Der Clientzugriffsserver wurde abgeschafft, seine Funktion übernehmen zukünftig die Postfachserver. Alle Funktionen, die Clientzugriffsserver beherrschen, werden also von den Postfachservern übernommen.

Outlook Web App in Exchange 2016 bietet umfassende Vorschaufunktionen für Anlagen. Benutzer können für Anlagen eine Onlinevorschau anzeigen. Bei Office-Anlagen bedeutet dies, dass Benutzer eine Benutzeroberfläche verwenden können, um Anlagen online anzuzeigen und zu bearbeiten. Diese Funktion kann durch die Integration von Office Web Apps Server bereitgestellt werden. In Exchange 2016 müssen Sie dazu die neue Version Office Web Apps Server 2016 nutzen.

Standardmäßig werden die folgenden Dateitypen mit Office Web Apps Server angezeigt:

* Word-Dokumente (*.doc-*, *.docx-*, *.dotx-*, *.dot-*, *.dotm*-Erweiterungen)

* Excel-Dokumente (*.xls-*, *.xlsx-*, *.xlsm-*, *.xlm-*, *.xlsb*-Erweiterungen)

* PowerPoint-Dokumente (*.ppt-*, *.pptx-*, *.pps-*, *.ppsx-*, *.potx-*, *.pot-*, *.pptm-*, *.potm-*, *.ppsm*-Erweiterungen)

In Exchange 2010/2013 wurde die Vorschau für Anlagen über die in Exchange integrierte webfähige Dokumentenanzeige angezeigt. Durch die Integration von Office Web Apps Server in Exchange 2016 ruft Exchange diesen auf, wenn ein Benutzer eine Vorschau für eine Office-Anlage anzeigen will.

Übersicht über die Clientanbindung

In Exchange werden die Verarbeitungen von Besprechungsanfragen und Terminen vom Client auf den Server verlegt. Dies hat den Vorteil, dass keine Inkonsistenzen entstehen können, wenn mit mehreren Clients, zum Beispiel PC, OWA und Smartphone, auf Postfächer zugegriffen wird. Unter den Vorgängerversionen von Exchange 2007 wurden die Termine von den Clients verwaltet und nur auf den Exchange-Server repliziert.

Die verschiedenen Clients und Geräte, also OWA, Smartphones/Tablet-PCs, Heim-PCs und Unternehmens-PCs, greifen immer auf die aktuellen Daten der Termine zu, Outlook muss dabei nicht gestartet sein. Da die Termine durch den Server selbst verwaltet werden, stehen die Frei/Gebucht-Zeiten immer in Echtzeit zur Verfügung. Außerdem können diese Daten auch gesamtstrukturübergreifend repliziert werden. Für die Verwaltung der servergespeicherten Terminverwaltung sind Server zuständig.

Die Funktionen der serverbasierten Terminverwaltung unterstützen Outlook 2010/2013/2016. Besprechungsräume und Ressourcen werden im Adressbuch separat dargestellt und können als Empfängerobjekte auch getrennt angelegt werden (siehe Kapitel 7). Dadurch erkennt Exchange automatisch, ob es sich bei einem Empfänger um eine Ressource oder um einen Besprechungsraum handelt, und Anwender müssen nicht mehr im Adressbuch nach Besprechungsräumen suchen. Ressourcen werden daher unter Exchange 2016 auch explizit als Ressourcen hinzugefügt und nicht – wie in früheren Versionen – als normale Teilnehmer. Durch diese getrennte Verwaltung werden die Objekte in Outlook Web App und Outlook in der Terminplanung auch als eigener Bereich dargestellt. Anwender können das Outlook Web App-Design anpassen.

Das Verschieben von Postfächern zu Exchange 2016 hat Microsoft seit Exchange 2013 ebenfalls verbessert. Es lassen sich mehr Postfächer gleichzeitig verschieben und E-Mail-Benachrichtigungen beim Verschieben versenden. Bei Problemen kann der Assistent den Vorgang wiederholen, und Postfächer können priorisiert verschoben werden. Außerdem besteht die Möglichkeit, den Zugriff nach dem Verschieben erst nach einer Überprüfung freizuschalten.

Exchange-Clientzugriff in der Management Shell testen

In Exchange sind einige Cmdlets integriert, die beim Testen von Verbindungen von Clients helfen können. Der beste Weg dazu ist, wenn Sie zunächst die Anmeldedaten des zu testenden Benutzerkontos in einer Variable speichern:

```
$credential = Get-Credential
```

Anschließend können Sie die verschiedenen Verbindungstypen testen. Dazu stehen folgende Cmdlets zur Verfügung:

- *Test-ActiveSyncConnectivity*
- *Test-ArchiveConnectivity*
- *Test-CalendarConnectivity*
- *Test-EcpConnectivity*
- *Test-ImapConnectivity*
- *Test-MAPIConnectivity*
- *Test-OAuthConnectivity*
- *Test-OutlookConnectivity*
- *Test-PopConnectivity*
- *Test-PowerShellConnectivity*
- *Test-SmtpConnectivity*
- *Test-UMConnectivity*
- *Test-WebServicesConnectivity*

Falls Sie für die einzelnen Cmdlets noch erweiterte Informationen eingeben müssen, erhalten Sie dies in der Exchange Management Shell angezeigt. Mit der Zeichenfolge *!?* erhalten Sie Informationen zur abgefragten Funktion. Beispiele erhalten Sie mit folgendem Befehl:

```
Get-Help <Cmdlet> -Examples
```

Funktionen in Outlook zusammen mit Exchange

Im Zusammenspiel von Outlook und Exchange 2016 hat Microsoft Funktionen integriert, die für Unternehmenskunden und Administratoren einige Erleichterungen in der Bedienung und Verwaltung bieten. Viele Funktionen sind auch bereits ab Exchange 2007 verfügbar. Microsoft hat die Funktionen für Exchange 2016 aber verbessert.

Den Abwesenheits-Assistenten in Outlook 2007 hatte Microsoft zusammen mit Exchange 2007 bereits komplett überarbeitet und ab Exchange 2010 weiter verbessert. Eine Möglichkeit ist, dass Sie eine Zeitspanne angeben können, innerhalb der der Abwesenheits-Assistent aktiviert sein soll. Sie müssen daher nicht manuell den Assistenten aktivieren und deaktivieren.

Dadurch können die Anwender auch nicht mehr vergessen, den Abwesenheits-Assistenten zu deaktivieren, sobald sie wieder aus dem Urlaub zurück sind. Eine weitere Möglichkeit ist, dass Sie direkt im Abwesenheits-Assistenten einen getrennten Text für interne und externe Mitarbeiter eingeben können.

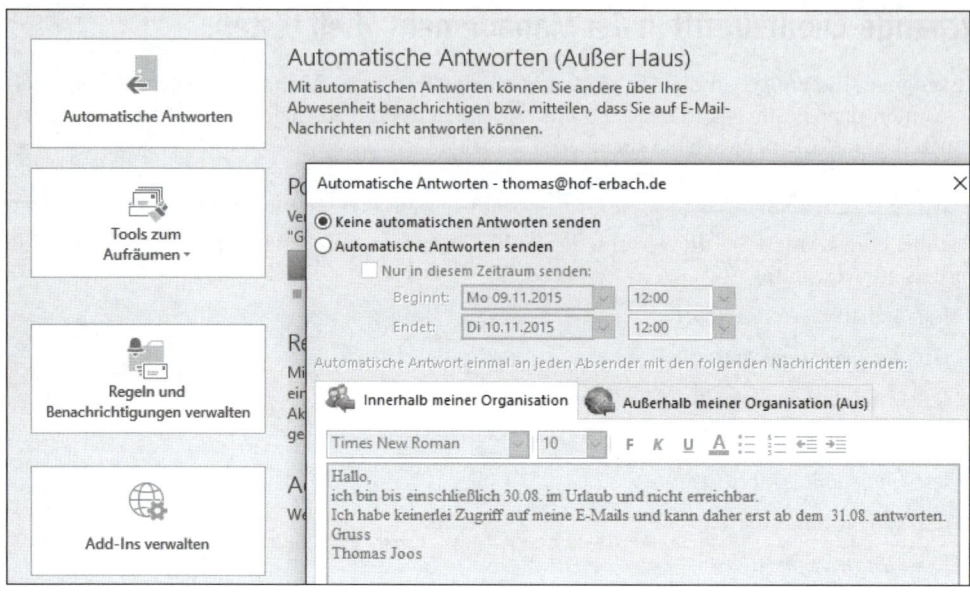

Abbildung 6.1: Konfigurieren des Assistenten für automatische Antworten

Seit Outlook 2010 trägt der Assistent die Bezeichnung *Automatische Antworten* und ist auf der Registerkarte *Datei* zu finden. Sie können auch für Nachrichten, die der Abwesenheits-Assistent aus dem Unternehmen hinaus schickt, festlegen, dass nur Ihre Kontakte die Nachrichten erhalten, keine anderen Empfänger. Sie können aber auch weiterhin festlegen, dass alle externen Absender eine Nachricht erhalten. Administratoren können wiederum festlegen, zu welchen Zieldomänen überhaupt Nachrichten des Abwesenheits-Assistenten geschickt werden können, und einzelne Domänen der Liste hinzufügen oder daraus entfernen (siehe Kapitel 4).

Haben Sie automatische Antworten aktiviert, erscheint in Outlook 2016 eine Meldung und es wird eine Leiste eingeblendet, über die Sie den Assistenten konfigurieren oder deaktivieren können.

Der Assistent lässt sich auch über Outlook Web App konfigurieren. Hier haben Sie die gleichen Möglichkeiten wie unter Outlook, können aber von überall auf der Welt auf den Assistenten zugreifen (zum Beispiel wenn der Urlaub wegen Flugausfällen etwas länger dauert). Outlook und Outlook Web App verwenden dazu die gleichen Daten, sodass Sie den Assistenten zum Beispiel vom Urlaubsort aus aktivieren können, wenn Sie die Aktivierung vergessen haben. Sie erreichen die Konfiguration des Assistenten für automatische Antworten im *Einstellungen*-Menü (Zahnradsymbol) über *Optionen/E-Mail/Automatische Antworten* in Outlook Web App.

Hinweis

Exchange sendet an jeden Absender nur einmal am Tag eine Abwesenheitsnachricht. Bei weiteren Nachrichten, die der gleiche Absender an Sie sendet, erhält er an diesem Tag keine Nachricht mehr. Exchange speichert, an wen Abwesenheitsnachrichten gesendet wurden.

Schickt der gleiche Absender noch einmal eine E-Mail an Sie, erhält er wieder eine Nachricht, aber auch wieder nur eine pro Tag. Dies trägt wesentlich zur Reduzierung des E-Mail-Verkehrs auf dem Exchange-Server bei.

Microsoft-Verbindungsuntersuchung

Microsoft stellt ein Tool zur Verfügung, mit dem Sie Probleme bei der Verbindung von Clients beheben können. Den Microsoft Connectivity Analyzer können Sie von der Seite *http://tinyurl.com/hrw76gc* herunterladen. Er ist auf der Seite *Client* des Remote Connectivity Analyzers zu finden. Nach der Installation können Sie über das Tool Verbindungsprobleme mit Outlook lösen. Mit Assistenten können sich Anwender dabei auch selbst helfen. Das Tool hilft auch bei der Problemlösung zur Anbindung an Office 365.

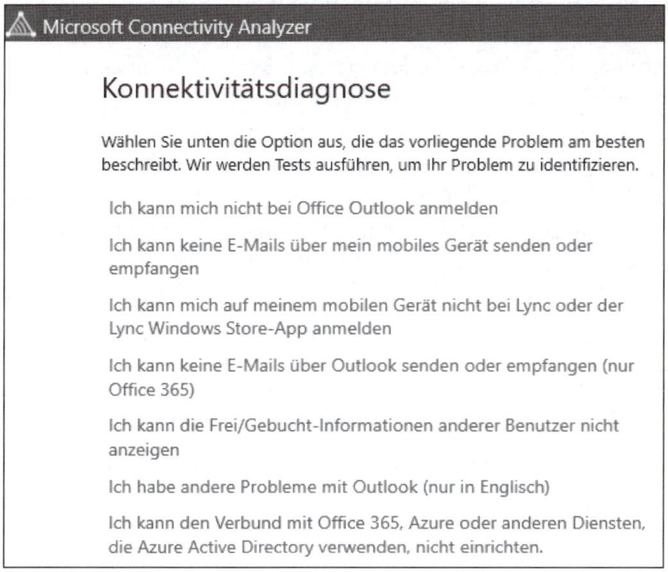

Abbildung 6.2: Diagnostizieren von Verbindungsproblemen mit Outlook-Clients

---

Tipp

Wenn sich Outlook 2016 nicht mit Exchange 2016 verbinden kann, deaktivieren Sie in den Kontoeinstellungen testweise den Cachemodus. Teilweise funktioniert dann die Verbindung. Schalten Sie danach den Cachemodus wieder ein, funktioniert dieser oft ohne Probleme.

Autodiscover und AutoConnect mit Outlook

Exchange 2016 bietet in Verbindung mit Outlook 2013/2016 die Funktionen Autodiscover und AutoConnect. Outlook 2016 lässt sich nicht mehr manuell an Exchange anbinden, sondern erfordert immer eine korrekt konfigurierte AutoConnect-Funktion.

Allgemeine Informationen zur automatischen Anbindung an Exchange

Die Funktionen zur automatischen Anbindung von Clients ersparen Anwendern und Administratoren die komplexe Konfiguration am Client und bieten die Einrichtung direkt am Server. Damit diese automatische Verbindung funktioniert, wird Exchange eng an das DNS-System angebunden und die Webserverkomponente (IIS) des Servers genutzt.

Anwender müssen Outlook nur noch starten, um sich mit dem Exchange-Server zu verbinden. Postfachserver und Authentifizierung entnimmt Outlook aus den Anmeldedaten am PC oder durch die Eingabe manueller Anmeldedaten. Diese Anmeldung lässt sich auch über das Internet durchführen. Dazu müssen Administratoren auf den DNS-Servern, die die Namensauflösung der E-Mail-Domäne durchführen, die Daten hinterlegen.

Starten Sie Outlook 2010/2013/2016 zum ersten Mal und haben Sie noch kein Mailprofil eingerichtet, versucht Outlook, aus dem Anmeldenamen automatisch einen Exchange-Server zu ermitteln. Aktivieren Sie die Option *Servereinstellung oder zusätzliche Servertypen manuell konfigurieren* bzw. *Manuelle Konfiguration oder zusätzliche Servertypen*, können Sie auch manuell die erforderlichen Einstellungen vornehmen.

In einem optimal konfigurierten Active Directory erkennt Outlook den Exchange-Server automatisch durch die Benutzeranmeldung am PC. Den Postfachserver und die Authentifizierung entnimmt Outlook aus den Anmeldedaten am PC. Diese Verbindung baut Outlook in Zusammenarbeit mit den Internetinformationsdiensten (IIS) auf dem Exchange-Server auf. Rufen Sie auf dem Exchange-Server mit der Clientzugriffsrolle den Internetinformationsdienste-Manager auf, sehen Sie unterhalb der Standardwebseite einen virtuellen Ordner mit der Bezeichnung *Autodiscover*.

Abbildung 6.3: Exchange arbeitet mit den Webdiensten auf dem Server für die Anbindung

Auf Basis der E-Mail-Adresse und des Anmeldenamens ermittelt Outlook den entsprechenden Server und stellt eine Verbindung her. Dazu müssen Sie allerdings bei der Ausstellung eines neuen Exchange-Zertifikats Autodiscover auch über das Internet zur Verfügung stellen, wenn Sie Clients über das Internet an lokale Exchange-Server anbinden wollen.

Damit Clients wissen, welche Exchange-Server sie nach einer Verbindung fragen sollen, ist in Active Directory hinterlegt, auf welchen Exchange-Servern mit der Clientzugriffs-Serverrolle die Autodiscover-Funktion zur Verfügung steht. Diesen Dienst bezeichnet Microsoft als Dienstknoten. Sie lassen sich dessen Einstellungen im Snap-In *Active Directory-Standorte und -Dienste* anzeigen. Dazu müssen Sie im Menü *Ansicht* den Befehl *Dienstknoten anzeigen* wählen.

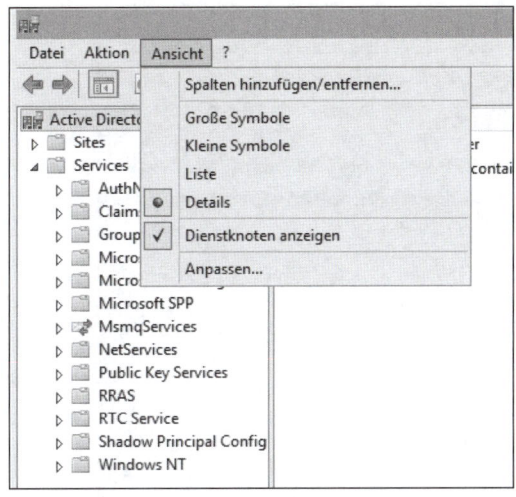

Abbildung 6.4: Anzeigen des Dienstknoten im Snap-In Active Directory-Standorte und -Dienste

Navigieren Sie dann zu *Microsoft Exchange/<Organisation>/Administrative Groups/Exchange Administrative Group/Servers/<Servername>/Protocols/Autodiscover*. Auf der rechten Seite rufen Sie die Eigenschaften des Exchange-Servers auf. Anschließend legen Sie auf der Registerkarte *Attribut-Editor* die Einstellungen fest.

Hier zeigt Active Directory alle Server der Organisation an, da standardmäßig bei dieser Rolle immer Autodiscover mit installiert wird. In Outlook lassen Sie sich die automatische Verbindung ebenfalls anzeigen. Starten Sie Outlook auf einem Computer, der Mitglied einer Domäne ist, sucht der Client die Einträge der Dienstverbindungspunkte (Service Connection Points, SCP). Outlook verbindet sich dann mit dem ersten SCP in der Liste, um sich mit seinem passenden Server zu verbinden.

Starten Sie Outlook 2016 auf einem Computer, der nicht Mitglied der Domäne ist, kann der Client Active Directory nicht durchsuchen. In diesem Fall verwendet Outlook den DNS-Eintrag der E-Mail-Adresse, die beim Start eingegeben werden muss. Outlook 2016 versucht sich dann mit einem Server zu verbinden und verwendet dazu die folgenden URLs:

https://Autodiscover.<DNS-Name der E-Mail-Domäne>/autodiscover/autodiscover.xml

und

https://<DNS-Name der E-Mail-Domäne>/autodiscover/autodiscover.xml

Damit Outlook eine Verbindung zu den Servern herstellen kann, muss sich der Servername auflösen lassen. Dies bedeutet, dass Sie DNS-Einträge in der DNS-Zone oder den öffentlichen DNS-Servern für Ihre Zone erstellen müssen, damit auf diese Webseiten zugegriffen werden kann.

Sobald Sie Outlook gestartet haben, erscheint im Infobereich der Taskleiste das Outlook-Symbol. Wenn Sie mit der rechten Maustaste auf das Symbol klicken und dabei die ⌈Strg⌉-Taste gedrückt halten, steht Ihnen die Option *E-Mail-AutoKonfiguration testen* zur Verfügung.

Sobald Sie den Menüpunkt aufrufen, beginnt Outlook mit dem Verbindungstest. Geben Sie die E-Mail-Adresse und das Kennwort des Kontos für den Test ein. Sobald Sie auf die Schaltfläche *Test* klicken, versucht sich der Client mit dem entsprechenden Server zu verbinden und zeigt Informationen an. Hier dürfen keine Fehler erscheinen, ansonsten lässt sich Outlook 2016 nicht an Exchange anbinden.

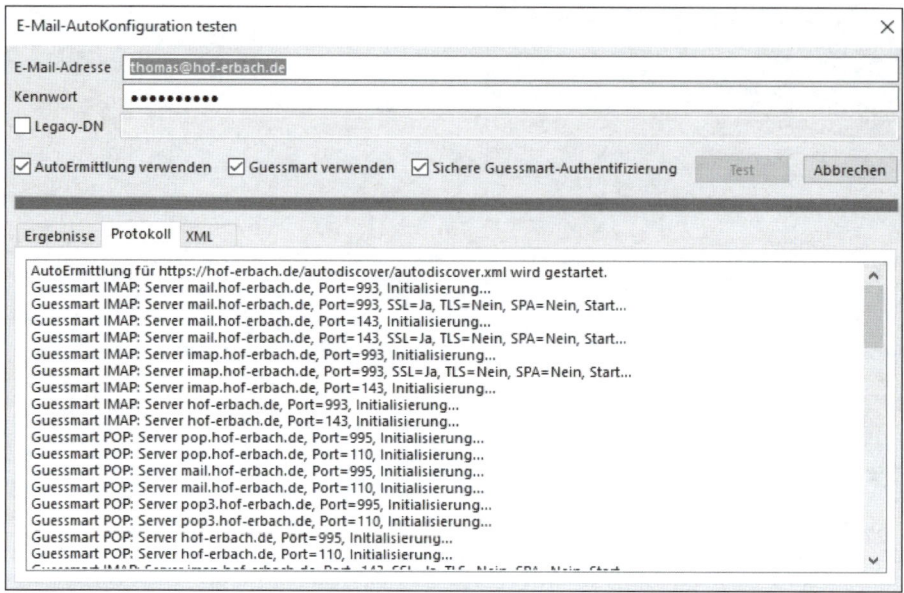

Abbildung 6.5: Autodiscover-Test in Outlook 2016

Auf den verschiedenen Registerkarten sehen Sie die Abläufe bei der Verbindung, die Outlook auch verwendet, wenn erstmalig eine Verbindung zum Server aufgebaut werden soll. Wollen Sie die eingetragenen Daten in Outlook 2016 über Autodiscover aktualisieren, wechseln Sie zur Registerkarte *Datei* und wählen darin *Kontoeinstellungen/Kontoeinstellungen*.

Klicken Sie dann im neuen Fenster auf *Reparieren*, um die Einstellungen erneut abzurufen. Outlook verbindet sich über Autodiscover mit dem Server und ruft die aktuellen Daten ab. So stellen Sie fest, ob Autodiscover im Netzwerk funktioniert.

Starten Sie Outlook 2016 das erste Mal und haben Sie noch kein Profil eingerichtet, versucht Outlook automatisch anhand des Anmeldenamens und des Kennworts des Benutzerkontos in der Domäne einen Exchange-Server zu finden.

Aktivieren Sie in Outlook 2013 die Option *Manuelle Konfiguration oder zusätzliche Servertypen*, können Sie auch manuell die notwendigen Einstellungen vornehmen, falls der Client den Server nicht automatisch findet. Das funktioniert in Outlook 2016 allerdings nicht mehr.

Hinweis

In Outlook 2016 verwalten Sie mehrere Exchange-Konten gleichzeitig, auch zusammen mit anderen POP3/IMAP4-Konten. Wollen Sie ein weiteres Konto erstellen, klicken Sie auf die Schaltfläche *Konto hinzufügen*. Sie können diesen Vorgang jederzeit über die Registerkarte *Datei* durchführen.

Bei der Verbindung arbeitet Outlook bereits mit Verschlüsselung und verwendet das hinterlegte Zertifikat auf dem Exchange-Server (siehe Kapitel 2). Standardmäßig ist das Zertifikat durch den Exchange-Server selbst signiert. Haben Sie dieses Zertifikat nicht durch ein Zertifikat einer Zertifizierungsstelle ersetzt, der die Clients vertrauen, erhalten Anwender teilweise bei der Serververbindung eine Zertifikatwarnung, die sie zunächst bestätigen müssen. Wie Sie diesen Fehler umgehen und ein Zertifikat für Ihre Server hinterlegen, erfahren Sie in Kapitel 2.

Eine weitere Möglichkeit zur Umgehung der Warnung ist, dass Sie das Zertifikat, das der Exchange-Server sich selbst ausstellt, als vertrauenswürdige Stammzertifizierungsstelle installieren. Dazu gehen Sie folgendermaßen vor:

1. Erscheint beim Outlook-Start die Zertifikatwarnung, klicken Sie auf die Schaltfläche *Zertifikat anzeigen*.
2. Als Nächstes zeigt der Computer das Zertifikat an. Klicken Sie im neuen Fenster auf *Zertifikat installieren*.
3. Klicken Sie auf der ersten Seite des Zertifikatimport-Assistenten auf *Weiter*.
4. Auf der zweiten Seite des Assistenten legen Sie den Zertifikatspeicher fest. Hier aktivieren Sie die Option *Alle Zertifikate in folgendem Speicher speichern*.
5. Wählen Sie als Speicher *Vertrauenswürdige Stammzertifizierungsstellen* aus, und klicken auf *Weiter*.
6. Schließen Sie den Assistenten ab. Als Nächstes erscheint eine Warnmeldung. Bestätigen Sie diese, installieren Sie das Zertifikat, und bestätigen Sie die Meldung.
7. Unter Umständen erscheint eine weitere Warnung des Zertifikats. Klicken Sie an dieser Stelle auf *Ja*. Schließen Sie nach dem erfolgreichen Import Outlook, und starten Sie das Programm neu. Outlook sollte sich jetzt fehlerfrei starten lassen.

Nach der erfolgreichen Verbindung wird zuerst eine lokale Kopie des Postfachs auf dem Client angelegt, damit auch bei einer Trennung vom Exchange-Server weitergearbeitet werden kann. Ist die Erstellung des Profils abgeschlossen, startet Outlook 2016, zeigt den Posteingang an, und der Client ist mit dem Exchange-Server verbunden.

Autodiscover in der Exchange Management Shell testen

Sie können sich die Einstellungen für Autodiscover auch in der Exchange Management Shell anzeigen lassen. Rufen Sie dazu das Cmdlet *Get-AutodiscoverVirtualDirectory* auf. Die Ausgabe zeigt die Server an, die über einen solchen Ordner verfügen. Verwenden Sie noch die Option *|fl*, um ausführlichere Informationen anzuzeigen. Mit dem Cmdlet *Set-AutodiscoverVirtualDirectory* ändern Sie Einstellungen für Autodiscover.

```
                                          Computer: mail01.contoso.int
[PS] C:\Windows\system32>Get-ClientAccessService |fl AutoDiscover*

AutoDiscoverServiceCN          : mail01
AutoDiscoverServiceClassName   : ms-Exchange-AutoDiscover-Service
AutoDiscoverServiceInternalUri : https://mail01.contoso.int/Autodiscover/Autodiscover.xml
AutoDiscoverServiceGuid        : 77378f46-2c66-4aa9-a6a6-3e7a48b19596
AutoDiscoverSiteScope          : <Default-First-Site-Name>

AutoDiscoverServiceCN          : mail02
AutoDiscoverServiceClassName   : ms-Exchange-AutoDiscover-Service
AutoDiscoverServiceInternalUri : https://mail02.contoso.int/Autodiscover/Autodiscover.xml
AutoDiscoverServiceGuid        : 77378f46-2c66-4aa9-a6a6-3e7a48b19596
AutoDiscoverSiteScope          : <Default-First-Site-Name>

AutoDiscoverServiceCN          : mail03
AutoDiscoverServiceClassName   : ms-Exchange-AutoDiscover-Service
AutoDiscoverServiceInternalUri : https://mail03.contoso.int/Autodiscover/Autodiscover.xml
AutoDiscoverServiceGuid        : 77378f46-2c66-4aa9-a6a6-3e7a48b19596
AutoDiscoverSiteScope          : <Default-First-Site-Name>
```

Abbildung 6.6: Anzeigen der Autodiscover-Einstellungen der Server in der Organisation

Auch mit dem Cmdlet *Get-ClientAccessServer |fl* können Sie sich Informationen zu Autodiscover-Einstellungen der einzelnen Server anzeigen lassen. Verwenden Sie den Befehl *Get-Clien-*

tAccessServer |fl AutoDiscover*, zeigt die Konsole nur Informationen zum Thema an. Alternativ verwenden Sie das Cmdlet *Get-ClientAccessService*.

Erstellen eines DNS-Eintrags für Autodiscover

Sie können Autodiscover von Outlook 2016 auch über DNS erstellen. Dazu müssen Sie in der DNS-Verwaltung innerhalb der Zone einen neuen SRV-Eintrag erstellen. So können auch Computer, die nicht Mitglied einer Domäne sind, den passenden Server finden.

Handelt es sich bei der SMTP-Domäne um eine andere Domäne als Ihre DNS-Domäne für Active Directory, müssen Sie auf den Servern eine neue Zone erstellen. Ansonsten können Sie die bestehende Zone weiterverwenden, wenn Sie die Einträge korrekt erstellen.

Die Zone muss mit der rechten Seite der SMTP-Adressen übereinstimmen. Setzen Sie mehrere SMTP-Adressen in Ihrem Unternehmen ein, müssen Sie einen SRV-Datensatz für die automatische Ermittlung in jeder Zone erstellen. Auf externen DNS-Servern sollte der Eintrag aus folgenden Daten bestehen:

- Service: _autodiscover
- Protocol: _tcp
- Port Number: 443
- Host: Externer DNS-Name, für den das Zertifikat gültig ist und den Sie auch für OWA oder Outlook verwenden

Autodiscover mit Office 365 und Exchange

Nutzen Unternehmen eigene E-Mail-Domänen in Office 365, muss auch hier auf die Autodiscover-Funktion geachtet werden. Das gilt auch beim Einsatz von Hybridszenarien. Wird bei der Einrichtung der eigenen Domäne die Option verwendet, dass für die DNS-Domäne die DNS-Server von Office 365 verwendet werden, steht Autodiscovery automatisch zur Verfügung.

Die Einstellungen der Domäne lassen sich in der DNS-Domänenverwaltung von Office 365 (*http://tinyurl.com/jkcaxqu*) anzeigen und anpassen.

Der einfachste Weg, um Autodiscover für Office 365 zur Verfügung zu stellen, ist das Erstellen eines neuen CNAME-Eintrags in der Zone mit der E-Mail-Domäne. Dieser trägt als Host die Bezeichnung *autodiscover* und leitet die Anfrage an den Host *autodiscover.outlook.com* um. Dadurch sollten sich alle Clientgeräte problemlos anbinden lassen. Beachten Sie aber, dass es mehrere Stunden dauern kann, bis die Einrichtung funktioniert.

Die Konfiguration von Autodiscover lässt sich auch im Remote Connectivity Analyzer (*https://testconnectivity.microsoft.com*) überprüfen. Für Office 365 sind die Einstellungen auf der Registerkarte *Office 365* im Bereich *Microsoft Office Outlook Connectivity Test* zu finden. Nachdem die Daten der Domäne eingegeben wurden, lässt sich der Test starten. Anschließend erhalten Anwender und Administratoren umfassende Informationen zur Autodiscover-Funktion. Wichtig an dieser Stelle ist, dass mindestens ein Schritt der automatischen Ermittlung funktioniert. Nur dann ist sichergestellt, dass sich die verschiedenen Clients automatisiert an Office 365 anbinden lassen.

Autodiscover in Hybrid-Umgebungen

Arbeiten Unternehmen parallel mit lokalen Exchange-Servern (On-premise) und zusätzlich mit Office 365, muss die Autodiscover-Funktion ebenfalls entsprechend angepasst werden. In einer solchen Hybrid-Umgebung sollte der Eintrag auf einem öffentlichen DNS-Server erfolgen. Die öffentliche IP-Adresse der E-Mail-Domäne und für den Autodiscover-Eintrag sollte zum lokal installierten Exchange-Server geleitet werden. Dieser kann Office 365 und Exchange Online über Anfragen informieren. Hier sollten auch A-Records verwendet werden, keine SRV-Records.

Kommt in Office 365 eine Anfrage eines Clients für Autodiscover an, leitet Office 365 diese an den lokalen Exchange-Server weiter. Die XML-Datei für Autodiscover wird danach zu Office 365 übertragen und an den Client weitergegeben.

Sind im Unternehmen mehrere Exchange-Versionen im Einsatz, zum Beispiel Exchange Server 2007/2010 mit Exchange Server 2013/2016, sollte der Autodiscover-Eintrag am besten zu einem Server mit Exchange Server 2013/2016 weitergeschickt werden. Dies liegt daran, dass die neuen Exchange-Versionen besser mit den Informationen umgehen können und besser mit Office 365 zusammenarbeiten.

Vor allem in solchen Umgebungen ist es sehr sinnvoll, in Exchange mit einem öffentlich zugänglichen Zertifikat zu arbeiten. Die notwendigen Voraussetzungen und Konfigurationen sind auf der Seite O365info.com (*http://tinyurl.com/zvmpjdl*) zu finden.

Autodiscover mit Exchange und Lync/Skype

Auch Lync/Skype benötigt für die Anbindung von Clients eine Autodiscover-Funktion. Für Lync 2013 bzw. Skype for Business Server 2015 können Administratoren ein vorhandenes Lync-/Skype-Server-Zertifikat als Server-zu-Server-Authentifizierungszertifikat verwenden oder ein neues anfordern. Lync 2013 und Skype for Business Server 2015 lassen die Verwendung eines beliebigen Webserverzertifikats als Zertifikat für die Server-zu-Server-Authentifizierung zu. Nachdem die Zertifikate zugewiesen sind, müssen Administratoren den AutoErmittlungsdienst in Exchange konfigurieren und in Office 365 überprüfen. Um die Funktion zu überprüfen, sollten Administratoren den Wert der *AutoDiscoverServiceInternalUri*-Eigenschaft überprüfen:

```
Get-ClientAccessServer |fl
```

Ist dieser Wert leer, muss dem AutoErmittlungsdienst eine URI zugewiesen werden. Administratoren können den URI für den AutoErmittlungsdienst mit dem folgenden Befehl zuordnen:

```
Get-ClientAccessServer | Set-ClientAccessServer -AutoDiscoverServiceInternalUri "https://autodiscover.<FQDN der Domäne>/autodiscover/autodiscover.xml"
```

Wurde der Wert für den AutoErmittlungsdienst gesetzt, muss dieser noch in der Lync-/Skype for Business Server 2015-Verwaltungsshell eingetragen werden:

```
Set-CsOAuthConfiguration -Identity global -ExchangeAutodiscoverUrl "https://autodiscover.<Domäne>/autodiscover/autodiscover.svc"
```

Startoptionen zur Fehlerbehebung von Outlook 2016

Outlook 2013/2016 lassen sich mit einigen zusätzlichen Optionen starten. Entweder verwenden Sie dazu das Dialogfeld *Ausführen* (Aufruf mit ⊞+R) und tippen »Outlook / <Option>« ein oder Sie rufen Sie Befehl über das Fenster einer Eingabeaufforderung auf. Diese Optionen dienen hauptsächlich zur Fehlerbehebung.

Wir kommen im Rahmen der Einrichtung von Outlook Anywhere noch auf die Option *Outlook.exe /rpcdiag* zurück, die den RPC-Verkehr zwischen Client und Exchange-Server oder Office 365 anzeigt (siehe Kapitel 16). Kann *Outlook.exe* nicht direkt über das Dialogfeld *Ausführen* gestartet werden, müssen Sie noch den Pfad zur Datei *Outlook.exe* angeben.

Dieser ist standardmäßig *C:\Program Files\Microsoft Office\Office15* für Outlook 2013 und *C:\Program Files (x86)\Microsoft Office\root\Office16* für Outlook 2016. Alternativ können Sie auch die Eigenschaften der Verknüpfung von Outlook 2016 auf dem Desktop oder dem Startmenü anpassen und die Option hinzufügen. Die wichtigsten Startoptionen sind:

- **/checkclient**   Das Standardprogramm für E-Mails, News und Kontakte wird abgefragt.
- **/cleancategories**   Sämtliche benutzerdefinierten, von Ihnen erstellten Kategorienamen werden gelöscht, und die Standardnamen der Kategorien werden wiederhergestellt.
- **/cleanclientrules**   Outlook wird gestartet, und die clientbasierten Regeln werden gelöscht.
- **/cleandmrecords**   Die Protokolldatensätze, die gespeichert werden, wenn ein Vorgesetzter oder ein Stellvertreter eine Besprechung ablehnt, werden gelöscht.
- **/cleanfinders**   Suchordner werden aus dem Microsoft Exchange Server-Speicher entfernt.
- **/cleanfreebusy**   Frei/Gebucht-Informationen werden gelöscht und erneut generiert. Diese Befehlszeilenoption kann nur verwendet werden, wenn Sie eine Verbindung zu einem Exchange Server-Computer herstellen können.
- **/cleanreminders**   Erinnerungen werden gelöscht und erneut generiert.
- **/cleanroamedprefs**   Alle zuvor servergespeicherten Einstellungen werden gelöscht und aus den lokalen Einstellungen erneut auf den Computer kopiert, auf dem diese Option verwendet wird. Hierzu zählt die Einstellung für Serverspeicherung von Erinnerungen, Frei/Gebucht-Rastern, Arbeitsstunden, Kalenderveröffentlichungen und RSS-Regeln.
- **/cleanrules**   Outlook wird gestartet, und client- sowie serverbasierte Regeln werden gelöscht.
- **/cleanserverrules**   Outlook wird gestartet, und serverbasierte Regeln werden gelöscht.
- **/cleansharing**   Entfernt alle RSS-, Internetkalender- und SharePoint-Abonnements aus den Kontoeinstellungen, belässt jedoch zuvor heruntergeladene Inhalte auf dem Computer. Diese Option sollten Sie verwenden, wenn Sie eines dieser Abonnements in Outlook 2010/2013/2016 nicht löschen können.
- **/cleansniff**   Doppelt vorhandene Erinnerungsnachrichten werden gelöscht.
- **/cleansubscriptions**   Abonnementnachrichten und Eigenschaften für Abonnementfeatures werden gelöscht.

- **/cleanviews**   Standardansichten werden wiederhergestellt. Sämtliche von Ihnen erstellten benutzerdefinierten Ansichten gehen verloren.

- **/finder**   Öffnet das Dialogfeld *Erweiterte Suche*.

- **/importNK2**   Liest *.nk2*-Dateien mit E-Mail-Adressen-Vorschlägen bei Migrationen von Outlook 2007 ein.

- **/nopreview**   Outlook wird mit deaktiviertem Lesebereich gestartet.

- **/profile <Profilname>**   Das angegebene Profil wird geladen. Enthält der Profilname ein Leerzeichen, setzen Sie den Profilnamen in Anführungszeichen.

- **/profiles**   Das Dialogfeld *Profil auswählen* wird geöffnet.

- **/recycle**   Outlook wird in einem bereits vorhandenen Outlook-Fenster gestartet, sofern eines vorhanden ist. Wird zusammen mit */explorer* oder */folder* verwendet.

- **/resetfolders**   Fehlende Ordner werden am Standardnachrichtenübermittlungsort wiederhergestellt.

- **/resetfoldernames**   Standardordnernamen (wie *Posteingang* oder *Gesendete Objekte*) werden auf die Standardnamen für die derzeit verwendete Sprache der Benutzeroberfläche von Office zurückgesetzt.

- **/rpcdiag**   Outlook wird geöffnet, und das Dialogfeld für den Verbindungsstatus des Remoteprozeduraufrufs (Remote Procedure Call, RPC) wird angezeigt.

- **/sniff**   Outlook wird gestartet, und eine Erkennung neuer Besprechungsanfragen im Posteingang wird erzwungen. Die Anfragen werden anschließend dem Kalender hinzugefügt.

Outlook Web App (OWA) konfigurieren

Outlook Web App erreichen Sie über den Link *https://<Servername>/owa*. Anwender erhalten in der OWA-Oberfläche eine Ansicht für ihre E-Mails, die nahezu der Ansicht in Outlook entspricht.

Outlook Web App ist bereits standardmäßig aktiviert, und Sie müssen keine Konfigurationsmaßnahmen durchführen. Um intern auf die OWA-Webseite zuzugreifen, geben Sie im Browser die Adresse *https://<Servername>/owa* ein. OWA bietet mehrere Auswahlmöglichkeiten für die Authentifizierung am Server. Nach dem Setup ist die Standardeinstellung für die Sicherheit die formularbasierte Authentifizierung. Dies kann auf verschiedene Arten je nach den Anforderungen Ihres Unternehmens gesteigert werden.

Die Internetinformationsdienste (Internet Information Services, IIS) führen eine Authentifizierung bei Active Directory durch, um sicherzustellen, dass der betreffende Benutzer über Domänenrechte verfügt. Sie können auch Standardauthentifizierung, Digestauthentifizierung, RSA SecurID oder sogar Smartcard-Anmeldung für den Zugriff auf E-Mails verwenden.

Die höchste Sicherheit für OWA bietet die integrierte Sicherheit von Windows, die Kerberos und NTLM kombiniert. Die integrierte Sicherheit von Windows ist für Outlook Web App-Webpartzugriff sowie für Server-Verkehr zwischen Active Directory-Standorten erforderlich. Sie bietet zudem zusätzliche Vorteile für Benutzer, die auf OWA in einem Intranet zugreifen. Es reicht ein einmaliges Anmelden mit Windows-Clientauthentifizierung, wodurch Sie sich nicht bei OWA anmelden müssen, wenn Sie bereits ein vertrauenswürdiger Benutzer sind.

Wenn Sie die formularbasierte Authentifizierung verwenden, also die Standardeinstellung, wird OWA nach einem bestimmten Zeitraum der Inaktivität aufgrund einer Zeitüberschreitung beendet. Je nachdem, ob der Benutzer einen öffentlichen oder privaten Computer wählt (wenn bei der Anmeldung gefragt), kann der Timeout 15 Minuten (bei öffentlichen Computern) oder acht Stunden (bei privaten Computern) betragen. Die Wahl eines öffentlichen statt eines privaten Computers ist wichtig für Ihre Benutzer, da andere Sicherheitseinstellungen in Abhängigkeit von dieser Einstellung auch anders konfiguriert sein können. Sie können beispielsweise Anlagen auf öffentlichen Rechnern sperren oder Authentifizierungstimeouts ändern.

OWA-Zugriff für Benutzerkonten aktivieren und deaktivieren

Standardmäßig ist der OWA-Zugriff für Anwender aktiviert. Wollen Sie für einzelne Anwender den Zugriff deaktivieren, können Sie im Exchange Admin Center deren Eigenschaften aufrufen und auf die Registerkarte *Postfachfunktionen* klicken. Hier können Sie OWA deaktivieren oder aktivieren. Die Verwaltung der Benutzerkonten findet über *Empfänger/Postfächer* statt (siehe Kapitel 7). Sie finden diese Einstellung im Abschnitt *E-Mail Konnektivität* im unteren Bereich.

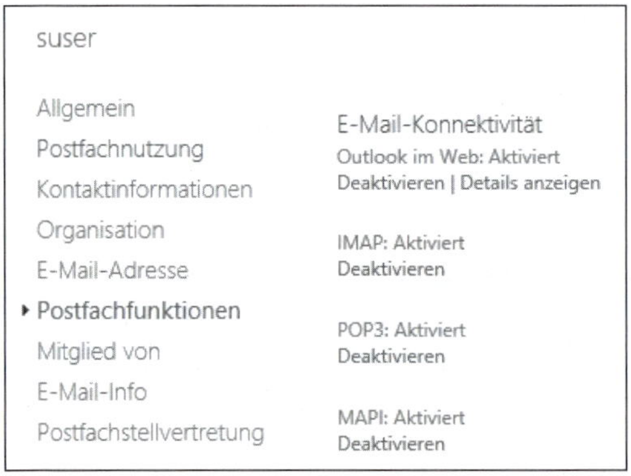

suser

Allgemein
Postfachnutzung
Kontaktinformationen
Organisation
E-Mail-Adresse
▸ Postfachfunktionen
Mitglied von
E-Mail-Info
Postfachstellvertretung

E-Mail-Konnektivität
Outlook im Web: Aktiviert
Deaktivieren | Details anzeigen

IMAP: Aktiviert
Deaktivieren

POP3: Aktiviert
Deaktivieren

MAPI: Aktiviert
Deaktivieren

Abbildung 6.7: Deaktivieren und Aktivieren von Outlook Web App für einzelne Benutzer

Outlook Web App bedienen

In Outlook Web App haben Sie die Möglichkeit, direkt im Hauptfenster nach E-Mails oder deren Inhalt zu suchen. In den einzelnen Kapiteln dieses Buchs zeigen wir Ihnen Funktionen in Outlook Web App, wie zum Beispiel die Verwaltung von Gruppen oder die Nachrichtenverfolgung (siehe Kapitel 4).

Grundsätzlich lässt sich Outlook Web App nahezu genauso nutzen wie Outlook 2016. Im oberen Bereich finden Sie den Link *Einstellungen* (Zahnradsymbol), über den Sie die vielfältigen Möglichkeiten von Outlook Web App erreichen, um die Organisation zu verwalten, E-Mails nachzuverfolgen, Gruppenmitgliedschaften zu ändern oder Einstellungen anzupassen.

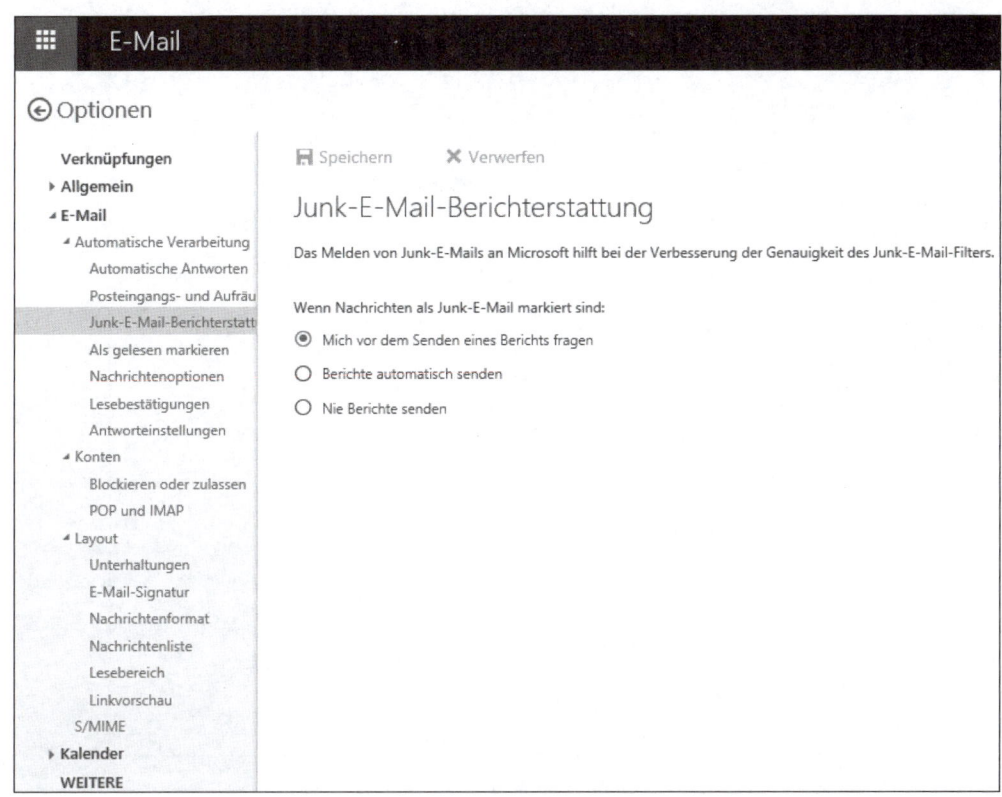

Abbildung 6.8: Neue Optionen-Seite in Outlook Web App 2016

Neben der Möglichkeit der Suche lassen sich die E-Mails in Outlook Web App (ähnlich wie in Outlook) auch nach verschiedenen Kriterien sortieren. Klicken Sie dazu in OWA im Bereich der Anzeige oben auf den kleinen Pfeil.

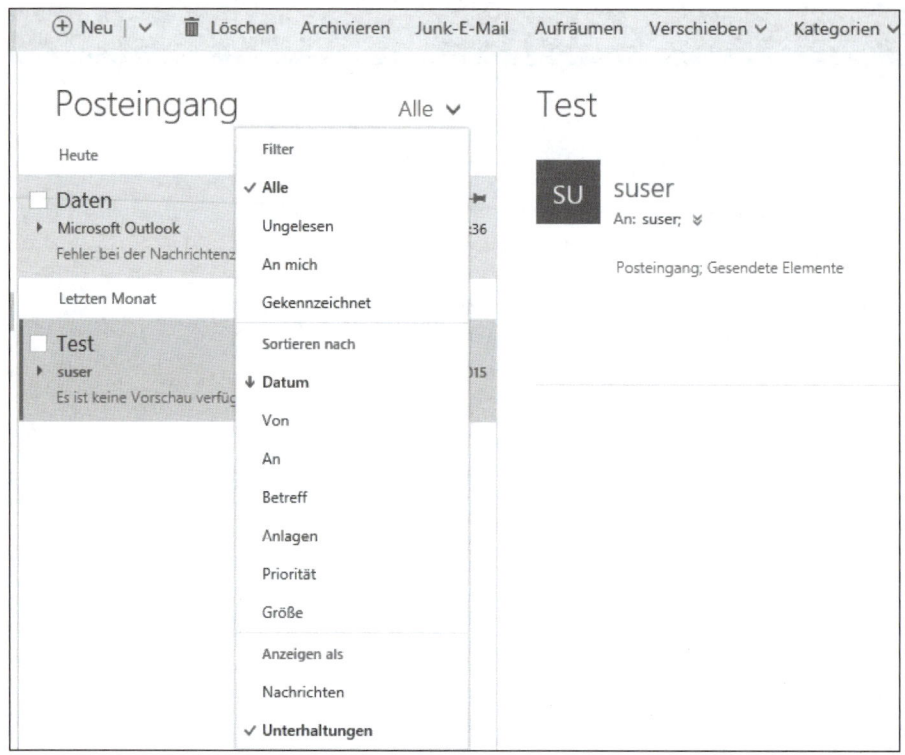

Abbildung 6.9: Sortieren von E-Mails in Outlook Web App

Beim Schreiben von E-Mails verbindet sich Outlook Web App automatisch mit dem globalen Adressbuch und zeigt bei der Eingabe einer Adresse bereits Vorschläge an, die Sie mit der [⇥]- oder [↵]-Taste übernehmen können.

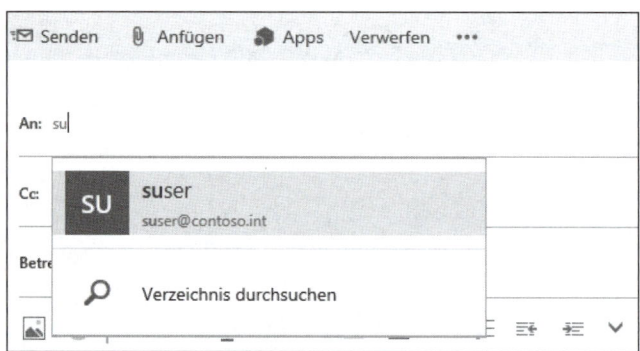

Abbildung 6.10: Automatische Vervollständigung von E-Mail-Adressen

Die Kontakte in Outlook Web App wurden ebenfalls an Outlook 2016 angeglichen und bieten ähnliche Funktionen. Auch das Adressbuch kann geöffnet und durchsucht werden. Die Planung von Besprechungen und der dazugehörigen Besprechungsräume wurde in Outlook Web App deutlich optimiert. Besprechungsräume können gesondert eingeladen und verwaltet werden, genauso wie in Outlook.

Den Offlinemodus in Outlook Web App nutzen

Sie können auch offline mit Outlook Web App arbeiten. Den Offlinemodus aktivieren Sie über das Zahnradsymbol. Auf diese Weise können Sie übertragene E-Mails auch ohne Netzwerkverbindung lesen. Sie haben offline Zugriff auf Mails, aber nicht auf Dateianlagen. Auch den Kalender und Kontakte können Sie offline nutzen. Im Offlinemodus lassen sich E-Mails aber nicht sortieren oder durchsuchen.

Abbildung 6.11: E-Mails offline in Outlook Web App nutzen

Sie können im Offlinemodus zwar E-Mails schreiben, allerdings werden diese erst übertragen, wenn Sie Outlook Web App wieder online schalten. Wenn Sie den Offlinemodus aktivieren, erhalten Sie eine Information und die Mails werden mit dem Client synchronisiert.

Um den Offlinemodus wieder zu deaktivieren, klicken Sie erneut auf das Zahnradsymbol und schalten das Kontrollkästchen *Offlinezugriff aktivieren* wieder aus.

Beim Synchronisieren überträgt der Browser die Daten in lokale Datenbankdateien auf dem entsprechenden Rechner. Diese sind in folgenden Ordnern gespeichert:

- **Internet Explorer**   *%SystemDrive%\Users\%UserName%\Local\Microsoft\Internet Explorer\Indexed DB*
- **Google Chrome**   *%SystemDrive%\Users\%UserName%\AppData\Local\Google\Chrome\User Data\Default\databases*

Beim Einsatz von Google Chrome und Apple Safari handelt es sich um eine WebSQL-Datenbank.

Auf die Daten lässt sich von jenem Benutzerkonto aus zugreifen, für das der Offlinemodus aktiviert wurde. Die Daten sind nicht verschlüsselt. Microsoft empfiehlt daher, den Offlinemodus nur auf eigenen Rechnern zu aktivieren und die Festplatten zu verschlüsseln, zum Beispiel mit BitLocker.

Standardmäßig dürfen alle Benutzer den Offlinemodus nutzen. Sie können die Einstellungen über Postfachrichtlinien setzen:

```
Set-OwaMailboxPolicy -AllowOfflineOn [NoComputers | AllComputers | PrivateComputers]
```

Alternativ können Sie den Zugriff auch über den virtuellen OWA-Ordner definieren:

```
Set-OwaVirtualDirectory -AllowOfflineOn [NoComputers | AllComputers | PrivateComputers]
```

Virtuelle Ordner von Outlook Web App verwalten

Installieren Sie auf einem Server die Clientzugriffs-Serverrolle, werden in den Internetinformationsdiensten virtuelle Ordner angelegt, deren Konfiguration und korrekte Funktion wichtig für das korrekte Funktionieren von Outlook Web App sind. Die Standardinstallation von Exchange 2016 passt diese Ordner bereits ordnungsgemäß an:

- **/Owa**   Dieser Ordner verwendet Outlook Web App, um auf Postfächer auf Postfachservern mit Exchange 2016 zuzugreifen.

- **/Public**   Dieser Ordner wird für den Zugriff auf öffentliche Ordner verwendet. In Exchange 2016 leitet dieser Ordner Anfragen automatisch an *OWA* um.

- **/exchweb**   In diesem Ordner liegen Systemdateien, die für die Abwärtskompatibilität benötigt werden.

- **/OAB**   Dieser Ordner ist für das Offlineadressbuch zuständig, um die webbasierte Verteilung des Offlineadressbuchs zu ermöglichen.

- **/ecp**   Bei diesem Ordner handelt es sich um die webbasierte Exchange-Verwaltungskonsole.

In der Exchange Management Shell werden die virtuellen Ordner angezeigt, wenn Sie *GetOwaVirtualDirectory* eingeben. Hier erkennen Sie auch, welche Version der Ordner auf den einzelnen Exchange-Servern der Organisation aufweist.

Veröffentlichen Sie OWA über ein Gateway im Internet, müssen Sie die Authentifizierung anpassen und in der Veröffentlichungsregel die gleiche Authentifizierung verwenden.

Outlook Web App-Richtlinien kennenlernen und nutzen

Outlook Web App bietet verschiedene Möglichkeiten, um den Datenzugriff für Anwender zu steuern.

Sie können über OWA-Richtlinien festlegen, auf welche OWA-Funktionen per Outlook Web App zugegriffen werden darf. Standardmäßig gestattet Exchange 2016 von allen Computern aus den Zugriff auf alle OWA-Funktionen.

Die Verwaltung findet über *Berechtigungen/Outlook Web App-Richtlinien* im Exchange Admin Center statt. Haben Sie den Bereich aufgerufen, können Sie neue Richtlinien erstellen und vorhandene Richtlinien anpassen.

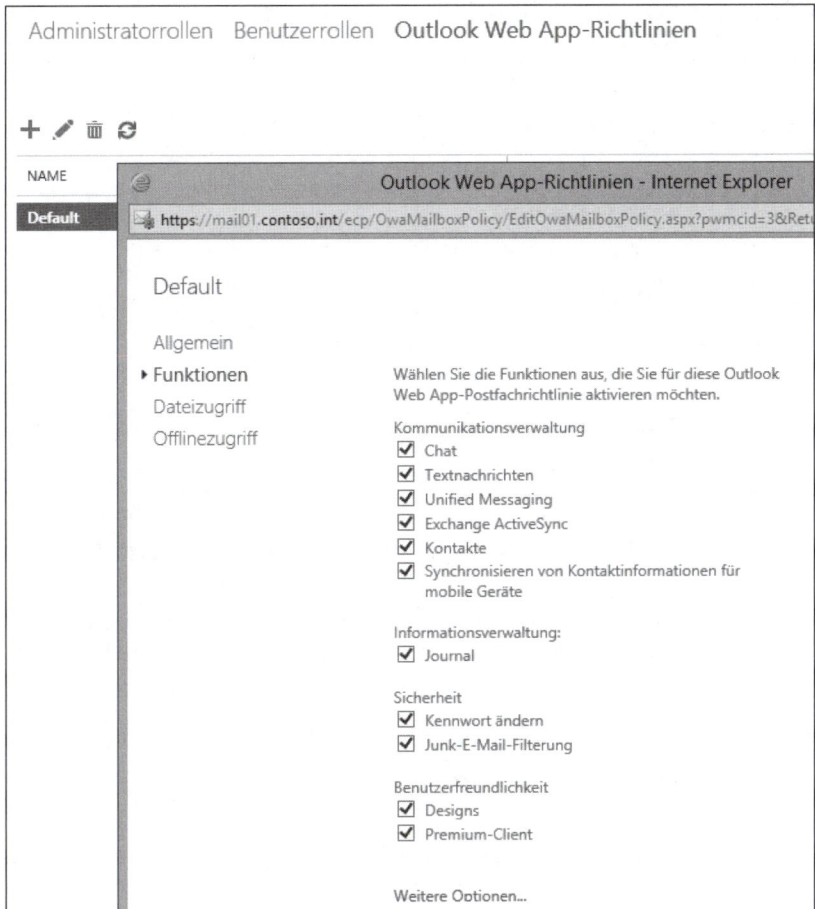

Abbildung 6.12: Verwalten des Outlook Web App-Zugriffs über Richtlinien

Über verschiedene Fenster legen Sie fest, ob Sie den Zugriff auf Dateien erlauben und Funktionen wie den Offlinezugriff aktivieren wollen.

Deaktivieren Sie im Eigenschaftenfenster der Richtlinie auf der Registerkarte *Dateizugriff* das Kontrollkästchen *Direkter Dateizugriff*, darf der Anwender nicht mehr auf Dateianhänge zugreifen.

Auf diese Weise können Sie bei Anwendern den Zugriff auf einige Funktionen unterbinden, ohne gleich den kompletten Zugriff auf Outlook Web App für alle Anwender ausschalten zu müssen.

Sie können verschiedene Richtlinien erstellen und den Anwendern zuordnen. OWA-Richtlinien hinterlegen Sie im Exchange Admin Center direkt in den Einstellungen der Empfänger:

1. Klicken Sie dazu auf den Empfänger, und rufen Sie dessen Eigenschaften auf.
2. Klicken Sie auf *Postfachfunktionen*. Hier hinterlegen Sie die verschiedenen Richtlinien, die Exchange 2016 anbietet.
3. Klicken Sie im Bereich *E-Mail-Konnektivität* auf *Details anzeigen*.
4. Klicken Sie auf *Durchsuchen*, und wählen Sie die erstellte Outlook Web App-Richtlinie aus.

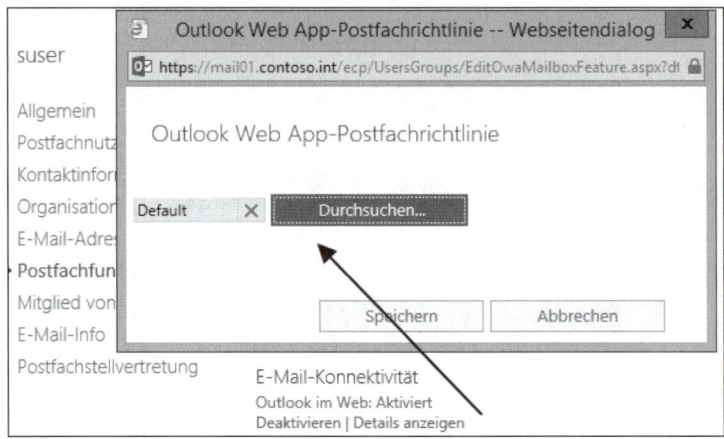

Abbildung 6.13: Richtlinie einem Anwender zuweisen

Bei der Installation von Servern erstellt Exchange 2016 eine Standardregel für OWA, die Sie anpassen können. Sie können aber ohne Weiteres auch eigene Richtlinien erstellen und Anwendern zuweisen.

Nach der Erstellung der Richtlinie lassen sich über deren Eigenschaften weitere Einstellungen vornehmen. Sie können OWA-Richtlinien auch in der Exchange Management Shell erstellen. Der Befehl dazu lautet:

```
New-OwaMailboxPolicy -Name <Name der Richtlinie>
```

Sie können Richtlinien auch in der Exchange Management Shell zuweisen. Die Syntax dazu lautet:

```
Set-CASMailbox -Identity <Empfänger> -OwaMailboxPolicy:<Richtlinie>
```

Wollen Sie eine einem Empfänger zugewiesene Richtlinie wieder entfernen, verwenden Sie den folgenden Befehl:

```
Set-CASMailbox -Identity <Empfänger> -OwaMailboxPolicy:$null
```

GZIP-Komprimierung konfigurieren

Outlook Web App komprimiert standardmäßig die übertragenen Daten mit dem GZIP-Standard, um die Performance für den Outlook Web App-Zugriff zu erhöhen. Vor allem langsame Internetverbindungen profitieren von dieser Komprimierung, da weniger Daten zwischen Server und Client ausgetauscht werden müssen.

Da die Daten allerdings vor der Übertragung zunächst komprimiert werden müssen, erhöht sich dadurch die Belastung des Servers. Aktuelle Servermaschinen sollten jedoch mit der Komprimierung keine Probleme haben. Zusätzlich ist die Komprimierung standardmäßig auf Hoch (*High*) eingestellt.

Sie können in der Exchange Management Shell die GZIP-Komprimierung anpassen und diese von *High* auf *Low* umstellen und umgekehrt. Bei der Einstellung *High* werden die Daten effizienter komprimiert, aber der Server wird auch etwas stärker belastet. Verwenden Sie dazu den folgenden Befehl:

```
Set-OwaVirtualDirectory -GzipLevel High
```

Anschließend fragt der Befehl Sie nach der Identität der Seite. Geben Sie hier *OWA (Default Web Site)* ein.

Um die Komprimierung zu deaktivieren und damit die Performance des Servers zu erhöhen, verwenden Sie die Option *-GzipLevel Off*.

Die Einstellungen für OWA können Sie in der Exchange Management Shell durch den Befehl *Get-OwaVirtualDirectory* auslesen. Mit der Option *|fl* erhalten Sie eine formatierte Liste.

Bei der ersten Verbindung über Outlook Web App mit einem Postfach erscheint nach der Anmeldung ein Fenster, über das ein Anwender die Sprache sowie die Zeitzone selbst auswählen kann.

Nach der ersten Anmeldung werden diese Informationen gespeichert und nicht mehr abgefragt. In den Optionen lassen sich diese Einstellungen nachträglich abändern. Sie finden die Einstellungen über *Optionen/Allgemein/Region und Zeitzone*.

Outlook Web App-Dienste überprüfen und Fehler beheben

In der Exchange Management Shell können Sie mit dem Cmdlet *Test-OutlookWebServices* überprüfen, ob die notwendigen Exchange-Komponenten für OWA und Exchange-ActiveSync funktionieren. Erhalten Sie hier Fehler, können Sie auf diesem Weg die Lösung über eine Suche im Internet finden, da Sie genau die Komponente kennen, die nicht funktioniert.

Mit dem Cmdlet

```
Get-ClientAccessService | Test-OutlookWebServices -Identity <E-Mail-Adresse> -MailboxCredential
(Get-Credential)
```

testen Sie den OWA-Zugriff einzelner Anwender. Funktionieren die Webdienste, funktioniert in den meisten Fällen auch Exchange-ActiveSync.

Teilweise kann es passieren, dass der Zugriff auf Outlook Web App nicht funktioniert. Überprüfen Sie in diesem Fall die Ereignisanzeige daraufhin, ob es Probleme mit ASP.NET auf dem Server gibt. Überprüfen Sie in diesem Fall, ob die Bindungen und Einstellungen von OWA korrekt sind. Gehen Sie am besten alle Optionen durch, und überprüfen Sie im Internetinformationsdienste-Manager, ob die Bindungen für OWA korrekt sind. Sehr häufig kommt es zu Problemen, wenn im Verzeichnis *ClientAccess* unterhalb der Exchange-Installation (*C:\Program Files\Microsoft\Exchange Server\V15\ClientAccess*) Systemdateien fehlen oder nicht funktionieren.

Manche dieser Dateien sind auch im Verzeichnis *C:\Program Files\Microsoft\Exchange Server\V15\FrontEnd\HttpProxy* zu finden, zum Beispiel die Datei *SharedWebConfig.config*. Bei Problemen können Sie diese Datei in das Verzeichnis *C:\Program Files\Microsoft\Exchange Server\V15\ClientAccess* kopieren und in der Befehlszeile mit *iisreset* die Internetinformationsdienste (Internet Information Services, IIS) neu starten.

Mailtipps in Exchange 2016 konfigurieren

Schreiben Anwender innerhalb der Organisation eine E-Mail an andere Anwender, bei denen der Abwesenheits-Assistent aktiviert ist, blendet Outlook 2016 eine Informationsleiste ein, die den Absender darauf hinweist, dass der Empfänger der E-Mails nicht erreichbar ist, dass er auf eine veraltete E-Mail antwortet und vieles mehr.

Outlook überprüft bei der Namenseingabe auch, ob der Name im Adressbuch aufgelöst werden kann und informiert Absender entsprechend. Neben den Standardnachrichten lassen sich auf diesem Weg auch eigene Mailtipps erstellen, um Absendern von E-Mails beim Schreiben Informationen zu den Empfängern zukommen zu lassen.

Die erweiterten Einstellungen nehmen Sie auf Ebene der Organisation in der Exchange Management Shell vor. Mit dem folgenden Befehl lassen Sie sich die aktuellen Mailtipps anzeigen:

```
Get-OrganizationConfig |fl MailTip*
```

```
[PS] C:\Windows\system32>Get-OrganizationConfig | fl MailTip*

MailTipsAllTipsEnabled                 : True
MailTipsExternalRecipientsTipsEnabled  : False
MailTipsGroupMetricsEnabled            : True
MailTipsLargeAudienceThreshold         : 25
MailTipsMailboxSourcedTipsEnabled      : True


[PS] C:\Windows\system32>Set-OrganizationConfig -MailTipsExternalRecipientsTipsEnabled $true
[PS] C:\Windows\system32>_
```

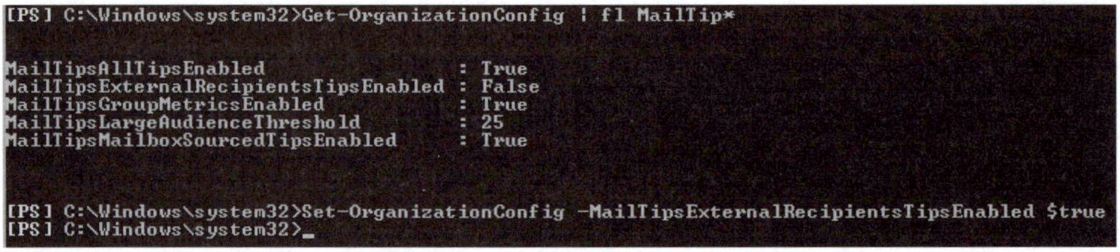

Abbildung 6.14: Anzeigen der Mailtipps in Exchange 2016

Wollen Sie zum Beispiel einen Mailtipp einblenden, sobald Anwender eine E-Mail an externe Empfänger senden, verwenden Sie diesen Befehl:

```
Set-OrganizationConfig -MailTipsExternalRecipientsTipsEnabled $true
```

Mit dem Cmdlet *Set-OrganizationConfig* passen Sie auch die anderen Mailtipps in der Organisation an, die alle E-Mails betreffen. Mit dem folgenden Befehl erhalten Anwender eine Warnung, wenn eine E-Mail an mehr Empfänger verschickt werden soll, als im Grenzwert (Threshold) festgelegt ist:

```
Set-OrganizationConfig -MailTipsLargeAudienceThreshold
```

Sie können eigene Mailtipps für die verschiedenen Empfänger in der Organisation konfigurieren.

Dazu stehen folgende Bereiche zur Verfügung (verwenden Sie jeweils die *Set*-Cmdlets und die Option -*MailTip* für die Änderung und *Get*-Cmdlets für die Anzeige):

*   *Mailbox*
*   *MailContact*
*   *MailUser*
*   *DistributionGroup*
*   *DynamicDistributionGroup*
*   *MailPublicFolder*

Tragen Sie einen Mailtipp für eine Gruppe ein:

```
Set-DistributionGroup -Identity <Name der Gruppe> -MailTip "<Text des Mailtipps>"
```

Sobald ein Anwender eine E-Mail an diese Gruppe schreibt, erhält er die Information in Outlook angezeigt. Mit dem folgenden Aufruf lassen Sie sich die Mailtipps zu einer Gruppe anzeigen:

```
Get-DistributionGroup -Identity <Name der Gruppe> |fl MailTip*
```

Sobald Anwender eine E-Mail an die entsprechende Gruppe senden, blendet Outlook den Mailtipp ein. Sie können die Einstellungen für Mailtipps in Outlook steuern, indem Sie auf der Registerkarte *Datei* den Befehl *Optionen* wählen, die Kategorie *E-Mail* öffnen und im Abschnitt *E-Mail-Infos* auf die Schaltfläche *Optionen für E-Mail-Infos* klicken. Anschließend können Sie festlegen, welche Tipps Outlook anzeigen soll.

E-Mails mit Exchange 2016 und Outlook verschlüsseln

Um E-Mail-Verschlüsselung in Unternehmen mit Exchange 2016 oder Office 365 zu integrieren, ist häufig die Verwendung von S/MIME der erste Weg. Hier haben Anwender die Möglichkeit, auf Basis von Zertifikaten eigene E-Mails manuell zu signieren und zu verschlüsseln.

Unternehmen, die auf Office 365 setzen, können zusätzlich noch E-Mails automatisiert über Transportregeln verschlüsseln lassen. Arbeiten Sie mit Office 365, können Sie genauso eine lokale Signierung und Verschlüsselung konfigurieren wie beim Betrieb eigener Exchange-Server. Die entsprechenden Konfigurationen dazu werden auf den Clients vorgenommen.

Voraussetzungen für die E-Mail-Verschlüsselung

Die Basis der Verschlüsselung ist ein Zertifikat. Dieses können Anwender entweder über eine interne Zertifizierungsstelle auf Basis der Active Directory-Zertifikatdienste oder anderer Lösungen erhalten, aber auch über Zertifikateanbieter im Internet. Ein prominentes Beispiel dafür ist der kostenlose Dienst StartSSL (*https://www.startssl.com*).

Um mit S/MIME E-Mails zu verschlüsseln, müssen Sie zunächst auf dem Server nichts ändern. Sie können sich am Beispiel von StartSSL ein eigenes Zertifikat ausstellen lassen und dieses direkt in Outlook einbinden

Zertifikate installieren und in Outlook einbinden

Haben Sie ein Zertifikat der Zertifizierungsstelle auf dem Computer installiert, müssen Sie zunächst im Trust Center von Outlook die E-Mail-Sicherheit konfigurieren. Gehen Sie dazu folgendermaßen vor:

1. Öffnen Sie Outlook.
2. Öffnen Sie die Registerkarte *Datei*.
3. Klicken Sie auf *Optionen*.
4. Klicken Sie auf *Trust Center*.
5. Klicken Sie auf die Schaltfläche *Einstellungen für das Trust Center*.

6. Klicken Sie im neuen Fenster auf *E-Mail-Sicherheit*.

7. Klicken Sie auf *Einstellungen* neben dem Eingabefeld *Standardeinstellung*.

8. Geben Sie einen Namen für Ihre Sicherheitseinstellungen ein.

9. Die Standardeinstellungen können Sie in den meisten Fällen einfach übernehmen.

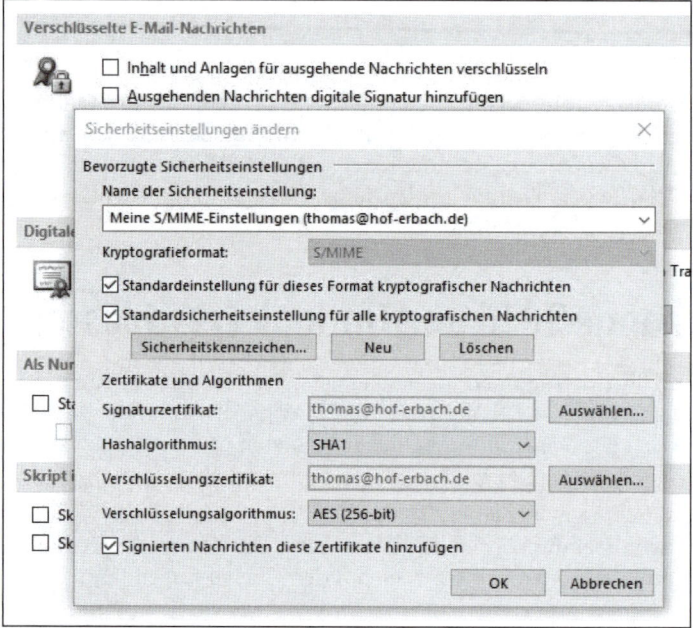

Abbildung 6.15: In Outlook konfigurieren Sie die E-Mail-Sicherheit zunächst unabhängig von Exchange.

10. Klicken Sie bei *Signaturzertifikat* auf *Auswählen*.

11. Wählen Sie das Zertifikat aus, das Sie für die Signierung von Nachrichten verwenden wollen. Dieses Zertifikat verwenden Sie für die digitale Signatur von E-Mails.

12. Bei *Verschlüsselungszertifikat* wählen Sie normalerweise das gleiche Zertifikat aus. Sie können E-Mails auf Basis des Zertifikats signieren, verschlüsseln bzw. signieren und verschlüsseln.

13. Outlook zeigt das Zertifikat an, das Sie installiert haben. Über den Link *Zertifikateigenschaften anzeigen* können Sie sich Details zum Zertifikat zur Überprüfung anzeigen lassen.

14. Bestätigen Sie die Einstellungen für die Signierung oder Verschlüsselung, und schließen Sie die Konfiguration.

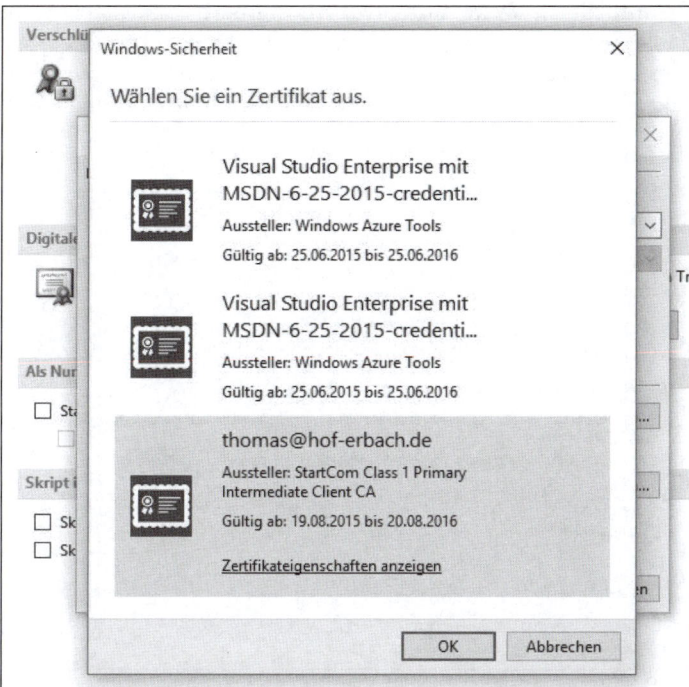

Abbildung 6.16: Sie können in Outlook bequem alle Zertifikate auswählen, die Sie für die Verschlüsselung und Signierung verwenden wollen.

Wenn Sie neue E-Mails erstellen, können Sie diese jetzt digital signieren und auch verschlüsseln. Als Nächstes konfigurieren Sie im Trust Center die generellen Optionen für die Signierung oder Verschlüsselung von E-Mails. Sie haben hier die Möglichkeit, genau festzulegen, wann Outlook E-Mails automatisch signieren oder verschlüsseln soll. Dazu stehen im Trust Center folgende Möglichkeiten zur Verfügung:

- **Inhalt und Anlagen für ausgehende Nachrichten verschlüsseln** Wenn Sie diese Option aktivieren, verschlüsselt Outlook automatisch alle ausgehenden E-Mails und alle Anlagen, die Sie über Exchange/Office 365 senden. Da bei der Verschlüsselung auch der Empfänger über ein gültiges Zertifikat verfügen muss, sollten Sie die generelle Verschlüsselung nicht aktivieren. Sie können jederzeit bei E-Mails die Verschlüsselung manuell aktivieren.

- **Ausgehenden Nachrichten digitale Signatur hinzufügen** Diese Option sollten Sie aktivieren, wenn Sie mit Zertifikaten in Outlook arbeiten. Bei Aktivierung dieser Option versieht Outlook neue E-Mails mit der digitalen Signatur auf Basis des installierten Zertifikats. Das Zertifikat stellt sicher, dass Sie der Absender der E-Mail sind und die E-Mail zwischen dem Absender, also Ihnen, und dem Empfänger nicht verändert wurde. Die digitale Signatur hat nichts mit der Signatur von E-Mails zu tun, bei der Sie einen allgemeinen Text am Ende einer E-Mail einfügen lassen.

- **Signierte Nachrichten als Klartext senden** Diese Option ist dafür zuständig, dass Empfänger, deren E-Mail-Clients S/MIME-Signaturen nicht unterstützen, die Nachricht ohne Überprüfung der digitalen Signatur lesen können. Sie sollten auch diese Option aktivieren.

- **S/MIME-Bestätigung anfordern, wenn mit S/MIME signiert** Aktivieren Sie diese Option, wird eine digital signierte S/MIME-Bestätigung vom Empfänger angefordert, wenn der Empfänger von Ihnen gesendete S/MIME-signierte Nachrichten öffnen will. Diese Option können Sie deaktivieren, außer Sie wollen diese Sicherheit in jedem Fall nutzen.

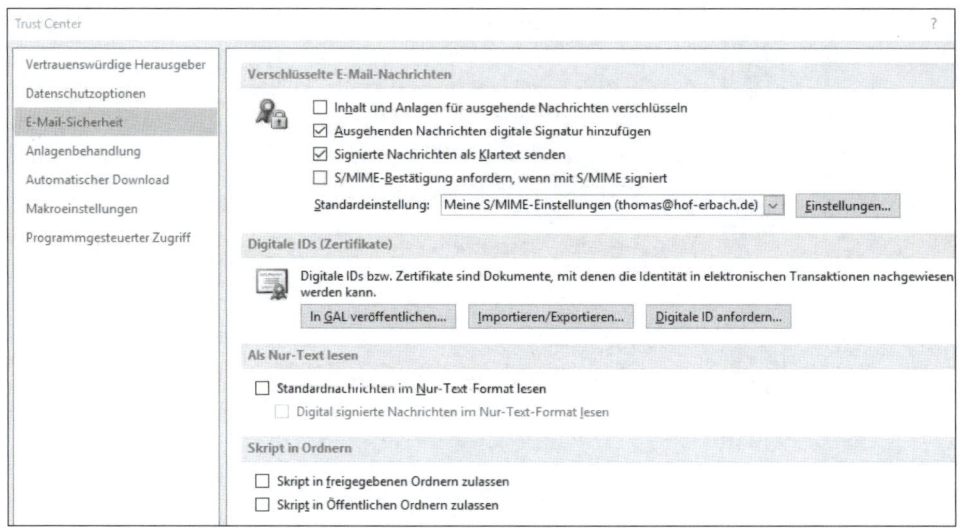

Abbildung 6.17: In Outlook konfigurieren Sie zunächst die generelle Signierung und Verschlüsselung von E-Mails.

Haben Sie alle Einstellungen vorgenommen, signiert Outlook ausgehende E-Mails in Outlook über Exchange/Office 365 automatisch. Sie können die digitale Signatur aber auch manuell hinzufügen oder wieder entfernen, wenn Sie die automatische Signierung aktiviert haben.

Um E-Mails manuell digital zu signieren, gehen Sie folgendermaßen vor: Öffnen Sie im E-Mail-Fenster die Registerkarte *Optionen*. Im Menüband können Sie in der Gruppe *Berechtigung* durch Aktivieren der Option *Signieren* die E-Mail signieren lassen oder die Funktion ausschalten, wenn Sie die automatische Signierung konfiguriert haben. Outlook verwendet an dieser Stelle automatisch das Zertifikat, das Sie in den Optionen hinterlegt haben.

Abbildung 6.18: E-Mails können Sie manuell oder automatisch signieren und verschlüsseln.

Versenden Sie die E-Mail, gibt es für Sie zunächst keine Unterschiede. Manchmal blendet Outlook ein Fenster ein, über das Sie die Verwendung des Zertifikatschlüssels erlauben müssen. Bestätigen Sie diese Sicherheitsmeldung. Erhalten Empfänger eine signierte E-Mail, sehen sie bereits in Outlook oder dem E-Mail-Client, der S/MIME unterstützt, am Symbol, ob die E-Mail digital signiert ist. Am Symbol der E-Mail sehen Anwender dazu eine kleine Medaille. Über das Symbol der Medaille am rechten oberen Rand können sie weitere Informationen zum Absender erhalten sowie das Zertifikat anzeigen lassen.

E-Mails mit Outlook verschlüsseln

Wollen Sie E-Mails zu bestimmten Empfängern verschlüsseln, also sicherstellen, dass nur der Empfänger die E-Mail lesen darf, benötigen Sie das Zertifikat dieses Empfängers. Mit diesem Zertifikat verschlüsseln Sie die E-Mail. Im Gegensatz zur Signierung benötigen Sie bei der Verschlüsselung also die Daten des Empfängers.

Das Zertifikat des Empfängers erhalten Sie automatisch, wenn Sie eine signierte E-Mail vom Empfänger erhalten haben, da hier das Zertifikat übertragen wurde. Zur Verschlüsselung von E-Mails müssen Absender und Empfänger über ein Zertifikat verfügen, und auch das Zertifikat des jeweiligen Absenders oder Empfängers muss verfügbar sein.

Wollen Sie das Zertifikat eines Empfängers in den Kontakten speichern, müssen Sie zunächst eine signierte E-Mail mit seiner Signatur erhalten. Aus dieser Signatur können Sie das Zertifikat exportieren und im Kontakt importieren.

Der schnellste Weg dazu ist, wenn Sie in der E-Mail mit der digitalen Signatur mit der rechten Maustaste auf den Absender klicken und aus dem Kontextmenü die Option *Zu Outlook-Kontakten hinzufügen* auswählen. Rufen Sie danach den Kontakt auf, und wechseln Sie die Ansicht zur Visitenkarte. Klicken Sie in der Visitenkarte bei *Anzeigen* auf *Zertifikate*. Stellen Sie sicher, dass das Zertifikat für den Kontakt hinterlegt ist.

Haben Sie für sich selbst ein Zertifikat vorliegen und für den Empfänger der verschlüsselten E-Mail ebenfalls ein Zertifikat, können Sie E-Mails verschlüsseln, wenn Sie auf der Registerkarte *Optionen* in der Gruppe *Berechtigung* die Option *Verschlüsseln* aktivieren. Der Empfänger erkennt verschlüsselte E-Mails am Schlosssymbol der E-Mail.

Sie können bei E-Mails die Verschlüsselung und die digitale Signatur gleichzeitig aktivieren. Die beiden Funktionen haben nichts miteinander zu tun. Bei der Signierung verwenden Sie Ihr eigenes Zertifikat, bei der Verschlüsselung das Zertifikat des Empfängers.

S/MIME in Outlook Web App

Microsoft hat in Outlook Web App die Möglichkeit integriert, E-Mails über S/MIME zu verschlüsseln oder zu signieren. Die Option ist bei neuen E-Mails über die drei Punkte und die Auswahl von *Nachrichtenoptionen anzeigen* zu finden. Damit S/MIME genutzt werden kann, müssen Sie das S/MIME-Steuerelement im Browser installieren.

In Office 365 rufen Sie dazu über das Zahnradsymbol oben rechts die Optionen auf und wechseln zu *E-Mail/S/MIME*. Hier können Sie über den Link *Klicken Sie hier* das Steuerelement installieren.

Sobald Sie das S/MIME-ActiveX-Element installiert haben, können Sie über die Optionen und die Auswahl von *E-Mail/S/MIME* die Optionen zur Verschlüsselung und Signierung aktivieren.

E-Mails mit Office 365 verschlüsseln

Auf Basis von Office 365 lassen sich auch in Hybrid-Umgebungen mit Exchange 2016 E-Mails effizient verschlüsseln. Alle dazu notwendigen Funktionen sind Bestandteil von Office 365 in Zusammenarbeit mit Microsoft Azure. Unternehmen benötigen auch hier keine lokalen Server.

Die Verschlüsselung funktioniert innerhalb und außerhalb der Organisation sowie auch für das Versenden zu anderen E-Mail-Anbietern. Die Technik ist Bestandteil von Microsoft Azure Active Directory Rights Management und in vielen Abonnements standardmäßig enthalten. Auf Wunsch lässt sich der Dienst auch einzeln buchen, ohne andere Funktionen in Microsoft Azure.

Die Verschlüsselung von E-Mails wird nicht durch die Benutzer durchgeführt, sondern findet auf Basis der Transportregeln statt. Diese sind auch in Exchange verfügbar. Wenn die Verschlüsselungsfunktion in Office 365 gebucht wurde, können Administratoren Regeln erstellen, auf deren Basis bestimmte E-Mails automatisch verschlüsselt werden. Der Ablauf dazu ist folgender (er ist grundsätzlich identisch mit der Verschlüsselung über Transportregeln in Exchange 2016):

1. Klicken Sie in der Weboberfläche auf *Administrator*, und wählen Sie *Exchange* aus.
2. Klicken Sie auf *Nachrichtenfluss* und dann auf *Regeln*.
3. Erstellen Sie mit dem Pluszeichen eine neue Regel. Wählen Sie dazu *Neue Regel erstellen* aus.
4. Geben Sie der Regel einen Namen.
5. Wählen Sie bei *Diese Regel anwenden, wenn* die Kriterien aus, die Office 365 für die E-Mail-Verschlüsselung anwenden soll.
6. Klicken Sie auf *Weitere Optionen*.
7. Wählen Sie bei *Folgendermaßen vorgehen* aus: *Nachrichtensicherheit ändern/Office 365-Nachrichtenverschlüsselung anwenden*.

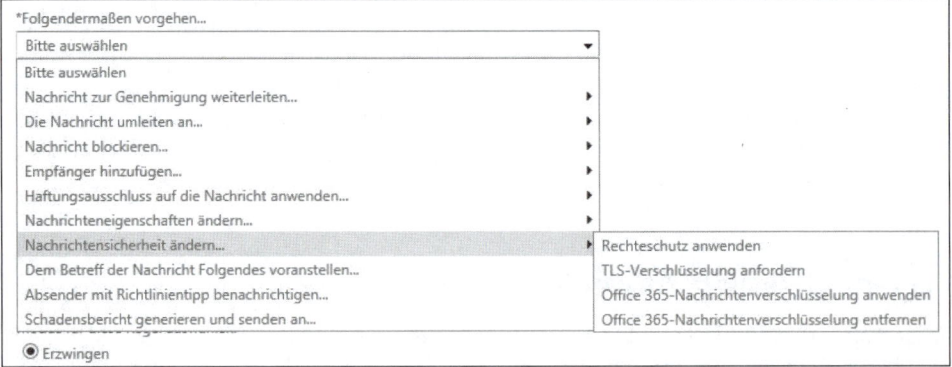

Abbildung 6.19: Die Nachrichtenverschlüsselung aktivieren Administratoren über eine neue Transportregel in Office 365.

Smartphones und Tablet-PCs mit Exchange ActiveSync (EAS) anbinden

Mit Exchange ActiveSync (EAS) können Anwender mit Smartphones ihr Postfach mit Kalendereinträgen über das Internet synchronisieren und E-Mails empfangen sowie versenden. Die Funktionalität dieser Dienste wird mit Exchange 2016 zusätzlich erweitert. Mittlerweile lassen sich problemlos beispielsweise auch iPhones und Android-Geräte einbinden. Auch BlackBerry-Geräte unterstützen ActiveSync.

Der Zugriff ist standardmäßig auf Servern nach der Installation aktiviert. Damit der Zugriff funktioniert, müssen Anwender ihre Smartphones/Tablet-PCs lediglich entsprechend konfigurieren. Damit die Funktion auch unterwegs zur Verfügung steht, können Sie sie im Internet veröffentlichen, zum Beispiel über eine Firewall.

Mit Exchange ActiveSync (EAS) können Smartphones oder Tablet-PCs eine Synchronisation mit dem Postfach über das Netzwerk oder das Internet durchführen, ohne an eine Dockingstation angeschlossen zu sein.

Direct Push-Grundlagen

Direct Push hält ein Smartphone oder Tablet über eine Mobilfunk- oder Drahtlosnetzwerkverbindung auf dem neuesten Stand. Über diese Funktion wird das mobile Gerät vom Exchange-Server benachrichtigt, wenn neue Inhalte zur Synchronisierung bereitstehen.

Damit Direct Push funktionieren kann, muss das mobile Gerät diese Funktion unterstützen. Zu diesen Geräten gehören alle Versionen von Windows Phone, Windows 10 for Mobile sowie Mobiltelefone, die von Microsoft Exchange ActiveSync-Lizenznehmern hergestellt werden und speziell für Direct Push konzipiert sind, auch Android- und iOS-Geräte.

Direct Push ist in Exchange 2016 standardmäßig aktiviert. Ein mobiles Gerät, das für die Synchronisierung mit einem Exchange 2016-Server konfiguriert ist, sendet eine HTTPS-Anforderung an den Server. Die Anforderung informiert den Server, dass das Gerät benachrichtigt werden soll, wenn sich in den nächsten 15 Minuten Elemente in einem beliebigen Ordner ändern, der für die Synchronisierung konfiguriert ist. Das mobile Gerät befindet sich im Standbymodus. Die Zeitspanne von 15 Minuten wird als Taktintervall bezeichnet.

Wenn sich innerhalb der 15 Minuten keine Elemente ändern, gibt der Server die Antwort *HTTP 200 OK* zurück. Das mobile Gerät empfängt diese Antwort, nimmt seine Aktivität wieder auf und sendet die Anforderung erneut. Wenn sich Elemente ändern, sendet der Server eine Antwort. Nachdem das mobile Gerät diese Antwort empfangen hat, sendet es eine Synchronisierungsanforderung für den Ordner, der die neuen oder geänderten Elemente enthält.

Damit Direct Push hinter einer Firewall funktioniert, muss der TCP-Port 443 geöffnet sein. Sie sollten auch den Timeoutwert für die Firewall vom Standardwert von 15 Minuten auf 30 Minuten erhöhen.

Benutzerverwaltung für Exchange ActiveSync

Der mobile Zugriff auf ein Postfach ist standardmäßig für alle Benutzer aktiviert. Hat ein Anwender mit seinem Endgerät eine Verbindung zum Netzwerk oder Internet hergestellt und steht der Server zur Verfügung, kann er seine E-Mails entsprechend synchronisieren. Sie können über das Exchange Admin Center für einzelne Benutzer Exchange ActiveSync aktivieren oder deaktivieren:

1. Klicken Sie dazu auf *Empfänger/Postfächer*.
2. Rufen Sie die Eigenschaften des entsprechenden Benutzerkontos auf.
3. Klicken Sie auf *Postfachfunktionen*.
4. Über den Link *Details anzeigen* im Bereich *Mobile Geräte* können Sie eine Exchange ActiveSync-Postfachrichtlinie zuweisen und Einstellungen anpassen. Auf dieses Thema kommen wir in den nächsten Abschnitten in diesem Kapitel zurück.

Abbildung 6.20: Anpassen von Exchange ActiveSync für Postfächer

Exchange ActiveSync-Postfachrichtlinien

In Exchange 2016 können Sie über Richtlinien steuern, welche Geräte der Server zur Synchronisierung zulässt und welche Einstellungen für die Geräte gesetzt sein müssen.

Zusätzlich steuern Sie über Exchange ActiveSync-Postfachrichtlinien bestimmte Sicherheitseinstellungen für Benutzer. Sobald sich ein Endgerät mit dem Postfach verbindet, überträgt der Server die Einstellungen. Benutzer müssen diese bestätigen, auf den Geräten umsetzen und dürfen sich erst dann mit ihrem Postfach synchronisieren. Das heißt, beim Einsatz von eigenen Geräten können Benutzer selbst entscheiden, ob eine Verbindung gewünscht ist. Die Exchange ActiveSync-Postfachrichtlinien steuern die Sicherheitseinstellungen auf den Endgeräten.

Die Richtlinien konfigurieren Administratoren im Exchange Admin Center über *Mobil/Postfachrichtlinien für mobile Geräte*. Klicken Sie auf das Pluszeichen, und erstellen Sie eine neue Richtlinie. Diese können Sie dann den Anwendern als Richtlinie zuweisen.

Nach der Installation von Exchange 2016 finden Sie in diesem Bereich eine Richtlinie mit der Bezeichnung *Default*. Über deren Eigenschaften können Sie die Einstellungen anpassen. Sie können unterschiedlichen Benutzern auch verschiedene Richtlinien zuordnen. Bestätigt der Anwender die Richtlinien, setzt das entsprechende Endgerät die Einstellungen um.

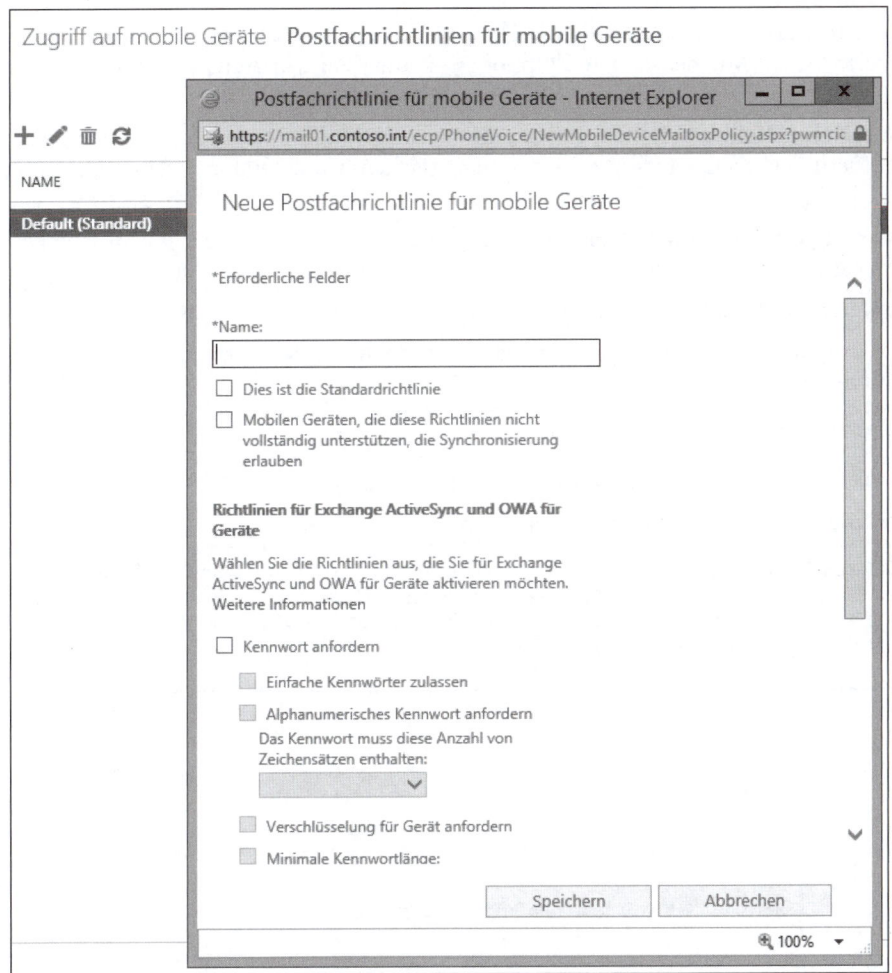

Abbildung 6.21: Erstellen einer neuen Postfachrichtlinie für mobile Geräte

Bei jedem Verbindungsvorgang eines Endgeräts mit Exchange ActiveSync überprüfen Endgerät und Server, ob die Richtlinien noch übereinstimmen. Ändert ein Administrator die Sicherheitsrichtlinien, übernehmen die Endgeräte die Änderungen beim nächsten Synchronisieren. Der Zeitstempel für die letzte erfolgreiche Synchronisierung der Richtlinien ist im Postfach des Benutzers gespeichert. Über verschiedene Optionen können Sie die Einstellung der Richtlinie vornehmen.

Hier können Sie auch festlegen, ob die Richtlinie aktuell als Standard hinterlegt ist. Das heißt, Exchange weist diese Richtlinie jedem neuen Konto nach der Erstellung automatisch zu. Nachträglich können Sie jedem Konto eine andere Richtlinie zuweisen.

Sie können über Richtlinien auch festlegen, dass Anwender vor der Verwendung des Endgeräts ein Kennwort eingeben müssen. Standardmäßig ist diese Möglichkeit nicht aktiviert, und Anwender können Smartphones ohne Kennwörter verwenden. Wollen Sie festlegen, dass Anwender Kennwörter eingeben sollen, wenn das Smartphone startet oder gesperrt ist, haben Sie verschiedene Möglichkeiten:

Kennwort anfordern   Aktivieren Sie diese Option, müssen Anwender ein Kennwort für das Smartphone festlegen. Mit den anderen Optionen können Sie den Aufbau der Kennwörter steuern.

Alphanumerisches Kennwort anfordern   Aktivieren Sie diese Option, darf das Kennwort nicht nur Ziffern enthalten, sondern auch normale Zeichen. Diese Option ist standardmäßig nicht aktiv.

Verschlüsselung für Gerät anfordern   Aktivieren Sie diese Option, müssen die Speicherkarten im Gerät verschlüsselt sein. Diese Option ist standardmäßig nicht aktiviert.

Minimale Kennwortlänge   Diese Option gibt die Mindestlänge des Kennworts an.

Sie können Informationen zu Richtlinien auch in der Exchange Management Shell abrufen. Dazu verwenden Sie das folgende Cmdlet:

```
Get-MobileDeviceMailboxPolicy -Identity <Name der Richtlinie>
```

Mit *Set-MobileDeviceMailboxPolicy* passen Sie Richtlinien an.

Neue Richtlinien erstellen Sie mit dem folgenden Befehl:

```
New-MobileDeviceMailboxPolicy -Name:"Management" -AllowBluetooth:$true -AllowBrowser:$true
-AllowCamera:$true -AllowPOPIMAPEmail:$false -PasswordEnabled:$true
-AlphanumericPasswordRequired:$true -PasswordRecoveryEnabled:$true -MaxEmailAgeFilter:10
-AllowWiFi:$true -AllowStorageCard:$true -AllowPOPIMAPEmail:$false
```

Tipp

Richtig sinnvoll ist eine Richtlinie natürlich erst dann, wenn Sie diese mehreren, am besten allen Anwendern zuweisen. Nutzen Sie dazu am besten die Exchange Management Shell.

Um eine Richtlinie allen Anwendern zuzuweisen, verwenden Sie das folgende Cmdlet:

```
Get-Mailbox | Set-CASMailbox -ActiveSyncMailboxPolicy(Get-MobileDeviceMailboxPolicy <Name der
Richtlinie>).Identity
```

Administratoren müssen zusätzlich in den Einstellungen eines Benutzers die Einstellungen der Richtlinien anpassen.

ActiveSync-Gerätezugriffsregeln

In Exchange 2016 lassen sich Regeln festlegen, die bestimmen, welche Geräte über das Internet eine Synchronisierung mit dem Postfach durchführen dürfen und welche Geräte Exchange sperrt.

Neben der Weitergabe von Richtlinien für Sicherheitseinstellungen der Geräte lassen sich daher auch Richtlinien festlegen, welche Smartphones und Endgeräte Sie im Unternehmen bei der Anbindung an Exchange 2016 zulassen.

Die Einstellungen dazu nehmen Sie mit ActiveSync-Gerätezugriffsregeln vor. Die entsprechenden Einstellungen rufen Sie in der Exchange Management Shell mit dem Cmdlet *Get-Active SyncOrganizationSettings* ab. Die Einstellungen selbst setzen Sie am einfachsten im Exchange Admin Center, das Sie über *https://<Servername>/ecp* aufrufen. Die Einstellungen finden Sie über *Mobil* und *Zugriff auf mobile Geräte*.

Bei *Gerätezugriffsregeln* legen Sie fest, welche Geräte Sie generell blockieren oder isolieren wollen. Dazu klicken Sie auf *Neu* und erstellen eine neue Richtlinie.

Über *Gerätefamilie* oder *Nur dieses Modell* legen Sie fest, welche Art von Geräten Sie berücksichtigen wollen. Anschließend können Sie über die Option *Zugriff blockieren* die entsprechenden Geräte blockieren. Blockierte Geräte können Sie über diesen Weg auch wieder freischalten, indem Sie die Option *Zugriff zulassen* wählen.

Zusätzlich können Sie bestimmte Geräte in einen isolierten Bereich setzen. Die Benutzer wiederum können in den Einstellungen für ihre eigenen Smartphones die entsprechenden Geräte freischalten oder blockieren. Zusätzlich lassen sich in diesem Bereich auch Regeln erstellen, wie sich Exchange zukünftig verhalten soll, wenn sich der Anwender mit einem ähnlichen Gerät verbindet. Im Bereich *Status* sehen Sie den aktuellen Blockierungszustand.

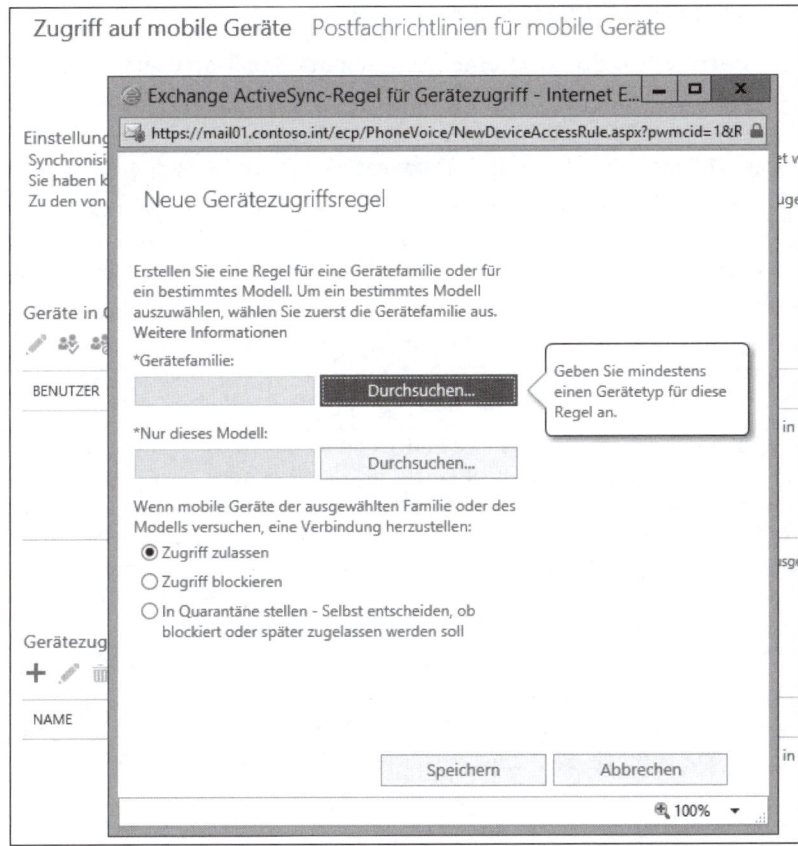

Abbildung 6.22: Konfigurieren von Gerätezugriffsregeln in Exchange 2016

Über die Schaltfläche *Bearbeiten* oben rechts im Fenster *Zugriff auf mobile Geräte* nehmen Sie Einstellungen bezüglich der Benachrichtigungen vor. Hier legen Sie fest, was mit Geräten passieren soll, die Exchange noch nicht kennt, und wie Exchange Anwender über gesperrte Geräte benachrichtigt.

Sie können zum Beispiel neue Geräte automatisch blockieren oder isolieren lassen, bevor sich Anwender mit diesen synchronisieren dürfen. Standardmäßig lassen Exchange 2016 und Office 365 neue Geräte zu.

Blockiert Exchange ein neues Gerät oder setzt es dieses in den isolierten Bereich von Outlook Web App, können Sie an dieser Stelle einen E-Mail-Text eingeben. Diesen Text erhält der Anwender in sein Postfach zugestellt, wenn er sich mit einem blockierten Gerät synchronisieren will.

Die Einstellungen in diesem Bereich testen Sie zum Beispiel auch mit dem Cmdlet *Test-Active SyncConnectivity*. Dieses verhält sich generell wie ein normales Smartphone und lässt sich auch entsprechend sperren. Im ersten Schritt speichern Sie die Benutzerdaten des Benutzers, mit dem Sie den Zugriff testen wollen, in einer Variable:

```
$credential = Get-Credential
```

Anschließend testen Sie den Zugang mit:

```
Test-ActiveSyncConnectivity -MailboxCredential $credential
```

Haben Sie ein Gerät gesperrt, erhält der entsprechende Anwender eine E-Mail zugestellt. Den Text legen Sie in den beschriebenen Einstellungen fest.

Klicken Sie auf *Postfachrichtlinien für mobile Geräte*, können Sie steuern, welche Sicherheitseinstellungen Smartphones verwenden müssen, damit Exchange eine Synchronisierung zulässt.

Standardmäßig legt Exchange eine Standardrichtlinie an, deren Einstellungen Sie mit Details verwalten. Mit *Neu* (dem Pluszeichen) können Sie eine zusätzliche Richtlinie erstellen, die Sie dann speziellen Anwendern zuweisen. Sie können Anwendern also problemlos unterschiedliche Richtlinien übertragen.

Bei jedem Verbindungsvorgang überprüfen Endgerät und Server, ob die Richtlinieneinstellungen noch übereinstimmen. Ändert ein Administrator die Sicherheitsrichtlinien, übernimmt das Endgerät die Änderungen beim nächsten Synchronisieren.

Nicht nur Administratoren können das Smartphone oder den Tablet-PC von Anwendern verwalten, sondern auch der Anwender selbst. Dazu rufen Sie als Anwender zunächst Outlook Web App auf, wenn diese Funktion im Internet zur Verfügung steht. Intern erreichen Sie die Funktion über *https://<Servername>/owa*, extern normalerweise über den gleichen Servernamen, den Sie auch für Exchange ActiveSync verwenden. Sobald Sie an OWA angemeldet sind, rufen Sie über den Menüpunkt rechts oben die Einstellungen Ihres Postfachs auf. Sie erreichen die Verwaltung Ihres Telefons über *Allgemein/Mobile Geräte/<Gerätename>*.

Anwender können sich für die einzelnen Telefone auch die Details anzeigen lassen und sehen, ob Richtlinien angewendet wurden beziehungsweise wann der letzte Synchronisierungsvorgang stattgefunden hat. Über die Schaltfläche *Geräte zurücksetzen* löschen Sie das Endgerät, sobald es sich das nächste Mal mit dem Exchange-Server verbindet.

Abbildung 6.23: Verwalten der Smartphones in Outlook Web App

Auch Administratoren können ein solchen Löschvorgang starten, indem sie im Exchange Admin Center beim Empfänger auf *Postfachfunktionen* und dann auf *Details anzeigen* im Bereich *Mobile Geräte* klicken.

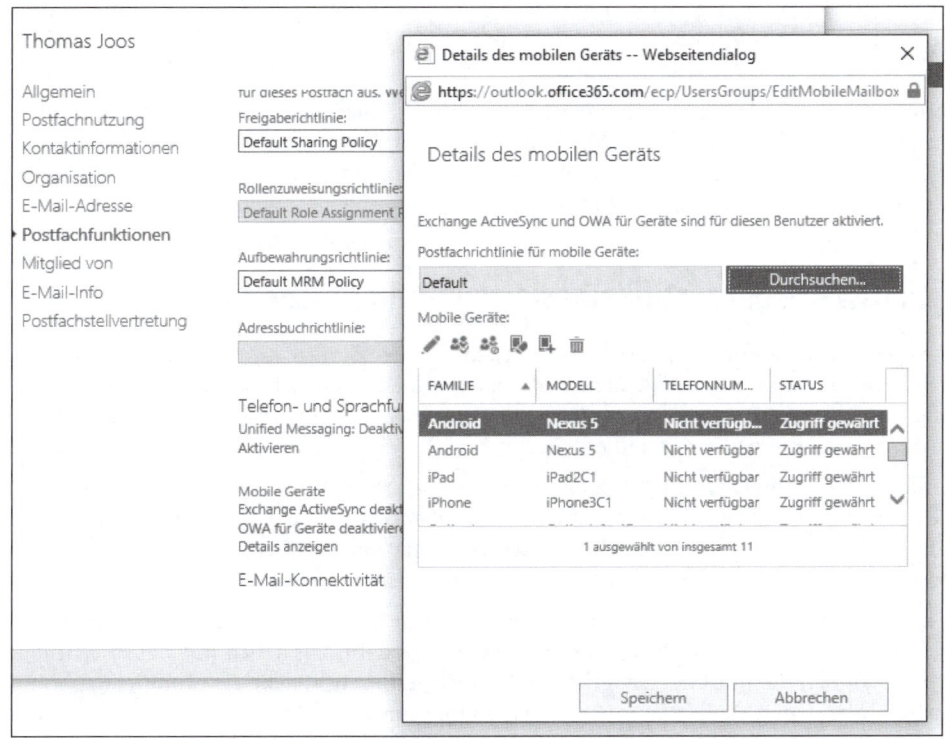

Abbildung 6.24: Anzeigen von Informationen zu Smartphones für Anwender im Exchange Admin Center

Sie können sich die verbundenen Smartphones von Anwendern auch in der Exchange Management Shell anzeigen lassen. Dazu verwenden Sie das Cmdlet *Get-MobileDevice -Mailbox <Benutzername>*.

Zertifikatbasierte Authentifizierung mit ActiveSync und OWA

Viele Administratoren kennen das Problem mit der Anmeldung von Smartphones, Tablet-PCs oder anderen Geräten über Exchange ActiveSync an Exchange. Arbeiten Anwender nur mit komplexen Kennwörtern und entsprechenden Richtlinien in Active Directory, lässt sich zwar die Sicherheit erhöhen, allerdings besteht hier das Problem, dass für Anwender mehr Konfigurationen notwendig sind. Anwender müssen ihr Kennwort ständig ändern, Konten werden gesperrt, und die Verwaltung ist generell recht kompliziert, vor allem weil sich Anwender ihren Benutzernamen und ihr Kennwort merken müssen. Wie Sie das Problem mit Zertifikaten lösen, zeigen wir Ihnen auf den folgenden Seiten.

Erstellen Sie Kennwortrichtlinien für die Anmeldung an Exchange ActiveSync, können Sie auch festlegen, dass nach bestimmten Anmeldeversuchen das Konto gesperrt wird. Auch regelmäßige Kennwortänderungen können Sie an dieser Stelle konfigurieren. Das Problem an dieser Konfiguration ist, dass die Smartphones anschließend keine Verbindung mehr aufbauen können und entsprechende Fehlermeldungen anzeigen. Dies verwirrt Anwender und erhöht die Supportkosten. Es gibt aber auch die Möglichkeit, die Authentifizierung an Exchange mit Zertifikaten durchzuführen. Wir zeigen Ihnen nachfolgend, wie Sie dabei vorgehen.

Mit den folgenden Schritten können Sie Smartphones auf Basis von Android, iOS (iPhone, iPad, iPod Touch) und Windows Phone 7/8/Windows 10 for Mobile an Exchange 2016 anbinden.

Sie brauchen für die folgenden Anleitungen weder Zusatzsoftware noch spezielle Anwendungen, um Smartphones zu verwalten. Alles funktioniert problemlos mit Windows Server 2012/2012 R2 und Exchange 2016, ohne dass Sie zusätzliche Software lizenzieren müssen. Die Einrichtung ist nicht ganz einfach, aber für Administratoren durchaus machbar.

Funktionsweise der zertifikatbasierten Authentifizierung

Wenn Sie Ihre Anmeldungen von Exchange ActiveSync über Zertifikate abwickeln lassen, müssen sich Benutzer mit ihren Endgeräten und Smartphones nicht mehr an den Servern anmelden und den Benutzernamen sowie das Kennwort eingeben. Die Anmeldung erfolgt über Zertifikate, die auf den Endgeräten installiert sind.

Es handelt sich bei dieser Art der Authentifizierung aber um keine Zwei-Wege-Anmeldung. Die Anmeldung an Exchange erfolgt ausschließlich über das auf dem Client installierte Zertifikat. Es bietet sich aber an, zusätzlich zur zertifikatbasierten Anmeldung mit Exchange ActiveSync-Richtlinien oder auch mit Gerätezugriffsregeln zu arbeiten.

So können Sie festlegen, dass sich Anwender an ihrem Smartphone immer mit einer PIN anmelden müssen. Die Anmeldung an Exchange erfolgt dann zusätzlich mit dem Zertifikat. Außerdem können Sie mit Gerätezugriffsregeln noch festlegen, welche Art von Smartphones Sie für Ihre Infrastruktur zulassen möchten. Hier ergänzen sich die verschiedenen Möglichkeiten zur Erhöhung der Sicherheit in Exchange. Es besteht auch die Möglichkeit, parallel zur zertifikatbasierten Authentifizierung mit der herkömmlichen Anmeldung zu arbeiten. Das entsprechende Vorgehen wird in den folgenden Abschnitten näher erläutert.

Sie können weiterhin über die Einstellungen der Benutzerkonten und Gruppenmitgliedschaften festlegen, wer sich an Exchange ActiveSync anmelden dar, und Sie können festlegen, auf welche Geräte Sie Zertifikate übertragen. Das heißt, Administratoren haben die vollständige Kontrolle über die Anmeldung der Anwender an Exchange ActiveSync. Alle Richtlinien funktionieren auch mit der zertifikatbasierten Anmeldung.

Generell ist es auch möglich, mehrere E-Mail-Konten parallel an die Smartphones anzubinden und die zertifikatbasierte Authentifizierung für mehrere Konten zu nutzen. Allerdings gibt es, abhängig von den eingesetzten Endgeräten, ab und zu Probleme. Sie müssen in jedem Fall darauf achten, das entsprechende Zertifikat für alle E-Mail-Konten auf den Smartphones zu verteilen.

Voraussetzungen für den Einsatz der zertifikatbasierten Authentifizierung

Achten Sie darauf, dass durch die Verwendung der zertifikatbasierten Authentifizierung auch die Verwaltung von Exchange komplizierter wird. Sie benötigen eine interne Zertifizierungsstelle, am besten auf Basis der Active Directory-Zertifikatdienste. Diese Zertifizierungsstelle will verwaltet, gesichert und im Notfall auch wiederhergestellt sein. Um Benutzerzertifikate auszustellen, müssen Sie aber zunächst keine komplexen Konfigurationen vornehmen. Sie installieren die Active Directory-Zertifikatdienste und richten diese mit den Standardoptionen ein. In kleinen Umgebungen können Anwender selbst über die Webschnittstelle der Zertifikatdienste die Zertifikate abrufen. Um eine funktionsfähige Infrastruktur aufzubauen, brauchen Sie generell nicht lange.

Eine Übersicht über die Active Directory-Zertifikatdienste (AD CS) finden Sie auf der Seite *http://tinyurl.com/zqo6kmy*. Die neuen Cmdlets zur Verwaltung von AD CS in der PowerShell finden Sie auf den folgenden Seiten:

- *http://tinyurl.com/hjqazfc*
- *http://tinyurl.com/h3e2mvs*

Falls es Probleme mit den Zertifikaten gibt, können sich die Anwender nicht mehr mit ihren Smartphones an Exchange anmelden. Beachten müssen Sie auch das Ablaufdatum der Zertifikate. Hier ist es notwendig, dass die Endgeräte rechtzeitig neue Zertifikate erhalten.

Beim Einsatz der Authentifizierung über Zertifikate muss sichergestellt sein, dass der UPN-Anmeldename des Benutzers mit dem allgemeinen Namen des Zertifikats übereinstimmt, das Sie dem Anwender zuordnen. Generell ist es empfehlenswert, beim Einsatz von Exchange und der zertifikatbasierten Authentifizierung die Konfiguration in Active Directory so festzulegen, dass der UPN des Anwenders seiner E-Mail-Adresse entspricht. Dies ist auch dann zu empfehlen, wenn Sie Exchange mit Lync/Skype verbinden wollen. Die Einstellungen nehmen Sie in den Eigenschaften der Konten im Snap-In *Active Directory-Benutzer und -Computer* vor.

Es ist wichtig, dass alle beteiligten Server der Zertifizierungsstelle vertrauen, die die Zertifikate für die Anwender ausstellt. Arbeiten Sie mit den Active Directory-Zertifikatdiensten und sind alle Server Mitglied der gleichen Gesamtstruktur, dann vertrauen die Clients automatisch der Zertifizierungsstelle. Wenn einzelne Server kein Mitglied von Active Directory sind, exportieren Sie in der Zertifikatverwaltung eines Servers, der der Zertifizierungsstelle vertraut, das Zertifikat der Zertifizierungsstelle und importieren es auf dem entsprechenden Server.

Das Programm starten Sie am schnellsten durch Eingabe von *Certlm.msc*. Auch auf den Endgeräten und Smartphones muss das Zertifikat der ausstellenden Zertifizierungsstelle gespeichert sein. Das Zertifikat der Anwender muss außerdem mit dem Benutzerkonto in Active Directory verknüpft sein.

UPN und E-Mail-Domänen anpassen

Generell ist es in Exchange 2010/2013/2016 sinnvoll, den UPN-Anmeldenamen in den Eigenschaften von Benutzerkonten in Active Directory um die primäre E-Mail-Adresse zu erweitern. Dies hat auch den Vorteil, dass Autodiscover und andere Dienste wie die zertifikatbasierte Authentifizierung wesentlich besser funktionieren. Sie sollten beim Einsatz von Unified Messaging und Lync Server 2013 bzw. Skype for Business Server 2015 auch die SIP-Adresse als UPN nutzen. Sie finden den UPN in den Eigenschaften auf der Registerkarte *Konto*.

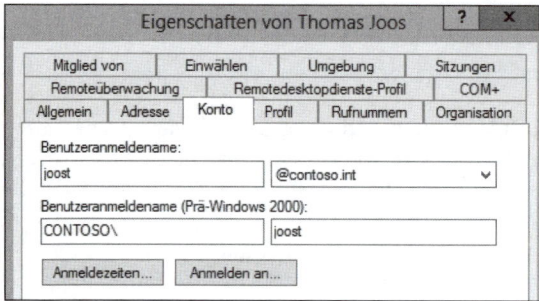

Abbildung 6.25: Verwalten der Kontonamen für Benutzer

Sie können die UPN-Suffixe der Active Directory-Domänen im Snap-In *Active Directory-Domänen und -Vertrauensstellungen* in den Eigenschaften des obersten Eintrags *Active Directory-Domänen und -Vertrauensstellungen* pflegen.

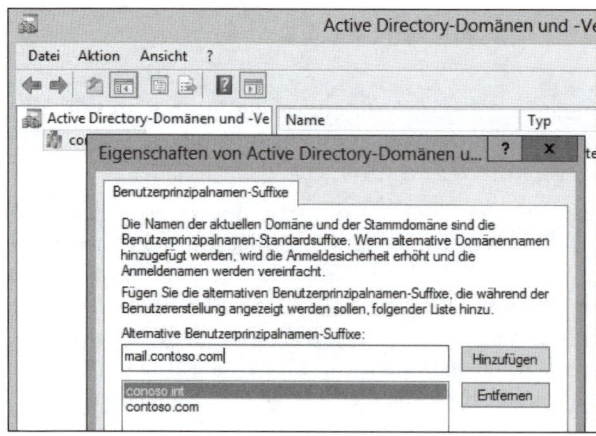

Abbildung 6.26: Pflegen der Benutzersuffixe in Active Directory

Tragen Sie als UPN-Suffix auf jeden Fall die Domänen ein, die Sie für Benutzer als primäre E-Mail-Adresse nutzen. Sie können nach dem Anlegen in den Eigenschaften der Benutzerkonten diese Domänen auswählen. Jedem Benutzer können Sie aber nur einen UPN zuordnen, mit dem er sich auch an der Domäne anmelden kann.

Verwenden Sie hier die E-Mail-Adresse, kann sich der Benutzer am Rechner mit seiner E-Mail-Adresse anmelden – und auf Wunsch auch in Lync bzw. Skype. Diesen Namen verwenden Sie dann auch für den allgemeinen Namen des Zertifikats auf dem Endgerät des Anwenders zur Anmeldung an Exchange ActiveSync.

Server für zertifikatbasierte Authentifizierung konfigurieren

Damit Server die zertifikatbasierte Authentifizierung nutzen, rufen Sie den Internetinformationsdienste-Manager (IIS-Manager) auf den Servern auf:

1. Erweitern Sie den Knoten *<Servername>*, und klicken Sie doppelt auf *Authentifizierung* im Bereich *IIS*.

2. Aktivieren Sie über das Kontextmenü die Option *Active Directory-Clientzertifikatauthentifizierung*.

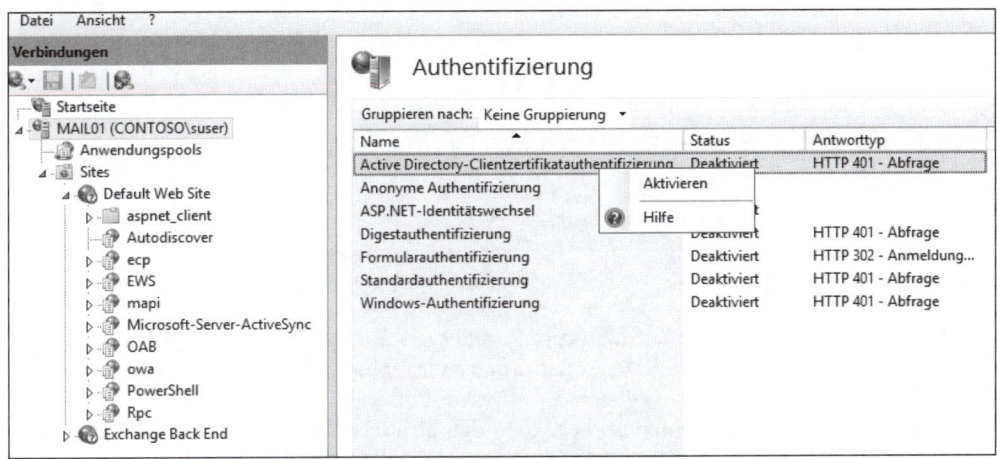

Abbildung 6.27: Aktivieren der zertifikatbasierten Authentifizierung auf dem Server

Steht diese Option nicht zur Verfügung, können Sie sie im Server-Manager nachinstallieren. Dazu klicken Sie im Server-Manager von Windows Server 2012/2012 R2 auf *Verwalten/Rollen und Features hinzufügen*. Erweitern Sie im IIS-Manager die Rolle *Webserver/Sicherheit*, und stellen Sie sicher, dass der Rollendienst *Authentifizierung über Clientzertifikatzuordnung* aktiviert ist. Starten Sie nach der Installation den Server neu.

Haben Sie die Authentifizierung aktiviert, müssen Sie den IIS-Admindienst neu starten. Das geht am schnellsten mit *Restart-Service IISAdmin* in der PowerShell. Wenn nach der Konfiguration die Anmeldung nicht funktioniert, können Sie noch mit *Iisreset /noforce* die Internetinformationsdienste neu starten. Alternativ starten Sie den kompletten Server neu.

In Exchange 2016 klicken Sie im Exchange Admin Center auf *Server* und dann auf *Virtuelle Verzeichnisse*. Wählen Sie den virtuellen Ordner *Microsoft-Server-ActiveSync* des Servers aus, den Sie konfigurieren wollen, und rufen Sie dessen Bearbeitung auf. Im Bereich *Authentifizierung* finden Sie hier die Option *Clientzertifikate anfordern*. Aktivieren Sie diese Option.

Öffnen Sie danach wieder den IIS-Manager und dann den virtuellen Ordner *Microsoft-Server-ActiveSync*. Öffnen Sie den Konfigurations-Editor im unteren Bereich in der Mitte der Konsole. Klicken Sie rechts im Fenster auf das Dropdownmenü bei *Abschnitt*, und navigieren Sie zu *system.webServer/security/authentication/clientCertificateMappingAuthentication*. Setzen Sie den Wert auf *True*, und klicken Sie danach rechts oben auf *Übernehmen*. Dies funktioniert in Exchange 2010/2013 und Windows Server 2008 R2 genauso wie in Exchange 2016 und Windows Server 2012/2012 R2. Bei der Einrichtung der zertifikatbasierten Authentifizierung in Outlook Web App zeigen wir Ihnen, wie Sie diesen Vorgang in der Eingabeaufforderung durchführen.

Microsoft-Server-ActiveSync (Default Web Site)

Allgemein

▸ Authentifizierung

SSL-aktiviert:

Wahr

Wählen Sie die Authentifizierungsmethode(n) aus, die dieses virtuelle Verzeichnis akzeptiert. Um die Authentifizierung zwischen dem Exchange-Server und einem mobilen Gerät zu aktivieren, ist entweder die Standardauthentifizierung oder die Clientzertifikatsauthentifizierung erforderlich.

☑ Standardauthentifizierung
(Erfodert die Verwendung von SSL-Zertifikaten, um die Kennwörter zu verschlüsseln, die normalerweise als Klartext gesendet werden)

Clientzertifikatsauthentifizierung:
○ Clientzertifikate ignorieren
○ Clientzertifikate akzeptieren
◉ Clientzertifikate anfordern

Abbildung 6.28: Exchange ActiveSync können Sie auch über Zertifikate authentifizieren lassen.

An dieser Stelle haben Sie die Konfiguration des Servers abgeschlossen. Um zu testen, ob die Webseite auch die zertifikatbasierte Authentifizierung unterstützt, rufen Sie im Browser die Seite *https://<Servername>/microsoft-server-activesync* auf. Sie müssen anschließend ein Zertifikat für die Anmeldung auswählen und erhalten den Hinweis, dass die Seite nur per Zertifikat erreichbar ist. Die nächsten Schritte bestehen darin, die Clients für die Zertifikatanmeldung zu konfigurieren.

Grundsätzlich besteht auch die Möglichkeit, die zertifikatbasierte Authentifizierung zusammen mit einer herkömmlichen Zertifizierung mit Benutzername und Kennwort durchzuführen.

In diesem Fall erstellen Sie ein neues Web in IIS, das Sie auf den Port 443 einer eigenen IP-Adresse binden. Anschließend verwenden Sie das Cmdlet *New-ActiveSyncVirtualDirectory* für die Konfiguration. Die Anpassungen, die Sie in den vorangegangen Abschnitten vorgenommen haben, führen Sie dann nicht für die *Default Website* durch, sondern für die neu erstellte Website, in der Sie die zertifikatbasierte Authentifizierung nutzen wollen.

Clients für die Zertifikatauthentifizierung konfigurieren

Die Grundlage für die zertifikatbasierte Anmeldung von Smartphones über Exchange ActiveSync an Exchange ist die Installation des Benutzerzertifikats auf dem Endgerät. Auch das Zertifikat der Zertifizierungsstelle müssen Sie auf dem Endgerät installieren. Am einfachsten verteilen Sie die Zertifikate über eine Webseite, auf der Sie die entsprechenden Vorlagen zum Download zur Verfügung stellen. Sie können die Zertifikate auch mit externen Datenträgern zur Verfügung stellen oder über Cloudkonten. Wie die Zertifikate auf die Endgeräte kommen, spielt generell keine Rolle. Wichtig ist nur, dass das Benutzerzertifikat und das Zertifikat der Zertifizierungsstelle auf dem Gerät gespeichert sind.

Sobald ein Smartphone für die Anbindung konfiguriert ist, erkennt das Smartphone, dass die Authentifizierung über Zertifikate stattfindet. Benutzer müssen, abhängig vom Gerät, das Zertifikat bestätigen und können dann auf ihr Postfach zugreifen, ohne sich mit Benutzername und Kennwort authentifizieren zu müssen. Wenn das Zertifikat nicht auf dem Endgerät zu finden ist, erscheint keine Kennwortabfrage, sondern der Server lehnt die Anmeldung ab. Wenn Sie einem Benutzer mehrere Zertifikate zugeordnet haben, können Anwender bei der ersten Anmeldung am Server das passende Zertifikat auswählen.

Arbeiten Sie mit Android, können Sie zum Beispiel die Webschnittstelle der Active Directory-Zertifikatdienste für das Ausrollen der Zertifikate und des Zertifikats der Zertifizierungsstelle nutzen (*https://<Servername>/certsrv*). In neuen Versionen können Sie auch die *.pfx*-Dateien des Zertifikats direkt auf dem Gerät installieren. Auf iOS-Geräten (iPhone/iPad) können Sie mit dem iPhone-Konfigurationsprogramm arbeiten. Dieses stellt Apple kostenlos zur Verfügung (*http://tinyurl.com/juuth4k*). Hier erstellen Sie zum Beispiel ein neues Konfigurationsprofil und hinterlegen die Einstellungen für das Postfach und das Zertifikat. Verbinden Sie das iPhone mit dem Computer, auf dem Sie das iPhone-Konfigurationsprogramm installiert haben, können Sie das Profil und Zertifikat gleichzeitig installieren.

Auf Windows Phone 7/8-Geräten und Windows 10 for Mobile können Sie *.pfx*-Dateien problemlos selbst installieren. Das heißt, es besteht die Möglichkeit, dass Anwender ihr Zertifikat und das Zertifikat der Zertifizierungsstelle als *.pfx*-Exportdatei erhalten und durch Antippen die Zertifikate installieren. Dazu lässt sich zum Beispiel ein anderes E-Mail-Konto nutzen, das nicht durch Zertifikate abgesichert ist.

Aber auch hier können Sie den mobilen Internet Explorer nutzen und sich mit der Webseite der Zertifizierungsstelle verbinden. Anwender können auf diesem Weg selbst ein Zertifikat anfordern. Über die Webseite der Active Directory-Zertifikatdienste lassen sich übrigens auch die Zertifikate der Stammzertifizierungsstelle herunterladen. Zusätzlich lässt sich die Zertifizierungsstellen-Infrastruktur so planen, dass Administratoren die Zertifikate für den Benutzer herunterladen und dann den entsprechenden Anwendern nur noch zuordnen müssen.

Dazu verwenden Sie ein Enrollment-Agent-Zertifikat, das Sie auf einer Arbeitsstation im Snap-In zur Verwaltung der eigenen Zertifikate von der Zertifizierungsstelle abrufen und installieren. Von dieser sicheren Arbeitsstation aus können Sie dann Zertifikate für Anwender abrufen. Zuvor müssen Sie auf dem Zertifikatserver über die Verwaltung der Zertifizierungsstelle eine neue Vorlage für den Enrollment-Agent erstellen.

Sobald die Vorlage verfügbar ist, rufen Sie auf der entsprechenden Arbeitsstation über die Verwaltung der lokalen Zertifikate (einfach einer MMC hinzufügen und Benutzerzertifikate als Speicher auswählen) und des angemeldeten Benutzers ein neues Zertifikat ab und verwenden dabei die Vorlage des Enrollment-Agents. Die Vorgänge dabei entsprechen dem Abrufen von Zertifikaten in den Benutzerspeicher über das Snap-In zur Verwaltung von Zertifikaten.

Durch das Hinzufügen des neuen Zertifikats des Enrollment-Agents können Sie über das Kontextmenü der Zertifikate im Snap-In nicht nur Zertifikate für das eigene Benutzerkonto abrufen, sondern auch Zertifikate im Auftrag anderer Benutzer. Wenn Sie das Zertifikat ausgestellt haben, öffnen Sie das Snap-In *Active Directory-Benutzer und -Computer* (*Dsa.msc*) und aktivieren über das Menü *Ansicht* die erweiterten Features. Wenn Sie jetzt die Eigenschaften eines Benutzerkontos aufrufen, sehen Sie die ausgestellten Zertifikate. Hier muss das Zertifikat des Benutzers angezeigt werden, das Sie gerade abgerufen haben.

Wollen Sie mit einer alleinstehenden Zertifizierungsstelle arbeiten, finden Sie auf der Seite *http://tinyurl.com/ja536zo* Hinweise, wie Sie Probleme bei der Anbindung beheben können. Generell ist es empfehlenswert, mit den Active Directory-Zertifikatdiensten zu arbeiten und diese in Active Directory integrieren zu lassen. Auf diesem Weg können Sie auch wesentlich leichter Zertifikate verteilen. Sie können natürlich auch eine komplexe Infrastruktur aufbauen und mit mehreren Zertifizierungsstellen – auch alleinstehenden und untergeordneten – arbei-

Einrichtung und Verwaltung

ten. In diesem Fall wird die Einrichtung allerdings etwas komplizierter, da dadurch auch der Verwaltungsaufwand für die Zertifikate steigt.

Auf der Seite von MobilityDojo.net finden Sie unter *http://tinyurl.com/hajg6uj* verschiedene kleine Tools, die auf PCs den Zugriff über Exchange ActiveSync emulieren. Hier können Sie den Zugriff testen und Fehler schneller beheben als beim Testen mit Smartphones.

Die Remote Wipe-Funktion in Exchange funktioniert auch mit der zertifikatbasierten Authentifizierung. Wenn Sie Smartphones löschen lassen, löscht das Smartphone bei der nächsten Verbindung mit Exchange auch das installierte Zertifikat und den gespeicherten Schlüssel. Auch die maximale Anzahl an ungültigen Anmeldungen in Verbindung mit Remote Wipe funktioniert mit der zertifikatbasierten Authentifizierung.

OWA mit Zertifikatauthentifizierung nutzen

Im Folgenden erfahren Sie, wie Sie die Einstellungen für Exchange 2016 vornehmen. Um die zertifikatbasierte Authentifizierung zu nutzen, müssen Sie nicht nur den Anwendern ein Zertifikat übermitteln, sondern zusätzlich die Exchange-Server, die OWA zur Verfügung stellen, so konfigurieren, dass sie die zertifikatbasierte Authentifizierung unterstützen.

Wichtig bei dieser Konfiguration ist, dass die Clientcomputer und die Server, die an OWA beteiligt sind, der Zertifizierungsstelle vertrauen, die die Zertifikate für die Anwender ausstellt. Dazu muss das Zertifikat der Zertifizierungsstelle in die vertrauenswürdigen Stammzertifizierungsstellen auf dem Server und den Clients importiert werden. Sind alle Server und Computer Mitglied der gleichen Active Directory-Gesamtstruktur, geschieht dies automatisch über Gruppenrichtlinien.

Das Zertifikat der Anwender hat auch nichts mit dem Zertifikat der Server zu tun, mit dem die SSL-Verbindung verschlüsselt wird. Dieses steuern Sie im Exchange Admin Center oder der Exchange Management Shell nach der Installation von Exchange. Achten Sie auch darauf, dass im IIS-Manager auf den Servern für die einzelnen Websites auf dem Exchange-Server noch die SSL-Verbindung vorhanden und das Zertifikat hinterlegt ist. Auch im Exchange Admin Center muss das OWA-Zertifikat korrekt angezeigt werden.

OWA mit Firewall berücksichtigen

Auch wenn Sie bei OWA mit einem öffentlichen Zertifikat arbeiten, besteht die Möglichkeit, für die Authentifizierung der Anwender über Zertifikate mit den internen Active Directory-Zertifikatdiensten zu arbeiten. In diesem Fall müssen die Zertifikate beider Zertifizierungsstellen auf allen Servern und Clients als vertrauenswürdige Stammzertifizierungsstellen eingetragen sein. Die Zertifizierungsstelle installieren Sie mit den Standardeinstellungen; die Standardzertifikate funktionieren in dieser Konfiguration problemlos. Lesen Sie sich dazu den Knowledge Base-Artikel *http://tinyurl.com/hhhuv6v* durch.

Sie können die formularbasierte Authentifizierung nicht zusammen mit der zertifikatbasierten Authentifizierung nutzen, wenn Sie Exchange mit TMG/UAG veröffentlichen. Das heißt, Sie müssen für die OWA-Webseite in den Internetinformationsdiensten (IIS) und der Exchange-Verwaltungskonsole SSL aktivieren und die formularbasierte Authentifizierung deaktivieren. Außerdem muss die integrierte Authentifizierung für OWA aktiviert werden.

Rufen Sie den IIS-Manager auf, und klicken Sie dann unter *Default Website* auf *OWA*. Klicken Sie dann doppelt auf der rechten Seite auf *SSL-Einstellungen*, und aktivieren Sie *SSL erforderlich* sowie bei *Clientzertifikate* ebenfalls die Option *Erforderlich*. Bestätigen Sie die Änderung mit *Übernehmen*. Gehen Sie für das OWA-Web im Bereich *Exchange Back End* genauso vor.

Danach verwenden Sie das Tool *Appcmd.exe* im Ordner *Windows\System32\inetsrv*. Geben Sie die beiden folgenden Befehle ein:

```
Appcmd unlock config /section:clientCertificateMappingAuthentication
Appcmd set config "Default Web Site/OWA" -section:clientCertificateMappingAuthentication
/enabled:true
```

Danach passen Sie die virtuelle OWA-Seite über den folgenden Befehl an:

```
Set-OwaVirtualDirectory -Identity "<Servername>\OWA (Default Web Site)"
-WindowsAuthentication:$false -BasicAuthentication:$false -FormsAuthentication:$False
```

Mit dem Befehl *Iisreset /noforce* starten Sie die Internetinformationsdienste anschließend neu.

Anwender können entweder über die Webseite der Zertifizierungsstelle Benutzerzertifikate anfordern, oder Sie weisen den Anwendern Zertifikate zu. Melden sich die Anwender an OWA an, erscheint die Auswahl eines Zertifikats. Mit diesem melden sich Benutzer an. Die Eingabe eines Benutzernamens oder Kennworts ist nicht mehr notwendig.

Benutzer können über eine Managementkonsole und die Einbindung der Zertifikatverwaltung über das Kontextmenü von *Eigene Zertifikate* schnell und einfach selbst Zertifikate abrufen oder die Webseite der Zertifizierungsstelle verwenden. Alternativ konfigurieren Sie eine Gruppenrichtlinie und verteilen die Zertifikate automatisiert an die Anwender.

POP3 oder IMAP4 für den mobilen Verbindungsaufbau verwenden

Neben den bisher beschriebenen Möglichkeiten, mobil auf das Postfach zuzugreifen, bietet Exchange 2016 auch weiterhin die Möglichkeit, per POP3 oder IMAP4 Benutzer anzubinden. POP3 beziehungsweise IMAP4 wird für das Abholen von E-Mails verwendet, während SMTP für das Versenden zuständig ist. Ein Exchange-Server stellt die Funktionalitäten eines POP3-Servers standardmäßig bereits zur Verfügung, kann aber nicht selbst mit einem POP3-Connector E-Mails aus dem Internet abholen. Wollen Sie E-Mails mit POP3 abholen, müssen Sie auf Tools von Drittherstellern zurückgreifen.

POP3 versus IMAP4

Der hauptsächliche Unterschied zwischen den beiden Protokollen POP3 und IMAP4 ist, dass bei POP3 die E-Mails vom Posteingangsserver auf Ihren PC heruntergeladen und anschließend auf dem Server gelöscht werden können.

Bei IMAP4 verbleiben die E-Mails auf dem Server, sie werden nur in Ihrem Posteingang angezeigt. Außerdem unterstützt IMAP4 mehrere Ordner. Da die E-Mails auf dem Server erhalten bleiben, verringert sich der Datenverkehr zwischen Client und Internet, und Sie können E-Mails im Postfach löschen, wenn Sie diese nicht mehr lesen wollen. Damit Sie auf ein Postfach per IMAP4 zugreifen können, müssen Sie online sein.

Besteht keine Internetverbindung, können Sie Ihre E-Mails nicht korrekt verwalten. POP3 lädt komplette E-Mails aus dem Internet herunter und zeigt sie im Posteingang an. Im Gegensatz zu

IMAP4 kennt POP3 keine Unterordner. Alle E-Mails werden im Posteingang angezeigt. Sie können die E-Mails offline lesen und bearbeiten.

Falls Sie nicht nur von zu Hause auf Ihr privates Postfach zugreifen, sondern auch von unterwegs, sind die E-Mails bei POP3 nicht mehr im Postfach vorhanden und lassen sich nur noch auf dem heimischen PC lesen. Lassen Sie die E-Mails mit IMAP4 anzeigen, können Sie von mehreren PCs oder Notebooks aus auf Ihr Postfach zugreifen. Die E-Mails werden im E-Mail-Programm angezeigt, aber nur teilweise heruntergeladen. Der größte Teil der E-Mails verbleibt auf dem Server.

IMAP4 kann nicht nur die E-Mails anzeigen, sondern auch eine Ordnerstruktur darstellen. Legen Sie im Postfach mehrere Unterordner an, kann auf diese mit IMAP4 zugegriffen werden. Dadurch lassen sich E-Mails im Clientprogramm sortieren und verwalten.

Verbindet sich ein POP3- oder IMAP4-Client mit einem Server, überprüft der Server, auf welchem Postfachserver sich das Postfach des Benutzers befindet, und gibt die Authentifizierungsdaten an diesen Server weiter. Der Postfachserver authentifiziert den Benutzer, gibt das Ergebnis an den Server weiter, der dann das Ergebnis wieder an den Benutzer übermittelt. Standardmäßig werden bei der Authentifizierung mit POP3 oder IMAP4 die Benutzernamen und Kennwörter im Klartext über das Netzwerk verschickt. Da diese Zugriffe hauptsächlich über das Internet abgewickelt werden, sollten Sie für diese beiden Protokolle SSL konfigurieren.

POP3 und IMAP4 aktivieren

Grundsätzlich sind POP3 und IMAP4 in Exchange 2016 deaktiviert. Standardmäßig können Benutzer, die Postfächer auf Computern mit Exchange 2016 haben, über Microsoft Outlook oder Outlook Web App, Microsoft Exchange ActiveSync oder Outlook Voice Access auf ihre Postfächer zugreifen. Outlook, Outlook Web App und Outlook Voice Access ermöglichen es E-Mail-Benutzern, die umfassenden Features zu verwenden, die Benutzern bereitstehen, die über Postfächer auf Exchange 2016-Servern verfügen.

Exchange 2016 akzeptiert sowohl unsichere POP3-Verbindungen über Port 110 als auch SSL-gesicherte Verbindungen über den Port 995. Der Zugriff auf POP3 wird von Servern zur Verfügung gestellt.

Wie erwähnt ist POP3 standardmäßig auf einem Exchange 2016-Server deaktiviert. Wollen Sie den Zugriff per POP3 gestatten, müssen Sie zunächst die Systemdienste *Microsoft Exchange POP3* und *Microsoft Exchange-POP3-Back-End* auf Servern und auf Postfachservern auf *Automatisch* setzen und dann starten.

Standardmäßig ist auch IMAP4 auf einem Exchange 2016-Server deaktiviert. Wollen Sie den Zugriff per IMAP gestatten, müssen Sie zunächst die Systemdienste *Microsoft Exchange IMAP4* und *Microsoft Exchange-IMAP4-Back-End* auf *Automatisch* setzen und dann starten.

Im Anschluss können Sie den Verbindungsaufbau testen. Um mit einem POP3-Server eine Verbindung herzustellen, müssen Sie sich über einen Telnet-Client mit dem Port 110 verbinden:

```
Telnet <Server> 110
```

Nach dem Verbindungsaufbau erscheint eine Statusmeldung, die Sie darüber informiert, dass Sie mit dem POP3-Server verbunden sind. Um mit einem IMAP4-Server eine Verbindung aufzubauen, müssen Sie mit einem Telnet-Client eine Verbindung mit Port 143 herstellen.

POP3 und IMAP4 konfigurieren

Im Exchange Admin Center können Sie die beiden Serverdienste konfigurieren, wenn Sie auf *Server* klicken und dann auf den Server, auf dem Sie die Dienste zur Verfügung stellen wollen. Markieren Sie den entsprechenden Exchange-Server, und wechseln Sie in den Eigenschaften auf das Protokoll, das Sie konfigurieren möchten.

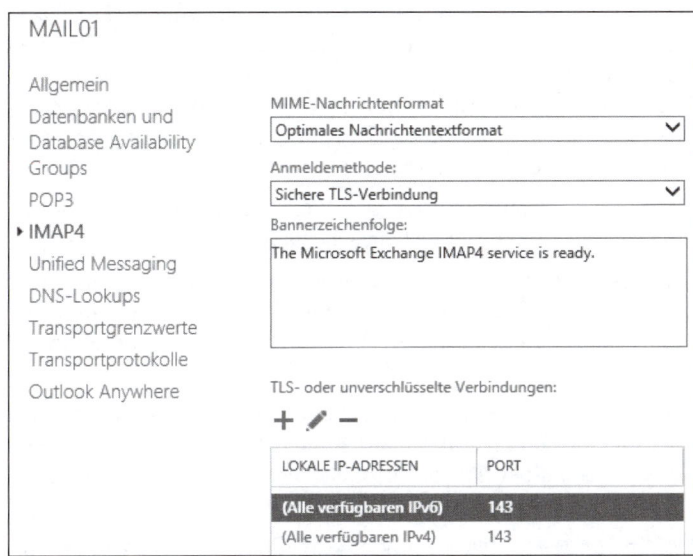

Abbildung 6.29: Konfigurieren von IMAP4 und POP3 im Exchange Admin Center

Die Einstellungen für die beiden Protokolle sind identisch. Wir zeigen Ihnen auf den folgenden Seiten, wie Sie die Einstellungen für POP3 festlegen. Die Einstellungen für IMAP4 sind analog durchzuführen. Nehmen Sie Änderungen vor, müssen Sie den Dienst für POP3 oder IMAP4 neu starten, damit dieser die Änderungen übernimmt.

Rufen Sie die Eigenschaften von POP3 auf, können Sie über verschiedene Bereiche die Einstellungen für POP3 auf dem Server anpassen. Hier steuern Sie auch die Informationen, die den POP3-Benutzern bei der Anmeldung angezeigt werden. Nachdem Sie Änderungen durchgeführt haben, müssen Sie den Systemdienst für POP3 neu starten, damit die Änderungen übernommen werden.

Im unteren Bereich legen Sie die IP-Adressen und TCP-Ports für den Connector fest, der Verbindungen von POP3-Clients akzeptiert. Sie können an dieser Stelle verschiedene Bereiche (und die dazugehörigen Ports) hinterlegen, über die der Server per POP3 oder POP3S Anfragen entgegennimmt.

Sie müssen eine lokale IP-Adresse angeben. Dies ist wichtig, wenn Ihr Server über verschiedene IP-Adressen oder Netzwerkkarten verfügt. Standardmäßig nimmt ein Server auf allen lokalen IP-Adressen Anfragen entgegen und verwendet die beiden Standardports 110 für POP3 und 995 für POP3 über SSL (POP3S). Beachten Sie, dass Sie bei einer Änderung der Ports auch eine entsprechende Veröffentlichung des Servers ins Internet anpassen müssen.

Bei *Anmeldemethode* legen Sie fest, wie sich Anwender am Server anmelden sollen. Die Grundlage der Anmeldung ist das Domänenkonto, das Anwender auch intern verwenden. Exchange 2016 bietet drei Optionen an, um die Anmeldung zu steuern:

- **Standardauthentifizierung (Nur-Text)** Aktivieren Sie diese Option, werden Benutzernamen und Kennwörter ohne TLS- oder SSL-Verbindung an den Server gesendet und sind im Klartext lesbar.

- **Integrierte Windows-Authentifizierung (Nur-Text)** Bei Verwendung dieser Option verbinden sich die Anwender über die integrierte Windows-Authentifizierung.

- **Sichere TLS-Verbindung** Diese Option ist standardmäßig aktiviert. Hierbei findet die Authentifizierung über eine SSL-Verbindung mithilfe des Exchange-Zertifikats statt. Dazu können Sie das Zertifikat des Exchange-Servers mit dem POP3-Dienst verbinden. Geben Sie hierzu den Namen ein, auf den das Zertifikat ausgestellt ist. Sie finden das Zertifikat im Exchange Admin Center über *Server*. Klicken Sie auf den Server, und wählen Sie das Zertifikat aus, um den entsprechenden Dienst zu verknüpfen. Nachdem die Authentifizierungseinstellungen angepasst sind, müssen Sie den POP3-Dienst erneut starten.

Über die weiteren Optionen im unteren Bereich des Fensters steuern Sie die Timeouteinstellungen für die Verbindung der POP3-Clients. Auch hier stehen verschiedene Optionen zur Verfügung:

- **Authentifizierter Timeout (Sekunden)** Hier legen Sie fest, wann Sitzungen vom Server getrennt werden, wenn sich diese nach erfolgreicher Anmeldung im Leerlauf befinden. Der Standardwert ist 1800 Sekunden, der gültige Eingabebereich liegt zwischen 30 und 86.400 Sekunden.

- **Nicht authentifizierter Timeout (Sekunden)** Hier geben Sie den Zeitraum ein, nach dessen Ablauf der Server Sitzungen beenden soll, die noch nicht authentifiziert sind. Der Standardwert ist 60 Sekunden, der gültige Eingabebereich liegt zwischen 30 und 3600 Sekunden.

- **Maximale Anzahl von Verbindungen** Hier steuern Sie die Gesamtanzahl von Verbindungen, die vom Server akzeptiert werden. Hierbei sind authentifizierte und nichtauthentifizierte Verbindungen berücksichtigt.

- **Maximale Anzahl von Verbindungen von einer einzelnen IP-Adresse** Hier legen Sie die maximale Anzahl fest, die der Server von einer einzelnen IP-Adresse akzeptiert.

- **Maximale Anzahl von Verbindungen von einem einzelnen Benutzer** Hier geben Sie ein, wie viele Sitzungen ein einzelner Benutzer mit dem Server aufbauen kann. Der Standardwert sind 16 gleichzeitige Verbindungen.

- **Maximale Befehlsgröße** Hier legen Sie die Größe der POP3-Befehle fest. Der Standardwert beträgt 512 Byte, der gültige Eingabebereich liegt zwischen 40 und 1024.

Nachdem Sie die Standardeinstellungen geändert haben, können Benutzer ihre externen POP3-, IMAP4- und SMTP-Servereinstellungen in Outlook Web App durch einen Klick auf *Einstellungen/Optionen/Konten/POP und IMAP* überprüfen.

Zusammenfassung

In diesem Kapitel haben Sie erfahren, wie Sie Server im Netzwerk verwalten. Wir sind in diesem Kapitel auch ausführlich darauf eingegangen, wie Sie Smartphones und Tablet-PCs über das Internet an Exchange 2016 anbinden. Auch die Anbindung von Outlook und Outlook Web App sowie die verschiedenen Richtlinien und Zusatztools, die bei der Einrichtung und dem Schutz der Clients helfen, haben wir Ihnen erläutert.

Im nächsten Kapitel zeigen wir Ihnen, wie Sie die verschiedenen Empfänger und Gruppen in Exchange 2016 verwalten.

Kapitel 7

Empfänger, Gruppen und Kontakte verwalten

In diesem Kapitel:

Einführung in die Benutzerverwaltung 250

Postfächer erstellen 251

Freigaben – Shared Mailboxes 255

Raum- und Gerätepostfächer erstellen und verwalten 255

Moderierter Transport – Nachrichtengenehmigung 259

Postfächer verwalten 259

Postfächer verschieben 274

Besprechungsanfragen erstellen und verwalten 279

Kontakte und E-Mail-aktivierte Benutzer anlegen und verwalten 284

Verteilergruppen erstellen und verwalten 285

Adresslisten und Adressbuchrichtlinien verwalten 293

Zusammenfassung 298

Neben anderen administrativen Aufgaben ist die Verwaltung Ihrer Benutzer unter Exchange 2016 eine der wichtigsten Tätigkeiten. Im Grunde genommen handelt es sich um Benutzerkonten in Active Directory, die über Postfächer in der Exchange-Organisation verfügen.

Die Pflege der Exchange-Eigenschaften der Benutzer wird ausschließlich über das Exchange Admin Center und die Exchange Management Shell vorgenommen, nicht mehr im Snap-In *Active Directory-Benutzer und -Computer*. Dadurch können Rechte für Exchange-Admins und Administratoren von Active Directory besser delegiert werden, da sich die Aufgaben nicht mehr überlappen.

Tipp

In der Exchange Management Shell erhalten Sie mit dem Cmdlet *Get-LogonStatistics* ausführlichere Informationen über die letzten Anmeldungen an den Datenbanken und Servern.

Hier können Sie erkennen, wann welche Anwender sich zum letzten Mal mit dem Server verbunden haben und welche Systembenutzer aktuell verbunden sind.

Einführung in die Benutzerverwaltung

In Exchange 2016 gibt es Benutzerpostfächer, E-Mail-Kontakte, E-Mail-Benutzer mit einem Konto in der Gesamtstruktur, aber einer externen E-Mail-Adresse außerhalb der Exchange-Organisation, sowie Ressourcenpostfächer. Bei den Ressourcenpostfächern unterscheidet man noch zwischen Raumpostfächern und Gerätepostfächern. Natürlich gibt es auch weiterhin öffentliche Ordner und auch Verteilergruppen, die ebenfalls Exchange-Objekte sind.

Neu seit Exchange 2013 sind freigegebene Postfächer. Hierbei handelt es sich um Postfächer, die nicht einem einzelnen Benutzer zugeordnet sind, sondern die mehrere Benutzer gemeinsam nutzen. In diesem Bereich gibt es auch noch Websitepostfächer.

Ein Websitepostfach ist ein Postfach, das aus einem Exchange-Postfach zum Speichern von E-Mail-Nachrichten und einer SharePoint-Website zum Speichern von Dokumenten besteht. Benutzer können mit einer einzigen Clientschnittstelle sowohl auf E-Mail-Nachrichten als auch auf Dokumente zugreifen.

Darüber hinaus gibt es noch Office 365-Postfächer. In hybriden Bereitstellungen, also beim parallelen Einsatz von Exchange 2016 mit Office 365, besteht ein Office 365-Postfach aus einem E-Mail-Benutzer, der in Active Directory lokal vorhanden ist, und aus einem zugeordneten Cloudpostfach, das in Office 365 gespeichert ist.

Ein verknüpfter Benutzer ist ein Benutzer, dessen Postfach in einer anderen Gesamtstruktur vorliegt als der, in der der Benutzer vorhanden ist. Auch diese Objekte gibt es in Exchange 2016 noch.

Sie können über die Exchange-Verwaltungstools auch Einstellungen der Benutzerkonten in Active Directory durchführen. Die komplette Pflege aller Exchange-Eigenschaften ist allerdings nur mit der Exchange-Toolbox möglich.

Exchange-Postfächer sind Erweiterungen der Benutzereigenschaften und keine eigenständigen Objekte in einem eigenen Ordner. Dies heißt, dass alle Benutzerobjekte von Active Directory, die Exchange 2016-Erweiterungen benutzen, Empfänger sind. Exchange unterscheidet dabei zwischen verschiedenen Empfängerklassen.

Die Benutzerpostfächer sind sicherlich das bedeutendste Empfängerobjekt in Exchange. Mit den Postfächern kommunizieren Ihre Benutzer untereinander und mit Partnern, Lieferanten und Kunden außerhalb Ihrer Organisation. Sie können die Exchange-Aufgaben für Benutzer am besten über das Exchange Admin Center durchführen. Anders als in Exchange 2010 müssen Sie in Exchange 2016 keine Exchange-Tools mehr installieren, um Benutzer zu verwalten. Da das Exchange Admin Center webbasiert ist, können Sie auch von Arbeitsstationen aus das Exchange Admin Center aufrufen (*https://<Servername>/ecp*).

Postfächer erstellen

Postfächer werden auf Exchange-Servern mit der Postfachserver-Rolle erstellt. Wollen Sie im Exchange Admin Center ein neues Postfach erstellen, verbindet sich die Konsole mit dem entsprechenden Postfachserver am Active Directory-Standort.

Um ein neues Postfach für einen Anwender zu erstellen, klicken Sie im Exchange Admin Center auf *Empfänger*. Hier sehen Sie alle bereits angelegten Empfänger, Kontakte und Gruppen. In den untergliederten Bereichen können Sie die Ansicht noch mal filtern lassen.

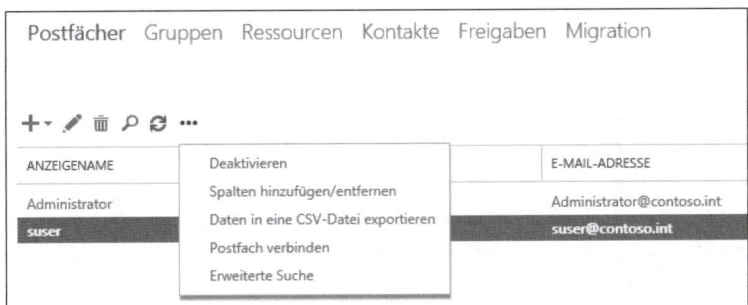

Abbildung 7.1: Verwalten der Exchange-Benutzer im Exchange Admin Center

Über die erweiterten Optionen (die drei Punkte in der Symbolleiste) können Sie eine erweiterte Suche starten und nach Benutzernamen filtern.

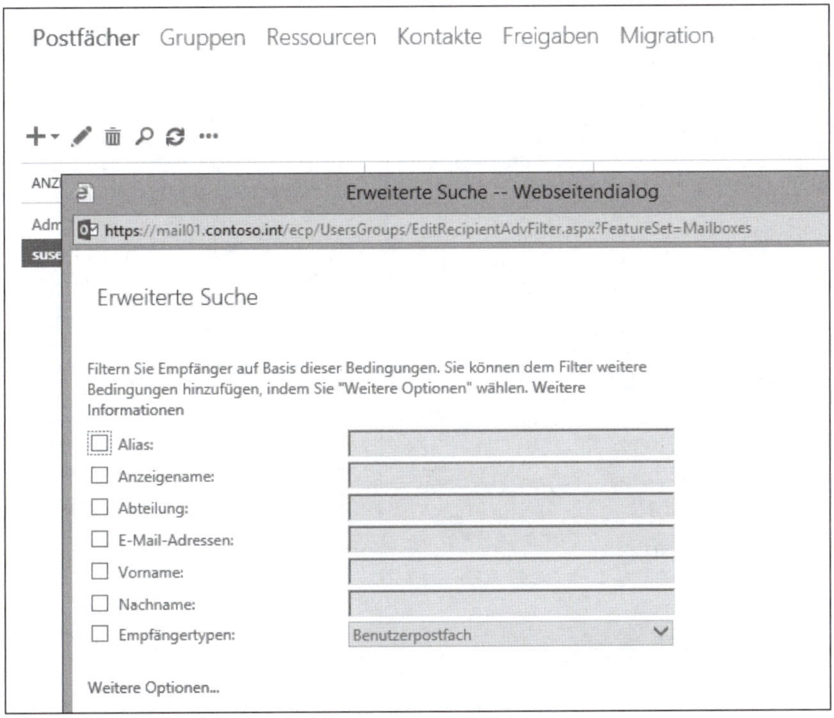

Abbildung 7.2: Erstellen einer erweiterten Suche im Exchange Admin Center

Einrichtung und Verwaltung

Klicken Sie auf das Pluszeichen, und wählen Sie die Option *Benutzerpostfach*, um neue Empfänger zu erstellen. Sie können dazu vorher ein entsprechendes Konto in Active Directory anlegen oder direkt über den Assistenten auch ein neues Benutzerkonto für das Postfach erstellen.

Im Anschluss startet das Fenster für die Erstellung von neuen Postfächern. Hier können Sie zunächst auswählen, welche Art von Postfach Sie erstellen wollen. Sie können in diesem Assistenten entweder Postfächer für bereits existierende Benutzer in Active Directory erstellen oder ganz neue Benutzerkonten mit dazugehörigem Postfach. Für die Verwaltung von Ressourcen gibt es unter Exchange 2016 einen speziellen Empfängertyp. Diesen legen Sie über den Bereich *Empfänger/Ressourcen* im Exchange Admin Center an.

Ein verknüpftes Postfach verbindet ein Postfach innerhalb Ihrer Exchange-Organisation mit einem Benutzerkonto außerhalb Ihrer Gesamtstruktur. Auch diese Art von Postfächern legen Sie über *Empfänger/Postfächer* an. In diesem Abschnitt behandeln wir die Erstellung von neuen Benutzerpostfächern. Zu den Raumpostfächern kommen wir noch ausführlicher in den weiteren Abschnitten dieses Kapitels. Verknüpfte Postfächer erstellen Sie auch in der Exchange Management Shell, zum Beispiel mit:

```
New-Mailbox -Name "<Name>" -LinkedDomainController "<Domänencontroller>" -LinkedMasterAccount
"<Administrator>" -OrganizationalUnit Users -UserPrincipalName <Administrator>
-LinkedCredential:(Get-Credential <Administrator>)
```

Wählen Sie zunächst die Option *Benutzerpostfach* aus. Auf der Seite können Sie auswählen, ob Sie ein neues Benutzerkonto erstellen wollen, das mit dem Postfach direkt verknüpft wird, oder ob Sie ein bereits vorhandenes Konto für die Verbindung verwenden möchten. Jedem Benutzerkonto kann nur ein einzelnes Postfach zugewiesen werden, und jedes Postfach muss einem einzelnen Benutzerkonto zugewiesen sein.

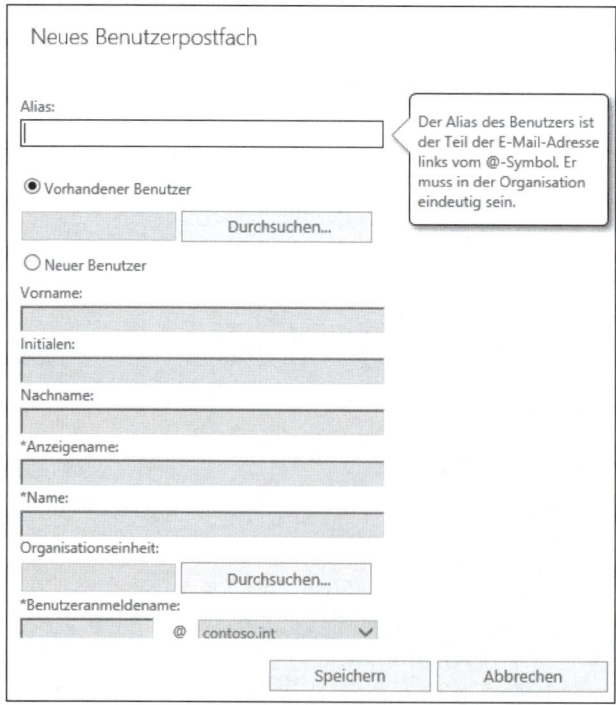

Abbildung 7.3: Erstellen eines neuen Benutzerkontos für das neue Postfach

Wenn Sie ein neues Benutzerkonto mit Postfach erstellen, können Sie auf der Seite die entsprechenden Informationen für das Anlegen eines neuen Benutzers angeben. Diese Daten übernimmt der Assistent auch in Active Directory.

Das Konto lässt sich wie jedes andere Benutzerkonto zur Anmeldung an Computern in der Domäne nutzen. Die eingegebenen Daten übernimmt der Assistent ebenfalls. Sie können nach der Erstellung die Daten entweder im Exchange Admin Center oder über das Snap-In *Active Directory-Benutzer und -Computer* ändern. Auch die Pflege im Active Directory-Verwaltungscenter ist möglich.

Allerdings lassen sich die Exchange-spezifischen Einstellungen nur im Exchange Admin Center oder in der Exchange Management Shell anzeigen und anpassen. Geben Sie an dieser Stelle die Daten für das neue Benutzerkonto an. Beim Abschluss der Eingabe erstellt Exchange automatisch ein neues Postfach. Über die Schaltfläche *Durchsuchen* können Sie die Domäne und Organisationseinheit auswählen, in der das Benutzerkonto angelegt werden soll.

Oben auf der Seite legen Sie den Alias fest, also den Teil der E-Mail-Adresse, der vor dem @-Zeichen steht. Die Postfachdatenbank, in der Sie das Postfach anlegen möchten, legen Sie unten im Fenster fest. Haben Sie eine E-Mail-Adressenrichtlinie festgelegt, wird der Alias durch die Richtlinie definiert, egal welche Einstellungen Sie hier vornehmen (siehe Kapitel 3).

Wenn Sie ein einzelnes Postfach anlegen, müssen Sie trotzdem einen Alias definieren. Standardmäßig definiert Exchange jedoch nur die E-Mail-Adresse nach dem @-Zeichen, nicht den Alias. Erstellen Sie möglichst früh Ihre Richtlinie (siehe Kapitel 3), damit die E-Mail-Adressen einheitlich erstellt werden.

Sie können für das Postfach im Fenster auch ein Archivpostfach erstellen, in dem der Anwender E-Mails archivieren kann oder in dem per Richtlinie E-Mails automatisch durch Exchange archiviert werden. Diese Funktion behandeln wir ausführlicher in Kapitel 9. Archivpostfächer sind in Outlook und Outlook Web App verfügbar. Sie können auch jederzeit nach der Erstellung eines Postfachs das Archivpostfach aktivieren.

Sie können beim Anlegen von neuen Benutzern auch gleich eine Adressbuchrichtlinie (Address Book Policy, ABP) hinterlegen. Eine ABP erlaubt eine Filterung des globalen Adressbuchs. Die Richtlinien lassen sich Postfächern zuordnen und legen fest, welche Postfächer aus der globalen Adressliste (Global Address List, GAL) für die Benutzer sichtbar sind, denen die ABP zugeordnet ist.

In der Exchange Management Shell nehmen Sie Einstellungen über *New-Mailbox* oder *Set-Mailbox* und die Option *AddressBookPolicy* vor.

Wenn Sie zu Beginn der Erstellung die Option *Verknüpftes Postfach* ausgewählt haben, müssen Sie auf der Seite noch Informationen angeben, die das Quellkonto des verknüpften Postfachs festlegen.

Der folgende Aufruf zeigt ein Beispiel für das Erstellen von Postfächern in der Exchange Management Shell:

```
New-Mailbox -Name 'Ernst Joos' -Alias 'ernst.joos' -OrganizationalUnit 'contoso.com/Users'
-UserPrincipalName 'joose@contoso.com' -SamAccountName 'joose' -FirstName 'Ernst' -Initials ''
-LastName 'Joos' -ResetPasswordOnNextLogon $false -Database ' Mailbox Database 1100673980'
-ActiveSyncMailboxPolicy 'Default' -Archive
```

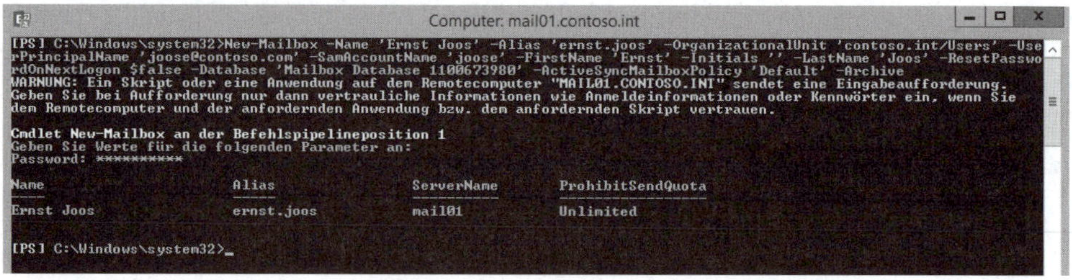

Abbildung 7.4: Postfächer können Sie auch in der Exchange Management Shell anlegen.

Das Postfach wird im Anschluss im Exchange Admin Center und der Exchange Management Shell angezeigt und ist sofort verfügbar.

Ein weiteres Beispiel ist:

```
New-Mailbox -Alias thomas -Name "Thomas Joos" -FirstName Thomas -LastName Joos -DisplayName "Thomas Joos" -UserPrincipalName thomas.joos@contoso.com -OrganizationalUnit Users
```

Sie können auch das Cmdlet *EnablE-Mailbox* verwenden, um mehrere Benutzer gleichzeitig für E-Mails zu aktivieren. Dazu werden die Ergebnisse des Cmdlets *Get-User* per Pipelining an das Cmdlet *EnablE-Mailbox* umgeleitet. Wenn Sie das Cmdlet *Get-User* ausführen, dürfen nur Benutzer zurückgegeben werden, für die noch keine E-Mail-Aktivierung durchgeführt wurde. Dazu müssen Sie für den Parameter *RecipientTypeDetails* den Wert *User* (Benutzer) angeben.

Sie können den Umfang der zurückgegebenen Ergebnisse auch begrenzen, indem Sie den Parameter *Filter* verwenden, damit nur Benutzer zurückgegeben werden, die den angegebenen Kriterien entsprechen. Anschließend können Sie das Ergebnis per Pipelining an das Cmdlet *EnablE-Mailbox* weiterleiten.

Beispiel:

Mit dem folgenden Befehl werden Benutzer für E-Mail aktiviert, die noch nicht entsprechend aktiviert wurden und im Benutzerfeld *Firma* den Text »Contoso« enthalten. Hierbei dient als Filter der Ausdruck *-RecipientTypeDetails User*, der nur die Benutzerkonten zurückgibt, denen noch kein Postfach zugeordnet wurde.

```
Get-User -RecipientTypeDetails User -Filter { Company -Eq 'Contoso' } | EnablE-Mailbox
```

Bei der Erstellung eines verknüpften Postfachs müssen Sie den Parameter *LinkedMasterAccount* verwenden, um das Konto in der Kontogesamtstruktur anzugeben. Außerdem müssen Sie den Parameter *LinkedDomainController* verwenden, um den Domänencontroller der Kontodomäne anzugeben, zu der eine Verbindung hergestellt werden soll. Und schließlich sind mit dem Parameter *LinkedCredential* noch die Anmeldeinformationen anzugeben, mit denen auf die Kontodomäne zugegriffen werden kann.

Beispiel:

```
New-Mailbox -Database "Mailbox1" -Name "Thomas Joos" -LinkedDomainController "dc01.microsoft.com"
-LinkedMasterAccount microsoft\joos -OrganizationalUnit Users -UserPrincipalName joos@contoso.com
-LinkedCredential (Get-Credential microsoft\administrator)
```

Freigaben – Shared Mailboxes

Sie haben in Exchange Server 2016 auch die Möglichkeit, ein Postfach so zu konfigurieren, dass es von mehreren Anwendern gleichzeitig verwendet wird. Solche Postfächer sind nicht direkt einzelnen Active Directory-Objekten oder -Benutzern zugewiesen.

Diese Art von Postfächern wird vor allem für Abteilungen, für Info-Postfächer oder für solche Postfächer verwendet, die von Webformularen E-Mails erhalten sollen. Um ein solches Postfach anzulegen, verwenden Sie am einfachsten die Exchange Management Shell und den folgenden Befehl:

```
New-Mailbox info -Shared
```

Diese Postfächer werden im Exchange Admin Center über den Menüpunkt *Empfänger/Freigaben* angezeigt und verwaltet. Hier können Sie diese Postfächer ebenfalls erstellen. Sie können für diese Postfächer Berechtigungen anpassen, genauso wie bei herkömmlichen Empfängern.

Über den Menüpunkt *Postfachstellvertretung* legen Sie fest, welche Benutzer sich dieses freigegebene Postfach teilen sollen. Generell ist es empfehlenswert, diese Benutzer im Bereich *Vollzugriff* und bei *Senden als* einzutragen. Diese Konfiguration können Sie ebenfalls in der Exchange Management Shell durchführen:

```
Add-MailboxPermission <Freigabe> -User <Benutzer> -AccessRights FullAccess -InheritanceType All
```

Wollen Sie die Berechtigung, die ein Anwender auf ein solches freigegebenes Postfach hat, wieder entfernen, können Sie ebenfalls die Exchange Management Shell verwenden:

```
RemovE-MailboxPermission -Identity <Postfach> -User "<Benutzer>" -AccessRights FullAccess
-Inheritance
```

Wenn Anwender E-Mails über dieses Postfach versenden, werden die gesendeten Objekte nicht im Postfach gespeichert. Sie können in der Exchange Management Shell aber konfigurieren, dass alle gesendeten E-Mails auch in den gesendeten Objekten dieses Postfachs gespeichert werden:

```
Set-Mailbox <Postfach> -MessageCopyForSentAsEnabled $True
Set-Mailbox <Postfach> -MessageCopyForSendOnBehalfEnabled
```

Raum- und Gerätepostfächer erstellen und verwalten

In Exchange 2016 lassen sich Geräte und Besprechungsräume als eigene Postfächer anlegen. Damit können Anwender die Besprechungsräume wesentlich übersichtlicher buchen, da hierzu auch Funktionen in Outlook 2010/2013/2016 zur Verfügung stehen. Die Verwaltung derartiger Ressourcenpostfächer delegieren Sie an Benutzer.

Es besteht aber auch die Möglichkeit, diese Ressourcenpostfächer so zu konfigurieren, dass sie sich automatisch verwalten und selbstständig Besprechungen bestätigen, wenn zum Beispiel der entsprechende Raum nicht belegt ist.

Einrichtung und Verwaltung

Ressourcenpostfach erstellen

Wenn Sie ein neues Gerätepostfach oder ein Raumpostfach anlegen, erstellt Exchange auch automatisch ein dazugehöriges Benutzerkonto. Das Konto ist allerdings deaktiviert. Der Vorgang ist grundsätzlich identisch mit dem Anlegen von neuen Benutzerpostfächern – mit dem Unterschied, dass Sie beim Anlegen eines neuen Raum- oder Gerätepostfachs im Assistenten die entsprechende Option auswählen.

Nachdem das Postfach angelegt ist, müssen Sie es noch anpassen, um die entsprechenden automatischen Buchungsvorgänge zu konfigurieren. Ressourcenpostfächer verwalten Sie im Exchange Admin Center über *Empfänger/Ressourcen*. Über das Pluszeichen erstellen Sie eine neue Ressource.

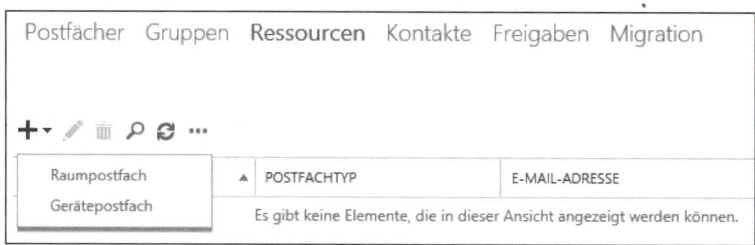

Abbildung 7.5: Erstellen einer neuen Ressource

Nachdem Sie das Postfach angelegt haben, steht es sofort zur Verfügung. Sie finden die Objekte für Raumpostfächer im Exchange Admin Center über *Empfänger/Ressourcen*.

In den Eigenschaften können Sie auch nach dem Anlegen alle Einstellungen vornehmen, die für normale Benutzerkonten gelten. Zusätzlich können Sie auf weiteren Registerkarten Einstellungen vornehmen, um Ressourcenpostfächer optimal zu konfigurieren.

Bei *Kapazität* lässt sich festlegen, mit wie vielen Personen ein Raum belegt sein darf, das heißt wie viele Teilnehmer eine Besprechung haben darf, wenn der Organisator diesen Raum verwendet.

Damit die Ressource automatisch Besprechungsanfragen akzeptiert, müssen Sie nach dem Anlegen weitere Einstellungen vornehmen. Diese Einstellungen finden Sie über *Buchungsoptionen* in den Eigenschaften der Ressource.

Um Stellvertretungen auszuwählen, klicken Sie im Bereich *Stellvertretungen für Buchungen* auf das Pluszeichen. Anschließend fügen Sie die Empfänger hinzu, die für die Planungsoptionen des Ressourcenpostfachs zuständig sind. Diese können im Namen des Postfachs Besprechungen akzeptieren oder ablehnen. Aktivieren Sie diese Option, um Besprechungsanfragen an die Stellvertreter weiterzuleiten, die Sie angegeben haben.

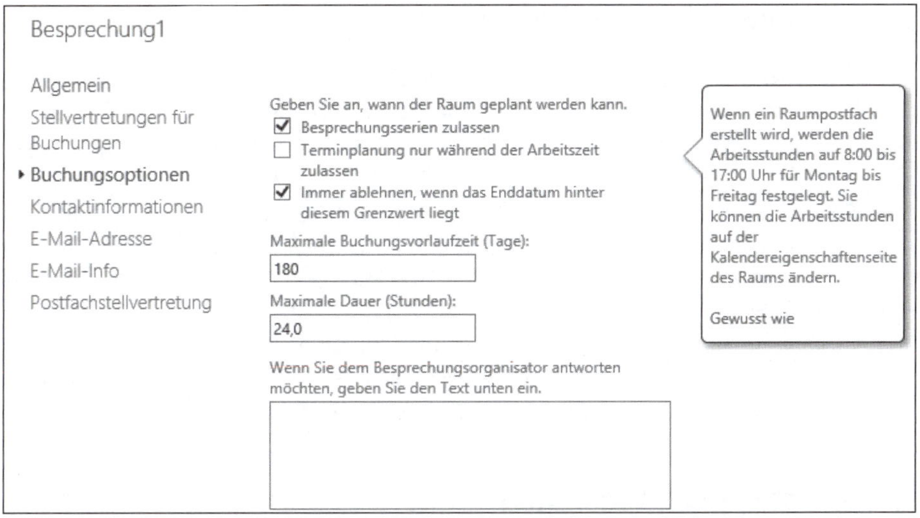

Besprechung1

Allgemein

Stellvertretungen für
Buchungen

▸ Buchungsoptionen

Kontaktinformationen

E-Mail-Adresse

E-Mail-Info

Postfachstellvertretung

Geben Sie an, wann der Raum geplant werden kann.
☑ Besprechungsserien zulassen
☐ Terminplanung nur während der Arbeitszeit zulassen
☑ Immer ablehnen, wenn das Enddatum hinter diesem Grenzwert liegt

Maximale Buchungsvorlaufzeit (Tage):
180

Maximale Dauer (Stunden):
24,0

Wenn Sie dem Besprechungsorganisator antworten möchten, geben Sie den Text unten ein.

Wenn ein Raumpostfach erstellt wird, werden die Arbeitsstunden auf 8:00 bis 17:00 Uhr für Montag bis Freitag festgelegt. Sie können die Arbeitsstunden auf der Kalendereigenschaftenseite des Raums ändern.

Gewusst wie

Abbildung 7.6: Festlegen der Optionen für das automatische Buchen eines Besprechungsraums

Über den Bereich *Buchungsoptionen* konfigurieren Sie die Bedingungen für das automatische Buchen von Besprechungen. Hier stehen verschiedene Optionen zur Verfügung, wie sich der Besprechungsraum bei Buchungen verhalten soll.

- **Besprechungsserien zulassen**   Aktivieren Sie dieses Kontrollkästchen, damit der Raum auch Besprechungsserien automatisch akzeptiert. Die Serien planen Sie in Outlook. Die Option ist standardmäßig aktiviert. Dadurch können Anwender den Raum allerdings stark belegen.

- **Terminplanung nur während der Arbeitszeit zulassen**   Benutzer legen Arbeitszeiten über Outlook oder Outlook Web App fest. Administratoren können Arbeitszeiten über das Cmdlet *Set-MailboxCalendarConfiguration* für das Ressourcenpostfach definieren. Besprechungen, die außerhalb dieser Zeiten liegen, lehnt die Automatik ab, falls Sie dieses Kontrollkästchen aktivieren.

- **Immer ablehnen, wenn das Enddatum hinter diesem Grenzwert liegt**   Mit dieser Option legen Sie fest, dass Anwender keine Termine zu weit in der Zukunft planen können.

- **Maximale Buchungsvorlaufzeit (Tage)**   Hier legen Sie fest, wie weit der Raum im Voraus gebucht werden kann. Basierend auf dieser Option und der Auswahl von *Besprechungsserien ablehnen, deren Enddatum das Buchungsfenster überschreitet* legen Sie fest, wie sich die Automatik bei Anfragen verhalten soll, die in der Zukunft liegen. Die Standardeinstellung beträgt 180 Tage.

- **Maximale Dauer (Stunden)**   Diese Einstellung legt fest, wie lange die Ressource automatisch gebucht werden kann. Die Standardeinstellung beträgt 24 Stunden (1440 Minuten).

Hier können Sie auch einen Text angeben, den Anwender in der automatisch generierten Antwort-E-Mail erhalten. Im Bereich *E-Mail-Info* können Sie einen Text eintragen, der den Anwendern beim Schreiben von Besprechungsanfragen in Outlook angezeigt wird, wenn in der Einladung zusätzlich der Besprechungsraum angegeben ist (siehe Kapitel 6).

Rechte für Raumpostfächer verwalten

Wollen Sie Benutzern oder allen Empfängern mehr Rechte zum Lesen der Termine zuteilen, öffnen Sie als Administrator in Outlook das Raumpostfach. Anschließend legen Sie Rechte für das Postfach für die anderen Benutzer fest. So können Sie zum Beispiel die Berechtigung für *Standard* auf *Prüfer* setzen, um Anwendern das Recht zum Lesen zu geben.

Ohne diese Rechte sehen Anwender nur die freien und gebuchten Zeiten des Raums. Für Unternehmen, die alle Besprechungen auf einmal in allen Räumen anzeigen lassen wollen, ist der beste Weg das Anlegen eines neuen normalen Benutzerpostfachs. Dieses sollten alle Anwender, die Besprechungen planen, für ihre Einladungen nutzen.

Vorher konfigurieren Sie für das Postfach das automatische Bestätigen von Besprechungen und vergeben das Recht, dass alle Benutzer den Inhalt des Kalenders dieses Benutzers sehen können. Auf diesem Weg erhalten Sie auf Wunsch einen Überblick über alle geplanten Besprechungen.

Raumlisten erstellen und verwalten

Vor allem bei Unternehmen mit mehreren Niederlassungen kann es sinnvoll sein, Raumlisten zu erstellen. Eine Raumliste kann alle Besprechungsräume einer Niederlassung enthalten, und Anwender können sich bei Besprechungsanfragen die Raumlisten anzeigen lassen und auf diese Weise leichter Räume am passenden Standort heraussuchen.

Außerdem können Sie Raumlisten auch zusammen mit den Adressbuchrichtlinien verwenden. Auf diese Weise sehen Anwender dann nur die Besprechungsräume, die Sie in die Raumliste aufgenommen haben, die wiederum der Adressbuchrichtlinie entspricht. Raumlisten sind generell normale Verteilergruppen, die Sie speziell als Raumliste konfigurieren. Verwenden Sie dazu die Option *-RoomList* des Cmdlets *New-DistributionGroup*, zum Beispiel:

```
New-DistributionGroup -Name "<Name der Raumliste>" -RoomList
```

Als Nächstes nehmen Sie dann die einzelnen Besprechungsräume, die enthalten sein sollen, in die Liste mit auf:

```
Add-DistributionGroupMember -Identity "<Name der Liste>" -Member <Besprechungsraum>
```

Sie können die Besprechungsräume auch im Exchange Admin Center zur Raumliste hinzufügen. Raumlisten finden Sie im Exchange Admin Center über *Empfänger/Gruppen*.

Postfächer konvertieren

Sie können den Postfachtyp eines Empfängers auch ändern. Spätestens nach einer Migration ist es daher sinnvoll, Ihre Ressourcenpostfächer in entsprechende Ressourcenpostfächer unter Exchange 2016 zu konvertieren. Diese Konvertierung können Sie allerdings nicht im Exchange Admin Center durchführen, sondern nur in der Exchange Management Shell:

1. Starten Sie die Exchange Management Shell, und geben Sie den Befehl *Set-Mailbox <Benutzername> -Type room* ein, um ein Postfach in ein Raumpostfach zu konvertieren. In diesem Fall deaktiviert Exchange das dazugehörige Benutzerkonto automatisch und das Postfach wird zukünftig als Raum angezeigt. Neben dem Typ *room* gibt es noch folgende Typen:
   - **Regular** Benutzerpostfach
   - **Equipment** Gerätepostfach

2. Wenn Sie ein Gerätepostfach oder ein Raumpostfach anlegen, wird automatisch ein dazugehöriges Benutzerkonto angelegt. Das Konto ist allerdings deaktiviert, da es nicht für die Anmeldung an einem PC verwendet werden soll.

Die Verwaltung von solchen Ressourcenpostfächern delegieren Sie auch im Normalfall an andere Benutzer, die dann das Benutzerkonto in Active Directory nicht benötigen. Unter Exchange 2016 sollten Sie Besprechungsräume immer als Raumpostfach anlegen, da diese in Outlook gesondert dargestellt werden. Auch Gerätepostfächer sollten Sie separat anlegen.

Moderierter Transport – Nachrichtengenehmigung

In Exchange 2016 können Sie festlegen, dass alle E-Mails, die an bestimmte Empfänger gesendet werden, von Moderatoren genehmigt werden müssen. Sie können alle Empfänger als moderierte Empfänger konfigurieren.

Wenn der Moderator des moderierten Postfachs nicht innerhalb von fünf Tagen auf die Nachricht antwortet, löscht der Informations-Assistent die Nachricht und benachrichtigt den Absender darüber, dass die Nachricht abgelaufen ist.

Anwender können E-Mails auch an eine Gruppe senden, die moderierte und nicht moderierte Empfänger enthält. In diesem Fall wird für jeden moderierten Empfänger ein Genehmigungsprozess durchgeführt.

Eine moderierte Verteilergruppe kann moderierte Empfänger enthalten. In diesem Fall wird nach der Genehmigung der Nachricht an die Verteilergruppe ein separater Genehmigungsvorgang für jeden moderierten Empfänger durchgeführt. Sie können auch die automatische Genehmigung für die Mitglieder aktivieren. Dazu verwenden Sie das Cmdlet *Set-DistributionGroup* mit der Option *-BypassNestedModerationEnabled*.

Nachrichten von Moderatoren werden sofort an den moderierten Empfänger zugestellt. Die Moderation wird auch für Besitzer von Verteilergruppen umgangen.

Wenn Sie einen Empfänger für die Moderation aktivieren, müssen alle E-Mails, die an diesen Empfänger gesendet werden, von den festgelegten Moderatoren genehmigt werden. Verwenden Sie zur Konfiguration die Exchange Management Shell:

```
Set-Mailbox <Identity> -ModerationEnabled $true -ModeratedBy <Empfänger1,Empfänger2...>
-ByPassModerationFromSendersOrMembers <Empfänger1,Empfänger2...> -SendModerationNotifications
<Never | Always | Internal>
```

Verwenden Sie den folgenden Befehl, um eine Benutzermoderation hinzuzufügen oder zu entfernen:

```
Set-Mailbox <Identity> -ModeratedBy @{Add="<Empfänger1>","<Empfänger2>"...;
Remove="<recipient1>","<recipient2>"...} -ByPassModerationFromSendersOrMembers
@{Add="<recipient1>","<recipient2>"...; Remove="<Empfänger1>","<Empfänger2>"...}
```

Postfächer verwalten

Nachdem Sie Postfächer angelegt haben, können Sie jederzeit Einstellungen ändern. Dazu doppelklicken Sie auf den Benutzer im Exchange Admin Center im Bereich *Empfänger/Postfächer*.

Wir gehen in den einzelnen Kapiteln dieses Buches auf die Optionen ein, zum Beispiel in Kapitel 5 zur Konfiguration der Speichergrenzwerte. Im folgenden Abschnitt zeigen wir Ihnen zusammenfassend die wichtigsten Einstellungsmöglichkeiten im Überblick.

Benutzerdaten, E-Mail-Adressen und Postfachnutzung

Über den Bereich *Allgemein* stellen Sie Standarddaten wie Namen und Anmeldedaten ein. Die Adresse und genauere Daten tragen Sie in den Bereichen *Kontaktinformationen* und *Organisation* ein. Hier legen Sie auch fest, ob Sie ein Empfängerpostfach aus den Adresslisten entfernen wollen. Über den Link *Weitere Optionen* auf der Eigenschaftsseite steuern Sie die benutzerdefinierten Attribute für einzelne Benutzerkonten. Diese Attribute können Sie für verschiedene Richtlinien nutzen, zum Beispiel für E-Mail-Adressenrichtlinien (siehe Kapitel 3).

Tipp

Im Exchange Admin Center finden Sie in den Eigenschaften eines Benutzers bei *Postfachnutzung* die letzte Anmeldung des Anwenders und die Größe des Postfachs. Die Daten lassen sich aber auch in der Exchange Management Shell anzeigen:

```
Get-MailboxStatistics <Name des Postfachs> |fl LastLogonTime
```

Über den Link *Weitere Optionen* im Bereich *Postfachnutzung* können Sie Grenzwerte für das Postfach definieren, die unabhängig von den zentralen Einstellungen gesetzt werden. Mehr zu diesem Thema lesen Sie in Kapitel 6.

Abbildung 7.7: In den Einstellungen von Postfächern legen Sie auch die Speichergrenzwerte und die verwendeten Richtlinien fest.

Sie können entweder die Standardeinstellungen des Postfachspeichers verwenden (siehe Kapitel 5) oder für einzelne Benutzer getrennte Einstellungen vornehmen. So lassen sich beispielsweise verschiedene Verhaltensweisen von Exchange festlegen, die beim Überschreiten der einzelnen Grenzwerte ausgelöst werden sollen. Das gilt auch für die Einstellung, wie sich Exchange beim Löschen von Objekten im Postfach dieses Benutzers verhalten soll:

- **Warnmeldung senden ab (GB)**   Erreicht die Postfachgröße des Benutzers diesen Wert, schickt der Exchange-Server in regelmäßigen Abständen eine E-Mail an den Benutzer.

- **Senden verbieten ab (GB)**   Ab dieser Postfachgröße darf der Benutzer keine E-Mails mehr senden.

- **Senden und Empfangen verbieten ab (GB)**   Mit dieser Option sollten Sie sehr vorsichtig umgehen, da bei Überschreitung dieses Werts der Benutzer keinerlei Eintragungen mehr in seinem Postfach vornehmen kann. Er darf nur noch Objekte löschen. Benutzer, die während der Sperrung des Postfachs dieses Benutzers E-Mails an diesen Benutzer senden, erhalten einen Unzustellbarkeitsbericht (Non-Delivery Report, NDR).

- **Gelöschte Elemente aufbewahren für (Tage)**   Löschen Benutzer Objekte, werden diese in den gelöschten Objekten des Postfachs aufbewahrt. Werden diese durch den Benutzer gelöscht, markiert Exchange 2016 diese Objekte zwar als gelöscht, sie können jedoch noch während des definierten Zeitraums in Outlook wiederhergestellt werden.

- **Elemente nicht endgültig löschen, bevor die Datenbank gesichert ist**   Mit dieser Option legen Sie fest, dass ein Objekt unabhängig vom Zeitraum erst dann unwiederbringlich gelöscht wird, wenn die Datenbank online gesichert wurde. Eine Onlinesicherung kann auch durch das in Windows Server 2012 R2 enthaltene Datensicherungsprogramm durchgeführt werden (siehe Kapitel 14).

Ändern Sie die Standardwerte nicht, werden die Grenzwerte für die einzelnen Postfachdatenbanken verwendet. Diese Grenzwerte finden Sie im Exchange Admin Center unter *Server/Datenbanken* auf der Registerkarte *Grenzwerte* in den Einstellungen der Datenbanken (siehe hierzu Kapitel 5).

Klicken Sie auf *E-Mail-Adresse*, können Sie entweder manuell E-Mail-Adressen eintragen, die dem Postfach zugeordnet sein sollen, oder Sie legen fest, dass das Postfach E-Mail-Adressen aus der Richtlinie erhält. Wie Sie Richtlinien definieren, lesen Sie in Kapitel 3. Standardmäßig werden durch die E-Mail-Adressenrichtlinien die E-Mail-Adressen verteilt. Sie können auf dieser Seite jederzeit weitere E-Mail-Adressen definieren.

Es kann jedoch für jeden E-Mail-Adressentyp nur eine primäre Adresse (Antwortadresse) existieren, die als Absender für den Benutzer konfiguriert ist. Sie können diese primäre E-Mail-Adresse festlegen. Als E-Mail-Domänen lassen sich aber nur jene Domänen verwenden, die als akzeptierte Domänen definiert sind (siehe Kapitel 3).

Neben SMTP-Adressen können Sie in diesem Bereich auch EUM-(Exchange Unified Messaging-)Adressen für Anwender festlegen. EUM-Adressen sind nur für Benutzerpostfächer verfügbar. Unified Messaging-Server verwenden diese Adressen, um UM-aktivierte Benutzer innerhalb einer Exchange 2016-Organisation zu finden. EUM-Adressen enthalten eine Durchwahlnummer und UM-Wähleinstellungen für den UM-aktivierten Benutzer. Mehr zu diesem Thema lesen Sie in Kapitel 18.

Erweiterte Postfachfunktionen steuern – Smartphones & Co. anbinden

Der Bereich *Postfachfunktionen* enthält die meisten Einstellungsmöglichkeiten für Exchange. Hier hinterlegen Sie die verschiedenen Richtlinien, die wir in diesem Buch behandeln, und legen auch fest, ob das Konto das Recht erhält, sich mit einem Smartphone zu verbinden, Unified Messaging oder Outlook Web App zu nutzen und mehr. Klicken Sie dazu im jeweiligen Bereich auf den Link *Aktivieren* oder *Deaktivieren*. Über den Link *Details anzeigen* werden Ihnen die erweiterten Einstellungen angezeigt.

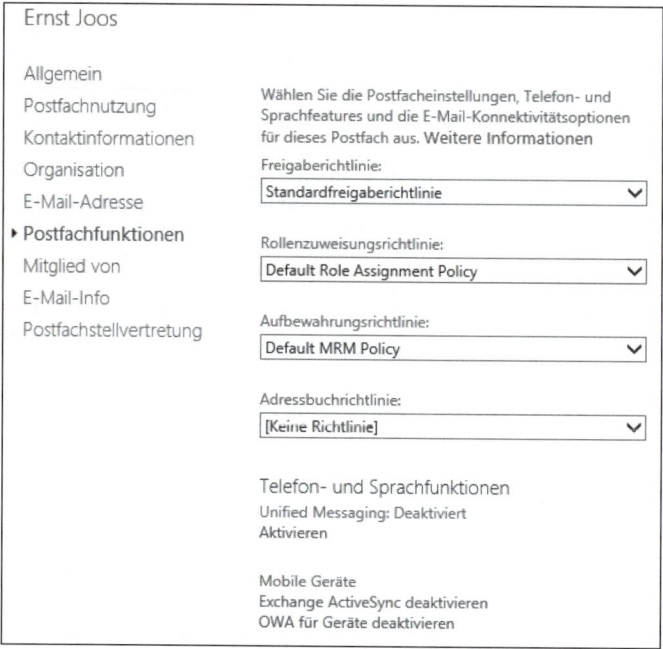

Abbildung 7.8: Konfigurieren der Postfachnutzung

Tipp

Wollen Sie für Benutzer Exchange ActiveSync deaktivieren, können Sie auch die Exchange Management Shell und den folgenden Befehl verwenden:

```
Set-CASMailbox -Identity <Benutzername> -ActiveSyncEnabled $false
```

Zum Aktivieren verwenden Sie:

```
Set-CASMailbox -Identity <Benutzername> -ActiveSyncEnabled $true
```

Auf dem gleichen Weg deaktivieren und aktivieren Sie auch Outlook Web App. Verwenden Sie dazu die beiden Befehle:

```
Set-CASMailbox -Identity <Benutzername> -OWAEnabled $false
Set-CASMailbox -Identity <Benutzername> -OWAEnabled $true
```

Über die Option *Zustelloptionen* im Abschnitt *Nachrichtenfluss* können Sie einstellen, ob die E-Mails, die an dieses Postfach geschickt werden, von Exchange automatisch an andere Benutzer weitergeleitet werden sollen.

Sie können als Weiterleitungsadresse allerdings keine E-Mail-Adresse direkt eingeben, sondern nur Objekte aus Active Directory verwenden. Wollen Sie eine Weiterleitung zu einer externen

E-Mail-Adresse konfigurieren, müssen Sie vorher einen Kontakt anlegen, der auf diese E Mail-Adresse verweist.

Außerdem können Sie hier festlegen, zu wie vielen Empfängern gleichzeitig dieser Benutzer eine E-Mail senden darf. Bei einer sehr großen Organisation mit mehreren Tausend Benutzern kann eine solche Einschränkung hilfreich sein. Hierzu zählen auch die Mitglieder von Verteilerlisten.

Im Abschnitt *Nachrichtenfluss* finden Sie noch weitere Einstellungen für den Benutzer, zum Beispiel die maximale Größe der E-Mails, die der Benutzer senden oder empfangen darf (mehr dazu in Kapitel 6). Über die Option *Größeneinschränkungen für Nachrichten* können Sie definieren, wie groß empfangene und gesendete Nachrichten dieses Empfängers sein dürfen.

Überschreitet eine empfangene E-Mail diese Größe, erhält der Absender einen entsprechenden Nichtzustellbarkeitsbericht (Non-delivery Report, NDR). Sie sollten mit dieser Einstellung sehr sorgfältig umgehen, da durch diese Konfiguration manche E-Mails nicht an diesen Benutzer verschickt werden können oder der Benutzer bestimmte E-Mails nicht absenden kann.

Will ein Empfänger eine Nachricht versenden, die die hier definierte Größe überschreitet, verweigert der Exchange-Server die Annahme, und der Anwender bekommt eine entsprechende Fehlermeldung beim Senden angezeigt. Wird der Grenzwert für empfangene Nachrichten überschritten, erhält der Absender einen entsprechenden Nichtzustellbarkeitsbericht. Entsprechende Grenzwerte können Sie auch in den Eigenschaften der verschiedenen Connectors in Exchange festlegen. Mehr dazu lesen Sie in Kapitel 6.

Tipp

Sie können die Grenzwerte der maximalen Größe von E-Mails, die der Anwender senden und empfangen kann, auch über die Exchange Management Shell festlegen. Dazu verwenden Sie zum Beispiel den folgenden Cmdlet-Aufruf:

```
Set-Mailbox "joost" -MaxSendSize 25mb -MaxReceiveSize 35mb
```

Über die Option *Einschränkungen für die Nachrichtenzustellung* können Sie festlegen, von welchen anderen Empfängern dieser Empfänger Nachrichten empfangen darf und von welchen nicht. Sie können diese Optionen allerdings nicht für den Spamschutz verwenden, sondern ausschließlich, um interne Nachrichten zu blockieren – vor allem bei größeren Unternehmen, um Geschäftsführer oder Vorstände abzuschotten.

Wollen Sie Nachrichten von externen Empfängern über diese Funktion blockieren, müssen Sie die entsprechenden Kontakte zunächst in Active Directory anlegen. Erst dann können Sie diese Adresse auswählen. Versucht ein blockierter Anwender eine E-Mail zuzustellen, erhält er einen entsprechenden Nichtzustellbarkeitsbericht.

Sie können zudem auswählen, dass nur authentifizierte Benutzer, das heißt Benutzer innerhalb der Exchange-Organisation, E-Mails an diesen Benutzer versenden dürfen. Bei Aktivierung dieser Option werden diesem Benutzer also keine E-Mails aus dem Internet zugestellt.

Auch das Archivpostfach aktivieren Sie im Bereich *Postfachfunktionen*. Das gilt auch für das Beweissicherungsverfahren. Aktivieren Sie diese Funktion, lassen sich im Postfach keine Objekte mehr löschen. Die Anbindung von POP3 und IMAP4 zeigen wir Ihnen in Kapitel 6. Details zur Anbindung per OWA oder Exchange ActiveSync erfahren Sie ebenfalls in Kapitel 6.

Berechtigungen zur Verwaltung an Anwender zuweisen

Auf der Seite *Postfachfunktionen* können Sie in den Einstellungen des Benutzers auch die Rollenzuweisungsrichtlinie für das Postfach ändern. Eine Richtlinie für die Verwaltungsrollenzuweisung ist eine Sammlung aus einer oder mehreren Verwaltungsrollen, mit denen Endbenutzer ihre eigene Postfach- und Verteilergruppenkonfiguration verwalten können (siehe Kapitel 13). Mit Rollenzuweisungsrichtlinien lässt sich steuern, welche Konfigurationseinstellungen Benutzer für Postfächer und Verteilergruppen ändern können.

Die Kombination aller Rollen in einer Rollenzuweisungsrichtlinie definiert, was der Benutzer in seinem Postfach oder in der Verteilergruppe verwalten darf. Eine Verwaltungsrollenzuweisung ist eine Verknüpfung zwischen einer Verwaltungsrolle und einer Rollenzuweisungsrichtlinie. Bei Verwaltungsrollen handelt es sich um eine Gruppe von Verwaltungsrolleneinträgen. Ein Verwaltungsrolleneintrag ist ein Cmdlet, Skript oder eine spezielle Berechtigung. Sie können nur Endbenutzerverwaltungsrollen mit Rollenzuweisungsrichtlinien verwenden.

Über *Postfachstellvertretung* können Sie einstellen, ob andere Empfänger in der Organisation im Auftrag dieses Benutzers E-Mails senden dürfen. Diese Option verwenden zum Beispiel oft Vorgesetzte für ihre Assistenten, oder sie wird für Besprechungsräume genutzt, die von bestimmten Benutzern verwaltet werden.

Wird einem Anwender das Recht erteilt, im Auftrag eines anderen Empfängers E-Mails zu senden, kann dieser Anwender in Outlook beim Schreiben einer neuen E-Mail neben den Standardadressfeldern auch das *Von*-Feld einblenden. In diesem Feld kann der Absender den Empfänger auswählen, in dessen Auftrag er eine E-Mail schreiben soll. In Outlook 2010/2013/2016 können Sie zusätzlich zum *Von*-Feld auch das *Bcc*-Feld aktivieren. Wechseln Sie zur Registerkarte *Optionen*, und aktivieren Sie über die Gruppe *Felder anzeigen* das Feld, das zusätzlich angezeigt werden soll.

Calendar Repair Assistant – Kalender und Besprechungen konsistent halten

Der Calendar Repair Assistant (CRA) kann nur auf Postfachservern mit Exchange 2013/2016 laufen. Alle Postfächer auf diesem Server werden vom CRA überprüft, und Einträge werden repariert. So lässt sich verhindern, dass Anwender im Unternehmen wichtige Besprechungen verpassen, weil eventuell Einträge nicht korrekt gesetzt wurden.

Bei der Reparatur geht der Assistent davon aus, dass der Kalendereintrag des Besprechungsorganisators korrekt ist, und überprüft, ob der Eintrag bei allen bestätigten Teilnehmern korrekt gesetzt ist. Findet der CRA Fehler, ändert er die Einstellungen bei dem entsprechenden Teilnehmer auf die korrekte Zeit ab. Schreibend kann ein CRA nur den lokalen Server betreuen, lesend kann er aber auf alle Server zugreifen, um Einträge zu vergleichen.

Der CRA überschreibt keine Daten, sondern führt diese bei Inkonsistenzen zusammen, damit keine Daten verloren gehen können. Außerdem schreibt der Assistent Nachrichten in den Ordner der gelöschten Elemente des Postfachs. Folgende Fehler kann der Assistent unter anderem entdecken:

- Die Besprechungszeiten weichen bei verschiedenen Teilnehmern voneinander ab.
- Der Raum für die Besprechung ist bei verschiedenen Teilnehmern unterschiedlich.

- Bei einem Teilnehmer fehlt der Eintrag der Besprechung im Kalender, obwohl er auf die Besprechungsanfrage zugesagt hatte.

Alle Änderungen, die der CRA durchführt, schreibt er in eine Protokolldatei. Diese enthält allerdings keinerlei persönliche Daten, da diese Datei durch Administratoren einsehbar ist. Standardmäßig finden Sie die Protokolldatei im Ordner *C:\Program Files\Microsoft\Exchange Server\V15\Logging\Calendar Repair Assistant*.

Administratoren können die Einstellungen des CRA über das Cmdlet *Set-MailboxServer* anpassen. Abfragen können Sie die Einstellungen mit *Get-MailboxServer |fl CalendarRepair**. Dazu stehen in der Exchange Management Shell verschiedene Optionen zur Verfügung (im Exchange Admin Center können Sie dagegen keine Änderungen der CRA-Protokollierung vornehmen):

- *CalendarRepairLogEnabled*
- *CalendarRepairLogPath*
- *CalendarRepairLogFileAgeLimit*
- *CalendarRepairLogDirectorySizeLimit*
- *CalendarRepairLogSubjectLoggingEnabled*

Um die Protokollierung zu deaktivieren, verwenden Sie den folgenden Befehl in der Exchange Management Shell:

```
Set-MailboxServer -Identity <Datenbank> -CalendarRepairLogEnabled $false
```

Mit dem folgenden Befehl aktivieren Sie die Protokollierung:

```
Set-MailboxServer -Identity <Datenbank> -CalendarRepairLogEnabled $true
```

Aktivieren oder deaktivieren der Kalenderreparatur für ein Postfach

Die Kalenderreparatur ist standardmäßig für alle Postfächer aktiviert, aber der Start des Assistenten nicht. Die Konfiguration nehmen Sie ausschließlich in der Exchange Management Shell vor.

Mit dem folgenden Befehl deaktivieren Sie zum Beispiel den Assistenten für ein Postfach:

```
Set-Mailbox -Identity thomas.joos@contoso.com -CalendarRepairDisabled $true
```

Mit dem folgenden Befehl aktivieren Sie den CRA, wenn dieser für ein Postfach deaktiviert wurde:

```
Set-Mailbox -Identity thomas.joos@contoso.com -CalendarRepairDisabled $false
```

Mit dem Befehl *Get-Mailbox <E-Mail-Adresse> |fl* lassen Sie sich Informationen zu einem Postfach anzeigen. Den Status des CRA finden Sie ziemlich am Anfang der Auflistung bei der Option *CalendarRepairDisabled*.

Mit dem Cmdlet *Set-MailboxServer* passen Sie neben der Protokollierung auch Einstellungen an. Dazu verwenden Sie folgende Optionen:

- **CalendarRepairIntervalEndWindow**   Legt fest, wie weit im Voraus der Kalenderreparatur-Assistent nach Kalenderfehlern suchen soll. Die Standardeinstellung beträgt 30 Tage. Ein Beispiel für den Befehl ist:

```
Set-MailboxServer -Identity mailbox01 -CalendarRepairIntervalEndWindow 90
```

Einrichtung und Verwaltung

- **CalendarRepairMissingItemFixDisabled** Mit dieser Option deaktivieren Sie das Erstellen oder Ändern fehlender Einträge durch den Kalenderreparatur-Assistenten. Standardmäßig behebt der Kalenderreparatur-Assistent fehlende Kalendereinträge. Fehlt einem Teilnehmer ein Kalendereintrag, wird der Eintrag neu erstellt. Ein Beispiel für den Befehl ist:

```
Set-MailboxServer -Identity mailbox01 -CalendarRepairMissingItemFixDisabled $true
```

Postfächer löschen und deaktivieren

Klicken Sie auf ein Postfach im Exchange Admin Center, können Sie dieses mit dem Menüpunkt *Löschen* entfernen.

Sie können ein Postfach auch in der Exchange Management Shell über den Befehl *RemovE-Mailbox -Identity <Domäne>\<Benutzername>* löschen. Mit diesem Vorgang wird das Postfach des Benutzers von seinem Benutzerobjekt getrennt und zur Löschung markiert.

Sie können jedoch das Postfach innerhalb eines bestimmten Zeitraums (standardmäßig 30 Tage) wieder mit dem Benutzer (oder einem anderen Benutzer) verbinden und damit wiederherstellen. Nach diesem Zeitraum wird das Postfach endgültig vom Server gelöscht. Sie können diesen Zeitraum in den Eigenschaften der Postfachdatenbank im Fenster *Grenzwerte* definieren. Wie ein solches Postfach wiederhergestellt werden kann, erfahren Sie in Kapitel 14.

Mit dem folgenden Befehl werden das Postfach sowie das zugehörige Benutzerkonto aus Active Directory entfernt:

```
RemovE-Mailbox -Identity <Domäne>\<Benutzername> -Permanent
```

Deaktivieren Sie ein Postfach für einen Anwender, bleibt das Benutzerkonto des Anwenders aktiv, aber alle Exchange-Eigenschaften werden entfernt. Der Anwender kann sich weiterhin mit seinem Benutzerkonto an der Domäne anmelden, ihm steht aber kein Exchange-Postfach mehr zur Verfügung.

Sie können ein Postfach auch in der Exchange Management Shell mit dem Befehl *DisablE-Mailbox <Benutzername>* deaktivieren. Sie müssen die Deaktivierung noch bestätigen. Benutzer können sich anschließend mit dem Postfach nicht verbinden, aber die Daten des Postfachs bleiben im Unternehmen erhalten.

Postfächer erneut verbinden

Wie Sie gelöschte Postfächer wiederherstellen, zeigen wir Ihnen in Kapitel 14. Getrennte oder deaktivierte Postfächer können Sie aber im Exchange Admin Center erneut verbinden.

Sie können auch verknüpfte und freigegebene Postfächer, die deaktiviert wurden, erneut mit dem gewünschten Benutzerkonto verbinden:

1. Navigieren Sie im Exchange Admin Center zu *Empfänger/Postfächer*.
2. Klicken Sie auf *Mehr* (die drei Punkte) und dann auf *Postfach verbinden*.
3. Es wird eine Liste mit Postfächern angezeigt, die auf dem ausgewählten Exchange-Server in Ihrer Exchange-Organisation getrennt sind. Diese Liste enthält deaktivierte, gelöschte und nicht endgültig gelöschte Postfächer.
4. Klicken Sie auf das deaktivierte Postfach, das Sie erneut mit einem Benutzerkonto verbinden wollen, und klicken Sie dann auf *Verbinden*.

5. Bestätigen Sie die Warnmeldung mit *Ja*.

6. Exchange verbindet das deaktivierte Postfach erneut mit dem entsprechenden Benutzerkonto.

Über das Cmdlet *Connect-Mailbox* in der Exchange Management Shell können Sie ein Benutzerkonto mit einem deaktivierten Postfach verbinden. Sie müssen den Typ des Postfachs angeben, mit dem Sie eine Verbindung herstellen. Die Option *-Identity* gibt das getrennte Postfach in der Exchange-Datenbank an.

Die Option *-User* gibt das Active Directory-Benutzerkonto an, mit dem das Postfach erneut verbunden wird:

```
Connect-Mailbox -Identity "Hans Muster" -Database MBXDB01 -User "Hans Muster"
```

Die Option *LinkedMasterAccount* gibt das Active Directory-Benutzerkonto in der Kontogesamtstruktur an, mit dem Sie das Postfach erneut verbinden wollen. Die Option *Alias* gibt den Teil der E-Mail-Adresse links vom @-Symbol an:

```
Connect-Mailbox -Identity "Hans Muster" -Database MBXDB02 -LinkedDomainController DC01
-LinkedMasterAccount hans.muster@fabrikam.com -Alias hansm
```

Im folgenden Beispiel wird ein freigegebenes Postfach verbunden:

```
Connect-Mailbox -Identity "Support-Postfach" -Database "Mailbox Database 03" -User "Support"
-Alias corpshared -Support
```

Wenn Sie die Option *Alias* nicht angeben, wird die Option *User* oder *LinkedMasterAccount* verwendet, um den Alias der E-Mail-Adresse des erneut verbundenen Postfachs zu erstellen.

Postfachberechtigungen – Anwendern Zugriff auf andere Postfächer erteilen

Exchange 2016 unterstützt zusammen mit Outlook 2010/2013/2016 vielseitige Möglichkeiten zum Erteilen von Berechtigungen. Anwender können anderen Anwendern den Zugriff auf das eigene Postfach gewähren, und auch Administratoren können Rechte erteilen. Wie Sie dabei vorgehen und was Sie beachten müssen, lesen Sie im folgenden Abschnitt.

Berechtigungen in der Exchange Management Shell setzen

Geben Sie den folgenden Befehl ein, um dem Quellanwender volle Zugriffsrechte für das Zielpostfach zu erteilen:

```
Add-MailboxPermission -Identity <Quellpostfach> -User <Zielbenutzer> -AccessRights FullAccess
```

Mit dem folgenden Befehl erteilen Sie Senden als-Rechte:

```
Add-ADPermission <Quellpostfach> -User <Domäne\Benutzer> -Extendedrights "Send As"
```

Neben der Verwaltungsshell können Sie Berechtigungen auch im Exchange Admin Center konfigurieren. Klicken Sie dazu doppelt auf das Postfach (*Empfänger/Postfächer*), und wählen Sie *Postfachstellvertretung* aus.

Mit Senden als-Berechtigungen kann ein Benutzer das Zielpostfach als Absender zum Senden von Nachrichten verwenden. Als Absenderadresse erscheint die Adresse des Zielpostfachs, nicht die Adresse des absendenden Benutzers. Wenn Sie die Berechtigung sofort übernehmen möchten, starten Sie den Microsoft Exchange-Informationsspeicherdienst neu.

Das Postfach muss außerdem in der Exchange-Adressliste angezeigt werden, ansonsten können Sie diese Funktion nicht nutzen. Wenn ein Absender eine Nachricht sendet, setzt Exchange voraus, dass sich die E-Mail-Adresse auflösen lässt. Sendet ein Absender eine Nachricht im Auftrag eines Postfachs, das in Adresslisten ausgeblendet ist, klassifiziert Exchange die SMTP-Adresse als extern und verweigert den Empfang. Benutzer erhalten in Outlook beim Absenden in diesem Fall einen Fehler angezeigt.

Wenn Sie einem anderen Benutzer die Berechtigung *Vollzugriff* für ein Postfach erteilen, kann der Benutzer nicht nur E-Mails im Namen des Postfachs schreiben, sondern sich bei diesem Postfach anmelden und auf den gesamten Inhalt zugreifen.

Postfachberechtigungen – Rechte über Outlook verwalten

Wie bereits bei den Vorgängern von Exchange 2016 lassen sich Berechtigungen für Postfächer auch von den Anwendern selbst in Outlook konfigurieren. Benutzer rufen in Outlook das Kontextmenü ihres Postfachs auf und erteilen nach Auswahl der Option *Ordnerberechtigungen* im daraufhin angezeigten Dialogfeld auf der Registerkarte *Berechtigungen* zusätzliche Berechtigungen für andere Anwender. Diese können sich dann wiederum im Netzwerk mit dem Quellpostfach verbinden und dieses an Outlook mit den zugeteilten Rechten anbinden.

Damit Anwender über die Registerkarte *Datei* und die Auswahl von *Öffnen und exportieren/ Ordner eines anderen Benutzers* auf den Posteingang oder andere Ordner zugreifen, reicht es auch aus, wenn Sie in den Eigenschaften für den Posteingang auf der Registerkarte *Berechtigungen* die entsprechenden Rechte setzen.

Die Rechte, die Sie über die Ordnerberechtigungen festlegen, ermöglichen anderen Anwendern, ihr Postfach dauerhaft in Outlook einzubinden, ohne bei jedem Zugriff die Registerkarte *Datei* aufrufen zu müssen. Wie Sie dabei vorgehen, zeigen wir ebenfalls in diesem Kapitel. Beide Möglichkeiten stehen auch bei der Anbindung an Office 365 zur Verfügung.

Exchange 2016 und Office 365 ermöglichen zusammen mit Outlook 2016 vielseitige Optionen zum Erteilen von Berechtigungen. Anwender können anderen Anwendern den Zugriff auf das eigene Postfach gewähren, und auch Administratoren können ebenfalls Rechte erteilen. Wie Sie dabei vorgehen und was Sie beachten müssen, lesen Sie im folgenden Abschnitt.

Wollen Sie anderen Anwendern den Zugriff auf manuell nachträglich erstellte Ordner in Ihrem Postfach ermöglichen, müssen Sie zunächst die Rechte für das Postfach setzen und danach für die einzelnen Ordner. Das tun Sie ebenfalls wieder über das Kontextmenü des Ordners. Der Zielanwender kann dann Ihr Postfach anbinden und auf die freigegebenen Ordner zugreifen.

Alle Rechte, die Sie dem Benutzer *Standard* zuweisen, gelten für alle Anwender, die sich in der Exchange-Infrastruktur oder in Ihrer Office 365-Umgebung anmelden. Ändern Sie Rechte für den Benutzer *Anonym*, gelten diese für alle Anwender im Netzwerk, auch für jene, die sich nicht authentifizieren.

Im ersten Schritt klicken Sie auf *Hinzufügen* und wählen im Adressbuch den Benutzer aus, dem Sie Rechte für Ihr Postfach oder einen Ordner erteilen wollen. Dazu wählen Sie zunächst über das Dropdownmenü *Berechtigungsstufe* eine Sammlung von Rechten aus.

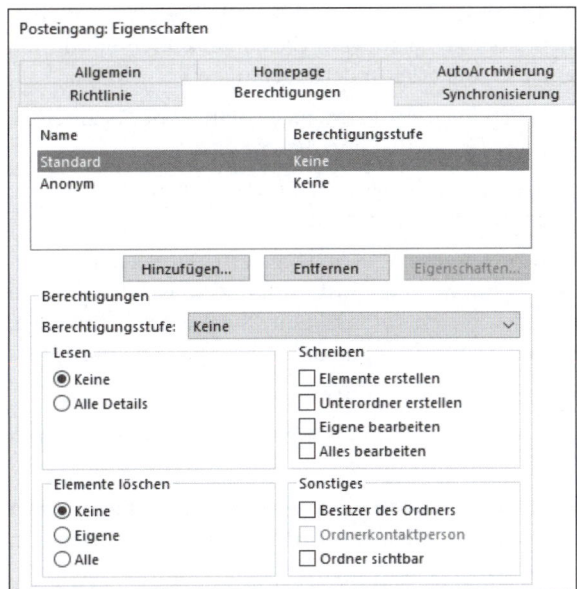

Abbildung 7.9: Erteilen von Berechtigungen für Anwender

Durch die Auswahl aktiviert Outlook die Rechte in den Bereichen *Lesen*, *Schreiben*, *Elemente löschen* und *Sonstiges*. Sie können diese Rechte auch manuell aktivieren. Outlook passt in diesem Fall die Anzeige der Berechtigungsstufe automatisch an. Die Rechte haben dabei folgende Bedeutung:

- **Keine** Benutzer mit dieser Stufe haben keinerlei Berechtigung. Verwenden Sie diese Stufe für die Standardbenutzer, wenn Sie für einen Ordner explizite Berechtigungen festlegen wollen. Sie können einzelne Benutzer oder Gruppen aufnehmen und sicherstellen, dass nur diese Berechtigung auf den Ordner haben.

- **Besitzer** Diese Berechtigungsstufe ist die höchste Stufe, die Sie erteilen können. Benutzer mit diesem Recht haben vollständigen Zugriff auf das Postfach und dürfen auch Daten löschen.

- **Veröffentlichender Bearbeiter** Mit diesem Recht, dürfen Anwender alles lesen und löschen, aber keine Rechte ändern oder sich als Kontaktperson definieren. Außerdem dürfen diese Anwender auch Unterordner im Postfach erstellen und diese verwalten.

- **Bearbeiter** Mit diesem Recht dürfen Anwender alles lesen und löschen, aber keine Rechte ändern oder sich als Kontaktperson definieren. Diese Anwender dürfen keine Unterordner im Postfach erstellen. Grundsätzlich handelt es sich um die gleichen Rechte wie bei *Veröffentlichender Bearbeiter*, allerdings fehlt Bearbeitern das Recht, Unterordner zu erstellen.

- **Veröffentlichender Autor** Diese Anwender dürfen alles im Postfach lesen, jedoch nur selbst erstellte Objekte löschen oder bearbeiten, aber keine Elemente, die von anderen Anwendern oder dem Besitzer erstellt wurden. Die Anwender dürfen Elemente im Postfach erstellen und Unterordner erstellen.

- **Autor** Diese Anwender dürfen alles im Postfach lesen, jedoch nur selbst erstellte Objekte löschen oder bearbeiten, aber keine Elemente, die von anderen Anwendern oder dem Besitzer erstellt wurden. Die Anwender dürfen Elemente im Postfach erstellen, aber keine Unterordner erstellen.

- **Nicht bearbeitender Autor**   Anwender mit diesem Recht dürfen alle Elemente im Postfach lesen und eigene Elemente löschen, aber keine anderen Elemente. Außerdem dürfen die Anwender selbst Elemente erstellen, aber keinerlei Änderungen mehr vornehmen.

- **Prüfer**   Anwender mit diesem Recht dürfen keinerlei Elemente erstellen oder bearbeiten, sondern lediglich auf den Inhalt des Postfachs zugreifen und diesen lesen.

- **Mitwirkender**   Benutzer mit diesen Rechten dürfen Elemente erstellen und sehen die Ordner. Sie dürfen aber keine Daten lesen und keine Daten löschen.

Sie können Benutzern auch manuell Rechte zuweisen, ohne die vorgefertigten Berechtigungsstufen zu verwenden. Nehmen Sie dazu den Benutzer in die Liste auf, und weisen Sie ihm die Berechtigungsstufe zu, die am nächsten an die Rechte herankommt, die Sie erteilen wollen. Dazu stellt Outlook noch einige weitere Optionen zur Verfügung, die Sie anpassen können:

- **Elemente erstellen**   Benutzer können neue Objekte aufnehmen und erstellen.

- **Unterordner erstellen**   Mit dieser Berechtigung können neue Ordner innerhalb des Postfachs erstellt werden.

- **Eigene bearbeiten**   Mit diesem Recht dürfen Anwender selbst erstellte Elemente, zum Beispiel Termine, bearbeiten, allerdings keinerlei Elemente, die von anderen Anwendern erstellt wurden oder vom Besitzer des Ordners.

- **Alles bearbeiten**   Dieses Recht erlaubt die komplette Bearbeitung aller Elemente im Postfach.

- **Besitzer des Ordners**   Erteilt dem Benutzer das Recht, selbst Rechte zu ändern und anderen zu erteilen.

- **Ordnerkontaktperson**   Findet Exchange Fehler oder Probleme in einem Ordner, benachrichtigt das System den Anwender, der als Kontaktperson festgelegt ist. Falls mehrere Benutzer dasselbe Objekt innerhalb desselben Ordners bearbeiten, treten manchmal Nachrichtenbearbeitungskonflikte auf. Wenn Exchange nicht entscheiden kann, welche Änderung der Server beibehalten und welche er verwerfen soll, schickt das System eine Konfliktnachricht an die Ordnerkontaktpersonen. Die Ordnerkontaktperson muss entscheiden, welche der beiden Änderungen beibehalten werden soll. Die andere Änderung löscht Exchange.

- **Ordner sichtbar**   Benutzern mit dieser Berechtigung wird der Ordner in Outlook angezeigt. Dies bedeutet jedoch nicht, dass sie Rechte auf den Ordner haben, sondern nur, dass sie den Ordner sehen.

In der Rubrik *Elemente löschen* können Sie angeben, welche Elemente der Benutzer löschen darf:

- **Keine**   Keine Objekte innerhalb des Postfachs können gelöscht werden.

- **Eigene**   Nur die vom Benutzer selbst erstellten Objekte können gelöscht werden, andere nicht.

- **Alle**   Alle Objekte können von diesem Benutzer gelöscht werden.

Damit andere Anwender auf Ordner im Postfach zugreifen können, müssen Sie für den jeweiligen Ordner, zum Beispiel den Posteingang, noch die Eigenschaften aufrufen und Rechte erteilen.

Neben dem Postfach oder einzelnen Ordnern können Sie in den Eigenschaften des *Kontakte*-Ordners im Postfach Rechte für andere Anwender konfigurieren. Und auch in den Eigenschaften des Kalenders können Sie Rechte für andere Anwender eintragen.

Rufen Sie dazu die Eigenschaften von *Kalender* oder *Kontakte* auf, wenn Sie in der Navigationsleiste die Ordnerliste aktiviert haben. Auf die gleiche Weise können Sie auch Aufgaben, das Journal und die Notizen für andere Anwender im Netzwerk freigeben.

Stellvertreter in Outlook definieren

Wollen Sie einem Assistenten oder einem anderen Mitarbeiter Rechte auf Ihr Postfach geben, ist die Konfiguration der Stellvertreter-Rechte effizienter als die Freigabe der einzelnen Ordner in Outlook. Stellvertreter konfigurieren Sie auf der Registerkarte *Datei* über *Kontoeinstellungen/Zugriffsrechte für Stellvertretung*.

Im neuen Fenster wählen Sie über *Hinzufügen* den Benutzer im Adressbuch aus, dem Sie Rechte für Ihr Postfach zuweisen wollen. Anschließend können Sie dem entsprechenden Anwender im neuen Fenster für jeden Ordner Rechte zuweisen.

Wenn Sie die Option *Stellvertretung kann private Elemente sehen* aktivieren, kann die Stellvertretung auch Aufgaben und Termine lesen, die Sie als privat klassifiziert haben (über das Menüband des Elements). Ohne die Aktivierung erkennt der Stellvertreter, dass ein Termin im Kalender eingetragen wurde, nicht aber, worum es in dem Termin geht. Bestätigen Sie alle Fenster, und schließen Sie die Konfiguration ab.

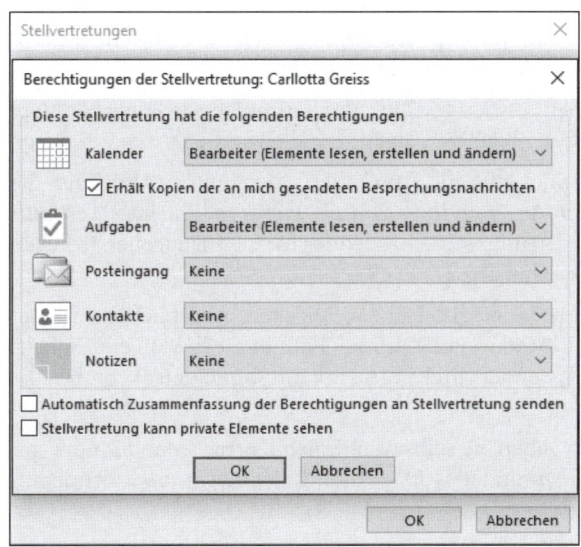

Abbildung 7.10: Festlegen der einzelnen Rechte für den delegierten Benutzer

Sie können in den Einstellungen für Stellvertreter auch das Kontrollkästchen *Erhält Kopien der an mich gesendeten Besprechungsnachrichten* aktivieren. In diesem Fall sendet der Exchange-Server oder Office 365 automatisch alle Besprechungsanfragen, die an Sie gesendet werden, auch an den Stellvertreter. Dieser kann die Anfragen annehmen oder ablehnen. Sie sehen in Ihrem Postfach, ob der Stellvertreter bereits akzeptiert oder abgelehnt hat.

Als Stellvertreter sehen Sie ebenfalls, ob die Besprechungsanfrage an Sie direkt oder an Sie als Stellvertreter gesendet wurde, und können entsprechend akzeptieren oder ablehnen.

Haben Sie die Option aktiviert, dass der entsprechende Anwender eine E-Mail erhalten soll, sendet der Exchange-Server oder Office 365 automatisch eine E-Mail mit den Rechten sowie eine Anleitung, wie der Anwender auf die Ordner zugreifen kann.

Sie können die Rechte für Stellvertreter nachträglich über die Eigenschaften der jeweiligen Ordner in der Ordnerliste anpassen. Hier haben Sie die gleichen Möglichkeiten wie bei der manuellen Erteilung von Rechten.

Kalender über Assistenten freigeben und Rechte anpassen

Standardmäßig dürfen andere Anwender in der Exchange-Organisation und mit Office 365 die Kalender aller anderen Anwender einsehen, erkennen aber nur die gebuchten Zeiten, keine Details der Besprechung. Wollen Sie anderen Anwendern im Unternehmen mehr Rechte erteilen, steht Ihnen der Assistent *Kalender freigeben* in der Kalenderansicht zur Verfügung. Über die Schaltfläche *Kalenderberechtigungen* passen Sie nachträglich die Rechte weiter an.

Tipp

Möchten Sie Ihren Kalender nicht freigeben, teilen Sie mit Besprechungsanfragen anderen Anwendern im Netzwerk mit, wann Sie nicht im Büro erreichbar sind. Legen Sie die Option *Zeitspanne zeigen als* auf *Frei* fest, damit die Zeiten nicht in den Kalendern der anderen Benutzer blockiert werden.

Kalender im Netzwerk freigeben

Der Assistent *Kalender freigeben* hat aber den Vorteil, dass der entsprechende Anwender automatisch eine E-Mail enthält, über die er den Kalender einbinden kann.

Sobald Sie den Assistenten gestartet haben, öffnet Outlook das Formular zur Freigabe. Über *An* geben Sie den oder die Teilnehmer an, der bzw. die Zugriff erhalten soll(en).

Bei *Details* wählen Sie aus, welche Informationen die Anwender sehen sollen. Aktivieren Sie noch das Kontrollkästchen *Empfänger zum Anzeigen Ihres Ordners vom Typ 'Kalender' berechtigen*, erhält der Empfänger auch die Anforderung, seinen Kalender für Sie freizugeben. Klicken Sie auf *Senden*, schickt der Assistent die E-Mail ab.

Sie erhalten noch mal eine Information, dass Sie alle Details freigeben. Anschließend richtet Outlook die Freigabe ein und sendet die E-Mail weiter. Outlook baut in die E-Mail eine Schaltfläche ein, über die der Empfänger den Kalender direkt öffnen kann, ohne den Weg über die Kalenderansicht gehen zu müssen.

Über die Schaltflächen im oberen Bereich geben Sie selbst den Kalender frei, wenn Sie eine solche E-Mail erhalten. Über *'Kalender' öffnen* bindet Outlook den Kalender in die Kalenderansicht mit ein und öffnet ihn gleich.

Kalenderberechtigungen ändern

Wollen Sie die Freigabe für Ihren Kalender ändern oder einen Anwender wieder aus der Freigabeliste entfernen, klicken Sie dazu im Bereich *Freigeben* auf *Freigabe*. Das Fenster funktioniert so wie die Freigabe Ihrer anderen Berechtigungen. Hier sehen Sie auch die Anwender, denen Sie Rechte erteilt haben. Über das Fenster passen Sie die Rechte jederzeit weiter an.

Zusätzliche Postfächer in Outlook öffnen

Wollen Sie nicht immer manuell die Ordner öffnen, sondern diese dauerhaft in Outlook einbinden, muss der Anwender die Ordnerberechtigungen auf der obersten Ebene des Postfachs setzen. Anschließend können Sie in Outlook zusätzliche Postfächer einbinden.

Outlook zeigt in der Ordnerliste dann die Ordner an, für die der entsprechende Anwender Sie freigeschaltet hat. Um ein zusätzliches Postfach anzubinden, gehen Sie folgendermaßen vor:

1. Öffnen Sie die Registerkarte *Datei*.
2. Klicken Sie auf *Kontoeinstellungen/Kontoeinstellungen*.
3. Markieren Sie Ihr Exchange-Konto, und klicken Sie auf *Ändern*.
4. Klicken Sie im neuen Fenster auf *Weitere Einstellungen*.
5. Öffnen Sie die Registerkarte *Erweitert*.
6. Klicken Sie bei *Postfächer* auf *Hinzufügen*.
7. Geben Sie den Namen des Postfachs ein, das Sie öffnen wollen.
8. Bestätigen Sie alle offenen Fenster mit *OK*.

Outlook zeigt im Bereich *E-Mail* und der *Ordnerliste* das geöffnete Postfach an. Sie sehen im Menü aber nur die Ordner, in deren Eigenschaften der andere Anwender die entsprechenden Rechte für Sie freigegeben hat.

E-Mails im Auftrag anderer Anwender senden

Damit ein Anwender in Outlook im Auftrag eines anderen Benutzers eine E-Mail senden kann, muss er das *Von*-Feld einblenden, über das er das Postfach auswählt, in dessen Auftrag er eine E-Mail schreiben will. Dieses Feld können Sie einblenden, wenn Sie eine neue E-Mail schreiben.

Klicken Sie auf *Optionen* und dann auf die Felder, die Sie anzeigen möchten. Sie können in Outlook 2016 auch über *Von* auswählen, in welchem Namen Sie eine E-Mail senden. Im Anschluss wird das *Von*-Feld angezeigt, und der Anwender kann das Benutzerkonto auswählen, in dessen Auftrag er senden will.

Anmeldung von Postfächern überwachen

Wenn Sie im Exchange Admin Center ein Postfach aufrufen, sehen Sie auf der Registerkarte *Postfachnutzung*, wann sich der Benutzer das letzte Mal an seinem Postfach angemeldet hat. Hier lässt sich auch die aktuelle Größe des Postfachs ablesen.

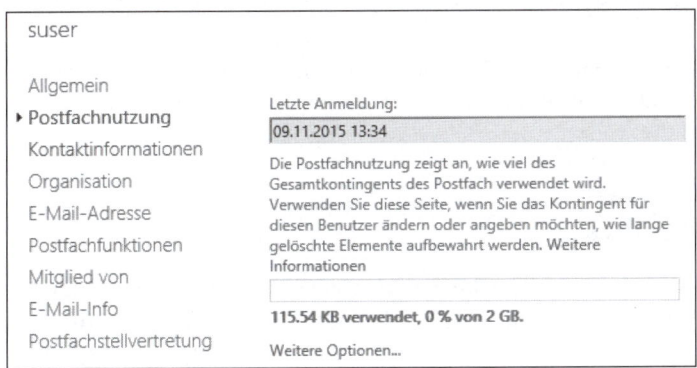

Abbildung 7.11: Überwachen der Postfachanmeldung

Alternativ geben Sie in der Exchange Management Shell den folgenden Befehl ein:

```
Get-MailboxStatistics <Benutzername> |fl *logon*
```

Mit LUMAX Berichte von Active Directory-Objekten erstellen

Administratoren, die Berichte über Einstellungen und Attribute von Benutzern in Active Directory erstellen wollen, sind mit Bordmitteln nicht gut versorgt. Es gibt aber kostenlose Tools wie LUMAX (*http://tinyurl.com/he9baae*), die dabei helfen, die Datenbank von Active Directory abzufragen und Berichte zu erstellen. Auch wichtige Systeminformationen wie die letzte Anmeldung lassen sich auf diesem Weg erfassen. Das Tool zeigt zwar nur eingeschränkt Exchange-Daten (beispielsweise die E-Mail-Adresse) an, kann aber wichtige Daten für die Empfängerobjekte anzeigen.

In Windows Server 2012/2012 R2 können Sie zwar auch mit dem Active Directory-Verwaltungscenter Informationen anzeigen und sortieren sowie Abfragen erstellen lassen, allerdings nicht so effizient und umfassend, wie es oft notwendig ist. So lassen sich nicht ohne Weiteres weder das letzte Anmeldedatum noch spezielle Abfragen zur Kennwortsicherheit nutzen.

LUMAX muss weder installiert noch direkt auf einem Domänencontroller betrieben werden. Nach dem Download starten Sie die *.exe*-Datei. Das Tool liest mit den Anmeldedaten des aktuellen Kontos die Domäne aus und zeigt Informationen an. Mit den Schaltflächen am oberen Rand lassen sich Einstellungen vornehmen und direkt Berichte erstellen.

Neben der Erstellung von Berichten lassen sich über die Schaltflächen am oberen Rand auch eigene Filter erstellen und so auch zwischen verschiedenen Active Directory-Objekten unterscheiden. Administratoren können Computer, Benutzerkonten, beides oder einfach alle Objekte in Active Directory abfragen.

Standardmäßig verbindet sich das Tool mit dem ersten Domänencontroller in der Domäne. Über das Windows-Symbol lassen sich aber auch andere Domänencontroller abfragen. Hier unterstützt das Tool auch verschiedene Ports, nicht nur den LDAP-Standardport TCP 389. Auch SSL-Verbindungen lassen sich herstellen. In diesem Bereich legen Sie auch verschiedene Anmeldeprofile für verschiedene Server und unterschiedliche Benutzerkonten an. Die Ergebnisse lassen sich aber nicht nur in Echtzeit in LUMAX anzeigen, sondern mit dem Diskettensymbol auch speichern.

Über das *Speichern*-Symbol lassen sich Berichte auch exportieren und auf diesem Weg in Excel & Co. einlesen. Standardmäßig zeigt LUMAX nur die Objekte in der ausgewählten Organisationseinheit (OU) an. Durch Auswahl der Option *Show objects in all subcontainers* sehen Sie alle Objekte in der Domäne.

Interessant ist LUMAX vor allem, weil in einem Fenster sofort ersichtlich ist, wann sich Benutzer das letzte Mal angemeldet haben, wann das Konto das letzte Mal verändert und wann es erstellt wurde.

Postfächer verschieben

Das Verschieben von Postfächern ist vor allem im Rahmen einer Migration oder aufgrund eines Hardwarewechsels ein wichtiger Vorgang. Microsoft hat mit Exchange 2016 die Möglichkeit dieses Vorgangs deutlich verbessert und einige Änderungen an den Abläufen vorgenommen sowie Möglichkeiten geschaffen, um Postfächer zwischen verschiedenen Exchange-Organisationen zu verschieben.

Sie können einzelne oder mehrere Postfächer von einer Postfachdatenbank in eine andere oder auf einen anderen Exchange-Server mit der Postfachserver-Rolle verschieben. Dazu verwendet Exchange 2016 nicht mehr eine RPC-Verbindung zwischen den Exchange-Servern, sondern den Postfachreplikationsdienst (Mailbox Replication Service, MRS). Dieser Dienst läuft auf allen Servern.

In Exchange 2016 können die Anwender während des Verschiebevorgangs weiterarbeiten, ohne dass Daten verloren gehen. Dies ermöglicht die neue Funktion zum Verschieben eines Onlinepostfachs. E-Mails gehen dabei nicht verloren, und die Anwender werden bei dem Vorgang auch nicht von ihrem Postfach getrennt. Sie können auch zwischen verschiedenen Exchange-Versionen Postfächer verschieben.

Damit das Verschieben von Postfächern funktioniert, sind mehrere TCP-Ports notwendig. Die Kommunikation zu diesen Ports muss zwischen den Exchange-Servern und Domänencontrollern möglich sein.

- **808**   Kommunikation durch den Mailbox Replication Service
- **53**   DNS
- **135**   RPC
- **389**   LDAP
- **3268**   LDAP, globaler Katalog
- **1024 und höher**   Wenn Sie den Port der Datenbanken nicht statisch festgelegt haben, sind alle Ports über 1024 notwendig.
- **88**   Kerberos
- **445**   Microsoft-DS-Dienst
- **443**   HTTPS

Verbindet sich ein Client mit einem Server, also mit Outlook im internen Netzwerk oder über Outlook Anywhere über das Internet, spielt das RPC-Protokoll mit seinen dazugehörigen Ports eine wichtige Rolle. Zwischen dem Client und dem Server findet eine Verbindung über den Port 135 mit einem dynamischen Portbereich statt.

Postfächer innerhalb der Exchange-Organisation verschieben

Öffnen Sie zum Verschieben das Exchange Admin Center, und navigieren Sie zu *Empfänger/ Postfächer*. Klicken Sie auf das Postfach, das Sie verschieben wollen, und wählen Sie auf der rechten Seite bei *Postfach verschieben* den Link *In eine andere Datenbank* aus.

Einrichtung und Verwaltung

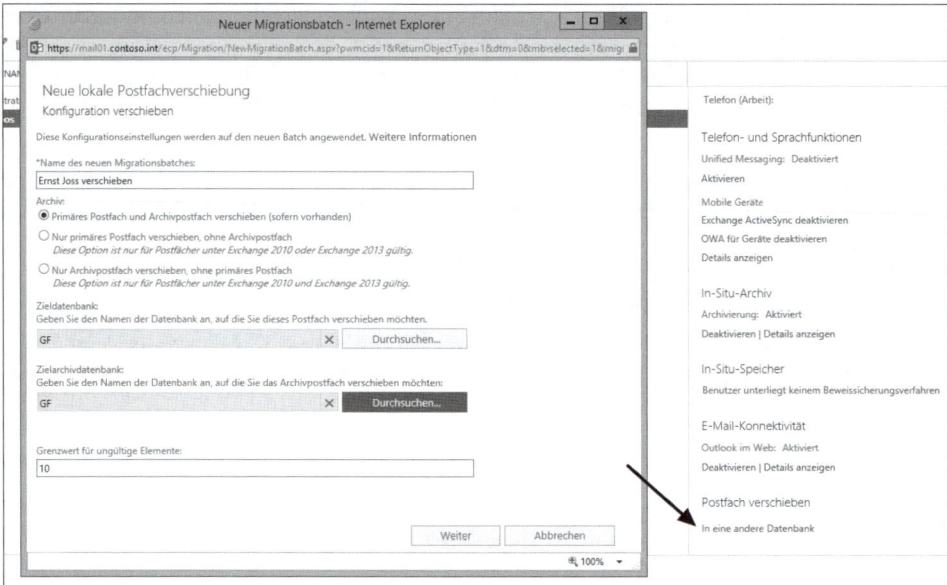

Abbildung 7.12: Verschieben von Postfächern in eine andere Datenbank

Sie können auch mehrere Postfächer markieren und diese gleichzeitig verschieben. Im neuen Fenster geben Sie zunächst einen Namen für den Verschiebevorgang ein. Über diesen Namen können Sie später jederzeit den Status des Auftrags überprüfen.

Im gleichen Fenster wählen Sie auch die Zielpostfachdatenbank aus, in die Sie die Postfächer verschieben wollen. Außerdem können Sie hier festlegen, ob Sie auch das Archiv zusammen mit dem Postfach verschieben wollen.

Hinweis

Beim Verschieben von zahlreichen Postfächern erzeugt Exchange erhebliche Mengen an Transaktionsprotokollen sowohl auf den Quell- als auch auf den Zielservern. Auch bei Servern mit genügend Festplattenplatz ist somit schnell die Kapazitätsgrenze erreicht.

Vor allem beim Verschieben über Nacht kann daher ein Administrator am nächsten Tag eine böse Überraschung erleben, wenn der Verschiebevorgang abgebrochen ist, da die Transaktionsprotokolle die Festplatten überfüllt haben. Um diesem Problem aus dem Weg zu gehen, sollten Sie entweder nicht zu viele Postfächer auf einmal verschieben, dafür sorgen, dass genügend Festplattenplatz verfügbar ist, oder in den Eigenschaften der beteiligten Postfachspeicher die Umlaufprotokollierung aktivieren (siehe Kapitel 5).

Auf der nächsten Seite, *Batch starten*, wählen Sie einen Benutzer aus, der per E-Mail über den erfolgreichen Vorgang informiert werden soll. Außerdem können Sie hier festlegen, wann der Vorgang zum Verschieben starten soll.

Bei Abschluss dieses Vorgangs kopiert Exchange das Postfach zunächst auf den Zielserver und vergleicht es danach mit dem Quellpostfach. Erst dann löscht der Assistent das Quellpostfach. Es besteht bei diesem Vorgang zu keiner Zeit irgendeine Gefahr des Datenverlusts, da bis zum

Schluss das Quellpostfach vorhanden ist. Auch wenn Sie den Verschiebevorgang abbrechen, gehen keine Daten verloren.

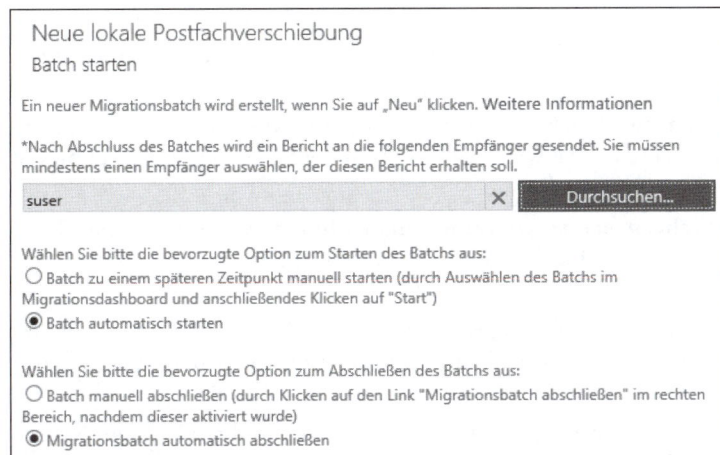

Abbildung 7.13: Fertigstellen des Auftrags zum Verschieben von Postfächern

Sie können den Status des Vorgangs im Exchange Admin Center jederzeit im Bereich *Empfänger/Migration* überprüfen. Hier sehen Sie alle konfigurierten Vorgänge. Mit einem Doppelklick sehen Sie den Status und können auch Einstellungen anpassen.

Wenn Sie beim Erstellen eines Verschiebeauftrags auf den Link *Weitere Optionen* klicken, können Sie zusätzlich festlegen, wie hoch die Fehlertoleranz beim Verschieben sein soll.

Während des Verschiebevorgangs können Benutzer weiter mit diesem arbeiten. Nur wenn der Vorgang abgeschlossen ist und der Anwender eine Aktion durchführen will, mit der Outlook eine Verbindung zum neuen Server benötigt, erscheint eine Fehlermeldung und der Anwender muss Outlook neu starten.

Startet der Benutzer nach dem Verschiebevorgang Outlook neu, verbindet sich Outlook automatisch mit dem neuen Server. Achten Sie beim Verschieben darauf, dass die Größe der Postfächer keine Grenzwerte überschreitet, die auf dem Zielpostfachspeicher gesetzt sind. Ist ein Postfach zu groß, verschiebt Exchange dieses nicht auf den Zielserver. Die Grenzwerte für Postfachspeicher sehen Sie auf der Registerkarte *Grenzwerte*, wenn Sie im Exchange Admin Center die Eigenschaften der Datenbank aufrufen.

Zum Verschieben von Postfächern in der Exchange Management Shell verwenden Sie das Cmdlet *New-MoveRequest*. Bevor Sie ein Postfach über die Exchange Management Shell verschieben, können Sie mit der Option *WhatIf* testen, was beim Verschieben passieren würde, ohne den Vorgang tatsächlich zu starten. Ein Beispiel für diesen Befehl lautet:

```
New-MoveRequest -Identity thomas.joos@contoso.com -TargetDatabase mailbox02 -WhatIf
```

Tatsächlich verschieben Sie das Postfach dann mit dem folgenden Befehl:

```
New-MoveRequest -Identity thomas.joos@contoso.com -TargetDatabase mailbox02
```

Über den nächsten Befehl können Sie alle Postfächer einer Datenbank in eine andere Datenbank verschieben:

```
Get-Mailbox -Database mailbox01 | New-MoveRequest -TargetDatabase mailbox02 -BatchName "mb01tomb02"
```

Postfächer zwischen Organisationen verschieben

Mit Exchange 2016 besteht die Möglichkeit, Postfächer zwischen Exchange-Servern unterschiedlicher Organisationen zu verschieben. Auch die Vorgängerversionen Exchange 2007/ 2010/2013 unterstützen diese Funktion. Exchange Server 2016 bietet zwei Arten von Verschiebevorgängen für Remotepostfächer an:

- **Verschieben von Postfächern innerhalb von Exchange-Organisationen** Bei diesem Szenario verfügen Sie über eine Exchange-Organisation und eine zweite Organisation mit mindestens einem Exchange 2013-Server.

- **Verschieben von Postfächern bei Verwendung einer älteren Exchange-Version** In diesem Szenario verfügen Sie über eine Exchange 2016-Organisation und eine zweite Organisation mit Exchange 2010.

Beim Verschieben zwischen Organisationen gehen unter Umständen Berechtigungen Dritter für den Postfachzugriff verloren. Das ist vor allem dann der Fall, wenn der entsprechende Benutzer nicht in der Zielorganisation vorhanden ist.

Damit Sie ein Verschieben über verschiedene Gesamtstrukturen durchführen können, müssen Sie sich im Exchange Admin Center erst mit der anderen Gesamtstruktur verbinden. Damit dies funktioniert, müssen Sie die Remoteverwaltung der PowerShell aktivieren:

1. In der anderen Organisation müssen Sie über die Eingabeaufforderung zunächst mit *Winrm quickconfig* die Remoteverwaltung aktivieren.

2. Zudem müssen Sie die Namensauflösung in beiden Organisationen sicherstellen. Der schnellste Weg besteht darin, eine bedingte Weiterleitung in der DNS-Verwaltung für die jeweilige Organisation auf den DNS-Servern der beiden Organisationen anzulegen.

Es muss sichergestellt sein, dass die beiden Exchange-Server gegenseitig ihre DNS-Namen auflösen können. Beim gesamtstrukturübergreifenden Verschieben von Postfächern muss die Zielorganisation über ein E-Mail-aktiviertes Benutzerobjekt verfügen, das mit dem Postfach in der Quellorganisation übereinstimmt.

Bevor Sie zwischen Organisationen Postfächer verschieben, müssen Sie mit dem Skript *Prepare-MoveRequest.ps1* arbeiten. Dieses finden Sie im Ordner *Program Files\Microsoft\Exchange Server\V15\Scripts*.

In der Zielorganisation müssen Sie Exchange 2016 betreiben. Sie sollten das Skript in der Exchange Management Shell des Servers in der Zielorganisation ausführen. Das Skript verfügt über verschiedene Optionen, die Sie in der folgenden Auflistung sehen:

- **Identity** Diese Option ermöglicht die Identifizierung des Quellpostfachs, das Sie verschieben wollen.

- **RemoteDomainController** Hier geben Sie einen Domänencontroller in der Quellorganisation an.

- **RemoteForestCredential** Hier geben Sie die Anmeldedaten eines Administrators der Quellorganisation ein, der das Recht hat, Daten zu kopieren und Daten zu schreiben.

- **LocalForestCredential** Mit dieser freiwilligen Option können Sie die Anmeldedaten in der Zielorganisation eingeben, wenn der Benutzer, mit dem Sie arbeiten, nicht die notwendigen Rechte hat.

- **TargetOU** Hier können Sie auf Wunsch die Organisationseinheit (OU) in der Zielorganisation eingeben, in der das Skript das Benutzerkonto anlegen soll.

- **LinkedMailUser**   Diese Option erlaubt die Werte *$true* und *$false*. Standardmäßig ist der Wert auf *$false* gesetzt. Mit *$true* erstellt das Skript ein verknüpftes E-Mail-aktiviertes Konto mit dem Benutzer in der Quellorganisation.

- **MailboxDeliveryDomain**   Standardmäßig verwendet das Skript die Standarddomäne in der Zielorganisation.

- **UseLocalObject**   Diese Option entdeckt Konflikte des Benutzerkontos und kann ein bereits existierendes Objekt entsprechend konvertieren.

Sie benötigen für das Ausführen des Skripts Administratorrechte in der Zielorganisation und in der Quellorganisation. Für die Quellorganisation sind die beiden Rollen *Exchange Server Administrators* und *Exchange Recipient Administrators* notwendig. In der Zielorganisation benötigt das Konto mindestens die RBAC-Rollen (Role Based Access Control, rollenbasierte Zugriffssteuerung) *Move Mailboxes*, *Mail Recipients* und *Mail Recipient Creation*.

Die Ausführung des Skripts nehmen Sie am besten so vor, dass Sie in Variablen die Anmeldedaten an der lokalen Organisation (Zielorganisation) und der Remoteorganisation (Quellorganisation) eingeben.

Öffnen Sie dazu die Exchange Management Shell, und geben Sie den Befehl *$local = Get-Credential* ein. Sind Sie bereits mit einem Konto angemeldet, das über genügend Rechte verfügt, benötigen Sie diesen Befehl nicht. Anschließend geben Sie die Daten eines Administratorbenutzers der Zielorganisation ein. Verwenden Sie den gleichen Befehl mit der Variable *$remote = Get-Credential*.

Sie benötigen Administratorrechte in der Quellorganisation, da das Skript die Zieladresse als X500-Adresse in das Objekt der Quellorganisation schreibt. Wechseln Sie dann in den Ordner *Program Files\Microsoft\Exchange Server\V15\Scripts*. Geben Sie anschließend den folgenden Befehl ein:

```
Prepare-MoveRequest.ps1 -Identity JohnSmith@Fabrikan.com -RemoteForestDomainController
DC001.Fabrikam.com -RemoteForestCredential $RemoteCredentials -LocalForestDomainController
DC001.Contoso.com -LocalForestCredential $LocalCredentials
```

Anschließend bereitet das Skript den Benutzer für den Verschiebevorgang vor und stellt sicher, dass das Benutzerkonto in der Zielorganisation über die notwendigen Attribute verfügt, um einen Verschiebevorgang zu starten.

Wollen Sie mehrere Benutzerkonten auf einmal vorbereiten, empfiehlt Microsoft, die E-Mail-Adressen in eine *.csv*-Datei aufzunehmen. Wie beim internen Verschieben können Sie auch zwischen Organisationen Postfächer über die Exchange Management Shell verschieben. Im Folgenden sehen Sie ein Beispiel für solche Vorgänge:

```
New-MoveRequest -Identity <Benutzer in der Zielorganisation> -RemoteLegacy -TargetDatabase <Name
der Zieldatenbank> -RemoteGlobalCatalog <FQDN eines DC in der Quellorganisation> -RemoteCredential
$Remote -TargetDeliveryDomain <Name der Zieldomäne>
```

Besprechungsanfragen erstellen und verwalten

In diesem Abschnitt erfahren Sie, wie sich Besprechungsanfragen in Exchange-Umgebungen erstellen und verwalten lassen. Besprechungsanfragen sind – vereinfacht gesagt – ganz normale E-Mails, die einen Terminvorschlag für eine Besprechung enthalten. Zusammen mit Postfächern und Ressourcen in der Exchange-Umgebung können Sie umfassende Einstellungen vornehmen, um Besprechungen mit Exchange 2016 zu planen.

Einrichtung und Verwaltung

Outlook erkennt Besprechungsanfragen und kann Anwendern die Möglichkeit bieten, die Besprechung zu akzeptieren oder abzulehnen. Beim Akzeptieren trägt Outlook den Termin automatisch im Kalender ein und erinnert den Anwender rechtzeitig an den Termin. Außerdem können Sie über Besprechungsanfragen auch automatisch Räume buchen und über One-Note Notizen für die Besprechung erstellen.

Tipp

In Outlook 2016 haben Sie die Möglichkeit, auf E-Mails direkt mit einer Besprechungsanfrage zu antworten. Dazu übernimmt Outlook den Betreff und alle Empfänger der E-Mail als Besprechungsteilnehmer.

Neue Besprechungsanfrage erstellen

Eine neue Besprechungsanfrage erstellen Sie entweder in der E-Mail-Ansicht von Outlook über *Neue Elemente/Besprechung*, als Antwort auf eine E-Mail, oder über die Schaltfläche *Neue Besprechung* in der Kalenderansicht. Außerdem können Sie einen Bereich im Kalender mit der rechten Maustaste anklicken und im Kontextmenü den Eintrag *Besprechungsanfragen* erstellen.

Tipp

Mit der Tastenkombination [Strg]+[⇧]+[Q] starten Sie ebenfalls eine neue Besprechungsanfrage. Mit [Strg]+[⇧]+[A] legen Sie einen neuen Termin an.

Wenn Sie aus einem Termin in Ihrem Kalender eine Besprechung erstellen möchten, öffnen Sie den Termin und klicken auf *Teilnehmer einladen*. So wird der Termin in eine Besprechungsumfrage umgewandelt.

Sobald Sie die Besprechungsanfrage erstellt haben, öffnet sich ein neues Fenster, in dem Sie die Besprechung genauer planen. Bei der Planung der Besprechung spielen vor allem die beiden Bereiche *Termin* und *Terminplanungs-Assistent* eine wichtige Rolle. Über die entsprechenden Schaltflächen schalten Sie zwischen diesen Ansichten um.

Auf der Registerkarte *Besprechung* legen Sie zunächst den allgemeinen Zeitpunkt des Termins und den Betreff fest. So weit gibt es keine Unterschiede zur Planung eines normalen Termins.

In das Feld *An* tragen Sie die Benutzer ein, die Sie zum Termin einladen wollen. Im Bereich *Teilnehmer* legen Sie fest, dass der Empfänger die Besprechung bestätigen muss. Hier bestimmen Sie auch, ob der Empfänger einen Gegenvorschlag zum Termin machen darf.

Tipp

Laden Sie einen Besprechungsraum ein wie jeden anderen Teilnehmer, erkennt dies Exchange automatisch und trägt den Raum automatisch als Besprechungsraum ein. Das funktioniert allerdings nur dann, wenn der Besprechungsraum als Raumpostfach angelegt wurde. Wie Sie dazu vorgehen, haben Sie bereits weiter vorn in diesem Kapitel erfahren.

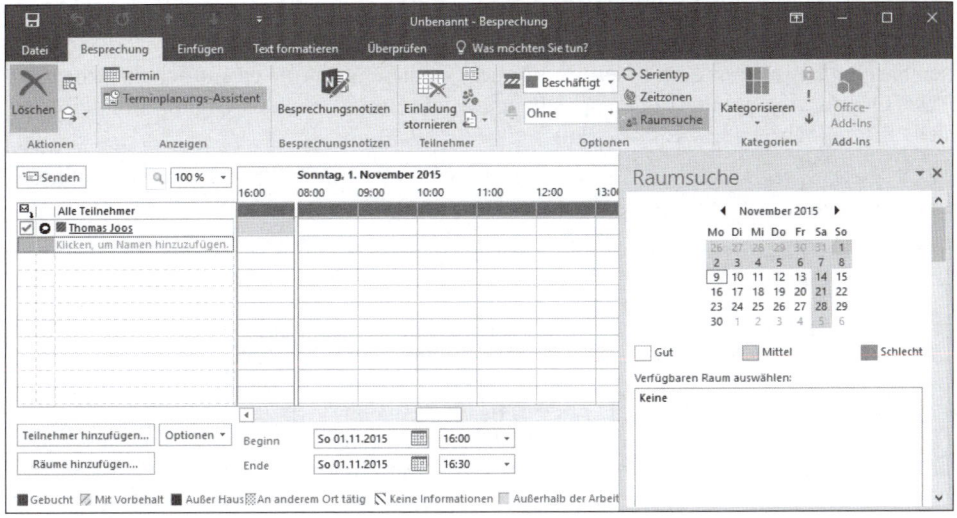

Abbildung 7.14: Umschalten zwischen Termin und Terminplanungs-Assistent

Klicken Sie auf die Schaltfläche *Räume*, blendet Outlook einen Kalender sowie alle verfügbaren Besprechungsräume ein, die in Exchange eingepflegt wurden. Die Räume lassen sich auch über den Terminplanungs-Assistenten auf gleiche Weise pflegen.

Arbeiten Sie in einem Unternehmen mit Mitarbeitern in verschiedenen Zeitzonen, berücksichtigen Sie über die Schaltfläche *Zeitzonen* auch diese in der Planung. Besprechungsräume sind spezielle Postfächer, die in Exchange oder Office 365 angelegt werden. Wir gehen in diesem Kapitel noch ausführlich auf dieses Thema ein.

Wählen Sie Teilnehmer aus dem Adressbuch oder über den Terminplanungs-Assistenten aus, können Sie auch festlegen, welche Teilnehmer für die Besprechung wichtig sind und welche nur optional teilnehmen. Für das Eintragen im Kalender hat die Funktion keinerlei Auswirkung.

Klicken Sie beim Planen einer Besprechungsanfrage auf die Schaltfläche *Terminplanungs-Assistent*, ändert sich die Ansicht der Besprechung und Sie haben weitere Möglichkeiten, die Besprechung zu planen.

In den Feldern im linken Bereich tragen Sie die Anwender ein, die Sie einladen wollen. Nach kurzer Zeit zeigt Outlook den korrekten Namen an. Wahlweise können Sie auch über die Schaltfläche *Adressbuch* die Teilnehmer einladen. In der Mitte sehen Sie für jeden eingeladenen Teilnehmer, ob dieser bereits durch einen Termin zum besagten Zeitpunkt belegt ist. Die Legende der Anzeige sehen Sie im unteren Bereich des Fensters. Sie tragen den Termin auch im unteren Bereich manuell ein.

Haben Sie die Planung abgeschlossen, schicken Sie über *Senden* die Anfrage ab. Auf der rechten Seite der Terminplanung zeigt Outlook verfügbare Besprechungsräume an, die zu dem Termin und der Terminlänge passen. Im Bereich *Vorgeschlagene Zeiten* erkennen Sie nach Eingabe der Zeiten daher einfacher, wann ein Besprechungsraum verfügbar ist.

Besprechungen bearbeiten oder absagen

Öffnen Sie eine Besprechung im Kalender, können Sie diese über eine eigene Schaltfläche absagen. Der Organisator erhält eine entsprechende Information. Sagt der Organisator selbst ab, erhalten alle Teilnehmer eine Information.

Sagen Sie die Besprechung ab, müssen Sie noch auf die Schaltfläche *Absage senden* klicken, damit die Teilnehmer informiert werden.

Tipp

Wenn Sie eine Besprechungsabsage erhalten, klicken Sie auf *Vom Kalender entfernen*. Durch das Löschen der E-Mail aus dem Posteingang wird die Besprechung nicht aus dem Kalender entfernt.

Wollen Sie als Organisator eine Besprechungsserie beenden, öffnen Sie die Besprechung und legen ein neues Enddatum fest. Auf diese Weise bleiben Besprechungen in den Kalendern der Teilnehmer erhalten, aber alle Besprechungen nach dem Enddatum werden von Outlook entfernt.

Die Teilnehmer löschen direkt über die E-Mail mit der Schaltfläche *Vom Kalender entfernen* den Termin aus dem Kalender. Abgesagte Besprechungen werden immer mit der Priorität *Wichtig* gesendet.

Auch wenn Sie Einstellungen ändern, weitere Teilnehmer einladen oder die Zeiten anpassen, sollten Sie im Fenster die Anfrage noch mal absenden, damit bei den Teilnehmern die Informationen im Kalender aktualisiert werden. Öffnen Sie als Organisator eine Besprechung, erkennen Sie über die Schaltfläche *Status* auf einen Blick, welche Teilnehmer bereits geantwortet haben.

Über das Fenster ändern Sie auch die Rolle des entsprechenden Teilnehmers von *Notwendig* auf *Optional*. Es gibt keine Möglichkeit, den Organisator der Besprechung zu ändern. Der ursprüngliche Organisator kann eine Aktualisierung mit einem neuen Enddatum senden. Auf diese Weise bleiben die vergangenen Besprechungen in den Kalendern der Teilnehmer erhalten, aber die zukünftigen Besprechungen nach dem Enddatum werden entfernt.

Der neue Besprechungsorganisator kann eine neue Besprechungsanfrage für zukünftige Besprechungen senden. Über den Termin der Besprechung senden Sie über die Schaltfläche *Teilnehmer kontaktieren* auch eine E-Mail an die Teilnehmer. Wenn Sie die Zeit abändern und die Anfrage erneut senden, müssen die Teilnehmer neu zusagen. Outlook kennzeichnet die neue Zeit und streicht die alte Zeit in der Besprechungsanfrage durch. So erkennen die Teilnehmer, was sich geändert hat.

Wenn Sie eine Besprechungsanfrage geändert haben, senden Sie die Anfrage erneut, damit alle Empfänger eine aktualisierte Anfrage erhalten.

Sie können über die Registerkarte *Datei* und die Auswahl von *Optionen/Kalender* im Abschnitt *Automatisches Annehmen oder Ablehnen von Besprechungsanfragen* Outlook so konfigurieren, dass Anfragen automatisch angenommen werden.

Besprechungsanfragen beantworten und Kalender verwalten

Wenn Sie nicht selbst die Besprechung planen, sondern eine Besprechungsanfrage erhalten, zeigt Outlook 2016 automatisch im Lesebereich der Anfrage einen Ausschnitt Ihres Kalenders an. Auf diese Weise entscheiden Sie, ohne zum Kalender zu wechseln, ob Sie zum genannten Termin Zeit haben oder nicht.

Sobald Sie eine Anfrage erhalten, zeigt Outlook diese im Kalender bereits als blockiert an. Sie legen über die verschiedenen Schaltflächen fest, ob Sie diese Anfrage akzeptieren wollen oder nicht. Die gleichen Optionen stehen zur Verfügung, wenn Sie die Besprechungsanfrage in einem neuen Fenster öffnen oder mit der rechten Maustaste anklicken.

Tipp

Nach dem Eingang einer Besprechungsanfrage im Posteingang fügt Outlook die Besprechung automatisch Ihrem Kalender hinzu und markiert sie als *Mit Vorbehalt*. Auf diese Weise sehen Sie den Termin und verpassen die Besprechung nicht, wenn Sie die Anfrage im Posteingang nicht gesehen haben. Outlook sendet aber keine Antwort an den Besprechungsorganisator. Hierzu müssen Sie die Anfrage annehmen, mit Vorbehalt annehmen oder absagen.

Generell sollten Sie alle Besprechungsanfragen, die Sie erhalten, beantworten. Dabei spielt es keine Rolle, ob Sie teilnehmen wollen oder nicht. Outlook bietet alle Möglichkeiten, zu reagieren. Löschen Sie Anfragen einfach, kann der Teilnehmer nicht erkennen, ob Sie teilnehmen oder nicht. Daher ist eine Reaktion immer sinnvoll. Löschen Sie Besprechungsanfragen auf keinen Fall sofort, da dies einer der häufigsten Gründe dafür ist, dass Besprechungen vergessen werden.

Sie müssen zum Beantworten von Besprechungsanfragen kein neues Fenster öffnen, sondern können bereits im Lesebereich der E-Mails alle wichtigen Informationen einsehen und Aktionen vornehmen. Im oberen Bereich stehen Ihnen verschiedene Schaltflächen zur Verfügung:

- **Zusagen** Wenn Sie auf diese Schaltfläche klicken, können Sie anschließend auswählen, ob Sie in der Antwort an den Organisator noch einen Text schreiben, die Zusage ohne Bearbeitung zusenden oder überhaupt keine Antwort senden, sondern den Termin nur in den Kalender eintragen wollen. Outlook löscht außerdem die Besprechungsanfrage, nimmt die Informationen im Text aber mit in den Termin auf. Enthält die Besprechungsanfrage eine Dateianlage, nimmt Outlook diese ebenfalls in den Termin mit auf. Der Organisator erhält die Bestätigungs-E-Mail, wenn Sie das Senden nicht unterdrückt haben.

- **Mit Vorbehalt** Sagen Sie eine Besprechung mit Vorbehalt zu, trägt Outlook diese im Kalender ein und der Organisator erhält eine entsprechende Information. Der Termin ist im Kalender anders formatiert als fest zugesagte Termine.

- **Ablehnen** Lehnen Sie einen Termin ab, verschwindet auch die vorläufige Anzeige im Kalender und der Organisator erhält eine Absage. Outlook löscht auch hier die Anfrage aus dem Posteingang, und Sie müssen sich mit der Anfrage nicht weiter beschäftigen.

- **Andere Zeit vorschlagen** Klicken Sie auf diese Option, und wählen Sie zwischen zwei verschiedenen Varianten aus:
  - **Mit Vorbehalt und andere Zeit vorschlagen** Wählen Sie diese Option aus, trägt Outlook den Termin in den Kalender mit Vorbehalt ein und schlägt gleichzeitig einen anderen Termin für die Besprechung vor. Dazu öffnet sich der Terminplanungs-Assistent und Sie erkennen im Kalender die einzelnen Teilnehmer. In diesem Fenster können

Sie keine weiteren Teilnehmer einladen, sondern erhalten lediglich eine Information, wann die geplanten Teilnehmer überhaupt zugesagt haben.

– **Ablehnen und andere Zeit vorschlagen** Wählen Sie diese Option aus, lehnen Sie den Termin ab, genauso wie bei der normalen Absage. Zusätzlich können Sie eine andere Zeit vorschlagen.

• **Kalender** Klicken Sie auf diese Schaltfläche in einer Besprechungsanfrage, öffnet sich ein neues Fenster mit der Tagesansicht desjenigen Tages, an dem die Besprechung stattfinden soll.

Tipp

Arbeiten Sie mit Outlook auf zwei Computern, löschen Sie die Besprechungsanfrage nicht aus dem Posteingang auf dem anderen Computer. Das Löschen einer Anfrage auf dem einen Computer kann den Termin löschen. Sagen Sie in diesem Fall die Besprechung noch einmal zu.

Haben Sie Stellvertreter hinterlegt, sehen Sie in der Kopfzeile der Besprechungsanfrage, ob ein Stellvertreter für Sie bereits zugesagt oder abgesagt hat. Stellvertreter wiederum können dann direkt in Outlook oder Outlook Web App die Besprechung zusagen oder ablehnen.

Wenn andere Anwender als Stellvertretungen auf Ihren Kalender zugreifen, deaktivieren Sie das automatische Annehmen von Besprechungsanfragen in den Outlook-Optionen. Bei Stellvertretungen kommt es sonst schnell zu Problemen, da die Anfrage an mehrere Empfänger geht.

Kontakte und E-Mail-aktivierte Benutzer anlegen und verwalten

Kontakte sind ebenfalls Empfänger in Exchange 2016 und verfügen über eine E-Mail-Adresse innerhalb der Organisation. Kontakte stehen den Empfängern Ihrer Organisation über das Adressbuch zur Verfügung und verweisen auf eine externe E-Mail-Adresse. Viele Optionen, zum Beispiel die Weiterleitung einzelner E-Mails oder ganzer Postfächer, sind oft nur zu Objekten innerhalb des Adressbuchs und daher mit Kontakten möglich.

In der Verwaltung der Kontakte können Sie auch E-Mail-aktivierte Benutzer anlegen. Jeder E-Mail-Benutzer verfügt über eine externe E-Mail-Adresse. Alle E-Mail-Nachrichten, die an den E-Mail-Benutzer gesendet werden, werden an diese externe Adresse weitergeleitet. Ein E-Mail-Benutzer ist einem E-Mail-Kontakt ähnlich, mit der Ausnahme, dass ein E-Mail-Benutzer über Active Directory-Anmeldeinformationen verfügt und auf Ressourcen im Unternehmen zugreifen kann.

Da Kontakte im Adressbuch der Benutzer angezeigt werden, können an verschiedenen Stellen Weiterleitungen und Regeln auch für öffentliche Ordner definiert werden, die auf Kontakte verweisen. Durch das Anlegen eines Kontakts vermeiden Sie außerdem Schreibfehler innerhalb der Adresse neuer E-Mails. Da Kontakte auch Exchange-Empfänger sind, können Sie nach der Erstellung die Eigenschaften des Kontakts bearbeiten. Um einen neuen Kontakt zu erstellen, gehen Sie genauso vor wie bei der Erstellung eines neuen Benutzers mit Postfach:

1. Öffnen Sie das Exchange Admin Center.
2. Navigieren Sie zum Menü *Empfänger/Kontakte*.

3. Klicken Sie auf *Neu* (das Pluszeichen), und wählen Sie entweder *E-Mail-Kontakt* oder *E-Mail-Benutzer* aus. E-Mail-Benutzer verfügen über ein Benutzerkonto in der Gesamtstruktur, mit dem sich Anwender anmelden können, aber nur über eine externe E-Mail-Adresse. Diese wird nicht durch die Exchange-Struktur verwaltet, sondern liegt bei einem anderen Provider.

4. Im Anschluss startet das Fenster zum Erstellen eines neuen Kontakts.

5. Auf der nächsten Seite des Assistenten geben Sie die entsprechenden Daten des Kontakts ein. Nachdem Sie den Kontakt erstellt haben, können Sie ihn, wie Benutzer auch, jederzeit anpassen.

Neben dem Anlegen von neuen Kontakten können Sie im Exchange Admin Center auch vorhandene Kontakte aus Active Directory für den E-Mail-Versand aktivieren. Der Umgang und die Einstellungen ähneln den Einstellungen von Benutzern und sind weitgehend selbst erklärend.

Verteilergruppen erstellen und verwalten

Gruppen sind Container in Exchange, die alle anderen Empfängerobjekte enthalten können: postfachaktivierte oder E-Mail-(aktivierte-)Benutzer, öffentliche Ordner, Kontakte oder andere Gruppen. Eine E-Mail, die an eine Gruppe geschickt wird, stellt Exchange 2016 allen Mitgliedern dieser Gruppe zu.

Tipp

Wenn Sie sehr viele Gruppen anlegen, die weitere Gruppen enthalten und auf diesem Weg die Benutzermitgliedschaft und die Gruppen verschachtelt haben, tritt das Problem auf, dass Sie nicht mehr nachvollziehen können, welche Benutzer denn Mitglied einer bestimmten Gruppe sind.

In diesem Fall haben Sie aber die Möglichkeit, ein kostenloses Skript zu verwenden, das Sie von Franky's Web unter *http://tinyurl.com/zbookqq* herunterladen können.

Legen Sie eine neue Gruppe an, erscheint diese im Adressbuch alphabetisch zwischen den anderen Empfängerobjekten. Bei einer großen Anzahl von Gruppen ist es teilweise sinnvoll, diese zusammengefasst anzuzeigen. In der Praxis hat es sich bewährt, einen Punkt (.) vor den Namen der Gruppe zu stellen und so zum Beispiel die Bezeichnung der Gruppe *Einkauf* als *.Einkauf* darzustellen.

Tipp

Sie haben auch die Möglichkeit, E-Mails, die an ein Postfach gesendet werden, an eine Verteilergruppe zu versenden. Dazu benötigen Sie die E-Mail-Adresse der Verteilergruppe:

```
Set-Mailbox -Identity "<Postfach>" -ForwardingAddress "<E-Mail-Adresse der Gruppe>"
```

Eine neue Verteilergruppe anlegen

Verteilergruppen legen Sie im Exchange Admin Center über *Empfänger/Gruppen* an. Beim Anlegen wählen Sie den Gruppentyp und später den Namen der Gruppe aus. Windows unterscheidet dabei zwischen E-Mail-aktivierten Sicherheitsgruppen und Verteilergruppen.

Im E-Mail-Empfang unterscheiden sich beide Gruppen nicht. E-Mail-aktivierte Sicherheitsgruppen können jedoch außer als Verteilerliste auch zum Definieren von Zugriffsrechten (zum Beispiel im NTFS-Dateisystem) verwendet werden. Sie können durch das Anlegen von E-Mail-aktivierten Sicherheitsgruppen die Anzahl Ihrer Gruppen stark einschränken. Verteilergruppen lassen sich, wie der Name schon sagt, nur als solche verwenden.

Dynamische Verteilergruppen pflegen sich automatisch, indem Sie bestimmte Kriterien auswählen, die ein Exchange-Objekt erfüllen muss, damit es Mitglied einer bestimmten Verteilergruppe wird. Wir kommen auch auf diese Gruppen noch zu sprechen.

In Active Directory werden die folgenden drei Gruppentypen unterschieden:

1. *Domänenlokal*
2. *Global*
3. *Universal*

Bei der Unterscheidung und Verwendung dieser Gruppen müssen folgende Bereiche beachtet werden:

- **Lokale Gruppen** Lokale Gruppen werden für die Zusammenfassung von globalen Gruppen oder in Ausnahmefällen von Benutzern eingesetzt, denen Zugriffsberechtigungen erteilt werden.

- **Globale Gruppen** Globale Gruppen sind überall in der Gesamtstruktur sichtbar, können aber nur Mitglieder aus der eigenen Domäne enthalten. Globale Gruppen können Mitglied von lokalen und universellen Gruppen werden. Im einheitlichen Modus können globale Gruppen zudem verschachtelt werden.

Ein weiterer Gruppentyp sind die universellen Gruppen. Alle Informationen über Zugehörigkeiten zu universellen Gruppen werden auf den globalen Katalogservern gespeichert. Universale Gruppen sind eine Verbindung aus lokalen und globalen Gruppen. Wie die lokalen Gruppen können sie Mitglieder von überall her enthalten. Wie die globalen Gruppen sind sie überall sichtbar. Die Mitgliedschaft sollte auf globale Gruppen beschränkt werden.

Universale Gruppen können wiederum andere universale Gruppen enthalten. Beim Einsatz von universalen Gruppen muss wohlüberlegt vorgegangen werden, da bei fehlerhafter Konfiguration erhebliche Konsequenzen für die Netzlast entstehen können. Im Gegensatz zu lokalen und zu globalen Gruppen werden bei universalen Gruppen nicht nur die Informationen über die Existenz dieser Gruppe, sondern die Informationen über alle Mitglieder dieser Gruppe auf die globalen Katalogserver repliziert.

Dies bedeutet, dass eine Vielzahl von Informationen repliziert werden muss, wenn eine universale Gruppe viele Mitglieder hat. Um das zu verhindern, sollten Benutzer in globale Gruppen aufgenommen werden. Diese können entweder für universale oder für lokale Gruppen als Mitglied definiert werden. Damit wird die Zahl von Mitgliedern in universalen Gruppen sehr klein gehalten.

Tipp

Haben Sie eine Gruppe erstellt und rufen Sie deren Eigenschaften auf, steuern Sie über den Menüpunkt *Besitz*, welche Benutzer die Gruppe verwalten, also Mitglieder hinzufügen oder entfernen können. In Exchange 2016 können Sie an dieser Stelle auch andere Gruppen als Besitzer hinzufügen.

Eine Benennungsrichtlinie für Verteilergruppen erstellen

Eine Benennungsrichtlinie für Gruppen ermöglicht das Standardisieren von Verteilergruppen, die von Benutzern und anderen Administratoren in der Organisation erstellt werden. Sie können festlegen, dass dem Namen von neuen Verteilergruppen bei der Erstellung ein bestimmtes Präfix und Suffix hinzugefügt werden muss. Außerdem können Sie die Verwendung bestimmter Wörter verbieten.

Nach Erstellung einer Gruppe wendet Exchange die Gruppenbenennungsrichtlinie an, indem jedes in der Richtlinie definierte Präfix oder Suffix hinzugefügt wird. Der vollständige Name wird in der Verteilergruppenliste im Exchange Admin Center angezeigt. Versucht ein Benutzer, ein blockiertes Wort zu verwenden, erhält er beim Speichern der neuen Gruppe eine Fehlermeldung.

Die maximale Länge für einen Gruppennamen beträgt 64 Zeichen. Dies beinhaltet die kombinierte Anzahl von Zeichen im Präfix, im vom Benutzer angegebenen Gruppennamen und im Suffix.

Hinweis

Gruppenbenennungsrichtlinien werden nur auf Gruppen angewendet, die von Benutzern erstellt werden. Wenn Sie oder andere Administratoren mit dem Exchange Admin Center Verteilergruppen erstellen, wird die Gruppenbenennungsrichtlinie ignoriert.

Sie erstellen Gruppenbenennungsrichtlinien am besten im Exchange Admin Center:

1. Wählen Sie im Exchange Admin Center *Gruppen/Mehr*(die drei Punkte in der Symbolleiste)/*Gruppenbenennungsrichtlinie konfigurieren*.
2. Konfigurieren Sie im Abschnitt *Gruppenbenennungsrichtlinie* das Präfix, indem Sie im Dropdownmenü entweder *Attribut* oder *Text* auswählen. Geben Sie die gewünschte Textzeichenfolge ein, und klicken Sie anschließend auf *OK*. Die eingegebene Textzeichenfolge oder das ausgewählte Attribut wird als Link dargestellt. Klicken Sie auf den Link, um die Textzeichenfolge oder das Attribut zu ändern.
3. Klicken Sie auf *Hinzufügen*, um weitere Präfixe hinzuzufügen.
4. Klicken Sie auf *Blockierte Wörter*, um nicht erwünschte Wörter für neue Gruppen hinzuzufügen. Um ein Wort aus der Liste zu entfernen, wählen Sie es aus und klicken auf *Entfernen*. Um ein vorhandenes blockiertes Wort zu bearbeiten, wählen Sie es aus und klicken auf *Bearbeiten*.

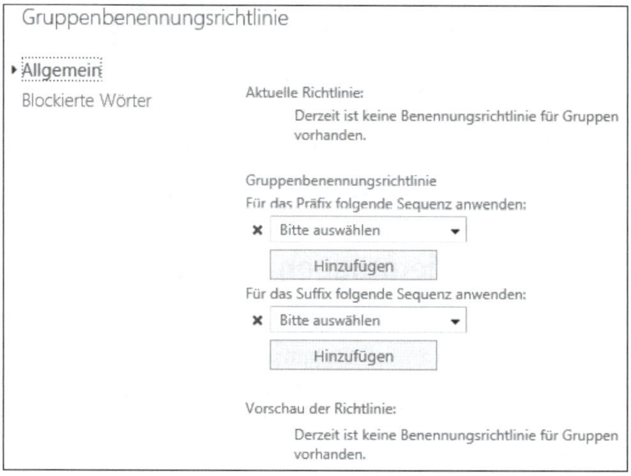

Abbildung 7.15: Erstellen einer neuen Gruppenbenennungsrichtlinie

5. Klicken Sie nach Abschluss des Vorgangs auf *Speichern*.

Sie können sich die erstellten Richtlinien auch in der Exchange Management Shell anzeigen lassen. Verwenden Sie dazu folgenden Befehl:

```
Get-OrganizationConfig |fl DistributionGroupNamingPolicy
```

Sie können die Richtlinien auch außer Kraft setzen. Führen Sie dazu den folgenden Befehl aus:

```
New-DistributionGroup -Name <Name der Gruppe> -IgnoreNamingPolicy
```

Führen Sie den folgenden Befehl aus, um die Gruppenbenennungsrichtlinie beim Umbenennen einer vorhandenen Gruppe mit der Exchange Management Shell außer Kraft zu setzen:

```
Set-DistributionGroup -Identity <Alter Name> -Name <Neuer Name> -DisplayName <Neuer Name>
-IgnoreNamingPolicy
```

Verteilergruppen verwalten – Moderation und Mitgliedschaftsgenehmigung

Wenn Sie im Exchange Admin Center die Eigenschaften einer Verteilergruppe aufrufen, können Sie die grundlegenden Einstellungen ändern sowie die Gruppenmitgliedschaften festlegen. Gruppen, die Sie in Exchange 2016 anlegen, legt Exchange automatisch als universale Verteilergruppen oder als Sicherheitsgruppen an. Das hängt von Ihrer Auswahl beim Anlegen ab.

Um eine Verteilergruppe zu verwalten und ihre Exchange-spezifischen Einstellungen anzupassen, rufen Sie ihre Eigenschaften im Exchange Admin Center unter *Empfänger/Gruppen* auf. Viele Einstellungen sind identisch mit den Einstellungen für Benutzerpostfächer. Auf der Seite *Besitz* können Sie die Verwalter der Gruppe konfigurieren. Über die Option können Sie einen Benutzer oder eine Gruppe aus dem Adressbuch bestimmen, die in Ihrem Auftrag die Mitglieder dieser Gruppe verwalten darf. Diese Benutzer dürfen Mitglieder aus dieser Gruppe in Outlook oder Outlook Web App entfernen oder aufnehmen. Auf der Seite *Mitgliedschaft* konfigurieren Sie, welche Objekte Mitglied dieser Gruppe sind. Hier können Sie auch die Gruppenmitgliedschaften ändern.

Auf der Seite *E-Mail-Optionen* sind, wie bei den Benutzern, alle E-Mail-Adressen aufgeführt, die dieser Gruppe zugewiesen sind. Für Gruppen lassen sich auch eigene E-Mail-Adressenrichtlinien erstellen. Sie können für eine Verteilergruppe auch mehrere E-Mail-Adressen definieren. Auf der Seite *Zustellungsverwaltung* können Sie Feineinstellungen bezüglich des E-Mail-Empfangs dieser Gruppe vornehmen.

Die Einstellungen auf der Seite *Zustellungsverwaltung* sind grundsätzlich identisch mit den Einstellungen für Benutzerpostfächer.

Nachrichtenmoderation für Verteilergruppen

Über die Option *Nachrichtengenehmigung* können Sie festlegen, ob an diese Verteilergruppe gesendete Nachrichten durch einen Moderator genehmigt werden müssen, bevor Exchange sie an die Mitglieder der Verteilergruppe zustellt.

Aktivieren Sie das Kontrollkästchen *An diese Gruppe gesendete Nachrichten müssen von einem Moderator genehmigt werden.* Klicken Sie im Feld *Gruppenmoderatoren* auf *Hinzufügen*, und wählen Sie die Empfänger aus, die Sie als Moderatoren der Verteilergruppe hinzufügen möchten.

Klicken Sie im Feld *Absender, die keine Nachrichtengenehmigung benötigen* auf *Hinzufügen*, und wählen Sie die Empfänger aus, für die keine Genehmigung für an die Verteilergruppe gesendete Nachrichten erforderlich ist. Administratoren der Organisation bedürfen automatisch keiner Genehmigung.

Abbildung 7.16: Konfigurieren der Nachrichtenmoderation in Exchange 2016

Über *Moderationsbenachrichtigungen auswählen* steuern Sie, ob Absender eine Mitteilung erhalten, wenn das Versenden nicht genehmigt wurde. Standardmäßig informiert der Assistent auch externe Absender.

Schickt ein Anwender eine Nachricht an diese Gruppe, erhalten die Moderatoren eine E-Mail mit der E-Mail des Absenders im Anhang. Außerdem können Moderatoren über die Schaltfläche *Genehmigen* oder *Ablehnen* die Zustellung an andere Mitglieder durchführen oder die Weiterleitung der E-Mail verweigern. Lehnen Moderatoren eine E-Mail ab, können sie einen persönlichen Text an die Ablehnung anhängen oder lediglich die Standardverweigerung absenden.

Gruppenmitgliedschaften mit der Mitgliedschaftsgenehmigung verwalten

Über die Seite *Mitgliedschaftsgenehmigung* steuern Sie, ob für den Beitritt zur Gruppe eine Genehmigung des Besitzers erforderlich ist, den Sie als Besitzer auf der Seite *Besitz* festlegen. Hier stehen Ihnen verschiedene Möglichkeiten zur Konfiguration zur Verfügung.

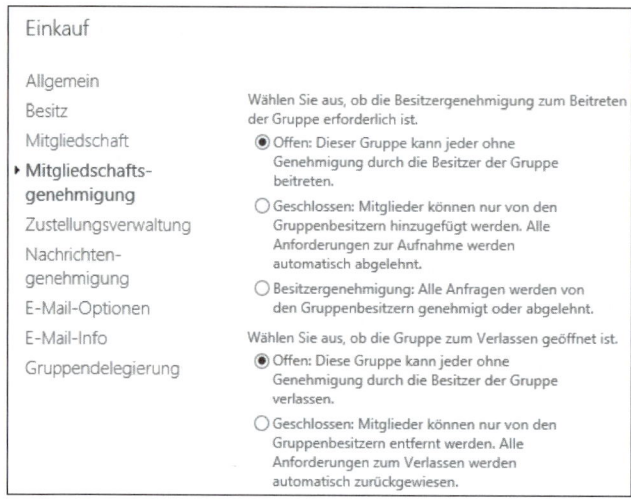

Abbildung 7.17: So konfigurieren Sie die Gruppenmitgliedschaften einer Verteilerliste.

- **Offen**   Aktivieren Sie diese Option, um Benutzern den Beitritt zu dieser Verteilergruppe zu ermöglichen, ohne dass eine Genehmigung der Verteilergruppenbesitzer erforderlich ist. Das bedeutet: Jeder Empfänger der Organisation kann sich selbst als Mitglied zur Gruppe hinzufügen. Dazu verwenden Anwender Outlook Web App. Über den Menüpunkt *Optionen/Gruppen* sehen Anwender alle offenen Gruppen und können über die Schaltflächen *Beitreten* und *Verlassen* selbst die Mitgliedschaft steuern.

- **Geschlossen**   Bei Aktivierung dieser Option können nur Verteilergruppenbesitzer Mitglieder zu dieser Verteilergruppe hinzufügen. Versuchen Anwender, sich über Outlook Web App selbst in eine Gruppe aufzunehmen, erhalten sie eine entsprechende Meldung.

- **Besitzergenehmigung**   Anforderungen zum Beitritt zu dieser Verteilergruppe muss der Verteilergruppenbesitzer genehmigen. Der Gruppenbesitzer erhält eine E-Mail und kann über Schaltflächen die Mitgliedschaft genehmigen oder verweigern. Bei der Verweigerung erhalten Anforderer eine E-Mail.

Empfänger können aber Verteilerlisten nicht nur beitreten, sondern selbst auch aus Gruppen austreten. Auch hierzu verwenden Sie wieder Outlook Web App und den Menübefehl *Optionen/Gruppen*.

Dynamische (abfragebasierte) Verteilergruppen

Dynamische Verteilergruppen bieten dieselbe Funktionalität wie eine normale Verteilergruppe. Die Mitglieder der dynamischen Verteilergruppe definiert Exchange bei jedem E-Mail-Sendevorgang neu. Das heißt, Sie sparen mit der Generierung dieser Verteilergruppen deutlich administrative Aufgaben ein, da Sie nicht ständig statische Mitgliedergruppen definieren müssen.

Auf der anderen Seite belasten diese Gruppen die Performance Ihrer Exchange-Server, da bei jedem Sendevorgang LDAP-Abfragen notwendig sind, um die aktuellen Gruppenmitglieder zu bestimmen.

Die zur Verfügung stehenden Filter für dynamische Gruppen sind in der Verwaltungsshell umfangreicher, da Sie hier Abfragen hinterlegen können. Im Exchange Admin Center haben Sie nicht so viele Möglichkeiten. Dafür lassen sich dynamische Gruppen schneller erstellen:

1. Navigieren Sie zu *Empfänger/Gruppen*.
2. Wählen Sie im Menü zum Erstellen einer neuen Gruppe den Befehl *Neue dynamische Verteilergruppe* aus.

   Im Anschluss erscheint das Fenster für das Erstellen von dynamischen Verteilergruppen.
3. In diesem Fenster wählen Sie die Organisationseinheit (OU) aus, in der das Active Directory-Objekt der Gruppe angelegt werden soll. Zusätzlich geben Sie auf dieser Seite den Namen der Gruppe sowie deren Alias an.
4. Unten auf der nächsten Seite legen Sie fest, welche Empfängertypen durch die dynamische Verteilergruppe erfasst werden sollen und wer der Besitzer ist.
5. Noch etwas weiter unten im Fenster können Sie spezifische Filter hinterlegen, ähnlich wie beim Anlegen der Transportregeln oder Regeln in Outlook.

Outlook zeigt in der Ansicht des Adressbuchs dynamische Verteilergruppen mit einem etwas anderen Symbol als herkömmliche Verteilergruppen an. Die Gruppen lassen sich durch Anwender aber auf die gleiche Weise verwenden. Den Filter und die Bedingungen sowie alle anderen Eigenschaften einer dynamischen Verteilergruppe können Sie über das Exchange Admin Center jederzeit anpassen.

Reichen Ihnen die angezeigten Filter nicht aus, müssen Sie die dynamische Verteilergruppe über die Exchange Management Shell erstellen. Hier haben Sie über den Befehl *New-DynamicDistributionGroup* mehr Möglichkeiten als über die grafische Oberfläche im Exchange Admin Center.

Bereits erstellte dynamische Verteilergruppen lassen sich mit dem Befehl *Set-DynamicDistributionGroup* bearbeiten. Über den Befehl *Get-DynamicDistributionGroup* können Sie sich die bereits erstellten dynamischen Verteilergruppen in der Exchange Management Shell anzeigen lassen. Mit dem folgenden Befehl werden Ihnen detaillierte Informationen aufgelistet:

```
Get-DynamicDistributionGroup -Identity ContosoEinkauf | fl *Recipient*,Included*
```

Wollen Sie beispielsweise eine neue dynamische Verteilergruppe erstellen, die alle Benutzerpostfächer des Unternehmens Contoso enthält und deren Büro sich im Gebäude DLZ befindet, müssen Sie einen benutzerdefinierten Filter erstellen. Der Befehl dazu lautet:

```
New-DynamicDistributionGroup -Name AlleContosoDLZ -OrganizationalUnit contoso.com/Users -Recipient
Filter { ((RecipientType -eq 'UserMailbox') -and (Company -eq 'Contoso') -and (Office -eq DLZ')) }
```

Neben dem Operator *-eq* gibt es noch weitere Operatoren, die Sie verwenden können:

- *-and*

- *-or*

- *-not*

- *-eq* (equals, gleich)

- *-ne* (not equal, nicht gleich)

- *-lt* (less than, weniger als)

- *-gt* (greater than, größer als)

- *-like* (Stringvergleich)

- *-notlike* (Stringvergleich)

Verteilergruppen-Verwaltung delegieren

In vielen Exchange-Organisationen pflegen noch die Administratoren die Verteilergruppen. Da Admins allerdings selten Einblick in Belange von Abteilungen haben, können sie schwer entscheiden, ob eine Mitgliedschaft für bestimmte Anwender noch gewünscht ist oder nicht. Besser und sicherer ist es hier, die Pflege von Verteilergruppen direkt an die Abteilung zu delegieren, die mit dieser Gruppe arbeitet, oder an einen Personenkreis, der sich mit der Mitgliedschaft besser auskennt.

Die Verwaltungsrollengruppe *MyDistributionGroups* darf in Exchange 2016 Mitglieder bestimmter Verteilergruppen hinzufügen oder entfernen, aber auch Verteilergruppen entfernen und erstellen. Solche Vorgänge wollen Administratoren aber wiederum verhindern.

Es reicht oft aus, wenn bestimmte Anwender die Mitgliedschaften steuern dürfen. Welche Rechte die Benutzerrollengruppe *MyDistributionGroups* hat, sehen Sie auch in der Exchange Management Shell, wenn Sie den Befehl *Get-ManagementRoleEntry -Identity MyDistribution Groups** eingeben. Einfacher geht das, wenn Sie bereits den RBAC-Manager (*http://rbac.code plex.com*) nutzen.

Erstellen Sie zur Pflege von Verteilergruppen eine neue Verwaltungsrollengruppe:

```
New-ManagementRole -Parent "MyDistribution-Groups" -Name Contoso-MyDistributionGroups
```

Wollen Sie verhindern, dass die Anwender zukünftig Verteilergruppen anlegen und löschen dürfen, verwenden Sie zum Beispiel die beiden Befehle

```
Get-ManagementRoleEntry -Identity "Contoso-MyDistributionGroups\New-DistributionGroup" | Remove-
ManagementRoleEntry
```

und

```
Get-ManagementRoleEntry -Identity "Contoso-MyDistributionGroups\Remove-DistributionGroup" |
Remove-ManagementRoleEntry
```

Haben Sie die Rechte konfiguriert, können Sie über die Zuweisungsrollenrichtlinie diese den Anwendern zuweisen. Sie verwenden dazu das Exchange Admin Center und den Bereich *Berechtigungen/Benutzerrollen*. In den Eigenschaften der *Default Role Assignment Policy* fügem Sie die neu erstellte Verwaltungsrollengruppe hinzu und bestätigen die Änderung.

Adresslisten und Adressbuchrichtlinien verwalten

Verschicken Ihre Benutzer E-Mails an andere Benutzer innerhalb der Organisation oder auch aus der Organisation hinaus, werden sie die E-Mail-Adresse der Empfänger normalerweise nicht manuell eingeben, sondern die Namen aus den Adresslisten auswählen.

Adresslisten sind eine Sammlung aller Empfängertypen eines bestimmten Bereichs. Standardmäßig gibt es bereits einige Adresslisten, die Sie sich in Outlook anzeigen lassen können. Auf diese Adresslisten können Sie zugreifen, wenn Sie eine neue E-Mail in Outlook schreiben, unabhängig von der Version.

Nach der Installation von Exchange 2016 stehen einige Adresslisten zur Verfügung, die von Exchange selbstständig gepflegt werden. Sie müssen keine Konfigurationen durchführen, wenn Sie einen neuen Benutzer, einen neuen öffentlichen Ordner, einen Kontakt oder eine neue Verteilerliste anlegen.

Exchange 2016 nimmt den oder die neuen Benutzer automatisch in die entsprechenden Adresslisten mit auf. Zu den bereits systemseitig erstellten Adresslisten können Sie jederzeit neue hinzufügen. Meistens verwenden die Benutzer die globale Standardadressliste, da diese alle E-Mail-Empfänger, Kontakte und öffentlichen Ordner der Organisation enthält.

Adresslisten lassen sich im Exchange Admin Center verwalten. Öffnen Sie dazu die *Organisation*, und klicken Sie auf *Adresslisten*. Hier sehen Sie vorhandene Adresslisten und können auch deren Einstellungen ändern. Außerdem lassen sich an dieser Stelle neue Adresslisten anlegen.

Neue Adresslisten erstellen und verwalten

Um eine neue Adressliste zu erstellen, starten Sie das Exchange Admin Center und navigieren zu *Organisation/Adresslisten*.

Abbildung 7.18: Erstellen und Verwalten von Adresslisten

Im oberen Bereich der Seite zum Erstellen einer neuen Adressliste geben Sie die Bezeichnung der Adressliste ein. Die Adressliste wird mit dieser Bezeichnung in Outlook bei den Benutzern angezeigt.

Sie können eine Adressliste entweder im Stammordner aller Adresslisten anlegen oder als Container (Behälter) eine Adressliste auswählen, unter der die neue Adressliste in Outlook angezeigt werden soll. Unten auf der Seite bestimmen Sie, welche Empfängertypen die Adressliste enthalten soll.

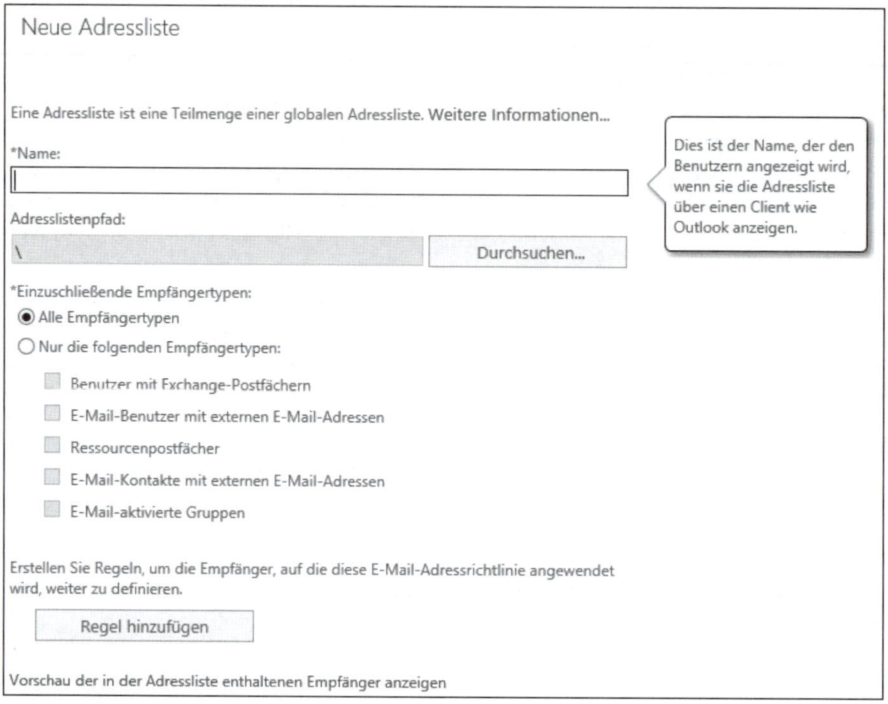

Abbildung 7.19: So wählen Sie die Empfänger einer neuen Adressliste aus.

Tipp

Sie können den Behälter einer Adressliste nachträglich in der Exchange Management Shell mit dem folgenden Befehl anpassen:

```
Move-AddressList -Identity <Name der Adressliste> -Target <Name des Behälters>
```

Unten auf der Seite legen Sie die Bedingung fest, unter der Einträge der neuen Adressliste hinzugefügt werden sollen. Anschließend müssen Sie den Wert für die Bedingung festlegen.

Klicken Sie auf den Link *Vorschau der in der Adressliste enthaltenen Empfänger anzeigen*, werden alle Empfänger aufgelistet, die durch die Adressliste erfasst werden. Sie können für Ihre Anwender diese benutzerdefinierten Attribute pflegen und so auf dieser Auswahl basierend neue Adresslisten oder zum Beispiel auch E-Mail-Adressen-Richtlinien erstellen.

Die Adressliste wird anschließend im Exchange Admin Center angezeigt und kann verwaltet werden. Sie können den Wert für die Bedingung und die Bedingung selbst jederzeit anpassen. Nach kurzer Zeit wird die Adressliste auch in Outlook bei den Anwendern angezeigt. Bei größeren Strukturen kann die Anzeige in Outlook einige Minuten dauern. Wird die Adressliste in Outlook angezeigt, kann sie von den Anwendern sofort verwendet werden.

Tipp

Um eine Adressliste zu aktualisieren, wenn Sie beispielsweise Empfänger hinzugefügt oder entfernt haben, können Sie sie im Exchange Admin Center anklicken und aus dem Aktionsbereich den Befehl *Aktualisieren* auswählen.

Um eine Adressliste zu aktualisieren, also eine erneute Abfrage der Empfängertypen aus Active Directory durchzuführen, geben Sie in der Exchange Management Shell den Befehl *Update-AddressList* ein. Im Anschluss können Sie die Bezeichnung der Adressliste eingeben, und sie wird aktualisiert.

Neue Adresslisten erstellen Sie in der Exchange Management Shell zum Beispiel mit der folgenden Anweisung:

```
New-AddressList -Name "Besprechungsräume Frankfurt" -Container \"Alle Räume" IncludedRecipients
Resources -ConditionalCustomAttribute1 Frankfurt
```

Sie können manuell erstellte Adresslisten in der Exchange Management Shell oder im Exchange Admin Center löschen. Es besteht allerdings keine Möglichkeit, Adresslisten zu löschen, die von anderen Adresslisten als Behälter genutzt werden. In diesem Fall müssen Sie mit der übergeordneten Adressliste auch alle untergeordneten Adresslisten löschen.

Klicken Sie die Adressliste mit der rechten Maustaste an, oder wählen Sie den Befehl *Entfernen* im Exchange Admin Center. In der Exchange Management Shell können Sie mit dem Befehl *Remove-AddressList* auch Adresslisten entfernen.

Adressbuchrichtlinien anlegen

Mit Adressbuchrichtlinien erstellen Sie verschiedene Ansichten des globalen Adressbuchs für unterschiedliche Benutzer. Die jeweiligen Anwender sehen dann nur jene Objekte, die in der Adressbuchrichtlinie definiert sind. Dazu weisen Sie die Adressbuchrichtlinie den Benutzerkonten zu.

Adressbuchrichtlinien können nicht im Exchange Admin Center erstellt werden. Sie müssen dazu die Exchange Management Shell verwenden. Im folgenden Beispiel wird eine Adressbuchrichtlinie erstellt:

```
New-AddressBookPolicy -Name "ABP" -GlobalAddressList "Globale Standardadressliste"
-OfflineAddressBook "Default Offline Address Book" -AddressLists "\Alle Benutzer",
"\Alle Kontakte","\Alle Gruppen" -roomlist "Alle Räume"
```

Um die notwendigen Informationen in der Exchange Management Shell abzufragen, verwenden Sie die folgenden Cmdlets:

- **Get-GlobalAddressList** Zeigt die vorhandenen globalen Adresslisten an.
- **Get-OfflineAddressBook** Zeigt die vorhandenen Offlineadresslisten an.
- **Get-AddressList** Zeigt die vorhandenen Adresslisten an.

Nach dem Erstellen einer Adressbuchrichtlinie (Address Book Policy, ABP) müssen Sie sie den Postfachbenutzern zuweisen. Erst dann hat sie Gültigkeit. Beim Erstellen von Benutzerkonten wird den Benutzern keine Standard-ABP zugewiesen.

Einrichtung und Verwaltung

Sie können Adressbuchrichtlinien auch anpassen. Dazu verwenden Sie das Cmdlet *Set-AddressBookPolicy*. Um beispielsweise Adresslisten hinzuzufügen, verwenden Sie folgenden Befehl:

```
Set-AddressBookPolicy -Identity "ABP" -AddressLists @{Add="Liste 1","Liste 2"}
```

Mit der Option *Remove* entfernen Sie eine Adressliste aus der Adresslistenrichtlinie.

Wenn Sie einem Benutzer keine ABP zuweisen, kann der Benutzer auf die globale Adressliste (Global Address List, GAL) für Ihre gesamte Organisation zugreifen. Sie können zwar eine ABP nicht im Exchange Admin Center erstellen, aber erstellte Richtlinien im Exchange Admin Center zuweisen:

1. Klicken Sie auf *Empfänger/Postfächer*.
2. Wählen Sie in der Listenansicht den Benutzer aus, dem Sie eine Richtlinie zuweisen wollen, und klicken Sie dann auf *Bearbeiten*. Sie können mit der ⟨Strg⟩-Taste auch mehrere Benutzer markieren.
3. Klicken Sie auf *Postfachfunktionen*.
4. Wählen Sie in der Liste *Adressbuchrichtlinie* eine Richtlinie aus, die Sie auf diesen Benutzer anwenden möchten.
5. Klicken Sie auf *Speichern*.

Wollen Sie die Adressbuchrichtlinie in der Exchange Management Shell zuweisen, verwenden Sie den folgenden Befehl:

```
Set-Mailbox -Identity <Name> -AddressBookPolicy "<Name"
```

Im nächsten Beispiel wird die ABP-Adressbuchrichtlinie allen Postfachbenutzern zugewiesen, deren *CustomAttribute11*-Wert die Zeichenfolge »Auszubildende« enthält:

```
Get-Mailbox -Filter {(CustomAttribute11 -like "Auszubildende")} | Set-Mailbox -AddressBookPolicy
ABP
```

Sie können eine ABP nicht entfernen, wenn sie Benutzern zugewiesen ist. Um festzustellen, ob eine ABP einem Benutzer zugewiesen ist, führen Sie den folgenden Befehl in der Shell aus:

```
Get-Mailbox | Where $._AddressBookPolicy -eq <AddressBookPolicyName>
```

Um eine ABP aus dem Postfach eines Benutzers zu entfernen, können Sie die Seite *Postfachfunktionen* in den Eigenschaften des Postfachs oder das Cmdlet *Set-Mailbox* verwenden.

Eine ABP kann nicht im Exchange Admin Center entfernt werden. Sie müssen die Exchange Management Shell verwenden:

```
Remove-AddressBookPolicy -Identity "ABP"
```

Offlineadresslisten verwenden

Zusätzlich zu den Standard- und benutzerdefinierten Adresslisten können Sie Offlineadresslisten erstellen und verwalten. Diese Offlineadresslisten können von Benutzern in Outlook heruntergeladen werden und stehen, wie der Name bereits vermuten lässt, offline zur Verfügung.

Kapitel 8
Teamwork mit Exchange

In diesem Kapitel:

Öffentliche Ordner einsetzen 300

Freigegebene Postfächer.. 319

Websitepostfächer – Exchange und SharePoint gemeinsam betreiben................................... 321

Zusammenfassung 326

Für die Zusammenarbeit mehrerer Anwender bieten sich in Exchange 2016 weiterhin öffentliche Ordner an. Sie können in Exchange 2016 aber auch Websitepostfächer und freigegebene Postfächern nutzen, um mehreren Anwendern Zugriff auf gemeinsame Informationen zu geben. Wir zeigen Ihnen in diesem Kapitel daher den Umgang mit diesen Teamworkfunktionen in Exchange 2016. Exchange 2016 arbeitet auch mit Skype for Business Server 2015 zusammen, und auch hier lassen sich Teamworkfunktionen nutzen. Diese bauen aber auf Skype auf und sind daher nicht Bestandteil dieses Kapitels.

Hinweis

Öffentliche Ordner können Probleme verursachen, wenn Sie Outlook 2016 mit Exchange 2016 kombinieren. Dies gilt auch für den Zugriff auf öffentliche Ordner in Outlook Web App (OWA).

Migrieren Sie von Vorgängerversionen zu Exchange 2016, sollten Sie zunächst alle Benutzer auf Exchange 2016 umziehen, bevor Sie öffentliche Ordner einsetzen oder migrieren können (siehe Kapitel 17).

Öffentliche Ordner einsetzen

Für öffentliche Ordner gibt es eine Vielzahl von Verwendungsmöglichkeiten. Daher existieren diese Funktionen schon seit den ersten Exchange-Versionen. Auch wenn viele dieser Funktionen mittlerweile von SharePoint und anderen Diensten übernommen wurden, ist der Einsatz von öffentlichen Ordnern in vielen Fällen durchaus sinnvoll. Der Vorteil besteht in der schnellen Einrichtung und der direkten Anbindung an Outlook. Dazu kommt die Möglichkeit, dass die Ordner auch E-Mails empfangen können.

Grundlagen und wichtige Fragen zu öffentlichen Ordnern in Exchange 2016

In diesem Abschnitt gehen wir auf Bereiche und Möglichkeiten der Verwaltung von öffentlichen Ordnern ein. Microsoft hat einige Verbesserungen integriert, ohne den Nutzen zu beschneiden.

Hinweis

Microsoft hat die Stabilität und den Umgang mit öffentlichen Ordnern in Exchange 2016 weiter verbessert. Es gibt keine eigenen Datenbanken mit eigenen Transaktionsprotokollen mehr, sondern öffentliche Ordner stellen jetzt Postfächer in Postfachdatenbanken dar. Diese Technik wurde mit Exchange 2013 eingeführt und in Exchange 2016 verbessert.

Dadurch hat Microsoft auch die Replikation verbessert. Sie müssen jetzt nicht mehr die Replikate öffentlicher Ordner verwalten, sondern können die Ausfallsicherheit von Postfachdatenbanken nutzen.

Die Verwaltung im Exchange Admin Center hat Microsoft ebenfalls verbessert. Sie müssen keine zusätzlichen Werkzeuge aus der Toolbox des Exchange Admin Center nutzen, wie das noch in Exchange 2010 der Fall war.

Öffentliche Ordner können mit einer E-Mail-Adresse versehen werden und dadurch direkt E-Mails erhalten oder auch versenden. Auch in Exchange 2016 und Outlook 2016 lassen sich öffentliche Ordner noch einsetzen, selbst wenn Sie im Unternehmen parallel SharePoint einsetzen.

In diesem Kapitel gehen wir auf die Möglichkeiten und die Verwaltung von öffentlichen Ordnern ein und zeigen Ihnen, wie Sie diese Klassiker in der Exchange-Groupware auch in Exchange 2016 nutzen.

Sie müssen auf einem Postfachserver keine Datenbank für öffentliche Ordner mehr anlegen, da die Daten öffentlicher Ordner mit Postfachdatenbanken verbunden sind. Datenbanken für öffentliche Ordner verfügen in Exchange 2010/2013 über eigene Transaktionsprotokolle (siehe Kapitel 5) und einen eigenen Replikationsmechanismus. Das alles gibt es in Exchange 2016 nicht mehr. Lesen Sie sich auch die Abschnitte zur Verwaltung von Datenbanken in Kapitel 5 durch.

Hinweis

Benutzer der Versionen 2010 bis 2016 von Outlook können auf öffentliche Ordner zugreifen. Ältere Outlook-Versionen werden von Exchange 2016 auch in diesem Bereich nicht mehr unterstützt.

In Exchange 2016 werden Berechtigungen für öffentliche Ordner über die rollenbasierte Zugriffssteuerung (Role Based Access Control, RBAC) gesteuert. Mehr zu diesem Thema lesen Sie auch in Kapitel 13.

Sie können mit den Cmdlets *Get-PublicFolderStatistics* und *Get-PublicFolderItemStatistics* die Konten überprüfen, die Verwaltungszugriff auf öffentliche Ordner haben, und deren Zugriff entsprechend überwachen.

Hinweis

Die Kontingente in öffentlichen Ordnern funktionieren ähnlich wie Postfachkontingente. Die Größenbeschränkung für Postfächer beträgt in Exchange 2016 100 GB. Die Kombination aller öffentlichen Ordner im Postfach kann diese Postfachgröße nicht überschreiten.

In Exchange 2007 und Exchange 2010/2013 konnten Sie festlegen, welche Benutzer Zugriff auf bestimmte öffentliche Ordner hatten. In Exchange 2016 können Sie das standardmäßige Postfach für öffentliche Ordner auf Benutzerbasis festlegen. Verwenden Sie dazu das Cmdlet *Set-Mailbox* mit der Option *-DefaultPublicFolderMailbox*.

Beim Ausfall des Haupthierarchiepostfachs für öffentliche Ordner können die Benutzer die öffentlichen Ordner anzeigen, aber nicht in sie schreiben. Ihre öffentlichen Ordner sollten Teil einer Datenbankverfügbarkeitsgruppe (Database Availability Group, DAG) sein, um den Ausfall der Hierarchie zu verhindern.

Migrieren Sie öffentliche Ordner von Vorgängerversionen zu Exchange 2016, werden die Regeln für öffentliche Ordner zusammen mit den Daten migriert und bleiben als Regeln für öffentliche Ordner erhalten. Sie werden nicht in Postfachregeln konvertiert.

Möglichkeiten der öffentlichen Ordner

Setzen Sie bereits öffentliche Ordner ein, werden Sie die Vorteile teilweise schon kennen. Vielleicht können wir Ihnen in diesem Abschnitt noch die eine oder andere Anregung geben, welche Einsatzgebiete öffentliche Ordner abdecken können.

Ein weiterer Vorteil der öffentlichen Ordner ist die Replikation auf verschiedene Exchange-Server mit der Postfachrolle. Damit können Informationen in kürzester Zeit auf verschiedene Exchange-Server repliziert werden und stehen allen Anwendern zur Verfügung, ohne dass die Informationen mehrfach durch langsame und/oder teure WAN-Verbindungen übertragen werden müssen.

Selbst wenn auf einem Exchange-Server kein Replikat eines öffentlichen Ordners liegt, werden Benutzern, deren Postfächer auf diesem Exchange-Server liegen, dennoch die öffentlichen Ordner angezeigt und sie können diese nutzen. Die Replikation erfolgt in Exchange 2016 über Datenbankverfügbarkeitsgruppen (Database Availability Groups, DAG), genau wie bei Postfachdatenbanken.

Einrichtung und Verwaltung

Gemeinsame Informationsnutzung

Der wohl am häufigsten genutzte Vorzug der öffentlichen Ordner ist die gemeinschaftliche Ablage von Informationen und Dokumenten, die mehrere oder alle Benutzer betrifft. Sie können zum Beispiel Preislisten, Handbücher oder andere Informationen allen Benutzern zugänglich machen.

Die Anwender können selbst entscheiden, welche Informationen in die öffentlichen Ordner gestellt werden sollen. Dadurch werden Informationen, sobald sie in einen öffentlichen Ordner kopiert wurden, sofort allen definierten Benutzern zugänglich gemacht. Sie sparen sogar noch Speicherplatz, da Informationen nicht mehrfach gespeichert werden müssen, sondern nur noch einmal im öffentlichen Ordner.

Gruppenkontakte

Kontakte können ebenfalls als öffentlicher Ordner angelegt werden. Die Bedienung ist dabei völlig identisch mit der lokalen Pflege der Kontakte in Outlook. Liegen die Kontakte jedoch in einem öffentlichen Ordner, ist ein gepflegter Kontakt sofort allen Mitarbeitern zugänglich, die Zugriff auf diesen Ordner haben.

Dadurch können Sie zum Beispiel die Adressen Ihrer Lieferanten oder Kunden für jeden Mitarbeiter zugänglich speichern und pflegen, auch ohne diese fest als Kontakt in Active Directory anzulegen.

Ablage für automatische E-Mails

Administratoren kennen das Problem der E-Mail-Flut vieler Programme. Die Datensicherung, der Virenscanner, die Serverüberwachung – viele Programme unterstützen das automatische Senden von E-Mails über Informationsmeldungen oder Fehlermeldungen.

Selbst Exchange kann so konfiguriert werden, dass E-Mails automatisch an bestimmte Personen verschickt werden, falls ein Connector oder ein Server ein Problem hat. Schicken Sie solche E-Mails direkt an einen öffentlichen Ordner, werden sie zentral in einem Ordner aufbewahrt, auf den alle Empfänger zugreifen können, die über entsprechende Berechtigungen verfügen. Zusätzlich können Sie für diesen öffentlichen Ordner noch eine Verfallszeit definieren, nach der E-Mails automatisch gelöscht werden. Somit verschwenden Sie keinen unnötigen Serverplatz, und der Ordner pflegt sich quasi automatisch selbst.

Ein für E-Mails aktivierter öffentlicher Ordner erhält eine E-Mail-Adresse und ist zukünftig per E-Mail erreichbar. Wie bei jedem Benutzer können Sie auch für öffentliche Ordner definieren, dass diese im Adressbuch angezeigt werden. Öffentliche Ordner werden bei der Ansicht im Adressbuch besonders gekennzeichnet, damit Benutzer erkennen, dass es sich um einen öffentlichen Ordner handelt.

Ressourcenplanung

Eine weitere Möglichkeit besteht im Anlegen von Kalendern in einem öffentlichen Ordner. Damit können Sie eine Ressourcenplanung oder Terminplanung für gemeinschaftliche Bereiche wie Besprechungsräume, technisches Equipment oder sonstige Aufgaben realisieren, sodass jeder Benutzer sofort sehen kann, ob eine Ressource belegt oder verfügbar ist.

Faxablage

Öffentliche Ordner können Sie auch als Ablage für Ihren zentralen Faxeingang verwenden, ähnlich wie die Ablage von automatischen System-E-Mails. Faxe sind allen Benutzern zugänglich und können – falls gewünscht – mit einer Verfallszeit definiert werden, damit sie nach einigen Tagen automatisch gelöscht werden.

Um diese Funktionalität einzusetzen, benötigen Sie ein Produkt eines Drittherstellers. Es gibt viele Anbieter für Programme, die das Empfangen von Faxnachrichten unterstützen. Exchange 2010/2013/2016 kann, im Gegensatz zu Exchange 2007, keine Faxe empfangen.

Einheitlicher Support-Ordner

Viele Firmen nutzen öffentliche Ordner außerdem als einheitlichen Posteingang für Support-Ordner. Sie können zum Beispiel einem öffentlichen Ordner die E-Mail-Adresse *info@firma.de* zuordnen lassen. Auch interne Support-Ordner können leicht angelegt werden.

Sie können zum Beispiel einen öffentlichen Ordner *User-Support* anlegen, der eine eigene E-Mail-Adresse erhält, an die Benutzer ihre Anfragen schicken. Supportmitarbeiter können im Auftrag dieses öffentlichen Ordners senden, und die Mitarbeiter erhalten die Antwort wieder von diesem öffentlichen Ordner.

Wird auf solche E-Mails geantwortet, ist sichergestellt, dass sie wieder in dem öffentlichen Ordner landen und nicht bei einem einzelnen Mitarbeiter, bei dem sie vielleicht untergehen oder nicht bearbeitet werden, weil er schon Feierabend hat. Hierbei ist aber die Festlegung eines definierten Workflows wichtig, damit sichergestellt ist, dass ein Vorgang nicht von mehreren Mitarbeitern gleichzeitig bearbeitet wird.

Knowledge-Datenbank

Sie können öffentliche Ordner auch als Datenbank für das Wissen innerhalb eines Unternehmens verwenden. Löst zum Beispiel ein Mitarbeiter der EDV-Abteilung ein Problem, kann er die Lösung in einen öffentlichen Ordner schicken. Zukünftig profitieren Mitarbeiter von dieser erarbeiteten Lösung, und die Firma spart somit Zeit und Geld.

Wissen steht zentral und gebündelt zur Verfügung und geht nicht mehr verloren. Sie können solche Ordner sogar moderieren lassen, das heißt, ein Mitarbeiter erhält die Benachrichtigung, dass eine Nachricht in den öffentlichen Ordner gestellt werden soll, und muss diese Nachricht erst freigeben, bevor sie im Ordner aufgeführt wird.

Zwar lässt sich dieser Bereich effizienter in SharePoint integrieren, aber auch die Verwendung von öffentlichen Ordnern für eine Wissensdatenbank kann durchaus sinnvoll sein, um beispielsweise alle Aktionen zentral in einer Anwendung zur Verfügung zu stellen.

Öffentliche Ordner mit OWA und Outlook 2016

Sie können öffentliche Ordner als Favoriten in die Outlook Web App-(OWA-)Oberfläche einbinden. Dazu legen Sie den öffentlichen Ordner in Outlook als Favorit an und können anschließend auch in OWA auf den Ordner zugreifen.

In Outlook 2013/2016 klicken Sie im unteren Bereich auf die drei Punkte (...) und lassen sich die Ordneransicht anzeigen. Hier sehen Sie im unteren Bereich die öffentlichen Ordner. Wenn Sie mit der rechten Maustaste auf einen öffentlichen Ordner klicken und im Kontextmenü den

Befehl *Zu Favoriten hinzufügen* wählen, wird der entsprechende Ordner in die *Öffentliche Ordner*-Favoriten aufgenommen.

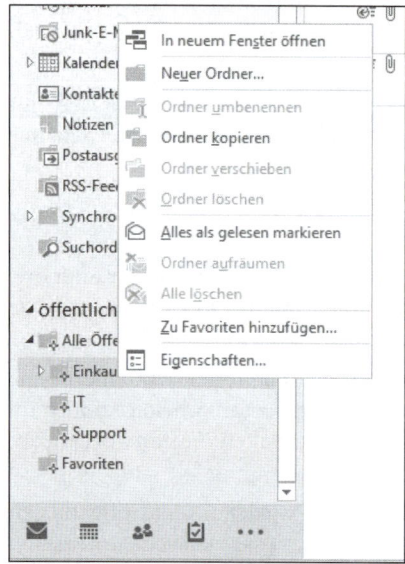

Abbildung 8.1: Öffentliche Ordner zu Favoriten hinzufügen

Klicken Sie danach auf den öffentlichen Ordner in den Favoriten, können Sie noch die Option *In Favoriten anzeigen* auswählen. Durch diese Auswahl ist der öffentliche Ordner jetzt auch in der Hauptansicht von Outlook in den Favoriten sichtbar, wenn Sie unten auf *E-Mail* klicken. Rufen Sie die Outlook Web App (OWA) auf, sollten Sie auch hier auf den öffentlichen Ordner zugreifen können. Microsoft behebt die Probleme beim Umgang mit den öffentlichen Ordnern über das SP1 für Exchange 2016.

Öffentlichen Ordner aktivieren

Damit Sie öffentliche Ordner in Exchange 2016 nutzen können, müssen Sie zunächst einige Vorkehrungen treffen. Bevor Sie Anwendern öffentliche Ordner zur Verfügung stellen, sollten Sie überprüfen, ob die standardmäßigen Kontingentbegrenzungen und Aufbewahrungseinstellungen für öffentliche Ordner der Organisation Ihre Anforderungen erfüllen.

Standardeinstellungen für öffentliche Ordner anzeigen und anpassen

Um die Standardeinstellungen für öffentliche Ordner anzuzeigen, verwenden Sie am besten die Exchange Management Shell und rufen das folgende Cmdlet auf:

```
Get-OrganizationConfig |fl *DefaultPublicFolder*
```

Das Cmdlet gibt die folgenden Werte zurück:

- *DefaultPublicFolderIssueWarningQuota*   Unbeschränkt (Unlimited)
- *DefaultPublicFolderProhibitPostQuota*   Unbeschränkt (Unlimited)
- *DefaultPublicFolderMaxItemSize*   Unbeschränkt (Unlimited)

- *DefaultPublicFolderDeletedItemRetention*   30 Tage

- *DefaultPublicFolderMovedItemRetention*   7 Tage

Mit dem Cmdlet *Set-OrganizationConfig* können Sie diese Standardeinstellungen ändern. Im folgenden Beispiel wird die Kontingentbegrenzung, bei der eine Warnung ausgegeben wird, auf 2 GB festgelegt. Das Kontingent, bei dem die Bereitstellung unterbunden wird, wird auf 2,5 GB begrenzt.

Die maximale Größe von Elementen, die gesendet oder empfangen werden können, wird auf 200 MB festgelegt. Es wird auch der Standardwert des Aufbewahrungszeitraums für gelöschte Elemente auf 20 Tage geändert.

```
Set-OrganizationConfig -DefaultPublicFolderIssueWarningQuota 2GB -DefaultPublicFolderProhibitPost
Quota 2.5GB -DefaultPublicFolderMaxItemSize 200MB -DefaultPublicFolderDeletedItemRetention
20.00:00:00
```

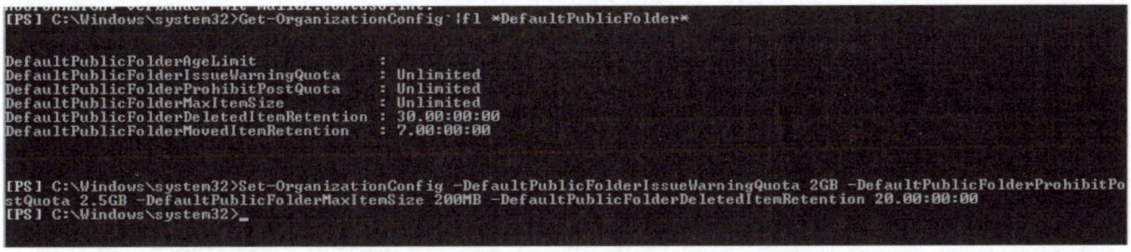

Abbildung 8.2: Anzeigen und Anpassen von Einstellungen für öffentliche Ordner

Primäres Postfach für öffentliche Ordner erstellen

Öffentliche Ordner speichern Sie in Exchange 2016 in normalen Postfächern. Diese liegen wiederum in Postfachdatenbanken. Es gibt keine Datenbanken für öffentliche Ordner mehr.

Das primäre Postfach für öffentliche Ordner enthält eine beschreibbare Kopie der Hierarchie öffentlicher Ordner und ist das erste Postfach für öffentliche Ordner, das Sie für Ihre Organisation anlegen. Neben diesem Postfach können Sie auch weitere Postfächer anlegen, das erste ist aber das wichtigste. Nachfolgende Postfächer für öffentliche Ordner sind sekundäre Postfächer.

Bevor Sie in Exchange 2016 einen öffentlichen Ordner erstellen können, müssen Sie also zunächst ein erstes Postfach für öffentliche Ordner erstellen. Postfächer für öffentliche Ordner enthalten die Hierarchieinformationen für einen öffentlichen Ordner, während der öffentliche Ordner die eigentlichen Inhalte umfasst. Das erste Postfach für öffentliche Ordner, das Sie erstellen, ist das Haupthierarchiepostfach.

Sie können das Postfach im Exchange Admin Center oder in der Exchange Management Shell erstellen:

1. Navigieren Sie zu *Öffentliche Ordner/Postfächer für den öffentlichen Ordner*, und klicken Sie auf *Hinzufügen* (Plussymbol).

2. Weisen Sie dem Postfach einen Namen für den öffentlichen Ordner zu. Die Felder *Organisationseinheit* und *Postfachdatenbank* sind optional. Wenn Sie keine Werte für diese Felder angeben, wird als Organisationseinheit standardmäßig der Container für Benutzer verwendet, und die Postfachdatenbank wird zufällig ausgewählt.

3. Klicken Sie auf *Speichern*.

Sie können die Aufgabe aber auch in der Exchange Management Shell durchführen:

```
New-Mailbox -PublicFolder -Name MasterHierarchy
```

Über diesen Weg können Sie auch ein sekundäres Postfach für öffentliche Ordner erstellen. Der Unterschied zwischen der Erstellung des Haupthierarchiepostfachs und eines sekundären Hierarchiepostfachs besteht darin, dass das Hauptpostfach das erste Postfach ist. Sie können zusätzliche Hierarchiepostfächer zum Beispiel für den Lastenausgleich erstellen:

```
New-Mailbox -PublicFolder -Name Stuttgart -Database DBStuttgart
```

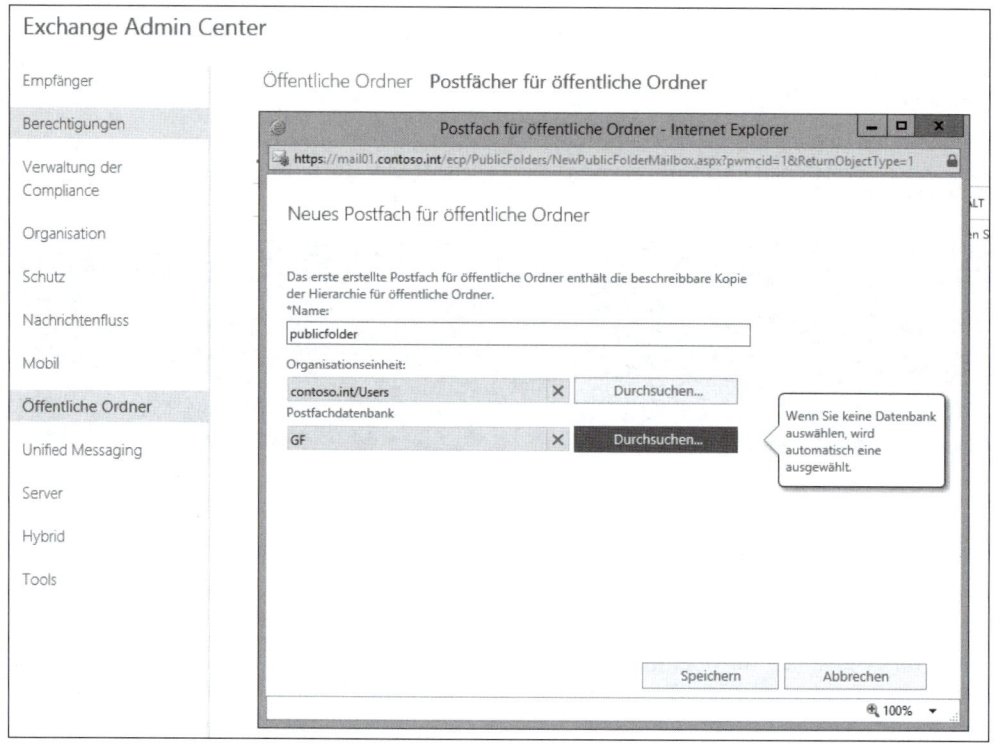

Abbildung 8.3: Im Exchange Admin Center erstellen Sie das Postfach für öffentliche Ordner.

Fehler in den öffentlichen Ordnern beheben

Ob das Postfach erfolgreich erstellt wurde, sehen Sie entweder im Exchange Admin Center oder in der Exchange Management Shell. Dazu verwenden Sie den Befehl:

```
Get-OrganizationConfig |fl DefaultPublicFolderMailbox
```

oder:

```
Get-OrganizationConfig |fl RootPublicFolderMailbox
```

Erhalten Sie keinen Servernamen zurück, sondern nur eine GUID, kann Exchange nicht mehr korrekt auf das Postfach für die primäre Hierarchie zugreifen. Durch die neue Konfiguration der öffentlichen Ordner ergeben sich aber oft auch neue Probleme. Entfernen Sie zum Beispiel den Server aus der Organisation, der für das primäre Hierarchiepostfach zuständig ist, funktionieren die öffentlichen Ordner nicht mehr korrekt.

Mit dem folgenden Befehl lassen Sie sich die Exchange-GUID des Postfachs anzeigen:

```
Get-Mailbox –PublicFolder |fl Name, ExchangeGuid
```

Zeigt die Exchange Management Shell hier keine Daten an, stimmt etwas nicht.

Wenn Sie mit der Einrichtung erst begonnen haben, besteht der beste Weg, um alle öffentlichen Ordner zu löschen, darin, das Hierarchiepostfach zu löschen und alles neu anzulegen. Erscheinen die Fehler bereits während der Einrichtung von Exchange, beheben Sie sie am schnellsten, indem Sie in der Exchange Management Shell zunächst alle vorhandenen öffentlichen Ordner löschen. Geben Sie dazu den folgenden Befehl ein:

```
Get-PublicFolder -Recurse | Remove-PublicFolder
```

In den meisten Fällen werden Sie eine Fehlermeldung erhalten, die besagt, dass das Postfach für öffentliche Ordner nicht gefunden werden kann. Dadurch ist sichergestellt, dass mit der Infrastruktur für öffentliche Ordner etwas nicht stimmt. In diesem Fall löschen Sie vorhandene Postfächer für öffentliche Ordner mit diesem Befehl:

```
Get-Mailbox -PublicFolder | RemovE-Mailbox -PublicFolder
```

Bestätigen Sie das Löschen für die Postfächer.

Auch hier besteht die Möglichkeit, dass Sie einen Fehler erhalten. Dies hat allerdings keine weiteren Auswirkungen. Die Schritte sollen nur sicherstellen, dass die notwendigen Vorbereitungen getroffen sind. Als Nächstes öffnen Sie ADSI-Edit auf einem Domänencontroller oder einem Server, auf dem Sie die Verwaltungswerkzeuge für Active Directory installiert haben:

1. Klicken Sie mit der rechten Maustaste auf der linken Seite der Konsole auf *ADSI-Editor*, und wählen Sie im Kontextmenü den Befehl *Verbindung herstellen*.
2. Aktivieren Sie die Option *Bekannten Namenskontext auswählen*, wählen Sie im Dropdownlistenfeld den Eintrag *Konfiguration* aus, und bestätigen Sie mit *OK*.
3. Navigieren Sie zu *Konfiguration/CN=Configuration..../CN=Services/CN= Microsoft Exchange/ <Name der Organisation>*.
4. Rufen Sie über das Kontextmenü der Organisation den Befehl *Eigenschaften* auf.
5. Suchen Sie den Eintrag *msExchDefaultPublicFolderMailbox*.
6. Klicken Sie auf *Bearbeiten* und dann auf *Löschen*.
7. Bestätigen Sie den Löschvorgang mit *OK* und anschließend das Eigenschaftenfenster ebenfalls mit *OK*.
8. Erstellen Sie jetzt – wie in den vorangegangenen Abschnitten erläutert – ein neues Hierarchiepostfach. Verwenden Sie dazu zum Beispiel in der Exchange Management Shell den folgenden Befehl:

```
New-Mailbox -PublicFolder -Name MasterHierarchy
```

Öffentlichen Ordner erstellen und verwalten

Öffentliche Ordner können Sie in der Exchange Management Shell oder in Outlook erstellen. In Exchange 2016 können Sie öffentliche Ordner auch im Exchange Admin Center erstellen, Sie müssen nicht mehr die Verwaltung öffentlicher Ordner über die Toolbox von Exchange vornehmen wie zum Beispiel in Exchange 2010.

Anlegen von Öffentliche Ordner anlegen

Ein öffentlicher Ordner erbt standardmäßig die Einstellungen seines übergeordneten Ordners, einschließlich der Einstellungen für Berechtigungen. Wenn Sie also unterhalb von öffentlichen Ordnern weitere Ordner anlegen, müssen Sie unter Umständen die Rechte anpassen.

Sie können erst dann einen öffentlichen Ordner erstellen, nachdem Sie ein Postfach für öffentliche Ordner erstellt haben. Wenn Sie einen öffentlichen Ordner im Exchange Admin Center anlegen, können Sie nur den Namen und den Pfad für den Ordner definieren. Nachdem der öffentliche Ordner erstellt wurde, müssen Sie ihn bearbeiten, um weitere Einstellungen zu konfigurieren:

1. Navigieren Sie zu *Öffentliche Ordner/Öffentliche Ordner*.
2. Wenn Sie diesen öffentlichen Ordner als untergeordneten Ordner eines vorhandenen öffentlichen Ordners erstellen wollen, klicken Sie auf den gewünschten öffentlichen Ordner. Wenn Sie einen öffentlichen Ordner der obersten Ebene erstellen wollen, markieren Sie keinen Ordner.
3. Klicken Sie auf *Hinzufügen* (das Pluszeichen).
4. Geben Sie im Feld *Öffentlicher Ordner* den Namen des öffentlichen Ordners ein.
5. Überprüfen Sie im Feld *Pfad* den Pfad zum öffentlichen Ordner.
6. Klicken Sie auf *Speichern*.

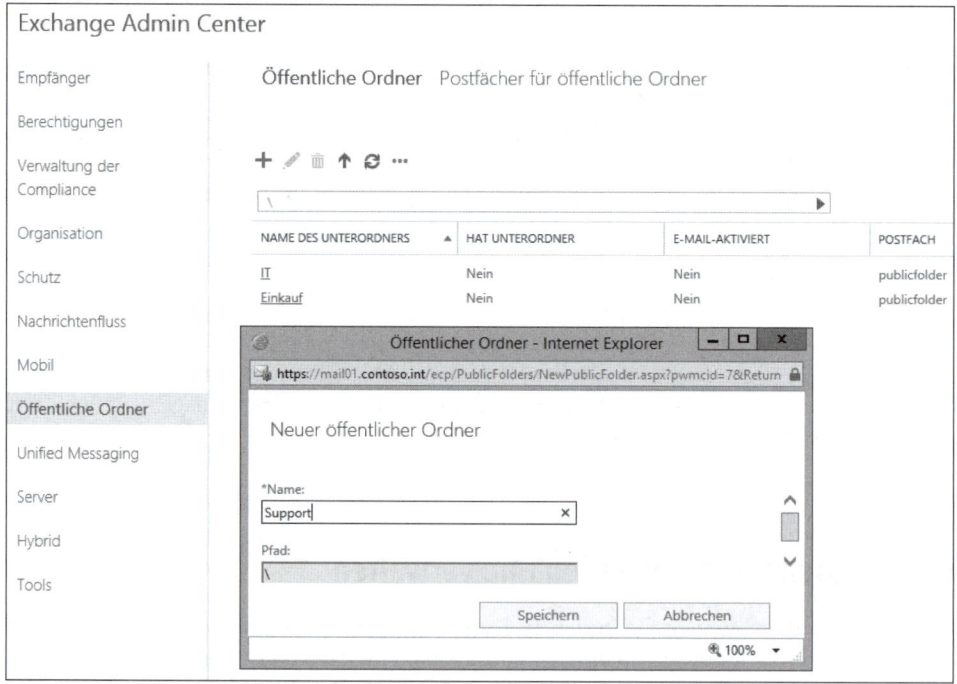

Abbildung 8.4: Erstellen eines neuen öffentlichen Ordners im Exchange Admin Center

Wie in Exchange 2010/2013 können Sie auch in Exchange 2016 öffentliche Ordner direkt in der Exchange Management Shell erstellen. Nachfolgend sehen Sie ein Beispiel dafür:

```
New-PublicFolder -Name Reports -Path \Einkauf
```

Klicken Sie im Exchange Admin Center auf *Aktualisieren*, um die Liste der öffentlichen Ordner zu aktualisieren. Ihr neuer öffentlicher Ordner sollte in der Liste angezeigt werden. Alternativ lassen Sie öffentliche Ordner auch in der Exchange Management Shell anzeigen:

```
Get-PublicFolder -Identity \Einkauf\Reports |fl
Get-PublicFolder -Identity \Einkauf –GetChildren
Get-PublicFolder -Recurse
```

Abbildung 8.5: Öffentliche Ordner lassen sich auch optimal in der Exchange Management Shell anzeigen.

Über das Cmdlet *Remove-PublicFolder* können Sie einzelne öffentliche Ordner in der Exchange Management Shell wieder löschen. Die Syntax dazu ist identisch mit dem Erstellen öffentlicher Ordner. Das Löschen ist auch im Exchange Admin Center möglich.

Zuweisen von Berechtigungen für öffentliche Ordner zuweisen

Nach dem Erstellen eines öffentlichen Ordners müssen Sie noch die Berechtigungsstufe *Besitzer* festlegen, sodass mindestens ein Benutzer auf dem Client auf den öffentlichen Ordner zugreifen und Unterordner erstellen kann. Alle nachfolgend erstellten öffentlichen Ordner erben die Berechtigungen des übergeordneten öffentlichen Ordners:

1. Navigieren Sie im Exchange Admin Center zu *Öffentliche Ordner/Öffentliche Ordner*.
2. Wählen Sie den öffentlichen Ordner aus.
3. Klicken Sie im Detailbereich auf der rechten Seite unter *Ordnerberechtigungen* auf den Link *Verwalten*.
4. Klicken Sie im Fenster *Berechtigungen für öffentliche Ordner* auf *Hinzufügen*.
5. Klicken Sie auf *Durchsuchen*, um einen Benutzer auszuwählen.
6. Wählen Sie in der Liste *Berechtigungsstufe* eine Stufe aus. Mindestens ein Benutzer sollte über die Stufe *Besitzer* verfügen.
7. Klicken Sie auf *Speichern*.

Sie können mehrere Benutzer hinzufügen, indem Sie auf *Hinzufügen* klicken und die oben genannten Schritte erneut ausführen, um die geeigneten Berechtigungen zuzuweisen. Außerdem können Sie die Berechtigungsstufe anpassen, indem Sie die entsprechenden Kontrollkästchen aktivieren oder deaktivieren.

Einrichtung und Verwaltung

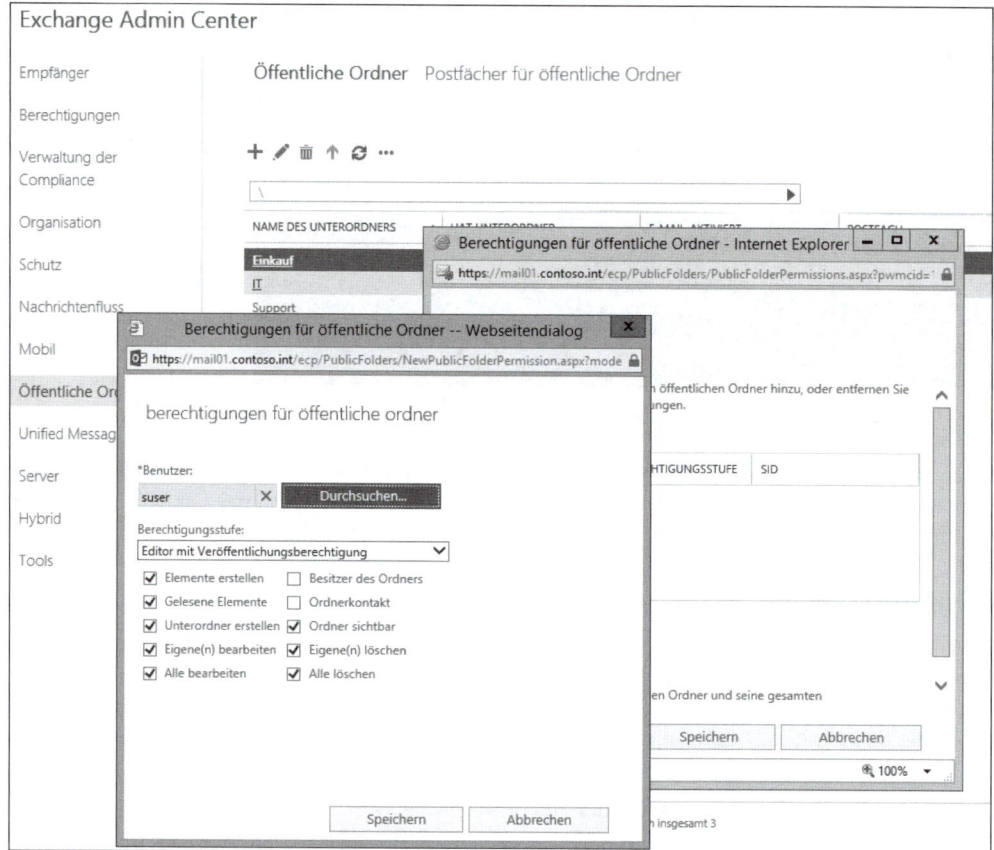

Abbildung 8.6: Verwalten von Berechtigungen für öffentliche Ordner

Tipp

In der Exchange Management Shell passen Sie Berechtigungen mit dem Cmdlet *Add-PublicFolderCli-entPermission* an:

```
Add-PublicFolderClientPermission -Identity "\Einkauf" -User joost -AccessRights CreateItems
```

Mehr Informationen zum Cmdlet finden Sie auf der Seite *http://tinyurl.com/jl6x7ez*.

Wenn Sie eine vordefinierte Berechtigungsstufe wie *Besitzer* bearbeiten, ändert sich die Berechtigungsstufe in *Benutzerdefiniert*.

Öffentliche Ordner für E-Mail aktivieren

Sollen Benutzer E-Mails an den öffentlichen Ordner senden können, müssen Sie den Ordner für E-Mail aktivieren. Dieser Schritt ist optional. Wenn Sie den öffentlichen Ordner nicht für E-Mail aktivieren, können Benutzer Nachrichten in diesem Ordner bereitstellen, indem sie Elemente aus Outlook in den Ordner ziehen. Der Ordner kann in diesem Fall aber keine E-Mails direkt empfangen. Den E-Mail-Empfang steuern Sie folgendermaßen:

1. Wechseln Sie im Exchange Admin Center zu *Öffentliche Ordner/Öffentliche Ordner*.
2. Wählen Sie den öffentlichen Ordner aus, den Sie für E-Mail aktivieren wollen.
3. Klicken Sie im Detailbereich unter *E-Mail-Einstellungen/Deaktiviert* auf *Aktivieren*.
4. Sie werden gefragt, ob Sie den öffentlichen Ordner tatsächlich für E-Mail aktivieren möchten. Klicken Sie auf *Ja*.

Der öffentliche Ordner ist jetzt für E-Mail aktiviert und wird jetzt über seinen Alias angesprochen. Wenn mehrere Empfänger den gleichen Namen verwenden, wird eine Zahl an den Alias des öffentlichen Ordners angehängt.

In der Exchange Management Shell verwenden Sie dazu das Cmdlet *EnablE-MailPublicFolder* zum Beispiel so:

```
EnablE-MailPublicFolder "\Einkauf"
```

Top-Level-öffentliche Ordner erstellen

Eine der Aufgaben eines Exchange-Administrators besteht nach der Installation darin, festzulegen, welche Benutzer öffentliche Ordner der höchsten Ebene anlegen dürfen.

Standardmäßig dürfen nur Administratoren öffentliche Ordner direkt im Root der *Öffentliche Ordner*-Struktur anlegen. Sie sollten einen Personenkreis definieren, der das zukünftig tun soll, wenn Sie sich nicht selbst darum kümmern wollen. Legen Sie dazu am besten eine eigene Sicherheitsgruppe in Active Directory an, der Sie dann diese Berechtigung erteilen. Sie müssen dazu lediglich Benutzer in diese Gruppe aufnehmen, wenn sie öffentliche Stammordner erstellen sollen. Damit die Anwender keine Rechte mehr zum Anlegen öffentlicher Top-Level-Ordner haben, entfernen Sie das Benutzerkonto aus der Gruppe.

Um die Berechtigung zum Anlegen von öffentlichen Rootordnern zu verändern, fügen Sie am besten eine neue Gruppe hinzu. Dazu klicken Sie im Exchange Admin Center auf *Öffentliche Ordner/Öffentliche Ordner* und klicken dann auf *Mehr (…)* und anschließend auf *Stammberechtigungen*. Nehmen Sie den Benutzer oder die Gruppe auf, und weisen Sie den Konten die Berechtigungen zu, die diese für öffentliche Ordner auf oberster Ebene erhalten sollen. Starten die Anwender Outlook neu, dürfen sie öffentliche Ordner auf oberster Ebene anlegen.

Öffentliche Ordner in Outlook anlegen

Am einfachsten ist es, wenn Sie öffentliche Ordner direkt in Outlook anlegen, sobald Sie die notwendige Infrastruktur im Exchange Admin Center oder der Exchange Management Shell geschaffen haben.

Um öffentliche Ordner anzulegen, klicken Sie mit der rechten Maustaste in Outlook auf den Eintrag *Alle öffentlichen Ordner* (oder auf einen bereits vorhandenen Unterordner) und wählen im Kontextmenü den Befehl *Neuer Ordner*. Die öffentlichen Ordner werden nur angezeigt, wenn Sie die Ordnerliste in Outlook anzeigen lassen.

Es öffnet sich ein Assistent, in dem Sie eingeben können, wie die Bezeichnung des öffentlichen Ordners sein soll und welche Art eines öffentlichen Ordners Sie erstellen wollen. Bestätigen Sie das Fenster mit *OK*, wird der öffentliche Ordner erstellt und steht zur Verfügung. Abhängig von der Auswahl des Typs gestaltet sich auch das Bearbeitungsfenster in Outlook und in der Outlook Web App.

Einrichtung und Verwaltung

Tipp

Sie können öffentliche Ordner in Outlook über das Kontextmenü oder durch Drücken der [Entf]-Taste löschen.

Öffentliche Ordner verwalten

Haben Sie öffentliche Ordner angelegt, können Sie in Outlook mit der rechten Maustaste die Eigenschaften des Ordners aufrufen. Auch im Exchange Admin Center lassen sich öffentliche Ordner verwalten.

Öffentliche Ordner in Outlook 2010/2013/2016 bearbeiten

Auf der Registerkarte *Berechtigungen* in den Eigenschaften für öffentliche Ordner in Outlook können Sie verschiedene Einstellungen definieren, die die Zugriffsmöglichkeiten von anderen Benutzern betreffen. Berechtigungen konfigurieren Sie über Outlook 2013/2016.

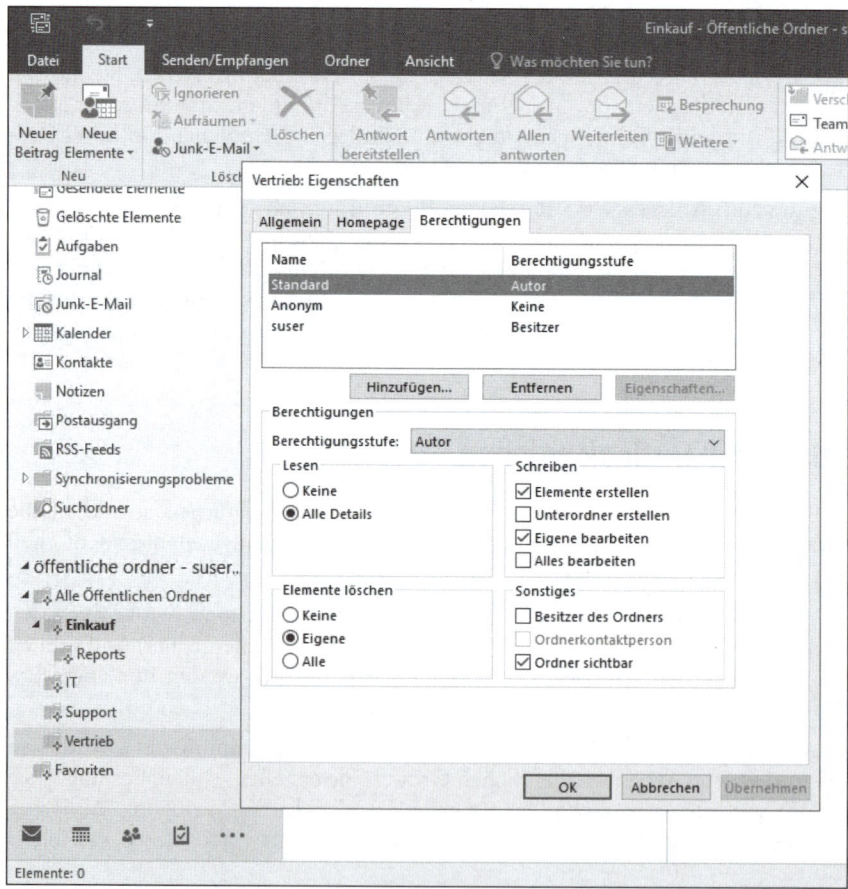

Abbildung 8.7: So verwalten Sie die Berechtigungen von öffentlichen Ordnern in Outlook 2016.

Der Ersteller eines öffentlichen Ordners erhält von Exchange automatisch die Berechtigungsstufe *Besitzer*. Besitzer haben unter anderem das Recht, die Berechtigungen für diesen öffentlichen Ordner zu verwalten. Den Besitzer eines öffentlichen Ordners verwalten Sie am einfachsten im Exchange Admin Center.

Auf der Registerkarte *Allgemein* legen Sie den Namen des öffentlichen Ordners fest und können eine Beschreibung des Inhalts eintragen. Hier wählen Sie auch das Formular aus, mit dem diesem Ordner neue Elemente hinzugefügt werden können. Nicht alle Formulare erlauben bei Anwendern alle Möglichkeiten in Outlook.

Über die Schaltfläche *Ordnergröße* können Sie sich anzeigen lassen, wie viel Speicherplatz der öffentliche Ordner und seine jeweiligen Unterordner benötigen.

Mit dem Ordner-Assistenten können Sie Regeln erstellen, wie mit neuen Objekten verfahren werden soll, die in diesen öffentlichen Ordner verschoben werden. Diese Regeln sind ähnlich aufgebaut wie die Posteingangsregeln in Outlook.

Die Option *Bereitstellen in diesem Ordner mit* bietet durch die Auswahl von *Formular* die Möglichkeit, die bereitgestellten Objekte und die damit verbundenen Schaltflächen zur Bearbeitung in Outlook zu steuern. Die Option *Formulare* dient zur Verwaltung der hinterlegten Formulare dieses öffentlichen Ordners.

Formulare steuern die Eingabemaske und die Optionen, mit denen neue Objekte in diesem öffentlichen Ordner bereitgestellt werden. Hier können Sie sehen, welche Formulare dem Ordner bereits zugewiesen wurden oder noch zugewiesen werden können.

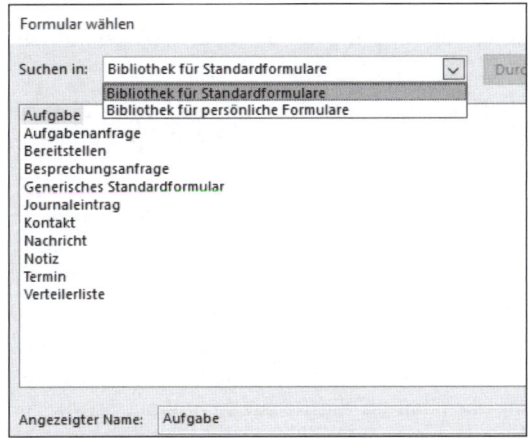

Abbildung 8.8: Steuern der Formulare in den allgemeinen Einstellungen eines öffentlichen Ordners

Auf der Registerkarte *Berechtigungen* steuern Sie, welche Benutzer auf den öffentlichen Ordner zugreifen dürfen und mit welchen Berechtigungen sie mit dem Ordner arbeiten können.

Im oberen Bereich sehen Sie, welche Benutzer bereits zur Nutzung des öffentlichen Ordners berechtigt sind und welcher Berechtigungsstufe sie zugeordnet sind. Sie können neue Benutzer mit aufnehmen und vorhandene entfernen. Hier lassen sich auch die Berechtigungen der einzelnen Benutzer bearbeiten.

Im Gegensatz zu den Berechtigungen im Postfach eines Benutzers können Sie bei öffentlichen Ordnern noch Berechtigungen für den Nutzer *Anonym* vergeben. Damit können Sie kontrollieren, ob E-Mails über das Internet in den Ordner geschickt werden dürfen.

Dies können Sie beispielsweise für Standardadressen wie »info@« oder »support@« einsetzen, wenn mehrere Mitarbeiter diese Nachrichten bearbeiten sollen. Es gibt in Outlook folgende Standardberechtigungsstufen, die Sie zuweisen können:

- **Keine**   Benutzer mit dieser Stufe haben keinerlei Berechtigung. Verwenden Sie diese Stufe für die Standardbenutzer, wenn Sie für einen Ordner explizite Berechtigungen festlegen wollen. Sie können einzelne Benutzer oder Gruppen aufnehmen und sicherstellen, dass nur diese Berechtigung auf den Ordner haben.

- **Stufe 1** oder **Mitwirkender**   Mit dieser Berechtigung dürfen Benutzer neue Objekte im Ordner erstellen, aber die Ansicht der bereits vorhandenen Objekte wird nicht erlaubt.

- **Stufe 2** oder **Prüfer**   Diese Stufe liegt zwar in der Hierarchie eine Stufe höher als Stufe 1, berechtigt aber nicht zum Schreiben in das Postfach, sondern lediglich zum Lesen des Inhalts.

- **Stufe 3** oder **Nicht bearbeitender Autor**   Die Stufe 3 ist die zusammengefasste Berechtigungsstufe 1 und 2. Benutzer mit einer Berechtigung der Stufe 3 dürfen Objekte in diesem Ordner erstellen und den Inhalt lesen.

- **Stufe 4** oder **Autor**   Mit der Stufe 4 können Benutzer zusätzlich zur Stufe 3 die von ihnen erstellten Objekte in diesem Postfach bearbeiten und löschen.

- **Stufe 5** oder **Veröffentlichender Autor**   Diese Stufe beinhaltet die Berechtigung der Stufe 4 und zusätzlich das Recht, untergeordnete Objekte zu bearbeiten und zu löschen, allerdings nur für untergeordnete Objekte, die von dem jeweiligen Benutzer mit Stufe 5 in den Ordner gestellt wurden.

- **Stufe 6** oder **Bearbeiter**   Benutzer mit dieser Berechtigung können neue Objekte aufnehmen, vorhandene lesen und alle vorhandenen Objekte bearbeiten oder löschen.

- **Stufe 7** oder **Veröffentlichender Bearbeiter**   Benutzer der Stufe 7 haben dieselbe Berechtigung wie Benutzer der Stufe 6 und können zusätzlich untergeordnete Ordner in diesem Ordner erstellen.

- **Stufe 8 (Besitzer)**   Diese Berechtigungsstufe ist die höchste Stufe, die für einen öffentlichen Ordner erteilt werden kann. Benutzer der Stufe 8 haben dieselben Rechte wie Benutzer der Stufe 7 und können zusätzlich Berechtigungen des Ordners bearbeiten, erteilen und entziehen.

Sie können Benutzern ebenfalls manuell bestimmte Rechte zuweisen, ohne die vorgefertigten Berechtigungsstufen zu verwenden. Nehmen Sie dazu den Benutzer in die Liste auf, und weisen Sie ihm die Berechtigungsstufe zu, die am nächsten an die Rechte herankommt, die Sie erteilen wollen. Dazu stellt Outlook zusätzlich einige weitere Optionen zur Verfügung:

- **Elemente erstellen**   Gleichbedeutend mit Stufe 1. Benutzer können neue Objekte aufnehmen, aber vorhandene nicht lesen.

- **Unterordner erstellen**   Mit dieser Berechtigung können neue Ordner innerhalb des Ordners erstellt werden.

- **Besitzer des Ordners**   Erteilt dem Benutzer die Berechtigungsstufe 8.

- **Ordner sichtbar**   Benutzern mit dieser Berechtigung wird der Ordner in ihren Clients, zum Beispiel in Outlook, angezeigt. Dies bedeutet jedoch nicht, dass sie Rechte auf die Inhalte des Ordners haben.

In der Rubrik *Elemente löschen* können Sie angeben, welche Elemente der Benutzer löschen darf:

- **Keine**   Innerhalb des Ordners können keine Objekte gelöscht werden.

- **Eigene**   Nur die vom Benutzer selbst erstellten Objekte können gelöscht werden, andere nicht.

- **Alle**   Dieser Benutzer darf alle Objekte löschen .

Öffentliche Ordner im Exchange Admin Center verwalten

In den Einstellungen für einen öffentlichen Ordner im Exchange Admin Center können Sie weitere Einstellungen vornehmen. In Exchange 2016 können Sie über den Bereich *Ordnerberechtigungen* auf der rechten Seite unten im Bereich *Öffentliche Ordner/Öffentliche Order* Berechtigungen ändern.

Wenn Sie die Bearbeitung eines öffentlichen Ordners mit dem Stiftsymbol im Exchange Admin Center aufrufen, können Sie weitere Einstellungen anpassen.

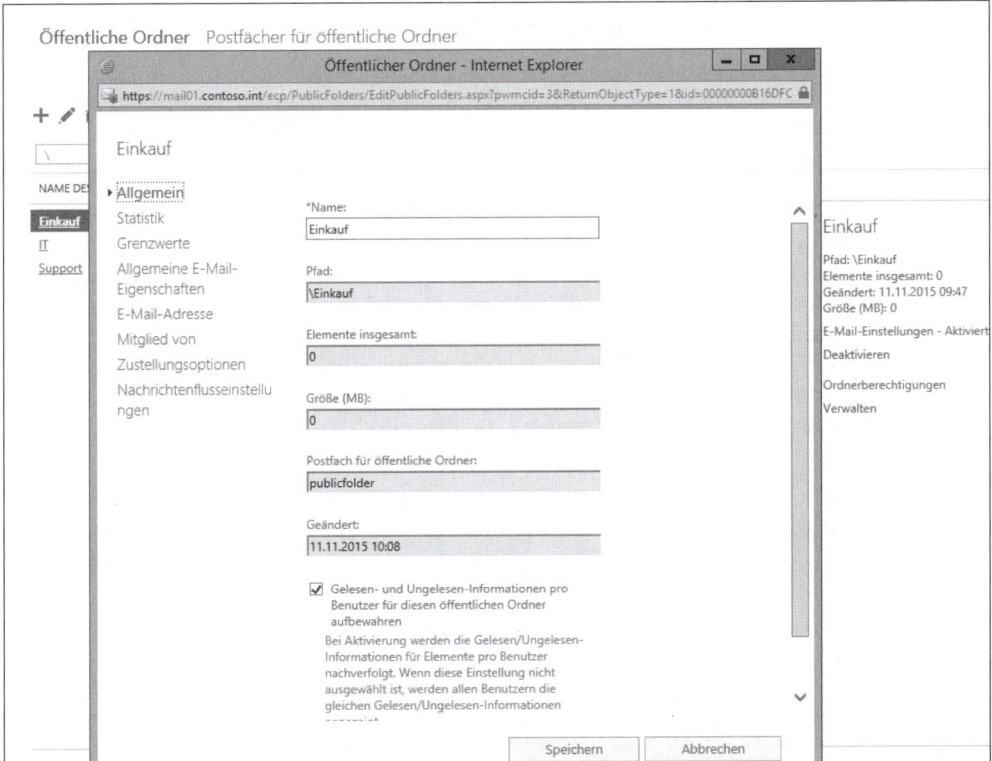

Abbildung 8.9: In diesem Dialogfeld passen Sie die Einstellungen für öffentliche Ordner an.

Auf der Registerkarte *Allgemein* steht noch die Option *Gelesen- und Ungelesen-Informationen pro Benutzer für diesen öffentlichen Ordner aufbewahren* zur Verfügung. Wenn Sie dieses Kontrollkästchen aktivieren, merkt sich der Ordner den Lesestatus der Elemente für einzelne Benutzer.

Auf der Registerkarte *Allgemeine E-Mail-Eigenschaften* können Sie verschiedene Einstellungen für die Anzeige des öffentlichen Ordners und der E-Mail-Adresse vornehmen. Die Option *Aus Exchange-Adressliste ausblenden* verhindert, dass der Ordner in der globalen Adressliste und anderen Adresslisten angezeigt wird. Über *Benutzerdefinierte Attribute* können Sie bis zu 15 benutzerdefinierte Attribute definieren. Diese lassen sich wiederum an den verschiedenen Stellen für Richtlinien verwenden.

Über die Registerkarte *E-Mail-Adresse* konfigurieren Sie die vorhandenen Adressen und legen zusätzliche Adressen fest. Die Einstellungen entsprechen den Einstellungen für normale Empfänger.

Auf der Registerkarte *Zustellungsoptionen* können Sie Einstellungen für den Nachrichtenfluss festlegen:

- **Senden als**   Wählen Sie diese Option aus, kann der Anwender im Namen des öffentlichen Ordners E-Mails senden. Das Verhalten ist damit ähnlich wie bei den Anwendern (siehe Kapitel 7).

- **Senden im Auftrag von**   Klicken Sie auf *Hinzufügen*, um einem Empfänger in der Organisation die Berechtigung zu erteilen, stellvertretend für den ausgewählten öffentlichen Ordner E-Mails zu senden. Es ist in der E-Mail aber ersichtlich, wer die E-Mail gesendet hat.

Wichtige Einstellungen finden Sie auch über die Registerkarte *Nachrichtenflusseinstellungen*. Hier lassen sich Einstellungen ebenso vornehmen wie für normale Benutzer:

- **Größeneinschränkungen für Nachrichten**   Hier können Sie die maximale Größe von Nachrichten festlegen, die von diesem Ordner gesendet und empfangen werden können.

- **Einschränkungen für die Nachrichtenzustellung**   Hier legen Sie fest, welche Empfänger E-Mails an den Ordner senden dürfen. Aktivieren Sie *Allen Absendern*, um festzulegen, dass der Ordner Nachrichten von allen Absendern akzeptieren kann. Dabei kann es sich um Absender innerhalb oder außerhalb der Exchange-Organisation handeln. Diese Option ist standardmäßig aktiviert. Haben Sie das Kontrollkästchen *Authentifizierung aller Absender anfordern* deaktiviert, empfängt der Ordner auch E-Mails aus dem Internet. Die Option *Nur Absendern aus der folgenden Liste* bewirkt, dass der Ordner nur Nachrichten von bestimmten Empfängern akzeptiert.

Die Grenzwerte für öffentliche Ordner auf einem Postfachserver werden im Exchange Admin Center auf der Registerkarte *Grenzwerte* festgelegt. Wenn Sie die Eigenschaften der Datenbank aufrufen, in der sich das Postfach für den öffentlichen Ordner findet, können Sie ebenfalls Grenzwerte definieren (siehe Kapitel 5).

Haben Sie für einen öffentlichen Ordner die Standardgrenzwerte deaktiviert, kann er eine unbegrenzte Datenmenge enthalten. Sie können aber auch speziell für einzelne öffentliche Ordner festgeschriebene Grenzwerte setzen. Zunächst müssen Sie dazu die Standardgrenzwerte für den öffentlichen Ordner deaktivieren.

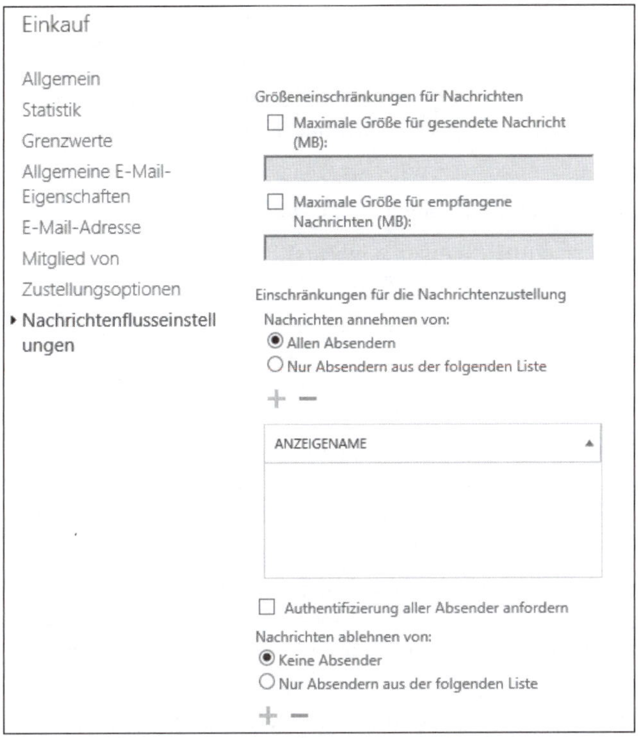

Einkauf

Allgemein
Statistik
Grenzwerte
Allgemeine E-Mail-
Eigenschaften
E-Mail-Adresse
Mitglied von
Zustellungsoptionen
▸ Nachrichtenflusseinstell
ungen

Größeneinschränkungen für Nachrichten
☐ Maximale Größe für gesendete Nachricht
(MB):

☐ Maximale Größe für empfangene
Nachrichten (MB):

Einschränkungen für die Nachrichtenzustellung
Nachrichten annehmen von:
◉ Allen Absendern
○ Nur Absendern aus der folgenden Liste
✚ ━

ANZEIGENAME	▲

☐ Authentifizierung aller Absender anfordern
Nachrichten ablehnen von:
◉ Keine Absender
○ Nur Absendern aus der folgenden Liste
✚ ━

Abbildung 8.10: Konfigurieren des Nachrichtenflusses für öffentliche Ordner

Öffentliche Ordner in der Exchange Management Shell verwalten

Auch in der Exchange Management Shell können Sie verschiedene Cmdlets verwenden, um öffentliche Ordner zu konfigurieren. Vor allem das Cmdlet *Set-PublicFolder* findet hier Einsatz.

Mit der folgenden Anweisung lassen Sie sich eine Statistik zur Nutzung von öffentlichen Ordnern anzeigen:

```
Get-PublicFolderItemStatistics -Identity "\<Pfad und Name>" |fl
```

Sie finden diese Informationen auch im Exchange Admin Center, indem Sie im Eigenschaftenfenster des öffentlichen Ordners den Menüpunkt *Statistik* aufrufen.

Sinnvoll kann das sein, wenn Sie ältere Ordner löschen wollen, deren Inhalt die Anwender nicht mehr nutzen. Sie können diesen Inhalt zur besseren Analyse auch in eine *.csv*-Datei exportieren. Ein Beispiel dafür ist:

```
Get-PublicFolderItemStatistics -Identity "\Verkauf" | Select Subject,LastModificationTime,HasAt-
tachments,ItemType,MessageSize | Export-CSV C:Verkauf.csv
```

Sie können die folgenden Informationen zu Elementen in einem öffentlichen Ordner anzeigen:

- Typ des Elements
- Betreff
- Uhrzeit der letzten Änderung durch einen Benutzer
- Zeitpunkt des letzten Benutzerzugriffs

- Erstellungszeit

- Anlagen

Im folgenden Beispiel wird die Ausgabe des Cmdlets in die Datei *Stats.csv* exportiert, die die folgenden Informationen für alle Elemente im öffentlichen Ordner *Einkauf* enthält:

- Betreff der Nachricht (*Subject*)

- Datum und Uhrzeit der letzten Änderung des Elements (*LastModificationTime*)

- Information, ob das Element Anlagen enthält (*HasAttachments*)

- Typ des Elements (*ItemType*)

- Größe des Elements (*MessageSize*)

```
Get-PublicFolderItemStatistics -Identity "\Einkauf" | Select Subject,LastModificationTime,
HasAttachments,ItemType,MessageSize | Export-CSV C:\Temp\Stats.csv
```

Mit dem Befehl *New-PublicFolder* können Sie öffentliche Ordner in der Exchange Management Shell erstellen, und mit *Remove-PublicFolder* lassen sich öffentliche Ordner wieder löschen. Um die Eigenschaften von öffentlichen Ordnern zu bearbeiten, verwenden Sie den Befehl *Set-PublicFolder*.

Die Einstellungen der öffentlichen Ordner rufen Sie auf, indem Sie in der Exchange Management Shell den Befehl *Get-PublicFolder* ausführen. Geben Sie den Befehl ohne weitere Optionen ein, werden Ihnen die Informationen der obersten Ebene der *Öffentliche Ordner*-Hierarchie angezeigt.

Wenn Sie den folgenden Befehl verwenden, werden Ihnen alle Informationen über einen bestimmten öffentlichen Ordner angezeigt:

```
Get-PublicFolder -Identity \<Name des öffentlichen Ordners>
```

Um sich die Unterordner anzeigen lassen, verwenden Sie die folgende Befehlssyntax:

```
Get-PublicFolder -Identity \<Name des übergeordneten Ordners>\<Name des untergeordneten Ordners>
```

Alle Informationen eines öffentlichen Ordners, einschließlich seiner untergeordneten Ordner, erhalten Sie über den folgenden Befehl:

```
Get-PublicFolder Identity \<Name des Ordners> –Recurse
```

Möchten Sie nur die Informationen von untergeordneten Ordnern eines übergeordneten Ordners erhalten, verwenden Sie diesen Befehl:

```
Get-PublicFolder -Identity \<Name des übergeordneten Ordners> -GetChildren
```

Die Bezeichnung aller öffentlichen Ordner erhalten Sie über die folgende Anweisung angezeigt:

```
Get-PublicFolder -Recurse |fl Name
```

Wollen Sie eine Zusammenfassung aller öffentlichen Ordner anzeigen lassen, verwenden Sie den Befehl *Get-PublicFolderStatistics*. Über diese Statistik sehen Sie die Anzahl der Objekte sowie die letzte Zugriffszeit von öffentlichen Ordnern, einschließlich der Systemordner.

Mit dem Befehl *Set-PublicFolder* werden die meisten Konfigurationen vorgenommen, um einen öffentlichen Ordner zu steuern.

Mit der folgenden Anweisung setzen Sie die standardmäßigen Grenzwerte für den öffentlichen Ordner zurück. Für alle anderen öffentlichen Ordner gelten die Grenzwerte noch.

```
Set-PublicFolder -Identity \<Name des öffentlichen Ordners> -UseDatabaseQuotaDefaults: $False
```

Mit dem folgenden Befehl werden für den öffentlichen Ordner die Standardwerte der Grenzwerte verwendet, die für die Datenbank gesetzt worden sind:

```
Set-PublicFolder -Identity \<Name des öffentlichen Ordners> -UseDatabaseQuotaDefaults: $True
```

Rufen Sie die Eigenschaften eines öffentlichen Ordners im Exchange Admin Center auf, können Sie die Grenzwerte für einzelne öffentliche Ordner in den Eigenschaften über die Registerkarte *Grenzwerte* festlegen.

Freigegebene Postfächer

Freigegebene Postfächer sind normale Exchange-Postfächer. Diese sind aber nicht direkt mit einem einzelnen Benutzerkonto verbunden, sondern mehreren Anwendern zugeordnet. Die freigegebenen Postfächer verhalten sich ähnlich wie öffentliche Ordner, sind aber vor allem für kleine Teams gedacht.

Mit freigegebenen Postfächern können Sie auch Kalender bereitstellen, sodass mehrere Benutzer Urlaubszeiten oder andere Termine anzeigen und gemeinsam planen können.

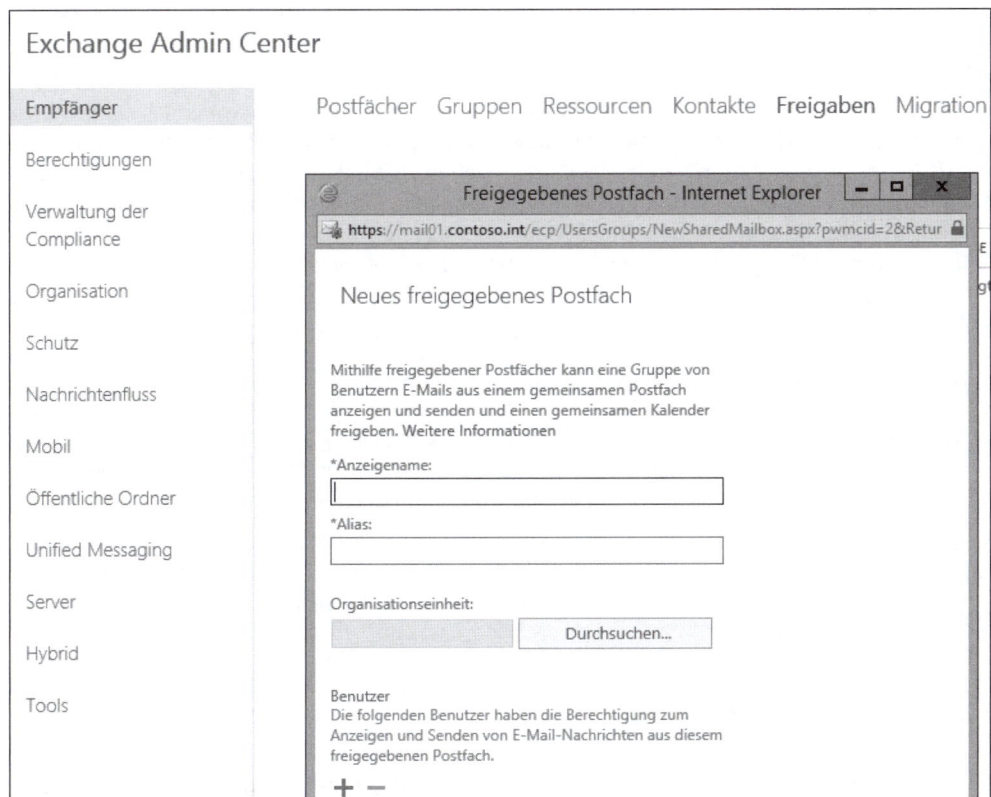

Abbildung 8.11: Freigegebene Postfächer im Exchange Admin Center erstellen und verwalten

Ein freigegebenes Postfach verfügt über eine E-Mail-Adresse (*info@contoso.com* oder *sales@contoso.com*). Mehrere Benutzer können an eine E-Mail-Adresse gesendete E-Mails überwachen und sie beantworten.

Freigegebene Postfächer verstehen

Ein freigegebenes Postfach ist eine Art Benutzerpostfach, das keinen eigenen Benutzernamen und kein Kennwort aufweist. Die Benutzer können sich nicht direkt mit den Anmeldedaten des Postfachs anmelden. Für den Zugriff auf ein freigegebenes Postfach muss den Benutzern erst die Berechtigung *Senden als* oder die Berechtigung *Vollzugriff* erteilt werden. Anschließend können sich die Benutzer bei ihren eigenen Postfächern anmelden und dann auf das freigegebene Postfach zugreifen, indem sie es ihrem Outlook-Profil hinzufügen.

In Exchange 2003 und früheren Versionen waren freigegebene Postfächer normale Postfächer, für die ein Administrator Stellvertretungszugriff erteilt hatte. Seit Exchange 2007 sind freigegebene Postfächer ein eigener Empfängertyp. In den Vorgängerversionen von Exchange 2016 mussten Sie zum Erstellen eines freigegebenen Postfachs mehrere Schritte ausführen und dabei die Exchange Management Shell verwenden.

In Exchange 2016 können Sie die Exchange Admin Center verwenden, um ein freigegebenes Postfach in einem Schritt zu erstellen, genauso wie öffentliche Ordner oder normale Postfächer. Sie können das freigegebene Postfach mit den folgenden Stellvertreterberechtigungen konfigurieren:

- **Vollzugriff** Diese Berechtigung ermöglicht es einem Benutzer, sich beim freigegebenen Postfach anzumelden und als Besitzer dieses Postfachs zu agieren. Während er angemeldet ist, kann der Benutzer Kalenderelemente erstellen, E-Mails lesen, anzeigen, löschen und ändern sowie Aufgaben und Kalenderkontakte erstellen. Ein Stellvertreter mit der Berechtigung *Vollzugriff* kann jedoch keine E-Mails über das freigegebene Postfach senden, außer er hat auch die Berechtigung *Senden als* oder *Senden im Auftrag von*.

- **Senden als** Diese Berechtigung ermöglicht es einem Benutzer, im Namen des Postfachs E-Mails zu schreiben. Die Adresse des Anwenders wird dabei nicht angezeigt.

- **Senden im Auftrag von** Diese Berechtigung ermöglicht es einem Benutzer, E-Mails im Auftrag des freigegebenen Postfachs zu senden. Dabei ist aber auch der Name des E-Mail-Erstellers ersichtlich, genauso wie bei öffentlichen Ordnern. Zum Erteilen der Berechtigung *Senden im Auftrag von* müssen Sie die Exchange Management Shell verwenden. Verwenden Sie hier das Cmdlet *Set-Mailbox* mit der Option *-GrantSendonBehalf*.

In den Vorgängerversionen von Exchange 2016 konnten Sie ein normales Postfach als Postfach mit Stellvertretungszugriff verwenden. In Exchange 2016 lassen sich diese Postfächer mit Stellvertretungszugriff mit der Exchange Management Shell in freigegebene Postfächer konvertieren.

Ein freigegebenes Postfach erstellen

Navigieren Sie im Exchange Admin Center zu *Empfänger/Freigegeben*, und klicken Sie dann auf *Hinzufügen*. Füllen Sie die folgenden erforderlichen Felder aus, um das Postfach zu erstellen.

Klicken Sie zum Erteilen von Vollzugriff oder Senden-als-Berechtigungen auf *Hinzufügen*, und wählen Sie dann die Benutzer aus, denen Sie Berechtigungen erteilen wollen.

Sie können die ⌈Strg⌉-Taste verwenden, um mehrere Benutzer auszuwählen. Klicken Sie auf *Speichern*, um Ihre Änderungen zu speichern und das freigegebene Postfach zu erstellen.

Im folgenden Beispiel wird das freigegebene Postfach *Sales* erstellt, und der Sicherheitsgruppe *Vertrieb* werden der Vollzugriff und *Senden im Auftrag von*-Berechtigungen erteilt. Benutzern, die Mitglied der Sicherheitsgruppe sind, werden die Berechtigungen für das Postfach erteilt:

```
New-Mailbox -Shared -Name "Sales" -DisplayName "Sales" -Alias Sales | Set-Mailbox
-GrantSendOnBehalfTo Vertrieb | Add-MailboxPermission -User Vertrieb -AccessRights FullAccess
-InheritanceType All
```

Ein Benutzerpostfach in ein freigegebenes Postfach konvertieren

In diesem Beispiel wird das Benutzerpostfach *Marketing@contoso.com* in ein freigegebenes Postfach konvertiert:

```
Set-Mailbox -Identity Marketing@contoso.com -Type Shared
```

Sie können die Konvertierung nur in der Exchange Management Shell durchführen. Um die Änderung zu überprüfen, verwenden Sie zum Beispiel den folgenden Aufruf:

```
Get-Mailbox -Identity Marketing@contoso.com |fl RecipientTypeDetails
```

Der Wert für *RecipientTypeDetails* sollte *SharedMailbox* lauten.

Websitepostfächer – Exchange und SharePoint gemeinsam betreiben

Websitepostfächer sind neu seit Exchange 2013. Sie verbinden Exchange und SharePoint und erlauben den gemeinsamen Zugriff auf die Daten der beiden Systeme. Das heißt, Websitepostfächer können E-Mails empfangen und haben Zugriff auf SharePoint-Bibliotheken und die darin gespeicherten Dokumente.

Grundlagen zu Websitepostfächern

Wenn ein Anwender E-Mails oder Dokumente im Websitepostfach speichert, kann jedes andere Mitglied der Projektgruppe auf diese Inhalte zugreifen. Websitepostfächer sind in Outlook 2016 sichtbar und ermöglichen Benutzern den einfachen und gemeinsamen Zugriff auf E-Mails und Dokumente. Der Einsatz ist vor allem dann sinnvoll, wenn im Unternehmen SharePoint 2013/016 und Exchange 2016 parallel im Einsatz sind und bestimmte Projektgruppen gemeinsam an Dokumenten arbeiten, die in SharePoint gespeichert sind und E-Mails erhalten, die in Exchange eingehen.

SharePoint speichert die Dokumente und bietet eine gemeinsame Dokumenterstellung sowie Versionsverwaltung. Exchange synchronisiert Metadaten aus SharePoint für die Dokumentansicht in Outlook. Beispiele dafür sind der Titel des Dokuments, das Datum der letzten Änderung und der Autor der letzten Änderung.

Mit dem Cmdlet *Set-SiteMailboxProvisioningPolicy* in der Exchange Management Shell können Sie Kontingente für Websitepostfächer festlegen. Die Bereitstellungsrichtlinien für Websitepostfächer gelten nur für E-Mails, die an das Websitepostfach und von dem Websitepostfach gesendet werden, sowie für die Größe des Websitepostfachs auf dem Exchange-Server. Die Dokumente in SharePoint sind davon nicht betroffen.

Die Einstellungen für den SharePoint-Bereich der Dokumente werden in SharePoint festgelegt. Wenn Sie mit *New-SiteMailboxProvisioningPolicy* mehrere Bereitstellungsrichtlinien für Websitepostfächer erstellen, wird nur die standardmäßige Bereitstellungsrichtlinie auf diese angewendet. Sie können dazu die folgenden Kontingente festlegen:

- **IssueWarningQuota** Diese Option gibt die Größe des Websitepostfachs an, bei der eine Warnmeldung an das Websitepostfach gesendet wird.

- **MaxReceiveSize** Diese Option gibt die maximale Größe von E-Mails an, die von dem Websitepostfach empfangen werden können.

- **ProhibitSendReceiveQuota** Diese Option gibt die Größe an, ab der das Websitepostfach keine Nachrichten mehr senden oder empfangen kann.

Der Lebenszyklus eines Websitepostfachs wird über eine SharePoint-Website verwaltet. Sie erstellen dazu in SharePoint eine Lebenszyklusrichtlinie, die alle Websitepostfächer automatisch nach 6 Monaten schließt. Wenn ein Benutzer ein solches Websitepostfach weiterhin nutzen will, kann er das Postfach über SharePoint erneut aktivieren.

Wenn SharePoint ein Websitepostfach schließt, wird dieses Postfach so lange im geschlossenen Status beibehalten, wie in der Lebenszyklusrichtlinie festgelegt ist.

Nach Ablauf des Aufbewahrungszeitraums wird dem Namen des Exchange-Websitepostfachs die Zeichenfolge »MDEL:« vorangestellt. Um den Speicherplatz und den Namen des Postfachs freizugeben, müssen Sie die Websitepostfächer manuell aus der Postfachdatenbank entfernen.

Wenn Sie keine SharePoint-Lebenszyklusrichtlinie eingerichtet haben, können Sie auch keine Websitepostfächer zum Löschen markieren. Mit folgendem Befehl können Sie nach Websitepostfächern suchen, die zum Löschen markiert sind, und diese entfernen:

```
Get-Mailbox MDEL:* | ?{$_.RecipientTypeDetails -eq "TeamMailbox"} | RemovE-Mailbox -Confirm:$false
```

Wenn Sie das Websitepostfach löschen, werden auch die aufbewahrten Elemente gelöscht. Wenn Sie das SharePoint eDiscovery Center verwenden, können Sie Websitepostfächer in die Compliance-eDiscovery einbinden und Schlüsselwortsuchläufe in Benutzer- oder Websitepostfächern durchführen.

Für die Sicherung und Wiederherstellung der Websitepostfächer verwenden Sie die gleichen Sicherungs- und Wiederherstellungsvorgänge wie für alle Exchange-Postfächer (siehe Kapitel 14). Wenn Sie SharePoint-Inhalte mit den gleichen URLs wiederherstellen, funktioniert das Websitepostfach wie bisher, und es ist keine weitere Konfiguration erforderlich.

Wenn Sie eine andere URL zur Wiederherstellung verwenden, müssen Sie das Cmdlet *Set-Site-Mailbox* verwenden, um die Eigenschaft *SharePointURL* zu aktualisieren. In diesem Beispiel wird die Standardbereitstellungsrichtlinie »Website« mit den folgenden Einstellungen erstellt:

```
New-SiteMailboxProvisioningPolicy -Name SM_ProvisioningPolicy -IsDefault -IssueWarningQuota 10GB
-ProhibitSendReceiveQuota 11GB -MaxReceiveSize 50MB
```

- Das Kontingent für Websitepostfächer, ab dem eine Warnung ausgegeben wird, beträgt 10 GB.

- Websitepostfächer können keine Nachrichten mehr erhalten, wenn das Postfach eine Größe von 11 GB erreicht hat.

- Die maximale Größe für an ein Websitepostfach gesendete E-Mail-Nachrichten beträgt 50 MB.

Die Einstellungen für die Richtlinien lassen Sie sich mit dem folgendem Befehl anzeigen:

```
Get-SiteMailboxProvisioningPolicy |fl
```

Die Standardrichtlinie können Sie sich mit diesem Befehl anzeigen lassen:

```
Get-SiteMailboxProvisioningPolicy |fl IsDefault
```

Mit dem folgenden Befehl wird das Kontingent, ab dem eine Warnmeldung gesendet wird, auf 9 GB und das Kontingent für das Sende- und Empfangsverbot auf 10 GB festgelegt:

```
Set-SiteMailboxProvisioningPolicy -Identity Default -IssueWarningQuota 9GB
-ProhibitSendReceiveQuota 10GB
```

Über den folgenden Befehl löschen Sie die Standardrichtlinie:

```
Remove-SiteMailboxProvisioningPolicy -Identity Default
```

Sie müssen zuerst eine andere Standardrichtlinie erstellen und zuweisen, bevor Sie die Richtlinie *Default* entfernen können.

Websitepostfächer in der Praxis

Mit Exchange 2016/Office 365 und SharePoint 2013/2016 hat Microsoft die neuen Websitepostfächer eingeführt. Die Postfächer sind in der Lage, E-Mails zu empfangen, zu senden und bieten gleichzeitig direkten Zugriff auf Dokumenten-Bibliotheken in SharePoint. Dadurch können Mitarbeiter in Teams besser zusammenarbeiten.

Einfach ausgedrückt, ist ein Websitepostfach ein gemeinsames Postfach eines Teams, das E-Mail über Exchange senden und Dokumente in SharePoint speichern kann. Das Postfach kann E-Mails senden und E-Mails empfangen. Der Umgang erfolgt entweder in Outlook oder Outlook Web App. Ein Link zum Öffnen befindet sich auf der entsprechenden SharePoint-Website, in der Sie die App hinzugefügt haben.

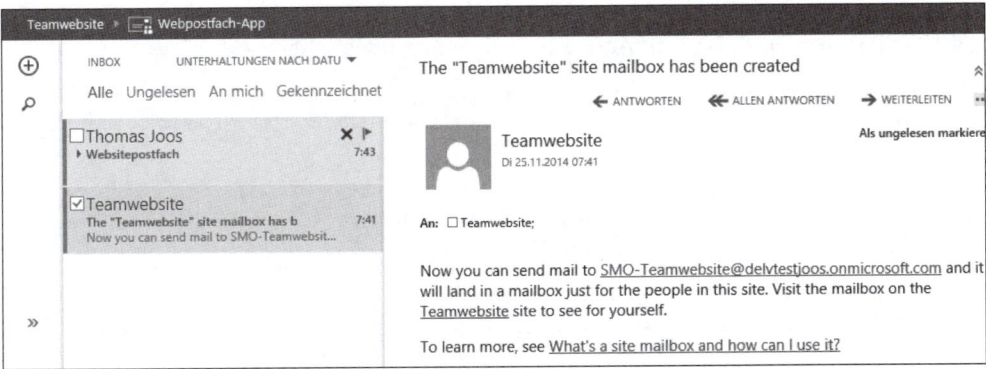

Abbildung 8.12: Ein Websitepostfach wird als eigene App in SharePoint angezeigt und lässt sich über Outlook Web App oder Outlook verwalten.

Um Websitepostfächer nutzen zu können, benötigen Sie eine funktionsfähige Umgebung mit Exchange Server 2016 und SharePoint Server 2013/2016 oder Office 365.

Einrichtung und Verwaltung

Speichern Anwender bereits Dokumente in einer SharePoint-Website, übernimmt das Websitepostfach die Rechte dieser Seite. Erstellen Sie ein Websitepostfach, erhalten automatisch alle Anwender das Recht zum Zugriff, die auch auf die SharePoint-Website zugreifen, in der das Websitepostfach zur Verfügung gestellt wird. Haben Sie die Benachrichtigungen konfiguriert, erhalten die Anwender über ihr herkömmliches Postfach auch eine E-Mail und können das Websitepostfach nutzen.

Die Basis eines Websitepostfachs ist der Benutzerprofil-Synchronisierungsdienst. Dieser kann Exchange-relevante Daten aus Active Directory (zum Beispiel die E-Mail-Adresse) zwischen Exchange und SharePoint synchronisieren. Der Dienst muss funktionieren und Daten zwischen Exchange und SharePoint austauschen können – unabhängig vom Websitepostfach.

Der Benutzerprofil-Synchronisierungsdienst wird nicht nur für Websitepostfächer verwendet, sondern auch für andere Bereiche, bei denen Sie in SharePoint Daten aus Active Directory nutzen wollen. Wie Sie den Dienst einrichten, zeigt Microsoft auf der Seite *http://tinyurl.com/zzyxzwu*.

Achten Sie darauf, dass die Zertifikate, die Sie in Exchange und SharePoint nutzen, von einer Zertifizierungsstelle ausgestellt sind, denen alle Server vertrauen. Ist das nicht der Fall, installieren Sie das Zertifikat der Stammzertifizierungsstelle auf allen beteiligten Servern.

Damit Exchange und SharePoint zusammenarbeiten können, benötigen Sie auf den Share-Point-Servern noch die Erweiterung Microsoft Exchange Web Services Managed API 2.0 (*http://tinyurl.com/j8fmfoe*). Diese stellt Microsoft kostenlos zur Verfügung. Sie müssen die Erweiterung auf den SharePoint-Servern installieren; eine Einrichtung ist dabei nicht notwendig. Wollen Sie die Installation skriptbasiert, ohne Benutzerinteraktion durchführen, verwenden Sie den folgenden Befehl:

```
Msiexec /i EwsManagedApi.msi addlocal="ExchangeWebServicesApi_Feature,ExchangeWebServicesApi_Gac"
```

Wurde die Erweiterung bereits auf dem Server installiert, erhalten Sie eine entsprechende Meldung und können diese deinstallieren oder reparieren.

Nachdem Sie die Erweiterung installiert haben, können Sie in der SharePoint-Verwaltungsshell das Skript *Set-SiteMailboxConfig.ps1* (*http://tinyurl.com/zdsvvl7*) ausführen. Dieses können Sie bei Microsoft aus der TechNet herunterladen. Kopieren Sie die Skriptbefehle der Webseite in eine Textdatei, und geben Sie dieser die Endung *.ps1*. Danach kopieren Sie das Skript auf den SharePoint-Server. Die Syntax zur Ausführung sieht folgendermaßen aus:

```
.\Set-SiteMailboxConfig.ps1 -ExchangeSiteMailboxDomain <FQDN der Domäne>
-ExchangeAutoDiscoverDomain <URL zu AutoDiscovery> -WebApplicationURL <Webanwendung in SharePoint>
```

Beispiel:

```
.\Set-SiteMailboxConfig.ps1 -ExchangeSiteMailboxDomain contoso.com -ExchangeAutodiscoverDomain
x2k16.contoso.com -WebApplicationUrl https://contoso.com
```

Um die Einrichtung zu überprüfen, verwenden Sie das Skript *Check-SiteMailboxConfig.ps1*. Auch hier kopieren Sie den Inhalt in eine Textdatei. Speichern Sie beide Skripts im gleichen Verzeichnis.

Danach öffnen Sie die Exchange Management Shell auf den Exchange-Servern und wechseln in das Skriptverzeichnis. Das geht am schnellsten mit *cd $exscripts*. Um Exchange mit SharePoint zu verbinden, starten Sie das folgende Skript:

```
.\Configure-EnterprisePartnerApplication.ps1 -ApplicationType Sharepoint -AuthMetadataUrl https://
<Ihre HTTPS SharePoint Site>/_layouts/15/metadata/json/1
```

Sind Exchange und SharePoint miteinander verbunden, erstellen Sie auf der von Ihnen gewünschten SharePoint-Website das Websitepostfach. Dieses fügen Sie als App zur SharePoint-Seite hinzu, genau wie Listen, Bibliotheken und andere Apps auch.

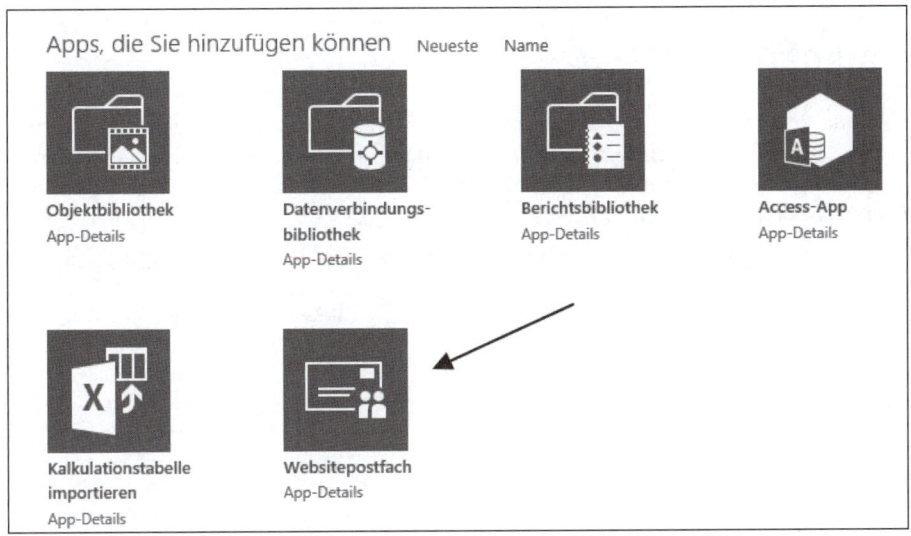

Abbildung 8.13: Websitepostfächer fügen Sie als App zu einer SharePoint-Seite hinzu.

Danach wechseln Sie auf die SharePoint-Seite und starten die Websitepostfach-App über den Link *Websitepostfach*. Über einen Assistenten wird dieses jetzt eingerichtet und steht danach zur Verfügung. Websitepostfächer lassen sich mit Outlook Web App, aber auch mit Outlook anzeigen. Sobald ein Anwender den Link anklickt, öffnet sich automatisch der Inhalt des Websitepostfachs.

Das Websitepostfach in der Praxis nutzen

Wenn Sie die Websitepostfach-App der Webseite hinzugefügt haben, steht sie als eigener Menüpunkt *Postfach* der Seite zur Verfügung. Alle Mitglieder, die auch auf die Webseite zugreifen können, finden den neuen Menüpunkt auf der linken Seite der Website. Durch einen Klick auf *Postfach* öffnet sich Outlook Web App und der Inhalt der Seite ist zu sehen. Die Teammitglieder können jetzt E-Mails im Auftrag des Websitepostfachs schreiben. Antworten dieser E-Mail gehen automatisch im Websitepostfach ein und lassen sich über den Link öffnen.

Websitepostfächer unter Office 365 nutzen

Wenn Sie Office 365 einsetzen, können Sie Websitepostfächer noch einfacher erstellen. Sie müssen keinerlei Vorbereitungen treffen, da Exchange Online und SharePoint Online bereits in der Lage sind, Websitepostfächer zu öffnen:

1. Öffnen Sie *Websites* als Administrator in der Weboberfläche von Office 365.
2. Klicken Sie auf *Teamwebsite*.
3. Klicken Sie auf *Listen, Bibliotheken und andere Apps*.

4. Suchen Sie nach *Websitepostfach*, und fügen Sie die App hinzu.
5. Öffnen Sie die Teamwebsite, und schließen Sie über den Link die Einrichtung ab.
6. Auf dem gleichen Weg fügen Sie Websitepostfächer auch zu anderen Webseiten hinzu.

Zusammenfassung

In diesem Kapitel haben wir Ihnen die Neuerungen im Bereich Teamwork vorgestellt. Wir sind darauf eingegangen, wie Sie öffentliche Ordner verwenden und die neuen freigegebenen Postfächer oder Websitepostfächer nutzen. Wir haben Ihnen auch gezeigt, wie Sie öffentliche Ordner in Postfachdatenbanken speichern.

Das nächste Kapitel befasst sich mit dem Thema Richtlinien und Archivierung in Exchange-Organisationen.

Teil C
Compliance

Kapitel 9: **Richtlinien und Archivierung** 329

Kapitel 10: **Data Loss Prevention (DLP) und mehr** 363

Kapitel 9
Richtlinien und Archivierung

In diesem Kapitel:

Grundlagen zur Archivierung 330

Das Archivpostfach aktivieren und anpassen 332

Die Messaging-Datensatzverwaltung 340

Das Compliance-Archiv 350

Journale nutzen 359

Zusammenfassung 362

Compliance

Das Archivpostfach hat Microsoft bereits mit Exchange 2010/2013 eingeführt. Mit Exchange 2016 bietet Microsoft deutlich mehr Möglichkeiten zur richtlinienbasierten Aufbewahrung von E-Mails und zur Archivierung.

Exchange 2016 bietet weiterhin die Möglichkeit, für Anwender ein Archiv zu erstellen, in das der Server abgelaufene E-Mails abspeichern kann. Das Archiv lässt sich mit einem Schreibschutz versehen. Auf diese Weise wird sichergestellt, dass keine E-Mails verloren gehen. Wenn Sie für ein Postfach in Exchange 2016 das Onlinearchiv aktivieren, wendet Exchange automatisch Aufbewahrungsrichtlinien an, um E-Mails automatisch archivieren zu können.

Standardmäßig verschiebt Exchange Nachrichten, die älter als zwei Jahre sind, in das Archiv. Neben der vorhandenen Aufbewahrungsrichtlinie lassen sich auch eigene Richtlinien erstellen und zuweisen. Sie können das Archivpostfach von Anwendern in anderen Postfachdatenbanken als das Quellpostfach speichern. Außerdem lassen sich archivierte *.pst*-Dateien direkt in das Archivpostfach auf dem Exchange-Server importieren.

Auch Anwender mit Outlook 2010/2013 können auf das Archivpostfach zugreifen. Anwender können über Regeln oder per Drag & Drop E-Mails in das Archivpostfach verschieben und auch Unterordner anlegen. Das Archivpostfach lässt sich allerdings nicht für das Senden oder Empfangen von E-Mails nutzen, sondern nur zur Archivierung.

Hinweis

Beim Einsatz von Exchange Server 2016 können Sie jetzt für In-Place Hold und eDiscovery auch öffentliche Ordner verwenden. In Exchange Server 2013 konnten Sie hier nur die normalen Postfächer berücksichtigen.

Wollen Sie zum Beispiel ein In-Place Hold für einen öffentlichen Ordner mit der Bezeichnung »ProjektA« erstellen, verwenden Sie am besten die Exchange Management Shell mit den folgenden Befehlen:

```
New-MailboxSearch -Name "ProjecA" -AllSourceMailboxes $False -AllPublicFolderSources $True
-SearchQuery "ProjektA" -InPlaceHoldEnabled $True -TargetMailbox "Discovery Search Mailbox"
Start-MailboxSearch "ProjectA"
```

Sie können aber auch generell den Inhalt aller öffentlichen Ordner in diesen Status versetzen:

```
New-MailboxSearch -Name "PFHold" -AllPublicFolderSources $True -AllSourceMailboxes $False
-EstimateOnly -InPlaceHoldEnabled $True
Start-MailboxSearch "PFHold"
```

Grundlagen zur Archivierung

Für Empfänger, bei denen das Archiv aktiviert ist, benötigen Sie eine Enterprise-CAL (Clientzugriffslizenz). Das Archiv steht auch in der Standard-Edition von Exchange 2016 zur Verfügung, lediglich der Client benötigt zusätzlich zur Standard-CAL die Enterprise-CAL. Nach der Aktivierung eines Archivs können Anwender per Drag & Drop wichtige Nachrichten in das Archivpostfach verschieben. Das Archiv ist nicht nur ein Ordner im Postfach des Anwenders, sondern ein eigenständiges Postfach, das mit dem Postfach des Anwenders verbunden ist.

Sie können auch Richtlinien hinterlegen und Einstellungen vornehmen, über die sichergestellt ist, dass Exchange automatisch wichtige E-Mails nach bestimmten Zeiten archiviert. Die Archivierung wird für jeden einzelnen Benutzer speziell aktiviert und konfiguriert. Einfach ausgedrückt, ist das Archivpostfach lediglich ein zweites Postfach für den Anwender, in das er E-Mails auslagern kann oder in das Exchange auf Basis spezieller Richtlinien Daten auslagert. Beim Verschieben und Speichern von Archiven können Sie auch verschiedene Datenbanken nutzen. Das Archivpostfach muss sich nicht in der gleichen Datenbank befinden wie das normale Postfach des Anwenders.

Zusätzlich gibt es noch die Möglichkeit, spezielle Aufbewahrungsrichtlinien zu erstellen, bei denen die Archivierung automatisiert oder halbautomatisiert stattfindet. Darüber können Unternehmen für Exchange-Postfächer das Bearbeiten und Löschen von Postfachelementen einfrieren (Legal Hold). So ist sichergestellt, dass geschäftswichtige Daten von Anwendern zwar bearbeitet und gelesen, aber nicht gelöscht werden können. Anwender können zwar Nachrichten problemlos bearbeiten und auch auf ihrem Client löschen, jedoch löscht Exchange die Nachrichten nicht permanent. Diese lassen sich archivieren und auch wiederherstellen.

Die Option lässt sich sowohl für einzelne Postfächer als auch organisationsweit nutzen. Anwender erhalten Hinweise, wenn bestimmte Bereiche des Postfachs oder das ganze Postfach unter diese Richtlinie fallen.

Hinweis

Wenn Sie in Exchange 2016 die Berechtigungen für den Vollzugriff auf ein Postfach erteilen, kann die Stellvertretung, der die Berechtigungen zugewiesen wurden, auch auf das Archiv des Benutzers zugreifen.

Stellvertretungen müssen Outlook verwenden, um auf das Postfach zugreifen zu können. Außerdem müssen sie für das Autodiscovery (AutoErmittlung) eine Verbindung mit einem Server mit Exchange 2010/2013 SP1 oder höher herstellen. Wenn Stellvertretungen mit Outlook auf ein Exchange 2016-Postfach zugreifen, können sowohl das primäre Postfach als auch das Archiv, auf die sie zugreifen können, in Outlook angezeigt werden.

Anwender können Nachrichten auch mit Posteingangsregeln verschieben oder kopieren. In Exchange 2016 lassen sich Nachrichten mit einer Postfachimportanforderung aus einer *.pst*-Datei in das Archiv- oder das primäre Postfach des Benutzers importieren. Sie können auch das Tool PST Capture verwenden (siehe Kapitel 5), um auf Computern in Ihrer Organisation nach *.pst*-Dateien zu suchen und Daten aus *.pst*-Dateien in Archive von Benutzern zu importieren. Ab Version 2.0 unterstützt das Tool auch Exchange 2016. Exchange 2016-Setup erstellt eine Standardarchiv- und eine Standardaufbewahrungsrichtlinie.

Wenn Sie ein Compliance-Archiv für einen Postfachbenutzer aktivieren und dem Postfach nicht bereits eine Aufbewahrungsrichtlinie zugewiesen ist, wird automatisch die Standardarchiv- und die Standardaufbewahrungsrichtlinie zugewiesen. Benutzer können nach der Aktivierung Ordner oder E-Mails markieren, die in das Archivpostfach verschoben werden sollen. Wir gehen in diesem Kapitel in verschiedenen Abschnitten noch ausführlich auf diese Möglichkeiten ein. Standardmäßig werden E-Mails aus dem Postfach nach zwei Jahren verschoben.

Es wird empfohlen, Benutzer vor der Bereitstellung der Archivpostfächer über die Archivrichtlinien aufzuklären. Wenn Sie eine Aufbewahrungsrichtlinie auf Benutzer anwenden, die über ein Archivpostfach verfügen, wird die Standard-MRM-Richtlinie durch die Aufbewahrungsrichtlinie ersetzt. (Die Abkürzung MRM steht für Messaging-Datensatzverwaltung, Messaging Records Management). Sie können mit der Aktion *In Archiv verschieben* ein oder mehrere Aufbewahrungstags erstellen und die Tags mit der Aufbewahrungsrichtlinie verknüpfen. Wie das geht, zeigen wir Ihnen in den folgenden Abschnitten.

Sie können ein Archivpostfach auch mit Speichergrenzwerten erstellen. Wenn die Größe eines Archivpostfachs den Kontingentgrenzwert überschreitet, wird im Anwendungsereignisprotokoll ein Warnereignis festgehalten. In Exchange 2016 ist der Kontingentgrenzwert für Archive standardmäßig auf 45 GB und das Archivierungskontingent auf 50 GB festgelegt.

Hinweis

Bei der Exchange-Suche gibt es keinen Unterschied zwischen dem primären Postfach und dem Archivpostfach. Der Inhalt in beiden Postfächern wird indiziert. Da das Archivpostfach auf dem Computer eines Benutzers nicht zwischengespeichert wird, werden die Suchergebnisse für das Archiv immer von der Exchange-Suche bereitgestellt.

Wenn Sie das gesamte Postfach in Outlook 2010/2013/2016 oder in Outlook Web App durchsuchen, enthalten die Suchergebnisse das primäre Postfach und das Archivpostfach des Benutzers.

Wenn ein Discovery-Administrator eine Suche durchführt, werden auch die Archivpostfächer der Benutzer durchsucht. Es gibt keine Möglichkeit, um Archivpostfächer auszuschließen, wenn Sie im Exchange Admin Center eine Discoverysuche durchführen. Sie können aber die Exchange Management Shell verwenden, um eine Suche ohne Archivpostfach zu erstellen.

Wenn Sie in der Exchange Management Shell eine Discoverysuche erstellen, können Sie das Archiv mit dem Cmdlet *New-MailboxSearch* und der Option *-DoNotIncludeArchive* ausschließen. Wenn Sie für ein Postfach ein Compliance-Archiv oder das Beweissicherungsverfahren festlegen, gilt diese Einstellung für das primäre und zugleich für das Archivpostfach. Dies zeigt, dass Exchange die beiden Postfächer eng miteinander verknüpft.

Das Archivpostfach enthält einen Ordner für wiederherstellbare Elemente. Dieser unterliegt Kontingenten wie der Ordner *Wiederherstellbare Elemente* des primären Postfachs. Sie können auch Chatunterhaltungen und Dokumente, die zu freigegebenen Onlinebesprechungen gehören, im Postfach des Benutzers archivieren. Das Postfach muss sich in diesem Fall auf einem Exchange 2016-Postfachserver befinden und in der Organisation muss Microsoft Lync 2013 oder Skype for Business Server 2015 installiert sein.

Sie können Statistiken für das Postfach und das Archivpostfach mit der Option *-Archive* über die Cmdlets *Get-MailboxStatistics* und *Get-MailboxFolderStatistics* anzeigen. In Exchange 2016 können Sie auch mit dem Cmdlet *Test-ArchiveConnectivity* die Verbindung mit dem angegebenen lokalen oder cloudbasierten Archiv des Benutzers testen.

Das Archivpostfach aktivieren und anpassen

Wenn Sie ein Postfach für einen Benutzer anlegen, ist das Archivpostfach noch nicht automatisch aktiv. Sie können während der Erstellung eines Benutzerkontos die Archivierung aktivieren oder auch jederzeit nachträglich. Ein Archivpostfach ist keine zwingende Voraussetzung in Exchange.

Das Archivpostfach aktivieren

Sie können die Archivierung im Exchange Admin Center über *Empfänger/Postfächer* in den Einstellungen des Benutzers oder während dem Anlegen des Benutzers aktivieren. Es muss nicht jeder Anwender ein Archiv erhalten. Sie sehen in der Spalte *Postfachtyp* im Exchange Admin Center, für welche Benutzer das Archiv aktiviert ist.

Klicken Sie auf einen Benutzer, und legen Sie in den Einstellungen bei den weiteren Optionen das Archiv an, wenn Sie noch kein Archiv während der Erstellung festgelegt haben. Die Archivierung unterstützt Aufbewahrungsrichtlinien, um E-Mails automatisiert zu archivieren. Sobald Sie das Archiv aktiviert haben, erkennen Sie dies am Postfachtyp im Exchange Admin Center. In den Eigenschaften des Empfängers sehen Sie auf der Registerkarte *Postfachfunktionen*, dass die Archivierung aktiviert ist. Hier können Sie die Eigenschaften aufrufen.

Ob Sie während der Erstellung oder nachträglich ein Archivpostfach anlegen, spielt keine Rolle, die Bedienung und Verwendung ist auf beiden Wegen uneingeschränkt möglich. Sie können entweder das Archiv in der gleichen Postfachdatenbank speichern lassen, in der auch bereits das Quellpostfach gespeichert ist, oder Sie können explizit eine andere Datenbank auswählen.

Arbeiten Sie mit einem gehosteten Exchange-System bei einem Provider, können Sie auch hier das Archiv speichern lassen. Auf der Registerkarte *Postfacheinstellungen* können Sie über die Eigenschaften des Archivierungskontingents die maximale Größe für das Archivpostfach festlegen. Um die Daten eines Benutzerpostfachs abzurufen, geben Sie in der Exchange Management Shell den Befehl *Get-Mailbox <Alias> |fl DisplayName, *archive** ein.

Wollen Sie über die Exchange Management Shell einem Empfänger ein Archiv zuweisen, verwenden Sie das Cmdlet *EnablE-Mailbox <Alias> -Archive*. Mit dem Cmdlet *DisablE-Mailbox <Alias> -Archive* deaktivieren Sie das Archiv für einen Benutzer. Wollen Sie in der Exchange Management Shell die Größe eines Postfachs anzeigen lassen, geben Sie den Befehl *Get-MailboxStatistics <Alias>* ein. Mit dem Befehl *Get-MailboxStatistics <Alias> -Archive* machen Sie das Gleiche mit dem Archiv.

Im Exchange Admin Center sehen Sie über *Empfänger/Postfach* in der Mitte der Konsole alle Empfänger der Organisation.

Das Archivpostfach verwenden

Anwender können auch manuell Daten in das Archivpostfach verschieben, genauso wie bei der Verwendung einer *.pst*-Datei. Benutzer können aber parallel zum Archivpostfach auch weiterhin mit Outlook archivieren. Nachrichten lassen sich über das Kontextmenü oder über Drag & Drop verschieben.

Über einen Klick auf das Archivpostfach in Outlook können Sie sich seinen Inhalt anzeigen lassen. Auch eigene Ordner lassen sich auf diesem Weg anlegen. Anwender müssen dazu nur mit der rechten Maustaste auf das Archiv klicken und verfügen anschließend über die Optionen zum Anlegen neuer Ordner, genauso wie bei einem normalen Postfach.

Der Vorteil des Archivpostfachs ist, dass es immer zur Verfügung steht – auch über Outlook Web App. So können auch mobile Anwender mit Archivierung arbeiten und auf wichtige archivierte E-Mails zurückgreifen.

Die Archivierung deaktivieren, Aufbewahrungszeiten und erneutes Verbinden

Wenn Sie das Archiv für einen Benutzer wieder deaktivieren, erscheint es bei dem entsprechenden Empfänger nicht mehr im Client. Die enthaltenen Objekte bewahrt Exchange 2016 aber wie gelöschte Postfächer für 30 Tage auf. Diese Einstellungen können Sie in den Eigenschaften der jeweiligen Postfachdatenbank anpassen. Bei Postfächern, für die Sie die Archivierung aktiviert haben, können Sie das Archiv nachträglich in eine andere Datenbank verschieben. Dabei gehen Sie so vor, wie wir beim Verschieben von Postfächern in Kapitel 7 beschrieben haben:

1. Öffnen Sie das Exchange Admin Center.
2. Klicken Sie auf *Empfänger*.
3. Klicken Sie auf das Postfach, das Sie verschieben wollen, und wählen Sie auf der rechten Seite im Abschnitt *Postfach verschieben* den Link *In eine andere Datenbank* aus.
4. Auf der Seite *Konfiguration verschieben* wählen Sie auch die Zielpostfachdatenbank aus, in die Sie die Postfächer verschieben wollen. Außerdem können Sie hier festlegen, ob Sie auch das Archiv zusammen mit dem Postfach verschieben wollen und in welche Datenbank das Postfach und das Archiv verschoben werden sollen.

Im unteren Bereich der Seite stehen Ihnen Möglichkeiten zur Verfügung, um nur das Archiv, nur das Postfach oder beide in eine andere Datenbank zu verschieben.

Compliance

Getrennte Archive lassen sich innerhalb der 30-Tage-Frist jederzeit wieder mit dem Benutzerkonto verbinden. Am besten verwenden Sie dazu die Exchange Management Shell und rufen in ihr den folgenden Befehl auf:

```
Set-MailboxDatabase -Identity <Name der Datenbank> -MailboxRetention <Gewünschte Tage zur Aufbewahrung>
```

Wollen Sie den Aufbewahrungszeitraum noch genauer als über Tage steuern, verwenden Sie die Syntax TT.HH:MM:SS, wobei T = Tagen, H = Stunden, M = Minuten und S = Sekunden entspricht. Sie erhalten keine Rückmeldung. Wollen Sie den Status abfragen, verwenden Sie den folgenden Befehl:

```
Get-MailboxDatabase <Datenbank> |fl MailboxRetention
```

Archivpostfächer deaktivieren Sie im Exchange Admin Center über *Empfänger/Postfach* in den Einstellungen des Empfängers im Bereich *Postfachfunktionen*.

Wollen Sie ein getrenntes Archiv wieder verbinden, gehen Sie so vor, wie wir es in Kapitel 14 zum Verbinden von getrennten Postfächern beschreiben. Wird das getrennte Archiv an dieser Stelle noch nicht angezeigt, öffnen Sie die Exchange Management Shell, geben den Befehl *Clean-MailboxDatabase* und dann den Namen der Datenbank ein.

Das Exchange Admin Center zeigt allerdings nur Postfächer und getrennte Archive an, die auch einen Inhalt haben. Leere Archive müssen Sie nicht neu verbinden. In diesem Fall können Sie die Archivfunktion einfach nur neu aktivieren. Getrennte Archive lassen sich auch in der Exchange Management Shell wieder verbinden. Dazu müssen Sie zunächst den Namen des getrennten Archivs erfahren und dieses dann wieder mit dem Postfach verbinden. Mit dem folgenden Befehl zeigen Sie gelöschte Archive für eine Datenbank an:

```
Get-MailboxDatabase "mailbox01" | Get-MailboxStatistics | Where {($_.DisconnectDate -ne $null)
-and ($_.IsArchiveMailbox -eq $true)} |fl
```

Haben Sie den Namen beziehungsweise die GUID des Archivs in Erfahrung gebracht, verbinden Sie das Archiv erneut, zum Beispiel mit diesem Befehl:

```
Connect-Mailbox -Identity "8734c04e-981e-4ccf-a547-1c1ac7ebf3e2" -Archive -User "Thomas.Joos"
-Database "mailbox01"
```

Archivrichtlinien ändern

In Exchange 2016 können Sie Archivrichtlinien zum automatischen Verschieben von Postfachelementen in persönliche (lokale) oder cloudbasierte Archive verwenden.

Archivrichtlinien sind Aufbewahrungstags, die die Aufbewahrungsaktion *In Archiv verschieben* verwenden. Wir kommen in den nächsten Abschnitten ausführlich auf das Thema zurück. Exchange-Setup erstellt die Aufbewahrungsrichtlinie *Default MRM Policy* (*Verwaltung der Compliance/Aufbewahrungsrichtlinien*). Dieser Richtlinie ist ein Standardrichtlinientag (DPT) zugewiesen, mit dem Elemente nach zwei Jahren in das Archivpostfach verschoben werden.

Die Richtlinie enthält auch einige persönliche Tags, die Benutzer auf Ordner oder Postfachelemente anwenden können, um Nachrichten automatisch zu verschieben oder zu löschen.

Wenn einem Postfach bei der Aktivierung des Archivs keine Aufbewahrungsrichtlinie zugewiesen wird, verwendet Exchange automatisch die Standardrichtlinie. Sie können auch eigene Archiv- und Aufbewahrungsrichtlinien erstellen und auf Postfachbenutzer anwenden.

Arbeiten Sie nicht mit den Aufbewahrungsrichtlinien, können Sie auch die Standardrichtlinie für die Archivierung anpassen:

1. Navigieren Sie im Exchange Admin Center zu *Verwaltung der Compliance/Aufbewahrungstags*.
2. Wählen Sie in der Listenansicht das Tag *Default 2 year move to archive* aus, und klicken Sie auf *Bearbeiten* (das Stiftsymbol).
3. Bearbeiten Sie die Einstellungen, um diese an Ihre Anforderungen anzupassen, und klicken Sie auf *Speichern*.

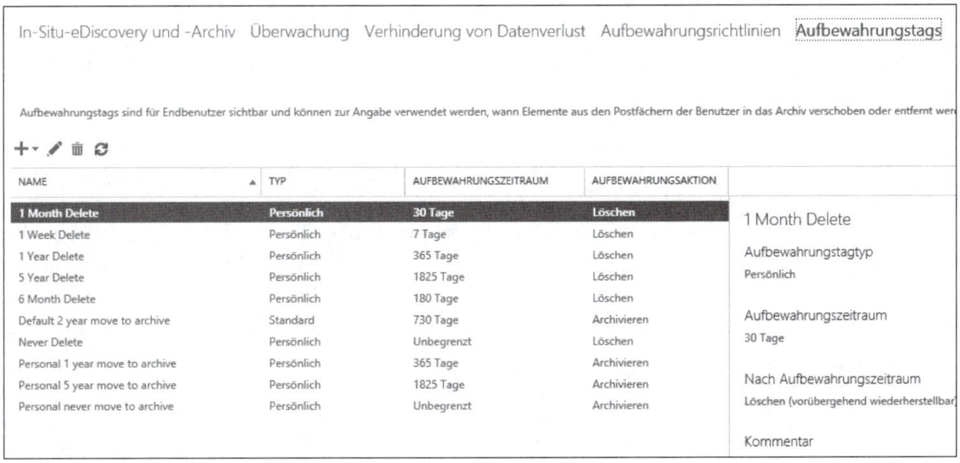

In-Situ-eDiscovery und -Archiv   Überwachung   Verhinderung von Datenverlust   Aufbewahrungsrichtlinien   **Aufbewahrungstags**

Aufbewahrungstags sind für Endbenutzer sichtbar und können zur Angabe verwendet werden, wann Elemente aus den Postfächern der Benutzer in das Archiv verschoben oder entfernt wer

NAME	TYP	AUFBEWAHRUNGSZEITRAUM	AUFBEWAHRUNGSAKTION	
1 Month Delete	**Persönlich**	**30 Tage**	**Löschen**	1 Month Delete
1 Week Delete	Persönlich	7 Tage	Löschen	
1 Year Delete	Persönlich	365 Tage	Löschen	Aufbewahrungstagtyp
5 Year Delete	Persönlich	1825 Tage	Löschen	Persönlich
6 Month Delete	Persönlich	180 Tage	Löschen	
Default 2 year move to archive	Standard	730 Tage	Archivieren	Aufbewahrungszeitraum
Never Delete	Persönlich	Unbegrenzt	Löschen	30 Tage
Personal 1 year move to archive	Persönlich	365 Tage	Archivieren	
Personal 5 year move to archive	Persönlich	1825 Tage	Archivieren	Nach Aufbewahrungszeitraum
Personal never move to archive	Persönlich	Unbegrenzt	Archivieren	Löschen (vorübergehend wiederherstellbar)
				Kommentar

Abbildung 9.1: Anpassen der Standardrichtlinie für das Archiv

Sie können die Richtlinie aber auch in der Exchange Management Shell anpassen. In diesem Beispiel wird das Tag *Default 2 year move to archive* geändert, um Elemente nach 1.095 Tagen (3 Jahren) zu verschieben:

```
Set-RetentionPolicyTag "Default 2 year move to archive" -Name "Default 3 year move to archive"
-AgeLimitForRetention 1095
```

Im folgenden Beispiel wird das Tag *Default 2 year move to archive* deaktiviert:

```
Set-RetentionPolicyTag "Default 2 year move to archive" -RetentionEnabled $false
```

Als Nächstes werden alle Archiv-DPTs und persönlichen Tags abgerufen und deaktiviert:

```
Get-RetentionPolicyTag | ? {$_.RetentionAction -eq "MoveToArchive"} | Set-RetentionPolicyTag
-RetentionEnabled $false
```

Verwenden Sie das Cmdlet *Get-RetentionPolicyTag*, um die Einstellungen des Aufbewahrungstags abzurufen:

```
Get-RetentionPolicyTag "Default 2 year move to archive" |fl
```

Compliance

Kontingente für das Archiv konfigurieren

Archive werden standardmäßig mit unbegrenzten Speicherkontingenten erstellt. Sie können aber nachträglich die Eigenschaften eines Postfachs bearbeiten, um für das Archiv Speicherkontingente festzulegen.

Wenn ein Archiv das angegebene Archivierungskontingent überschreitet, wird hierfür ein Ereignis protokolliert, und der Postfachbenutzer erhält eine Warnmeldung:

1. Navigieren Sie zu *Empfänger/Postfächer*.
2. Wählen Sie in der Listenansicht ein Postfach aus.
3. Klicken Sie im Detailbereich unter *In-Situ-Archiv* auf *Details anzeigen*.
4. Wählen Sie in den Dropdownlistenfeldern *Archivkontingent (GB)* und *Warnmeldung senden ab (GB)* die gewünschten Werte aus.
5. Klicken Sie auf *OK*.

Sie können die Einstellungen aber auch in der Exchange Management Shell durchführen. In folgendem Beispiel wird das Archivierungskontingent des Postfachs von Thomas Joos auf 10 GB festgelegt. Ist dieses Kontingent ausgeschöpft, erhält der Benutzer eine Warnmeldung, dass das Compliance-Archiv voll ist und er keine weiteren Elemente in das Archiv verschieben kann.

Zusätzlich wird in diesem Beispiel das Archivierungskontingent, ab dem eine Warnung ausgegeben wird, auf 9 GB gesetzt. Wird diese Grenze erreicht, erhält der Benutzer eine Warnmeldung, dass das Compliance-Kontingent beinahe voll ausgeschöpft ist:

```
Set-Mailbox -Identity "Thomas Joos" -ArchiveQuota 10GB -ArchiveWarningQuota 9GB
```

In der Exchange Management Shell lassen Sie die Werte mit dem folgenden Befehl anzeigen:

```
Get-Mailbox <Name> |fl Name,Archive*Quota
```

E-Mail-Archivierung mit Exchange 2016-Bordmitteln in der Praxis

Neben den gesetzlichen Vorschriften zur dauerhaften Speicherung von Daten spielen auch interne Gründe eine wichtige Rolle, warum sich die Archivierung lohnen kann. Die Archivierung dient in erster Linie dazu, die Postfächer der Anwender zu verkleinern und wichtige E-Mails auf Basis verschiedener Richtlinien dauerhaft zu speichern. Wenn Sie im Unternehmen Richtlinien definiert haben, nach denen alte E-Mails automatisch gelöscht werden, kann das zwar Speicherplatz sparen und die Leistung von Exchange erhöhen. Aber die eine oder andere E-Mail soll sicher auch über den definierten Zeitraum hinaus aufbewahrt werden. Hier kann die Archivierung helfen.

Sie können auch über Richtlinien die Archivierung automatisieren. Für Anwender ist der Umgang sehr einfach, da alle Funktionen in Outlook Web App und Outlook integriert sind. Auch von Smartphones aus können Anwender auf ihr Archiv zugreifen. Jeder Anwender erhält sein eigenes Archiv, auf das nur er Zugriff hat. Allerdings können Sie im Unternehmen weitreichendere Rechte konfigurieren und auch anderen Anwendern oder Administratoren Zugriff auf das Archiv gewähren. Das ist aber nur optional. Mit wenigen Schritten erhöhen Sie also die Übersicht im Exchange-Postfach, verkleinern produktive Datenbanken und beschleunigen Exchange 2016. Es spricht also nichts dagegen, sich die Archivierung in Exchange 2016 einmal in der Praxis anzusehen.

So funktioniert die Archivierung in Exchange grundsätzlich

In einer einfachen Archivierungsumgebung mit Exchange 2016 wird den Anwendern ein zusätzliches Postfach parallel zu ihrem produktiven Postfach zugewiesen. Dieses zweite Postfach dient zur Archivierung. Sinnvollerweise sollte dieses Postfach in einer anderen Postfachdatenbank als das produktive Postfach liegen. Diese Datenbank sollten Sie wiederum auf anderen Datenträgern speichern. Die Einstellungen dazu lassen sich im Exchange Admin Center (ehemals Exchange-Verwaltungskonsole) und in der Exchange Management Shell vornehmen. Wir zeigen Ihnen nachfolgend beide Wege. Archivpostfächer lassen sich so verschieben wie normale Postfächer auch. Bei Migrationen können Sie das Archivpostfach sogar gesondert verschieben oder zusammen mit dem produktiven Postfach.

Die Archivpostfächer werden in Outlook und Outlook Web App integriert. Anwender können manuell E-Mails in das Archiv verschieben und Regeln für das Verschieben erstellen, oder Administratoren lassen über Richtlinien E-Mails automatisiert in das Archiv verschieben. Sie müssen nach der Aktivierung des Archivs bei den Anwendern keine Einstellungen ändern oder das Postfach hinzufügen. Sobald Sie das Archiv aktivieren, wird es automatisch bei den Outlook-Clients angezeigt. Es ist maximal ein Neustart von Outlook notwendig. Anwender können das Archiv wie jeden anderen E-Mail-Ordner auch nutzen. Der einzige Unterschied besteht in der Speicherung der Daten. Wir zeigen in den nächsten Abschnitten, wie dabei in der Praxis vorgegangen wird.

Suchen Anwender Daten in ihrem Postfach, wird bei der Suche zusätzlich das Archivpostfach berücksichtigt. Anwender müssen also nicht mehrmals suchen oder sich merken, wo eine E-Mail gespeichert wurde, um diese zu finden.

Das muss für die Archivierung beachtet werden

Für jeden Anwender, der das Exchange-Archiv nutzt, müssen Sie eine Exchange Server 2016 Enterprise-CAL nutzen. Diese muss zusätzlich zur Standard-CAL lizenziert werden. Enterprise-CALs ergänzen die Standard-CALs, sie ersetzen diese nicht. Die Archivfunktion ist auch in Exchange Server 2016 Standard integriert, Sie benötigen nur Enterprise-CALs, nicht die Enterprise-Edition. Mehr zur Exchange-Lizenzierung finden Sie auf der Seite *http://tinyurl.com/j33r65m*.

Grundsätzlich kann das Archiv in der gleichen Postfachdatenbank gespeichert werden wie das produktive Postfach des Anwenders. In der Praxis ergibt das allerdings keinen Sinn. Sie sollten die Archivpostfächer in einer eigenen Archivpostfachdatenbank speichern. Um die produktiven Datenbanken nicht zu beeinträchtigen, sollte die Archivdatenbank am besten auch auf einem anderen Datenträger als die produktiven Datenbanken gespeichert werden. Archivdatenbanken unterscheiden sich nicht von Postfachdatenbanken und werden auf dem gleichen Weg erstellt und verwaltet. Mehr gibt es generell nicht zu beachten.

Eine Archivdatenbank anlegen

Bevor Sie die Archivierung für Anwender aktivieren, legen Sie zunächst eine Archivdatenbank an. Dabei handelt es sich im Grunde genommen um eine ganz normale Postfachdatenbank. Am einfachsten geht das im Exchange Admin Center:

1. Klicken Sie auf *Server* und dann auf *Datenbanken*.
2. Klicken Sie auf das Pluszeichen, und legen Sie die neue Datenbank an.
3. Geben Sie der Datenbank die Bezeichnung »Archivdatenbank« oder einen ähnlichen Namen.

Compliance

4. Legen Sie fest, wo die Datenbank gespeichert werden soll und auf welchem Server Sie die Datenbank bereitstellen wollen.

5. Achten Sie darauf, Transaktionsprotokolle und Datenbankdateien – falls möglich – auf unterschiedlichen Datenträgern zu speichern. Dadurch steigt die Leistung, und Sie können die Datenbank leichter wiederherstellen, wenn ein Datenträger ausfällt. Sie können die Protokolle und Datenbankdateien aber auch auf den gleichen Datenträgern speichern.

Wie normale Datenbanken können Sie auch Archivdatenbanken in Datenbankverfügbarkeitsgruppen integrieren und damit die Verfügbarkeit der Datenbank erhöhen. Dies ist aber optional und zu Beginn nicht notwendig. Nachdem Sie die Postfachdatenbank erstellt haben, sollten Sie noch die Einstellungen der neuen Postfachdatenbank aufrufen. Zunächst sollten Sie über das Menü *Grenzwerte* die Grenzwerte für die Datenbank festlegen. Dies gilt auch für die Aufbewahrungszeiträume für gelöschte Objekte im Archiv. Gehen Sie noch die weiteren Einstellungen durch, und passen Sie diese an die Anforderungen Ihres Unternehmens an. Sie sollten die Datenbank auch an die Datensicherung anbinden, falls dies durch Ihre Software nicht automatisch geschieht.

Das Archiv für Empfänger aktivieren

Sobald die Postfachdatenbank zur Verfügung steht, können Sie im *Empfänger*-Bereich des Exchange Admin Centers für einzelne oder alle Empfänger das Archiv aktivieren:

1. Dazu rufen Sie im Bereich *Empfänger* des Exchange Admin Centers die Eigenschaften eines Empfängers auf und wechseln zum Menü *Postfachfunktionen*.

2. Im unteren Bereich finden Sie die Option *Archivierung: Deaktiviert*. Mit dem Link *Aktivieren* schalten Sie die Archivierung für Benutzer ein.

3. Im neuen Fenster klicken Sie bei *Postfachdatenbank für das Archiv auswählen* auf *Durchsuchen* und legen die von Ihnen erstellte Postfachdatenbank für das Archiv fest.

4. Klicken Sie auf *OK*, um das Archiv zu erstellen.

5. Über *Details anzeigen* können Sie Informationen zum Archiv anzeigen und Kontingente für das Archiv steuern. Außerdem können Sie hier die Bezeichnung des Archivordners im Postfach des Anwenders festlegen.

Sie können auf diesem Weg auch Archive für mehrere Benutzer erstellen. Dazu markieren Sie im Exchange Admin Center einfach alle Benutzer, für die Sie das Archiv erstellen wollen, und nehmen die Einstellung als Stapelverarbeitung vor. Falls Sie neue Empfänger anlegen, können Sie über den Link *Weitere Optionen* sofort das Archiv anlegen und auch festlegen, in welcher Datenbank das Archiv gespeichert werden soll.

Grundsätzlich ist es sinnvoll, den Exchange-Server mit der Archivdatenbank nach dem Anlegen der Postfachdatenbank und dem Zuordnen der Archive einmal neu zu starten. So ist sichergestellt, dass das Archiv in allen Bereichen von Exchange 2016 zur Verfügung steht und keine Fehler auftreten. Sie müssen dies zwar nicht sofort erledigen, aber am besten vor der nächsten Datensicherung.

In der Exchange Management Shell können Sie sich mit dem Befehl *Get-Mailbox <Alias> |fl DisplayName, *archive** die Archive anzeigen lassen und feststellen, welche Benutzer bereits das Archiv verwenden. Wollen Sie über die Exchange Management Shell einem Empfänger ein Archiv zuweisen, verwenden Sie das Cmdlet *EnablE-Mailbox <Alias> -Archive*. Mit dem Cmdlet *DisablE-Mailbox <Alias> -Archive* deaktivieren Sie das Archiv für einen Benutzer.

Wollen Sie in der Exchange Management Shell die Größe eines Postfachs anzeigen lassen, geben Sie den Befehl *Get-MailboxStatistics <Alias>* ein. Mit dem Befehl *Get-MailboxStatistics <Alias> -Archive* machen Sie das Gleiche mit dem Archiv.

Das Archiv auf der Empfängerseite nutzen

Sobald Sie die Archivierung für ein Benutzerpostfach aktiviert haben, steht dieses als eigener Ordner in Outlook Web App und Outlook zur Verfügung. Anwender können jetzt schon manuell E-Mails in das Archiv ziehen oder mit Regeln verschieben lassen. Drag & Drop funktioniert in Exchange auch in Outlook Web App.

Der Ordner wird so angezeigt, wie Sie den Namen in den Einstellungen des Benutzerpostfachs angegeben haben. Schon an dieser Stelle ist das Archiv sinnvoll genutzt, da Anwender ihre Daten nicht mehr in *.pst*-Dateien speichern müssen oder einfach im produktiven Postfach belassen.

Archivierung automatisieren

Sinnvoll ist eine Archivierung nur dann, wenn Sie diese automatisieren. Dazu bietet Exchange Server 2016 die Messaging-Datensatzverwaltung. Hier legen Sie Richtlinien und Regeln fest, wann E-Mails archiviert werden sollen. Sobald eine E-Mail in den Ordnern der Anwender eine bestimmte Bedingung (zum Beispiel Alter) erfüllt, verschiebt Exchange sie automatisch in das Archiv.

In Exchange 2016 nutzen Sie Archivrichtlinien zum automatischen Verschieben von E-Mails in Archive der Anwender. Archivrichtlinien sind wiederum eine Sammlung von verschiedenen Aufbewahrungstags, die die Aufbewahrungsaktion *In Archiv verschieben* verwenden. Die Aufbewahrungsrichtlinien arbeiten also mit den Aufbewahrungstags (Retention Tags) zum Archivieren. Über diese legen Sie fest, wann genau Exchange eine E-Mail archivieren soll. Mehrere Tags verbinden Sie daher mit einer Richtlinie, die Sie dann auf die einzelnen Postfächer oder alle Empfänger anwenden. Dies klingt zunächst etwas kompliziert, ist im Grunde genommen aber sehr einfach, da Exchange 2016 bereits Standardeinstellungen vorgibt. In den Eigenschaften der Postfächer im Exchange Admin Center sehen Sie die Richtlinie, die auf das entsprechende Postfach angewendet wird. Exchange 2016 unterscheidet drei verschiedene Aufbewahrungstags (Retention Tags):

Aufbewahrungsrichtlinientags (Retention Policy Tags, RPT)   Aufbewahrungsrichtlinientags wenden Aufbewahrungseinstellungen auf die Standardordner im Postfach an, zum Beispiel auf den *Posteingang*, *Gesendete Elemente*, *Gelöschte Elemente* usw. Sie können immer nur ein RPT für einen Standardordner in einer Aufbewahrungsrichtlinie hinterlegen. In Exchange 2016 können Sie die Tags und Richtlinien auch auf Kalender und Aufgaben anwenden.

Standardrichtlinientags (Default Policy Tags, DPTs)   DPTs weisen Sie unmarkierten (untagged) Objekten in Postfächern zu. Bei solchen Objekten handelt es sich zum Beispiel um E-Mails, auf die kein Tag angewendet wurde.

Persönliche Tags (Personal Tags)   Benutzer können persönliche Tags manuell in Outlook oder Outlook Web App zuweisen. Solche Tags sind bei selbst erstellten Ordnern oder einzelnen Objekten im Postfach sinnvoll. Sie können zum Beispiel ein Tag erstellen, das Anwender selbst E-Mails zuweisen können, beispielsweise für geschäftskritische E-Mails, die Anwender dann selbst markieren können und die danach wiederum auf Basis der Richtlinien in das Archiv verschoben werden sollen.

Compliance

Über *Verwaltung der Compliance/Aufbewahrungsrichtlinien* können Sie diese Richtlinien einsehen. Standardmäßig wird hier bereits die Richtlinie *Default MRM Policy* angelegt und allen Empfängern zugewiesen. Sie können diese bearbeiten oder eigene Richtlinien erstellen.

Dieser Richtlinie ist ein Standardrichtlinientag (DPT) zugewiesen, mit dem E-Mails nach zwei Jahren automatisch aus dem normalen Postfach in das Archivpostfach verschoben werden. Die Richtlinie enthält auch einige persönliche Tags, die Benutzer auf Ordner oder Postfachelemente manuell anwenden können, um Nachrichten automatisch zu verschieben oder zu löschen.

Wenn einem Postfach bei der Aktivierung des Archivs keine andere Aufbewahrungsrichtlinie zugewiesen wird, verwendet Exchange automatisch diese Standardrichtlinie. Generell müssen Sie daher an dieser Stelle keine Änderungen vornehmen, sollten aber verstehen, was im Hintergrund passiert.

Sie können jederzeit auch eigene Archiv- und Aufbewahrungsrichtlinien erstellen und auf Postfachbenutzer anwenden. Die Einstellungen dazu finden Sie in den Eigenschaften der Empfänger über *Postfachfunktionen*. Bei *Aufbewahrungsrichtlinie* wählen Sie die Richtlinie aus, die dem Anwender zugewiesen wird. Arbeiten Sie nicht mit eigenen Aufbewahrungsrichtlinien, können Sie auch einfach die Standardrichtlinie (Default MRM Policy) für die Archivierung anpassen.

Die Messaging-Datensatzverwaltung

Messaging-Datensatzverwaltung (Messaging Records Management, MRM) ist eine Funktion in Exchange 2016, die Organisationen dabei unterstützt, den E-Mail-Lebenszyklus zu verwalten.

In Exchange Server 2016 wird MRM durch die Nutzung von Aufbewahrungstags und Aufbewahrungsrichtlinien verwaltet. Aufbewahrungstags verwenden Sie, um Aufbewahrungseinstellungen auf ein Postfach und Postfachordner wie *Posteingang* und *Gelöschte Elemente* anzuwenden. Sie können Aufbewahrungstags erstellen, die Benutzer von Outlook 2010/2013/2016 sowie Outlook Web App-Benutzer auf Ordner oder einzelne E-Mails anwenden.

Nachdem Sie Aufbewahrungstags erstellt haben, fügen Sie sie zu einer Aufbewahrungsrichtlinie hinzu und wenden dann die Richtlinie auf Benutzer an. Wenn eine E-Mail den im Aufbewahrungstag festgelegten Aufbewahrungszeitraum erreicht, führt Exchange die im Tag festgelegte Aufbewahrungsaktion aus.

Wenn für den Benutzer ein Archiv bereitgestellt ist, können Sie mit Aufbewahrungstags auch Elemente in das Compliance-Archiv des Benutzers verschieben.

Hinweis

Verwaltete Ordner aus Exchange 2007 sind in Exchange 2016 nicht verfügbar. Sie müssen bei einer Migration Ihre Richtlinieneinstellungen für verwaltete Ordner in Aufbewahrungsrichtlinien umwandeln.

In Exchange 2016 können Sie auch Aufbewahrungsrichtlinientags für *Kalender* und *Aufgaben* erstellen. Wenn Sie für Elemente in Standardordnern des Exchange-Postfachs von Anwendern kein Aufbewahrungslimit festlegen, können Sie auch ein deaktiviertes Aufbewahrungstag erstellen.

Mit Exchange 2016 können Sie Aufbewahrungsrichtlinien auch mit einem Archiv kombinieren. Über Aufbewahrungsrichtlinien werden E-Mails nach dem festgelegten Zeitraum aus dem Postfach gelöscht. Mit einem zeitbasierten Archiv werden E-Mails für diesen Zeitraum auch dann weiter gespeichert, wenn sie gelöscht oder geändert wurden.

Um zum Beispiel E-Mails für fünf Jahre aufzubewahren, können Sie eine Aufbewahrungsrichtlinie mit einem Standardrichtlinientag erstellen, über das Nachrichten nach fünf Jahren gelöscht werden. Gleichzeitig erstellen Sie ein Archiv, in dem Nachrichten fünf Jahre lang aufbewahrt werden.

Aufbewahrungsrichtlinien verstehen und einsetzen

Wenn Sie für ein Postfach das Archiv aktivieren, wendet Exchange automatisch die standardmäßig bereits vorhandene Aufbewahrungsrichtlinie an. Die Steuerung der Aufbewahrungsrichtlinien nehmen Sie in der Exchange Management Shell vor.

Um sich die vorhandenen Richtlinien und deren Werte anzeigen zu lassen, verwenden Sie das Cmdlet *Get-RetentionPolicy*. Mit *Get-RetentionPolicy |fl* erhalten Sie eine formatierte Liste mit allen Daten. Die Verwaltung nehmen Sie im Exchange Admin Center im Bereich *Verwaltung der Compliance* vor.

Die Aufbewahrungsrichtlinien arbeiten mit Aufbewahrungstags (Retention Tags). Über diese legen Sie fest, wann Exchange eine E-Mail archivieren soll. Mehrere Tags verbinden Sie mit einer Richtlinie, die Sie dann auf die einzelnen Postfächer anwenden. Haben Sie für Objekte kein eigenes Aufbewahrungstag festgelegt, verwendet Exchange das Standardrichtlinientag.

In den Retention Tags legen Sie fest, wie lange ein bestimmtes Objekt im Postfach verbleibt und was nach dem Ablauf passieren soll. Nach Ablauf der Zeit verschiebt Exchange das Objekt in das Archiv, löscht es oder fordert den Empfänger auf, eine bestimmte Aktion durchzuführen. Exchange 2016 unterscheidet drei verschiedene Aufbewahrungstags (Retention Tags):

- **Aufbewahrungsrichtlinientags (Retention Policy Tags, RPT)** Aufbewahrungsrichtlinientags wenden Aufbewahrungseinstellungen auf die Standardordner im Postfach an, zum Beispiel auf den *Posteingang*, *Gesendete Elemente*, *Gelöschte Elemente* usw. Sie können immer nur ein RPT für einen Standardordner in einer Aufbewahrungsrichtlinie hinterlegen. RPT unterstützen in Exchange 2010/2013 keine Kalendereinträge, Kontakte, Journal, Notizen und Aufgaben. In Exchange 2016 können Sie die Tags und Richtlinien auch auf Kalender und Aufgaben anwenden.

- **Standardrichtlinientags (Default Policy Tags, DPTs)** DPTs weisen Sie unmarkierten (untagged) Objekten in Postfächern zu. Bei solchen Objekten handelt es sich zum Beispiel um E-Mails, auf die kein Tag angewendet wurde.

- **Persönliche Tags (Personal Tags)** Benutzer können persönliche Tags manuell zuweisen. Solche Tags sind bei selbst erstellten Ordnern oder einzelnen Objekten im Postfach sinnvoll. Sie können zum Beispiel ein Tag erstellen, das Anwender selbst E-Mails zuweisen können, zum Beispiel für geschäftskritische E-Mails, die Anwender dann selbst markieren können.

Compliance

Aufbewahrungstags (Retention Tags) erstellen

Aufbewahrungstags erstellen Sie in der Exchange Management Shell oder über *Verwaltung der Compliance* im Exchange Admin Center.

Aufbewahrungstags im Exchange Admin Center erstellen

Navigieren Sie zu *Verwaltung der Compliance/Aufbewahrungstags*, und klicken Sie dann auf *Hinzufügen* (das Plussymbol). Hier können Sie nun die vorhandenen Tags bearbeiten oder neue Tags erstellen.

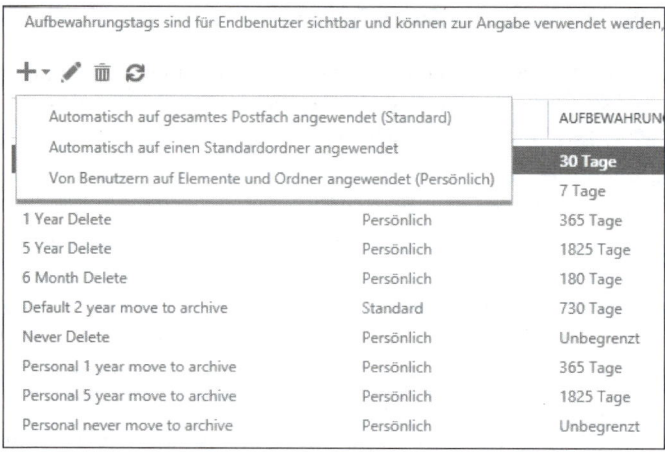

Abbildung 9.2: Erstellen von neuen Aufbewahrungstags

Sie haben beim Erstellen von Tags verschiedene Auswahlmöglichkeiten:

- **Automatisch auf gesamtes Postfach angewendet (Standard)**   Mit Standardrichtlinientags können Sie eine Standardlöschrichtlinie erstellen, die für alle Elemente im Postfach gilt.

- **Automatisch auf einen Standardordner angewendet**   Aufbewahrungsrichtlinientags können nur mit der Aktion *Löschen* und *Wiederherstellung zulassen* oder *Endgültig löschen* erstellt werden.

- **Von Benutzern auf Elemente und Ordner angewendet (Persönlich)**   Diese Tags ermöglichen Benutzern von Outlook und Outlook Web App das Anwenden von Archivierungs- oder Löscheinstellungen auf eine E-Mail oder einen Ordner. Die Einstellungen unterscheiden sich von den Einstellungen, die für den übergeordneten Ordner oder das Postfach gültig sind.

Das Dropdownlistenfeld *Dieses Tag auf folgenden Standardordner anwenden* ist verfügbar, wenn Sie *Automatisch auf einen Standardordner angewendet* ausgewählt haben.

- **Aufbewahrungsaktion**   Wählen Sie eine der folgenden Aktionen aus, die Exchange ausführen soll, wenn der Aufbewahrungszeitraum des Elements abläuft:
  - **Löschen und Wiederherstellung zulassen**   Mit dieser Option lassen sich Elemente löschen. Benutzer haben aber die Möglichkeit, die Elemente mit der Option *Gelöschte Elemente wiederherstellen* in Outlook oder Outlook Web App wiederherzustellen. Elemente werden von Exchange aufbewahrt, bis die Aufbewahrungszeit für gelöschte Ele-

mente erreicht ist. Die Einstellung nehmen Sie für die Postfachdatenbank oder das Postfach vor.

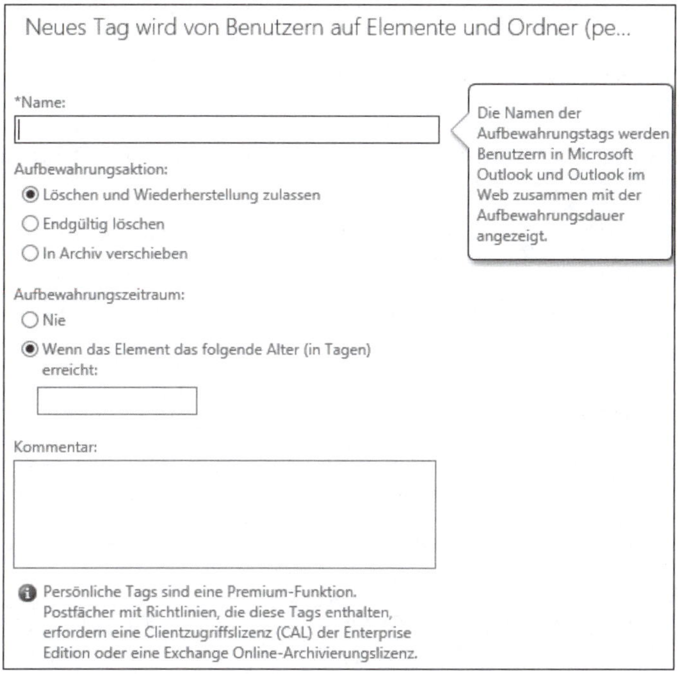

Neues Tag wird von Benutzern auf Elemente und Ordner (pe...

*Name:

Aufbewahrungsaktion:
- ◉ Löschen und Wiederherstellung zulassen
- ○ Endgültig löschen
- ○ In Archiv verschieben

Die Namen der Aufbewahrungstags werden Benutzern in Microsoft Outlook und Outlook im Web zusammen mit der Aufbewahrungsdauer angezeigt.

Aufbewahrungszeitraum:
- ○ Nie
- ◉ Wenn das Element das folgende Alter (in Tagen) erreicht:

Kommentar:

ⓘ Persönliche Tags sind eine Premium-Funktion. Postfächer mit Richtlinien, die diese Tags enthalten, erfordern eine Clientzugriffslizenz (CAL) der Enterprise Edition oder eine Exchange Online-Archivierungslizenz.

Abbildung 9.3: Erstellen eines neuen Tags

- **Endgültig löschen**   Durch diese Option wird das Element endgültig aus der Postfachdatenbank gelöscht. Postfächer oder Elemente, die der Archivierung oder dem Beweissicherungsverfahren unterliegen, werden aufbewahrt und bei Compliance-eDiscovery-Suchvorgängen zurückgegeben.

- **In Archiv verschieben**   Diese Aktion ist verfügbar, wenn Sie ein Standardrichtlinientag oder persönliches Tag erstellen. Die Aktion ermöglicht das Verschieben von Elementen in das Compliance-Archiv des Benutzers.

• **Aufbewahrungszeitraum**   Hier legen Sie fest, wie Exchange den Zeitraum messen soll, in dem das Element noch aufbewahrt werden soll:

- **Nie**   Elemente werden nie gelöscht oder in das Archiv verschoben.

- **Wenn das Element das folgende Alter (in Tagen) erreicht**   Der Aufbewahrungszeitraum wird ab dem Datum berechnet, an dem ein Element empfangen oder erstellt wird. Der Aufbewahrungszeitraum für Kalender- und Aufgabenelemente wird ab dem Enddatum berechnet.

Im Feld *Kommentar* können Sie optionale Hinweise oder Kommentare eingeben. Das Feld wird Benutzern nicht angezeigt.

Compliance

Aufbewahrungstags in der Exchange Management Shell erstellen

Verwenden Sie das Cmdlet *New-RetentionPolicyTag*, um ein Aufbewahrungstag in der Exchange Management Shell zu erstellen. Der folgende Befehl erstellt ein Standardrichtlinientag, durch das alle Nachrichten im Postfach nach 7 Jahren (2.556 Tagen) gelöscht werden:

```
New-RetentionPolicyTag -Name "Delete" -Type All -AgeLimitForRetention 2556 -RetentionAction
DeleteAndAllowRecovery
```

Der nächste Befehl erstellt ein Standardrichtlinientag, durch das alle E-Mails in 2 Jahren (730 Tagen) ins Archiv verschoben werden:

```
New-RetentionPolicyTag -Name "Move" -Type All -AgeLimitForRetention 730 -RetentionAction
MoveToArchive
```

Der folgende Befehl erstellt ein Standardrichtlinientag zum Löschen von Voicemailnachrichten nach 20 Tagen:

```
New-RetentionPolicyTag -Name "Voicemail" -Type All -MessageClass Voicemail -AgeLimitForRetention 20
-RetentionAction DeleteAndAllowRecovery
```

Im nächsten Beispiel erstellen Sie ein Aufbewahrungsrichtlinientag zum endgültigen Löschen der Nachrichten im Junk-E-Mail-Ordner nach 30 Tagen:

```
New-RetentionPolicyTag -Name "JunkMail" -Type JunkEmail -AgeLimitForRetention 30 -RetentionAction
PermanentlyDelete
```

Ein persönliches Tag, bei dessen Anwendung Nachrichten nie gelöscht werden, erstellen Sie folgendermaßen:

```
New-RetentionPolicyTag -Name "Never Delete" -Type Personal -RetentionAction DeleteAndAllowRecovery
-RetentionEnabled $false
```

Mit dem Cmdlet *Get-RetentionPolicyTag* lassen Sie sich die erstellten Tags anzeigen. Hilfe erhalten Sie in der Exchange Management Shell über die Option *-Detailed* und *-Examples*. Im folgenden Beispiel erstellen Sie das Aufbewahrungsrichtlinientag für den Standardordner *Gelöschte Elemente*. Durch Anwendung des Tags löscht Exchange die enthaltenen Elemente nach 30 Tagen aus der Datenbank:

```
New-RetentionPolicyTag "Gelöschte Objekte" -Type "DeletedItems" -Comment "Gelöschte Objekte werden
nach 30 Tagen permanent gelöscht" -RetentionEnabled $true -AgeLimitForRetention 30 -RetentionAction
PermanentlyDelete
```

Haben Sie das Tag erstellt, sehen Sie es auch im Exchange Admin Center, wenn Sie die Ansicht aktualisieren. Wollen Sie ein Tag wieder löschen, verwenden Sie das Cmdlet *Remove-RetentionPolicyTag* oder entfernen es im Exchange Admin Center. Mit *Get-RetentionPolicyTag |fl* überprüfen Sie, ob das Tag gelöscht wurde.

Mit dem Befehl *Get-Command *retention** lassen Sie sich alle verfügbaren Cmdlets für Aufbewahrungsrichtlinien anzeigen. Im folgenden Beispiel erstellen Sie das persönliche Tag *BusinessCritical*. Elemente, auf die der Anwender das Tag anwenden, verschiebt Exchange nach drei Jahren in das Archiv:

```
New-RetentionPolicyTag "BusinessCritical" -Type Personal -Comment "Kritische Geschäftsmails werden
nach 3 Jahren automatisch archiviert" -RetentionEnabled $true -AgeLimitForRetention 1095
-RetentionAction MoveToArchive
```

Auf diesem Weg können Sie für verschiedene Ordner Tags erstellen. Diese wendet Exchange aber erst dann an, wenn Sie sie zu einer Richtlinie zusammenfassen und auf die Empfänger-Postfächer anwenden. Wie das geht, zeigen wir Ihnen nachfolgend etwas ausführlicher.

Aufbewahrungsrichtlinien (Retention Policies) erstellen

Aufbewahrungsrichtlinien sind eine Zusammenfassung mehrerer Aufbewahrungstags. Daher erstellen Sie erst die verschiedenen Tags und danach die Aufbewahrungsrichtlinien auf Basis der erstellten Tags.

Sie können Postfächern immer nur eine Aufbewahrungsrichtlinie zuweisen, und jedes Aufbe-wahrungtag kann nur einer einzelnen Aufbewahrungsrichtlinie zugewiesen sein. Nach dem Anlegen einer Aufbewahrungsrichtlinie können Sie jederzeit zusätzliche Tags erstellen und sie einer Richtlinie zuweisen oder Tags wieder aus der Richtlinie entfernen. Exchange wendet Tags erst dann an, wenn sie mit einer Aufbewahrungsrichtlinie verknüpft sind und diese mit Postfä-chern verknüpft ist.

Eine Aufbewahrungsrichtlinie im Exchange Admin Center erstellen

Aufbewahrungsrichtlinien erstellen Sie im Exchange Admin Center. Navigieren Sie zu *Verwal-tung der Compliance/Aufbewahrungsrichtlinien*, und klicken Sie dann auf *Hinzufügen* (das Plus-symbol). Geben Sie einen Namen für die Richtlinie ein, und wählen Sie die Tags aus, die Sie der Richtlinie zuordnen wollen.

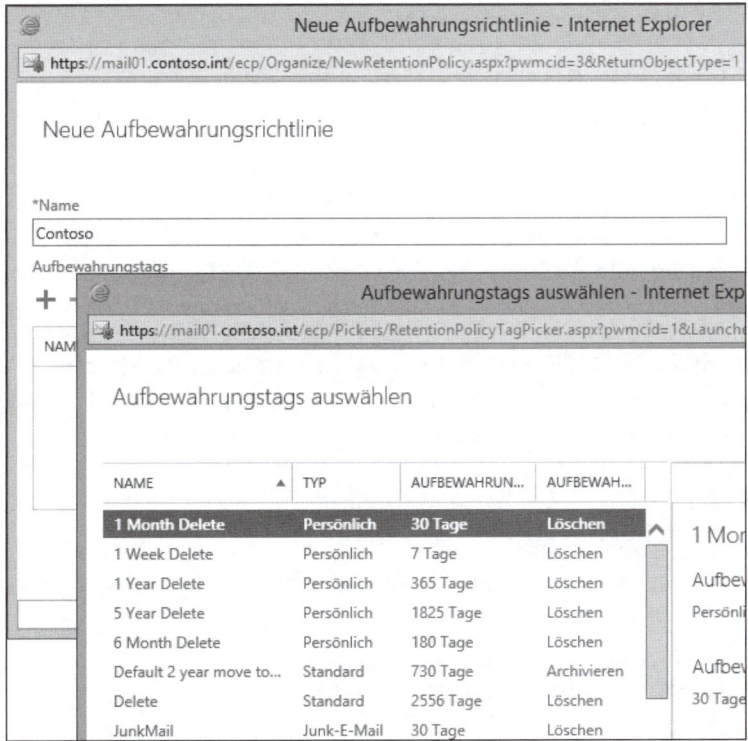

Abbildung 9.4: Erstellen einer neuen Aufbewahrungsrichtlinie

Eine Aufbewahrungsrichtlinie kann die folgenden Tags enthalten:

- ein Standardrichtlinientag mit der Aktion *In Archiv verschieben*
- ein Standardrichtlinientag mit der Aktion *Löschen und Wiederherstellung zulassen* oder *Endgültig löschen*
- ein Standardrichtlinientag für Voicemailnachrichten mit der Aktion *Löschen und Wiederherstellung zulassen* oder *Endgültig löschen*
- ein Aufbewahrungsrichtlinientag pro Standardordner (zum Beispiel den Posteingang) zum Löschen von Elementen
- eine beliebige Anzahl von persönlichen Tags

Es wird empfohlen, mit einer Aufbewahrungsrichtlinie nicht mehr als 10 persönliche Tags zu verknüpfen. Ansonsten verwirren Sie Anwender unnötig, da diese die Tags manuell zuordnen müssen.

Sie können eine Aufbewahrungsrichtlinie erstellen, ohne Aufbewahrungstags hinzuzufügen. Elemente im Postfach, für das die Richtlinie gilt, werden allerdings nicht verschoben oder gelöscht. Dies funktioniert nur, wenn Tags zugewiesen sind. Sie können einer Aufbewahrungsrichtlinie auch nach ihrer Erstellung Aufbewahrungstags hinzufügen oder Aufbewahrungstags aus ihr entfernen. Auch hierzu können Sie das Exchange Admin Center verwenden.

Eine Aufbewahrungsrichtlinie in der Exchange Management Shell erstellen

Aufbewahrungsrichtlinien erstellen Sie in der Exchange Management Shell auch mit dem Cmdlet *New-RetentionPolicy*. Im folgenden Beispiel erstellen Sie die Aufbewahrungsrichtlinie *RP* und verknüpfen das erstellte Tag *BusinessCritical*:

```
New-RetentionPolicy "RP" -RetentionPolicyTagLinks "BusinessCritical"
```

Im folgenden Beispiel wird die Aufbewahrungsrichtlinie *Retention* erstellt und der Parameter *-RetentionPolicyTagLinks* verwendet, um der Richtlinie fünf Tags zuzuordnen:

```
New-RetentionPolicy "Retention" -RetentionPolicyTagLinks "Delete","Move"," Voicemail",
" JunkMail","Never Delete"
```

Wenn mit der Richtlinie bereits Aufbewahrungstags verknüpft sind, werden die vorhandenen Tags ersetzt, wenn Sie neue Tags in der Exchange Management Shell zuordnen. Das heißt, Sie müssen die vorhandenen Tags erst in einer Variable speichern, die neuen Tags hinzufügen und dann alle Tags wieder zusammenfassen. Sie verwenden dazu das Cmdlet *Set-RetentionPolicy*.

In diesem Beispiel wird das Aufbewahrungstag *DeletedItems* mit der Aufbewahrungsrichtlinie *RetPolicy* verknüpft, mit der bereits andere Aufbewahrungstags verknüpft sind:

```
$TagList = (Get-RetentionPolicy "RetPolicy").RetentionPolicyTagLinks
$TagList.Add((Get-RetentionPolicyTag 'DeletedItems').DistinguishedName)
Set-RetentionPolicy "RetPolicy" -RetentionPolicyTagLinks $TagList
```

In diesem Beispiel wird das Aufbewahrungstag *Inbox* aus der Aufbewahrungsrichtlinie *RetPolicy* entfernt:

```
$TagList = (Get-RetentionPolicy "RetPolicy").RetentionPolicyTagLinks
$TagList.Remove((Get-RetentionPolicyTag 'Inbox').DistinguishedName)
Set-RetentionPolicy "RetPolicy" -RetentionPolicyTagLinks $TagList
```

Überprüfen Sie mit dem Cmdlet *Get-RetentionPolicy* die Eigenschaft *RetentionPolicyTagLinks*, um sicherzustellen, dass das Aufbewahrungstag der Aufbewahrungsrichtlinie korrekt hinzugefügt oder aus dieser entfernt wurde.

Im nächsten Beispiel verwenden Sie das Cmdlet *Get-RetentionPolicy*, um die Tags anzuzeigen, die der Richtlinie *Default MRM Policy* hinzugefügt worden sind:

```
(Get-RetentionPolicy "Default MRM Policy").RetentionPolicyTagLinks |fl Name
```

Eine Aufbewahrungsrichtlinie anwenden

Nachdem Sie Aufbewahrungsrichtlinientags erstellt und diese mit einer Aufbewahrungsrichtlinie verknüpft haben, müssen Sie die Richtlinie noch auf Empfänger anwenden. Ein Postfach darf nur mit einer Aufbewahrungsrichtlinie verknüpft sein.

Diese Richtlinie weisen Sie in den Einstellungen des Postfachs zu. Nachrichten laufen nach der Verknüpfung auf der Grundlage von den Einstellungen ab, die in den mit der Richtlinie verknüpften Aufbewahrungstags definiert sind. Vor dem Anwenden einer Aufbewahrungsrichtlinie sollten Sie die Richtlinie testen und die zugeordneten Aufbewahrungstags prüfen. Die Zuweisung erfolgt folgendermaßen:

1. Navigieren Sie zu *Empfänger/Postfächer*.
2. Wählen Sie in der Listenansicht das Postfach aus, und klicken Sie auf *Bearbeiten*.
3. Klicken Sie auf *Postfachfunktionen*.
4. Wählen Sie in der Liste *Aufbewahrungsrichtlinie* die Richtlinie aus, die auf das Postfach angewendet werden soll, und klicken Sie auf *Speichern*.

Sie können eine Richtlinie über diesen Weg aber auch weiteren Anwendern zuordnen. Verwenden Sie in der Listenansicht die Tasten [Strg] oder [⇧], um mehrere Postfächer auszuwählen, und klicken Sie im Detailbereich auf *Weitere Optionen*.

Klicken Sie dann bei *Aufbewahrungsrichtlinie* auf *Aktualisieren*. Anschließend wählen Sie in der Liste *Massenzuweisung von Aufbewahrungsrichtlinie* die Aufbewahrungsrichtlinie aus und klicken auf *Speichern*.

Sie können die Richtlinie auch Mitgliedern einer Verteilergruppe zuordnen und dabei auch dynamische Verteilergruppen verwenden. Im folgenden Beispiel verknüpfen Sie die Aufbewahrungsrichtlinie mit den Mitgliedern der Verteilergruppe *.Einkauf*:

```
Get-DistributionGroupMember -Identity ".Einkauf" | Set-Mailbox -RetentionPolicy "RP"
```

Kann der Assistent einzelnen Empfängern keine Richtlinie zuweisen, übergeht er diese und zeigt entsprechende Fehlermeldungen an. Um die Zuweisung über das Exchange Admin Center durchzuführen, rufen Sie die Eigenschaften der entsprechenden Postfächer auf und wechseln zur Registerkarte *Postfachfunktionen*.

In der Exchange Management Shell halten Sie den Aufbewahrungszeitraum für unbestimmte Zeit mit dem folgenden Befehl an:

```
Set-Mailbox <Alias> -RetentionHoldEnabled $true
```

Über den folgenden Befehl setzen Sie das Erfassen der Aufbewahrungszeit wieder fort:

```
Set-Mailbox <Alias> -RetentionHoldEnabled $false
```

Compliance

Wollen Sie in der Exchange Management Shell überprüfen, ob einem Empfänger eine Richtlinie zugewiesen ist, geben Sie diesen Befehl ein:

```
Get-Mailbox <Alias> |fl Displayname, *retention*
```

Wenn Sie eine Richtlinie einem Anwender zuweisen, indem Sie über die Mitgliedschaft von Verteilergruppen filtern, ist der Vorgang nicht dynamisch. Entfernen Sie den Anwender von der Gruppe oder fügen Sie Benutzer hinzu, hat das keinerlei Auswirkungen auf die Zuordnung von Richtlinien.

In diesem Beispiel wird die Aufbewahrungsrichtlinie *Buchhaltung* auf das Postfach des Benutzers *joost* angewendet:

```
Set-Mailbox "joost" -RetentionPolicy "Buchhaltung"
```

Im nächsten Beispiel wird die Aufbewahrungsrichtlinie *New-Policy* auf alle Postfächer angewendet, die über die alte Richtlinie *Old-Policy* verfügen:

```
$OldPolicy={Get-RetentionPolicy "Old-Policy"}.distinguishedName
Get-Mailbox -Filter {RetentionPolicy -eq $OldPolicy} -Resultsize Unlimited | Set-Mailbox
-RetentionPolicy "New-Policy"
```

Als Nächstes wird die Aufbewahrungsrichtlinie *Corp* auf alle Postfächer in der Exchange-Organisation angewendet:

```
Get-Mailbox -ResultSize Unlimited | Set-Mailbox -RetentionPolicy "Corp"
```

Nachfolgend wird die Aufbewahrungsrichtlinie *Finance* auf alle Postfächer in der Organisationseinheit für Finanzen angewendet:

```
Get-Mailbox -OrganizationalUnit "Finance" -ResultSize Unlimited | Set-Mailbox -RetentionPolicy
"Finance"
```

Zum Überprüfen, ob die Aufbewahrungsrichtlinie angewendet wurde, verwenden Sie das Cmdlet *Get-Mailbox*, um die Aufbewahrungsrichtlinie für das Postfach abzurufen:

```
Get-Mailbox <Benutzername> | Select RetentionPolicy
Get-Mailbox -Filter {RetentionPolicy -eq $policy} -ResultSize Unlimited |ft Name,RetentionPolicy
-Auto
```

Anwender können manuell in Outlook über die Auswahl von *Richtlinie zuweisen* persönliche Tags vergeben, die dann für die Archivrichtlinie verwendet werden. Außerdem können Anwender auch über das Kontextmenü von *E-Mail* in Outlook Web App oder Outlook Richtlinien auf Objekte oder ganze Ordner anwenden. In den Eigenschaften eines Ordners auf der Registerkarte *Richtlinien* können Anwender selbst eine Richtlinie auswählen, die für E-Mails in diesen Ordner gelten.

Nachdem Sie Aufbewahrungstags erstellt und einer Aufbewahrungsrichtlinie hinzugefügt haben und die Richtlinie dann auf einen Postfachbenutzer angewendet haben, werden Nachrichten bei der nächsten Verarbeitung des Postfachs anhand der Einstellungen verschoben oder gelöscht, die Sie in den Aufbewahrungstags konfiguriert haben.

Den Assistenten für verwaltete Ordner konfigurieren

Der Assistent für verwaltete Ordner kann Einstellungen für die Aufbewahrung von E-Mails durchsetzen, die in Aufbewahrungsrichtlinien festgelegt sind. Die Konfiguration kann nicht im Exchange Admin Center ausgeführt werden. Sie müssen die Exchange Management Shell verwenden.

In Exchange 2016 ist der Assistent für verwaltete Ordner ein einschränkungsbasierter Assistent. Diese Assistenten laufen im Hintergrund und müssen nicht geplant werden. Die Systemressourcen, die von ihnen beansprucht werden können, sind begrenzt. Der Assistent kann den Server also nicht überlasten.

Sie können den Assistenten für verwaltete Ordner so konfigurieren, dass er alle Postfächer auf einem Postfachserver innerhalb eines bestimmten Zeitraums verarbeitet. Der Arbeitszyklus ist standardmäßig auf einen Tag festgelegt.

Im folgenden Beispiel wird der Assistent für verwaltete Ordner so konfiguriert, dass alle Postfächer innerhalb eines Tages verarbeitet werden:

```
Set-MailboxServer MyMailboxServer -ManagedFolderWorkCycle 1
```

Zum Überprüfen, ob der Assistent für verwaltete Ordner erfolgreich konfiguriert worden ist, verwenden Sie das Cmdlet *Get-MailboxServer*. Der nächste Befehl ruft alle Postfachserver in der Organisation ab und gibt die Arbeitszykluseigenschaften in Form einer Tabelle zurück. Die Option *-Auto* dient dazu, die Spaltenbreite automatisch anzupassen:

```
Get-MailboxServer |ft Name,ManagedFolderWorkCycle* -Auto
```

Im nächsten Beispiel wird eine sofortige Verarbeitung des Postfachs von Thomas Joos ausgelöst:

```
Start-ManagedFolderAssistant -Identity Thomas.joos@contoso.com
```

Gesetzliche Aufbewahrungspflicht (Legal Hold)

Sie können Postfächer in Exchange 2016 so konfigurieren, dass sie der gesetzlichen Aufbewahrungspflicht entsprechen. Das heißt, Anwender können in diesen Postfächern keine E-Mails mehr löschen. Die gesetzliche Aufbewahrungspflicht hat Microsoft bei Exchange 2016 in das neue Compliance-Archiv integriert. Wie Sie dieses verwalten, erfahren Sie in den nächsten Abschnitten.

Die Funktion trägt auch die Bezeichnung Legal Hold. Dieser Bereich verhindert das Löschen von Postfächern und wichtigen Nachrichten. Löscht ein Anwender, Administrator oder ein Prozess ein Element in einem Postfach, speichert Exchange dieses Element in einem Ordner für gelöschte Elemente.

Aus diesem Ordner lassen sich gelöschte Elemente wiederherstellen. Die Funktion lässt sich von Anwendern nicht umgehen. Standardmäßig erhalten Anwender keine Informationen darüber, dass ihr Postfach auf Legal Hold gesetzt wurde. Sie müssen die Empfänger manuell informieren oder einen Kommentar für das entsprechende Postfach festlegen.

Die gesetzliche Aufbewahrungspflicht (Legal Hold) für Postfächer konfigurieren Sie am schnellsten in der Exchange Management Shell. Der Befehl lautet:

```
Set-Mailbox <Alias oder Mailadresse> -LitigationHoldEnabled $true
```

Compliance

Mit dem folgenden Befehl deaktivieren Sie die Funktion wieder:

```
Set-Mailbox <Alias oder Mailadresse> -LitigationHoldEnabled $false
```

Und mit diesem Befehl lassen Sie sich den aktuellen Status anzeigen:

```
Get-Mailbox <Alias oder Mailadresse> |fl LitigationHoldEnabled
```

Das Compliance-Archiv

Unternehmen müssen bestimmte Daten revisionssicher archivieren. Dadurch soll eine nachträgliche Änderung der Daten verhindert werden. Geschäftsunterlagen müssen also sicher, vollständig, unverändert, fälschungssicher und recherchierbar archiviert werden. Das gilt nicht nur für den normalen Briefverkehr mit Rechnungen und Verträgen, sondern auch für E-Mails.

Grundlagen zur Archivierung

Da immer mehr Dokumente elektronisch erstellt und per E-Mail versendet werden, stehen IT-Leiter vor der Herausforderung, die gesetzlichen Vorschriften auch für diese Daten einzuhalten. Ab dem Steuervereinfachungsgesetz 2011 dürfen Rechnungen wesentlich unkomplizierter auch als E-Mail-Anhang versendet werden. Unternehmen, die eine solche Rechnung erhalten, müssen diese auch archivieren.

Der Gesetzgeber schreibt Unternehmen nicht vor, ob geschäftskritische Daten elektronisch oder in Papierform aufbewahrt werden sollen. Vorgeschrieben ist, zum Beispiel im Sozialgesetzbuch und im Handelsgesetzbuch, die allgemeine Aufbewahrung der Daten. Unternehmen, die auf Microsoft-Produkte wie Exchange oder SharePoint setzen, können diese Daten mit integrierten Funktionen rechtssicher archivieren. Unternehmen müssen bei automatisierten Archivierungen, zum Beispiel mit Exchange, darauf achten, dass private Kommunikation, auch wenn sie über die geschäftliche E-Mail-Adresse erfolgt, nicht ohne Weiteres archiviert werden darf. Das heißt, beim Einsatz automatisierter Archivierung von E-Mails müssen die Mitarbeiter mit einbezogen werden, da nicht ausgeschlossen werden kann, dass versehentlich private E-Mails archiviert werden.

Unternehmen können das verhindern, indem sie private E-Mails verbieten und dies regelmäßig überprüfen. Alternativ erlauben Firmen den Anwendern das Senden privater E-Mails über nicht archivierte private Adressen. Das ist auch der empfohlene Weg. Eine weitere Möglichkeit ist das Anlegen von speziellen privaten Ordnern im Postfach des Anwenders. Diese Ordner dürfen dann nicht archiviert werden. Unternehmen, die private E-Mails archivieren wollen, müssen das mit dem Betriebsrat abklären. Exchange bietet für alle Lösungsansätze entsprechende Möglichkeiten.

Wer sich tiefgehender mit dem Thema auseinandersetzen will, kann ein entsprechendes Dokument vom Bundesamt für Sicherheit in der Informationstechnik (BSI) herunterladen (*http:// tinyurl.com/hsspzs5*).

Im Bereich der Archivierung spielen auch die Grundsätze zum Datenzugriff und zur Prüfbarkeit digitaler Unterlagen (GDPdU) (*http://tinyurl.com/gvtxb9l*) eine Rolle. Hierbei handelt es sich um ein Regelwerk des Bundesfinanzministeriums zum Thema digitale Rechnungen auf Basis von PDF und dazu, wie Unternehmen Steuerprüfer und das Finanzamt dabei unterstützen müssen, auf digitale Medien zugreifen zu können. Einige Vorschriften sind mittlerweile wieder aufgehoben worden, der Rest der Regeln hat aber weiterhin Gültigkeit. Unternehmen, die steuerrelevante Dokumente archivieren, sollten die Regeln beim Einführen einer Archivierungslösung beachten.

Das Compliance-Archiv verstehen

In Exchange 2010/2013 wird die gesetzliche Aufbewahrungspflicht auf Basis der Archivierung dargestellt. Exchange 2016 verwendet dazu die neuen Compliance-Archive.

Sie können festlegen, welche Elemente Exchange aufbewahren soll. Dazu legen Sie Bereiche wie Schlüsselwörter, Absender und Empfänger, Start- und Enddaten sowie den Typ der Elemente fest. Außerdem können Sie definieren, wie lange Objekte in Exchange aufbewahrt werden sollen.

Mit der Compliance können Sie detaillierte Aufbewahrungsrichtlinien erstellen, auf deren Basis Exchange 2016 dann die Daten archiviert. Die Funktion der dauerhaften Aufbewahrung entspricht dem Beweissicherungsverfahren (Legal Hold) in Exchange 2010/2013.

Wenn ein Postfach in mehr als fünf Archiven platziert ist, werden alle Elemente beibehalten, bis die Archivierungen beendet sind. Autorisierte Benutzer, die der Rollengruppe *Erkennungsverwaltung* hinzugefügt worden sind oder denen Sie die Verwaltungsrollen für die gesetzliche Aufbewahrungspflicht und die Postfachsuche zugewiesen haben, können Benutzerpostfächer in Compliance-Archiven speichern.

Sie können die Aufgabe delegieren und dabei nur die notwendigen Berechtigungen zuweisen. Einem Benutzer muss die Rolle *Postfachsuche* zugewiesen sein, damit er ein abfragebasiertes Compliance-Archiv erstellen kann. Der Rollengruppe *Discoveryverwaltung* sind beide Rollen zugewiesen.

Hinweis

In Exchange 2016 ist die Compliance-Archivierung in die Compliance-eDiscovery-Suche integriert. Sie können den Assistenten für Compliance-eDiscovery und -Archiv im Exchange Admin Center oder das Cmdlet *New-MailboxSearch* in der Exchange Management Shell verwenden, um ein Postfach in einem Compliance-Archiv zu platzieren.

Die Compliance-Archivierung verwendet den Ordner *Wiederherstellbare Elemente*, um Daten wiederherstellbar zu speichern. Der Ordner wird in Outlook und Outlook Web App angezeigt.

Elemente im Ordner *Wiederherstellbare Elemente* werden über den Zeitraum aufbewahrt, der für die Postfachdatenbank des Benutzers als Aufbewahrungszeitraum für gelöschte Elemente konfiguriert ist (siehe Kapitel 5). Standardmäßig ist der Aufbewahrungszeitraum für gelöschte Elemente 14 Tage. Sie können auch ein Speicherkontingent für den Ordner *Wiederherstellbare Elemente* festlegen. Der Ordner enthält folgende Unterordner:

- **Deletions**   Elemente, die aus dem Ordner *Gelöschte Elemente* entfernt oder aus anderen Ordnern vorläufig gelöscht wurden, werden in den Unterordner *Deletions* verschoben. Standardmäßig verbleiben Elemente in diesem Ordner, bis der Aufbewahrungszeitraum beendet ist.

- **Purges**   Wenn ein Benutzer ein Element aus dem Ordner *Wiederherstellbare Elemente* löscht, wird das Element in den Ordner *Purges* verschoben. Elemente, die den Aufbewahrungszeitraum für gelöschte Elemente überschreiten, verschiebt Exchange ebenfalls in den Ordner *Purges*. Elemente in diesem Ordner können von Anwendern nicht mehr wiederhergestellt werden. Wenn der Postfach-Assistent das Postfach verarbeitet, werden Elemente im Ordner *Purges* endgültig aus der Postfachdatenbank gelöscht. Allerdings darf für das Postfach nicht das Beweissicherungsverfahren aktiviert sein, sonst löscht der Postfach-Assistent die Elemente nicht.

- **DiscoveryHold** Wenn Sie ein Benutzerpostfach in ein Compliance-Archiv platzieren, verschiebt Exchange gelöschte Elemente in diesen Ordner. Wenn Sie keinen Aufbewahrungszeitraum angegeben haben, werden Elemente dauerhaft aufbewahrt, bis Sie das Benutzerpostfach aus dem Archiv entfernen.

- **Versions** Wenn ein Benutzer Eigenschaften eines Elements ändert, speichert Exchange eine Kopie des ursprünglichen Elements im Ordner *Versions*. Elemente in diesem Ordner werden indiziert und bei einer Suche zurückgegeben. Haben Sie die Archivierung oder das Beweissicherungsverfahren beendet, werden die Kopien im Ordner *Versions* gelöscht.

Hinweis

Auch wenn Benutzer die Ordner *DiscoveryHold*, *Purges* und *Versions* nicht sehen, werden alle Elemente im Ordner *Wiederherstellbare Elemente* von der Exchange-Suche indiziert. Die Daten können über die Compliance-eDiscovery gefunden werden.

Elemente im Ordner *Wiederherstellbare Elemente* werden nicht in das Postfachkontingent des Benutzers eingerechnet. Der Ordner verfügt über ein eigenes Kontingent. Überschreitet der Ordner sein Kontingent, können Benutzer den Ordner *Gelöschte Elemente* nicht mehr leeren und keine Postfachelemente dauerhaft löschen.

Für Postfachdatenbanken sind die Standardwerte für *RecoverableItemsWarningQuota* und *RecoverableItemsQuota* auf 20 GB und 30 GB festgelegt. Zum Ändern dieser Werte verwenden Sie das Cmdlet *Set-MailboxDatabase*. Um diese Werte für einzelne Postfächer zu ändern, verwenden Sie das Cmdlet *Set-Mailbox*.

Das Beweissicherungsverfahren von Exchange 2010/2013 ist in Exchange 2016 weiterhin verfügbar. Für das Beweissicherungsverfahren wird die Option *LitigationHoldEnabled* von Postfächern verwendet.

Hinweis

Exchange 2016 ermöglicht die Archivierung von Lync Server- oder Skype for Business-Inhalten in Exchange. Wenn Sie ein Exchange 2016-Postfach in einem Compliance-Archiv speichern, werden Lync-Inhalte im Postfach archiviert. Wenn Sie das Postfach in SharePoint 2013/2016 oder Exchange 2016 durchsuchen, werden in den Ergebnissen auch die archivierten Lync-Inhalte angezeigt.

Ein Compliance-Archiv erstellen

Bei einem Compliance-Archiv bleiben also immer alle Postfachinhalte inklusive gelöschter Elemente und Originalversionen geänderter Elemente erhalten. Alle diese Elemente zeigt Exchange bei einer Compliance-eDiscovery-Suche an. Um ein Compliance-Archiv zu erstellen, gehen Sie folgendermaßen vor:

1. Navigieren Sie zu *Verwaltung der Compliance/In-Situ-eDiscovery und -Archiv.*
2. Klicken Sie auf *Neu.*
3. Geben Sie einen Namen und optional eine Beschreibung ein, und klicken Sie dann auf *Weiter.*
4. Klicken Sie auf der Seite *Postfächer* auf *Postfächer für die Suche angeben* und dann auf *Hinzufügen.* Wählen Sie die Postfächer aus, die Sie im Archiv platzieren wollen, und klicken Sie dann auf *Weiter.*

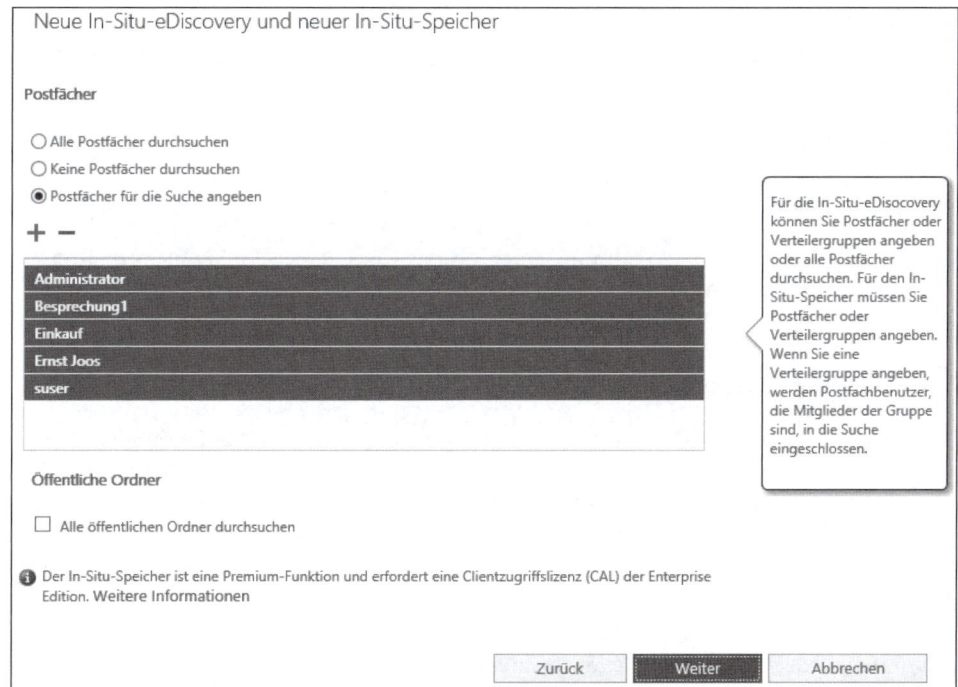

Abbildung 9.5: Erstellen eines neuen Compliance-Archivs

Hinweis

Für Compliance-eDiscovery-Suchen können Sie die Option *Alle Postfächer durchsuchen* verwenden. Sie können diese Option aber nicht auswählen, um alle Postfächer auf einmal im Archiv zu platzieren. Zum Erstellen eines Compliance-Archivs müssen Sie einzelne Postfächer auswählen.

Klicken Sie auf *Alle Inhalte einschließen*, um den gesamten Inhalt der ausgewählten Postfächer in einem Archiv zu platzieren, oder wählen Sie *Auf Kriterien basierter Filter*, und füllen Sie die restlichen Felder entsprechend aus.

Damit Sie Ergebnisse wie beim Beweissicherungsverfahren in Exchange 2010/2013 erhalten, können Sie bei der Einrichtung auch die Option *Dauerhaft aufbewahren* auswählen. Wenn Sie keine weiteren Suchparameter angeben, speichert Exchange alle Elemente in den ausgewählten Quellpostfächern im Archiv. Mit dem Cmdlet *Get-MailboxSearch* zeigen Sie die Postfachsuche an.

Ein Compliance-Archiv entfernen

Sie können ein Compliance-Archiv jederzeit wieder entfernen. Auch diesen Vorgang können Sie im Exchange Admin Center durchführen:

1. Navigieren Sie zu *Verwaltung der Compliance/In-Situ-eDiscovery und -Archiv*.

2. Wählen Sie in der Listenansicht das Compliance-Archiv aus, das Sie entfernen wollen, und klicken Sie auf *Bearbeiten*.

3. Deaktivieren Sie in den Eigenschaften auf der Seite *Einstellungen für den In-Situ-Speicher* das Kontrollkästchen *Inhalt, der in ausgewählten Postfächern mit der Suchabfrage überein-stimmt, aufbewahren*, und klicken Sie dann auf *Speichern*.

4. Wählen Sie in der Listenansicht das Compliance-Archiv aus, und klicken Sie auf *Löschen*.

5. Bestätigen Sie die Warnung mit *Ja*, um die Suche zu entfernen.

Sie können ein Compliance-Archiv auch in der Exchange Management Shell löschen:

```
Set-MailboxSearch <Name> -InPlaceHoldEnabled $false
RemovE-MailboxSearch <Name>
```

Überprüfen Sie im Exchange Admin Center, ob das Compliance-Archiv nicht mehr angezeigt wird. In der Exchange Management Shell verwenden Sie das Cmdlet *Get-MailboxSearch*.

Compliance-eDiscovery

Sie können mit In-Situ-eDiscovery Postfächer nach bestimmten Inhalten durchsuchen. Dazu verwenden Sie die von der Exchange-Suche erstellten Inhaltsindizes. Die rollenbasierte Zugriffs-steuerung (Role Based Access Control, RBAC) stellt die Rollengruppe *Discovery Management* zum Delegieren von Suchaufgaben bereit. Anwender mit diesen Rechten dürfen Postfächer durchsuchen. Dazu sind keine weiteren administrativen Rechte notwendig.

Exchange 2016 bietet auch die Integration in SharePoint 2016. Mit dem eDiscovery Center in SharePoint können Sie alle Inhalte von SharePoint 2016-Websites, Dokumenten, Postfachinhal-ten und archivierten Lync/Skype for Business-Inhalten zentral in SharePoint durchsuchen und in Archive integrieren.

Damit Benutzer In-Situ-eDiscovery-Suchen durchführen können, müssen Sie die Benutzer der RBAC-Rollengruppe *Discovery Management* hinzufügen. Diese Rollengruppe besteht aus zwei Verwaltungsrollen: Die Rolle *Mailbox Search* ermöglicht das Ausführen einer eDiscovery-Suche, und die Rolle *Legal Hold* erlaubt Anwendern, ein Postfach in einem Compliance-Archiv zu platzieren oder das Beweissicherungsverfahren für ein Postfach zu aktivieren.

Hinweis

Standardmäßig werden Benutzern keine Berechtigungen zur Ausführung der Compliance-eDiscovery-Aufgaben zugewiesen.

Mitglieder der Rollengruppe *Organization Management* können andere Benutzer zur Rollengruppe *Discovery Management* hinzufügen oder neue Rollengruppen erstellen, um die Berechtigungen auf einen bestimmten Benutzer zu beschränken.

Benutzer, die nicht Mitglied der Rollengruppe *Discovery Management* sind, sehen den Menüpunkt *Compliance-eDiscovery und -Archiv* im Exchange Admin Center nicht. Die Compliance-eDiscovery-Cmdlets stehen in der Exchange Management Shell ebenfalls nicht zur Verfügung.

Nachdem Sie eine Compliance-eDiscovery-Suche erstellt haben, können Sie die Suchergebnisse in ein definiertes Zielpostfach kopieren. Das Exchange Admin Center bietet dazu die Auswahl eines Discoverypostfachs. Dabei handelt es sich um einen speziellen Postfachtyp.

Discoverypostfächer verfügen über ein Postfachspeicherkontingent von 50 GB. Sie können das Kontingent aber jederzeit anpassen. Wie bei allen Postfachtypen ist auch einem Discoverypostfach ein Active Directory-Benutzerkonto zugeordnet. Dieses Konto ist aber standardmäßig deaktiviert. Auf ein Discoverypostfach können nur Benutzer zugreifen, die explizit für den Postfachzugriff berechtigt wurden. Mitglieder der Rollengruppe *Discovery Management* erhalten Vollzugriff auf das Standard-Discoverypostfach. Falls Sie zusätzliche Discoverypostfächer erstellen, müssen Sie die Rechte für diese Postfächer manuell konfigurieren.

Benutzer können keine E-Mails an diese Postfächer senden. Während der Installation von Exchange 2016 wird bereits ein Discoverypostfach erstellt. Mit der Exchange Management Shell können Sie weitere Discoverypostfächer anlegen.

Für die Compliance-eDiscovery-Suche wird zusätzlich das Systempostfach *SystemMailbox{e0dc1c29-89c3-4034-b678-e6c29d823ed9}* zum Speichern der Compliance-eDiscovery-Daten verwendet. Systempostfächer werden aber nicht im Exchange Admin Center und auch nicht in den Adresslisten angezeigt.

Hinweis

Bevor Sie eine Postfachdatenbank löschen können, in der sich das Systempostfach für die Compliance-eDiscovery-Suche befindet, müssen Sie das Postfach in eine andere Postfachdatenbank verschieben.

Wenn das Postfach gelöscht wird, können die Discovery-Manager erst wieder eDiscovery-Suchen durchführen, nachdem das Postfach neu erstellt worden ist.

Wie erwähnt, ermöglicht Exchange 2016 eine Integration in SharePoint 2016. In diesem Fall können Anwender das neue eDiscovery Center in SharePoint nutzen. Ein entsprechend berechtigter Anwender kann über das spezielle Suchcenter Inhalte aus SharePoint, Exchange und Lync durchsuchen oder archivieren. Die Suchergebnisse lassen sich dazu in eine *.pst*-Datei exportieren.

SharePoint verwendet für die Inhaltsindizierung und -abfrage Microsoft Search Foundation, also den gleichen Suchdienst wie Exchange 2016. Somit werden in Exchange und SharePoint jeweils die gleichen Suchergebnisse zurückgegeben.

Bevor Sie das eDiscovery Center in SharePoint zum Durchsuchen von Exchange-Postfächern verwenden können, müssen Sie eine Vertrauensstellung zwischen den Systemen einrichten. In Exchange 2016 und SharePoint 2016 verwenden Sie dazu die OAuth-Authentifizierung. Damit ein SharePoint-Benutzer eine eDiscovery-Suche in Exchange-Postfächern durchführen kann, müssen Sie dem Benutzer Berechtigungen in Exchange zuweisen.

Benutzer der Rollengruppe *Discovery Management* können ohne weitere Konfiguration Compliance-eDiscovery-Suchen durchführen. Die Anwender können auch im Exchange Admin Center oder in der Exchange Management Shell Suchen erstellen.

Hinweis

Mit der Compliance-eDiscovery-Funktion können Sie nur Postfächer auf Exchange 2016-Postfachservern durchsuchen. Zum Durchsuchen von Postfächern auf Exchange 2010/2013-Postfachservern verwenden Sie die Suche in mehreren Postfächern auf einem Exchange 2010/2013-Server.

In einer Hybridbereitstellung mit Office 365 und lokalen Exchange-Servern können Sie Compliance-eDiscovery-Suchen für Postfächer in Office 365 mit dem Exchange Admin Center erstellen. Wenn Sie E-Mails in ein Discoverypostfach kopieren wollen, müssen Sie ein lokales Discoverypostfach auswählen.

Der Assistent für Compliance-eDiscovery und -Archiv im Exchange Admin Center ermöglicht das Erstellen einer Compliance-eDiscovery-Suche und verwendet ein Compliance-Archiv, um die Suchergebnisse aufzubewahren.

Wenn Sie eine Compliance-eDiscovery-Suche erstellen, wird ein spezielles Suchobjekt im Compliance-eDiscovery-Systempostfach erstellt. Dieses Objekt kann bearbeitet werden, um die Suche zu starten, zu beenden, zu ändern und zu entfernen.

Wenn Sie eine Compliance-eDiscovery-Suche erstellen, müssen Sie die folgenden Daten angeben:

- **Name** Der Suchname wird verwendet, um die Suche zu identifizieren.
- **Postfächer** Sie können alle Postfächer in der Exchange 2016-Organisation durchsuchen. Sie können auch eine Verteilergruppe verwenden. Die Mitgliedschaft der Gruppe wird bei Erstellung der Suche berechnet.
- **Suchabfrage** Sie können entweder alle Postfachinhalte der angegebenen Postfächer durchsuchen oder nur nach einzelnen Inhalten suchen. Zum Einschränken einer Suche können Sie nach Absender oder Empfänger filtern. Standardmäßig durchsucht Exchange alle Nachrichtentypen. Sie können die Suche einschränken, indem Sie Nachrichtentypen wie E-Mail, Kontakte, Dokumente, Journal, Besprechungen, Notizen und Lync-Inhalte zum Durchsuchen auswählen.

Berechtigungen für eDiscovery verwalten

Wenn Sie Benutzern die Verwendung der Compliance-eDiscovery ermöglichen wollen, müssen Sie die Benutzer erst dazu berechtigen. Dazu müssen Sie sie zur Rollengruppe *Discovery Management* hinzufügen. Mitglieder der Rollengruppe *Discovery Management* verfügen über vollständige Postfachzugriffsberechtigungen für das Discoverypostfach.

Hinweis

Standardmäßig enthält die Rollengruppe *Discovery Management* keine Mitglieder. Administratoren mit der Rolle *Organization Management* können standardmäßig keine Discoverysuchen erstellen oder verwenden, ohne zur Rollengruppe *Discovery Management* hinzugefügt worden zu sein. Exchange-Administratoren können sich selbst aber der Rollengruppe hinzufügen.

Damit Benutzer ein abfragebasiertes Compliance-Archiv erstellen können, müssen sie Mitglied der Rollengruppe *Discovery Management* sein oder es muss ihnen die Rolle *Mailbox Search* zugewiesen sein. Am einfachsten verwalten Sie die Berechtigungen im Exchange Admin Center:

1. Navigieren Sie zu *Berechtigungen/Administratorrollen*.
2. Wählen Sie den Eintrag *Discovery Management*, und klicken Sie auf *Bearbeiten*.
3. Klicken Sie unter *Mitglieder* auf *Hinzufügen*.
4. Wählen Sie einen Benutzer aus, klicken Sie auf *Hinzufügen* und dann auf *OK*.
5. Klicken Sie auf *Speichern*.

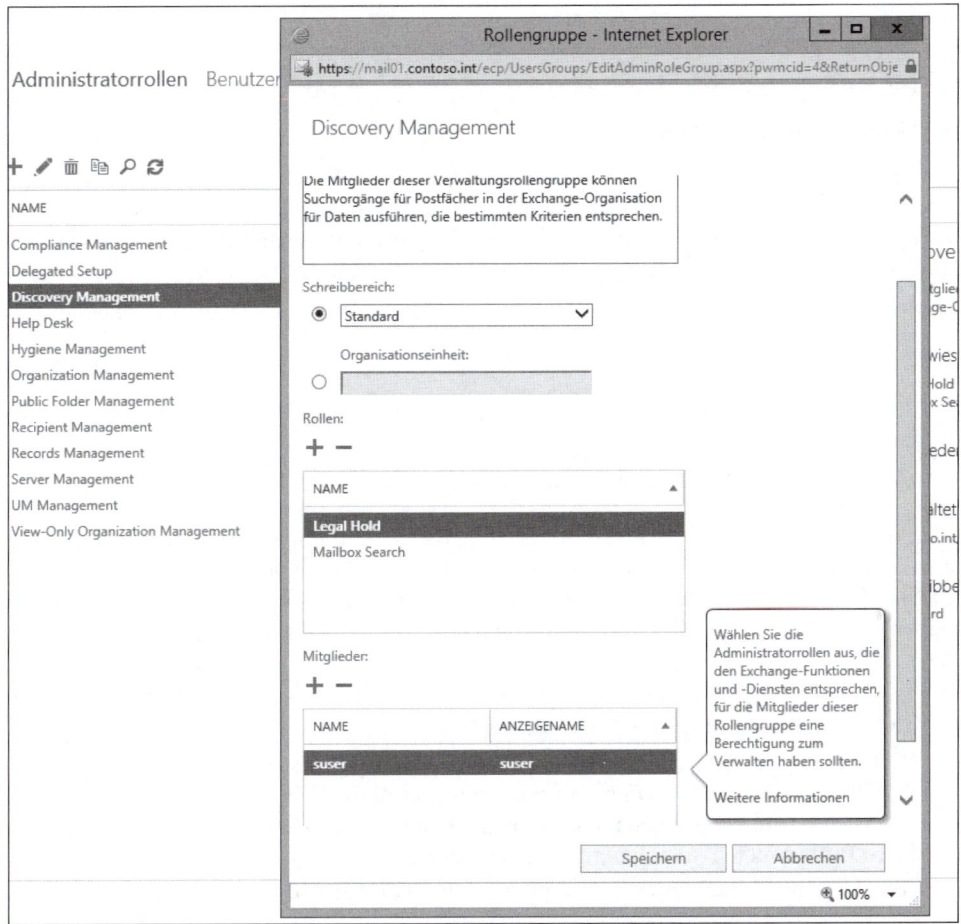

Abbildung 9.6: Hinzufügen von Benutzerkonten zu Verwaltungsrollen in Exchange 2016

Tipp

Sie können aber auch die Exchange Management Shell verwenden, um Benutzer für bestimmte Rollen zu berechtigen:

```
Add-RoleGroupMember -Identity "Discovery Management" -Member <Benutzername>
```

Mit dem folgenden Befehl zeigen Sie die Mitglieder der Verwaltungsrollengruppe *Discovery Management* an:

```
Get-RoleGroupMember -Identity "Discovery Management"
```

Ein Discoverypostfach erstellen

Exchange erstellt standardmäßig ein erstes Discoverypostfach. Sie können je nach Bedarf zusätzliche Discoverypostfächer erstellen. Ein Discoverypostfach kann nicht für einen anderen Zweck wiederverwendet oder in einen anderen Postfachtyp umgewandelt werden. Sie können ein Discoverypostfach aber löschen wie jeden anderen Postfachtyp auch.

Discoverypostfächer können Sie in der Exchange Management Shell wie folgt erstellen:

```
New-Mailbox SearchResults -Discovery -UserPrincipalName SearchResults@woodgroove.local
```

Sie können sich in der Exchange Management Shell alle verfügbaren Discoverypostfächer anzeigen lassen:

```
Get-Mailbox -Resultsize unlimited -Filter {RecipientTypeDetails -eq "DiscoveryMailbox"}
```

Compliance-eDiscovery verwendet ein Systempostfach zum Speichern der Compliance-eDiscovery-Suchmetadaten. Dieses Discoverysystempostfach verwendet den Anzeigenamen *SystemMailbox{e0dc1c29-89c3-4034-b678-e6c29d823ed9}*. Funktioniert die Suche nicht mehr oder haben Sie das Postfach gelöscht, können Sie es in der Exchange Management Shell neu erstellen:

1. Löschen Sie das Benutzerkonto *SystemMailbox{e0dc1c29-89c3-4034-b678-e6c29d823ed9}* aus Active Directory, falls es vorhanden ist.
2. Bereiten Sie Active Directory vor, indem Sie das Setupprogramm von Exchange 2016 mit der Option */PrepareAD* in der Stammdomäne der Active Directory-Gesamtstruktur ausführen (siehe Kapitel 2). Dieser Befehl hilft oft auch, wenn andere Systempostfächer nicht mehr funktionieren, unabhängig von der Compliance.
3. Aktivieren Sie das Discoverysystempostfach in der Exchange Management Shell.

In diesem Beispiel wird das Discoverysystempostfach aktiviert. Sie müssen den vollqualifizierten Domänennamen (Fully Qualified Domain Name, FQDN) eines globalen Katalogservers in der Stammdomäne der Active Directory-Gesamtstruktur angeben:

```
EnablE-Mailbox -Arbitration -DomainController <FQDN eines globalen Katalogs> -Identity
"SystemMailbox{e0dc1c29-89c3-4034-b678-e6c29d823ed9}"
```

Verwenden Sie das Cmdlet *Get-Mailbox* mit der Option *Arbitration* zum Abrufen von Systempostfächern, um die erfolgreiche Neuerstellung des Discoverysystempostfachs zu überprüfen. Zeigen Sie die Ergebnisse des Befehls an, um sicherzustellen, dass das Systempostfach *SystemMailbox{e0dc1c29-89c3-4034-b678-e6c29d823ed9}* neu erstellt wurde.

Die neue Compliance-Suche nutzen

Mit der neuen Compliance-Suche können Anwender eine große Anzahl von Postfächern gleichzeitig durchsuchen. Über die Funktion *In-Situ-eDiscovery* in Exchange 2016 lassen sich dagegen nur bis zu 10.000 Postfächer über einen einzelnen Suchvorgang durchsuchen. Die Compliance-Suche ist ausschließlich in der Exchange Management Shell verfügbar. Dazu stehen einige neue Cmdlets zur Verfügung:

Get-ComplianceSearch

New-ComplianceSearch

Remove-ComplianceSearch

Set-ComplianceSearch

Start-ComplianceSearch

Stop-ComplianceSearch

Um als Administrator auf die Cmdlets zugreifen zu können, ist eine Mitgliedschaft in der Gruppe *Discovery Management* erforderlich. Alternativ kann einem Anwender auch die Rolle *Mailbox Search* zugewiesen werden.

Journale nutzen

Journale können auch in Exchange 2016 alle Kommunikationsvorgänge aufzeichnen. Der Journal-Agent ist ein Transport-Agent, der E-Mails auf Postfachservern verarbeitet. In Exchange 2016 ist der Journal-Agent ein integrierter Agent, wird also nicht vom Cmdlet *Get-TransportAgent* angezeigt.

Standardjournale werden für eine Postfachdatenbank konfiguriert. Dadurch kann der Journal-Agent alle Nachrichten erfassen, die in einer bestimmten Postfachdatenbank gesendet werden. Möchten Sie alle Nachrichten an alle Empfänger und von allen Absendern aufzeichnen, müssen Sie Journale für alle Postfachdatenbanken und auf allen Postfachservern in der Organisation konfigurieren.

Mit Premiumjournalen kann der Journal-Agent auf Basis von Journalregeln ebenfalls Journale erstellen. Anstatt alle Postfächer in einer Postfachdatenbank in Journale aufzunehmen, können Sie daher Journalregeln erstellen. Mit diesen erfassen Sie einzelne Empfänger oder Mitglieder von Verteilergruppen. Zur Verwendung der Premiumjournalfunktion müssen Sie eine Exchange Enterprise-Clientzugriffslizenz (Client Access License, CAL) besitzen.

Mit Journalregeln können Sie nur interne, nur externe oder beide Arten von Nachrichten in einem Journal erfassen. Journalregeln erstellen Sie auf Basis der SMTP-Adresse des Empfängers, der im Journal erfasst werden soll. Dabei kann es sich um ein Postfach, eine Verteilergruppe, einen E-Mail-Benutzer oder einen Kontakt handeln.

Wenn Sie eine Verteilergruppe als Journalempfänger verwenden, werden alle Nachrichten erfasst, die an die Mitglieder und von den Mitgliedern der Verteilergruppe gesendet werden. Haben Sie keinen Empfänger angegeben, werden alle Nachrichten im Journal erfasst.

Compliance

Hinweis

Faxnachrichten von einem Unified Messaging-Server werden immer in einem Journal festgehalten, auch wenn Sie die Journalerfassung deaktivieren.

Das Journalpostfach dient zum Speichern von Journalberichten. Sie können ein Journalpostfach zum Erfassen der E-Mails von allen Journalregeln festlegen oder mehrere Journalpostfächer für unterschiedliche Journalregeln oder Journalregelgruppen verwenden.

Sie können allerdings keine Office 365-Postfächer als Journalpostfach für lokale Postfächer festlegen. In einer Hybridbereitstellung lässt sich ein lokales Postfach als Journalpostfach für lokale und Office 365-Postfächer verwenden.

Journalregeln sind in Active Directory gespeichert und auf allen Postfachservern in der Exchange 2016-Organisation verfügbar. Alle Postfachserver in der Organisation verwenden die Journalregelkonfiguration von den Domänencontrollern und wenden Journalregeln an. Die Replikation von Journalregeln in einer Organisation hängt daher von der Active Directory-Replikation ab.

Ein Journalbericht ist die Information, die der Journal-Agent erstellt, wenn eine E-Mail einer Journalregel entspricht und daher an das Journalpostfach übermittelt wird. Die originale Nachricht wird unverändert als Anlage in den Journalbericht aufgenommen. Der Text eines Journalberichts enthält Daten aus der ursprünglichen Nachricht, zum Beispiel die E-Mail-Adresse des Absenders, den Betreff der Nachricht, die Nachrichten-ID und die E-Mail-Adressen der Empfänger.

Exchange 2016 erstellt bei der Installation einen eigenen Container in Active Directory, um Exchange 2016-Journalregeln zu speichern. Wenn Sie den ersten Exchange 2016-Server in einer Exchange 2010/2013- oder Exchange 2007-Organisation einrichten, erstellt das Setup eine Kopie der vorhandenen Journalregeln und speichert sie in dem neuen Container.

Journale verwalten

Journalregeln können Sie am schnellsten im Exchange Admin Center erstellen:

1. Navigieren Sie zu *Verwaltung der Compliance/Journalregeln*, und klicken Sie dann auf *Hinzufügen*.
2. Geben Sie einen Namen für die Journalregel ein, und füllen Sie dann die notwendigen Felder aus:
   - **Journalberichte senden an**   Geben Sie die Adresse des Journalpostfachs ein, das alle Journalberichte empfangen soll.
   - **Beim Senden/Empfangen der Nachricht an/von**   Geben Sie den Empfänger an, für den die Regel gilt. Sie können einen bestimmten Empfänger auswählen oder die Regel auf alle Nachrichten anwenden.
   - **Folgende Nachrichten im Journal erfassen**   Sie können nur die internen Nachrichten im Journal erfassen, nur die externen Nachrichten oder alle Nachrichten.
3. Klicken Sie auf *Speichern*, um die Journalregel zu erstellen.

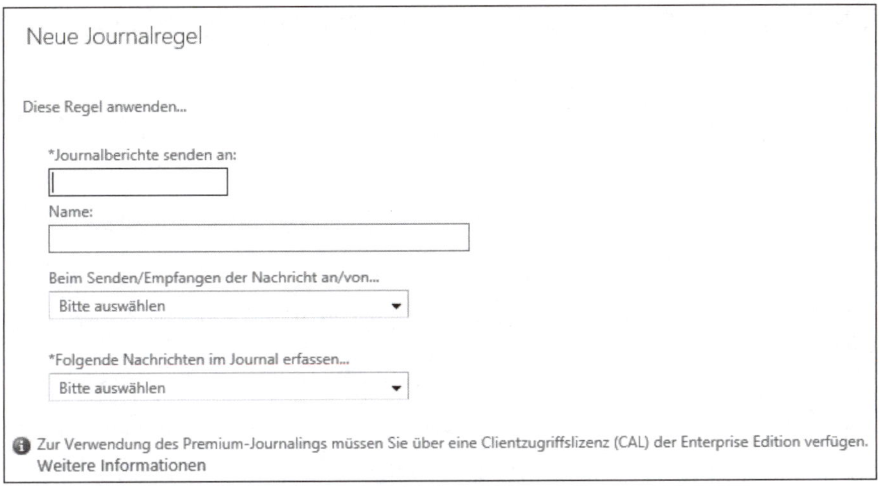

Neue Journalregel

Diese Regel anwenden...

*Journalberichte senden an:

Name:

Beim Senden/Empfangen der Nachricht an/von...

Bitte auswählen

*Folgende Nachrichten im Journal erfassen...

Bitte auswählen

ℹ Zur Verwendung des Premium-Journalings müssen Sie über eine Clientzugriffslizenz (CAL) der Enterprise Edition verfügen.
Weitere Informationen

Abbildung 9.7: Erstellen einer neuen Journalregel in Exchange 2016

Sie können Journalregeln auch in der Exchange Management Shell erstellen. Im folgenden Beispiel wird die Journalregel *Journal* erstellt. Sie speichert alle Nachrichten, die von dem Benutzer *administrator@contoso.local* gesendet und empfangen werden.

```
New-JournalRule -Name "Journal" -Recipient administrator@contoso.local -JournalEmailAddress
"Journal Mailbox" -Scope Global -Enabled $True
```

Überprüfen Sie im Exchange Admin Center, ob die neue Journalregel, die Sie erstellt haben, auf der Registerkarte *Journalregeln* vorhanden ist. Sie können Journalregeln aber auch in der Exchange Management Shell anzeigen:

```
Get-JournalRule <Name der Regel>
```

Die Eigenschaften einer Regel können Sie entweder über das Exchange Admin Center oder die Exchange Management Shell ändern. In der Shell verwenden Sie das Cmdlet *Set-JournalRule*.

Wenn Sie eine Journalregel deaktivieren, wendet der Journal-Agent die Journalfunktion nicht mehr an. Sie können die Regeln im Exchange Admin Center oder in der Exchange Management Shell aktivieren und deaktivieren. In der Exchange Management Shell verwenden Sie die folgenden Cmdlets:

```
Enable-JournalRule <Regel>
Disable-JournalRule <Regel>
```

Um eine Liste aller Journalregeln in Ihrer Organisation anzuzeigen, verwenden Sie den folgenden Aufruf:

```
Get-JournalRule |ft Name,Enabled
```

Journalregeln können Sie auch in der Exchange Management Shell löschen:

```
Remove-JournalRule <Regel>
```

Journale für Postfachdatenbanken aktivieren oder deaktivieren

Um das Journal für Postfachdatenbanken zu aktivieren, müssen Sie keine Journalregeln erstellen, sondern aktivieren die Funktion direkt in der Postfachdatenbank. Im Exchange Admin Center gehen Sie folgendermaßen vor:

1. Navigieren Sie zu *Server/Datenbanken*.
2. Doppelklicken Sie auf die Postfachdatenbank, für die Sie das Journal aktivieren wollen.
3. Klicken Sie auf *Wartung*.
4. Klicken Sie neben dem Feld *Journalempfänger* auf *Durchsuchen*, um das Journalpostfach auszuwählen. Durch Angabe eines Journalempfängers wird das Journal für die Datenbank aktiviert.
5. Zum Deaktivieren des Journalings entfernen Sie den Journalempfänger wieder.

Diese Einstellungen können Sie auch in der Exchange Management Shell durchführen:

```
Set-MailboxDatabase <Datenbank> -JournalRecipient <Postfach>
```

Um das Journal wieder zu deaktivieren, verwenden Sie:

```
Set-MailboxDatabase <Datenbank> -JournalRecipient $Null
```

Um die Journalerstellung pro Postfachdatenbank für alle Postfachdatenbanken in der Exchange-Organisation zu deaktivieren, verwenden Sie:

```
Get-MailboxDatabase | Set-MailboxDatabase -JournalRecipient $Null
```

Führen Sie in der Shell den folgenden Befehl aus, um eine Liste aller Postfachdatenbanken in Ihrer Organisation mit den zugeordneten Journalempfängern zurückzugeben:

```
Get-MailboxDatabase |ft Name,JournalRecipient
```

Zusammenfassung

In diesem Kapitel sind wir intensiv auf den Umgang mit den verschiedenen Archivfunktionen in Exchange 2016 eingegangen. Beispielsweise haben Sie erfahren, wie Sie E-Mails sicher aufbewahren und die gesetzlichen Aufbewahrungspflichten erfüllen. Ebenfalls Bestandteil des Kapitels waren verwaltete Ordner, das Compliance-eDiscovery und einiges mehr.

Im nächsten Kapitel lesen Sie mehr zum Thema Data Loss Prevention, also zum Absichern gegen Datenverluste, die dadurch entstehen könnten, dass Anwender unerlaubt sensible Daten aus dem Unternehmen hinaus versenden.

Kapitel 10

Data Loss Prevention (DLP) und mehr

In diesem Kapitel:

DLP in Exchange 2016 nutzen 364

Postfachüberwachungsprotokollierung 379

Administratorüberwachungsprotokollierung. 382

Zusammenfassung 387

Compliance

In Exchange 2016 gibt es eine neue Funktion zur Verhinderung von Datenverlust (Data Loss Prevention, DLP) die eine Erweiterung der Transportregeln darstellt (siehe Kapitel 4). DLP-Richtlinien sind Regeln mit verschiedenen Bedingungen. Diese bestehen aus Transportregeln, Aktionen und Ausnahmen. DLP soll verhindern, dass Anwender absichtlich oder versehentlich wichtige Daten per E-Mail an externe Empfänger senden.

DLP-Richtlinien können die Funktionen vorhandener Transportregeln nutzen. Als Administrator können Sie die DLP-Richtlinien über Cmdlets in der Exchange Management Shell, aber auch im Exchange Admin Center verwalten.

Hinweis

Bei der Verhinderung von Datenverlust handelt es sich um ein Enterprise-Feature, für das eine Enterprise-Clientzugriffslizenz (Client Access License, CAL) erforderlich ist. Diese müssen Sie für Postfächer erwerben, die diese Funktion nutzen wollen.

Neu seit Exchange 2013 SP1 ist im Bereich *Verwaltung der Compliance/Verhinderung von Datenverlust* die Funktion *Dokumentfingerabdrücke verwalten*. Sie erkennt interne Formulare und kann verhindern, dass Daten aus den Formularen aus dem Unternehmen hinaus gesendet werden. Diese Technik ist auch in Exchange 2016 integriert.

DLP in Exchange 2016 nutzen

Mit den neuen Funktionen zur Verhinderung von Datenverlust können Sie verschiedene Kategorien vertraulicher Informationen festlegen. Beispiele dafür sind wichtige interne Daten wie Personalausweis- oder Kreditkartennummern. Sie können selbst Richtlinien und Transportregeln erstellen oder die vordefinierten DLP-Richtlinienvorlagen verwenden, um zu verhindern, dass Anwender wichtige Informationen versenden.

Eine Richtlinienvorlage in DLP besteht aus verschiedenen Bedingungen, Regeln und Aktionen, die Exchange durchführen kann. Die schnellste Möglichkeit, sich mit DLP-Richtlinien zu befassen, ist die Erstellung einer neuen DLP-Richtlinie auf Basis einer Vorlage. Diese Vorlagen sind standardmäßig in Exchange schon nach der Installation verfügbar. Sie legen fest, welche Daten Exchange prüfen soll und welche Vorschriften Anwender einhalten müssen. Sie können in Exchange aber auch Richtlinien importieren, die von Drittherstellern entwickelt wurden, und natürlich auch eigene Vorlagen und Richtlinien erstellen. Sie können auch die Vorlagen oder eine DLP-Richtlinie, die auf Vorlagen basiert, bei der Erstellung anpassen.

Eine DLP-Richtlinie aus einer Vorlage erstellen

Sie müssen keine eigenen Regeln erstellen, sondern können vorgefertigte Regeln verwenden. Dazu bietet Exchange 2016 Vorlagen, auf deren Basis Sie die Einrichtung starten.

Sie können alle standardmäßig installierten DLP-Vorlagen anpassen oder ohne Änderung in Ihrer Organisation einsetzen. DLP-Richtlinienvorlagen verwenden vor allem Transportregeln (siehe Kapitel 4), die Bedingungen und Aktionen enthalten. Am schnellsten erstellen Sie eine DLP-Richtlinie im Exchange Admin Center:

1. Navigieren Sie im Exchange Admin Center zu *Verwaltung der Compliance/Verhinderung von Datenverlust*, und klicken Sie auf *Hinzufügen*.

Abbildung 10.1: So erstellen Sie eine neue DLP-Richtlinie.

2. Geben Sie einen Namen für die Regel ein, und fügen Sie eine Beschreibung hinzu.

3. Wählen Sie die gewünschte Vorlage aus, auf deren Basis die DLP-Richtlinie erstellt werden soll.

4. Wählen Sie über *Weitere Optionen* die von Ihnen gewünschten Einstellungen aus. Der Standardmodus für eine Richtlinie besteht aus einem Test ohne Aktionen. Das heißt, Exchange kann DLP einführen, ohne tatsächlich die E-Mails zu beeinflussen. Auf diese Weise lassen sich besser Tests durchführen.

5. Klicken Sie auf *Speichern*, um die Richtlinie zu erstellen.

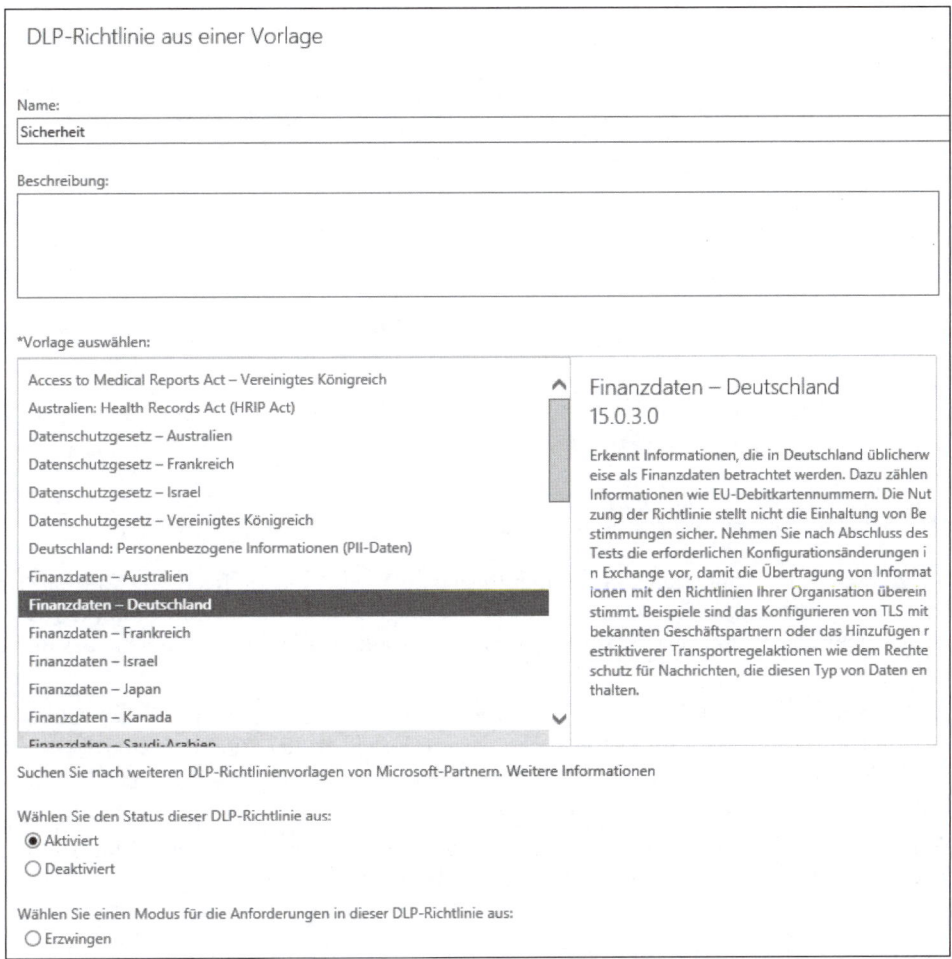

Abbildung 10.2: In diesem Dialogfeld legen Sie die Daten für die neue DLP-Vorlage fest.

Sie können nach der Erstellung der Richtlinie weitere Aktionen zur Vorlage hinzufügen. Die Richtlinien lassen sich jederzeit ändern, ebenso können Sie die Regeln in der Richtlinie nachträglich bearbeiten. Eine Regeländerung kann zum Beispiel das Festlegen einer Ausnahme für manche Anwender oder das Senden einer Benachrichtigungs-E-Mail sein.

Sie müssen zum Bearbeiten in den Eigenschaften einer DLP-Richtlinie über *Regeln* zum Regel-satz der entsprechenden Richtlinie navigieren. Hier legen Sie fest, auf welcher Grundlage die Richtlinie nach wichtigen Daten in E-Mails suchen soll, um das unbefugte Senden zu verhindern.

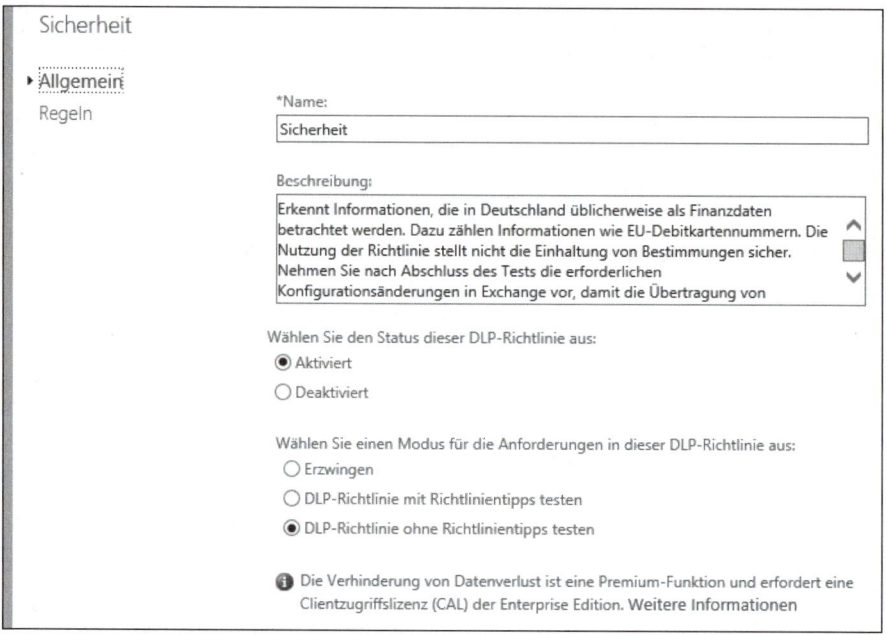

Abbildung 10.3: Anpassen einer erstellten DLP-Richtlinie

Einige Richtlinien ermöglichen das Hinzufügen von Regeln, die die Rechteverwaltung (RMS) für E-Mails verwenden. Sie müssen RMS in Exchange konfigurieren, bevor Sie die Aktionen nutzen können. Die Rechteverwaltung ist eine eigenständige Funktion, die sich aber mit DLP verbinden lässt.

Sie können für alle DLP-Richtlinien die Regeln, Aktionen, Ausnahmen und den Gültigkeits-zeitraum anpassen. Außerdem lassen sich weitere Regeln in der Richtlinie aktivieren, beste-hende Regeln abändern oder Regeln entfernen. Und schließlich können Sie Bedingungen anpassen und eigene Bedingungen erstellen.

Wenn Sie in den Einstellungen einer DLP-Richtlinie auf die Seite *Regeln* wechseln, können Sie hier Regeln anpassen, indem Sie auf *Bearbeiten* klicken (Stiftsymbol).

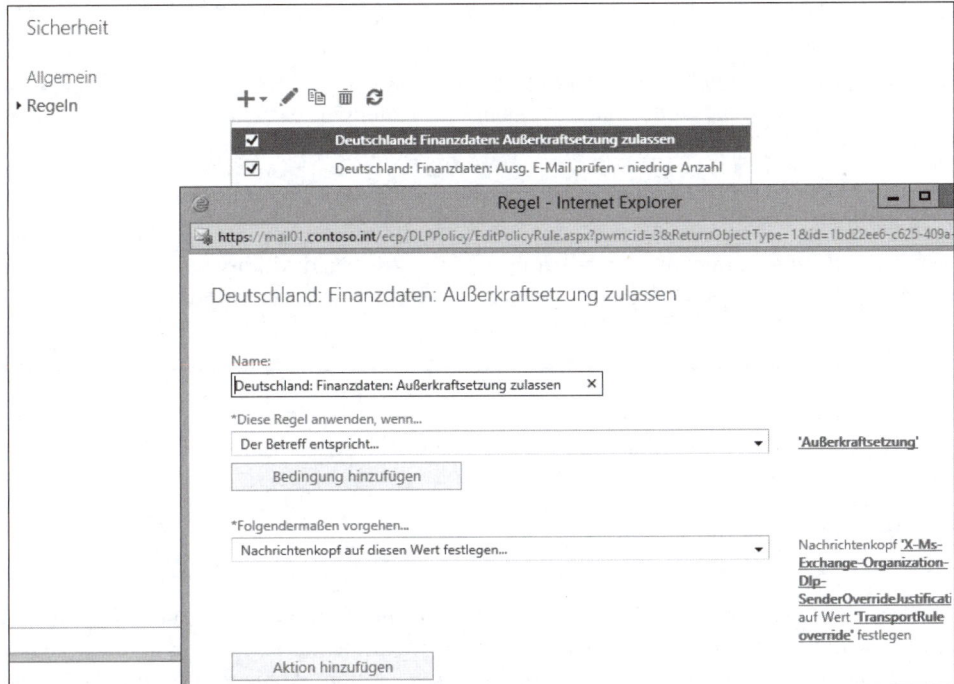

Abbildung 10.4: Bearbeiten von Regeln in einer DLP-Richtlinie

DLP-Richtlinien verwalten

Mit dem Exchange Admin Center oder der Exchange Management Shell können Sie vorhandene Richtlinien zur Verhinderung von Datenverlusten anzeigen, ändern oder auch löschen. Den Modus der Richtlinie legen Sie im rechten unteren Bereich der Konsole fest. Für jede DLP-Richtlinie können Sie einen von drei Modi auswählen:

- **Erzwingen** Regeln in der Richtlinie gelten für alle E-Mails. Exchange kann E-Mails blockieren, wenn DLP Daten findet, die die Bedingungen der Richtlinie erfüllen. Alle in der Richtlinie festgelegten Aktionen werden aktiv ausgeführt.

- **DLP-Richtlinie mit Richtlinientipps testen** Regeln in der Richtlinie werden für alle E-Mails ausgewertet. E-Mails werden nicht blockiert. Wenn Sie Richtlinientipps konfiguriert haben, werden diese den Benutzern angezeigt. Anwender erhalten also eine Information, falls sie geheime Daten versenden wollen.

- **DLP-Richtlinie ohne Richtlinientipps testen** Regeln in der Richtlinie werden genauso ausgewertet wie bei den anderen Modi. Exchange blockiert außerdem keine E-Mails und zeigt Anwendern auch keine Informationen an.

Hinweis

Eine Regel in einer DLP-Richtlinie kann eigene Moduseinstellungen verwenden. Wenn der Modus einer kompletten Richtlinie und der Modus einer einzelnen Regel unterschiedlich sind, hat die Regeleinstellung Vorrang.

Doppelklicken Sie auf eine der Richtlinien in der Richtlinienliste, um diese zu bearbeiten. Sie können eine DLP-Richtlinie auch erstellen und im deaktivierten Modus belassen. In diesem Modus wird die Richtlinie nicht durchgesetzt. Sie können auf diesem Weg die Richtlinie anpassen, ohne dass sie produktiv im Einsatz ist.

Tipp

Sie können die Einstellungen von DLP-Richtlinien auch in der Exchange Management Shell anzeigen. Dazu verwenden Sie folgenden Befehl:

```
Get-DlpPolicy <Name>| fl
```

Sie können eine vorhandene DLP-Richtlinie jederzeit ändern. Das funktioniert auch dann, wenn die Richtlinie aktiv ist. Um eine Regel in einer Richtlinie zu löschen, markieren Sie die Regel und klicken auf *Löschen*. In diesem Zusammenhang können Sie vorhandene Regeln in der Richtlinie nachträglich anpassen oder weitere Regeln zur Richtlinie hinzufügen.

Mit der Exchange Management Shell können Sie die Aktions- und die Benachrichtigungsfunktionen einer Richtlinie steuern. Im folgenden Beispiel wird der Modus einer DLP-Richtlinie so gesetzt, dass die Aktionen nicht erzwungen und keine Benachrichtigungen angezeigt werden:

```
Set-DlpPolicy <Name> -Mode Audit
```

Mit dem Exchange Admin Center können Sie eine DLP-Richtlinie auch löschen. Sobald Sie eine Richtlinie gelöscht haben, wird sie nicht länger angewendet. Es werden auch keine Regeln und Aktionen gespeichert.

Alternativ können Sie den Modus einer Richtlinie auf *DLP-Richtlinie ohne Richtlinientipps testen* festlegen. Damit bestimmen Sie, dass die Richtlinie nicht angewendet wird und die Anwender nichts von der Richtlinie mitbekommen. Der Vorteil dieser Einstellung ist, dass die Konfiguration der Richtlinie erhalten bleibt. Dies kann sinnvoll sein, wenn Sie die Richtlinie später erneut produktiv einsetzen wollen. Löschen Sie daher nur Richtlinien, die Sie sicher nicht mehr benötigen.

Neben dem Exchange Admin Center können Sie die DLP-Richtlinie mit *Remove-DlpPolicy <Name>* auch in der Exchange Management Shell löschen.

Richtlinientipps verwalten

Richtlinientipps sind Hinweise, die E-Mail-Absendern beim Erstellen einer E-Mail angezeigt werden. Der Sinn von Richtlinientipps ist, die Benutzer darüber zu informieren, dass sie Richtlinien verletzen, die Sie mit DLP festgelegt haben. Richtlinientipps werden E-Mail-Absendern angezeigt, wenn die folgenden Bedingungen erfüllt sind:

1. Die Anwender setzen Outlook 2013/2016 ein.

2. Eine Transportregel ist vorhanden, die Benachrichtigungen zu Richtlinientipps verwendet. Sie können eine Transportregel erstellen, indem Sie eine DLP-Richtlinie konfigurieren, die die Aktion *Absender mit Richtlinientipp benachrichtigen* enthält.

3. Der Inhalt eines E-Mail-Kopfs, eines E-Mail-Texts oder einer E-Mail-Anlage erfüllt die Bedingungen, die in einer DLP-Richtlinie oder -Regel festgelegt sind. Der Richtlinientipp wird nur angezeigt, wenn Anwender eine Aktion durchführen, die zum Auslösen der zugehörigen Regel in DLP führt.

Richtlinientipps erstellen Sie am einfachsten im Exchange Admin Center. Dazu gehen Sie folgendermaßen vor:

1. Navigieren Sie im Exchange Admin Center zu *Verwaltung der Compliance/Verhinderung von Datenverlust*.

2. Doppelklicken Sie auf eine der Richtlinien in der Richtlinienliste.

3. Klicken Sie auf der Seite *DLP-Richtlinie bearbeiten* auf *Regeln*.

4. Um Richtlinientipps zu einer vorhandenen Regel hinzuzufügen, markieren Sie die Regel und klicken auf *Bearbeiten*.

5. Um eine neue leere Regel zu einer DLP-Richtlinie hinzuzufügen, klicken Sie auf *Hinzufügen*, wählen im Menü den Eintrag *Eine neue Regel erstellen* aus und klicken im Fenster *Neue Regel* auf *Weitere Optionen*.

6. Um eine Aktion zum Anzeigen eines Richtlinientipps hinzuzufügen, klicken Sie auf die Schaltfläche *Aktion hinzufügen*.

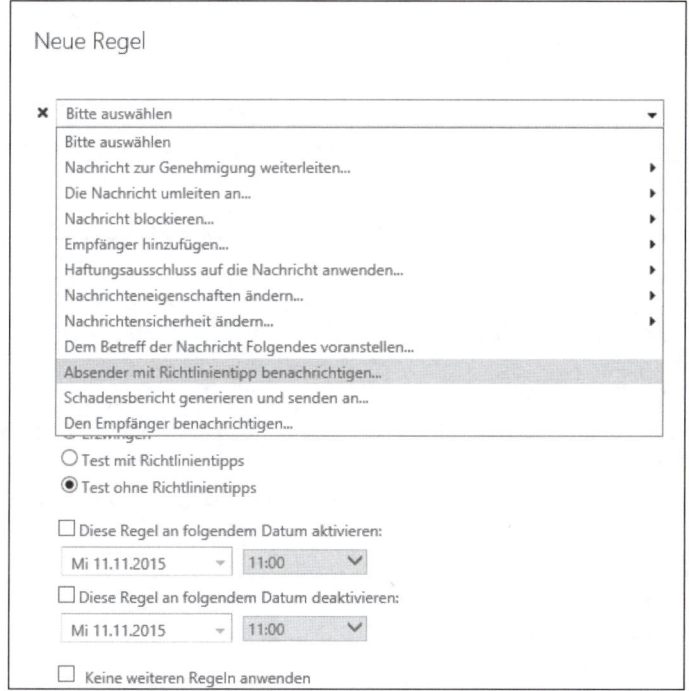

Abbildung 10.5: So erstellen Sie einen neuen Richtlinientipp in einer DLP-Richtlinie.

7. Wählen Sie im Dropdownlistenfeld *Absender mit Richtlinientipp benachrichtigen* aus, und wählen Sie *Absender benachrichtigen, aber Sendevorgang zulassen* aus. Sie haben an dieser Stelle auch die Möglichkeit, festzulegen, dass Exchange den Anwender daran hindert, die E-Mail abzusenden. Beide Aktionen lassen sich getrennt voneinander aktivieren und anpassen.

8. Klicken Sie auf *OK* und auf *Speichern*. Die Benachrichtigung ist sofort aktiv.

Es gibt mehrere Optionen für Richtlinientipps, mit denen Exchange E-Mails blockiert. Sie können sogar verhindern, dass E-Mails den Postausgang des Absenders in Outlook verlassen:

1. Navigieren Sie im Exchange Admin Center zu *Verwaltung der Compliance/Verhinderung von Datenverlust*.

2. Doppelklicken Sie auf eine der Richtlinien.

3. Klicken Sie auf der Seite *DLP-Richtlinie bearbeiten* auf *Regeln*.

4. Um Richtlinientipps zu einer vorhandenen Regel hinzuzufügen, markieren Sie die Regel und klicken auf *Bearbeiten*.

5. Um eine neue leere Regel hinzuzufügen, die Sie anpassen können, klicken Sie auf *Hinzufügen*, wählen im Menü den Eintrag *Eine neue Regel erstellen* aus und klicken im Fenster *Neue Regel* auf *Weitere Optionen*.

6. Um eine Aktion hinzuzufügen, durch die ein Richtlinientipp angezeigt wird, klicken Sie auf die Schaltfläche *Aktion hinzufügen*.

7. Wählen Sie im Dropdownlistenfeld den Eintrag *Absender mit Richtlinientipp benachrichtigen* aus, und wählen Sie die gewünschte Blockieraktion aus.

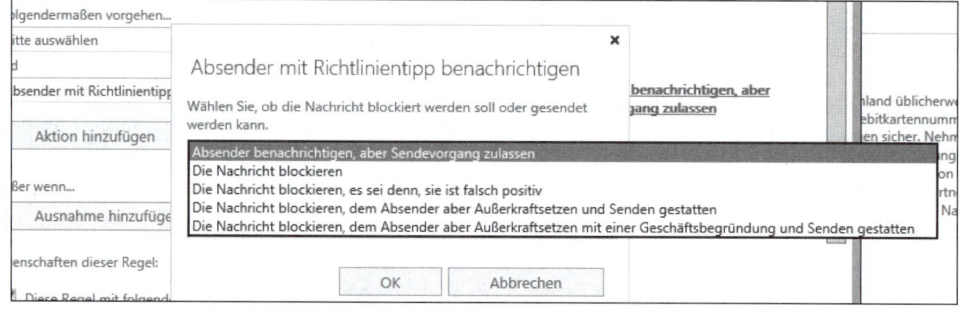

Abbildung 10.6: Das Absenden von E-Mails blockieren

8. Klicken Sie auf *OK* und dann auf *Speichern*.

Neben dem Standardtext in Exchange können Sie auch einen benutzerdefinierten Text angeben, den Outlook den Anwendern anzeigen soll:

1. Navigieren Sie im Exchange Admin Center zu *Verwaltung der Compliance/Verhinderung von Datenverlust*.

2. Klicken Sie auf den Link *Richtlinientipps verwalten*.

3. Klicken Sie auf *Hinzufügen*.

4. Im nun geöffneten Fenster *Richtlinientipps* können Sie eigene Texte angeben.

Dokumentenfingerabdrücke erstellen

Durch das Erstellen eines neuen Fingerabdrucks im Bereich *Dokumentfingerabdrücke verwalten* können Administratoren sicherstellen, dass der Inhalt geheimer Dokumente das Unternehmen nicht verlassen kann, zumindest nicht über den Exchange-Server. Die Dokumentfingerabdrücke-Funktion erkennt Formulare, die Sie im Unternehmen einsetzen. Wollen Sie nicht, dass solche Formulare und die darin enthaltenen Daten per E-Mail versendet werden, können diese Formulare in DLP eingebunden werden.

Sobald Sie einen neuen Fingerabdruck erstellen, können Sie das dazugehörige Dokument direkt im Exchange Admin Center auf den Server laden. Danach erstellen Sie eine neue DLP-Richtlinie. In der Richtlinie legen Sie anschließend eine neue DLP-Regel an. Neu seit Exchange 2013 SP1 ist die Möglichkeit, in den DLP-Regeln die vorher erstellten Fingerabdrücke zu verwenden. Diese sind in der Auswahl zu finden, wie alle anderen Möglichkeiten von DLP auch. Abschließend wird der Fingerabdruck in der DLP-Richtlinie verwendet.

Microsoft hat in Outlook Web App DLP-Mailtipps integriert. Wenn ein Anwender im Begriff ist, Daten aus dem Unternehmen hinaus zu versenden, die er nicht versenden darf (zum Beispiel Kreditkartennummern oder andere Daten, die Administratoren über DLP-Regeln ausklammern), erhält der Anwender in Outlook einen Hinweis. Bei Verwendung von Outlook Web App wurden in Exchange 2013 keine Mailtipps von DLP angezeigt, sondern erst mit Exchange 2013 SP1 – und jetzt auch in Exchange 2016. Für Unternehmen, die auf Active Directory-Verbunddienste setzen, bietet OWA in Exchange 2016 die Unterstützung der anspruchsbasierten Authentifizierung (Claim-based Identity).

Informationsrechte verwalten

In Exchange 2016 können Sie mithilfe der Verwaltung von Informationsrechten (Information Rights Management, IRM) Nachrichten und Anlagen absichern. Für IRM werden die Active Directory-Rechteverwaltungsdienste (Active Directory Rights Management Services, AD RMS) verwendet.

Mit den IRM-Funktionen können die Benutzer und Administratoren festlegen, welche Rechte den Empfängern von E-Mails eingeräumt werden. Mit der Rechteverwaltung können Anwender zum Beispiel Aktionen der Empfänger (wie Weiterleiten oder Drucken einer E-Mail oder einer Dateianlage sowie das Extrahieren von Daten aus E-Mails, z.B. durch Kopieren und Einfügen) zulassen oder verweigern.

Grundlagen und erste Schritte zu IRM

Exchange 2016 fügt den E-Mails, die Anwender schützen wollen, eine spezielle Verwendungslizenz hinzu. Dadurch werden Empfänger daran gehindert, bestimmte Aktionen durchzuführen. Die Rechteverwaltung kann aber nicht die Verwendung von Drittanbieterprogrammen für Screenshots verhindern.

Benutzer mit Outlook 2010/2013/2016 können Outlook-Schutzregeln erstellen, die E-Mails automatisch durch die Rechteverwaltung schützen. Als Administrator können Sie Transportschutzregeln erstellen, mit denen Exchange automatisch E-Mails schützt. Für E-Mails zwischen Unternehmen können Sie über die Active Directory-Verbunddienste (Active Directory Federation Services, AD FS) eine Verbundvertrauensstellung zwischen den beiden Active Directory-

Gesamtstrukturen erstellen. Setzen Sie die Active Directory-Rechteverwaltung ein, benötigen Sie eine interne Zertifizierungsstelle. Über diese werden die entsprechenden Zertifikate erstellt und verwaltet

Den IRM-Schutz können Benutzer in Outlook oder Outlook Web verwenden. Im Gegensatz zu anderen Lösungen für die E-Mail-Verschlüsselung bietet Exchange noch die Möglichkeit, geschützte Inhalte zu entschlüsseln und die Einhaltung von Richtlinien zu erzwingen. Auf diesem Weg lässt sich IRM auch zusammen mit DLP verwenden.

Der IRM-Schutz wird durch Verwendung einer festgelegten AD RMS-Vorlage angewendet. Mit Richtlinienvorlagen steuern Sie die Berechtigungen, die Empfänger für eine Nachricht und die enthaltenen Dateianlagen haben. Indem Sie die Vorlage für Benutzerrechtrichtlinien auf E-Mails anwenden, können Sie Aktionen wie *Antworten*, *Allen antworten*, *Weiterleiten*, *Extrahieren von Informationen aus einer Nachricht*, *Speichern oder Drucken einer Nachricht* festgelegen.

Hinweis

In Exchange 2016 werden IRM-Funktionen mit Transport-Agents im Transportdienst auf Postfachservern bereitgestellt.

IRM-Agents werden vom Exchange-Setup standardmäßig auf einem Postfachserver installiert. IRM-Agents sind in Exchange 2016 integrierte Agents. Sie sind nicht in der Liste der Agents enthalten, die vom Cmdlet *Get-TransportAgent* angezeigt wird.

Zum Konfigurieren der IRM-Funktionen in Exchange 2016 müssen Sie die Exchange Management Shell verwenden. Mit dem Cmdlet *Set-IRMConfiguration* lassen sich einzelne IRM-Funktionen konfigurieren. Sie können IRM für interne E-Mails, die Transportentschlüsselung, die Journalberichtentschlüsselung, die Exchange-Suche und Outlook Web App aktivieren oder deaktivieren.

Nach dem Einrichten können Sie mit dem Cmdlet *Test-IRMConfiguration* Tests für Ihre IRM-Bereitstellung ausführen. Das Cmdlet führt die folgenden Tests aus:

- Überprüfen der IRM-Konfiguration.

- Überprüfen des AD RMS-Servers auf Versions- und Hotfixinformationen.

- Abrufen eines Rechtekontozertifikats (Rights Account Certificate, RAC) und eines Client-Lizenzgeberzertifikats (Client Licensor Certificate, CLC), um zu prüfen, ob ein Exchange-Server für RMS aktiviert werden kann.

- Abrufen von AD RMS-Vorlagen für Benutzerrechtrichtlinien vom AD RMS-Server.

- Überprüfen, ob der angegebene Absender IRM-geschützte Nachrichten senden kann.

- Abrufen einer Administratornutzungslizenz für den angegebenen Empfänger.

- Abrufen einer Vorlizenz für den angegebenen Empfänger.

Transportschutzregeln einsetzen

Haben Sie eine AD RMS-Infrastruktur aufgebaut, können Sie Transportregeln erstellen, die eine RMS-Vorlage auf Basis bestimmter Kriterien verwenden, oder Anwender können selbst E-Mails schützen. Wenn Sie eine neue Transportregel erstellen und dazu eine RMS-Vorlage verwenden, trägt die Transportregel die Bezeichnung »Transportschutzregel« (siehe auch Kapitel 4).

Mit Transportschutzregeln können Sie E-Mails auf Basis von Transportregeln mit den Informationsrechten schützen. Sie weisen dazu E-Mails mit bestimmten Kriterien, zum Beispiel bestimmten Absendern oder einem bestimmten Betreff, eine Rechterichtlinienvorlage für Active Directory-Rechteverwaltungsdienste zu. Wenn Sie beim Erstellen einer Transportschutzregel keine Bedingungen auswählen, schützt Exchange alle E-Mails mit IRM. Lesen Sie sich zum Erstellen von Regeln das Kapitel 4 durch.

Standardmäßig ist die Richtlinienvorlage *Nicht weiterleiten* gesetzt. Sie können aber beliebige weitere Vorlagen verwenden. Diese Einstellungen müssen Sie in der Active Directory-Rechteverwaltung durchführen. Entfernen Sie eine Rechterichtlinienvorlage vom AD RMS-Server, müssen Sie alle Transportschutzregeln anpassen, die auf dieser Vorlage aufbauen.

Wenn Sie Transportschutzregeln verwenden, überprüft der Transportregel-Agent auf dem Transport-Server die E-Mails nach gesetzten Bedingungen in der Vorlage. Der Verschlüsselungs-Agent wendet anschließend den IRM-Schutz auf die E-Mail an. Nachdem Sie eine Transportschutzregel erstellt haben, stellt Exchange E-Mails auf Transport-Servern in Warteschlangen, wenn der AD RM-Server nicht verfügbar ist. Exchange versucht dreimal, die E-Mail mit den Informationsrechten (IRM) zu schützen. Nach diesen drei Versuchen erhält der Absender einen Unzustellbarkeitsbericht (Non-Delivery Report, NDR) wenn der AD RMS-Server nicht erreichbar ist.

Wählen Sie bei Aktionen für eine Transportregel die Option *Nachrichtensicherheit ändern/ Rechteschutz anwenden* aus. Im daraufhin geöffneten Fenster können Sie eine verfügbare RMS-Vorlage bestimmen.

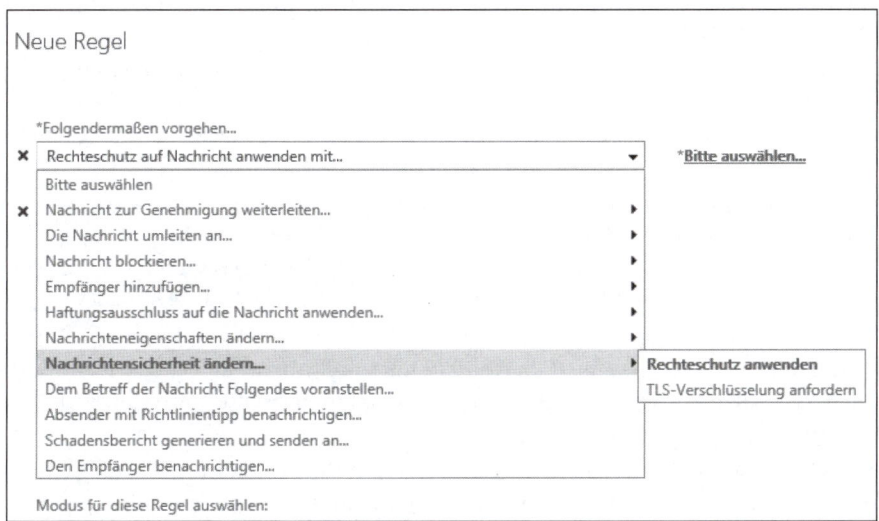

Abbildung 10.7: Erstellen einer neuen Transportschutzregel

Sie können Transportschutzregeln auch in der Exchange Management Shell erstellen. Welche Vorlagen für den Rechteschutz vorhanden sind, erfahren Sie mit:

```
Get-RMSTemplate |fl
```

Im folgenden Beispiel wird die Transportschutzregel *Geheim* erstellt. Die Regel schützt E-Mails, die den Begriff »Geheim« im Feld *Betreff* mit der Vorlage *Nicht weiterleiten* enthalten. In diesem Beispiel wird *SubjectContainsWords* verwendet. Sie können eine beliebige Kombination von Transportregelfiltern verwenden, um Bedingungen und Ausnahmen für die Regel zu erstellen:

```
New-TransportRule -Name "Geheim" -SubjectContainsWords "Geheim" -ApplyRightsProtectionTemplate
"Nicht weiterleiten"
```

Verwenden Sie das Cmdlet *Get-TransportRule*, um die Regel anzuzeigen. Stellen Sie über Outlook, Outlook Web App oder ein Smartphone sicher, dass der Schutz funktioniert.

Outlook-Schutzregeln mit Outlook verwenden

Mit Outlook-Schutzregeln schützt die Active Directory-Rechteverwaltung die E-Mails bereits auf dem Client, nicht erst ab dem Transport-Server. Dieser Schutz gilt auch für alle Anlagen in den E-Mails.

Outlook-Schutzregeln werden automatisch an Outlook 2010/2013/2016 verteilt. Damit Anwender mit Outlook 2010/2013/2016 diese Regeln verwenden können, muss die entsprechende AD RMS-Vorlage für Benutzerrechterichtlinien auf den Computern der Benutzer vorhanden sein.

Outlook-Schutzregeln ähneln Transportschutzregeln. Haben Sie die Transportentschlüsselung in Ihrer Exchange-Organisation aktiviert, können E-Mails, die über eine Outlook-Schutzregel geschützt sind, auf Transport-Servern durch den Entschlüsselungs-Agent entschlüsselt werden. Der Inhalt der E-Mail lässt sich durch den Transportregel-Agent und andere auf dem Transport-Server installierte Transport-Agents untersuchen.

Zum Erstellen von Outlook-Schutzregeln verwenden Sie das Cmdlet *New-OutlookProtectionRule* in der Exchange Management Shell. Beim Erstellen einer Regel können Sie festlegen, ob Benutzer die Regel außer Kraft setzen dürfen. Outlook-Schutzregeln ermöglichen die Nutzung von drei Bereichen:

- **FromDepartment**   Diese Option verwendet das Abteilungs-Attribut des Absenders in den Benutzereinstellungen von Active Directory. Es aktiviert für die E-Mail automatisch den IRM-Schutz, wenn die Abteilung des Benutzers der in der Regel angegebenen Abteilung entspricht. Dazu muss die Abteilung in den Benutzerkonten in Active Directory eingepflegt sein.

- **SentTo**   Mit dieser Option können Sie eine Outlook-Schutzregel erstellen, mit der E-Mails automatisch mit IRM geschützt werden, wenn die Absender im Unternehmen bestimmte Empfänger verwenden.

- **SentToScope**   Diese Option ermöglicht eine Outlook-Schutzregel, die E-Mails schützt, die Anwender innerhalb der Organisation oder an Empfänger außerhalb senden. Sie können zum Beispiel die Option zusammen mit *FromDepartment* verwenden, um E-Mails mit IRM zu schützen, die von einer bestimmten Abteilung an interne Benutzer gesendet werden.

Im folgenden Beispiel erstellen Sie die Outlook-Schutzregel *Geheim*. Diese Regel schützt alle E-Mails, die an die Verteilergruppe *Buchhaltung* gesendet werden, mit der AD RMS-Vorlage *Vertraulich*:

```
New-OutlookProtectionRule -Name "Geheim" -SentTo "buchhaltung@contoso.com"
-ApplyRightsProtectionTemplate "Vertraulich"
```

Wenn Sie *SentTo* für eine Outlook-Schutzregel mit einer Verteilergruppe verwenden, schützt Outlook nur E-Mails, die Absender an die komplette Verteilerliste senden, nicht aber E-Mails an einzelne Benutzer, die nur Mitglied der Verteilerliste sind.

Mit dem Cmdlet *Remove-OutlookProtectionRule -Identity <Name der Regel>* löschen Sie eine solche Outlook-Schutzregel wieder. Löschen Sie aber nur Regeln, mit denen noch keine E-Mails versendet wurden, da diese ansonsten ihre Gültigkeit verlieren. Mit *Get-OutlookProtectionRule* lassen Sie sich alle Regeln in der Organisation anzeigen.

Die Transport- und Journalentschlüsselung nutzen

Auch geschützte E-Mails lassen sich auf den Servern entschlüsseln, um den Nachrichtenschutz in der Organisation zu gewährleisten. Dies ist zum Beispiel zum Scannen nach Viren oder für andere Aufgaben, beispielsweise die Datensicherung, die Wiederherstellung oder das Durchsuchen von Postfächern mit der Discoverysuche, notwendig. IRM-geschützte E-Mails kann Exchange mit der Transportentschlüsselung während der Übertragung entschlüsseln. Diese Aufgabe übernimmt der Entschlüsselungs-Agent. Anwender oder Administratoren haben keinen Zugriff auf die Daten; es ist nur das Scannen auf dem Exchange-Server durch die entsprechenden Agenten möglich.

Hierbei handelt es sich um einen integrierten Agent. Diese Agenten sind nicht in der Liste der Agents enthalten, die Sie sich mit dem Cmdlet *Get-TransportAgent* anzeigen lassen können. Die Transportentschlüsselung findet auf dem ersten Transport-Server statt, der eine E-Mail in einer Active Directory-Gesamtstruktur verarbeitet. Wenn eine E-Mail an einen Transport-Server in einer anderen Active Directory-Gesamtstruktur übertragen wird, entschlüsselt dort ein Transport-Server die E-Mail erneut und scannt die entsprechende E-Mail.

Nach der Entschlüsselung der E-Mails stehen die Inhalte auch für andere Transport-Agents auf dem Server zur Verfügung. So kann zum Beispiel der Agent für Transportregeln auf einem Transport-Server Inhalte der E-Mail erneut untersuchen und Transportregeln anwenden. Transport-Agents von Drittanbietern, wie Antivirusscanner, können E-Mails auf Viren überprüfen.

Nachdem alle Transport-Agents die Nachricht untersucht und angepasst haben, wird sie wieder mit denselben Benutzerrechten verschlüsselt, die sie vor der Entschlüsselung durch den Entschlüsselungs-Agent hatte. Die E-Mails werden dann nicht mehr von anderen Transport-Servern in der Organisation entschlüsselt. Entschlüsselte E-Mails verlassen den Transport-Server niemals, ohne erneut verschlüsselt zu werden. Die Sicherheit bleibt also gewahrt.

Die Transportentschlüsselung konfigurieren Sie mit dem Cmdlet *Set-IRMConfiguration* in der Exchange Management Shell. Bevor Sie die Transportentschlüsselung anpassen, müssen die Server das Recht erhalten, geschützte Inhalte zu entschlüsseln. Dies ermöglichen Sie, indem Sie das Verbundzustellungspostfach (*Federatedmail....*) der AD RMS-Administratorengruppe hinzufügen.

Exchange 2016 unterstützt zwei Einstellungen der Transportentschlüsselung:

- **Verbindlich** Wenn Sie die Transportentschlüsselung auf *Mandatory* festlegen, lehnt der Entschlüsselungs-Agent E-Mails ab und gibt einen Unzustellbarkeitsbericht an den Absender zurück, wenn sich diese nicht entschlüsseln lassen.

Compliance

- **Optional**   E-Mails, die Exchange nicht entschlüsseln kann, stellt Exchange verschlüsselt zu, ohne auf den Inhalt zugreifen zu können.

Im folgenden Beispiel ist die Transportentschlüsselung aktiviert. E-Mails, die nicht entschlüsselt werden können, weisen die Server zurück:

```
Set-IRMConfiguration -TransportDecryptionSetting Mandatory
```

In diesem Beispiel wird die Transportentschlüsselung deaktiviert:

```
Set-IRMConfiguration -TransportDecryptionSetting Disabled
```

Mit der Journalberichtentschlüsselung können Sie unverschlüsselte Kopien IRM-geschützter E-Mails in Journalberichten speichern (siehe Kapitel 9). Zur Verwendung der Journalberichtentschlüsselung müssen Sie über eine Exchange Enterprise-Clientzugriffslizenz verfügen.

Die Entschlüsselung erfolgt durch den Journalberichtentschlüsselungs-Agent. Hierbei handelt es sich ebenfalls um einen integrierten Agent. Die Journalberichtentschlüsselung konfigurieren Sie mit dem Cmdlet *Set-IRMConfiguration* in der Exchange Management Shell. Nachdem Sie die Journalberichtentschlüsselung aktiviert haben, kann das Journalpostfach unverschlüsselte Journalberichte mit vertraulichen Informationen enthalten. Im folgenden Beispiel wird die Journalberichtentschlüsselung für die Exchange-Organisation aktiviert:

```
Set-IRMConfiguration -JournalReportEncryptionEnabled $true
```

Im folgenden Beispiel wird die Journalberichtentschlüsselung für die Exchange-Organisation deaktiviert:

```
Set-IRMConfiguration -JournalReportDecryptionEnabled $false
```

Die Verwaltung von Informationsrechten aktivieren oder deaktivieren

Ist die Verwaltung von Informationsrechten (Information Rights Management, IRM) aktiviert, können Outlook Web App-Benutzer E-Mails mit IRM schützen, indem sie eine Vorlage für Active Directory-Rechteverwaltungsdienste (AD RMS) verwenden. Bevor Sie IRM auf Clientzugriffsservern aktivieren können, müssen Sie der Administratorengruppe im AD RMS-Cluster das Verbundpostfach hinzufügen.

Mitglieder der Administratorengruppe erhalten eine Nutzungslizenz für Besitzer, wenn sie eine Lizenz vom AD RMS-Cluster anfordern. So können die entsprechenden Benutzer alle durch den Rechteverwaltungsdienst geschützten Inhalte von diesem Cluster entschlüsseln. Mit den folgenden Befehlen wird IRM auf Clientzugriffsservern für eine Exchange-Organisation aktiviert oder deaktiviert:

```
Set-IRMConfiguration -ClientAccessServerEnabled $true
Set-IRMConfiguration -ClientAccessServerEnabled $false
```

Verwenden Sie das Cmdlet *Get-IRMConfiguration*, und überprüfen Sie den Wert *ClientAccessServerEnabled*, um Informationen anzuzeigen. Verwenden Sie Outlook Web App, um eine IRM-geschützte Nachricht zu erstellen oder zu lesen.

Informationsrechte in Outlook Web App verwalten

Outlook Web App unterstützt ebenfalls die Verwendung von IRM. Die folgenden IRM-Funktionen sind in Outlook Web App verfügbar:

- **Senden IRM-geschützter Nachrichten**   Benutzer können von Outlook Web App eine Vorlage für Benutzerrechterichtlinien auswählen und auf E-Mails anwenden. Das ermöglicht Benutzern das Senden von IRM-geschützten E-Mails auch aus Outlook Web App.

- **IRM-geschützte Anlagen**   Wenn ein Benutzer eine IRM-geschützte E-Mail aus Outlook Web App sendet, wird der IRM-Schutz auf alle der E-Mail angefügten Dateien angewendet. In Exchange 2016 wird der IRM-Schutz auf alle mit Word, Excel und PowerPoint erstellten Dokumente sowie auf *.xps*-Dateien und E-Mails angewendet. Der IRM-Schutz wird nur auf eine Anlage angewendet, wenn diese noch nicht IRM-geschützt ist.

Hinweis

Der IRM-Schutz kann nicht für E-Mails verwendet werden, die bereits mit S/MIME signiert oder verschlüsselt wurden. Wenn eine E-Mail durch IRM geschützt werden soll, müssen Anwender die S/MIME-Signatur und -Verschlüsselung entfernen. Das Gleiche gilt für IRM-geschützte Nachrichten, die mit S/MIME weder signiert noch verschlüsselt werden können.

Sie können daher nicht beide Schutzmechanismen parallel einsetzen, sondern nur einen von beiden.

E-Mails, die vom Absender geschützt wurden, werden in Outlook Web App im Vorschaufenster angezeigt. Der entsprechende Computer muss nicht in AD RMS registriert sein, und es sind keine Add-Ins für den Internet Explorer notwendig.

Wenn ein Benutzer eine E-Mail öffnet, wird die E-Mail mit der Verwendungslizenz entschlüsselt. Nach der Entschlüsselung wird die E-Mail angezeigt. Wenn keine Vorlizenz verfügbar ist, fordert Outlook Web App eine entsprechende Lizenz vom AD RMS-Server an. IRM in Outlook Web App wird in allen Browsern unterstützt, die von Exchange 2016 unterstützt werden. Mehr zum Thema Lizenzen lesen Sie in Kapitel 1.

Tipp

Um IRM in Outlook Web App zu aktivieren, müssen Sie das Verbundpostfach der Administratorengruppe in AD RMS hinzufügen.

Sie aktivieren IRM in Outlook Web App, indem Sie das Cmdlet *Set-IRMConfiguration* in der Exchange Management Shell ausführen und die notwendigen Optionen setzen.

Verwenden Sie zum Aktivieren oder Deaktivieren von IRM für einen virtuellen Outlook Web App-Ordner das Cmdlet *Set-OWAVirtualDirectory*, und setzen Sie die Option *IRMEnabled* auf *$false* oder *$true* (Standard). Dadurch können Sie IRM in Outlook Web App deaktivieren, während es für einen anderen virtuellen Ordner auf einem anderen Clientzugriffsserver aktiviert bleibt.

Verwenden Sie zum Aktivieren oder Deaktivieren von IRM für eine Outlook Web App-Postfachrichtlinie das Cmdlet *Set-OWAMailboxPolicy*, und setzen Sie die Option *IRMEnabled* auf *$false* oder *$true* (Standard). Auf diese Weise können Sie IRM in Outlook Web App für bestimmte Benutzer aktivieren und für andere Benutzer deaktivieren. Sie müssen einfach die entsprechende Outlook Web App-Postfachrichtlinie zuweisen.

Compliance

Informationsrechte in Exchange ActiveSync verwalten

Benutzer können auf allen unterstützten Geräten auf IRM-Funktionen zugreifen, ohne dass sie AD RMS-Berechtigungen anpassen oder das Gerät mit einem Computer verbinden müssen. IRM in Exchange ActiveSync bietet Benutzern folgende Möglichkeiten:

- Erstellen von IRM-geschützten E-Mails
- Lesen von IRM-geschützten E-Mails
- Antworten und Weiterleiten von IRM-geschützten E-Mails

Auf den Clientzugriffsservern in der Organisation muss mindestens Exchange 2010/2013 SP1 oder höher installiert sein, besser Exchange Server 2016. In der Organisation muss dazu zwingend ein AD RMS-Server verfügbar sein.

IRM muss in der Exchange ActiveSync-Postfachrichtlinie aktiviert werden. Sie können IRM mit verschiedenen ActiveSync-Postfachrichtlinien für verschiedene Benutzer aktivieren oder deaktivieren. Geräte, die das Exchange ActiveSync-Protokoll in der Version 14.1 unterstützen (auch Smartphones mit Windows Phone), können IRM nutzen. Die E-Mail-Anwendung des Geräts muss das Tag *RightsManagementInformation* unterstützen, das in Exchange ActiveSync festgelegt ist.

Wenn Sie IRM in Exchange ActiveSync aktivieren, entschlüsselt der Clientzugriffsserver IRM-geschützte Nachrichten vor der Bereitstellung der E-Mails. Bei der Synchronisierung befinden sich IRM-geschützte Nachrichten im unverschlüsselten Format auf dem Smartphone. Der IRM-Schutz wird dabei durch die IRM-fähige E-Mail-Clientanwendung auf dem Smartphone erzwungen.

IRM in Exchange ActiveSync entschlüsselt keine IRM-geschützten Anlagen auf dem Clientzugriffsserver. Der Zugriff auf IRM-geschützte Dateien wird durch die Anwendung auf dem Smartphone erzwungen. Auf einem Windows Phone-Gerät wird der IRM-Schutz für Office-Dateien durch Microsoft Office Mobile erzwungen. Für den Zugriff auf Office-Dateien mit IRM-Schutz müssen Benutzer das Gerät mit einem Computer verbinden und Office Mobile auf dem RMS-Server aktivieren und anpassen.

Fügen Sie das Verbundpostfach der Benutzergruppe mit Administratorrechten in AD RMS hinzu. Verwenden Sie das Cmdlet *Set-IRMConfiguration* in der Exchange Management Shell, um IRM auf dem Clientzugriffsserver zu aktivieren. Dadurch wird gleichzeitig IRM in Exchange ActiveSync und IRM in Outlook Web App aktiviert.

IRM für interne E-Mails aktivieren oder deaktivieren

In Exchange 2016 ist die Verwaltung von Informationsrechten für interne E-Mails standardmäßig bereits aktiviert. Sie können nicht das Exchange Admin Center zum Aktivieren oder Deaktivieren der IRM-Protokollierung verwenden, sondern müssen dazu die Exchange Management Shell nutzen:

```
Set-IRMConfiguration -InternalLicensingEnabled $true
Set-IRMConfiguration -InternalLicensingEnabled $false
```

Über das Cmdlet *Get-IRMConfiguration* können Sie testen, ob IRM für interne E-Mails aktiviert oder deaktiviert ist.

Die Protokollierung der Verwaltung von Informationsrechten aktivieren oder deaktivieren

Sie können die Protokolle der Verwaltung von Informationsrechten nutzen, um IRM-Aktionen zu überwachen und Probleme zu beheben. Die IRM-Protokollierung ist standardmäßig aktiviert. Die Optionen zur Steuerung der Protokollierung sind Folgende:

- **IrmLogEnabled** Dient zum Aktivieren oder Deaktivieren der IRM-Protokollierung. Standardwert: *$true*.

- **IrmLogMaxAge** Legt das maximal zulässige Alter von IRM-Protokolldateien fest. Dateien, die älter als 30 Tage sind, werden automatisch gelöscht.

- **IrmLogMaxDirectorySize** Legt die maximale Größe des Ordners fest, in dem die IRM-Protokolle gespeichert sind. Wenn die maximale Größe erreicht ist, löscht Exchange zuerst die ältesten Protokolldateien. Der Standardwert ist 250 MB.

- **IrmLogMaxFileSize** Legt die maximale Größe der einzelnen IRM-Protokolldateien fest. Wenn eine Protokolldatei die angegebene Größe erreicht, wird eine neue Protokolldatei angelegt. Der Standardwert ist 10 MB.

- **IrmLogPath** Gibt den Speicherort des IRM-Protokollordners an. Der Standardwert ist *%ExchangeInstallPath%Logging\IRMLogs*.

Sie müssen für die Konfiguration der Protokollierung die Exchange Management Shell verwenden. Mit folgendem Befehl wird die IRM-Protokollierung auf einem Postfachserver aktiviert:

```
Set-TransportService -Identity X01 -IRMLogEnabled $true
```

Im nächsten Beispiel wird die IRM-Protokollierung auf einem Postfachserver deaktiviert:

```
Set-TransportService -Identity E01 -IRMLogEnabled $false
```

Mit dem Cmdlet *Get-TransportService* zeigen Sie die IRM-Einstellungen an. Hier können Sie überprüfen, ob die IRM-Protokollierung auf einem Server aktiviert oder deaktiviert ist:

```
Get-TransportService -Identity fynn |fl IRMLog*
```

Postfachüberwachungsprotokollierung

Da Postfächer vertrauliche und wichtige Informationen enthalten können, ist es in vielen Unternehmen notwendig, festzustellen, wer sich an den verschiedenen Postfächern anmeldet und welche Aktionen ausgeführt werden. Eine wichtige Rolle spielt dabei die Verfolgung des Postfachzugriffs durch Benutzer, die nicht der Postfachbesitzer sind. Mit der Postfachüberwachungsprotokollierung können Sie den Postfachzugriff aller Benutzer auf alle Postfächer protokollieren und damit überwachen.

Wenn Sie die Überwachungsprotokollierung für ein Postfach aktivieren, können Sie festlegen, welche Benutzeraktionen Exchange 2016 protokollieren soll. Die Einträge im Überwachungsprotokoll enthalten auch Daten wie die Client-IP-Adresse, den Hostnamen und den Prozess oder Client, der für den Zugriff auf das Postfach verwendet wird.

Postfachüberwachungsprotokolle werden für jedes Postfach erstellt, für das Sie die Postfachüberwachungsprotokollierung aktivieren. Die Protokolleinträge werden im Unterordner *Überwachungen* des Ordners *Wiederherstellbare Elemente* des überwachten Postfachs gespeichert.

Compliance

Wenn Sie ein Postfach auf einen anderen Postfachserver verschieben, werden die Postfachüberwachungsprotokolle natürlich mit verschoben.

Standardmäßig speichert Exchange Postfachüberwachungsprotokolleinträge für 90 Tage. Sie können diese Frist anpassen, indem Sie die Option *AuditLogAgeLimit* des Cmdlets *Set-Mailbox* verwenden. Wenn es sich um ein Compliance-Archiv handelt oder sich ein Postfach in einem Beweissicherungsverfahren befindet, werden Überwachungsprotokolle so lange aufbewahrt, bis dieses Verfahren abgeschlossen ist.

Die Postfachüberwachungsprotokollierung aktivieren

Die Postfachüberwachungsprotokollierung wird immer auf Postfachebene aktiviert. Verwenden Sie dazu das Cmdlet *Set-Mailbox*:

```
Set-Mailbox -Identity "Thomas Joos" -AuditEnabled $true
```

Um die Protokollierung wieder zu deaktivieren, verwenden Sie:

```
Set-Mailbox -Identity "Thomas Joos" -AuditEnabled $false
```

Um zu überprüfen, ob die Postfachüberwachungsprotokollierung für ein Postfach erfolgreich aktiviert ist, verwenden Sie das Cmdlet *Get-Mailbox*:

```
Get-Mailbox <Name> |fl *audit*
```

Sie können in der Exchange Management Shell auch für alle Benutzerpostfächer in der Organisation die Überwachung aktivieren:

```
$UserMailboxes = Get-Mailbox -Filter {(RecipientTypeDetails -eq 'UserMailbox')}
$UserMailboxes | ForEach {Set-Mailbox $_.Identity -AuditEnabled $true}
```

Damit Exchange auch vom Postfachbesitzer ausgeführte Aktionen protokolliert, müssen Sie konfigurieren, welche Besitzeraktionen überwacht werden sollen. Vorhandene Protokolleinträge löscht Exchange, wenn das festgelegte Alter für das Protokoll erreicht ist.

Mit dem Cmdlet *Search-MailboxAuditLog* können Sie die Postfachüberwachungsprotokolleinträge für ein Postfach durchsuchen. Die Suchergebnisse werden in der Exchange Management Shell angezeigt. Verwenden Sie zum Erstellen der Suche das Cmdlet *New-MailboxAuditLog-Search*.

Hinweis

Bei der Administratorüberwachungsprotokollierung werden alle Aktionen aufgezeichnet, die Administratoren ausführen.

Bei der Postfachüberwachungsprotokollierung werden alle Postfachzugriffe erfasst, die Anwender vornehmen, bei denen es sich nicht um den Besitzer des Postfachs handelt. So können Sie feststellen, wer auf ein Postfach zugegriffen hat und welche Aktionen der Benutzer durchgeführt hat.

Im Exchange Admin Center können Sie auf der Seite *Verwaltung der Compliance/Überwachung* nach Einträgen aus dem Administrator-Überwachungsprotokoll und aus dem Postfachüberwachungsprotokoll suchen und diese auf Wunsch auch exportieren. Wenn Sie die Suchergebnisse exportieren, werden diese in einer *.xml*-Datei gespeichert, und die Datei wird an eine E-Mail angehängt.

Wenn Sie im Exchange Admin Center auf der Seite *Überwachung* einen Bericht auswählen, werden die Ergebnisse im Detailbereich angezeigt:

- **Bericht für Nicht-Besitzer-Postfachzugriff ausführen**   Postfächer, auf die von einem Anwender zugegriffen wurde, bei dem es sich nicht um den Besitzer des Postfachs handelt.

- **Administrator-Rollengruppenbericht ausführen**   Änderungen an Administratorrollengruppen in Exchange (zu Rollengruppen siehe Kapitel 13).

- **Compliance-eDiscovery- und -Archivbericht ausführen**   Postfächer, die im Compliance-Archiv gespeichert oder daraus entfernt wurden.

- **Beweissicherungsverfahren-Bericht pro Postfach ausführen**   Postfächer, für die das Beweissicherungsverfahren aktiviert oder deaktiviert wurde.

Wenn die Postfachüberwachungsprotokollierung für ein Postfach nicht aktiviert ist, erhalten Sie beim Aufrufen eines Berichts sowie beim Exportieren des Postfachüberwachungsprotokolls keine Ergebnisse angezeigt.

Standardmäßig können Administratoren im Exchange Admin Center auf alle Berichte der Seite *Überwachung* zugreifen. Anderen Benutzern können Sie die notwendigen Berechtigungen aber nachträglich zuweisen.

Die einfachste Art, den Benutzern Zugriff zu erteilen, ist das Hinzufügen der Benutzer zur Rollengruppe *Records Management* (siehe Kapitel 13):

1. Im Exchange Admin Center navigieren Sie zu *Berechtigungen/Administratorrollen*.
2. Klicken Sie in der Liste mit den Rollengruppen auf *Records Management* und dann auf *Bearbeiten*.
3. Klicken Sie unter *Mitglieder* auf *Hinzufügen*.
4. Wählen Sie bei *Mitglieder auswählen* den Benutzer aus. Sie können auch nach einem Benutzer suchen, indem Sie seinen Namen eingeben und dann auf *Suchen* klicken.
5. Klicken Sie auf *Hinzufügen* und dann auf *OK*.
6. Klicken Sie auf *Speichern*.

Im Detailbereich des Exchange Admin Centers wird der Benutzer unter *Mitglieder* angezeigt. Der Benutzer kann nach der Berechtigung im Exchange Admin Center auf die Seite *Überwachung* zugreifen, Überwachungsberichte anzeigen und Überwachungsprotokolle exportieren.

In der Exchange Management Shell verwenden Sie zum Erteilen der Rechte den folgenden Aufruf:

```
New-ManagementRoleAssignment -Role "Audit Logs" -User <Benutzername>
```

Danach kann der Benutzer im Exchange Admin Center den Bereich *Verwaltung der Compliance/Überwachung* aufrufen, um einen Bericht anzuzeigen. Außerdem kann der Benutzer das Postfachüberwachungsprotokoll und das Administratorüberwachungsprotokoll exportieren.

Wenn Sie einem Benutzer das Anzeigen von Überwachungsberichten, aber nicht das Exportieren von Überwachungsprotokollen erlauben wollen, weisen Sie die Rolle mit Leserechten für Überwachungsprotokolle zu.

Wenn Sie das Postfachüberwachungsprotokoll oder das Administratorüberwachungsprotokoll exportieren, wird das Überwachungsprotokoll (*.xml*-Datei) an eine E-Mail angehängt.

Compliance

Outlook Web App blockiert aber standardmäßig XML-Anlagen. Wenn Sie daher mit Outlook Web App auf exportierte Überwachungsprotokolle zugreifen wollen, müssen Sie OWA entsprechend konfigurieren.

Tipp

Geben Sie den folgenden Befehl ein, um XML-Anlagen in Outlook Web App zuzulassen:

```
Set-OwaMailboxPolicy -Identity Default -AllowedFileTypes
'.rpmsg','.xlsx','.xlsm','.xlsb','.tiff','.pptx','.pptm','.ppsx','.ppsm','.docx','.docm','.zip',
'.xls','.wmv','.wma','.wav','.vsd','.txt','.tif','.rtf','.pub','.ppt','.png','.pdf','.one','.mp3',
'.jpg','.gif','.doc','.bmp','.avi','.xml'
```

Eine Postfachüberwachungsprotokollsuche erstellen

Sie können das Protokoll auch im Exchange Admin Center mit den folgenden Schritten anzeigen lassen:

1. Navigieren Sie zu *Verwaltung der Compliance/Überwachung*.
2. Wählen Sie in der Listenansicht *Postfachüberwachungsprotokolle exportieren* aus.
3. Füllen Sie im Bereich *Postfachüberwachungsprotokolle exportieren* die notwendigen Felder aus, und klicken Sie dann auf *Exportieren*.

Administratorüberwachungsprotokollierung

Mit der Administratorüberwachungsprotokollierung können Sie protokollieren, wann ein Administrator eine Änderung vornimmt. Standardmäßig ist die Überwachungsprotokollierung in Exchange 2016 aktiviert.

Das Überwachungsprotokoll verstehen

Cmdlets, die Administratoren direkt in der Exchange Management Shell ausführen, überwachen die Protokollierung automatisch. Darüber hinaus werden auch Aktionen protokolliert, die Administratoren im Exchange Admin Center durchführen. Genau genommen lösen Aktionen im Exchange Admin Center Cmdlets in der Exchange Management Shell aus.

Hinweis

Cmdlets vom Typ *Get* und *Search* werden nicht protokolliert. Hierbei handelt es sich um Cmdlets, die Informationen lediglich anzeigen und nicht anpassen.

Auch Änderungen, die Administratoren mit Exchange 2010/2013-Verwaltungstools vornehmen, protokolliert Exchange 2016 bei entsprechender Konfiguration. Änderungen, die mit Exchange 2007-Verwaltungstools vorgenommen werden, kann die Funktion nicht überwachen.

Wenn die Überwachungsprotokollierung aktiviert ist, erstellt Exchange standardmäßig immer einen Protokolleintrag, wenn ein Cmdlet ausgeführt wird. Sie können die Überwachungsprotokollierung so anpassen, dass nur einige Cmdlets und Optionen überwacht werden. Die Überwachungsprotokollierung konfigurieren Sie dazu mit dem Cmdlet *Set-AdminAuditLogConfig*.

Wenn Administratoren einen Befehl ausführen, überwacht Exchange das verwendete Cmdlet. Wenn das Cmdlet mit der Option *AdminAuditLogConfigCmdlets* in die Überwachungsliste aufgenommen worden ist, überwacht Exchange die Optionen, die Sie angegeben haben. Stimmt eine Option mit der Optionenliste überein, protokolliert Exchange das verwendete Cmdlet.

Sie können die vollständigen Namen der Cmdlets verwenden, zum Beispiel *New-Mailbox*, oder Teile von Cmdlets mit Platzhalter (*). Zusätzlich können Sie auch die Cmdlets überwachen, die nur protokolliert werden sollen, wenn Administratoren bestimmte Optionen dieser Cmdlets verwenden. Nutzen Sie dazu die Option *AdminAuditLogConfigOptions*. Auch hier können Sie mit Platzhaltern arbeiten.

Standardmäßig ist die Überwachungsprotokollierung so konfiguriert, dass Überwachungsprotokolleinträge 90 Tage lang gespeichert werden. Nach 90 Tagen wird der Überwachungsprotokolleintrag gelöscht. Sie können die Verfallszeit mit der Option *AdminAuditLogAgeLimit* anpassen. Wenn Sie die Verfallszeit auf 0 setzen, löscht Exchange alle Einträge im Überwachungsprotokoll.

Standardmäßig protokolliert Exchange im Administratorüberwachungsprotokoll den Namen des Cmdlet, seine Optionen und Werte, das geänderte Objekt und den Benutzer, der das Cmdlet verwendet hat. Auch der Zeitpunkt und der Server, auf dem das Cmdlet ausgeführt wurde, wird von Exchange 2016 protokolliert. Im Administratorüberwachungsprotokoll wird aber nicht aufgeführt, welche Eigenschaften des Objekts geändert wurden.

Wollen Sie im Überwachungsprotokoll auch die geänderten Eigenschaften des Objekts anzeigen, aktivieren Sie die ausführliche Protokollierung, indem Sie die Option *LogLevel* auf *Verbose* setzen. Wenn Sie die ausführliche Protokollierung aktivieren, protokolliert Exchange auch die geänderten Eigenschaften eines Objekts, inklusive der alten und neuen Werte.

Cmdlets, die mit dem Verb *Test* beginnen, werden standardmäßig nicht protokolliert. Sie können aber festlegen, dass *Test*-Cmdlets protokolliert werden sollen, indem Sie die Option *Test CmdletLoggingEnabled* auf *$true* festlegen.

Überwachungsprotokolle werden in einem Vermittlungspostfach gespeichert, auf das Sie nur über das Exchange Admin Center oder die Cmdlets *Search-AdminAuditLog* und *New-AdminAuditLogSearch* zugreifen können.

Die folgenden Berichte enthalten Informationen zu Konfigurationsänderungen in der Organisation:

- **Administrator-Rollengruppenbericht** Ermöglicht die Suche nach Änderungen an Verwaltungsrollengruppen. Die Ergebnisse enthalten Informationen zu Rollengruppen und dazu, wer sie geändert hat, sowie die Art der Änderungen.

- **Administratorüberwachungsprotokoll** Ermöglicht den Export von Überwachungsprotokolleinträgen.

Bei der Verwendung des Cmdlets *Search-AdminAuditLog* zeigt Exchange alle Überwachungsprotokolleinträge an, die den angegebenen Suchkriterien entsprechen. Sie können folgende Suchkriterien verwenden:

- **Cmdlets**   Cmdlets, nach denen im Administratorüberwachungsprotokoll gesucht werden soll.

- **Optionen**   Optionen, nach denen im Administratorüberwachungsprotokoll gesucht werden soll.

- **Enddatum**   Administratorüberwachungsprotokollergebnisse zum Protokollieren von Einträgen vor dem Datum.

- **Startdatum**   Administratorüberwachungsprotokollergebnisse zum Protokollieren von Einträgen nach dem angegebenen Datum.

- **Objekt-IDs**   Administratorüberwachungsprotokolleinträge, die die angegebenen geänderten Objekte enthalten.

- **Benutzer-IDs**   Administratorüberwachungsprotokolleinträge, die die angegebenen IDs des Benutzers enthalten, der das Cmdlet verwendet hat.

- **Erfolgreicher Abschluss**   Administratorüberwachungsprotokolleinträge, die einen bestimmten Vorgang durchführen.

Das Cmdlet *New-AdminAuditLogSearch* durchsucht das Überwachungsprotokoll genauso wie das Cmdlet *Search-AdminAuditLog*. Das Cmdlet *New-AdminAuditLogSearch* sendet die Suchergebnisse per E-Mail an die angegebenen Empfänger. Die Ergebnisse werden als *.xml*-Anlage in die E-Mail aufgenommen.

Beim Cmdlet *New-AdminAuditLogSearch* können Sie die gleichen Suchkriterien verwenden, die auch für das Cmdlet *Search-AdminAuditLog* zur Verfügung stehen.

Zusätzlich zum Protokollieren von Exchange-Cmdlets bietet Exchange 2016 das Cmdlet *Write-AdminAuditLog*. Mit diesem Cmdlet können Sie einen Text im Überwachungsprotokoll festlegen. Die Option *Comment* erlaubt eine Zeichenfolge aus bis zu 500 Zeichen. Sie können einen manuellen Überwachungsprotokolleintrag genauso anzeigen lassen wie andere Protokolleinträge. Verwenden Sie dazu die Seite *Verwaltung der Compliance/Überwachung* im Exchange Admin Center oder die Cmdlets *Search-AdminAuditLog* und *New-AdminAuditLogSearch*.

Die Administratorüberwachungsprotokollierung verwendet die Active Directory-Replikation für die Replikation von Konfigurationseinstellungen, die Sie für die Domänencontroller konfiguriert haben.

Beispiel eines Überwachungsprotokolleintrags

Das Beispiel aus Listing 10.1 zeigt einen Überwachungsprotokolleintrag:

- Am 18.06.2016 um 15:48:15 Uhr (UTC-7) hat der Benutzer *Administrator* das Cmdlet *Set-Mailbox* ausgeführt.

- Beim Ausführen des Cmdlets *Set-Mailbox* wurden die beiden folgenden Optionen verwendet:
  - *Identity* mit dem Wert *thomas*
  - *ProhibitSendReceiveQuota* mit dem Wert *10 GB*

- Die folgenden zwei Eigenschaften auf dem Objekt *thomas* wurden geändert Die geänderten Eigenschaften werden im Überwachungsprotokoll gespeichert, da der Optionen *LogLevel* für das Cmdlet *Set-AdminAuditLogConfig* auf *Verbose* festgelegt ist.
  - *ProhibitSendReceiveQuota* mit dem neuen Wert *10 GB*, der den alten Wert *35 GB* ersetzt

```
Der Vorgang wurde erfolgreich ohne Fehler abgeschlossen.
<?xml version="1.0" encoding="utf-8"?>
<SearchResults>

  <Event Caller="corp.e15a.contoso.com/Users/Administrator" Cmdlet="Set-Mailbox"
  ObjectModified="corp.e15a.contoso.com/Users/thomas" RunDate="2016-06-18T15:48:15-07:00"
  Succeeded="true" Error="None" OriginatingServer="WIN8MBX (15.01.0225.037)">
    <CmdletOptions>
      <Optionen Name="Identity" Value="thomas" />
      <Optionen Name="ProhibitSendReceiveQuota" Value="10 GB (10,737,418,240 bytes)" />
    </CmdletOptions>
    <ModifiedProperties>
      <Property Name="ProhibitSendReceiveQuota" OldValue="35 GB (37,580,963,840 bytes)"
        NewValue="10 GB (10,737,418,240 bytes)" />
    </ModifiedProperties>
  </Event>
</SearchResults>
```

Listing 10.1: Anzeigen eines Protokolleintrags im Exchange-Überwachungsprotokoll

Die Administratorüberwachungsprotokollierung verwalten

Wenn Sie zukünftig alle Cmdlets überwachen wollen, können Sie das Platzhalterzeichen (*) in der Option *AdminAuditLogCmdlets* mit dem Cmdlet *Set-AdminAuditLogConfig* verwenden:

```
Set-AdminAuditLogConfig -AdminAuditLogCmdlets *
```

Sie können festlegen, welche Cmdlets überwacht werden sollen, indem Sie mit der Option *AdminAuditLogCmdlets* eine Liste von Cmdlets konfigurieren. In der Liste der zu überwachenden Cmdlets können Sie einzelne Cmdlets verwenden oder mit Platzhaltern (*) arbeiten. Die Einträge in der Liste sind durch Kommas getrennt.

Beispiele:

New-Mailbox

*TransportRule

Management

Set-Transport*

Ein entsprechender Befehl in der Exchange Management Shell könnte folgendermaßen aussehen:

```
Set-AdminAuditLogConfig -AdminAuditLogCmdlets New-Mailbox, *TransportRule, *Management*, Set-Trans-
port*
```

Standardmäßig wird ein Protokolleintrag erstellt, unabhängig von den verwendeten Optionen der überwachten Cmdlets. Wenn Sie Optionen angegeben haben und in Zukunft alle Optionen überwachen wollen, können Sie das Platzhalterzeichen (*) mit *AdminAuditLogOptionens* für das Cmdlet *Set-AdminAuditLogConfig* verwenden:

```
Set-AdminAuditLogConfig -AdminAuditLogOptionens *
```

Mit der Option *AdminAuditLogOptionens* können Sie konfigurieren, welche Optionen überwacht werden sollen. In der Liste der zu überwachenden Optionen können Sie einzelne Optionen, Optionen mit Sternchen (*) oder eine Kombination überwachen. Die Einträge in der Liste sind durch Kommas getrennt.

Beispiele:

Database

Address

Custom*

*Region

Hier sehen Sie einen Beispielaufruf:

```
Set-AdminAuditLogConfig -AdminAuditLogOptionens Database, *Address*, Custom*, *Region
```

Cmdlets, die mit *Test* beginnen, werden standardmäßig nicht protokolliert. Mit dem folgenden Befehl können Sie die Protokollierung von *Test*-Cmdlets aktivieren:

```
Set-AdminAuditLogConfig -TestCmdletLoggingEnabled $True
```

Mit dem nächsten Befehl können Sie die Protokollierung von *Test*-Cmdlets deaktivieren:

```
Set-AdminAuditLogConfig -TestCmdletLoggingEnabled $False
```

Verwenden Sie den folgenden Befehl, um die Administratorüberwachungsprotokollierung zu deaktivieren:

```
Set-AdminAuditLogConfig -AdminAuditLogEnabled $False
```

Verwenden Sie den folgenden Befehl, um die Administratorüberwachungsprotokollierung zu aktivieren:

```
Set-AdminAuditLogConfig -AdminAuditLogEnabled $True
```

Verwenden Sie den folgenden Befehl, um die für Ihre Organisation konfigurierten Einstellungen für die Administratorüberwachungsprotokollierung anzuzeigen:

```
Get-AdminAuditLogConfig
```

Änderungen in der Ereignisanzeige anzeigen

Exchange 2016 protokolliert viele Änderungen in der Ereignisanzeige des Servers, allerdings sehen Sie hier meist nicht, welcher Benutzer oder Administrator die Änderung vorgenommen hat.

Sie sehen aber, welche Änderungen durchgeführt wurden und wann die Änderungen stattgefunden haben. Aus diesem Grund ist eine regelmäßige Kontrolle der Ereignisanzeige auf Exchange-Servern ebenfalls notwendig, um Änderungen nachzuvollziehen. Um Änderungen in der Ereignisanzeige anzuzeigen, gehen Sie folgendermaßen vor:

1. Geben Sie im Suchfeld des Startmenüs oder auf der Startseite in Windows Server 2012/2012 R2 die Zeichenfolge »eventvwr« ein, und starten Sie die Ereignisanzeige.
2. Navigieren Sie zu *Anwendungs- und Dienstprotokolle/MSExchange Management*.
3. Im rechten Bereich sehen Sie alle durchgeführten Änderungen. Sie sehen allerdings nicht, wer die Änderung durchgeführt hat.

Die gesetzten Berechtigungen anzeigen

Neben der Überwachung einzelner Administratoren sollten Sie in regelmäßigen Abständen auch die generelle Vergabe der Berechtigungen zur Verwaltung der Exchange-Organisation überprüfen.

Mit der Option *GetEffectiveUsers* des Cmdlets *Get-ManagementRoleAssignment* können Sie sich anzeigen lassen, welchen Benutzern die Berechtigungen einer Verwaltungsrolle gewährt worden sind:

```
Get-ManagementRoleAssignment -Role <Verwaltungsrolle> -GetEffectiveUsers
```

Wollen Sie nur einen bestimmten Benutzer anzeigen, geben Sie die mit *Get-ManagementRoleAssignment* erstellte Liste an das Cmdlet *Where* weiter:

```
Get-ManagementRoleAssignment -Role <Verwaltungsrolle> -GetEffectiveUsers | Where
{ $_.EffectiveUserName -Eq "<Name des Benutzers>" }
```

Wollen Sie alle Verwaltungsrollen anzeigen, die Sie einem Benutzer zugewiesen haben, verwenden Sie zum Beispiel den folgenden Befehl:

```
Get-ManagementRoleAssignment -GetEffectiveUsers | Where { $_.EffectiveUserName -Eq "<Name des
Benutzers>" }
```

Sie haben im Exchange Admin Center auch die Möglichkeit, genau überwachen zu lassen, wer Änderungen an den Berechtigungen vornimmt. Dazu benötigen Sie kein Protokoll, sondern können direkt im Exchange Admin Center eine Abfrage durchführen. Gehen Sie dazu folgendermaßen vor:

1. Melden Sie sich als Administrator am Exchange Admin Center an.
2. Klicken Sie auf *Verwaltung der Compliance/Überwachung/Administrator-Rollengruppenbericht ausführen*.
3. Wählen Sie die Rollengruppe aus, die Sie überwachen wollen. Sie haben auch die Möglichkeit, alle Rollengruppen zu überwachen.
4. Klicken Sie auf *Suchen*. Im Fenster sehen Sie jetzt alle durchgeführten Änderungen.

Zusammenfassung

In diesem Kapitel haben wir Ihnen anhand einer ausführlichen Anleitung gezeigt, wie Sie die neuen Funktionen zur Verhinderung von Datenverlust nutzen und Transportschutzregeln erstellen. Außerdem sind wir auf die Rechteverwaltung eingegangen und haben Ihnen erläutert, wie Sie Benutzer und Administratoren optimal überwachen.

Das nächste Kapitel geht auf Themen rund um die Anbindung von Transport-Servern an das Internet mit Edge-Transport-Server ein.

Compliance

Teil D
Sicherheit und Hochverfügbarkeit

Kapitel 11: Edge-Transport-Server 391

Kapitel 12: Viren- und Spamschutz 403

Kapitel 13: Berechtigungen verstehen und einrichten 439

Kapitel 14: Datensicherung und Wiederherstellung 473

Kapitel 15: Hochverfügbarkeit mit Exchange 2016 511

Kapitel 16: Exchange mit Office 365 539

Kapitel 11
Edge-Transport-Server

In diesem Kapitel:

Edge-Transport mit Exchange 2016 391
Edge-Transport-Server in Exchange 2016 installieren. 392
Den Address Rewriting Agent verwalten. 397
Zusammenfassung 401

Edge-Transport-Server dienen als Schnittstelle zwischen der Exchange-Organisation und dem Internet, falls diese Funktion nicht von einem anderen Transportserver übernommen werden soll.

Edge-Transport mit Exchange 2016

Ein Exchange 2007- oder Exchange 2010/2013-Edge-Transport-Server erfordert eine Verbindung mit einem Hub-Transport-Server. In Exchange 2016 befindet sich der Transportdienst auf dem Postfachserver. Daher verläuft der Internetnachrichtenfluss zwischen dem Transportdienst auf dem Postfachserver und dem Edge-Transport-Server.

Sie können auf einem Edge-Transport-Server unter Exchange 2010/2013 ein Abonnement für einen eigenständigen Exchange 2016-Postfachserver oder für einen Server einrichten, bei dem der Postfachserver auf einem Computer installiert ist.

Sicherheit und Hochverfügbarkeit

Sie müssen das EdgeSync-Abonnement nicht neu erstellen, wenn Sie die vorhandene Exchange 2010/2013-Organisation auf Exchange 2016 aktualisieren. Alle Verfahren, die in Exchange 2010/2013 durchgeführt werden, führen Sie in Exchange 2016 auf dem Postfachserver durch. Sie können auch in Exchange 2016-Organisationen jederzeit weitere Edge-Transport-Server einrichten.

Die Edge-Transport-Rolle kann in Exchange 2010/2013 nicht gemeinsam mit anderen Rollen installiert werden. Diese Einschränkung gilt ebenfalls für Exchange 2016. Ein Edge-Transport-Server muss nicht Mitglied einer Windows-Domäne sein. Sie sollten aber dennoch den FQDN (Fully Qualified Domain Name) des Servers so festlegen, dass dieser die gleiche DNS-Domäne verwendet wie die Domäne, in der sich die anderen Server befinden.

Außerdem müssen Sie sicherstellen, dass der eingetragene DNS-Server in den IP-Einstellungen des Edge-Transport-Servers während der Installation erreichbar ist. Sie können dazu entweder den internen DNS-Server verwenden oder in der DMZ einen eigenen DNS-Server betreiben. Der beste Weg ist jedoch, dass der Edge-Transport-Server die internen DNS-Server verwenden kann, die auch die Active Directory-Domänen verwalten. Kann der konfigurierte DNS-Server während der Installation nicht erreicht werden, spielt das zunächst keine Rolle.

Damit die Daten, die für den Edge-Transport-Server notwendig sind, mit Active Directory synchronisiert werden, sollten Sie jedoch sicherstellen, dass bei der Einrichtung idealerweise eine Verbindung zum DNS-Server der Active Directory-Domäne hergestellt werden kann, damit die Namensauflösung problemlos funktioniert.

Hinweis

Soll der Edge-Transport-Server auch E-Mails aus dem Internet empfangen, müssen Sie den MX-Eintrag der entsprechenden E-Mail-Domäne an die öffentliche IP-Adresse des Edge-Transport-Servers anpassen.

Die Firewall zwischen DMZ und dem internen Netzwerk muss den Datenverkehr zum Port 50636 (TCP, Secure LDAP) und zum Port 25 (TCP, SMTP) zulassen.

Auf dem Edge-Transport-Server müssen Sie dagegen keine Anpassungen vornehmen; hier wird die Windows-Firewall automatisch konfiguriert.

Edge-Transport-Server in Exchange 2016 installieren

Um einen eigenständigen Edge-Transport-Server zu installieren, gehen Sie ähnlich vor wie bei der Installation eines herkömmlichen Exchange-Servers. Sie müssen das Betriebssystem installieren, am besten Windows Server 2012 R2 mit sämtlichen notwendigen Aktualisierungen. Außerdem müssen im Netzwerk Active Directory vorhanden sein sowie eine bereits funktionierende Exchange-Organisation.

Windows Server 2012/2012 R2 vorbereiten

Um Exchange 2016 auf einem Server mit Windows Server 2012/2012 R2 zu installieren, aktivieren Sie .NET Framework 4.5.2. Anschließend starten Sie den Installations-Assistenten von Exchange.

Wollen Sie einen Edge-Transport-Server installieren, können Sie in der PowerShell mit *Install-WindowsFeature ADLDS* die notwendige Erweiterung für Active Directory Lightweight Directory Services (AD LDS) installieren. Diesen Installationsschritt können Sie aber auch überspringen und die Installation dem Exchange-Installations-Assistenten überlassen. Danach wird der Server über die Installationsdateien von Exchange im Netzwerk integriert.

Über den Installations-Assistenten können Sie ebenfalls die notwendigen Features für Edge-Transport-Server auf Servern mit Windows Server 2012/2012 R2 aktivieren lassen. Sie müssen das primäre DNS-Suffix auf dem Server anpassen. Wenn der vollständig qualifizierte Domänenname des Edge-Servers *edge.contoso.int* lautet, muss das DNS-Suffix für den Server auf *contoso.int* gesetzt werden.

Hinweis

Das Umbenennen eines Servers nach der Installation einer Exchange 2016-Serverrolle wird nicht unterstützt. Dies gilt auch bei der Installation der Edge-Transportrolle.

Hub-Transport-Server unter Exchange 2010 müssen vorher auf Exchange 2016 aktualisiert werden, bevor Sie ein EdgeSync-Abonnement zwischen diesen und einem Exchange 2016-Edge-Transport-Server erstellen können.

Stellen Sie mit *Nslookup* sicher, dass die internen Exchange-Server den Namen des Edge-Transport-Servers auflösen können und dass der Edge-Transport-Server den Namen der internen Server auflösen kann.

Unter Umständen müssen Sie die DNS-Einträge für den Edge-Transport-Server manuell erstellen. Das ist vor allem dann notwendig, wenn Sie die DNS-Server so konfiguriert haben, dass sie nur Einträge von Mitgliedsservern entgegennehmen, der Edge-Transport-Server aber kein Mitglied in Active Directory ist.

Edge-Transport-Server installieren

Starten Sie anschließend die Installation des Exchange-Servers mit *Setup.exe*. Bestätigen Sie alle Fenster bis zur Abfrage der Installationsart. Wählen Sie auf der Seite *Empfohlene Einstellungen* die Option *Empfohlene Einstellungen nicht verwenden* aus, und aktivieren Sie auf der nächsten Seite das Kontrollkästchen *Edge-Transport-Rolle*.

Hier aktivieren Sie auch noch das Kontrollkästchen *Für die Installation von Exchange Server erforderliche Windows Server-Rollen und -Funktionen automatisch installieren*.

Abbildung 11.1: Wählen Sie hier die Installationsart von Exchange 2016 aus.

Klicken Sie danach auf *Weiter*, und legen Sie das Installationsverzeichnis fest. Anschließend überprüft der Assistent die Voraussetzungen und installiert weitere Serverfeatures, falls diese fehlen sollten. Falls Sie im Überprüfungsfenster einen Fehler angezeigt bekommen, beheben Sie ihn und lassen die Überprüfung noch einmal durchführen. Klicken Sie danach auf *Installieren*, um die eigentliche Installation zu starten.

Um anschließend die Installation zu überprüfen, verwenden Sie die Exchange Management Shell und geben den folgenden Befehl ein:

```
Get-ExchangeServer |fl Name, AdminDisplayVersion
```

Sie erhalten als Information *Version 15.1 (Build 225.42)*. Sie können auch weitere Installations- tests durchführen. Die Befehle dazu finden Sie in Kapitel 2.

Installation überprüfen und lizenzieren

Sie können den Product Key für Edge-Transport-Server auch über die Exchange Management Shell eingeben. Verwenden Sie dazu den folgenden Befehl:

```
Set-ExchangeServer -Identity <Servername> -ProductKey <Produktschlüssel>
```

Edge-Transport-Server mit der Organisation verbinden

Nachdem Sie den Edge-Transport-Server installiert haben, müssen Sie ihn mit der Exchange- Organisation verbinden. Dazu erstellen Sie eine XML-Datei auf dem Edge-Transport-Server und lesen sie auf einem Exchange-Server innerhalb der Organisation ein.

Die Synchronisierung findet ausschließlich von den internen Exchange-Servern zum Edge- Transport-Server statt (nicht in umgekehrter Richtung). Dabei werden nach dem Dienststart die Konfigurationsdaten der Connectors und des Abonnements synchronisiert. Benutzerdaten werden ebenfalls synchronisiert, also zum Beispiel auch neue Empfänger und die vertrauten Absender der Empfänger. Dieser Zeitplan kann nicht angepasst werden.

Von Edge-Transport-Servern werden zwar E-Mails aus dem Internet zu den Transport-Servern mit Exchange Server 2016 gesendet, allerdings werden keinerlei sonstige Daten synchronisiert. Durch das Abonnieren eines Edge-Transport-Servers werden verschiedene Connectors erstellt. Diese steuern die Kommunikation zwischen dem Internet und dem Edge-Transport-Server sowie zwischen Edge-Transport-Servern und den internen E-Mail-Servern.

Das Abonnieren von Edge-Transport-Servern läuft in vier Schritten ab:

1. Sie erstellen eine spezielle Abonnierungsdatei auf dem Edge-Transport-Server. (Wir gehen darauf später noch näher ein.)
2. Sie kopieren und importieren die Datei auf einen internen Exchange-Server.
3. Sie kontrollieren die erfolgreiche Synchronisierung durch die Überprüfung von Ereignis- meldungen des Diensts *Microsoft EdgeSync* auf dem Server und starten die Synchronisie- rung in der Exchange Management Shell.
4. Sie löschen aus Datenschutzgründen die Importdatei, da diese nach der Synchronisierung nicht mehr benötigt wird.

Starten Sie zunächst auf dem Edge-Transport-Server die Exchange Management Shell, und geben Sie den folgenden Befehl ein:

```
New-EdgeSubscription -filename C:\EdgeSubscriptionInfo.XML
```

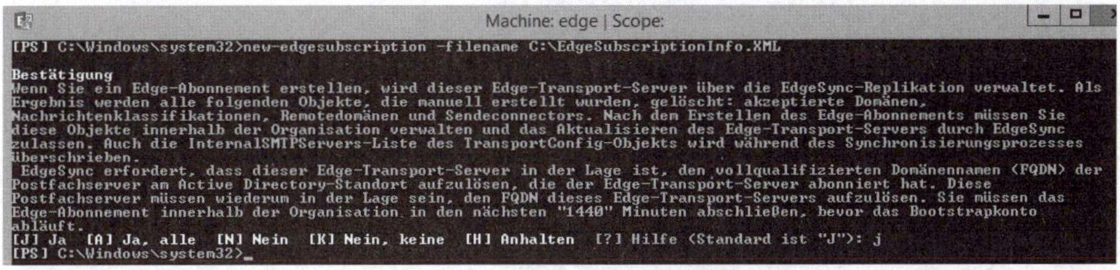

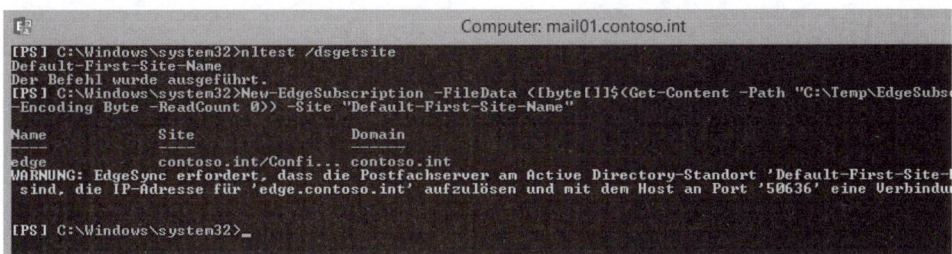

Abbildung 11.2: In der Exchange Management Shell des Edge-Transport-Servers erstellen Sie eine Abonnementdatei.

Als Nächstes importieren Sie die Datei auf einem internen Exchange-Server mit Exchange Server 2016. Sie müssen die XML-Datei dazu auf einen Postfachserver mit Exchange Server 2016 kopieren, im folgenden Beispiel in das Verzeichnis *C:\temp*. Öffnen Sie anschließend die Exchange Management Shell, und rufen Sie den folgenden Befehl auf:

```
New-EdgeSubscription -FileData ([byte[]]$(Get-Content -Path "C:\Temp\EdgeSubscriptionInfo.xml"
-Encoding Byte -ReadCount 0)) -Site "Default-First-Site-Name"
```

Passen Sie die Pfade und den Namen des Active Directory-Standorts an Ihre Infrastruktur an. Den Namen des Standorts lassen Sie sich am schnellsten mit dem Befehl *Nltest /dsgetsite* in der Exchange Management Shell oder über die Eingabeaufforderung anzeigen. Nach einiger Zeit wird der Server im Exchange Admin Center im Bereich *Server* aufgelistet.

```
[PS] C:\Windows\system32>nltest /dsgetsite
Default-First-Site-Name
Der Befehl wurde ausgeführt.
[PS] C:\Windows\system32>New-EdgeSubscription -FileData ([byte[]]$(Get-Content -Path "C:\Temp\EdgeSubs
-Encoding Byte -ReadCount 0)) -Site "Default-First-Site-Name"

Name            Site                    Domain
edge            contoso.int/Confi...    contoso.int
WARNUNG: EdgeSync erfordert, dass die Postfachserver am Active Directory-Standort 'Default-First-Site-
sind, die IP-Adresse für 'edge.contoso.int' aufzulösen und mit dem Host an Port '50636' eine Verbindu

[PS] C:\Windows\system32>
```

Abbildung 11.3: Edge-Abonnements auf einem Postfachserver einrichten

Anschließend können Sie die Synchronisierung manuell in der Exchange Management Shell starten. Öffnen Sie dazu auf dem Server mit Exchange 2016 die Exchange Management Shell, und rufen Sie das Cmdlet *Start-EdgeSynchronization* auf.

Sicherheit und Hochverfügbarkeit

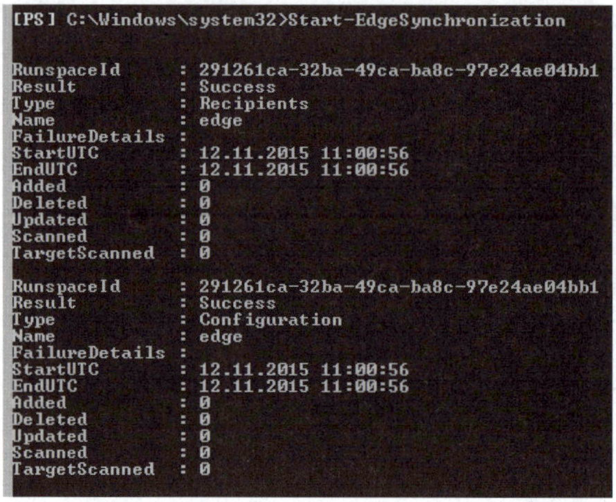
[PS] C:\Windows\system32>Start-EdgeSynchronization
RunspaceId : 291261ca-32ba-49ca-ba8c-97e24ae04bb1
Result : Success
Type : Recipients
Name : edge
FailureDetails :
StartUTC : 12.11.2015 11:00:56
EndUTC : 12.11.2015 11:00:56
Added : 0
Deleted : 0
Updated : 0
Scanned : 0
TargetScanned : 0
RunspaceId : 291261ca-32ba-49ca-ba8c-97e24ae04bb1
Result : Success
Type : Configuration
Name : edge
FailureDetails :
StartUTC : 12.11.2015 11:00:56
EndUTC : 12.11.2015 11:00:56
Added : 0
Deleted : 0
Updated : 0
Scanned : 0
TargetScanned : 0

Abbildung 11.4: Nach der Einrichtung lassen sich interne Exchange-Server und Edge-Transport-Server miteinander synchronisieren.

Funktioniert der E-Mail-Verkehr vom Edge-Transport-Server zum Exchange 2016-Server nicht, stellen Sie auf dem Server mit Exchange Server 2016 für den entsprechenden Empfangsconnector die Authentifizierung auf die Exchange-Serverauthentifizierung um.

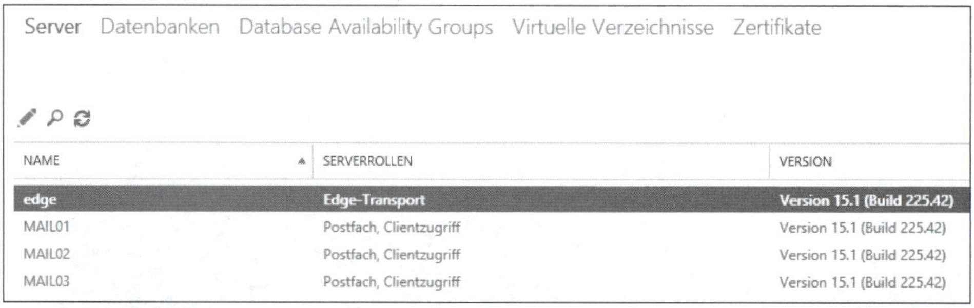
Server
Datenbanken
Database Availability Groups
Virtuelle Verzeichnisse
Zertifikate
NAME
SERVERROLLEN
VERSION
edge
Edge-Transport
Version 15.1 (Build 225.42)
MAIL01
Postfach, Clientzugriff
Version 15.1 (Build 225.42)
MAIL02
Postfach, Clientzugriff
Version 15.1 (Build 225.42)
MAIL03
Postfach, Clientzugriff
Version 15.1 (Build 225.42)

Abbildung 11.5: Nach einem erfolgreichen Abonnement wird der Edge-Transport-Server auch im Exchange Admin Center angezeigt.

Edge-Abonnement verstehen

Der Edge-Transport-Server tauscht in Exchange 2010 Daten mit den Hub-Transport-Servern und den Domänencontrollern aus. Da in Exchange 2013/2016 die Transportrolle auf Postfachservern installiert ist, übernehmen diese Server die Funktion der Hub-Transport-Server von Exchange 2010.

Die notwendigen Daten werden auf dem Edge-Transport-Server in Active Directory Lightweight Directory Services (AD LDS) gespeichert und mit dem Systemdienst *Microsoft Exchange EdgeSync* synchronisiert. Dieser Dienst spielt auch im Bereich des Spamschutzes eine Rolle, da hierüber ebenfalls die Daten der Empfänger synchronisiert werden, die die vertrauten Absender betreffen. Er ist vom Systemdienst *Microsoft Exchange Active Directory-Topologiedienst* abhängig und auch für die Synchronisierung von AD LDS-Daten per LDAP zwischen Edge-Transport-Servern und internen Exchange-Servern zuständig. Diese Synchronisation der

Daten findet aber erst nach dem Abonnieren des Edge-Transport-Servers statt. Dabei wird ein Transportserver (Postfachserver) verwendet, der sich am gleichen Active Directory-Standort befindet, an dem der Edge-Transport-Server abonniert wurde.

Die Synchronisierung findet ausschließlich vom Transportserver zum Edge-Transport-Server statt (nicht in umgekehrter Richtung). Dabei werden nach dem Dienststart die Konfigurationsdaten der Connectors und des Abonnements stündlich synchronisiert. Benutzerdaten werden alle vier Stunden synchronisiert, also zum Beispiel auch neue Empfänger und die vertrauten Absender der Empfänger.

Durch das Abonnement eines Edge-Transport-Servers werden von dem Dienst *Microsoft Edge-Sync* folgende Connectors auf dem Edge-Transport-Server erstellt:

- ein Sendeconnector von den Transportservern der Gesamtstruktur zum Edge-Transport-Server

- ein Sendeconnector vom Edge-Transport-Server zu den Transportservern an dem Active Directory-Standort, für den Sie den Edge-Transport-Server abonniert haben

- ein Sendeconnector vom Edge-Transport-Server zum Internet

Durch die Synchronisierung mit dem Edge-Transport-Server werden folgende Daten ausgetauscht und in AD LDS auf dem Edge-Transport-Server gespeichert:

- Konfiguration der Sendeconnectors

- Akzeptierte Domänen

- Remotedomänen

- Liste der vertrauten Absender für den Spamschutz

- Empfänger der Organisation

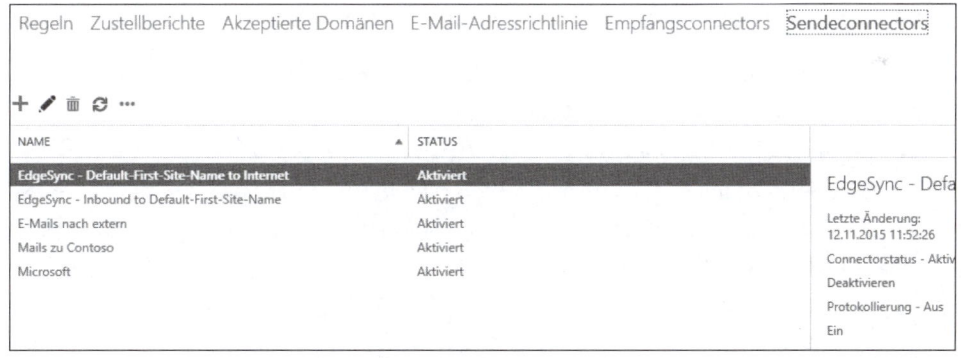

Abbildung 11.6: Der Einrichtungs-Assistent für Edge-Transport-Server richtet automatisch Connectors ein.

Den Address Rewriting Agent verwalten

Mit dem Address Rewriting Agent können auch unter Exchange problemlos E-Mail-Adressen beim Empfangen oder Versenden in die Exchange-Organisation umgeschrieben werden. Viele Unternehmen verwenden diese Funktion in Verbindung mit anderen E-Mail-Servern, um ausgehende oder zu Routingzwecken auch eingehende E-Mail-Domänen anzupassen.

Der Address Rewriting Agent läuft ausschließlich auf Edge-Transport-Servern. Auch wenn Sie im Unternehmen mehrere E-Mail-Domänen einsetzen, können Sie am Übergangspunkt zum Internet eine Vereinheitlichung der E-Mail-Domäne durchführen. Diese Funktion kann auch umgekehrt sinnvoll sein, sodass Sie auch eingehende E-Mails umschreiben können.

Bei Unternehmen mit mehreren Tochterunternehmen oder auch bei Unternehmenszusammenschlüssen kann diese Funktion enorm hilfreich sein, um den internen E-Mail-Fluss so einfach wie möglich abzubilden, aber dennoch zur Kommunikation aus der Organisation hinaus eine einheitliche Domäne zu verwenden.

Address Rewriting Agents aktivieren und deaktivieren

Damit die Address Rewriting-Funktion genutzt werden kann, müssen Sie auf dem Edge-Transport-Server jeweils den Agent für das Address Rewriting eingehender E-Mails und ausgehender E-Mails aktivieren.

Der Agent für ausgehende Nachrichten hat die Bezeichnung *Address Rewriting Outbound Agent*, während der Agent für eingehende Nachrichten *Address Rewriting Inbound Agent* heißt. Erst wenn die beiden Agents aktiviert sind, können E-Mail-Adressen umgeschrieben werden.

Um zu überprüfen, ob die Agents für das Address Rewriting aktiviert oder deaktiviert sind, müssen Sie auf dem Edge-Transport-Server zunächst die Exchange Management Shell öffnen. Rufen Sie dann den Befehl *Get-TransportAgent* auf. In der Konsole werden alle Agents des Edge-Transport-Servers sowie deren Status angezeigt. Die meisten Agents sind für den Spamschutz zuständig:

- Über den folgenden Befehl können Sie den Agent für eingehende Nachrichten aktivieren, falls dieser nicht aktiviert ist:

  ```
  Enable-TransportAgent -Identity Address Rewriting Inbound Agent
  ```

- Mit der folgenden Anweisung lässt sich der Agent deaktivieren:

  ```
  Disable-TransportAgent -Identity Address Rewriting Inbound Agent
  ```

- Mit *Get-TransportAgent* können Sie sich den aktuellen Stand des Agents nochmals anzeigen lassen, um zu überprüfen, ob die Aktion erfolgreich war.

- Über den folgenden Befehl können Sie den Agent für ausgehende Nachrichten aktivieren, falls er nicht aktiviert ist:

  ```
  Enable-TransportAgent -Identity Address Rewriting Outbound Agent
  ```

- Den Agent deaktivieren können Sie über die folgende Anweisung:

  ```
  Disable-TransportAgent -Identity Address Rewriting Outbound Agent
  ```

Address Rewriting Agents konfigurieren

Für die Verwendung von Address Rewriting Agents sind verschiedene Szenarien denkbar:

- **Umschreiben einzelner E-Mail-Adressen** Bei diesem Vorgang wird der Header einer einzelnen E-Mail umgeschrieben. So können Sie zum Beispiel E-Mails des Anwenders *thomas.joos@contoso.com* zu *support@contoso.com* umschreiben lassen. Eingehende Nachrichten, zum Beispiel Antworten auf versendete E-Mails, werden dann wieder automatisch in *thomas.joos@contoso.com* umgeschrieben.

- **Umschreiben einer einzelnen Subdomäne** Bei dieser Funktion werden automatisch alle E-Mails umgeschrieben, die von einer einzelnen Domäne kommen und aus der Organisation hinaus gesendet werden. So können Sie zum Beispiel die interne E-Mail-Domäne *@de.contoso.com* für die externe Kommunikation in *@contoso.org* umschreiben lassen. Eingehende Nachrichten werden dann wieder automatisch von *@contoso.org* in *@de.contoso.com* umgeschrieben, damit sie intern zugestellt werden können.

- **Umschreiben mehrerer Subdomänen** Diese Funktion verhält sich grundsätzlich ähnlich wie das Umschreiben einer einzelnen Subdomäne. Sie haben in diesem Fall aber mehrere Möglichkeiten:
  - **Umschreiben aller Subdomänen** Bei dieser Konfiguration werden ausnahmslos alle Subdomänen zu einer einzelnen externen Domäne umgeschrieben. Verwenden Sie zum Beispiel die internen E-Mail-Domänen *de.contoso.com*, *fr.contoso.com* und *us.contoso.com*.
  - **Umschreiben einiger Subdomänen** In diesem Fall müssen Sie die einzelnen Subdomänen konfigurieren, deren E-Mails umgeschrieben werden sollen. Die anderen Domänen sind davon nicht betroffen.
  - **Umschreiben aller Subdomänen mit Ausnahmen** In diesem Fall müssen Sie die Subdomänen festlegen, die nicht umgeschrieben werden sollen.

Einzelne E-Mail-Adressen umschreiben

Die Konfiguration zum Umschreiben einzelner E-Mail-Adressen erfolgt in der Exchange Management Shell. Eine Konfiguration über das Exchange Admin Center ist nicht möglich.

Um einen neuen Eintrag für das Umschreiben zu erzeugen, verwenden Sie den Befehl *New-AddressRewriteEntry*. Der Assistent fragt Sie nach allen notwendigen Daten, also nach der internen Adresse, die Sie umschreiben wollen, der externen Adresse, die in Zukunft benutzt werden soll, und nach dem Namen des Eintrags.

Hinweis

Sie können nicht nur die E-Mail-Adresse vor dem @-Zeichen umschreiben, sondern auch die komplette E-Mail-Domäne.

Eine einzelne Subdomäne umschreiben

Auch die Erstellung eines Eintrags zum Umschreiben einer einzelnen Domäne wird in der Exchange Management Shell durchgeführt. In diesem Fall erhalten alle ausgehenden E-Mails eine neue definierte Domäne. Kommen eingehende E-Mails mit der umgeschriebenen Domäne am Edge-Transport-Server an, wandelt dieser die E-Mails wieder in die interne Domäne um. Der ganze Vorgang ist für Anwender vollkommen transparent.

Sie können auf diesem Weg zum Beispiel alle E-Mails der Domäne *de.contoso-einkauf.com* in *northwindtraders.com* umwandeln lassen. Kommen am Edge-Transport-Server E-Mails mit der Domäne *northwindtraders.com* an, werden sie automatisch in *de.contoso-einkauf.com* umgeschrieben.

Um einen neuen Eintrag für das Umschreiben zu erzeugen, verwenden Sie den folgenden Befehl:

```
New-AddressRewriteEntry –Name <Bezeichnung des Eintrags> -InternalAddress <interne E-Mail-Domäne>
-ExternalAddress <Domäne, zu der umgeschrieben werden soll>
```

Mehrere Subdomänen umschreiben

Eine weitere Möglichkeit ist das Umschreiben aller Subdomänen zu einer einzelnen externen Domäne.

Um alle Subdomänen einer bestimmten Domäne umzuschreiben, müssen Sie wiederum einen neuen Eintrag für den Address Rewriting Agent erstellen. Verwenden Sie dazu den folgenden Befehl:

```
New-AddressRewriteEntry –Name <Bezeichnung des Eintrags> -InternalAddress <*.Interne E-Mail-Domäne>
-ExternalAddress <Domäne, zu der umgeschrieben werden soll> Outboundonly:$true
```

Die Option *Outboundonly:$true* muss gesetzt werden, wenn mehrere Subdomänen zu einer einzelnen externen Domäne umgeschrieben werden sollen. In diesem Fall kann der Edge-Transport-Server bei eingehenden E-Mails nicht feststellen, welcher internen Domäne die Adresse zugeordnet ist.

Wollen Sie einzelne Domänen umschreiben, verwenden Sie am besten diesen Befehl:

```
New-AddressRewriteEntry –Name <Bezeichnung des Eintrags> -InternalAddress <Interne E-Mail-Domäne>
-ExternalAddress <Domäne, zu der umgeschrieben werden soll> Outboundonly:$true
```

Legen Sie für jede einzelne Subdomäne, die umgeschrieben werden soll, einen eigenen Eintrag an.

Eine weitere Möglichkeit ist die Umleitung aller Domänen mit fest definierten Ausnahmen. In diesem Fall werden alle E-Mails umgeschrieben, außer von den Domänen, die Sie vorher festlegen.

Verwenden Sie dazu den folgenden Befehl:

```
New-AddressRewriteEntry –Name <Bezeichnung des Eintrags> -InternalAddress <*.Interne E-Mail-Domäne>
-ExternalAddress <Domäne, zu der umgeschrieben werden soll> Outboundonly:$true –ExceptionAddress
<Interne Subdomäne, die nicht betroffen sein soll>
```

Legen Sie für jede einzelne Subdomäne, die Sie umschreiben möchten, einen eigenen Eintrag an.

Einträge für das Address Rewriting bearbeiten und löschen

Wollen Sie einzelne Einträge bearbeiten, verwenden Sie folgenden Befehl:

```
Set-AddressRewriteEntry
```

Wollen Sie die externe Domäne eines Eintrags ändern, verwenden Sie den Befehl

```
 Set-AddressRewriteEntry <Bezeichnung des Eintrags> -ExternalAddress <Externe Domäne, zu der Sie
umschreiben wollen>
```

Wollen Sie die interne Domäne eines Eintrags ändern, verwenden Sie diesen Befehl:

```
Set-AddressRewriteEntry <Bezeichnung des Eintrags> -ExternalAddress <Interne Domäne, die umge-
schrieben werden soll>
```

Wollen Sie nachträglich den Parameter *Outboundonly:$true* setzen, verwenden Sie folgenden Befehl:

```
Set-AddressRewriteEntry <Bezeichnung des Eintrags> -Outboundonly:$true
```

Wollen Sie einem Eintrag für die Umleitung aller Subdomänen eine Ausnahme hinzufügen, verwenden Sie diesen Befehl:

```
Set-AddressRewriteEntry <Bezeichnung des Eintrags> -ExceptionAddress <Ausnahmedomäne>
```

Wollen Sie die Bezeichnung eines Eintrags anpassen, verwenden Sie diesen Befehl:

```
Set-AddressRewriteEntry <Bezeichnung des Eintrags> -name <Neuer Name>
```

Generell sollten Sie sich überlegen, ob Sie einzelne Einträge nicht besser löschen und neu erstellen, anstatt sie zu bearbeiten.

Sie löschen einen Eintrag mit diesem Befehl:

```
Remove-AddressRewriteEntry <Bezeichnung des Eintrags>
```

Möchten Sie vor dem Löschen zunächst die Auswirkungen testen, können Sie den folgenden Befehl verwenden:

```
Remove-AddressRewriteEntry <Bezeichnung des Eintrags> Whatif
```

Zusammenfassung

In diesem Kapitel haben Sie erfahren, wie sich Edge-Transport-Server auf Basis von Exchange 2010/2013 SP3 mit einer Exchange 2016-Organisation verbinden lässt.

Im nächsten Kapitel erläutern wir Ihnen, wie Sie den Viren- und Spamschutz in Exchange 2016 optimal verwalten und einrichten.

Sicherheit und Hochverfügbarkeit

Kapitel 12
Viren- und Spamschutz

In diesem Kapitel:

Den integrierten Virenschutz verwalten 404

Wichtige Einstellungen für Virenscanner auf Dateisystemebene 409

Spamschutz und E-Mail-Sicherheit mit Exchange 413

Spamfilter in Exchange konfigurieren 417

Transportregeln für Spam-E-Mails erstellen 432

Sicherheit und Virenschutz mit Outlook 2016. 432

Zusammenfassung 438

Eine wesentliche Neuerung seit Exchange 2013 ist der standardmäßig integrierte Virenschutz. Dieser ist auch weiterhin Bestandteil in Exchange 2016. Der Virenschutz wird bereits bei der Installation von Exchange 2016 automatisch aktiviert. Sie können ihn aber auch deaktivieren, falls Sie eine andere Antivirenlösung nutzen. Die Verwaltung des Virenschutzes nehmen Sie im Exchange Admin Center vor.

Sicherheit und Hochverfügbarkeit

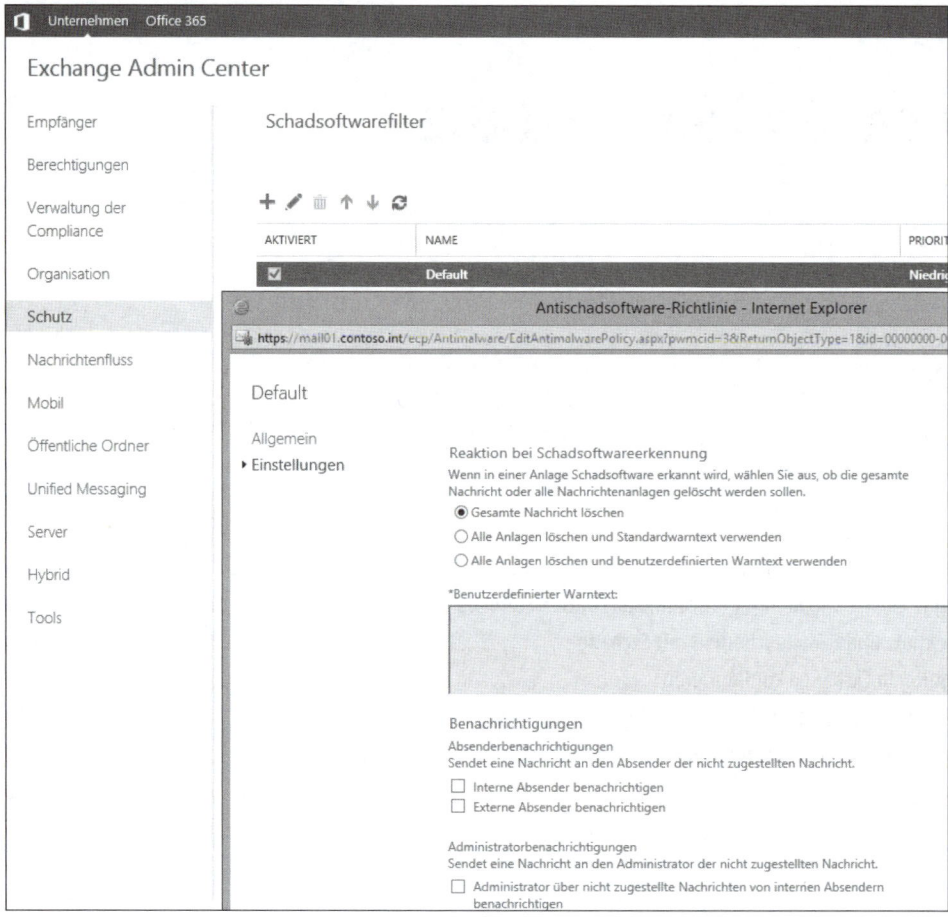

Abbildung 12.1: Exchange 2016 verfügt über einen internen Virenschutz.

Außerdem lassen sich Transportregeln erstellen, um unternehmensspezifische Bestimmungen und Richtlinien zu erzwingen. Wie Sie dabei vorgehen, lesen Sie in Kapitel 9.

Den integrierten Virenschutz verwalten

Sobald Sie Exchange 2016 installieren, ist auch der integrierte Virenschutz aktiviert. Sie können während der Installation den Virenschutz aber auch deaktivieren, wenn Sie auf eine eigene Lösung in diesem Bereich setzen. Der integrierte Dienst verwendet nur ein Modul.

Der grundlegende Schutz kann deaktiviert, ersetzt oder mit einem cloudbasierten Dienst kombiniert werden. Sie können auch eine Drittanbieterlösung zum Schutz vor Schadsoftware einsetzen. In diesem Fall muss der integrierte Schadsoftwareschutz deaktiviert werden.

Hinweis

Die Prüfung auf Schadsoftware wird für E-Mails ausgeführt, die an einen Postfachserver gesendet oder von diesem empfangen werden. Die Prüfung auf Schadsoftware wird nicht für eine Nachricht ausgeführt, auf die in einem Postfach zugegriffen wird, da sie bereits überprüft worden sein sollte. Eine Nachricht wird erneut überprüft, wenn sie erneut aus einem Postfach gesendet wird.

Zum Herunterladen von Updates ist eine Internetverbindung des Servers erforderlich. Microsoft empfiehlt, dass Sie Updates für das Antischadsoftware-Modul und die Definitionen manuell auf Ihren Exchange-Server herunterladen, bevor Sie ihn in die Produktionsumgebung einbinden.

Hinweis

Exchange 2016 prüft jede Stunde, ob Microsoft neue Schadsoftwaredefinitionen zur Verfügung stellt.

Transportregeln können den Schadsoftwarefilter nicht umgehen. Wenn die Software einen Virus erkennt, wird der Anhang gelöscht. Sie können die integrierte Antischadsoftwareprüfung dauerhaft deaktivieren oder vorübergehend umgehen, indem Sie den Schutz zeitweise deaktivieren.

Den Virenschutz testen

Sie können mit einem Testvirus überprüfen, ob der Virenschutz funktioniert. Erstellen Sie dazu eine neue Textdatei mit der Bezeichnung *EICAR.TXT*.

Fügen Sie die folgende Zeichenfolge in die Textdatei ein:

```
X5O!P%@AP[4\PZX54(P^)7CC)7}$EICAR-STANDARD-ANTIVIRUS-TEST-FILE!$H+H*
```

Stellen Sie sicher, dass dies die einzige Zeichenfolge in der Datei ist. Sie haben dann eine 68-Byte-Datei erstellt. Achten Sie aber darauf, dass der lokal installierte Virenscanner die Datei nicht zuerst filtert. Sie können mit dem Testvirus alle Einstellungen des Virenschutzes überprüfen.

Den Virenschutz aktualisieren

Sie können manuell das Antischadsoftware-Modul sowie Updates der Definitionen herunterladen. Bevor Sie einen Server in Produktion nehmen, ist diese Vorgehensweise zu empfehlen. Um manuell Definitionsupdates herunterzuladen, führen Sie den folgenden Befehl aus:

```
& $env:ExchangeInstallPath\Scripts\Update-MalwareFilteringServer.ps1 -Identity <FQDN des Servers>
```

Um zu überprüfen, ob Updates erfolgreich heruntergeladen wurden, müssen Sie die Ereignisanzeige öffnen:

1. Tippen Sie »eventvwr.msc« auf der Startseite ein.
2. Erweitern Sie in der Ereignisanzeige den Ordner *Windows-Protokolle*, und klicken Sie auf *Anwendung*.

Sicherheit und Hochverfügbarkeit

3. Klicken Sie im Menü *Aktion* auf *Aktuelles Protokoll filtern*.
4. Wählen Sie im Dialogfeld *Aktuelles Protokoll filtern* im Dropdownlistenfeld *Quellen* den Eintrag *FIPFS* aus, und klicken Sie dann auf *OK*.

Sie sehen im Protokoll jetzt alle Meldungen zur Aktualisierung, auch Fehler oder erfolgreiche Aktualisierungen.

Den Virenschutz deaktivieren oder umgehen

Sie können die Schadsoftwarefilterung für alle E-Mails, die über einen Server übertragen werden, deaktivieren oder umgehen. Dies ist zum Beispiel sinnvoll, wenn Sie ein anderes Produkt für den Virenschutz einsetzen.

Deaktivieren Sie den Virenscanner in Exchange 2016, wird der Agent komplett ausgeschaltet. Er führt dann auch keine Aktualisierung der Definitionsdateien mehr durch.

Neben dem Deaktivieren der Filterung können Sie auch eine Umgehung des Filters konfigurieren. Beim Umgehen werden keine E-Mails mehr gescannt, aber der Agent lädt weiterhin Definitionsdateien aus dem Internet und kann sich selbst aktualisieren.

Sie müssen die nachfolgenden Befehle in der Exchange Management Shell auf allen Servern durchführen, auf denen Sie das Scannen deaktivieren oder umgehen wollen.

Zum Deaktivieren des Virenscanners geben Sie den folgenden Befehl in der Exchange Management Shell ein:

```
& $env:ExchangeInstallPath\Scripts\Disable-AntimalwareScanning.ps1
```

Zum Aktivieren der Filterung verwenden Sie das Skript *Enable-AntimalwareScanning.ps1* anstelle von *Disable-AntimalwareScanning.ps1*.

Um zu überprüfen, ob die Schadsoftwarefilterung deaktiviert ist, führen Sie folgenden Befehl aus. Stellen Sie sicher, dass der Wert *False* zurückgegeben wird:

```
Get-TransportAgent "Malware Agent"
```

Um den notwendigen Systemdienst in der Exchange Management Shell neu zu starten, verwenden Sie den Befehl *Restart-Service MSExchangeTransport*.

Führen Sie zum temporären Umgehen der Schadsoftwarefilterung den folgenden Befehl aus:

```
Set-MalwareFilteringServer -BypassFiltering $true
```

Zum erneuten Aktivieren des Scanners verwenden Sie diesen Befehl:

```
Set-MalwareFilteringServer -BypassFiltering $false
```

Um zu überprüfen, ob die Schadsoftwarefilterung umgangen wird, führen Sie den folgenden Befehl aus. Stellen Sie sicher, dass der Wert *True* angezeigt wird:

```
Get-MalwareFilteringServer |fl Name, BypassFiltering
```

Exchange Online Protection steht als 90-Tage-Testversion für einen Office 365 Enterprise-Account zur Verfügung. Die Administration des Diensts erfolgt innerhalb der Verwaltung von Office 365. Die Konsole entspricht dem Management Center von Exchange 2016.

Da sich Exchange Online Protection in die Office 365-Verwaltungskonsole integriert, können Sie zentral den Status aller Sicherheitsdienste in Office 365 steuern und überwachen.

Exchange Online Protection und Exchange 2016

Für einen Office 365 Enterprise-Account steht Exchange Online Protection als 90-Tage-Test-version zur Verfügung. Die Administration des Diensts erfolgt innerhalb der Verwaltung von Office 365. Die Konsole entspricht dem Management Center von Exchange 2016.

Da sich Exchange Online Protection in die Office 365-Verwaltungskonsole integriert, können Sie zentral den Status aller Sicherheitsdienste in Office 365 steuern und überwachen. Sie können Exchange 2016 so konfigurieren, dass E-Mails, die bereits auf Schadsoftware geprüft wur-den, vom Scandienst erneut überprüft werden. Das bietet eine weitere Schutzebene gegen Viren. Diese Optionen sind wichtig beim gemeinsamen Einsatz von lokalen Exchange-Servern und Office 365. Sie können auf diesem Weg den lokalen Schutz zusammen mit Exchange Online Protection nutzen.

Interne E-Mails werden durch die in Exchange 2016 integrierten Funktionen zum Schutz vor Viren gescannt. Standardmäßig werden E-Mails, die in der Cloud geprüft wurden, lokal nicht noch ein-mal nach Viren überprüft. Dies können Sie aber anpassen, um die Sicherheit zu erhöhen.

Damit Exchange 2016 E-Mails scannt, wenn der gehostete Dienst die Mails bereits gescannt hat, geben Sie den folgenden Befehl in der Exchange Management Shell ein:

```
Set-MalwareFilteringServer -ForceRescan $true
```

Wenn Sie wieder die Standardeinstellung aktivieren wollen, bei der Mails nicht erneut geprüft werden, legen Sie als Option *$false* fest:

```
Set-MalwareFilteringServer -ForceRescan $false
```

Um den Wert nur zu überprüfen, geben Sie den folgenden Befehl ein:

```
Get-MalwareFilteringServer |fl Name, ForceRescan
```

Die Standardrichtlinie für Antischadsoftware konfigurieren

Der Virenscanner ist in Exchange 2016 standardmäßig aktiviert. Sie können ihn aber jederzeit anpassen und bereits bei der Installation deaktivieren. Die standardmäßig vorhandene Antischadsoftware-Richtlinie steuert die Einstellungen für den Scanner. Sie können diese Stand-ardrichtlinie nicht löschen, aber an Ihre Anforderungen anpassen. Die Richtlinie lässt sich am einfachsten im Exchange Admin Center bearbeiten. Dazu gehen Sie folgendermaßen vor:

1. Navigieren Sie im Exchange Admin Center zu *Schutz/Schadsoftwarefilter*.
2. Doppelklicken Sie auf die Standardrichtlinie *Default*.
3. Wählen Sie die Registerkarte *Einstellungen*.

Auf der Seite, die sich daraufhin öffnet, können Sie die gewünschten Einstellungen vorneh-men, um die Richtlinie an Ihre Anforderungen anzupassen:

- **Gesamte Nachricht löschen**   Verhindert die Zustellung der E-Mail einschließlich Anla-gen an die Empfänger.

- **Alle Anlagen löschen und Standardwarntext verwenden**   Löscht alle Anlagen, nicht nur infizierte, und fügt eine Textdatei mit folgendem Standardwarntext der E-Mail hinzu:

  »In mindestens einer Anlage zu dieser E-Mail-Nachricht wurde Schadsoftware erkannt. Alle Anhänge wurden gelöscht.«

  Der Text der E-Mail bleibt aber erhalten.

- **Alle Anlagen löschen und benutzerdefinierten Warntext verwenden** Löscht alle Anlagen und fügt eine Textdatei mit einer Nachricht ein. Den Text können Sie selbst festlegen.

Hinweis

Wenn im eigentlichen Nachrichtentext Schadsoftware erkannt wird, löscht Exchange immer die gesamte E-Mail einschließlich Anlagen. Das gilt für alle ein- und ausgehenden E-Mails.

Im Bereich *Benachrichtigungen* können Sie festlegen, dass Exchange eine Benachrichtigungs-E-Mail an Absender oder Administratoren sendet, wenn eine Nachricht als Schadsoftware erkannt wird.

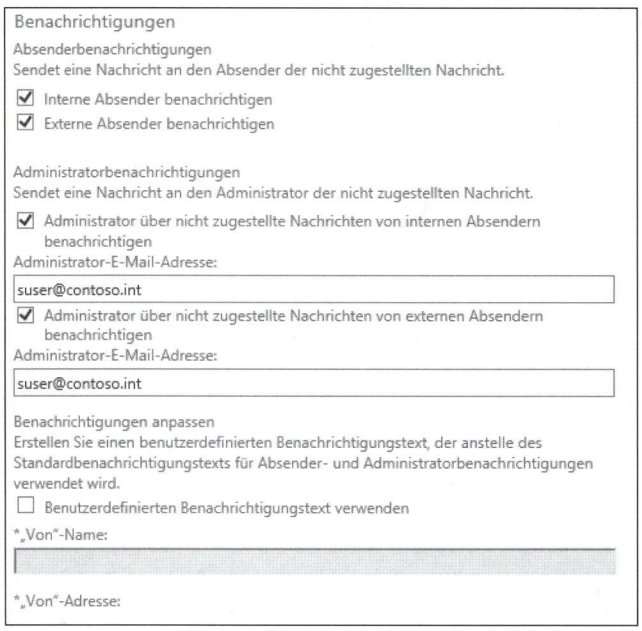

Abbildung 12.2: Benachrichtigungen für den Virenschutz festlegen

Aktivieren Sie im Bereich *Administratorbenachrichtigungen* das Kontrollkästchen *Administrator über nicht zugestellte Nachrichten von internen Absendern benachrichtigen* oder das Kontrollkästchen *Administrator über nicht zugestellte Nachrichten von externen Absendern benachrichtigen*.

Der Standardbenachrichtigungstext lautet:

»Diese Nachricht wurde von E-Mail-Zustellungssoftware automatisch erstellt. Ihre E-Mail wurde nicht an die gewünschten Empfänger übermittelt, da Schadsoftware erkannt wurde.«

In welcher Sprache der Text gesendet wird, hängt von der verseuchten E-Mail ab.

Im Bereich *Benachrichtigungen anpassen* können Sie einen benutzerdefinierten Text eingeben, der anstelle des Standardtexts verwendet wird.

Sie können hier auch den Absender festlegen, in dessen Namen die E-Mail gesendet wird, den Betreff der Nachricht und den Text der Benachrichtigung. Der Standardbetrefftext lautet »Unzustellbare Nachricht«. Klicken Sie nach der Anpassung auf *Speichern*. Auf der rechten Seite wird eine Zusammenfassung der Standardrichtlinieneinstellungen angezeigt.

Wichtige Einstellungen für Virenscanner auf Dateisystemebene

Viele Unternehmen setzen auch auf Exchange-Servern Virenscanner auf Dateisystemebene ein. Sie müssen dazu auch in Exchange 2016 einiges beachten, denn Scanner auf Dateiebene bieten keinen Schutz vor E-Mail-Viren.

Scanner auf Dateiebene können eine Datei scannen, wenn sie in Verwendung ist, oder sie können den Scanvorgang in einem geplanten Intervall durchführen. Dieser Vorgang kann bewirken, dass die Scanner ein Exchange-Protokoll oder eine Datenbankdatei sperren oder isolieren. Dies kann die Datenbank zerstören oder den Server zumindest deutlich langsamer reagieren lassen.

Wenn Sie Antivirenprogramme auf Dateiebene auf Exchange-Servern bereitstellen, stellen Sie sicher, dass die entsprechenden Ausschlüsse für Ordner, Prozesse und Dateinamenerweiterungen sowohl für die speicherresidente als auch für die Prüfung auf Dateiebene eingerichtet sind.

Sie sollten bestimmte Ordner für jeden Exchange-Server ausschließen, für den Sie einen Antivirenscanner auf Dateiebene ausführen. Auf Postfachservern sollten Sie alle Postfachdatenbanken und Protokolldateien von der Prüfung ausschließen. Diese Dateien werden standardmäßig in Unterordnern des Ordners *%ExchangeInstallPath%\Mailbox* gespeichert.

Wollen Sie den Speicherort einer Postfachdatenbank, eines Transaktionsprotokolls und einer Prüfpunktdatei testen, führen Sie den folgenden Befehl in der Exchange Management Shell aus:

```
Get-MailboxDatabase -Server <Servername>|fl *path*
```

Datenbankinhaltsindizes sollten Sie ebenfalls nicht scannen lassen. In der Standardeinstellung befinden sich diese im gleichen Ordner wie die Datenbankdatei.

GroupMetrics-Dateien befinden sich im Ordner *%ExchangeInstallPath%\GroupMetrics*. Auch diese sollten Sie vom Scannen ausschließen.

Auch Protokolldateien für die Nachrichtenverfolgung und die Kalenderreparatur sollten nicht gescannt werden. Standardmäßig befinden sich diese Dateien in Unterordnern der Ordner *%ExchangeInstallPath%\TransportRoles\Logs* und *%ExchangeInstallPath%\Logging*. Den Speicherort erfahren Sie mit:

```
Get-MailboxServer <Servername> |fl *path*
```

Offlineadressbuchdateien befinden sich in Unterordnern des Ordners *%ExchangeInstall-Path%\ClientAccess\OAB*, IIS-Systemdateien im Ordner *%SystemRoot%\System32\inetsrv*. Auch diese Ordner sollten Sie ausschließen.

Der temporäre Ordner der Postfachdatenbank im Ordner *%ExchangeInstallPath%\Mailbox\MDBTEMP* muss ebenfalls nicht nach Viren gescannt werden.

Auf Servern, die Mitglied einer Datenbankverfügbarkeitsgruppe (Database Availability Group, DAG) sind, schließen Sie die folgenden Ordner aus:

Sicherheit und Hochverfügbarkeit

- *%WinDir%\Cluster*
- *%SystemDrive%\DAGFileShareWitnesses\<DAGFQDN>*

Protokolldateien für die Nachrichtenverfolgung und Verbindungsprotokolle befinden sich in Unterordnern des Ordners *%ExchangeInstallPath%\TransportRoles\Logs*. Führen Sie folgenden Befehl in der Exchange Management Shell aus, um die verwendeten Protokollpfade zu erfahren:

```
Get-TransportService <Servername> |fl *logpath*,*tracingpath*
```

Schließen Sie am besten auch diese Ordner aus. Dies gilt auch für die Nachrichtenordner *Pickup* und *Replay*. Standardmäßig befinden sich diese Ordner im Ordner *%ExchangeInstallPath%\TransportRoles*.

Der folgende Befehl zeigt den Speicherort in der Exchange Management Shell an:

```
Get-TransportService <Servername>|fl *dir*path*
```

Ebenfalls ausschließen sollten Sie:

- die Warteschlangendatenbanken und Protokolldateien im Ordner *%ExchangeInstallPath%\TransportRoles\Data\Queue*
- die Dateien der Absenderzuverlässigkeitsdatenbank im Ordner *%ExchangeInstallPath%\TransportRoles\Data\SenderReputation*
- Die Dateien zum Versenden von E-Mails auf Postfachservern im Ordner *%ExchangeInstallPath%\Working\OleConvertor*
- die Komponenten zum Scannen von Inhalten im Ordner *%ExchangeInstallPath%\FIP-FS*
- Verbindungsprotokolle in Unterordnern des Ordners *%ExchangeInstallPath%\TransportRoles\Logs\Mailbox*

Auf Unified Messaging-Servern sollten Sie ebenfalls Dateien ausschließen, und zwar:

- die Grammatikdateien für unterschiedliche Gebietsschemata in den Unterordnern des Ordners *%ExchangeInstallPath%\UnifiedMessaging\grammars*
- die Dateien für Ansagen, Begrüßungen und Informationsmeldungen in den Unterordnern des Ordners *%ExchangeInstallPath%\UnifiedMessaging\prompts*
- die Voicemaildateien im Ordner *%ExchangeInstallPath%\UnifiedMessaging\voicemail*
- die durch Unified Messaging generierten temporären Dateien im Ordner *%ExchangeInstallPath%\UnifiedMessaging\Temp*

Auch auf Clientzugriffsservern sollten Sie Ordner vom Scannen ausschließen, und zwar:

- IIS-Systemdateienordner: *%SystemRoot%\System32\inetsrv*
- Systemdateienordner des Webservers: *Inetpub\logs\logfiles\w3svc*
- POP3-Ordner: *%ExchangeInstallPath%\Logging\POP3*
- IMAP4-Ordner: *%ExchangeInstallPath%\Logging\IMAP4*
- Verbindungsprotokolle und Protokolle in Unterordnern des Ordners *%ExchangeInstallPath%\TransportRoles\Logs\FrontEnd*

Viele Antivirenprogramme unterstützen die Prüfung von Prozessen. Auch das kann Exchange-Server negativ beeinflussen. Schließen Sie daher die folgenden Prozesse aus:

- *Cdb.exe*
- *Microsoft.Exchange.Pop3service.exe*
- *MSExchangeSubmission.exe*
- *Cidaemon.exe*
- *Microsoft.Exchange.ProtectedServiceHost.exe*
- *MSExchangeTransport.exe*
- *Clussvc.exe*
- *Microsoft.Exchange.RPCClientAccess.Service.exe*
- *MSExchangeTransportLogSearch.exe*
- *Dsamain.exe*
- *Microsoft.Exchange.Search.Service.exe*
- *MSExchangeThrottling.exe*
- *EdgeCredentialSvc.exe*
- *Microsoft.Exchange.Servicehost.exe*
- *Msftefd.exe*
- *EdgeTransport.exe*
- *Microsoft.Exchange.Store.Service.exe*
- *Msftesql.exe*
- *ExFBA.exe*
- *Microsoft.Exchange.Store.Worker.exe*
- *OleConverter.exe*
- *Inetinfo.exe*
- *Microsoft.Exchange.TransportSyncManagerSvc.exe*
- *Powershell.exe*
- *Microsoft.Exchange.AntispamUpdateSvc.exe*
- *Microsoft.Exchange.UM.CallRouter.exe*
- *ScanEngineTest.exe*
- *Microsoft.Exchange.ContentFilter.Wrapper.exe*
- *MSExchangeDelivery.exe*
- *ScanningProcess.exe*
- *Microsoft.Exchange.Diagnostics.Service.exe*
- *MSExchangeFrontendTransport.exe*
- *TranscodingService.exe*
- *Microsoft.Exchange.Directory.TopologyService.exe*
- *MSExchangeHMHost.exe*

- *UmService.exe*
- *Microsoft.Exchange.EdgeSyncSvc.exe*
- *MSExchangeHMWorker.exe*
- *UmWorkerProcess.exe*
- *Microsoft.Exchange.Imap4.exe*
- *MSExchangeLESearchWorker.exe*
- *UpdateService.exe*
- *Microsoft.Exchange.Imap4service.exe*
- *MSExchangeMailboxAssistants.exe*
- *W3wp.exe*
- *Microsoft.Exchange.Monitoring.exe*
- *MSExchangeMailboxReplication.exe*
- *Microsoft.Exchange.Pop3.exe*
- *MSExchangeRepl.exe*

Neben Ordnern und Prozessen sollten Sie auch die folgenden Exchange-spezifischen Dateinamenerweiterungen ausschließen:

- *.CONFIG*
- *.DIA*
- *.WSB*
- *.CHK*
- *.EDB*
- *.JRS*
- *.JSL*
- *.LOG*
- *.QUE*
- *.LZX*
- *.CI*
- *.DIR*
- *.WID*
- *.000*
- *.001*
- *.002*
- *.CFG*
- *.GRXML*
- *.DSC*
- *.TXT*

Spamschutz und E-Mail-Sicherheit mit Exchange

Wie Exchange 2010/2013 verfügt auch Exchange 2016 über interne Antispam-Agents. Diese lassen sich auch auf ähnliche Weise verwalten. Allerdings gibt es einige Unterschiede im Vergleich zu Vorgängerversionen von Exchange 2016. Wir zeigen Ihnen, worauf Sie bei der Verwaltung der neuen Version achten müssen. Exchange 2016 verwendet Transport-Agents, um Antispamfilter bereitzustellen. Die Antispam-Agents in Exchange 2016 wurden von Exchange 2010/2013 übernommen.

Normalerweise werden Antispam-Agents auf einem Postfachserver nur dann aktiviert, wenn Ihre Exchange-Organisation nicht über einen Edge-Transport-Server verfügt oder eingehende E-Mails nicht im Vorfeld auf Spammails filtert (siehe Kapitel 11).

Antispam-Agents arbeiten nach Prioritäten. Je niedriger der Wert ist, desto höher ist die Priorität: Ein Antispam-Agent mit Priorität 1 wird also vor einem Agent mit Priorität 9 ausgeführt. Exchange führt die Spamfilter standardmäßig in folgender Reihenfolge aus:

1. **Absenderfilter-Agent**   Die Absenderfilterung vergleicht den Absender mit einer Liste der Absender oder Absenderdomänen, die keine E-Mails an ihre Organisation senden dürfen.

2. **Empfängerfilter-Agent**   Die Empfängerfilterung vergleicht die Nachrichtenempfänger mit einer Empfängersperrliste. Der Empfängerfilter vergleicht außerdem Empfänger in eingehenden Nachrichten mit den lokalen Empfängern, um sicherzugehen, dass die E-Mail an gültige Empfänger adressiert ist. Wenn eine Nachricht nicht an gültige Empfänger geschickt wurde, wird sie zurückgewiesen.

3. **Sender ID-Agent**   Die Sender-ID verwendet die IP-Adresse des sendenden Servers und die Adresse des Absenders, um zu überprüfen, ob der Absender gefälscht ist.

4. **Inhaltsfilter-Agent**   Die Inhaltsfilterung bewertet den Inhalt der E-Mails, um auf Basis des Texts zu bestimmen, ob es sich bei der E-Mail um eine Spammail handelt.

5. **Protokollanalyse-Agent**   Der Protokollanalyse-Agent verwendet die Absenderzuverlässigkeit in Exchange. Diese prüft die IP-Adresse des sendenden Servers.

Wenn in Ihrer Organisation ein Edge-Transport-Server installiert ist (siehe Kapitel 11), werden alle Antispam-Agents, die auf einem Postfachserver verfügbar sind, standardmäßig auf dem Edge-Transport-Server installiert und aktiviert. Die folgenden Antispam-Agents sind nur auf einem Edge-Transport-Server verfügbar:

- **Verbindungsfilter-Agent**   Die Verbindungsfilterung untersucht die IP-Adresse des sendenden Servers. Verbindungsfilter verwenden IP-Sperrlisten, IP-Zulassungslisten sowie Anbieter für blockierte oder für zugelassene IP-Adressen, um zu überprüfen, ob die Verbindung blockiert oder zugelassen werden soll. Der Agent nutzt also verschiedene Informationen und trifft dann die Entscheidung zum Filtern.

- **Anlagenfilter-Agent**   Die Anlagenfilterung filtert E-Mails basierend auf dem Dateinamen der Anlage, der Dateinamenerweiterung oder dem MIME-Inhaltstyp der Datei. Sie können die Anlagenfilterung so konfigurieren, dass Exchange E-Mails und Anlagen blockiert, die Anlage entfernt und die Nachricht zustellt oder die Nachricht mit Anlage ohne Benachrichtigung löscht.

Hinweis

Antispam-Agents werden auf Edge-Transport-Servern (siehe Kapitel 11) standardmäßig in dieser Reihenfolge angewendet:

1. Verbindungsfilter-Agent

2. Absenderfilter-Agent

3. Empfängerfilter-Agent

4. Sender ID-Agent

5. Inhaltsfilter-Agent

6. Protokollanalyse-Agent für die Absenderzuverlässigkeit

7. Anlagenfilter-Agent

Mit etwas Aufwand erreichen Sie aber auch mit den Standardwerkzeugen einen nicht unerheblichen Schutz vor Spam-E-Mails. Microsoft hat in Outlook ab Version 2010 eine verbesserte automatische Spamfilterung integriert. Zusammen mit Exchange 2016 kann durch Kombination der Spamfilter ein durchaus effizienter Spamschutz erreicht werden.

Die Einstellungen für den Spamschutz werden auf Edge-Transport-Servern automatisch installiert und aktiviert. Diese Exchange-Server sind unter Exchange 2013/2016 für das Senden von E-Mails vom und zum Internet in der DMZ (demilitarisierte Zone) verantwortlich (siehe Kapitel 11).

Die Spamschutzfunktionen installieren

Microsoft empfiehlt die Verwendung eines Edge-Transport-Servers, um eine Exchange-Organisation mit dem Internet zu verbinden. Falls Sie keinen Edge-Transport-Server einsetzen, können die Antispamfilter auch auf einem Postfachserver eingerichtet werden.

Es stehen die folgenden Antispam-Agents im Transportdienst auf Postfachservern zur Verfügung, die jedoch nicht standardmäßig installiert werden:

• Inhaltsfilter-Agent

• Sender ID-Agent

• Absenderfilter-Agent

• Empfängerfilter-Agent

• Protokollanalyse-Agent für die Absenderzuverlässigkeit

Sie können diese Antispam-Agents mit einem Skript der Exchange Management Shell installieren. Normalerweise installieren Sie die Antispam-Agents nur dann auf einem Postfachserver, wenn kein anderer Spamschutz im Netzwerk vorhanden ist und Sie auch keinen Edge-Transport-Server einsetzen.

Die Antispam-Agents auf dem Postfachserver erkennen die Antispamheaderwerte, die von anderen Exchange-Antispam-Agents zu E-Mails hinzugefügt werden. Alle E-Mails mit diesen Informationen passieren den Server ohne erneute Prüfung. Vom Empfängerfilter-Agent ausgeführte Empfängersuchen werden jedoch auf dem Postfachserver erneut gescannt.

Hinweis

Der Verbindungsfilter-Agent und der Anlagenfilter-Agent sind auf Postfachservern nicht verfügbar. Diese Agents stehen nur auf einem Edge-Transport-Server zur Verfügung.

Der Antispam-Agent wird immer standardmäßig auf einem Postfachserver installiert und aktiviert.

Führen Sie den folgenden Befehl auf dem Postfachserver aus, für den Sie den Spamschutz aktivieren wollen:

```
& $env:ExchangeInstallPath\Scripts\Install-AntiSpamAgents.ps1
```

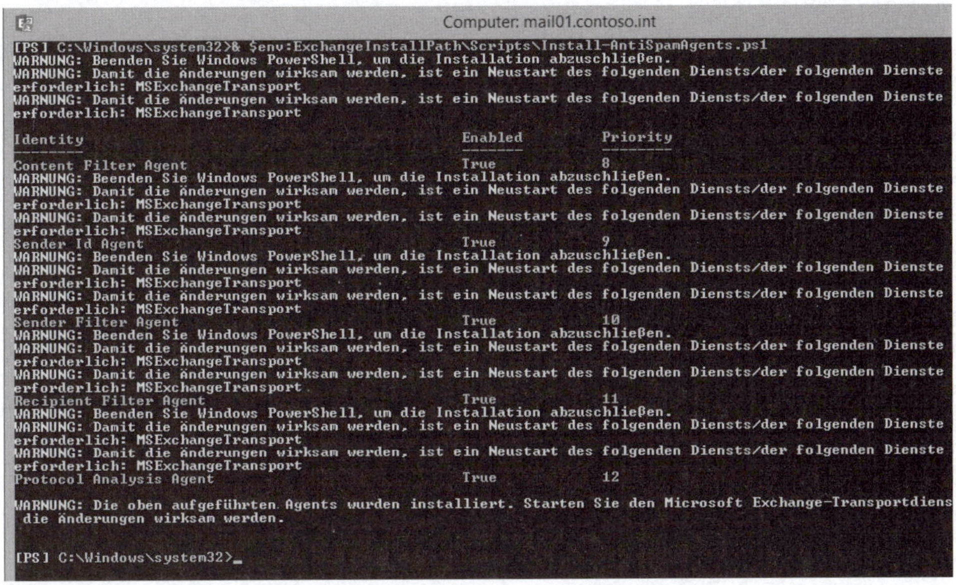

Abbildung 12.3: Antispam-Agents auf einem Postfachserver installieren

Starten Sie mit *Restart-Service MSExchangeTransport* den Transportdienst auf dem Server neu. Stellen Sie danach sicher, dass der Dienst erfolgreich neu gestartet wurde.

Anschließend müssen Sie die IP-Adressen der internen SMTP-Server angeben, die durch den Sender ID-Agent ignoriert werden sollen. Wenn der Postfachserver, auf dem die Antispam-Agents installiert sind, der einzige SMTP-Server in der Organisation ist, geben Sie die IP-Adresse des lokalen Servers ein.

Führen Sie den folgenden Befehl aus, um die IP-Adressen interner SMTP-Server hinzuzufügen:

```
Set-TransportConfig -InternalSMTPServers @{Add="<IP1>","<IP2>"...}
```

Anschließend überprüfen Sie die Konfiguration mit dem folgenden Befehl:

```
Get-TransportConfig |fl InternalSMTPServers
```

Haben Sie die Installation und die erste Einrichtung abgeschlossen, können Sie sich mit dem Cmdlet *Get-TransportAgent* die Installation bestätigen lassen.

Sicherheit und Hochverfügbarkeit

```
[PS] C:\Windows\system32>Get-TransportAgent

Identity                              Enabled        Priority
--------                              -------        --------
Transport Rule Agent                  True           1
DLP Policy Agent                      True           2
Malware Agent                         True           3
Text Messaging Routing Agent          True           4
Text Messaging Delivery Agent         True           5
System Probe Drop Smtp Agent          True           6
System Probe Drop Routing Agent       True           7
Content Filter Agent                  True           8
Sender Id Agent                       True           9
Sender Filter Agent                   True           10
Recipient Filter Agent                True           11
Protocol Analysis Agent               True           12
```

Abbildung 12.4: Erfolgreicher Start der Antispam-Agents in Exchange 2016

Möchten Sie sich die aktuelle Konfiguration des Inhaltsfilters anzeigen lassen, verwenden Sie das folgende Cmdlet:

```
Get-ContentFilterConfig |ft Name,Enabled; Get-SenderFilterConfig |ft Name,Enabled;
Get-SenderIDConfig |ft Name,Enabled; Get-SenderReputationConfig |ft Name,Enabled
```

Weitere Informationen zu den Spamfiltern rufen Sie mit den folgenden Befehlen ab:

```
Get-ContentFilterConfig |fl *Enabled,RejectionResponse,*Postmark*,Bypassed*,Quarantine*;
Get-SenderFilterConfig |fl *Enabled,*Block*
Get-SenderIDConfig |fl *Enabled*,*Action,Bypassed*
Get-SenderReputationConfig |fl *Enabled*,*Proxy*,*Block*,*Ports*
```

Spam Confidence Level (SCL) im Überblick

Wenn eine E-Mail auf dem Exchange-Server eingeht, wird dieser ein Wert zwischen 0 und 9 zugeteilt. Dabei arbeitet Microsoft mit dem Spam Confidence Level (SCL), der auch für Exchange 2016 gilt. Die einzelnen Agents in Exchange verwenden SCL, um E-Mails zu klassifizieren oder den SCL-Wert für andere Agents zu konfigurieren.

Der SCL einer E-Mail wird beim Speichern in der Datenbank an die E-Mail angehängt. Ein Administrator kann auf dem Exchange-Server auf Basis des SCL definieren, was mit einer Nachricht passieren soll, die einen gewissen Grenzwert überschreitet. Im Zusammenspiel mit Outlook ab Version 2010 kann ein Administrator entscheiden, dass E-Mails mit einem gewissen Wert, zum Beispiel größer als SCL 6, direkt in den Junk-E-Mail-Ordner in Outlook geschoben werden.

Benutzer können in Outlook wiederum basierend auf SCL Maßnahmen ergreifen und E-Mails mit bestimmten SCL-Werten sofort löschen lassen. Zusätzlich gibt es in Exchange 2016 die Möglichkeit, mit Transportregeln E-Mails basierend auf ihrem SCL-Wert zu behandeln (siehe Kapitel 4).

Sie können auf diese Weise zum Beispiel dem Betreff der E-Mails eine Erweiterung in der Form ****SPAM**** hinzufügen. Anwender können in Outlook dann wiederum Regeln definieren, was mit solchen E-Mails passieren soll.

Wir kommen im Rahmen der Antispamkonfiguration in diesem Kapitel an verschiedenen Stellen noch ausführlicher auf das Thema SCL zurück.

Über den Befehl *Get-Message* lassen sich die E-Mails in den Warteschlangen eines Servers in der Exchange Management Shell auflisten. Eine ausführliche formatierte Liste der E-Mails in den Warteschlangen können Sie sich über den Befehl *Get-Message* |*fl* oder |*ft* anzeigen lassen.

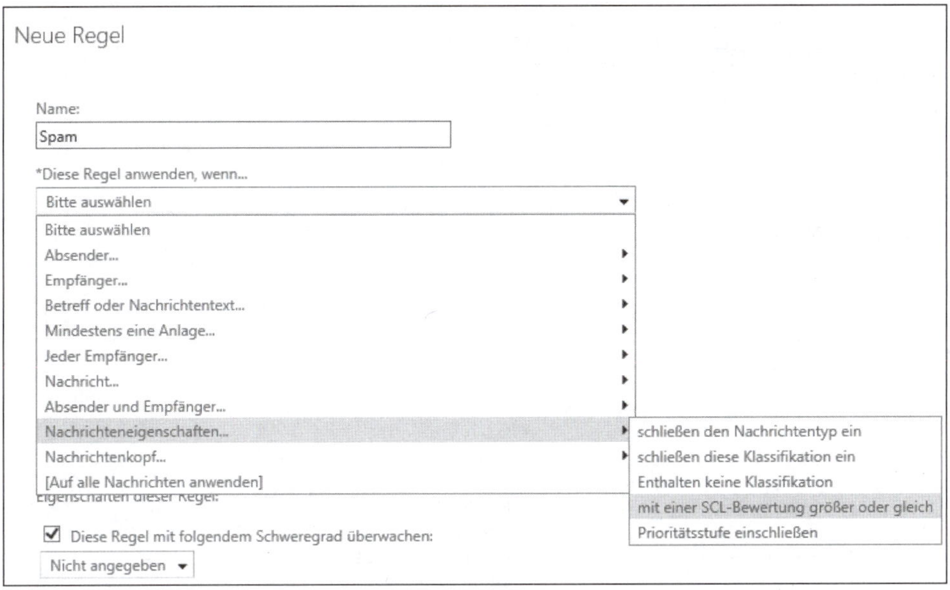

Abbildung 12.5: Spam-E-Mails mit Transportregeln bearbeiten

Spamfilter in Exchange konfigurieren

Anhand der folgenden Abschnitte erfahren Sie, wie Sie die Spamfilter in Exchange 2016 und auf Edge-Transport-Servern konfigurieren.

Betreiben Sie in der Exchange 2016-Organisation einen Edge-Transport-Server (siehe Kapitel 11), können Sie die Einstellungen im Exchange Admin Center vornehmen.

Spamserver aussperren: Verbindungsfilter konfigurieren

Der Verbindungsfilter setzt sich aus der Konfiguration verschiedener Agents zusammen und ist der erste Filter, den ein Edge-Transport-Server anwendet, wenn ein SMTP-Server eine Verbindung aufbauen will. Auf Postfachservern mit Exchange 2016 ist dieser Filter nicht verfügbar.

Bei den einzelnen Agents des Filters handelt es sich um IP-Sperrlistenanbieter (in Exchange 2007 noch *Anbieter für geblockte IP-Adressen* genannt), Anbieter für zugelassene IP-Adressen, die IP-Sperrliste und die IP-Zulassungsliste. Mindestens einer dieser Agents muss konfiguriert sein, damit der Verbindungsfilter-Agent funktioniert. Am besten konfigurieren Sie jedoch alle.

Die Verbindungsfilterung wird verwendet, um von E-Mail-Servern, die auf einer Blacklist stehen, generell keine Verbindung anzunehmen. Wird der Verbindungsfilter-Agent aktiviert, ist er der erste Antispam-Agent, der ausgeführt wird, wenn eine eingehende Nachricht bewertet wird.

Ist die Quell-IP-Adresse weder auf einer IP-Zulassungsliste noch auf einer IP-Sperrliste zu finden, wird die Nachricht an weitere Antispam-Agents übergeben. Die Konfiguration dieser vier Agents wird in den folgenden Abschnitten näher erläutert.

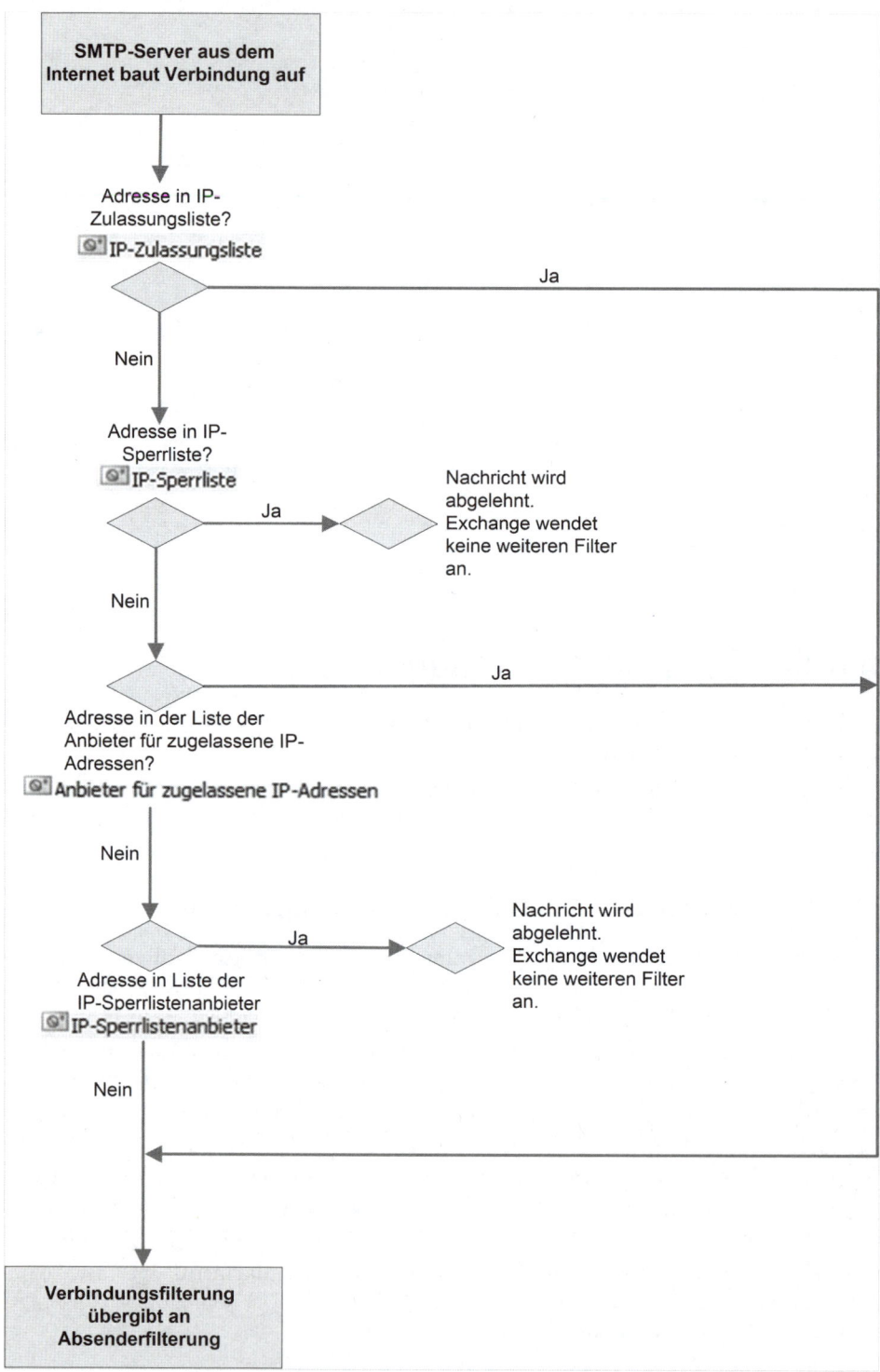

Abbildung 12.6: Ablauf der Verbindungsfilterung

Schwarze Schafe über IP-Sperrlistenanbieter finden

Exchange 2016 lässt sich so einrichten, dass bestimmte Listen von Spamservern aus dem Internet abgefragt werden. Dazu wird Exchange 2016 so konfiguriert, dass der Server mit bestimmten Realtime Blackhole Lists (RBL) zusammenarbeiten und diese abfragen kann.

Sehr ausführliche Informationen zum Thema RBL finden Sie auf der Wikipedia-Seite unter *http://tinyurl.com/pg2228e*. Exchange überprüft bei jeder SMTP-Verbindung, ob der absendende E-Mail-Server auf der RBL-Liste des konfigurierten RBL-Anbieters aufgeführt ist, und verweigert bei Erkennung die Verbindung. Es wird also keine E-Mail von diesem E-Mail-Server akzeptiert. Ein bekannter Anbieter in diesem Bereich ist Spamhaus (*www.spamhaus.org*). Um die RBL-Liste dieses Anbieters zu integrieren, verwenden Sie auf dem Edge-Transport-Server in der Exchange Management Shell folgenden Befehl:

```
Add-IPBlockListProvider -Name 'Spamhaus' -LookupDomain 'zen.spamhaus.org' -Enabled $true
-BitmaskMatch $null -IPAddressesMatch @() -Priority '1' -AnyMatch $true -RejectionResponse 'Message
blocked due to black listing'
```

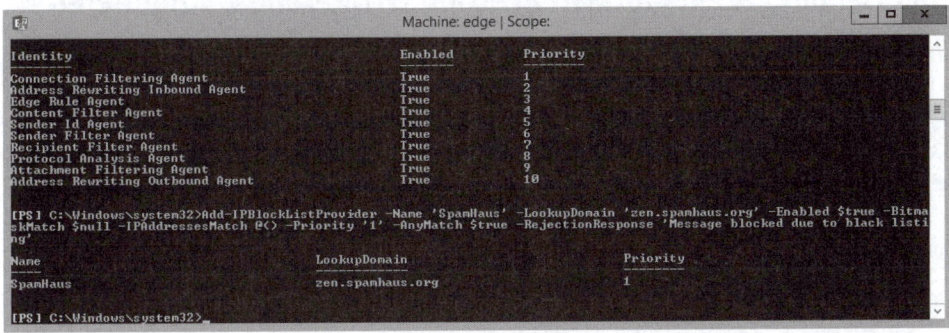

Abbildung 12.7: Auf dem Edge-Transport-Server tragen Sie RBL-Anbieter in der Exchange Management Shell ein.

Weiße Listen: Anbieter für zugelassene IP-Adressen

IP-Zulassungslisten werden auch als Safe Lists oder weiße Listen bezeichnet. Anbieter für zugelassene IP-Adressen pflegen Listen von IP-Adressen, von denen sicher bekannt ist, dass sie mit keiner Spamaktivität in Verbindung stehen. Gibt ein Anbieter für zugelassene IP-Adressen eine sogenannte IP-Zulassungsentsprechung zurück, leitet der Verbindungsfilter-Agent die E-Mail an den nächsten Agent in der Antispamkette weiter. Hier wird die E-Mail dann weiter gescannt.

Die Spamüberprüfung dieses Filters wird damit beendet. Auch in den Eigenschaften dieses Agents können Sie Anbieter eintragen, ähnlich zur Konfiguration der Anbieter für geblockte IP-Adressen. Bei den IP-Sperrlisten und IP-Zulassungslisten handelt es sich um definierte Listen, in denen IP-Adressen sowie IP-Adressbereiche angegeben sind, die vom Verbindungsfilter-Agent verarbeitet werden.

Der Verbindungsfilter-Agent trennt die SMTP-Verbindung automatisch, wenn eine IP-Absenderadresse einer IP-Adresse oder einem IP-Adressbereich in der IP-Sperrliste entspricht. Sie können auch einen Zeitpunkt für den Ablauf des von Ihnen erstellten IP-Sperrlisteneintrags angeben. Die Verwaltung der IP-Sperrlisten und der IP-Zulassungsliste ist identisch.

In den Eigenschaften beider Agents können IP-Adressen von Servern hinterlegt werden, die entweder blockiert werden oder E-Mails zustellen dürfen. Die IP-Zulassungsliste ist der IP-Sperrliste übergeordnet. Lassen Sie zum Beispiel einen IP-Bereich verweigern und eine einzelne IP-Adresse aus diesem Bereich global annehmen, hat die globale Genehmigung dieser Verbindung Vorrang.

E-Mails von diesem Server werden also akzeptiert, auch wenn sich seine IP-Adresse in einem Bereich befindet, der eigentlich verweigert wird. Entspricht eine IP-Absenderadresse einer in der IP-Zulassungsliste enthaltenen IP-Adresse oder einem IP-Adressbereich, sendet der Verbindungsfilter-Agent die E-Mail, ohne dass sie von weiteren Antispam-Agents verarbeitet wird.

Um weiße Listen zu pflegen und eigene IP-Adressen einzutragen, verwenden Sie ebenfalls die Exchange Management Shell und das folgende Cmdlet:

```
Add-IPAllowListEntry -IPAddress <IP-Addresse>
```

Spamabsender gezielt blockieren: Absenderfilterung konfigurieren

Der Absenderfilter-Agent filtert E-Mails von bestimmten Absendern außerhalb der Organisation und ist der zweite Filter, den Exchange nach der Verbindungsfilterung anwendet. Auf Postfachservern mit Exchange 2016 wird dieser Filter als Erstes angewendet, da hier der Verbindungsfilter nicht verfügbar ist. In Exchange 2012 müssen Sie den Filter in der Exchange Management Shell anpassen.

Administratoren pflegen eine Liste von Absendern, denen das Senden von E-Mails an die Organisation untersagt ist. Sie können konfigurieren, welche Aktion der Absenderfilter-Agent ausführen soll, wenn eine Nachricht von einem geblockten Absender zugestellt wird. Nach der Installation des Filters wird dieser automatisch aktiviert. Das gilt für alle Spamfilter unter Exchange ab Version 2010. Über das Kontextmenü kann dieser Filter aktiviert oder deaktiviert werden.

Der Filter ist vor allem dann sinnvoll, wenn Sie immer wieder von der gleichen Domäne oder Person E-Mails erhalten, die blockiert werden sollen. Eine manuelle Pflege von Spamversendern ist allerdings sehr ineffektiv, da die Versender ständig die Adressen wechseln beziehungsweise zufällig generieren. Es werden bei diesem Filter außerdem nur E-Mails aus externen Quellen gefiltert.

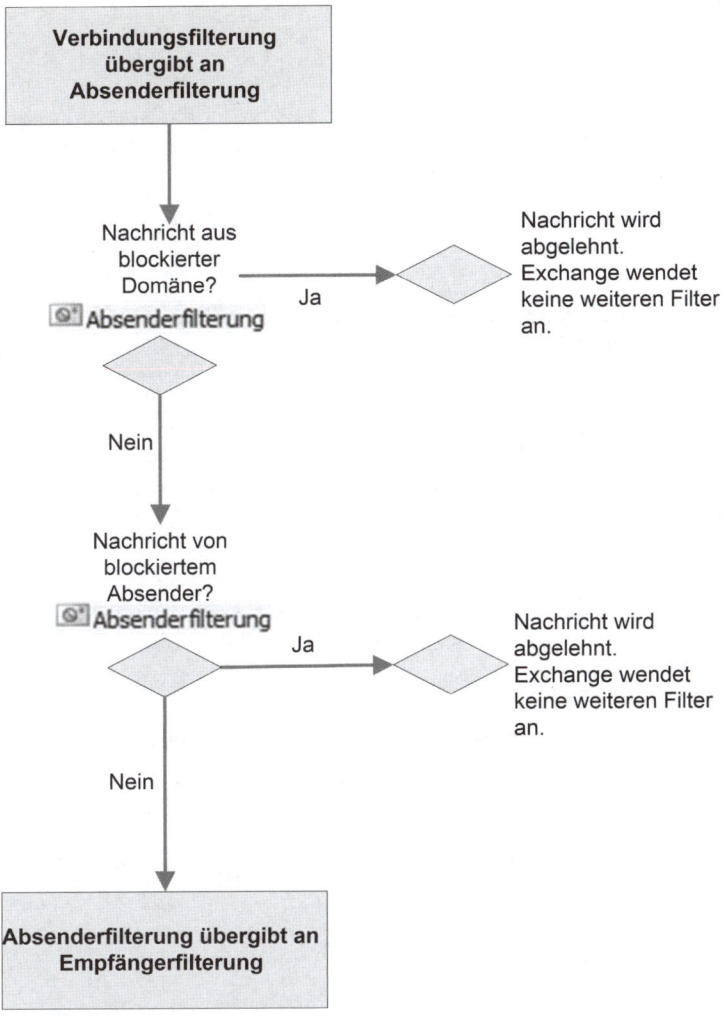

Abbildung 12.8: Ablauf während der Absenderfilterung

Absenderfilter auf Edge-Transport-Servern verwalten

Auch den Absenderfilter steuern Sie in der Exchange Management Shell. Um den Filter zu deaktivieren, verwenden Sie:

```
Set-SenderFilterConfig -Enabled $false
```

Um die Absenderfilterung zu aktivieren, verwenden Sie:

```
Set-SenderFilterConfig -Enabled $true
```

Wenn Sie die Absenderfilterung deaktivieren, ist der zugrunde liegende Absenderfilter-Agent immer noch aktiviert. Führen Sie zum Deaktivieren des Absenderfilter-Agents den folgenden Befehl aus:

```
Disable-TransportAgent "Sender Filter Agent"
```

Ob der Agent aktiviert oder deaktiviert ist, sehen Sie mit:

```
Get-SenderFilterConfig |fl Enabled
```

Die blockierten Absender und Domänen konfigurieren Sie ebenfalls in der Exchange Management Shell. Führen Sie den folgenden Befehl aus, um die vorhandenen Werte zu ersetzen:

```
Set-SenderFilterConfig -BlockedSenders <sender1,sender2...> -BlockedDomains <domain1,domain2...>
-BlockedDomainsAndSubdomains <domain1,domain2...>
```

Beispiel:

```
Set-SenderFilterConfig -BlockedSenders kim@contoso.com,john@contoso.com -BlockedDomains
fabrikam.com -BlockedDomainsAndSubdomains northwindtraders.com
```

Um Einträge hinzuzufügen oder zu entfernen, verwenden Sie:

```
Set-SenderFilterConfig -BlockedSenders @{Add="<sender1>","<sender2>"...; Remove="<sender1>",
"<sender2>"...} -BlockedDomains @{Add="<domain1>","<domain2>"...;
Remove="<domain1>","<domain2>"...} -BlockedDomainsAndSubdomains @{Add="<domain1>","<domain2>"...;
Remove="<domain1>","<domain2>"...}
```

Beispiel:

```
Set-SenderFilterConfig -BlockedSenders @{Add="chris@contoso.com","michelle@contoso.com"} -Blocked-
Domains @{Remove="tailspintoys.com"} -BlockedDomainsAndSubdomains @{Add="blueyonderairlines.com"}
```

Um sich die Konfiguration anzeigen zu lassen, verwenden Sie:

```
Get-SenderFilterConfig |fl BlockedSenders,BlockedDomains,BlockedDomainsAndSubdomains
```

Tipp

Verwenden Sie den folgenden Befehl, um das Blockieren von E-Mails ohne Absender zu aktivieren oder zu deaktivieren:

```
Set-SenderFilterConfig -BlankSenderBlockingenabled <$true | $false>
```

Um sich die Konfiguration anzeigen zu lassen, verwenden Sie:

```
Get-SenderFilterConfig |fl BlankSenderBlockingEnabled
```

Schüsse ins Blaue verhindern: Empfängerfilterung konfigurieren

Eine weitere Option zur Bekämpfung von Spam-E-Mails ist die Empfängerfilterung. Dieser Filter wird auf Edge-Transport-Servern und auf Postfachservern angewendet. Exchange 2016 wendet diesen Filter nach der Absenderfilterung an.

Viele Spamversender versenden E-Mails, bei denen die Empfängeradressen nicht existieren, die E-Mail-Domäne aber schon. Als Ergebnis erhalten Administratoren im Unternehmen zahlreiche E-Mails, die nicht zugestellt werden können, aber dennoch gesichtet werden müssen, um normale E-Mails, bei denen ein Schreibfehler vorliegt, von Spam-E-Mails zu unterscheiden.

Mit dem Filter können E-Mails blockiert werden, die an bestimmte Empfänger innerhalb des Unternehmens geschickt werden. Hauptsächlich wird dieser Filter aber dazu genutzt, E-Mails zu blockieren, für die es im Unternehmen keinen Empfänger gibt. Sobald eine E-Mail blockiert wird – entweder weil sie keinen Absender enthält oder weil der Empfänger blockiert ist –, nimmt Exchange zwar die Verbindung des fremden SMTP-Servers an, lehnt die Mail dann aber ab. Findet sich kein Sperreintrag in der Empfängerfilterung, übergibt der Filter die E-Mail an den Agent für die Sender-ID.

Auf Postfachservern mit Exchange 2016 müssen Sie den Filter ebenfalls in der Exchange Management Shell konfigurieren. Die Empfängerfilterung wird durch den Empfängerfilter-Agent bereitgestellt. Wenn die Empfängerfilterung auf einem Exchange-Server aktiviert ist, werden eingehende E-Mails gefiltert, die aus dem Internet stammen und nicht authentifiziert sind. Diese Nachrichten werden als externe Nachrichten behandelt.

Hinweis

Die Option *AddressBookEnabled* des Cmdlets *Set-AcceptedDomain* aktiviert (*$true*) oder deaktiviert (*$false*) die Empfängerfilterung für Empfänger in einer akzeptierten Domäne.

Die Empfängerfilterung ist standardmäßig für autoritative Domänen aktiviert und für interne sowie externe Relaydomänen deaktiviert. Führen Sie den folgenden Befehl aus, um den Status von *Address-BookEnabled* für die akzeptierten Domänen in Ihrer Organisation anzuzeigen:

```
Get-AcceptedDomain |fl Name,AddressBookEnabled
```

Verwenden Sie zum Deaktivieren der Empfängerfilterung den folgenden Befehl:

```
Set-RecipientFilterConfig -Enabled $false
```

Führen Sie den folgenden Befehl aus, um den Filter zu aktivieren:

```
Set-RecipientFilterConfig -Enabled $true
```

Wenn Sie die Empfängerfilterung deaktivieren, ist der zugrunde liegende Empfängerfilter-Agent weiterhin aktiviert. Verwenden Sie den folgenden Befehl, um den Empfängerfilter-Agent zu deaktivieren:

```
Disable-TransportAgent "Recipient Filter Agent"
```

Den Status des Agents lassen Sie mit dem folgenden Befehl anzeigen:

```
Get-RecipientFilterConfig |fl Enabled
```

Mit diesem Befehl wird die Empfängersperrliste aktiviert:

```
Set-RecipientFilterConfig -BlockListEnabled $true
```

Den Status können Sie sich über diesen Befehl anzeigen lassen:

```
Get-RecipientFilterConfig |fl BlockListEnabled
```

Führen Sie den folgenden Befehl aus, um vorhandene Werte zu ersetzen:

```
Set-RecipientFilterConfig -BlockedRecipients <Empfänger 1, Empfänger 2>
```

Über den folgenden Befehl können Sie Einträge hinzufügen oder entfernen, ohne vorhandene Werte zu ändern:

```
Set-RecipientFilterConfig -BlockedRecipients @{Add="<Empfänger 1>","<Empfänger 2>"...;
Remove="<Empfänger 1>","<Empfänger 2>"...}
```

Beispiel:

```
Set-RecipientFilterConfig -BlockedRecipients @{Add="chris@contoso.com"; Remove="michelle@cont-
oso.com"}
Get-RecipientFilterConfig |fl BlockedRecipients
```

Mit dem zweiten Befehl lassen Sie die Liste anzeigen. Das Aktivieren oder Deaktivieren der Empfängersuche führen Sie ebenfalls in der Exchange Management Shell aus:

```
Set-RecipientFilterConfig -RecipientValidationEnabled <$true | $false>
```

Verwenden Sie den folgenden Befehl, um E-Mails an Empfänger zu sperren, die in der Organisation nicht vorhanden sind. Mit dem zweiten Befehl lassen Sie sich den Status anzeigen:

```
Set-RecipientFilterConfig -RecipientValidationEnabled $true
Get-RecipientFilterConfig |fl RecipientValidationEnabled
```

Absender vor der Zustellung überprüfen: Die Sender-ID verwenden

Der Agent zur Sender-ID übernimmt die E-Mail nach der Empfängerfilterung auf Postfachservern und auf Edge-Transport-Servern. Dabei überprüft Exchange anhand von DNS, ob die Absenderdomäne und der ausgehende E-Mail-Server übereinstimmen.

Die Sender-ID können Sie ebenfalls in der Exchange Management Shell deaktivieren oder aktivieren:

- *Set-SenderIdConfig -Enabled $false*
- *Set-SenderIdConfig -Enabled $true*

Den Sender ID-Agent deaktivieren Sie mit:

```
Disable-TransportAgent "Sender ID Agent"
```

Führen Sie den folgenden Befehl aus, um die Sender-ID-Aktion zu konfigurieren:

```
Set-SenderIdConfig -SpoofedDomainAction <StampStatus | Reject | Delete>
```

Im folgenden Beispiel wird der Sender ID-Agent so festgelegt, dass alle E-Mails zurückgewiesen werden, bei denen die IP-Adresse des sendenden Servers nicht als autoritativer SMTP-Server für die sendende Domäne definiert ist:

```
Set-SenderIdConfig -SpoofedDomainAction Reject
```

Die Einstellungen lassen Sie mit dem folgenden Befehl auflisten:

```
Get-SenderIdConfig |fl SpoofedDomainAction
```

Überprüfen Sie, ob der angezeigte Wert jenem Wert entspricht, den Sie festgelegt haben. Verwenden Sie den folgenden Befehl, um die Sender-ID-Aktion für vorübergehende Fehler zu konfigurieren:

```
Set-SenderIdConfig -TempErrorAction <StampStatus | Reject | Delete>
```

Mit dem nächsten Befehl wird der Sender ID-Agent so konfiguriert, dass Nachrichten gestempelt werden, deren Sender-ID-Status aufgrund eines temporären DNS-Serverfehlers nicht festgestellt werden kann. Die E-Mail wird durch weitere Antispam-Agents überprüft, und der Inhaltsfilter-Agent verwendet die Information beim Ermitteln des SCL-Werts für die E-Mail:

```
Set-SenderIdConfig -TempErrorAction StampStatus
```

Verwenden Sie den folgenden Befehl zum Überprüfen der Einstellung:

```
Get-SenderIdConfig |fl TempErrorAction
```

Führen Sie den folgenden Befehl aus, um vorhandene Werte zu ersetzen:

```
Set-SenderIdConfig -BypassedRecipients <recipient1,recipient2...> -BypassedSenderDomains
<domain1,domain2...>
```

Mit dem folgenden Befehl lassen sich Einträge hinzufügen oder entfernen, ohne vorhandene Werte zu ändern:

```
Set-SenderIdConfig -BypassedRecipients @{Add="<recipient1>","<recipient2>"...; Remove=
"<recipient1>","<recipient2>"...} -BypassedSenderDomains @{Add="<domain1>","<domain2>"...;
Remove="<domain1>","<domain2>"...}
```

Die Einstellungen lassen Sie sich mit dem folgenden Befehl anzeigen:

```
Get-SenderIdConfig |fl BypassedRecipients,BypassedSenderDomains
```

Spam-E-Mails anhand ihres Inhalt entlarven: Inhaltsfilterung verwenden

Die Inhaltsfilterung überprüft eingehende E-Mails direkt nach der Verbindungsfilterung, Absenderfilterung, Empfängerfilterung und stellt zusätzlich die Sender-ID fest.

Sie können für einzelne Postfächer den Inhaltsfilter komplett deaktivieren. Alle anderen Antispamfilter wendet Exchange 2016 dagegen immer an. Für die Anwendung des Inhaltsfilters ist das Attribut *AntiSpamBypassEnabled* zuständig. Standardmäßig ist diese Option nicht aktiv, das heißt, Exchange 2016 wendet den Inhaltsfilter an.

Sie können das Attribut abfragen, indem Sie das Cmdlet *Get-Mailbox* verwenden, zum Beispiel mit dem folgenden Aufruf:

```
Get-Mailbox thomas.joos |fl antiSpamBypassEnabled
```

Wollen Sie den Inhaltsfilter für ein Postfach deaktivieren, müssen Sie dieses Attribut auf *$true* setzen. Dazu verwenden Sie den Befehl *Set-Mailbox* zum Beispiel folgendermaßen:

```
Set-Mailbox thomas.joos -AntispamBypassenabled $true
```

Mit dem Befehlsparameter *$false* aktivieren Sie den Inhaltsfilter für das Postfach.

Achten Sie darauf, dass eine Deaktivierung nicht alle Antispam-Agents für das Postfach deaktiviert, sondern nur den Inhaltsfilter. Sie können die Deaktivierung des Inhaltsfilters für einzelne Postfächer auch mit dem folgenden Cmdlet steuern:

```
Set-ContentFilterConfig -BypassedRecipients 'postmaster@contoso.int', 'suser@contoso.int'
```

Mit diesem Filter können E-Mails auf Basis des SCL-Levels klassifiziert oder spezielle Begriffe hinterlegt werden, durch die E-Mails blockiert werden.

Den Filter verwalten Sie ebenfalls in der Exchange Management Shell. Verwenden Sie dazu das folgende Cmdlet:

```
Add-ContentFilterPhrase -Phrase "Text, nach dem gesucht werden soll" -Influence BadWord
```

Sie können zusätzlich die SCL-Konfiguration des Filters bearbeiten. Auch dazu verwenden Sie die Exchange Management Shell mit den folgenden Cmdlet-Aufrufen:

```
Set-ContentFilterConfig -QuarantineMailbox 'quarantaine@contoso.int' -SCLQuarantineEnabled $true
-SCLQuarantineThreshold '7'
Set-ContentFilterConfig -SCLDeleteEnabled:$true —SCLDeleteThreshold '9'
Set-ContentFilterConfig —SCLRejectEnabled:$true —SCLRejectThreshold '8'
```

Das Quarantäne-Postfach müssen Sie in der Exchange Management Shell angeben:

```
Set-ContentFilterConfig -QuarantineMailbox <SMTP-Adresse>
```

Den Inhaltsfilter verwalten Sie auf Postfachservern mit Exchange 2016 ebenfalls in der Exchange Management Shell. Geben Sie zum Deaktivieren der Inhaltsfilterung den folgenden Befehl ein:

```
Set-ContentFilterConfig -Enabled $false
```

Rufen Sie den folgenden Befehl auf, um die Inhaltsfilterung zu aktivieren:

```
Set-ContentFilterConfig -Enabled $true
Disable-TransportAgent "Content Filter Agent"
```

Der zweite Befehl deaktiviert den kompletten Filter. Verwenden Sie den folgenden Befehl, um die Inhaltsfilterung für externe E-Mails zu aktivieren oder zu deaktivieren:

```
Set-ContentFilterConfig -ExternalMailEnabled $false
Set-ContentFilterConfig -ExternalMailEnabled $true
Get-ContentFilterConfig |fl ExternalMailEnabled
```

Der letzte Befehl zeigt den Wert an. Um interne Nachrichten zu filtern oder nicht zu filtern, verwenden Sie:

```
Set-ContentFilterConfig -InternalMailEnabled $true
Set-ContentFilterConfig -InternalMailEnabled $false
Get-ContentFilterConfig |fl InternalMailEnabled
```

Der letzte Befehl zeigt den Wert an. Geben Sie den folgenden Befehl ein, um die vorhandenen Werte zu ersetzen:

```
Set-ContentFilterConfig -BypassedRecipients <recipient1,recipient2...> -BypassedSenders
<sender1,sender2...> -BypassedSenderDomains <domain1,domain2...>
```

Im folgenden Beispiel werden die Ausnahmen für die Inhaltsfilterung konfiguriert:

```
Set-ContentFilterConfig -BypassedRecipients laura@contoso.com,julia@contoso.com -BypassedSenders
steve@fabrikam.com,cindy@fabrikam.com -BypassedSenderDomains *.nwtraders.com
```

Verwenden Sie die folgenden Befehle, um Einträge hinzuzufügen oder zu entfernen, ohne vorhandene Werte zu ändern:

```
Set-ContentFilterConfig -BypassedRecipients @{Add="<recipient1>","<recipient2>"...; Remove=
"<recipient1>","<recipient2>"...} -BypassedSenders @{Add="<sender1>","<sender2>"...; Remove=
"<sender1>","<sender2>"...} -BypassedSenderDomains @{Add="<domain1>","<domain2>"...;
Remove="<domain1>","<domain2>"...}
```

Die Konfiguration zeigen Sie mit dem folgenden Befehl an:

```
Get-ContentFilterConfig |fl Bypassed*
```

Geben Sie den folgenden Befehl ein, um zulässige und blockierte Wörter und Ausdrücke hinzuzufügen:

```
Add-ContentFilterPhrase -Influence GoodWord -Phrase <Phrase> -Influence BadWord -Phrase <Phrase>
```

Verwenden Sie den folgenden Befehl, um zulässige oder blockierte Ausdrücke zu entfernen:

```
Remove-ContentFilterPhrase -Phrase <Phrase>
```

Die Konfiguration zeigen Sie mit dem folgenden Befehl an:

```
Get-ContentFilterPhrase |fl Influence,Phrase
```

Verwenden Sie den folgenden Befehl, um SCL-Schwellenwerte festzulegen:

```
Set-ContentFilterConfig -SCLDeleteEnabled <$true | $false> -SCLDeleteThreshold <Value>
-SCLRejectEnabled <$true | $false> -SCLRejectThreshold <Value> -SCLQuarantineEnabled <$true |
$false> -SCLQuarantineThreshold <Value>
```

Hinweis

Das Löschen hat Vorrang vor der Zurückweisung. Dafür hat eine Zurückweisung Vorrang vor der Isolieraktion. Aus diesem Grund muss der SCL-Schwellenwert für die Löschaktion größer sein als der SCL-Schwellenwert für die Zurückweisungsaktion.

Der Wert der Zurückweisungsaktion muss dafür größer als der Wert der Isolieraktion sein. Standardmäßig ist nur die Zurückweisungsaktion konfiguriert. Für diese Aktion ist der SCL-Schwellenwert 7 festgelegt.

Beispiele:

```
Set-ContentFilterConfig -SCLDeleteEnabled $true -SCLDeleteThreshold 9 SCLRejectEnabled $true
-SCLRejectThreshold 8 -SCLQuarantineEnabled $true -SCLQuarantineThreshold 7
```

Mit dem folgenden Befehl zeigen Sie die Konfiguration an:

```
Get-ContentFilterConfig |fl SCL*
```

Wenn die Zurückweisungsaktion aktiviert ist, können Sie den Text anpassen, der an den Absender der E-Mail gesendet wird. Die Antwort darf maximal 240 Zeichen enthalten.

Verwenden Sie den folgenden Befehl, um einen benutzerdefinierten Text festzulegen:

```
Set-ContentFilterConfig -RejectionResponse "< Text>"
```

Sicherheit und Hochverfügbarkeit

Und mit dem folgenden Befehl zeigen Sie den Wert an:

```
Get-ContentFilterConfig |fl *Reject*
```

Bei der E-Mail-Poststempelüberprüfung von Outlook handelt es sich um Daten, die Outlook ausgehenden E-Mails hinzufügt, um den E-Mail-Servern der Empfänger die Unterscheidung zwischen normalen E-Mails und Spam-E-Mails zu erleichtern. Poststempel sind ab Outlook 2007 verfügbar.

Mit Poststempeln lässt sich die Anzahl von falsch positiven (false positive) Ergebnissen reduzieren. Outlook-E-Mail-Poststempel sind standardmäßig aktiviert. Verwenden Sie den folgenden Befehl, um Outlook-E-Mail-Poststempel zu deaktivieren:

```
Set-ContentFilterConfig -OutlookEmailPostmarkValidationEnabled $false
```

Führen Sie den folgenden Befehl aus, um Outlook-E-Mail-Poststempel zu aktivieren:

```
Set-ContentFilterConfig -OutlookEmailPostmarkValidationEnabled $true
```

Und mit dem folgenden Befehl zeigen Sie den Wert an:

```
Get-ContentFilterConfig |fl OutlookEmailPostmarkValidationEnabled
```

Mit der Möglichkeit zur Zusammenfassung von Listen vertrauenswürdiger E-Mail-Adressen verbinden Sie die Spamschutzfunktionen von Outlook mit Exchange 2016. Diese Listen verwendet der Inhaltsfilter, um Spamversender ein- oder auszuschließen. Dazu synchronisiert Outlook die externen Kontakte mit Exchange 2016, sodass die Server davon ausgehen, dass E-Mails von diesen Absendern keine Spamabsender sind.

Standardmäßig konfiguriert Outlook zunächst alle Kontakte als vertrauenswürdig. Die Funktion dient weniger dazu, Spam-E-Mails zu filtern, sondern die Zahl fälschlicherweise herausgefilterter (falsch positiver) E-Mails zu verringern.

Sie können die maximale Anzahl sicherer und blockierter Absender, die ein Benutzer konfigurieren kann, für jeden Benutzer einzeln festlegen. Sie verwenden dazu das Cmdlet *Set-Mailbox*. Standardmäßig können Benutzer bis zu 5000 sichere Absender und 600 blockierte Absender konfigurieren. Wollen Sie diese Werte ändern, verwenden Sie den folgenden Befehl:

```
Set-Mailbox <Postfach> -MaxSafeSenders <Anzahl> -MaxBlockedSenders <Anzahl>
```

Und mit dem folgenden Befehl zeigen Sie den Wert an:

```
Get-Mailbox <Postfach> |fl MaxSafeSenders, MaxBlockedSenders
```

Hinweis

Das Cmdlet *Update-Safelist* *<Anwender>* *-Type SafeSenders* liest die Sammlung von Listen sicherer Adressen im Postfach des Benutzers aus und integriert sie in die Servereinstellungen. In Exchange 2016 erfolgt die Zusammenlegung von Listen sicherer Adressen automatisch. Sie müssen das Cmdlet *Update-Safelist* deshalb nicht planen oder manuell ausführen.

Um zu testen, ob die sicheren Adressen funktionieren, müssen Sie sich selbst eine Nachricht von einem sicheren Absender schicken, der ohne diese Liste durch die Inhaltsfilterung blockiert würde. Erstellen Sie zum Beispiel ein E-Mail-Konto bei einem kostenlosen webbasierten E-Mail-Anbieter wie Outlook.com:

1. Fügen Sie dieses Konto der Liste sicherer Absender in Outlook hinzu.
2. Kopieren Sie die Sammlung von Listen sicherer Absender aus dem Postfach mit dem Cmdlet *Update-SafeList*.
3. Wenn Sie den Inhaltsfilter-Agent auf einem Edge-Transport-Server ausführen, verwenden Sie das Cmdlet *Start-EdgeSynchronization*, um eine EdgeSync-Replikation zu erzwingen (siehe Kapitel 11).
4. Fügen Sie Ihrer Inhaltsfilterungskonfiguration ein bestimmtes Wort als blockierten Ausdruck hinzu.
5. Senden Sie über das erstellte externe E-Mail-Konto eine Nachricht mit dem konfigurierten blockierten Ausdruck an Ihr Exchange-Postfach.
6. Wird die Nachricht erfolgreich an Ihren Posteingang gesendet, funktioniert die Aggregation von Listen sicherer Adressen ordnungsgemäß.

Antispameinstellungen für Postfächer konfigurieren

Sie können für einzelne Postfächer spezielle Antispameinstellungen konfigurieren, die sich von den Antispameinstellungen anderer Postfächer unterscheiden. Wenn Sie für ein Postfach eine Antispameinstellung konfigurieren, setzt diese Einstellung die organisationsweite Inhaltsfilterung oder die Antispameinstellung auf Organisationsebene außer Kraft.

Verwenden Sie das Cmdlet *Set-Mailbox* mit der folgenden Syntax, um die Antispameinstellungen für ein einzelnes Postfach zu konfigurieren:

```
Set-Mailbox <Mailbox> -AntispamBypassEnabled <$true | $false> -RequireSenderAuthenticationEnabled
<$true | $false> -SCLDeleteEnabled <$true | $false | $null> -SCLDeleteThreshold <0-9 | $null>
-SCLJunkEnabled <$true | $false | $null > -SCLJunkThreshold <0-9 | $null> -SCLQuarantineEnabled
<$true | $false | $null > -SCLQuarantineThreshold <0-9 | $null> -SCLRejectEnabled <$true | $false |
$null > -SCLRejectThreshold <0-9 | $null>
```

Im nächsten Beispiel wird das Postfach eines Benutzers so konfiguriert, dass alle Antispamfilter umgangen werden. Zusätzlich sollen Nachrichten, die einen SCL-Schwellenwert von 5 für den Junk-E-Mail-Ordner erreichen oder überschreiten, an seinen Junk-E-Mail-Ordner in Outlook zugestellt werden.

```
Set-Mailbox "Jeff Phillips" -AntispamBypassEnabled $true -SCLJunkEnabled $true -SCLJunkThreshold 4
```

Die Einstellungen rufen Sie mit dem folgenden Befehl ab:

```
Get-Mailbox <MailboxIdentity> |fl SCL*,Bypass*,*SenderAuth*
```

Verwenden Sie die folgende Syntax, um alle Antispameinstellungen für mehrere Postfächer zu konfigurieren:

```
Get-Mailbox [<Filter>]| Set-Mailbox <Anti-Spam Settings>
```

Beispiel:

```
Get-Mailbox -OrganizationalUnit Contoso.com\Users | Set-Mailbox -SCLQuarantineEnabled $true
-SCLQuarantineThreshold 7
```

Und mit dem folgenden Befehl zeigen Sie die Einstellungen an:

```
Get-Mailbox [<Filter>] |fl Name,SCL*,*SenderAuth*
```

Den Junk-E-Mail-Schwellenwert für alle Postfächer in der Organisation legen Sie folgendermaßen fest:

```
Set-OrganizationConfig -SCLJunkThreshold <SCL-Wert>
```

Und mit dem folgenden Befehl zeigen Sie die Daten an:

```
Get-OrganizationConfig |fl SCLJunkThreshold
```

Überprüfen Sie, ob der angezeigte Wert dem Wert entspricht, den Sie konfiguriert haben.

Spamsender entdecken: Absenderzuverlässigkeitsfilterung verwenden

Der Absenderzuverlässigkeits-Agent ist eine Antispamfunktion für Exchange 2016, um E-Mails anhand verschiedener Eigenschaften des Absenders zu klassifizieren. Die Absenderzuverlässigkeit verwendet bestehende Daten des Absenders, um die Aktion zu bestimmen, die für eine eingehende Nachricht ausgeführt werden soll.

Dieser Filter arbeitet mit dem Absenderzuverlässigkeitsgrad (Sender Reputation Level, SRL), den der Agent auf Basis verschiedener Informationen berechnet. Die Absenderzuverlässigkeit scannt eine E-Mail nur, wenn diese vom Verbindungsfilter-Agent, vom Absenderfilter-Agent, vom Empfängerfilter-Agent oder vom Sender ID-Agent geprüft wurde.

In einem solchen Fall ruft der Absenderzuverlässigkeits-Agent die aktuelle SRL-Bewertung des Absenders ab. Der Absenderzuverlässigkeits-Agent überprüft, ob die Ursprungs-IP-Adresse, von der der Absender die E-Mail zugestellt hat, dem registrierten Domänennamen entspricht, der vom absendenden Server mit dem SMTP-Befehl HELO oder EHLO übermittelt wird.

Der Absenderzuverlässigkeits-Agent vergleicht den von DNS zurückgegebenen Domänennamen mit dem Domänennamen, der vom Absender mit dem SMTP-Befehl HELO/EHLO übermittelt wurde. Stimmen die Domänennamen nicht überein, handelt es sich beim Absender vermutlich um einen Spammer.

Die Absenderdaten und die SCL-Bewertungen der E-Mails sind für die Analyse durch den Absenderzuverlässigkeit-Agent verfügbar. Der Absenderzuverlässigkeits-Agent berechnet die Statistik für einen Absender aus dem Verhältnis aller E-Mails dieses Absenders mit einer niedrigen SCL-Bewertung und einer hohen SCL-Bewertung in der Vergangenheit. Zusätzlich fließt die Anzahl der E-Mails mit einer hohen SCL-Bewertung, die der Absender innerhalb des letzten Tags versendet hat, in die SRL-Berechnung ein.

Der Absenderzuverlässigkeits-Agent ist standardmäßig aktiviert. Ein Open Proxy (offener Proxy) ist ein Proxyserver, der alle Verbindungsanforderungen von E-Mail-Servern akzeptiert und E-Mails so weiterleitet, als würden sie von den lokalen Servern stammen. Open Proxys, die meistens auch über so gut wie keine Protokollierung verfügen, bieten Spammern eine ideale Möglichkeit.

Führt der Absenderzuverlässigkeits-Agent einen Open-Proxy-Test durch, wird eine SMTP-Anforderung erstellt, um von dem offenen Proxyserver aus eine Verbindung zurück zum Edge-Transport-Server herzustellen. (Der Edge-Transport-Server versucht, über den Proxy eine Nachricht an sich selbst zu schicken.)

Wird von dem Proxyserver danach eine SMTP-Anforderung empfangen, stellt der Absenderzu-verlässigkeits-Agent fest, dass es sich bei dem Proxyserver um einen Open Proxy handelt, und aktualisiert die Open-Proxy-Teststatistik dieses Absenders entsprechend. Standardmäßig ist dieser Test nach der Aktivierung des Filters aktiv.

Anlagenfilter konfigurieren

Der Anlagenfilter ist der letzte Filter, den Edge-Transport-Server mit Exchange 2010 anwenden, bevor der installierte Virenscanner die E-Mail nach Viren scannt. Auf Postfachservern mit Exchange 2016 ist der Filter nicht verfügbar.

Die Konfiguration des Anlagenfilters findet in der Exchange Management Shell auf dem Edge-Transport-Server statt. Beim Einsatz mehrerer Edge-Transport-Server müssen Sie alle Server manuell konfigurieren. Eine Synchronisierung der Einstellungen zwischen verschiedenen Edge-Transport-Servern ist nicht möglich.

Der Anlagenfilter-Agent ist standardmäßig auf Edge-Transport-Servern aktiviert. Manuell können Sie den Filter über den folgenden Befehl aktivieren:

```
Enable-TransportAgent -Identity "Attachment Filter Agent"
```

Und mit dem folgenden Befehl lässt sich der Filter wieder deaktivieren:

```
Disable-TransportAgent -Identity "Attachment Filter Agent"
```

Den Status zeigen Sie mit dem Cmdlet *Get-TransportAgent* auf dem jeweiligen Server an.

Um Filter hinzuzufügen, verwenden Sie den folgenden Cmdlet-Aufruf:

```
Add-AttachmentFilterEntry -Name <MIMEContentType> -Type ContentType
```

Zum Beispiel lassen Sie mit dem folgenden Befehl JPEG-Bilder filtern:

```
Add-AttachmentFilterEntry -Name image/jpeg -Type ContentType
```

Wollen Sie einen Anlagenfilter hinzufügen, der E-Mail-Anlagen auf Basis eines Dateinamens oder einer Dateinamenerweiterung filtert, verwenden Sie die folgende Syntax:

```
Add-AttachmentFilterEntry -Name <FileName> -Type FileName
```

Im folgenden Beispiel werden alle E-Mail-Anlagen mit der Dateinamenserweiterung *.exe* gefiltert:

```
Add-AttachmentFilterEntry -Name *.exe -Type FileName
```

Mehrere Anlagentypen werden bereits automatisch geblockt. Sie können sich die Liste mit dem Cmdlet *Get-AttachmentFilterEntry* anzeigen lassen. Wollen Sie Anlagenfilter konfigurieren, verwenden Sie das Cmdlet *Set-AttachmentFilterListConfig*. Im folgenden Beispiel wird festgelegt, dass der Anlagenfilter-Agent E-Mails mit verbotenen Anlagen ablehnt, und eine benutzerdefinierte Antwort für abgelehnte E-Mails konfiguriert:

```
Set-AttachmentFilterListConfig -Action Reject -RejectResponse "Die gesendete Nachricht wurde nicht
zugestellt, da sie verbotene Anhaenge enthaelt"
```

Mit dem folgenden Befehl lassen Sie sich die Konfiguration anzeigen:

```
Get-AttachmentFilterListConfig
```

Sicherheit und Hochverfügbarkeit

Transportregeln für Spam-E-Mails erstellen

Unter Exchange 2016 besteht die Möglichkeit, Regeln zu erstellen, auf deren Basis E-Mails speziell behandelt werden (siehe Kapitel 4). Auf allen Transport-Servern in der Organisation läuft der Transportregel-Agent, auf Edge-Transport-Servern (siehe Kapitel 11) läuft der Edge-Regel-Agent.

Mit dieser Funktion kann dem Betreff von Spam-E-Mails eine Erweiterung hinzugefügt werden. Diese Technik wird von den meisten Antispamlösungen verwendet. Gehen Sie dazu folgendermaßen vor:

1. Sie finden die Konfiguration der Transportregeln im Exchange Admin Center über *Nachrichtenfluss/Regeln*.

2. Klicken Sie auf den kleinen Pfeil oben beim Pluszeichen, und wählen Sie aus dem Dropdownmenü den Eintrag *Neue Regel erstellen* aus.

3. Im Anschluss startet der Assistent. Geben Sie zunächst eine Bezeichnung für die neue Regel ein.

4. Klicken Sie anschließend auf den Link *Weitere Optionen*, damit alle Auswahlmöglichkeiten für die Regel zur Verfügung stehen.

5. Wählen Sie im Dropdownmenü *Diese Regel anwenden wenn* die Option *Nachrichteneigenschaften* und dann *mit einer SCL-Bewertung größer oder gleich*.

6. Wählen Sie nun den gewünschten SCL-Wert aus, ab dem E-Mails als Spam-E-Mails deklariert werden sollen, zum Beispiel 6.

7. Unter *Folgendermaßen vorgehen* legen Sie die Aktion fest, die durchgeführt werden soll, wenn die Bedingung zutrifft. Wählen Sie die Option *Dem Betreff der Nachricht Folgendes voranstellen*.

8. Legen Sie die Zeichenfolge fest, zum Beispiel ****SPAM****.

9. Weiter unten können Sie festlegen, ob es für die Regel eine Ausnahme geben soll, also wann die festgelegte Aktion nicht durchgeführt wird.

10. Klicken Sie auf *Speichern*, um die Erstellung der Regel abzuschließen.

Sicherheit und Virenschutz mit Outlook 2016

Neben den Möglichkeiten, um den Computer sicher zu konfigurieren, haben Sie auch in Outlook 2016 die Möglichkeit, die Sicherheit zu erhöhen. Die notwendigen Optionen finden Sie auf der Registerkarte *Datei*, wenn Sie auf *Optionen* klicken.

Alle Sicherheitseinstellungen von Outlook finden Sie in der Kategorie *Trust Center*. Nach einem Klick auf die Schaltfläche *Einstellungen für das Trust Center* können Sie die Sicherheit von Outlook an Ihre Anforderungen anpassen.

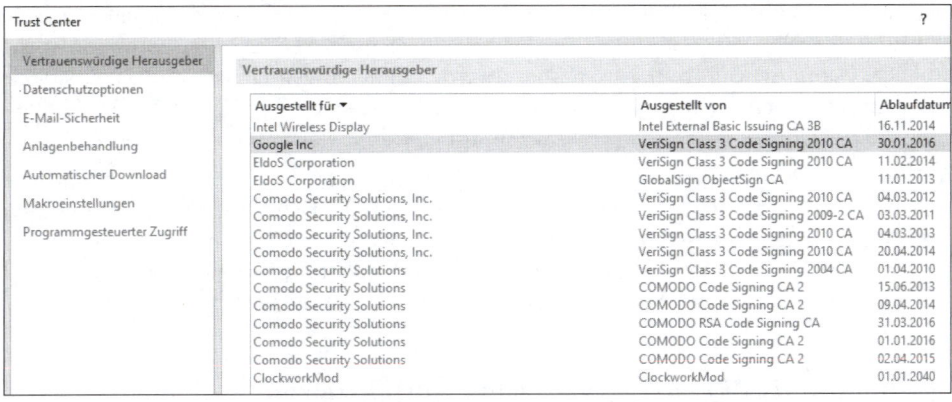

Abbildung 12.9: Sicherheit in Outlook 2016 konfigurieren

Bilder automatisch herunterladen

Ein wichtiger Punkt im Bereich des Virenschutzes ist der automatische Download von Bildern in E-Mails. Oft sind die Bilder kein tatsächlicher Teil von E-Mails, sondern nur Links, die in das Internet führen.

Lassen Sie die Bilder anzeigen, baut Outlook eine Verbindung zur verbundenen Internetseite auf und lädt die Bilder herunter. Allerdings können sich hinter den Links auch Viren verstecken, die Sie dann auf diese Weise herunterladen. Außerdem verraten Sie Spammailversendern dadurch auch, dass Ihre E-Mail-Adresse tatsächlich existiert. Daher sollten Sie den automatischen Download von Bildern möglichst nicht aktivieren.

Sie können im Trust Center von Outlook den Download von Bildern generell erlauben. Dazu stehen Ihnen verschiedene Möglichkeiten zur Verfügung. Wenn Sie eine E-Mail empfangen, die Bilder zum Download enthält, blendet Outlook eine Leiste ein und Sie können die Bilder auf Wunsch herunterladen lassen.

Klicken Sie auf die Leiste, können Sie entweder die Bilder für diese eine E-Mail herunterladen. Bei der nächsten E-Mail mit Bildern blendet Outlook wieder Platzhalter für Bilder ein. Über den Befehl *Einstellungen für den automatischen Download ändern* erreichen Sie das Trust Center und können generelle Einstellungen vornehmen. Die letzten beiden Optionen ermöglichen entweder den automatischen Bilderdownload von E-Mails des Absenders oder von allen Absendern aus der angegebenen Domäne.

Anlagenbehandlung: Dateianlagen absichern

Über die Kategorie *Anlagenbehandlung* des Trust Centers steuern Sie, wie Outlook mit Dateianlagen in E-Mails umgeht. Hierbei können Sie vor allem zwei Optionen aktivieren:

- **Eigenschaften zusammen mit Anlagen senden, um die Funktion "Mit Änderungen antworten" zu aktivieren** Diese Option ist standardmäßig deaktiviert. Sie benötigen diese Option, wenn Sie in einer Gruppe gemeinsam an denselben Microsoft Office-Dokumenten arbeiten. In diesem Fall können mehrere Anwender mit einem gemeinsamen Dokument arbeiten und an diesem Änderungen durchführen. Im Dokument ist dann ersichtlich, welcher Mitarbeiter Änderungen vorgenommen hat. Liegen auf dem Dateisystem noch Kopien der gleichen Datei mit anderem Inhalt, kann Office die Inhalte zusammenführen. Ohne das Mitsenden der Dokumenteigenschaften ist diese Funktion nicht möglich. Damit diese Technik funktioniert, werden in den Eigenschaften der Datei persönliche Informationen wie der Name oder die E-Mail-Adresse hinzugefügt. Erst diese Aktivierung ermöglicht das Nachverfolgen und Zusammenführen von Änderungen.

- **Anlagenvorschau deaktivieren** Klicken Sie in Outlook auf eine Dateianlage, zeigt Outlook im Lesebereich eine Vorschau der Datei an. Enthält die Datei einen Virus, kann durch diese Vorschau eine gewisse Gefahr entstehen. Sie können entweder durch Aktivierung dieser Option die Vorschau von Anlagen deaktivieren oder über die Schaltfläche *Anlagen- und Dokumentvorschau* selbst bestimmen, für welche Dateien Sie die Vorschau erlauben wollen.

Einstellungen für Makros und Add-Ins konfigurieren

Manche Dokumente enthalten Programmcode, der die Ausführung von bestimmten Funktionen überhaupt erst ermöglicht. Solche sogenannten Makros basieren auf Programmcode, zum Beispiel Visual Basic for Applications (VBA), und können auch gefährlichen Code enthalten. Aus diesem Grund benachrichtigt Outlook Sie bei digital signierten Makros, bevor diese ausgeführt werden. Bei diesen Makros ist der Ersteller durch ein Zertifikat authentifiziert.

Makros, die über keine Signatur verfügen, blockiert Outlook ohne eine Meldung. Sie können die Einstellungen für Makros ebenfalls im Trust Center über die Kategorie *Makroeinstellungen* definieren. Hier können Sie festlegen, dass Sie auch bei nicht signierten Makros Informationen erhalten oder Outlook auch signierte Makros ohne Meldung blockiert.

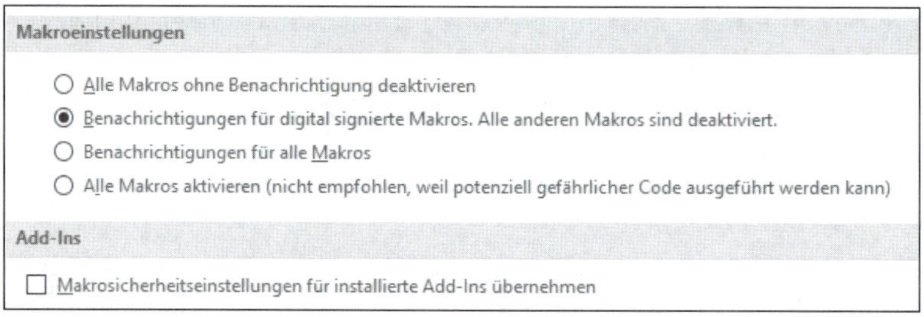

Abbildung 12.10: Sicherheitseinstellungen für Makros und Add-Ins festlegen

Standardmäßig lässt Outlook signierte Makros zu, wenn folgende Bedingungen zutreffen:

- Das Makro wurde vom Entwickler mit einer digitalen Signatur signiert.
- Die digitale Signatur ist gültig.
- Die digitale Signatur ist aktuell und nicht abgelaufen.
- Das der digitalen Signatur zugeordnete Zertifikat wurde von einer anerkannten Zertifizierungsstelle ausgestellt.
- Der Entwickler, von dem das Makro signiert wurde, ist ein vertrauenswürdiger Herausgeber.

Außerdem steuern Sie in den Einstellungen für Makros auch, welche Add-Ins Outlook zulässt oder blockiert. Add-Ins sind kleine Programme, die innerhalb von Outlook laufen und über die Registerkarte *Add-Ins* verfügbar sind. Manche Add-Ins fügen Sie auch in die Registerkarte *Start* ein.

Die installierten Add-Ins zeigt Outlook nicht im Trust Center an, sondern in den Optionen über die Kategorie *Add-Ins*. Klicken Sie im unteren Bereich bei *Verwalten* auf *Los*, können Sie die installierten Add-Ins sehr einfach deaktivieren.

Erkennt Outlook 2016, dass ein Add-In das System zu stark ausbremst, wird es deaktiviert, und Outlook zeigt eine Informationsleiste an. Auf der Registerkarte *Datei* erhalten Sie dazu noch eine Information eingeblendet und können die deaktivierten Add-Ins anzeigen lassen.

Wenn Sie auf das Meldungsfeld für langsame Add-Ins auf der Registerkarte *Datei* klicken, zeigt Outlook an, um welches Add-In es sich handelt und wie lange das Add-In den Start von Outlook verzögert.

Office 2016 mit Richtlinien steuern

Unternehmen, die Office 2016 einsetzen, können über Gruppenrichtlinien zahlreiche Einstellungen vornehmen. Dazu müssen zunächst die Gruppenrichtlinienvorlagen heruntergeladen und in Active Directory eingebunden werden. Danach lassen sich Richtlinien konfigurieren, mit denen Administratoren das Verhalten von Office 2016 oder einzelnen Programmen in der Office-Suite steuern können. Vor allem bezüglich der Sicherheit lassen sich zahlreiche Einstellungen vornehmen, auch für Outlook 2016.

Bereits bei der Installation von Office 2016 müssen Sie festlegen, ob Sie die Programme als 64-Bit-Version oder als 32-Bit-Version installieren wollen. Installieren Sie Office 2016 parallel zu Office 2013, zum Beispiel über die MSDN-Version, können Sie nur die Bitvariante installieren, die sich auf dem Rechner befindet.

Haben Sie also Office 2013 in der 32-Bit-Version installiert, müssen Sie diese zuerst deinstallieren, wenn Sie die 64-Bit-Version installieren wollen. Das entsprechende Installationsprogramm für 32 Bit oder 64 Bit finden Sie unterhalb des Ordners *office* innerhalb der Office 2016-Installationsdateien. Bei der Installation wird die Kompatibilität geprüft, und Sie erhalten eine Fehlermeldung, wenn die Software nicht kompatibel mit dem PC ist.

Gruppenrichtlinienvorlagen für Office 2016 herunterladen und einbinden

Die Gruppenrichtlinienvorlagen für Office 2016 stellt Microsoft kostenlos zur Verfügung (*http://tinyurl.com/p4nzxbo*). Nach dem Download entpacken Sie zunächst das Archiv und kopieren die ADMX-Dateien in das Verzeichnis *C:\PolicyDefinitions* auf den Domänencontrollern im Netzwerk. Die ADML-Dateien werden wiederum in das entsprechende Sprachverzeichnis in *C:\PolicyDefinitions* kopiert, zum Beispiel in das Verzeichnis *de-de*. Auf den Domänencontrollern befinden sich danach also alle ADMX-Dateien zur Erstellung von Gruppenrichtlinien sowie alle ADML-Dateien, die für die jeweilige Sprache erforderlich sind.

Gruppenrichtlinien für Office 2016 erstellen

Grundsätzlich ist es empfehlenswert, für die Steuerung von Office 2016 eine neue Gruppenrichtlinie zu erstellen, über die Sie ausschließlich Einstellungen für Office 2016 und die enthaltenen Programme konfigurieren. Innerhalb der Richtlinie finden Sie die Einstellungen von Office 2016 über *Computerkonfiguration/Richtlinien/Administrative Vorlagen* und *Benutzerkonfiguration/Richtlinien/Administrative Vorlagen*.

Sie finden an dieser Stelle Einstellungen für alle Office-Programme, aber auch für die einzelnen Programme in Office 2016. Klicken Sie links auf einen Menüpunkt, finden Sie auf der rechten Seite die verschiedenen Richtlinieneinstellungen. Die Einstellungen sind nicht nur in die verschiedenen Programme unterteilt, sondern auch unterhalb noch einmal in verschiedene Bereiche.

Sicherheitseinstellungen für Office 2016 konfigurieren

Neben den Aktualisierungen für Office 2016 können Sie auch Sicherheitseinstellungen in Office 2016 vornehmen. Die Konfigurationen dazu finden Sie über *Computerkonfiguration/ Richtlinien/Administrative Vorlagen* und *Benutzerkonfiguration/Richtlinien/Administrative Vorlagen/Microsoft Office 2016/Sicherheitseinstellungen*. Auch bei *Benutzerkonfiguration/Richtlinien/ Administrative Vorlagen* und *Benutzerkonfiguration/Richtlinien/Administrative Vorlagen/Microsoft Office 2016/Datenschutz/Trust Center* finden Sie wichtige Einstellungen.

Unterhalb der Menüs für einzelne Office-Programme, zum Beispiel Outlook 2016, können Sie ebenfalls Sicherheitseinstellungen definieren, die wiederum nur für das entsprechende Programm gelten. Unterhalb von *Benutzerkonfiguration/Richtlinien/Administrative Vorlagen/Microsoft Outlook 2016\Sicherheit/Trust Center* konfigurieren Sie den E-Mail-Schutz und die Konfiguration von Makros.

Über *Sicherheit/Einstellungen für den automatischen Download von Bildern einschränken* können Sie zentral festlegen, wie sich Outlook 2016 beim Herunterladen von Bildern verhalten soll. Über *Verschiedenes* können Sie unterhalb von Outlook 2016 auch Konfigurationen von *.pst*-Dateien auf den Clientrechnern anpassen.

Beispielsweise lässt sich hier festlegen, dass gelöschte Daten in *.pst*-Dateien mit Nullen überschrieben werden. In diesem Fall können Angreifer die Daten auf den lokalen Rechnern nicht mehr auslesen. Über *Kontoeinstellungen* können Sie für Outlook 2016 zentral vorgeben, wie sich Outlook im Netzwerk verhalten soll. Sie können hier festlegen, dass keine Cachedatei (*.ost*-Datei) angelegt wird und Outlook 2016 keine Microsoft-Konten unterstützt. Dazu aktivieren Sie die Option *Persönliche Microsoft-Konten an der Verwendung von MAPI hindern*.

Junk-E-Mail-Filter in Outlook: Schutz vor Phishing und Spam

Neben einem Virenschutz spielt auch die Filterung von Spam-E-Mails oder Phishingmails in Outlook eine wichtige Rolle. Outlook verfügt über einen internen Filter für Junk-E-Mails, der über die Windows Update-Funktion automatisch aktualisiert wird.

Die Einstellungen für Junk-E-Mail finden Sie in Outlook im Menüband auf der Registerkarte *Start* über die Gruppe *Löschen*. Hier können Sie die Optionen dieses Schutzes konfigurieren.

Klicken Sie auf eine E-Mail und dann auf der Registerkarte *Start* auf *Junk-E-Mail*, stehen Ihnen verschiedene Optionen zur Verfügung, um diese E-Mail zu behandeln:

- **Absender sperren** Wählen Sie diese Option aus, verschiebt Outlook die E-Mail in den Ordner *Junk-E-Mail* des Postfachs oder der Datendatei und fügt den Absender zur Liste der blockierten Absender hinzu, sodass weitere E-Mails dieses Absenders automatisch als Spam-E-Mail deklariert und gleich in den Ordner *Junk-E-Mail* verschoben werden. Allerdings erkennt Outlook nicht immer den Absender, sodass die Aufnahme in die Liste der blockierten Absender nicht immer automatisch gelingt. In diesem Fall müssen Sie in den Junk-E-Mail-Optionen den Absender manuell aufnehmen.

- **Absender nie sperren/Domäne des Absenders nie sperren** In diesem Fall nehmen Sie den Absender oder dessen ganze E-Mail-Domäne in die Liste sicherer Empfänger auf, sodass weitere E-Mails dieses Absenders nicht mehr blockiert werden. Leider funktioniert auch hier die Aufnahme nicht immer, sodass Sie manuell den Filter pflegen müssen.

- **Diese Gruppe oder Verteilerliste nie sperren** Hier legen Sie fest, dass alle E-Mails an das ausgewählte E-Mail-Konto durchgelassen werden und Outlook diese nicht als Spam deklariert. Wurde die E-Mail an eine Verteilerliste gesendet, aktivieren Sie diese Option für die Verteilerliste.

- **Keine Junk-E-Mail** Wählen Sie diese Option aus, verschiebt Outlook die Nachricht aus dem Junk-E-Mail-Ordner in den Posteingang des Kontos und nimmt den Empfänger in die Liste sicherer Absender auf, sodass zukünftige E-Mails nicht mehr blockiert werden.

- **Junk-E-Mail-Optionen** Über diesen Menüpunkt steuern Sie etwas genauer die Einstellungen des Spamfilters in Outlook auf verschiedenen Registerkarten. Wir gehen in den nächsten Abschnitten ausführlicher darauf ein.

Einstellungen für den Outlook-Spamfilter anpassen

Wenn Sie auf der Registerkarte *Start* im Menüband auf *Junk-E-Mail/Junk-E-Mail-Optionen* klicken, können Sie die Einstellungen des Spamfilters über verschiedene Registerkarten anpassen.

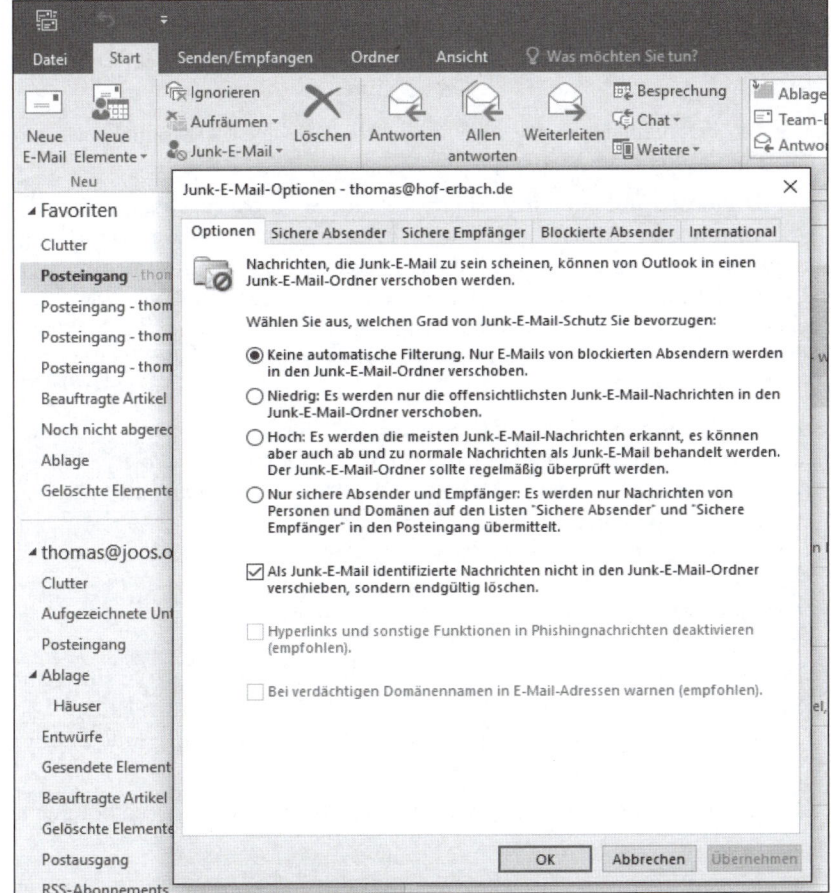

Abbildung 12.11: Junk-E-Mail-Einstellungen konfigurieren

Die Einstellungen auf der Registerkarte *Optionen* sind weitgehend selbsterklärend. Die Definitionsdateien des Filters werden durch Microsoft regelmäßig aktualisiert und über Windows Update automatisch heruntergeladen und installiert.

- Für den Spamschutz sind die drei Registerkarten *Sichere Absender, Sichere Empfänger* und *Blockierte Absender* besonders wichtig. Diese Daten kann Outlook auch mit Edge-Transport-Servern synchronisieren (siehe Kapitel 11):

  - **Sichere Absender**   Absender auf dieser Liste definiert Outlook automatisch als normale E-Mail-Absender und übergeht den Spamfilter (Whitelist). Sie können auf dieser Registerkarte außerdem konfigurieren, dass E-Mail-Adressen Ihrer Kontakte automatisch in die Whitelist aufgenommen werden und ebenfalls Empfänger, zu denen Sie E-Mails senden. Standardmäßig nimmt Outlook Ihre Kontakte in die Whitelist auf, aber nicht die Empfänger, zu denen Sie E-Mails senden. Diese Option sollten Sie aktivieren, um fehlerhaft erkannte E-Mails, sogenannte »false positives«, zu vermeiden.

  - **Sichere Empfänger**   Hier legen Sie fest, für welche Ihrer eigenen E-Mail-Adressen der Spamfilter keinerlei Aktionen durchführen soll, sodass alle E-Mails durchgelassen werden.

  - **Blockierte Absender**   Hier können Sie ganze Domänen oder einzelne Absender aufnehmen, die Outlook immer als Spam behandelt und entsprechend blockiert (Blacklist).

Auf der Registerkarte *International* haben Sie über zwei Schaltflächen die Möglichkeit, den Spam- und Virenschutz in Outlook enorm zu erhöhen:

- **Liste blockierter Domänen auf oberster Ebene**   Wenn Sie nicht regelmäßig E-Mails aus Angola, Afghanistan oder Armenien erhalten, können Sie über diese Schaltfläche zuverlässig konfigurieren, dass Outlook E-Mails aus solchen Ländern automatisch blockiert. Outlook blockiert hier nur Länderdomänen, keine speziellen Domänen wie .com, .biz oder .eu. Klicken Sie am besten auf *Alles auswählen*, und entfernen Sie das Häkchen bei *DE* und weiteren Ländern, aus denen Sie E-Mails erhalten. Alle anderen Länder blockiert Outlook von nun an.

- **Liste blockierter Codierungen**   Über diese Schaltfläche können Sie, parallel zu den Länderdomänen, E-Mails mit besonderen Sprachzeichensätzen ebenfalls blockieren lassen, egal von welcher Domäne diese gesendet werden. Auch hier bietet es sich an, alle Sprachen zu blockieren und einzelne Sprachen wieder einzuschalten.

Zusammenfassung

In diesem Kapitel sind wir ausführlich auf den neuen Virenschutz in Exchange 2016 sowie auf die Möglichkeiten des Spamschutzes mit Exchange eingegangen. Wir haben Ihnen gezeigt, wie Sie die einzelnen Spamfilter konfigurieren und Exchange 2016 zusammen mit Outlook 2016 absichern.

Im nächsten Kapitel erfahren Sie, wie Sie in Exchange 2016 Berechtigungen zuweisen können.

Kapitel 13

Berechtigungen verstehen und einrichten

In diesem Kapitel:

Verwaltungsrollengruppen und Verwaltungsrollen verstehen 440

Verwaltungsrollen im Detail 448

Verknüpfte Rollengruppen verwalten 456

Rechte mit dem RBAC Manager steuern 463

Die Verwaltung von Rollengruppen überwachen 465

Endbenutzerrollen: Zuweisungsrichtlinien für Verwaltungsrollen 466

Die gesetzten Berechtigungen anzeigen lassen 471

Zusammenfassung 472

Ab Exchange 2010 und insbesondere in Exchange 2016 haben Administratoren weit mehr Möglichkeiten als in den Vorgängerversionen, um strukturiert festzulegen, welche Berechtigungen die verschiedenen Administratoren zur Verwaltung erhalten sollen. Diese rollenbasierte Zugriffssteuerung (Role-Based Access Control, RBAC) verwalten Sie entweder in der Exchange Management Shell oder im Exchange Admin Center. In einigen Kapiteln dieses Buches sind wir bereits auf Berechtigungen eingegangen. In diesem Kapitel fassen wir noch einmal alle Möglichkeiten zusammen und geben Ihnen Anleitungen zur Konfiguration von Berechtigungen in Exchange 2016 an die Hand.

In Exchange 2016 basieren die Berechtigungen, die Administratoren und Benutzern zugewiesen werden können, auf Verwaltungsrollen. Eine Rolle beinhaltet die Aufgaben, die Administratoren oder Benutzer ausführen können. Die Verwaltungsrolle *E-Mail-Empfänger* definiert zum Beispiel die Aufgaben, die Benutzer für Postfächer, Kontakte und Verteilergruppen ausführen können. Ist einem Administrator oder Benutzer eine Rolle zugewiesen, erhält dieser die von der Rolle bereitgestellten Berechtigungen. Es gibt zwei Typen von Rollen:

Sicherheit und Hochverfügbarkeit

- **Administratorrollen** Diese Rollen umfassen Berechtigungen, die Administratoren oder Benutzern über Rollengruppen zur Verwaltung eines bestimmten Bereichs der Exchange-Organisation zugewiesen werden können. Mit Rollengruppen können Sie Administratoren und Benutzern Berechtigungen erteilen. Wenn ein Administrator Mitglied mehrerer Rollengruppen ist, erteilt Exchange 2016 dem Administrator die Berechtigungen aller Rollengruppen, in denen er Mitglied ist.

- **Endbenutzerrollen** Diese Rollen werden über Richtlinien zur Rollenzuweisung zugewiesen und ermöglichen Benutzern die Verwaltung bestimmter Daten eigener Postfächer und Verteilergruppen. Endbenutzerrollen beginnen mit dem Präfix *My*. Über Richtlinien zur Rollenzuweisung können Sie Endbenutzern die Berechtigung erteilen, die Einstellungen ihrer eigenen Postfächer oder Verteilergruppen zu ändern.

Die Berechtigungen einer Rolle zum Ausführen von Aufgaben werden Administratoren und Benutzern erteilt, indem ihnen die entsprechenden Cmdlets zur Verfügung gestellt werden.

Da das Exchange Admin Center und die Exchange Management Shell zur Verwaltung von Exchange 2016 Cmdlets verwenden, können Administratoren oder Benutzer mit dem Zugriff auf ein Cmdlet die entsprechende Aufgabe über jede der Exchange-Verwaltungsschnittstellen ausführen.

Verwaltungsrollengruppen und Verwaltungsrollen verstehen

Grundlage des rollenbasierten Rechtemodells sind die Verwaltungsrollengruppen. Diese Gruppen verfügen über eine Sammlung von Berechtigungen, z.B. zum Verwalten der Organisation, zur Verwaltung von Postfächern und von Mitgliedern, die diese Rechte verwenden dürfen. Wenn eine vorhandene Rollengruppe nicht alle erforderlichen Berechtigungen bietet, können Sie auch Änderungen durchführen, Rechte hinzufügen und entfernen und auf dieser Basis eine neue Rollengruppe erstellen.

Sie können vorhandene Rollengruppen kopieren und ändern, ohne dass sich der Vorgang auf die ursprüngliche Rollengruppe auswirkt. Wenn Sie die Rollengruppe kopieren, können Sie einen neuen Namen und eine Beschreibung festlegen, Rollen zur neuen Rollengruppe hinzufügen oder aus dieser entfernen und neue Mitglieder hinzufügen.

Vorhandene Rollengruppen können ebenfalls geändert werden. Sie können Rollen vorhandenen Rollengruppen hinzufügen oder aus diesen Gruppen entfernen und gleichzeitig Mitglieder hinzufügen oder entfernen. Durch das Hinzufügen und Entfernen von Rollen in Rollengruppen aktivieren und deaktivieren Sie Verwaltungsfunktionen für Mitglieder dieser Rollengruppe.

Die Gruppen verwalten Sie in der Exchange Management Shell oder im Exchange Admin Center. Diese rufen Sie über die URL *http://<Servername>/ecp* auf. Es gibt auch Zusatztools wie den RBAC Manager. Auf dessen Funktionen gehen wir in diesem Kapitel ebenfalls ein.

Geteilte und gemeinsame Active Directory-Verwaltung verstehen und aktivieren

Unternehmen, in denen die Verwaltung von Exchange 2016- und Active Directory-Objekten getrennt wird, verwenden ein Modell mit geteilten Berechtigungen. Hier lassen sich Administratoren für Active Directory- und Exchange-Rechte klar voneinander trennen.

Die maximale Stufe geteilter Berechtigungen besteht in der Aufteilung von Exchange-Verwaltung und Active Directory-Verwaltung:

- Administratoren, die die Exchange-Infrastruktur der Organisation wie Server und Empfänger verwalten

- Administratoren, die die Active Directory-Infrastruktur verwalten

Sie können in Exchange 2016 auswählen, ob Sie ein Modell mit gemeinsamen Berechtigungen oder ein Modell mit geteilten Berechtigungen verwenden wollen. Bei der Installation wird standardmäßig das Modell mit gemeinsamen Berechtigungen aktiviert. Das heißt, Administratoren in Exchange haben auch administrative Rechte in Active Directory.

Das RBAC-Modell legt fest, welche Benutzer die Aktionen durchführen können und an welchen Objekten diese Aktionen durchgeführt werden dürfen. Die Basis der Berechtigungen ist das Rollenmodell.

Ist ein Administrator berechtigt, eine Aktion durchzuführen, wird diese im Kontext von *Exchange Trusted Subsystem* und nicht im Kontext des Benutzers ausgeführt. Dabei handelt es sich um eine universelle Sicherheitsgruppe (Universal Security Group, USG). Zusätzlich gehört die Gruppe zur lokalen Sicherheitsgruppe *Administratoren* und zur USG *Exchange Windows Permissions*. Dadurch wird es Exchange ermöglicht, Active Directory-Objekte zu erstellen und zu verwalten.

Ist ein Benutzer über RBAC berechtigt, eine Aktion durchzuführen, kann der Benutzer die Aktion unabhängig von seinen Active Directory-Berechtigungen ausführen. Das Modell mit gemeinsamen Berechtigungen ist standardmäßig bei der Installation aktiviert. Wenn Sie dieses Berechtigungsmodell verwenden wollen, müssen Sie bei der Installation nichts ändern und auch keine anschließenden Anpassungen vornehmen. Bei diesem Modell erfolgt die Verwaltung von Exchange- und Active Directory-Objekten in der Exchange-Toolbox.

Sind in Ihrer Organisation die Exchange-Verwaltung und die Active Directory-Verwaltung getrennt, müssen Sie Exchange so anpassen, dass das Modell mit geteilten Berechtigungen verwendet wird. Dazu müssen Sie das Exchange 2016-Setup nach einer durchgeführten Installation von Exchange 2016 starten und die entsprechende Option aktivieren. Die Konfiguration für geteilte Berechtigungen von Active Directory gilt sowohl für Exchange 2016- als auch für Exchange 2010/2013-Server.

Hinweis

Sie werden während der Installation gefragt, ob Sie geteilte Active Directory-Berechtigungen aktivieren wollen (siehe Kapitel 2). Wenn Sie geteilte Active Directory-Berechtigungen aktivieren und dann zu den gemeinsamen Berechtigungen oder geteilten RBAC-Berechtigungen wechseln wollen, müssen Sie das Exchange-Setup erneut starten und die geteilten Active Directory-Berechtigungen deaktivieren. Diese Auswahl gilt für alle Exchange 2010/2013- und Exchange 2016-Server in der Organisation.

Sicherheit und Hochverfügbarkeit

Geteilte RBAC-Berechtigungen konfigurieren Sie folgendermaßen:

1. Deaktivieren Sie geteilte Active Directory-Berechtigungen über das Installationsprogramm von Exchange Server 2016.

2. Erstellen Sie eine Rollengruppe mit den Active Directory-Administratoren, die Benutzerkonten erstellen sollen.

3. Erstellen Sie Rollenzuweisungen zwischen der Rolle zur Erstellung von E-Mail-Empfängern und der neuen Rollengruppe zur Erstellung der zugrunde liegenden Benutzerkonten.

4. Erstellen Sie Rollenzuweisungen zwischen der Rolle für Sicherheitsgruppenerstellung und -verwaltung und der neuen Rollengruppe.

5. Entfernen Sie die Verwaltungsrollenzuweisungen zwischen der Rolle für die Erstellung von E-Mail-Empfängern und den Rollengruppen für die Organisationsverwaltung und Empfängerverwaltung.

Hinweis

Reguläre Zuweisungen sind die effektiven Rechte, die entsprechende Cmdlets ausführen zu dürfen.

Delegierende Rollenzuweisungen sind die Möglichkeit, diese Rechte auch zu erteilen.

Nach der Anpassung können nur die Mitglieder der von Ihnen erstellten neuen Rollengruppe Postfächer erstellen. Die neue Gruppe kann aber nur Objekte erstellen, keine Exchange-Einstellungen für das neue Objekt konfigurieren.

Ein Active Directory-Administrator, der Mitglied der neuen Gruppe ist, muss das Objekt erstellen, und danach muss ein Exchange-Administrator die Exchange-Einstellungen des Objekts anpassen. Genau das ist die getrennte Berechtigung in Exchange 2016 und Active Directory. Exchange-Administratoren können in diesem Fall die folgenden Cmdlets nicht verwenden:

- *New-Mailbox*
- *New-MailContact*
- *New-MailUser*
- *New-RemoteMailbox*
- *RemovE-Mailbox*
- *RemovE-MailContact*
- *RemovE-MailUser*
- *Remove-RemoteMailbox*

Exchange-Administratoren können aber Exchange-spezifische Objekte erstellen und verwalten, wie zum Beispiel Transportregeln oder Verteilergruppen. Dazu haben wiederum die Active Directory-Administratoren keine Rechte.

Wenn Sie wollen, dass die neue Rollengruppe auch die Exchange-Einstellungen für neue Benutzer und Gruppen verwalten kann, muss die Rolle für E-Mail-Empfänger ebenfalls dieser neuen Rollengruppe zugewiesen werden.

Mit geteilten Active Directory-Berechtigungen muss die Erstellung von Benutzern und Gruppen mit Active Directory-Verwaltungstools durchgeführt werden. Das Erstellen von Postfächern, E-Mail-aktivierten Benutzern, Verteilergruppen und sonstigen Objekten wird aus

Sicherheitsgründen aus der Exchange-Toolbox entfernt. Verteilergruppenmitglieder können auch nicht über die Exchange-Toolbox hinzugefügt und entfernt werden.

Sie können den Wechsel zu geteilten Active Directory-Berechtigungen bei der Installation von Exchange 2016 auswählen, indem Sie die grafische Oberfläche verwenden oder bei der Ausführung von *Setup.exe* über die Befehlszeile die Option *ActiveDirectorySplitPermissions* hinzufügen. Mehr dazu finden Sie in Kapitel 2.

Tipp

Sie können geteilte Active Directory-Berechtigungen auch nach der Installation von Exchange 2016 aktivieren oder deaktivieren. Dazu müssen Sie *Setup.exe* erneut über die Befehlszeile ausführen. Legen Sie die Option *ActiveDirectorySplitPermissions* auf *true* fest, um geteilte Active Directory-Berechtigungen zu aktivieren. Wie das geht, lesen Sie ebenfalls in Kapitel 2.

Legen Sie den Wert auf *false* fest, um geteilte Berechtigungen zu deaktivieren, wenn Sie diese bei der ursprünglichen Installation aktiviert haben. Sie müssen die Option *PrepareAD* zusammen mit der Option *ActiveDirectorySplitPermissions* verwenden. Auch dazu finden Sie in Kapitel 2 mehr Informationen.

Wenn Sie über mehrere Domänen in derselben Gesamtstruktur verfügen, müssen Sie entweder die Option *PrepareAllDomains* verwenden, wenn Sie geteilte Active Directory-Berechtigungen aktivieren, oder Sie müssen das Setupprogramm mit der Option *PrepareDomain* in jeder Domäne ausführen (siehe Kapitel 2).

Hinweis

Sie können geteilte Active Directory-Berechtigungen nicht aktivieren, wenn Sie Exchange ab der Version 2010 auf einem Domänencontroller installiert haben.

Rollenzuweisungen zu Rollengruppen, mit denen Exchange-Administratoren die Möglichkeit zum Erstellen von Sicherheitsprinzipalen erhalten, werden entfernt, wenn geteilte Active Directory-Berechtigungen aktiviert sind.

Grundlagen zu Verwaltungsrollengruppen

Mit dem Cmdlet *Get-RoleGroup* lassen Sie sich die verschiedenen Gruppen in der Exchange Management Shell anzeigen. *Get-RoleGroupMember* zeigt die Mitglieder einer Gruppe an, zum Beispiel:

```
Get-RoleGroupMember "Organization Management"
```

Die Mitgliedschaft in der Gruppe *Organization Management* ermöglicht umfassende Rechte in der Organisation. Solche Administratoren können zum Beispiel andere Administratoren in die verschiedenen Verwaltungsrollengruppen aufzunehmen und erhalten fast vollständige Verwaltungsrechte in der Exchange-Organisation.

Sicherheit und Hochverfügbarkeit

Neben dieser Gruppe finden Sie im Exchange Admin Center noch zahlreiche weitere Gruppen, mit denen Sie Rechte steuern können. Die Gruppen finden Sie auch im RBAC Manager, auf den wir in diesem Kapitel noch näher eingehen.

Sie können auch eigene Gruppen anlegen, Rechte an dieser Gruppe delegieren und Mitglieder aufnehmen. Um einen Benutzer in eine Verwaltungsrollengruppe (Administratorrolle) aufzunehmen, verwenden Sie die grafische Oberfläche des Exchange Admin Centers oder die Exchange Management Shell:

```
Add-RoleGroupMember <Verwaltungsrollengruppe> -Member <Benutzerpostfach>
```

Möchten Sie Mitglieder aus einer Verwaltungsrollengruppe entfernen, können Sie ebenfalls das Exchange Admin Center verwenden, oder Sie rufen in der Exchange Management Shell den folgenden Befehl auf:

```
Remove-RoleGroupMember <Verwaltungsrollengruppe> -Member <Benutzerpostfach>
```

Die Rollenverwaltung finden Sie im Exchange Admin Center, wenn Sie erst auf *Berechtigungen* klicken und dann auf *Administratorrollen*. Einfacher geht die Verwaltung mit dem RBAC Manager (*https://rbac.codeplex.com*).

Im Fenster sehen Sie im Exchange Admin Center die bereits angelegten Gruppen. Klicken Sie auf eine Gruppe, sehen Sie im rechten Bereich, welche Rechte die Gruppe hat und welche Mitglieder zugeordnet sind. Um einen Benutzer in eine Gruppe aufzunehmen, doppelklicken Sie auf die Gruppe. Anschließend können Sie über *Mitglieder* neue Benutzer hinzufügen oder entfernen.

In einigen Fällen müssen Sie sich selbst hinzufügen, wenn Sie die Rechte der Gruppe erhalten wollen. Exchange hat dem Installations-Administrator das Recht gegeben, alle Gruppen zu pflegen, nicht aber die Rechte der Gruppe von vornherein zu nutzen. Das heißt, Sie dürfen aus Sicherheitsgründen nicht alle Rechte ausüben, für die Sie sich berechtigen können.

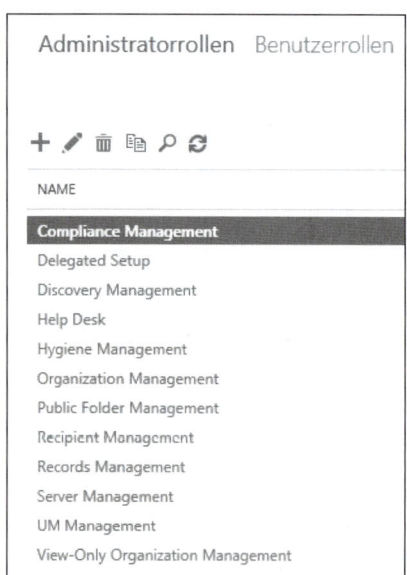

Abbildung 13.1: Verwalten von Administratorrollen

Neben der Möglichkeit, die Mitglieder einer Verwaltungsrollengruppe zu pflegen, können Sie in den Details von Administratorrollen auch festlegen, welche Verwaltungsrollen die Gruppe umfasst, also welche Rechte Mitglieder dieser Gruppe haben.

Verwaltungsrollen fassen mehrere Cmdlets zusammen, die zur Verwaltung von Exchange-Komponenten dienen. Die einzelnen Rollen sind Bestandteil von Verwaltungsrollengruppen. Benutzer, die Mitglieder einer Verwaltungsrollengruppe sind, erhalten das Recht, die Cmdlets zu nutzen, die in denjenigen Verwaltungsrollen hinterlegt sind, die Bestandteil der Verwaltungsrollengruppen sind.

Sie können einer Verwaltungsrollengruppe auch weitere Rollen hinzufügen oder Rollen aus ihr entfernen. Sie legen im Exchange Admin Center fest, welche Rechte die Gruppe erhält, indem Sie die Rollen der Rollengruppe konfigurieren. Die Mitglieder, die Sie der Gruppe hinzufügen, erhalten anschließend die Rechte der Rollen, die der Rollengruppe zugeordnet sind. Sie können auch eigene Rollen erstellen und eigenen Rollengruppen zuweisen.

Die Gruppe *Recipient Management* ermöglicht zum Beispiel das Erstellen, Löschen und Bearbeiten von Empfängern in der Organisation, hat aber keine Rechte zur Bearbeitung von Systemeinstellungen in Exchange. Die Gruppe *Server Management* erlaubt die Verwaltung eines einzelnen Servers in der Organisation, aber keine organisationsweiten Einstellungen. Zu den Rechten gehören Unified Messaging-, Clientzugriffs- und Postfachfunktionen, Datenbankkopien, Zertifikate, Transportwarteschlangen, Sendeconnectors, virtuelle Ordner und Clientzugriffsprotokolle.

Mitglieder von *Help Desk* dürfen Empfänger bearbeiten. Diese Rollengruppe ermöglicht das Anzeigen und Ändern der Outlook Web App-Optionen aller Benutzer in der Organisation, allerdings nur für die Optionen, die Anwender selbst ändern können.

Wenn Sie über eine Rollengruppe mit den Berechtigungen verfügen, aber andere Verwaltungsbereiche anwenden oder Verwaltungsrollen hinzufügen oder entfernen wollen, können Sie die vorhandene Rollengruppe kopieren.

Um neue Rechte zu erteilen, kopieren Sie am besten eine Verwaltungsrollengruppe, deren Rechte am ehesten zu den Berechtigungen passen, die Sie erteilen wollen. Anschließend passen Sie die Verwaltungsrollengruppe an, indem Sie Verwaltungsrollen hinzufügen oder entfernen. Danach fügen Sie die Benutzer der neuen Gruppe hinzu. Zum Kopieren von Verwaltungsrollengruppen im Exchange Admin Center gehen Sie folgendermaßen vor:

1. Navigieren Sie im Exchange Admin Center zu *Berechtigungen/Administratorrollen*.
2. Wählen Sie die Rollengruppe aus, die Sie kopieren wollen, und klicken Sie dann auf *Kopieren*.
3. Geben Sie im Fenster *Neue Rollengruppe* einen Namen für die neue Rollengruppe ein.
4. Überprüfen Sie die Rollen, die in die neue Rollengruppe kopiert wurden. Fügen Sie Rollen hinzu, oder entfernen Sie Rollen.
5. Überprüfen Sie den Schreibbereich, also den Bereich, in dem die Rollengruppe Rechte hat, und ändern Sie ihn nach Bedarf.
6. Überprüfen Sie die Mitglieder, die in die neue Rollengruppe kopiert wurden. Fügen Sie Mitglieder hinzu, oder entfernen Sie Mitglieder, die Sie in dieser Gruppe nicht benötigen.
7. Klicken Sie auf *Speichern*, um die Rollengruppe zu erstellen.

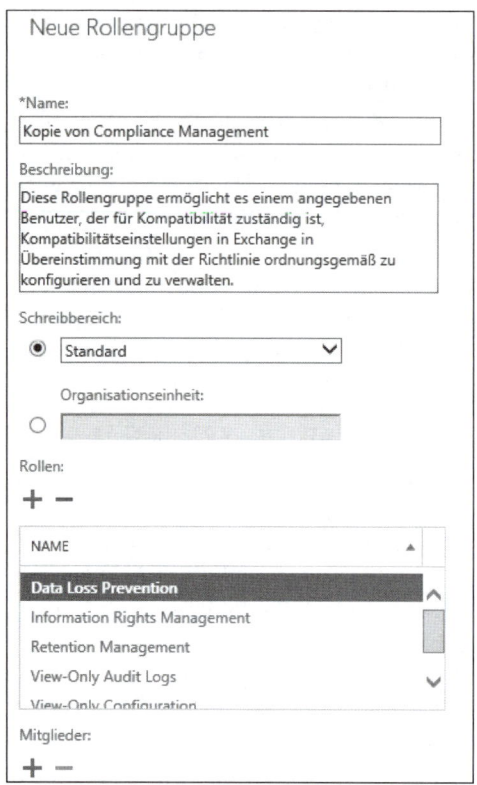

Abbildung 13.2: Verwaltungsrollengruppen lassen sich auch kopieren.

Die Pflege von Verwaltungsrollengruppen delegieren

Stellvertreter von Verwaltungsrollengruppen können Mitglieder zu Verwaltungsrollengruppen hinzufügen oder aus ihnen entfernen und Eigenschaften einer Rollengruppe anpassen, haben aber selbst keine Rechte, die Funktionen der Verwaltungsrollengruppe zu nutzen.

Die Konfiguration des Stellvertreters erfolgt durch die Option *ManagedBy* für die Cmdlets *Set-RoleGroup* oder *New-RoleGroup*. Sollen die Benutzer auch die Rechte der Gruppe erhalten, müssen Sie diese als Mitglieder der Rollengruppe aufnehmen.

Die Option *ManagedBy* für das Cmdlet *Set-RoleGroup* überschreibt immer die gesamte Stellvertreterliste für eine Rollengruppe. Wollen Sie einzelne Stellvertreter zu einer Rollengruppe hinzufügen, ohne die komplette Stellvertreterliste zu löschen, gehen Sie folgendermaßen vor:

1. Speichern Sie die Einstellungen der Rollengruppe in einer Variablen mit dem Befehl:

```
$RoleGroup = Get-RoleGroup <Verwaltungsrollengruppe>
```

2. Fügen Sie den Stellvertreter zu der Rollengruppe hinzu, die Sie als Variable gespeichert haben:

```
$RoleGroup.ManagedBy += (Get-User <Postfach dass Sie hinzufügen wollen>).Identity
```

Wollen Sie eine universelle Gruppe hinzufügen, verwenden Sie das Cmdlet *Get-Group*.

3. Wiederholen Sie Schritt 2 für jeden Stellvertreter, den Sie hinzufügen wollen.

4. Die Variablenliste müssen Sie noch in die echte Verwaltungsrollengruppe einfügen:

```
Set-RoleGroup <Verwaltungsrollengruppe> -ManagedBy $RoleGroup.ManagedBy
```

In diesem Beispiel wollen Sie den Benutzer »Thomas Joos« als Stellvertreter der Rollengruppe »Organization Management« hinzufügen:

```
$RoleGroup = Get-RoleGroup "Organization Management"
$RoleGroup.ManagedBy += (Get-User "Thomas Joos").Identity
Set-RoleGroup "Organization Management" -ManagedBy $RoleGroup.ManagedBy
```

Sie entfernen den Stellvertreter aus der Rollengruppe, die Sie als Variable gespeichert haben, mit dem folgenden Befehl:

```
$RoleGroup.ManagedBy -= (Get-User <Benutzer, den Sie entfernen wollen>).Identity
```

Um die Anwender anzuzeigen, die die Gruppe verwalten dürfen, verwenden Sie den folgenden Aufruf:

```
Get-RoleGroup |fl ManagedBy
```

Neben den Standardgruppen können Sie auch selbst Verwaltungsrollengruppen erstellen und diesen bestimmte Benutzer zuordnen. Neue Verwaltungsrollengruppen erstellen Sie in der Exchange Management Shell mit dem Cmdlet *New-RoleGroup*.

Beispiel:

```
New-RoleGroup -Name "Contoso Recipient Management" -Roles "Mail Recipients", "Distribution Groups",
"Move Mailboxes", "UM Mailboxes", "Reset Password" -CustomRecipientWriteScope "Contoso Users", -
ManagedBy "Thomas", "Tami", "Fynn" -Members "Stefan", "Marc", "Marco", "Hans", "Michael", "Lukas",
"Flo", "Lukas", "Isabel", "Manuela", "Thomas", "Karl"
```

Um eine Verwaltungsrollengruppe zu löschen, verwenden Sie das Cmdlet *Remove-RoleGroup <Verwaltungsrollengruppe>*.

Bestehende Rollengruppen können Sie kopieren, wenn Sie selbst Rollengruppen erstellen wollen, die zum Beispiel eingeschränkte Rechte nutzen.

Dazu verwenden Sie am besten auch die Exchange Management Shell zum Kopieren. Im ersten Schritt speichern Sie die Rollengruppe in einer Variablen:

```
$RoleGroup = Get-RoleGroup <Zu kopierende Gruppe>
```

Verwenden Sie die folgende Syntax, um eine neue Rollengruppe zu erstellen, der Rollengruppe Mitglieder hinzuzufügen und um anzugeben, wer die neue Rollengruppe an andere Benutzer delegieren kann:

```
New-RoleGroup <Name> -Roles $RoleGroup.Roles -Members <member1, member2, member3...> -ManagedBy
<user1, user2, user3...>
```

Wollen Sie zum Beispiel die Rollengruppe *Organization Management* kopieren, um eine neue Gruppe zu erstellen, die weniger Rechte hat, verwenden Sie die folgenden Befehle:

```
$RoleGroup = Get-RoleGroup "Organization Management"
New-RoleGroup "Limited Organization Management" -Roles $RoleGroup.Roles -Members Thomas, Michael,
Hans -ManagedBy Jean, Fritz
```

Nach dem Erstellen einer neuen Rollengruppe können Sie Rollen hinzufügen oder entfernen und den Bereich von Rollenzuweisungen für die Rolle ändern.

Verwenden Sie die Exchange Management Shell zum Kopieren einer Rollengruppe mit einem benutzerdefinierten Bereich:

```
$RoleGroup = Get-RoleGroup <Name>
```

Über die folgende Syntax lässt sich die neue Rollengruppe mit einem benutzerdefinierten Bereich erstellen:

```
New-RoleGroup <Name> -Roles $RoleGroup.Roles -CustomRecipientWriteScope <Bereichsname >
-CustomConfigWriteScope <Name>
```

Mit den folgenden Befehlen können Sie die Rollengruppe *Organization Management* kopieren und eine neue Rollengruppe *Berlin Organization Management* mit dem Empfängerbereich *Berlin-Users* und dem Konfigurationsbereich *Berlin-Server* erstellen:

```
$RoleGroup = Get-RoleGroup "Organization Management"
New-RoleGroup "Berlin Organization Management" -Roles $RoleGroup.Roles -CustomRecipientWriteScope
"Berlin-Users" -CustomConfigWriteScope "Berlin-Server"
```

Sie können der Rollengruppe auch Mitglieder hinzufügen, wenn Sie diese mit dem Parameter *Members* erstellen. Nach dem Erstellen einer neuen Rollengruppe können Sie Rollen hinzufügen oder entfernen und den Bereich von Rollenzuweisungen für die Rolle ändern.

Verwenden Sie die folgende Syntax, um die neue Rollengruppe mit einem benutzerdefinierten Bereich zu erstellen:

```
New-RoleGroup <Name der neuen Rollengruppe> -Roles $RoleGroup.Roles -CustomRecipientWriteScope
<Bereichsname> -CustomConfigWriteScope <Name>
```

Mit den folgenden Befehlen können Sie die Rollengruppe *Recipient Management* kopieren und eine neue Rollengruppe *Berlin Recipient Management* erstellen, die nur die Verwaltung von Benutzern in der Organisationseinheit *Berlin Users* zulässt:

```
$RoleGroup = Get-RoleGroup "Recipient Management"
New-RoleGroup "Berlin Recipient Management" -Roles $RoleGroup.Roles
-RecipientOrganizationalUnitScope "contoso.com/Berlin Users"
```

Im Exchange Admin Center werden Ihnen unter *Berechtigungen/Administratorrollen* die erstellten Gruppen angezeigt.

Verwaltungsrollen im Detail

Verwaltungsrollen beinhalten eine Reihe von Cmdlets, die das Verwalten verschiedener Exchange-Aufgaben ermöglichen. Verwaltungsrollen können Sie zu Verwaltungsrollengruppen zusammenfügen. Sie können auch Empfängern direkt Verwaltungsrollen zuweisen, allerdings wird das nicht empfohlen, da die Berechtigungsstruktur dann schnell unübersichtlich wird.

Bei Verwaltungsrollen gibt es die beiden Rechte *Regulär* und *Delegierend*. Weisen Sie eine Verwaltungsrolle *Regulär* einem Rollenempfänger zu, hat dieser das Recht, die Rolle und die damit verbundenen Cmdlets zu nutzen. Der Rollenempfänger darf aber keinerlei andere Rollenempfänger berechtigen.

Weisen Sie einem Rollenempfänger ein delegierendes Recht der Verwaltungsrolle zu, darf der Empfänger nicht die Cmdlets nutzen, aber dafür Rechte der Rolle verwalten.

Die Berechtigungen eines Benutzers mit administrativen Rechten setzen sich als Summe aller Verwaltungsrollen zusammen, die den Verwaltungsrollengruppen zugewiesen sind, bei denen er Mitglied ist. Erstellen Sie eine neue Verwaltungsrolle, kopieren Sie am besten eine vorhandene Verwaltungsrolle und deren Verwaltungsrolleneinträge, also die enthaltenen Cmdlets, in die neue Rolle. Die vorhandene Rolle wird dabei zur übergeordneten Rolle der neuen Rolle.

Untergeordnete Rollen können keine Verwaltungsrolleneinträge enthalten, die in der übergeordneten Rolle nicht vorhanden sind. Um eine neue Verwaltungsrolle zu erstellen, verwenden Sie den folgenden Befehl:

```
New-ManagementRole -Parent <Existierende übergeordnete Verwaltungsrolle> -Name <Name der neuen Ver-
waltungsrolle>
```

Beispiel:

```
New-ManagementRole -Parent "Mail Recipients" -Name "Berlin-Postfächer"
```

Haben Sie eine neue Verwaltungsrolle erstellt, können Sie Einträge der Verwaltungsrolle ändern. Löschen Sie einen Rolleneintrag, können Administratoren, denen die Rolle zugewiesen ist, auf das zugehörige Cmdlet nicht mehr zugreifen. Um eine Verwaltungsrolle zu löschen, verwenden Sie den folgenden Befehl:

```
Remove-ManagementRole <Verwaltungsrolle>
```

Verwaltungsrolleneinträge bearbeiten

Für jede Verwaltungsrolle gibt es mindestens einen Verwaltungsrolleneintrag. Ein Eintrag besteht aus einem einzelnen Cmdlet und dessen Optionen, einem Skript oder einer speziellen Berechtigung. Rollen, die auf integrierten Exchange-Rollen basieren, können nur Exchange 2016-Cmdlets enthalten.

Die Namen von Verwaltungsrolleneinträgen bestehen aus der Verwaltungsrolle sowie dem Namen des Cmdlets und sind durch einen umgekehrten Schrägstrich (\) getrennt, zum Beispiel *Mail Recipients\Set-Mailbox*. Mit dem Cmdlet *Get-ManagementRoleEntry* können Sie die Verwaltungsrolleneinträge einer Verwaltungsrolle anzeigen lassen:

```
Get-ManagementRoleEntry "<Verwaltungsrolle>\*"
```

Sie können hier ebenfalls mit dem Platzhalter arbeiten und auch eine Zeichenfolge innerhalb eines Cmdlets verwenden. Der Text nach *Get-ManagementRoleEntry* muss in Anführungszeichen gesetzt werden.

Sie können sich auch alle Verwaltungsrollen anzeigen lassen, die einen bestimmten Verwaltungsrolleneintrag verwenden:

```
Get-ManagementRoleEntry *\<Cmdlet>
```

Beispiel:

```
Get-ManagementRoleEntry *\Set-Mailbox
```

Wollen Sie den Administratoren zusätzliche Cmdlets zur Verfügung stellen, nehmen Sie diese als Verwaltungsrolleneinträge in eine Verwaltungsrolle auf. Den Standardrollen in Exchange

2016 können Sie keine weiteren Einträge hinzufügen, sondern nur selbst erstellten Verwaltungsrollen. Um einen Eintrag hinzuzufügen, verwenden Sie den folgenden Befehl:

```
Add-ManagementRoleEntry <Verwaltungsrolle>\<Cmdlet>
```

Möchten Sie einen Rolleneintrag hinzufügen, aber nur bestimmte Optionen des entsprechenden Cmdlets in den Rolleneintrag aufnehmen, verwenden Sie die folgende Syntax:

```
Add-ManagementRoleEntry <Verwaltungsrolle>\<Cmdlet> -Parameters <Option 1>, <Option 2>,…
```

Verwaltungsrollenbereiche verwalten

Rollenzuweisungen zwischen einer Verwaltungsrollengruppe und einer Verwaltungsrolle sind auf Verwaltungsbereiche begrenzt. Diese legen fest, welche Objekte Mitglieder der Verwaltungsrollengruppe verwalten dürfen.

Um den Verwaltungsbereich aller Rollenzuweisungen zwischen einer Verwaltungsrollengruppe und den enthaltenen Verwaltungsrollen anzupassen, rufen Sie die Rollenzuweisungen für die Verwaltungsgruppe auf und geben dann den neuen Bereich für jede Zuweisung an. Dazu verwenden Sie das Cmdlet *Get-ManagementRoleAssignment*, um die Rollenzuweisungen anzuzeigen, und übergeben nach dem Abrufen die Liste an das Cmdlet *Set-ManagementRoleAssignment*:

```
Get-ManagementRoleAssignment -RoleAssignee <Verwaltungsrollengruppe> | Set-ManagementRoleAssign-
ment -CustomRecipientWriteScope <Empfängerbereich> -CustomConfigWriteScope <Konfigurationsbereich>
-RecipientRelativeScopeWriteScope < MyDistributioGroups | Organization | Self> -ExclusiveRecipient-
WriteScope <Exklusiver Empfängerbereich> -ExclusiveConfigWriteScope <Exklusiver Verwaltungsbereich>
-RecipientOrganizationalUnitScope <Organisationseinheit>
```

Sie müssen nur die Optionen verwenden, die Sie zum Abrufen benötigen.

Beispiel:

```
Get-ManagementRoleAssignment -RoleAssignee "Berlin-Empfänger-Verwaltung" | Set-ManagementRoleAs-
signment -CustomRecipientWriteScope "Vertriebsmitarbeiter"
```

Mit der Option *WhatIf* können Sie überprüfen, was der Befehl ausführen würde, ohne tatsächlich Änderungen vorzunehmen. Nach dem erfolgreichen Test können Sie die Option *WhatIf* entfernen, um die Änderungen anzuwenden. Im Exchange Admin Center können Sie auch Schreibbereiche einer Verwaltungsrollengruppe hinzufügen.

Sie können entweder den Standardschreibbereich verwenden, eine Organisationseinheit verwenden oder einen benutzerdefinierten Schreibbereich hinterlegen. Diesen müssen Sie aber zuvor in der Exchange Management Shell erstellen.

Rollen auf oberster Ebene ohne Bereichseinschränkung sind Verwaltungsrollen, mit denen Sie den Zugriff auf benutzerdefinierte Skripts und auf Cmdlets erteilen können, bei denen es sich nicht um Exchange-Cmdlets handelt. Die normalen Verwaltungsrollen ermöglichen nur den Zugriff auf Exchange-Cmdlets.

Um eine Rolle auf oberster Ebene ohne Bereichseinschränkung zu erstellen, müssen Sie das Cmdlet *New-ManagementRole* mit der Option *UnscopedTopLevel* verwenden. Rollen ohne Bereichseinschränkung sind immer innerhalb der gesamten Organisation gültig. Einer Rolle ohne Bereichseinschränkung können Sie keine Exchange-Cmdlets hinzufügen.

Die Rollengruppe *Organization Management* verfügt standardmäßig nicht über die Berechtigungen zum Erstellen oder Verwalten von Rollengruppen ohne Bereichseinschränkung. Sie können sich die Verwaltungsrolle *UnScoped Role Management* aber selbst zuweisen.

Rolleneinträge der obersten Ebene ohne Bereichseinschränkung verwenden Sie zusammen mit Verwaltungsrollen auf oberster Ebene ohne Bereichseinschränkung. Jeder Rolleneintrag ohne Bereichseinschränkung ist einem Skript oder einem Nicht-Exchange-Cmdlet zugeordnet. Um einen Rolleneintrag ohne Bereichseinschränkung zu erstellen, verwenden Sie das Cmdlet *New-ManagementRoleEntry* mit der Option *UnscopedTopLevel*. Die Syntax zum Erstellen einer solchen Rolle lautet:

```
New-ManagementRole <Verwaltungsrolle> -UnscopedTopLevel
```

Sie müssen alle Optionen angeben, die Anwender mit dem Skript oder dem Nicht-Exchange-Cmdlet verwenden dürfen. Skripts, die Sie einem Rolleneintrag ohne Bereichseinschränkung hinzufügen, müssen sich auf jedem Server im Ordner für Exchange 2016-Skripts befinden. Der Standard-Installationsordner für Skripts ist *C:\Programme\Microsoft\Exchange Server\V15\Scripts*.

Nach der Erstellung der Verwaltungsrolle müssen Sie dieser noch Einträge, also Cmdlets oder Skripts in Form von Verwaltungsrolleneinträgen, hinzufügen. Haben Sie das Skript auf die Exchange-Server kopiert, erstellen Sie den Rolleneintrag mit der folgenden Syntax:

```
Add-ManagementRoleEntry <Erstellte Verwaltungsrolle>\<Name des Skripts> -Parameters <Option 1,
Option 2> -Type Script -UnscopedTopLevel
```

Um Cmdlets anstelle von Skripts hinzuzufügen, verwenden Sie die folgende Syntax:

```
Add-ManagementRoleEntry <Erstellte Verwaltungsrolle>\<Name des Cmdlets> -PSSnapinName <Name des
Snap-In der PowerShell, zu welcher das Cmdlet gehört> -Parameters <Option 1, Option 2> -Type
Cmdlet -UnscopedTopLevel
```

Anschließend können Sie die neue Rolle einer Rollengruppe zuweisen. Sie können auch untergeordnete Rollen ohne Bereichseinschränkung erstellen – wie bei normalen Verwaltungsrollen auch als Kopie einer übergeordneten Verwaltungsrolle ohne Bereichseinschränkung.

Die untergeordneten Verwaltungsrollen ohne Bereichseinschränkung können eine Teilmenge der Skripts und Cmdlets enthalten, die Bestandteil der übergeordneten Verwaltungsrollen ohne Bereichseinschränkung sind. Die Vorgehensweise dabei entspricht normalen Verwaltungsrollen. Das gilt auch für die Einschränkungen. Die Syntax für den Befehl lautet:

```
New-ManagementRole -Parent <Existierende Verwaltungsrolle> -Name <Neue Verwaltungsrolle>
```

Verwaltungsrollenbereiche erstellen und verwalten

Über einen Verwaltungsrollenbereich lässt sich der Einflussbereich für eine Verwaltungsrolle festlegen. Hierbei handelt es sich um eine Einschränkung des Bereichs, in dem Rechte einer Verwaltungsrolle ausgeübt werden dürfen. Sie können zum Beispiel definieren, dass Administratoren nur Anwender in bestimmten OUs oder nur bestimmte Server oder Domänen verwalten dürfen.

Indem Sie den Schreibbereich einer Rollengruppe ändern, können Sie festlegen, welche Objekte den Rollengruppenmitgliedern zum Erstellen, Ändern oder Entfernen zur Verfügung gestellt werden. Den Lesebereich einer Rollengruppe können Sie nicht ändern.

Wenn Sie einen benutzerdefinierten Bereich mit einer Rollenzuweisung für eine Rollengruppe verwenden, müssen Sie diesen zuerst erstellen. Das Exchange Admin Center kann nicht zum Verwalten von Bereichen für Rollenzuweisungen zwischen Rollen und einer Rollengruppe verwendet werden, wenn Sie mehrere Bereiche oder exklusive Bereiche für diese Rollenzuweisungen konfiguriert haben.

Haben Sie mehrere Bereiche oder exklusive Bereiche für Rollenzuweisungen konfiguriert, müssen Sie die Bereiche mit der Exchange Management Shell verwalten. Im Exchange Admin Center gehen Sie zum Ändern folgendermaßen vor:

1. Öffnen Sie das Exchange Admin Center, und navigieren Sie zu *Berechtigungen/Administratorrollen*.

2. Wahlen Sie die Rollengruppe aus, für die Sie den Bereich ändern möchten, und klicken Sie dann auf *Bearbeiten*.

3. Wählen Sie eine der beiden folgenden Optionen unter *Schreibbereich* aus:
   - einen Schreibbereich im gleichnamigen Dropdownfeld, in dem Sie entweder den Standardschreibbereich oder einen benutzerdefinierten Schreibbereich auswählen können
   - Oder aktivieren Sie die Option *Organisationseinheit* und geben Sie die Daten der Organisationseinheit ein, wenn Sie dieser Rollengruppe eine Organisationseinheit als Bereich zuordnen wollen.

4. Klicken Sie auf *Speichern*, um die Änderungen an der Rollengruppe zu speichern.

Wenn Sie einen Bereich aktivieren, kann ein Administrator nur die in diesem Bereich enthaltenen Objekte ändern. Normalerweise zeigt eine Verwaltungsrolle bereits an, welche Objekte Sie erstellen oder ändern können.

Ein Verwaltungsrollenbereich legt fest, wo Administratoren etwas erstellen oder ändern können. Sie können Administratoren den Zugriff auf Objekte innerhalb eines exklusiven Bereichs verweigern. Jede Rolle kann über die folgenden Bereichstypen verfügen:

- **Empfängerlesebereich** Dieser Bereich bestimmt, welche Empfängerobjekte der Administrator aus Active Directory lesen kann.

- **Empfängerschreibbereich** Dieser Bereich legt fest, welche Empfängerobjekte der Administrator im Active Directory ändern kann.

- **Konfigurationslesebereich** Dieser Bereich bestimmt, welche Konfigurationsobjekte der Administrator aus Active Directory lesen kann.

- **Konfigurationsschreibbereich** Dieser Bereich legt fest, welche Organisations- und Serverobjekte der Administrator in Active Directory ändern kann.

Mit Bereichsfiltern können Sie einen benutzerdefinierten Bereich erstellen. Für Bereichsfilter können Sie fast alle Eigenschaften von Empfängern oder Serverobjekten verwenden. Bereichsfilter erstellen Sie mit dem Cmdlet *New-ManagementScope*.

Sie können mit dem Cmdlet verschiedene Optionen verwenden, um die Bereiche zu unterteilen. Bei den Bereichen unterscheidet man Empfänger- und Konfigurationsbereiche sowie reguläre und exklusive Bereiche. Dazu verwenden Sie die folgenden Optionen des Cmdlets *New ManagementScope*:

- **Regulärer gefilterter Empfängerbereich** *RecipientRestrictionFilter*

- **Exklusiver gefilterter Empfängerbereich** *RecipientRestrictionFilter* mit der Option *Exclusive*

- **Regulärer gefilterter serverbasierter Konfigurationsbereich** *ServerRestrictionFilter*

- **Exklusiver gefilterter serverbasierter Konfigurationsbereich** *ServerRestrictionFilter* mit der Option *Exclusive*

Wenn Sie einen eigenen benutzerdefinierten Bereich erstellen, sollten Sie einen Filter verwenden, der nach Objekten innerhalb des Lesebereichs der Verwaltungsrolle sucht.

Ein Bereichsfilter ist immer eine Einschränkung des Bereichs der Rolle, also von den Objekten, die Sie mit der Verwaltungsrolle ohnehin nur verwalten können. Eine Ausweitung des Bereichs durch einen Bereichsfilter ist nicht möglich.

Geben Sie über das Cmdlet *New-ManagementScope* mit der Option *RecipientRestrictionFilter* einen Empfängerfilter an, können Sie mit *RecipientRoot* noch eine Organisationseinheit zur Filterung verwenden. Empfänger- und Konfigurationsfilter verwenden die gleiche Syntax, die mindestens folgende Bereiche enthalten muss:

- Eine öffnende geschweifte Klammer ({) steht am Beginn der Filterabfrage.

- Der Filterwert des Objekts, nach dem Sie filtern, zum Beispiel Servernamen, Werte des Postfachs, Abteilung usw.

- Der Vergleichsoperator in Kombination mit dem Vergleichswert. Eine Liste aller Operatoren, die Sie in der Exchange Management Shell verwenden können, finden Sie in der folgenden Auflistung.

- Mit dem Vergleichswert vergleichen Sie, zusammen mit dem Vergleichsoperator, den Wert in den Eigenschaften des Objektes, zum Beispiel Abteilung als Filterwert, *-Like* als Vergleichoperator und *Einkauf* als Vergleichswert.

- Die schließende geschweifte Klammer (}) steht für das Ende der Filterabfrage.

Hier sehen Sie ein Beispiel für eine solche Abfrage:

```
{City -Eq "Berlin"}
```

- **-Eq**   Gleich (unterscheidet nicht zwischen Groß- und Kleinschreibung)

- **-Ne**   Ungleich (unterscheidet nicht zwischen Groß- und Kleinschreibung)

- **-Lt**   Kleiner als (unterscheidet nicht zwischen Groß- und Kleinschreibung)

- **-Gt**   Größer als (unterscheidet nicht zwischen Groß- und Kleinschreibung)

- **-Le**   Kleiner als oder gleich (unterscheidet nicht zwischen Groß- und Kleinschreibung)

- **-Ge**   Größer als oder gleich (unterscheidet nicht zwischen Groß- und Kleinschreibung)

- **-Cge**   Größer als oder gleich (unterscheidet zwischen Groß- und Kleinschreibung)

- **-Ceq**   Gleich (unterscheidet zwischen Groß- und Kleinschreibung)

- **-Cne**   Ungleich (unterscheidet zwischen Groß- und Kleinschreibung)

- **-Clt**   Kleiner als (unterscheidet zwischen Groß- und Kleinschreibung)

- **-Cgt**   Größer als (unterscheidet zwischen Groß- und Kleinschreibung)

- **-Cle**   Kleiner als oder gleich (unterscheidet zwischen Groß- und Kleinschreibung)

- **-Contains**   Enthält (unterscheidet nicht zwischen Groß- und Kleinschreibung)

- **-Ccontains**   Enthält (unterscheidet zwischen Groß- und Kleinschreibung)

- **-Notcontains**   Enthält nicht (unterscheidet nicht zwischen Groß- und Kleinschreibung)

- **-Cnotcontains**   Enthält nicht (unterscheidet zwischen Groß- und Kleinschreibung)

- **-And**   Und

- **-Or**   Oder

- **-Not**   Nicht

- **-Match**   Zeichenfolgen mit regulären Ausdrücken vergleichen (unterscheidet nicht zwischen Groß- und Kleinschreibung)

- **-Notmatch**   Zeichenfolgen mit regulären Ausdrücken vergleichen (unterscheidet nicht zwischen Groß- und Kleinschreibung)

- **-Cmatch**   Zeichenfolgen mit regulären Ausdrücken vergleichen (unterscheidet zwischen Groß- und Kleinschreibung)

- **-Cnotmatch**   Zeichenfolgen mit regulären Ausdrücken vergleichen (unterscheidet zwischen Groß- und Kleinschreibung)

- **-Like**   Zeichenfolgen mithilfe von Platzhalterzeichenregeln vergleichen

- **-Notlike**   Zeichenfolgen mithilfe von Platzhalterzeichenregeln vergleichen

- **-Clike**   Zeichenfolgen mithilfe von Platzhalterzeichenregeln vergleichen (unterscheidet zwischen Groß- und Kleinschreibung)

- **-Cnotlike**   Zeichenfolgen mithilfe von Platzhalterzeichenregeln vergleichen (unterscheidet zwischen Groß- und Kleinschreibung)

Neben den notwendigen Funktionen in einem Bereichsfilter können Sie auch optionale Komponenten einbauen, um die Abfrage zu verfeinern.

Möchten Sie die Reihenfolge festlegen, in der die Abfrage erfolgen soll, können Sie in der Abfrage auch Klammern verwenden. Exchange verwendet die Werte in den innersten Klammern zuerst und arbeitet sich dann nach außen vor. Mit logischen Operatoren, zum Beispiel *-And*, *-Or* und *-Not*, können Sie mehrere Vergleichsoperationen miteinander verknüpfen. In diesem Fall muss die Filterabfrage die gesamte Anweisung auswerten.

Ein Beispiel für eine komplexere Abfrage ist:

```
{(((City -Eq "Berlin") -And (Department -Eq "Einkauf")) -Or (Title -Like "*Manager*")}
```

Die Filterabfrage läuft folgendermaßen ab:

1. Die Eigenschaften *City* und *Department* werden ausgewertet. Wenn beide Eigenschaften *True* sind, wertet Exchange die gesamte *And*-Anweisung mit *True*. Hat eine der beiden Eigenschaften den Wert *False*, erhält die gesamte *And*-Anweisung den Wert *False*.

2. Hat die *And*-Anweisung den Wert *True*, besitzt die gesamte Filterabfrage den Wert *True*, da der *Or*-Operator nur verlangt, dass ein Teil der Abfrage den Wert *True* aufweisen muss.

3. Erhält die *And*-Anweisung den Wert *False*, setzt Exchange die Filterabfrage fort, um die Eigenschaft *Title* auszuwerten.

4. Ist die Eigenschaft *Title* mit *True* gewertet, erhält die gesamte Filterabfrage den Wert *True*, da der *Or*-Operator nur verlangt, dass ein Teil der Abfrage den Wert *True* aufweisen muss.

Beim Erstellen eines Empfängerfilters können Sie fast jede Eigenschaft des Empfängerobjekts verwenden. Die meisten Eigenschaften funktionieren mit der Option *RecipientRestrictionFilter* des Cmdlets *New-ManagementScope*.

Exklusive Bereiche sind vor allem für Objekte mit hohen Sicherheitsanforderungen gedacht (ein Beispiel wäre das Postfach des Geschäftsführers) und können solche Objekte besonders schützen.

Wenn Sie einen exklusiven Bereich erstellen, können nur die Benutzer, die diesem exklusiven Bereich zugewiesen sind, die Objekte in diesem Bereich ändern. Andere Rollenempfänger können keine Objekte in diesem Bereich ändern, auch dann nicht, wenn sich ihre Rollen über Bereiche erstrecken, die die exklusiven Objekte ansonsten einschließen würden.

Exklusive Bereiche überschreiben andere reguläre Bereiche. Exklusive Bereichsfilter erstellen Sie mit dem Cmdlet *New-ManagementScope*. Sie können mit dem Cmdlet verschiedene Optionen verwenden, um die Bereiche zu unterteilen. Die Bereiche sind in Empfänger und Konfiguration sowie in reguläre und exklusive Bereiche unterteilt. Dazu verwenden Sie folgende Optionen des Cmdlets *New-ManagementScope*:

- **Exklusiver gefilterter Empfängerbereich** *RecipientRestrictionFilter* mit der Option *Exclusive*

- **Exklusiver gefilterter serverbasierter Konfigurationsbereich** *ServerRestrictionFilter* mit der Option *Exclusive*

Beim Erstellen eines Bereichs verändern Sie den Schreibbereich, der für die Verwaltungsrolle festgelegt ist. Der Administrator darf nur noch Änderungen im festgelegten Verwaltungsbereich, zum Beispiel an den Empfänger in einer bestimmten Organisationseinheit (OU), vornehmen.

Der für die Verwaltungsrolle konfigurierte Lesebereich ist immer aktiv. Das heißt, die Einstellungen anderer Empfänger darf der Administrator anzeigen, aber nicht bearbeiten. Erstellen Sie einen Empfängerfilter für einen Verwaltungsbereich, können Sie zusätzlich noch eine Organisationseinheit angeben.

Die Syntax dazu sieht folgendermaßen aus:

```
New-ManagementScope -Name <Name des Verwaltungsbereichs> -RecipientRestrictionFilter <Filter>
[-RecipientRoot <OU>]
New-ManagementScope -Name <Name des Verwaltungsbereichs> -ServerList <Server 1>, <Server 2...>
```

Beispiele:

- `New-ManagementScope -Name "Vertriebsmitarbeiter" -RecipientRestrictionFilter { RecipientType -eq 'UserMailbox' } -RecipientRoot "contoso.com/Vertriebs-OU"`

- `New-ManagementRole -Name "Server am Standort Berlin" -ServerRestrictionFilter { ServerSite -eq 'Berlin' }`

- `New-ManagementScope -Name "Postfachserver" -ServerList MBX1,MBX3,MBX5`

Erstellen Sie exklusive Verwaltungsbereiche, dürfen nur die Rollenempfänger, denen der exklusive Bereich zugewiesen ist, auf enthaltene Objekte zugreifen.

Beispiel:

```
New-ManagementScope "Leitende Angestellte" -RecipientRestrictionFilter { Department -Eq "Leitende
Angestellte" } -Exclusive
```

Um Verwaltungsbereiche zu löschen, verwenden Sie die Syntax *Remove-ManagementScope <Name des Verwaltungsbereichs>*.

Die Details eines Verwaltungsbereichs lassen Sie sich mit dem Cmdlet *Get-ManagementScope |fl* anzeigen.

Ohne Parameter können Sie sich eine Liste aller angelegten Verwaltungsbereiche anzeigen lassen. Das Cmdlet listet exklusive und reguläre Bereiche auf. Eine Liste aller Verwaltungsbereiche, die keinen Administratoren zugewiesen sind, erhalten Sie mit *Get-ManagementScope -Orphan*.

Sicherheit und Hochverfügbarkeit

Wollen Sie nur reguläre oder exklusive Verwaltungsbereiche anzeigen, verwenden Sie die folgenden Befehle:

```
Get-ManagementScope -Exclusive $true
Get-ManagementScope -Exclusive $false
```

Der erste Befehl zeigt eine Liste der exklusiven Bereiche an, während der zweite Befehl nur die regulären Bereiche auflistet.

Erstellte Verwaltungsbereiche lassen sich nachträglich ändern:

```
Set-ManagementScope <Name des Verwaltungsbereichs> -Name <Neuer Name des Verwaltungsbereichs>
```

Neben dem Namen können Sie zum Beispiel auch die Filter ändern, auf deren Basis der Verwaltungsbereich aufgebaut ist:

```
Set-ManagementScope <Name des Verwaltungsbereichs> -RecipientRestrictionFilter { <Neuer Filter> }
```

Wollen Sie die oberste Ebene der Organisationseinheiten festlegen, in denen ein Administrator Änderungen vornehmen darf, verwenden Sie die folgende Syntax:

```
Set-ManagementScope <Name des Verwaltungsbereichs> -RecipientRoot <OU>
```

Generell sind die Möglichkeiten des Cmdlets *Set-ManagementScope* identisch mit den Möglichkeiten von *New-ManagementScope*:

```
Set-ManagementScope <Name des Verwaltungsbereichs> -ServerRestrictionFilter { <Neuer Filter> }
```

Die Serverliste für einen Verwaltungsbereich lässt sich allerdings nicht einfach ändern. Wollen Sie die Serverliste nachträglich anpassen, müssen Sie den Verwaltungsbereich neu erstellen und zuweisen, indem Sie die neue Serverliste verwenden. Den alten Verwaltungsbereich mit der darin enthaltenen Serverliste können Sie danach löschen.

Verknüpfte Rollengruppen verwalten

Sie können mit einer verknüpften Verwaltungsrollengruppe Mitglieder einer universellen Sicherheitsgruppe (Universal Security Group, USG) in einer fremden Active Directory-Gesamtstruktur berechtigen, Ihre Exchange-Organisation zu verwalten.

Wenn Sie eine universelle Sicherheitsgruppe in einer fremden Gesamtstruktur einer verknüpften Rollengruppe zuordnen, werden den Mitgliedern der entsprechenden Sicherheitsgruppe die Berechtigungen der Verwaltungsrollen gewährt, die der verknüpften Rollengruppe zugewiesen sind. Mit den Cmdlets *New-RoleGroup* und *Set-RoleGroup* können Sie verknüpfte Verwaltungsrollengruppen erstellen und konfigurieren.

Sie müssen für verknüpfte Rollengruppen zunächst eine unidirektionale Vertrauensstellung erstellen, und zwar zwischen der Active Directory-Ressourcengesamtstruktur, in der sich die verknüpfte Rollengruppe befinden soll, und der fremden Active Directory-Gesamtstruktur, in der sich die Benutzer oder die universellen Sicherheitsgruppen befinden.

Dazu muss Ihnen der vollqualifizierte Domänenname (FQDN) eines Domänencontrollers in der fremden Active Directory-Gesamtstruktur bekannt sein. Außerdem müssen Sie den Namen derjenigen universellen Sicherheitsgruppe in der fremden Active Directory-Gesamtstruktur kennen, die die Mitglieder enthält, die Sie der verknüpften Rollengruppe zuordnen wollen.

Vertrauensstellungen zwischen Active Directory-Gesamtstrukturen erstellen

Um zwei Gesamtstrukturen zu verbinden, müssen Sie zunächst eine Vertrauensstellung einrichten. Die Verwaltung der Vertrauensstellungen findet im Snap-In *Active Directory-Domänen und -Vertrauensstellungen* statt. Wenn Sie in diesem Snap-in die Eigenschaften einer Domäne aufrufen, finden Sie auf der Registerkarte *Vertrauensstellungen* alle Vertrauensstellungen dieser Domäne. Generell gibt es in Active Directory zunächst zwei verschiedene Arten von Vertrauensstellungen: *unidirektionale* und *bidirektionale*. Bei unidirektionalen Vertrauensstellungen vertraut eine Domäne der anderen, aber nicht umgekehrt. Das heißt, die Benutzer der Domäne 1 können zwar auf Ressourcen der Domäne 2 zugreifen, aber die Benutzer in der Domäne 2 nicht auf Ressourcen in der Domäne 1. Dieser Vorgang ist auch umgekehrt denkbar.

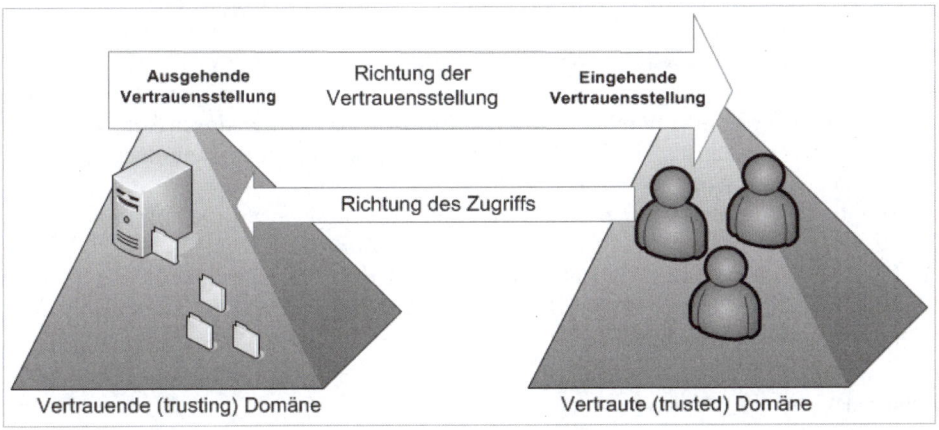

Abbildung 13.3: Vertrauensstellungen in Active Directory verstehen

Weitere Unterscheidungen der Vertrauensstellungen in Active Directory sind *ausgehende* und *eingehende* Vertrauensstellungen. Bei ausgehenden Vertrauensstellungen vertraut die Domäne 1 der Domäne 2. Das heißt, Anwender der Domäne 2 dürfen auf Ressourcen der Domäne 1 zugreifen.

Bei diesem Vorgang ist die Domäne, von der die Vertrauensstellung ausgeht, die *vertrauende (trusting)* Domäne. Bei der Domäne mit der eingehenden Vertrauensstellung handelt es sich um die *vertraute (trusted)* Domäne, in der die Benutzerkonten angelegt sind, die Berechtigungen in der vertrauenden Domäne haben.

Bevor eine Vertrauensstellung erstellt wird, prüft der Server die Eindeutigkeit in folgender Reihenfolge:

- den NetBIOS-Namen der Domäne
- den Fully Qualified Domain Name (FQDN) der Domäne
- den Security Identifier (SID) der Domäne

Diese drei Punkte müssen eindeutig sein, da ansonsten keine Vertrauensstellung erstellt werden kann. Wenn der Domänen-SID identisch ist, muss eine der beiden Domänen erneut installiert werden. Diese Szenarien können zutreffen, wenn eine Domäne von der anderen geklont oder nach dem Installieren des Betriebssystems auf einem Server dieser Server geklont wurde und anschließend das Befehlszeilentool *Sysprep* nicht angewendet worden ist. Meistens erhalten Sie in diesem Fall eine Fehlermeldung in der Art »Dieser Vorgang kann nicht auf der aktuellen Domäne ausgeführt werden«.

Varianten der Vertrauensstellungen in Active Directory

Neben den beschriebenen Vertrauensstellungen in Active Directory gibt es verschiedene Möglichkeiten, um nachträglich manuelle Vertrauensstellungen einzurichten:

- externe Vertrauensstellungen zu einer anderen Struktur oder Domäne

- gesamtstrukturübergreifende Vertrauensstellungen, um die Rootdomänen von zwei unterschiedlichen Gesamtstrukturen zu verbinden. Alle Domänen der beiden Gesamtstrukturen vertrauen sich anschließend automatisch transitiv.

- Vertrauensstellungen zu einem Nicht-Windows-Kerberossystem

- Vertrauensstellungen zwischen untergeordneten Domänen verschiedener Strukturen, sogenannte Shortcut Trusts oder abkürzende Vertrauensstellungen, sind ebenfalls möglich. Diese Art der Vertrauensstellung wird häufig verwendet, um den Zugriff auf Ressourcen zwischen Domänen zu beschleunigen. In Active Directory vertrauen sich alle Domänen innerhalb einer Struktur untereinander. Diese Einrichtung der transitiven Vertrauensstellungen erfolgt automatisch. Es werden allerdings keine Vertrauensstellungen zwischen untergeordneten Domänen verschiedener Strukturen eingerichtet, sondern nur zwischen den Rootdomänen der einzelnen Strukturen. Wenn Anwender auf Daten verschiedener untergeordneter Domänen zugreifen wollen, muss die Authentifizierung daher immer den Weg bis zur Rootdomäne der eigenen Struktur gehen, dann zur Rootdomäne der anderen Struktur und schließlich zur entsprechenden untergeordneten Domäne. Diese Authentifizierung kann durchaus einige Zeit dauern.

Einrichtung einer Vertrauensstellung

Wenn Sie eine Vertrauensstellung zu einer externen Domäne erstellen wollen, sollten Sie zunächst sicherstellen, dass die Namensauflösung zwischen den Domänen fehlerfrei funktioniert. Erst wenn die Namensauflösung stabil und zuverlässig arbeitet, sollten Sie die Vertrauensstellung einrichten. Bei verschiedenen Gesamtstrukturen arbeiten Sie auf den DNS-Servern am besten mit bedingten Weiterleitungen. Testen können Sie die Namensauflösung anschließend mit dem Befehlszeilentool *Nslookup*.

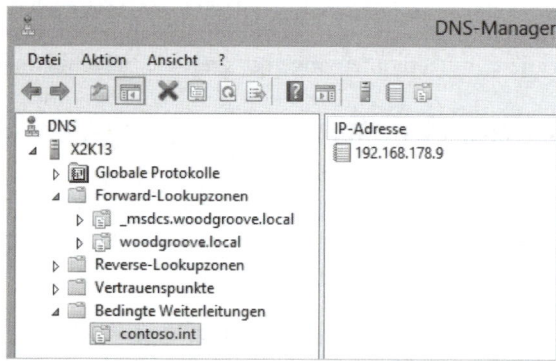

Abbildung 13.4: Bedingte Weiterleitungen zwischen Gesamtstrukturen verwenden

1. Um eine Vertrauensstellung einzurichten, rufen Sie im Snap-In *Active Directory-Domänen und -Vertrauensstellungen* die Eigenschaften der Domäne auf, von der die Vertrauensstellung ausgehen soll.

2. Wechseln Sie in den Eigenschaften auf die Registerkarte *Vertrauensstellungen*.

3. Klicken Sie auf die Schaltfläche *Neue Vertrauensstellung*. Es erscheint der Assistent zur Einrichtung neuer Vertrauensstellungen. Bestätigen Sie das Fenster, und geben Sie auf der zweiten Seite den Namen der Domäne an, zu der Sie eine Vertrauensstellung einrichten wollen.

4. Wenn Sie eine Vertrauensstellung zu einer Active Directory-Domäne aufbauen wollen, verwenden Sie am besten den DNS-Namen. Wählen Sie anschließend die Art der Vertrauensstellung aus.

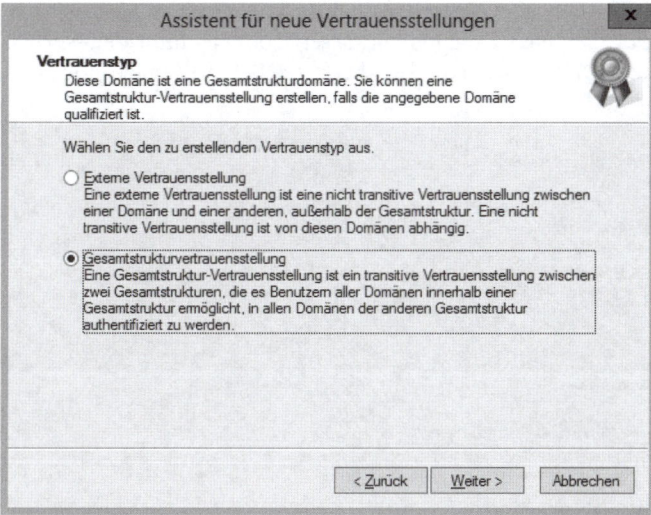

Abbildung 13.5: Neue Vertrauensstellung zwischen Gesamtstrukturen erstellen

Bei einer externen Vertrauensstellung kann eine uni- oder bidirektionale Vertrauensstellung zu einer einzelnen Domäne (in einer separaten Gesamtstruktur) eingerichtet werden.

Diese Art einer Vertrauensstellung ist nie transitiv. Eine externe Vertrauensstellung kann notwendig sein, wenn Benutzer Zugriff auf Ressourcen einer anderen Domäne in einer anderen Gesamtstruktur benötigen und keine Gesamtstrukturvertrauensstellung besteht.

Dadurch wird eine explizite Vertrauensstellung nur zu dieser einen Domäne erstellt. Wenn diese Domäne weiteren Domänen vertraut, bleibt der Zugriff auf die weiteren Domänen verwehrt. Gesamtstrukturvertrauensstellungen haben den Vorteil, dass sie eine vollständige Kerberosintegration zwischen Gesamtstrukturen bieten, und zwar bidirektional und transitiv.

Für die gesamtstrukturübergreifenden Vertrauensstellungen müssen einige Voraussetzungen geschaffen werden:

• Stellen Sie sicher, dass die Namensauflösung zwischen den Gesamtstrukturen funktioniert. Stellen Sie domänenspezifische Weiterleitungen her, und überprüfen Sie, ob sich die Domänencontroller der beiden Gesamtstrukturen untereinander per DNS auflösen können. Alternativ können Sie einen DNS-Server erstellen, der für die Zonen beider Gesamtstrukturen zuständig ist.

Sicherheit und Hochverfügbarkeit

- Bei gesamtstrukturübergreifenden Vertrauensstellungen müssen Sie nur die beiden Root-domänen der Gesamtstrukturen durch eine Vertrauensstellung verbinden. Dann vertrauen sich die Domänen der beiden Gesamtstrukturen transitiv, sodass Sie durch eine Vertrauensstellung mehrere Domänen miteinander verbinden können.

Nachdem Sie die Art der Vertrauensstellung ausgewählt haben, können Sie festlegen, ob Sie eine unidirektionale oder bidirektionale Vertrauensstellung aufbauen wollen:

- **Bidirektional**   In diesem Fall können sich die Anwender beider Domänen in der jeweils anderen Domäne authentifizieren.

- **Unidirektional: eingehend**   Bei dieser Variante legen Sie fest, dass es sich bei dieser Domäne um die vertraute Domäne der Vertrauensstellung handelt. In diesem Fall können sich die Benutzer dieser Domäne bei der anderen Domäne authentifizieren.

- **Unidirektional: ausgehend**   Bei dieser Vertrauensstellung konfigurieren Sie, dass sich ausschließlich die Anwender der anderen Domäne bei dieser Domäne anmelden dürfen. Die Benutzer dieser Domäne können sich hingegen nicht bei der anderen Domäne anmelden.

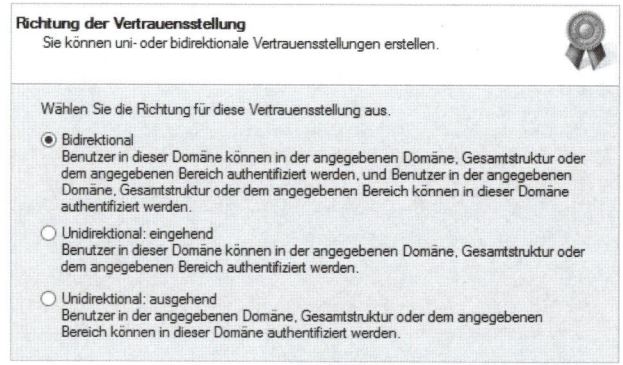

Abbildung 13.6: Die Richtung von Vertrauensstellungen festlegen

Im nächsten Fenster können Sie bei Gesamtstrukturvertrauensstellungen auswählen, ob Sie auch gleich die Vertrauensstellung in der anderen Domäne der anderen Gesamtstruktur erstellen wollen.

Im nächsten Fenster legen Sie den Bereich der Authentifizierung der Vertrauensstellung fest. Die meisten Administratoren verwenden hier die Option *Ausgewählte Authentifizierung* bzw. bei einer Gesamtstrukturvertrauensstellung die Option *Gesamtstrukturweite Authentifizierung*. Dabei können die Anwender der anderen Domäne durch Gruppenmitgliedschaften oder direkte Berechtigungen Zugriff auf die Ressourcen dieser Domäne nehmen.

Wenn Sie die Variante *Ausgewählte Authentifizierung* auswählen, müssen Sie für jeden Server, auf den die Anwender der anderen Domäne zugreifen dürfen, in den Sicherheitseinstellungen die Option *Darf authentifizieren* aktivieren. Durch diese Einstellung erhöhen Sie zwar die Sicherheit auf der anderen Seite, aber auch den Verwaltungsaufwand für die Berechtigungsstruktur.

Wenn Sie diese Option aktivieren, wird der Zugriff auf die einzelnen Server im Unternehmen für die Benutzer der anderen Domäne verweigert. Erst muss diese Verweigerung für jeden Server mit Aktivierung der Option *Darf authentifizieren* einzeln zurückgenommen werden. Im nächsten Fenster müssen Sie ein Kennwort für die Vertrauensstellung festlegen. Merken Sie sich dieses Kennwort, da Sie es unter Umständen später erneut für die Verifizierung verwenden müssen.

Hinweis

Wenn Sie zwei Gesamtstrukturen durch eine gesamtstrukturübergreifende Vertrauensstellung verbinden, sollten Sie sicherstellen, dass möglichst alle Domänennamen eindeutig sind. Sobald in den Gesamtstrukturen doppelte DNS- oder NetBIOS-Namen auftreten, können diese Domänen nicht auf Ressourcen der jeweils anderen Gesamtstruktur zugreifen.

Wählen Sie im nächsten Fenster aus, ob Sie die Vertrauensstellung überprüfen wollen. Wenn die Erstellung einer Vertrauensstellung nicht funktioniert, liegt es fast immer an Problemen mit der Namensauflösung oder entsprechenden Berechtigungen. Unter Umständen müssen Sie sich bei der Überprüfung der Vertrauensstellung erneut in der anderen Domäne authentifizieren.

Wenn in Ihrer Gesamtstruktur mehrere Strukturen eingesetzt werden, können Sie in der gesamtstrukturübergreifenden Vertrauensstellung festlegen, welche Namensräume bzw. Strukturen diese Vertrauensstellung nutzen kann. Sie können einzelne Namensräume aus dem Routing entfernen oder später über die Eigenschaften der Vertrauensstellung hinzufügen. Für die Verwaltung dieser verschiedenen Strukturen können Sie in den Eigenschaften der Vertrauensstellung die Registerkarte *Namensuffixrouting* verwenden.

Erstellen einer verknüpften Rollengruppe

Gehen Sie zum Erstellen einer verknüpften Rollengruppe und zum Zuordnen von Verwaltungsrollen folgendermaßen vor:

1. Speichern Sie die Anmeldeinformationen für die fremde Active Directory-Gesamtstruktur in einer Variablen:

```
$ForeignCredential = Get-Credential
```

2. Erstellen Sie die verknüpfte Verwaltungsrollengruppe mit folgender Syntax:

```
New-RoleGroup <Verwaltungsrollengruppe> -LinkedForeignGroup <Name der universellen Gruppe>
-LinkedDomainController <FQDN eines Domänencontrollers in der fremdem Gesamtstruktur>
-LinkedCredential $ForeignCredential -Roles <Verwaltungsrollen, die Sie zuweisen wollen,
durch Komma getrennt>
```

3. Fügen Sie über das Snap-In *Active Directory-Benutzer und -Computer* in der fremden Active Directory-Gesamtstruktur die Mitglieder der universellen Sicherheitsgruppe hinzu.

Sie können die universelle Sicherheitsgruppe ändern, die der verknüpften Verwaltungsrollengruppe zugeordnet ist. Sie verwenden dazu das Cmdlet *Set-RoleGroup*. Gehen Sie zum Ändern folgendermaßen vor:

1. Speichern Sie die Anmeldeinformationen für die fremde Active Directory-Gesamtstruktur in eine Variable, indem Sie den folgenden Befehl in der Exchange Management Shell eingeben:

```
$ForeignCredential = Get-Credential
```

2. Ändern Sie die verknüpfte Verwaltungsrollengruppe mit folgender Syntax ab:

```
Set-RoleGroup <Verwaltungsrollengruppe> -LinkedForeignGroup <Name der neuen universellen
Gruppe> -LinkedDomainController <FQDN eines Domänencontrollers in der fremdem Gesamtstruk-
tur> -LinkedCredential $ForeignCredential -Roles <Verwaltungsrollen, die Sie zuweisen wol-
len, durch Kommata getrennt>
```

3. Fügen Sie über das Snap-In *Active Directory-Benutzer und -Computer* die Mitglieder der fremden universellen Sicherheitsgruppe hinzu.

Sie können die standardmäßig angelegten Verwaltungsrollengruppen in Exchange 2016 über Kopien als verknüpfte Verwaltungsrollengruppen neu erstellen. Exchange übernimmt bei diesem Vorgang alle Verwaltungsrollen und Verwaltungsbereiche:

1. Erstellen Sie in der fremden Gesamtstruktur eine universelle Sicherheitsgruppe für jede Verwaltungsrollengruppe, die Sie mit den neuen Verwaltungsrollengruppen verknüpfen wollen.

2. Speichern Sie die Anmeldeinformationen für die fremde Active Directory-Gesamtstruktur in eine Variable. Die Variable können Sie auch für die anderen Gruppen verwenden:

```
$ForeignCredential = Get-Credential
```

3. Zeigen Sie alle Verwaltungsrollengruppen an:

```
$RoleGroup = Get-RoleGroup <Name der Verwaltungsrollengruppe>
```

4. Geben Sie den folgenden Befehl ein:

```
New-RoleGroup "<Verwaltungsrollengruppe> – Verknüpft" -LinkedForeignGroup <Name der uni-
versellen Gruppe> -LinkedDomainController <FQDN eines Domänencontrollers in der fremden
Gesamtstruktur> -LinkedCredential $ForeignCredential -Roles $RoleGroup.Roles
```

5. Wiederholen Sie Schritt 4 für jede Verwaltungsrollengruppe, die Sie als verknüpfte Verwaltungsrollengruppe erstellen wollen.

Um die Verwaltungsrollengruppe für die Organisationsverwaltung (*Organization Management*) als verknüpfte Rollengruppe zu erstellen, müssen Sie etwas anders vorgehen, da diese Verwaltungsrollengruppe über die höchsten Rechte in der Exchange-Organisation verfügt:

1. Erstellen Sie in der fremden Gesamtstruktur eine universelle Sicherheitsgruppe, die Sie mit der Verwaltungsrollengruppe *Organization Management* verknüpfen wollen.

2. Speichern Sie die Anmeldeinformationen für die fremde Active Directory-Gesamtstruktur in eine Variable:

```
$ForeignCredential = Get-Credential
```

3. Speichern Sie alle Rollenzuweisungen der Verwaltungsrollengruppe *Organization Management* in eine Variable:

```
$OrgMgmt = Get-RoleGroup "Organization Management"
```

4. Erstellen Sie die verknüpfte Rollengruppe *Organization Management*, und fügen Sie die entsprechenden Verwaltungsrollen hinzu:

```
New-RoleGroup "Organization Management – Verknüpft" -LinkedForeignGroup <Name der univer-
sellen Sicherheitsgruppe> -LinkedDomainController <Name eines DCs in der fremden Gesamt-
struktur> -LinkedCredential $ForeignCredential -Roles $OrgMgmt.Roles
```

5. Entfernen Sie alle regulären Zuweisungen zwischen der verknüpften Rollengruppe *Organization Management* und den *My**-Endbenutzerrollen:

```
Get-ManagementRoleAssignment -RoleAssignee "Organization Management – Verknüpft" -Role My*
| Remove-ManagementRoleAssignment
```

6. Fügen Sie delegierende Rollenzuweisungen zwischen der verknüpften Rollengruppe *Organization Management* und allen Verwaltungsrollen hinzu:

```
Get-ManagementRole | New-ManagementRoleAssignment -SecurityGroup "Organization Management
– Verknüpft" -Delegating
```

Rechte mit dem RBAC Manager steuern

In der Regel verwenden Sie den Internet Explorer mit der Adresse *https://<Servername>/ecp*, um auf das Exchange Admin Center zuzugreifen. Wer es etwas komfortabler haben möchte, verwendet den RBAC Manager, der sich von der Internetseite *http://rbac.codeplex.com* herunterladen lässt.

Der Vorteil des Tools ist die Bedienung in Windows, ohne auf einen Browser zurückgreifen zu müssen. Das Tool benötigt keine Installation, sondern besteht aus einer *.exe*-Datei und einer *.xml*-Steuerungsdatei. Starten Sie es, können Sie den Exchange-Server angeben, zu dem Sie sich verbinden wollen, sowie die Anmeldedaten.

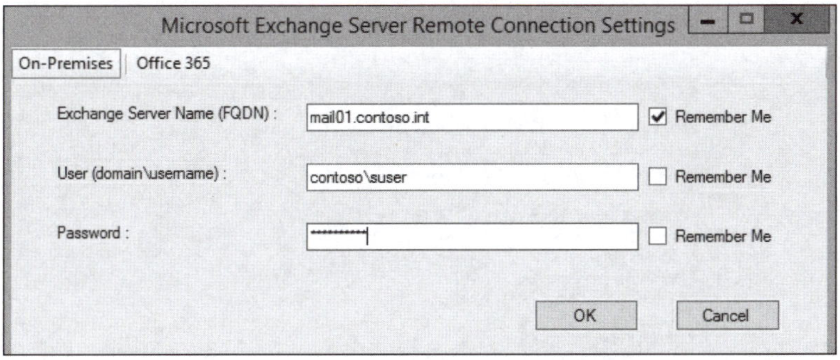

Abbildung 13.7: Mit dem RBAC Manager an Exchange 2016 oder Office 365 zur Rechtesteuerung anmelden

Ist die Exchange-Toolbox auf einer Arbeitsstation installiert, können Sie den RBAC Manager auch von dieser Arbeitsstation aus nutzen. Das Tool ermöglicht die Steuerung der Verwaltungsrollen, der Zuweisungsrichtlinien und der Verwaltungsrollengruppen.

Im RBAC Manager lassen sich Rollen anzeigen und die Rechte im Tool delegieren. Sobald das Programm gestartet ist, geben Sie den Namen des Servers ein, mit dem Sie sich verbinden wollen, sowie die zugehörigen Anmeldeinformationen. Anschließend verbindet sich der RBAC Manager mit der Exchange-Organisation und verwendet die Rechte des angemeldeten Benutzers. Sie müssen dazu auf dem Server .NET Framework 3.5 installieren. In Windows Server 2012/2012 R2 verwenden Sie dazu den Server-Manager und rufen über *Verwalten/Rollen und Features hinzufügen* die Featureverwaltung auf.

Über die Symbolleiste schalten Sie zwischen der Verwaltung von Verwaltungsrollen (Management Roles), Zuweisungsrichtlinien (Assignment Policies), Verwaltungsrollengruppen (Role Groups) und Verwaltungsbereichen (Management Scopes) um.

Sicherheit und Hochverfügbarkeit

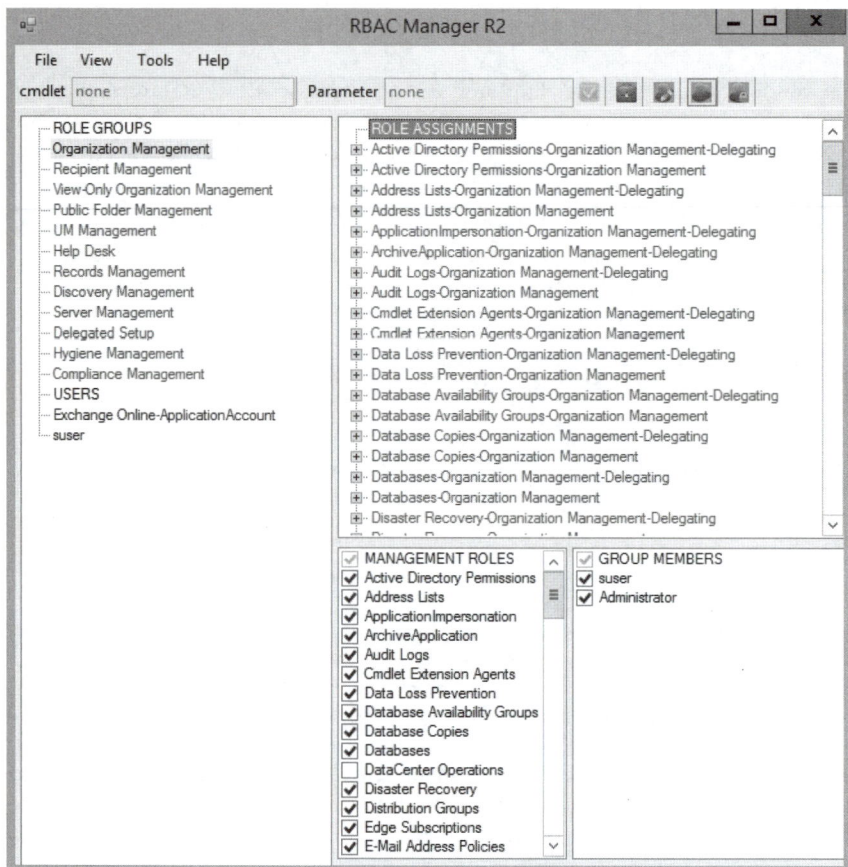

Abbildung 13.8: Exchange-Berechtigungen mit dem RBAC Manager verwalten

Wenn Sie die Ansicht auf *Management Roles* umschalten, lassen sich Verwaltungsrollen konfigurieren und erstellen sowie die Cmdlets festlegen, die in die Verwaltungsrolle integriert werden sollen. Verwaltungsrollen stellen die Rechte dar, die Administratoren haben. Sie können die Einstellungen dann vollständig im RBAC Manager durchführen und müssen nicht das webbasierte Exchange Admin Center verwenden.

Über *Assignment Policies* legen Sie fest, welche Verwaltungsrollen in den verschiedenen Verwaltungsrollenzuweisungen integriert sind, also welche Rechte die Benutzer haben sollen.

Über *Role Groups* steuern Sie die Mitglieder und die Verwaltungsrollen sowie die Rollenzuweisungen. Hier lassen sich eigene Rollengruppen erstellen oder vorhandene anpassen. Über das Kontextmenü können Sie auf einfache Weise neue Mitglieder hinzufügen.

Bei der Erstellung einer neuen Verwaltungsrollengruppe legen Sie im Bereich *Select Management Roles* die Verwaltungsrollen, also Rechte fest, die Mitglieder der Verwaltungsrollengruppe erhalten sollen.

Sind in der Organisation auch Verwaltungsbereiche festgelegt, zum Beispiel für einzelne Benutzerdatenbanken, Exchange-Server oder Domänen und Organisationseinheiten, lassen sich die Rechte auf diese einschränken. Diese Management Scopes lassen sich auch im RBAC Manager steuern.

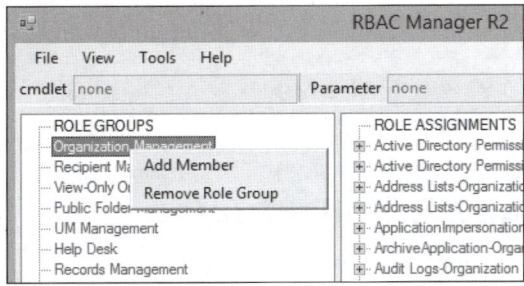

Abbildung 13.9: Neue Mitglieder zu einer Rollengruppe hinzufügen

Haben Sie eine neue Rollengruppe erstellt, lassen sich dieser über das Kontextmenü Mitglieder zuteilen. Dazu kann der RBAC Manager auch Active Directory durchsuchen.

Nach der Erstellung einer Verwaltungsrollengruppe sind anschließend rechts in der Mitte im Fenster die ausgewählten Verwaltungsrollen zu sehen, oben die dazugehörigen Verwaltungsrollenzuweisungen und ganz rechts die Mitglieder.

Erteilte Rechte lassen sich auf einzelne Bereiche der *Management Scopes* einschränken. Das können zum Beispiel Domänen, Datenbanken oder einzelne Exchange-Server sein. Auch hierzu gibt es im RBAC Manager einen eigenen Bereich.

Durchgeführte Änderungen speichert RBAC Manager in einer Protokolldatei. Diese lässt sich über das Menü *Tools* öffnen. In der Protokolldatei ist das PowerShell-Cmdlet zu sehen, mit dem der RBAC Manager die entsprechende Konfigurationsaufgabe durchgeführt hat.

Über den Menübereich *Tools/Options* stellen Sie den standardmäßigen Exchange-Server ein, mit dem sich das Tool verbindet, und legen den Domänencontroller und den Pfad der Protokolldatei fest. Normalerweise sind hier keine Änderungen notwendig, sondern nur dann, wenn es zu Verbindungsproblemen kommt.

Die Verwaltung von Rollengruppen überwachen

Sie können sich im Exchange Admin Center auch anzeigen lassen, wer Änderungen an den Berechtigungen vornimmt, also wer anderen Benutzern Administratorrechte zuteilt. Die entsprechenden Informationen rufen Sie direkt im Exchange Admin Center ab:

1. Klicken Sie auf *Verwaltung der Compliance/Überwachung/Administrator-Rollengruppenbericht ausführen*.
2. Wählen Sie die Rollengruppe aus, die Sie überwachen wollen.
3. Klicken Sie auf *Suchen*. Im Fenster sehen Sie jetzt alle durchgeführten Änderungen.

In der Exchange Management Shell können Sie die Administratoren und deren Berechtigungen anzeigen. Über das Cmdlet *Get-ManagementRoleAssignment* mit der Option *GetEffectiveUsers* lassen Sie die Rechte anzeigen:

```
Get-ManagementRoleAssignment -Role <Verwaltungsrolle> -GetEffectiveUsers
```

Wollen Sie nur einen bestimmten Benutzer auflisten lassen, verwenden Sie den folgenden Befehl:

```
Get-ManagementRoleAssignment -Role <Verwaltungsrolle> -GetEffectiveUsers | Where
{ $_.EffectiveUserName -Eq "<Name des Benutzers>" }
```

Möchten Sie alle Verwaltungsrollen anzeigen lassen, die Sie einem Benutzer zugewiesen haben, verwenden Sie:

```
Get-ManagementRoleAssignment -GetEffectiveUsers | Where { $_.EffectiveUserName -Eq "<Name des Benutzers>" }
```

Endbenutzerrollen: Zuweisungsrichtlinien für Verwaltungsrollen

Neben den Administratorrollen zur Verwaltung der Exchange-Server können Sie in Exchange auch die Rechte von Benutzern für ihr eigenes Postfach steuern. Dazu verwenden Sie zum Beispiel die Zuweisungsrichtlinien.

Exchange 2016 beinhaltet eine Standard-Rollenzuweisungsrichtlinie. Benutzer, deren Postfächer dieser Rollenzuweisungsrichtlinie zugeordnet sind, können folgende Aufgaben ausführen:

- Beitreten zu oder Verlassen von Verteilergruppen, die Mitgliedern das Verwalten der eigenen Mitgliedschaft gestatten
- Anzeigen und Ändern von Postfacheinstellungen ihrer eigenen Postfächer. Dazu zählen zum Beispiel Posteingangsregeln, Rechtschreibprüfung, Junk-E-Mail und Smartphones.
- Ändern ihrer Kontaktinformationen, zum Beispiel geschäftliche Adresse und Telefonnummer, Mobiltelefonnummer und Pagernummer
- Erstellen, Ändern oder Anzeigen von Einstellungen für Textnachrichten
- Anzeigen oder Ändern von Voicemaileinstellungen
- Anzeigen und Ändern ihrer Marketplace-Apps
- Erstellen von Teampostfächern und Verbinden dieser Postfächer mit SharePoint-Listen

Eine Richtlinie für die Verwaltungsrollenzuweisung ist eine Sammlung aus einer oder mehreren Verwaltungsrollen, mit denen Endbenutzer ihre eigene Postfach- und Verteilergruppenkonfiguration verwalten können.

Mit Rollenzuweisungsrichtlinien können Sie festlegen, welche Einstellungen Benutzer für Postfächer und Verteilergruppen ändern können. Die Richtlinie für die Verwaltungsrollenzuweisung ist ein spezielles Objekt in Exchange 2016. Die Kombination aller Rollen in einer Rollenzuweisungsrichtlinie legt fest, was der Benutzer in seinem Postfach oder in der Verteilergruppe verwalten darf.

Eine Verwaltungsrollenzuweisung ist eine Verknüpfung zwischen einer Verwaltungsrolle und einer Rollenzuweisungsrichtlinie. Bei Verwaltungsrollen handelt es sich wiederum um eine Gruppe von Verwaltungsrolleneinträgen. Ein Verwaltungsrolleneintrag ist in diesem Fall ein Cmdlet, Skript oder eine Berechtigung. Sie können nur Endbenutzerverwaltungsrollen mit Rollenzuwcisungsrichtlinien verwenden.

Verwaltungsrolleneinträge sind die einzelnen Einträge in einer Verwaltungsrolle, die festlegen, welche Cmdlets für die Verwaltungsrolle und die Rollengruppe zur Verfügung stehen. Jeder Rolleneintrag besteht aus einem Cmdlet. Mit dem Cmdlet *Get-RoleAssignmentPolicy* lassen Sie sich alle vorhandenen Zuweisungsrichtlinien anzeigen.

Wollen Sie eine Liste bestimmter Eigenschaften für alle Zuweisungsrichtlinien anzeigen lassen, verwenden Sie die Option *|fl*. Wie immer bei dieser Option können Sie durch Eingabe des folgenden Befehls weitere Optionen detaillierter anzeigen lassen:

```
Get-RoleAssignmentPolicy |ft <Eigenschaft 1>, <Eigenschaft 2>,…
```

Mit dem folgenden Befehl definieren Sie die Namen der Zuweisungsrichtlinien, die als Standard festgelegt sind:

```
Get-RoleAssignmentPolicy |ft Name, IsDefault
```

Wollen Sie alle Postfächer anzeigen, denen eine bestimmte Zuweisungsrichtlinie zugeordnet ist, verwenden Sie das Cmdlet *Get-Mailbox* und geben dessen Ergebnis an *Where* weiter. Filtern Sie die Daten mit *Where*, damit die Exchange Management Shell nur diejenigen Postfächer anzeigt, bei denen die Eigenschaft *RoleAssignmentPolicy* den Wert der Zuweisungsrichtlinie enthält, nach der Sie filtern wollen. Verwenden Sie die folgende Syntax:

```
Get-Mailbox | Where { $_.RoleAssignmentPolicy -Eq "<Name der Zuweisungsrichtlinie>" }
```

Sie können sich die Zulassungsrichtlinie, die einem Benutzerkonto zugewiesen ist, auch in den Eigenschaften des Benutzerkontos im Exchange Admin Center anzeigen lassen und die Zuweisung ändern. Rufen Sie dazu das Menü *Postfachfunktionen* in den Eigenschaften eines Benutzerpostfachs auf.

Eine Standard-Rollenzuweisungsrichtlinie ist eine Rollenzuweisungsrichtlinie, die Exchange neuen Postfächern zuweist. Exchange 2016 verfügt über eine Standard-Rollenzuweisungsrichtlinie, die den Empfängern häufig verwendete Berechtigungen zuteilt. Sie können die Standardberechtigungen in der Standard-Rollenzuweisungsrichtlinie ändern, indem Sie Verwaltungsrollen hinzufügen oder entfernen.

Wollen Sie die Standard-Rollenzuweisungsrichtlinie durch eine eigene Rollenzuweisungsrichtlinie ersetzen, verwenden Sie das Cmdlet *Set-RoleAssignmentPolicy.*

Ändern Sie die Standard-Rollenzuweisungsrichtlinie, weist Exchange den Postfächern, denen die Standard-Rollenzuweisungsrichtlinie zugewiesen ist, nicht automatisch die neue Standard-Rollenzuweisungsrichtlinie zu.

Möchten Sie die neue Richtlinie den vorhandenen Postfächern zuweisen, müssen Sie das Cmdlet *Set-Mailbox* mit der Option *RoleAssignmentPolicy* ausführen. Eine explizite Rollenzuweisungsrichtlinie ist eine Richtlinie, die Sie direkt einem Postfach mit der Option *RoleAssignmentPolicy* der Cmdlets *New-Mailbox*, *Set-Mailbox* oder *EnablE-Mailbox* manuell zuweisen. Weisen Sie eine explizite Rollenzuweisungsrichtlinie zu, wird die neue Richtlinie sofort wirksam und ersetzt die vorher zugewiesene explizite Rollenzuweisungsrichtlinie.

Tipp

Sie können die Standard-Zuweisungsrichtlinie ändern, die Exchange neuen Postfächern automatisch zuordnet. Dazu verwenden Sie den folgenden Befehl:

```
Set-RoleAssignmentPolicy <Zuweisungsrichtlinie> -IsDefault
```

Neuen Postfächern weist Exchange immer die standardmäßige Zuweisungsrichtlinie zu, auch dann, wenn dieser keine Verwaltungsrollen zugewiesen sind. Bestehenden Postfächern müssen Sie die Richtlinie aber manuell zuordnen.

In Exchange 2010/2013/2016 darf die Verwaltungsrollengruppe *MyDistrybutionGroup* zum Beispiel nicht nur Mitglieder bestimmter Verteilergruppen hinzufügen oder daraus entfernen, sondern auch Verteilergruppen entfernen und erstellen. Solche Vorgänge wollen Administratoren aber möglichst verhindern.

Es reicht oft aus, wenn bestimmte Anwender die Mitgliedschaften steuern dürfen. Welche Rechte die Benutzerrollengruppe *MyDistributionGroups* hat, sehen Sie auch in der Exchange Management Shell, wenn Sie den folgenden Befehl eingeben:

```
Get-ManagementRoleEntry -Identity My-DistributionGroups\*
```

Einfacher geht das, wenn Sie den bereits erwähnten RBAC Manager nutzen.

Die Einstellungen vorhandener Verwaltungsrollengruppen sollten Sie nicht anpassen. Besser ist es, wenn Sie eine neue Verwaltungsrollengruppe erstellen und dieser die entsprechenden Mitglieder und Rechte zuweisen. In der Exchange Management Shell verwenden Sie als Beispiel für die Verwaltung von Verteilergruppen den Befehl:

```
New-ManagementRole -Parent "MyDistribution-Groups" -Name Contoso-MyDistributionGroups
```

Sie erstellen mit dem Befehl eine neue Gruppe und weisen dieser die Rechte der übergeordneten Gruppe hinzu.

Im RBAC Manager klicken Sie mit der rechten Maustaste auf die entsprechende Gruppe und wählen im Kontextmenü den Eintrag *New Role from Here*. Anschließend geben Sie einen Namen ein. Sie können für die neue Gruppe jetzt die Rechte anpassen, indem Sie die Häkchen bei den Rechten der übergeordneten Rollengruppe aus der untergeordneten Gruppe entfernen.

Sie können die Rechte dafür auch in der Exchange Management Shell steuern. Wollen Sie zum Beispiel verhindern, dass die Anwender zukünftig Verteilergruppen anlegen und löschen dürfen, verwenden Sie

```
Get-ManagementRoleEntry -Identity "Contoso-MyDistributionGroups\New-DistributionGroup" | Remove-ManagementRoleEntry
```

und:

```
Get-ManagementRoleEntry -Identity "Contoso-MyDistributionGroups\Remove-DistributionGroup" | Remove-ManagementRoleEntry
```

Auf diesem Weg entfernen Sie alle unerwünschten Rechte auch von anderen Verwaltungsrollengruppen.

Haben Sie die Rechte konfiguriert, können Sie in der Exchange-Systemsteuerung von Exchange 2010 über die Zuweisungsrollenrichtlinie diese Rechte den Anwendern zuweisen. In Exchange 2013/2016 verwenden Sie dazu das Exchange Admin Center und den Bereich *Berechtigungen/Benutzerrollen*.

In den Eigenschaften der *Default Role Assignment Policy* weisen Sie die neu erstellte Verwaltungsrollengruppe hinzu und bestätigen die Änderung. Haben Sie eine zugewiesene Rollengruppe kopiert, entfernen Sie das Häkchen für die bereits zugewiesene Richtlinie und setzen das Häkchen bei der von Ihnen erstellten Richtlinie, um so den Anwendern nur die neuen Rechte zuzuweisen.

Anschließend wird über die Richtlinie allen Anwendern, denen diese Richtlinie zugewiesen ist, die Verwaltungsrollengruppe zugeteilt. Sie können für den Vorgang aber auch den RBAC Manager verwenden. Dazu klicken Sie auf die Schaltfläche *Show Assignment Policies*, wählen *Default Role Assignment Policy* aus und weisen die von Ihnen erstellte Verwaltungsrollengruppe zu.

Durch die Zuweisung an die Richtlinie werden allen Benutzern, denen diese Richtlinie zugewiesen ist, die Rechte erteilt, die Sie der Verwaltungsrollengruppe zugewiesen haben.

Welche Richtlinie einem Benutzer zugewiesen ist, sehen Sie wiederum in den Einstellungen des entsprechenden Postfachs. In Exchange Server 2016 finden Sie die Einstellung über *Empfänger* und dann über das Menü *Postfachfunktionen*. Wenn Sie umfangreiche Änderungen vornehmen, ist es sinnvoll, den Exchange-Server neu zu starten.

Rollenzuweisungsrichtlinien hinzufügen, entfernen und verwalten

Ein Postfach kann nur eine Rollenzuweisungsrichtlinie verwenden. Wollen Sie einigen Benutzern andere Rechte zuweisen, müssen Sie für diese Postfächer eine eigene Rollenzuweisungsrichtlinie anlegen und zuweisen.

Nachdem Sie im Bereich *Berechtigungen/Benutzerrollen* eine neue Rollenzuweisungsrichtlinie erstellt haben, weisen Sie der Rollenzuweisungsrichtlinie die Verwaltungsrollen zu. Anschließend weisen Sie die Rollenzuweisungsrichtlinie den Postfächern zu. Sie können Verwaltungsrollen auch nachträglich noch hinzufügen und entfernen oder eine andere Rollenzuweisungsrichtlinie als Standard auswählen.

Wollen Sie die Berechtigungen anpassen, die einer Gruppe von Benutzern zugewiesen sind, erstellen Sie eine neue Zuweisungsrichtlinie für Verwaltungsrollen. Dazu wechseln Sie im Exchange Admin Center in den Bereich *Berechtigungen/Benutzerrollen*. Nachdem Sie eine neue Zuweisungsrichtlinie angelegt haben, weisen Sie ihr die Verwaltungsrollen zu und ordnen die Zuweisungsrichtlinie anschließend den Benutzern zu. Um eine neue Zuweisungsrichtlinie zu erstellen, verwenden Sie in der Exchange Management Shell den folgenden Befehl:

```
New-RoleAssignmentPolicy <Name der neuen Zuweisungsrichtlinie>
```

Erstellen Sie eine neue Zuweisungsrichtlinie und wollen Sie diese als Standardrichtlinie neuen Postfächern zuweisen, verwenden Sie den folgenden Befehl:

```
New-RoleAssignmentPolicy < Name der neuen Zuweisungsrichtlinie > -IsDefault
```

Allerdings übernehmen nur neue Postfächer diese Zuweisungsrichtlinie als Standard. Bei bereits vorhandenen Postfächern muss die Richtlinie manuell zugewiesen werden. Sie müssen vor dem Entfernen einer Zuweisungsrichtlinie allen Benutzern eine andere Zuweisungsrichtlinie zuordnen. Außerdem müssen die Verwaltungsrollenzuweisungen der Zuweisungsrichtlinie entfernt werden. Zum Entfernen verwenden Sie dann den folgenden Befehl:

```
Remove-RoleAssignmentPolicy <Zuweisungsrichtlinie>
```

Über das Exchange Admin Center können Sie Zuweisungsrichtlinien ebenfalls löschen. Die Zuweisungsrichtlinien, die Postfächern zugeordnet sind, lassen sich auch nachträglich ändern. Zum Ändern rufen Sie das Cmdlet *Set-Mailbox* mit der folgenden Syntax auf:

```
Set-Mailbox <Postfach oder Name> -RoleAssignmentPolicy <Zuweisungsrichtlinie>
```

Wollen Sie die Zuweisungsrichtlinie für alle Postfächer ändern, denen eine bestimmte Zuweisungsrichtlinie zugewiesen ist, verwenden Sie den folgenden Befehl:

```
Get-Mailbox | Where { $_.RoleAssignmentPolicy -Eq "<Alte Zuweisungsrichtlinie>" } | Set-Mailbox
-RoleAssignmentPolicy <Neue Zuweisungsrichtlinie>
```

Sicherheit und Hochverfügbarkeit

Wenn Sie am Ende des Befehls die Option *-WhatIf* hinzufügen, können Sie sich anzeigen lassen, was der Befehl durchführen würde, ohne die Änderungen tatsächlich auszuführen.

Verwaltungsrollen einer Zuweisungsrichtlinie hinzufügen, entfernen und anzeigen

Eine Zuweisungsrichtlinie wirkt sich erst dann aus, wenn Sie ihr Verwaltungsrollen zuweisen. Dazu verwenden Sie den folgenden Befehl:

```
New-ManagementRoleAssignment -Name <Name der Zuweisung> -Role <Verwaltungsrolle> -Policy <Zuweisungsrichtlinie>
```

Alternativ können Sie im Exchange Admin Center den Bereich *Berechtigungen/Benutzerrollen* aufrufen. Um die Rollenzuweisung aus der Zuweisungsrichtlinie zu entfernen, verwenden Sie die folgende Syntax:

```
Remove-ManagementRoleAssignment <Name der Rollenzuweisung>
```

Klicken Sie zum Bearbeiten im Exchange Admin Center auf *Berechtigungen/Benutzerrollen*, und öffnen Sie die Einstellungen der Richtlinie. Anschließend können Sie festlegen, welche Rechte die Anwender erhalten sollen.

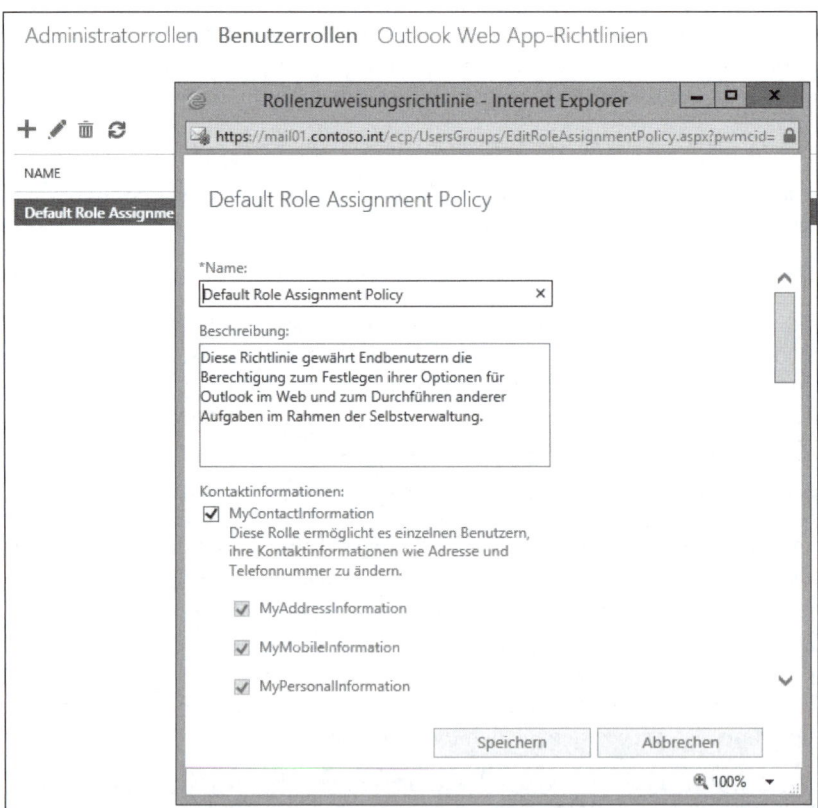

Abbildung 13.10: Rechte zu einer Zuweisungsrichtlinie hinzufügen oder aus ihr entfernen

Mit dem Cmdlet *Get-ManagementRoleAssignment* lassen Sie sich alle zugewiesenen Verwaltungsrollen einer Zuweisungsrichtlinie anzeigen.

Über *Get-RoleAssignmentPolicy* können Sie sich die Zuweisungsrichtlinien in der Organisation auflisten lassen. Um die Verwaltungsrollen für eine Zuweisungsrichtlinie zu überprüfen, verwenden Sie den folgenden Befehl:

```
Get-ManagementRoleAssignment -RoleAssignee <Zuweisungsrichtlinie>
```

Um alle Verwaltungsrollen anzuzeigen, die der Standard-Rollenzuweisungsrichtlinie zugewiesen sind, verwenden Sie den folgenden Befehl:

```
Get-ManagementRoleAssignment -RoleAssignee "Default Role Assignment Policy"
```

Die gesetzten Berechtigungen anzeigen lassen

Die meisten Berechtigungen vergeben Unternehmen auf Basis der Mitgliedschaft in Verwaltungsrollengruppen oder durch das Zuordnen von Zuweisungsrichtlinien an Endbenutzer. Über das Cmdlet *Get-ManagementRoleAssignment* können Sie sich mit der Option *GetEffectiveUsers* anzeigen lassen, welchen Benutzern die Berechtigungen einer Verwaltungsrolle gewährt worden sind. Dabei ist es unerheblich, ob diese Rechte über Rollengruppen, Verwaltungsrichtlinien oder universelle Sicherheitsgruppen zugeordnet worden sind.

Die Option *GetEffectiveUser* zeigt keine Benutzer an, die Mitglieder einer verknüpften fremden Rollengruppe sind. In diesem Fall listet die Exchange Management Shell alle verknüpften Gruppenmitglieder auf. Zur Anzeige verwenden Sie den folgenden Befehl:

```
Get-ManagementRoleAssignment -Role <Verwaltungsrolle> -GetEffectiveUsers
```

Mit dem folgenden Befehl lassen Sie sich nur die Benutzernamen anzeigen:

```
Get-ManagementRoleAssignment -Role <Verwaltungsrolle> -GetEffectiveUsers |fl EffectiveUserName
```

Möchten Sie einen bestimmten Benutzer anzeigen lassen, dem Sie über eine Verwaltungsrolle Berechtigungen zugeteilt haben, verwenden Sie das Cmdlet *Get-ManagementRoleAssignment*, um eine Liste aller effektiven Benutzer abzurufen, und geben die Liste an das Cmdlet *Where* weiter. Das Cmdlet *Where* filtert die Ausgabe und zeigt nur die gewünschten Benutzer an. Verwenden Sie dazu die folgende Syntax:

```
Get-ManagementRoleAssignment -Role <Verwaltungsrolle> -GetEffectiveUsers | Where
{ $_.EffectiveUserName -Eq "<Name des Benutzers>" }
```

Wollen Sie alle Verwaltungsrollen anzeigen, die Sie einem Benutzer zugewiesen haben, verwenden Sie ebenfalls das Cmdlet *Get-ManagementRoleAssignment* zum Anzeigen aller effektiven Benutzer und filtern mit dem Cmdlet *Where* die Anzeige:

```
Get-ManagementRoleAssignment -GetEffectiveUsers | Where { $_.EffectiveUserName -eq "<Name des
Benutzers>" }
```

Die Ausgabe des Cmdlets *Get-ManagementRoleAssignment* lässt sich mit der Option |*fl* oder |*ft* <*Eigenschaft 1*>, <*Eigenschaft 2*>,… filtern. Dazu stehen vor allem folgende Eigenschaften zur Filterung zur Verfügung:

- **EffectiveUserName**   Name des Benutzers
- **Role**   Zeigt die Rolle an, über die die Berechtigungen zugeteilt worden sind.

- **RoleAssigneeName**   Bezeichnung der Rollengruppe, Zuweisungsrichtlinie oder universellen Sicherheitsgruppe, die der Rolle zugewiesen ist und den Benutzer in der Eigenschaft *EffectiveUserName* enthält

- **RoleAssigneeType**   Zeigt an, ob die Rollenzuweisung einer Rollengruppe, einer Zuweisungsrichtlinie, einer universellen Sicherheitsgruppe oder einem Benutzer zugeordnet ist.

- **AssignmentMethod**   Zeigt an, ob es sich um eine direkte oder indirekte Zuweisung zwischen der Rolle und dem Rollenempfänger handelt.

- **CustomRecipientWriteScope**   Zeigt den benutzerdefinierten Empfängerschreibbereich an.

- **CustomConfigWriteScope**   Zeigt den benutzerdefinierten Konfigurationsschreibbereich an.

Zusammenfassung

In diesem Kapitel haben wir Ihnen anhand diverser Anleitungen gezeigt, wie Sie die Berechtigungen in Exchange 2016 für Administratoren und Benutzer korrekt setzen. Zusätzlich wurden Ihnen einige Möglichkeiten zur Berichterstellung, für den Aufbau von Vertrauensstellungen und Zusatztools erläutert.

Im nächsten Kapitel gehen wir auf das Thema Datensicherung in Exchange 2016 ein.

Kapitel 14

Datensicherung und Wiederherstellung

In diesem Kapitel:

Grundlagen der Exchange-Sicherung. 473

Exchange-Datenbanken online sichern 475

Exchange-Datenbanken offline sichern. 479

Erweiterte Wiederherstellungsmöglichkeiten 482

Outlook reparieren und wiederherstellen. 499

Einen kompletten Server mit dem Sicherungsprogramm wiederherstellen 505

Das Betriebssystem reparieren 506

Zusammenfassung 510

Bei der Verwaltung von Exchange 2016 spielt die Datensicherung eine besondere Rolle. In vielen Unternehmen ist eine spezielle Sicherungssoftware im Einsatz, über die sich auch Exchange sichern lässt. Administratoren sollten die Vorgänge zum Ablauf der Sicherung von Exchange verstehen, damit während den Wiederherstellungsaktionen keine Probleme auftreten. Es gibt zwei verschiedene Varianten der Datensicherung von Exchange: die Onlinesicherung und die Offlinesicherung. In diesem Kapitel finden Sie alle wichtigen Informationen, die Sie zur Sicherung von Exchange 2016 benötigen.

Grundlagen der Exchange-Sicherung

Da auch Exchange 2016 auf einer ESE-Datenbank aufbaut, die ständig online ist (siehe Kapitel 5), benötigen Sie zur Sicherung der Datenbank spezielle Exchange-Agents. Die wichtigsten Daten sind in den Datenbankdateien gespeichert. Hier liegen die Inhalte der Postfächer und öffentlichen Ordner. Diese Daten sind in einzelnen *.edb*-Dateien gespeichert (siehe Kapitel 5).

473

Für jede Postfachdatenbank gibt es eine solche Datei. Daher sollten Sie zumindest die folgenden Dateien sichern:

- Exchange-Datenbankdateien durch eine Exchange-kompatible Datensicherung. Im Notfall können Sie übergangsweise auch die interne Datensicherung von Windows Server 2012/ 2012 R2 verwenden.

- Exchange-Transaktionsprotokolldateien, die für jede Postfachdatenbank spezifisch sind, durch eine Exchange-kompatible Datensicherung. Gesicherte Dateien werden anschließend vom Sicherungsprogramm gelöscht, nicht von Exchange selbst.

- In der Windows-Registrierung können Sie noch die Pfade *HKLM\SOFTWARE\Microsoft\Exchange* und *HKLM\SYSTEM\CurrentControlset\Services* regelmäßig exportieren. Alternativ sichern Sie den gesamten Status des Servers über ein passendes Sicherungsprogramm oder die interne Sicherung.

Alle Aktionen, die die Benutzer durchführen und die somit Änderungen in der Datenbank zur Folge haben (beispielsweise E-Mails schreiben, Termine planen, öffentliche Ordner erstellen und so weiter), muss Exchange speichern.

Damit dieser Speichervorgang jederzeit konsistent und performant ist, arbeitet Exchange ähnlich wie ein Datenbankserver. Jede Änderung und jede Aktion speichert der Server zunächst in ein Transaktionsprotokoll (siehe Kapitel 5). Von dieser Datei arbeitet Exchange dann Änderung für Änderung ab und speichert sie in seiner Datenbank.

Diese Protokolldateien sind für den Betrieb eines Exchange-Servers sowie für die Datensicherung unerlässlich. Sobald eine derartige Datei die in Exchange festgelegte Größe erreicht (maximal 1 MB), legt der Server automatisch eine neue Transaktionsprotokolldatei an. Werden Transaktionsprotokolle beschädigt, vor allem wenn die darin enthaltenen Änderungen noch nicht in der Datenbank gespeichert sind, ist die zugehörige Datenbank nicht mehr konsistent.

Löschen Sie Transaktionsprotokolle keinesfalls manuell! Wenn Sie eine Onlinesicherung Ihrer Datenbank mit einem Exchange-tauglichen Datensicherungsprogramm durchführen, werden diese Dateien gesichert und danach automatisch gelöscht. Ein manuelles Eingreifen ist nicht notwendig. Selbst wenn die Datenbankdatei (Dateierweiterung *.edb*) verloren geht, können Sie Ihre Exchange-Daten sehr einfach mit den Transaktionsprotokollen wiederherstellen. Das Löschen übernimmt nicht Exchange, sondern das Datensicherungsprogramm.

Notfalls können Sie auch das Windows-eigene Datensicherungsprogramm verwenden, um die Exchange-Datenbanken auf dem Server zu sichern. Sie sollten von Beginn an den Exchange-Server online sichern. Versäumen Sie dies, besteht die Möglichkeit, dass die Partition überläuft, in der die Transaktionsprotokolldateien gespeichert sind. Kann Exchange keine neuen Transaktionsprotokolldateien anlegen, da kein Speicherplatz mehr vorhanden ist, stellt der Server seine Funktion ein und es kann sich kein Benutzer mehr mit dem System verbinden.

Die Prüfpunktdatei (Checkpoint File) spielt für die Arbeit von Exchange mit den Transaktionsprotokollen und damit der Datenbank eine große Rolle. Jeder Satz von Transaktionsprotokollen und jede Datenbank verfügt über eine eigene Prüfpunktdatei. Diese Datei ist im Ordner der Transaktionsprotokolle gespeichert und besitzt die Endung *.chk*.

In dieser Datei hält Exchange fest, welche Änderungen aus den Transaktionsprotokollen bereits in die Datenbank geschrieben sind. Geht diese Datei verloren, schreibt Exchange beim Starten des Servers alle Informationen, die in den Transaktionsprotokolldateien vorhanden sind, noch einmal in die Datenbank. Dabei entstehen aber keine Duplikate der Objekte, sondern Exchange überprüft, ob die Transaktionsprotokolle noch Daten enthalten, die nicht in der Datenbank vorhanden sind. Je nach Anzahl Ihrer Transaktionsprotokolle kann dieser auch als Soft-Recovery bezeichnete Vorgang einige Minuten bis Stunden dauern.

In Exchange 2016 ist standardmäßig die Umlaufprotokollierung deaktiviert. Eine aktivierte Umlaufprotokollierung bedeutet, dass Exchange nicht neue Transaktionsprotokolle anlegt, sondern nur mit einigen wenigen Protokolldateien arbeitet und diese ständig überschreibt. Sie können diese bei Exchange 2016 in den Eigenschaften der Datenbanken unter *Server/Datenbanken* auf der Registerkarte *Wartung* deaktivieren.

Durch die Aktivierung der Umlaufprotokollierung sparen Sie zwar im Idealfall Festplattenplatz, bei Problemen mit der Datenbank oder einer notwendigen Wiederherstellung kann Exchange jedoch nur noch auf einen begrenzten Datenstamm zurückgreifen (siehe auch Kapitel 5).

Das Herunterfahren eines Exchange-Servers kann etwas dauern, wenn viele Transaktionsprotokolle zu verarbeiten sind. Wird der Server heruntergefahren und das Schreiben in die Datenbank unterbrochen, führt er diesen Vorgang beim nächsten Starten durch. Prinzipiell können Sie mit einer leeren Datenbank und einem vollständigen Satz an Transaktionsprotokollen Ihre Exchange-Datenbank wieder vollständig herstellen.

Der Server führt diese Aufgabe vollkommen selbstständig ohne Eingriff eines Administrators durch. Wenn Sie den Dienst *Microsoft Exchange-Informationsspeicher* beenden und anschließend die Prüfpunktdatei löschen, beginnt der Server beim Starten des Diensts damit, die Datenbank wiederherzustellen, indem er alle vorhandenen Transaktionsprotokolle in die Datenbank schreibt. Die Prüfpunktdatei wird in diesem Schritt automatisch neu angelegt.

Wenn Sie den Dienst starten, erkennt er, dass die Prüfpunktdatei fehlt, und meldet dies über die Ereignisanzeige im Anwendungsprotokoll. Im Anschluss listet der Server die einzelnen Transaktionsprotokolle in der Ereignisanzeige auf, die vom Informationsspeicherdienst abgearbeitet und in die Datenbank geschrieben werden. Für jedes Transaktionsprotokoll, das der Server abarbeitet, sehen Sie einen Eintrag in der Ereignisanzeige. Sind alle Transaktionsprotokolle erfolgreich in die Datenbank geschrieben, erhalten Sie eine abschließende Information, dass die Wiederherstellung der Exchange-Datenbank erfolgreich durchgeführt werden konnte.

Exchange-Datenbanken online sichern

Die Onlinesicherung ist der einzig korrekte und professionelle Weg für eine Datensicherung von Exchange-Datenbanken. Dabei speichert das entsprechende Datensicherungsprogramm den Inhalt der Datenbanken, während die Exchange-Dienste weiterlaufen. Abhängig von der Sicherungsvariante löscht das Sicherungsprogramm anschließend die Transaktionsprotokolle, die in die Datenbank geschrieben und gesichert wurden.

Diese Aufgabe übernimmt nicht Exchange selbst, sondern das jeweilige Sicherungsprogramm. Der Sicherungs-Assistent von Windows Server 2012/2012 R2 sichert auch die Exchange-Datenbanken, wenn Sie ihn eingerichtet haben. Sie müssen dazu keine besonderen Eingaben machen, da bei der kompletten Sicherung des Servers das Sicherungsprogramm auch Exchange mitberücksichtigt. Allerdings ist das nur übergangsweise eine Lösung. Auf Dauer sollten Sie ein professionelles Sicherungsprogramm für Exchange einsetzen.

Grundlagen der Onlinesicherung

Bei einer Onlinesicherung liest das Sicherungsprogramm jede einzelne Datenbanktabelle aus den Datenbankdateien (*.edb*) Stück für Stück aus. Dabei belastet das Sicherungsprogramm den Server entsprechend. Achten Sie daher darauf, die Sicherung zu einem Zeitpunkt durchzuführen, zu dem keine Anwender mehr mit dem Server arbeiten. Die Datensicherung sollten Sie daher immer außerhalb der üblichen Nutzungszeiten durchführen. Da aber Änderungen in der Datenbank auch stattfinden können, wenn kein Benutzer angemeldet ist, muss ein weiterer Mechanismus der Datensicherung diese Daten erfassen, wenn die Tabellen von der Sicherung bereits gesichert sind. Exchange schreibt solche Änderungen in sogenannten Patchdateien auf die Festplatte.

Hat das Sicherungsprogramm alle Tabellen gesichert, speichert es zum Schluss die Patchdateien, damit auch wirklich alle Änderungen in der Datensicherung berücksichtigt sind. Zum Abschluss sichert das Datensicherungsprogramm standardmäßig außerdem die Transaktionsprotokolle und löscht sie anschließend. Die Dateien sollten Sie unter keinen Umständen manuell löschen. Verwenden Sie stattdessen ein kommerzielles Sicherungsprogramm. Programme, die Exchange-kompatibel sind, führen diese Vorgänge automatisch durch.

Um Ihre Exchange-Datenbanken zu sichern, stehen Ihnen in den diversen Datensicherungsprogrammen verschiedene Möglichkeiten zur Verfügung. Die vollständige oder normale Sicherung ist die geläufigste Art der Sicherung und wird am häufigsten verwendet. Sie dauert sehr lange, da sie alle ausgewählten Daten enthält und deshalb auch am meisten Platz belegt.

Da durch diese Sicherung alle Daten des Systems in einem Sicherungssatz vorliegen, kann eine Wiederherstellung damit sehr schnell erfolgen. Alle gesicherten Daten markiert das Sicherungsprogramm als gesichert, sodass diese Sicherung auch aufbauende Datensicherungstypen wie »differenziell« oder »inkrementell« unterstützt. Die Transaktionsprotokolldateien werden vom Programm nach der Sicherung gelöscht.

Inkrementelle Sicherung verstehen

Die inkrementelle Sicherung eines Servers sichert keine Exchange-Datenbanken, sondern nur die Transaktionsprotokolldateien. Nach der Sicherung der Transaktionsprotokolldateien löscht das Sicherungsprogramm die Transaktionsprotokolle. Die Dauer und der Umfang der Festplattenbelegung dieser Sicherung sind daher sehr gering, da dabei nur die geänderten Inhalte seit der letzten Sicherung erfasst werden. Nachdem dadurch aber auch die Exchange-Daten auf verschiedene Sicherungssätze verteilt worden sind, dauert eine eventuell notwendige Wiederherstellung wesentlich länger als bei der normalen Sicherung, die auch die kompletten Datenbanken enthält. Die Wiederherstellung mit der inkrementellen Sicherung dauert am längsten, denn außer der letzten vollständigen Sicherung müssen Sie auch alle seitdem erfolgten inkrementellen Sicherungen wiederherstellen.

Viele Unternehmen kombinieren inkrementelle Sicherungen mit normalen Sicherungen. In regelmäßigen Abständen, zum Beispiel einmal pro Woche oder pro Monat, sichern sie die Exchange-Datenbanken vollständig mit der normalen Sicherung. Im Zeitraum zwischen diesen vollständigen Sicherungen sichern sie die Transaktionsprotokolle inkrementell. Dies ist ein guter Kompromiss zwischen Dauer sowie Platzverbrauch der Datensicherung und einer schnellen Wiederherstellung der Daten.

Wenn Sie für eine Datenbank die Umlaufprotokollierung aktivieren, können Sie diese nicht mehr inkrementell sichern. Bei der Umlaufprotokollierung verwendet Exchange immer denselben Satz an Transaktionsprotokollen. Da die inkrementelle Sicherung die Transaktionsprotokolle löscht, kann sie bei aktivierter Umlaufprotokollierung nicht verwendet werden.

Differenzielle Sicherung verstehen

Bei der differenziellen Sicherung sichert das Datensicherungsprogramm – wie bei der inkrementellen Sicherung – keine Datenbanken, sondern nur die Transaktionsprotokolldateien.

Im Gegensatz zu der inkrementellen Sicherung löscht das Programm die Transaktionsprotokolle aber nach der Sicherung nicht. Sie können beispielsweise Ihre Datenbanken wöchentlich mit der normalen Sicherung vollständig sichern und an den Wochentagen differenziell die Transaktionsprotokolle. Dadurch löschen Sie einmal in der Woche die Transaktionsprotokolle, und während der Woche erfolgt die Sicherung sehr schnell, da das Backupprogramm lediglich die Transaktionsprotokolle sichert. Die Festplattenbelegung von Exchange und die Dauer der Sicherung steigen zwar unter der Woche an, aber am Wochenende gibt das Sicherungsprogramm während der normalen Sicherung wieder Plattenplatz frei, indem es die Transaktionsprotokolle löscht.

Mit der differenziellen Sicherung lässt sich eine Wiederherstellung wesentlich schneller durchführen als mit der inkrementellen Sicherung, da Sie nur den letzten vollständigen Sicherungssatz sowie den letzten differenziellen Sicherungssatz wiederherstellen müssen. Da auch die differenzielle Sicherung auf den Transaktionsprotokollen aufbaut, können Sie diese Sicherungsmethode nicht verwenden, wenn Sie für eine Postfachdatenbank die Umlaufprotokollierung aktiviert haben.

Exchange-Datensicherung mit der Windows Server-Sicherung

Wenn Sie Exchange 2016 mit dem internen Sicherungs-Assistenten in Windows Server 2012/2012 R2 sichern, berücksichtigt das Tool auch die Exchange-Datenbanken bei der kompletten Serversicherung.

Das Sicherungsprogramm unterstützt auch die Onlinesicherung der Exchange-Datenbanken. Während der Sicherung führt das Sicherungsprogramm eine Konsistenzprüfung der Exchange-Datendateien durch. Der Systemstatus lässt sich inkrementell sichern. Bei der Auswahl der zu sichernden Daten zeigt das Sicherungsprogramm nicht die Exchange-Datenbanken an, sondern bindet diese automatisch ein, wenn Sie den kompletten Server und den Serverstatus sichern lassen.

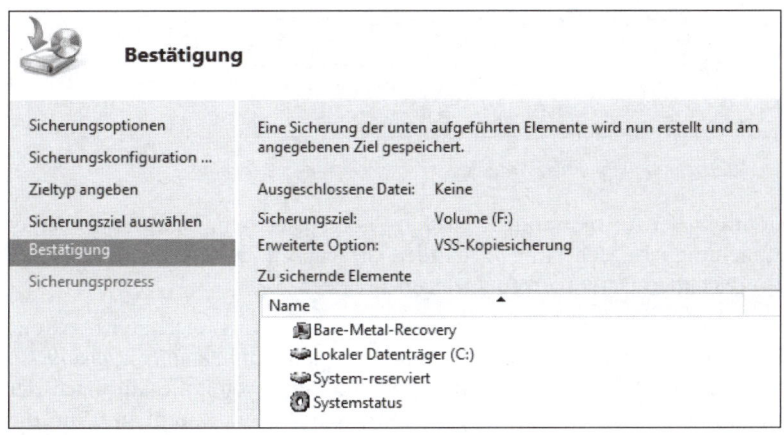

Abbildung 14.1: So verwenden Sie die Windows Server-Sicherung für die Datensicherung von Exchange.

Erst bei einer Wiederherstellung können Sie explizit Datenbanken auswählen. Den Zeitpunkt der letzten erfolgreichen Sicherung der Exchange-Datenbank sehen Sie in den Eigenschaften der Datenbank im Exchange Admin Center (siehe Kapitel 5). Sie können nach einer manuellen Sicherung auch überprüfen, ob das Sicherungsprogramm die Transaktionsprotokolle wie vorgesehen gelöscht hat.

Exchange-Daten mit dem Sicherungsprogramm wiederherstellen

Eine Wiederherstellung starten Sie im Sicherungsprogramm über das Menü *Aktion*. Auch hier führt ein Assistent durch die einzelnen Schritte der Wiederherstellung. Wählen Sie den lokalen Server für die Wiederherstellung aus. Bevor Sie eine Exchange-Datenbank wiederherstellen, sollten Sie zunächst überprüfen, an welchem Datum die letzte vollständige Sicherung durchgeführt wurde. Dazu verwenden Sie zum Beispiel in der Exchange Management Shell den folgenden Befehl:

```
Get-MailboxDatabase -Server mail01 -Status |fl Name,LastFullBackup
```

Während der Wiederstellung hebt der Sicherungs-Assistent die Bereitstellung der Datenbank, die Sie wiederherstellen, selbstständig auf und stellt sie nach der Sicherung wieder bereit. Legen Sie das Datum sowie die Uhrzeit der wiederherzustellenden Sicherung fest, und wählen Sie als Wiederherstellungstyp die Option *Anwendungen* aus.

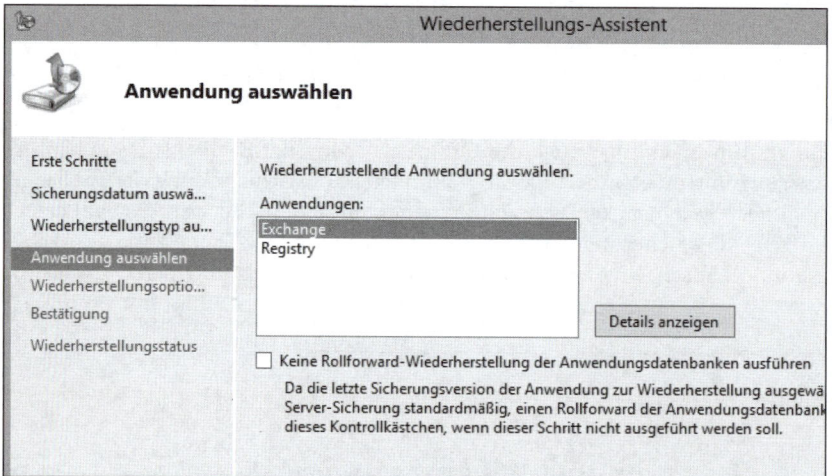

Abbildung 14.2: Wiederherstellungsoptionen in der Windows Server-Sicherung auswählen

Auf der nächsten Seite muss bei Anwendungen *Exchange* aufgelistet sein. Dann ist sichergestellt, dass eine Exchange-taugliche Sicherung vorhanden ist. Klicken Sie auf *Details anzeigen*, um sich die gesicherten Exchange-Datenbanken anzeigen zu lassen.

Handelt es sich bei der Sicherung um die aktuellste Version der Sicherung, erscheint noch das Kontrollkästchen *Keine Rollforward-Wiederherstellung der Anwendungsdatenbanken ausführen*. Für eine Rollforward-Wiederherstellung benötigen Sie Transaktionsprotokolle, die nach der Sicherung erstellt wurden. Diese schreibt Exchange anschließend in die Datenbank, um die Wiederherstellung zu vervollständigen.

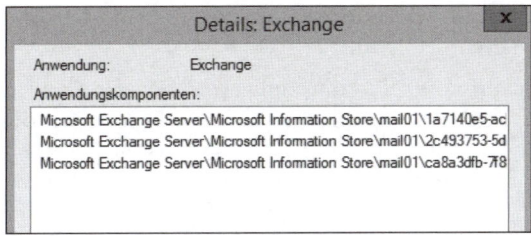

Abbildung 14.3: Exchange zur Wiederherstellung auswählen

Wählen Sie aus, wo Sie die Daten wiederherstellen wollen. Aktivieren Sie die Option *Am ursprünglichen Speicherort wiederherstellen*, stellt das Sicherungsprogramm alle gesicherten Datenbanken am Ursprungsort wieder her.

Der Vorgang dabei entspricht der Wiederherstellung einer normalen Datei. Bei aktivierter Option *An einem anderen Speicherort wiederherstellen* können Sie die Datenbanken in einem anderen Ordner wiederherstellen.

Nach der Wiederherstellung können Sie die Datendateien in eine Wiederherstellungsdatenbank integrieren und danach manuell wieder an ihren ursprünglichen Speicherort verschieben oder einzelne Daten aus der Sicherung herstellen. Auf der nächsten Seite klicken Sie dann auf *Wiederherstellen*. Sie sehen den Status der Wiederherstellung auf dieser Seite. Klicken Sie auf *Schließen*, sobald die Wiederherstellung abgeschlossen ist.

Exchange-Datenbanken offline sichern

Die Offlinesicherung ist im Gegensatz zur Onlinesicherung kein Sicherungssystem, bei dem Transaktionsprotokolle gelöscht und Dateien als gesichert markiert werden. Eine Offlinesicherung beinhaltet nur das manuelle Kopieren des Exchange-Ordners und der notwendigen Dateien in einen anderen Ordner, ohne dass dabei eine Überprüfung der Datenbank oder ein Löschen der Transaktionsprotokolle stattfindet. Damit Sie die Exchange-Datenbank kopieren können, müssen Sie zumindest die notwendigen, am besten aber alle Exchange-Dienste beenden. Nach dem Beenden der Dienste können Sie die Exchange-Daten kopieren und danach die Dienste wieder starten.

Sie sollten diese Sicherung nur in Ausnahmefällen einsetzen und keinesfalls in Ihre Sicherungsstrategie einbauen. In manchen Fällen, zum Beispiel beim Durchführen von Optimierungsarbeiten, Hardwareänderungen am Server oder bei Fehlerbehebungen, kann eine zusätzliche Offlinesicherung sinnvoll sein, aber auf keinen Fall als einzige Sicherungsstrategie.

Um später Transaktionsprotokolle in ein Offlinebackup einzuspielen, müssen Sie die Dateien der Datenbanken in denselben Ordner kopieren, aus dem Sie sie gesichert haben. Ändern Sie den Pfad der Datenbank nach einem Offlinebackup, müssen Sie zum Einspielen der Transaktionsprotokolle in die Datenbankdateien den früheren Pfad wiederherstellen. Sie können in einem solchen Fall nur die Transaktionsprotokolle zurückspielen, die vor dem Ändern des Datenbankpfads erstellt wurden.

Die Transaktionsprotokolle können Sie hingegen auf einem beliebigen Pfad zurücksichern. Dies liegt daran, dass die Transaktionsprotokolle zwar einen festen Pfad zu den Datenbankdateien enthalten, die Datenbankdateien jedoch den Pfad zu den Transaktionsprotokollen nicht kennen. Sie sollten sich den Pfad zur Prüfpunktdatei (*E00.chk*) ebenfalls notieren. In dieser Datei speichert Exchange ab, welche Transaktionsprotokolle bereits in die Datenbank geschrieben sind. Wollen Sie nach einem Offlinebackup die Transaktionsprotokolle in die Datenbank zurücksichern, müssen Sie die Prüfpunktdatei eventuell löschen.

Überprüfen Sie, ob für die Datenbank die Umlaufprotokollierung aktiviert ist. Dies spielt zwar für die Offlinesicherung direkt keine Rolle. Wenn Sie aber eine Datenbank sichern, bei der die Umlaufprotokollierung aktiviert ist, können Sie später keine Transaktionsprotokolle nachträglich in das Offlinebackup einspielen. Dies ist nur möglich, wenn die Umlaufprotokollierung deaktiviert ist.

Standardmäßig ist bei Exchange 2016 die Umlaufprotokollierung immer deaktiviert. Die Konfiguration für die Umlaufprotokollierung finden Sie in den Eigenschaften der Datenbank (siehe Kapitel 5). Als Nächstes sollten Sie überprüfen, auf welchem Datenträger und in welchem Pfad die einzelnen Datenbanken und deren Dateien liegen. Auch der Speicherort der Transaktionsprotokolle und der Prüfpunktdatei ist wichtig. Diese Informationen finden Sie, wie die Umlaufprotokollierung, in den Eigenschaften der Postfachspeicher.

Um einen Postfachspeicher oder Informationsspeicher für öffentliche Ordner offline zu sichern, müssen Sie zunächst dessen Bereitstellung aufheben. Sie brauchen nicht die Bereitstellung aller Datenbanken aufzuheben oder den Informationsspeicherdienst beenden, wenn Sie nur einzelne Postfachspeicher sichern wollen.

Als Nächstes sollten Sie mit Eseutil die Datenbank auf Konsistenz prüfen. Verwenden Sie dazu den Befehl *Eseutil /mh <Pfad zur Datenbankdatei>*, zum Beispiel:

```
Eseutil /mh "C:\Program Files\Microsoft\Exchange Server\V15\Mailbox\Mailbox Database
0331790163\Mailbox Database 0331790163.edb"
```

Nach der Eingabe des Befehls erscheint auf dem Bildschirm die Ausgabe der Abfrage. Mehr zur Konsistenzprüfung lesen Sie in Kapitel 5. Wenn Sie in der Eingabeaufforderung direkt in den Ordner der Datenbank wechseln, müssen Sie bei Eseutil nicht den gesamten Pfad eintragen.

Weist die Datenbank einen inkonsistenten Wert auf oder wird die Meldung ausgegeben, dass die Datenbank nicht korrekt heruntergefahren worden ist (Dirty Shutdown), sollten Sie die Datenbank wieder bereitstellen und die Bereitstellung nochmals aufheben. In diesem Fall sollte die Datenbank wieder konsistent sein. Falls nicht, liegt vermutlich ein größeres Problem mit Ihrer Datenbank vor und sollte repariert werden (siehe Kapitel 5).

Tipp

Sie können auch diese Reparatur unter Umständen mit Eseutil durchführen. In diesem Fall ist es wichtig, dass die Transaktionsprotokolle ebenso noch vorhanden sind wie die *.chk*-Datei der Datenbank. Sie verwenden dazu die Option */r*. Der Befehl kann in diesem Fall folgendermaßen aussehen:

```
Eseutil.exe /r e01 /l "D:\log files\Mailbox Database" /d "D:\Program Files\Microsoft\Exchange Ser-
ver\V15\Mailbox\Mailbox Database\Mailbox Database.edb" /a
```

Durch die Option */a* überspringt Eseutil eventuelle Fehler, die durch fehlerhafte Transaktionsprotokolle verursacht werden. Zwar können bei diesem Vorgang Daten verloren gehen, dennoch besteht anschließend die Chance, dass die Exchange-Datenbank danach wieder funktioniert. Einen weiteren Versuch können Sie anschließend noch mit der Option */p* starten:

```
Eseutil.exe /p "D:\Databases\Mailbox Database\Mailbox Database.edb"
```

Nach den notwendigen Vorarbeiten können Sie die Datenbankdateien in einen Backupordner kopieren. Sichern Sie auch die restlichen Transaktionsprotokolle vorsichtshalber mit. Haben Sie die Dateien gesichert, können Sie den Postfachspeicher wieder bereitstellen.

Um eine Datenbank offline zu sichern, müssen Sie zunächst deren Bereitstellung aufheben oder noch besser die Exchange-Dienste auf dem Server beenden. Sie können die Bereitstellung einzelner Datenbanken aufheben, indem Sie im Exchange Admin Center die Datenbank markieren und in den weiteren Optionen (die drei Punkte in der Symbolleiste) den Eintrag *Einbindung aufheben* auswählen.

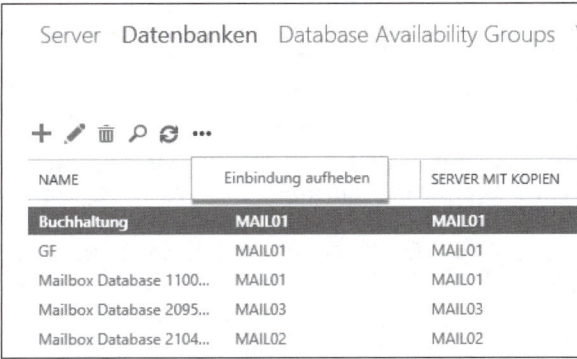

Abbildung 14.4: Das Einbinden einer Datenbank aufheben

Offlinesicherung wiederherstellen

Um eine Exchange-Datenbank mit einer Offlinesicherung wiederherzustellen, stehen Ihnen zwei unterschiedliche Möglichkeiten zur Verfügung:

- Sind die aktuellen Transaktionsprotokolle verfügbar, können diese Protokolle in die Offlinesicherung eingespielt werden, wodurch diese auf den aktuellsten Stand gebracht wird. Diese Art der Sicherung wird Rollforward genannt.

- Ist Ihr Server ausgefallen und stehen keine Transaktionsprotokolle zur Verfügung, müssen Sie die Offlinesicherung ohne Transaktionsprotokolle zurückspielen. Alle weiteren Daten nach dieser Sicherung sind unwiederbringlich verloren, da sie in den Transaktionsprotokollen gespeichert waren. Diese Wiederherstellung wird Point in Time genannt.

Um eine Point-in-Time-Wiederherstellung durchzuführen, müssen Sie zunächst die Bereitstellung für die Datenbanken aufheben. Markieren Sie dazu die Datenbank im Exchange Admin Center über *Server/Datenbanken*, und wählen Sie den Befehl *Einbindung aufheben* über das erweiterte Menü mit den drei Punkten.

Für die Wiederherstellung müssen Sie auch auf die *E00.chk*-Datei der Transaktionsprotokolle zurückgreifen. Löschen Sie die Prüfpunktdatei, und kopieren Sie die Exchange-Datenbankdateien an den ursprünglichen Speicherort. Haben Sie die Datenbanken kopiert, können Sie sie im Exchange Admin Center bereitstellen. Die Datenbank hat jetzt den Stand der Offlinesicherung.

Falls eine Datenbank defekt ist, Ihnen aber noch alle Transaktionsprotokolle seit der letzten Offlinesicherung zur Verfügung stehen, dann können Sie eine Rollforward-Wiederherstellung durchführen. Für eine Rollforward-Wiederherstellung aus einer Offlinesicherung benötigen

Sicherheit und Hochverfügbarkeit

Sie alle Transaktionsprotokolle, die Exchange nach dem Offlinebackup erstellt hat, auch die Datei *E0n.log*. Diese Datei enthält alle Transaktionen, die aktuell von der Datenbank verwendet wurden und noch nicht in einem Transaktionsprotokoll gespeichert sind.

Die Prüfpunktdatei können Sie löschen, da sie falsche Informationen darüber enthält, welche Transaktionsprotokolle bereits in die Datenbank geschrieben worden sind. Die aktuelle Prüfpunktdatei enthält nur die Informationen, welche Transaktionsprotokolle in die Datenbank geschrieben wurden, die Sie durch die Wiederherstellung sowieso überschreiben.

Da Sie eine Datenbank aus einer Offlinesicherung wiederherstellen, muss Exchange ohnehin alle Transaktionsprotokolle erneut in die Datenbank schreiben, und zwar in die wiederhergestellte Datenbank aus der Offlinesicherung. Heben Sie dazu die Bereitstellung der Datenbank auf, die Sie wiederherstellen wollen. Um eine Datenbank zu aktualisieren, ist der Stand der Offlinesicherung vollkommen gleichgültig. Es ist allerdings sehr wichtig, dass Sie alle Transaktionsprotokolle seit dieser Offlinesicherung lückenlos zur Verfügung stellen können.

Sie können eine vollständige Rollforward-Wiederherstellung nur dann ausführen, wenn sich nach dem Erstellen der Offlinesicherung die Datenbank immer noch am selben Speicherort befindet. Haben Sie die Datenbank nach dem Erstellen einer Offlinesicherung an einen anderen Speicherort verschoben, können Sie lediglich die Transaktionsprotokolle wiederherstellen, die Exchange vor dem Verschieben angefertigt hat. Falls es noch nicht geschehen ist, löschen Sie die Prüfpunktdatei (*E0n.chk*). Kopieren Sie die Offlinesicherung in den entsprechenden Ordner, und stellen Sie die Postfachdatenbank wieder bereit. Haben Sie den Informationsspeicherdienst beendet, starten Sie ihn neu. Exchange schreibt jetzt alle Transaktionsprotokolle in die Datenbanken. Dieser Vorgang kann je nach Größe der Datenbank und Anzahl der Protokolle einige Zeit dauern. Nach diesen Schritten sollte Ihnen Ihr Informationsspeicher wieder zur Verfügung stehen.

Probleme beim Offlinebackup

Wenn Sie ein Offlinebackup auf einem neuen Wiederherstellungsserver und nicht auf dem Produktivserver wiederherstellen, kann es vorkommen, dass bei einem Rollforward keine Transaktionsprotokolle in die Offlinedatenbank eingelesen werden.

Dieses Problem kann auftreten, wenn Sie einen dedizierten Wiederherstellungsserver installiert haben und dieser Server nicht auf Active Directory zugreifen kann. Bei einem Soft-Recovery überprüft Exchange während des Wiederherstellungsvorgangs und des selbstständigen Schreibens von Transaktionsprotokollen in die Datenbank in regelmäßigen Abständen die GUID der Datenbank in Active Directory.

Hat Exchange während der Wiederherstellung keinen Zugriff auf Active Directory, geht Exchange davon aus, dass die Transaktionsprotokolle nicht zu der Datenbank gehören, und schreibt sie nicht in den Informationsspeicher. Um dieses Problem zu lösen, installieren Sie am besten eine Kopie des produktiven Active Directory, auf das der Wiederherstellungsserver Zugriff hat.

Erweiterte Wiederherstellungsmöglichkeiten

In den folgenden Abschnitten gehen wir auf die erweiterten Möglichkeiten zur Wiederherstellung von Exchange ein. Wir zeigen Ihnen, wie Sie mit Wiederherstellungsdatenbanken arbeiten und Daten mit Outlook wiederherstellen.

Wiederherstellungsdatenbanken nutzen

Exchange 2016 unterstützt die Möglichkeit, Daten direkt in einer Wiederherstellungsdatenbank wiederherzustellen. Eine Wiederherstellungsdatenbank ist eine spezielle Art von Postfachdatenbank. Mit dieser können Sie eine wiederhergestellte Postfachdatenbank verbinden und anschließend Daten extrahieren.

Grundlagen zu Wiederherstellungsdatenbanken

Die Daten lassen sich in einen Ordner exportieren oder in ein Postfach importieren. Mit Wiederherstellungsdatenbanken können Sie Daten aus einer Sicherung wiederherstellen, ohne Benutzer zu beeinträchtigen. Wiederherstellungsdatenbanken legen Sie in der Exchange Management Shell an.

Der Sinn dieser Datenbanken besteht darin, einzelne Daten wiederherstellen zu können und nicht gleich die komplette produktive Datenbank überschreiben zu müssen.

Wiederherstellungsdatenbanken unterstützen nur die Wiederherstellung von Postfachdatenbankdaten, nicht aber Daten in öffentlichen Ordnern. Die Datenbanken zur Wiederherstellung können keine E-Mails empfangen oder Benutzer anbinden, zählen dafür aber auch nicht zur Begrenzung der Datenbanken auf einem Server.

Der gesamte Clientprotokollzugriff auf eine Wiederherstellungsdatenbank ist blockiert. Postfächer in einer Wiederherstellungsdatenbank lassen sich nicht mit Benutzerkonten verbinden. Auch die Onlinewartung wird für Wiederherstellungsdatenbanken nicht durchgeführt.

Mit dem Cmdlet *New-MailboxRestoreRequest* können Sie Daten aus einer Wiederherstellungsdatenbank extrahieren. Anschließend lassen sich die Daten in einen Ordner exportieren oder mit einem vorhandenen Postfach zusammenführen. Durch Wiederherstellungsdatenbanken können Sie Daten aus einer Sicherung oder aus der Kopie einer Datenbank wiederherstellen, ohne den Benutzerzugriff auf aktuelle Daten zu beeinträchtigen.

Exchange 2016 unterstützt die Möglichkeit, Daten direkt in einer Wiederherstellungsdatenbank wiederherzustellen. Das Einbinden der wiederhergestellten Daten in Form einer Wiederherstellungsdatenbank ermöglicht es, einzelne Postfächer oder einzelne Elemente in einem Postfach wiederherzustellen. Es gibt zwei Möglichkeiten, um Daten in einer Wiederherstellungsdatenbank wiederherzustellen:

- Ist eine Wiederherstellungsdatenbank bereits vorhanden, kann die Anwendung die Einbindung der Datenbank aufheben, die Daten in den Wiederherstellungsdatenbank- und Protokolldateien wiederherstellen und die Datenbank anschließend erneut einbinden.

- Die Datenbank- und Protokolldateien können in einem beliebigen Speicherort wiederhergestellt werden. Exchange analysiert die wiederhergestellten Daten und arbeitet die Transaktionsprotokolle erneut ab, um die Datenbanken zu aktualisieren. Anschließend kann eine Wiederherstellungsdatenbank so konfiguriert werden, dass sie auf die bereits wiederhergestellten Datenbankdateien verweist.

Hinweis

Es kann immer nur eine Wiederherstellungsdatenbank auf einem Postfachserver eingebunden sein. Die Verwendung einer Wiederherstellungsdatenbank wird bei der Datenbankbegrenzung pro Postfachserver nicht eingerechnet.

Postfachdatenbanken aus Vorgängerversionen von Exchange 2016 werden nicht unterstützt. Außerdem muss sich das Zielpostfach, das zur Datenzusammenführung und Datenextraktion verwendet wird, in derselben Active Directory-Gesamtstruktur wie die Wiederherstellungsdatenbank befinden.

Wiederherstellungsdatenbanken erstellen

Um eine Wiederherstellungsdatenbank zu erstellen, starten Sie die Exchange Management Shell. Der Befehl zum Erstellen einer Wiederherstellungsdatenbank lautet:

```
New-MailboxDatabase -Server <Server> -Name <Name der DB> -Recovery -EdbFilePath <Pfad zu den
EDB-Dateien> -LogFolderPath <Pfad zu den Transaktionsprotokollen>
```

Beispiel:

```
New-MailboxDatabase -Server mail01 -Name RecoveryDB -Recovery -EdbFilePath
"c:\recovery\recovery.edb" -LogFolderPath c:\Recovery
```

Um zu überprüfen, ob auf einem Server die Wiederherstellungsdatenbank vorhanden ist, verwenden Sie den Befehl *Get-MailboxDatabase*. Ausführliche Daten der Wiederherstellungsdatenbank erhalten Sie mit dem folgenden Aufruf:

```
Get-MailboxDatabase <RecoveryDatabaseName> |fl
```

Exchange-Datenbanken in Wiederherstellungsdatenbanken wiederherstellen

Als Nächstes stellen Sie die Datenbank wieder her, aus der Sie Daten wiederherstellen wollen. Dazu verwenden Sie den Pfad der Wiederherstellungsdatenbank, nicht den originalen Pfad der Datenbank. Wählen Sie den Pfad der Wiederherstellungsdatenbank aus, zum Beispiel *C:\Program Files\Microsoft\Exchange Server\V15\Mailbox\dasi*, und lassen Sie die Daten wiederherstellen.

Das Sicherungsprogramm erstellt im Ordner der Wiederherstellungsdatenbank neue Ordner mit der Bezeichnung der Laufwerke, in denen die Exchange-Daten gespeichert sind. Falls Sie die Datenbank an einem anderen Ort speichern als die Transaktionsprotokolle, legt das Wiederherstellungsprogramm für die Festplatte C: einen Ordner an und ebenso einen Ordner für das Laufwerk, in dem Sie die Exchange-Datenbank speichern. Es werden also immer alle Daten als eigenes Verzeichnis zurückgespielt. Damit Sie die Daten nutzen können, gehen Sie folgendermaßen vor:

1. Kopieren Sie die Exchange-Datenbank in den Stammordner der Wiederherstellungsdatenbank.
2. Kopieren Sie die Transaktionsprotokolle in den Stammordner der Wiederherstellungsdatenbank.
3. Öffnen Sie eine Eingabeaufforderung.
4. Benennen Sie die *.edb*-Datei aus der Sicherung in *<Name der Wiederherstellungsdatenbank>.edb* um, zum Beispiel *dasi.edb*.
5. Wechseln Sie in den Ordner, in dem Sie die Wiederherstellungsdatenbank erstellt haben, zum Beispiel *C:\Program Files\Microsoft\Exchange Server\V15\Mailbox\dasi*.
6. Überprüfen Sie in der Exchange Management Shell, ob die Datenbankdatei korrekt mit der Wiederherstellungsdatenbank verbunden ist. Verwenden Sie dazu den folgenden Befehl:

   ```
   Test-Path (Get-MailboxDatabase RecoveryDB).EdbFilePath
   ```

Erhalten Sie hier nicht die Antwort »true«, rufen Sie noch den folgenden Befehl auf:

```
Move-DatabasePath RecoveryDB -EdbFilePath E:\RecoveryDB\DB.edb -ConfigurationOnly
```

7. Überprüfen Sie als Nächstes, ob die Datenbank in Zustand »Dirty Shutdown« beendet wurde. Dazu verwenden Sie den Befehl *Eseutil /mh .\DB.edb.*

8. Geben Sie den Befehl ein, um die Datenbank für die Wiederherstellung vorzubereiten (der Befehl darf keine Fehler ausgeben):

```
Eseutil /r e00 /d <Name der Wiederherstellungsdatenbank> /i
```

9. Anschließend überprüfen Sie mit *Eseutil /mh <Name der Datenbank>*, ob die Datenbank im Bereich *State* den Status »Clean Shutdown« aufweist.

10. Ist das nicht der Fall (Dirty Shutdown), verwenden Sie den Befehl *Eseutil /p <Name der Datenbank>*, um die Datenbank zu reparieren. Bestätigen Sie die Meldung, dass Daten verloren gehen können. Dies spielt an dieser Stelle keine Rolle, da Sie ohnehin nur Daten wiederherstellen und keine produktive Datenbank anpassen wollen.

11. Überprüfen Sie nochmals mit *Eseutil /mh <Name der Datenbank>*, ob die Datenbank jetzt den korrekten Status »Clean Shutdown« aufweist.

Die Datenbank muss zwingend den Status »Clean Shutdown« aufweisen. Da eine Wiederherstellungsdatenbank einen alternativen Wiederherstellungsort für alle Datenbanken darstellt, weisen alle wiederhergestellten Datenbanken den Status »Dirty Shutdown« auf. Sie können *Eseutil /r* verwenden, um die Datenbank in den Status »Clean Shutdown« zu versetzen.

Postfächer aus einer Wiederherstellungsdatenbank wiederherstellen

Haben Sie alle Vorbereitungen durchgeführt, können Sie die Postfächer aus der Wiederherstellungsdatenbank wiederherstellen. Dazu verwenden Sie zum Beispiel den folgenden Befehl:

```
New-MailboxRestoreRequest -SourceDatabase DB1 -SourceStoreMailbox joost -TargetMailbox joost
```

Bevor Sie aber Daten aus einer Wiederherstellungsdatenbank wiederherstellen können, müssen Sie diese in Exchange bereitstellen. Dazu verwenden Sie zum Beispiel den folgenden Befehl:

```
Mount-Database RecoveryDB
```

Sie können in der Exchange Management Shell überprüfen, welche Postfächer sich auf Basis der Wiederherstellungsdatenbank wiederherstellen lassen:

```
Get-MailboxStatistics
```

Um sich zu vergewissern, dass die Postfachdaten erfolgreich wiederhergestellt wurden, öffnen Sie das Zielpostfach und überprüfen, ob die wiederhergestellten Daten vorhanden sind. Alternativ können Sie die Daten im Zielpostfach auch in einem Archivpostfach wiederherstellen. In diesem Fall verwenden Sie den folgenden Befehl:

```
New-MailboxRestoreRequest -Name "Thomas Joos" -SourceDatabase RecoveryDB -SourceStoreMailbox
"Thomas Joos" -TargetMailbox "Thomas Joos" -TargetIsArchiv
```

Das Cmdlet *New-MailboxRestoreRequest* startet den Vorgang zum Verschieben von Inhalten aus dem Postfach in einer Wiederherstellungsdatenbank in ein verbundenes primäres Postfach oder ein Archivpostfach.

Sicherheit und Hochverfügbarkeit

Hinweis

Wenn Postfächer aus einer Exchange 2016-Datenbank in eine andere Datenbank verschoben werden, löscht Exchange das entsprechende Postfach nicht sofort nach Abschluss des Vorgangs aus der Quelldatenbank. Stattdessen wird das Postfach in der Quellpostfachdatenbank in den Zustand »vorläufig gelöscht« versetzt. Der Zugriff auf die Postfachdaten ist somit möglich, wenn das Postfach mit dem Cmdlet *Set-MailboxRestoreRequest* wiederhergestellt wird.

Die vorläufig gelöschten Postfächer verbleiben in der Quelldatenbank, bis entweder der Aufbewahrungszeitraum für das gelöschte Postfach abläuft oder bis Sie das Postfach mit dem Cmdlet *Remove-StoreMailbox* endgültig löschen.

Führen Sie zum Anzeigen vorläufig gelöschter Postfächer das Cmdlet *Get-MailboxStatistics* für eine Datenbank aus, und suchen Sie nach Ergebnissen, deren *DisconnectReason*-Eintrag den Wert *SoftDeleted* aufweist.

Ein Postfach wird kurz nach Abschluss des Befehls *DisablE-Mailbox* oder *RemovE-Mailbox* als deaktiviert markiert. Dies geschieht jedoch erst, wenn der Microsoft Exchange-Informationsspeicherdienst feststellt, dass Active Directory mit den Informationen des deaktivierten Postfachs aktualisiert wurde. Sie können den Vorgang beschleunigen, indem Sie das Cmdlet *Clean-MailboxDatabase* für die entsprechende Datenbank ausführen.

Exchange bewahrt deaktivierte Postfächer in der Postfachdatenbank auf, basierend auf den Aufbewahrungseinstellungen für gelöschte Postfächer, die für die Postfachdatenbank konfiguriert wurden. Nach der angegebenen Zeitspanne wird das Postfach dauerhaft gelöscht.

Führen Sie zum Anzeigen deaktivierter Postfächer das Cmdlet *Get-MailboxStatistics* für eine Datenbank aus, und suchen Sie nach Ergebnissen, deren *DisconnectReason*-Eintrag den Wert *Disabled* aufweist.

Hinweis

Benötigen Sie die Wiederherstellungsdatenbank nicht mehr, können Sie deren Bereitstellung aufheben und die Datenbank danach löschen. Dazu verwenden Sie zum Beispiel folgende Befehle:

```
Dismount-Database RecoveryDB
RemovE-MailboxDatabase RecoveryDB
```

Die Exchange-Komponenten auf einem Server wiederherstellen

In manchen Fällen, zum Beispiel bei einem Hardware-Ausfall, kann es notwendig sein, einen kompletten Exchange-Server wiederherzustellen, auch wenn keine Sicherung des Systemstatus zur Verfügung steht. In Kapitel 2 zeigen wir die Reparatur-Installation von Exchange 2016. Auch sie kann einige Probleme beheben. Bei der Wiederherstellung von Exchange 2016 müssen Sie einige besondere Punkte beachten. Überprüfen Sie genau, welchen Zustand Ihr System aufweist:

- Welche Daten des Exchange Servers sind mit welchem Stand wo gesichert?
- Gibt es Offlinebackups und, wenn ja, von wann?

- Können die Festplatten des Servers gerettet werden oder handelt es sich um einen Totalausfall?

- Haben Sie ausreichend Ersatzhardware vorrätig, um den Server wiederherzustellen?

- Wie groß ist die Datenbank auf der Datensicherung? Danach richtet sich die Dauer der Wiederherstellung.

Falls Ihnen eine Offlinesicherung der Datenbanken zur Verfügung steht oder – besser noch – eine Onlinesicherung, sollten Sie diese überprüfen und bereithalten.

Besorgen Sie sich die Datenträger und die aktuellen Service Packs für das Betriebssystem, für Exchange 2016 und für die Drittherstellersoftware, die auf dem Server installiert waren. Sie sollten alle notwendigen Datenträger zur Verfügung haben, damit Sie den Server nach und nach wiederherstellen können.

Installieren Sie auf dem Ersatzserver beziehungsweise auf dem reparierten Server das Betriebssystem. Hier hilft es natürlich, wenn diese Informationen möglichst genau dokumentiert wurden. Integrieren Sie nach der Installation des Betriebssystems den Server unter seinem früheren Namen in Active Directory. Für eine solche Wiederherstellung sind die folgenden Voraussetzungen wichtig:

- Auf dem Server muss das gleiche Betriebssystem installiert sein. Es ist nicht möglich, auf einem Server mit Windows Server 2008 R2 eine Wiederherstellung auf Basis von Windows Server 2012 durchzuführen.

- Der Server muss die gleiche Hardwarekonfiguration wie der ausgefallene Server aufweisen. Die Größe des Arbeitsspeichers und der Festplatten kann allerdings variieren.

Nach der Installation des Betriebssystems können Sie mit der Installation von Exchange beginnen. Mit dem folgenden Befehl stellen Sie Exchange mit dem Installationsprogramm von Exchange 2016 wieder her:

```
Setup /m:RecoverServer /IAcceptExchangeServerLicenseTerms
```

Die Option migriert die Einstellungsinformationen, die für den Server in Active Directory gespeichert sind. Alle lokalen Anpassungen müssen Sie anschließend aber manuell vornehmen. Gehen Sie dazu folgendermaßen vor:

1. Setzen Sie das Computerkonto des Servers in der Domäne zurück, und stellen Sie sicher, dass sich der Server ordnungsgemäß mit Active Directory verbunden hat. Hilfreich ist dazu oft der Befehl *Dsmod computer <Servername> -reset*. Notfalls löschen Sie das Konto einfach.

2. Installieren Sie das Betriebssystem, und weisen Sie dem neuen Server den gleichen Namen wie dem ausgefallenen Server zu.

3. Nehmen Sie den Server in die gleiche Domäne auf, in der der ausgefallene Server Mitglied war.

4. Installieren Sie die erforderlichen Voraussetzungen und Betriebssystemkomponenten für Exchange 2016.

5. Melden Sie sich am Server an, und öffnen Sie eine Eingabeaufforderung.

6. Navigieren Sie zu den Installationsdateien von Exchange 2016, und geben Sie den folgenden Befehl ein:

```
Setup /m:RecoverServer /IAcceptExchangeServerLicenseTerms
```

Sicherheit und Hochverfügbarkeit

7. Nach der Installation müssen Sie alle benutzerdefinierten Einstellungen vornehmen, die auf dem Server konfiguriert waren.

Mit *Setup /m:RecoverServer* von Exchange 2016 können Sie also einen ausgefallenen Server wiederherstellen. Die meisten der Einstellungen sind in Active Directory gespeichert. Mit der Option */m:RecoverServer* wird anhand der Informationen und Einstellungen in Exchange ein neuer Active Directory-Server mit dem gleichen Namen erstellt.

Die Wiederherstellung eines ausgefallenen Servers mit Exchange erfolgt häufig unter Verwendung neuer Hardware. Sie können jedoch auch einen vorhandenen Server verwenden.

Wenn Exchange nicht im Standardordner installiert wird, müssen Sie den Speicherort der Exchange-Binärdateien über die Option */TargetDir* angeben. Falls Sie die Option */TargetDir* nicht verwenden, werden die Exchange-Dateien in den Standardordner (*%Programme% \Microsoft\Exchange Server\V15*) installiert.

Führen Sie die folgenden Schritte aus, um den Installationsordner zu ermitteln:

1. Starten Sie den ADSI-Editor über *Tools* im Server-Manager oder durch Eingabe von »adsi« auf der Windows-Startseite.

2. Klicken Sie im Fenster mit der rechten Maustaste auf *ADSI-Editor*, und wählen Sie *Verbindung herstellen*.

3. Aktivieren Sie die Option *Bekannten Namenskontext auswählen*, und wählen Sie *Konfiguration* im Dropdownlistenfeld aus.

4. Klicken Sie auf *OK*, um die Verbindung aufzubauen.

5. Navigieren Sie dann zu *Konfiguration/CN=Configuration/CN=Services/CN=Microsoft Exchange/<Name der Organisation>/CN=Administrative Groups/CN=Exchange Administrative Groups*. Hier finden Sie die wichtigsten Daten von Exchange 2016 zur Verbindung mit Active Directory. Alle Änderungen, die Sie hier vornehmen, wirken sich sofort auf die Exchange-Struktur im Unternehmen aus.

6. Im Container *CN=Servers* finden Sie weitere Container für jeden einzelnen Server.

7. Klicken Sie mit der rechten Maustaste auf das Exchange-Serverobjekt, und wählen Sie im Kontextmenü den Befehl *Eigenschaften*.

8. Suchen Sie nach dem Attribut *msExchInstallPath*. Dieses Attribut speichert den aktuellen Installationspfad.

Die Datenbankportabilität verwenden

In Exchange 2016 können Sie durch die Datenbankportabilität eine Postfachdatenbank auf jedem Server innerhalb der Organisation bereitstellen. Um eine Datenbank mithilfe der Datenbankportabilität auf einem anderen Server in der Organisation zu starten, verwenden Sie eine Offlinesicherung dieser Datenbank. Heben Sie dazu zunächst die Bereitstellung der Datenbank auf.

Im nächsten Schritt erstellen Sie auf dem Zielserver eine neue leere Datenbank. Weisen Sie dieser Datenbank exakt die gleiche Bezeichnung zu wie auf dem Quellserver. Rufen Sie anschließend die Eigenschaften der neuen Datenbank auf dem Zielserver auf, und setzen Sie im Menü *Wartung* die Option *Diese Datenbank kann bei einer Wiederherstellung überschrieben werden*. Verschieben Sie die Datenbankdateien (*.edb*-Dateien, Protokolldateien und den Inhaltsindizierungskatalog) an den entsprechenden Speicherort. Die Datenbankdateien müssen auf dem neuen Server vorhanden sein und am richtigen Speicherort vorliegen. Stellen Sie anschließend die Datenbank bereit.

Nach der Bereitstellung der Datenbank müssen Sie die Benutzerkonteneinstellungen ändern, damit Konten auf das Postfach auf dem neuen Postfachserver verweisen. Führen Sie den folgenden Befehl aus:

```
Get-Mailbox -Database <Quelldatenbank> | Where {$_.ObjectClass -NotMatch '(SystemAttendantMailbox|ExOleDbSystemMailbox)'}| Set-Mailbox -Database <Zieldatenbank>
```

Der Befehl liest die entsprechenden Postfächer ein und ändert deren Datenbank auf die neue Bezeichnung ab.

Dial-Tone-Wiederherstellung

Durch die Dial-Tone-Portabilität können Sie das Postfach eines Benutzers verschieben, ohne dass ein Zugriff auf die Inhalte des Postfachs erforderlich ist. Auf diese Weise können Server die Postfächer von Benutzern speichern, die sich zuvor auf einem anderen Server befunden haben, der nicht mehr verfügbar ist.

Das ermöglicht Benutzern, während der Wiederherstellungsvorgang ihres ursprünglichen Postfachs läuft, das Senden und Empfangen von E-Mails ohne Zugriff auf die auf dem Server gespeicherten Daten. Das temporäre Postfach kann sich auf demselben Exchange 2016-Postfachserver oder auf einem anderen Exchange 2016-Postfachserver in der Organisation befinden.

Eine Dial-Tone-Datenbank erstellen Sie mit dem Cmdlet *New-MailboxDatabase*, zum Beispiel mit:

```
New-MailboxDatabase -Name DTDB1 -EdbFilePath C:\DialTone\DTDB1.EDB
```

Mit dem Cmdlet *Set-Mailbox* ändern Sie die Konfiguration der Benutzerpostfächer, damit diese auf die neue Datenbank verweisen:

```
Get-Mailbox -Database <Quelldatenbank> | Set-Mailbox -Database DTDB1
```

Mit dem Cmdlet *Mount-Database* stellen Sie die Dial-Tone-Datenbank bereit:

```
Mount-Database -Identity DTDB1
```

Legen Sie eine Wiederherstellungsdatenbank an und stellen Sie die Quelldatenbank wieder her, oder kopieren Sie die Daten. Nachdem Sie die Daten in die Wiederherstellungsdatenbank kopiert haben, kopieren Sie noch die Transaktionsprotokolle aus der fehlerhaften Datenbank in den Protokollordner der Wiederherstellungsdatenbank. Stellen Sie die Wiederherstellungsdatenbank bereit, und heben Sie dann die Bereitstellung wieder auf. Verwenden Sie dazu nacheinander die beiden folgenden Befehle:

```
Mount-Database -Identity <Wiederherstellungsdatenbank>
Dismount-Database -Identity <Wiederherstellungsdatenbank>
```

Nachdem Sie die Bereitstellung aufgehoben haben, verschieben Sie die aktuelle Datenbank und die Protokolldateien aus dem Ordner der Wiederherstellungsdatenbank in einen anderen Ordner. Heben Sie die Bereitstellung der Dial-Tone-Datenbank anschließend wieder auf.

Verschieben Sie die Dial-Tone-Datenbank und die Protokolldateien aus dem Ordner der Dial-Tone-Datenbank in den Ordner der Wiederherstellungsdatenbank. Anschließend verschieben Sie die Datenbank und die Protokolldateien aus dem Ordner, in dem sich die wiederhergestellte Datenbank befindet, in den Ordner der Dial-Tone-Datenbank und stellen dann die Datenbank bereit.

Verwenden Sie nun die Cmdlets *Get-Mailbox* und *New-MailboxRestoreRequest*, um Daten aus der Wiederherstellungsdatenbank zu exportieren und in die wiederhergestellte Datenbank zu importieren. Alle E-Mails, die Empfänger über die Dial-Tone-Datenbank senden, werden dabei in die Produktionsdatenbank importiert. Sobald der Wiederherstellungsvorgang abgeschlossen ist, können Sie die Bereitstellung der Wiederherstellungsdatenbank aufheben und die Datenbank entfernen:

```
RemovE-MailboxDatabase -Identity <Wiederherstellungsdatenbank>
```

Aufbewahrungszeit für gelöschte Elemente konfigurieren

Das erneute Verbinden einzelner Postfächer kann notwendig sein, wenn Sie versehentlich ein Benutzerkonto mitsamt dessen Postfach gelöscht haben. Bei Exchange 2016 sind die Postfächer von Benutzern mit dem Benutzerobjekt in Active Directory verbunden. Löschen Sie das Konto des Benutzers aus Active Directory, wird auch das entsprechende Postfach des Benutzers aus der Exchange-Datenbank entfernt.

Damit durch diese enge Verbindung von Postfach und Benutzer nicht versehentlich Daten verloren gehen, ist in Exchange ein Mechanismus eingebaut, der Postfächer vor einem Löschvorgang schützt. Löschen Sie ein Benutzerkonto mitsamt dem Postfach, bewahrt Exchange das Postfach des Benutzers standardmäßig weitere 30 Tage auf, bevor es endgültig aus dem System gelöscht wird.

In diesem Zeitraum lässt sich das Postfach jederzeit wieder mit einem neuen Benutzerkonto verbinden. Sie können diesen Grenzwert in den Eigenschaften der Postfachdatenbank im Menü *Grenzwerte* festlegen. Verwenden Sie dazu die Option *Gelöschte Postfächer aufbewahren für (Tage)*.

Zur Konfiguration der Aufbewahrungszeit von gelöschten Objekten stehen Ihnen zwei Optionen zur Verfügung:

- **Gelöschte Objekte aufbewahren für (Tage)** Löschen Benutzer Objekte, werden diese in den gelöschten Objekten des Postfachs aufbewahrt. Exchange 2016 markiert diese Objekte nur als gelöscht, sie können jedoch während des definierten Zeitraums wiederhergestellt werden. Zu diesem Zweck steht in Outlook die Option *Gelöschte Elemente wiederherstellen* zur Verfügung.

- **Gelöschte Postfächer aufbewahren für (Tage)** Hier legen Sie fest, wie lange ein gelöschtes Postfach wieder mit einem neuen Benutzer in Active Directory verbunden werden kann, bevor es endgültig gelöscht wird.

Geben Sie den folgenden Befehl in der Exchange Management Shell für ein Postfach ein, löscht Exchange E-Mails in diesem Postfach niemals:

```
Set-Mailbox -Identity <Postfach> -LitigationHoldEnabled $true
```

Über diesen Weg lassen sich gelöschte E-Mails aus dem Exchange-Papierkorb jederzeit wiederherstellen.

Standardmäßig sind für Datenbanken Grenzwerte definiert, die festlegen, wie viele Daten wiederhergestellt werden können. Sie können sich diese Grenzwerte mit dem Cmdlet *Get-MailboxDatabase* anzeigen lassen. Mit dem folgenden Befehl zeigt die Exchange Management Shell nur diese Informationen an:

```
Get-MailboxDatabase <Datenbank> |fl Recoverable*
```

Single Item-Recovery für Exchange durchführen

Einzelne Daten können nicht nur über Outlook wiederhergestellt werden; auch der Helpdesk oder Administratoren können Daten wiederherstellen. Damit das funktioniert, müssen Sie Administratoren das Recht zuweisen, Postfächer durchsuchen zu dürfen.

Dazu ist die Mitgliedschaft in der Verwaltungsrollengruppe *Discovery Management* notwendig. Einzelne Mitglieder fügen Sie mit dem folgenden Befehl hinzu:

```
Add-RoleGroupMember "Discovery Management" -Member <Benutzer>
```

Standardmäßig enthält diese Verwaltungsrollengruppe keinerlei Mitglieder. Auch Exchange-Administratoren dürfen standardmäßig erst Postfächer durchsuchen, wenn das Recht explizit zugewiesen ist. Nach der Zuweisung müssen Sie die Exchange Management Shell neu starten, damit das Recht verfügbar ist.

Administratoren suchen in der Exchange Management Shell nach Elementen, indem sie das Cmdlet *Search-Mailbox* sowie das Cmdlet *New-MailboxSearch* verwenden. Die Wiederherstellung erfolgt über die Exchange Management Shell mit folgendem Befehl:

```
Search-Mailbox –Identity "<Name des Anwenders>" -SearchQuery "<Betreff oder Text der E-Mail"
-TargetMailbox "<Discoverysuchpostfach>" -TargetFolder "<Ordner im Discoverysuchpostfach"
-LogLevel Full
```

Wollen Sie zum Beispiel beim Anwender mit dem Anmeldenamen *bergtoldt* eine E-Mail mit dem Betreff *Wichtig* wiederherstellen, verwenden Sie den folgenden Befehl:

```
Search-Mailbox –Identity "bergtoldt" -SearchQuery "Wichtig" -TargetMailbox "Discoverysuchpostfach"
-TargetFolder "Tamara" -LogLevel Full
```

Sie können mit der Option *-SearchDumpsterOnly* des Cmdlets *Search-Mailbox* auch nur nach gelöschten Elementen suchen. Gibt die Exchange Management Shell ein Ergebnis zurück, können Sie die gefundene E-Mail wiederherstellen. Der nächste Schritt besteht darin, dass Sie das Discoverysuchpostfach öffnen. Am schnellsten geht das über Outlook Web App. Sie können die E-Mail auch direkt in der Exchange Management Shell im Postfach des ursprünglichen Anwenders wiederherstellen. Dazu verwenden Sie den folgenden Befehl:

```
Search-Mailbox –Identity "<Discoverysuchpostfach>" -SearchQuery "<Text aus der E-Mail"
-TargetMailbox "<Name des Anwenders>" -TargetFolder "<Beliebiger Ordner im Postfach>" -LogLevel
Full -DeleteContent
```

Getrennte Postfächer erneut verbinden

Jedes Exchange-Postfach besteht aus einem Active Directory-Benutzerkonto und den Postfachdaten, die in der Exchange-Postfachdatenbank gespeichert sind. Alle Konfigurationsdaten für ein Postfach werden in den Exchange-Attributen des Active Directory-Benutzerobjekts gespeichert. Die Postfachdatenbank enthält die E-Mail-Daten, die sich in dem Postfach befinden, das dem Benutzerkonto zugeordnet ist.

Bei einem getrennten Postfach handelt es sich um ein Postfachobjekt in der Postfachdatenbank, das keinem Active Directory-Benutzerkonto mehr zugeordnet ist.

Wenn ein Postfach im Exchange Admin Center oder mit dem Cmdlet *DisablE-Mailbox* oder *RemovE-Mailbox* in der Exchange Management Shell deaktiviert oder gelöscht wird, bewahrt Exchange das gelöschte Postfach in der Postfachdatenbank auf und deaktiviert das Postfach. Der Unterschied ist, dass beim Deaktivieren eines Postfachs die Exchange-Attribute aus dem Active Directory-Benutzerkonto entfernt werden, das Benutzerkonto jedoch aufbewahrt wird. Beim Löschen eines Postfachs werden sowohl die Exchange-Attribute als auch das Active Directory-Benutzerkonto gelöscht.

Deaktivierte und gelöschte Postfächer werden in der Postfachdatenbank bis zum Ablauf des Aufbewahrungszeitraums für gelöschte Postfächer aufbewahrt, also standardmäßig 30 Tage. Nach Ablauf des Aufbewahrungszeitraums wird das Postfach endgültig gelöscht. Wird ein Postfach mit dem Cmdlet *RemovE-Mailbox* gelöscht, erfolgt ebenfalls eine Aufbewahrung bis zum Ablauf des definierten Aufbewahrungszeitraums.

Hinweis

Wird ein Postfach mit dem Cmdlet *RemovE-Mailbox* und der Option *-Permanent* oder *-StoreMailboxIdentity* gelöscht, wird das Postfach sofort aus der Postfachdatenbank entfernt.

Um zu ermitteln, welche Postfächer in Ihrer Organisation deaktiviert sind, führen Sie den folgenden Befehl in der Shell aus:

```
Get-MailboxDatabase | Get-MailboxStatistics | Where { $_.DisconnectReason -Eq "Disabled" } |ft
DisplayName,Database,DisconnectDate
```

Wird ein Postfach in eine andere Postfachdatenbank verschoben, löscht Exchange das Postfach nach Abschluss des Vorgangs nicht aus der Quelldatenbank. Stattdessen wird das Postfach in der Quellpostfachdatenbank in den Zustand »vorläufig gelöscht« versetzt. Wie deaktivierte Postfächer werden vorläufig gelöschte Postfächer in der Quelldatenbank aufbewahrt, bis der Aufbewahrungszeitraum für gelöschte Postfächer abgelaufen ist oder das Postfach mit dem Cmdlet *Remove-StoreMailbox* endgültig gelöscht wird.

Führen Sie den folgenden Befehl aus, um die in Ihrer Organisation vorläufig gelöschten Postfächer zu ermitteln:

```
Get-MailboxDatabase | Get-MailboxStatistics | Where { $_.DisconnectReason -Eq "SoftDeleted" } |ft
DisplayName,Database,DisconnectDate
```

Sie können mehrere Vorgänge für ein deaktiviertes Postfach ausführen, bevor es endgültig aus der Postfachdatenbank gelöscht wird:

- Verbinden Sie es wieder mit demselben Benutzerkonto.
- Verbinden Sie es mit einem anderen Benutzerkonto, das nicht E-Mail-aktiviert ist und entsprechend nicht über ein Postfach verfügt.
- Stellen Sie es in einem Benutzerkonto wieder her, das ein vorhandenes Postfach hat. Wenn ein Benutzer, dessen Postfach gelöscht wurde, über ein neues Postfach verfügt, können Sie das deaktivierte Postfach im neuen Postfach wiederherstellen.
- Löschen Sie das Postfach endgültig aus der Exchange-Postfachdatenbank.

Ein deaktiviertes oder gelöschtes Postfach verbinden

Es gibt zwei Möglichkeiten zum Verbinden oder Wiederherstellen eines deaktivierten Postfachs:

- Eine Möglichkeit ist die Verwendung des Exchange Admin Centers oder des Cmdlets *Connect-Mailbox*, um das Postfach mit einem Benutzerkonto zu verbinden.

- Eine zweite Möglichkeit ist die Verwendung des Cmdlets *New-MailboxRestoreRequest*, um die Inhalte des deaktivierten Postfachs mit denen eines vorhandenen Postfachs zusammenzuführen. Dieses Cmdlet verwendet zum erneuten Verbinden des Postfachs den Postfachreplikationsdienst (Mailbox Replication Service, MRS).

Nach Ablauf des festgelegten Aufbewahrungszeitraums wird ein deaktiviertes Postfach endgültig aus der Exchange-Postfachdatenbank gelöscht. Sie können ein deaktiviertes Postfach mit dem Cmdlet *Remove-StoreMailbox* aus der Postfachdatenbank löschen.

Archivpostfächer werden getrennt, wenn sie deaktiviert werden (siehe Kapitel 9). Ein getrenntes Archivpostfach kann auf ähnliche Weise wie deaktivierte primäre Postfächer mit dem Cmdlet *Connect-Mailbox* mit dem Parameter *-Archive* verbunden werden. Das primäre Postfach und das Archivpostfach verwenden denselben Legacy-Distinguished Name (DN). Dabei handelt es sich um eine eindeutige LDAP-Zuordnung (*http://tinyurl.com/zwdqajv*). Sie müssen das Archivpostfach mit dem gleichen Benutzerpostfach verbinden, mit dem es zuvor verbunden war.

Wie getrennte primäre Postfächer werden getrennte Archivpostfächer in der Postfachdatenbank aufbewahrt, bis der Aufbewahrungszeitraum für gelöschte Postfächer abgelaufen ist. Der Standardaufbewahrungszeitraum beträgt 30 Tage. Während dieses Zeitraums können Sie das Archivpostfach wiederherstellen, indem Sie es mit demselben Benutzerkonto verbinden, mit dem es vor der Deaktivierung verbunden war.

Wenn Sie ein Archivpostfach für ein Benutzerpostfach deaktivieren und anschließend ein Archivpostfach für denselben Benutzer aktivieren, erhält das Benutzerpostfach ein neues Archivpostfach. Wenn Sie ein getrenntes Archivpostfach mit einem vorhandenen Postfach verbinden wollen, müssen Sie das Cmdlet *Connect-Mailbox* verwenden.

Deaktivierte Postfächer werden in Exchange in der Postfachdatenbank aufbewahrt. Für sie gelten die Aufbewahrungseinstellungen, die in der Postfachdatenbank für gelöschte Postfächer konfiguriert sind. Nach Ablauf des festgelegten Aufbewahrungszeitraums wird ein getrenntes Archivpostfach endgültig aus der Exchange-Postfachdatenbank gelöscht.

Ein deaktiviertes Archivpostfach kann auf ähnliche Weise wie deaktivierte primäre Postfächer mit *Remove-StoreMailbox* gelöscht werden.

Ein vorläufig gelöschtes Postfach wird erstellt, wenn das Postfach aus einer Exchange-Postfachdatenbank in eine andere Postfachdatenbank verschoben wird. Für den Fall, dass das Postfach durch einen während der Verschiebeaktion aufgetretenen Fehler nicht in der Zieldatenbank verwendet werden kann, wird das Postfach in Exchange nach dem Verschieben nicht vollständig aus der Quelldatenbank gelöscht. Sie können das Quellpostfach wiederherstellen und den Vorgang wiederholen. Das vorläufig gelöschte Postfach wird in Exchange bis zum Ablauf des Aufbewahrungszeitraums aufbewahrt.

Sie können auch mit Exchange Admin Center ein deaktiviertes Postfach mit einem Active Directory-Benutzerkonto verbinden. Testen Sie mit dem Cmdlet *Get-User* in der Exchange Management Shell, ob das Active Directory-Benutzerkonto, mit dem Sie das deaktivierte Postfach verbinden wollen, vorhanden ist und ob es nicht bereits einem anderen Postfach zugeordnet ist. Sie können diesen Vorgang auch im Bereich *Empfänger* des Exchange Admin Centers oder im Snap-In *Active Directory-Benutzer und -Computer* durchführen. Verfügt das Konto über eine E-Mail-Adresse, ist ihm bereits ein Exchange-Postfach zugeordnet.

Damit ein deaktiviertes Postfach mit einem Benutzerkonto verbunden werden kann, muss das Konto vorhanden sein. Führen Sie den folgenden Befehl aus, um sicherzustellen, dass das deaktivierte Postfach, das Sie mit einem Benutzerkonto verbinden möchten, in der Postfachdatenbank vorhanden ist und dass es sich nicht um ein vorläufig gelöschtes Postfach handelt:

```
Get-MailboxDatabase | Get-MailboxStatistics | Where { $_.DisplayName -Eq "<Anzeigenamen>" } |fl
DisplayName,Database,DisconnectReason
```

Um eine Verbindung mit einem deaktivierten Postfach herstellen zu können, muss das Postfach in der Postfachdatenbank vorhanden sein, und der Wert der Eigenschaft *DisconnectReason* muss *Disabled* lauten. Wenn das Postfach endgültig aus der Datenbank gelöscht wurde, gibt der Befehl keine Ergebnisse zurück. In diesem Fall können Sie das Postfach nur über eine Datensicherung wiederherstellen.

Um ein Postfach im Exchange Admin Center wieder zu verbinden, gehen Sie folgendermaßen vor:

1. Navigieren Sie im Exchange Admin Center zu *Empfänger/Postfächer*.
2. Klicken Sie auf *Mehr* (die drei Punkte in der Symbolleiste) und dann auf *Postfach verbinden*.
3. Es wird eine Liste mit Postfächern angezeigt, die auf dem ausgewählten Exchange-Server in der Exchange-Organisation getrennt sind. Diese Liste enthält deaktivierte, gelöschte und nicht endgültig gelöschte Postfächer. Wird das gewünschte Postfach nicht angezeigt, wechseln Sie im oberen Feld den Exchange-Server. Sie sehen im Fenster nur die Postfächer, die sich in Datenbanken auf dem entsprechenden Server befinden.
4. Klicken Sie auf das deaktivierte Postfach, das Sie mit einem Benutzerkonto verbinden wollen, und klicken Sie dann auf *Verbinden*.
5. Exchange verbindet nach Ihrer Bestätigung das deaktivierte Postfach erneut mit dem entsprechenden Benutzerkonto.

Über das Cmdlet *Connect-Mailbox* können Sie in der Exchange Management Shell ein Benutzerkonto mit einem deaktivierten Postfach verbinden. Sie müssen den Typ des Postfachs angeben, mit dem Sie eine Verbindung herstellen wollen:

```
Connect-Mailbox -Identity <Postfach> -Database <Datenbank> -User <Benutzerkonto>
```

Im folgenden Beispiel wird ein verknüpftes Postfach verbunden. Der Parameter *-Identity* gibt das getrennte Postfach in der Exchange-Datenbank an. Der Parameter *-LinkedMasterAccount* gibt das Active Directory-Benutzerkonto in der Kontogesamtstruktur an, mit dem Sie das Postfach erneut verbinden möchten. Der Parameter *-Alias* gibt den Teil der E-Mail-Adresse links vom Symbol @ des erneut verbundenen Postfachs an.

```
Connect-Mailbox -Identity "Thomas Joos" -Database MBXDB02 -LinkedDomainController FabrikamDC01
-LinkedMasterAccount joost@fabrikam.com -Alias joost
```

Mit dem folgenden Befehl wird ein freigegebenes Postfach verbunden:

```
Connect-Mailbox -Identity "Support-Postfach" -Database "Mailbox Database 03" -User "Support Post-
fach" -Alias support -Shared
```

Wenn Sie den Parameter *-Alias* nicht angeben, wird der im Parameter *-User* oder *-LinkedMasterAccount* angegebene Wert verwendet, um den Alias der E-Mail-Adresse des erneut verbundenen Postfachs zu erstellen.

Klicken Sie im Exchange Admin Center auf *Empfänger* und navigieren Sie zur entsprechenden Seite des Postfachtyps, mit dem Sie erneut eine Verbindung hergestellt haben. Klicken Sie anschließend auf *Aktualisieren*, und prüfen Sie, ob das Postfach angezeigt wird.

Postfächer deaktivieren oder löschen

Sie können ein Postfach im Exchange Admin Center oder in der Exchange Management Shell deaktivieren oder löschen. Wenn ein Postfach deaktiviert oder gelöscht wird, behält Exchange das Postfach in der Postfachdatenbank bei und versetzt das Postfach in einen deaktivierten Status.

Deaktivierte und gelöschte Postfächer verbleiben in der Postfachdatenbank, bis der Aufbewahrungszeitraum für gelöschte Postfächer abläuft. Dies ist standardmäßig nach 30 Tagen der Fall. Nach Ablauf des Aufbewahrungszeitraums wird das Postfach endgültig gelöscht. Deaktivierte oder gelöschte Postfächer werden als getrennte Postfächer bezeichnet. Um ein Postfach zu deaktivieren, gehen Sie wie folgt vor:

1. Navigieren Sie im Exchange Admin Center zu *Empfänger/Postfächer*.
2. Markieren Sie in der Liste der Postfächer das Postfach, das Sie deaktivieren möchten.
3. Klicken Sie auf den Pfeil neben dem Papierkorb und dann auf *Deaktivieren*.
4. Es wird eine Warnung angezeigt, in der Sie gefragt werden, ob Sie das Postfach deaktivieren wollen.
5. Nach Ihrer Bestätigung wird das Postfach aus der Postfachliste entfernt.

Alternativ können Sie das Postfach auch in der Exchange Management Shell über die Anweisung *DisablE-Mailbox <Postfach>* deaktivieren.

Klicken Sie im Snap-In *Active Directory-Benutzer und -Computer* mit der rechten Maustaste auf das Benutzerkonto, dessen Postfach Sie deaktiviert haben, und anschließend auf *Eigenschaften*. Auf der Registerkarte *Allgemein* ist das Feld *E-Mail* leer. Dadurch wird bestätigt, dass das Postfach deaktiviert wurde, das Benutzerkonto jedoch noch vorhanden ist. Sie können aber auch in der Exchange Management Shell eine Abfrage auf deaktivierte Konten starten:

```
Get-MailboxDatabase | Get-MailboxStatistics | Where { $_.DisplayName -Eq "<Anzeigename>" } |fl
DisconnectReason,DisconnectDate
```

Mit dem Wert *Disabled* der Eigenschaft *-DisconnectReason* wird angezeigt, dass das Postfach deaktiviert ist.

Wenn Sie ein Postfach löschen, ist der Wert der Eigenschaft *-DisconnectReason* ebenfalls *Disabled*. Überprüfen Sie auch das dazugehörige Active Directory-Benutzerkonto. Führen Sie in der Exchange Management Shell den folgenden Befehl aus:

```
Get-User <Anwender>
```

Beachten Sie, dass die Eigenschaft *-RecipientType* den Wert *User* aufweist, und nicht *UserMailbox*, den Wert für Benutzer mit aktivierten Postfächern. So können Sie ebenfalls überprüfen, dass das Postfach deaktiviert ist, das Benutzerkonto aber erhalten bleibt.

Über den gleichen Weg erreichen Sie auch die Funktion zum Löschen von Postfächern. In diesem Fall werden aber nicht nur die Exchange-Attribute entfernt, sondern Sie löschen auch das dazugehörige Windows-Konto aus Active Directory.

Sicherheit und Hochverfügbarkeit

Neben dem Exchange Admin Center löschen Sie Postfächer auch in der Exchange Management Shell, indem Sie das Cmdlet *RemovE-Mailbox <Anwender>* verwenden.

Führen Sie den folgenden Befehl aus, um zu überprüfen, ob das Postfach gelöscht wurde:

```
Get-MailboxDatabase | Get-MailboxStatistics | Where { $_.DisplayName -Eq "<Anmeldenamen>" } |fl
DisconnectReason,DisconnectDate
```

Mit dem Wert *Disabled* der Eigenschaft *-DisconnectReason* wird angegeben, dass das Postfach gelöscht wurde. Wenn Sie ein Postfach deaktivieren, ist der Wert der Eigenschaft *-Disconnect Reason* ebenfalls *Disabled*. Allerdings wird das entsprechende Active Directory-Benutzerkonto bei der Deaktivierung nicht gelöscht.

Mit dem Cmdlet *Get-User <Anwender>* rufen Sie Active Directory-Konten ab. Erhalten Sie einen Fehler angezeigt, haben Sie das Konto erfolgreich gelöscht.

Wenn Sie aktive und getrennte Postfächer endgültig löschen, werden sämtliche Postfachinhalte aus der Exchange-Postfachdatenbank unwiederbringlich entfernt. Wenn Sie ein aktives Konto endgültig dauerhaft löschen, wird das dazugehörige Active Directory-Benutzerkonto ebenfalls entfernt.

Hinweis

Sie können nicht das Exchange Admin Center zum endgültigen Löschen eines aktiven oder getrennten Postfachs verwenden. Führen Sie den folgenden Befehl in der Exchange Management Shell aus, um ein aktives Postfach und das dazugehörige Active Directory-Benutzerkonto endgültig zu löschen:

```
RemovE-Mailbox -Identity <Anwender> -Permanent $true
```

Wenn Sie den Parameter *-Permanent* nicht angeben, wird das gelöschte Postfach standardmäßig 30 Tage lang in der Postfachdatenbank aufbewahrt, bevor es endgültig gelöscht wird.

Führen Sie den folgenden Befehl aus, um zu prüfen, ob das Postfach endgültig aus der Exchange-Postfachdatenbank entfernt wurde:

```
Get-MailboxDatabase | Get-MailboxStatistics | Where { $_.DisplayName -Eq "<Anzeigenamen>" }
```

Wenn Sie das Postfach erfolgreich endgültig gelöscht haben, gibt der Befehl keine Ergebnisse zurück.

Falls Sie mit dem Cmdlet *Remove-StoreMailbox* ein getrenntes Postfach und dessen gesamten Inhalt aus der Postfachdatenbank löschen, ist der Datenverlust endgültig.

Beispiel:

```
Remove-StoreMailbox -Database MBD01 -Identity "Dan Jump" -MailboxState SoftDeleted
```

Um zu prüfen, ob ein getrenntes Postfach endgültig auch aus der Exchange-Postfachdatenbank gelöscht wurde, führen Sie den folgenden Befehl aus:

```
Get-MailboxDatabase | Get-MailboxStatistics | Where { $_.DisplayName -Eq "<Anzeigenamen>" }
```

Wurde das Postfach erfolgreich endgültig gelöscht, gibt der Befehl keine Ergebnisse zurück. Wenn das Postfach nicht endgültig gelöscht ist, gibt der Befehl Informationen zum Postfach zurück.

Ein gelöschtes Postfach wiederherstellen

Sie können über die Shell mit dem Cmdlet *New-MailboxRestoreRequest* ein gelöschtes Postfach in einem vorhandenen Postfach wiederherstellen. Wenn Sie ein gelöschtes Quellpostfach wiederherstellen, wird der Inhalt in ein vorhandenes Zielpostfach kopiert.

Nachdem eine Postfachwiederherstellung erfolgreich durchgeführt wurde, bewahrt Exchange das Postfach standardmäßig 30 Tage lang auf, bevor es entfernt wird. Mit dem Cmdlet *Remove-StoreMailbox* können Sie es zu einem früheren Zeitpunkt entfernen.

Das Exchange Admin Center kann nicht zum Wiederherstellen eines gelöschten Postfachs verwendet werden. Sie müssen dazu die Exchange Management Shell verwenden.

Um ein gelöschtes Postfach wiederherzustellen, müssen Sie den Anzeigenamen, den Legacy-DN (Distinguished Name) oder die Postfach-GUID des gelöschten Postfachs angeben. Mit dem Cmdlet *Get-MailboxStatistics* können Sie die Werte der Eigenschaften *DisplayName*, *MailboxGuid* und *LegacyDN* des gelöschten Postfachs anzeigen, das Sie wiederherstellen wollen. Führen Sie zum Beispiel den folgenden Befehl aus, um diese Informationen für alle deaktivierten und gelöschten Postfächer in Ihrer Organisation anzuzeigen:

```
Get-MailboxDatabase | Get-MailboxStatistics | Where {$_.DisconnectReason -Eq "Disabled"} |fl Dis-
playName,MailboxGuid,LegacyDN,Database
```

Ein Beispielaufruf für die Wiederherstellung lautet folgendermaßen:

```
New-MailboxRestoreRequest -SourceStoreMailbox e4890ee7-79a2-4f94-9569-91e61eac372b -SourceData-
base MBXDB01 -TargetMailbox "DebraG" -AllowLegacyDNMismatch
```

Um zu prüfen, ob Sie ein gelöschtes Postfach erfolgreich im Zielpostfach wiederhergestellt haben, führen Sie das Cmdlet *Get-MailboxRestoreRequest* aus. Wurde die Wiederherstellungsanforderung erfolgreich erstellt, hat die Eigenschaft *Status* den Wert *Queued*, *InProgress* oder *Completed*. Nachdem die Wiederherstellungsanforderung abgeschlossen wurde, wird der Inhalt des gelöschten Postfachs im Zielpostfach angezeigt.

Das Exchange Admin Center kann auch nicht zum Wiederherstellen vorläufig gelöschter Postfächer verwendet werden. Dabei handelt es sich um Postfächer, die Sie von einer Quelldatenbank in eine Zieldatenbank verschoben haben. Nach dem erfolgreichen Verschieben löscht Exchange das Postfach in der Quelldatenbank. Das vorläufig gelöschte Postfach lässt sich aber wiederherstellen.

Führen Sie den folgenden Befehl aus, um sicherzustellen, dass das vorläufig gelöschte Postfach, das Sie mit einem Benutzerkonto verbinden wollen, noch in der Postfachdatenbank vorhanden ist und es sich nicht um ein deaktiviertes Postfach handelt:

```
Get-MailboxDatabase | Get-MailboxStatistics | Where { $_.DisplayName -Eq "<Anzeigenamen>" } |fl
DisplayName,DisconnectReason,DisconnectDate
```

Das vorläufig gelöschte Postfach muss sich in der Postfachdatenbank befinden, und der Wert der Eigenschaft *DisconnectReason* muss *SoftDeleted* sein. Endgültig gelöschte Postfächer zeigt der Befehl nicht an. Alternativ können Sie den folgenden Befehl verwenden, um sich alle vorläufig gelöschten Postfächer in Ihrer Organisation anzeigen zu lassen:

```
Get-MailboxDatabase | Get-MailboxStatistics | Where { $_.DisconnectReason -Eq "SoftDeleted" } |fl
DisplayName,DisconnectReason,DisconnectDate
```

Sie können auch hier das Cmdlet *New-MailboxRestoreRequest* verwenden. Wenn Sie ein vorläufig gelöschtes Postfach wiederherstellen, werden dessen Inhalte in ein vorhandenes Zielpostfach kopiert. Nachdem eine Postfachwiederherstellungsanforderung erfolgreich abgeschlossen wurde, wird die Anforderung standardmäßig für 30 Tage aufbewahrt, bevor sie entfernt wird. Sie können diese Anforderung vorzeitig mit dem Cmdlet *RemovE-MailboxRestoreRequest* entfernen.

Nach der Wiederherstellung eines vorläufig gelöschten Postfachs wird das Postfach in der Postfachdatenbank bis zu seiner endgültigen Löschung durch einen Administrator oder bis zum Ablauf des Aufbewahrungszeitraums aufbewahrt.

Beispiel:

```
New-MailboxRestoreRequest -SourceStoreMailbox "Thomas Joos" -SourceDatabase MBXDB01 -TargetMailbox
"Thomas Joos" -AllowLegacyDNMismatch
```

Das Cmdlet *Get-MailboxRestoreRequest* gibt standardmäßig den Namen der Anforderung, das Zielpostfach, in dem die Daten wiederhergestellt werden, und den Status der Anforderung zurück.

Tipp

Das Cmdlet *Suspend-MailboxRestoreRequest* kann Wiederherstellungsvorgänge anhalten, die noch nicht abgeschlossen sind.

Sie können die Statistiken zu einer Anforderung zur Postfachwiederherstellung anzeigen. Standardmäßig enthalten die zurückgegebenen Informationen den Namen, das Postfach, den Status und den Prozentsatz der Fertigstellung. Verwenden Sie dazu das Cmdlet *Get-MailboxRestore RequestStatistics*. Im folgenden Beispiel werden Statistiken für das Postfach von Thomas Joos zurückgegeben, und der Bericht wird in eine *.csv*-Datei exportiert:

```
Get-MailboxRestoreRequestStatistics -Identity "Thomas Joos\MailboxRestore" | Export-CSV \\SER-
VER01\RestoreRequest_Reports\joos_Restorestats.csv
```

Im nächsten Beispiel werden zusätzliche Informationen für alle Wiederherstellungsanforderungen mit dem Status *Failed* zurückgegeben. Dazu verwenden Sie noch die Option *-Include Report*, um die Informationen in einer Textdatei zu speichern:

```
Get-MailboxRestoreRequest -Status Failed | Get-MailboxRestoreRequestStatistics -IncludeReport |fl >
AllRestoreReports.txt
```

Ist eine Anforderung zur Postfachwiederherstellung nicht erfolgreich, können Sie mit dem Cmdlet *Set-MailboxRestoreRequest* die Eigenschaften der Anforderung ändern.

Im folgenden Beispiel wird festgelegt, dass die Wiederherstellungsanforderung *MailboxRestore1* für das Postfach von Thomas Joos zehn beschädigte Postfachelemente überspringt:

```
Set-MailboxRestoreRequest -Identity "Thomas Joos\MailboxRestore1" -BadItemLimit 10
```

Da der Standardwert für *-BadItemLimit* bei 50 liegt, müssen Sie den Parameter *-AcceptLarge DataLoss* verwenden, um ein höheres Limit zu verwenden:

```
Set-MailboxRestoreRequest -Identity "Thomas Joos"\MailboxRestore1" -BadItemLimit 100 -AcceptLarge-
DataLoss
```

Wenn Sie prüfen wollen, ob Sie die Eigenschaft einer Wiederherstellungsanforderung erfolgreich geändert haben, führen Sie das Cmdlet *Get-MailboxRestoreRequestStatistics* aus, um sich die geänderten Eigenschaften der Wiederherstellungsanforderung anzeigen zu lassen. Wurde die Wiederherstellungsanforderung erfolgreich erstellt, hat die Eigenschaft *Status* den Wert *Queued*, *InProgress* oder *Completed*. Nachdem die Wiederherstellungsanforderung abgeschlossen ist, wird der Inhalt des vorläufig gelöschten Postfachs im Zielpostfach angezeigt.

Sie können eine Wiederherstellungsanforderung anhalten, nachdem die Anforderung erstellt ist und bevor sie den Status *Completed* erreicht. Dazu verwenden Sie das Cmdlet *Suspend-MailboxRestoreRequest*.

Wollen Sie alle laufenden Prozesse anhalten, verwenden Sie den folgenden Befehl:

```
Get-MailboxRestoreRequest -Status InProgress | Suspend-MailboxRestoreRequest -SuspendComment <Text>
```

Mit dem Aufruf

```
Get-MailboxRestoreRequest <Identity> |fl Suspend,Status
```

zeigen Sie die angehaltenen Prozesse an. Wenn die Eigenschaft *Suspend* den Wert *True* hat, wurde die Wiederherstellungsanforderung erfolgreich angehalten.

Verwenden Sie das Cmdlet *ResumE-MailboxRestoreRequest*, um eine Wiederherstellungsanforderung fortzusetzen. Mit dem Cmdlet *RemovE-MailboxRestoreRequest* löschen Sie Wiederherstellungsanforderungen für Postfächer.

Outlook reparieren und wiederherstellen

In den folgenden Abschnitten zeigen wir Ihnen, wie Sie Outlook zusammen mit Exchange 2016 reparieren und Clients, die nicht mehr korrekt funktionieren, optimal anbinden können.

Gelöschte E-Mails mit Outlook wiederherstellen

Wenn Sie eine E-Mail über das Kontextmenü, durch Drücken der Taste `Entf` oder durch Auswählen des Symbols im Menüband löschen, verschiebt Outlook die Mail in den Ordner *Gelöschte Elemente*, den Sie in den Eigenschaften des Kontos festgelegt haben.

Die Elemente verbleiben so lange im Ordner *Gelöschte Elemente*, bis Sie sie auch aus diesem Ordner entfernen oder den Ordner über das Kontextmenü leeren lassen. Bevor Sie den Ordner leeren, erhalten Sie eine Information von Outlook, die Sie bestätigen müssen. Möchten Sie diese Bestätigung in Outlook 2010/2013/2016 deaktivieren, gehen Sie folgendermaßen vor:

1. Öffnen Sie die Registerkarte *Datei*.
2. Klicken Sie auf *Optionen*.
3. Öffnen Sie die Kategorie *Erweitert*.
4. Ganz unten im Fenster finden Sie den Bereich *Weitere*.
5. Deaktivieren Sie das Kontrollkästchen *Zur Bestätigung auffordern, bevor Elemente endgültig gelöscht werden*.
6. Klicken Sie auf *OK*.
7. Wenn Sie jetzt über das Kontextmenü den Ordner *Gelöschte Elemente* leeren, müssen Sie diese Aktion nicht mehr bestätigen.

In den Optionen von Outlook 2010/2013/2016, die Sie über die Registerkarte *Datei* erreichen, können Sie in der Kategorie *Erweitert* in der Kategorie *Starten und Beenden von Outlook* das Kontrollkästchen *Beim Beenden von Outlook die Ordner "Gelöschte Elemente" leeren* aktivieren. In diesem Fall leert Outlook automatisch den Outlook-Papierkorb jener Konten, über die Daten auf dem Rechner gespeichert werden.

Anwender können mithilfe von Outlook gelöschte Elemente selbst wiederherstellen. Dazu markiert ein Anwender in Outlook am besten den Ordner *Gelöschte Elemente* und wählt anschließend den Menübefehl *Gelöschte Elemente wiederherstellen*. In Outlook 2010/2013/2016 finden Sie diesen Befehl auf der Registerkarte *Ordner*.

Nach der Auswahl des Menübefehls zeigt Outlook die E-Mails an, die der Anwender gelöscht hat und die sich nicht mehr im Ordner *Gelöschte Elemente* befinden. Diese E-Mails können Anwender in diesem Fenster wiederherstellen.

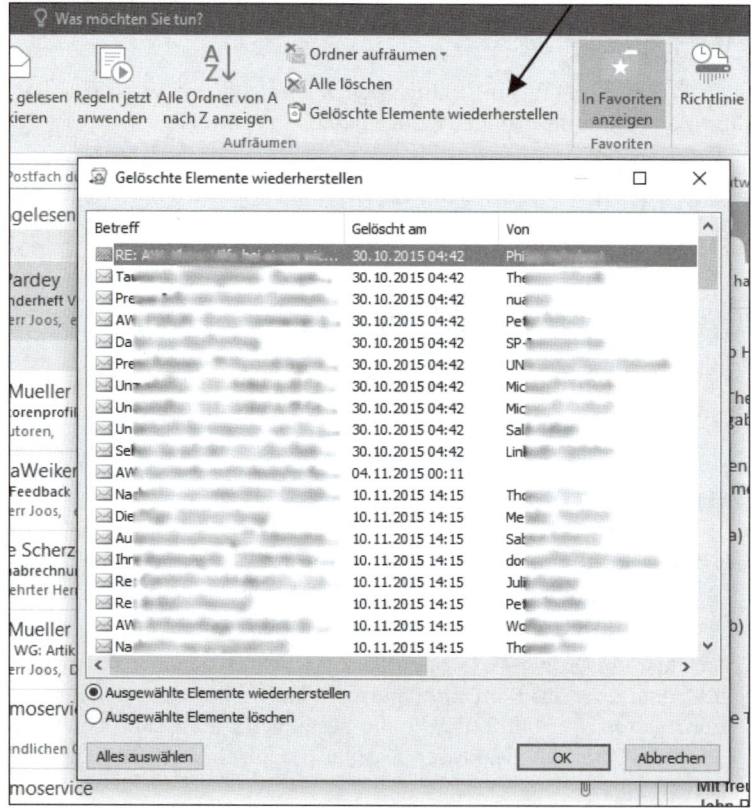

Abbildung 14.5: E-Mails in Outlook wiederherstellen

Über das Kontextmenü des Ordners *Gelöschte Elemente* steht in Outlook 2010/2013/2016 die gleiche Option zur Verfügung. Auch mit Outlook Web App können Sie über das Kontextmenü des Ordners *Gelöschte Elemente* einzelne E-Mails wiederherstellen. Auf diese Weise können Anwender auch E-Mails wiederherstellen, die aus dem Papierkorb entfernt wurden.

Daten aus .ost-Dateien wiederherstellen

Wenn Sie IMAP-, Exchange- oder Office 365-Konten an Outlook 2016 anbinden, überträgt das Programm die E-Mails in eine *.ost*-Datei. In ihr sind die E-Mails und Daten gespeichert – wie in früheren Versionen in *.pst*-Dateien.

Müssen Sie aus bestimmten Gründen Daten aus diesen *.ost*-Dateien wiederherstellen, haben Sie die Möglichkeit, mit der Freeware OST2PST (*http://www.ost2pst.us/freeware*) die *.ost*-Dateien in eine *.pst*-Datei umzuwandeln und Daten aus der Datei zu extrahieren. Die Demoversion kann E-Mails nur anzeigen.

Während Outlook die *.pst*-Dateien im Ordner *Outlook-Dateien* der Dokumenten-Bibliothek speichert, finden Sie *.ost*-Dateien im Benutzerprofil (*C:\Users\<Anmeldename>\AppData\Local\Microsoft\Outlook*).

Um Daten aus *.ost*-Dateien wiederherzustellen, installieren Sie zunächst OST2PST und öffnen dann die *.ost*-Datei im Ordner *C:\Users\<Anmeldename>\AppData\Local\Microsoft\Outlook*. Kopieren Sie zuvor am besten die *.ost*-Datei in einen anderen Ordner. Damit Sie den Ordner *AppData* sehen, müssen Sie sich im Explorer von Windows 8/8.1/10 zunächst auf der Registerkarte *Ansicht* die versteckten Dateien anzeigen lassen.

Profileinstellungen und E-Mail-Konten sichern

In den Outlook-Datendateien oder im Profil sind leider nicht die Einstellungen Ihrer E-Mail-Konten enthalten. Wenn Sie also Outlook neu installieren, integrieren Sie zwar sehr leicht Ihre Daten wieder, aber die E-Mail-Konten und alle Einstellungen der Profile müssen Sie standardmäßig neu erstellen. Die Einstellungen der Profile, also E-Mail-Konten, die Anmeldung und die Anzeige der Favoritenordner, speichert Outlook nicht in der Outlook-Datendatei, sondern in der Windows-Registry.

Hier gibt es aber einen einfachen Weg, diese Sicherung über die Registry durchzuführen. Zur Wiederherstellung müssen Sie nach der erneuten Installation von Outlook anschließend lediglich auf die exportierte Registrierungsdatei doppelklicken, und alle E-Mail-Einstellungen sind wieder vorhanden.

Hinweis

Notieren Sie sich unbedingt die Kennwörter Ihrer Konten, denn der Assistent exportiert sie nicht mit. Beim Starten von Outlook erscheinen die Fenster zur Anmeldung und Sie können an dieser Stelle die Kennwörter hinterlegen und speichern.

Den Speicherort in der Registry hat Microsoft von Outlook 2010 zu Outlook 2013 geändert. Auch Outlook 2016 nutzt teilweise andere Pfade. Wir zeigen Ihnen im folgenden Abschnitt alle Pfade.

Gehen Sie dazu folgendermaßen vor:

1. Öffnen Sie den Registrierungs-Editor, indem Sie »regedit« im Suchfeld des Startmenüs bzw. auf der Windows-Startseite eingeben und bestätigen.

Sicherheit und Hochverfügbarkeit

2. Navigieren Sie, um die Profile in Outlook 2010 zu sichern, zu *HKEY_CURRENT_U-SER\Software\Microsoft\Windows NT\CurrentVersion\Windows Messaging Subsystem\Profiles*. In Outlook 2013 speichert Outlook die Daten im Pfad *HKEY_CURRENT_USER\Software\Microsoft\Office\15.0\Outlook\Profiles*. Outlook 2016 speichert die Daten im Pfad *HKEY_CURRENT_USER\Software\Microsoft\Office\16.0\Outlook\Profiles*.

3. Sie sehen unterhalb des Schlüssels *Profiles* jedes Profil als eigenen Schlüssel. Klicken Sie mit der rechten Maustaste auf das Profil, das Sie exportieren wollen, und wählen Sie im Kontextmenü den Eintrag *Exportieren* aus.

4. Legen Sie einen Speicherplatz für die *.reg*-Datei fest, und klicken Sie auf *Speichern*.

Möchten Sie nach einer Neuinstallation von Outlook 2016 die Profile wiederherstellen, genügt ein Doppelklick auf die vorher gespeicherte *.reg*-Datei. Achten Sie aber darauf, dass die Einstellungen in der Registrierungsdatei alle vorhandenen Einstellungen und Profile in Outlook löschen.

Wenn Sie zusätzlich noch die *.pst*-Dateien sichern, müssen Sie nach einer erneuten Installation von Outlook nur die *.pst*-Dateien an den ursprünglichen Ort kopieren, auf die *.reg*-Datei doppelklicken und diese in die Registrierungsdatenbank importieren. Anschließend ist Outlook wieder ordnungsgemäß eingestellt.

Outlook reparieren und Probleme lösen

In diesem Abschnitt gehen wir darauf ein, wie Sie am besten vorgehen, wenn Outlook sich nicht mehr starten lässt oder Stabilitätsprobleme zeigt.

Auch wenn Outlook nicht mehr startet, stellt das zunächst kein Problem dar. Alle notwendigen Daten lassen sich extrem leicht auch ohne Outlook-Start sichern. Wenn alle Stricke reißen, können Sie immer noch die Daten sichern, Outlook deinstallieren und durch eine erneute Installation reparieren. Das Zurückspielen der gesicherten Daten geht dabei oft schneller als langwierige Reparaturversuche.

Tipp

Wenn Outlook nicht mehr korrekt startet, hilft es oft, ein neues Profil zu erstellen. Geben Sie dazu im Suchfeld der Systemsteuerung den Begriff *Mail* ein, und starten Sie die Konfiguration *Mail-Setup*. Über *Profile anzeigen* legen Sie weitere Profile an und nutzen diese zur Fehlersuche. Sie müssen in diesem Fall aber die Option deaktivieren, damit Outlook immer mit dem gleichen Profil startet.

Auf diese Weise grenzen Sie den Fehler genauer ein. Funktioniert zwar das neue, aber nicht mehr das alte Profil, hilft eventuell das erneute Anlegen der E-Mail-Konten im neuen Profil. Die Datendatei übernehmen Sie dabei. Wie das geht, zeigen wir Ihnen in den folgenden Abschnitten.

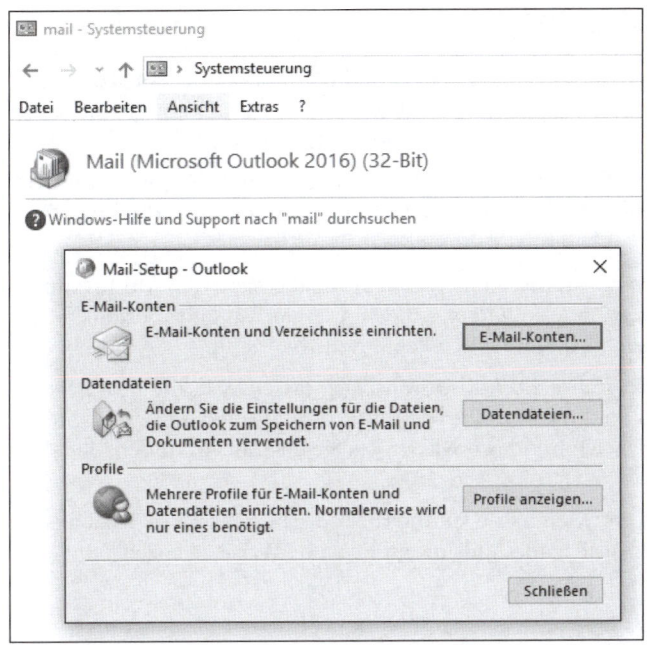

Abbildung 14.6: Neues Profil zur Fehlersuche anlegen

Outlook startet nicht, weil ein Prozess noch aktiv ist

Sehr häufig tritt der Fall ein, dass Outlook ohne jegliche Fehlermeldung einfach den Start verweigert. Meist liegt dies an einem noch laufenden Prozess, was sich aber sehr leicht überprüfen
lässt:

1. Geben Sie im Suchfeld des Startmenüs oder direkt auf der Windows-Startseite den Befehl
   »taskmgr« ein, und bestätigen Sie. Alternativ können Sie auch mit der rechten Maustaste
   auf die Taskleiste klicken und im Kontextmenü den Eintrag *Task-Manager* wählen.

2. In Windows 8 müssen Sie danach noch auf *Mehr Details* klicken.

3. Öffnen Sie die Registerkarte *Prozesse*.

4. Finden Sie hier einen oder mehrere Prozesse mit der Bezeichnung *OUTLOOK.EXE* vor –
   beziehungsweise in Windows 8/8.1/10 *Microsoft Outlook*, obwohl Outlook nicht gestartet
   ist –, blockieren diese Prozesse den Outlook-Start. Beim Einsatz von Windows 7/8/10 in
   der 64-Bit-Version sehen Sie auf diese Weise auch alle 32-Bit-Prozesse mit dem Zusatz *32.

5. Markieren Sie den Prozess *OUTLOOK.EXE* bzw. *Microsoft Outlook*, und klicken Sie auf
   Prozess beenden. In manchen Fällen kann es sein, dass hier mehrere solcher Prozesse vorhanden sind. Beenden Sie dann alle.

Diese Problemlösung hilft auch, wenn Outlook nicht mehr reagiert. Startet Outlook immer
noch nicht korrekt, beenden Sie alle Add-Ins so, wie im nächsten Abschnitt erläutert wird.

Stellen Sie immer sicher, dass die Outlook-Datendateien Ihrer E-Mail-Konten gesichert sind.
Exportieren Sie außerdem die Einstellungen der Profile, wie in diesem Kapitel bereits ausführlich beschrieben wurde. Müssen Sie Outlook neu installieren, stellen Sie nach der Installation
per Doppelklick auf die Registrierungsdatei alle Einstellungen wieder her, die nicht in der
Datendatei gespeichert sind.

Add-Ins untersuchen und deaktivieren

Falls Outlook nicht mehr startet oder Probleme bereitet, sind oft Add-Ins der Auslöser. Add-Ins sind Zusatzprogramme, die Outlook mit verschiedenen Funktionen ausstatten. Sie sehen bereits beim Start im Outlook-Fenster, welche Add-Ins Outlook lädt.

Wenn Outlook bei installierten Add-Ins nicht mehr starten kann oder nicht mehr ordnungsgemäß funktioniert, liegt es in den meisten Fällen an den Add-Ins und eher selten direkt an Outlook.

Startet Outlook nicht mehr, sollten Sie am besten den Aufruf im abgesicherten Modus durchführen. Starten Sie Outlook mit der Option *Outlook /safe*. In diesem Fall lädt Outlook weder den Lesebereich noch Erweiterungen und damit auch keine Add-Ins.

Im nächsten Schritt sollten Sie sich sämtliche Add-Ins anzeigen lassen und alle deaktivieren. Starten Sie danach Outlook wieder wie gewohnt über dessen Verknüpfung oder Kachel. Startet Outlook, aktivieren Sie die Add-Ins nach und nach wieder, bis Sie das Add-In finden, das Outlook zum Absturz bringt.

Dieses sollten Sie dann komplett deaktivieren und im Internet oder beim Hersteller nach einer Lösung suchen. In Outlook lassen Sie sich alle Add-Ins auf folgende Weise anzeigen:

1. Öffnen Sie die Registerkarte *Datei*.
2. Klicken Sie auf *Optionen*.
3. Öffnen Sie die Kategorie *Add-Ins*.
4. Im oberen Bereich sehen Sie bei *Aktive Anwendungs-Add-Ins*, welche Add-Ins Outlook bei einem normalen Start laden muss.
5. Im unteren Bereich ist bei *Inaktive Anwendungs-Add-Ins* angegeben, welche Add-Ins zwar installiert, aber deaktiviert sind.

Um Add-Ins zu deaktivieren, gehen Sie im Add-In-Fenster folgendermaßen vor:

1. Aktivieren Sie im unteren Bereich bei *Verwalten* die Option *COM-Add-Ins*.
2. Klicken Sie auf *Gehe zu* bzw. *Los* (je nach Outlook-Version).
3. Entfernen Sie das Häkchen neben dem Add-In, das Sie deaktivieren wollen. Zur Fehlersuche deaktivieren Sie am besten alle Add-Ins und aktivieren diese nach und nach wieder.
4. Nach jeder Deaktivierung oder Aktivierung müssen Sie Outlook neu starten.

Datendateien wiederherstellen

Die Sicherung der Datendateien (*.pst*) ist sicherlich der wichtigste Punkt bei der Datensicherung in Outlook. In dieser Datei liegen Ihre Daten und viele Einstellungen, wie die Posteingangsregeln und die Kategorien. Ist eine Datendatei defekt, reparieren Sie sie mit dem Befehlszeilentool *Scanpst.exe*. Möchten Sie eine gesicherte Datendatei in einem gestarteten und eingerichteten Outlook hinterlegen, haben Sie hier drei Möglichkeiten:

1. Öffnen Sie die Datendatei, ohne die Einstellungen der Konten zu ändern. Auf diese Weise greifen Sie auf die Daten der Datendatei zu. Zum Öffnen klicken Sie auf der Registerkarte *Datei* auf *Öffnen* und wählen die Option *Outlook-Datendatei öffnen* aus. Über das Kontextmenü der Datei entfernen Sie diese aus Outlook. Die Datei bleibt dabei im Dateisystem erhalten, Outlook trennt nur die Verbindung zur Datei.
2. Vorhandene Datendateien lassen sich ersetzen. Wollen Sie eine vorhandene Datendatei durch eine gesicherte Version ersetzen, schließen Sie Outlook und entfernen die Datenda-

tei, indem Sie sie verschieben. Outlook bemerkt beim Start, dass die Datei fehlt, und fragt Sie nach dem Speicherort. Hier wählen Sie den Speicherort der Datei aus, die Sie integrieren wollen. Achten Sie aber darauf, dass Sie der Datei den gleichen Namen im Dateisystem geben wie der alten. Wenn Sie den Speicherort der Datendatei nicht kennen, klicken Sie auf der Registerkarte *Datei* auf *Konteneinstellungen/Konteneinstellungen*. Auf der Registerkarte *Datendateien* sehen Sie alle eingebundenen Dateien und deren Speicherort. Meist befinden sich die Dateien beim Einsatz von Outlook 2016 im Ordner *Dokumente/Outlook-Dateien* des Benutzerprofils.

3. Datendateien lassen sich in andere Dateien über einen Import integrieren. Dazu öffnen Sie die Registerkarte *Datei* und klicken auf *Öffnen und exportieren/Importieren/Exportieren*.

Einen kompletten Server mit dem Sicherungsprogramm wiederherstellen

Haben Sie auf dem Server eine vollständige Datensicherung erstellt, können Sie mit ihr den kompletten Server wiederherstellen, falls er zum Beispiel nicht mehr starten kann. Dazu muss der Datenträger, auf dem die Sicherung liegt, mit dem Server verbunden und dieser mit der Windows Server 2012/2012 R2-DVD gebootet werden.

Auf der Startseite des Installations-Assistenten klicken Sie auf *Weiter*. Auf der nächsten Seite wählen Sie *Computerreparaturoptionen* und in den Systemwiederherstellungsoptionen die Option zur Wiederherstellung einer Systemabbildsicherung aus. Dazu klicken Sie auf *Problembehandlung* und *Systemimage-Wiederherstellung*.

Hinweis

Windows Server 2012/2012 R2 unterstützt die Wiederherstellung einer Systemsicherung auch auf anderer Hardware.

Sie können auswählen, aus welcher Sicherung Sie den Server wiederherstellen wollen, und anschließend auch die Datenträger angeben, die wiederhergestellt werden sollen. Auf diese Weise können Sie das Betriebssystem wieder in einen lauffähigen Zustand zurückführen. Wichtig ist dazu, dass Sie die Bare-Metal-Restore-Möglichkeit bei der Sicherung ausgewählt haben.

Als Nächstes legen Sie fest, ob Windows den Datenträger formatieren und partitionieren soll oder ob Sie die Daten auf die bisherige Partition zurücksichern wollen.

Über die Schaltfläche *Datenträger ausschließen* wählen Sie die Datenträger aus, die nicht wiederhergestellt werden sollen, weil sie zum Beispiel Datenbankdateien von Postfachspeichern enthalten.

Über *Treiber installieren* lassen sich wichtige Treiber integrieren, die für die Wiederherstellung unter Umständen benötigt werden. In den Optionen unter *Erweitert* legen Sie fest, dass der Server automatisch nach der Wiederherstellung neu starten und Datenträger auf Defekte überprüfen soll.

Zum Abschluss erscheint eine Meldung, die Sie darüber informiert, dass die Datenträger neu formatiert werden. Diese Meldung müssen Sie bestätigen, bevor die Wiederherstellung beginnt. Anschließend beginnt der Assistent mit der Wiederherstellung des Servers. Nach diesem Vorgang steht der Server wieder zur Verfügung. Sie sollten nach erfolgreicher Wiederherstellung den Status der Datenbanken überprüfen und unter Umständen aktuelle Sicherungen der SQL-Datenbanken wiederherstellen.

Das Betriebssystem reparieren

In den folgenden Abschnitten zeigen wir Ihnen verschiedene Möglichkeiten, um Windows Server 2012/2012 R2 zu reparieren oder wiederherzustellen, wenn der Server nicht mehr funktioniert. Um Windows Server 2012/2012 R2 wiederherzustellen, verwenden Sie entweder die Windows Server 2012/2012 R2-Installations-DVD oder drücken beim Bootvorgang die F8-Taste.

Problemaufzeichnung – Fehler in Windows nachvollziehen und beheben

Windows Server 2012/2012 R2 bietet die Möglichkeit, Fehler in Windows aufzuzeichnen und für Spezialisten so aufzubereiten, dass diese den Fehler leicht nachvollziehen und überprüfen können. Diese schrittweise Aufzeichnung von Fehlern hat die Bezeichnung *Problemaufzeichnung*.

Am schnellsten starten Sie die Problemaufzeichnung, indem Sie »psr« auf der Startseite eintippen. Es öffnet sich die Oberfläche, mit der Sie die Aufzeichnung durchführen. Um einen Fehler aufzeichnen und weitergeben zu können, gehen Sie folgendermaßen vor:

1. Tippen Sie »psr« auf der Startseite ein.
2. Klicken Sie nach dem Start des Tools auf *Aufzeichnung starten*.
3. Gehen Sie exakt die Schritte in Windows oder dem jeweiligen Programm durch, die zum Fehler führen.
4. Per Klick auf *Kommentar hinzufügen* können Sie eigene Hinweise einfügen, falls der Fehler nicht direkt offensichtlich ist.
5. Haben Sie den Fehler nachgestellt, klicken Sie auf *Aufzeichnung beenden*.
6. Speichern Sie die Datei als *.zip*-Archiv ab.
7. Das Tool speichert die eigentliche Aufzeichnung als *.mht*-Datei, die Sie mit dem Internet Explorer öffnen können. Extrahieren Sie die *.zip*-Datei per Rechtsklick, oder klicken Sie doppelt auf die *.zip*-Datei und dann auf die *.mht*-Datei. Sie sehen die Aufzeichnung des Problems als Dokument, das andere Administratoren oder Supportmitarbeiter nachvollziehen können.

Bootprobleme beheben

Neben den standardmäßigen Wiederherstellungsmöglichkeiten in Windows Server 2012/2012 R2 stehen Ihnen erweiterte Funktionen zur Reparatur zur Verfügung. Dazu booten Sie den Computer über die Windows Server 2012/2012 R2-DVD und starten die *Computerreparaturoptionen*. Alternativ wählen Sie *Computer reparieren* im erweiterten Bootmenü. Dieses erreichen Sie mit der F8-Taste beim Starten des Servers.

Nun startet die Wiederherstellungsoberfläche von Windows Server 2012/2012 R2. Klicken Sie auf *Problembehandlung*. Wählen Sie *Erweiterte Optionen* aus, um weitere Werkzeuge für die Reparatur aufzurufen. An dieser Stelle stehen Ihnen verschiedene Optionen zur Verfügung. Über *Systemimage-Wiederherstellung* können Sie Windows mithilfe einer Imagedatei wiederherstellen, die Sie zuvor auf dem Server mit der Windows Server-Sicherung erstellt haben.

Der Eintrag *Eingabeaufforderung* öffnet eine Eingabeaufforderung, über die Sie verschiedene Wiederherstellungsvorgänge starten können. In vielen Fällen hilft die Eingabe von *Bootrec /fixmbr*, um den Boot-Manager zu reparieren, falls Windows Server 2012/2012 R2 nicht mehr startet.

Funktioniert die deutsche Tastatur nicht korrekt, finden Sie den Schrägstrich »/« auf der Taste ⊡. Der Befehl *Bootrec /scanos* zeigt Betriebssysteme an, die zwar auf der Festplatte installiert, nicht aber im Boot-Manager eingetragen sind. Mit *Bootrec /rebuildbcd* können Sie Windows Server 2012/2012 R2-Installationen, die Sie mit *Bootrec /scanos* gefunden haben, in den Boot-Manager integrieren. Oft hilft auch *Bootrec /fixboot*, wenn Sie parallel zu Windows Server 2012/2012 R2 noch ein anderes Betriebssystem wie beispielsweise Windows Server 2008 R2 oder Hyper-V Server 2012/2012 R2 auf dem Server installiert haben.

Wenn Sie den Server neu starten und dabei die [F8]-Taste drücken, können Sie aus verschiedenen Optionen zur Wiederherstellung auswählen:

- **Debugmodus** Startet Windows in einem erweiterten Problembehandlungsmodus.

- **Startprotokollierung aktivieren** Erstellt die Datei *Ntbtlog.txt*, in der alle Treiber aufgelistet werden, die beim Starten installiert werden und für die eine erweiterte Problembehandlung nützlich sein kann.

- **Videomodus mit niedriger Auflösung aktivieren** Startet Windows mithilfe des aktuellen Videotreibers und mit niedrigen Einstellungen für Auflösung und Aktualisierungsrate. Mithilfe dieses Modus können Sie die Anzeigeeinstellungen zurücksetzen.

- **Abgesicherter Modus** Startet Windows mit den mindestens erforderlichen Treibern und Diensten.

- **Abgesicherter Modus mit Netzwerktreibern** Startet Windows im abgesicherten Modus zusammen mit den Netzwerktreibern und -diensten, die für den Zugriff auf das Internet oder auf andere Computer im Netzwerk erforderlich sind.

- **Abgesicherter Modus mit Eingabeaufforderung** Startet Windows im abgesicherten Modus mit einem Eingabeaufforderungsfenster anstelle der normalen Windows-Benutzeroberfläche.

- **Erzwingen der Treibersignatur deaktivieren** Ermöglicht es, dass Treiber mit ungültigen Signaturen installiert werden.

- **Frühen Start des Treibers der Antischadsoftware deaktivieren** In Windows Server 2012/2012 R2 startet der installierte Virenscanner wesentlich früher als in Windows Server 2008 R2. Dies kann zu Problemen führen, wenn der Server nicht mehr startet. Hier deaktivieren Sie diesen Schutz.

- **Automatischen Neustart bei Systemfehler deaktivieren** Verhindert, dass Windows nach einem Absturz, der durch einen eigenen Fehler verursacht wurde, automatisch neu gestartet wird. Wählen Sie diese Option nur aus, wenn Windows in einer Schleife festhängt, die aus Absturz, Neustart und erneutem Absturz besteht.

In der Regel werden diese Startoptionen nur selten benötigt. Wenn Sie möglichst immer nur aktuelle und kompatible Software installieren, nur signierte Treiber verwenden und nur dann

Änderungen am System durchführen, wenn Sie genau wissen, was Sie tun, läuft Windows Server 2012/2012 R2 deutlich stabiler als seine Vorgänger.

Neu ist die Funktion, Windows Server 2012/2012 R2 ohne aktivierte Antischadsoftware zu starten. Dies sollten Sie jedoch nur in Ausnahmefällen tun, da die Funktion verhindert, dass Viren vor dem Start des Virenscanners geladen werden.

Windows-Abstürze analysieren und beheben

Bluescreens sind in Windows Server 2012/2012 R2 längst nicht mehr so häufig anzutreffen wie in vorangegangenen Windows-Versionen. Was viele Anwender ärgert, soll das System jedoch schützen. Ein Bluescreen ist in fast allen Fällen kein Fehler, der durch Windows oder eine Anwendung verursacht wird. Hauptsächlich sind fehlerhafte Treiber schuld, dass Windows den Betrieb einstellt und mit einem Fehler abstürzt. Bluescreens treten sehr oft auch dann auf, wenn Hardware defekt ist.

Am häufigsten liegen dann Probleme mit dem Arbeitsspeicher oder einer überhitzten CPU vor. Ebenfalls weit verbreitet sind defekte Festplattencontroller oder Hauptplatinen. Werden Sie misstrauisch, wenn Windows an einem Dateizugriff scheitert und meldet, dass die Festplatte defekt ist. Damit kündigt sich oft ein kompletter Plattenausfall an! Bei einem Bluescreen läuft Windows noch stabil genug, um den Fehler zu protokollieren und sich selbst sofort zu beenden.

Meist wird eine achtstellige Hexadezimalzahl sowie eine kurze Beschreibung des Fehlers angezeigt. Oft lautet sie IRQ_NOT_LESS_OR_EQUAL oder INACCESSIBLE_BOOT_DEVICE. In manchen Fällen zeigt Windows auch die Datei an, die den Fehler verursacht hat. Meist handelt es sich dabei um eine *.sys*-Datei, also einen Treiber. Schreibt ein Treiber durch Programmierfehler in einen Arbeitsspeicherbereich, in dem sich bereits Daten eines anderen Treibers oder sogar des Systems befinden, stellt Windows sofort seinen Betrieb ein und meldet den Fehler als Bluescreen. Würde das System nicht so vorgehen, könnten durch die ungültigen Bereiche im Arbeitsspeicher Daten zerstört oder im Falle von Hardwaretreibern sogar die Hardware eines Computers in Mitleidenschaft gezogen werden.

Solche Kernelzugriffe von Treibern hat Microsoft nahezu abgeschafft, sodass Bluescreens in diesem Bereich eher selten auftreten. Verliert ein Teil des Arbeitsspeichers durch einen physischen Defekt jedoch Daten, kann unter Windows Server 2012/2012 R2 ebenfalls ein Bluescreen auftreten.

Bluescreens gibt es auch unter UNIX oder Linux. Dort werden sie aber als Kernel Panic bezeichnet. Der Prozessor kann bei mangelnder Kühlung zu heiß werden, und eine eventuelle Übertaktung kann den Effekt noch verstärken. In Windows Server 2012/2012 R2 gibt es das Windows-Speicherdiagnose-Tool, das Sie über den Befehl *Mdsched.exe* auf der Startseite aufrufen.

Windows Server 2012/2012 R2 ist standardmäßig so eingestellt, dass nach einem Bluescreen automatisch der Rechner neu startet. Dies hat den Vorteil, dass der Server dann recht schnell wieder zur Verfügung steht. Allerdings können Sie in diesem Fall auch die entsprechende Fehlermeldung nicht lesen.

Erscheint der Bluescreen nach jedem Start, verfängt sich der Computer in einer Schleife, da er nach jedem Bluescreen neu startet. Die möglichen Einstellungen, wie sich Windows nach einem Bluescreen verhalten soll, finden Sie unter *Systemsteuerung/System und Sicherheit/System/*

Erweiterte Systemeinstellungen. Klicken Sie im Bereich *Starten und Wiederherstellen* auf die Schaltfläche *Einstellungen*.

Über den Bereich *Systemfehler* lassen sich die entsprechenden Einstellungen durchführen. Zunächst sollten Sie das Kontrollkästchen *Automatisch Neustart durchführen* deaktivieren, wenn Sie möchten, dass der Rechner bei der Anzeige des Bluescreens angezeigt bleiben soll. Über das Listenfeld *Debuginformationen speichern* wählen Sie aus, welche Art von Informationen das Betriebssystem protokollieren soll.

Am besten ist die Variante *Automatisches Speicherabbild* oder *Kleines Speicherabbild* geeignet, da andere Informationen ohnehin eher verwirrend sind. Hier legen Sie auch fest, in welchen Ordner das Speicherabbild mit dem Fehler abgelegt werden soll. Um eine *.dmp*-Datei mit den nachfolgend genannten Tools zu analysieren, laden Sie diese wie gewohnt in das jeweilige Programm.

Eine gute Möglichkeit, um Bluescreens auf die Spur zu kommen, ist die Software *BlueScreen-View*, die Sie über die NirSoft-Seite unter *http://tinyurl.com/ly4dmg* herunterladen können. Sie erhalten hierüber Informationen zu den Bluescreens und können schneller Fehler finden. Der Vorteil des Tools ist, dass Sie den Viewer nicht installieren müssen. Er lässt sich daher auch über einen USB-Stick aufrufen.

Das Tool analysiert die Datei *Memory.dmp*, die Windows mit den Bluescreens erzeugt. Liegt diese Datei im Ordner *C:\Windows\minidump*, liest das Tool die Datei automatisch ein. Findet das Tool die Datei nicht, kopieren Sie *Memory.dmp* von *C:\Windows* in den Ordner *C:\Windows\Minidump*. Ist der Ordner nicht vorhanden, legen Sie ihn an. Nach dem Einlesen der Datei liefert die Fehlerangabe in der Spalte *Bug Check String* bereits einen ersten Hinweis, den Sie für die Internetrecherche nutzen können.

Zusätzlich verwenden Sie noch den Code in der Spalte *Bug Check Code*. Klicken Sie doppelt auf *Memory.dmp*, öffnet sich ein Detailfenster des Absturzes. Hat ein Treiber den Bluescreen verursacht, wird dieser in der Spalte *Caused by Driver* angezeigt. Auch diese Information sollten Sie in die Recherche mit einbeziehen.

Können Sie den Bluescreen eingrenzen und erhalten Sie über eine Suchmaschine nähere Informationen, zum Beispiel zum Ändern bestimmter Registrierungsschlüssel, sind Sie schon ein Stück weiter. Ist ein Treiber schuld am Fehler, installieren Sie eine aktualisierte oder ältere Version. Tritt ein Fehler bei Ihnen erst nach der Installation eines neuen Treibers auf, können Sie in Windows den vorherigen Treiber aktivieren, mit dem das System noch stabil läuft. Das funktioniert allerdings nur dann, wenn Windows noch startet und Sie den Geräte-Manager aufrufen können.

Haben Sie den Treiber über ein Installationsprogramm installiert oder ist der Absturz nicht durch einen Treiber verursacht worden, sondern von einer Anwendung, die Sie installiert haben, dann können Sie in Windows auch den Systemzustand vor der Installation der Anwendung wiederherstellen. Um den Zustand zurückzusetzen, müssen Sie Windows starten oder den Rechner über die Windows-DVD oder einen Rettungsdatenträger booten und die Computerreparaturoptionen starten. Setzen Sie in diesem Fall den Systemwiederherstellungspunkt zurück.

Oft stürzt in Windows nur ein einzelner Prozess ab oder belegt zu viele Ressourcen. Wenn Sie diesen Prozess finden und ihn beenden, läuft Windows Server 2012/2012 R2 in den meisten Fällen aber problemlos weiter:

1. Klicken Sie mit der rechten Maustaste auf die Taskleiste, und wählen Sie im Kontextmenü den Eintrag *Task-Manager*. Alternativ starten Sie den Task-Manager auch mithilfe von

$\boxed{\text{Strg}}$+$\boxed{\text{Alt}}$+$\boxed{\text{Entf}}$ und der Auswahl des entsprechenden Befehls. Aktivieren Sie im unteren Bereich immer die Option *Mehr Details*.

2. Wechseln Sie zunächst zur Registerkarte *Leistung*. Manchmal verursachen Prozesse eine hohe CPU-Last von bis zu 100 % oder verwenden den kompletten Arbeitsspeicher. Dauerhaft sollte die Belastung immer schwanken und nicht ständig mehr als 30 bis 40 % betragen.

Rufen Sie anschließend die Registerkarte *Prozesse* auf. Hier sehen Sie Programme, die gestartet sind, und bei *Status* die Meldung *Keine Rückmeldung*, wenn ein Programm nicht mehr funktioniert. Versuchen Sie ein solches Programm mit *Task beenden* zu schließen.

Auch wenn keine hohe CPU-Last vorliegt, kann dennoch ein Prozess das System lahmlegen. Handelt es sich um einen Prozess, der eine hohe CPU-Last verursacht, klicken Sie auf die Spalte *CPU*. Der Task-Manager sortiert anschließend die Prozesse absteigend nach dem CPU-Verbrauch. Hier sehen Sie recht schnell, welcher Prozess das Problem verursacht.

Verursacht ein Prozess zu viel Last, können Sie ihn beenden. Aber Achtung: Dabei können auch noch nicht gesicherte Daten verloren gehen. Bevor Sie einen Prozess beenden, den Sie nicht kennen, sollten Sie im Internet nach seinem Namen suchen und seine Beschreibung lesen.

Speichern Sie möglichst alle Programme, die noch reagieren, und beenden Sie sie ordnungsgemäß. Klicken Sie den Prozess mit der rechten Maustaste an, und wählen Sie *Task beenden*. Teilweise erscheint nach einigen Sekunden noch eine Rückfrage, anschließend beendet Windows den Prozess.

Reagiert Windows wieder, sollten Sie möglichst alle noch offenen Programme beenden und Daten speichern. Starten Sie anschließend den Rechner neu, damit Windows wieder alle notwendigen Prozesse starten kann. Beenden Sie den Explorer, fehlt oft die grafische Oberfläche. Diese starten Sie dann einfach über den Task-Manager mit *Datei/Neuen Task ausführen* und der Eingabe von »explorer«.

Zusammenfassung

In diesem Kapitel haben Sie anhand umfassender Anleitungen erfahren, wie Sie Exchange 2016 online und offline sichern. Auch die Wiederherstellung wurde Ihnen ausführlich erläutert. Außerdem sind wir auf wichtige und interessante Zusatztools zur Sicherung und Wiederherstellung eingegangen und haben Ihnen gezeigt, wie Sie einzelne Elemente oder komplette Server wiederherstellen.

Das nächste Kapitel befasst sich umfassend mit der Hochverfügbarkeit und den Datenbankverfügbarkeitsgruppen.

Kapitel 15
Hochverfügbarkeit mit Exchange 2016

In diesem Kapitel:

Datenbankverfügbarkeitsgruppen verstehen 512

Eine Datenbankverfügbarkeitsgruppe erstellen und löschen 515

Postfachdatenbankkopien für DAG einrichten 527

Zusammenfassung 538

In diesem Kapitel erfahren, wie Sie Exchange 2016 hochverfügbar konfigurieren können. Sie haben dazu die Möglichkeit, mit den Datenbankverfügbarkeitsgruppen (Database Availability Groups, DAGs) zu arbeiten oder Exchange 2016 als virtuellen Server in einem Hyper-V/ VMware-Cluster zu betreiben.

Die Absicherung von Postfachdatenbanken läuft nicht mehr über Server, sondern direkt über die Datenbanken. Sie erstellen eine neue DAG, die zwar die Clusterfunktionalitäten von Windows nutzt, müssen aber keinen Cluster erstellen. Die Replikation der Datenbanken erfolgt über die Exchange-Transaktionsprotokolle (siehe Kapitel 5).

Postfachserver können Sie also mit DAGs hochverfügbar zur Verfügung stellen oder alternativ diese Server als virtuelle Server in einem Hyper-V/VMware-Cluster betreiben.

Microsoft verspricht eine bessere Leistung für Hochverfügbarkeitsgruppen und besseren Failover, wenn eine Datenbank ausfällt. Microsoft geht von einer Zeitersparnis von 33 % aus, wenn ein Failover durchgeführt werden muss. Zeugenserver für DAG-Cluster lassen sich in der neuen Version auch in Microsoft Azure positionieren.

Sicherheit und Hochverfügbarkeit

Datenbankverfügbarkeitsgruppen verstehen

Mit Datenbankverfügbarkeitsgruppen (Database Availability Groups, DAGs) können Sie Exchange-Datenbanken zwischen verschiedenen Servern synchron halten. Die Basis dazu ist ähnlich der lokalen Replikation (LCR) beziehungsweise der Clusterreplikation (CCR) in Exchange 2007 angelegt. Diese beiden Techniken zur Erhöhung der Ausfallsicherheit sind in Exchange 2016 nicht mehr enthalten. Alle Funktionalitäten für Ausfallsicherheit sind in die DAGs integriert.

Bei Windows Server 2008 R2 ist dazu die Enterprise-Edition notwendig, da die Funktion den Windows-Clusterdienst nutzt. Setzen Sie Windows Server 2012/2012 R2 zusammen mit Exchange Server 2016 ein, können Sie auch die Standard-Edition nutzen. In Windows Server 2012/2012 R2 verfügen die Standard- und die Datacenter-Edition über die gleichen Funktionen; eine Enterprise-Edition gibt es nicht mehr.

Sie müssen für den Einsatz von DAGs aber keinen Cluster erstellen oder konfigurieren, da es sich bei Exchange 2016 nicht um eine Clusteranwendung handelt. Die DAGs nutzen lediglich Komponenten der Clusterfunktionalität von Windows Server 2012/2012 R2 zur Replikation von Postfachdatenbanken. Aus diesem Grund müssen Sie keinen Cluster installieren und verwalten, sondern nur Windows Server 2012/2012 R2 Standard/Data Center installieren.

Datenbankverfügbarkeitsgruppen sind auch mit der Standard-Edition von Exchange 2016 möglich. DAGs sind daher ein hervorragendes Mittel, um auch bei kleineren Unternehmen eine Hochverfügbarkeit der Exchange-Datenbanken zu erreichen, ohne komplexe Konfigurationen durchführen zu müssen. Grundsätzlich empfiehlt Microsoft, den Datenverkehr zur Replikation und die Verbindung der Anwender auf verschiedene Netzwerkkarten zu verteilen, die Sie während der Erstellung der DAGs festlegen können.

Sie müssen dazu den Netzwerkverkehr nicht trennen. Daher lassen sich DAGs auch auf Servern mit nur einer Netzwerkkarte einsetzen. Allerdings müssen in diesem Fall alle DAG-Mitglieder ebenfalls nur eine Netzwerkkarte verwenden. Die Gesamtzahl der Netzwerkverbindungen aller DAG-Mitglieder muss identisch sein. DAG-Netzwerke unterstützen IPv4 und IPv6. Setzen Sie IPv6 ein, dürfen Sie IPv4 allerdings nicht deaktivieren. Für Datenbankverfügbarkeitsgruppen benötigen Sie keinen teuren Cluster oder gemeinsame Datenträger.

Hinweis

In Exchange 2016 gibt es weiterhin öffentliche Ordner. Allerdings hat sich die Speicherform der Ordner geändert. Öffentliche Ordner-Datenbanken gibt es in Exchange 2016 nicht mehr.

Gemeinsame Inhalte werden jetzt über spezielle Postfächer zur Verfügung gestellt, die wiederum zur Ausfallsicherheit mit Datenbankverfügbarkeitsgruppen (DAGs) abgesichert werden.

Öffentliche Ordner sind daher in Exchange 2016 als Postfach innerhalb der Postfachdatenbank abgebildet. Dies vereinfacht die Konfiguration und verbessert die Hochverfügbarkeit.

In Exchange 2016 ist der primäre Mechanismus für hohe Verfügbarkeit von Postfächern die Datenbankverfügbarkeitsgruppe (Database Availability Group, DAG). In Exchange 2010 dient der Transportdumpster zum Schutz vor Datenverlusten. Dazu wurde eine Warteschlange erfolgreich zugestellter Nachrichten beibehalten, die noch nicht in passiven Postfachdatenbankkopien in der DAG repliziert wurden.

Wenn aufgrund eines Ausfalls einer Postfachdatenbank oder eines Servers eine veraltete Kopie der Postfachdatenbank höhergestuft werden musste, wurden die Nachrichten im Transportdumpster automatisch erneut an die neue aktive Kopie der Postfachdatenbank übermittelt. Der Transportdumpster in Exchange 2016 heißt Sicherheitsnetz. Das Sicherheitsnetz ist eine Warteschlange, die mit dem Transportdienst auf einem Postfachserver verbunden ist. In dieser Warteschlange werden Kopien von Nachrichten gespeichert, die vom Server erfolgreich verarbeitet wurden.

Sie können angeben, wie lange das Sicherheitsnetz Kopien der erfolgreich verarbeiteten Nachrichten speichert, bevor sie ablaufen und automatisch gelöscht werden. Der Standardwert beträgt 2 Tage. Das Sicherheitsnetz erfordert keine DAGs. Für Postfachserver, die zu DAGs gehören, speichert das Sicherheitsnetz Kopien zugestellter Nachrichten auf anderen Postfachservern am lokalen Active Directory-Standort. Das Routing in Exchange 2016 bietet eine vollständige Unterstützung für Datenverfügbarkeitsgruppen (DAGs). In Exchange 2016 hosten alle Postfachserver den Transportdienst.

Nur der Postfachtransportdienst kommuniziert mit der Postfachdatenbank auf dem lokalen Postfachserver. Wenn der Postfachserver Mitglied einer DAG ist, akzeptiert nur der Postfachtransportdienst auf dem Postfachserver, auf dem die aktive Kopie der Postfachdatenbank gespeichert ist, eine Nachricht für den Zielempfänger.

Der Postfachtransportdienst verwendet Remote Procedure Call (Remoteprozeduraufruf, RPC), um Nachrichten an die lokale Postfachdatenbank zu senden oder von dieser zu empfangen. Wenn der Postfachserver Mitglied einer DAG ist, verwendet der Postfachtransportdienst RPC nur zur lokalen Kommunikation mit den aktiven Kopien der Postfachdatenbanken.

Einstieg in DAG

Die Replikation der Datenbanken zwischen den beteiligten Servern erfolgt über Transaktionsprotokolle (siehe Kapitel 5). Administratoren können auch Nachlaufzeiten festlegen und Datenbanken erst nach gewisser Zeit durch Transaktionsprotokolle aktualisieren lassen.

Da in Exchange 2016 die Exchange-Datenbanken einen einmaligen Namen in der Organisation haben, können Sie durch Postfachkopien in einer DAG alle produktiven Datenbanken auf alle Postfachserver untereinander kopieren und bei Bedarf auch aktiv schalten. Bei einem Ausfall müssen Sie nicht mehr den kompletten Exchange-Server auf einen anderen Clusterknoten verschieben. DAGs sind sozusagen ein Exchange-RAID über mehrere Server hinweg.

Die Replikation erfolgt nicht über das Server Message Block-Protokoll (SMB), sondern über ein Replikationsverfahren speziell für DAGs. Exchange 2016 verwendet einen festgelegten TCP-Port für den Datenaustausch. Aktive Transaktionsprotokolle der produktiven Exchange-Datenbank senden einen Datenstrom an die passiven Kopien. Der Datenstrom ist verschlüsselt und komprimiert. Exchange 2016 kann als Quelle für die Replikation der Daten die produktive Datenbank oder eine andere Postfachdatenbankkopie verwenden.

Beide Editionen von Exchange 2016 unterstützen eine Hochverfügbarkeit über die Datenbankverfügbarkeitsgruppen (DAG). Sie können die Editionen in einer DAG auch mischen. Da es keine Datenbanken für öffentliche Ordner mehr gibt und öffentliche Ordner auch in Postfachdatenbanken gespeichert sind, profitieren öffentliche Ordner jetzt auch von DAGs. Diese Datenbanken mussten Sie in Exchange 2010 mit einer eigenen Absicherung replizieren; eine Integration in DAG-Gruppen war nicht möglich. Dies hat Microsoft in Exchange 2016 geändert. Postfachserver in einer Datenbankverfügbarkeitsgruppe überwachen sich gegenseitig auf Fehler.

Sicherheit und Hochverfügbarkeit

Mehr zu DAG, Clusterdienst und zum Active Manager

Exchange 2016 arbeitet für die Replikation von Postfachdatenbankkopien und Datenbankverfügbarkeitsgruppen mit dem Active Manager. Der Dienst ersetzt die Funktionen der Clusterverwaltung von Exchange 2003/2007. Postfachclusterserver gibt es bei Exchange 2016 nicht mehr. Ein Windows-Failovercluster verwendet Exchange ohne Clustergruppen und Speicherressourcen.

Clusterknoten und Netzwerke sind zwar in den Verwaltungswerkzeugen vorhanden, Diese Komponenten werden aber nicht mehr durch die Clusterverwaltung verwaltet, sondern nur noch über Exchange. Der Active Manager läuft auf allen Postfachservern, die Mitglieder einer Datenbankverfügbarkeitsgruppe sind.

Es gibt zwei Active Manager-Rollen: den Primary Active Manager (PAM) und den Standby Active Manager (SAM). Der PAM entscheidet, welche Postfachdatenbankkopien aktiv oder passiv sind. Aktive Kopien verwendet Exchange als produktive Datenbank, mit der Anwender arbeiten; passive Kopien sind diejenigen Kopien, die im Hintergrund laufen. Die PAM-Rolle ist dem Mitglied zugeordnet, das aktuell die Clusterquorumressource besitzt.

PAM arbeitet mit der SAM-Rolle auf dem lokalen Server, um Fehler der lokalen Datenbank zu erkennen. Der SAM teilt dem RPC-Clientzugriffsdienst mit, auf welchem Server die aktive Kopie einer Postfachdatenbank gehostet wird, also die produktive Datenbank. Findet der SAM Fehler in der lokalen Datenbank, teilt er dem PAM mit, dass ein Failover zu einem anderen Server stattfinden muss.

Active Manager speichert Informationen zur Postfachdatenbank in der Clusterdatenbank. Auf diese greifen aber keinerlei andere Komponenten zu. Die Integrität aller Datenbanken überwacht der Microsoft Exchange-Replikationsdienst. Erkennt der Dienst einen Fehler, benachrichtigt er den Active Manager. Anschließend legt der Active Manager fest, welche Datenbankkopie auf den einzelnen Mitgliedern der DAG als produktive Datenbank übernehmen soll. Dazu wählt er eine Kopie der Postfachdatenbank in der DAG aus, die den Status *Fehlerfrei* aufweist.

Wird keine fehlerfreie Datenbank gefunden, geht der Active Manager nach bestimmten Kriterien folgendermaßen vor, um eine möglichst aktuelle Datenbank zu finden: Erfüllt keine der Datenbankkopien die optimalen Kriterien, versucht der Active Manager eine beliebige Datenbankkopie mit dem Status *Fehlerfrei* zu aktivieren. Ist keine Datenbankkopie mit diesem Status verfügbar, ist eine automatische Aktivierung einer Datenbankkopie nicht möglich.

Grundlagen zur Erstellung und Verwendung einer DAG

Datenbankverfügbarkeitsgruppen erstellen Sie entweder über die Exchange Management Shell oder im Exchange Admin Center. In der Exchange Management Shell arbeiten Sie mit dem Cmdlet *New-DatabaseAvailabilityGroup*.

Im Exchange Admin Center finden Sie die Einstellungen über *Server/Database Availability Groups*. Bei einer DAG handelt es sich zunächst um ein leeres Objekt in Active Directory.

Fügen Sie der DAG den ersten Server hinzu, erstellt Exchange für die Datenbankverfügbarkeitsgruppe automatisch einen Failovercluster. Die Datenbankverfügbarkeitsgruppe verfügt über einen eindeutigen Namen und eine statische IP-Adresse.

Das Cmdlet *Add-DatabaseAvailabilityGroupServer* fügt Postfachserver zu der DAG hinzu. Die IP-Adressen für den Cluster registriert der Clusterdienst in DNS.

Standardmäßig verwenden DAGs für die Replizierung eine integrierte fortlaufende Replikation. Sie können aber auch eine Lösung von Drittherstellern für die Replikation nutzen. Dazu verwenden Sie das Cmdlet *New-DatabaseAvailabilityGroup* mit der Option *-ThirdPartyReplication*. Nachdem Sie diesen Modus aktiviert haben, können Sie ihn nicht mehr deaktivieren. Wenn Sie weitere Server in die Datenbankverfügbarkeitsgruppe aufnehmen, treten diese dem Cluster bei. Haben Sie einer Datenbankverfügbarkeitsgruppe Mitglieder hinzugefügt, können Sie die Postfachdatenbanken auf jedem Server auf andere DAG-Mitglieder replizieren.

Exchange 2016 verwendet für einen DAG-Cluster noch einen weiteren Server im Netzwerk, auf dem ein Ordner liegt, der die Daten des Clusters enthält. Dieser Server (Zeugenserver genannt) wird nicht Bestandteil des Clusters, sondern ist logisch außerhalb des Clusters angeordnet. Diese Freigabe wird offiziell als File Share Witness (Dateifreigabezeuge) bezeichnet und zur Absicherung des Datenflusses zwischen den Clusterknoten eingesetzt. Hauptsächlich wird diese Erweiterung in Zwei-Knoten-Clustern eingesetzt.

Für Failovercluster gilt auch beim Einsatz von DAGs das Quorumkonzept. Wenn der Cluster das Quorum verliert, werden alle DAG-Operationen eingestellt und wird die Bereitstellung aller Datenbanken aufgehoben. DAGs mit einer geraden Anzahl von Mitgliedern verwenden den Quorummodus *Knoten- und Dateifreigabemehrheit* des Failoverclusters, der zum Lösen von Konflikten mit einem externen Zeugenserver arbeitet. In diesem Quorummodus erhält jedes DAG-Mitglied eine Stimme. Außerdem wird einem DAG-Mitglied anhand des Zeugenservers eine Stimme bereitgestellt. Die Daten des Clusters werden auf den Systemdatenträgern der DAG-Mitglieder gespeichert. Auf dem Zeugenserver wird keine Kopie der Quorumdaten gespeichert.

Der Zeugenserver verfolgt, welches Mitglied die aktuelle Kopie der Daten besitzt. Auf dem Zeugenserver liegt keine Kopie der Clusterquorumdaten vor. In diesem Modus muss eine Mehrheit der Server, also DAG-Mitglieder und Zeugenserver, betriebsbereit sein, um das Quorum zu erhalten . Wenn eine Mehrheit der Mitglieder nicht miteinander kommunizieren kann, verliert die DAG das Quorum.

DAGs mit einer ungeraden Anzahl von Mitgliedern verwenden den Quorummodus *Knotenmehrheit* des Clusters. In diesem Modus erhält jedes Mitglied eine Stimme.

Eine Datenbankverfügbarkeitsgruppe erstellen und löschen

Wenn Sie eine DAG erstellen, müssen Sie der Gruppe einen Namen zuweisen und der DAG eine IP-Adresse zuordnen. Nach der Erstellung einer DAG können Sie über das Cmdlet *Set-DatabaseAvailabilityGroup* die Einstellungen anpassen. Im Exchange Admin Center finden Sie die Steuerung der DAG über *Server* im Menü *Database Availability Groups*. Setzen Sie im Unternehmen IPv6 ein, versucht der Assistent der Datenbankverfügbarkeitsgruppe auch eine IPv6-Adresse zuzuweisen. Sie müssen für die DAG keinen Windows-Cluster erstellen oder die Server zusätzlich aufrüsten. Sie können normale Postfachserver verwenden und diese mit DAG absichern. DAGs nutzen die Clusterfunktionen von Windows Server 2008 R2/2012/2012 R2 zur Replikation der Exchange-Datenbanken, ohne dass Sie Cluster erstellen oder verwalten müssen.

Sicherheit und Hochverfügbarkeit

Hinweis

Wenn es sich beim Zeugenserver nicht um einen Exchange-Server handelt, müssen Sie auf dem Server die Windows-Gruppe *Exchange Trusted Subsystem* in die lokale Administratorengruppe aufnehmen, bevor Sie eine DAG erstellen.

Auf allen Servern muss der gleiche Stand des Betriebssystems installiert sein. Der Zeugenserver für den DAG-Cluster muss allerdings nicht über das identische Betriebssystem verfügen, da dieser Server nur als Zeuge dient und kein Mitglied des eigentlichen Clusters ist.

Sie können in einer DAG verschiedene Editionen von Exchange 2016 installieren, also die Standard-Edition und die Enterprise-Edition. Bei der Erstellung einer DAG müssen Sie in Exchange 2016 zusammen mit Windows Server 2012 R2 keine IP-Adresse mehr für die DAG angeben.

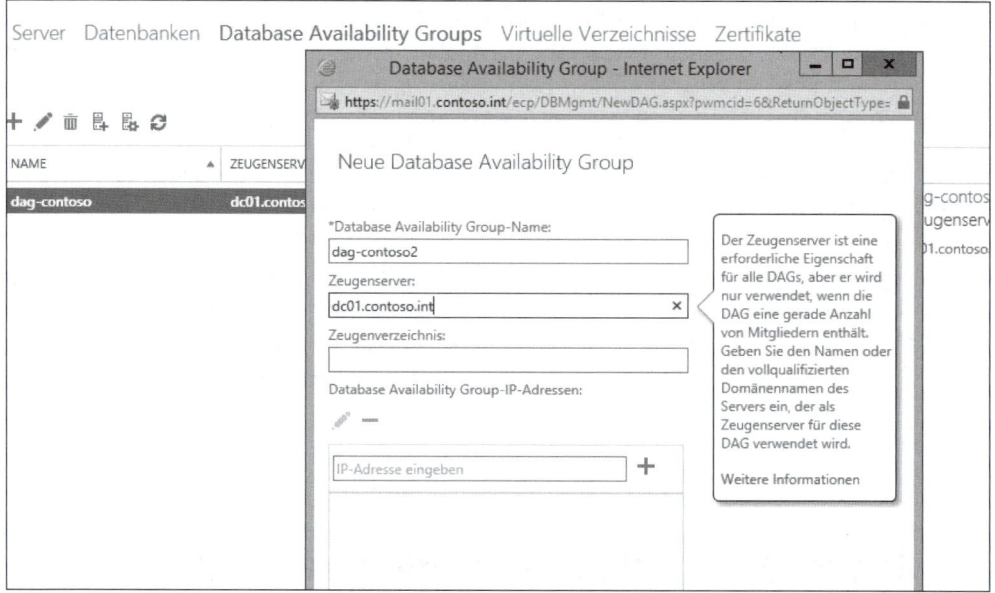

Abbildung 15.1: Neue Datenverfügbarkeitsgruppe (DAG) erstellen

Datenbankverfügbarkeitsgruppe erstellen

Bei der Erstellung einer DAG ist die Angabe eines Zeugenservers (Witness) in Exchange 2010 optional. Während der Erstellung einer DAG mussten Sie daher die beiden Optionen *Zeugenserver* und *Zeugenverzeichnis* nicht aktivieren. In Exchange 2016 ist diese Option aber notwendig. Sie müssen daher den Zeugenserver angeben. Sie können in Exchange 2016 auch einen virtuellen Server in Microsoft Azure als Zeugenserver verwenden.

Für den Zeugenserver ist ein Hostname oder ein vollqualifizierter Domänenname (FQDN) anzugeben. Die Verwendung einer IP-Adresse wird nicht unterstützt. Außerdem darf der Zeugenserver kein Mitglied der Datenbankverfügbarkeitsgruppe sein.

Als Ordner geben Sie einen lokalen Ordner auf dem Server an, zum Beispiel *C:\DAG*, keinen UNC-Pfad oder einen Ordner im Netzwerk.

Auf dem Zeugenserver für einen DAG-Cluster ist keine Installation von Exchange 2016 erforderlich. In diesem Fall müssen Sie der lokalen Administratorgruppe auf dem Zeugenserver die universelle Exchange-Sicherheitsgruppe *Exchange Trusted Subsystem* manuell hinzufügen.

Exchange 2016 führt Aufgaben im Kontext des vertrauenswürdigen Exchange-Teilsystems (Exchange Trusted Subsystem) und nicht im Kontext des Benutzers durch, der eine Administrationsaufgabe durchführt. Das vertrauenswürdige Exchange-Teilsystem ist eine universelle Sicherheitsgruppe mit Berechtigungen, die Lese- und Schreibzugriff auf jedes Exchange-bezogene Objekt in der Exchange-Organisation besitzt. Außerdem gehört sie zur lokalen Sicherheitsgruppe *Administratoren* und zur Gruppe *Exchange-Windows-Permissions*, die Exchange das Erstellen und Verwalten von Active Directory-Objekten ermöglicht. Auf Servern, die nicht Mitglied der Organisation sind, müssen Sie diese Gruppe manuell hinzufügen, wenn Sie einen Zeugenserver verwenden wollen.

Tipp

Wollen Sie eine DAG nicht im Exchange Admin Center, sondern in der Exchange Management Shell erstellen, verwenden Sie den folgenden Befehl:

```
New-DatabaseAvailabilityGroup -Name <Name der DAG> -WitnessServer <Zeugenserver> -WitnessDirectory
<Zeugenordner>
```

Wollen Sie eine DAG löschen, müssen Sie zunächst im Exchange Admin Center über *Server* im Menü *Datenbanken* die Postfachdatenbankkopien löschen.

Außerdem muss auf dem Server das Feature für Dateiserver installiert sein. Auch die Datei- und Druckerfreigabe muss in der Firewall des Servers freigeschaltet sein.

Datenbankverfügbarkeitsgruppe konfigurieren

Im Exchange Admin Center rufen Sie zum Anpassen der DAG deren Eigenschaften auf. Haben Sie im Exchange Admin Center die Eigenschaften der DAG aufgerufen, können Sie über Menüs Einstellungen durchführen. Viele der Einstellungen nehmen Sie über die Symbolleiste vor.

Die DAG-Eigenschaften speichert Exchange in Active Directory. Im Menü *Allgemein* sehen Sie die Mitglieder der DAG, den Zeugenserver und den DAG-Ordner.

Über *DAG-Mitgliedschaft verwalten* legen Sie die Server fest, auf denen Sie Datenbanken mit DAGs absichern wollen. Dieser Befehl steht in der Symbolleiste zur Verfügung. Mit dem Cmdlet *Set-DatabaseAvailabilityGroup -Identity <Name der DAG>* passen Sie ebenfalls die Einstellungen der DAG an. Hier stehen die gleichen Möglichkeiten wie bei der Erstellung zur Verfügung.

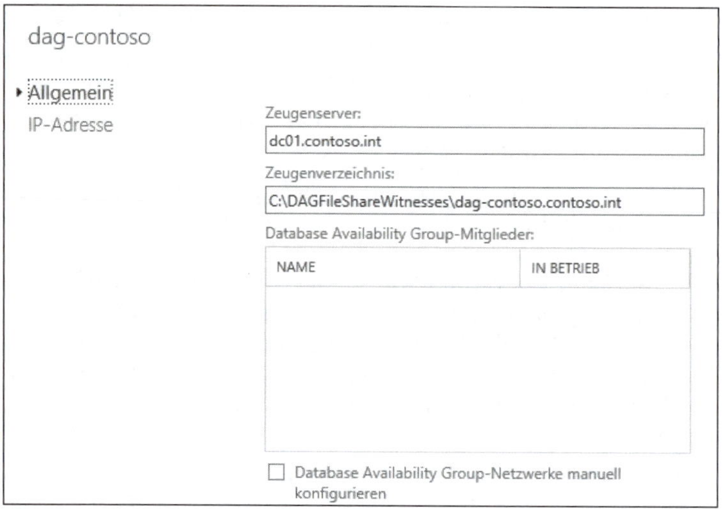

Abbildung 15.2: Datenverfügbarkeitsgruppen (DAGs) über das Exchange Admin Center verwalten

Die Option *-AutoDatabaseMountDial* legt das Verhalten für das automatische Einbinden von Datenbanken nach einem Datenbankfailover fest. Mit dem Cmdlet *Set-MailboxServer* können Sie die Option *-AutoDatabaseMountDial* mit den folgenden Werten konfigurieren:

- **BestAvailability** Verwenden Sie diesen Wert, wird die Datenbank nach einem Failover automatisch bereitgestellt, wenn die Länge der Kopiewarteschlange kleiner oder gleich 12 ist. Die Länge der Kopiewarteschlange entspricht der Anzahl von Protokollen, die von der passiven Kopie als zu replizieren erkannt werden. Wenn die Länge der Kopiewarteschlange größer als 12 ist, wird die Datenbank nicht automatisch bereitgestellt.

- **GoodAvailability** Verwenden Sie diesen Wert, wird die Datenbank nach einem Failover automatisch bereitgestellt, wenn die Länge der Kopiewarteschlange kleiner oder gleich 6 ist.

- **Lossless** Verwenden Sie diesen Wert, werden die Datenbanken erst dann automatisch bereitgestellt, nachdem alle Protokolle, die auf der aktiven Kopie generiert wurden, auf die passive Kopie kopiert wurden.

Der Standardwert ist *GoodAvailability*. Zusätzlich können Sie die Option *-AutoDatabaseMount-Dial* mit einem benutzerdefinierten Wert konfigurieren, indem Sie den ADSI-Editor oder *Ldp.exe* verwenden, um das Attribut direkt in Active Directory zu ändern. Die Option *-AutoDatabaseMountDial* wird durch das Attribut *msExchDataLossForAutoDatabaseMount* des Postfachserverobjekts dargestellt. Der ganzzahlige Wert für dieses Attribut stellt die maximale Anzahl von Transaktionsprotokolldateien dar, die Sie bereit sind, für das Einbinden einer Datenbank ohne menschliches Eingreifen zu verlieren. Wie Sie dabei vorgehen, lesen Sie in Kapitel 2. Dort beschreiben wir den Umgang mit ADSI-Edit und Exchange 2016.

Im folgenden Beispiel wird ein Postfachserver mit *GoodAvailability* konfiguriert:

```
Set-MailboxServer -Identity EX1 -AutoDatabaseMountDial GoodAvailability
```

Die Option *-DatabaseCopyAutoActivationPolicy* gibt den Typ der automatischen Aktivierung an, der für Postfachdatenbankkopien auf Postfachservern verfügbar ist. Mit dem Cmdlet *Set-MailboxServer* können Sie die Option mit den folgenden Werten konfigurieren:

- **Blocked** Wenn Sie diesen Wert angeben, können Datenbanken auf den ausgewählten Postfachservern nicht automatisch aktiviert werden.

- **IntrasiteOnly** Wenn Sie diesen Wert angeben, kann die Datenbankkopie auf Servern am gleichen Active Directory-Standort aktiviert werden. Dadurch wird ein Failover oder eine Aktivierung zwischen Standorten vermieden. Datenbanken können auf diesem Postfachserver nicht für Datenbankkopien aktiviert werden, die an einem anderen Active Directory-Standort aktiv sind.

- **Unrestricted** Wenn Sie diesen Wert angeben, gelten keine Einschränkungen für die Aktivierung von Postfachdatenbankkopien auf den ausgewählten Postfachservern.

Im folgenden Beispiel wird ein Postfachserver mit der Option *-DatabaseCopyAutoActivationPolicy* und der Einstellung *Blocked* konfiguriert:

```
Set-MailboxServer -Identity EX1 -DatabaseCopyAutoActivationPolicy Blocked
```

Die Option *-MaximumActiveDatabases* des Cmdlets *Set-MailboxServer* legt die Anzahl von Datenbanken fest, die auf einem Postfachserver eingebunden werden können. Ist die maximale Anzahl erreicht, werden die Datenbankkopien auf dem Server bei einem Failover oder Switchover nicht aktiviert. Sind die Kopien auf einem Server bereits aktiv, lässt der Server die Einbindung der Datenbanken nicht zu.

Beispiel:

```
Set-MailboxServer -Identity EX1 -MaximumActiveDatabases 20
```

Tipp

Mit dem Cmdlet *Get-DatabaseAvailabilityGroup <DAG-Name> |fl* lassen Sie Einstellungen einer DAG anzeigen.

Sie können sich eine Liste aller Mitglieder der DAG mit *Get-DatabaseAvailabilityGroup <DAGName> | fl Servers* anzeigen lassen.

Sicherheit und Hochverfügbarkeit

```
E                                           Computer: mail01.contoso.int

[PS] C:\Windows\system32>Get-DatabaseAvailabilityGroup DAG-contoso | fl

RunspaceId                               : 291261ca-32ba-49ca-ba8c-97e24ae04bb1
Name                                     : dag-contoso
Servers                                  : {}
WitnessServer                            : dc01.contoso.int
WitnessDirectory                         : C:\DAGFileShareWitnesses\dag-contoso.contoso.int
AlternateWitnessServer                   :
AlternateWitnessDirectory                :
NetworkCompression                       : InterSubnetOnly
NetworkEncryption                        : InterSubnetOnly
ManualDagNetworkConfiguration            : False
DatacenterActivationMode                 : Off
StoppedMailboxServers                    : {}
StartedMailboxServers                    : {}
DatabaseAvailabilityGroupIpv4Addresses   : {255.255.255.255}
DatabaseAvailabilityGroupIpAddresses     : {255.255.255.255}
AllowCrossSiteRpcClientAccess            : False
ActivityState                            :
FileSystem                               : NTFS
OperationalServers                       :
PrimaryActiveManager                     :
ServersInMaintenance                     :
ServersInDeferredRecovery                :
ThirdPartyReplication                    : Disabled
ReplicationPort                          : 64327
NetworkNames                             : {}
WitnessShareInUse                        :
DatabaseAvailabilityGroupConfiguration   :
AutoDagSchemaVersion                     : 1.0
AutoDagDatabaseCopiesPerDatabase         : 1
AutoDagDatabaseCopiesPerVolume           : 1
AutoDagTotalNumberOfDatabases            : 0
AutoDagTotalNumberOfServers              : 0
AutoDagDatabasesRootFolderPath           : C:\ExchangeDatabases
AutoDagVolumesRootFolderPath             : C:\ExchangeVolumes
AutoDagAllServersInstalled               : False
AutoDagAutoReseedEnabled                 : True
AutoDagDiskReclaimerEnabled              : True
AutoDagBitlockerEnabled                  : False
AutoDagFIPSCompliant                     : False
AutoDagAutoRedistributeEnabled           : True
AutoDagSIPEnabled                        : False
ReplayLagManagerEnabled                  : False
```

Abbildung 15.3: Informationen zu einer Datenbankverfügbarkeitsgruppe in der Exchange Management Shell anzeigen

Mitglieder zu einer DAG hinzufügen, entfernen und reparieren

Der nächste wichtige Schritt beim Verwenden einer DAG ist die Aufnahme von Mitgliedern in diese Gruppe. Bei den Mitgliedern handelt es sich um Server mit der Postfachrolle, um die Datenbanken dieser Server über die DAG zu replizieren. Jeder Server, der Mitglied der DAG wird, nimmt Exchange als Clusterknoten in den zugrunde liegenden Windows-Cluster auf.

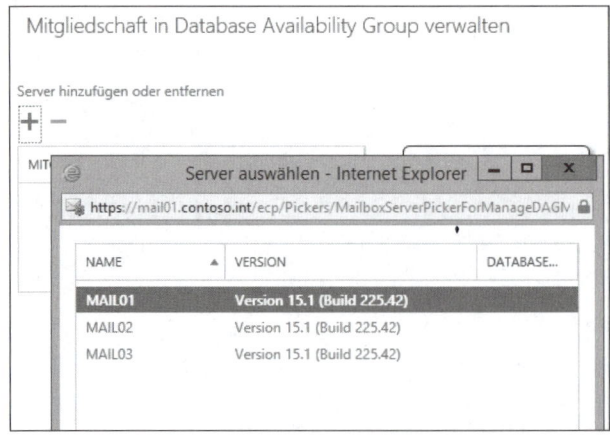

Abbildung 15.4: Server zu einer Datenverfügbarkeitsgruppe hinzufügen

Alle notwendigen Schritte zur Verwaltung einer DAG nehmen Sie im Exchange Admin Center vor; Sie müssen den Cluster nicht mit der Failovercluster-Verwaltung konfigurieren. Jeder Postfachserver kann nur in einer Datenbankverfügbarkeitsgruppe Mitglied sein. Nur Datenbanken auf Postfachservern mit Exchange 2016, die Mitglied einer DAG sind, lassen sich durch die DAG auch absichern.

Sie können über das gleiche Menü auch Server wieder aus der DAG entfernen. Allerdings müssen Sie zuvor auf dem Server alle Replikate der Datenbanken entfernen. Neben dem Exchange Admin Center können Sie auch Server in der Exchange Management Shell zu einer DAG hinzufügen. Dazu verwenden Sie das folgende Cmdlet:

```
Add-DatabaseAvailabilityGroupServer -Identity <DAG-Name> -MailboxServer <Servername>
```

Um mit der Exchange Management Shell einen Server aus einer DAG zu entfernen, verwenden Sie den folgenden Befehl:

```
Remove-DatabaseAvailabilityGroupServer -Identity <DAG-Name> -MailboxServer <Servername>
```

Tritt ein Fehler auf und ist ein Server in einer DAG nicht mehr verfügbar, können Sie ihn über das Exchange-Setupprogramm wieder reparieren. Gehen Sie dazu genauso vor wie bei der Wiederherstellung eines normalen Servers (siehe Kapitel 14). Überprüfen Sie nach der Wiederherstellung, ob die Replikation noch funktioniert. Unter Umständen müssen Sie diese auf den anderen Servern anhalten und den Server neu in die DAG und die Postfachkopien aufnehmen.

AutoReseed für eine DAG konfigurieren

AutoReseed ist eine Funktion für die schnelle Wiederherstellung der Datenbankredundanz nach einem Datenträgerausfall. Wenn ein Datenträger ausfällt, wird für die auf diesem Datenträger gespeicherten Datenbankkopien automatisch ein erneutes Seeding auf einen vorkonfigurierten Ersatzdatenträger auf dem Postfachserver durchgeführt. Bei diesem Vorgang werden die Daten in der Exchange-Datenbank mit anderen Datenbanken abgeglichen und synchronisiert.

Stammpfade für Datenbanken und Volumes festlegen

Der erste Schritt erfordert das Festlegen von Stammordnern für die Datenbanken (*AutoDagDatabasesRootFolderPath*) und Volumes (*AutoDagVolumesRootFolderPath*) der DAG. Die Standardordner sind *C:\ExchangeDatabases* und *C:\ExchangeVolumes*. Sie können diesen Schritt übergehen, wenn Sie die Standardpfade verwenden. Um Pfade zu ändern, verwenden Sie die beiden folgenden Anweisungen:

```
Set-DatabaseAvailabilityGroup DAG1 -AutoDagDatabasesRootFolderPath "C:\ExchDbs"
Set-DatabaseAvailabilityGroup DAG1 -AutoDagVolumesRootFolderPath "C:\ExchVols"
```

Mit dem folgenden Befehl lassen Sie die Einstellungen anzeigen:

```
Get-DatabaseAvailabilityGroup DAG1 |fl *auto*
```

Nachdem Sie die Einstellungen durchgeführt haben, müssen Sie die Ordner im Explorer erstellen. Stellen Sie außerdem jedes Volume, das für Datenbanken eingesetzt wird, in der Windows-Datenträgerverwaltung (*Diskmgmt.msc*) in einem vorher angelegten Ordner unter *C:\Exchan-*

geVolumes bereit. Wenn Sie zum Beispiel zwei Volumes mit Datenbanken und ein Ersatzvolume verwenden, legen Sie die Volumes folgendermaßen an:

C:\ExchangeVolumes\Volume1

C:\ExchangeVolumes\Volume2

C:\ExchangeVolumes\Volume3

Erstellen Sie noch die Datenbankordner unterhalb des Stammpfads *C:\ExchangeDatabases*. Für jede Datenbank erstellen Sie einen eigenen Pfad. Innerhalb dieses Pfads erstellen Sie wiederum jeweils zwei Ordner für die Datenbankdatei und die Transaktionsprotokolle (siehe Kapitel 5). Als Bezeichnung für den Ordner der Datenbankdatei verwenden Sie *<Datenbankname>.db*, als Bezeichnung für den Ordner der Transaktionsprotokolle verwenden Sie *<Datenbankname>.log*.

Im folgenden Beispiel wird gezeigt, wie Sie Ordner für vier Datenbanken erstellen, die auf *Volume1* gespeichert sind:

Md c:\ExchangeDatabases\Volume1\db001.db

Md c:\ExchangeDatabases\Volume1\db001.log

Md c:\ExchangeDatabases\Volume1\db002.db

Md c:\ExchangeDatabases\Volume1\db002.log

Md c:\ExchangeDatabases\Volume1\db003.db

Md c:\ExchangeDatabases\Volume1\db003.log

Md c:\ExchangeDatabases\Volume1\db004.db

Md c:\ExchangeDatabases\Volume1\db004.log

Anzahl von Datenbanken pro Volume konfigurieren

Als Nächstes konfigurieren Sie die Anzahl von Datenbanken pro Volume (*AutoDagDatabaseCopiesPerVolume*) für die DAG, beispielsweise über die folgende Anweisung:

```
Set-DatabaseAvailabilityGroup DAG1 -AutoDagDatabaseCopiesPerVolume 4
```

Mit dem folgenden Befehl zeigen Sie die Einstellungen auch hier an:

```
Get-DatabaseAvailabilityGroup DAG1 |fl *auto*
```

Bereitstellungspunkte für die Datenbanken anlegen

Erstellen Sie die Bereitstellungspunkte für jede Datenbank, und verknüpften Sie den Bereitstellungspunkt mit dem entsprechenden Volume. Zum Beispiel sollte sich der bereitgestellte Ordner für *db001* im Ordner *C:\ExchangeDatabases\db001* befinden.

Sie können *Diskmgmt.msc* oder *Mountvol.exe* verwenden. Im folgenden Beispiel wird *db001* mit *Mountvol.exe* in *C:\ExchangeDatabases\db001* bereitgestellt:

```
Mountvol.exe c:\ExchangeDatabases\db001 db001
```

Führen Sie den folgenden Befehl aus, um die erfolgreiche Erstellung zu überprüfen:

```
Mountvol.exe C:\ExchangeDatabases\db001 /L
```

Datenbanken erstellen

Erstellen Sie die Datenbanken im entsprechenden Ordner zum Beispiel so:

```
New-MailboxDatabase -Name db001 -Server MBX1 -LogFolderPath C:\ExchangeDatabases\db001\db001.log
-EdbFilePath C:\ExchangeDatabases\db001\db001.db\db001.edb
```

Lassen Sie nun die Einstellungen in diesem Beispiel anzeigen:

```
Get-MailboxDatabase db001 |fl *path*
```

Führen Sie den folgenden Befehl aus, um die Konfiguration der DAG zu überprüfen:

```
Get-DatabaseAvailabilityGroup DAG1 |fl *auto*
```

Mitgliedsserver einer Datenbankverfügbarkeitsgruppe wiederherstellen

Mit einer Serverwiederherstellung (siehe Kapitel 14) können Sie einen Server in der DAG wieder zur Verfügung stellen, falls dieser nicht mehr startet. Sie verwenden dazu die Option */m:RecoverServer* des Exchange-Setupprogramms. Daraufhin liest Exchange 2016 die Konfigurationsinformationen des Servers aus Active Directory ein und installiert die ursprünglichen Exchange-Dateien und -Dienste auf dem Server sowie die hinterlegten Serverrollen.

Sie können dazu auch einen neuen Server verwenden, auf dem Sie das Betriebssystem komplett neu installieren. Entfernen Sie, falls möglich, die Postfachdatenbankkopien auf dem Server mit dem Cmdlet *RemovE-MailboxDatabaseCopy,* zum Beispiel über den folgenden Befehl:

```
RemovE-MailboxDatabaseCopy DB1\MBX1
```

Anschließend sollten Sie den Server zunächst aus der DAG entfernen. Verwenden Sie dazu den folgenden Aufruf:

```
Remove-DatabaseAvailabilityGroupServer -Identity <DAG-Name> -MailboxServer <Servername>
```

Löschen Sie am besten das Computerkonto aus der Domäne, und erstellen Sie es nach der Installation neu. Alternativ können Sie das Computerkonto auch zurücksetzen. Dazu klicken Sie das Computerkonto im Snap-In *Active Directory-Benutzer und -Computer* mit der rechten Maustaste an und wählen im Kontextmenü den Befehl *Konto zurücksetzen* aus.

Exchange 2016 installieren Sie auf einem derartigen Server mit der Option *Setup /m:Recover-Server* (siehe auch Kapitel 14). Anschließend müssen Sie den Server neu in die DAG aufnehmen. Nach der Aufnahme des Servers in die DAG müssen Sie die zur Replikation vorgesehenen Postfachdatenbankkopien neu hinzufügen. Verwenden Sie dazu das Cmdlet *Add-MailboxDatabaseCopy* zum Beispiel mit:

```
Add-MailboxDatabaseCopy -Identity DB1 -MailboxServer MBX1
```

Sie können diese Einstellungen auch im Exchange Admin Center vornehmen.

Sicherheit und Hochverfügbarkeit

Service Packs und Updates auf Mitgliedern einer DAG installieren

Updates und Service Packs sollten Sie auf Mitgliedern von DAGs nicht automatisch installieren, zum Beispiel über WSUS, sondern möglichst manuell, um eventuelle Ausfälle zu vermeiden.

Während der Installation sollten Sie verhindern, dass der Server produktive Datenbanken bereitstellt, die Mitglied einer DAG sind. Außerdem sollten während der Installation von Exchange-Patches keine Replikationen von Transaktionsprotokollen für Postfachdatenbankkopien stattfinden.

Während der Installation hält der Installations-Assistent mehrere Dienste an, zum Beispiel alle Exchange-Dienste und den Windows-Clusterdienst. Microsoft empfiehlt, die Installation von Updates und Service Packs auf Servern, die Mitglieder in einer DAG sind, in folgender Reihenfolge durchzuführen:

Im ersten Schritt halten Sie die Replikation der Datenbank auf dem Server an, den Sie aktualisieren wollen. Verwenden Sie dazu das Exchange Admin Center, oder geben Sie in der Exchange Management Shell den folgenden Befehl ein:

```
Get-MailboxDatabaseCopyStatus -Server <Servername> | Suspend-MailboxDatabaseCopy -ActivationOnly
-Confirm:$False -SuspendComment "Installieren des Updates xyz"
```

Im Exchange Admin Center halten Sie die Replikation von Postfachdatenbankkopien an, wenn Sie eine Datenbankkopie markieren und anschließend die Datenbank anhalten. Auf den Servern, die die produktive Datenbank bereitstellen, müssen Sie diesen Schritt nicht durchführen.

Verschieben Sie alle produktiven Datenbanken auf einen anderen Server in der DAG. Dadurch ist sichergestellt, dass der Server, den Sie aktualisieren, weder eine produktive Datenbank bereitstellt noch eine Aktualisierung der Postfachdatenbankkopien enthält. Installieren Sie anschließend die Aktualisierung auf dem Server.

Setzen Sie die Replikation der Postfachdatenbankkopien auf dem Server fort, und verschieben Sie wieder die gewünschten produktiven Datenbanken auf den Server.

Wenn Sie ein Exchange-Updaterollup auf einem Server installieren, der Mitglied einer DAG ist, werden mehrere Dienste während der Installation angehalten, darunter auch alle Exchange-Dienste und der Clusterdienst. Die Vorgehensweise zum Installieren von Updaterollups zu einem DAG-Mitglied ist Folgende:

1. Verwenden Sie das Skript *StartDagServerMaintenance.ps1* im Ordner *C:\Program Files\ Microsoft\Exchange Server\V15\Scripts*, um das DAG-Mitglied in den Wartungsmodus zu versetzen.

2. Installieren Sie das Updaterollup.

3. Mit dem Skript *StopDagServerMaintenance.ps1* versetzen Sie das DAG-Mitglied aus dem Wartungsmodus zurück in den Produktivmodus.

4. Verwenden Sie das Skript *RedistributeActiveDatabases.ps1*, um die aktiven Datenbankkopien für die DAG neu anzugleichen.

DAG-Netzwerke erstellen und verwalten

Grundsätzlich empfiehlt Microsoft, den Datenverkehr zur Replikation und die Verbindung der Anwender auf verschiedene Netzwerkkarten zu verteilen, die Sie während der Erstellung der DAG festlegen können. Allerdings müssen Sie den Netzwerkverkehr nicht trennen.

Daher lassen sich DAGs auch auf Servern mit nur einer Netzwerkkarte einsetzen. Allerdings müssen in diesem Fall alle DAG-Mitglieder ebenfalls nur eine Netzwerkkarte verwenden. Die Gesamtzahl der Netzwerkverbindungen aller DAG-Mitglieder muss identisch sein. DAG-Netzwerke unterstützen IPv4 und IPv6. Setzen Sie IPv6 ein, dürfen Sie IPv4 allerdings nicht deaktivieren.

Neues DAG-Netzwerk erstellen

Klicken Sie zur Erstellung eines DAG-Netzwerks auf die DAG, und wählen Sie *Neues DAG-Netzwerk*. Tragen Sie im Fenster die entsprechenden Daten für das DAG-Netzwerk ein. Standardmäßig verwenden DAGs bereits eine automatische Netzwerkkonfiguration.

Klicken Sie auf *Hinzufügen*, um die einzelnen Subnetze dem DAG-Netzwerk hinzuzufügen. Sie können an dieser Stelle auch IPv6-Netzwerke verwenden.

Sie können DAG-Netzwerke auch in der Exchange Management Shell erstellen. Dazu verwenden Sie den folgenden Aufruf:

```
New-DatabaseAvailabilityGroupNetwork -DatabaseAvailabilityGroup <Name der DAG> -Name <Name des
Netzwerks> -Description <Beschreibung> -Subnets <Subnetze> -ReplicationEnabled:$True
```

Zum Abrufen von Einstellungen oder zum nachträglichen Ändern verwenden Sie die Cmdlets *Set-DatabaseAvailabilityGroupNetwork* und *Get-DatabaseAvailabilityGroupNetwork*.

Nach der Erstellung eines DAG-Netzwerks können Sie dessen Einstellungen jederzeit anpassen. Sie finden DAG-Netzwerke über *Server* im Bereich *Database Availability Groups*. Klicken Sie auf eine DAG, sehen Sie rechts im Fenster die verbundenen Netzwerke.

Es wird empfohlen, dass iSCSI-Speicher dedizierte Netzwerke und Netzwerkadapter verwenden. Diese Netzwerke sollten nicht durch die DAG oder deren Cluster verwaltet oder als DAG-Netzwerke verwendet werden. Sie sollten diese Netzwerke manuell für die Verwendung durch die DAG deaktivieren. Konfigurieren Sie die DAG so, dass iSCSI-Netzwerke ignoriert werden. Verwenden Sie dazu den folgenden Aufruf:

```
Set-DatabaseAvailabilityGroupNetwork -Identity DAG2\DAGNetwork02 -ReplicationEnabled:$false
-IgnoreNetwork:$true
```

Dieser Befehl deaktiviert auch die Verwendung des Netzwerks durch den Cluster. Nach der Ausführung des obigen Befehls werden die iSCSI-Netzwerke zwar weiterhin als DAG-Netzwerke angezeigt, jedoch nicht verwendet.

TCP-Port, Komprimierung und Verschlüsselung für die Replikation steuern und kontrollieren

Die Replikation erfolgt nicht über das Server Message Block-Protokoll (SMB), sondern über ein Replikationsverfahren speziell für DAG. Exchange 2016 verwendet einen festgelegten TCP-Port für den Datenaustausch und daher einen reinen TCP-Verkehr.

Aktive Transaktionsprotokolle der produktiven Exchange-Datenbank senden einen Datenstrom an die passiven Kopien. Der Datenstrom ist verschlüsselt und komprimiert. Exchange 2016 kann als Quelle für die Replikation der Daten die produktive Datenbank verwenden oder eine andere Postfachdatenbankkopie.

Standardmäßig verwendet Exchange den Port 64327. Sie können diesen Port aber beliebig anpassen. Mit dem folgenden Befehl sehen Sie nur den aktuell verwendeten Port:

```
Get-DatabaseAvailabilityGroup <DAG-Name> -Status |fl ReplicationPort
```

Sicherheit und Hochverfügbarkeit

Den Port können Sie nur in der Exchange Management Shell anpassen, indem Sie das Cmdlet *Set-DatabaseAvailabilityGroup* verwenden. Um den Port anzupassen, rufen Sie den folgenden Befehl auf:

```
Set-DatabaseAvailabilityGroup <DAG-Name> -ReplicationPort <Portnummer>
```

Lassen Sie sich nach der Änderung den neuen Port anzeigen:

```
Get-DatabaseAvailabilityGroup <DAG-Name> -Status |fl ReplicationPort
```

Aktualisieren Sie anschließend eine Postfachdatenbankkopie, sehen Sie mit *Netstat -an |more*, dass Exchange jetzt diesen Port nutzt. Der Port taucht aber erst dann in der Liste auf, wenn eine Aktualisierung stattfindet. Achten Sie bei der Änderung zusätzlich darauf, den neuen Port in der Windows-Firewall für die Kommunikation freizuschalten. Ansonsten kann Exchange keine Daten mehr replizieren.

Standardmäßig komprimiert Exchange die Daten vor einer Replikation zu den Kopieservern. Sie können sich den Status mit dem folgenden Befehl anzeigen lassen:

```
Get-DatabaseAvailabilityGroup <Name der Gruppe> -Status |fl NetworkCompression
```

Die Einstellungen für die Komprimierung erfolgen für die DAG, nicht für die DAG-Netzwerke. Standardmäßig ist die Einstellung auf *InterSubnetOnly* gesetzt. Dies bedeutet, dass die Daten nur dann komprimiert werden, wenn Exchange sie über verschiedene Subnetze senden muss. Sie können folgende Werte verwenden:

- **Disabled**   Keine Komprimierung
- **Enabled**   Komprimierung bei allen Netzwerken
- **InterSubnetOnly**   Komprimierung nur zwischen Subnetzen
- **SeedOnly**   Komprimierung nur beim manuellen Seeding

Wollen Sie die Komprimierung für alle Netzwerke einschalten, um dadurch die Belastung des Netzwerks zu reduzieren, verwenden Sie in der Exchange Management Shell folgenden Befehl:

```
Set-DatabaseAvailabilityGroup <Name der DAG> -NetworkCompression Enabled
```

Exchange 2007 hat die Daten für die Replikation von Transaktionsprotokollen unverschlüsselt übertragen. Exchange ab Version 2010 verschlüsselt diese Daten aus Sicherheitsgründen. DAG nutzt die Kerberos-Authentifizierung zwischen den einzelnen Mitgliedern der DAG. Folgende Werte können Sie für die Verschlüsselung festlegen:

- **Disabled**   keine Verschlüsselung
- **Enabled**   Verschlüsselung zu allen Netzwerken
- **InterSubnetOnly**   Verschlüsselung nur zwischen Subnetzen
- **SeedOnly**   Verschlüsselung nur beim manuellen Seeding, also dem manuellen Replizieren von Daten. Wir kommen zum Seeding noch ausführlicher bei der Einrichtung von Postfachkopien zurück.

Standardmäßig verschlüsselt Exchange 2016 die Daten vor einer Replikation zu den Kopieservern, wenn diese in verschiedenen Subnetzen positioniert sind. Sie können sich den Status mit der folgenden Anweisung ansehen:

```
Get-DatabaseAvailabilityGroup <Name der Gruppe> -Status |fl NetworkEncryption
```

Wollen Sie die Verschlüsselung für alle Netzwerke einschalten, um dadurch die Sicherheit des Netzwerks zu erhöhen, verwenden Sie in der Exchange Management Shell den Befehl:

```
Set-DatabaseAvailabilityGroup <Name der DAG> -NetworkEncryption Enabled
```

Postfachdatenbankkopien für DAG einrichten

Eine DAG ist zunächst nur ein leeres Gerüst. Erst wenn Sie Server als Mitglieder aufnehmen und die Datenbanken dieser Postfachserver replizieren lassen, aktivieren Sie diese Funktion. Postfachdatenbankkopien sind Replikate der Postfachdatenbanken auf den verschiedenen Mitgliedern der DAG. Die Replikation nimmt Exchange 2016 auf Basis der Transaktionsprotokolle vor (siehe Kapitel 5).

Grundlagen zu Postfachdatenbankkopien

Nur Server mit Exchange 2016 können Mitglied einer DAG sein. Exchange 2016 kennt weder Postfachclusterserver noch Speichergruppen. Alle Postfachserver in einer Datenbankverfügbarkeitsgruppe müssen Mitglied derselben Active Directory-Domäne sein.

Datenbankkopien können Sie nur auf Postfachservern erstellen, die nicht als Host der aktiven Kopie einer Datenbank dienen. Sie können keine zwei Kopien derselben Datenbank auf demselben Server erstellen. Alle Kopien einer Datenbank verwenden auf allen Servern denselben Pfad. Die Pfade dürfen nicht in Konflikt mit anderen Datenbankpfaden stehen.

Datenbankkopien können an unterschiedlichen Active Directory-Standorten und in unterschiedlichen Netzwerksubnetzen erstellt werden. Eine Datenbank kann nur innerhalb einer DAG repliziert werden. Außerdem lässt sich eine Exchange 2016-Postfachdatenbank nicht auf einen Server mit Exchange 2010/2013 oder früher replizieren. Datenbankkopien lassen sich nur auf Postfachservern erstellen, die nicht als Host der aktiven Kopie einer Datenbank dienen.

Datenbankkopien können Sie im Exchange Admin Center oder mit dem Cmdlet *Add-Mailbox-DatabaseCopy* in der Exchange Management Shell erstellen. Bei der Erstellung einer Postfachdatenbankkopie müssen Sie Daten eingeben, die eindeutig in der Organisation sein müssen.

Datenbanknamen müssen zum Beispiel innerhalb der Exchange-Organisation eindeutig sein. Bei der Erstellung einer Postfachdatenbankkopie geben Sie auch den Namen des Postfachservers an, auf dem Sie die Kopie erstellen wollen. Der Server muss Mitglied derselben Datenbankverfügbarkeitsgruppe sein und darf nicht bereits eine Kopie der Datenbank enthalten.

Bei der Erstellung einer Kopie geben Sie auch eine Zeitspanne in Minuten für die Wiedergabeverzögerung der Transaktionsprotokolle an. Verwenden Sie den Wert 0, deaktivieren Sie dadurch die Protokollwiedergabeverzögerung. In diesem Fall überträgt Exchange nach der Fertigstellung eines Transaktionsprotokolls dieses sofort auf den Kopieserver, sodass die Datenbankkopie immer den gleichen Datenstand wie das Original aufweist.

Die Aktivierungseinstellungsnummer dient als Entscheidungsgrundlage bei der Datenbankaktivierung. Erkennt Exchange im Fehlerfall, dass mehrere Datenbankkopien dieselben Aktivierungskriterien erfüllen, wird die Kopie mit der niedrigsten Aktivierungseinstellungsnummer verwendet. Fügen Sie eine Kopie einer Postfachdatenbank hinzu, wird automatisch die fortlaufende Replikation zwischen der vorhandenen Datenbank und der Datenbankkopie aktiviert.

Datenbankkopien erhalten einen Namen in der Form *<Datenbankname>\<Postfachhostserver-Name>*. Die aktive Kopie der Postfachdatenbankkopie muss bereitgestellt sein, ansonsten lässt sich keine Kopie erstellen. Die Umlaufprotokollierung der originalen Datenbank darf nicht aktiviert sein, wenn Sie eine Postfachdatenbankkopie erstellen. Nachdem Sie die Kopie der Postfachdatenbank erstellt haben, können Sie die Umlaufprotokollierung wieder aktivieren.

Die aktive Kopie der Datenbank muss bereitgestellt sein. Auf dem angegebenen Postfachserver darf sich noch keine Kopie der Datenbank befinden. Der Pfad für die angegebene Datenbankkopie und deren Protokolldateien muss auf dem ausgewählten Postfachserver verfügbar sein. Der Hostserver der aktiven Kopie und der Server, der die passive Kopie hosten soll, müssen sich in derselben Datenbankverfügbarkeitsgruppe (Database Availability Group, DAG) befinden.

Hinweis

Wenn Sie die zweite Kopie einer Datenbank hinzufügen, darf die Umlaufprotokollierung für die angegebene Postfachdatenbank nicht aktiviert sein. Ist die Umlaufprotokollierung aktiviert, müssen Sie diese zunächst deaktivieren. Sobald Sie die Kopie der Postfachdatenbank hinzugefügt haben, können Sie die Umlaufprotokollierung wieder aktivieren.

Nach der Aktivierung der Umlaufprotokollierung für eine replizierte Postfachdatenbank wird die Umlaufprotokollierung der fortlaufenden Replikation (Continuous Replication Circular Logging, CRCL) anstelle der JET-Umlaufprotokollierung verwendet. Wenn Sie die dritte oder nachfolgende Kopie einer Datenbank hinzufügen, müssen Sie CRCL nicht deaktivieren.

Eine Postfachdatenbankkopie erstellen

Um eine Kopie zu erstellen, öffnen Sie das Exchange Admin Center und navigieren zu *Server/ Datenbanken*. Markieren Sie die Datenbank, klicken Sie auf *Weitere* (drei Punkte) und dann auf *Datenbankkopie hinzufügen*. Die Option ist aber nur auf dem Server verfügbar, auf dem die aktive Datenbank gespeichert ist.

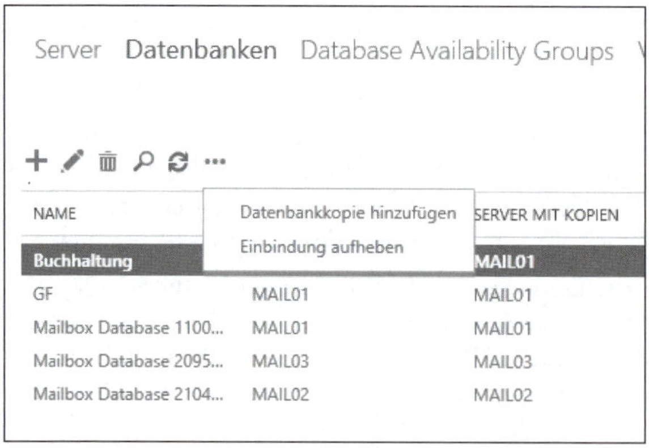

Abbildung 15.5: Neue Postfachdatenbankkopie anlegen

Bei *Name der Postfachdatenbank* sehen Sie den Namen der Datenbank, von der Sie eine Kopie erstellen wollen. Klicken Sie bei *Geben Sie den Servernamen an* auf *Durchsuchen*, und wählen Sie den Postfachserver aus, auf dem Sie die Kopie der Postfachdatenbank erstellen wollen. Der Assistent zeigt nur die Postfachserver an, die Mitglied der gleichen DAG sind, in der auch der Server mit der Quelldatenbank Mitglied ist.

Geben Sie bei *Aktivierungseinstellungsnummer* einen Wert für die Datenbankkopie an. Jede Kopie sollte eine eigene Nummer erhalten. Die Aktivierungseinstellungsnummer dient als Entscheidungsgrundlage, wenn im Fall einer fehlerhaften originalen Datenbank eine Kopie aktiviert werden muss, damit Anwender weiterarbeiten können. Klicken Sie auf *Speichern*, um die Kopie der Postfachdatenbank zu erstellen.

Über *Weitere Optionen* können Sie festlegen, dass die Kopiedatenbank erst nach einer bestimmten Zeit die Daten aus der Quelldatenbank erhält. Über das Kontrollkästchen *Seeding verschoben* legen Sie fest, dass die erste Synchronisierung der Datenbank manuell erfolgen soll. Klicken Sie auf *Speichern*, um den Assistenten zu schließen.

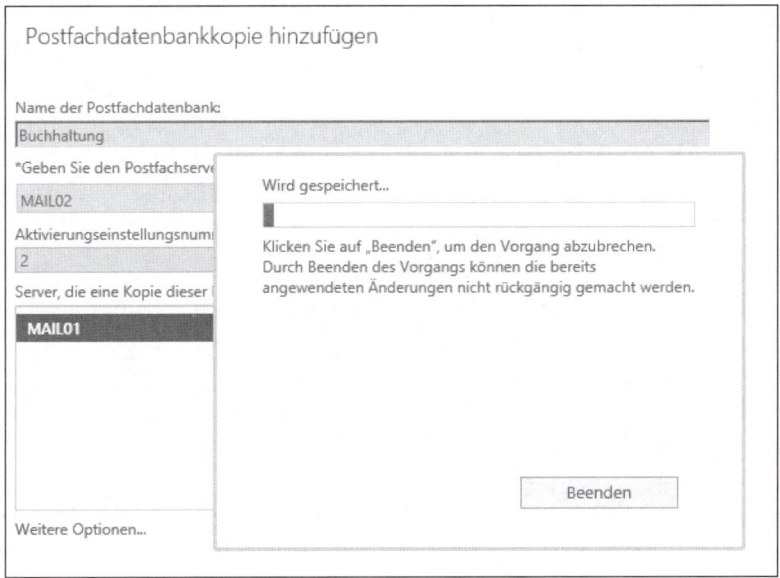

Abbildung 15.6: Postfachdatenbankkopie zu Postfachserver hinzufügen

Sobald Sie die Konfiguration mit *Speichern* abschließen, beginnt Exchange mit dem Seeding. Dabei werden die Daten von der Quelldatenbank auf die Datenbankkopie übertragen.

Wollen Sie eine Kopie in der Exchange Management Shell erstellen, verwenden Sie den folgenden Cmdlet-Aufruf:

```
Add-MailboxDatabaseCopy -Identity <Name der Datenbank> -MailboxServer <Name des Kopieservers>
-ActivationPreference <Aktivierungseinstellungsnummer>
```

Nach der erfolgreichen Erstellung der Kopie sehen Sie deren Status im Bereich *Server/Datenbanken* auf der rechten Seite, wenn Sie die Datenbank anklicken.

Überprüfen Sie anschließend den Status der Kopien. Im Ereignisprotokoll sollten Sie nach Fehlern der Datenbank suchen. Mit dem Cmdlet *Get-MailboxDatabaseCopyStatus* können Sie sich den Status der Replikation für die Datenbankkopie in der Exchange Management Shell anzeigen lassen.

Sicherheit und Hochverfügbarkeit

Buchhaltung

Database Availability Group:

dag-contoso

Server

MAIL01
MAIL02

Datenbankkopien

Buchhaltung\MAIL01
Aktiv Eingebunden
Länge der Kopiewarteschlange: 0
Inhaltsindexzustand: Fehlerfrei

Details anzeigen

Buchhaltung\MAIL02
Passiv Wird initialisiert
Länge der Kopiewarteschlange: 9223372036854776000
Inhaltsindexzustand: Angehalten

Anhalten | Aktivieren | Entfernen

Details anzeigen

Abbildung 15.7: Den Status einer Postfachdatenbankkopie anzeigen

Mit dem Cmdlet *Test-ReplicationHealth* lassen Sie sich den Status der Datenbankverfügbarkeitsgruppe und der Replikation ebenfalls anzeigen. Auch hier sollten keine Fehler erscheinen.

Wenn Sie in der Exchange Management Shell in den *Scripts*-Ordner von Exchange 2016 wechseln (standardmäßig *C:\Program Files\Microsoft\Exchange Server\V15\Scripts)*, können Sie durch Eingabe von *.\CheckDatabaseRedundancy.ps1* ebenfalls einen Test der Replikation durchführen.

Tipp

Wollen Sie eine Postfachdatenbankkopie entfernen, klicken Sie die Datenbank an und wählen den Befehl *Entfernen* im rechten Bereich der Konsole bei *Passiv* aus.

In der Exchange Management Shell verwenden Sie den folgenden Befehl:

```
RemovE-MailboxDatabaseCopy -Identity <Name der Datenbankkopie> -Confirm:$False
```

Verzögertes Schreiben von Transaktionsprotokollen aktivieren

Sie können auch Verzögerungen konfigurieren, in denen die Daten der produktiven Datenbanken in die Postfachdatenbankkopien geschrieben werden. Dazu stehen die Eigenschaften der Datenbankkopie im Exchange Admin Center zur Verfügung, oder Sie verwenden das Cmdlet *Add-MailboxDatabaseCopy* und die beiden Optionen *-ReplayLagTime* und *-TruncationLagTime*:

- **ReplayLagTime**   Legt fest, wie lange Exchange nach dem Kopieren der Transaktionsprotokolle auf den Server mit der Postfachdatenbankkopie warten soll, bis die Transaktionsprotokolle in die Postfachdatenbankkopie übernommen werden. Das Format dieser Option ist *Tage:Stunden:Minuten:Sekunden*. Der Standardwert ist 0, das heißt, Exchange schreibt die Daten sofort in die Postfachdatenbankkopie.

- **TruncationLagTime**   Legt fest, wann Exchange die Transaktionsprotokolle löschen soll, die in die Datenbankkopie geschrieben sind. Das Format dieser Option ist *Tage:Stunden:Minuten:Sekunden*.

Postfachdatenbankkopien verwalten

Um die Kopien einer Postfachdatenbank zu verwalten, rufen Sie im Exchange Admin Center den Bereich *Server/Datenbanken* auf. Auf der rechten Seite sehen Sie Details zu den Datenbankkopien und erkennen, welche Server Kopien der Datenbank bereitstellen.

Sie sehen die Länge der Warteschlange von Daten, die noch übertragen werden müssen, und Sie sehen, welche Datenbank aktiv ist. Über die jeweiligen Links mit der Beschriftung *Details anzeigen* lassen sich Einstellungen ändern.

In den Eigenschaften sehen Sie den aktuellen Zustand der Datenbank und können die Aktivierungseinstellungsnummer anpassen.

Das Feld *Länge der Kopiewarteschlange* zeigt die Anzahl der zu kopierenden Transaktionsprotokolle an, die Exchange noch in die Datenbank schreiben muss. Der Wert sollte möglichst gering sein, damit sichergestellt ist, dass die Daten in der Postfachdatenbankkopie aktuell sind.

Das Feld *Länge der Wiedergabewarteschlange* zeigt die Anzahl der Transaktionsprotokolle an, die auf den Server kopiert worden sind, aber noch nicht in die Datenbank geschrieben wurden. Weiter unten sehen Sie die Daten der letzten Protokolle und die Zeiten des Imports.

Die Replikation einer Postfachdatenbankkopie anhalten und fortsetzen

Sie können die Kopiervorgänge für die Replikation zeitweise deaktivieren. In diesem Fall bleibt die Konfiguration erhalten, aber Exchange kopiert keine Daten mehr von der produktiven Datenbank zur Datenbankkopie. Sie führen diese Vorgänge am besten in der Exchange Management Shell durch, indem Sie den folgenden Cmdlet-Aufruf verwenden:

```
Suspend-MailboxDatabaseCopy -Identity <Name der Datenbankkopie> -SuspendComment <Kommentar>
-Confirm:$False
```

Mit dem Cmdlet *ResumE-MailboxDatabaseCopy* setzen Sie die Replikation fort. Im Exchange Admin Center klicken Sie für diesen Vorgang auf den Link *Anhalten* auf der rechten Seite der Konsole, wenn Sie die Datenbankkopie angeklickt haben.

Sie können eine Replikation auch manuell durchführen. Diesen Vorgang bezeichnet Microsoft als Seeding. Eine manuelle Übertragung ist zum Beispiel sinnvoll, wenn Sie eine Offlinedefragmentierung für eine Datenbank durchgeführt haben oder wenn Sie aus anderen Gründen sicherstellen wollen, dass die Postfachdatenbankkopie von der produktiven Datenbank aktualisiert wird. Verwenden Sie für diesen Vorgang das Cmdlet *UpdatE-MailboxDatabaseCopy*.

Eine weitere Möglichkeit ist, die Bereitstellung der aktiven Datenbank aufzuheben und die Datenbankdatei auf den Postfachserver mit der Postfachdatenbankkopie zu kopieren. Sie können auch mehrere Datenbankkopien gleichzeitig manuell replizieren. In diesem Fall dürfen Sie nur für die Datenbankdatei ein Seeding durchführen und müssen den Inhaltsindexkatalog weglassen.

Verwenden Sie dazu die Option *-DatabaseOnly* des Cmdlets *UpdatE-MailboxDatabaseCopy*. Damit Sie die Kopie einer Postfachdatenbank aktualisieren können, müssen Sie die Replikation

Sicherheit und Hochverfügbarkeit

zunächst anhalten. Diesen Befehl finden Sie im Menü auf der rechten Seite der Postfachdatenbankkopie.

Navigieren Sie im Exchange Admin Center zu *Server/Datenbanken*. Klicken Sie auf die Datenbankkopie, die Sie aktualisieren wollen, und wählen Sie *Aktualisieren*. Der Link erscheint erst, wenn Sie die Kopie angehalten haben.

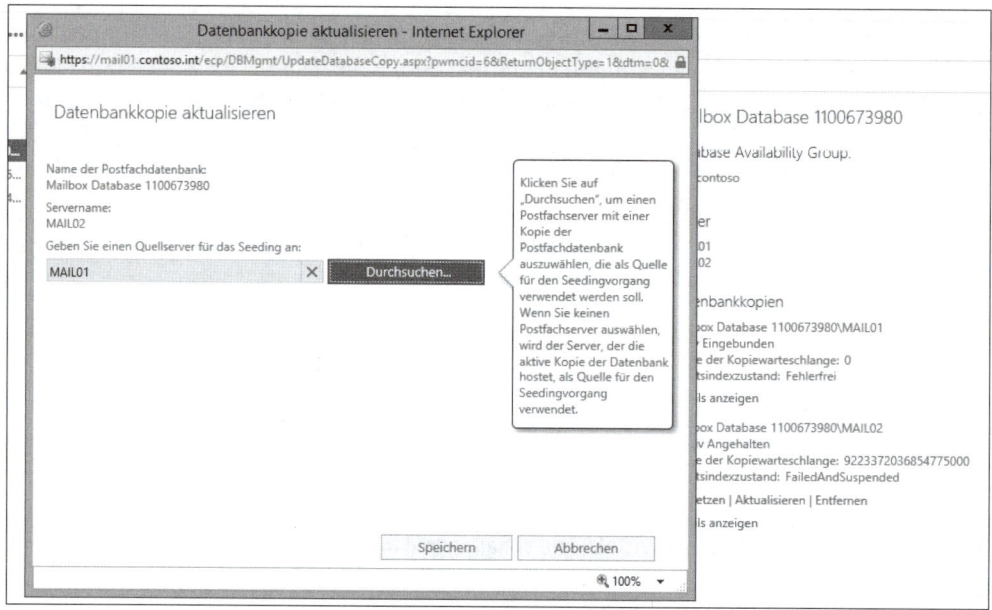

Abbildung 15.8: Datenbankkopie aktualisieren

Konfigurieren Sie auf der Seite die notwendigen Optionen. Standardmäßig verwendet der Vorgang die produktive Datenbank als Quelle. Sie können aber auch eine passive Kopie der Datenbank für das Seeding verwenden.

Wollen Sie die Replikation nicht automatisch fortsetzen, wenn die manuelle Replikation abgeschlossen ist, können Sie die Datenbankkopie im angehaltenen Zustand belassen. Klicken Sie anschließend auf *Speichern*, um die Datenbankkopie zu aktualisieren.

Über die Exchange Management Shell verwenden Sie als Beispiel den folgenden Befehl mit jeweils den Daten Ihrer Umgebung:

```
UpdatE-MailboxDatabaseCopy -Identity "db1\DELL-EXCHANGE03" -SourceServer 'DELL-EXCHANGE01'
-Network 'dag1\DAGNetwork' -DeleteExistingFiles
```

Wenn Sie die produktive Datenbank und deren Dateien manuell offline auf den Kopieserver kopieren wollen, müssen Sie die Umlaufprotokollierung für die Datenbank deaktivieren. Heben Sie dann die Bereitstellung der produktiven Datenbank auf. Kopieren Sie anschließend die Datenbankdateien und alle Transaktionsprotokolle manuell auf den Kopieserver.

Stellen Sie danach die Datenbank wieder bereit. Fügen Sie die Kopie der Postfachdatenbank über das Cmdlet *Add-MailboxDatabaseCopy* mit der Option *-SeedingPostponed* hinzu:

```
Add-MailboxDatabaseCopy -Identity DB1 -MailboxServer MBX3 -SeedingPostponed
```

Postfachdatenbankkopien als produktive Datenbank einsetzen

Beim Aktivieren einer passiven Postfachdatenbankkopie legen Sie fest, dass eine der erstellten Postfachdatenbankkopien zur produktiven Datenbank wird und Anwender zukünftig mit dieser Datenbank arbeiten. Die bisherige Datenbank wird dann zur passiven Kopie.

Microsoft bezeichnet diesen Vorgang auch als Switchover. Dabei hebt Exchange die Bereitstellung der produktiven Datenbank auf und verwendet die passive Datenbankkopie als neue aktive, produktive Datenbank. Die Datenbankkopie muss dabei fehlerfrei und aktuell sein. Navigieren Sie im Exchange Admin Center zu *Server/Datenbanken*. Klicken Sie auf die passive Postfachdatenbank, die Sie zukünftig als produktive Datenbank verwenden wollen. Klicken Sie auf *Aktivieren*.

Anschließend aktiviert Exchange die ausgewählte Datenbank als zukünftige produktive Datenbank. Die Änderung der aktiven Datenbank ist für Benutzer vollkommen transparent. Es gehen keine Daten verloren. Unter Umständen müssen sich Anwender neu an Outlook Web App (OWA) anmelden oder Outlook neu starten, um die Verbindung wiederherzustellen.

Neben einer möglichen Datensicherung sind Postfachdatenbankkopien hauptsächlich dann sinnvoll, wenn die produktive Datenbank ausfällt. Anwender lassen sich dann automatisch auf eine Kopie der Postfachdatenbank umleiten. Die Aktivierung einer Postfachdatenbankkopie erfolgt automatisch, wenn eine Datenbank oder ein Postfachserver ausfällt.

Administratoren können den Vorgang auch manuell durchführen. Einzelne Datenbankkopien lassen sich aber auch für die Aktivierung so konfigurieren, dass Exchange sie nicht verwendet, sondern nur als Datensicherung einsetzt. Mit dem folgenden Cmdlet verhindern Sie, dass die entsprechende Postfachdatenbankkopie bei einem Ausfall der produktiven Datenbank aktiv geschaltet wird:

```
Suspend-MailboxDatabaseCopy -Identity <Postfachdatenbankkopie> -ActivationOnly
```

Mit dem folgenden Befehl aktivieren Sie die Konfiguration wieder, sodass Exchange die Kopie als produktive Datenbank verwenden kann, wenn die aktuelle Produktionsdatenbank nicht mehr verfügbar ist:

```
ResumE-MailboxDatabaseCopy -Identity <Postfachdatenbankkopie>
```

Postfachdatenbankkopien verzögert als produktive Datenbank einsetzen

Haben Sie bei der Replikation eine Verzögerung aktiviert, lassen Sie also Transaktionsprotokolle erst nach einer gewissen Zeit in die Postfachdatenbankkopie schreiben, können Sie Postfachdatenbankkopien auch verzögert als produktive Postfachdatenbanken einsetzen.

Für die Postfachdatenbankkopie müssen alle Transaktionsprotokolle verfügbar sein. Verwenden Sie zur Aktivierung der Postfachdatenbankkopie die Exchange Management Shell. Mit der folgenden Anweisung halten Sie zunächst die Replikation der Datenbank an:

```
Suspend-MailboxDatabaseCopy <Name der Postfachdatenbankkopie> -SuspendComment <Kommentar>
-Confirm:$false
```

Erstellen Sie einen Schattenkopie-Snapshot der Volumes, auf denen sich die Daten der Postfachdatenbankkopie befinden. Sie können dazu das Windows-Tool *VSSAdmin.exe* verwenden:

```
VSSAdmin create shadow /For=C:\
```

Überprüfen Sie als Nächstes, welche Transaktionsprotokolle noch erforderlich sind. Löschen Sie die Prüfpunktdatei (*.chk*) für die Datenbank (siehe Kapitel 5 und 14). Verwenden Sie den

Befehl *Eseutil.exe /r /eXX /a*, um die Wiederherstellung durchzuführen. Statt *eXX* geben Sie das entsprechende Präfix für die Transaktionsprotokolle der Datenbank an. Setzen Sie die Replikation für die Datenbank fort.

Den Pfad der Postfachdatenbank für eine Postfachdatenbankkopie ändern

Nachdem Sie eine Postfachdatenbank erstellt haben, können Sie sie auf ein anderes Volume, in einen anderen Ordner, an einen anderen Standort oder in einen anderen Pfad verschieben. Dazu verwenden Sie die Exchange Management Shell.

Hinweis

Alle Kopien einer Postfachdatenbank müssen sich auf jedem Server im gleichen Pfad befinden. Wenn sich die Datenbank *DB1* im Pfad *C:\Mountpoints\DB1* auf dem Server *EX1* befindet, müssen sich Kopien von *DB1* auf den Servern *EX2*, *EX3* usw. ebenfalls im Ordner *C:\Mountpoints\DB1* befinden.

Um den Verschiebevorgang auszuführen, muss die Einbindung der Datenbank aufgehoben werden. Die Datenbank steht für Benutzer in diesem Zeitraum nicht zur Verfügung. Ist die Einbindung der Datenbank aufgehoben, wird die Datenbank nach Abschluss des Befehls nicht erneut eingebunden.

Damit der Verschiebevorgang ausgeführt werden kann, müssen Sie die Replikation für die Datenbank für alle Kopien deaktivieren. Zusätzlich müssen die Datenbanken mit *RemovE-MailboxDatabaseCopy* deaktiviert werden, um die Datenbankkopien zu entfernen.

Wenn die Umlaufprotokollierung für die Datenbank aktiviert ist, muss diese deaktiviert werden, bevor Sie den Vorgang fortsetzen. Sie können die Umlaufprotokollierung für eine Postfachdatenbank auch mit dem Cmdlet *Set-MailboxDatabase* deaktivieren:

```
Set-MailboxDatabase DB1 -CircularLoggingEnabled $false
```

Entfernen Sie alle Postfachdatenbankkopien für die zu verschiebende Datenbank. Nachdem alle Kopien entfernt worden sind, sichern Sie die Datenbank- und Transaktionsprotokolldateien von den einzelnen Servern, von denen die Datenbankkopie entfernt werden soll, indem Sie sie an einen anderen Speicherort verschieben. Diese Dateien bleiben erhalten, sodass für die Datenbankkopien nach dem erneuten Hinzufügen kein Seeding erforderlich ist. Ansonsten müssen alle Inhalte erneut übertragen werden.

Erstellen Sie die erforderliche Ordnerstruktur auf den einzelnen Postfachservern, die zuvor eine passive Kopie der verschobenen Postfachdatenbank enthalten haben und auf denen Sie die Replikation später wieder aktivieren wollen. Nachdem Sie die Ordnerstruktur erstellt haben, verschieben Sie die passiven Kopien der Postfachdatenbank und ihren Protokolldatenstrom auf den einzelnen Servern an den neuen Speicherort.

Führen Sie auf jedem Server, der eine Kopie der zu entfernenden Postfachdatenbank enthält, die folgenden Befehle aus, um die Inhaltsindexdienste zu beenden und neu zu starten:

```
Net stop Msftesql-Exchange
Net start MSExchangeSearch
```

Konfigurieren Sie alle zuvor festgelegten Werte für die Wiedergabeverzögerung und die Abschneideverzögerung mit dem Cmdlet *Set-MailboxDatabaseCopy* erneut.

Beispiel:

```
Set-MailboxDatabaseCopy DB1\MBX2 -ReplayLagTime 00:15:00
```

Nachdem alle Kopien hinzugefügt worden sind, sollten Sie den Zustand der Kopie überprüfen. Untersuchen Sie das Ereignisprotokoll auf Fehler- oder Warnereignisse, die sich auf die Datenbank oder die Datenbankkopie beziehen.

Verwenden Sie zusätzlich das Cmdlet *Get-MailboxDatabaseCopyStatus*, um den Zustand und den Status der fortlaufenden Replikation für die Datenbankkopie zu überprüfen.

Verwenden Sie das Cmdlet *Test-ReplicationHealth*, um den Zustand und den Status der Datenbankverfügbarkeitsgruppe (DAG) und der fortlaufenden Replikation zu überprüfen.

Serverswitchover und Rechenzentrumswitchover

Fallen Server aus oder fällt sogar ein komplettes Rechenzentrum aus, können Sie mit dem Switchover von Servern oder ganzen Rechenzentren die Exchange-Infrastruktur wieder zur Verfügung stellen.

Bei einem Serverswitchover können Sie alle aktiven Postfachdatenbanken vom aktuellen Postfachserver auf einen oder mehrere Postfachserver mit entsprechenden Postfachdatenbankkopien umschalten. Die Server, auf denen Sie die Postfachdatenbankkopien aktivieren, also zu den produktiven Datenbanken machen, müssen Mitglied in derselben Datenbankverfügbarkeitsgruppe sein.

Serverswitchover durchführen

Um einen Serverswitchover durchzuführen, können Sie das Exchange Admin Center einsetzen. Navigieren Sie zu *Server*. Wählen Sie den gewünschten Postfachserver aus, auf dem aktuell die produktiven Datenbanken gespeichert sind, und klicken Sie auf den Server. Wählen Sie *Serverswitchover* aus.

Anschließend können Sie Exchange die Wahl überlassen, welche Postfachdatenbankkopien auf den verschiedenen Servern mit den Kopien aktiv geschaltet werden. Oder Sie können manuell einen Zielserver auswählen, auf dem Exchange die Postfachdatenbankkopien zukünftig als produktive Datenbanken einsetzt.

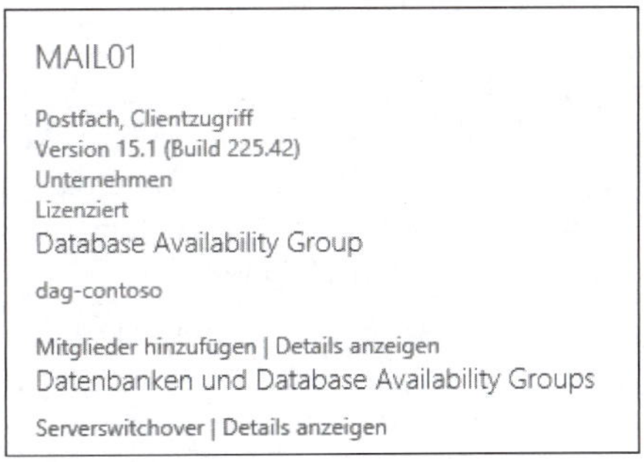

```
MAIL01

Postfach, Clientzugriff
Version 15.1 (Build 225.42)
Unternehmen
Lizenziert
Database Availability Group

dag-contoso

Mitglieder hinzufügen | Details anzeigen
Datenbanken und Database Availability Groups

Serverswitchover | Details anzeigen
```

Abbildung 15.9: Server mit Serverswitchover umschalten

Sie können den Vorgang auch in der Exchange Management Shell durchführen, indem Sie das folgende Cmdlet verwenden:

```
Move-ActiveMailboxDatabase -Server <Quellserver> -ActivateOnServer <Zielserver>
```

Switchover von Rechenzentren durchführen

Sie können für Datenbankverfügbarkeitsgruppen (DAG) einen speziellen Modus für Rechenzentren aktivieren. Die Option ist sinnvoll, wenn Sie größere DAGs betreiben und diese über verschiedene Active Directory-Standorte verteilt sind. Der Modus ist standardmäßig deaktiviert.

Sie sollten den Modus nur für Datenbankgruppen mit mehr als drei Mitgliedern aktivieren, die über mehrere Rechenzentren verteilt sind. Bei einer Datenbankverfügbarkeitsgruppe mit nur zwei Mitgliedern oder nur einem Active Directory-Standort kann das System nicht zwischen dem Ausfall eines einzelnen Servers, mehrerer Server oder eines Standorts unterscheiden. Ist der Modus nicht aktiviert, startet nach einem Ausfall die Datenbankverfügbarkeitsgruppe neu und versucht, die Datenbanken bereitzustellen.

In einer Konfiguration mit mehreren Datencentern kann dieses Verhalten zu Problemen führen, wenn Mitglieder der Datenbankverfügbarkeitsgruppen untereinander nicht mehr kommunizieren können. Ein solches Problem tritt zum Beispiel auf, wenn die Netzwerkkommunikation zwischen den Rechenzentren ausfällt.

Das Problem lässt sich verhindern, wenn die Mehrzahl der Mitglieder der Datenbankverfügbarkeitsgruppe verfügbar ist. Stellt Exchange die Datenbankverfügbarkeitsgruppe nach einem Fehler wieder her, werden die Datenbanken vom System nicht automatisch bereitgestellt, sondern es werden zunächst die Verfügbarkeit und die Verbindung zwischen den Rechenzentren überprüft.

Fallen in einem Rechenzentrum alle Server und die Verbindung zu anderen Rechenzentren aus, können Administratoren ein Standby-Rechenzentrum aktivieren. Ist die Netzwerkverbindung zwischen den Rechenzentren wieder aktiv, fährt Exchange normalerweise die Mitglieder der Datenbankverfügbarkeitsgruppe im ausgefallenen Rechenzentrum wieder hoch. Das zentrale Rechenzentrum sollte immer das Quorum der Datenbankverfügbarkeitsgruppe haben, also die Mehrzahl der Mitglieder, einschließlich des Zeugenservers.

Auf diese Weise verfügt das zentrale Rechenzentrum über die Mehrheit der DAG, also die meisten Server des Clusters, auch wenn keine Verbindung zu den Mitgliedern der Datenbankverfügbarkeitsgruppe im Standby-Rechenzentrum besteht. Hierbei kann es allerdings zu Problemen kommen, da Exchange Datenbanken im zentralen Rechenzentrum bereitstellt, in denen andere Daten gespeichert sind, als in den produktiven Datenbanken, die aktuell im aktivierten Standby-Rechenzentrum bereitgestellt sind.

Der Active Manager, das Kontrollmodul in Exchange zur Steuerung der DAG, speichert ein Flag (0 oder 1) im Arbeitsspeicher. Dieses Bit legt fest, ob die lokale DAG lokale Datenbanken bereitstellen darf, die auf dem Server als aktiv zugewiesen sind. Haben Sie für eine Datenbankverfügbarkeitsgruppe den Rechenzentrum-Aktivierungsmodus aktiviert, setzt Exchange das Bit auf 0, was bedeutet, dass Exchange die Datenbanken nicht automatisch bereitstellt.

Dadurch muss der Server zunächst testen, ob er mit allen Mitgliedern der Datenbankverfügbarkeitsgruppe kommunizieren kann. Antwortet ein anderer Server, dass sein Bit auf 1 gesetzt ist, bedeutet dies, dass die Server Datenbanken automatisch bereitstellen dürfen. Wenn beispielsweise nach einem Stromausfall die Server eines zentralen Rechenzentrums wiederhergestellt wurden und grundsätzlich funktionieren, aber noch keine Verbindung zu den anderen Rechenzentren hergestellt werden konnte, ist bei allen Mitgliedern der Datenbankverfügbarkeitsgruppe im zentralen Rechenzentrum das Bit auf 0 gesetzt.

Aus diesem Grund stellt keiner der Server im Rechenzentrum automatisch Datenbanken bereit, da die Server nicht mit einem Mitglied der Datenbankverfügbarkeitsgruppe kommunizieren können, das im Rechenzentrum-Aktivierungsprotokoll einen Bitwert von 1 zurückmeldet.

Den Aktivierungsmodus für Rechenzentren schalten Sie in der Exchange Management Shell mit dem Cmdlet *Set-DatabaseAvailabilityGroup* ein. Ein Beispiel für den Befehl lautet:

```
Set-DatabaseAvailabilityGroup -Identity DAG1 -DatacenterActivationMode DagOnly
```

Die DAG-Mitglieder im primären Datencenter müssen als beendet gekennzeichnet sein, damit die Datenbanken nicht versehentlich bereitgestellt werden. Dazu verwenden Sie am Standort das Cmdlet *Stop-DatabaseAvailabilityGroup* und die Option *-ActiveDirectorySite*. Sie müssen das Cmdlet *Stop-DatabaseAvailabilityGroup* auf allen Servern im zentralen Rechenzentrum ausführen.

Im zweiten Rechenzentrum, dem Standbyzentrum, müssen Sie herausfinden, welche Server des zentralen Rechenzentrums beendet wurden. Dazu verwenden Sie ebenfalls das Cmdlet *Stop-DatabaseAvailabilityGroup* mit den Optionen *-ConfigurationOnly* und *-ActiveDirectorySite* zusammen mit dem Namen des Active Directory-Standorts im ausgefallenen zentralen Rechenzentrum.

Für DAG-Mitglieder im zentralen Rechenzentrum müssen Sie Cluster der Datenbankverfügbarkeitsgruppe entfernen, wenn die Bereinigung nicht korrekt funktioniert. Verwenden Sie dazu auf den Servern im zentralen Rechenzentrum diese beiden Befehle in der Eingabeaufforderung:

```
Net stop clussvc
Cluster <DAG> node <DAG-Mitglied> /forcecleanup
```

Starten Sie die Mitglieder der Datenbankverfügbarkeitsgruppe im zweiten Rechenzentrum neu, und schließen Sie den entsprechenden Vorgang ab. Halten Sie den Clusterdienst für jedes Mitglied der Datenbankverfügbarkeitsgruppe im zweiten Datencenter an, indem Sie den folgenden Befehl verwenden:

```
Net stop clussvc
```

Geben Sie auf einem DAG-Mitglied im zweiten Rechenzentrum den folgenden Befehl ein, um das Quorum, also die Steuerung des DAG-Clusters, zu übernehmen:

```
Net start clussvc /forcequorum
```

Starten Sie dann den Failovercluster-Manager, und stellen Sie die Verbindung mit dem Cluster der Datenbankverfügbarkeitsgruppe her. Navigieren Sie zu *<Clustername>/Knoten*. Klicken Sie mit der rechten Maustaste auf jeden Knoten im zentralen Rechenzentrum, und wählen Sie *Weitere Aktionen/Entfernen*.

Befindet sich die Datenbankverfügbarkeitsgruppe im Aktivierungsmodus für die Datenbanken, sollten Sie diesen Modus auf jedem DAG-Mitglied im zweiten Rechenzentrum beenden, zum Beispiel mit dem Cmdlet *Stop-Service ClusSvc*. Alternativ können Sie auch *Net stop clussvc* in einer Eingabeaufforderung mit erhöhten Rechten verwenden.

Die Postfachserver im zweiten Rechenzentrum können Sie dann mit *Restore-DatabaseAvailabilityGroup* für die Übernahme aktivieren. Den Active Directory-Standort des zweiten Rechenzentrums ermitteln Sie wiederum mit dem Cmdlet *Restore-DatabaseAvailabilityGroup* und der Option *-ActiveDirectorySite*.

Funktioniert die Übernahme nicht automatisch, zum Beispiel weil sie blockiert ist, können Sie sie auch manuell durchführen. Befindet sich die Datenbankverfügbarkeitsgruppe nicht im Aktivierungsmodus der Datenbank, müssen Sie das Quorum auf der Anzahl von DAG-Mitgliedern im zweiten Rechenzentrum ändern. Ist eine ungerade Anzahl von DAG-Mitgliedern vorhanden, ändern Sie das DAG-Quorum in ein Knotenmehrheitsquorum:

```
Cluster <DAG-Name> /quorum /nodemajority
```

Ist eine gerade Anzahl von DAG-Mitgliedern verfügbar, konfigurieren Sie den Zeugenserver und den Ordner neu:

```
Set-DatabaseAvailabilityGroup <DAG-Name> -WitnessServer <Zeugenserver>
```

Starten Sie den Clusterdienst auf den DAG-Mitgliedern im zweiten Rechenzentrum mit:

```
Net start clussvc
```

Nach den Vorbereitungen können Sie auf den Servern im ausgefallenen zentralen Rechenzentrum ein Serverswitchover durchführen. Neben dem Exchange Admin Center können Sie dazu auch die Exchange Management Shell verwenden:

```
Move-ActiveMailboxDatabase -Server <DAG-Server im ausgefallenen zentralen Rechenzentrum>
-ActivateOnServer <DAG-Server im Standby-Rechenzentrum>
```

Stellen Sie manuell alle Datenbanken im zweiten Rechenzentrum bereit. Ist das zentrale Rechenzentrum wieder verfügbar, können Sie die Verwaltung der DAG wieder zum zentralen Rechenzentrum übertragen.

Zusammenfassung

In diesem Kapitel konnten Sie alles Wissenswerte zum Aufbauen von hochverfügbaren Lösungen für Exchange 2016 erfahren. So haben wir Ihnen beispielsweise erläutert, wie Sie Postfachdatenbanken über Datenbankverfügbarkeitsgruppen absichern.

Im nächsten Kapitel zeigen wir Ihnen, wie Sie Exchange 2016 zusammen mit Office 365 betreiben.

Kapitel 16
Exchange mit Office 365

In diesem Kapitel:

Voraussetzungen bei Hybridbereitstellungen 540

DNS-Einstellungen und Zertifikate konfigurieren 542

Den Office 365 Hybrid Configuration Wizard verwenden 542

Office 365 über die lokale PowerShell verwalten und testen.................................... 544

Eigene Domänen in Office 365 anbinden und verwalten 545

Migration zu Office 365 549

Office 365 gemeinsam mit Exchange betreiben... 550

Zusammenfassung 565

Office 365 und vor allem die Exchange-Onlinekomponente spielen in Unternehmen eine immer größere Rolle. Dies liegt sicher auch daran, dass Exchange Server 2013/2016 problemlos in Hybridumgebungen zusammen mit Office 365 koexistieren können. Daher können Unternehmen unkompliziert auf lokale Exchange-Server setzen, aber dennoch Anwender nach und nach in die Cloud migrieren. Wichtig ist in diesem Zusammenhang aber auch die Sicherheit der Cloudlösung.

Viele Unternehmen setzen lokale Exchange-Server parallel zu Office 365 ein oder möchten komplett zu Office 365 migrieren. Um Administratoren bei der Umstellung zu unterstützen, hat Microsoft eine neue Version seines Office 365 Hybrid Configuration Wizard veröffentlicht. Im Gegensatz zu den vorhergehenden Versionen handelt es sich dabei um ein alleinstehendes Produkt; der Assistent ist nicht mehr direkt in Exchange integriert.

Office 365 Hybrid Configuration Wizard (HCW, *http://tinyurl.com/hrb284g*) passt seinen Funktionsumfang an die Möglichkeiten der eingesetzten Exchange-Version an.

Sicherheit und Hochverfügbarkeit

Microsoft erweitert mit jeder Exchange-Version, jedem kumulativen Update und jedem Service Pack die Funktionen und Anbindungsmöglichkeiten. Das heißt, jeder Administrator verfügt über eine andere Oberfläche mit unterschiedlichen Funktionen.

Bei jedem Start des HCW verbindet sich dieser mit dem Internet und lädt die neuste Version herunter. Unternehmen arbeiten also immer mit den neusten Funktionen und allen Fehlerbehebungen, gleichgültig welche Exchange-Version eingesetzt wird.

Optimiert ist Office 365 Hybrid Configuration Wizard für den Einsatz mit Exchange 2013/2016. Sobald Sie den Assistenten starten, versucht er sich mit einem Exchange-Server zu verbinden, testet die Voraussetzungen und führt die Anbindung durch. Gestartet wird der Assistent über das Exchange Admin Center auf Exchange-Servern. Allerdings ist der Assistent nicht mehr direkt in das Exchange Admin Center integriert, sondern nur noch als Link zum Download des Tools vorhanden.

Hinweis

Falls Sie bereits eine hybride Konfiguration mit Exchange 2013 einsetzen, sollten Sie zunächst einen neuen Server mit Exchange 2016 aufsetzen. Legen Sie auf diesem Server die gleichen Einstellungen fest wie auf dem Server mit Exchange 2013, und führen Sie den Assistenten für die Hybridbereitstellung neu aus.

Achten Sie in diesem Fall aber darauf, dass Sie das Zertifikat des Servers, das Sie für die Hybridbereitstellung nutzen, auf dem neuen Server importieren. Sobald Sie den Assistenten neu durchgeführt haben, werden sämtliche Verbindungen in Office 365 zum neuen Server mit Exchange 2016 umgeleitet.

Server, die Sie lediglich für die Verbindung zwischen der lokalen Umgebung und Office 365 nutzen, sollten die Umlaufprotokollierung verwenden.

Voraussetzungen bei Hybridbereitstellungen

Unternehmen, die Exchange parallel zu Office 365 einsetzen, müssen einige Voraussetzungen beachten, wenn die beiden Umgebungen über Office 365 Hybrid Configuration Wizard (HCW) miteinander verbunden werden sollen. Vor allem die DNS-Konfiguration muss so gesetzt sein, dass die Domänen, die Exchange verwendet, im Besitz des Unternehmens sind, und zusammen mit Office 365 eingesetzt werden können.

Die Voraussetzungen werden nicht durch den HCW festgelegt, sondern sind Grundlage für einen gemeinsamen Betrieb von Office 365 und Exchange. Die erste und wichtigste Voraussetzung ist zunächst die Installation des aktuellsten Service Packs und neuesten kumulativen Updates für die jeweilige Exchange-Version. Microsoft geht im TechNet ausführlicher auf die Möglichkeiten ein (*http://tinyurl.com/nw86dhb*).

Wenn Sie den Assistenten starten, überprüft dieser zuerst die Voraussetzungen, und zeigt Probleme sofort an. Dies vermeidet unnötigen Ärger, da sofort klar ist, ob eine Hybridbereitstellung konfiguriert werden kann. Auch Exchange 2016 ist bereits kompatibel mit dem Tool.

Die neue Version des HDW bietet außerdem umfassende Informationen und Tipps, falls die Einrichtung nicht funktioniert. Sie erhalten einen Link zur Fehlerbehebung des Problems angezeigt und können direkt auf die Protokolldateien zugreifen. Außerdem hat Microsoft

Funktionen des Tools Exchange-Hybridkonfigurationsdiagnose (*http://tinyurl.com/pxp7h6l*) in den HCW integriert.

Zusätzliche Werkzeuge sind also nicht mehr notwendig. Alles, was zur Einrichtung notwendig ist, hat Microsoft in den Office 365 Hybrid Configuration Wizard (HCW) integriert. Funktioniert etwas nicht, erhalten Sie keine kryptischen Fehlermeldungen mehr, sondern umfassende Hilfen und Zugang zu Protokolldateien.

In Exchange 2016 wurden viele Funktionen und Bestandteile aus Office 365 integriert. Hier hat Microsoft seine Erfahrungen mit der Cloudumgebung dazu genutzt, den neuen Exchange-Server so zu gestalten, dass er lokal, aber auch in Hybridumgebungen einsetzbar ist. Dies ist auch einer der Gründe, warum Exchange 2016 besonders gut mit Office 365 zusammenarbeitet: Die Technologien sind sich sehr ähnlich. In Office 365 werden bereits jetzt bei den meisten Abonnements Exchange 2016-Server eingesetzt. Dies lässt sich insbesondere auch an der identischen Oberfläche erkennen.

Bevor Administratoren mit der Hybridbereitstellung beginnen, muss die lokale Exchange-Organisation zunächst fertig konfiguriert werden. Microsoft empfiehlt eine Cloudanbindung erst dann, wenn lokale Exchange-Organisationen optimal eingerichtet sind. Um dies zu überprüfen, gehen Sie genauso vor wie beim Betrieb ohne Office 365. Denn durch die Cloudanbindung wird die Umgebung etwas komplexer, und die korrekten Einstellungen an den verschiedenen Stellen in Exchange sind extrem wichtig. Vor der Hybridkonfiguration sollten Sie Ihre Exchange-Umgebung umfassend testen, die Ereignisanzeigen überprüfen und Diagnosetools verwenden, damit sichergestellt ist, dass alle lokalen Exchange-Server funktionieren.

Auch die lokale Hardware für Exchange 2016 muss optimal geplant sein, damit die Hybridbereitstellung effizient betrieben werden kann. Unternehmen müssen die lokalen Exchange-Server so ausstatten, dass alle Postfächer auf den Servern betrieben werden können. Durch das Umziehen der Postfächer in die Cloud werden die lokalen Server nach und nach entlastet. Allerdings kommen noch weitere Aufgaben für die Replikation zwischen lokalen Exchange-Servern und der Cloud hinzu. Generell sollten Postfachserver aber immer so eingerichtet werden, dass sie alle Postfächer bereitstellen können.

Die Autodiscovery-Funktion zur automatischen Anbindung von Outlook-Clients und Smartphones/Tablet-PCs muss sowohl intern als auch über das Internet funktionieren. Erst dann ist eine Anbindung an die Cloud sinnvoll. Dies gilt vor allem dann, wenn Unternehmen Exchange 2016, Outlook 2016 und Office 365 gemeinsam betreiben, da die drei Produkte sehr stark von Autodiscovery abhängen. Intern werden zur Auflösung die Internetinformationsdienste (Internet Information Services, IIS) auf dem Exchange-Server sowie Eintragungen in Active Directory verwendet. Bei der Auflösung über das Internet kommt den öffentlichen DNS-Servern eine wichtige Rolle zu, die die E-Mail-Domäne der Hybridkonfiguration verwalten.

Hinweis

Viele Administratoren gehen davon aus, dass es in der Exchange-Organisation einen bestimmten Hybridserver gibt, der die lokalen Exchange-Server mit Office 365 verbindet. Das ist allerdings nicht korrekt. Denn beim Einsatz mehrerer Exchange-Server in der Organisation sind generell immer alle Exchange-Server mit Office 365 verbunden und sorgen für einen optimalen Datenverkehr. Achten Sie daher darauf, dass alle lokalen Exchange-Server mit Office 365 kommunizieren können.

Sicherheit und Hochverfügbarkeit

DNS-Einstellungen und Zertifikate konfigurieren

Microsoft bietet mit dem Hybrid Configuration Wizard (HCW) jetzt auch die Möglichkeit, die DNS-Einstellungen und Einträge zu konfigurieren, die für einen gemeinsamen Betrieb von Exchange und Office 365 erforderlich sind. Der Assistent zeigt alle notwendigen Daten an, zum Beispiel den Inhalt von DNS-Einträgen, und ermöglicht das direkte Kopieren in die Zwischenablage. Dadurch lassen sich fehlerfreie DNS-Einträge wesentlich schneller und vor allem zuverlässiger erstellen.

Außerdem können Sie die notwendigen Zertifikate für die Verbindung zwischen Exchange und Office 365 im Assistenten auswählen. Zusätzlich überprüft der Assistent, ob das Zertifikat auf jedem Exchange-Server verfügbar ist. Zudem stellt der Assistent fest, ob das Zertifikat mit dem korrekten Domänennamen konfiguriert ist und die Sende- sowie Empfangsconnectors das Zertifikat nutzen. Je mehr Server und Connectors im Einsatz sind, umso nützlicher ist der Assistent, da er alle Server und alle Connectors umfassend prüft.

Findet der Assistent Fehler, erhalten Sie einen Hinweis, welche Server oder Connectors Probleme mit der Nutzung des Zertifikats haben. Beispielsweise können Sie im Assistenten Server von der Sendeliste zwischen Exchange und Office 365 entfernen und die Hybridbereitstellung ohne diese Server abschließen. Dies bedeutet: Eine Bereitstellung bricht nicht mehr mit einem Fehler ab, sondern lässt sich selbst dann angepasst abschließen, wenn einzelne Server nicht optimal konfiguriert sind.

Den Office 365 Hybrid Configuration Wizard verwenden

In Exchange 2016 rufen Sie den HCW über das Exchange Admin Center auf. Klicken Sie dazu zunächst auf den Menüpunkt *Hybrid* und anschließend auf die Schaltfläche *Konfigurieren*.

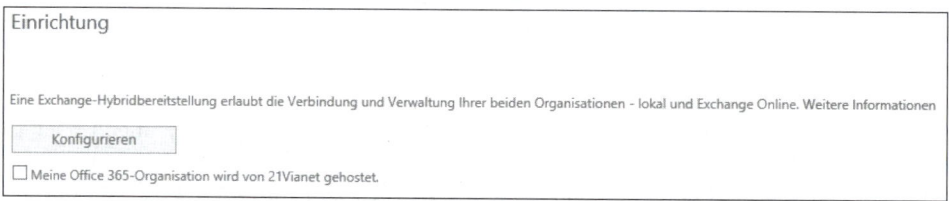

Abbildung 16.1: Einrichten der Hybridkonfiguration in Exchange 2016

Im Rahmen der Einrichtung wird der Assistent heruntergeladen und installiert. Anschließend steht er in einem eigenen Fenster zur Verfügung. Hier können Sie nun Ihre Hybridbereitstellung einrichten und verwalten.

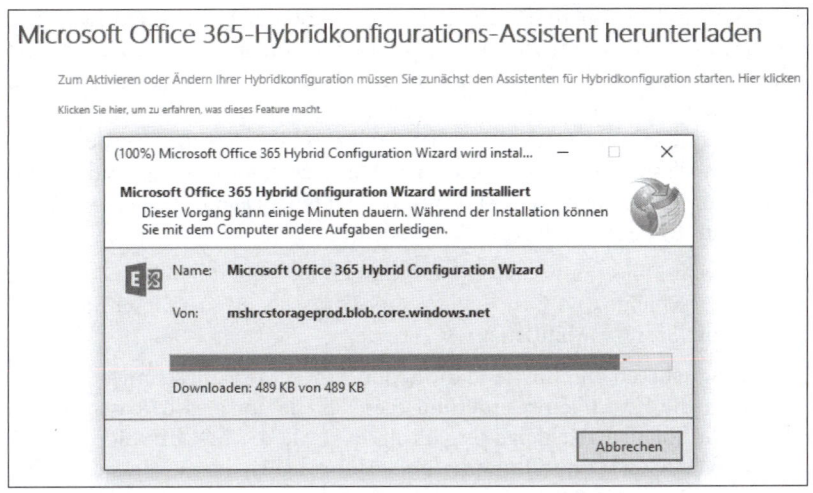

Abbildung 16.2: Der Hybridkonfigurations-Assistent wird gestartet.

Im ersten Vorgang durchsucht der Assistent die Exchange-Organisation nach kompatiblen Servern. Danach müssen Sie die Anmeldedaten für die Exchange-Organisation und für Office 365 eingeben. In den nächsten Schritten überprüft der Assistent, ob eine Verbindung zu Exchange und Office 365 hergestellt werden kann.

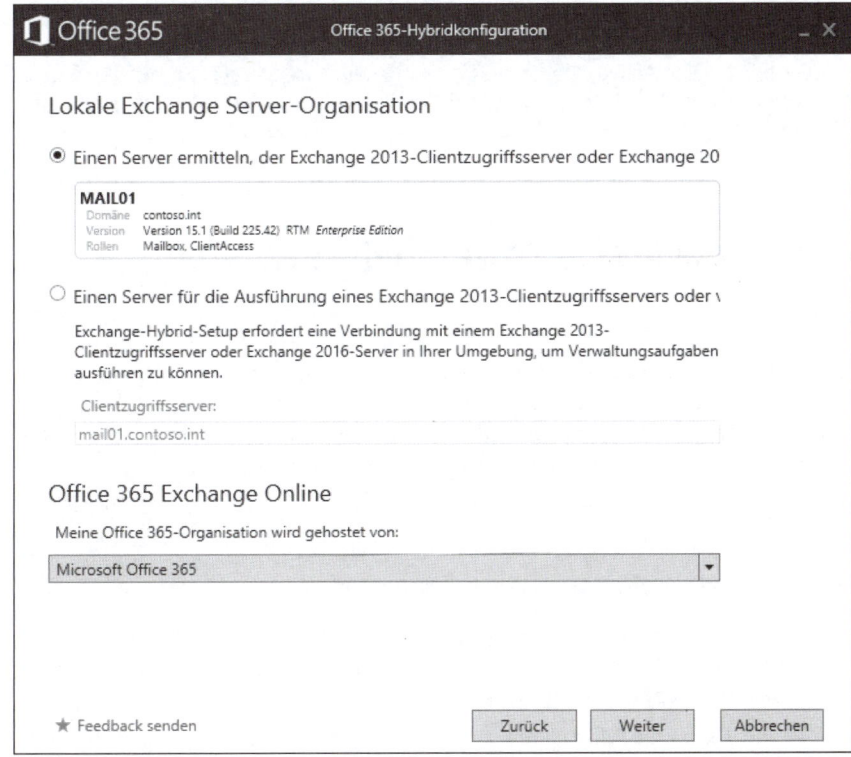

Abbildung 16.3: Der Hybridkonfigurations-Assistent verbindet sich mit Exchange 2016 und Office 365.

Anschließend wird die Verbundvertrauensstellung aktiviert. In diesem Zusammenhang ist es wichtig, dass in Exchange bei den akzeptierten Domänen eine Domäne hinterlegt ist, die im Besitz des Unternehmens ist und die auch in Office 365 eingesetzt wird. Damit der Assistent überprüfen kann, ob die konfigurierte Domäne im Besitz des Unternehmens ist, muss ein TXT-Eintrag in der DNS-Zone erstellt werden. Die dazu notwendigen Daten listet der Assistent direkt auf. Sie können diese in die Zwischenablage kopieren und anschließend daraus erneut abrufen, um den Eintrag zu erstellen. Erst wenn die Domäneneigentümerschaft erfolgreich überprüft wurde, kann der Assistent fortgesetzt werden.

Anschließend wird der E-Mail-Fluss konfiguriert. Hier können Sie steuern, welche Server für den E-Mail-Fluss zwischen Exchange und Office 365 verantwortlich sind. An dieser Stelle lassen sich auch Edge-Transport-Server einbinden.

Im Rahmen der Einrichtung müssen anschließend die Sende- sowie Empfangsconnectors konfiguriert werden, und auch die Zertifikate werden an dieser Stelle angepasst. Abschließend werden noch der FQDN der lokalen Exchange-Organisation sowie die MX-Einträge für den E-Mail-Fluss angepasst. Sobald Sie alle Einstellungen durchgeführt haben, bestätigen Sie die Eingaben und lassen die lokale Exchange-Organisation für die Zusammenarbeit mit Office 365 anpassen.

Alle Einstellungen, die Sie im Assistenten durchführen, werden in Active Directory gespeichert. Erst wenn der Assistent dazu veranlasst wird, die Einstellungen in der Exchange-Organisation zu hinterlegen, werden die entsprechenden Einstellungen auf die Server geschrieben. Die Konfiguration bleibt in Active Directory erhalten.

Tipp

Wenn Sie die Benutzer Ihrer lokalen Active Directory-Umgebung mit Office 365 synchronisieren wollen, benötigen Sie das Tool Microsoft Azure Active Directory Connect (*http://tinyurl.com/qgmosr2*). Dieses installieren Sie auf einem Domänencontroller oder einem eigenständigen Server.

Office 365 über die lokale PowerShell verwalten und testen

Klären Sie vor der Anbindung an Office 365 ab, ob das aktuelle Abonnement eine Synchronisierung mit Azure Active Directory unterstützt. Dies ist wichtig, damit der Hybridkonfigurations-Assistent die Benutzerverwaltung der Cloud bzw. von Office 365 mit dem lokalen Active Directory verbinden kann. Außerdem muss die Office 365-Version mindestens 15.0.620.28 sein.

Die Überprüfung findet am besten in der PowerShell statt. Dazu wird der folgende Befehl verwendet:

```
Get-OrganizationConfig |fl AdminDisplayVersion,IsUpgradingOrganization
```

Generell ist es empfehlenswert, sich die PowerShell so einzurichten, dass Office 365 über die PowerShell verwaltbar ist. Um von einem Exchange-Server aus eine Verbindung zu Exchange Online in Office 365 herzustellen, gehen Sie wie nachfolgend beschrieben vor.

Zunächst öffnen Sie die Exchange Management Shell auf dem Exchange-Server und setzen danach die Ausführungsrichtlinie für Skripts auf den Wert *RemoteSigned*. Alternativ können Sie auch die herkömmliche PowerShell verwenden. Für den hier beschriebenen Zweck ist dies

auch der beste Weg, da dadurch sichergestellt ist, dass nur Informationen aus Office 365 eingeblendet werden und sich keine Informationen der lokalen Exchange-Server in den Vordergrund
drängen:

```
Set-ExecutionPolicy RemoteSigned
```

Danach werden die Office 365-Anmeldeinformationen in einer Variablen gespeichert:

```
$UserCredential = Get-Credential
```

Anschließend wird eine Verbindung zu Office 365 hergestellt:

```
$Session = New-PSSession -ConfigurationName Microsoft.Exchange -ConnectionUri https://out-
look.office365.com/powershell-liveid/ -Credential $UserCredential -Authentication Basic
-AllowRedirection
```

Danach wird die erstellte Sitzung aus der Variablen in die aktuelle Sitzung integriert:

```
Import-PSSession $Session
```

Ab diesem Moment lässt sich Office 365 in der Exchange Management Shell verwalten. Das
Ganze funktioniert auch in der normalen PowerShell und erlaubt hier die komplette Verwaltung von Exchange Online. Wenn Sie die Befehle in einer lokalen PowerShell-Sitzung eingegeben haben, können Sie hier zusätzlich die Exchange-Cmdlets verwenden, zum Beispiel *Get-
Mailbox*. So lässt sich die erfolgreiche Anbindung auch testen.

Um die Sitzung zu beenden, verwenden Sie den folgenden Befehl:

```
Remove-PSSession $Session
```

Eigene Domänen in Office 365 anbinden und verwalten

Sie können bei Hybridbereitstellungen die E-Mail-Domänen des Unternehmens in Office 365
registrieren, um einen gemeinsamen Betrieb zu ermöglichen. Die ursprüngliche Office 365-
Domäne **.onmicrosoft.com* bleibt bei diesem Vorgang erhalten. Auf diese Weise können Sie
jederzeit neue Domänen an Office 365 anbinden und an den verschiedenen Stellen nutzen.

Die Anwender erhalten entsprechend Ihrer Konfiguration eine E-Mail-Adresse mit der neuen
Domäne zugewiesen. Die Standarddomäne und die mit ihr verbundenen E-Mail-Adressen mit
*onmicrosoft.com bleiben bestehen. Dies bedeutet: E-Mails, die an die bisherigen Adressen
gesendet werden, stellt Office 365 weiterhin problemlos zu. Versenden Anwender eine E-Mail,
verwendet Office 365 allerdings die neue Domäne. Die alte Domäne kann weiterhin als
Backupdomäne dienen.

Sie müssen mit verschiedenen Assistenten innerhalb und außerhalb von Office 365 arbeiten.
Außerdem müssen die Office 365-DNS-Server die Domäne und deren Daten lesen oder konfigurieren können. Bei der Verwendung eigener Domänen sollten Sie daher etwas Zeit mitbringen. Bevor Sie eine Domäne buchen, müssen Sie außerdem entscheiden, ob Sie die Domäne
nur in Office 365 und den hier angebundenen Diensten nutzen wollen oder auch zusammen
mit anderen Diensten und Webseiten.

Domänen in Office 365 hinzufügen

Haben Sie die Domäne gebucht, beginnen die Konfigurationsschritte zur Anbindung an Office 365. Dieser Vorgang ist etwas zeitaufwendig, da hier etliche Synchronisierungsschritte durchgeführt werden, die Sie nicht beschleunigen können. Sobald Sie im Besitz der Domäne bei Ihrem Dienstleister sind, rufen Sie das Office 365-Verwaltungsportal (*https://portal.micro-softonline.com*) auf, melden sich als Administrator an und rufen die Einstellungen für Domänen auf (*https://portal.microsoftonline.com/Domains/DomainManager.aspx*).

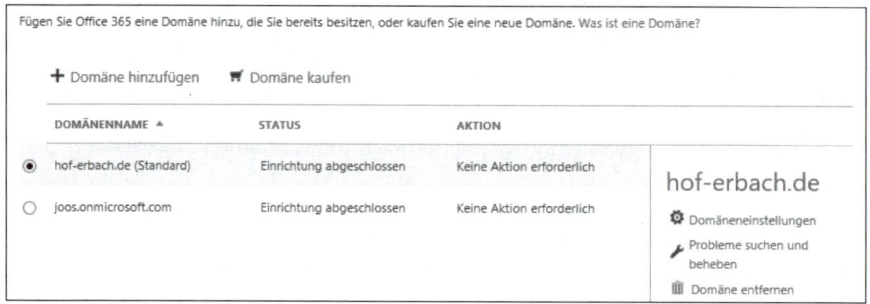

Abbildung 16.4: In Office 365 können Sie mit E-Mail-Domänen arbeiten, die auch in Exchange genutzt werden.

Hier können Sie Ihre neuen Domänen hinzufügen und sehen auch die bereits vorhandenen Domänen. Sobald Sie eine Domäne hinzugefügt haben, können Sie sie an dieser Stelle verwalten, Einträge hinzufügen und Probleme beheben. Wir gehen später in diesem Kapitel noch näher auf dieses Thema ein.

Um eine neue Domäne in Office 365 zu integrieren, klicken Sie auf *Domänen hinzufügen*. Daraufhin öffnet sich ein Assistent, der Sie bei der Anbindung Ihrer neuen Domäne unterstützt. Im Assistenten zur Anbindung von neuen Domänen sehen Sie zunächst, mit welcher Domäne Office 365 aktuell zusammenarbeitet, und es stehen Ihnen Links mit zusätzlichen Informationen zum Anbinden neuer Domänen zur Verfügung.

Danach erscheint der erste Bereich, der für die Einrichtung neuer Domänen maßgeblich ist. Im nächsten Fenster müssen Sie festlegen, wie Sie die DNS-Einstellungen der Domänen verwalten.

Im Rahmen dieses Assistenten müssen einen neuen TXT-Eintrag für die Domäne erstellen. Dazu nutzen Sie die Weboberfläche Ihres Domänenproviders, um Einstellungen vorzunehmen. Ist der Provider in der Liste des Assistenten vorhanden, erhalten Sie genaue Hinweise zum weiteren Vorgehen. Die meisten Provider sind allerdings nicht im Assistenten aufgeführt. Die Einträge haben die Form *MS=ms1234567* für TXT-Einträge. Notieren Sie sich die Werte des Eintrags von der Webseite, und tragen Sie diese in der DNS-Verwaltung Ihres Providers ein. In den meisten Fällen arbeiten Sie mit dem TXT-Eintrag.

Sobald Sie den Eintrag gesetzt haben, kann es bis zu 24 Stunden dauern, bis Office 365 den erfolgreichen Eintrag verifizieren kann. Sie können das Browserfenster also schließen und jederzeit mit der Einrichtung fortfahren. Sind die notwendigen Daten noch nicht zwischen den verschiedenen DNS-Servern registriert, erhalten Sie im Assistenten eine Fehlermeldung. Erst wenn der Eintrag verifiziert ist, können Sie mit dem Assistenten fortfahren.

Das heißt, Sie können weitere Maßnahmen erst nach der erfolgreichen Überprüfung durchführen. Öffnen Sie dazu nach einiger Zeit erneut das Office 365-Portal. Die Überprüfung können Sie jederzeit starten. Sobald die Überprüfung erfolgreich abgeschlossen ist, können Sie mit den weiteren Schritten fortfahren.

Domänen endgültig an Office 365 anbinden

Sobald der Test erfolgreich abgeschlossen wird, bindet der Assistent die Domäne an Office 365 an. Von nun an können Sie die Domäne in Ihrer Umgebung nutzen und sie den Webseiten und Anwendern zuteilen. Allerdings sind vor dem produktiven Einsatz noch einige Tests notwendig.

Wenn Sie Ihre neue Domäne schließlich erfolgreich in Office 365 überprüft haben, besteht der nächste Schritt darin, die Namensserver-Einstellungen der Domäne bei Ihrem Provider auf die DNS-Server von Office 365 umzustellen. Die Auflösung wird dann nicht mehr von den DNS-Servern des Providers vorgenommen, sondern von den DNS-Servern bei Microsoft. Diese Einstellungen müssen Sie in der Weboberfläche beim Provider vornehmen. Wenn Sie bei der Einrichtung der Domäne die Selbstverwaltung der Domäne ausgewählt haben, müssen Sie wichtige Einträge wie MX und andere manuell pflegen.

Verwenden Sie die DNS-Server bei Microsoft, hat dies den Vorteil, dass alle Konfigurationen und notwendigen Einstellungen wie MX, Autoeinstellungsdaten für Outlook, Smartphones und andere Dienste automatisiert im Hintergrund vorgenommen werden. Sie müssen ab diesem Moment keinerlei Einstellungen mehr für die DNS-Zone durchführen, sondern alle Einstellungen werden von Microsoft vorgenommen.

Wenn Sie eigene DNS-Server betreiben, erhalten Sie über den Server-Manager ausführliche Hinweise, welche Einträge Sie konfigurieren müssen, damit die Domäne funktioniert. Bei der Konfiguration von eigenen DNS-Servern sind einfach etwas mehr Handarbeit und eine sorgfältige Überprüfung erforderlich. Wenn Sie die Domäne ausschließlich für Office 365 nutzen, tragen Sie am besten die DNS-Server von Microsoft in den Namenseinstellungen Ihrer Domäne beim Provider ein.

Haben Sie alle Einstellungen vorgenommen, überprüft Office 365 auch diese Konfiguration. Dieser Vorgang kann wieder etwas dauern, bis verifiziert wird, dass alle notwendigen DNS-Einträge vorhanden sind und die Anwender mit Office 365 arbeiten können. In vielen Fällen müssen Sie auch hier bis zu 24 Stunden warten, bis Sie die Konfiguration in Office 365 fortsetzen können.

Wenn Sie schließlich alle Aufgaben abgeschlossen haben und die DNS-Server im Internet miteinander synchronisiert sind, zeigt Office 365 die Domäne als »Überprüft« an. Sie können diese Domäne jetzt den Anwendern zuweisen. Die Standarddomäne *<Name>.onmicrosoft.com* bleibt im Hintergrund weiter aktiv. Das heißt, die Anwender empfangen weiter E-Mails, die von außerhalb an die alte Domäne gesendet wurden, versenden E-Mails aber mit der neuen Domäne. In den DNS-Einstellungen der Domänen können Sie auch weitere Einträge hinzufügen, falls Sie diese zusätzlich benötigen. Dazu verwenden Sie das Verwaltungsportal von Office 365.

Sobald Sie die Einstellungen abgeschlossen haben, verwenden die Anwender für die Anmeldung an der Weboberfläche von Office 365 oder für die Konfiguration in Outlook und anderen E-Mail-Programmen die neue Domäne. In den Benutzereinstellungen von Office 365 sehen Sie außerdem die primäre Adresse und alle Domänen, die Sie angebunden haben. Hier können Sie auch für verschiedene Benutzer unterschiedliche Domänen festlegen.

Sicherheit und Hochverfügbarkeit

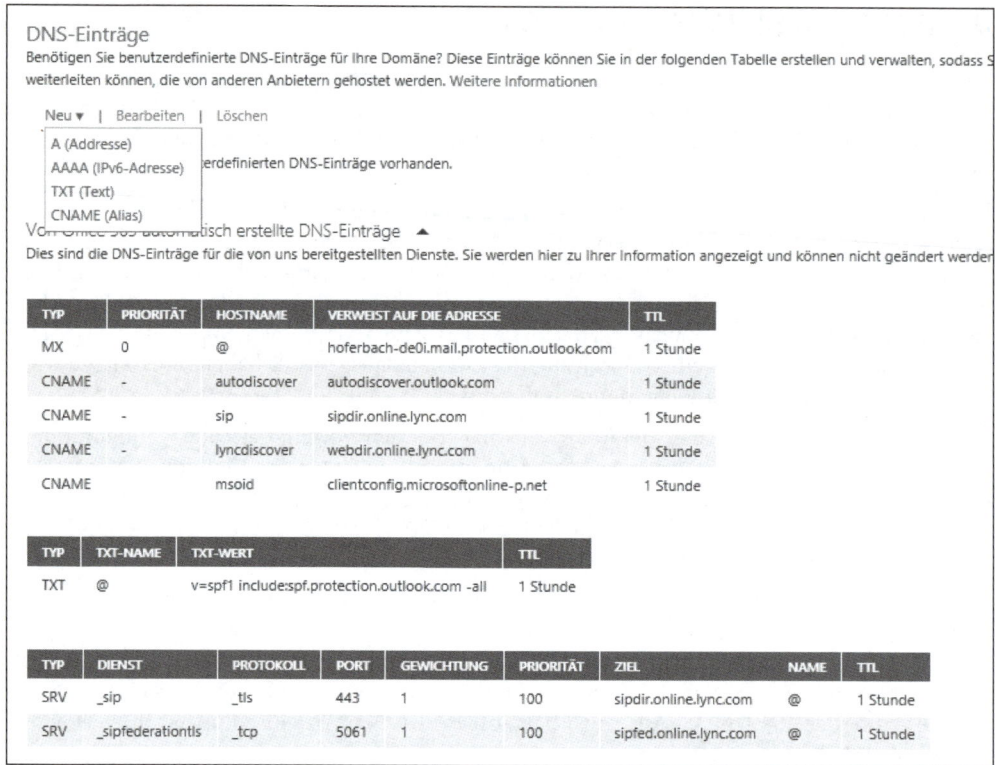

DNS-Einträge

Benötigen Sie benutzerdefinierte DNS-Einträge für Ihre Domäne? Diese Einträge können Sie in der folgenden Tabelle erstellen und verwalten, sodass S
weiterleiten können, die von anderen Anbietern gehostet werden. Weitere Informationen

Neu ▾ | Bearbeiten | Löschen

A (Address)
AAAA (IPv6-Adresse)   erdefinierten DNS-Einträge vorhanden.
TXT (Text)
CNAME (Alias)

Von Office 365 automatisch erstellte DNS-Einträge ▲

Dies sind die DNS-Einträge für die von uns bereitgestellten Dienste. Sie werden hier zu Ihrer Information angezeigt und können nicht geändert werder

TYP	PRIORITÄT	HOSTNAME	VERWEIST AUF DIE ADRESSE	TTL
MX	0	@	hoferbach-de0i.mail.protection.outlook.com	1 Stunde
CNAME	-	autodiscover	autodiscover.outlook.com	1 Stunde
CNAME	-	sip	sipdir.online.lync.com	1 Stunde
CNAME	-	lyncdiscover	webdir.online.lync.com	1 Stunde
CNAME		msoid	clientconfig.microsoftonline-p.net	1 Stunde

TYP	TXT-NAME	TXT-WERT		TTL
TXT	@	v=spf1 include:spf.protection.outlook.com -all	1 Stunde	

TYP	DIENST	PROTOKOLL	PORT	GEWICHTUNG	PRIORITÄT	ZIEL	NAME	TTL
SRV	_sip	_tls	443	1	100	sipdir.online.lync.com	@	1 Stunde
SRV	_sipfederationtls	_tcp	5061	1	100	sipfed.online.lync.com	@	1 Stunde

Abbildung 16.5: In den DNS-Einstellungen können Sie für die Domäne weitere Einträge erzeugen.

Bevor Sie Benutzer produktiv mit der neuen Domäne an Office 365 anbinden, sollten Sie mit dem Microsoft Remote Connectivity Analyzer (*https://testconnectivity.microsoft.com*) überprüfen, ob die Verbindung auch funktioniert. Hier gibt es eine eigene Registerkarte *Office 365*. Der Analyzer bietet dazu einen DNS-Test an. In der Weboberfläche von Office 365 können Sie die DNS-Einträge darüber hinaus mit dem Link *Problembehandlung suchen und beheben* überprüfen lassen. Dieser Link wird in der Domänenverwaltung aktiviert, wenn Sie eine Domäne anklicken, die Sie überprüfen wollen.

Ein wichtiges Diagnoseprogramm für den E-Mail-Fluss ist das SMTPDiag-Tool, das Sie von der Microsoft-Internetseite *http://tinyurl.com/hkn9mm4* kostenlos herunterladen können. Mit diesem Tool können Sie über die Eingabeaufforderung Probleme beim SMTP-Versand diagnostizieren und so den E-Mail-Fluss nicht nur für neue Domänen testen, sondern auch für andere Einstellungen. Bei den Installationsdateien des Tools finden Sie ein ausführliches Word-Dokument, in dem die Nutzung des SMTPDiag-Tools erläutert wird.

Das Tool überprüft, ob eine E-Mail per SMTP zugestellt werden kann. Geben Sie den Befehl *Smtpdiag <Absenderadresse> <Empfängeradresse>* ein, zum Beispiel *Smtpdiag joost@contoso.com thomas.joos@<Neue Domäne>*. Das Tool überprüft, ob der Server die E-Mail durch die DNS-Auflösung zustellen könnte, und listet eventuell aufgetretene Probleme sehr detailliert auf. Sie sehen bei der Ausgabe auch, ob Server Verbindungen nicht akzeptieren oder andere Fehler auftreten, und können gezielt bei den entsprechenden Servern zur Fehlerbehebung ansetzen. Bevor Sie eine Domäne nutzen, sollten Sie sicherstellen, dass E-Mails auch tatsächlich zugestellt werden können. Sie erkennen im Test, ob ein Server Fehler meldet und ob eventuell der empfangende Server keine Verbindungen von anderen Servern akzeptiert. Mit dem Tool erkennen Sie genau, woran der Fehler bei der Übertragung liegt, und können danach die entsprechenden Details dazu recherchieren.

Abbildung 16.6: Mit SMTPDiag testen Sie ebenfalls die Namensauflösung für neue Domänen in Office 365.

Migration zu Office 365

Falls Sie nicht auf einer »grünen Wiese« starten, sondern Daten von bestehenden Postfächern und lokalen Servern im Netzwerk zu Office 365 migrieren sollen, müssen Sie nicht nur die Anwender anlegen, sondern noch zusätzliche Aufgaben erledigen.

Beachten müssen Sie bei der Migration auch den Namen Ihrer Internetdomäne: Er muss ebenfalls an Office 365 übertragen werden. Benutzer und Gruppen können Sie mit Tools in Office 365 von einem bestehenden Active Directory synchronisieren. Beim parallelen Betrieb von Office 365 und einem lokalen Active Directory können Sie daher die Benutzerkonten weiterhin mit den bekannten Verwaltungstools administrieren. Die Synchronisierung funktioniert jedoch nur in eine Richtung. Bei der Anbindung von Office 365 lassen sich die notwendigen Daten in die Cloud kopieren. Änderungen in der Cloud synchronisieren sich nicht automatisch mit lokal betriebenen Servern.

Bei der Koexistenz können Sie Postfächer zu Office 365 migrieren, aber weiterhin parallel eigene Exchange-Server mit Postfächern betreiben. Wollen Sie parallel weiter eigene Exchange-Server im Unternehmen einsetzen und diese mit den Postfächern und Diensten von Office 365 verbinden, müssen Sie die Enterprise-Edition von Office 365 lizenzieren. Nur diese ermöglicht eine Verbindung eines lokalen Active Directory mit Office 365-Diensten, inklusive einer Synchronisierung mit dem lokalen Active Directory.

Beachten müssen Sie bei der Migration den Namen der E-Mail-Domäne, die Sie in Office 365 nutzen möchten. Hier bietet die Verwaltungskonsole aber Assistenten an, über die Sie eigene Domänennamen hinzufügen können. Standardmäßig stellt Office 365 die Domäne @*<Eigener Name>*.onmicrosoft.com, zum Beispiel @*joos.onmicrosoft.com*, zur Verfügung. Sie können jedoch eigene Domänen hinzufügen. Achten Sie aber darauf, dass Office 365 nicht alle Provider unterstützt.

Je mehr Postfächer in der Organisation vorhanden sind und je mehr Exchange-Server Sie betreiben, desto komplexer wird der Migrationsaufwand. Auch wenn Microsoft Sie bei der Migration unterstützt, kann es sinnvoll sein, auf Tools von Drittanbietern zu setzen, die bei der Migration helfen. Entsprechende Tools finden Sie bei den folgenden Anbietern:

*   **BitTitan** (*http://www.bittitan.com*)   Das Tool MigrationWiz von BitTitan unterstützt Sie bei der einfachen Migration von verschiedenen E-Mail-Systemen zu Office 365.

Sicherheit und Hochverfügbarkeit

- **Metalogix** (*http://metalogix.com*)   Mit dem Tool Email Migrator von Metalogix können Sie von Exchange zu Office 365 wechseln.

Bevor Sie sich für ein Tool eines Anbieters entscheiden, sollten Sie in einer Testumgebung und einer Testlizenz von Office 365 die Migration testen.

Office 365 gemeinsam mit Exchange betreiben

In den folgenden Abschnitten erfahren Sie im Detail, wie Sie einzelne Funktionen in Office 365 effizient zusammen mit Exchange 2016 und im Netzwerk nutzen.

Tools für Office 365 in Verbindung mit Exchange

Für den Einsatz von Office 365, vor allem im Rahmen der Migration mit Exchange 2016, gibt es einige Tools, die Administratoren bei der Fehlerbehebung optimal unterstützen. Mit den Tools finden Sie Fehler und erhalten in vielen Fällen auch eine passende Lösung angeboten. Auch bei der Migration zu Office 365 können Sie sich von bestimmten Anwendungen unterstützen lassen. Haben Anwender Probleme bei der Anbindung an Office 365, stellt Microsoft ebenfalls kostenlose Tools zur Verfügung, mit denen Anwender auch ohne die Unterstützung eines Administrators schnell und einfach Fehler finden können.

Die interaktive Hilfe von Office 365 nutzen

Microsoft stellt über eine Internetseite (*http://tinyurl.com/zhetnjt*) eine interaktive Hilfe zur Verfügung, mit der Sie nach Problemlösungen suchen können. Sie haben hier die Möglichkeit, gezielt Fehler einzugrenzen und Fehler zu beheben. Der Link hilft auch Anwendern dabei, Probleme mit Office 365 zu beheben.

Das Microsoft Verbindungsuntersuchungs-Tool

Microsoft stellt Anwendern ein Tool zur Verfügung, mit denen sie die Anbindung an Office 365 testen können. Das Tool unterstützt auch Administratoren bei der Fehlersuche und -behebung in Office 365. Das Verbindungsuntersuchungs-Tool (*http://tinyurl.com/hrw76gc*) laden Sie bei Microsoft herunter. Anschließend müssen Sie das Tool noch installieren.

Nach der Installation können Sie mit einem Assistenten den Fehler eingrenzen und erhalten Lösungsvorschläge für die Behebung des Problems. Dazu blendet der Assistent anwenderfreundliche Fragen ein. Es ist daher durchaus sinnvoll, das Tool auf Clientrechnern zu installieren, die sich mit Office 365 verbinden müssen.

Auf Basis der eingegebenen Benutzerdaten überprüft das Tool die Anbindung und gibt Hinweise zur möglichen Problemlösung. Die Ergebnisse der Überprüfung lassen sich auch speichern. Kann der Anwender das Problem selbst nicht lösen, kann er die Daten zu einem Administrator schicken und diesen bitten, das Problem zu beheben.

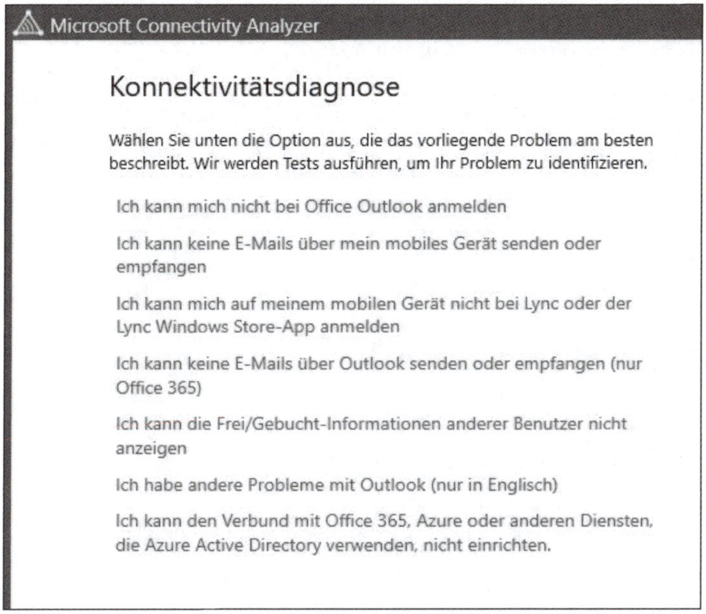

Abbildung 16.7: Microsoft unterstützt Anwender mit einem Tool bei der Problemlösung von Verbindungsabbrüchen unter Office 365.

Office Configuration Analyzer Tool (OffCAT)

OffCAT (*http://tinyurl.com/b6eszus*) hilft Ihnen, wenn Outlook auf einem Rechner fehlerhaft konfiguriert ist und keine Anbindung an Exchange oder Office 365 ermöglicht. Das Tool scannt den Rechner und zeigt eventuelle Probleme bei der Office-Konfiguration an. Für einen erfolgreichen Scanvorgang muss Outlook gestartet sein.

Außerdem müssen Sie sich bereits an Office 365 angemeldet haben. Das Tool zeigt Fehler in der Konfiguration von Outlook an und erläutert, wie Sie diese Probleme beheben können. Über den Link *Office 365 Resources* erhalten Sie Links und Hinweise zu weiteren Tools, die bei der Problembehebung helfen können.

Office 365 Admin-App für iPads

Microsoft bietet über Apple iTunes für Administratoren von Office 365 die App Office 365 Admin (*http://tinyurl.com/jcnt6sw*) an, mit der Sie das Office 365-System verwalten können. Sinnvoll ist die App vor allem, um Benutzern Supportleistungen anzubieten. Sie sehen die Verfügbarkeit der Office 365-Dienste und Ihre eigenen Supportanfragen. Außerdem können Sie die Benutzer verwalten und auch die Kennwörter der Benutzer zurücksetzen. Die App ist ein wertvolles Hilfsmittel, wenn Sie Office 365 und Ihre Benutzer auch von unterwegs verwalten müssen.

IdFix DirSync Error Remediation Tool

Microsoft bietet mit dem kostenlosen Office 365 IdFix-Tool ein Werkzeug an, mit dem Sie Probleme und fehlerhafte Daten bei der Office 365-Synchronisierung mit lokalen Verzeichnissen wie Active Directory beheben und optimieren können. Das Tool erkennt Dubletten und fehlerhafte Formatierungen. Das IdFix DirSync Error Remediation Tool (*http://tinyurl.com/l3o2lvc*) können Sie sich aus dem Microsoft-Downloadcenter herunterladen.

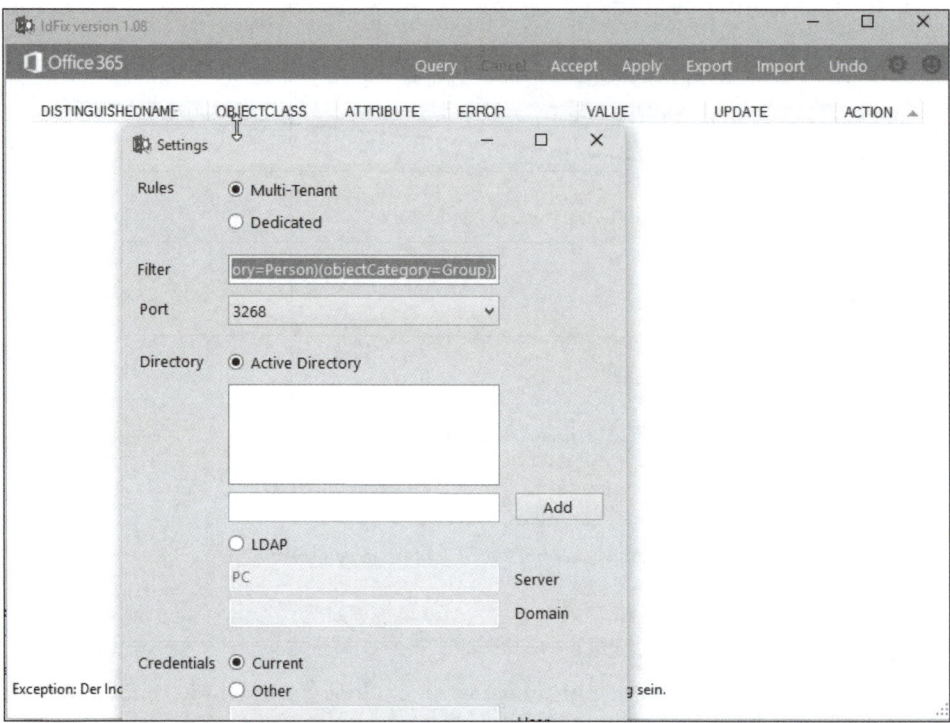

Abbildung 16.8: Mit dem IdFix DirSync Error Remediation Tool beheben Sie Synchronisierungsprobleme zwischen Office 365 und einem lokalen Active Directory.

OneDrive for Business in Exchange 2016 einbinden

In Hybridumgebungen lassen sich aus Outlook 2016 und OWA 2016 Anhänge direkt über OneDrive for Business versenden, auch als Link. Dadurch wird der Datenverkehr deutlich reduziert, und auch große Dateianhänge lassen sich besser und schneller versenden. Herkömmliche Dateianhänge sind daher meist nicht mehr notwendig, werden aber weiterhin unterstützt.

In Hybridumgebungen können Anwender zwar ihr Postfach (noch) auf dem lokalen Exchange 2016-Server belassen, aber durchaus auch über ein Office 365-Konto verfügen. Da dieses über eine OneDrive for Business-Anbindung verfügt, lässt sich der Cloudspeicher ebenfalls für lokale Exchange 2016-Postfächer nutzen.

Damit die Anbindung funktioniert, muss die lokale Exchange-Umgebung mit Office 365 verbunden werden. Dazu nutzen Administratoren den Hybrid Configuration Wizard (HCW). Die Funktion ist nur nutzbar, wenn sich das Postfach in einem aktuellen Office 365-Abonnement oder auf einem lokalen Exchange 2016-Server befindet, der mit Office 365 in einer Hybridumgebung verbunden ist.

Microsoft beschreibt die genaue Einrichtung im Microsoft TechNet (*http://tinyurl.com/zd6laqn*) und in einem Blogbeitrag der Exchange-Entwickler (*http://tinyurl.com/nk9u6lc*).

Abbildung 16.9: In Hybridumgebungen lassen sich Dateianhänge auch direkt über OneDrive for Business als Link einfügen.

In lokalen Exchange-Umgebungen lassen sich Dateianhänge auch als Link über SharePoint-Bibliotheken versenden.

Probleme mit Office 365 schnell und einfach beheben

Funktioniert die Anbindung lokaler Exchange-Server an Office 365 nicht oder treten Probleme auf, ist es sinnvoll, auf die Microsoft-interne Exchange-Hybridkonfigurationsdiagnose (*http://tinyurl.com/pxp7h6l*) zu setzen. Dieses Onlinetool kann Ihnen auch dabei helfen, die Konfiguration zu testen und eventuelle Fehler auszuschließen.

Nachdem Sie die Seite aufgerufen haben, müssen Sie sich zunächst mit einem Office 365-Konto anmelden und können anschließend die Umgebung testen. Dazu laden Sie zunächst eine Installationsdatei herunter und führen sie aus. Der Assistent überprüft verschiedene Einstellungen. Anschließend zeigt das Tool eventuell gefundene Fehler an, und Sie können die einzelnen Meldungen öffnen, um weitere Informationen abzurufen. Auf der rechten Seite stellt die Exchange-Hybridkonfigurationsdiagnose wiederum verschiedene Möglichkeiten zur Problembeseitigung zur Verfügung.

Microsoft bietet zur Problemlösung auch das Tool Microsoft Office 365 Support and Recovery Assistant (SaRA, *http://aka.ms/snrpublic*) an. Dieses Tool hilft vor allem Anwendern bei der Anbindung an Office 365. Für die Verwendung muss auf dem Rechner .NET Framework 4.5 installiert werden. Nachdem SaRA installiert ist, kann das Tool auf verschiedenen Wegen bei der Problemlösung helfen, insbesondere dann, wenn Clients Probleme haben, sich an Office 365 anzubinden.

Mehrere Gesamtstrukturen mit Office 365 nutzen

Unternehmen, die Office 365 und Exchange parallel einsetzen oder komplett zu Office 365 migrieren möchten, können ausschließlich mit Tools arbeiten, die bereits in Exchange 2016 verfügbar sind. Microsoft hat den Hybridkonfigurations-Assistenten enorm verbessert. Wir sind in diesem Kapitel bereits auf seine Konfiguration eingegangen. Über diesen Assistenten verbinden Sie Ihre lokale Active Directory-Gesamtstruktur mit Office 365.

Bisher war es nur möglich, jeweils eine Active Directory-Gesamtstruktur und damit nur eine Exchange-Organisation mit einem Office 365-Mandanten zu verbinden. Seit dem Service Pack 1 für Exchange 2013 bietet Microsoft die Möglichkeit, mehrere Active Directory-Gesamtstrukturen mit jeweils eigenen Exchange-Organisationen zu einem einzelnen Office 365-Abonnement zusammenzuführen. Dies trifft auch für den Einsatz von Exchange 2016 zu.

Ein wichtiger Bereich bei Hybridbereitstellungen sind die Zertifikate in den verschiedenen Active Directory-Umgebungen. Sie müssen in jeder Gesamtstruktur ein eigenes Zertifikat verwenden, das von einer vertrauten Zertifizierungsstelle stammt. Es ist nicht möglich, mit einem gemeinsamen Zertifikat zu arbeiten, das in allen Gesamtstrukturen eingesetzt wird. Das für die Hybridbereitstellung verwendete Zertifikat muss sich von den anderen Zertifikaten unterscheiden.

Hybridbereitstellungen erfordern eine Synchronisierung mit dem lokalen Active Directory. Hier können Sie auf Microsoft Forefront Identity Manager (FIM) 2012 R2 oder besser auf Microsoft Azure Active Directory Connector setzen. Mehr zu diesem Thema finden Sie in einem TechNet-Beitrag von Microsoft (*http://tinyurl.com/ncte9nc*). Wichtig ist, dass die Daten synchronisiert sind, bevor die Hybridbereitstellung konfiguriert wird.

Auf Basis dieser Synchronisierung sollten Sie auch Single Sign-On (einmalige Anmeldung) zwischen Office 365 und den Gesamtstrukturen einrichten. Wie die Einrichtung vorgenommen wird, ist ebenfalls im bereits erwähnten Microsoft-TechNet-Beitrag erläutert.

Intrusion Detection-Einstellungen bei der Migration zu Office 365 beachten

Wenn Sie Postfächer aus lokalen Exchange-Umgebungen zu Office 365 verschieben, sollten Sie auch die Firewall-Protokolle überprüfen, um sicherzustellen, dass kein geschwindigkeitsbegrenzender Effekt auftritt, der Probleme verursacht, oder ob Regeln gesetzt sind, die das Verschieben verhindern. Solche Probleme und eventuell gelöschte Pakete sollten in den Protokollen der Firewalls aufgeführt sein.

Vor allem Technologien im Bereich Intrusion Detection und Intrusion Prevention greifen oft in den Netzwerkverkehr zwischen Exchange und Office 365 ein. Dies gilt vor allem für Unternehmen, die noch auf das veraltete Microsoft Forefront Threat Management Gateway (TMG) setzen. Vor allem in älteren Exchange-Umgebungen ist das TMG noch im produktiven Einsatz.

Generell sollten Sie die IP-Adressen der Office 365-Server in Ausnahmelisten und vertrauenswürdige Subnetze der Firewalls eintragen. Eine genaue Liste ist im Microsoft TechNet zu finden (*http://tinyurl.com/j8vr35o*). In diesem Zusammenhang führen häufig auch Loadbalancer zu Problemen, da die Verbindungen zu Office 365 über die Firewall durch wechselnde IP-Adressen oft verloren gehen. Auch in diesem Bereich sollten Sie entsprechende Routen fest definieren.

Mail Protection Reports for Office 365

Falls Sie erst vor kurzer Zeit Anwender zu Office 365 verschoben haben, sollten Sie auch hier die Sicherheit der E-Mail-Umgebung im Auge behalten Microsoft bietet dazu Mail Protection Reports for Office 365 (*http://tinyurl.com/z32l9xx*) zum Download an. Mit diesem Tool lassen sich die Berichte aus Office 365 umfassend in Microsoft Excel aufarbeiten.

Für die Analyse mit dem Tool müssen Ihre Anwender Excel 2013 auf ihren Rechnern haben. Nachdem das Tool installiert ist, startet es der Anwender, der die Auswertung durchführen soll. Nach der Anmeldung an Office 365 lädt das Tool die notwendigen Daten aus dem Internet und zeigt umfassende Berichte an. Sie können in der Tabelle auch eigene Abfragen durchführen, die auf Tagen oder Postfächern basieren.

Es besteht außerdem die Möglichkeit, eine Analyse der Virenangriffe durchzuführen sowie die häufigsten Empfänger und Absender anzuzeigen. Spamnachrichten, die empfangen oder gesendet wurden, lassen sich analysieren; und gefundene Viren, eingesetzte Postfachregeln, DLP-Aktionen und -Ereignisse sowie vieles mehr werden aufgelistet.

Sie benötigen für die Analyse auf dem Rechner .NET Framework 4.5 und Excel 2013. Haben Sie die Erweiterung auf einem Rechner installiert, starten Sie die spezielle Excel-Tabelle entweder über das neue Symbol auf dem Desktop oder über das Verzeichnis *C:\ProgramData\Microsoft\MailProtectionReports*. Danach melden Sie sich an Office 365 an und wählen aus, für welchen Zeitraum Sie einen Bericht erstellen wollen. Anschließend lädt Mail Protection Reports for Office 365 die notwendigen Daten aus Ihrem Office 365-Abonnement herunter und zeigt eine Auswertung an.

Sie sehen im oberen Bereich zunächst die Anzahl der gesendeten und empfangenen E-Mails im Unternehmen. Darunter werden Ihnen die häufigsten Empfänger und Absender von E-Mails angezeigt. Auch taggenaue Daten können Sie sich anzeigen lassen. Über die Schaltflächen *Abfrage* und *Aktualisieren* im oberen Bereich können Sie jederzeit die Daten aktualisieren lassen und neue Abfragen erstellen. Sind die gewünschten Daten in der Tabelle aufgeführt, können Sie den Zwischenstand auf Wunsch abspeichern.

Klicken Sie rechts auf *Spam*, können Sie sich die Spammails sowie die häufigsten Empfänger anzeigen lassen. Zusätzlich lassen sich hier die E-Mails nach DLP (Data Loss Prevention), erstellten Regeln in Office 365 oder Virenmails filtern. Sie müssen dazu lediglich auf die jeweiligen Schaltflächen klicken. Im unteren Bereich können Sie unterschiedliche Registerkarten zu diesen Informationen öffnen. Der Bericht gehört zu jeder umfassenden Sicherheitsanalyse von Office 365.

Mit Office 365 E-Mails verschlüsseln

In Office 365 hat Microsoft zusätzlich Funktionen zur Verschlüsselung von E-Mails integriert. Die Verschlüsselung funktioniert nicht nur innerhalb Ihres Office 365-Abonnements, sondern auch zu externen Unternehmen. In den Lizenzeditionen E3 und E4 von Office 365 ist die Nachrichtenverschlüsselung kostenlos integriert. Auch Azure Active Directory Rights Management ist Bestandteil dieser Editionen. Diese Cloudtechnologie enthält die Funktionen zur Office 365-Verschlüsselung.

Unternehmen, die auf die reduzierten Editionen E1 und E2 setzen, können die Funktionen für etwa 2 US-Dollar bzw. 1,50 Euro pro Benutzer ebenfalls lizenzieren. Die entsprechenden Optionen sind im Office 365-Portal zu finden. Auf Basis von Transportregeln verschlüsselt Office 365 vollkommen automatisch diejenigen E-Mails, die die Kriterien erfüllen. Die Einstellungen dazu werden von den Administratoren vorgenommen:

1. Klicken Sie in der Weboberfläche auf *Administrator*, und wählen Sie *Exchange* aus.

2. Klicken Sie auf *Nachrichtenfluss* und dann auf *Regeln*.

3. Erstellen Sie mit dem Pluszeichen eine neue Regel. Wählen Sie dazu *Neue Regel erstellen* aus.

4. Weisen Sie der Regel einen Namen zu.

5. Wählen Sie bei *Diese Regel anwenden, wenn* die Kriterien aus, auf deren Basis Office 365 E-Mails verschlüsseln soll.

6. Klicken Sie auf *Weitere Optionen*.

7. Wählen Sie bei *Folgendermaßen vorgehen* aus den Eintrag *Die Nachrichtensicherheit ändern/Office 365-Nachrichtenverschlüsselung anwenden* aus.

8. Die Nachrichtenverschlüsselung aktivieren Sie über eine neue Transportregel in Office 365.

Multi-Faktor-Authentifizierung in Office 365

Neben der E-Mail-Verschlüsselung spielt auch die Sicherheit bei der Anmeldung an Office 365-Webdienste eine wesentliche Rolle. Mit der Multi-Faktor-Authentifizierung in Office 365 können Unternehmen besonders sicherheitskritische Benutzerkonten gegen Hackerangriffe und fehlerhaftes Anmelden absichern.

Zunächst müssen Sie im Office 365 Admin Center im Bereich *Benutzer* auf *Aktive Benutzer* klicken. Hier werden Ihnen auf der rechten Seite alle angelegten Benutzer angezeigt. Im oberen Bereich finden Sie die Option *Festlegen mehrstufiger Authentifizierungsanforderungen*. Sobald sich der Anwender das nächste Mal am Office 365-Portal anmeldet, erhält er eine Meldung, dass die mehrstufige Authentifizierung aktiviert wurde und er sie für sein Konto einrichten muss.

Im Rahmen der Einrichtung können die Anwender entscheiden, für welche Art der mehrstufigen Authentifizierung sie sich entscheiden wollen. In einem neuen Fenster können Sie zwischen Mobiltelefon, Telefon und einer mobilen App wählen. Anwender können außerdem noch festlegen, ob sie für die Anmeldung angerufen werden wollen oder eine SMS mit einem Anmeldecode erhalten möchten. Die bequemste Anmeldung ist sicher der Telefonrückruf, da hier nur die #-Taste gedrückt werden muss.

Wird die mobile App verwendet, sendet Office 365 automatisch nach der Eingabe des Kennworts auch eine Authentifizierungsanforderung an die App des Smartphones. Rufen Sie diese auf, müssen Sie die Anmeldung nur noch bestätigen. Ohne diese Bestätigung wird ein potenzieller Angreifer selbst bei korrekter Eingabe von Benutzername und Kennwort zurückgewiesen. In den Benutzereinstellungen seines Kontos kann der Anwender Änderungen vornehmen und zum Beispiel die Telefonnummer und andere Einstellungen der mehrstufigen Authentifizierung anpassen.

Unternehmen, die parallel zu Office 365 auch auf Microsoft Azure setzen, können mit Azure Active Directory Premium die Funktion der mehrstufigen Authentifizierung weiter ausbauen. Es besteht die Möglichkeit, das Aussehen der Anmeldeseite anzupassen, Kennwörter zurückzusetzen oder diese Funktion den Anwendern zur Verfügung zu stellen und mehr.

Client Access Policy Builder: Richtlinien für Office 365 erstellen und umsetzen

Durch die Internetanbindung von Office 365 können Unternehmen grundsätzlich nicht steuern, von wo Anwender auf Office 365-Dienste zugreifen. Anwender mit der Berechtigung, auf Office 365-Dienste zuzugreifen, können dazu jeden beliebigen Rechner mit Internetzugang nutzen.

Ab Active Directory-Verbunddienste 2.0 (Active Directory Federation Services, AD FS) haben Unternehmen die Möglichkeit, Clientzugriffsrichtlinien zu erstellen. Mit diesen lässt sich festlegen, von welchen Standorten aus sich Anwender mit Office 365 verbinden dürfen. In einem solchen Szenario authentifizieren sich die Anwender nicht über die Weboberfläche von Office 365, sondern bei den Active Directory-Verbunddiensten. Diese leiten die Anmeldung an die Cloud weiter. Durch diese zusätzliche Option können Sie Regeln festlegen, wer sich an den verschiedenen Office 365-Diensten von welchem Ort aus anmelden darf. Für große Unternehmen ist dies eine ideale Lösung.

Damit sich diese Richtlinien möglichst problemlos erstellen und umsetzen lassen, bietet Microsoft den kostenlosen Client Access Policy Builder (*http://tinyurl.com/pndt5fj*) zum Download an. Dieser unterstützt die automatische Erstellung von Richtlinien für die meisten Szenarien und kann die notwendigen Einstellungen vollständig automatisieren. Beim Client Access Policy Builder handelt es sich um ein PowerShell-Skript mit einer grafischen Oberfläche.

Richtlinien lassen sich auch ohne das Zusatztool umsetzen, allerdings mit erheblichem zusätzlichen Aufwand. Entsprechende Anleitungen finden Sie im Microsoft TechNet unter *http://tinyurl.com/ltfm8hu*.

Die grafische Oberfläche von Client Access Policy Builder können Sie sich mit einem Doppelklick auf die *.ps1*-Datei anzeigen lassen. Vereinfacht gesagt, können Administratoren mit dem Skript festlegen, dass der komplette externe Zugriff auf Office 365 gesperrt wird und die Cloudlösung nur Verbindungen von innerhalb des Unternehmens zulässt. Außerdem kann Client Access Policy Builder auch webbasierte Anwendungen wie Outlook Web App und SharePoint Online auf die Ausnahmeliste setzen. Die Konfiguration der Richtlinien sowie der IP-Adressen erfolgt über eine grafische Oberfläche, die durch das Skript gestartet wird. Sie müssen lediglich die entsprechende Option für das Szenario auswählen, das Sie nutzen wollen.

Möchten Sie den kompletten externen Zugriff auf Office 365 blockieren, können Sie IP-Adressbereiche angeben. Wenn VPN-Clients auf Office 365 über eine Internetleitung zugreifen, werden sie als interne Clients eingestuft. Alle Einstellungen lassen sich nachträglich anpassen und wieder zurücknehmen. Sie können dazu das PowerShell-Skript verwenden oder manuell die Einstellungen durchführen. Das Skript von Client Access Policy Builder müssen Sie auf Ihren primären AD FS-Server kopieren. Wenn Sie Windows Server 2012 R2 einsetzen, müssen Sie eine Anpassung vornehmen, damit das Skript funktioniert. Dazu öffnen Sie das Skript entweder im Editor oder in der PowerShell ISE. Suchen Sie im Skript nach der folgenden Zeile:

```
If (($OSVersion.Major -Eq 6) -And ($OSVersion.Minor -Eq 2))
```

Sie finden diese Zeile relativ weit oben im Skript. Ersetzen Sie den Parameter *-Eq* durch *-Ge*, damit Windows Server 2012 R2 erkannt wird. Ohne diese Änderung erscheint eine Fehlermeldung in der grafischen Oberfläche, und Sie können keine Regeln setzen:

```
If (($OSVersion.Major -Eq 6) -And ($OSVersion.Minor -Ge 2))
```

Starten Sie das Skript über das Kontextmenü. Ist alles korrekt konfiguriert, erscheint im unteren Bereich keine Fehlermeldung und die Option *Create Rules for Claim Types* ist aktiv. Sie können jetzt mit dem Tool arbeiten. Die weitere Vorgehensweise zum Sperren von Funktionen und IP-Bereichen entnehmen Sie am besten der Dokumentation des Tools.

Sicherheit und Hochverfügbarkeit

Office 365 Mobile Device Management

Unternehmen, die auf Office 365 setzen, können jetzt Mobile Device Management-(MDM-)Funktionen nutzen, um die Endgeräte der Anwender abzusichern und zu verwalten. Neben Funktionen der mobilen Betriebssysteme lassen sich auch Anwendungen verwalten, zum Beispiel Unternehmens-Apps oder Microsoft Office-Apps. Die MDM-Funktionen in Office 365 unterstützen Windows Phone, Windows 10 for Mobile, Android, aber auch Apple iPhone/iPad.

Die Verwaltung von Endgeräten ist dann möglich, wenn ein Anwender ein Postfach in Office 365 nutzt und das Gerät für MDM in Office 365 registriert. Die Einrichtung erfolgt über einen Assistenten, der bei der Erstellung der notwendigen Richtlinien hilft. Auf den Endgeräten setzen die Anwender die Richtlinien ebenfalls mit einem einfach zu bedienenden Assistenten um. MDM-Funktionen in Office 365 gehen über das hinaus, was Administratoren in Exchange Online aus Office 365 steuern können, und bieten mehr Verwaltungsmöglichkeiten sowie selektierbare Löschfunktionen.

Administratoren können in Office 365 alle Daten eines Smartphones/Tablet-PCs löschen, aber auch selektiv nur die Unternehmensdaten. Dies bietet sich insbesondere für Umgebungen mit Bring-Your-Own-Device-(BYOD-)Ansätzen an. Die Bedienung von Office 365 MDM ist bewusst einfach gehalten und vollständig cloudbasiert. Sie können die MDM-Funktion schnell aktivieren und unkompliziert Richtlinien erstellen. Die Umsetzung auf den Endgeräten übernehmen die Anwender selbst.

Das kann Office 365 Mobile Device Management

Mit Office 365 können Sie zahlreiche Sicherheitseinstellungen von iPhones/iPads, Android-Geräten und Windows Phones steuern. Auch Verschlüsselungsfunktionen lassen sich aktivieren. Dies alles erledigen Sie schnell und einfach über Sicherheitsrichtlinien, die Sie auf der Weboberfläche des Office 365 Admin Centers über einen Assistenten aktivieren. Sie haben auch die Möglichkeit, mehrere Richtlinien zu erstellen und diese verschiedenen Anwendern zuzuweisen. In den Sicherheitseinstellungen von Richtlinien können Sie auch die Option *Verbinden von Geräten mit Jailbreak oder Rootzugriff verhindern* aktivieren. Dadurch schließen Sie große Sicherheitslücken, die durch derartige Geräte entstehen können.

Neben Sicherheitseinstellungen auf den Endgeräten können Sie mit Office 365 MDM auch die Apps auf den Geräten steuern und absichern, die für den Zugriff auf Office 365-Ressourcen verwendet werden. Beispiele dafür sind OneDrive for Business oder Office Mobile. Auch Outlook oder andere Anwendungen, die auf Office 365-Ressourcen zugreifen, lassen sich mit Office 365 MDM steuern. Auf diesem Weg können Administratoren Bedingungen festlegen, mit welchen Apps Anwender auf Office 365 zugreifen dürfen, zum Beispiel um Daten in OneDrive for Business auf einem Endgerät zu nutzen.

Zusätzlich lassen sich umfassende Berichte erstellen, mit denen Sie überprüfen können, wie viele Geräte nicht Ihren Vorgaben entsprechen oder nicht kompatibel zu den Sicherheitsrichtlinien sind. Auch diese Berichte lassen sich schnell und einfach mit einem Mausklick erstellen.

Office 365 nutzt für die Verwendung von MDM Funktionen aus Azure Active Directory und Microsoft Intune. Sie müssen diese Dienste aber weder lizenzieren noch konfigurieren. Alle Office 365-Abonnements auf Basis von Business, Enterprise, EDU und Government sollen die Funktion erhalten.

Alles, was Sie für Office 365 MDM benötigen, steuern Sie im Office 365 Admin Center. Sie benötigen dazu weder zusätzliche Konfigurationswerkzeuge noch weitere Lizenzen. Wenn Sie den Zugriff auf Office 365-Ressourcen mit Microsoft-Anwendungen nutzen, können diese die Richtlinie von Office 365 auslesen und ebenfalls umsetzen.

Zugriffssteuerung für E-Mails und Dokumente

Mit Office 365 MDM können Sie den Zugriff auf das Postfach von Anwendern steuern, aber auch den Zugriff auf andere Komponenten in Office 365, wie zum Beispiel OneDrive for Business, Dokumente oder SharePoint Online. Office 365 MDM arbeitet dazu mit den MDM-Funktionen von Microsoft Intune zusammen. Die Konfiguration ist allerdings vollkommen transparent. Sie erstellen als Administrator die entsprechenden Richtlinien, und die Umsetzung der Richtlinien erfolgt im Hintergrund. Dadurch ist eine zuverlässige Absicherung des Datenzugriffs von Microsoft-Apps möglich, und auch das unerlaubte Versenden oder Kopieren geheimer Unternehmensdaten lässt sich verhindern.

Die Zuweisung von Richtlinien erfolgt auf Ebene der Anwender. Es spielt also keine Rolle, mit welchem Endgerät sich ein Anwender verbindet. Dieser arbeitet immer mit den vom Administrator vorgegebenen Sicherheitseinstellungen. Dazu wird in Office 365 eine Geräteverwaltungsrichtlinie erstellt und diese den Benutzern auf Basis von Office 365-Gruppen zugewiesen.

Die Einstellungen gelten dann nicht nur für die Anbindung per Exchange ActiveSync, sondern für den kompletten Zugriff auf Office 365 über alle Geräte, die ein Anwender nutzt, sowie für alle zu Office 365 kompatiblen Anwendungen. Verbindet sich ein Anwender mit einem Postfach, das eine Richtlinie nutzt, muss er den Einstellungen der Richtlinie zustimmen. Andernfalls erhält er keinen oder nur einen eingeschränkten Zugriff. Generell entspricht der Funktionsumfang den Möglichkeiten von Richtlinien in Exchange ActiveSync, geht aber noch einiges darüber hinaus, da sich weitere Einstellungen konfigurieren lassen.

Richtlinien und Zugriffsregeln in Office 365 MDM überschreiben Postfachrichtlinien in Exchange ActiveSync. Hat ein Anwender sein Gerät in MDM für Office 365 registriert, wird die Postfachrichtlinie von Exchange ActiveSync zukünftig ignoriert. Für unterstützte Geräte lassen sich folgende Sicherheitseinstellungen in MDM für Office 365 vorgeben:

- Kennwort anfordern
- Einfaches Kennwort verhindern (wird nicht auf Android-Geräten unterstützt)
- Alphanumerisches Kennwort anfordern (wird nicht auf Android-Geräten unterstützt)
- Minimale Kennwortlänge
- Anzahl von Anmeldefehlern, bevor die Gerätedaten gelöscht werden
- Minuten der Inaktivität, bevor das Gerät gesperrt wird
- Kennwortablauf (Tage)
- Kennwortverlauf verfolgen und Wiederverwendung verhindern

Auf Wunsch lassen sich alle Office 365-Daten in iOS und Android verschlüsseln. Bei Windows Phone-Geräten ist dies nicht notwendig, da auf ihnen die Daten automatisch verschlüsselt werden, auch ohne Office 365 MDM. Außerdem erkennt MDM in Office 365, wenn Geräte gerootet (Android) oder jailbreaked (iOS) sind. Bei solchen Geräte lässt sich der Zugriff auf Office 365 blockieren. Die entsprechende Option dazu ist in den Einstellungen der Richtlinie zu sehen. Alle unterstützten Funktionen und die jeweils kompatiblen Einstellungen listet Microsoft im TechNet auf (*http://tinyurl.com/zz37l2g*).

Voraussetzungen für den Betrieb von MDM in Office 365

Damit Sie Endgeräte der Anwender über Office 365 MDM verwalten können, muss auf diesen mindestens Windows Phone 8.1, iOS 7.1, Android 4 oder Windows 8.1/RT 8.1 installiert sein. Die Unterstützung für iOS 7.1 und höher gilt auch für iPhones und iPad-Geräte.

Die Verwaltung von BlackBerry-Geräten wird nicht unterstützt. Microsoft empfiehlt in diesem Fall auf die BlackBerry Business Cloud Services (BBCS) (*http://tinyurl.com/jn5lr4z*) zu setzen. Nutzt ein Anwender ein nicht kompatibles Gerät, können Sie dieses über die Richtlinie blockieren. Sie können zwar erlauben, dass der Anwender zumindest mit Exchange ActiveSync sein Postfach synchronisieren kann, können aber auch diesen Zugriff verhindern.

MDM in Office 365 einrichten

Die Einrichtung von MDM in Office 365 findet über Assistenten im Office 365 Admin Center statt. In mehreren Schritten konfigurieren Sie zuerst die Cloudumgebung und erstellen anschließend die Richtlinien. Binden Anwender ihre Endgeräte an Office 365 an, werden die Richtlinien automatisch übertragen. Der Anwender muss sein Gerät dazu aber registrieren und der Verwendung der Richtlinien zustimmen, wenn es sich um sein privates Gerät handelt. Verweigern Anwender die Umsetzung der Richtlinie auf einzelnen Geräten, können sie sich nicht an Office 365 anbinden.

MDM muss im entsprechenden Abonnement zuerst aktiviert werden. Standardmäßig sind die Funktionen nicht aktiv. Wechseln Sie im Office 365 Admin Center in den Administratorbereich zu *Mobile Geräte*. Mit der Schaltfläche *Beginnen* richten Sie den Dienst ein. Die generelle Aktivierung des Diensts dauert einige Zeit, danach können Sie Richtlinien definieren und Einstellungen vornehmen.

Abbildung 16.10: Nach der Aktivierung von Office 365 MDM finden Sie die Einstellungen über den Bereich Mobile Geräte *im Office 365 Admin Center.*

Wenn Sie iPhones/iPads mit Office 365 verwalten, müssen Sie zusätzlich ein APN-Zertifikat (Apple Push Notifications) für die Verwaltung von iOS-Geräten erstellen, DNS-Anpassungen vornehmen und unter Umständen auch die Multi-Faktor-Authentifizierung aktivieren. Die Einstellungen dazu nehmen Sie über den Link *Einstellungen verwalten* vor.

Die Anpassung Ihrer Domänen für die Unterstützung von MDM und die Erstellung von APN-Zertifikaten für Apple-Geräte sind notwendig; die mehrstufige Authentifizierung und die Gerätesicherheitsrichtlinien sind an dieser Stelle optional. Ohne APN-Zertifikate lassen sich Apple-Geräte nicht mit MDM-Lösungen von Drittherstellern verwalten. DNS-Einstellungen sind dann wichtig, wenn Sie eigene Domänen mit Office 365 einsetzen und sich Anwender mit einer E-Mail-Adresse auf Basis dieser Domänen anmelden.

Damit die Registrierung in Office 365 funktioniert, müssen Sie zwei zusätzliche Einträge mit dem Typ CNAME vornehmen. Sie erstellen einen Eintrag mit dem Host »enterpriseregistration« und »enterpriseregistration.windows.net« sowie »enterpriseenrollment« und »enterpriseenrollment.manage.microsoft.com«. Nach etwa 24 Stunden sollten die Daten weltweit repliziert sein, sodass von allen DNS-Servern aus der Zugriff erfolgen kann.

Geräterichtlinien erstellen

Sobald MDM generell einsatzbereit ist, können Sie Geräterichtlinien erstellen, die Sie wiederum den Anwendern zuweisen. Klicken Sie dazu auf *Gerätesicherheitsrichtlinien und -zugriffsregeln verwalten*, oder klicken Sie auf *Administrator/Compliance*, um in das Compliance Center zu wechseln. Erstellen Sie im Fenster eine neue Richtlinie, und weisen Sie ihr einen Namen zu.

Im Fenster können Sie danach Einstellungen auf den Geräten steuern. Alle Einstellungen, die Sie hier vornehmen, werden auf kompatiblen Geräten aktiviert. Die Richtlinie und deren Einstellungen werden aber erst dann umgesetzt, wenn Sie die Richtlinie einer Benutzergruppe zuweisen, diese Benutzergruppe auch tatsächlich Mitglieder erhält und sich Anwender an Office 365 MDM mit ihrem Endgerät anmelden.

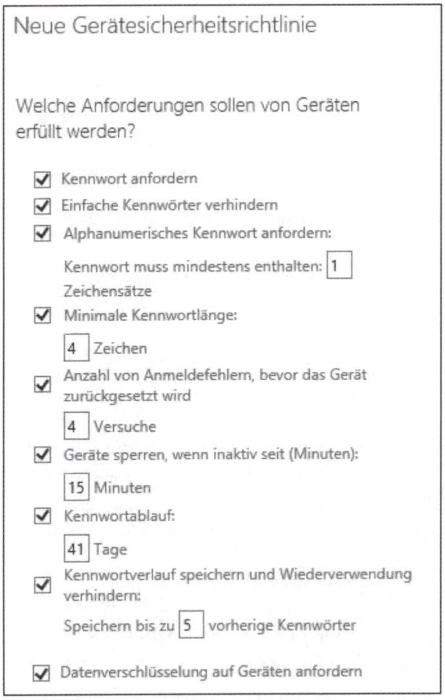

Neue Gerätesicherheitsrichtlinie

Welche Anforderungen sollen von Geräten erfüllt werden?

☑ Kennwort anfordern
☑ Einfache Kennwörter verhindern
☑ Alphanumerisches Kennwort anfordern:

Kennwort muss mindestens enthalten: 1 Zeichensätze

☑ Minimale Kennwortlänge:

4 Zeichen

☑ Anzahl von Anmeldefehlern, bevor das Gerät zurückgesetzt wird

4 Versuche

☑ Geräte sperren, wenn inaktiv seit (Minuten):

15 Minuten

☑ Kennwortablauf:

41 Tage

☑ Kennwortverlauf speichern und Wiederverwendung verhindern:

Speichern bis zu 5 vorherige Kennwörter

☑ Datenverschlüsselung auf Geräten anfordern

Abbildung 16.11: Über Gerätesicherheitsrichtlinien steuern Sie die Sicherheitseinstellungen auf den Endgeräten der Anwender.

Für jede Richtlinie können Sie im unteren Bereich festlegen, wie sich Office 365 verhalten soll, wenn auf einem Endgerät Einstellungen der Richtlinie nicht umgesetzt werden können oder der Anwender die Umsetzung verweigert. Sie können den Zugriff zulassen, aber Administratoren darüber informieren, oder Sie können den Zugriff generell blockieren lassen.

Im Assistenten zur Konfiguration der Sicherheitseinstellungen können Sie zusätzlich weitere Sicherheitseinstellungen vornehmen. Sie können zum Beispiel die Synchronisierung von Fotos mit der Cloud untersagen, Screenshots deaktivieren und vieles mehr. Sie können auch den kompletten Zugriff auf den App-Store blockieren, sodass Anwender keinerlei Apps mehr auf

Sicherheit und Hochverfügbarkeit

dem Gerät installieren dürfen. Die Einstellungen dazu sind in der folgenden Abbildung zu sehen. Beim Erstellen von Richtlinien haben Sie auch die Möglichkeit, diese sofort zuzuweisen oder zunächst zu speichern und später zuzuweisen. Die Basis der Zuweisung sind Sicherheitsgruppen.

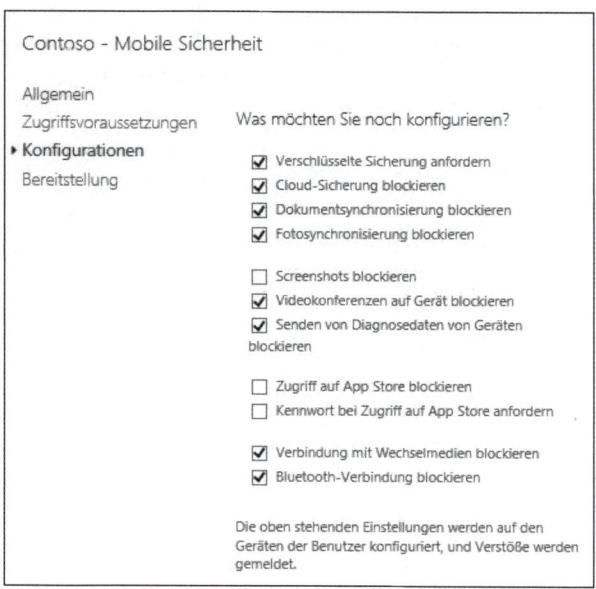

Abbildung 16.12: In den Konfigurationsoptionen einer Richtlinie nehmen Sie erweiterte Einstellungen vor, um Endgeräte weiter abzusichern.

Gerätezugriffseinstellungen verwalten

Im Compliance Center von Office 365, das Sie über den Bereich *Administrator/Compliance* starten, finden Sie bei *Geräteverwaltung* auch den Link *Organisationsweite Gerätezugriffseinstellungen verwalten*. Hier können Sie festlegen, wie sich Office 365 verhalten soll, wenn ein Gerät nicht mit den Einstellungen kompatibel ist, die Sie über Gerätesicherheitsrichtlinien konfiguriert haben.

Sie können zum Beispiel an dieser Stelle erlauben, dass sich Anwender mit dem jeweils auf dem Gerät installierten E-Mail-Client an Exchange Online über Office 365 anmelden dürfen, um E-Mails abzurufen. Neben dem generellen Blockieren oder Zulassen können Sie auch Ausnahmen definieren, die auf Sicherheitsgruppen aufbauen. Die Sicherheitsgruppen werden wiederum auch für die Umsetzung der Gerätesicherheitsrichtlinien verwendet.

Sicherheitsgruppen zuweisen

Erstellen Sie eine Richtlinie, ist es am sinnvollsten, diese zunächst zu speichern und erst danach die Zuweisung vorzunehmen. Rufen Sie die Einstellung einer Richtlinie auf, können Sie alle Anpassungen vornehmen, die Sie auch bei der Erstellung vornehmen können. Über den Menüpunkt *Bereitstellung* können Sie die Sicherheitsrichtlinie einer Gruppe zuweisen. Alle Mitglieder dieser Gruppe müssen auf ihren Endgeräten die Sicherheitseinstellungen der Richtlinie umsetzen und ihre Endgeräte registrieren. Die Gruppen verwalten Sie über den Bereich *Gruppen* im Office 365 Admin Center, da Sie sie auch für andere Bereiche in Office 365 nutzen können, nicht nur für Office 365 MDM.

Standardmäßig zeigt das Fenster zum Zuweisen von Gruppen keine Gruppen an. Sie müssen zuerst den Teil eines Namens oder den Platzhalter * eingeben, damit Gruppen angezeigt werden. Erst wenn die Richtlinie den Status *On* anzeigt, werden ihre Einstellungen auf angebundenen Endgeräten umgesetzt. Ändern Sie Einstellungen in Richtlinien, müssen Sie zunächst einige Zeit warten, bis diese den Status *On* erhalten. Danach können sich Clients erneut registrieren und erhalten Zugriff auf die Richtlinie.

Clientgeräte einrichten

Sobald Sie die MDM-Funktion in Office 365 eingerichtet, die Sicherheitsrichtlinien definiert und den Anwendern zugewiesen haben, erhalten diese eine E-Mail mit einer Anleitung, wie weiter vorzugehen ist. In der E-Mail befindet sich auch der Link zum Starten des Assistenten für die Registrierung bei Office 365 MDM.

Die Anwender müssen aus dem jeweiligen Store die Microsoft Intune Unternehmens-Portal-App herunterladen und installieren. Mit dieser App wird der Client in Office 365 registriert. Nachdem die App installiert und gestartet wurde, müssen sich die Anwender mit ihrer Office 365-ID an der App anmelden und den Assistenten ausführen. Über die App können Sie auch Anwendungen bereitstellen und weitere Konfigurationen vornehmen, wenn Sie Microsoft Intune buchen.

Abbildung 16.13: Bevor ein Anwender auf die Funktionen von Office 365 zugreifen darf, muss er das Gerät registrieren und die Sicherheitsrichtlinie umsetzen lassen. Die Einrichtung erfolgt über einen Assistenten.

Im Rahmen der Einrichtung über die App werden die Sicherheitseinstellungen auf den Endgeräten umgesetzt. Beim Einsatz von iPads/iPhones werden die Einstellungen über ein Verwaltungsprofil umgesetzt. Sobald die Einstellungen umgesetzt sind, wird das entsprechende Endgerät durch Office 365 MDM verwaltet.

Haben Sie im Unternehmen Richtlinien definiert, werden diese automatisch umgesetzt, wenn ein Anwender auf einen Office 365-Dienst zugreifen will. Lädt ein Benutzer zum Beispiel OneDrive for Business herunter und will sich an seinem Konto anmelden, erscheint automatisch der Assistent zur Umsetzung der Richtlinie. Hat der Anwender sein Endgerät noch nicht in Office 365 registriert, muss er dies nachholen und erhält erst danach Zugriff auf die Daten. Allerdings muss dazu das Endgerät kompatibel mit den Einstellungen der Richtlinie sein.

Registrierte Geräte der Benutzer verwalten

Haben Sie eine Richtlinie erstellt und diese Anwendern über deren Gruppenzugehörigkeit zugewiesen, erhalten die Anwender eine Benachrichtigung und müssen ihr Endgerät für die Unterstützung von Office 365 MDM registrieren. Die Vorgänge können einige Zeit dauern. Die Anwender müssen dazu keine neuen E-Mail-Profile erstellen, sondern die Umsetzung funktioniert auch bei bereits konfigurierten Geräten.

Im Office 365 Admin Center finden Sie im Bereich *Mobile Geräte* Informationen zu allen angebundenen Endgeräten. Hier können Sie auch Geräteeigenschaften anzeigen, die gesperrten Geräte verwalten oder ein Gerät zurücksetzen. Damit Sie die gesperrten Geräte sehen, aktivieren Sie die Option *Blockiert* im Feld *Wählen Sie eine Ansicht*.

Sie sehen auf einen Blick, mit welchen Geräten sich ein Anwender verbunden hat, welche Betriebssysteme installiert sind und auch die genaue Version.

Über *Gerätecompliancebericht anzeigen* können Sie sich detailliertere Informationen zur Umsetzung der Richtlinien anzeigen lassen. Sie erhalten umfassende Hinweise zu allen angebundenen Geräten und können diese auf Wunsch auch entsprechend filtern lassen.

Geräteverwaltungsaufgaben: Selektives Löschen

Sobald die Geräte in Office 365 MDM registriert sind, können Sie nicht nur Sicherheitseinstellungen umsetzen lassen und die Geräte überwachen, sondern auch Aufgaben durchführen, zum Beispiel Apps sperren oder Geräte zurücksetzen.

Im Bereich *Mobile Geräte* können Sie für jedes angebundene Gerät verschiedene Aufgaben auswählen. Außerdem können Sie hier Geräte auch zurücksetzen lassen. Wählen Sie beim Löschen von Geräten die vollständige Zurücksetzung, um alle Daten auf dem Gerät zu löschen. Alternativ können Sie auch die selektive Zurücksetzung starten, falls Sie nur Firmendaten vom Endgerät löschen wollen, zum Beispiel dann, wenn ein Anwender das Unternehmen verlässt. Durch das selektive Löschen werden alle Daten entfernt, die von Apps gespeichert werden, die Office 365 als Unternehmens-Apps verwaltet. Auch der Cache der Apps wird gelöscht. Nach dem Löschen verbleiben keinerlei Unternehmensdaten mehr auf dem Endgerät. Der Anwender muss das Löschen weder bestätigen noch erhält er Informationen über den Vorgang.

Durch das selektive Zurücksetzen wird auch die Registrierung im Portal aufgehoben. Damit ein Anwender eine neue Verbindung aufbauen kann, muss er sein Gerät erneut registrieren. Von der selektiven Zurücksetzung sind die anderen Apps und Einstellungen auf dem Gerät nicht betroffen. Um Änderungen an der Sicherheitsrichtlinie auf das Endgerät zu übertragen, können Anwender auch die Unternehmensportal-App öffnen und über die drei Punkte oben rechts *Einstellungen/Synchronisieren* aufrufen.

Zusammenfassung

In diesem Kapitel haben wir Ihnen anhand einiger Anleitungen gezeigt, wie Sie Exchange 2016 zusammen mit Office 365 betreiben. Mehr zu diesem Thema lesen Sie auch in Kapitel 12 und in Kapitel 20.

Im nächsten Kapitel erfahren im Detail, wie Sie von einer früheren Exchange-Version zu Exchange 2016 migrieren.

Teil E
Migration, Sprachkommunikation und Überwachung

Kapitel 17: Migration und Planung 569

Kapitel 18: Unified Messaging 595

Kapitel 19: Exchange 2016 und Skype for Business Server 2015 613

Kapitel 20: Exchange 2016 im Verbund 633

Kapitel 21: Überwachung und Leistungsverbesserung 645

Kapitel 17
Migration und Planung

In diesem Kapitel:

Die Exchange 2016-Infrastruktur planen. 570

Active Directory-Analyse durchführen 574

Zu Exchange 2016 migrieren 579

Allgemeine Hinweise zur Migration nach Exchange 2016 591

Erweiterte Migrationsaufgaben 592

Zusammenfassung 594

In diesem Kapitel finden Sie diverse Hinweise und Tipps zur Migration zu Exchange 2016 von Vorgängerversionen. In Kapitel 2 sind wir bereits auf einige Bereiche der Migration eingegangen. Und auch die Kapitel 1 und 4 enthalten wichtige Informationen zur Migration.

Durch die Veröffentlichung der aktuellen Updates für Exchange 2010/2013 können Unternehmen jetzt recht einfach zur neuen Exchange-Version wechseln und Daten übernehmen. Wir erläutern Ihnen in diesem Kapitel die wichtigsten Schritte, auf die Sie als Administrator achten müssen.

Tipp

Die Migration von einer früheren Exchange-Version zu Exchange 2016 unterstützt Microsoft über einen Online-Assistenten mit der Bezeichnung Exchange Server Deployment Assistant, den Sie unter der Adresse *http://tinyurl.com/jburqpb* finden und von dort herunterladen können.

Migration, Sprachkommunikation und Überwachung

569

Am einfachsten lässt sich eine Exchange-Migration durchführen, wenn Sie Exchange 2016 in eine bestehende Organisation installieren. Dazu sind aber einige Patches notwendig, auf die wir in diesem Kapitel ausführlich eingehen. Damit die Exchange-Versionen 2010/2013 und 2016 zusammenarbeiten, benötigen Sie die folgenden Aktualisierungen:

- Exchange 2013 CU10   *http://tinyurl.com/jafea3e*
  Alternativ Exchange 2013 CU11   *http://tinyurl.com/hpbo9n8*
- Exchange 2010 SP3 Update Rollup 12   *http://tinyurl.com/zu5hwmp*

Bevor Sie zu Exchange 2016 migrieren, sollten Sie eine Inventarisierung sowie eine Dokumentation der bestehenden Umgebung anfertigen. Dabei sollten Sie vor allem auf folgende Punkte achten:

- Firewall, vor allem alle Regeln bezüglich Internetzugang und E-Mail
- Zertifikate
- Fax- und Unified Messaging-Server
- Geräte, die auf Exchange zugreifen, wie zum Beispiel Scanner, Drucker oder andere Server
- SharePoint, SQL Server
- Serverdienste, die per SMTP auf Exchange zugreifen
- Outlook-Versionen

Die Exchange 2016-Infrastruktur planen

Mit Exchange 2016 hat Microsoft wieder einiges an der Serverinfrastruktur geändert. Daher sollten sich Administratoren vor der Einführung von Exchange Gedanken machen, wie die Hardware der Umgebung für die Umstellung zu Exchange 2016 aussehen soll. Auch bei der Virtualisierung von Exchange sollte auf Basis der neuen Server-Funktionen die Ausstattung der Server überdacht werden. In diesem Zusammenhang bieten Microsoft und andere Unternehmen wie VMware umfangreiche Informationen dazu an, wie Exchange-Umgebungen optimal geplant werden.

Viele Planungspunkte, die für Exchange 2013 gelten, treffen weiterhin auch für Exchange 2016 zu. Bei der Zusammenstellung der notwendigen Hardware planen Sie Exchange 2016 im Grunde genommen genauso wie eine Exchange 2013-Installation, bei der Sie alle Serverdienste auf einem gemeinsamen Server installiert haben. Allerdings haben sich die Empfehlungen von Microsoft bezüglich der Prozessorplanung etwas geändert. Verwenden Sie also zur Planung einer Exchange 2016-Umgebung immer die Hinweise zum Installieren mehrerer Serverrollen auf einem einzelnen Server und die Hinweise zur Prozessornutzung, die Microsoft für Exchange 2016 veröffentlicht hat.

Exchange 2016 benötigt etwas stärkere Prozessoren als Exchange 2013. Wenn Sie die Hardware für Ihre Exchange-Server planen, sollten Sie auch die kostenlose Microsoft-Excel-Tabelle (*http://tinyurl.com/hznwe85*) nutzen, in der ab Version 7.8 auch Exchange 2016 unterstützt wird. Wie Sie mit dieser Tabelle umgehen, zeigen die Exchange-Entwickler in einem eigenen Blogbeitrag (*http://aka.ms/exchangecalc*).

Im Vergleich zu Exchange 2010 gibt es in Exchange 2016 zwei Serverdienste weniger, die von den vorhandenen Servern abgefangen werden müssen, falls Sie alle Serverdienste auf einem Server installieren. Wir gehen in den folgenden Abschnitten ausführlicher darauf ein. Generell empfiehlt Microsoft für alle eingesetzten Geräte und Dienste eine Redundanz. Sie sollten daher mehrere Netzwerkkarten, mehrere Exchange-Server, mehrere Switches und andere Geräte entsprechend redundant planen. Grundsätzlich ist es für alle eingesetzten Komponenten sinnvoll, wenn Sie sich Gedanken darüber machen, wie sich der Ausfall einer dieser Komponenten auf die Exchange-Umgebung auswirkt.

Änderungen der Serverrollen im Überblick

Vor allem, wenn Sie Serverrollen geändert haben, ist eine neue Planung der Exchange-Infrastruktur notwendig. Unter Umständen sind weniger Server in der Umgebung erforderlich, dafür übernehmen diese aber mehr Aufgaben und müssen hinsichtlich der Hardware besser ausgestattet werden.

In Exchange Server 2016 gibt es keine dedizierte Serverrolle für den Clientzugriff mehr. Der Clientzugriffsserver wurde abgeschafft. Seine Funktion übernehmen zukünftig die Postfachserver. Alle Funktionen, die bisher von Clientzugriffsservern übernommen wurden, werden also in Exchange 2016 von den Postfachservern durchgeführt. Das heißt, Unternehmen, die dedizierte Clientzugriffsserver einsetzen, müssen diese entweder in Postfachserver umändern, oder die bereits vorhandenen Postfachserver müssen über genügend Leistung verfügen, damit sie auch die Clientzugriffsdienste zur Verfügung stellen können.

Greift ein Anwender auf einen Postfachserver zu, auf dem sein Postfach nicht vorhanden ist, überprüft der Server in Active Directory, welcher Server das Postfach bereitstellt, und leitet die Anfrage des Anwenders automatisch weiter. Diese Aufgabe hat bisher der Clientzugriffsserver übernommen. Das heißt, Postfachserver stehen zukünftig auch für den Zugriff per Outlook im Web, Outlook, Exchange Active Sync, IMAP und SMTP zur Verfügung. Die entsprechenden Ports müssen dazu in der Firewall freigeschaltet werden.

Microsoft will dadurch die Anzahl der notwendigen Exchange-Server im Unternehmen reduzieren und den Unternehmen so helfen, Kosten für Hardware, Lizenzen und Verwaltungsaufwand einzusparen. Nutzen Unternehmen die Unified Messaging-Funktionen in Exchange, übernehmen die Postfachserver auch hier die Aufgaben des Clientzugriffsservers. Das heißt, auch SIP und RTP sind auf Postfachservern aktiv.

Vorgehensweise bei der Planung von Exchange 2016

Ein wesentlicher Bestandteil bei der Planung einer Exchange-Umgebung ist die Anzahl der Postfächer. Ihre Anzahl zu kennen reicht aber nicht aus, um die Hardware optimal zu planen. Administratoren sollten sich vorher darüber informieren, wie viele E-Mails die Benutzer täglich senden und erhalten. Auch die Größe der durchschnittlichen E-Mails spielt eine wichtige Rolle. Microsoft geht bei den Standardplanungen von einer durchschnittlichen Größe von 75 KB aus.

Sie können die Größe entweder über die Nachrichtenprotokolle oder über Zusatztools in Erfahrung bringen. Eine derartige Analyse kann zum Beispiel durch die Leistungsüberwachung durchgeführt werden. Migrieren Sie von Exchange Server 2007, können Sie zur Feststellung dieser Werte auch Microsoft Exchange Server Profile Analyzer (*http://tinyurl.com/zrngkol*) verwenden. Wie Sie das Tool bedienen, erfahren Sie auf der Seite *http://tinyurl.com/72oelgo*.

Ab Exchange 2016 lässt sich dieses Tool jedoch nicht mehr einsetzen. In diesem Fall überprüfen Sie mit der Leistungsüberwachung die beiden Leistungsindikatoren *MSExchangeIS Store/Messages submitted/sec* und *MSExchangeIS Store/Messages delivered/sec*. Wichtig ist, dass Sie die

Messung am besten zu Zeiten durchführen, an denen besonders viele E-Mails empfangen oder gesendet werden. Diese Daten benötigen Sie später für die Planung der Hardware über den Exchange Server Role Requirements Calculator.

Microsoft geht in typischen Umgebungen von etwa 50 bis 500 Nachrichten pro Benutzer und Tag sowie von einer durchschnittlichen E-Mail-Größe von 75 GB aus. Wenn Sie in Ihrer Umgebung von einem Mittelwert von etwa 200 Nachrichten am Tag ausgehen und jede E-Mail etwa 75 KB Größe hat, dann ergibt sich ein zusätzlicher Speicherplatz von etwa 15 MB am Tag, der über die Exchange-Server abgewickelt werden muss.

Die E-Mails müssen gespeichert werden, und zwar in den gesendeten Objekten des Absenders sowie unter Umständen im Posteingang des Empfängers, wenn die Nachricht innerhalb des Unternehmens zugestellt wird. Auch die Datensicherung muss diese Daten berücksichtigen. Wenn Anwender E-Mails löschen, bleiben diese zunächst in der Datenbank gespeichert, bis der Grenzwert zum Entfernen von gelöschten Daten erreicht ist. Das heißt, auch gelöschte Objekte müssen bei der Größe der Festplattenspeicher berücksichtigt werden.

Prozessoren und Arbeitsspeicher planen

Exchange 2016 benötigt etwas leistungsstärkere Prozessoren als Exchange 2013. Diese höheren Ansprüche hat Microsoft in seinem Tool Exchange Server Role Requirements Calculator ab Version 7.8 bereits berücksichtigt.

Vor allem in großen Umgebungen sollte aber auch darauf geachtet werden, dass Exchange-Server nicht zu groß dimensioniert werden. In vielen Fällen ist es besser, mehrere kleine Server zu betreiben als weniger große Server. Exchange Server 2016 unterstützt maximal 24 CPUs und maximal 96 GB Arbeitsspeicher (*http://tinyurl.com/oe9yjxr*). Es ergibt daher keinen Sinn, Server mit mehr CPUs oder mehr Arbeitsspeicher zu planen. Microsoft empfiehlt, beim Einsatz von Exchange 2016 einen Commodity-Class 2U-Server mit zwei Sockeln zu verwenden.

Festplattenspeicher planen

Es ist zwar durchaus möglich, Exchange-Datenbanken auf größer dimensionierten SAN-Speichern zu betreiben, aber Exchange lässt sich auch problemlos auf günstigeren Datenspeichern leistungsstark nutzen.

Microsoft hat die Exchange-Speicherstruktur so verbessert, dass sich die Exchange-Datenbanken auch auf langsameren SAS/SATA-Datenträgern betreiben lassen. Auch in JBOD-Konfigurationen lassen sich Exchange-Datenbanken problemlos steuern. Ebenso kann die Exchange-Datenbank den Ausfall einzelner Datenträger verkraften. Im folgenden Abschnitt zeigen wir Ihnen, welche Punkte Sie bei der Planung der Speicherkapazität berücksichtigen müssen. Wollen Sie eine umfangreichere Planung durchführen, finden Sie dazu auf dem Blog der Exchange-Entwickler einen ausführlichen Beitrag (*http://tinyurl.com/bmdj3l6*).

Natürlich muss auch entsprechend die Hochverfügbarkeit sowie die Replikation geplant werden. Wenn Sie Exchange-Datenbanken zwischen verschiedenen Exchange-Servern replizieren lassen, müssen die Datenträger der entsprechenden Server über genügend Leistung und ausreichend Festplattenplatz verfügen. Vor der Planung der eigentlichen Hardware sollten Sie daher umfassend planen, wie viele Kopien Ihrer Datenbanken Sie auf wie viele Exchange-Server verteilen wollen. Davon hängt ganz wesentlich die notwendige Hardware des Servers ab.

Einfach ausgedrückt, bedeutet dies: Wenn Sie in Ihrer Umgebung 500 Postfächer betreiben, die in etwa eine Größe von 2 GB erreichen, belegen die Exchange-Datenbanken etwa 1 TB (Terabyte) an Speicherplatz. Wollen Sie die Datenbanken auf drei Server replizieren, benötigen Sie einen freien Speicherplatz von insgesamt 3 TB. Arbeiten Sie mit Grenzwerten für Ihre Postfächer, können Sie den notwendigen Speicherplatz auch dadurch errechnen, dass Sie die maximale Anzahl der Postfächer mit der maximalen Grenze multiplizieren. Das Ergebnis müssen Sie dann zusätzlich noch einmal mit der Anzahl der von Ihnen geplanten Datenbankkopien replizieren.

Gelöschte Objekte und das Datenbankwachstum berücksichtigen

Neben der aktuellen Größe der Postfachdatenbanken müssen Sie zusätzlich deren Wachstum berücksichtigen. Wenn Sie zum Beispiel in Ihrer Exchange-Umgebung den Grenzwert für das endgültige Entfernen gelöschter Daten auf etwa 14 Tage setzen, müssen Sie die potenzielle Größe der Exchange-Datenbanken um etwa ein Prozent erhöhen. Bei Exchange-Datenbanken mit einer Größe von 1 TB bedeutet dies immerhin einen Zuschlag von etwa 10 GB. Dabei handelt es sich jedoch nur um grob geschätzte Werte. Die Formel, mit der Sie die Größe der gelöschten Objekte eines Postfachs berücksichtigen können, die Exchange, zusätzlich zum Postfach noch speichern muss, hat Microsoft folgendermaßen aufgebaut:

(Anzahl der Nachrichten pro Tag x Durchschnittliche Nachrichtengröße x Zeitraum zum endgültigen Löschen) + (Grenzwert des Postfachs x 0,012) + (Grenzwert des Postfachs x 0,03)

Nehmen wir beispielsweise eine Größe von etwa 200 Nachrichten pro Tag und eine durchschnittliche Größe von 75 KB pro Nachricht. Der Grenzwert für das endgültige Löschen von Nachrichten liegt bei 14 Tagen, der Grenzwert für die Postfächer ist auf 10 GB festgelegt. In diesem Fall wird die Größe des Verzeichnisses zum Speichern von gelöschten Objekten, die sich wiederherstellen lassen, folgendermaßen berechnet:

(200 Nachrichten/Tag x 75 KB x 14 Tage) + (10 GB x 0,012) + (10 GB x 0,03)

= 210 KB + 125.819,12 KB + 314.572,8 KB = 635,16 MB

Sie müssen für die Planung der einzelnen Postfächer in diesem Fall also davon ausgehen, dass Sie für jedes Postfach nicht 10 GB planen müssen, sondern 10,63 GB.

Zusätzlich werden die Exchange-Datenbanken integriert, damit Anwender schneller in den Datenbanken Ergebnisse finden können. Microsoft geht von einem Speicherbedarf von etwa 20 % der Größe der Datenbank aus, die für die Indexdateien berücksichtigt werden müssen. Zusätzlich müssen Sie weitere 20 % für die Wartungsaufgaben der Datenbanken berücksichtigen.

Transaktionsprotokolle bei der Planung berücksichtigen

In großen Umgebungen spielen auch die Transaktionsprotokolle der Datenbanken eine Rolle. Die Transaktionsprotokolle bleiben so lange auf den Datenträgern gespeichert, bis eine vollständige Datenbanksicherung diese Protokolle löscht. Entsprechend müssen Sie bei der Planung der Datenträger außerdem berücksichtigen, in welchen Zeitintervallen Sie eine vollständige Datenbanksicherung durchführen wollen.

Jedes Transaktionsprotokoll der Exchange-Datenbanken weist in etwa eine Größe von 1 MB auf. Werden in Ihrer Umgebung 200 Nachrichten pro Tag versendet oder empfangen, legt

Exchange etwa 40 neue Transaktionsprotokolle an. Bei 500 Nachrichten pro Tag geht Microsoft von etwa 100 Transaktionsprotokollen am Tag aus. Diese Werte gehen aber von einer durchschnittlichen Nachrichtengröße von etwa 75 KB aus.

Microsoft gibt bei jeder Verdoppelung der durchschnittlichen Nachrichtengröße einen Faktor von 1,9 an, den Sie ansetzen müssen. Wenn in Ihrer Umgebung die E-Mails also etwa eine Größe von 150 KB aufweisen, sollten Sie bei einer angenommenen Anzahl von 200 Nachrichten am Tag nicht von 40 Transaktionsprotokollen ausgehen, sondern von 40 × 1,9 Protokollen, also knapp 80.

Arbeiten Sie mit den Datenbankverfügbarkeitsgruppen auf Basis mehrerer Exchange-Server, müssen Sie nicht unbedingt auf allen Exchange-Servern mehrere Netzwerkkarten oder doppelte Netzteile verwenden. Falls ein Exchange-Server ausfällt, kann automatisch ein anderer Exchange-Server dessen Dienste übernehmen. In diesem Fall müssen Sie aber über den Exchange Server Role Requirements Calculator die Hardware der einzelnen Exchange-Server so planen, dass diese Server beim Ausfall eines anderen Servers dessen Dienste und Postfächer übernehmen können.

Haben Sie den Ausfall eines Exchange-Servers in der Planung der Hardware der anderen Server berücksichtigt, müssen Sie daher keine Bedenken haben, dass sich der Ausfall einer einzelnen Hardwarekomponente (zum Beispiel einer Netzwerkkarte) auf die Exchange-Infrastruktur auswirkt. Bezüglich der Hochverfügbarkeit sollten Sie sich auch die Anmerkungen auf dem Blog der Exchange-Entwickler ansehen (*http://tinyurl.com/kz83eu5*).

WAN-Leitungen planen

Falls Sie eine Exchange-Umgebung in einem größeren Netzwerk betreiben, werden Sie sich freuen, dass Microsoft den Datenverkehr im Wide Area Network (WAN) deutlich reduzieren will. Der Suchindex in Exchange 2016 kann auch passive Kopien von Datenbankverfügbarkeitsgruppen nutzen. Bisher wurde der Inhalt der passiven Kopien einer Datenbankverfügbarkeitsgruppe von aktiven Datenbanken erstellt.

Der Suchindex der verschiedenen Datenbanken wurde ebenfalls immer über aktive Datenbankkopien erstellt – auch dann, wenn die entsprechenden Server über das WAN angebunden sind. Exchange 2016 nutzt dazu für die Erstellung des Index direkt die passive Kopie am jeweiligen Standort. Dadurch wird der Index beschleunigt zur Verfügung gestellt, erhält schneller neue Informationen und entlastet gleichzeitig die WAN-Leitung. Allerdings muss der lokale Exchange-Server über genügend Leistung verfügen, um den Suchindex performant zur Verfügung zu stellen.

Active Directory-Analyse durchführen

Bevor Sie Exchange 2016 in eine Organisation mit Exchange 2010/2013 installieren, stellen Sie zunächst sicher, dass die Active Directory-Umgebung optimal funktioniert. Dazu überprüfen Sie nach der Installation der Systemvoraussetzungen auf dem Server zum Beispiel mit dem Befehl *Nltest /dsgetsite* in der Eingabeaufforderung, ob der neue Exchange-Server am richtigen Standort positioniert ist. Auch die Namensauflösung zwischen den bisherigen Exchange-Servern, dem neuen Exchange-Server und den Domänencontrollern sollten Sie testen.

Active Directory-Domänencontroller überprüfen und Fehler beheben

Um die Active Directory-Replikation zu beheben, stellen Sie im ersten Schritt sicher, dass die Namensauflösung im Netzwerk funktioniert. Sie ist die Grundlage für die Active Directory-Replikation.

Die wichtigsten Befehle für die Fehlerbehebung der Replikation lassen sich über die Eingabeaufforderung ausführen. Das Ziel der Fehlerbehebung in Active Directory ist zunächst, den Fehler so schnell wie möglich einzugrenzen. Dabei sollten Sie überprüfen, was genau nicht funktioniert und warum dies so ist. Haben Sie den gröbsten Fehler behoben, können Sie recht einfach zur Lösung der weiteren Fehler übergehen.

Mit *Dcdiag /v* führen Sie eine gründliche Überprüfung von Active Directory durch. Werden hier Fehlermeldungen angezeigt, haben Sie oft schon die Ursache für Replikationsfehler gefunden. Lassen Sie die Fehlermeldungen in einer Suchmaschine prüfen, erhalten Sie oft schon einige Hinweise zur Fehlerbehebung. Mit *Dcdiag /a* überprüfen Sie alle Domänencontroller am aktuellen Active Directory-Standort, und mit *Dcdiag /e* überprüfen Sie alle Domänencontroller in der Gesamtstruktur.

Wollen Sie nur Fehlermeldungen angezeigt bekommen, verwenden Sie *Dcdiag /q*. Um nur einen einzelnen Domänencontroller über das Netzwerk zu testen, verwenden Sie den Befehl *Dcdiag /s:<Name des Domänencontrollers>*.

Erhalten Sie Fehlermeldungen angezeigt, sollten Sie zunächst den Server neu starten und danach feststellen, welche Einträge in der Ereignisanzeige sind und ob alle Dienste gestartet wurden, zum Beispiel der Systemdienst für den DNS-Server und der Systemdienst für Active Directory.

Überprüfen Sie alle Fehlermeldungen über *Dcdiag*, und suchen Sie danach im Internet. Mit *Dcdiag /v >c:\temp\dcdiag.txt* können Sie alle Daten direkt in eine Textdatei umleiten lassen. Auf diesem Weg können Sie die Hinweise direkt aus der Datei kopieren und nach Fehlern suchen.

Die verschiedenen Advertising-Tests und die Tests der FSMO-Rollen müssen auf jeden Fall problemlos funktionieren. Zusammen mit den Befehlen *Nslookup* und *Ping* können Sie auf diesem Weg auch die Namensauflösung und Kommunikation der Domänencontroller untereinander testen.

Der Befehl *Repadmin /showreps* zeigt die Replikationen der Domänencontroller an. Können sich einzelne Domänencontroller nicht replizieren, sehen Sie recht schnell, welcher Domänencontroller die Fehlerquelle ist. Mit *Repadmin /showreps >c:\rep.txt* lassen Sie die Daten in eine Textdatei umleiten.

Über *Repadmin /showreps * /csv > reps.csv* leiten Sie die Replikationsinformationen in eine *.csv*-Datei um. Diese können Sie zum Beispiel in Excel importieren, um Fehler besser beheben zu können.

Noch genauer können Sie die Replikation mit dem Active Directory Replication Status Tool (*http://tinyurl.com/6mnjldm*) testen. Das Tool installieren Sie auf einer Arbeitsstation mit installierten Remoteserver-Verwaltungstools oder direkt auf einem Domänencontroller.

Nach dem Start des Tools verbinden Sie sich mit Active Directory. Im Fenster sehen Sie alle erfolgreichen und erfolglosen Replikationsverbindungen Ihrer Domänencontroller. Wählen Sie auf der linken Seite aus, welche Domäne oder Gesamtstruktur Sie überprüfen wollen. Danach lassen Sie mit *Refresh Replication Status* die Daten einlesen. Mit dem Befehl *Replication Status Viewer* können Sie sich die genauen Daten anzeigen lassen.

Überprüfen Sie im Snap-In *Active Directory-Standorte und -Dienste* im Bereich *Sites/<Standort-name>\Server*, ob alle Domänencontroller aufgelistet wurden. Unterhalb jedes Domänencontrollers finden Sie noch den Eintrag *NTDS Settings*. Wenn Sie ihn markieren, werden Ihnen rechts im Fenster die automatisch erstellten Replikationsverbindungen mit anderen Domänencontrollern angezeigt. Über das Kontextmenü können Sie manuell eine Replikation starten. Wird hier eine Fehlermeldung angezeigt, müssen Sie überprüfen, warum die Domänencontroller nicht miteinander kommunizieren können.

Zusätzlich sollten Sie feststellen, ob alle Domänencontroller korrekt in Active Directory registriert sind. Dazu verwenden Sie den Befehl *Nltest /dclist:Contoso*. Überprüfen Sie auf den einzelnen Domänencontrollern mit *Nltest /dsgetsite*, ob diese ihren eigenen Standort kennen. Diesen Befehl sollten Sie auch auf dem Server ausführen, auf dem Sie Exchange installieren wollen. Dazu müssen Sie aber zunächst die Systemvoraussetzungen installieren, da für den Test die Verwaltungstools für Active Directory notwendig sind.

Achten Sie darauf, dass alle Domänencontroller mit ihrem DNS-Namen erscheinen. Ist dies nicht der Fall, überprüfen Sie, ob auf dem Domänencontroller der korrekte DNS-Server eingetragen ist. Stellen Sie außerdem fest, ob der Server und dessen IP-Adresse in die DNS-Zone aufgenommen wurde. Und schließlich stellen Sie sicher, dass die Namensauflösung mit *Nslookup* funktioniert.

Den Status der Replikation erfahren Sie auch über Cmdlets der PowerShell. Dazu verwenden Sie das Cmdlet

```
Get-ADReplicationUpToDatenessVectorTable <Name des Servers>
```

Eine Liste aller Server erhalten Sie mit:

```
Get-ADReplicationUpToDatenessVectorTable * | Sort Partner,Server |ft Partner,Server,UsnFilter
```

Haben Sie die Namensauflösung und die Netzwerkverbindung überprüft und kann sich der Domänencontroller weiterhin nicht replizieren, versuchen Sie eine weitere Vorgehensweise. Auf diese gehen wir nachfolgend ein.

Active Directory verwendet einen integrierten Dienst, der die Replikation steuert: Der Knowledge Consistency Checker (KCC) verbindet die Domänencontroller der verschiedenen Standorte und erstellt automatisch eine Replikationstopologie auf Basis der definierten Zeitpläne und Standortverknüpfungen.

Funktioniert eine Replikationsverbindung nicht, müssen Sie für jeden Server die Server-GUID auslesen. Dazu verwenden Sie den Befehl *Repadmin /showreps*. Jeder Server zeigt im Fenster die DSA-Objekt-GUID an. Diese müssen Sie zum Hinzufügen einer Verbindung verwenden.

Die GUID geben Sie anschließend beim Aufruf des Befehls *Repadmin /add* mit an. Der Domänenname für dieses Beispiel ist *contoso.int*. Die Server-GUIDs für die beiden Domänencontroller lauten:

DC1 GUID = e8b4bce7-13d4-46bb-b521-8a8ccfe4ac06

DC5 GUID = d48b4bce7-13d4-444bb-b521-7a8ccfe4ac06

Im Snap-In *Active Directory-Standorte und -Dienste* löschen Sie alle Verbindungsobjekte. Erstellen Sie als Nächstes eine neue Verbindung, ausgehend vom defekten Domänencontroller zu einem funktionierenden Domänencontroller. Der Befehl ist folgender:

```
Repadmin /add "cn=configuration,dc=contoso,dc=int" e8b4bce7-13d4-46bb-b521-8a8ccfe4ac06._ms-
dcs.contoso.int d48b4bce7-13d4-444bb-b521-7a8ccfe4ac06._msdcs.contoso.int
```

In Ihrer Umgebung verwenden Sie Ihre eigenen Server-GUIDs und Ihren eigenen Domännennamen. Die restliche Eingabe ist identisch.

Während dieser Prozedur erhalten Sie manchmal den Fehler »8441 (distinguished name already exists)« angezeigt. In diesem Fall ist die Verbindung bereits vorhanden. Führen Sie eine vollständige Replikation über die erstellte Verbindung durch. Verwenden Sie dazu den folgenden Befehl:

```
Repadmin /sync cn=configuration, dc=contoso,dc=int DC1 e8b4bce7-13d4-46bb-b521-8a8ccfe4ac06 /force
/full
```

Stellen Sie danach im Snap-In *Active Directory-Standorte und -Dienste* sicher, dass wieder automatisch generierte Verbindungsobjekte von der defekten Maschine zum funktionierenden Domänencontroller existieren. Anschließend überprüfen Sie, ob die Replikation in alle Richtungen funktioniert.

Außerdem sollten Sie sicherstellen, dass die einzelnen FSMO-Rollen im Netzwerk korrekt bekannt sind. Diese lassen Sie sich gebündelt mit den Befehl *Netdom query fsmo* anzeigen oder einzeln über die Befehle *Dsquery server -hasfsmo pdc* (PDC-Master), *Dsquery server -hasfsmo rid* (RID-Master), *Dsquery server -hasfsmo infr* (Infrastruktur-Master), *Dsquery server -hasfsmo schema* (Schemamaster) und *Dsquery server -hasfsmo name* (Domänennamenmaster).

Sammeln Sie Fehler, und grenzen Sie diese auf einzelne Domänencontroller ein. Wenn Sie nach spezifischen Fehlern im Internet suchen, finden Sie in den meisten Fällen eine Problemlösung.

Interessant für eine Analyse von Active Directory ist in der Windows-Leistungsüberwachung (*perfmon.msc*) der Bereich *Datensammlersätze/System/Active Directory Diagnostics*. Durch einen Klick auf das grüne Dreieck in der Symbolleiste startet der Sammlersatz.

Nach einiger Zeit muss die Messung über das Kontextmenü des Sammlersatzes beendet werden. Danach können Sie sich den Bericht über *Berichte/System/Active Directory Diagnostics* mit den Daten der letzten Messung anzeigen lassen.

Die Sicherung von Active Directory erfolgt zusammen mit der Sicherung anderer wichtiger Systemkomponenten eines Servers. Bei dieser Sicherung, die auch durch das Windows-eigene Datensicherungsprogramm durchgeführt werden kann, werden alle von Active Directory benötigten Daten ebenfalls gesichert. Aktivieren Sie bei der Sicherung die Optionen *Systemstatus* und *System-reserviert*, damit notwendige Daten zur Wiederherstellung von Active Directory mitgesichert werden. Auch die Bare-Metal-Daten sollten Sie sichern lassen.

Soll ein Domänencontroller beim nächsten Start mit dem Verzeichnisdienst-Wiederherstellungsmodus gestartet werden, geben Sie den Befehl *Bcdedit /set safeboot dsrepair* ein. Befindet sich der Server im Verzeichnisdienst-Wiederherstellungsmodus, wird dieser mit dem Befehl *Bcdedit /deletevalue safeboot* beim nächsten Mal wieder normal gestartet.

Namensauflösung testen und Netzwerkverbindungen überprüfen

Fehlerhafte Namensauflösungen und Netzwerkverbindungen sind die häufigsten Fehler in Netzwerken. Wenn ein Serverdienst auf einem oder mehreren Rechnern nicht mehr funktioniert, überprüfen Sie in der Eingabeaufforderung zunächst mit dem *Nslookup*-Befehl, ob der Name des Servers auf den beteiligten Rechnern aufgelöst werden kann.

Testen Sie außerdem mit dem *Ping*-Befehl, ob der Rechner im Netzwerk kommunizieren kann. Achten Sie aber darauf, dass in vielen Netzwerken das ICMP-Protokoll gesperrt ist. Dieses Protokoll ist dafür verantwortlich, dass der *Ping*-Befehl funktioniert.

Migration, Sprachkommunikation und Überwachung

Bereits der einfache Aufruf von *Nslookup* ohne weitere Parameter auf dem Server zeigt an, ob der Name aufgelöst werden kann oder nicht. Stellen Sie in diesem Fall auf dem DNS-Server sicher, dass der Name des Rechners korrekt in die DNS-Zone eingetragen ist und auch die richtige IP-Adresse verwendet wird.

Geben Sie beim Aufruf von *Nslookup* zusätzlich den FQDN der beteiligten Server an, und überprüfen Sie, ob sämtliche Namen korrekt aufgelöst werden können. Mit der Tastenkombination [Strg]+[C] beenden Sie *Nslookup* wieder.

Funktioniert die Namensauflösung, testen Sie mit *Ping* die Netzwerkkommunikation. Stellen Sie bei Problemen mit der Namensauflösung auch sicher, ob in den Netzwerkeinstellungen auf dem Rechner der korrekte DNS-Server eingetragen ist. Am schnellsten starten Sie die Konfiguration der Netzwerkverbindung mit der Eingabe von »ncpa.cpl« im Suchfeld des Windows-Startfensters.

Wenn auf den Clients der korrekte DNS-Server eingetragen ist, die Namensauflösung aber trotzdem nicht funktioniert, starten Sie die DNS-Verwaltung auf dem DNS-Server und überprüfen die Einträge der Namen und der IP-Adressen.

Für die Stabilität ist es durchaus sinnvoll, zusätzlich mit einer Reverse-Lookupzone zu arbeiten. Diese kann die IP-Adresse von Rechnern zu einem Servernamen auflösen. So vermeiden Sie Probleme bei der Namensauflösung.

Auf den DNS-Servern sollten Sie in den Einstellungen von IPv6 noch das automatische Abrufen der IP-Adresse aktivieren, da ansonsten der Eintrag *::1* bei der lokalen Überprüfung von IP-Adressen einen Fehler verursachen kann. Für die Stabilität spielt dies zwar generell keine Rolle, ist aber bei Tests und der Anzeige der korrekten Namen keine ideale Basis. Standardmäßig versucht Windows Server 2012 R2 den Namen nach der IPv6-Adresse aufzulösen. Scheitert dies, erhalten Sie etwas kryptische Fehlermeldungen angezeigt, denen Sie schrittweise nachgehen müssen.

Unabhängig davon, ob Sie IPv6 verwenden oder nicht, sollten Sie den Eintrag in der IPv6-Einstellung der Netzwerkverbindung des DNS-Servers auf *DNS-Serveradresse automatisch beziehen* setzen. Bei den IPv4-Einstellungen tragen Sie entweder die IP-Adresse des lokalen Servers oder die IP-Adresse eines anderen DNS-Servers im Netzwerk ein. Sie sollten als primäre DNS-Server-Adresse immer eine IP-Adresse eines anderen DNS-Servers im Netzwerk verwenden und erst als sekundäre IP-Adresse die eigene Adresse des DNS-Servers.

Reverse-Lookupzonen erstellen Sie über einen Assistenten in der DNS-Verwaltung genauso wie primäre DNS-Zonen. Wählen Sie aus, dass Sie eine IPv4-Zone erstellen möchten, und geben Sie das Subnetz ein, das die Zone abdecken soll. Nach und nach tragen sich die Server in der Zone ein. Sie können dies mit dem Befehlsaufruf *Ipconfig /registerdns* beschleunigen.

Nachdem sich die Server korrekt eingetragen haben und die DNS-Einstellungen und Einstellungen für IPv6 und IPv4 korrekt gesetzt wurden, lassen sich Servernamen und IP-Adressen fehlerfrei auflösen. Dadurch können Serverdienste problemlos miteinander kommunizieren. Wenn der Cache von DNS auf dem lokalen Rechner noch den falschen Eintrag enthält, löschen Sie ihn mit dem Befehl *Ipconfig /flushdns*.

Ein wichtiges Cmdlet für diesen Vorgang ist auch *Resolve-DnsName* (Hinweise dazu finden Sie unter *http://tinyurl.com/jzg5ea3*). Dieses steht allerdings erst ab Windows Server 2012 R2 und Windows 8.1 zur Verfügung.

Wollen Sie zum Beispiel in aller Schnelle eine Namensauflösung für einen Server mit allen notwendigen Hosteinträgen, TTL-Einträgen und IP-Adressen durchführen, geben Sie einfach *Resolve-DnsName <Name des Rechners>* ein.

Der Cmdlet-Aufruf *Resolve-DnsName -Type All <DNS-Zone>* zeigt wichtige Informationen zur eigentlichen DNS-Zone an.

Um den Namen eines Computers auf Basis der IP-Adresse aufzulösen, verwenden Sie den Aufruf *Resolve-DnsName <IP-Adresse>*.

Wenn Sie in der PowerShell Namensabfragen durchführen, können Sie auch gleich die Netzwerkverbindungen testen. Zwar können Sie weiterhin auch das Tool *Ping* nutzen, aber die PowerShell bietet mit *Test-Connection* ein noch besseres Tool.

Beispielsweise können Sie mit dem Cmdlet *Test-Connection* mehrere Rechner gleichzeitig testen. Dazu geben Sie einfach den Befehl ein und fügen die Liste der zu überprüfenden Rechner hinzu. Wollen Sie den Befehl in eine Zeile schreiben, zum Beispiel für Skripts, verwenden Sie die Syntax:

```
Test-Connection -Source <Quelle1>, <Quelle2> -ComputerName <Ziel1>, <Ziel2>
```

Hinweis

Mehr über das Testen der Namensauflösung und die Überprüfung von Netzwerkverbindungen erfahren Sie in verschiedenen Artikeln auf dem Blog von Thomas Joos, in seinem Handbuch zu Windows Server 2012 R2 und in seinen zahlreichen Videotrainings. Sehen Sie sich dazu einfach die Links auf seinem Blog an (*http://thomasjoos.wordpress.com*).

Zu Exchange 2016 migrieren

In Organisationen mit Exchange 2010/2013 können Sie Server mit Exchange 2016 direkt installieren und auf diesem Weg Postfächer und öffentliche Ordner übernehmen. Die Vorgehensweise ist generell ähnlich. Wichtig ist in diesem Zusammenhang nur, dass Sie in der Umgebung die neuesten Aktualisierungen für Exchange installieren und die Schemaerweiterungen für Exchange 2016 durchgeführt haben.

Bevor Sie Server mit Exchange 2016 in Organisationen mit Exchange 2010 SP3 UR12 oder Exchange 2013 CU11 installieren, sollten Sie in den Ereignisanzeigen überprüfen, ob Fehler auf den Exchange-Servern vorhanden sind.

Zusätzlich verwenden Sie hier noch den Exchange Best Practices Analyzer. Dieser gehört zu den Bordmitteln der Exchange-Verwaltungskonsole in Exchange Server 2010. Der Analyzer zeigt Probleme an und gibt auch Tipps zur Fehlerbehebung.

Migration vorbereiten: Schemas erweitern

Sie können Server mit Exchange 2016 in bestehende Organisationen mit Exchange 2010/2013 installieren. Dazu müssen Sie vor der Installation des Exchange-Servers zunächst das Schema erweitern. Hier verwenden Sie am besten die Installationsdateien von Exchange 2016. Diese enthalten bereits die notwendigen Schemaänderungen.

Von den Schemaerweiterungen werden die Quellserver mit Exchange 2010/2013 nicht beeinträchtigt. Der Name der Exchange-Organisation wird von der Quellorganisation übernommen. Um Active Directory für Exchange 2016 vorzubereiten, führen Sie den folgenden Befehl aus:

```
Setup.exe /PrepareSchema /IAcceptExchangeServerLicenseTerms
```

Neben den Schemaerweiterungen muss auch Active Directory aktualisiert werden, bevor Sie Exchange 2016 innerhalb der Organisation installieren können. Auch dieser Vorgang muss vor der eigentlichen Installation auf einem Server erfolgen:

```
Setup.exe /PrepareAD /IAcceptExchangeServerLicenseTerms
```

Generell entspricht diese Vorgehensweise den Befehlen, die Sie auch bei einer Neuinstallation von Exchange 2016 in einer Organisation ohne Exchange ausführen. Nachdem Active Directory erweitert wurde, müssen Sie noch die Domäne für die Installation von Exchange 2016 vorbereiten:

```
Setup.exe /PrepareDomain /IAcceptExchangeServerLicenseTerms
```

Hinweis

Bevor Sie Exchange 2016 installieren, sollten Sie abwarten, bis die Domänencontroller und Exchange-Server die neuen Informationen repliziert und verarbeitet haben. Andernfalls besteht die Gefahr, dass die Exchange-Installation mit einem Fehler abbricht.

Exchange 2016-Installation durchführen

Wenn Sie Ihre Organisation für die Installation von Exchange 2016 vorbereitet haben, können Sie einen Server mit Exchange 2016 in die bestehende Exchange 2010/2013-Organisation installieren.

Dazu bereiten Sie den neuen Exchange-Server genauso vor wie bei einer normalen Neuinstallation. Verwenden Sie als Basisbetriebssystem für Exchange 2016 am besten Windows Server 2012 R2. Richten Sie den Server genauso ein wie bei einer Neuinstallation, und starten Sie danach die Installation von Exchange 2016.

Nachdem die Installation abgeschlossen ist, wurde der neue Server mit Exchange 2016 in die bestehende Exchange 2010/2013-Organisation integriert.

Tipp

Bricht die Installation mit einem Fehler ab, überprüfen Sie, woher das Problem kommt, lösen es und starten die Installation erneut. Der Installations-Assistent erkennt bereits installierte Komponenten und installiert die noch notwendigen Daten nach. Hier gehen Sie genauso vor wie bei einer Neuinstallation von Exchange 2016.

MAPI-HTTP aktivieren

Exchange 2016 arbeitet standardmäßig bereits mit dem neuen MAPI/HTTP-Protokoll. MAPI (Messaging Application Programming Interface) über HTTP vermeidet vor allem Transportfehler und Leistungsprobleme bei der Anbindung von Outlook-Clients an Exchange.

Außerdem kann das Protokoll Übertragungen pausieren und später fortführen. Sinnvoll ist dies, wenn Anwender ihr Notebook vom Netzwerk trennen und es später zu Hause wieder mit dem Netzwerk über das Internet verbinden oder wenn der Rechner in den Ruhezustand wechselt.

MAPI/HTTP ist ein zukunftssicheres Protokoll. Es wird auch in den nächsten Versionen von Exchange/Outlook ausgebaut und soll neue Authentifizierungsmechanismen unterstützen, die mit RPC/HTTP nicht möglich sind.

Während in Exchange 2013 SP1 diese Funktion zwar integriert war, aber manuell aktiviert werden musste, ist sie nach der Installation von Exchange 2016 bereits aktiv. Sie sollten vor der Migration also auf den lokalen Exchange 2013-Servern MAPI/HTTP aktivieren, damit diese Technik genutzt werden kann. Dazu müssen Sie die Clients mit Outlook 2010 und dem neusten Service Pack sowie mit Outlook 2013 ab SP1 betreiben.

Falls Sie Ihre Exchange-Server nicht auf Servern mit Windows Server 2012 R2 betreiben, müssen Sie noch auf den Servern .NET Framework 4.5.2 installieren (*http://tinyurl.com/lmtpw8h*).

Außerdem müssen Sie auf allen Clientzugriffsservern noch folgenden Registrierungswert hinzufügen:

```
Windows Registry Editor Version 5.00
[HKEY_LOCAL_MACHINE\SOFTWARE\Microsoft\.NETFramework]
"DisableRetStructPinning"=dword:00000001
```

Zusätzlich müssen Sie noch die Umgebungsvariablen auf den Servern anpassen. Starten Sie dazu *SystemPropertiesAdvanced* über *Start/Ausführen* oder über das Suchfeld der Startseite in Windows Server 2012/2012 R2. Öffnen Sie die Verwaltung der Umgebungsvariablen, und fügen Sie die neue Systemvariable *COMPLUS_DisableRetStructPinning* mit dem Wert *1* hinzu.

Das MAPI/HTTP-Protokoll aktivieren Sie in der Exchange Management Shell. Sie müssen den Befehl nur auf einem Exchange-Server der Organisation eingeben; die Daten werden automatisch repliziert.

Nach der Aktivierung der Funktion ist die normale RPC-HTTP-Verbindung weiterhin für diejenigen Clients aktiv, die MAPI-HTTP nicht unterstützen. Neue Clients nutzen aber die wesentlich bessere HTTP/MAPI-Verbindung. Sie sperren mit der neuen Technologie also keine veralteten Clients aus.

Auf dem alten Server mit Exchange 2013 CU11 aktivieren Sie die Funktion in der Exchange Management Shell über folgenden Cmdlet-Aufruf:

```
Set-OrganizationConfig -MapiHttpEnabled $true
```

Allerdings sollten Sie auch das dazugehörige virtuelle Verzeichnis anpassen und konfigurieren:

```
Get-MapiVirtualDirectory | Set-MapiVirtualDirectory -InternalUrl "https://outlook.contoso.de/mapi"
-ExternalUrl "https://outlook.contoso.de/mapi" -IISAuthenticationMethods Ntlm, OAuth, Negotiate
```

Ob die Verbindung funktioniert, können Sie mit einem Browser und der folgenden URL testen. Verwenden Sie als Servernamen die URL, die Sie für den Zugriff konfiguriert haben:

```
https://mail-toparis.toparis.int/mapi/healthcheck.htm
```

Außerdem finden Sie Logdateien in den folgenden Verzeichnissen vor:

```
C:\Program Files\Microsoft\Exchange Server\V15\Logging\MAPI Client Access
C:\Program Files\Microsoft\Exchange Server\V15\Logging\HttpProxy\Mapi
```

Migration, Sprachkommunikation und Überwachung

Bis die Verbindung in Outlook angezeigt wird, kann es einige Zeit dauern. Mit *Get-Organizati-onConfig |fl name,mapi** können Sie Daten auslesen, und mit *Get-MapiVirtualDirectory -Server <Server>* erhalten Sie weiterführende Informationen.

Die Einstellung wird für alle Exchange-Server in der Organisation umgesetzt. Sie müssen daher den Befehl immer nur einmal eingeben.

Es kann mehrere Stunden dauern, bis die Änderungen repliziert wurden und die neue Verbindungstechnologie bei den Clients ankommt sowie angezeigt wird.

Die Verbindungsdaten von Outlook zu Exchange sehen Sie, indem Sie mit der rechten Maustaste auf das Outlook-Symbol im Infobereich der Taskleiste klicken und dabei die Strg-Taste gedrückt halten. Nach einiger Zeit können Sie am Verbindungsstatus von Outlook erkennen, ob der neue Datenverkehr über MAPI-HTTP verwendet wird. Zunächst wird Ihnen bei den Tests als Verbindungstyp noch RPC/HTTP angezeigt. Sobald die Daten repliziert wurden, sehen Sie, dass für den Datenverkehr jetzt das MAPI-HTTP-Protokoll verwendet wird. Alle anderen Clients arbeiten weiter mit dem RPC-HTTP-Protokoll. Als Status wird in der Spalte *Protokoll* der Wert *HTTP* angegeben.

Nach der Konfiguration wird im IIS-Manager des Exchange-Servers unterhalb des Eintrags *Default Web Site* das virtuelle Verzeichnis *mapi* aufgeführt. Achten Sie darauf, dass die Windows-Authentifizierung für dieses virtuelle Verzeichnis aktiviert ist.

Installation überprüfen und Migration vorbereiten

Sie können nach der Installation die Postfächer von der Quell-Exchange-Version auf den neuen Server mit Exchange 2016 verschieben. Verwenden Sie dazu das Exchange Admin Center.

Bevor Sie Objekte auf den neuen Exchange-Server mit Exchange 2016 verschieben, sollten Sie dafür sorgen, dass der neue Server ebenfalls optimal funktioniert. Wichtig ist, dass nicht nur die alten Server optimal funktionieren, sondern dass auch die neu installierten Server fehlerfrei laufen. Zur Diagnose gehen Sie genauso vor wie bei einer neuen Installation von Exchange 2016.

Wollen Sie für den Zugriff auf Outlook Web App, Exchange ActiveSync und andere Dienste, die auf den neuen Exchange-Servern mit Exchange 2016 laufen, die gleichen URLs verwenden,, die in der vorherigen Exchange-Version genutzt wurden, sollten Sie zunächst die Zertifikate auf den ursprünglichen Exchange-Servern exportieren und auf dem neuen Exchange-Server mit Exchange 2016 importieren. Grundsätzlich können also auch die alten Zertifikate weiterverwendet werden. Wichtig ist jedoch, dass die Konfiguration der Zertifikate auf den alten und auf den neuen Servern optimal vorgenommen wurde, bevor Sie die Benutzer auf die neuen Server umstellen.

Dazu verwenden Sie am besten das Verwaltungsprogramm für Zertifikate, das Sie über den Befehl *Certlm.msc* starten. Um auf dem neuen Exchange 2016-Server die gleichen URLs zu verwenden, haben Sie auch die Möglichkeit, die Exchange Management Shell zu verwenden. Das exportierte Zertifikat importieren Sie auf dem Exchange 2016-Server und weisen dem Server zum Beispiel über das Exchange Admin Center die Exchange-Dienste zu, die Sie nutzen wollen.

Die Umstellung der URLs lässt sich mit einem Skript durchführen. Dazu können Sie zum Beispiel folgende Befehle verwenden:

```
Get-OwaVirtualDirectory -Server <Exchange-Server> | Set-OwaVirtualDirectory -internalurl <Interne
URL> -externalurl <Externe URL>
Get-EcpVirtualDirectory -server <Exchange-Server> | Set-EcpVirtualDirectory -internalurl <Interne
URL> -externalurl <Externe URL>
Get-WebServicesVirtualDirectory -server <Exchange-Server> | Set-WebServicesVirtualDirectory
-internalurl <Interne URL> -externalurl <Externe URL>
Get-ActiveSyncVirtualDirectory -Server <Exchange-Server> | Set-ActiveSyncVirtualDirectory
--internalurl <Interne URL> -externalurl <Externe URL>
Get-OabVirtualDirectory -Server <Exchange-Server> | Set-OabVirtualDirectory -internalurl <Interne
URL> -externalurl <Externe URL>
Get-MapiVirtualDirectory -Server <Exchange-Server> | Set-MapiVirtualDirectory -internalurl <Interne
URL> -externalurl <Externe URL>
Get-OutlookAnywhere -Server <Exchange-Server> | Set-OutlookAnywhere -externalhostname <Externer
Hostname> -internalhostname <Interner Hostname> -ExternalClientsRequireSsl:$true
-InternalClientsRequireSsl:$true -ExternalClientAuthenticationMethod 'Negotiate'
Get-ClientAccessService <Exchange-Server> | Set-ClientAccessService
-AutoDiscoverServiceInternalUri <Autodiscover-URL>
```

Dadurch können Sie auf dem neuen Exchange-Server zum Beispiel die gleichen URLs wie auf dem alten Exchange-Server verwenden. Nutzen Sie für den internen Zugriff und den Zugriff von außerhalb der Organisation zum Beispiel den Namen »outlook.contoso.de«, können Sie diese Bezeichnung an den neuen Server binden, bevor Sie Benutzer verschieben.

In der Exchange Management Shell von Exchange 2016 können Sie sich mit dem Cmdlet *Get-ExchangeServer* die alten Exchange-Server und die neuen Exchange-Server anzeigen lassen. Hier sind auch die Exchange-Versionen zu sehen.

Hinweis

Verwaltungsaufgaben in der Organisation sollten Sie möglichst immer im Exchange Admin Center von Exchange 2016 durchführen.

Nachdem Sie Exchange 2016 installiert haben, führen Sie im Exchange Admin Center zusätzlich die Konfiguration der Zertifikate durch. Hierzu gehen Sie genauso vor wie bei der Neuinstallation von Exchange 2016. Die Vorgehensweise haben wir in Kapitel 2 sowie in Kapitel 3 beschrieben.

Abbildung 17.1: Nach der Installation von Exchange 2016 in einer Infrastruktur mit Exchange 2010/2013 sind die älteren Server in der Umgebung zu sehen.

Im Exchange Admin Center von Exchange 2016 werden Ihnen im Bereich *Server* sowohl der neue Exchange 2016-Server als auch die älteren Exchange-Server angezeigt.

Tipp

Um das webbasierte Exchange Admin Center von Exchange 2016 aufzurufen, verwenden Sie den Link *https://<FQDN des Servers>/ecp/?ExchClientVer=15*.

Nachdem Sie einen neuen Server mit Exchange 2016 in der Exchange-Organisation installiert haben, überprüfen Sie im Exchange Admin Center im Bereich *Server* die Eigenschaften des alten Exchange-Servers sowie im Bereich *Outlook Anywhere* die Authentifizierungseinstellungen. Achten Sie hier darauf, dass auf dem neuen Server und den alten Servern die gleichen Authentifizierungseinstellungen vorgenommen wurden.

Außerdem sollten Sie im Bereich *Virtuelle Verzeichnisse* überprüfen, ob die Art der Anmeldung für Outlook Web App (OWA) und die Exchange-Systemsteuerung ebenfalls korrekt konfiguriert ist. Dazu rufen Sie die Eigenschaften der entsprechenden virtuellen Verzeichnisse auf und wählen den Menüpunkt *Authentifizierung*.

Soll in Ihrem Unternehmen mit den gleichen URLs weitergearbeitet werden, müssen Sie nach dem Verschieben der Postfächer die DNS-Einträge dieser URLs auf die neuen Exchange-Server umleiten. Testen Sie nach der Umstellung die Verbindung zum neuen Exchange-Server daraufhin, ob diese ordnungsgemäß funktioniert.

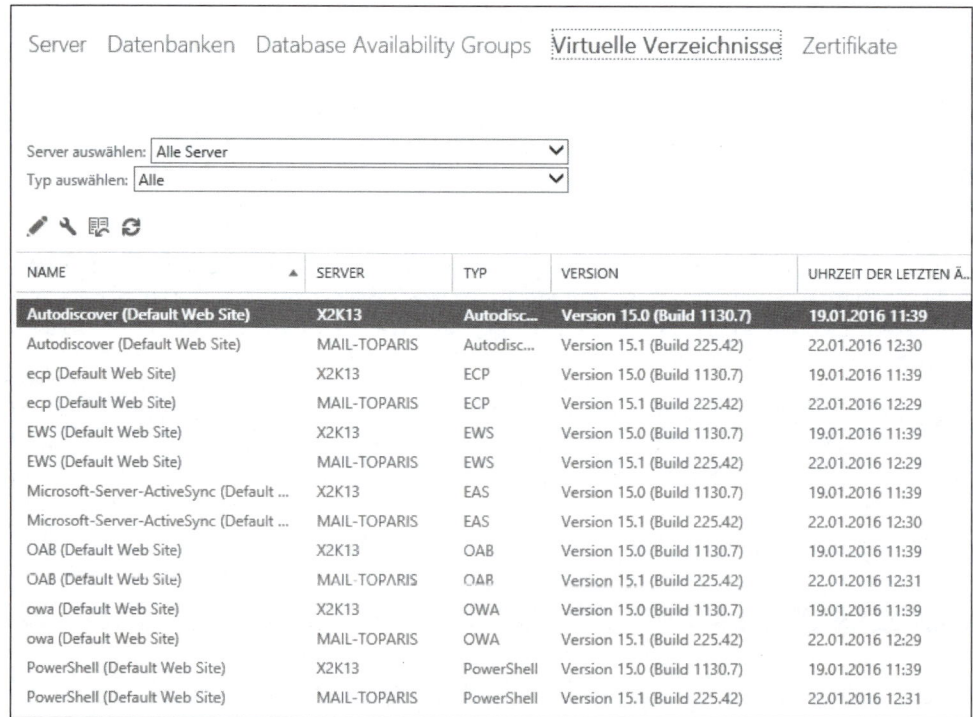

Abbildung 17.2: Innerhalb der virtuellen Verzeichnisse wird auch die Authentifizierung konfiguriert.

Hinweis

Bevor Sie irgendwelche Objekte in Exchange 2016 übernehmen, sollten zuvor die URLs und die Zertifikate konfiguriert sein. Der einfachste Weg ist, die gleichen URLs und die gleichen Zertifikate zu verwenden. Sie ersparen sich so viel Arbeit bei der Migration.

Transportregeln und mehr migrieren

Wenn Sie in Ihrem Unternehmen Transportregeln einsetzen, müssen Sie sicherstellen, dass die neue Konfiguration funktioniert. Benutzer, die Sie zu Exchange 2016 verschieben, sollten für den OWA-Zugriff möglichst eine neue URL verwenden, die Benutzer auf dem alten Server noch die bisherige URL. Allerdings haben Sie die Möglichkeit, die URLs des neuen Servers so anzupassen, dass die gleichen URLs wie beim alten Server verwendet werden. In diesem Fall müssen Sie dann bei der Weiterleitung durch die Firewall lediglich die IP-Adresse des neuen Servers eingeben. Welche Konfiguration Sie bevorzugen, hängt von Ihren Anforderungen ab.

Stellen Sie auch sicher, dass Ihre Exchange-Zertifikate auf den neuen Servern installiert sind, und testen Sie, ob die Connectors auf den alten Servern und den neuen Servern funktionieren.

Arbeiten Sie mit Transportregeln in Exchange 2010/2013, müssen Sie diese unter Umständen manuell migrieren. Dazu exportieren Sie diese Regeln zunächst über die Exchange Management Shell:

```
Export-TransportRuleCollection -Filename "<Verzeichnis>\XML-Datei"
```

Kopieren Sie die XML-Datei auf den neuen Server mit Exchange 2016. In der Exchange Management Shell von Exchange 2016 können Sie diese Transportregeln anschließend importieren. Zunächst speichern Sie die Regel aus der Datei in einer Variablen:

```
[Byte[]]$Data = Get-Content -Path "<Pfad und Name der XML-Datei>" -Encoding Byte -ReadCount 0
```

Danach importieren Sie die Regeln aus der Variable:

```
Import-TransportRuleCollection -FileData $Data
```

Sie erhalten keine Rückmeldung. Es darf aber auch kein Fehler während des Importvorgangs angezeigt werden.

Connectors konfigurieren

Nachdem alle Exchange-Server optimal funktionieren, sollten Sie die neuen Exchange-Server in die Sendeconnectors eintragen. Und auch die Empfangsconnectors müssen optimal konfiguriert werden. In einer Übergangszeit verwenden alle Exchange-Versionen alle Connectors. Im Rahmen der Migration werden dann schließlich die alten Exchange-Server ausgetragen.

Für den Zugriff aus dem Internet müssen Sie darauf achten, dass Sie die neuen Server auch in die Firewallregeln sowie in die Zugriffsadressen aufnehmen.

Danach werden die Postfächer, die öffentlichen Ordner, die Offlineadressbücher und alle anderen Objekte auf die neuen Exchange-Server verschoben. Sind alle Objekte auf die neuen Exchange-Server umgezogen, können Sie die alte Exchange-Version, also alle alten Exchange-Server, aus der Organisation entfernen.

Migration, Sprachkommunikation und Überwachung

Bevor Sie einen Exchange-Server deinstallieren können, müssen Sie alle Datenbanken löschen, den Server aus allen Sendeconnectors entfernen und auch alle weiteren produktiven Einträge des Servers aus der Exchange-Organisation löschen. Anschließend lässt sich Exchange 2013 problemlos über die Windows-Systemsteuerung deinstallieren.

Postfächer migrieren

Einer der wichtigsten Schritte bei der Migration zu Exchange 2016 ist sicherlich das Verschieben der Postfächer von den alten Exchange-Servern auf die neuen Postfachserver. Sie können dazu die Exchange Management Shell oder das Exchange Admin Center in Exchange 2016 verwenden.

Hinweis

Bevor Sie Postfächer migrieren, sollten Sie sicherstellen, dass das Offlineadressbuch funktioniert. Mehr zu diesem Thema lesen Sie im Abschnitt »Das Offlineadressbuch migrieren« weiter hinten in diesem Kapitel.

Um das webbasierte Exchange Admin Center von Exchange Server 2016 aufzurufen, verwenden Sie den Link *https://<FQDN des Servers>/ecp/?ExchClientVer=15*.

Die Empfänger der Organisation finden Sie im Exchange Admin Center im Bereich *Empfänger*. Hier sehen Sie auch die Benutzer, deren Postfächer sich auf den Quell-Exchange-Servern befinden. In der Spalte *Datenbank* ist erkennbar, auf welchem Server und in welcher Datenbank das Postfach des jeweiligen Anwenders gespeichert ist. Wird die Spalte nicht angezeigt, fügen Sie die Spalte über das Symbol mit den drei Punkten der Ansicht hinzu.

Um Benutzer zu Exchange 2016 zu verschieben, verwenden Sie im Exchange Admin Center den Bereich *Empfänger/Migration*. Hier können Sie neue Migrationsaufträge erstellen und die Benutzer zwischen den Servern verschieben.

Klicken Sie dazu auf das +-Symbol, und wählen Sie die Option *In eine andere Datenbank verschieben*. Generell ist es empfehlenswert, wenn Sie zuerst einige Testpostfächer verschieben. War dieser Test erfolgreich, erhalten Sie in der Spalte *Status* den Eintrag *abgeschlossen* angezeigt.

Im Assistenten können Sie dem Verschiebevorgang noch einen Namen zuweisen und die Zieldatenbank auswählen. Sie sehen im Assistenten auch die genaue Version der Exchange-Installation, in der sich aktuell das Postfach befindet. Schließen Sie den Assistenten ab, wird das Postfach anschließend verschoben.

Tipp

Sie können Postfächer auch in der Exchange Management Shell verschieben:

```
New-MoveRequest -Identity <Postfach> -targetdatabase <Datenbank>
```

Den Speicherort des Postfachs können Sie sich mit *Get-Mailbox* anzeigen lassen.

Die Datenbanken zeigt die Exchange Management Shell mit *Get-MailboxDatabase* an.

Aktuelle Verschiebevorgänge sehen Sie mit *Get-MoveRequest*. Mit der Option *|fl* können Sie sich zusätzliche Informationen anzeigen lassen. Möchten Sie zum Beispiel alle Postfächer über die Exchange Management Shell verschieben, verwenden Sie die folgenden Befehle:

```
Get-Mailbox -Server <Alter Server> | New-MoveRequest -TargetDatabase <Neue Datenbank> -BatchName
"Alle Postfächer"
Get-MoveRequest -BatchName "Alle Postfächer" | Get-MoveRequestStatistics
```

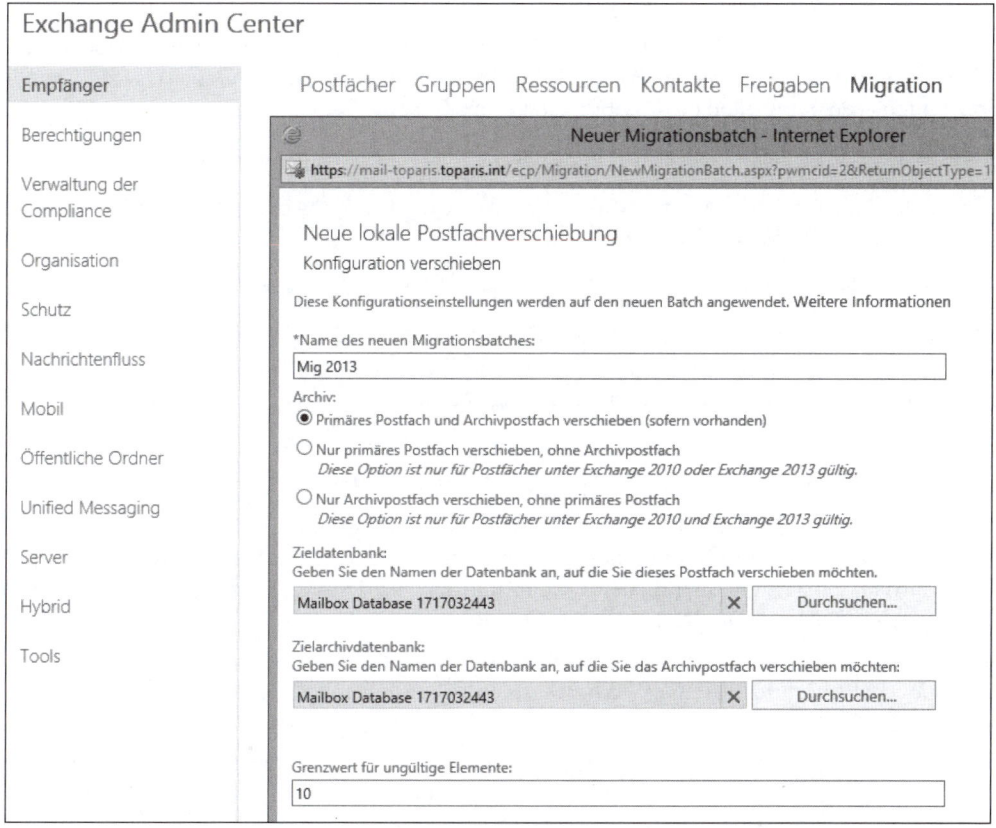

Abbildung 17.3: So verschieben Sie die Postfächer in eine andere Organisation.

Tipp

Achten Sie darauf, vor dem Verschieben von Postfächern (beziehungsweise direkt danach) das Offlineadressbuch für die jeweilige Exchange-Datenbank in den Einstellungen der Exchange-Datenbank auszuwählen. Das Offlineadressbuch finden Sie über den Bereich *Clienteinstellungen*.

Öffentliche Ordner migrieren

Wenn Ihr Unternehmen auf öffentliche Ordner setzt, müssen diese bei der Migration ebenfalls berücksichtigt werden. Übernehmen Sie das Postfach von Exchange 2013 mit dem folgenden Befehl:

```
Get-Mailbox -PublicFolder | New-MoveRequest -TargetDatabase <Datenbank auf neuem Server>
```

Den Vorgang überprüfen Sie mit *Get-MoveRequest*. Sobald der Vorgang abgeschlossen ist, wurden auch die Postfächer auf den neuen Server übernommen. Die Migration können Sie mit dem folgenden Befehl überprüfen:

```
Get-Mailbox -PublicFolder |ft name,alias,servername,database
```

Bei der Migration von Exchange 2010 legen Sie das Postfach für die öffentlichen Ordner neu an. Hier bietet es sich an, ein neues Postfach für die öffentlichen Ordner in einer eigenen Datenbank anzulegen. Der Befehl dazu sieht folgendermaßen aus:

```
New-MailboxDatabase -Server x1 -Name PublicDatabase -IsExcludedFromProvisioning $true
```

Nachdem die neue Postfachdatenbank angelegt wurde, kann das entsprechende Postfach für die öffentlichen Ordner angelegt werden:

```
New-Mailbox -Name PFMailbox -Database PublicDatabase -UserPrincipalName PFMailbox@erbach.de
```

Die neue Datenbank und das neue Postfach werden auf dem Quell-Exchange-Server angelegt. Damit die öffentlichen Ordner auf dem Server mit Exchange 2016 verfügbar sind, müssen Sie auf dem neuen Exchange-Server in der Exchange Management Shell den folgenden Befehl aufrufen:

```
Set-OrganizationConfig -PublicFoldersEnabled Remote -RemotePublicFolderMailboxes PFMailbox
```

Damit Exchange Server 2016 nicht nur auf die öffentlichen Ordner der alten Exchange-Server zugreifen kann, sondern die öffentlichen Ordner auch auf den neuen Exchange-Server repliziert werden, müssen die öffentlichen Ordner migriert werden. Microsoft stellt dazu spezielle Skripts (*http://tinyurl.com/k2p5hcj*) zur Verfügung.

Diese Skripts werden in einem Verzeichnis auf dem alten Exchange-Server abgelegt. Die Abläufe der Migration erläutert Microsoft in einem TechNet-Artikel (*http://tinyurl.com/jxrr9v4*).

Im ersten Schritt muss überprüft werden, ob bereits ein Migrationsbatch vorliegt. Dazu geben Sie den folgenden Befehl in der Exchange Management Shell auf dem alten Exchange-Server ein. Als Ergebnis muss *False* zurückgegeben werden.

```
Get-OrganizationConfig |fl PublicFoldersLockedforMigration, PublicFolderMigrationComplete
```

Liegt bereits ein Migrationsbatch vor, lässt sich die Option mit der folgenden Anweisung korrigieren:

```
Set-OrganizationConfig -PublicFoldersLockedforMigration:$false -PublicFolderMigrationComplete:$false
```

Auch auf dem neuen Server mit Exchange 2016 muss die Migration vorher überprüft werden:

```
Get-PublicFolderMigrationRequest | Remove-PublicFolderMigrationRequest -Confirm:$false
```

Der Befehl liefert kein Ergebnis zurück. In Exchange 2016 darf kein öffentlicher Ordner vorhanden sein. Dies wird mit den beiden folgenden Befehlen überprüft:

```
Get-Mailbox -PublicFolder
Get-PublicFolder
```

Tipp

Bevor Sie öffentliche Ordner migrieren, sollten Sie in Exchange 2010 mit dem Cmdlet *New-PublicFolder-DatabaseRepairRequest* sicherstellen, dass die öffentlichen Ordner keine fehlerhaften Elemente enthalten.

Kopieren Sie anschließend die beiden Skripts *Export-PublicFolderStatistics.ps1* und *PublicFolderToMailboxMapGenerator.ps1* vom Exchange 2016-Server auf den Exchange 2010/2013-Server. Die Skripts befinden sich im Ordner *C:\Programme\Microsoft\Exchange Server\V15\Scripts*. Kopieren Sie auch die *.psd1*-Dateien dieser Skripts.

Danach geben Sie den folgenden Befehl im *Scripts*-Ordner auf dem Quellserver ein:

```
.\Export-PublicFolderStatistics.ps1 <Zu erstellende CSV-Datei><FQDN des Exchange 2010/2013-Servers>
```

Sie können nach dem Anlegen der *.csv*-Datei die zu migrierenden öffentlichen Ordner über einen Editor anzeigen lassen. Geben Sie dazu am besten *Notepad <Name der .csv-Datei>* ein. Anschließend werden Ihnen die einzelnen öffentlichen Ordner aufgelistet.

Danach legen Sie fest, wie groß das Postfach für öffentliche Ordner später werden soll. Im Anschluss rufen Sie das Skript *PublicFolderToMailboxMapGenerator.ps1* auf, um die Anzahl der Postfächer für öffentliche Ordner auf dem Exchange 2016-Postfachserver festzulegen.

Wenn der Name eines öffentlichen Ordners einen umgekehrten Schrägstrich \ enthält, werden die öffentlichen Ordner im übergeordneten öffentlichen Ordner erstellt. Sie sollten daher zuvor die erstellte *.csv*-Datei überprüfen und – falls notwendig – die Namen bearbeiten. Danach geben Sie in der Exchange Management Shell den folgenden Befehl ein:

```
.\PublicFolderToMailboxMapGenerator.ps1 <Größe des Postfachs in Byte> <Pfad zur zuvor erstellten
CSV-Datei>
```

Ist die Vorbereitung des Quellservers mit der früheren Exchange-Version abgeschlossen, muss der neue Server mit Exchange 2016 vorbereitet werden. Im ersten Schritt legen Sie das neue Postfach für öffentliche Ordner an und bereiten es für die Migration vor:

```
New-Mailbox -PublicFolder <Name> -HoldForMigration
```

Danach wird die Migrationsanforderung erstellt. Dazu bearbeiten Sie die Exportdatei, die Sie auf dem Quell-Exchange-Server erstellt haben, und tragen den Namen des Postfachs für öffentliche Ordner ein. Kopieren Sie dann die Datei auf den Server mit Exchange 2016, und geben Sie den folgenden Befehl ein:

```
New-PublicFolderMigrationRequest -SourceDatabase (Get-PublicFolderDatabase -Server <Quellserver>)
-CSVData (Get-Content <Erstellte CSV-Datei> -Encoding Byte)
```

Der Name der Datei wird beim Ausführen des Skripts *PublicFolderToMailboxMapGenerator.ps1* angegeben. Überprüfen Sie anschließend noch die Migration mit dem folgenden Befehl:

```
Get-PublicFolderMigrationRequest | Get-PublicFolderMigrationRequestStatistics -IncludeReport |fl
```

Wurden die Ordner übernommen, sollte der Zugriff auf öffentliche Ordner auf dem alten Quellserver gesperrt werden:

```
Set-OrganizationConfig -PublicFoldersLockedForMigration:$true
```

Migration, Sprachkommunikation und Überwachung

Auf dem neuen Server wird die Migration abgeschlossen:

```
Set-OrganizationConfig -PublicFolderMigrationComplete:$true
Set-PublicFolderMigrationRequest -Identity \PublicFolderMigration -PreventCompletion:$false
Resume-PublicFolderMigrationRequest -Identity \PublicFolderMigration
```

Nachdem die Daten übernommen wurden, stellen Sie sicher, dass auch die Connectors und andere Einstellungen auf den neuen Server verweisen. Anschließend können Sie die früheren Server aus der Organisation entfernen.

Checkliste für das Entfernen von Exchange-Servern

Nachdem alle Objekte auf die neuen Exchange-Server verschoben wurden, sollten Sie die alten Server noch einige Tage in der Organisation belassen. Dadurch ist sichergestellt, dass sich die Server untereinander synchronisieren und alle notwendigen Daten ausgetauscht werden können. Wenn sichergestellt ist, dass die alten Server nicht mehr benötigt werden, besteht der nächste Schritt darin, diese Server einige Tage lang auszuschalten. Bevor ein alter Exchange-Server entfernt wird, müssen müssen Sie Folgendes sicherstellen:

*   Alle Postfächer müssen auf die neuen Server verschoben worden sein. Am schnellsten testen Sie, ob noch Postfächer auf dem alten Exchange-Server vorhanden sind, in der Exchange Management Shell mit folgendem Befehl:

    ```
    Get-Mailbox -Database <Name der alten Datenbank>
    ```

*   Wenn Sie die Compliance-Funktionen in Exchange 2013 nutzen, überprüfen Sie, ob Arbitration-Postfächer vorhanden sind. Dazu verwenden Sie in der Exchange Management Shell diesen Befehl:

    ```
    Get-Mailbox -Database <Alte Datenbank> -Arbitration
    ```

    Sind wider Erwarten noch Postfächer vorhanden, können Sie diese über die Exchange Management Shell auf den neuen Exchange-Server verschieben. Dazu verwenden Sie diesen Befehl:

    ```
    Get-MailboxDatabase <Alte Datenbank> | Get-Mailbox -Arbitration | New-MoveRequest
    -TargetDatabase <Neue Datenbank>
    ```

*   Auf dem alten Server dürfen sich keine Replikate von öffentlichen Ordnern befinden.

*   Wenn Sie sicher sind, dass sich auf dem alten Server keine öffentlichen Ordner und keine Postfächer mehr befinden, sollten Sie vor dem Entfernen des Exchange-Servers zunächst die Postfachdatenbanken löschen. Am einfachsten erfolgt dies in der Exchange Management Shell mit folgendem Befehl:

    ```
    RemovE-MailboxDatabase <Name der Datenbank>
    ```

*   Der alte Exchange-Server darf in keinem Connector eingetragen sein. Sind mehrere Server im Einsatz, darf kein alter Exchange-Server mehr an irgendeiner Stelle als produktiver E-Mail-Server eingesetzt werden.

*   Der Server darf durch keine Dritthersteller-Connectors mehr verwendet werden.

*   Es muss sichergestellt sein, dass sich jeder Benutzer mindestens einmal mit seinem neuen Postfachserver verbunden hat.

Allgemeine Hinweise zur Migration nach Exchange 2016

Viele Unternehmen setzen bei der Migration auf die Swing-Server-Methode. Bei dieser Variante der Migration installieren Sie einen neuen Server mit Exchange 2013/2016 in eine bestehende Exchange-Organisation und übernehmen dabei die Postfächer, Connectors und andere Daten.

Es ist kein Problem, einen Server mit Exchange 2016 in eine bestehende Exchange Server-Organisation zu integrieren und die Daten im Anschluss zu übernehmen. Wir gehen in diesem Abschnitt ausführlich auf dieses Thema ein. Allerdings besteht keine Möglichkeit, Exchange ab Version 5.5 bis Version 2010 in einer Exchange 2016-Organisation zu betreiben und nachträglich zu integrieren. Allerdings kann Exchange 2016 die Connectors von Exchange 2007/2010 für den E-Mail-Versand verwenden.

Sie können mit dem Exchange Deployment Assistant die einzelnen Schritte der Migration planen. Rufen Sie dazu die Webseite *http://tinyurl.com/zgabftz* für eine deutschsprachige Unterstützung und die Webseite *http://tinyurl.com/z9uxtla* für den Assistenten in englischer Sprache auf. Es ist zu erwarten, dass der Assistent im Laufe der Zeit auf Exchange 2016 aktualisiert wird. Sie können für die Planung der Migration zu Exchange 2016 aber auch durchaus den Assistenten von Exchange 2013 verwenden.

Der Assistent stellt Ihnen einige Fragen und gibt dann spezifische Hinweise und Anleitungen für die Migration zu Exchange 2013/2016. Zusätzlich zeigt Ihnen der Assistent Links für notwendige Updates an.

Sehr wichtig sind auch die Rechte für den Administrator, der Exchange 2016 in Active Directory und in die bestehende Organisation integriert. Dieser muss über Schema-, Organisations- und Domänenadministratorrechte verfügen. Vorhandene Server müssen auf dem aktuellsten Versionsstand sein und über sämtliche verfügbare Patches verfügen.

Bevor Sie Exchange 2016 in eine Organisation mit Exchange 2010 SP3 installieren, sollten Sie die Organisation mit dem Exchange Best Practices Analyzer testen.

Der Exchange Best Practices Analyzer (ExBPA) ist ein kostenloses Tool von Microsoft, das in Exchange 2010 fest in die Exchange-Verwaltungskonsole integriert worden ist. Sie finden ihn im Bereich *Toolbox*. Er überprüft die Installation eines Exchange-Servers und macht Verbesserungsvorschläge für eventuell notwendige Nacharbeiten. Laut Microsoft sind 80 % aller Supportanfragen auf fehlerhafte Konfigurationen zurückzuführen. Der ExBPA geht solchen Fehlkonfigurationen auf den Grund und gibt einen ersten Überblick über die Konfiguration der Exchange-Server.

Administratoren und Berater, die Fehler im Exchange-Bereich beheben müssen, können mit dem ExBPA an zentraler Stelle die wichtigsten Informationen über die Exchange-Organisation abrufen und erhalten gleichzeitig Lösungsvorschläge, wie vorhandene Fehlkonfigurationen beseitigt werden können.

Das Tool ExBPA behebt nicht nur Fehlkonfigurationen, sondern testet auch die Performance sowie den Patchlevel der Server. Vorteile dieses Tools sind das automatische Abarbeiten komplexer Konfigurationstests sowie die Dokumentation der Konfiguration und eventueller Fehler.

Es ist nicht mehr notwendig, zahlreiche Whitepapers durchzuarbeiten, um Exchange optimieren zu können, sondern der ExBPA liefert Ihnen detaillierte Informationen zur Optimierung von Exchange 2010. Das Tool erkennt Fehler bereits frühzeitig und unterstützt Sie bei der Lösung.

Wenn Sie den ExBPA starten, können Sie zunächst diverse Regeln aus dem Internet herunterladen. Laden Sie immer die aktuellsten Regeln herunter, und lassen Sie Ihre Organisation auf diese aktuellen Regeln hin überprüfen. Nach dem Download der aktuellen Informationen sollten Sie wieder zur Willkommensseite wechseln und das Tool zunächst mit Active Directory verbinden.

Sie können den von Ihnen durchgeführten Tests einen Namen zuweisen und die Exchange-Server auswählen, die in den Scanvorgang eingebunden werden sollen. Anschließend aktivieren Sie eine Zustandsüberprüfung oder wählen weitere Tests zur Überprüfung der Organisation aus.

Aktivieren Sie die Option *Basislinie*, überprüft der ExBPA, ob alle notwendigen Einstellungen für Exchange 2010 standardmäßig konfiguriert sind, und gibt Abweichungen in einem Bericht aus – vor allem solche Maßnahmen, die Probleme bereiten können. Der interessanteste Test ist die Systemdiagnose, die die Konfiguration des Servers überprüft und Fehler aufdeckt. Diesen Test sollten Sie immer zuerst aufrufen.

Lassen Sie sich im Anschluss an die Überprüfung einen detaillierten Bericht erstellen. In diesem Bericht können Sie auf verschiedenen Registerkarten alle Einstellungen der Server überprüfen, die als auffällig gemeldet wurden. Zu allen Fehlern und Warnungen erhalten Sie nach einem Doppelklick darauf ausführliche Hilfestellungen, wie Sie das Problem lösen können. Zusätzlich besteht die Möglichkeit, das Scanergebnis zu exportieren. Klicken Sie auf einen Fehler, erhalten Sie mehrere Möglichkeiten zur Lösung:

1. Sie können sich weitere Informationen zur Fehlerbehebung anzeigen lassen.
2. Sie können den Fehler bei zukünftigen Scans ignorieren lassen, zum Beispiel dann, wenn er für Ihre Konfiguration keine Rolle spielt.
3. Sie können den Fehler für den aktuellen Scan ausblenden und so die Fehler im aktuellen Scan Schritt für Schritt abarbeiten.

Über die einzelnen Registerkarten lassen sich die Fehler ein- oder ausblenden. Die Fehler sind auf den Registerkarten nach ihrer Wichtigkeit für die Stabilität des Systems sortiert. Sie können sich die Konfigurationselemente des Servers anzeigen lassen und feststellen, wann die Konfiguration das letzte Mal geändert wurde.

Neben der standardmäßigen sofortigen Ausführung können Sie den Scanvorgang auch planen und ihn zu Zeiten durchführen lassen, zu denen Sie nicht anwesend sind oder zu denen Sie gewisse Performance-Counter erfassen wollen, beispielsweise während einer nächtlichen Backupoperation. Klicken Sie dazu auf den Link *Planen Sie eine bewährte Methoden-Überprüfung*.

Erweiterte Migrationsaufgaben

Neben den beschriebenen Möglichkeiten und Aufgaben bei der Migration müssen Sie vor allem in größeren Umgebungen noch einiges beachten. In diesem Abschnitt gehen wir auf wichtige Bereiche der Migration ein, die in den vorangegangenen Abschnitten noch kein Thema waren.

Das Offlineadressbuch migrieren

Nach der Installation der Server und den entsprechenden Anpassungen sind in vielen Fällen in der Organisation noch weitere Einstellungen vorzunehmen. Nach der erfolgreichen Installation sollten Sie zunächst die Einstellungen des Offlineadressbuchs von Exchange 2010/2013 nach Exchange 2016 übertragen oder die entsprechenden Einstellungen kontrollieren. Dadurch ist sichergestellt, dass nach der Migration der Postfächer auch die Offlineadressbücher in Outlook weiterhin funktionieren.

In den meisten Fällen reicht es aus, wenn Sie die Eigenschaften der Exchange 2016-Datenbanken im Exchange Admin Center aufrufen und bei *Clienteinstellungen* das Offlineadressbuch hinterlegen. Dies sollten Sie am besten vor dem Verschieben der Postfächer durchführen.

Hinweis

Wenn Sie einen neuen Server in eine bestehende Organisation installieren, wird automatisch ein neues Standard-Offlineadressbuch erstellt. Geben Sie in der Exchange Management Shell den Befehl *Get-OfflineAddressBook* ein, sehen Sie die vorhandenen Offlineadressbücher der Organisation (siehe auch Kapitel 7).

Sobald Clients das Offlineadressbuch aktualisieren, wird das neue Exchange 2016-Offlineadressbuch verwendet.

Sie können diese Einstellungen aber ändern und abhängig von der entsprechenden Postfachdatenbank festlegen, welches Offlineadressbuch die Empfänger in der entsprechenden Postfachdatenbank nutzen sollen. Verwenden Sie dazu die Exchange-Verwaltungskonsole von Exchange 2010:

1. Starten Sie die Exchange-Verwaltungskonsole.
2. Navigieren Sie zu *Organisationskonfiguration/Postfach*.
3. Öffnen Sie die Registerkarte *Offlineadressbuch*.
   Hier sehen Sie ebenfalls die verschiedenen Offlineadressbücher.
4. Um für eine Postfachdatenbank das Offlineadressbuch zu ändern, rufen Sie die Eigenschaften der entsprechenden Datenbank auf und wechseln zur Registerkarte *Clienteinstellungen*.
5. Klicken Sie bei *Offlineadressbuch* auf *Durchsuchen*, und wählen Sie das neue Offlineadressbuch aus (siehe Kapitel 7).

Tipp

In großen Umgebungen können Sie in der Exchange Management Shell alle Datenbanken anzeigen lassen, in denen noch kein Offlineadressbuch eingetragen ist. Dazu verwenden Sie bei einer Koexistenz von Exchange 2010/2013 und Exchange 2016 diesen Befehl:

```
Get-MailboxDatabase | Where {$_.OfflineAddressBook -Eq $Null} |ft Name,OfflineAddressBook -AutoSize
```

Um jetzt allen Postfächern das Standardadressbuch (also das neue Offlineadressbuch aus Exchange 2016) zuzuweisen, verwenden Sie den folgenden Aufruf:

```
Get-MailboxDatabase | Where {$_.OfflineAddressBook -Eq $Null} | Set-MailboxDatabase -OfflineAddressBook (Get-OfflineAddressBook | Where {$_.IsDefault -Eq $True})
```

Migration, Sprachkommunikation und Überwachung

Den Nachrichtenfluss von Exchange 2007/2010/2013 auf Exchange 2016 umstellen

In einem weiteren Schritt müssen Sie den Nachrichtenfluss innerhalb und außerhalb der Organisation auf Exchange 2016 umstellen. Wenn Sie einen Edge-Transport-Server einsetzen (siehe Kapitel 11), läuft die Verbindung vom und zum Internet bereits über Exchange 2016, und Sie müssen nur die SMTP-Connectors in Exchange 2010/2013 löschen.

Sie können aber auch problemlos eigene Sendeconnectors für Exchange 2013/2016 erstellen (siehe Kapitel 4). Hier laufen die Vorgänge genauso wie ohne Exchange 2010/2013 ab. Sobald Sie die passenden Connectors eingerichtet haben, können Sie die SMTP-Connectors von Exchange 2010/2013 löschen.

Tipp

Über die Microsoft-Seite *https://testconnectivity.microsoft.com* können Sie die Verbindung Ihrer Exchange-Organisation mit dem Internet testen.

Falls Sie auf den Exchange-Servern noch Connectors von Drittherstellern verwenden (zum Beispiel Faxdienste, Dokumentenmanagement- oder ERP-Systeme), sollten Sie auch hier darauf achten, dass meist der alte Exchange-Server eingetragen ist. Auch in Diensten, die außerhalb von Exchange betrieben werden, ist ein Exchange-Server oft als Mailrelay oder SMTP-Server eingetragen.

Diese Einstellungen können nicht im Exchange Admin Center überprüft werden. Entnehmen Sie die erforderlichen Informationen entweder der Dokumentation Ihrer Infrastruktur, oder überprüfen Sie die einzelnen Server, die im Unternehmen die E-Mail-Funktion verwenden. Hier spielen hauptsächlich Dienste wie ERP-Systeme, Linux-Mailgateways, Gateways für den Empfang und die Weiterleitung von Mails aus dem Internet sowie verschiedene SharePoint-Dienste eine Rolle.

Zusammenfassung

Damit Sie von Exchange 2007/2010/2013 problemlos zu Exchange 2016 migrieren können, wurden Ihnen in diesem Kapitel umfassende Anleitungen zu diesem Thema an die Hand gegeben. Wir haben Ihnen gezeigt, wie Sie Exchange 2016 in bestehende Organisationen integrieren oder eine neue Organisation aufbauen.

Im nächsten Kapitel gehen wir umfassend auf das Thema Unified Messaging ein.

Kapitel 18
Unified Messaging

In diesem Kapitel:

Grundlagen zu Unified Messaging in Exchange 2016 597
Voicemail und Unified Messaging bereitstellen 599
Unified Messaging verwalten 609
Zusammenfassung 612

Auch Exchange 2016 verfügt weiterhin über die Unified Messaging-(UM-)Komponente. Viel hat sich zwischen Exchange 2010/2013 und Exchange 2016 nicht geändert. In diesem Kapitel gehen wir auf die integrierten Unified Messaging-Funktionen ein. Das folgende Kapitel 19 befasst sich anschließend mit der Verbindung von Exchange 2016 mit Skype for Business Server 2015.

Es gibt keine spezifische Rolle mehr für Unified Messaging, sondern auch hier übernehmen die Postfachserver automatisch diese Funktion. In Exchange 2016 sind die Unified Messaging-Komponenten also aufgeteilt zwischen einem Clientzugriffsserver mit dem Exchange Unified Messaging-Call-Router-Dienst und einem Postfachserver, auf dem der Microsoft Exchange Unified Messaging-Dienst ausgeführt wird. Der Großteil der Funktionalität befindet sich auf den Postfachservern. Der Clientzugriffsserver in Exchange 2013 leitet eingehende Anrufe an den Postfachserver weiter. Ab Exchange 2016 übernehmen auch hier die Postfachserver die entsprechende Funktion.

Skype for Business Server 2015 arbeitet mit Exchange 2016 eng zusammen. Wir gehen in diesem Kapitel daher auch auf die Integration von Skype in Exchange 2016 ein.

Hinweis

Damit Anwender mit den Unified Messaging-Funktionen in Exchange 2016 arbeiten dürfen, benötigen sie eine Enterprise-CAL von Exchange 2016 (siehe Kapitel 1).

Zusätzlich lässt sich Exchange 2016 so konfigurieren, dass der Server beim Eingang einer Voicemail eine bestimmte Telefonnummer, zum Beispiel ein Handy, anruft und die Voicemail wiedergibt. Neben ausgehenden Anrufen kann Exchange 2016 auch angerufen werden. Anwender, die zum Beispiel im Auto unterwegs sind, erhalten dadurch die Möglichkeit, die Telefonnummer des Exchange-Servers zu wählen und sich ihre E-Mails durch die Exchange Speech Engine (Text-to-Speech) vorlesen zu lassen. Diese Funktion ist in verschiedenen Sprachen möglich.

Über diese Technik, die auch als Outlook Voice Access (OVA) bezeichnet wird, lassen sich außerdem Termine vorlesen und planen. OVA unterstützt daher auch die Sprachsteuerung des Exchange-Servers. Es werden keine zusätzlichen Produkte mehr benötigt, die Funktion ist direkt in Exchange 2016 integriert. Die UM-Funktionen von Exchange lassen sich nicht nur in englischer, sondern auch in deutscher Sprache steuern. Wir zeigen Ihnen etwas später in diesem Kapitel ausführlich, wie Sie verschiedene Sprachen einbinden.

Exchange 2016 stellt Voicemails in das Postfach zu. Die Anwender können anschließend über Outlook 2016 oder Outlook Web App 2016 auf diese Voicemails zugreifen und diese abhören. Dies funktioniert auch mit aktuellen Smartphones. In der entsprechenden E-Mail mit der Voicemail ist dazu ein Steuerungsmenü integriert, das auch für weniger geübte Anwender leicht bedienbar ist. Jedes Exchange-Postfach ist sozusagen auch ein Anrufbeantworter.

Telefonanlagen können ohne Zusatzsoftware direkt an Exchange 2016 angebunden werden, indem Sie ein virtuelles Gateway erstellen und dieses mit der Telefonanlage verbinden. Sprachnachrichten speichert Exchange in einer E-Mail als *.wma*-Datei, die durch ein Media Player-Plug-In direkt in Outlook oder auch in Outlook Web App abspielbar ist. Auch das Abspielen auf Smartphones in Verbindung mit Exchange ActiveSync ist möglich. Um die neuen Unified Messaging-Funktionen nutzen zu können, sind Grundkenntnisse im Bereich Telefonanlagen notwendig. Ein Exchange-Server der Exchange-Organisation muss dazu direkt an die Telefonanlage angebunden werden.

Exchange 2016 benötigt lediglich eine IP-Verbindung, um mit der Telefonanlage kommunizieren zu können. Sie können auch eine Ausfallsicherheit erreichen, indem Sie mehrere Exchange-Server der Organisation an die Telefonanlage anschließen. Die einzelnen Exchange-Server kommunizieren untereinander und führen einen automatischen Failover durch; ein Cluster ist nicht notwendig. Alle Nachrichten verbleiben dazu in einer Warteschlange, bis sie zugestellt werden können.

Hinweis

Postfachserver beantworten alle eingehenden Anrufe für alle Typen von Wählplänen. Wenn Sie jedoch Skype in Unified Messaging integrieren, müssen Sie sämtlichen SIP-URI-Wählplänen alle Postfachserver hinzufügen, damit die Anrufweiterleitung mit dem Skype-Server korrekt funktioniert.

Grundlagen zu Unified Messaging in Exchange 2016

Generell verwendet Exchange 2016 aus Sicherheitsgründen SIP over TCP. Bestehende Telefonanlagen sind allerdings oft nicht VoIP-fähig oder unterstützen nur SIP over UDP. Exchange 2016 kann sich mit VoIP (Voice over IP) mit Telefonanlagen verbinden. Auch die Protokolle SIP (Session Initiation Protocol), RTP (Realtime Transport Protocol) und das T.38-Protokoll unterstützt Exchange 2016. IP-Gateways bieten eine Zusammenarbeit für ältere Telefonanlagen.

UM aus Sicht der Benutzer

Benutzer können mit der UM-Funktion in Exchange 2016 auf Voicemail-, E-Mail- und Kalenderinformationen über Outlook, Outlook Web App oder von einem Mobiltelefon aus zugreifen. Auch die Wiedergabe von Informationen über das Telefon ist möglich.

Diese Funktion ermöglicht UM-aktivierten Benutzern die Wiedergabe von Sprachnachrichten über ein Telefon. Das Voicemail-Formular in Outlook 2013/2016 und Outlook Web App lässt sich auf die gleiche Art verwenden wie das E-Mail-Formular, enthält aber einen eingebetteten Media Player und ein Feld für Audionotizen.

Ist ein Benutzer nicht für Unified Messaging aktiviert oder verfügt der Anwender über keinen Voicemail-fähigen E-Mail-Client (Outlook 2013/2016), sind Sprachnachrichten als E-Mail-Anlage verfügbar, aber das Voicemail-Formular steht nicht zur Verfügung. Die Mailboxansage ermöglicht die Beantwortung eingehender Anrufe und die Wiedergabe einer persönlichen Nachricht sowie das Aufzeichnen von Nachrichten und deren anschließende Übermittlung an das Benutzerpostfach als E-Mail.

Mit den Mailboxansageregeln können Anwender verschiedene Ansagen festlegen, ähnlich wie Posteingangsregeln für E-Mails. Die Regeln ermöglichen Anrufern das Hinterlassen einer Sprachnachricht, eine Umleitung an einen alternativen Kontakt oder an eine andere Telefonnummer.

Wenn Benutzer Sprachnachrichten bekommen, enthalten diese Nachrichten eine Audiodatei, aber auch die Nachricht als Text. Wie Sie verschiedene Sprachen einstellen, zeigen wir Ihnen in den nachfolgenden Abschnitten. Benutzer können auf ihren Mobiltelefonen Benachrichtigungen über SMS zu verpassten Anrufen und neuen Sprachnachrichten erhalten. Voicemails lassen sich wie E-Mails über AD RMS (Active Directory Rights Management Services) schützen.

Benutzer können über verschiedene Schnittstellen auf die UM-Funktion zugreifen. Zum einen gibt es die Benutzerschnittstelle für Telefoneingabe (Telephone User Interface, TUI) und zum anderen die Benutzerschnittstelle für Spracheingabe (Voice User Interface, VUI). Beide Schnittstellen tragen die Bezeichnung Outlook Voice Access. Diese Schnittstelle lässt sich von externen und internen Telefonanschlüssen verwenden.

Outlook Voice Access ermöglicht es Benutzern, per Telefon auf ihr Postfach zuzugreifen. Dabei können sie Voicemails abhören, E-Mails weiterleiten oder beantworten, Kalenderinformationen abhören und Besprechungsanfragen per Spracherkennung annehmen oder ablehnen.

UM aus Sicht des Administrators

Unified Messaging lässt sich ohne weitere Tools mit den Bordmitteln von Exchange 2016 verwalten. Mit dem Exchange Admin Center und der Exchange Management Shell stehen sämtliche Verwaltungsmöglichkeiten zur Verfügung. Den notwendigen Informationsspeicher stellt Exchange 2016 über die Postfachserverrolle bereit. UM-Server verfügen über verschiedene Betriebsmodi:

- **Aktiviert** Der Server nimmt alle eingehenden Anrufe an und verarbeitet diese.

- **Sofort deaktivieren** Der Server nimmt keine neuen Anrufe mehr an und beendet die aktuellen Anrufe sofort.

- **Nach Abschluss der Anrufe deaktivieren** Der Server nimmt keine neuen Anrufe an, beendet aber die aktuellen Anrufe nicht.

Die Unified Messaging-Funktion lässt sich für jedes Postfach aktivieren oder deaktivieren. Dies kann über das Exchange Admin Center oder in der Exchange Management Shell mit dem Cmdlet *Enable-UMMailbox* erfolgen. Die UM-Eigenschaften von Anwendern sind an zwei Orten gespeichert: im Postfach und im Active Directory-Benutzerkonto.

Die Verwaltung erfolgt aber an einer zentralen Stelle. Die UM-Eigenschaften lassen sich über die Exchange Management Shell oder das Exchange Admin Center verwalten. Benutzer werden immer einer UM-Postfachrichtlinie zugeordnet und erhalten eine eigene Durchwahl zugewiesen. UM-Postfachrichtlinien enthalten Einstellungen für Wähleinschränkungen oder PIN-Richtlinien für einen Benutzer.

Nach der Installation müssen Sie einem Server noch UM-Wählpläne zuweisen. Anschließend erstellen Sie ein UM-IP-Gateway und ordnen diesem den angelegten Satz von UM-Wählplänen zu. Jeder Satz von UM-Wählplänen aktiviert die Erstellung einer UM-Postfachrichtlinie. Die UM-Postfachrichtlinie benennt Exchange als *<Name_Wählpläne>-Standardrichtlinie*.

Geht ein Anruf beim IP-Gateway oder bei der Telefonanlage ein, leitet dieses Gerät den Anruf an einen UM-Server weiter. Dieser versucht anschließend die Durchwahlnummer des Benutzers mit den zugehörigen UM-Wählplänen abzugleichen.

UM-Postfachrichtlinien steuern Sicherheitseinstellungen für UM-aktivierte Postfächer. Dazu gehören neben PIN-Richtlinien und Wähleinschränkungen auch weitere allgemeine Eigenschaften. Jeder UM-aktivierte Benutzer muss mit einer einzelnen UM-Postfachrichtlinie verknüpft sein. Dabei lassen sich aber auch mehrere UM-aktivierte Benutzer einer einzelnen UM-Postfachrichtlinie zuordnen.

Ein UM-IP-Gateway ist ein Active Directory-Objekt, das Unified Messaging mit herkömmlichen Telefonanlagen verbindet. Durch die Kombination des UM-IP-Gatewayobjekts mit einem UM-Sammelanschlussobjekt wird eine Verknüpfung mit den UM-Wählplänen eingerichtet. Sammelanschlüsse sind eine Sammlung von Durchwahlnummern. Geht ein Anruf ein, verwendet die Telefonanlage den Sammelanschluss. Ein UM-Sammelanschluss ist mindestens einem UM-IP-Gateway und einem Satz von UM-Wählplänen zugeordnet.

Unified Messaging ermöglicht die Verwendung automatischer UM-Telefonzentralen. Diese dienen zum Erstellen eines sprachgesteuerten Menüsystems für ein Unternehmen. Die automatische UM-Telefonzentrale verwendet eine Folge von Ansagen und weitere *.wav*-Dateien, die Anrufer hören. Die automatische UM-Telefonzentrale ermöglicht es Anrufern, sich über das Tonwahlverfahren oder Spracheingaben durch das Menüsystem zu bewegen.

Standardmäßig verwendet Unified Messaging die E.161-Tastenzuordnung, die auf fast jedem deutschen Telefon zu finden ist (2=ABC, 3=DEF, 4=GHI, 5=JKL, 6=MNO, 7=PQRS, 8=TUV und 9=WXYZ). Zusätzlich bietet die automatische UM-Telefonzentrale eine Suchfunktion, mit der Anrufer das Telefonbuch einer Organisation nach einem Namen durchsuchen können. Eine automatische UM-Telefonzentrale ist einem einzigen Satz von UM-Wählplänen zugeordnet. Mehrere automatische UM-Telefonzentralen lassen sich miteinander verknüpfen und untereinander weiterleiten.

Wenn ein UM-Server einen Anruf annimmt, erfolgt eine Active Directory-Suche, um den entsprechenden UM-aktivierten Empfänger zu ermitteln. Zur Übertragung der Sprachnachrichten verwendet der UM-Server den SMTP-Transport.

Unified Messaging-Wählpläne

Wählpläne entsprechen Telefonie-Wählplänen, mit denen Telefonanlagen konfiguriert werden. Diese Wählpläne sind dafür zuständig, dass die Telefondurchwahlen der Benutzer eindeutig sind.

Unified Messaging benötigt mindestens einen Satz von UM-Wählplänen, mit dem Sie einen Unified Messaging-Server und ein IP-Gateway miteinander verknüpfen. Anschließend können Sie ein UM-IP-Gateway erstellen und dieses mit den UM-Wählplänen verbinden.

Zu jedem Satz von UM-Wählplänen gehört eine UM-Postfachrichtlinie. Außerdem erstellt Exchange einen UM-Standardsammelanschluss. Durch diese Elemente kann ein Unified Messaging-Server Anrufe vom IP-Gateway annehmen und verarbeiten. Wichtig beim Betrieb von Unified Messaging sind Uniform Resource Identifier (URIs). Die Aufgabe des URI besteht darin, VoIP-Geräten die Kommunikation mit Telefonanlagen zu ermöglichen. Die Einstellungen der UM-Wählpläne hängen von den URI-Typen ab, die die Telefonanlagen im Unternehmen unterstützen. Wichtig sind vor allem die drei Formate *Telefondurchwahlnummer*, *SIP-URI* und *E.164*. Nachdem Sie einen Wählplan erstellt haben, können Sie den URI-Typ nachträglich nicht mehr ändern.

Der wichtigste Typ der UM-Wählpläne ist der URI-Typ *Telefondurchwahlnummer*. Geht bei der Telefonanlage ein Anruf ein und nimmt der UM-aktivierte Benutzer den Anruf nicht entgegen, wird der Anruf an das IP-Gateway weitergeleitet. Die SIP-URI ist die SIP-Rufnummer eines Benutzers. Sie ist ähnlich wie eine E-Mail-Adresse aufgebaut und hat das Format *sip:<Benutzername>@<Domäne* oder *<IP-Adresse>:Port*.

E.164 ist eine Richtlinie der Internationalen Fernmeldeunion ITU für das Format von Telefonnummern. E.164-Nummern können bis zu 15 Ziffern enthalten. Die internationale Vorwahl muss in die gewählte Nummer einbezogen werden. Nach dem Aktivieren von UM-Wählplänen müssen Sie auch eine Teilnehmerzugriffsnummer hinzufügen. Teilnehmerzugriffsnummern werden oft auch als Pilotnummern bezeichnet.

Voicemail und Unified Messaging bereitstellen

Wenn Sie Unified Messaging bereitstellen, müssen Sie die Exchange-Server in das vorhandene Telefoniesystem oder in Skype integrieren. Wenn Sie UM mit Ihrer Telefonieinfrastruktur verbinden, muss Ihre Organisation über eines der folgenden Geräte verfügen:

- ein oder mehrere VoIP-Gateways mit einer oder mehreren Nebenstellenanlagen
- eine oder mehrere IP-Nebenstellenanlagen
- eine oder mehrere SIP-aktivierte Nebenstellenanlagen

Wenn Sie UM in einer gehosteten Umgebung oder in einer Hybridumgebung bereitstellen, müssen Sie einen Session-Border-Controller (SBC) bereitstellen. Dieser Controller ermöglicht keine Verbindung von UM mit einer Telefonieinfrastruktur, sondern ist für die Verbindung Ihrer lokalen UM-Bereitstellung mit einem Datencenter zuständig. Dazu wird das IP-Protokoll über ein öffentliches oder privates WAN verwendet.

Die Auswahl eines VoIP-Gateways, einer IP-Nebenstellenanlage oder eines SBC ist der erste Schritt zur Integration der UM-Funktion in Ihre Telefonieinfrastruktur. Unified Messaging kann Skype nutzen, um Voicemessaging, Chat, erweiterte Anwesenheitsinformationen, Audio-/Videokonferenzen und den E-Mail-Austausch zu kombinieren.

Die erforderlichen UM-Sprachpakete hinzufügen

Nachdem Sie Exchange 2016 installiert haben (siehe Kapitel 2), müssen Sie zusätzlich die entsprechenden Sprachpakete für UM installieren. UM-Sprachpakete ermöglichen Anrufern und Outlook Voice Access-Benutzern die Interaktion mit dem Voicemailsystem in den installierten Sprachen.

Bei der Installation von Exchange 2016 ist US-amerikanisches Englisch die Standardsprache und die einzige verfügbare Sprachoption. Nachdem Sie ein UM-Sprachpaket auf einem Postfachserver installiert haben, wird die dem Sprachpaket zugeordnete Sprache als Option verfügbar, wenn Sie die Standardsprache für den Wählplan konfigurieren.

Nach dem Herunterladen eines UM-Sprachpakets von der Seite *http://tinyurl.com/j6g8nb2* können Sie über das Setupprogramm die Installation durchführen. Zum Entfernen eines UM-Sprachpakets müssen Sie ebenfalls den Befehl *Setup.exe* verwenden. Es gibt kein Cmdlet in der Exchange Management Shell, mit dem sich Sprachen zu einem Postfachserver hinzufügen oder daraus entfernen lassen.

Sie installieren das Sprachpaket über die selbstextrahierende Datei oder mit dem Befehl *Setup.exe /AddUmLanguagePack* auf einem Postfachserver mit aktivem Microsoft Exchange Unified Messaging-Dienst.

Achtung

Die UM-Sprachpakete für Exchange 2007/2010/2013 können nicht auf einem Exchange 2016-Postfachserver verwendet werden.

Im folgenden Beispiel wird das deutsche (*de-de*) UM-Sprachpaket installiert, das in den Ordner *D:\Exchange\UMLanguagePacks* auf einen Postfachserver heruntergeladen wurde:

```
Setup.exe /AddUmLanguagePack:de-de /s:D:\Exchange\UMLanguagePacks /IAcceptExchangeServerLicense-
Terms
```

Um eine Sprache zu entfernen, müssen Sie das Sprachpaket mit *Setup /RemoveUmLanguage-Pack* vom Unified Messaging-Server entfernen. Verwenden Sie dazu die Setupdatei auf der Exchange 2016-DVD oder aus den heruntergeladenen Quelldateien.

UM-Wählpläne erstellen

Nach der erfolgreichen Installation der UM-Funktion legen Sie zunächst einen UM-Wählplan an.

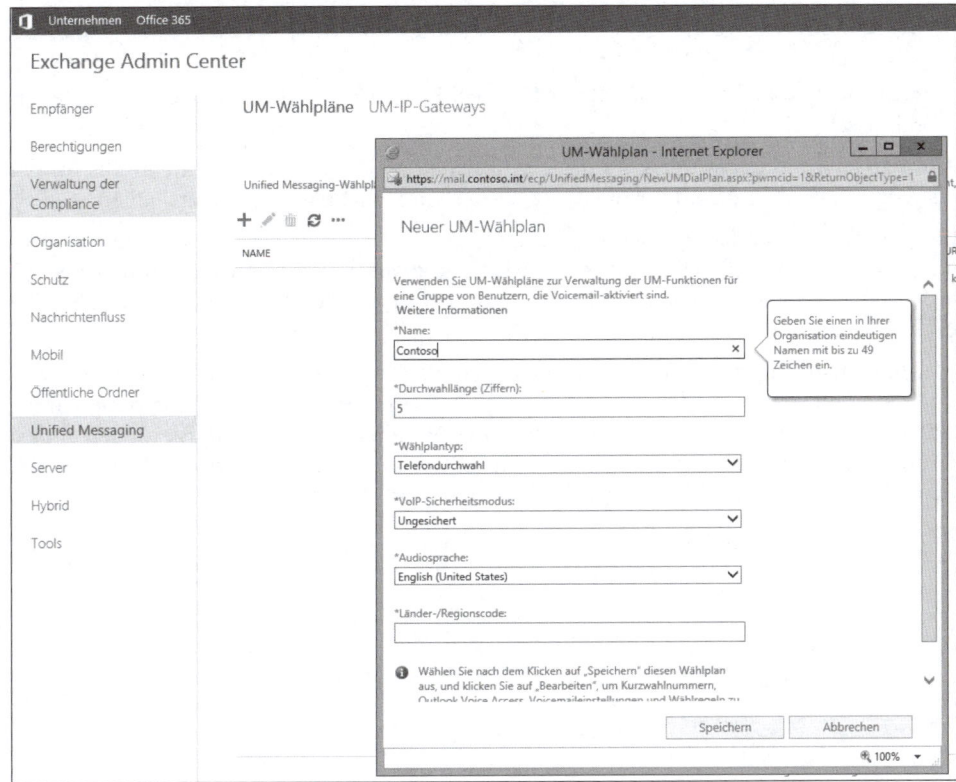

Abbildung 18.1: Erstellen eines neuen UM-Wählplans

Geben Sie den Namen für den Wählpan ein. Der Wählplanname darf höchstens 49 Zeichen umfassen. Dies liegt daran, dass bei der Erstellung auch eine UM-Standardpostfachrichtlinie erstellt wird. Außerdem müssen Sie weitere Felder ausfüllen:

- **Durchwahllänge (Ziffern)**   Geben Sie hier die Anzahl an Ziffern für die Durchwahlnummern im Wählplan ein. Die Anzahl der Stellen für Durchwahlnummern basiert auf den Telefoniewähleinstellungen, die auf einer PBX (Nebenstellenanlage) eingerichtet werden. Die Durchwahlnummer wird von Outlook Voice Access-Benutzern verwendet, wenn sie auf ihr Exchange-Postfach zugreifen.

- **Wählplantyp**   Der Sinn dieser Identifizierung ist es, die VoIP-Geräte für die Kommunikation mit anderen Geräten über ein Netzwerk zu aktivieren. *Telefondurchwahl* ist der häufigste URI-Typ. Die Teilnehmerinformationen des Anrufers und des Angerufenen vom VoIP-Gateway oder von der IP-Nebenstellenanlage werden in einem der folgenden Formate aufgeführt: *Tel:512345* oder *512345@<IP-Adresse>*. Wählen Sie den Typ *SIP-URI* aus, wenn Sie einen SIP-URI-Wählplan verwenden (zum Beispiel bei einer IP-Nebenstellenanlage, die das SIP-Routing unterstützt). Eine IP- oder Skype-Adresse verwendet zum Beispiel das Format *SIP:<Benutzername>@<Domäne>* oder *<IP-Adresse>:Port*. Beim Typ *E.164* handelt es sich um einen internationalen Nummerierungsplan für Telefonsysteme.

- **VoIP-Sicherheitsmodus** Verwenden Sie diese Option, um die VoIP-Sicherheitseinstellung für die UM-Wähleinstellungen auszuwählen:
  - **Ungesichert** Standardmäßig ist die Einstellung so festgelegt, dass die SIP-Signalisierung nicht verschlüsselt wird.
  - **SIP-gesichert** Wenn Sie *SIP-gesichert* auswählen, wird nur der SIP-Signalverkehr verschlüsselt.
  - **Gesichert** Bei dieser Auswahl werden die SIP-Signale und die RTP-Medienkanäle verschlüsselt.
- **Audiosprache** Hier wählen Sie die gewünschte Sprache für den Wählplan aus. In der Liste sind nur die Sprachen verfügbar, für die Sie ein Sprachpaket installiert haben.
- **Länder-/Regionscode** Verwenden Sie dieses Feld zur Eingabe des Länder-/Regionscodes für ausgehende Anrufe. Diese Nummer wird automatisch vor der Telefonnummer eingefügt. In den USA wird beispielsweise als Landes-/Regionscode eine *1*, in Deutschland der Code *49* verwendet.

Die meisten Einstellungen für Wählpläne nicht werden direkt beim Anlegen eines Plans vorgenommen, sondern erst, wenn Sie dessen Eigenschaften aufrufen. Zur Verwaltung stehen Ihnen verschiedene Seiten zur Verfügung, über die Sie den Wählplan an Ihre Anforderungen anpassen können. Klicken Sie dazu im Exchange Admin Center auf die Schaltfläche *Konfigurieren*, nachdem Sie die Eigenschaften eines Wählplans aufgerufen haben.

Abbildung 18.2: In diesem Fenster können Sie Ihre vorangelegten UM-Wählpläne nachträglich anpassen.

Auf der Registerkarte *Outlook Voice Access* stellen Sie die Begrüßung ein, die den Anwendern beim Anrufen vorgespielt wird. Sie können über die Schaltfläche *Ändern* beliebige *.mp3-*, *.wav-* oder *.wma-*Dateien auswählen. Wenn Sie keine Audiodatei als Begrüßungstext angeben, hören die Anrufer eine Standardbegrüßung.

Die Begrüßung verwendet Exchange, wenn Outlook Voice Access-Benutzer oder andere Anrufer die Zugriffsnummer des Teilnehmers wählen. Möchten Sie diese Begrüßung anpassen, müssen Sie zuerst eine entsprechende Ansage aufzeichnen, diese als *.wav-*Datei speichern und dann den Wählplan entsprechend konfigurieren. Die standardmäßigen Sprachdateien, die den Anwendern vorgespielt werden, liegen allesamt im *.wav-*Format vor. Die Dateien befinden sich auf dem Unified Messaging-Server im Verzeichnis *C:\Program Files\Microsoft\Exchange Server\V15\UnifiedMessaging\prompts\de*.

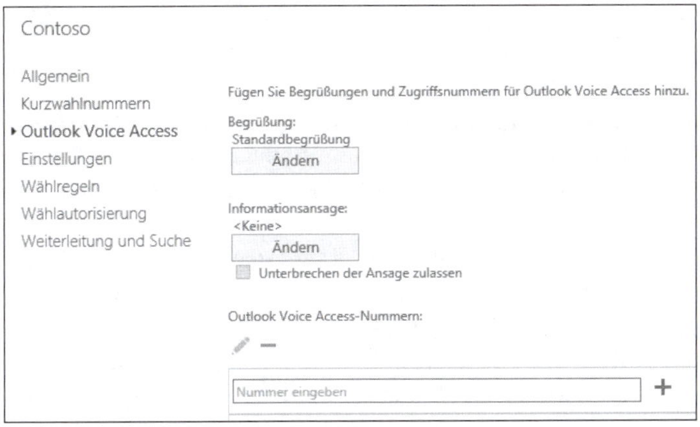

Abbildung 18.3: Legen Sie in diesem Fenster fest, wie ein Anrufer begrüßt werden soll.

Fügen Sie im Feld *Outlook Voice Access-Nummern* eine Telefonnummer hinzu, die ein Benutzer anrufen muss, um über Outlook Voice Access auf das Unified Messaging-System zuzugreifen. Da in diesem Feld alphanumerische Zeichen zulässig sind, können Sie auch eine SIP-Adresse verwenden. Beim Erstellen eines Wählplans sind standardmäßig keine Teilnehmerzugriffsnummern konfiguriert. Um den Teilnehmerzugriff zu aktivieren, müssen Sie mindestens eine Telefonnummer hinterlegen.

Im Feld *Amtskennziffer* auf der Registerkarte *Kurzwahlnummern* können Sie die Nummern eingeben, die für den Zugriff bei ausgehenden Anrufen verwendet werden. Verwenden Sie das Feld *Internationale Verkehrsausscheidungsziffer* zur Eingabe der Nummer, die für internationale Telefonnummern für ausgehende Anrufe verwendet wird.

Im Feld *Nationales Rufnummernpräfix* geben Sie die Nummer an, die zum Wählen von Telefonnummern außerhalb des Ortsnetzes, aber innerhalb des Landes verwendet wird. Diese Nummer wird ebenfalls vor der zu wählenden Telefonnummer eingefügt und ist standardmäßig nicht ausgefüllt.

Über das Feld *Länder-/Regionscode* geben Sie die Landes-/Regionskennzahl ein, die für ausgehende Anrufe verwendet werden soll. In Deutschland verwenden Sie dazu den Code 49.

Über die Funktionen auf der Registerkarte *Einstellungen* können Sie festlegen, wie interne und externe Anrufer im System nach Benutzern suchen, wie viele fehlgeschlagene Anmeldeversuche zulässig sind, wenn ein interner Benutzer versucht, auf seine Sprachnachricht zuzugreifen, und welche Standardsprache der Wählplan verwenden soll. Hier sind nur die installierten Sprachpakete zu sehen.

Migration, Sprachkommunikation und Überwachung

Um Grenzwerte für Anrufe festzulegen, stehen Ihnen verschiedene Möglichkeiten zur Verfügung. Die meisten Einstellungen sind selbsterklärend. Wichtig sind folgende Möglichkeiten für die Definition von Grenzwerten:

- **Anzahl der Anmeldefehler vor dem Trennen der Verbindung** Geben Sie in diesem Feld die Anzahl der zulässigen erfolglosen Anmeldeversuche ein, bevor die Verbindung beendet wird.

- **Maximale Anrufdauer (Minuten)** Geben Sie in diesem Feld die maximale Anzahl ein, für die bei einem eingehenden Anruf die Verbindung erhalten bleibt, bevor der Anruf abgebrochen wird.

- **Maximale Aufzeichnungsdauer (Minuten)** Geben Sie in diesem Feld die maximale Anzahl ein, die pro Sprachaufzeichnung zulässig ist.

- **Aufzeichnungsleerlauf-Zeitüberschreitung** Geben Sie hier den Zeitraum in Sekunden ein, innerhalb dessen während der Aufzeichnung einer Sprachnachricht geschwiegen werden darf, bevor das Telefonat beendet wird.

- **Anzahl der Eingabefehler vor dem Trennen der Verbindung** Geben Sie hier ein, wie viele falsche Eingaben der Benutzer machen darf, bevor die Verbindung beendet wird. Ein Eingabefehler entsteht, wenn ein Anrufer eine nicht im System gefundene Durchwahl anfordert.

Wichtig für UM-Wählpläne sind die hinterlegten Wählregeln. Diese steuern Sie auf der Registerkarte *Wählregeln* in den Eigenschaften eines UM-Wählplans.

Auf der Registerkarte *Wählautorisierung* lassen sich Wählregeln konfigurieren, über die Benutzer daran gehindert werden, bestimmte Telefonate zu führen. Wähleinschränkungen können Sie verwenden, um zu bestimmen, ob Benutzer internationale Rufnummern anrufen dürfen oder nicht.

UM-IP-Gateways erstellen

Bei einem UM-IP-Gateway handelt es sich entweder um ein VoIP-Gatewaygerät oder um eine IP-Nebenstellenanlage. Durch die Kombination des UM-IP-Gateways mit einem UM-Sammelanschluss wird eine Verknüpfung zwischen einem VoIP-Gateway oder einer IP-Nebenstellenanlage und einem UM-Wählplan eingerichtet.

Hinweis

Haben Sie die VoIP-Sicherheit für einen UM-Wählplan aktiviert, wird das UM-IP-Gateway einem UM-Wählplan zugeordnet, der die VoIP-Sicherheit verwendet. In diesem Fall müssen Sie zum Einrichten des UM-IP-Gateways anstelle einer IP-Adresse einen vollqualifizierten Domänennamen (Fully Qualified Domain Name, FQDN) angeben. Außerdem müssen Sie das UM-IP-Gateway für die Überwachung des TCP-Ports 5061 konfigurieren.

Führen Sie dazu den folgenden Befehl aus:

```
Set-UMIPGateway -Identity MyUMIPGateway -Port 5061
```

Stellen Sie sicher, dass alle VoIP-Gateways oder IP-Nebenstellenanlagen für die Überwachung von Port 5061 für MTLS konfiguriert sind.

Um ein UM-IP-Gateway zu erstellen, gehen Sie folgendermaßen vor:

1. Navigieren Sie im Exchange Admin Center zu *Unified Messaging/UM-IP-Gateways*, und klicken Sie dann auf *Neu* (das +-Symbol).

2. Weisen Sie dem UM-IP-Gateway einen Namen zu, und füllen Sie die notwendigen Felder aus.

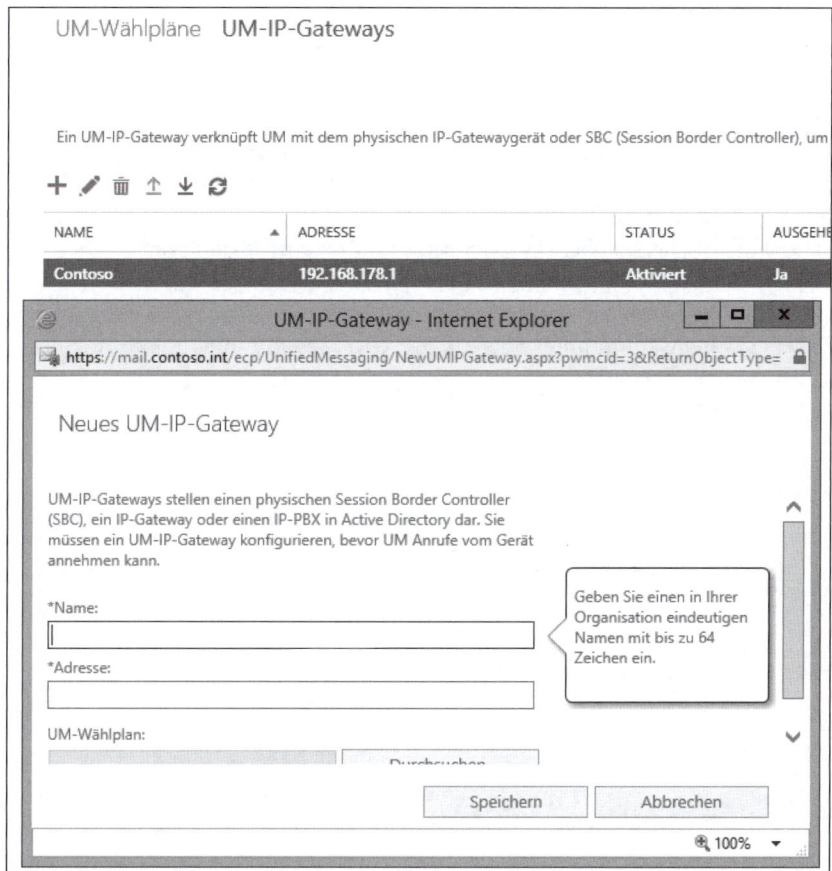

Abbildung 18.4: Konfigurieren Sie in diesem Fenster Ihr neues UM-IP-Gateway.

Ein UM-IP-Gateway kann entweder mit einer IP-Adresse oder mit einem vollqualifizierten Domänennamen (FDQN) konfiguriert werden. Verwenden Sie das Feld *Adresse*, um die IP-Adresse oder einen vollqualifizierten Domänennamen (FQDN) anzugeben, die bzw. der auf dem VoIP-Gateway, der SIP-aktivierten Nebenstellenanlage, der IP-Nebenstellenanlage oder dem SBC konfiguriert wurde.

3. Klicken Sie auf die Schaltfläche *Durchsuchen*, um den UM-Wählplan auszuwählen, den Sie dem UM-IP-Gateway zuordnen möchten. In diesem Fall wird noch ein UM-Sammelanschluss erstellt und diesem UM-Wählplan zugeordnet. Wenn Sie keinen UM-Wählplan auswählen, müssen Sie einen UM-Sammelanschluss manuell erstellen und diesen dann dem erstellten UM-IP-Gateway zuweisen.

Optionale UM-Sammelanschlüsse erstellen und konfigurieren

Sammelanschlüsse werden für die Verteilung der eingehenden und ausgehenden Anrufe verwendet. Wenn Sie ein UM-IP-Gateway erstellen und dieses einem UM-Wählplan zuordnen, wird ein UM-Standardsammelanschluss angelegt. Je nach Anzahl der erstellten UM-IP-Gateways können Sie demselben oder einem anderen UM-IP-Gateway einen anderen UM-Sammelanschluss zuordnen.

Wenn Sie einen UM-Sammelanschluss erstellen, lassen Sie für alle im UM-Wählplan angegebenen Postfachserver die Kommunikation mit einem VoIP-Gateway zu. Um einen Sammelanschluss hinzuzufügen, gehen Sie folgendermaßen vor:

1. Navigieren Sie im Exchange Admin Center zu *Unified Messaging/UM-Wählpläne*. Markieren Sie in der Listenansicht den zu ändernden UM-Wählplan, und klicken Sie auf *Bearbeiten* (das Stiftsymbol).

2. Klicken Sie unten auf der Seite bei *UM-Sammelanschlüsse* auf *Hinzufügen*.

3. Legen Sie einen Namen fest, und wählen Sie das entsprechende Gateway aus. Geben Sie im Feld *Pilot-ID* die Nebenstellenanlage oder die IP-Nebenstellenanlage an. In diesem Feld können Sie eine Durchwahlnummer oder ein SIP-URI (Session Initiation-Protokoll – Uniform Resource Identifier) eingeben.

4. Klicken Sie auf *Speichern*.

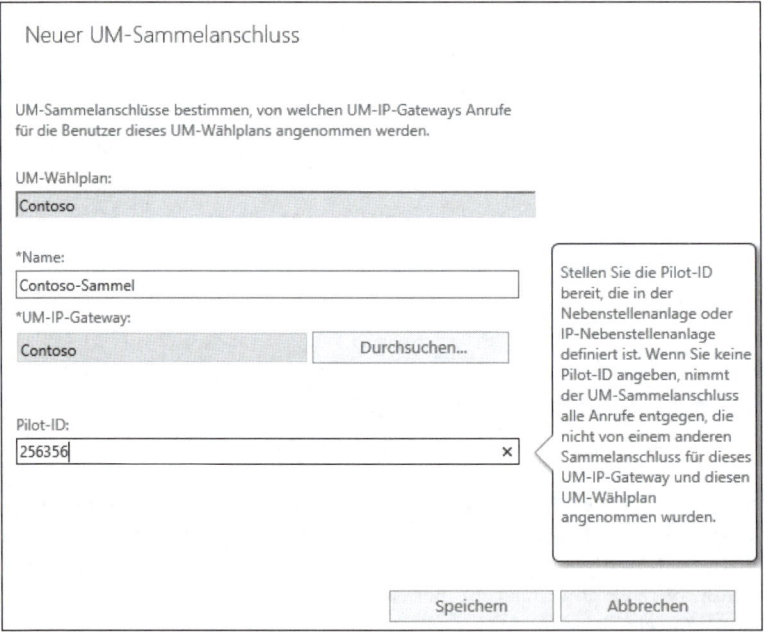

Abbildung 18.5: Legen Sie in diesem Fenster die Einstellungen für den UM-Sammelanschluss fest.

UM-Postfachrichtlinien einsetzen

Das Postfach eines jeden UM-aktivierten Benutzers muss mit einer UM-Postfachrichtlinie verknüpft sein. Mit den Richtlinien können Sie PIN-Sicherheitseinstellungen steuern und beispielsweise die Mindestanzahl an Stellen einer PIN oder die Höchstanzahl an fehlerhaften Anmeldeversuchen definieren.

Für jeden UM-Wählplan wird eine UM-Postfachrichtlinie erstellt. Sie können die vorhandenen Richtlinien anpassen oder neue Richtlinien erstellen:

1. Navigieren Sie im Exchange Admin Center zu *Unified Messaging/UM-Wählpläne*. Markieren Sie in der Listenansicht den UM-Wählplan, den Sie ändern möchten, und klicken Sie dann auf *Bearbeiten* (das Stiftsymbol).

2. Klicken Sie im Abschnitt *UM-Postfachrichtlinien* auf *Hinzufügen*. Alternativ können Sie die bestehende Richtlinie bearbeiten.

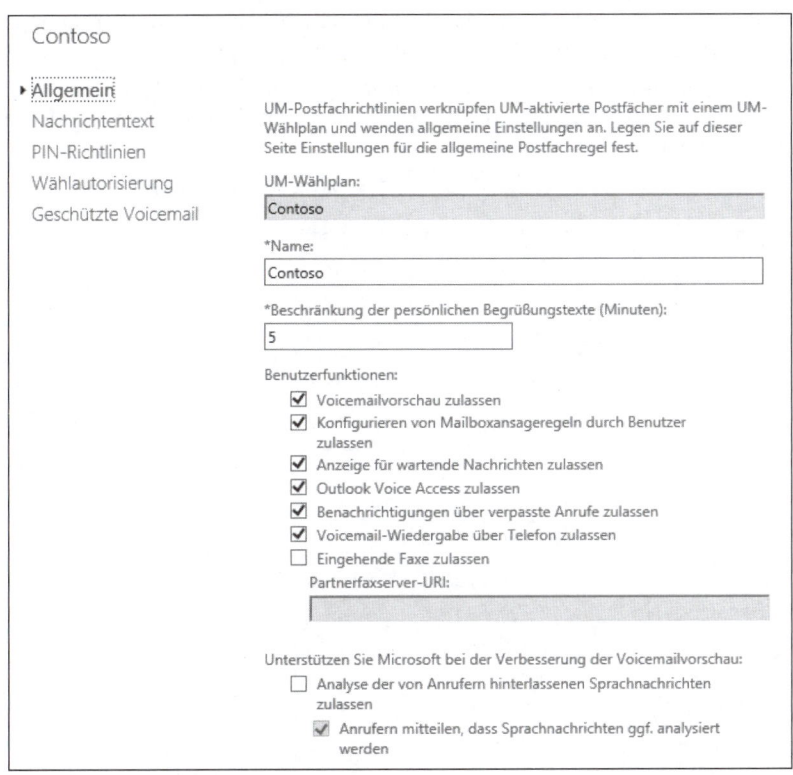

Abbildung 18.6: In diesem Fenster können Sie Ihren UM-Wählplan bearbeiten.

3. Weisen Sie der UM-Postfachrichtlinie einen Namen zu. Wenn Sie eine neue UM-Postfachrichtlinie speichern, werden alle Standardeinstellungen einschließlich PIN-Richtlinien, Voicemailfeatures und Einstellungen für geschützte Voicemail aktiviert.

Möchten Sie Standardeinstellungen anpassen oder ändern, verwenden Sie in der Exchange Management Shell das Cmdlet *Set-UMMailbox*. Die Einstellung einer spezifischen Richtlinie passen Sie per Doppelklick auf den UM-Wählplan und die Auswahl der zugeordneten Richtlinie an.

Migration, Sprachkommunikation und Überwachung

Automatische UM-Telefonzentrale erstellen und nutzen

Beim Erstellen einer automatischen UM-Telefonzentrale wird ein sprachgesteuertes Menüsystem erstellt. Anrufer können durch das Menüsystem navigieren, um Benutzer oder Abteilungen in der Organisation zu finden sowie Anrufe an diese durchführen.

Hinweis

Die meisten Einstellungen einer automatischen Telefonanlage legen Sie nach dem Erstellen fest. Dazu rufen Sie einfach im Exchange Admin Center den UM-Wählplan und dann die automatische Telefonzentrale auf.

Eine neue automatische Telefonzentrale erstellen

Anrufer können mit dem Tonwahlverfahren oder über Spracheingaben durch das Menüsystem navigieren. Das Verwenden von automatischen Telefonzentralen ist optional:

1. Navigieren Sie im Exchange Admin Center zu *Unified Messaging/UM-Wählpläne*, markieren Sie den UM-Wählplan, dem Sie eine automatische Telefonzentrale hinzufügen wollen, und klicken Sie auf *Bearbeiten*.
2. Klicken Sie im Abschnitt *Automatische UM-Telefonzentralen* auf *Hinzufügen*.

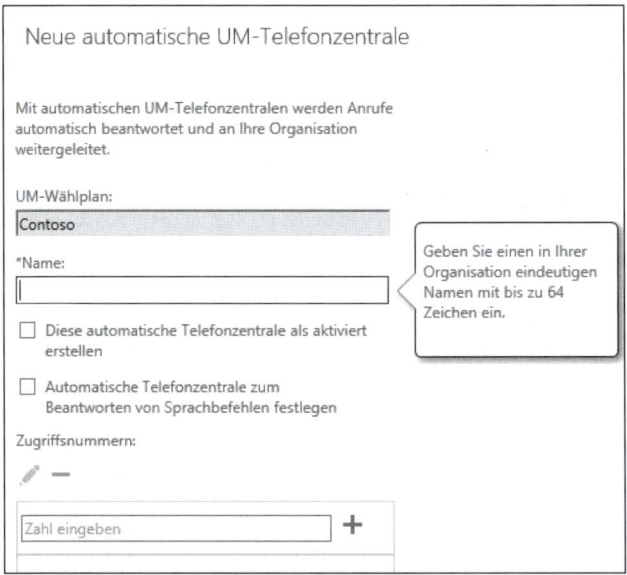

Abbildung 18.7: Über dieses Fenster können Sie eine automatische Telefonzentrale einrichten.

Füllen Sie zunächst die notwendigen Felder aus, und aktivieren Sie anschließend das Kontrollkästchen *Diese automatische Telefonzentrale als aktiviert erstellen*, wenn nach Abschluss der Erstellung die automatische Telefonzentrale eingehende Anrufe beantworten soll.

Standardmäßig wird eine neue automatische Telefonzentrale als deaktiviert erstellt. Sie können die Anlage im Exchange Admin Center oder in der Exchange Management Shell aktivieren.

Die Aktivierung des Kontrollkästchens *Automatische Telefonzentrale zum Beantworten von Sprachbefehlen festlegen* ist notwendig, um die automatische Telefonzentrale für die Spracherkennung zu aktivieren. Bei einer Sprachaktivierung können Anrufer auf Systemansagen mit Tonwahl- oder Spracheingaben antworten. Standardmäßig wird die automatische Telefonzentrale bei ihrer Erstellung nicht sprachaktiviert. Auch hier ist die Installation eines UM-Sprachpakets besonders wichtig.

Verwenden Sie das Feld *Zugriffsnummern*, um die Telefonnummern einzugeben, die Anrufer zum Erreichen der automatischen Telefonzentrale verwenden. Die Anzahl der Ziffern muss nicht mit einer Durchwahlnummer übereinstimmen, die im zugeordneten UM-Wählplan konfiguriert ist. Sie können die automatische Telefonzentrale auch ohne Telefonnummer erstellen. Klicken Sie zum Abschluss auf *Speichern*.

Eine automatische Telefonzentrale verwalten

Sobald Sie eine Telefonzentrale erstellt haben, verwalten Sie deren Eigenschaften nachträglich über die Einstellungen des UM-Wählplans und dann, indem Sie die Eigenschaften der automatischen Telefonzentrale aufrufen. Bei der nachträglichen Konfiguration stehen Ihnen wesentlich mehr Möglichkeiten zur Verfügung als beim Erstellen.

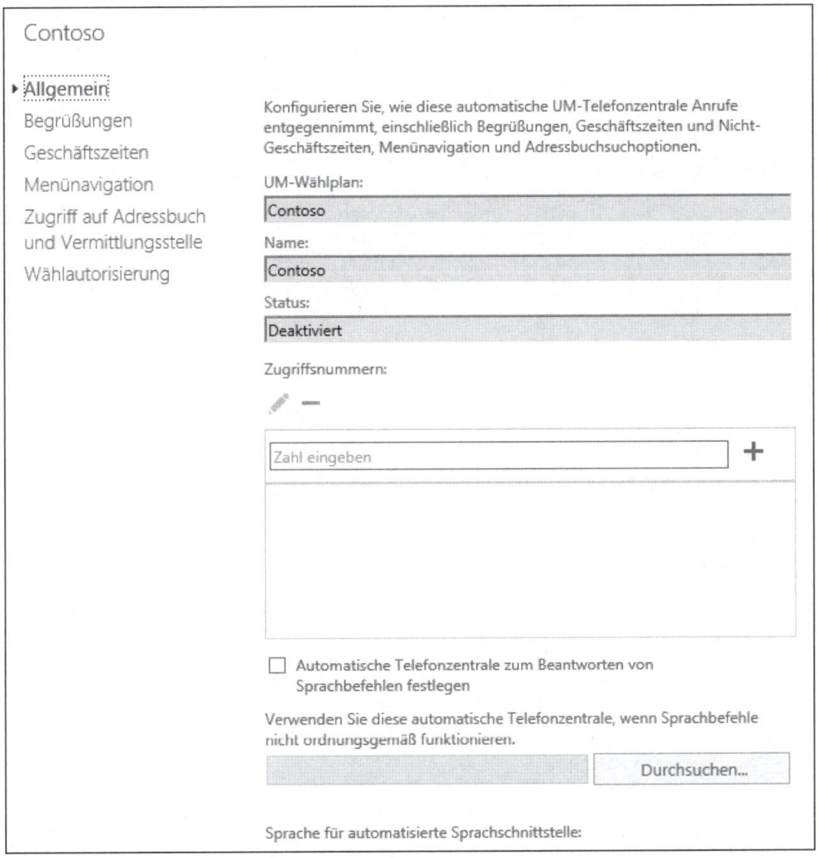

Abbildung 18.8: Passen Sie hier eine automatische Telefonzentrale nach dem Erstellen an.

Unified Messaging verwalten

Nachdem Sie die UM-Infrastruktur bereitgestellt haben, verwalten Sie diese und aktivieren die Benutzer, damit sie Unified Messaging verwenden können. Wie Sie dabei vorgehen, erfahren Sie in den folgenden Abschnitten.

Benutzer für Voicemail aktivieren

Mit der Aktivierung eines Benutzers für Unified Messaging ordnen Sie diesen Benutzer gleichzeitig einer UM-Postfachrichtlinie zu. Allerdings muss dieser Benutzer über ein Postfach verfügen, bevor eine Aktivierung für Unified Messaging durchgeführt werden kann.

Standardmäßig ist ein Benutzer, der über ein Postfach verfügt, nicht für Unified Messaging aktiviert. Sie müssen die Aktivierung nachträglich durchführen. Nach der UM-Aktivierung können Sie die UM-Eigenschaften und Voicemailfunktionen für den Benutzer jederzeit konfigurieren.

Sie können einen Benutzer über das Exchange Admin Center oder über die Exchange Management Shell für Unified Messaging aktivieren. Um mehrere UM-Benutzer gleichzeitig zu aktivieren, verwenden Sie das Exchange Admin Center oder das Cmdlet *Enable-UMMailbox* in der Exchange Management Shell. Im Exchange Management Center rufen Sie die Eigenschaften des Benutzers auf und klicken auf *Postfachfunktionen*. Klicken Sie anschließend im Abschnitt *Telefon- und Sprachfunktionen* auf den Link *Aktivieren*.

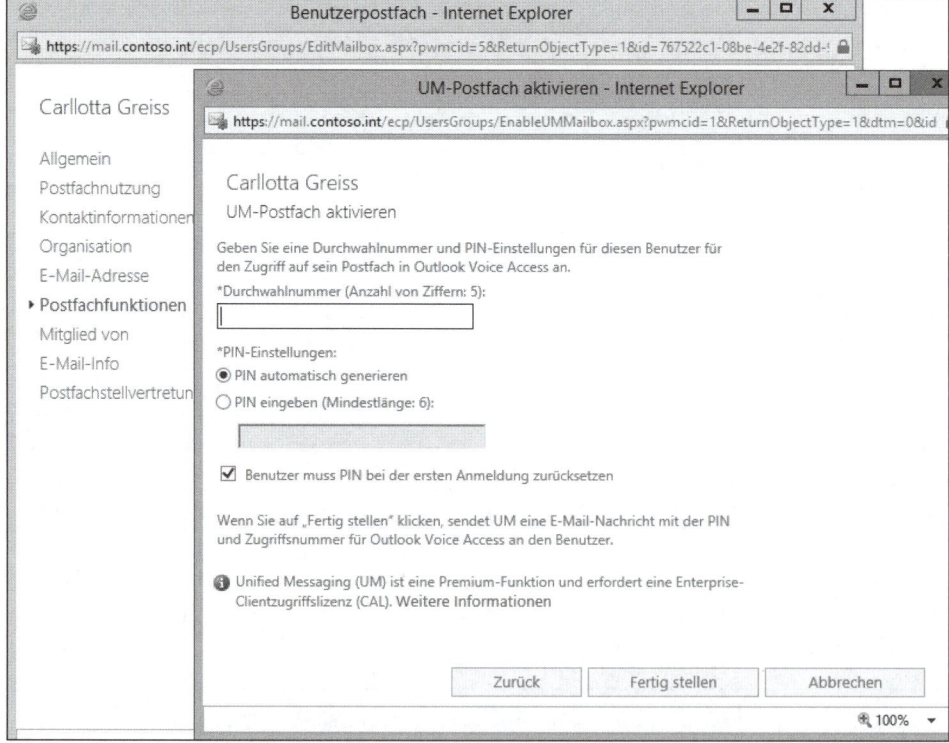

Abbildung 18.9: Verwalten Sie über dieses Fenster die Unified Messaging-Funktion für einen Postfachbenutzer.

Um einen Benutzer für Unified Messaging zu aktivieren, muss eine Zuordnung zu einer vorhandenen UM-Postfachrichtlinie bestehen, und Sie müssen eine Durchwahlnummer angeben.

Sie können einen Benutzer einer UM-Postfachrichtlinie zuordnen, indem Sie bei der UM-Aktivierung des Benutzers das Cmdlet *Enable-UMMailbox* in der Exchange Management Shell aufrufen oder die UM-Postfachrichtlinie auswählen.

Wenn Sie einen Benutzer für Unified Messaging aktivieren, müssen Sie zumindest eine Durchwahlnummer festlegen. Nachdem Sie den Benutzer für Unified Messaging aktiviert haben, können Sie dem Benutzerpostfach weitere Durchwahlnummern hinzufügen, diese ändern oder entfernen. Das Postfach eines UM-aktivierten Benutzers kann nur einem einzigen UM-Wählplan zugeordnet werden.

Im folgenden Beispiel werden Unified Messaging und Voicemail für das Postfach *thomas.joos@contoso.com* aktiviert. Dabei werden die Durchwahl sowie eine manuelle PIN für den Benutzer festgelegt, und dem Benutzerpostfach wird eine UM-Postfachrichtlinie zugewiesen:

```
Enable-UMMailbox -Identity thomas.joos@contoso.com -UMMailboxPolicy MyUMMailboxPolicy -Extensions
51234 -PIN 5643892 -PINExpired $true
```

Im folgenden Beispiel werden Unified Messaging und Voicemail für das Postfach *thomas.joos@contoso.com* aktiviert. Außerdem wird dem Benutzer eine UM-Postfachrichtlinie namens *policy-berlin* zugewiesen, und es werden die Durchwahl, eine SIP-Adresse und eine manuelle PIN für den Benutzer festgelegt:

```
Enable-UMMailbox -Identity thomas.joosh@contoso.com -UMMailboxPolicy policy-berlin -Extensions
51234 -PIN 5643892 -SIPResourceIdentifier "thomas.joos@contoso.com" -PINExpired $true
```

Wenn Sie im Exchange Admin Center die Eigenschaften eines Postfachs aufrufen, können Sie auf der Registerkarte *Postfachfunktionen* die Einstellungen für das Postfach vornehmen.

Klicken Sie im Abschnitt *Telefon- und Sprachfunktionen* auf *Details anzeigen*. Es öffnet sich ein neues Fenster, in dem Sie die Unified Messaging-Einstellungen spezifizieren können.

Tipp
In der Exchange Management Shell können Sie sich die UM-Eigenschaften Ihrer Benutzer über den Befehl *Get-UMMailbox -Identity <E-Mail-Adresse> |fl* anzeigen lassen. Mit *Set-UMMailbox* können Sie die Werte setzen.

- **PIN-Status**   Wenn der Benutzer mehrmals eine PIN falsch eingibt, sperrt Exchange das Postfach und zeigt an dieser Stelle den Status als *Gesperrt* an.

- **UM-Postfachrichtlinie**   Hier sehen Sie die UM-Postfachrichtlinie, die mit dem Benutzer verknüpft ist. Sie können die Verknüpfung über die Schaltfläche *Durchsuchen* ändern.

- **Durchwahl für persönliche Vermittlungsstelle**   Hier sehen Sie die Durchwahlnummern und die SIP-Adressen. Sie können an dieser Stelle aber keine weiteren Nummern definieren, sondern benötigen dazu die Registerkarte *Andere Durchwahlen*.

Aktive Anrufe mit der Leistungsüberwachung anzeigen

Für die Überwachung eines Unified Messaging-Servers ist es unerlässlich, die Anzahl der aktuell aktiven Anrufe anzuzeigen. Sie können für diesen Vorgang entweder die Leistungsüberwachung oder die Exchange Management Shell verwenden.

Um die aktiven Anrufe in der Leistungsüberwachung von Windows Server 2012 R2 anzuzeigen, gehen Sie folgendermaßen vor:

1. Starten Sie die Leistungsüberwachung (*Perfmon.msc*).
2. Fügen Sie über die entsprechende Schaltfläche einen neuen Leistungsindikator hinzu. Sie können auch die Tastenkombination `Strg`+`I` verwenden.
3. Wählen Sie als Leistungsobjekt *MSExchangeUMGeneral* aus.
4. Wählen Sie als Leistungsindikator *Aktuelle Anrufe* aus.
5. Klicken Sie auf *Hinzufügen*, und schließen Sie das Fenster. Die Leistungsüberwachung zeigt jetzt die aktiven Anrufe an.
6. Wollen Sie ausschließlich die Anrufe anzeigen lassen, entfernen Sie die bereits standardmäßig hinterlegten Leistungsindikatoren. Dann wird die Ansicht übersichtlicher.

Möchten Sie sich die aktiven Anrufe in der Exchange Management Shell anzeigen lassen, verwenden Sie folgenden Befehl:

```
Get-UMActiveCalls -Server <Servername>
```

Zusammenfassung

In diesem Kapitel konnten Sie erfahren, wie Sie die Unified Messaging-Funktionen in Exchange 2016 einrichten und verwalten. Wir haben Ihnen außerdem gezeigt, wie Sie Exchange mit Telefonanlagen verbinden und wie Sie automatische Telefonzentralen einrichten und verwalten.

Das nächste Kapitel befasst sich mit dem Thema Skype for Business Server 2015 und damit, wie Sie Exchange 2016 mit Skype verbinden.

Kapitel 19
Exchange 2016 und Skype for Business Server 2015

In diesem Kapitel:
Skype for Business Server 2015 614
Exchange und Skype verbinden 624
Zusammenfassung 632

Exchange 2016 und Skype for Business Server 2015 arbeiten perfekt zusammen. In diesem Kapitel erfahren Sie, wie Sie eine Testinstallation von Skype for Business Server 2015 durchführen und Exchange mit Skype verbinden.

Möchte Ihr Unternehmen neben der Kommunikation mit E-Mail auch eine Echtzeitkommunikation einführen, besteht die Möglichkeit, auf Skype zu setzen. Skype for Business Server 2015 ist der Nachfolger von Lync 2013 und bietet Funktionen zur Echtzeitkommunikation. Sinnvoll sind Instant Messaging, Video-, Audio- und Webkonferenzen sowie die Anbindung an Telefonanlagen oder auch der Betrieb als eigenständige Telefonanlage. Unternehmen, die Office 365 nutzen, erhalten ebenfalls Zugang zu Skype for Business Server 2015.

Anwender können in Office-Anwendungen eine Unterhaltung mit anderen Autoren von Dokumenten starten. Durch die Anbindung an Skype erkennen Anwender, ob andere Benutzer online sind, und können eine Echtzeitunterhaltung beginnen. Der Client für Skype for Business Server 2015 ist Bestandteil von Office 2016 Professional Plus.

Migration, Sprachkommunikation und Überwachung

Skype for Business Server 2015

Microsoft stellt mit Skype for Business Server 2015 den Nachfolger von Lync 2013 bereit. In der neuen Version stehen die Ihnen bereits aus Lync bekannten Features für Echtzeitkommunikation, Teamwork, Chat sowie Sprach- und Videotelefonie zur Verfügung. Skype for Business Server 2015 verfügt über alle Möglichkeiten, die bereits Lync 2013 unterstützt hat, und stellt weitere neue Funktionen bezüglich der Anbindung von Skype-Clients und -Kontakten bereit.

In diesem Bereich unterstützt die neue Version auch eine wesentlich bessere Zusammenarbeit mit anderen Systemen, wie beispielsweise mit dem VTC-System von Cisco. Der Video Interoperability Server (VIS) in Skype for Business Server 2015 kann das Skype-System mit Telekonferenzsystemen von Cisco (VTC) verbinden. Dadurch erhalten Unternehmen eine wesentlich höhere Flexibilität beim Einsatz von Skype for Business Server 2015, auch wenn bereits andere Systeme im Einsatz sind.

In der neuen Version haben Unternehmen die Möglichkeit, bessere Hybridbereitstellungen durchzuführen. Skype for Business Server 2015 arbeitet optimal mit Office 365 zusammen und hat bereits die meisten Abonnements von Lync zu Skype umgestellt. Sie sehen das, wenn in Ihrem Office 365 Admin Center auch die Verwaltung von Skype for Business Server 2015 integriert wurde.

Microsoft bietet die neue Version auch als einzeln buchbaren Onlinedienst (*https://products.office.com/de-de/skype-for-business/online*) an. Dieser kostet zwischen 1,70 Euro und 4,60 Euro pro Benutzer und Monat, abhängig von den Funktionen, die genutzt werden sollen. Sie haben also die Möglichkeit, den Dienst vollständig in der Cloud, zusammen mit Office 365, nur im Unternehmen oder als Hybridbereitstellung zu betreiben. Dadurch verfügen Unternehmen aller Art über sehr flexible Bereitstellungsmöglichkeiten. Um Skype for Business Server 2015 kostenlos zu testen, verwenden Sie am besten eine Bereitstellung über Office 365. Hier können Sie auch den aktuellen Client anbinden, ohne Server konfigurieren zu müssen.

Verbesserungen an der Oberfläche und Flexibilität bei der Bereitstellung

Der Server bietet einige Neuerungen und eine verbesserte Oberfläche, die allerdings nicht in einem Schritt im Unternehmen verteilt werden muss. Skype for Business Server 2015 bietet die Möglichkeit, den Skype for Business-Client mit der Benutzeroberfläche von Lync 2013 zu konfigurieren – oder umgekehrt den neuen Skype for Business-Client an Skype for Business Server 2015 anzubinden. Dadurch haben Unternehmen die Möglichkeit, sehr flexibel Clients und Server im Netzwerk zu verteilen und die Oberfläche für Benutzer erst nach und nach freizuschalten.

Microsoft hat darauf geachtet, dass sich für Anwender im Vergleich zu Lync nicht viel ändert. Die Oberfläche wurde modernisiert, aber alle Funktionen lassen sich schnell auffinden. Der neue Skype for Business 2016-Client in Office 2016 lässt sich ebenfalls mit Skype for Business Server 2015 betreiben. Setzen Sie im Unternehmen noch Lync 2013 ein, können Sie den aktuellen Skype for Business 2016-Client auch mit dieser Serverlösung verbinden.

Ebenfalls verbessert hat Microsoft die Zusammenarbeit mit mobilen Clients auf Smartphones. Viele Funktionen, die nur am PC-Client verfügbar waren, unterstützt Skype for Business Server 2015 jetzt auch bei den mobilen Clients, zum Beispiel die Speicherung des Gesprächsverlaufs und die Synchronisierung dieses Verlaufs zwischen den einzelnen Clients. Außerdem hat Microsoft die Funktionen der Android-, iOS- und Windows Phone-Version des Clients angeglichen, sodass alle Benutzer sämtliche Funktionen nutzen können.

Neuerungen in Skype for Business Server 2015

Vom Skype-Client aus können Anwender Sprachanrufe durchführen. Die Anrufe lassen sich über den Skype for Business Server 2015 direkt an eine Telefonanlage weiterleiten. Die komplette Verwaltung von Weiterleitungen, An- und Abwesenheitsinformationen und Anrufsteuerungen werden über Skype konfiguriert sowie durch den Server automatisiert vermittelt. Die Funktion mit der Bezeichnung *Anruf über Arbeit* oder *Call via Work* ermöglicht die Integration herkömmlicher Festnetztelefone am Arbeitsplatz in die Lösung. Viele Neuerungen in Skype for Business Server 2015 bestehen aus einer verbesserten Benutzeroberfläche, die stark an Skype erinnert, aber auch Funktionen des Lync-Clients nutzt.

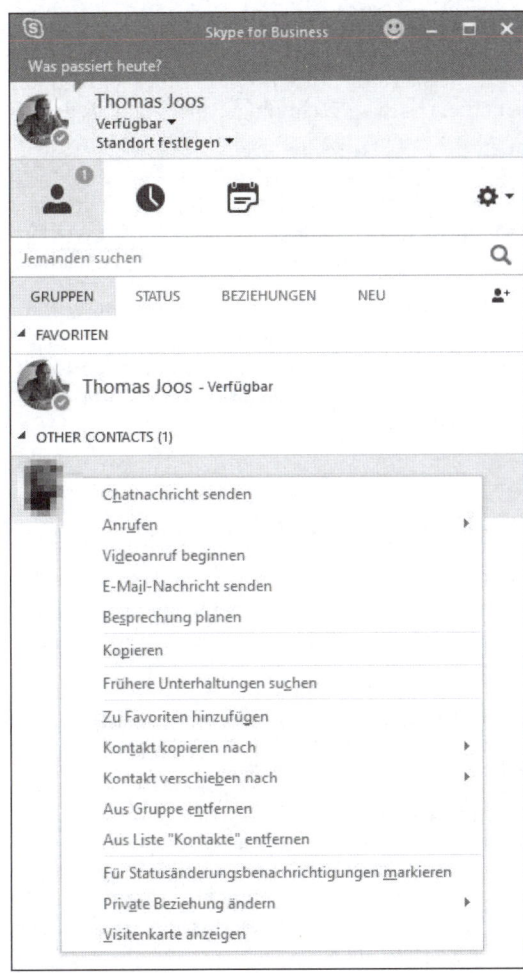

Abbildung 19.1: Microsoft hat den Lync-Client deutlich modernisiert und an die Oberfläche des Skype-Consumer-Clients angepasst.

Die Oberfläche können Administratoren mit dem Cmdlet *Set-CsClientPolicy* und der Option *-EnableSkypeUI* vom bekannten Lync-Aussehen ins Skype-Design ändern. Skype for Business Server 2015 unterstützt jetzt auch AlwaysOn-Verfügbarkeitsgruppen für die verwendete SQL-Datenbank.

Auch die Sicherheit in Skype for Business hat Microsoft verbessert. Mit der Multi-Faktor-Authentifizierung können Unternehmen auf verschiedene Authentifizierungsoptionen setzen, abhängig davon, wo sich ein Anwender bei der Skype-Anmeldung befindet. Sie können zum Beispiel für interne Anmeldungen die integrierte Windows-Authentifizierung aktivieren; Anwender, die sich über das Internet anmelden, müssen aber die mehrstufige Authentifizierung nutzen. Bei dieser Authentifizierung spielt es keine Rolle, welcher Skype for Business-Client verwendet wird. Das heißt, auch Client-Apps auf Android, iPhone/iPad und Windows Phone lassen sich effizient absichern. Die Anmeldung kann auf Basis von Active Directory erfolgen, aber auch mit Azure Active Directory und anderen Anmeldediensten.

Skype und Festnetztelefone: Anruf über Arbeit

Die bereits erwähnte Funktion *Anruf über Arbeit* lässt sich nur nutzen, wenn Unternehmen auf lokale Skype-Server setzen. Einige Microsoft-Partner bieten diese Technologie aber auch als gehostete Lösung an. Diese ist allerdings nicht in Skype for Business Online oder Office 365 integriert. Die Technologie verbindet herkömmliche Festnetztelefonie mit dem Skype-Server. Dazu schließen Sie Ihre Telefonanlage an den Skype-Server an. Die Benutzer können zukünftig ihre Telefonate wahlweise mit Skype und über einen Festnetzanschluss führen. Telefonate lassen sich zwischen Skype und Festnetztelefonen weiterleiten. Sinnvoll ist dies vor allem bei ausgehenden Anrufen.

Starten Sie zum Beispiel einen ausgehenden Anruf im Skype-Client, klingelt danach Ihr herkömmliches Telefon. Nehmen Sie dieses ab, übernehmen Sie den Anruf mit diesem Telefon. Ist der andere Anwender ebenfalls an Skype angeschlossen, können Sie parallel mit Desktop- und Anwendungsfreigaben arbeiten. Sie können also herkömmlich telefonieren und parallel auf neue Funktionen in Skype setzen. Dadurch sollte sich die Akzeptanz der neuen Lösung recht schnell erhöhen lassen.

Server für Skype for Business Server 2015 vorbereiten

Um Skype for Business zu installieren, müssen Sie auf dem Skype-Server einige Voraussetzungen installieren. Ähnlich wie bei Exchange Server 2016 können Sie auch bei Skype for Business 2015 über die PowerShell alle notwendigen Features installieren. Dazu verwenden Sie den folgenden Befehl:

```
Add-WindowsFeature NET-Framework-Core, RSAT-ADDS, Windows-Identity-Foundation, Web-Server,
Web-Static-Content, Web-Default-Doc, Web-Http-Errors, Web-Dir-Browsing, Web-Asp-Net, Web-Net-Ext,
Web-ISAPI-Ext, Web-ISAPI-Filter, Web-Http-Logging, Web-Log-Libraries, Web-Request-Monitor,
Web-Http-Tracing, Web-Basic-Auth, Web-Windows-Auth, Web-Client-Auth, Web-Filtering,
Web-Stat-Compression, Web-Dyn-Compression, NET-WCF-HTTP-Activation45, Web-Asp-Net45,
Web-Mgmt-Tools, Web-Scripting-Tools, Web-Mgmt-Compat, Server-Media-Foundation, BITS
```

Nach der Installation sollten Sie den Server neu starten. Am einfachsten geht das, wenn Sie an den Befehl zur Installation der notwendigen Features die Option *-Restart* anhängen oder nach der Installation über die PowerShell das Cmdlet *Restart-Computer* eingeben.

Bevor Sie Skype for Business Server 2015 installieren, sollten Sie auf dem entsprechenden Server die Verwaltungstools installieren. Dazu öffnen Sie auf der Installations-DVD oder der bereitgestellten ISO-Datei das Verzeichnis *\Setup\amd64* und führen die Datei *Setup.exe* aus. Wählen Sie zur Installation den Link *Verwaltungstools installieren* aus. Nach der erfolgreichen Installation befinden sich auf dem Server bereits die Verwaltungstools für den Skype-Server. Diese benötigen Sie für die weitere Einrichtung, denn Sie müssen zuerst das Netzwerk für Skype vorbereiten sowie eine Topologie erstellen und können erst danach die Installation durchführen. Leider hat Microsoft auch in der neuen Version die Installation nicht gerade vereinfacht und sehr viele Fallstricke eingebaut.

Active Directory für Skype vorbereiten

Der nächste Installationsschritt besteht in der Erweiterung des Active Directory-Schemas. Rufen Sie dazu erneut das Installationsprogramm von Skype for Business Server 2015 auf. Über den Link *Active Directory vorbereiten* lassen sich die Assistenten zur Erweiterung des Active Directory-Schemas starten. Dazu müssen Sie auf dem Server bereits die Voraussetzungen für Skype installiert haben.

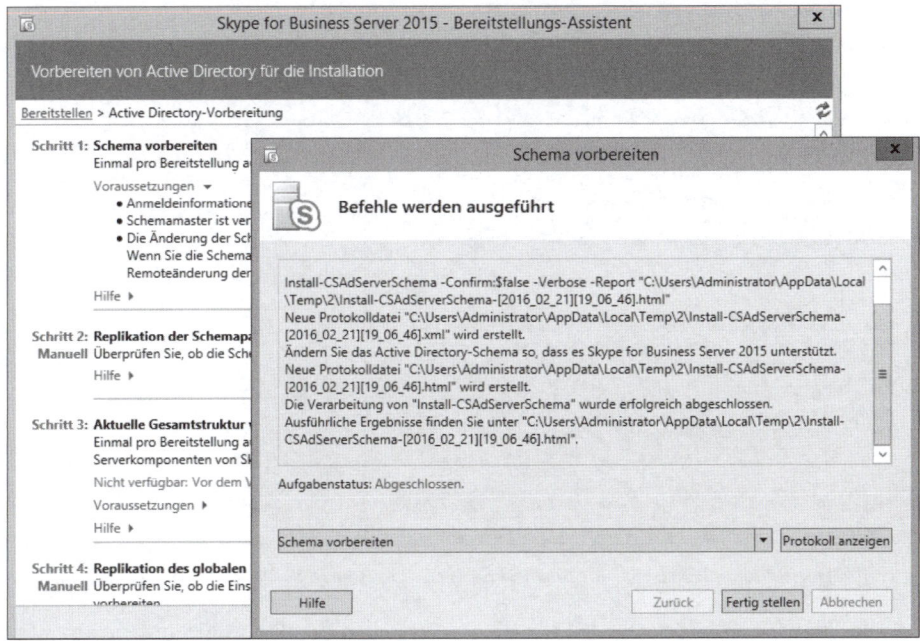

Abbildung 19.2: Über das Installationsprogramm von Skype for Business Server 2015 können Administratoren das Schema von Active Directory erweitern.

Vor allem in großen Umgebungen sollten Administratoren nach der Erweiterung des Schemas die Replikation der Domänencontroller abwarten. In der Verwaltungsshell von Skype for Business Server 2015 lässt sich die Replikation über den Befehl *Get-CsAdForest* testen. Die Shell wird im Rahmen der Installation der Verwaltungstools auf dem Server installiert.

Auf der Installationsoberfläche werden danach mit *Aktuelle Gesamtstruktur vorbereiten* die globalen Einstellungen und universellen Gruppen für die Serverkomponenten von Skype for Business Server 2015 erstellt. Bei diesem Vorgang legt der Installations-Assistent notwendige Gruppen an und erteilt die entsprechenden Berechtigungen. Erhalten Sie beim ersten Ausführen des Befehls einen Fehler, starten Sie den Vorgang erneut. Dies funktioniert auch bei der Erweiterung des Schemas. Sie können die Vorbereitung in der Verwaltungsshell mit dem folgenden Befehl testen:

```
Get-CsAdDomain -Domain <FQDN der Domäne> -GlobalSettingsDomainController <FQDN des Domänencontrol-
lers>
```

Migration, Sprachkommunikation und Überwachung

Nehmen Sie das Benutzerkonto, mit dem Sie die Skype-Installation durchführen wollen, in die Gruppe *CSAdministrator* auf. Führen Sie danach noch den Assistenten *Aktuelle Domäne vorbereiten* aus, damit auch die lokale Domäne für Skype vorbereitet wird.

Skype-Topologie erstellen

Nachdem Active Directory vorbereitet wurde, starten Sie auf dem Server den Skype for Business Server-Topologie-Generator. Wählen Sie beim Start die Option *Neue Topologie* aus.

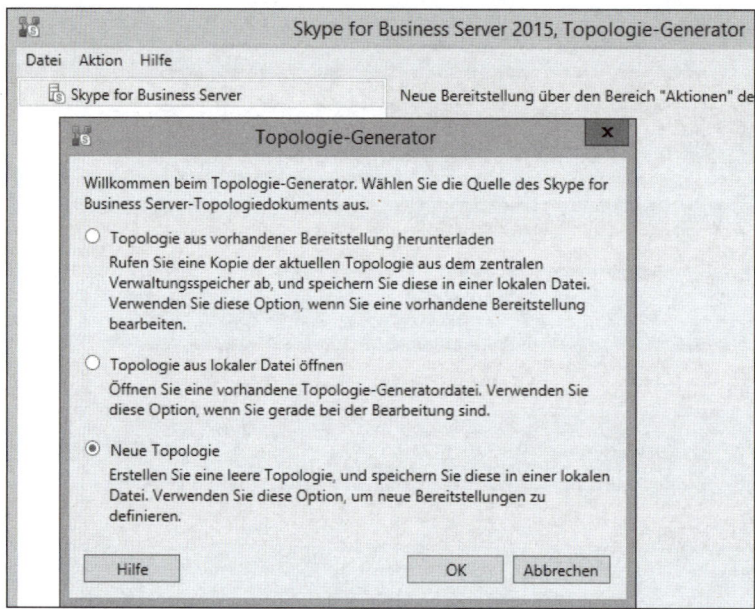

Abbildung 19.3: Zur Installation von Skype for Business Server 2015 erstellen Sie zunächst eine neue Topologie.

Legen Sie den Pfad fest, in dem die XML-Datei zum Erstellen der Topologie gespeichert werden soll, und geben Sie im Anschluss den FQDN der Gesamtstruktur ein. Anschließend sollten Sie alle untergeordneten Domänen eintragen, in denen Sie Skype bereitstellen wollen. Danach geben Sie den ersten Standort an, an dem Sie Skype betreiben wollen. Spezifizieren Sie danach noch die Daten des Standorts.

Anschließend starten Sie den Assistenten zum Einrichten der Front-End-Infrastruktur. Hier können Sie zwischen der Enterprise-Version und der Standard-Version auswählen, also ob Sie einen Serverpool betreiben wollen oder nur einen einzelnen Server. Abhängig von der Auswahl legen Sie noch die Skype-Server fest, die Mitglied im Pool sein sollen. Bestimmen Sie schließlich noch die Features, die in der Skype-Farm zur Verfügung stehen sollen.

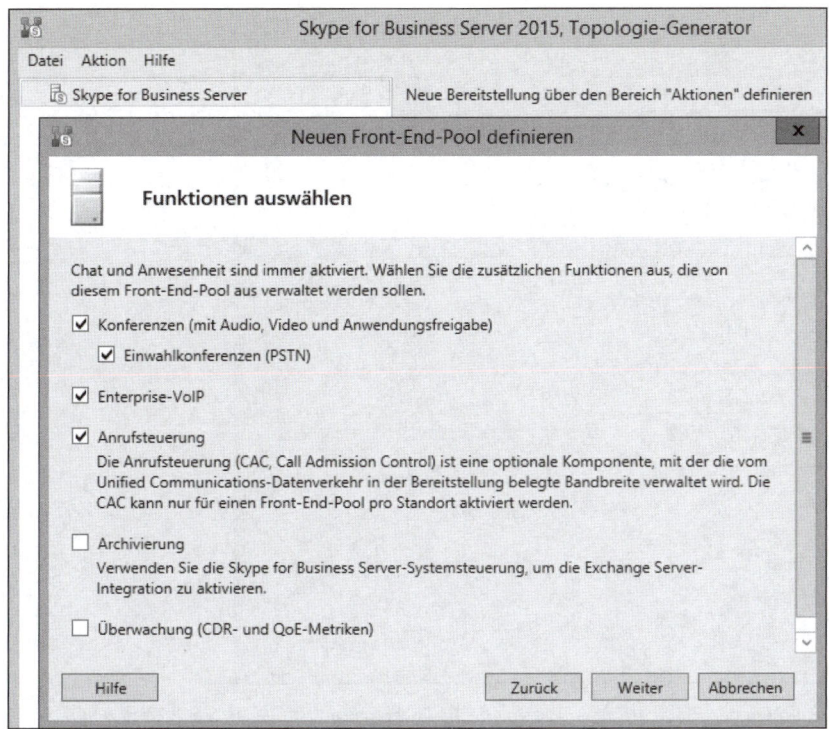

Abbildung 19.4: Im Rahmen der Einrichtung von Skype legen Sie auch die Features in der Farm fest.

Im nächsten Schritt legen Sie den Vermittlungsserver sowie den Edge-Transport-Server für die Anbindung an das Internet fest. Bei der ersten Installation reicht es aus, die Option *Vermittlungsserver verbinden* zu aktivieren. Danach geben Sie die Daten des SQL-Servers ein, auf dem die Datenbank von Skype for Business Server 2015 gespeichert werden soll. Arbeiten Sie mit AlwaysOn-Verfügbarkeitsgruppen, können Sie die Unterstützung dafür an dieser Stelle ebenfalls aktivieren.

Wählen Sie danach eine Freigabe auf einem Server im Netzwerk aus, den Skype für das Speichern von gemeinsamen Daten nutzen soll. Die Freigabe sollte sich nicht auf den Skype-Servern befinden, denn die Administratoren müssen Zugriff auf die Freigabe erhalten. Legen Sie im Assistenten noch fest, mit welcher externen Adresse auf die Webdienste von Skype for Business Server 2015 zugegriffen werden soll. Zum Schluss müssen Sie noch einen Office Web Apps-Server bestimmen, auf dem Skype Daten für Online-Meetings speichern kann, zum Beispiel PowerPoint-Präsentationen.

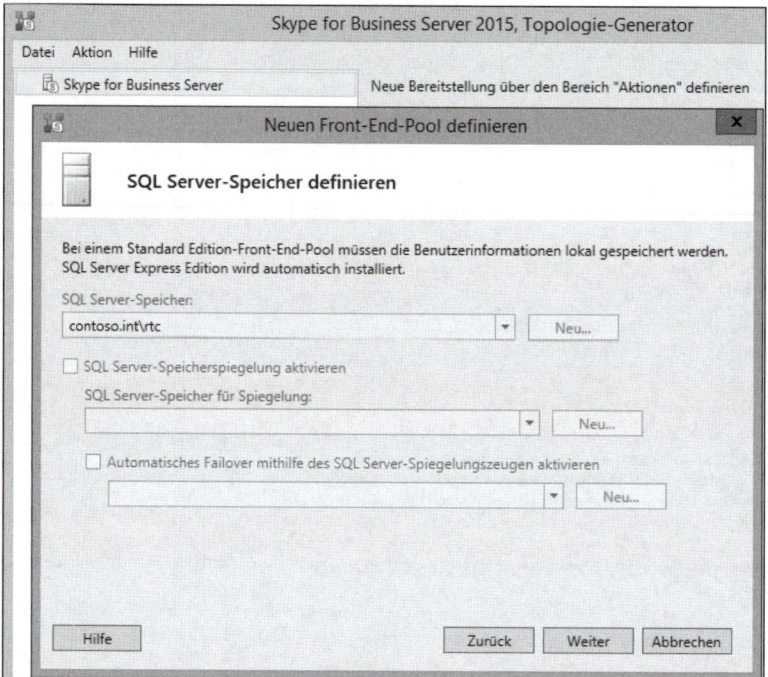

Abbildung 19.5: Im Rahmen der Einrichtung von Skype for Business Server 2015 legen Sie auch den SQL Server-Speicher fest.

Alle Daten werden danach in der XML-Datei gespeichert, und Sie können die Topologie bereitstellen. Dazu müssen Sie aber zunächst den zentralen Verwaltungsserver der Infrastruktur festlegen. Klicken Sie dazu auf *Skype for Business Server* auf der linken Seite, und rufen Sie im Menü *Aktion* den Befehl *Eigenschaften bearbeiten* auf. Wählen Sie die FQDN des Pools aus und die URL für den Zugriff auf Server, zum Beispiel *https://skypeadmin.contoso.int*. Speichern Sie die Einstellungen.

DNS-Einstellungen überprüfen und Einträge festlegen

Anschließend sollten Sie in der DNS-Verwaltung des Netzwerks noch sicherstellen, dass alle notwendigen DNS-Einträge vorhanden sind. Sie müssen für den Namen des Pools einen Eintrag erstellen, der zum Skype-Server sowie auf den Eintrag zeigt, den Sie als URL für den zentralen Verwaltungsserver festgelegt haben. Folgende Einträge sollten Sie als Host-A-Eintrag mit der IP-Adresse des ersten Skype-Servers definieren. Im folgenden Beispiel gehen wir von der Domäne *contoso.int* aus und von dem Servernamen *skype.contoso.int* mit der IP-Adresse 192.168.178.177:

Lyncdiscoverinternal.contoso.int

Meet.contoso.int

dialin.contoso.int

skypeadmin.contoso.int

scheduler.contoso.int

pool.contoso.int

Damit später die Anwender mit dem Skype-Client auf den Server zugreifen können, müssen Sie einen neuen SRV-Record in der Zone erstellen. Dieser muss folgende Daten erhalten:

Dienst: _sipinternaltls

Protokoll: _tcp

Portnummer: 5061

Host, der diesen Dienst anbietet: <FQDN des Skype-Servers>

Der Eintrag ist für aktuelle Clients auf Basis von Skype for Business Server 2015 allerdings nicht notwendig. Microsoft geht im TechNet genauer auf die Anforderungen der DNS-Konfiguration ein und erklärt, wie Sie die DNS-Einträge erstellen (*http://tinyurl.com/zb8vwvz*).

Topologie bereitstellen und Installation abschließen

Sie können nun die Topologie bereitstellen, indem Sie im Topologie-Generator im Kontextmenü des Eintrags *Skype for Business Server* den Befehl *Topologie veröffentlichen* aufrufen. Bestätigen Sie die einzelnen Fenster im Assistenten, und warten Sie ab, bis die Topologie bereitgestellt ist. Hier sollten keine Fehler auftreten. Anschließend sollten Sie sicherstellen, dass alle verfügbaren Updates für das Betriebssystem installiert sind. Erst danach sollten Sie Skype auf dem Server installieren. Das Update der Seite *http://tinyurl.com/zmjafu3* müssen Sie in den meisten Fällen manuell herunterladen, da dieses Update nicht automatisch über Windows Update installiert wird. Fehlt diese Aktualisierung, schlägt die Installation von Skype for Business Server 2015 fehl.

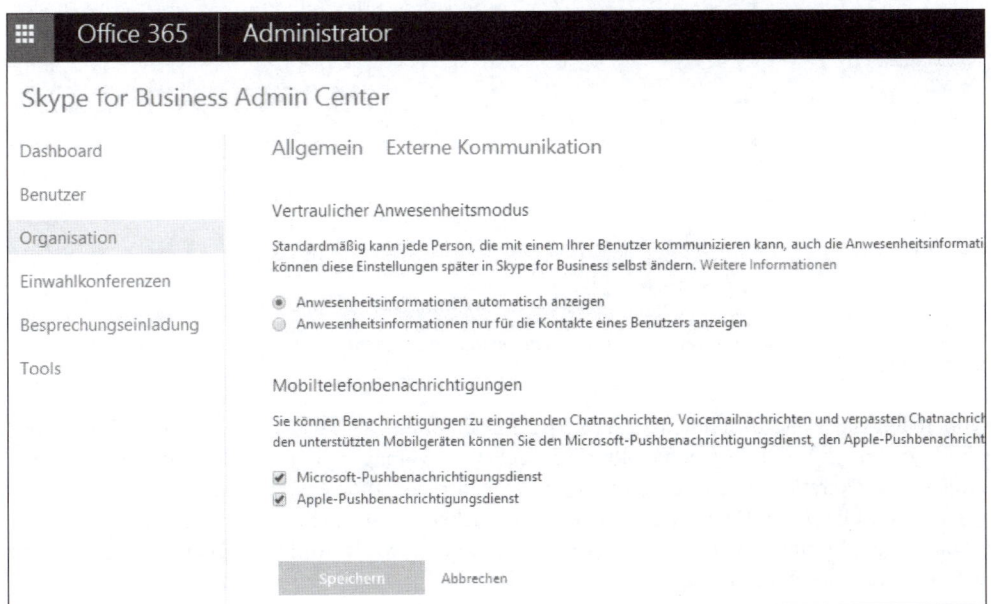

Abbildung 19.6: Skype for Business verfügt über eine eigene Verwaltungsoberfläche in Office 365.

Danach rufen Sie die Installationsoberfläche von Skype for Business Server 2015 erneut auf und klicken auf den Link *Skype for Business Server-System installieren oder aktualisieren*. Im neuen Fenster stehen wieder verschiedene Assistenten zur Verfügung, die Sie Schritt für Schritt

Migration, Sprachkommunikation und Überwachung

durch die Installation von Skype führen. Innerhalb der Assistenten wählen Sie jeweils die Standardoptionen aus. Alle Schritte sollten mit dem Status *Abgeschlossen* beendet werden und keine Fehler anzeigen. Im Rahmen der Einrichtung legen Sie auch die Zertifikate fest, die für Skype verwendet werden sollen. Hier arbeiten Sie am besten mit einer internen Zertifizierungsstelle. Mit *Anfordern* rufen Sie die Zertifikate von der internen Zertifizierungsstelle ab, und mit *Zuweisen* weisen Sie die Zertifikate den Webdiensten zu.

Zum Abschluss starten Sie in der Management Shell den Skype-Pool mit dem Befehl *Start-CsPool -PoolFqdn <FQDN des Pools>*. Überprüfen Sie in der Systemdienstesteuerung des Servers, ob alle Dienste für Skype for Business Server 2015 gestartet sind. Anschließend starten Sie die Systemsteuerung für Skype for Business Server 2015. Hierüber aktivieren Sie Ihre Benutzer für Skype. Anschließend installieren Sie auf den PCs im Unternehmen oder Smartphones den Client und melden sich an Skype an. Die Verwaltung entspricht generell auch den Möglichkeiten, die im Skype for Business Admin Center in Office 365 beziehungsweise in der dedizierten Cloudlösung zur Verfügung stehen.

Nachdem Sie die Systemdienste gestartet haben, steht die Systemsteuerung für Skype for Business Server 2015 zur Verfügung.

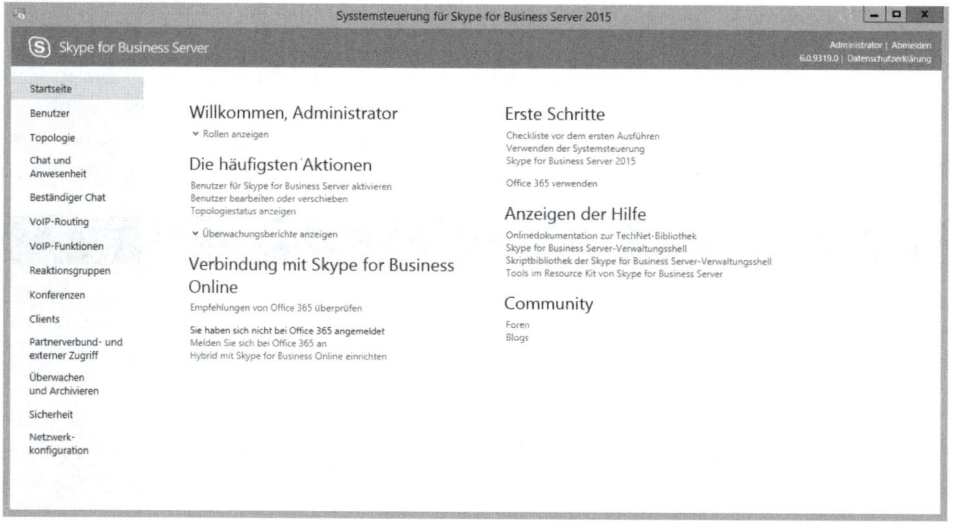

Abbildung 19.7: Die Benutzer und Dienste verwalten Sie über die Systemsteuerung für Skype for Business Server 2015.

Wollen Sie die Systemsteuerung für Skype for Business Server 2015 auf einem Server mit Windows Server 2012 R2 öffnen, sollten Sie im Server-Manager über den Bereich *Lokaler Server* zunächst die verstärkte Sicherheitskonfiguration für den Internet Explorer deaktivieren. Um anschließend Benutzer für Skype zu verwalten, klicken Sie auf *Benutzer* und danach auf *Benutzer aktivieren*. Im neuen Fenster aktivieren Sie die Option *Suche* und suchen einen Benutzer, für den Sie Skype aktivieren wollen.

Wenn Sie keinen Benutzernamen eingeben, sondern direkt auf die Schaltfläche *Suchen* klicken, zeigt das Fenster alle Benutzer in Active Directory an. Wählen Sie einen Benutzer aus, und weisen Sie ihm im Bereich *Benutzer einem Pool zuweisen* den Pool zu, den Sie ausgewählt haben. Wählen Sie noch die Syntax für die Anmeldung aus. Falls Sie im Unternehmen auch Exchange betreiben, können Sie die E-Mail-Adresse für die Anbindung verwenden. Klicken Sie danach auf *Aktivieren*. Anschließend kann sich der Benutzer in Skype for Business am Server anmelden.

Über die Systemsteuerung für Skype for Business Server 2015 können Sie auch die anderen Bereiche des Servers anpassen. Dazu klicken Sie im linken Bereich auf die Optionen, die Sie einstellen wollen, und passen die entsprechenden Konfigurationen auf der rechten Seite an.

Skype for Business Server aktualisieren

Über den Bereitstellungs-Assistenten von Skype for Business Server 2015 können Sie den Server im Bereich *Skype for Business Server-System installieren oder aktualisieren* ganz unten bei *Microsoft Update aktivieren* an Windows Update und WSUS anbinden. Danach werden über die Windows Update-Funktion des Servers auch Produktupdates für Skype for Business Server installiert.

Nachdem Sie den Server installiert, eingerichtet und getestet haben, sollten Sie neue Windows-Updates suchen und diese installieren. Betreiben Sie im Netzwerk eine WSUS-Infrastrukur, sollten Sie Skype for Business Server 2015 integrieren und Updates zur Verfügung stellen. Es gibt bereits mehrere Updates, mit denen Sie die Sicherheit von Skype for Business Server 2015 verbessern können, unter anderem kumulative Updates.

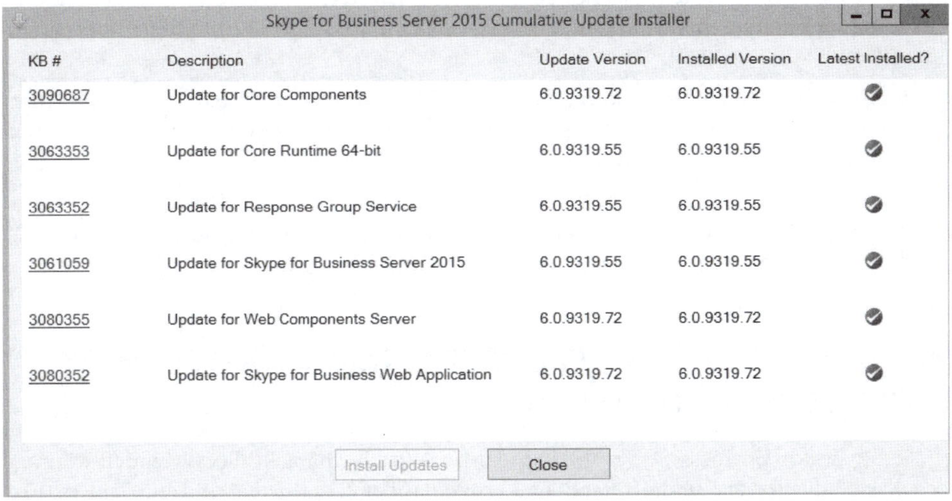

KB #	Description	Update Version	Installed Version	Latest Installed?
3090687	Update for Core Components	6.0.9319.72	6.0.9319.72	✓
3063353	Update for Core Runtime 64-bit	6.0.9319.55	6.0.9319.55	✓
3063352	Update for Response Group Service	6.0.9319.55	6.0.9319.55	✓
3061059	Update for Skype for Business Server 2015	6.0.9319.55	6.0.9319.55	✓
3080355	Update for Web Components Server	6.0.9319.72	6.0.9319.72	✓
3080352	Update for Skype for Business Web Application	6.0.9319.72	6.0.9319.72	✓

Abbildung 19.8: Nach der Installation von Skype for Business Server 2015 sollten Sie den Server auf den neuesten Stand bringen.

Microsoft bietet im TechNet weitergehende Unterstützung und zahlreiche Anleitungen für Installation und Betrieb des Servers (*http://tinyurl.com/zzotx3p*). Dort lesen Sie zum Beispiel auch, wie Sie Skype for Business Server 2015 an System Center 2012 R2 Operations Manager anbinden können.

Migration, Sprachkommunikation und Überwachung

Exchange und Skype verbinden

Skype for Business Server lässt sich mit Exchange 2016 zusammen betreiben. Bei Bereitstellungen mit Skype können Benutzer über Skype auf ihre Voicemail zugreifen.

Vorteile beim Einsatz von Exchange 2016 und Skype 2016

Anwender können auch die Skype-Anwesenheitsinformationen in Outlook verwenden. Dazu kann Skype den Outlook-Kalender verwenden, um die Anwesenheitsinformationen automatisch zu aktualisieren. Zum Beispiel lässt sich der Status von Skype in *Beschäftigt* ändern, wenn in einem Kalender eine geplante Besprechung eingetragen ist.

Administratoren können nicht nur Funktionen wie Unified Messaging, Sofortnachrichten und Anwesenheitsinformationen aktivieren, sondern auch Aufzeichnungen von IM-Sitzungen und Webkonferenzen in SQL Server archivieren. Alternativ können Administratoren diese Aufzeichnungen auch unter Exchange 2016 archivieren. Dazu werden die Aufzeichnungen in den Postfächern der einzelnen Benutzer gespeichert.

In Skype müssen die Benutzer in Outlook und Skype separate Kontaktlisten pflegen. Skype for Business Server 2015 ermöglicht es, die Benutzerkontakte in Exchange 2016 und im einheitlichen Kontaktspeicher zu speichern. Dies bedeutet, die Benutzer müssen die Kontakte nur einmal verwalten und haben in Skype, Outlook und Outlook Web Access 2016 Zugriff auf dieselben Kontakte.

In Skype for Business Server 2015 können die Fotos von Kontakten in Exchange gespeichert werden. Diese Fotos dürfen eine eine hohe Auflösung mit einer Größe von bis zu 648 × 648 Pixel aufweisen.

Damit Benutzer hochauflösende Fotos, einen einheitlichen Kontaktspeicher und die Integration in die Skype-Archivierung nutzen können, benötigen Sie Skype for Business Server 2015 und Exchange 2016 sowie die neueste Version der Skype 2016-Clientsoftware.

Voraussetzungen für die Integration von Skype for Business Server 2015 und Microsoft Exchange 2016

Bevor Sie Skype for Business Server 2015 und Microsoft Exchange 2016 verbinden können, müssen Sie beide Serversysteme unabhängig voneinander installieren und einrichten. Erst wenn beide Server funktionieren, können Sie die Integration durchführen.

Nachdem die Server in Betrieb sind, müssen Sie sowohl Skype for Business Server 2015 als auch Exchange 2016 Server-zu-Server-Authentifizierungszertifikate zuweisen. Mit diesen Zertifikaten können Skype und Exchange Informationen austauschen und miteinander kommunizieren.

Bei der Installation von Exchange 2016 wird ein selbst signiertes Zertifikat erstellt (siehe Kapitel 2 und 6). Dieses Zertifikat sollten Sie für die Server-zu-Server-Authentifizierung in Exchange verwenden.

Für Skype for Business Server 2015 können Sie ein vorhandenes Skype-Serverzertifikat als Server-zu-Server-Authentifizierungszertifikat verwenden oder ein neues anfordern. Skype for Business Server 2015 lässt die Verwendung eines beliebigen Webserverzertifikats als Zertifikat für die Server-zu-Server-Authentifizierung zu. Nachdem die Zertifikate zugewiesen worden sind, müssen Sie den AutoErmittlungsdienst in Exchange 2016 konfigurieren. Sie können überprüfen, ob der AutoErmittlungsdienst korrekt konfiguriert ist, indem Sie den folgenden Befehl in der Exchange-Verwaltungsshell ausführen und den Wert der *AutoDiscoverServiceInternal Uri*-Eigenschaft überprüfen:

```
Get-ClientAccessServer |fl
```

Ist dieser Wert leer, müssen Sie dem AutoErmittlungsdienst einen URI zuweisen, indem Sie den folgenden Befehl ausführen:

```
Get-ClientAccessServer | Set-ClientAccessServer -AutoDiscoverServiceInternalUri "https://autodis-
cover.<FQDN der Domäne>/autodiscover/autodiscover.xml"
```

Haben Sie den Wert für den AutoErmittlungsdienst gesetzt, müssen Sie ihn noch in der Skype-Verwaltungsshell eintragen:

```
Set-CsOAuthConfiguration -Identity global -ExchangeAutodiscoverUrl "https://autodiscover.<Domäne>/
autodiscover/autodiscover.svc
```

Zusätzlich muss für den Dienst ein DNS-Eintrag erstellt werden, der auf Ihren Exchange-Server zeigt.

Exchange Server 2016 mit Skype for Business Server 2015 verbinden

Unternehmen, die auf Exchange 2013 setzen, haben das System oft noch mit Lync 2013 verbunden. Der Nachfolger von Lync Server 2013 heißt Skype for Business Server 2015 und lässt sich ebenfalls mit Exchange 2016 und auch weiterhin mit Exchange 2013 verbinden. Welche Funktionen zur Verfügung stehen, sehen Administratoren auch in der Zusammenarbeit zwischen Skype for Business Online und Exchange Online in Office 365. Unternehmen, die auf beide Lösungen setzen, sollten diese miteinander kombinieren. Das entsprechende Vorgehen ist nicht ganz einfach, aber durchaus lösbar.

Unternehmen, die eine Hybridbereitstellung planen, also Exchange 2016 und Skype for Business Server 2015 im lokalen Netzwerk betreiben, aber auch die Cloudvarianten, können Postfächer inklusive Skype for Business Online auch in die Cloud auslagern. Das heißt, Skype und Exchange lassen sich lokal nutzen, aber auch komplett ohne Server in der Cloud.

Die Clients, also Outlook und Skype for Business-Client, sind dabei identisch, die Bedienung ist ähnlich, und für Benutzer ist die Anbindung transparent. Skype for Business Online wird im Office 365-Adminportal über das Skype for Business Admin Center verwaltet. Hier lassen sich alle Benutzer auch für Skype aktivieren.

Verschieben Administratoren Postfächer von lokalen Exchange-Servern in die Cloud, können die Benutzer Skype for Business Online einsetzen. Im Skype for Business Admin Center lassen sich auch Systemeinstellungen vornehmen, zum Beispiel das Aktivieren oder Steuern der Anbindung externer Skype-Benutzer. Auch externe Kommunikationssysteme und Konferenzlösungen können Sie konfigurieren.

Sobald ein Benutzer für Skype in Office 365 aktiviert ist, können Administratoren auch die Einstellungen für Skype for Business Online anpassen. Auf lokalen Skype-Servern werden die Einstellungen über separate Verwaltungstools durchgeführt.

Migration, Sprachkommunikation und Überwachung

Zertifikate für die Zusammenarbeit zwischen Exchange und Skype einrichten

Damit Skype und Exchange zusammenarbeiten können, müssen Sie darauf achten, dass die Exchange-Zertifikate korrekt konfiguriert und zugewiesen sind. Dies lässt sich im Exchange Admin Center über *Server/Zertifikate* durchführen, aber auch in der Exchange Management Shell über das Cmdlet *Get-ExchangeCertificate*.

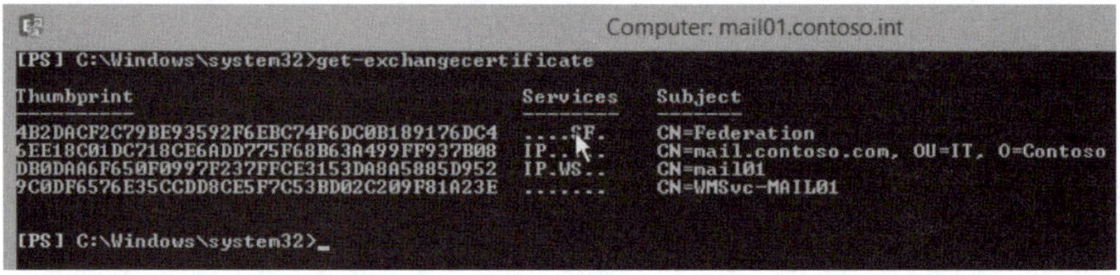

Abbildung 19.9: Damit sich Exchange 2016 mit Skype for Business Server 2015 verbinden lässt, müssen die Exchange-Zertifikate korrekt konfiguriert sein.

Auf dem Exchange-Server lassen sich die Zertifikate auch im lokalen Zertifikatespeicher über *Certlm.msc* anzeigen. Für die Verbindung zwischen Skype und Exchange können Sie an dieser Stelle auch ein selbst signiertes Zertifikat verwenden, allerdings ist dies meist nur für Testumgebungen sinnvoll.

Für die Verbindung zwischen Skype und Exchange sollten Sie ein Zertifikat mit dem Namen *Microsoft Exchange Auth Certificate* anlegen, das für die Verbindung zwischen Skype und Exchange sorgt. Das Ausstellen des Zertifikats kann wiederum in der lokalen Zertifikatverwaltung mit *Certlm.msc* überprüft werden. Kann keine Verbindung zwischen Skype und Exchange hergestellt werden, liegt dies meist an Problemen mit Zertifikaten – unabhängig davon, ob mit selbst signierten, gekauften oder internen Zertifikaten gearbeitet wird.

Auf dem Skype-Server können Sie sich die notwendigen Zertifikate mit *Get-CsCertificate -Type OAuthTokenIssuer* anzeigen lassen. Hier sollten nur Informationen angezeigt werden, aber keine Fehlermeldungen.

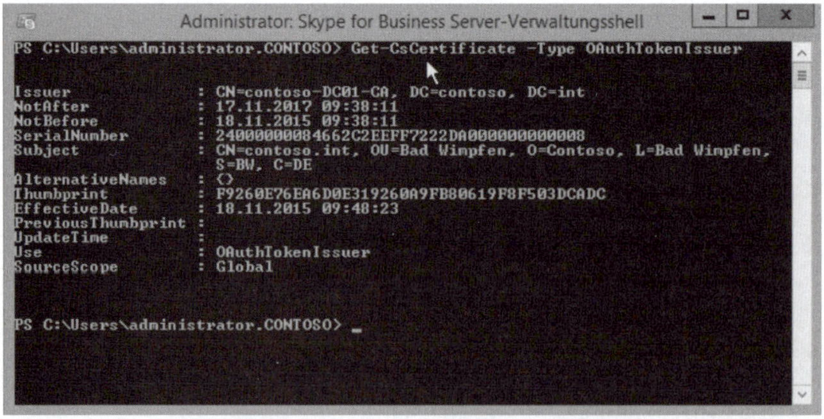

Abbildung 19.10: In der Skype for Business Server-Verwaltungsshell können Sie sich die Konfiguration der Skype-Zertifikate anzeigen lassen.

DNS für Exchange- und Skype-Verbindung vorbereiten

Generell ist es sinnvoll, in der DNS-Zone des Netzwerks und von Active Directory einen neuen Host A-Eintrag mit der Bezeichnung *autodiscover.<Domäne>* anzulegen, zum Beispiel *autodiscover.contoso.int*. Dieser Eintrag sollte auf eine IP-Adresse eines Exchange 2016-Servers verweisen.

Auch das Anlegen eines neuen SRV-Records in der DNS-Domäne mit der Bezeichnung *_autodiscover* und dem Protokoll *_tcp* ergibt Sinn. Als Host, der diesen Dienst anbietet, wird im folgenden Beispiel *autodiscover.contoso.int* verwendet. Dieser Host zeigt auf eine IP-Adresse eines Exchange 2016-Postfachservers.

Diese Einträge sind natürlich nur Beispiele. Wichtig ist, dass die Autodiscovery für Exchange und Skype funktioniert.

In der Exchange Management Shell sollten Sie über die Eingabe von

```
Get-ClientAccessService | Select-Object Name, AutoDiscoverServiceInternalURI |fl
```

überprüfen, ob die Einträge korrekt gesetzt sind. Wichtig ist an dieser Stelle, dass die einzelnen Einträge der vorhandenen Exchange-Server angezeigt werden und funktionieren.

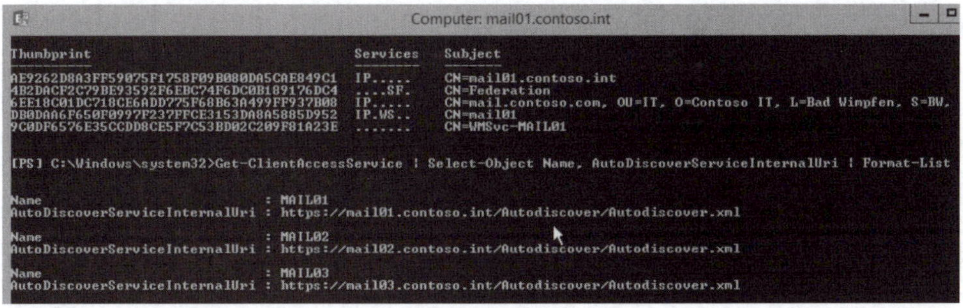

Abbildung 19.11: In der Exchange Management Shell lassen Sie sich die notwendigen Einträge für Autodiscovery anzeigen.

Als Nächstes führen Sie in der Skype for Business Server-Verwaltungsshell den Befehl *Get-CsOAuthConfiguration* aus. Hier werden ebenfalls Informationen angezeigt. Im unteren Bereich sind die *ExchangeAutoDiscoverUrls* noch nicht gepflegt. Um das zu ändern, rufen Sie den folgenden Befehl auf:

```
Set-OAuthConfiguration -Identity Global ExchangeAutodiscoverURL "https://autodiscover.contoso.int/
autodiscover/autodiscover.svc"
```

Hier sollte der FQDN verwendet werden, der im Unternehmen konfiguriert ist. Überprüfen Sie den Eintrag mit dem Cmdlet *Get-CsOAuthConfiguration*.

Wichtig dabei ist, dass vom Skype-Server aus der FQDN des Autodiscover-Eintrags fehlerfrei aufgelöst werden kann. Die Adresse *https://<FQDN für Autodiscover>/autodiscover/autodiscover.svc* muss sich in einem Webbrowser öffnen lassen. Es darf dabei auch keine Zertifikatewarnung erscheinen.

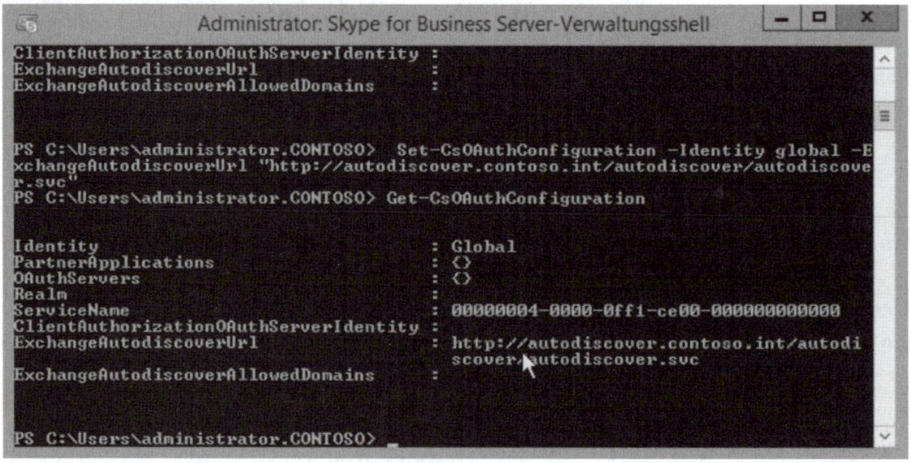

Abbildung 19.12: Der Exchange-Autodiscover-Eintrag muss in Skype for Business Server 2015 hinterlegt werden.

Exchange mit Skype in der Exchange Management Shell verbinden

Um Exchange mit Skype zu verbinden, verwenden Sie die Exchange Management Shell. Mit *Cd $exscripts* wechseln Sie direkt in das Skriptverzeichnis von Exchange. Um die Verbindung zwischen Exchange und dem Skype-Pool *pool.contoso.int* aufzubauen, verwenden Sie den folgenden Befehl:

```
.\Configure-EnterprisePartnerApplication.ps1 -AuthMetadataURL https://pool.contoso.int/metadata/
json/1 -ApplicationType Lync
```

Dadurch wird der angegebene Skype-Serverpool als Partnerapplikation in Exchange hinterlegt. Im Anschluss starten Sie mit dem Befehl *Iisreset* den Webserver auf dem Exchange-Server neu.

Um Skype for Business Server 2015 mit Exchange zu verbinden, müssen Sie zuerst über die URL *https://autodiscover.contoso.int/metadata/json/1* in einem Browser den Aufruf des Skype for Business-Servers testen. Der Aufruf muss ohne Fehlermeldung und Zertifikatewarnung funktionieren.

Erscheint hier ein Fehler oder eine Zertifikatewarnung, überprüfen Sie das Zertifikat. Erstellen Sie beispielsweise in der Exchange Management Shell ein neues Zertifikat, das für die Verbindung verwendet wird:

```
New-ExchangeCertificate -KeySize 2048 -PrivateKeyExportable $true -SubjectName "Microsoft Exchange
Server Auth Certificate" -FriendlyName "Microsoft Exchange Server Auth Certificate" -Services smtp
-DomainName mail01.contoso.int
```

Nachdem das Zertifikat erstellt ist, kopieren Sie den Thumbprint des neuen Zertifikats in die Zwischenablage. Rufen Sie anschließend noch die folgenden Befehle auf, um das Zertifikat korrekt für Skype/Exchange zu konfigurieren:

```
$a=Get-Date
Set-AuthConfig -NewCertificateThumbprint <Kopierter Thumbprint des Zertifikats> -NewCertificateEf-
fectiveDate $a
Set-AuthConfig —PublishCertificate
Set-AuthConfig —ClearPreviousCertificate
Iisreset
```

Mit *Get-ExchangeCertificate* lässt sich in der Exchange Management Shell das neue Zertifikat anzeigen.

Anschließend definieren Sie Exchange in der Skype for Business-Verwaltungsshell als Partneranwendung:

```
New-CSPartnerApplication -Identity Exchange -ApplicationTrustLevel Full -MetadataURL "https://auto-
discover.contoso.int/autodiscover/metadata/json/1"
```

Der Befehl darf keine Fehlermeldung anzeigen. Erscheint eine Fehlermeldung, müssen die Zertifikate überprüft werden. Wichtig ist, dass der Name des Zertifikats, beziehungsweise der *Common Name* über einen Browser auf dem Skype for Business-Server ohne Fehler und Zertifikatewarnung aufgelöst werden kann.

Arbeiten Sie an dieser Stelle mit selbst signierten Zertifikaten, ist es unter Umständen notwendig, das selbst signierte Zertifikat auf dem Skype-Server zusätzlich in die vertrauenswürdigen Stammzertifizierungsstellen zu installieren.

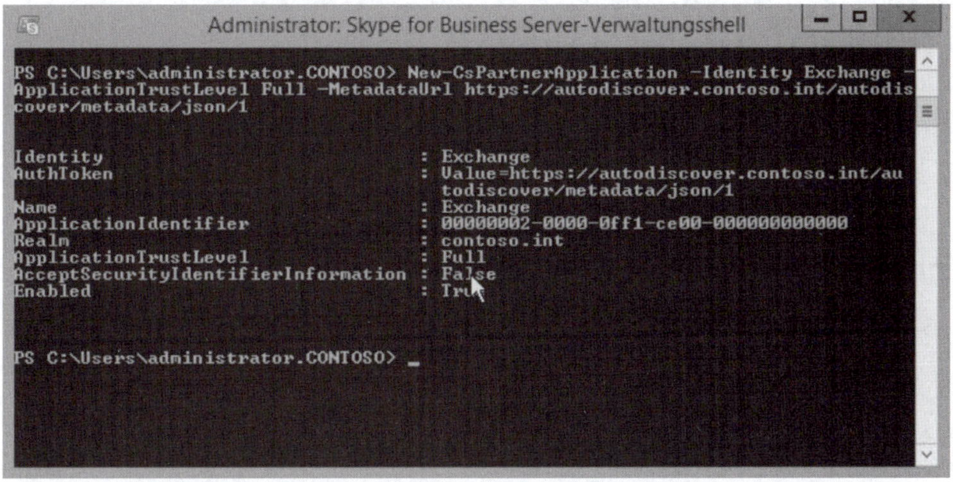

Abbildung 19.13: In der Skype for Business Server-Verwaltungsshell wird Exchange in Skype als Partneranwendung verwendet.

Skype for Business Server in Outlook Web App integrieren

Nachdem Skype und Exchange generell miteinander verbunden sind, können Sie die Funktionen des Skype-Clients in Outlook Web App integrieren. Für die Verbindung muss der Thumbprint des Zertifikats in die Zwischenablage kopiert werden. Der Wert lässt sich zum Beispiel in der Exchange Management Shell mit *Get-ExchangeCertificate* anzeigen.

Um Exchange 2016 mit Skype for Business Server 2015 zu verbinden, geben Sie auf dem Exchange-Server den folgenden Befehl ein. Wie bei den anderen Befehlen in diesem Buch müssen Sie hier die jeweiligen Werte Ihrer eigenen Umgebung verwenden:

```
New-SettingOverride -Name "OWA-Skype" -Component OwaServer -Section IMSettings -Parameters @
("IMServername=pool.contoso.int", "IMCertificateThumbprint=<Fingerabdruck, der kopiert wurde>")
-Reason "Configure IM" -MinVersion "15.01.0225.41"
```

Migration, Sprachkommunikation und Überwachung

629

Geben Sie anschließend in der Exchange Management Shell noch die folgenden Befehle ein:

```
Get-ExchangeDiagnosticInfo -Server $Env:COMPUTERNAME -Process Microsoft.Exchange.Directory.Topolo-
gyService -Component VariantConfiguration -Argument Refresh
Restart-WebAppPool MSExchangeOWAApppool
Get-OwaVirtualDirectory | Set-OwaVirtualDirectory -InstantMessagingEnabled $True
-InstantMessagingType OCS
Set-OwaMailboxPolicy -Identity "Default" -InstantMessagingEnabled $True -InstantMessagingType "OCS"
```

Mit *Get-OwaVirtualDirectory |fl *instant** rufen Sie die Werte ab.

Auf dem Skype for Business-Server müssen in der Verwaltungsshell ebenfalls Einstellungen vorgenommen werden. Dazu rufen Sie zunächst einige Informationen ab:

```
Get-CsSite | Select-Object DisplayName, SiteID
```

Geben Sie anschließend den folgenden Befehl ein:

```
NewCsTrustedApplicationPool -Identity autodiscover.contoso.int -Registrar pool.contoso.int -Site
"Bad Wimpfen" -RequiresReplication $False
```

Zum Abschluss wird die eigentliche Verbindung hergestellt. Dazu rufen Sie die folgenden Befehle auf:

```
New-CsTrustedApplication -ApplicationID OutlookWebApp -TrustedApplicationPoolFqdn autodisco-
ver.contoso.int -Port 5199
Enable-CsTopology
```

Wählpläne zwischen Exchange und Skype synchronisieren

Falls Sie im Exchange Admin Center im Bereich *Unified Messaging* einen Wählplan konfiguriert haben, können Sie ihn auch in Skype for Business Server 2015 nutzen. Dazu muss der Wählplan im Exchange Admin Center vorhanden sein.

Alle notwendigen Einstellungen für den Wählplan werden im Exchange Admin Center vorgenommen. Weitere Einstellungen nehmen Sie in der Exchange Management Shell vor. Mit dem folgenden Befehl passen Sie den Wählplan an:

```
Set-UMService -Identity mail01.contoso.int -Dialplans "SFB-Dial-Plan" -UMStartupmode "Dual"
```

Unter Umständen müssen Sie noch dem Unified Messaging-Dienst ein passendes Zertifikat zuweisen:

```
Enable-ExchangeCertificate -Server mail01.contoso.int -Thumbprint <Thumbprint eines entsprechenden
Zertifikats>
```

Den Thumbprint rufen Sie über *Get-ExchangeCertificate* in der Exchange Management Shell ab. Danach muss der Systemdienst für Unified Messaging auf dem Exchange-Server neu gestartet werden, zum Beispiel mit *Restart-Service MSExchangeUM*.

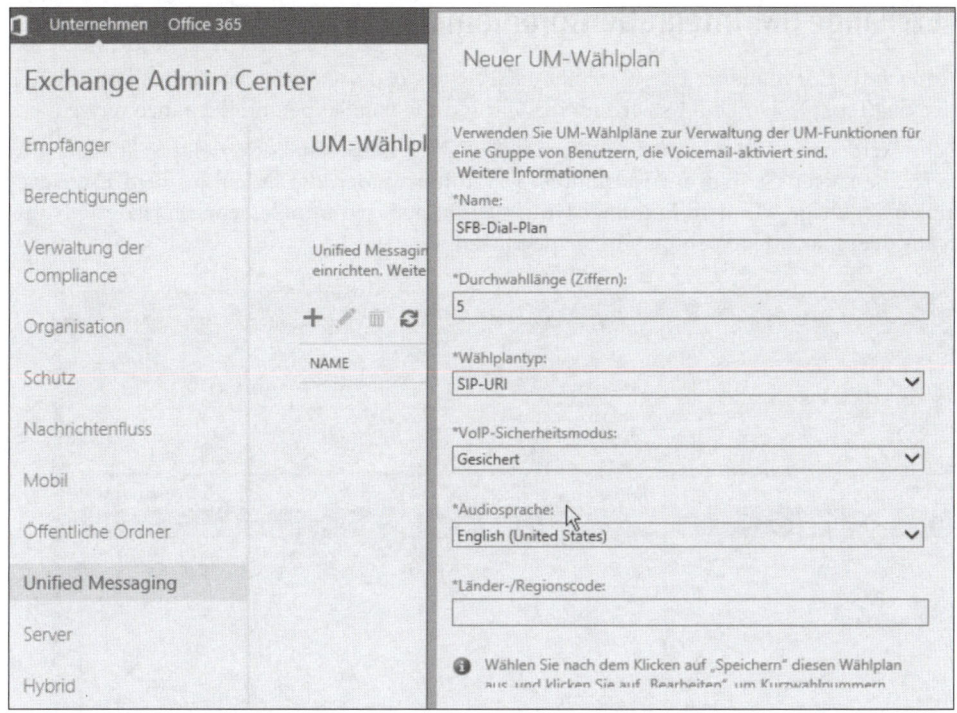

Abbildung 19.14: Im Exchange Admin Center legen Sie einen neuen Wählplan an.

Weitere notwendige Befehle in der Exchange Management Shell sind:

```
Set-UMCallRouterSettings -Server mail01.contoso.int -UMStartupMode "Dual" -DialPlans
"SFB-Dial-Plan"
Restart-Service MSExchangeUM
```

An dieser Stelle muss auch hier das Zertifikat konfiguriert werden:

```
Enable-ExchangeCertificate -Server mail01.contoso.int -Thumbprint <Thumbprint>
```

Hier verwenden Sie das gleiche Zertifikat wie vorher:

```
Enable-ExchangeCertificate -Server mail01.contoso.int -Thumbprint <Thumbprint> -Services
"UMCallRouter"
```

Im Exchange Admin Center erstellen Sie danach innerhalb des erstellten Wählplans eine neue automatische UM-Telefonzentrale. Dazu werden die Einstellungen des Wählplans aufgerufen. Im unteren Bereich lassen sich automatische UM-Telefonzentralen erstellen. Im Wählplan selbst können Sie weitere Einstellungen vornehmen.

Zusätzlich wird in der Exchange Management Shell ein neues IP-UM-Gateway erstellt. Wechseln Sie dazu in das Verzeichnis mit den Exchange-Skripts, zum Beispiel mit *Cd $exscripts*. Der Aufruf von *.\exchutil.ps1* erstellt das Gateway. Dieser Befehl legt die notwendigen Objekte an und setzt die entsprechenden Rechte. Das Gateway ist im Exchange Admin Center über *Unified Messaging/UM-IP-Gateways* zu finden.

Das Exchange UM-Integrationsprogramm

Im Verzeichnis *C:\Programm Files\Common Files\Skype for Business Server 2015\Support* befindet sich das Tool OcsUmUtil. Es wird für die Verbindung von Skype und Exchange verwendet.

Zunächst werden mit *Daten laden* die notwendigen Daten eingelesen. Der erstellte Wählplan wird angezeigt. Bestätigen Sie ihn mit *Hinzufügen*. Daraufhin werden die Daten aus dem Exchange-Wählplan angezeigt. Mit dem Exchange UM-Integrationsprogramm lassen sich jetzt die Nummern aus dem Exchange-Wählplan in Skype nutzen.

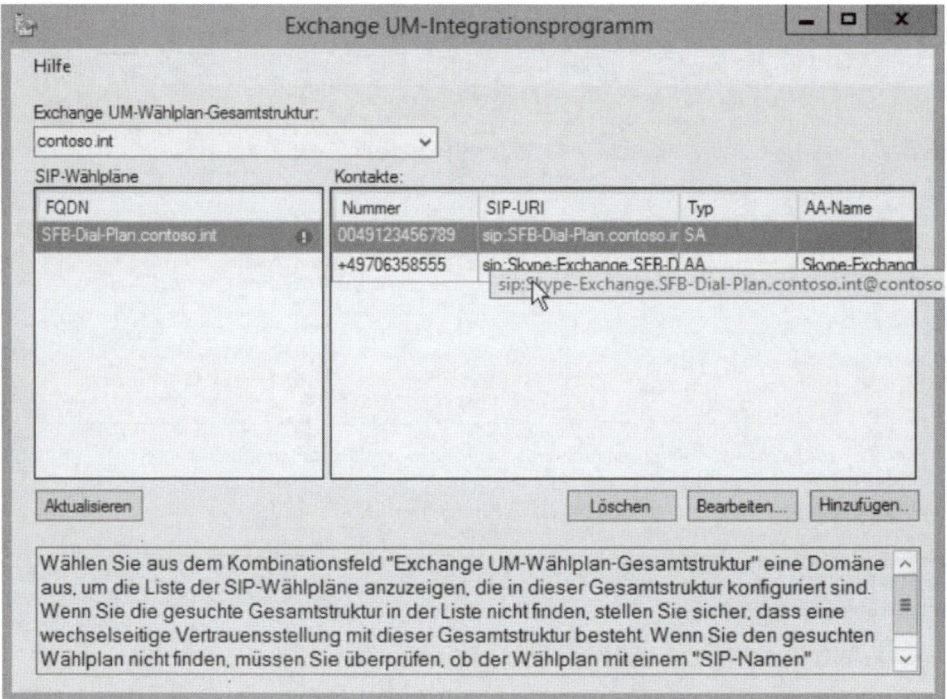

Abbildung 19.15: Mit dem Exchange UM-Integrationsprogramm werden die Einstellungen aus einem Exchange-Wählplan in Skype eingelesen.

Zusammenfassung

Exchange 2016 und Skype for Business Server 2015 arbeiten perfekt zusammen. Aus diesem Grund haben wir Ihnen in diesem Kapitel gezeigt, wie Sie die beiden Serversysteme gemeinsam oder auch parallel betreiben können.

Im nächsten Kapitel erfahren Sie, wie sich mehrere Exchange-Organisationen parallel miteinander verbinden lassen.

Kapitel 20
Exchange 2016 im Verbund

In diesem Kapitel:

Funktionsweise eines Exchange-Verbunds 634

Verbundvertrauensstellungen erstellen und verwalten 636

Organisationsbeziehungen anlegen und verwalten 640

Freigaberichtlinien erstellen und verwalten 641

Zusammenfassung 643

Exchange 2016 bietet erweiterte Möglichkeiten, um mehrere Exchange-Organisationen zu verbinden. Dies ergibt zum Beispiel Sinn, wenn in Unternehmen mehrere Gesamtstrukturen und daher auch mehrere Exchange-Organisationen im Einsatz sind. Bei verbundenen Organisationen können so zum Beispiel die Frei/Gebucht-Zeiten repliziert werden.

Innerhalb dieses Verbunds lassen sich Rechte delegieren und Daten austauschen. Die Anwender in diesen Organisationen können darüber hinaus noch ihre Frei/Gebucht-Zeiten austauschen, sodass sich auch Besprechungsanfragen auf einfache Weise durchführen lassen. Administratoren können in einer zentralen Verwaltungsoberfläche auf alle verbundenen Exchange-Organisationen zugreifen.

Migration, Sprachkommunikation und Überwachung

Funktionsweise eines Exchange-Verbunds

Grundsätzlich hat sich die Verwaltung eines Exchange-Verbunds zwischen Exchange 2010/ 2013 und Exchange 2016 nicht allzu stark verändert. In den Organisationen, die Sie miteinander verbinden wollen, müssen Sie unabhängig voneinander eine Verbundvertrauensstellung aufbauen. Dazu müssen die entsprechenden Server einen Zugang zum Internet haben. Auf diese Weise verbinden Sie eine Exchange-Organisation auch mit Office 365.

Nach dem Aufbau einer Verbundvertrauensstellung benötigen Sie Organisationsbeziehungen in den Organisationen. Diese verbinden die beiden Organisationen und erlauben den Anwendern das Freigeben von Frei/Gebucht-Zeiten.

Danach erstellen Sie Freigaberichtlinien und weisen diese den Anwendern zu. Hier legen Sie fest, welche Daten die Anwender freigeben dürfen. Das heißt, die Verbindung von mehreren Exchange-Organisationen wird in drei Schritten durchgeführt:

1. Verbinden der Organisationen über Verbundvertrauensstellungen
2. Erstellen von Organisationsbeziehungen
3. Erstellen von Freigaberichtlinien und Zuweisen der Richtlinien an Anwender

Mit der Verbundfunktion in Exchange 2016 lassen sich Exchange-Organisationen über Active Directory-Vertrauensstellungen verbinden, Rechte delegieren und Daten freigeben. Exchange-Organisationen arbeiten dazu mit einer speziellen Verbundvertrauensstellung. Anwender können mit einer einmaligen Anmeldung im Netzwerk (Single Sign-On, SSO) auf freigegebene Ressourcen aller Exchange-Organisationen zugreifen.

Der erste Schritt dazu besteht in der Erstellung einer Verbundvertrauensstellung zwischen den Organisationen. Exchange stellt dazu einen Assistenten im Exchange Admin Center oder das Cmdlet *New-FederationTrust* in der Exchange Management Shell zur Verfügung. Sie benötigen außerdem ein Zertifikat zum Signieren und Verschlüsseln der Verbindungen. Die Verbindung tragen die Server auch als Einträge in der jeweiligen DNS-Zone ein, sodass hier ebenfalls ein funktionierendes DNS-System eine wichtige Voraussetzung ist.

Damit Sie eine akzeptierte Domäne in den Verbund aufnehmen können, müssen Sie die Domäne zur Verbundorganisations-ID hinzufügen. Dazu müssen Sie den speziellen TXT-Eintrag im DNS des Verbunds aktualisieren. Die Verbundorganisations-ID legt fest, welche der autoritativen akzeptierten Domänen im Verbund zur Verfügung stehen. Damit die Verbundvertrauensstellung funktioniert, müssen Sie diesen TXT-Eintrag als DNS-Eintrag auch auf den öffentlichen DNS-Servern der primären Domäne des Verbunds anlegen. Der Assistent zum Erstellen eines Verbunds erstellt dazu den TXT-Eintrag. Diesen können Sie kopieren und anschließend verteilen.

Nur Empfänger mit E-Mail-Adressen dieser hinterlegten Domänen dürfen Daten innerhalb des Verbunds freigeben. Sie können auch mehrere akzeptierte Domänen hinzufügen oder entfernen. Die Grundlage ist eine Verbundvertrauensstellung mit Microsoft Federation Gateway. Die Freigabe von Informationen zwischen Organisationen mit Exchange 2016 und Exchange 2010/ 2013 wird ebenfalls unterstützt.

Exchange 2016-Organisationen können zudem Freigaberichtlinien einsetzen, um Benutzern die Erstellung einzelner Freigabebeziehungen mit Empfängern in anderen Organisationen zu erlauben.

Zur Aktivierung der Verbundfreigabe muss jede Organisation eine Verbundvertrauensstellung mit Microsoft Federation Gateway einrichten und eine Organisationsbeziehung oder Freigaberichtlinien für die andere Organisation konfigurieren.

Organisationsbeziehungen verstehen

Bei Organisationsbeziehungen handelt es sich um 1:1-Beziehungen zwischen zwei Exchange-Organisationen. Beide Organisationen müssen vor der Konfiguration der Organisationsbeziehung eine Verbundvertrauensstellung einrichten und ihre Verbundorganisations-ID konfigurieren.

Es wird empfohlen, dass die Benutzer Outlook 2013/2016 verwenden. Wenn Sie eine Organisationsbeziehung erstellen, können die Benutzer der externen Organisation auf die Frei/Gebucht-Kalenderinformationen der internen Benutzer zugreifen. Eine Replikation ist dazu nicht erforderlich. Damit die Benutzer in Ihrer Organisation Zugriff auf die Frei/Gebucht-Informationen der Benutzer in der Partnerorganisation haben, muss der Administrator in der externen Organisation ebenfalls eine Organisationsbeziehung zu Ihrer Organisation erstellen. Benutzer, die eigene Frei/Gebucht-Informationen nicht für andere Benutzer freigeben wollen, können in Outlook den Berechtigungseintrag *Standard* ändern.

Um eine Organisationsbeziehung zu erstellen, können Sie den Assistenten für neue Organisationsbeziehungen im Exchange Admin Center oder das Cmdlet *New-OrganizationRelationship* in der Exchange Management Shell verwenden.

Freigaberichtlinien verstehen

Freigaberichtlinien ermöglichen die benutzerdefinierte personenbezogene Freigabe von Kalender- und Kontaktinformationen. Mit Freigaberichtlinien können Benutzer sowohl Frei/Gebucht-Informationen als auch Kontaktdaten für Empfänger in anderen externen Exchange-Verbundorganisationen freigeben.

Die Benutzer entscheiden selbst, mit welchen Empfängern aus anderen Organisationen sie zusammenarbeiten möchten. Über Outlook 2010/2013/2016 oder Outlook Web App können die Benutzer Empfänger von anderen Verbunddomänen einladen, auf ihre Kalender- oder Kontaktordner zuzugreifen, und diese im Gegenzug bitten, auch ihre Ordner freizugeben.

Zertifikate für Vertrauensstellungen zwischen Exchange-Organisationen

Um eine Verbundvertrauensstellung herzustellen, benötigen Sie ein X.509-Zertifikat zum Signieren und Verschlüsseln. Dieses muss von einer vertrauenswürdigen Zertifizierungsstelle (Certification Authority, CA) signiert sein. Aus diesem Grund müssen Sie darauf achten, dass beim Einsatz verschiedener Active Directory-Gesamtstrukturen alle der CA vertrauen, wenn Sie eine eigene CA erstellen.

Das Zertifikat muss das RSA-Verfahren als Signaturalgorithmus verwenden, und der verwendete private Schlüssel muss exportierbar sein. Zusätzlich muss das Zertifikat den EKU-Typ *Clientauthentifizierung (1.3.6.1.5.5.7.3.2)* enthalten. Für die Verbundvertrauensstellung benötigen Sie lediglich ein einziges Zertifikat, auch wenn Sie mehrere Exchange-Server einsetzen. Exchange repliziert das installierte Zertifikat automatisch zwischen den Servern. Sie können den aktuellen Gültigkeitsstatus des Zertifikats mit dem Assistenten für die Verbundverwaltung im Exchange Admin Center überprüfen. In der Exchange Management Shell steht dazu das Cmdlet *Test-FederationTrustCertificate* zur Verfügung.

Damit die Empfänger in Ihrer Organisation auf die gleichen Daten der anderen Organisation zugreifen können, muss auch in der anderen Organisation eine Beziehung mit Ihrer Organisation etabliert werden. Empfänger können die eigenen Frei/Gebucht-Informationen für andere Benutzer sperren und die Berechtigungen selbst anpassen.

Das funktioniert in Exchange-Verbünden genauso wie innerhalb von Exchange-Organisationen. Organisationsbeziehungen verwenden die von Benutzern festgelegten Berechtigungen in allen verbundenen Exchange-Organisationen. Um eine Organisationsbeziehung zu erstellen, können Sie das Exchange Admin Center oder das Cmdlet *New-OrganizationRelationship* in der Exchange Management Shell verwenden. Für Freigaben zwischen Organisationen lassen sich verschiedene Rechte vorgeben:

- Kalenderfreigabe nur mit Frei/Gebucht-Informationen

- Kalenderfreigabe mit Frei/Gebucht-Informationen sowie mit Betreff und Ort der Besprechungen

- Kalenderfreigabe mit Frei/Gebucht-Informationen, Betreff, Ort und Text der E-Mail oder Besprechungsanfrage

- Freigabe von Kontakten

- Kalenderfreigabe mit Frei/Gebucht-Informationen und Freigabe von Kontakten

- Kalenderfreigabe mit Frei/Gebucht-Informationen, Betreff und Ort, Freigabe von Kontakten

- Kalenderfreigabe mit Frei/Gebucht-Informationen, Betreff, Ort und Text der E-Mail, Freigabe von Kontakten

Benutzer können für externe Empfänger eine Einladung zur Freigabe erstellen und Informationen auswählen, allerdings nur auf Basis der Freigaberichtlinien, die ihnen zugewiesen sind. Um diese Richtlinien zu nutzen, müssen sich die Benutzerpostfächer auf Postfachservern mit Exchange 2016 befinden.

Nur Benutzer mit Outlook 2010/2013/2016 und Outlook Web App können Einladungen zur Freigabe erstellen. Interne Clientzugriffsserver greifen auf Clientzugriffsserver der externen Organisation zu und rufen Daten ab. Diese müssen von außerhalb über HTTPS (TCP-Port 443) erreichbar sein.

Verbundvertrauensstellungen erstellen und verwalten

Um eine Vertrauensstellung zwischen Exchange-Organisationen zu erstellen, können Sie den Assistenten im Exchange Admin Center verwenden. Anpassen lassen sich die Optionen anschließend ebenfalls im Exchange Admin Center oder in der Exchange Management Shell.

Bevor Sie jedoch eine derartige Vertrauensstellung installieren, müssen Sie dem Exchange-Server ein Zertifikat von einer Zertifizierungsstelle zuweisen, der alle verbundenen Exchange-Organisationen vertrauen. Erstellen Sie die Vertrauensstellung ohne Zertifikat, verwendet der Assistent ein selbst signiertes Zertifikat.

Wollen Sie die Aufgabe in der Exchange Management Shell durchführen, wählen Sie zuerst eine Liste der Zertifikate mit folgendem Befehl aus:

```
Get-ExchangeCertificate | Where {$_.IsSelfSigned -Eq $false} |fl
```

Sie können die Ausgabe von *Get-ExchangeCertificate* auch direkt an das Cmdlet *New-FederationTrust* weiterleiten:

```
Get-ExchangeCertificate | Where {$_.IsSelfSigned -Eq $false} | New-FederationTrust -Name "Verbund-
vertrauensstellung"
```

Verbundvertrauensstellungen erstellen

Klicken Sie im Exchange Admin Center auf *Organisation/Freigabe* und dann auf *Aktivieren*.

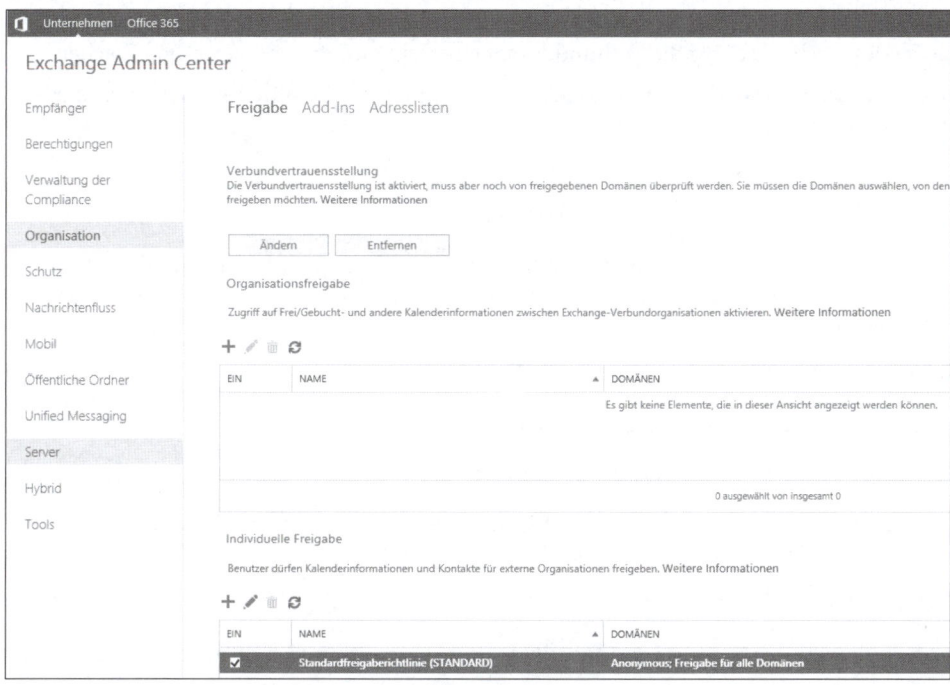

Abbildung 20.1: Erstellen einer neuen Verbundvertrauensstellung

Die Domäne, die Sie zum Erstellen einer Verbundvertrauensstellung verwenden, muss bei einem Zugriff über das Internet aufgelöst werden können. Außerdem müssen die beiden Exchange-Organisationen in einer Verbundfreigabebeziehung die gleiche Microsoft Federation Gateway-Instanz für ihre Verbundvertrauensstellungen verwenden.

Verbundvertrauensstellungen verwalten

Nachdem die Verbundvertrauensstellung eingerichtet ist, können Sie jederzeit Anpassungen vornehmen und auch neue Domänen hinzufügen oder Domänen entfernen. Eine der akzeptierten Domänen in der Organisation wird die primäre Domäne für den Verbund. Auch das können Sie im Exchange Admin Center anpassen.

Die primäre Domäne des Verbundes wird auch als Namensraum (OrgID) des Verbundes verwendet. Dazu wird ein Präfix wie beispielsweise *FYDIBOHF25SPDLT* angehängt, sodass die OrgID zum Beispiel *FYDIBOHF25SPDLT.contoso.com* lautet.

Um zu überprüfen, welche Microsoft Federation Gateway-Instanz eine Exchange-Organisation für eine vorhandene Verbundvertrauensstellung verwendet, rufen Sie den folgenden Befehl in der Exchange Management Shell auf:

```
Get-FederationInformation -DomainName <DNS-Namensraum>
```

Sie können die Einstellungen der Verbundvertrauensstellung jederzeit in diesem Bereich ändern und zum Beispiel weitere Domänen hinzufügen. Klicken Sie in *Freigabeaktivierte Domänen* auf *Durchsuchen*. Wählen Sie in *Akzeptierte Domänen auswählen* die primäre freigegebene Domäne aus, und klicken Sie auf *OK*. Die ausgewählte Domäne wird zur Konfiguration der Organisations-ID für die Verbundvertrauensstellung verwendet. Sie benötigen diese Zeichenfolge, um einen TXT-Eintrag auf Ihrem öffentlichen DNS-Server zu erstellen. Die Zeichenfolge des Nachweises für die Verbunddomäne besteht aus alphanumerischen Zeichen.

Mit *Get-FederationTrust |fl* listen Sie Daten der Vertrauensstellung in der Exchange Management Shell auf.

Der folgende Befehl zeigt ebenfalls wichtige Informationen an:

```
Get-FederationInformation -DomainName <Erste Domäne>
```

Sie können Verwaltungsaufgaben für Verbundvertrauensstellungen auch in der Exchange Management Shell konfigurieren. Beispielsweise können Sie einzelne Domänen mit dem folgenden Befehl entfernen:

```
Remove-FederatedDomain -DomainName berlin.contoso.com
```

Auch das Hinzufügen von Domänen ist möglich:

```
Add-FederatedDomain -DomainName stuttgart.contoso.com
```

Mit dem folgenden Beispielaufruf zeigen Sie die Verbundorganisations-ID und die Verbunddomänen sowie den Status der Exchange-Organisation an:

```
Get-FederatedOrganizationIdentifier
```

Wichtig sind auch die verwendeten Zertifikate. Für diese lassen sich ebenfalls Informationen anzeigen:

```
Get-FederationTrust "Microsoft Federation Gateway" | Select Org*certificate
```

Tipp

Möchten Sie den Status von Verbundzertifikaten auf allen Postfach- und Clientzugriffsservern in der Organisation prüfen, verwenden Sie das Cmdlet *Test-FederationTrustCertificate*.

Im folgenden Beispiel wird die Verbundvertrauensstellung *Microsoft Federation Gateway* angepasst. Nachdem das Zertifikat auf allen Exchange-Servern in der Organisation bereitgestellt worden ist, können Sie die Verbundvertrauensstellung mit der Option *-PublishCertificate* so anpassen, dass dieses Zertifikat verwendet wird:

```
Set-FederationTrust "Microsoft Federation Gateway"
-Thumbprint AD00F35AA8359953F4126E0884B5CCAFA2F4F17
Set-FederationTrust "Microsoft Federation Gateway" -PublishFederationCertificate
```

Stellen Sie sicher, dass das Zertifikat auf allen Exchange-Servern in der Organisation bereitgestellt worden ist. Verwenden Sie dazu das Cmdlet *Test-FederationTrustCertificate*.

Der folgende Befehl aktualisiert die Konfiguration:

```
Set-FederationTrust "Microsoft Federation Gateway" -RefreshMetadata
```

Um die Konfiguration der Verbundvertrauensstellung anzuzeigen, verwenden Sie:

```
Get-FederationTrust |fl
```

Verbundvertrauensstellungen, die Sie nicht mehr benötigen, können Sie über die folgenden Schritte im Exchange Admin Center entfernen:

1. Navigieren Sie im Exchange Admin Center zu *Organisation/Freigabe*.
2. Klicken Sie im Bereich *Verbundvertrauensstellung* auf *Entfernen*.
3. Klicken Sie in der Warnung auf *Ja*.

Alternativ rufen Sie in der Exchange Management Shell das Cmdlet *Remove-FederationTrust* auf.

Es ist auch möglich, vorübergehend die Verbundfreigabe für Organisationen zu deaktivieren. In Hybridbereitstellungen mit Office 365 werden auch Hybridfeatures wie die Freigabe von Frei/Gebucht-Informationen im Kalender, E-Mail-Infos und die Nachrichtenverfolgung deaktiviert. Der sichere E-Mail-Transport bleibt aber weiter aktiv.

Verwenden Sie für den Vorgang am besten die Exchange Management Shell:

```
Set-FederatedOrganizationIdentifier -Enabled $false
```

Um die Verbundfreigabe wieder zu aktivieren, verwenden Sie diesen Befehl:

```
Set-FederatedOrganizationIdentifier -Enabled $true
```

Der folgende Befehl zeigt die aktuelle Konfiguration an:

```
Get-FederatedOrganizationIdentifier
```

Verbundfreigaben zwischen Exchange-Organisationen

Über Verbundfreigaben können Benutzer in einer lokalen Exchange-Organisation Frei/Gebucht-Kalenderinformationen mit Empfängern in anderen Exchange-Organisationen teilen. Die gemeinsame Nutzung von Frei/Gebucht-Informationen kann zwischen zwei Organisationen mit Exchange 2016, aber auch zwischen älteren Exchange-Versionen erfolgen.

Sie müssen außerdem die Active Directory-Synchronisierung für all diejenigen Benutzer konfigurieren, die Frei/Gebucht-Informationen mit Benutzern der anderen Organisationen gemeinsam nutzen. Erstellen Sie einen Verfügbarkeitsadressraum für die Exchange 2016-Remoteorganisation, mit dem Verfügbarkeitsanforderungen weitergeleitet werden.

Organisationsbeziehungen anlegen und verwalten

Mit Organisationsbeziehungen können Sie Exchange-Organisationen miteinander verbinden, um Frei/Gebucht-Zeiten auszutauschen. Anwender der verbundenen Organisationen können für Besprechungsanfragen die gebuchten Zeiten aller Benutzer im Verbund abrufen. Für eine Organisationsbeziehung benötigen Sie zunächst einen Verbund.

Neue Organisationsbeziehungen anlegen

Organisationsbeziehungen können Sie ebenfalls im Exchange Admin Center und über die Exchange Management Shell erstellen. Im Exchange Admin Center gehen Sie folgendermaßen vor:

1. Klicken Sie auf *Organisation*.
2. Klicken Sie bei *Organisationsfreigabe* auf *Hinzufügen*.
3. Im nächsten Fenster können Sie zwischen zwei verschiedenen Optionen wählen:
   - **Beziehungsname**   Hier geben Sie die Bezeichnung der Organisationsbeziehung ein.
   - **Domänen für Freigabe**   Hier geben Sie die Domäne für die externe Organisationsbeziehung ein.

   Im unteren Bereich legen Sie fest, welche Daten Sie freigeben wollen.

Sie können Organisationsbeziehungen auch über die Exchange Management Shell erstellen. Dazu verwenden Sie das Cmdlet *New-OrganizationRelationship*. Ein Beispiel für den Befehl lautet:

```
New-OrganizationRelationship -Name "Contoso" -Domainnames "contoso.com","de.contoso.com"
-FreeBusyAccessEnabled $true -FreeBusyAccessLevel LimitedDetails
```

Mit dem Cmdlet *Get-FederationInformation* können Sie die Domänennamen der externen Organisation ermitteln. In diesem Fall müssen Sie sicherstellen, dass Sie mit dem Cmdlet *Set-FederationOrganizationIdentifier* eine Organisations-ID erstellt haben. Ein Beispiel für den Befehl ist:

```
Get-FederationInformation -DomainName Contoso.com | New-OrganizationRelationship -Name "Contoso"
-FreeBusyAccessEnabled $true -FreeBusyAccessLevel -LimitedDetails
```

Wollen Sie eine Organisationsbeziehung löschen, können Sie dies einfach im Exchange Admin Center oder mit dem Cmdlet *Remove-OrganizationRelationship* in der Exchange Management Shell durchführen.

Organisationsbeziehungen verwalten

Ist die Organisationsbeziehung erstellt, können Sie im Exchange Admin Center im Bereich *Organisation* die Beziehung verwalten und Einstellungen ändern. Nachdem Sie die Eigenschaften einer Organisationsbeziehung aufgerufen haben, stehen Ihnen zur Verwaltung verschiedene Seiten zur Verfügung. Sie können hier die gleichen Einstellungen durchführen wie bereits bei der Erstellung.

Wollen Sie die Änderungen in der Exchange Management Shell durchführen, verwenden Sie das Cmdlet *Set-OrganizationRelationship*.

Freigaberichtlinien erstellen und verwalten

Mit Freigaberichtlinien können Sie steuern, wie Benutzer in Ihrer Organisation Kalender- und Kontaktinformationen für Benutzer außerhalb der Organisation freigeben können. Sie können für jede externe Domäne eine Freigaberichtlinie erstellen.

Neue Freigaberichtlinien erstellen

Öffnen Sie zur Erstellung von neuen Freigaberichtlinien das Exchange Admin Center, navigieren Sie zu *Organisation/Freigabe*, und klicken Sie im Abschnitt *Individuelle Freigabe* auf *Neu* (das +-Symbol). Standardmäßig legt Exchange bereits eine Standardrichtlinie an, die Sie anpassen und verwenden können.

Nachdem Sie die Freigaberichtlinie erstellt haben, können Sie in den Eigenschaften von Postfächern auf der Registerkarte *Postfachfunktionen* im Abschnitt *Freigaberichtlinie* auswählen, welche Richtlinie der entsprechende Anwender nutzen soll.

Wenn Sie bei gedrückter Strg-Taste mit der Maus mehrere Postfächer auswählen, können Sie die Einstellungen auch für mehrere Benutzer gleichzeitig anpassen. Sie können Freigaberichtlinien aber auch in der Exchange Management Shell anpassen:

```
Set-Mailbox -Identity <Benutzer> -SharingPolicy <Richtlinie>
```

Im folgenden Beispiel wird für alle Benutzerpostfächer in der Abteilung *Marketing* die Freigaberichtlinie *Contoso Marketing* verwendet:

```
Get-Mailbox -Filter {Department -Eq "Marketing"} | Set-Mailbox -SharingPolicy "Contoso Marketing"
```

Im nächsten Beispiel lassen Sie alle Postfächer anzeigen, auf die die Freigaberichtlinie *Contoso* angewendet wird:

```
Get-Mailbox -ResultSize unlimited | Where {$_.SharingPolicy -Eq "Contoso" } |ft Alias,
EmailAddresses
```

Um eine Freigaberichtlinie in der Exchange Management Shell zu erstellen, verwenden Sie das Cmdlet *New-SharingPolicy*.

Beispiele:

```
New-SharingPolicy -Name "Contoso" -Domains contoso.com: CalendarSharingFreeBusyDetail,
ContactsSharing
New-SharingPolicy -Name "Richtlinie01" -Domains 'contoso.com: CalendarSharingFreeBusySimple',
'microsoft.com:CalendarSharingFreeBusyDetail,ContactsSharing' -Enabled $false
```

Freigaberichtlinien konfigurieren

In den Eigenschaften von Freigaberichtlinien im Exchange Admin Center können Sie die Einstellungen anpassen, die Sie während der ursprünglichen Erstellung konfiguriert haben. Die jeweiligen Anpassungen lassen sich auch in der Exchange Management Shell durchführen.

Beispiele:

```
Set-SharingPolicy -Identity Contoso -Domains 'contoso.com: CalendarSharingFreeBusySimple, Contacts'
Set-SharingPolicy -Identity richtlinie01 -Domains 'contoso.com: CalendarSharingFreeBusySim-
ple','atlanta.contoso.com: CalendarSharingFreeBusyReviewer', 'beijing.contoso.com: CalendarSha-
ringFreeBusyReviewer'
```

Migration, Sprachkommunikation und Überwachung

Veröffentlichung von Kalenderinformationen im Internet aktivieren

Sie können auch festlegen, dass Benutzer Kalenderdaten für den Zugriff aus dem Internet freigeben.

Zunächst definieren Sie, mit welcher Adresse Ihr Postfachserver anderen Anwendern im Internet zur Verfügung stehen soll. Verwenden Sie dazu den folgenden Befehl in der Exchange Management Shell:

```
Set-ExchangeServer -Identity "fynn.contoso.int" -InternetWebProxy "<Webproxy URL>"
```

Mit dem folgenden Befehl zeigen Sie die Informationen an:

```
Get-ExchangeServer |fl
```

Passen Sie anschließend noch das virtuelle OWA-Verzeichnis auf dem Exchange-Server für den Zugriff von außerhalb an:

```
Set-OwaVirtualDirectory -Identity <Clientzugriffsserver> -ExternalUrl <URL> -CalendarEnabled $true
```

Der folgende Befehl zeigt die Konfiguration an:

```
Get-OwaVirtualDirectory |fl
```

Wenn Sie eine Freigaberichtlinie für die Veröffentlichung von Kalenderinformationen im Internet erstellen wollen, gehen Sie folgendermaßen vor:

1. Navigieren Sie im Exchange Admin Center zu *Organisation/Freigabe.*
2. Klicken Sie im Abschnitt *Individuelle Freigabe* auf *Neu.*
3. Weisen Sie der Freigaberichtlinie einen Namen zu.
4. Klicken Sie auf *Hinzufügen*, um die Freigaberegeln festzulegen
5. Klicken Sie bei der Konfiguration der Freigaberegel auf *Freigabe für eine bestimmte Domäne*, und geben Sie in das dazugehörige Feld »Anonymous« ein.
6. Um Kalenderfreigabeebenen zu definieren, aktivieren Sie das Kontrollkästchen *Ihre Kalenderordner freigeben* und wählen die gewünschte Option aus.
7. Klicken Sie auf *Speichern*, um die Regeln für die Freigaberichtlinie festzulegen.
8. Klicken Sie im Fenster *Freigaberichtlinie* ebenfalls auf *Speichern*, um die Freigaberichtlinie zu erstellen.

Im folgenden Beispiel wird eine Freigaberichtlinie für die Veröffentlichung von Kalenderinformationen erstellt und aktiviert:

```
New-SharingPolicy -Name "Internet" -Domains 'Anonymous: CalendarSharingFreeBusySimple' -Enabled
$true
```

Haben Sie die Richtlinie erstellt, müssen Sie sie noch Postfächern zuordnen:

```
Set-Mailbox -Identity <Benutzer> -SharingPolicy "Internet"
```

Als Filter können Sie auch Organisationseinheiten in Active Directory verwenden:

```
Set-Mailbox -OrganizationalUnit <OU> -SharingPolicy "Internet"
```

Im nächsten Beispiel wird die Standardfreigaberichtlinie so angepasst, dass Anwender ausschließlich Verfügbarkeitsinformationen freigeben dürfen:

```
Set-SharingPolicy -Name "Default Sharing Policy" -Domains 'Anonymous:
CalendarSharingFreeBusySimple' -Enabled $true
```

Zusammenfassung

Administratoren können mehrere Exchange-Organisationen miteinander verbinden. Der Vorteil dabei ist, dass Anwender ihre Frei/Gebucht-Zeiten zwischen den Organisationen freigeben können. Wie das funktioniert, haben wir Ihnen in diesem Kapitel erläutert.

Das nächste Kapitel befasst sich mit dem Thema Überwachung und Protokollierung in Exchange 2016.

Migration, Sprachkommunikation und Überwachung

Kapitel 21

Überwachung und Leistungsverbesserung

In diesem Kapitel:

Auf Active Directory über Exchange zugreifen 645

Exchange-Server und Postfachzugriffe überwachen 648

Exchange-Administratoren überwachen 649

Exchange mit kostenlosen Zusatztools überwachen 651

Leistungsprobleme beheben und hohe CPU-Last in den Griff bekommen 654

Aus der PowerShell E-Mails für Systembenachrichtigungen schreiben 658

Zusammenfassung 659

Stellen Sie Leistungsprobleme in Exchange 2016 fest, zum Beispiel beim Postfachzugriff oder beim Versenden von Nachrichten, liegt häufig parallel ein Problem in Active Directory oder DNS vor.

In diesem Kapitel gehen wir auf die Diagnose und Fehlerbehebungen in diesem Bereich ein. Zusätzlich erfahren Sie, wie Sie die Leistung in Exchange verbessern und Flaschenhälse entfernen. Auch auf die Richtlinien zur Steuerung des Benutzerzugriffs werden ein Thema in diesem Kapitel sein.

Auf Active Directory über Exchange zugreifen

Exchange greift über die Systemdatei *Wldap32.dll* auf Active Directory zu. Dabei laufen (vereinfacht) folgende Vorgänge ab:

1. Die Datei *Wldap32.dll* auf dem Exchange-Server erhält durch einen Exchange-Prozess eine Anfrage, um auf den globalen Katalog (Global Catalog, GC) zuzugreifen.

Migration, Sprachkommunikation und Überwachung

2. Per DNS versucht der Server den globalen Katalog-Server aufzulösen, um auf diesen zugreifen zu können. Dauert dieses Auflösen zu lange, verzögert sich bereits an dieser Stelle der Active Directory-Zugriff.

3. Nach der Auflösung baut die Datei eine Verbindung zum GC auf und überträgt die Daten.

4. Nach dem Aufbau der TCP-Verbindung startet Exchange eine LDAP-Abfrage. Damit die Verbindung funktioniert, benötigt die TCP-Verbindung drei Bestätigungen durch den Domänencontroller. Bei einer Latenzzeit von 10 Millisekunden im Netzwerk dauert der Zugriff in diesem Fall also 30 Millisekunden, bevor der Exchange-Server die LDAP-Abfrage übertragen kann.

5. Die LDAP-Abfrage wird zur Datei *Lsass.exe* auf dem Domänencontroller übertragen, die auf den LDAP-Port des Servers (389) hört.

6. Der Domänencontroller nimmt die Abfrage an den GC entgegen und führt die Suche in seinem globalen Katalog durch.

7. Der GC sendet die Daten zur Datei *Wldap32.dll* auf dem Exchange-Server. Handelt es sich um eine hohe Anzahl von Daten, zum Beispiel beim Auflösen der Mitglieder einer großen Verteilergruppe, müssen zunächst alle Daten übertragen werden, bevor Exchange die Verarbeitung fortsetzen kann.

Wie Sie sehen, hängt ein sehr großer Teil der Leistung von der Netzwerkgeschwindigkeit zwischen dem Exchange-Server und dem globalen Katalog oder Domänencontroller ab. Aus diesem Grund sollten Sie bei Leistungsproblemen innerhalb der Exchange-Infrastruktur ebenfalls immer die Geschwindigkeit des Netzwerks messen. Auch die Geschwindigkeit zum DNS-Server und eine schnelle, stabile und korrekte Namensauflösung sind sehr wichtig.

Die Geschwindigkeit zum DNS-Server darf 50 Millisekunden nicht überschreiten, wenn Sie die Leistung des Exchange-Servers optimieren wollen. Dauert die Anfrage länger, ergibt sich bezüglich der Exchange-Leistung bereits der erste Flaschenhals.

Tipp

Auf der Seite *http://pal.codeplex.com* finden Sie die Freeware *Performance Analysis of Logs (PAL) Tool*, die bei der Auswertung von Leistungsberichten eine gute Hilfe sein kann. Über diese Seite können Sie das Tool herunterladen. Sie finden dort auch weiterführende Hilfestellungen und Dokumentationen zur Leistungsüberwachung von Servern.

LDAP-Lesezugriffe mit der Leistungsüberwachung messen

Um die Leistung der Exchange-Server im Zusammenspiel mit Active Directory zu überprüfen, benötigen Sie zunächst die Leistungsdaten beim Abrufen von Active Directory-Informationen über LDAP.

Über LDAP greift Exchange auf Active Directory zu, um E-Mails zu senden, die Replikation zu starten oder die Berechtigung zu überprüfen. Ist die Verbindung zu Active Directory langsam, reagiert auch Exchange langsam. Der erste Schritt führt daher zunächst über die Leistungsüberwachung auf dem Exchange-Server, die Sie mit *Perfmon.msc* starten:

1. Klicken Sie anschließend auf *Leistungsüberwachung*.

2. Klicken Sie auf das Pluszeichen, um einen neuen Indikator hinzuzufügen.

3. Wichtig ist die Indikatorgruppe *MSExchange ADAccess-Prozesse*. Erweitern Sie diese Gruppe.

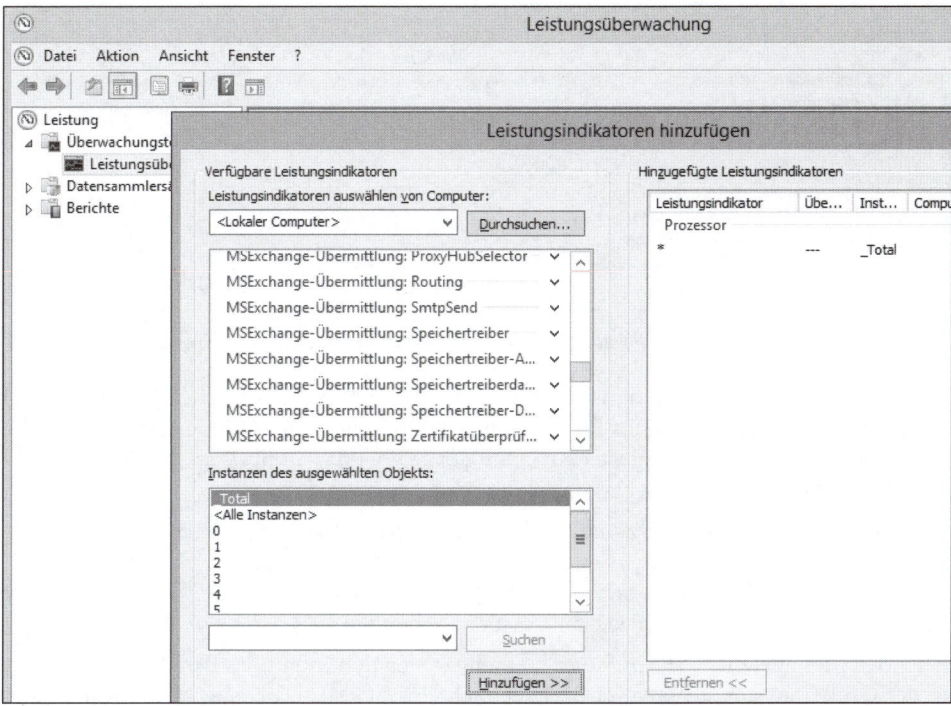

Abbildung 21.1: Überwachen Sie die Exchange-Server-Leistung mit der Leistungsüberwachung in Exchange 2016.

4. Von besonderem Interesse sind in dieser Gruppe die beiden Indikatoren *LDAP-Lesedauer* und *LDAP-Suchdauer*. Klicken Sie auf die beiden Indikatoren, wählen Sie im unteren Bereich *Instanzen* die Instanz *<Alle Instanzen>*, und klicken Sie auf *Hinzufügen*:

   – **LDAP-Lesedauer**   Misst die Zeit, die eine LDAP-Abfrage bis zur Datenübermittlung benötigt.

   – **LDAP-Suchdauer**   Zeigt die Zeit an, die der Exchange-Server für eine Suche per LDAP in Active Directory benötigt.

Der Durchschnittswert für diese Indikatoren sollte unter 50 Millisekunden liegen, die Maximaldauer sollte nicht über 100 Millisekunden ansteigen.

Den LDAP-Zugriff auf Domänencontrollern überwachen

Damit Exchange schnell und effizient Daten aus Active Directory abrufen kann, muss der von Exchange verwendete globale Katalog schnell erreichbar und nicht überlastet sein.

Um diese Auslastung zu überprüfen, starten Sie auf dem Domänencontroller die Leistungsüberwachung (*Perfmon.msc*). Klicken Sie anschließend auf *Datensammlersätze/System/Active Directory Diagnostics*. Klicken Sie auf das grüne Dreieck in der Symbolleiste, um den Sammlersatz zu starten.

Migration, Sprachkommunikation und Überwachung

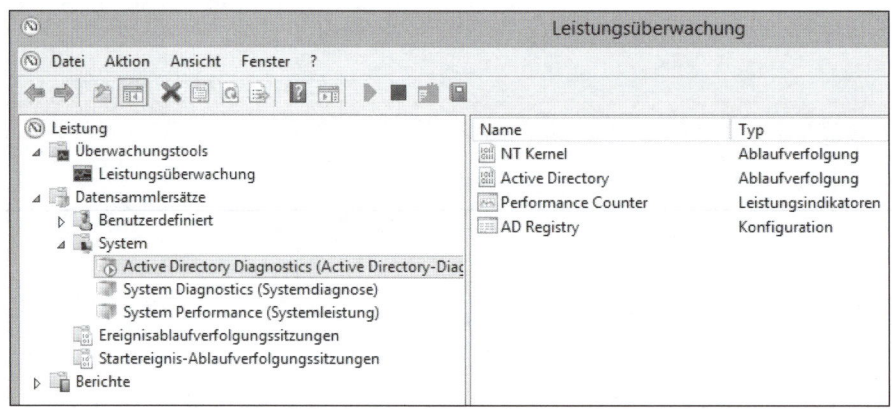

Abbildung 21.2: Starten Sie in der Leistungsüberwachung einen Sammlersatz auf einem Domänencontroller.

Während der Server die Daten misst, versuchen Sie die Abfrage auf Active Directory durchzu-führen, um festzustellen, ob das Problem aufseiten des globalen Katalogs liegt. Haben Sie die Abfrage durchgeführt, können Sie den Sammlersatz über das Stoppsymbol anhalten. Anschlie-ßend lassen Sie über das Berichtssymbol die letzte Messung anzeigen.

Wichtig in diesem Bericht ist zunächst der Bereich *Active Directory*. Klicken Sie im Bericht auf den kleinen Pfeil an der rechten Seite, und wählen Sie die Option *Suche/Eindeutige Suchen* aus. Vor allem im rechten Bereich sehen Sie die Antwortzeiten und die übertragenen Daten. Hier sollten keine größeren Ausschläge nach oben zu sehen sein.

Über den Menübefehl *Ansicht/Ordner* können Sie sich den Inhalt des Berichts anzeigen lassen. In der Ordneransicht stehen zum Beispiel auch eine HTML-Datei sowie eine XML-Datei zur Verfügung, die die Daten des Berichts enthalten. Diese Daten können Sie an andere Pro-gramme übertragen, um die Daten besser verarbeiten zu können.

Exchange-Server und Postfachzugriffe überwachen

Über Diagnoseprotokolleigenschaften lassen sich verschiedene Einstellungen für die Exchange-Überwachung anpassen. Sie steuern über diesen Bereich, welche Informationen Exchange in der Ereignisanzeige protokollieren soll. Zusätzlich können Sie für Exchange-Dienste verschie-dene Protokolliergrade einstellen.

Durch die Änderung von Protokolliergraden können Sie festlegen, welche Ereignisse der einzel-nen Systemdienste in das Anwendungsprotokoll der Ereignisanzeige aufgenommen werden sollen. Der Standardprotokolliergrad ist 0 (*Niedrigste*). Nach Abschluss einer eventuellen Diag-nose sollten Sie diesen Grad auch wieder einstellen. Folgende Protokolliergrade stehen zur Ver-fügung:

- **Niedrigste** Bei dieser Standardeinstellung schreibt Exchange nur wichtige Ereignisse und Fehler in die Ereignisanzeige. Diese Einstellung ist für alle Dienste auf Exchange-Ser-vern der Standardgrad.

- **Niedrig** Bei diesem Protokolliergrad werden zusätzlich zu allen Fehlermeldungen auch die Warnmeldungen der einzelnen Dienste und Kategorien protokolliert.

- **Medium** Wenn Sie für eine Kategorie diesen Protokolliergrad aktivieren, werden außer Fehler- und Warnmeldungen auch alle Informationsmeldungen in die Ereignisanzeige geschrieben. Abhängig von der Kategorie steigt die Anzahl der Ereignisse mit diesem Protokolliergrad steil an, da die Exchange-Dienste zahlreiche Funktionen erfüllen.

- **Hoch**   Dieser Grad umfasst etwas weniger Informationen als die Einstellung *Experte*. Verwenden Sie ihn, wenn Sie über Medium nicht genügend Informationen erhalten.

- **Experte**   Dieser Protokolliergrad ist der umfangreichste. Wenn Sie ihn aktivieren, werden alle Fehlermeldungen, alle Warnmeldungen und alle Informationen aller Funktionsabläufe protokolliert. Diesen Protokolliergrad sollten Sie nur kurzzeitig und nur für wenige Kategorien aktivieren. Bei der hohen Anzahl von Ereignissen können bei Aktivierung von *Experte* wichtige Fehlermeldungen übersehen werden, und dann können Sie mit dem Informationsfluss nichts mehr anfangen. Aktivieren Sie den Grad *Experte* nur, wenn Sie bereits die vorhergehenden Protokollierungsgrade getestet und keine Meldung erhalten haben, die Ihnen bei der Problemsuche hilft. Die Protokollierung belastet den Server mehr oder weniger, abhängig vom Protokolliergrad.

Mit dem Cmdlet *Get-EventLogLevel* lassen Sie sich die jeweiligen Einstellungen in der Exchange Management Shell anzeigen. Mit dem folgenden Befehl ändern Sie Einstellungen:

```
Set-EventLogLevel -Identity <Protokollierbereich> -Level <Protokolliergrad>
```

Wollen Sie zum Beispiel den Zugriff auf die Postfächer der Anwender überwachen, müssen Sie den Bereich *MSExchangeIS* und hier genauer den Bereich *9000 Private* überwachen lassen. Hier können Sie verschiedene Unterdienste für die Überwachung aktivieren. Sie sollten möglichst nicht dauerhaft alle Logons überwachen, da der Server an dieser Stelle auch andere Zugriffe wie Frei/Gebucht einbezieht.

Exchange-Administratoren überwachen

Seit Exchange 2010 haben Sie die Möglichkeit, Änderungen zu überprüfen und nachzuvollziehen, die Administratoren am System durchführen. Dazu verwendet Exchange unter anderem die Administrator-Überwachungsprotokollierung. Und auch mit der Ereignisanzeige des Servers lassen sich viele Änderungen kontrollieren.

Exchange-Administratoren mit Bordmitteln überwachen

Nach der Installation protokolliert Exchange 2016 alle Änderungen am System automatisch. Jedes Cmdlet, das Administratoren ausführen, erzeugt einen Protokolleintrag. Da alle Änderungen im System, auch im Exchange Admin Center, auf Cmdlets der Exchange Management Shell aufbauen, lassen sich damit sämtliche Konfigurationsänderungen von Administratoren erfassen.

Um Änderungen an der Protokollierung durchzuführen, verwenden Sie das Cmdlet *Set-AdminAuditLogConfig* mit der Option *-AdminAuditLogCmdlets*. Nach der Option *-AdminAuditLog Cmdlets* geben Sie eine Liste der Cmdlets an, die Sie überwachen wollen. In dieser Liste können Sie auch mit dem Platzhalter * arbeiten, um mehrere Cmdlets zu überwachen. Beispielsweise werden mit **mailbox** alle Cmdlets überwacht, in denen der Begriff »mailbox« vorkommt.

Wollen Sie nur einige Optionen der überwachten Cmdlets in das Protokoll aufnehmen, also nicht alle möglichen Optionen aller Cmdlets überwachen, verwenden Sie die Option *-AdminAuditLogParameters* des Cmdlets *Set-AdminAuditLogConfig*. Mit dieser Option legen Sie eben-

Migration, Sprachkommunikation und Überwachung

falls über eine kommagetrennte Liste die zu überwachenden Optionen der Cmdlets fest. Auch hier können Sie mit dem Platzhalter * arbeiten, zum Beispiel:

```
Set-AdminAuditLogConfig -AdminAuditLogParameters Database, *Address
```

Möchten Sie sich die aktuellen Einstellungen der Protokollierung anzeigen lassen, verwenden Sie am besten das Cmdlet *Get-AdminAuditLogConfig |fl*. Dieses zeigt in einer formatierten Liste alle Einstellungen an, die für die Protokollierung aktiviert und gesetzt sind.

Sie können die Protokollierung jederzeit testen und durchgeführte Änderungen anzeigen. Dazu führen Sie eine einfache Änderung am System durch, die die Protokollierung überwacht. Da nach der Installation von Exchange die Überwachung ohnehin aktiv ist, können Sie für den ersten Test die Standardeinstellungen verwenden:

1. Rufen Sie das Exchange Admin Center als Administrator über den Link *https://<server-name>/ecp* auf.
2. Klicken Sie dann auf *Verwaltung der Compliance/Überwachung* und anschließend auf *Administratorüberwachungsprotokoll exportieren*.
3. Es öffnet sich ein neues Fenster, in dem Sie den Zeitraum auswählen können, für den Sie das Überwachungsprotokoll anzeigen lassen wollen.
4. Zusätzlich legen Sie in diesem Fenster fest, zu welchem Postfach der Exchange-Server das Protokoll senden soll.
5. Klicken Sie auf *Exportieren*, um den Exportvorgang zu starten.

Änderungen in der Ereignisanzeige darstellen lassen

Exchange protokolliert viele Änderungen auch in der Ereignisanzeige des Servers. Um Änderungen in der Ereignisanzeige einblenden zu lassen, gehen Sie folgendermaßen vor:

1. Suchen Sie auf der Windows-Startseite nach »eventvwr«, und starten Sie die Ereignisanzeige.
2. Navigieren Sie zu *Anwendungs- und Dienstprotokolle/MSExchange Management*.

Im rechten Bereich sehen Sie zwar alle durchgeführten Änderungen. Allerdings erkennen Sie nicht, wer die Änderung durchgeführt hat.

Neben der Überwachung einzelner Administratoren sollten Sie in regelmäßigen Abständen auch die generelle Vergabe der Berechtigungen zur Verwaltung der Exchange-Organisation überprüfen. Mit der Option *-GetEffectiveUsers* des Cmdlets *Get-ManagementRoleAssignment* können Sie anzeigen lassen, welchen Benutzern die Berechtigungen einer Verwaltungsrolle gewährt sind:

```
Get-ManagementRoleAssignment -Role <Verwaltungsrolle> -GetEffectiveUsers
```

Wollen Sie nur einen bestimmten Benutzer anzeigen, geben Sie die mit *Get-ManagementRoleAssignment* erstellte Liste an das Cmdlet *Where* weiter:

```
Get-ManagementRoleAssignment -Role <Verwaltungsrolle> -GetEffectiveUsers | Where
{ $_.EffectiveUserName -Eq "<Name des Benutzers>" }
```

Wollen Sie alle Verwaltungsrollen anzeigen, die Sie einem Benutzer zugewiesen haben, verwenden Sie zum Beispiel den folgenden Befehl:

```
Get-ManagementRoleAssignment -GetEffectiveUsers | Where { $_.EffectiveUserName -Eq "<Name des
Benutzers>" }
```

Exchange mit kostenlosen Zusatztools überwachen

Geht es um die Überwachung von Exchange-Servern, denken viele Administratoren an teure Zusatzlösungen wie System Center Operations Manager. Es gibt aber auch das eine oder andere kostenlose Tool, das Administratoren bei der Überwachung von Exchange unterstützt. In diesem Abschnitt zeigen wir Ihnen verschiedene Tools, die Sie zur Überwachung einsetzen können.

Exchange Reporter: Berichte regelmäßig per E-Mail versenden

Das Tool Exchange Reporter (*http://www.frankysweb.de*) kann in regelmäßigen Abständen, gesteuert durch eine Windows-Aufgabe, einen Bericht per E-Mail an Administratoren, öffentliche Ordner oder eine Gruppe senden. Neben allgemeinen Informationen zu Ihrer Exchange-Umgebung enthält die E-Mail des Tools auch alle aktuellen Einträge in der Ereignisanzeige der Exchange-Server. Außerdem wird mit jeder E-Mail ein Bericht erstellt, dem sich entnehmen lässt, ob die Zertifikate auf dem Exchange-Server noch funktionieren und welche Exchange-Versionen in der Organisation im Einsatz sind. Auch der Festplattenplatz der Server wird überwacht.

Das Tool wurde für Exchange 2013 entwickelt, funktioniert aber auch mit Exchange 2016. Es ist zu erwarten, dass der Entwickler eine eigene Version für Exchange 2016 zur Verfügung stellen wird.

Das Tool belastet den Exchange-Server nicht, da es sich dabei lediglich um ein PowerShell-Skript handelt, das von Zeit zu Zeit Daten abfragt. Die Abfrage erfolgt nicht in Echtzeit, sondern nur, wenn Sie diese manuell oder über eine Aufgabe starten.

Sie sehen Statistiken der gesendeten und empfangenen E-Mails, den verbrauchten Speicherplatz und mehr. Auch eine Übersicht zu den Exchange-Datenbanken erhalten Sie mit dem Tool. Für die Installation laden Sie das ZIP-Archiv von der Webseite herunter und entpacken es auf dem Exchange-Server.

Die Einstellungen von Exchange Reporter nehmen Sie über die Datei *Settings.ini* vor. Hier tragen Sie in den einzelnen Zeilen die Informationen ein, die das Tool benötigt, also vor allem die Empfänger und den E-Mail-Server, über den das Tool die Daten senden soll.

Im nächsten Schritt erstellen Sie eine neue Aufgabe für die Ausführung des Skripts. Verwenden Sie in der Datei *Settings.ini* das Intervall 1, wird der Bericht täglich erstellt. Verwenden Sie als Befehl für die Aufgabe *PowerShell.exe* und als Argumente für die Befehlszeile den folgenden Wert:

```
-Command "& '<Pfad auf dem Server>\New-ExchangeReport.ps1' -InstallPath '<Pfad auf dem Server>'"
```

Achten Sie auf die Doppelstriche (") und die Einzelstriche ('). Danach versendet das Tool einen grafisch aufbereiteten Bericht. Als Empfänger können Sie auch problemlos einen öffentlichen Ordner verwenden. Sie können den Befehl auch direkt in der Exchange Management Shell testen. Auch hier sehen Sie den Ablauf.

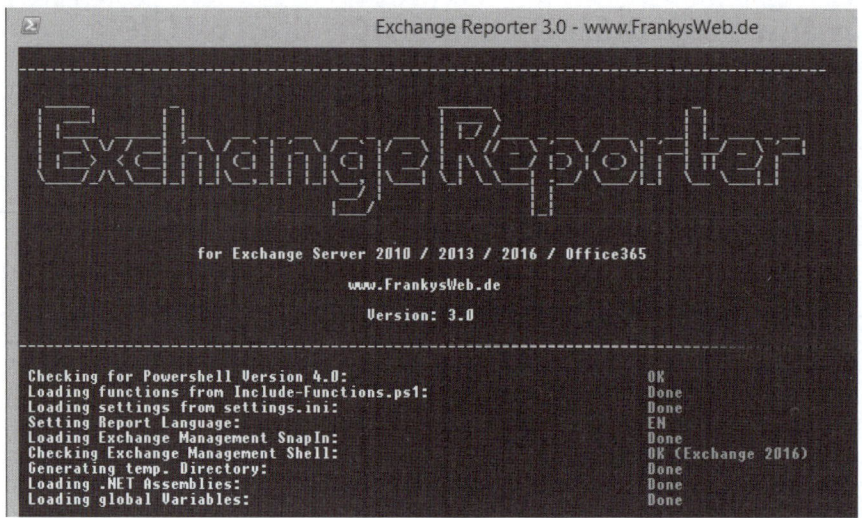

Abbildung 21.3: Mit ExchangeReporter erstellen Sie auf Basis eines PowerShell-Skripts eine effiziente Exchange-Überwachung.

Wird die Exchange-Version nicht korrekt erkannt, können Sie das Skript mit dem folgenden Befehl starten:

```
.\New-ExchangeReport.ps1 -ExchangeVersion 2016
```

Einen öffentlichen Ordner für E-Mail aktivieren

Sollen Tools wie Exchange-Reporter E-Mails an öffentliche Ordner senden können, müssen Sie den entsprechenden Ordner für E-Mail aktivieren. Dieser Schritt ist optional. Wenn Sie den öffentlichen Ordner nicht für E-Mail aktivieren, können Benutzer Nachrichten in diesem Ordner bereitstellen, indem sie Elemente aus Outlook in den Ordner ziehen, aber Tools wie Exchange-Reporter können keine Berichte direkt in den Ordner senden. Den E-Mail-Empfang steuern Sie folgendermaßen:

1. Wechseln Sie im Exchange Admin Center zu *Öffentliche Ordner/Öffentliche Ordner*.
2. Wählen Sie den öffentlichen Ordner aus, den Sie für E-Mail aktivieren wollen.
3. Klicken Sie im Detailbereich unter *E-Mail-Einstellungen/Deaktiviert* auf *Aktivieren*.
4. Sie werden gefragt, ob Sie den öffentlichen Ordner tatsächlich für E-Mail aktivieren möchten. Klicken Sie auf *Ja*.

Der öffentliche Ordner ist jetzt für E-Mail aktiviert. Der Name des öffentlichen Ordners ist der Alias des öffentlichen Ordners. Wenn mehrere Empfänger den gleichen Namen verwenden, wird eine Zahl an den Alias des öffentlichen Ordners angefügt.

In der Exchange Management Shell verwenden Sie dazu das Cmdlet *EnablE-MailPublicFolder*, zum Beispiel:

```
EnablE-MailPublicFolder "\Einkauf"
```

Mehr Informationen zum Cmdlet finden Sie im Microsoft TechNet (*http://tinyurl.com/htwjylu*).

TechNet Gallery: Generate Exchange Environment Reports using Powershell

Eine weitere Möglichkeit zum Auslesen von Informationen ist das PowerShell-Skript Generate Exchange Environment Reports using Powershell (*http://tinyurl.com/zegrzwo*) aus der Microsoft TechNet Gallery. Mehr zum Skript erfahren Sie auch auf der Seite des Entwicklers (*http://tinyurl.com/hheb2h7*). Die Syntax für die Ausführung lautet:

```
.\Get-ExchangeEnvironmentReport -HTMLReport c:\report.html
```

Sie können den Bericht auch direkt aus der PowerShell heraus als E-Mail versenden lassen:

```
.\Get-ExchangeEnvironmentReport -HTMLReport c:\report.html -SendMail:$true -MailFrom:<Absende-
Adresse> -MailTo:<Empfänger-Adresse> -MailServer:<SMTP-Server>
```

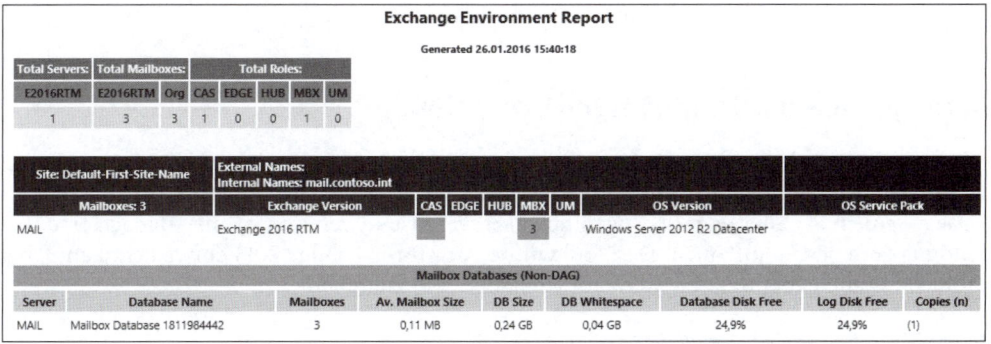

Abbildung 21.4: Mit einem Microsoft-Skript lassen sich interessante Informationen zur Exchange-Umgebung anzeigen.

Modern Exchange Environment Report with Health Checks

Zusätzlich finden Sie im Microsoft TechNet noch das Skript Modern Exchange Environment Report with Health Checks (*http://tinyurl.com/z3zl9ks*). Auch mit diesem Skript können Sie umfassende Informationen zu Ihrer aktuellen Exchange-Umgebung und beispielsweise über den Zustand von Datenbankverfügbarkeitsgruppen abrufen.

Sie können dieses Skript entweder manuell starten oder Sie lassen es durch eine geplante Aufgabe auf dem Windows-Server ausführen, genauso wie die anderen PowerShell-Skripts in diesem Kapitel. Das Skript erstellt einen HTML-Bericht.

Exchange Monitor

Der Entwickler von Exchange Reporter stellt ein weiteres Überwachungstool für Exchange zur Verfügung, das bei Problemen auch SMS-Nachrichten versenden kann. Im Fokus des Power-Shell-Skripts stehen keine Berichte über die Servernutzung, sondern der Status des Servers. Exchange Monitor funktioniert ähnlich wie Exchange Reporter. Die beiden Tools lassen sich gemeinsam betreiben und miteinander verbinden. Sie entpacken das Tool auf dem Exchange-Server und erstellen eine geplante Aufgabe, die den Server regelmäßig überprüfen kann.

Das Tool simuliert das Versenden von E-Mails und kann auch den Weg von E-Mails überprüfen, also SMTP-Server, Spamproxys und mehr. Außerdem können Sie die Warteschlangen sowie den freien Speicherplatz auf dem Server überwachen. Für einen schnellen Überblick über die einzelnen Server ist das Tool sehr interessant. Es erstellt eine HTML-Datei, die Sie entweder per E-Mail versenden lassen oder noch besser auf einem Webserver oder in SharePoint bereitstellen. Sie benötigen für den Betrieb die PowerShell 4.0 sowie Microsoft Exchange Web Services Managed API 2.0 (*http://tinyurl.com/q363hd5*). In Windows Server 2012 R2 ist PowerShell 4.0 standardmäßig bereits installiert. Auf anderen Servern installieren Sie sie über Windows Management Framework 4.0 (*http://tinyurl.com/jqzccge*).

Installieren Sie die beiden Erweiterungen auf dem Exchange-Server, entpacken Sie das Installationsverzeichnis von Exchange Monitor, und kopieren Sie es auf den Exchange-Server in ein Verzeichnis, über das Exchange Monitor starten und den Server überwachen kann. Die Installation nehmen Sie über den folgenden Befehl vor:

```
.\Start-ExchangeMonitor.ps1 -InstallPath c:\ExchangeMonitor
```

ManageEngine Exchange Health Monitor 3.0

Wenn es um die kostenlose Überwachung von Exchange geht, spielt auch ManageEngine Exchange Health Monitor 3.0 (*http://tinyurl.com/guvecew*) eine wichtige Rolle. Sie müssen das Tool auf einem Rechner oder den eigentlichen Server installieren und können danach eine Verbindung zum Server aufbauen. Das Tool wurde zwar für Exchange 2013 entwickelt, kann aber problemlos auch über das Netzwerk auf Exchange 2016 zugreifen.

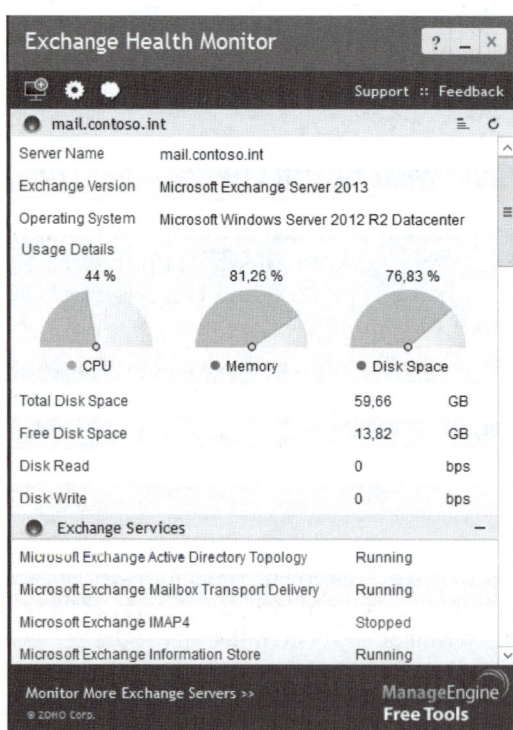

Abbildung 21.5: Mit dem kostenlosen Exchange Health Monitor überwachen Sie auch Exchange 2016.

Leistungsprobleme beheben und hohe CPU-Last in den Griff bekommen

Vor allem in kleinen und mittelständischen Unternehmen kann es schnell passieren, dass die Leistung des internen E-Mail-Servers deutlich einbricht. Mit einigen Schritten lassen sich Probleme aber schnell eingrenzen und in den meisten Fällen kurzfristig beheben.

Reagiert ein E-Mail-Server nicht mehr optimal, sollten Sie als Erstes einen Blick in den Task-Manager werfen. Diesen starten Sie am schnellsten, indem Sie im Suchfeld der Windows-Startseite den Begriff »taskmgr« eintippen. Im Falle von Windows Server 2012 R2 klicken Sie danach auf *Mehr Details*, wechseln auf die Registerkarte *Details* und danach auf die Spalte *CPU*. So können Sie nach der CPU-Last sortieren und sehen recht schnell, welcher Prozess für die hohe CPU-Last verantwortlich ist.

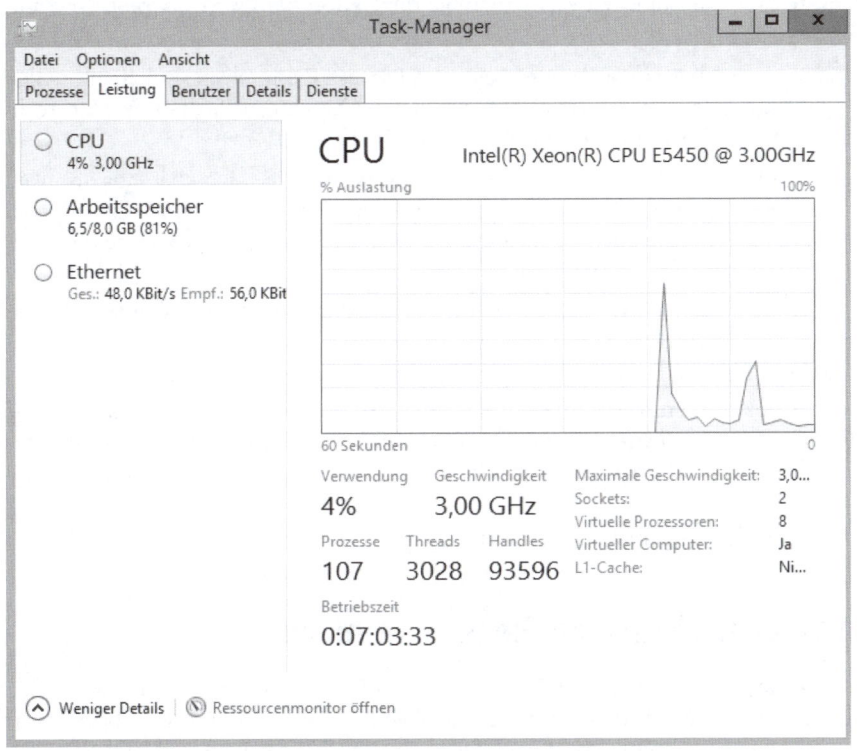

Abbildung 21.6: Im Task-Manager finden Sie CPU-Auslastungen am schnellsten.

Der Prozess *Leerlaufprozess* muss eine hohe CPU-Last verursachen. Das bedeutet, dass der Server derzeit nicht überlastet ist. Weist der Prozess *Svchost.exe* eine hohe Last auf, sollten Sie diese genauer untersuchen.

Ein häufiger Prozess auf Servern ist *Svchost.exe*. Dieser ist in den meisten Fällen auch mehrmals gestartet. Die Datei *Svchost.exe* ist im *System32*-Ordner gespeichert und wird beim Systemstart von Windows automatisch als allgemeiner Prozess gestartet. Der Prozess durchsucht beim Systemstart die Registrierungsdatenbank nach Diensten, die beim Systemstart geladen werden müssen.

Dienste, die nicht eigenständig lauffähig sind, sondern über Dynamic Link Library-(DLL-)Dateien nachgeladen werden, werden mithilfe der *Svchost.exe* geladen. Diesen Prozess sollten Sie auf Exchange-Servern beobachten, da Exchange-Prozesse über eigene Startdateien verfügen. Verursacht ein Prozess der *Svchost.exe* eine hohe Last, ist auf dem Server meist ein anderer Prozess für die hohe CPU-Last verantwortlich, nicht Exchange selbst. Da unter Windows die unterschiedlichsten Dienste parallel laufen, können auch mehrere Instanzen der *Svchost.exe* gleichzeitig in der Prozessliste auftauchen.

Microsoft Sysinternals Process Explorer verwenden

Ein wichtiges Tool für die Analyse der laufenden Prozesse auf einem Computer ist das Tool Process Explorer (*http://tinyurl.com/cth2rq*) von Sysinternals. Sie können sich entweder die ZIP-Datei herunterladen oder das Tool, wie übrigens jedes andere Tool von Sysinternals, auch direkt über den Browser starten. Dazu verwenden Sie die URL *http://live.sysinternals.com/procexp.exe*.

Fahren Sie mit der Maus über einen Prozess, zeigt der Process Explorer an, welche aktuellen Dienste oder Anwendungen von dieser *Svchost.exe*-Instanz abhängen. So können Sie recht schnell aufschlüsseln, welcher Prozess für die Last verantwortlich ist.

Über den Befehl *Tasklist /svc* in der Eingabeaufforderung können Sie sich ebenfalls anzeigen lassen, welche Anwendungen auf *Svchost.exe* zurückgreifen. Alternativ können Sie die mit *Svchost.exe* verbundenen Dienste auch im Task-Manager anzeigen lassen. Gehen Sie dazu folgendermaßen vor:

1. Öffnen Sie den Task-Manager beispielsweise über das Kontextmenü der Windows-Schaltfläche.
2. Holen Sie die Registerkarte *Details* in den Vordergrund.
3. Klicken Sie mit der rechten Maustaste auf eine Instanz von *Svchost.exe*, und klicken Sie dann auf *Zu Dienst(en) wechseln*. Die dem betreffenden Prozess zugeordneten Dienste werden auf der Registerkarte *Dienste* hervorgehoben.
4. Finden Sie einen Prozess außerhalb von Exchange, dann beenden Sie ihn, um zu testen, ob Exchange wieder ordnungsgemäß funktioniert.

Hohe CPU-Last in den Exchange-Diensten vermeiden

Verursacht ein einzelner Exchange-Dienst eine hohe CPU-Last, sollten Sie ihn testweise neu starten. Hilft das nicht, starten Sie den Server neu. Beobachten Sie, ob der Prozess normal läuft oder erneut hohe Lasten verursacht. Installieren Sie in diesem Fall das neueste Update für den aktuellen Server. Das gilt auch für das Betriebssystem. Exchange Server 2016 verwendet .NET Framework 4.5. Aus diesem Grund sollten Sie bei Leistungsproblemen auf dem Server die aktuelle Version .NET Framework 4.5.2 installieren. Diese behebt Leistungsprobleme der Vorgänger 4.5 und 4.5.1.

Vor allem die Zwischenupdates von Exchange beheben häufig Leistungsprobleme. Besonders häufig verursacht der Dienst *Microsoft.Exchange.RpcClientAccessService.exe* Probleme. Er lässt sich aber jederzeit neu starten.

Exchange 2013 CPU Sizing Checker und mehr nutzen

Häufig werden CPU-Probleme auf Exchange-Servern durch eine fehlerhafte Planung der Exchange-Server verursacht. Microsoft gibt auf der Seite *http://tinyurl.com/bmdj3l6* Hinweise zur optimalen Planung der Hardware für Exchange. Auch der Exchange 2013 CPU Sizing Checker (*http://tinyurl.com/zzejfje*) hilft bei der Analyse. Sie können das PowerShell-Skript auf den Exchange-Server kopieren und danach in der Exchange Management Shell ausführen.

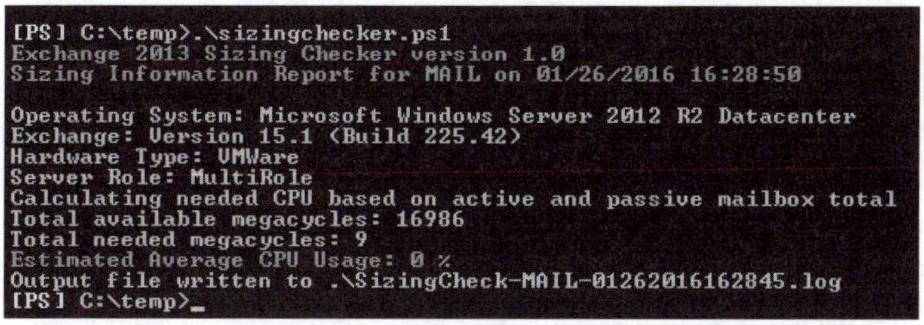

```
[PS] C:\temp>.\sizingchecker.ps1
Exchange 2013 Sizing Checker version 1.0
Sizing Information Report for MAIL on 01/26/2016 16:28:50

Operating System: Microsoft Windows Server 2012 R2 Datacenter
Exchange: Version 15.1 (Build 225.42)
Hardware Type: VMWare
Server Role: MultiRole
Calculating needed CPU based on active and passive mailbox total
Total available megacycles: 16986
Total needed megacycles: 9
Estimated Average CPU Usage: 0 %
Output file written to .\SizingCheck-MAIL-01262016162845.log
[PS] C:\temp>_
```

Abbildung 21.7: Mit einem Zusatztool analysieren Sie den CPU-Verbrauch des Servers.

Prozessorauslastung messen und optimieren

Zu wenig Hauptspeicher kann die Konsequenz haben, dass auch der Prozessor sehr stark belastet wird, denn die Auslagerung von Seiten und viele andere Vorgänge gehen natürlich nicht spurlos am Prozessor vorbei. Er hat an der Verwaltung des Arbeitsspeichers einen relativ hohen Anteil. Da Engpässe beim Hauptspeicher typischerweise deutlich kostengünstiger als solche beim Prozessor zu beheben sind, sollten Sie diese Situation zunächst untersuchen.

Die Auslastung ist kein Problem, wenn sie kurzzeitig über 90 % liegt oder wenn dies gelegentlich vorkommt. Zum Problem wird sie, wenn die Auslastung über längere Zeiträume in diesem Bereich liegt. Aber auch dann muss man mit der Analyse noch etwas vorsichtig sein. Bei Mehrprozessorsystemen gilt das Augenmerk vor allem den Leistungsindikatoren aus dem Objekt *System*. Dort werden Informationen von mehreren Systemkomponenten zusammengefasst:

- **Prozessor: Prozessorzeit (%)** Überwacht die Zeit, die die CPU zur Verarbeitung eines Threads benötigt, der sich nicht im Leerlauf befindet. Ein konstanter Status von 80 bis 90 % ist zu hoch.

- **Prozessor: Privilegierte Zeit (%)** Gibt den prozentualen Zeitanteil an der Gesamtzeit an, die der Prozessor benötigt, um Windows-Kernelbefehle (wie beispielsweise die Verarbeitung von E/A-Anforderungen von Exchange) auszuführen.

- **Prozessor: Benutzerzeit (%)** Gibt den prozentualen Zeitanteil an der Gesamtzeit an, die der Prozessor benötigt, um Benutzerprozesse wie die des Exchange-Servers auszuführen.

- **System: Prozessor-Warteschlangenlänge** Zählt die Threads, die auf Prozessorzeit warten. Ein Prozessorengpass entsteht, wenn die Threads eines Prozesses mehr Prozessorzyklen benötigen, als zur Verfügung stehen.

Aus der PowerShell E-Mails für Systembenachrichtigungen schreiben

Vor allem um Systemnachrichten aus Skripts zu versenden, kann es sinnvoll sein, aus der PowerShell E-Mails zu verschicken. Damit Sie diese Funktion nutzen können, ist es nicht notwendig, ein Zusatztool zu installieren. Alle notwendigen Objekte stehen in der PowerShell zur Verfügung.

Um E-Mails zu versenden, können Sie das Cmdlet *New-Object* nutzen. Dieses kann E-Mails erstellen und sich sogar an E-Mail-Servern anmelden, falls diese eine Authentifizierung benötigen.

Um eine einfache E-Mail zu versenden, speichern Sie am besten die einzelnen Daten in Variablen und lösen danach den Befehl aus. So bleibt die Übersicht in PowerShell-Skripts zum Beispiel zur Systemüberwachung oder Sicherung erhalten. Zunächst speichern Sie den Absender und den Empfänger der E-Mail in der PowerShell als Variable. Im folgenden Beispiel verwenden wir dazu die E-Mail-Adressen *thomas.joos@live.de* als Absendeadresse und *thomas.joos@outlook.com* als Empfängeradresse:

```
$From = "thomas.joos@live.de"
$To = "thomas.joos@outlook.com"
```

Danach speichern Sie den Betreff:

```
$Subject = "PowerShell-E-Mail"
```

Den Text der E-Mail können Sie ebenfalls als Variable speichern:

```
$Text = "Dies ist eine E-Mail aus der PowerShell"
```

In den nächsten Schritten legen Sie den SMTP-Server fest, über den Sie die E-Mails senden wollen. Dazu speichern Sie zunächst den Server in der Variable *$Server*, legen danach den Benutzernamen für die Anmeldung mit der Variable *$User* und danach das Kennwort zur Anmeldung mit der Variable *$Pass* fest:

```
$Server = "smtp.live.com"
$User = "thomas.joos@live.de"
$Pass = "<Kennwort in Klartext>"
```

Danach erstellen Sie den Befehl, um eine E-Mail zu versenden, und greifen dabei auf die erstellten Variablen zurück:

```
$SMTPClient = New-Object System.Net.Mail.SmtpClient($server, 25)
```

Auch diese Konfiguration speichern Sie in einer Datei. Im Anschluss müssen Sie zusätzlich noch die Anmeldedaten festlegen und können anschließend die E-Mail versenden:

```
$Mail.Credentials = New-Object System.Net.NetworkCredential($User, $Pass); $Mail.Send($From, $To, $Subject, $Text)
```

Wenn der Server TLS oder eine andere Sicherheitsverbindung nutzt, müssen Sie die Befehle etwas anders aufbauen:

```
$Server = "smtp.live.com"
$Port = "587"
$User = "thomas.joos@live.de"
```

```
$Pass = "<Kennwort in Klartext>"
$Email = New-Object System.Net.Mail.MailMessage
$Email.From = "thomas.joos@live.de"
$Email.To.Add("thomas.joos@outlook.com")
$Email.Subject = "PowerShell-Test-E-Mail"
$Email.IsBodyHtml = $false
$Email.Body = "Test-Text"
$SMTPClient = New-Object System.Net.Mail.SmtpClient($Server , $Port)
$SMTPClient.EnableSsl = $true
$SMTPClient.Credentials = New-Object System.Net.NetworkCredential($User , $Pass);
$SMTPClient.Send($Email)
```

Zusammenfassung

Das Thema „Überwachung und Protokollierung" haben wir bereits in den einzelnen Kapiteln dieses Buchs behandelt. Dieses letzte Kapitel befasste sich mit Themen, die bisher in keinem anderen Kapitel behandelt wurden. Beispielsweise ging es um die Verbesserung der Server-Leistung oder die Überwachung der Exchange-Administratoren und -Anwender.

Migration, Sprachkommunikation und Überwachung

Index

A

Abgesicherter Modus 507
ABP *siehe* Adressbuchrichtlinie
Abschneideverzögerung 534
Absenderfilter-Agent 413, 420
Absenderzuverlässigkeits-Agent 430
Abwesenheit
  Assistent 205
  Nachricht definieren 149–150, 206
Access Control List *siehe* Zugriffssteuerungsliste
ACL *siehe* Zugriffssteuerungsliste
Active Directory
  für Exchange 2016 vorbereiten 38
  Replikation prüfen 108
  Schema erweitern 39
  Vorbereitung 44
Active Directory Diagnostics 647
Active Directory Federation Services 371
Active Directory Lightweight Directory
  Services 393
Active Directory Rights Management 230
Active Directory-Benutzer und -Computer 38
Active Directory-Berechtigungen 441
  geteilte 443
Active Directory-Domänen und
  -Vertrauensstellungen 38, 91
Active Directory-Gesamtstruktur 61
Active Directory-Rechteverwaltungsdienste 371
Active Directory-Schema 39
Active Directory-Verbunddienste 557
Active Directory-Zertifikatdienste 62, 64, 239
ActiveDirectorySplitPermissions 443
ActiveSync 203, 231, 596
  Benutzerverwaltung 232
  Gerätezugriffsregeln 234
  Postfachrichtlinien 232
  Zertifikatbasierte Authentifizierung 238
AD FS *siehe* Active Directory Federation Services
AD Replication Status 108
AD RMS *siehe* Active Directory-Rechte-
  verwaltungsdienste
Add-ADPermission 267
Add-AttachmentFilterEntry 431
Add-ContentFilterPhrase 427
Add-DatabaseAvailabilityGroupServer 521
Add-DistributionGroupMember 258
Add-FederatedDomain 638
Add-Ins 434, 503–504
Add-MailboxDatabaseCopy 523, 527
Add-MailboxPermission 267
Add-ManagementRoleEntry 450
Add-PSSnapin 140
Address Book Policy *siehe* Adressbuchrichtlinie
Address Rewriting Agent 397
  konfigurieren 398
Add-RoleGroupMember 53, 358, 491
AddUmLanguagePac 600

AdminDisplayVersion 56
Administratorrollen 190, 357, 440, 445
Administrator-
  Überwachungsprotokollierung 380, 649
Adressbuch 218, 281
Adressbuchrichtlinie 253
  erstellen 295
Adressliste 296
  globale 296
  verwalten 82, 293
ADSI-Edit 69, 307, 488
Aktivierungseinstellungsnummer 529
Akzeptierte Domänen 96
AlwaysOn-Verfügbarkeitsgruppen 619
Android 231
Anhaltevorgang 155
Anlagenbehandlung 433
Anlagenfilter-Agent 413, 431
Anlagenvorschau 434
Anmeldefehler 604
Anonymous 642
Anruf über Arbeit 615
Anrufe 598
Antischadsoftware-Modul 405
Antispam 413
  Einstellungen 429
AntiSpamBypassEnabled 425
Anwendungs-Add-Ins 504
Anwendungsdatenbanken 478
Anwendungsereignisprotokoll 331
Appwiz.cpl 42, 55
Arbeitsspeicherbereich 508
Archiv 330, 493
Archivpostfach 34, 253, 263, 329
Aufbewahrung
  Einstellungen 304
  Pflicht 349
  Richtlinien 33, 334, 341, 345
  Tags 335
  Zeitraum 179, 343, 490
Aufzeichnung 506
Ausfallsicherheit 172
Ausführungsrichtlinie ändern 58
Authentifizierung 268
AutoConnect 207
AutoDatabaseMountDial 518
Autodiscover 91, 105, 207, 211
  DNS-Eintrag erstellen 212
  Hybrid-Umgebungen 213
  Office 365 212
  Skype 213

B

Backupordner 481
Bare-Metal-Restore 505
Base64 115

Basislinie 592
Benachrichtigungen 408
Benennungsrichtlinie 287
Benutzer
    Anonyme Anmeldung 313
Benutzerdaten 260
Benutzerkonto erstellen 252
Benutzerpostfach 252
Benutzerverwaltung 250
Berechtigung 268, 471
    Gruppen 162
    Stufe 268, 309
Bereichsfilter 454
Besitzer 309
Besprechung 218
    Absage 282
    Anfrage 271, 279
    Anfrage (Tastenkombinationen) 280
    Anfrage beantworten 283
    Anfrage erstellen 280
    mit Vorbehalt 283
    Nachrichten 271
    Raum 255
    Raumsuche 281
    Serie 257, 282
    Zeitzonen 281
Betriebssystem
    Installation 41
    Vorbereitung 41
Beweissicherungsverfahren 381
Bilder 433
BlackBerry 231
Bluescreen 508
    BlueScreenView 509
Bootprobleme 506
Bootrec 507
Buchungsoptionen 256
Buchungsvorlaufzeit 257

C

CAL siehe Clientzugriffslizenz
Calendar Repair Assistant 264
Call via Work siehe Anruf über Arbeit
CAS siehe Clientzugriffsserver
Categorizer 115
CCR siehe Replikation
Checkclient 214
CheckDatabaseRedundancy.ps1 530
Checkpoint File siehe Prüfpunktdatei
CLC siehe Client-Lizenzgeberzertifikat
Cleancategories 214
Cleanclientrules 214
Cleandmrecords 214
Cleanfinders 214
Cleanfreebusy 214
Clean-MailboxDatabase 334, 486
Cleanreminders 214
Cleanroamedprefs 214
Cleanrules 214
Cleanserverrules 214
Cleansharing 214
Cleansniff 214
Cleansubscriptions 214
Cleanviews 215
Client Access License siehe Clientzugriffslizenz

Client Access Server siehe Clientzugriffsserver
Client Licensor Certificate siehe Client-Lizenz-
    geberzertifikat
ClientAccess 105
Clientanbindung 204
Clienteinstellungen 181
Client-Lizenzgeberzertifikat 372
Clientzugriff 205
Clientzugriffslizenz 34
Clientzugriffsprotokoll 24
Clientzugriffsserver 23, 636
Clouddienste verwalten 88
Cloudspeicher 29
ClusSvc 537
Cluster 410, 537
    Knoten 520
Cluster Continuous Replication siehe Replikation
Clutter-Technik 30
COM-Add-Ins 504
Compliance-Archive 336
Compliance-eDiscovery 322, 353–354
Computerkonto 487
Computerreparaturoptionen 505
Connect-Mailbox 267, 493
Connector 33, 113, 263
    Erstellung in der Exchange Management
        Shell 130
Continuous Replication Circular Logging 528
Core-Modus 41
CPU-Auslastung
    überprüfen 655
    vermeiden 656
CRA siehe Calendar Repair Assistant
CRCL siehe Fortlaufende Replikation

D

DAG siehe Datenbankverfügbarkeitsgruppe
Data Loss Prevention siehe Verhinderung von
    Datenverlust
Database Availability Group siehe Datenbank-
    verfügbarkeitsgruppe
Datei
    Freigabemehrheit 515
    Freigaben 74
    System 174
    Zugriff 221
Datenbank 82, 261
    Clienteinstellungen 181
    Dateien 172
    defragmentieren 198
    Einbindung aufheben 178, 481
    Fehler beheben 195
    Konsistenz prüfen 196
    kopieren 514, 521
    löschen 182
    Portabilität 488
    reparieren 197
    Technologie 172
    verschieben 176
    verwalten 173
Datenbankverfügbarkeitsgruppe 25, 27, 77,
    122, 172, 301, 511
Datendateien 504
Datensicherung
    Konzept 75
    Programm 76, 192

Datenträger 505
Datenübermittlung 647
Datenverlust 364, 512
    Richtlinien zur Verhinderung 24
    Verhinderung 166
Dcdiag 68, 109
Debuginformationen 509
Debugmodus 507
Default Policy 98
Default Web Site 582
Definitionsdateien 406
Defragmentierung 198
Deinstallation 55
Delegated Setup 53
Diagnose 108
Dial-Tone-Portabilität 489
Dienste 102
Digestauthentifizierung 215
DigiCert SSL Installation Diagnostics Tool 64
Direct Push-Grundlagen 231
Disable-Antimalwarescanning.ps1 406
Disable-JournalRule 361
Disable-Mailbox 486
Disable-TransportAgent 398, 421
Discovery Management 491
DiscoveryAgent 190
DiscoveryHold 352
Dismount-Database 87, 198, 489
DLP *siehe* Verhinderung von Datenverlust
Domäne vorbereiten 44
Domänen-Admins 46
Domänencontroller 38, 646
    schreibgeschützt 41
    Voraussetzungen für Exchange 2016 41
DoNotIncludeArchive 332
Dsmod 487
Dsquery 40
Durchwahl
    Länge 601
    Nummer 611

E

E.161-Tastenzuordnung 598
E00.chk 479
EAS *siehe* ActiveSync
edb-Datei 172, 192, 476
Edge-Abonnement
    einrichten 395
    Grundlagen 396
EdgeSync-Abonnement 114, 392
Edge-Transport 413
Edge-Transport-Rolle 23, 25
Edge-Transport-Server 114, 391, 424
    installieren 392
    mit Organisation verbinden 394
EHLO 116
EICAR 405
E-Mail
    Adresse umschreiben 398–399
    Adressenrichtlinie 65, 98
    Autokonfiguration 209
    Domäne 91, 96
    Fluss 96
    Maximalgrößen 100

    mit Office 365 verschlüsseln 230, 555
    mit Outlook verschlüsseln 229
    Routing 114, 118
    Schleifen 194
    Verschlüsselung 225
    versenden 113
    wiederherstellen 181
Empfänger 251
    Domäne 94
    Filter konfigurieren 85
    Filter-Agent 413
    filtern 422
    konfigurieren 190
    Lesebereich 452
    Richtlinien 98
    Schreibbereich 452
    verwalten 82, 84
Empfangsconnector 65, 93, 118
    erstellen 132
    konfigurieren 134
    Protokolle 144
    Sicherheit festlegen 134
Enable-JournalRule 361
Enable-Mailbox 254
Enable-MailPublicFolder 311
Enable-TransportAgent 431
Enable-UMMailbox 598, 610
Endbenutzerrollen 440
Enrollment-Agent-Zertifikat 243
Enterprise-CAL 330, 596
Entourage 37
Ereignisanzeige 650
    aufrufen 386
ESE-Datenbank 156, 171
Eseutil 179, 196, 480, 485, 534
EUM-Adressen 261
Eventvwr.msc 405
Exchange
    Active Directory Topology 103
    Antispam Update 103
    Benachrichtigungsbroker 103
    Compliancedienst 103
    DAG-Verwaltung 103
    Datenbank 106, 477
    Diagnose 103
    Diensthost 103
    EdgeSync 103
    Einschränkungen 104
    Frontend Transport 103
    IMAP4 103
    Informationsspeicher 104
    Installation delegieren 53
    Konformitätsprüfung 104
    POP3 103
    Postfach-Assistenten 104
    Postfachreplikation 104
    Postfachtransportübergabe 104
    Postfachtransportzustellung 104
    Replication 104
    RPC-Clientzugriffsdienst 104
    Search Host Controller 103
    Server Extension for Windows Server
      Backup 103
    System Objects 46
    Unified Messaging 103
    Unified Messaging Call Router 103

Exchange 2010
    Migration 38
Exchange 2013
    CPU Sizing Checker 657
Exchange 2016
    Adressliste 268
    automatisch installieren 50
    deinstallieren 50, 55
    Editionen 33
    Erste Schritte 56
    in Testumgebung installieren 43
    Installationsprogramm 44
    installieren 32, 37, 47
    lizenzieren 34
    Ordnerstruktur 105
    Sprachpaket installieren 54
    virtualisieren 73
    Voraussetzungen installieren 43
Exchange Admin Center 27, 29, 80, 584
    aufrufen 56, 80
    Empfängerverwaltung 82
    Organisationsverwaltung 82
    Serververwaltung 83
Exchange Analyzer 58
Exchange External Connector 35
Exchange Install Domain Servers 46
Exchange Mailbox Merge Wizard 187
Exchange Management Shell 27, 29, 86
    Einführung 86
    Hilfedateien herunterladen 32
    Installation prüfen 56
    Installationsfehler beheben 56
Exchange Monitor-Tool 653
Exchange Reporter-Tool 651
Exchange Trusted Subsystem 516
Exchange Web Services 30
ExchangeLegacyInterop 136
Exchange-Server
    Administrator 279
    Administrator überwachen 649
    authentifizieren 135
    Best Practices Analyzer 591
    überwachen 648
ExchangeSetup.log 55, 67
ExchangeSetup.msilog 67
Exchange-Verwaltungskonsole *siehe* Exchange
    Management Center
Exchange-Verwaltungsshell *siehe* Exchange
    Management Shell
Exchange-Verwaltungstools installieren 55
Exchange-Windows-Permissions 517
ExchClientVer=15 584
ExMerge 187
Export-PublicFolderStatistics.ps1 589
Export-TransportRuleCollection 585

F

Failovercluster 515
FAST Search Server 32
Favoriten 304
Fax
    Ablage 303
    Connector 123
Fehlerbehebung während der Installation 67

Festnetztelefon 616
Filterabfrage 453
Finder 215
FIPFS 406
Fixmbr 507
Fpsdiag 106
Frei/Gebucht
    Kalenderinformationen 635
    Zeiten festlegen 633
Freigabe
    Richtlinie 635, 641–642
Freigegebene Postfächer 319
Front-End Transport Service 24
Fsutil.exe 173
Funktionsebene 38

G

GAL *siehe* Adressliste, globale
Generate Exchange Environment Reports 653
Gerätepostfach 256
Gesamtstruktur 38
    Vertrauensstellungen 460
Get-AcceptedDomain 423
Get-ActiveSyncMailboxPolicy 234
Get-ActiveSyncOrganizationSettings 235
Get-AddressList 295
Get-ADReplicationUpToDatenessVectorTable 108
Get-AdServerSettings 72
Get-AdSite 73
Get-AdSiteLink 73
Get-AttachmentFilterListConfig 431
Get-AutodiscoverVirtualDirectory 211
Get-ClientAccessServer 200, 211, 625
Get-ClientAccessService 92
Get-Command 86
Get-Credential 73, 279
Get-CsOAuthConfiguration 627
Get-DatabaseAvailabilityGroup 522
Get-DeliveryAgentConnector 139
Get-DistributionGroup 225
Get-DistributionGroupMember 347
Get-DlpPolicy 368
Get-DomainController 72–73
Get-DynamicDistributionGroup 291
GetEffectiveUsers 465
Get-EventLogLevel 649
Get-ExchangeCertificate 629, 636
Get-ExchangeServer 43, 56, 72, 394, 642
Get-FederatedOrganizationIdentifier 638–639
Get-FederationInformation 638
Get-FederationTrust 638–639
Get-GlobalAddressKist 295
Get-HealthReport 58
Get-Help 197
Get-LogonStatistics 250
Get-Mailbox 71, 86, 183, 185, 265, 296, 306, 321–322, 333, 425, 467, 489, 586, 641
Get-MailboxDatabase 87, 199–200, 362, 409, 491, 586, 593
Get-MailboxDatabaseCopyStatus 200, 524
Get-MailboxExportRequest 184, 186
Get-MailboxExportRequestStatistics 185–186
Get-MailboxFolderStatistics 332

Get-MailboxImportRequest 184, 186
Get-MailboxImportRequestStatistics 184
Get-MailboxRestoreRequest 498–499
Get-MailboxRestoreRequestStatistics 499
Get-MailboxSearch 354
Get-MailboxServer 200, 349
Get-MalwareFilteringServer 406
Get-ManagementRoleAssignment 387, 450, 465
Get-ManagementRoleEntry 449
Get-ManagementScope 455
Get-Message 416
Get-MobileDevice 237
Get-MoveRequest 586
Get-MsolDomain 89
Get-OfflineAddressBook 295, 593
Get-OrganizationalUnit 73
Get-OrganizationConfig 224, 288, 304, 588
Get-OutlookProtectionRule 375
Get-OwaVirtualDirectory 220
Get-PublicFolder 307
Get-PublicFolderItemStatistics 317
Get-PublicFolderMigrationRequest 588
Get-PublicFolderStatistics 301, 318
Get-Queue 138, 152
Get-ReceiveConnector 136–137
Get-RetentionPolicy 341, 347
Get-RetentionPolicyTag 344
Get-RMSTemplate 373
Get-RoleAssignmentPolicy 471
Get-RoleGroupMember 53, 358
Get-SenderFilterConfig 422
Get-SenderIDConfig 424
Get-SiteMailboxProvisioningPolicy 323
Get-TransportAgent 359, 372, 375, 398, 406
Get-TransportConfig 117, 415
Get-TransportRule 169
Get-TransportRuleAction 166
Get-TransportRulePredicate 166
Get-TransportServer 138, 141
Get-Trust 73
Get-UMActiveCalls 612
Get-UMMailbox 611
Get-User 254, 495
Get-VM 77
Get-VMNetworkAdapter 77
Get-WmiObject 77
Globaler Katalog 275
GrantSendonBehalf 320
Grenzwerte 261, 316, 490
Größenbeschränkung 263
    für Nachrichten 316
Gruppenbenennungsrichtlinien 287
Gruppenmoderatoren 289
GZIP-Komprimierung 222

H

HELO 162
Herunterfahren 75
Hub-Transport-Server 24, 114, 116, 120
Hyper-V 76
    Cluster 511

I

IAcceptExchangeServerLicenseTerms 44, 70
IdFix-Tool 551
IIS *siehe* Internetinformationsdienste
IMAP4 103, 410
    aktivieren 246
    Grundlagen 245
    konfigurieren 247
importnk2 215
Import-TransportRuleCollection 585
Informationsspeicher 104, 176
Inhaltsfilter-Agent 413
Inhaltsfilterung 425
Inhaltsindexdienste 534
Install-AntiSpamAgents.ps1 415
Installation
    delegieren 53
    Exchange 2016 37
    Grundlagen 32
    Pfad 48
Install-TransportAgent 140
Integrationsdienste 75
Internet Information Services *siehe* Internet-
    informationsdienste
Internetinformationsdienste 92, 215
Intune Unternehmens-Portal-App 563
iOS 231
iPad *siehe* Office 365 Admin-App
IPv4 41, 512
IPv6 41, 512
IP-Zulassungsentsprechung 419
IP-Zulassungsliste 417, 420
IRM-Schutz 372
iSCSI-Speicher 74, 525
Isinteg 197

J

Jetstress 172
JET-Umlaufprotokollierung 528
Journal 359
    Empfänger 178
    Regeln 115
Junk-E-Mail 436

K

Kalender
    Berechtigungen erteilen 272
    freigeben 272, 636
    im Netzwerk freigeben 272
    Ordner zuweisen 642
Kapazität 256
Kennwort 234
Komprimierung 526
Konfigurationslesebereich 452
Konfigurationsschreibbereich 452
Konnektivitätsprotokollierung 143
Kontaktinformationen 260
Kontingentinformationen 180
Kontoeinstellungen 210, 273
Kopiedatenbank 529
Kopiewarteschlange 531
Kumulatives Update 54

L

LCR *siehe* Replikation
LDAP 275, 646
    Lesedauer 647
    Zugriff überwachen 647
Leerlauf-Zeitüberschreitung 604
Legal Hold 330
Leistung
    Indikatoren 612
    Probleme beheben 645, 655
    überwachen 646
    verbessern 645
Lizenzierung 34
Loadbalancer 24
Local Continuous Replication *siehe* Replikation
Loop-Mails 194
LUMAX 274
Lync 2013 614
Lync-Anwesenheitsinformationen 624

M

Mac RTM 37
MAC-Adresse 76
Mailbox Delivery Queue 153
Mailbox Replication Service *siehe* Postfachreplikationsdienst
Mailtipps 224
Makros 434
ManageEngine Exchange Health Monitor 654
ManagementScope 452
MAPI *siehe* Messaging Application Programming Interface
MAPI/HTTPS-Protokoll 28
MapiHttpEnabled 581
MaxReceiveSize 101
MaxSendSize 101
MDM *siehe* Mobile Device Management
Mdsched 508
Memory.dmp 509
Message-ID 160
Messaging Application Programming Interface 23
Messaging Records Management *siehe* Messaging-Datensatzverwaltung
Messaging-Datensatzverwaltung 331, 340
Methoden-Überprüfung 592
Microsoft Azure 88
Microsoft Federation Gateway 634
Microsoft.Exchange.Management.PowerShell.SnapIn 140
Microsoft-DS-Dienst 275
Migration 277, 569
    Zertifikate 61
    zu Office 365 549
MIME 107
Minidump 509
Mitgliedschaftsgenehmigung 288, 290
Mobile Device Management 558
Mobiltelefon 236
Moderation 288
Moderatoren 259
Modern Exchange Environment Report 653
Mount-Database 175, 199, 489
Mountvol 522

Move-ActiveMailboxDatabase 536
Move-AddressList 294
Move-DatabasePath 176
Move-Mailbox 279
MRM *siehe* Messaging-Datensatzverwaltung
MRS *siehe* Mailbox Replication Service
MSExchange Management 386
MSExchangeIS 649
MSExchangeTransport 415
MSExchangeUMGeneral 612
MsExchDefaultPublicFolderMailbox 307
msExchInstallPath 488
Msiexec 190
Multi-Faktor-Authentifizierung 556

N

Nachrichten
    Genehmigung 259, 289
    Größe konfigurieren 145, 148
    Größenbeschränkung 263
    Kopien 118
    Tracking 151
    verfolgen 160, 216
    Verfolgung konfigurieren 157
    verschlüsseln 230
    zustellen 263, 316
Nachrichtenfluss 65, 132, 142, 160, 263, 432, 594
    konfigurieren 93
    Regeln 166
    Transportregeln 165
Namensuffixrouting 461
NDR *siehe* Unzustellbarkeitsbericht
Nebenstellenanlage 600
Net-Befehl 70, 110
Netlogon.dns 110
Netsh 40
Netzwerkdienst 158
Netzwerkverbindungen 525
New-AddressBookPolicy 295
New-DatabaseAvailabilityGroup 517
New-DeliveryAgentConnector 139
New-DistributionGroup 258, 288
New-DynamicDistributionGroup 291
New-FederationTrust 634, 637
New-JournalRule 361
New-Mailbox 86, 252, 305, 442, 589
New-MailboxAuditLogSearch 380
New-MailboxDatabase 175, 523
New-MailboxExportRequest 184
New-MailboxImportRequest 184
New-MailboxRepairRequest 196–197
New-MailboxRestoreRequest 483
New-MailboxSearch 351, 491
New-MailContact 442
New-MailUser 442
New-ManagementRole 449–450
New-ManagementRoleAssignment 184, 381
New-ManagementScope 452, 455
New-MobileDeviceMailboxPolicy 234
New-MoveRequest 277, 279, 586
New-MsolUser 90
New-OfflineAddressBook 297
New-OrganizationRelationship 635–636, 640
New-OutlookProtectionRule 375

New-OwaMailboxPolicy 222
NewProvisionedServer (Setup) 53
New-PublicFolder 308, 318
New-PublicFolderMigrationRequest 589
New-ReceiveConnector 134, 146
New-RemoteMailbox 442
New-RetentionPolicyTag 344
New-RoleGroup 446, 456
New-SendConnector 130
New-SharingPolicy 641–642
New-SiteMailboxProvisioningPolicy 322
New-TestCasConnectivityUser.ps1 200
New-TransportRule 115, 169, 374
nk2-Dateien 215
Nltest 109
Non-Delivery Report *siehe* Unzustellbarkeitsbe-
    richt
Notepad 589
NTFS 172, 174
NTLM 135

O

OffCAT *siehe* Office Configuration Analyzer Tool
Öffentliche Ordner 27, 299–300
    in der Exchange Management Shell
        verwalten 317
    Outlook Web App 303
Office 365 30, 88, 189, 406, 539
    Abonnement 89
    Admin-App 551
    Anmeldung mit der PowerShell 88
    Benutzerverwaltung in der PowerShell 90
    Clientgeräte einrichten 563
    DNS-Einträge 542
    Domänen hinzufügen 546
    Eigene Domäne anbinden 545
    E-Mails verschlüsseln 555
    Fehlerbehebung 550
    Geräterichtlinien erstellen 561
    Hybrid Configuration Wizard 539
    Hybridbereitstellung 540
    Hybridkonfiguration einrichten 542
    Hybridkonfigurations-Assistent 543
    Mail Protection Reports 554
    Mehrere Gesamtstrukturen nutzen 553
    mit Exchange betreiben 550
    mit PowerShell verwalten 544
    Mobile Device Management 558
    Multi-Faktor-Authentifizierung 556
    Postfächer 250
    Probleme beheben 553
    Richtlinien definieren 556
    Sicherheitsgruppen zuweisen 562
    Smartphones 558
    Tablet-PCs 558
    Zertifikate zuweisen 542
    Zugriffssteuerung 559
Office Configuration Analyzer Tool 551
Offlineadressbuch 181, 409, 593
Offlineadresslisten 181
    verwenden 296
Offlinedefragmentierung 198
Offlinesicherung 479
OneDrive for Business 552
Onlinesicherung 474–475

Open-Proxy-Test 430
Ordnerberechtigungen 268, 309
Ordnergröße 313
Ordnerkontaktperson 270
Ordnerstruktur 105
Organisationen verbinden 82
Organisations-Admins 46
Organisationsbeziehungen 634–635, 640
Organisationseinheit 44, 452
    Informationen abrufen 73
Organisationsfreigabe 640
Organisationskonfiguration 593
Organisationsverwaltung 82
Organization Management 354
OrgID 637
OST2PST 501
OST-Datei 501
Outlook 205, 214, 429, 436, 499
    Kalender 624
    reparieren 210
    Schutzregeln 374
    Spam Confidence Level 416
    Startoptionen 214
    Stellvertreter konfigurieren 271
    Trust Center 225
    Verbindungstest 209
Outlook 2016 29
    Fehlerbehebung 214
    Startoptionen 214
Outlook Voice Access 597
Outlook Web App 28, 90, 203, 206
    Benutzerkonten aktivieren 216
    Dienste überprüfen 223
    konfigurieren 215
    mit Skype-Server verbinden 629
    Nachrichtendetails anzeigen 165
    Offlinemodus 219
    Richtlinien 220
    Smartphone verwalten 237
    Virtuelle Ordner 220
    Zertifikatauthentifizierung 244
OWA *siehe* Outlook Web App

P

PAM *siehe* Primary Active Manager
Perfmon.msc 612, 646
pfx-Datei 61
Phishingmails 436
Pickup-Ordner 107
Pilot-ID 606
PIN-Status 611
Point-in-Time-Wiederherstellung 481
Poison Message Queue 153
POP3 103
    aktivieren 246
    Connector 114
    Grundlagen 245
    konfigurieren 247
Postfach 216, 491
    Anmeldung überwachen 273
    aus Exchange 2007 exportieren 183
    Berechtigungen erteilen 267
    deaktivieren 266
    erneut verbinden 266
    erstellen 251

exportieren 186
freigeben 255, 319
letzte Anmeldung feststellen 85
löschen 266
Probleme beheben 71
verschieben 71, 274–275
verwalten 259
wiederherstellen 497
zu Office 365 migrieren 549
zwischen Organisationen verschieben 278
Postfachdatenbank 74, 253
aufräumen 180
Einstellungen festlegen 177
erstellen 173
Grenzwerte festlegen 179
Kopie anlegen 512, 527–528
löschen 182
verschieben 276
verwalten 176
warten 177
Postfachfunktionen 216, 232, 261, 332, 467, 610
Postfachinhalt 353
Postfachnutzung 260
Postfachreplikationsdienst 275, 493
Postfachrichtlinien 232
Postfachrolle 23, 47
Postfachscanner 194
Postfachserver 23, 120
Komponenten 24
Postfachspeicher erstellen 175
Postfachstellvertretung 255, 264, 267
Postfachtransportdienst 122
Postfachtransportzustellung 124
Postfachüberwachungsprotokollierung 379
Postfachzugriff 381
überwachen 648
Postfachzustellung
Gruppe 123
Warteschlange 153
PowerShell
Diensteverwaltung 88
Erweiterungen für Office 365 installieren 88
Office 365-Anmeldung 88
PrepareAllDomains 443
PrepareMoveRequest.ps1 278
PrepareSchema 44
Primary Active Manager 514
Problemaufzeichnung 506
Problembehandlung 505
Process Explorer-Tool 656
Product Key 59
Profileinstellungen 501
Protokollanalyse-Agent 413
Protokolliergrad 131, 648
Protokollierung konfigurieren 144
Prozesse 411, 510
Prozessorauslastung optimieren 657
Prüfpunktdatei 193, 195, 474
PSTCapture 189–190
pst-Datei 183, 185, 333
in Office 365 importieren 191
Public Folder Management 190
PublicFolderToMailboxMapGenerator.ps1 589

Q

Quelltransportserver 123
Quorumkonzept 515

R

RAC siehe Rechtekontozertifikat
Raumlisten erstellen 258
Raumpostfach 256
Rechte verwalten 258
RBAC Manager 463
RBAC siehe Zugriffssteuerung
RBL siehe Realtime Blackhole List
Realtime Blackhole List 419
Real-Time Transport Protocol 23, 597
Rechtekontozertifikat 372
Rechteverwaltung 34, 366
Recipient Management 445
RecipientRestrictionFilter 452–453
RecoverServer 487
ReFS-Dateisystem 26, 31, 173
Regeln 432
Regionscode 602
Registrierung 474
Regsvr32 39
Relaying 136, 162
Remote Connectivity Analyzer 207
Remote Delivery Queue 153
Remote Procedure Call siehe Remoteprozeduraufruf
Remotedomäne 149
Konfiguration 150
Remoteprozeduraufruf 23, 122
Remotezustellungswarteschlange 153
Remove-AddressBookPolicy 296
Remove-DatabaseAvailabilityGroupServer 521
Remove-DlpPolicy 368
Remove-FederatedDomain 638
Remove-Mailbox 86, 266, 442, 486
Remove-MailboxDatabaseCopy 530
Remove-MailboxExportRequest 185
Remove-MailboxImportRequest 184, 186
Remove-MailContact 442
Remove-MailUser 442
Remove-OrganizationRelationship 640
Remove-PublicFolder 309
Remove-PublicFolderMigrationRequest 588
Remove-RemoteMailbox 442
Remove-RetentionPolicyTag 344
Remove-RoleAssignmentPolicy 469
Remove-RoleGroup 447
Remove-RoleGroupMember 54
Remove-SiteMailboxProvisioningPolicy 323
Remove-StoreMailbox 486, 493
Remove-TransportRule 170
RemoveUmLanguagePack 600
Repadmin 108
Reparatur-Installation 70
Replay-Ordner 108
Replikation 172, 300
Verbindungen 116
Verfahren 525
Resilient File System siehe ReFS-Dateisystem
Ressourcen 252, 256
Planung 302
Postfach 250, 256

Restart-Computer 44
Restart-Service 415
Restore-DatabaseAvailabilityGroup 537
Resume-MailboxDatabaseCopy 531
Resume-MailboxExportRequest 185
Resume-MailboxImportRequest 184
Resume-MailboxRestoreRequest 499
Retention Policies *siehe* Aufbewahrung, Richtlinien
Richtlinien 98, 330
Richtlinientipp 169, 370
Richtlinientreue 335
Rights Account Certificate *siehe* Rechtekontozertifikat
RMS *siehe* Rechteverwaltung
RODC *siehe* Domänencontroller, schreibgeschützt
Role Based Access Control 439
Rollengruppe 440
    Bericht erstellen 465
Rollengruppenbericht 387
Rollenmodell 84
Rollenzuweisung 442, 452
    Richtlinie 466
Rollforward-Wiederherstellung 478
Rollup Package 54
Routing
    Pfad 124
    Tabellen 124
    Ziel 122
Rpcdiag 215
RTP *siehe* Real-Time Transport Protocol
Rufnummernpräfix 603

S

S/MIME-Verschlüsselung 29
SAM *siehe* Standby Active Manager
Sammelanschluss 606
SCC *siehe* Replikation
Schadsoftware
    Filter 407
    Schutz 404
Schemaerweiterung 45
Schemamaster 38
Schreibbereich 452
Schweregrad 168
SCL *siehe* Spam Confidence Level
SCR *siehe* Replication
Scripts-Ordner 451
Search-Mailbox 491
Search-MailboxAuditLog 380
Seeding 529
Sendeconnector 65, 93, 124
    erstellen 125
    Protokolle 130
    verwalten 144
Sender ID-Agent 413
Server
    Ausfall 195
    konfigurieren 83
    verwalten 83
Server Message Block-Protokoll 513
Serverdienst-Funktionen testen 57

Serverrolle 101
    Änderungen im Überblick 23
    auswählen 23, 47
    installieren 53
Serverswitchover 535
Serverzertifikat 60
    verwalten 61
Services.msc 102
Session Initiation Protocol 23, 597
Set-AcceptedDomain 423
Set-ActiveSyncMailboxPolicy 234
Set-AddressBookPolicy 296
Set-AdminAuditLogConfig 383, 649
Set-AdSiteLink 147
Set-AttachmentFilterListConfig 431
Set-AutodiscoverVirtualDirectory 211
Set-CASMailbox 222, 262
Set-CsClientPolicy 615
Set-CsOAuthConfiguration 625
Set-DatabaseAvailabilityGroup 515, 521, 537
Set-DistributionGroup 147, 225, 259
Set-DlpPolicy 368
Set-DynamicDistributionGroup 147, 291
Set-EventLogLevel 649
Set-ExchangeServer 56, 72, 642
Set-ExecutionPolicy 58
Set-FederatedOrganizationIdentifier 639
Set-FederationTrust 639
Set-IRMConfiguration 375
Set-Mailbox 71, 86, 147, 253, 285, 296, 301, 380, 429, 641
Set-MailboxCalendarConfiguration 257
Set-MailboxDatabase 334, 362
Set-MailboxExportRequest 185
Set-MailboxImportRequest 184
Set-MailboxServer 157, 265, 349, 518
Set-MailContact 147
Set-MailPublicFolder 147
Set-MailUser 147
Set-MalwareFilteringServer 406
Set-ManagementScope 456
Set-OrganizationConfig 305, 581, 588
Set-OrganizationRelationship 640
Set-OwaMailboxPolicy 220, 382
Set-OwaVirtualDirectory 220
Set-PublicFolder 317–318
Set-PublicFolderMigrationRequest 590
Set-ReceiveConnector 118, 136, 146
Set-RemoteDomain 150
Set-RemoteMailbox 147
Set-RetentionPolicyTag 335
Set-RoleAssignmentPolicy 467
Set-RoleGroup 446, 456
Set-RpcClientAccess 104
Set-SenderFilterConfig 421
Set-SenderIDConfig 424
Set-SharingPolicy 641
Set-SiteMailboxProvisioningPolicy 323
Set-TransportAgent 141
Set-TransportConfig 101, 117–118, 127, 415
Set-TransportRule 115, 169
Set-TransportServer 107, 141, 157
Set-TransportService 141, 157, 379
Set-UMMailbox 607, 611
Setup.exe
    Antwortdatei 51
    Befehlszeilenoptionen 50, 52

ShadowHeartbeatFrequentcy 120
ShadowRedundancyEnabled 117
Shadow-Redundanz 118–119
SharePoint 32, 103, 136, 300
    Aufruf-URL 322
SharingPolicy 641
Shortcut Trusts 458
Sicherheitsgruppe 456
Sicherheitsnetz 118, 121, 513
Sicherung 473
    differentielle 477
    inkrementelle 476
Sicherungs-Assistent 475
Sicherungsprogramm 476, 505
Signatur 434
    Zertifikat 226
Simple Mail Transfer Protocol 113, 160
Single Sign-On 634
SIP *siehe* Session Initiation Protocol
SIP-Adresse 91
SIP-URI-Wählplan 601
SiteMailboxProvisioningPolicy 321
Skype
    Festnetztelefone 616
Skype for Business Server 2015 613
    Active Directory vorbereiten 617
    aktualisieren 623
    an Exchange 2016 anbinden 624
    in Outlook Web App integrieren 629
    Neuerungen 615
    Verwaltungsoberfläche 622
Skype-Pool 622
Skype-Topologie 618
    bereitstellen 621
Smarthost 129
Smartphone 231, 261, 558
SMB *siehe* Server Message Block-Protokoll
SMS 597
SMTP *siehe* Simple Mail Transfer Protocol
SMTP-Adressen 261
SMTPDiag 65, 549
SMTP-Gateway 137
Snapshots 74
SoftDeleted 486
Soft-Recovery 193
Spam Confidence Level 154–155, 416
Spamschutz 103, 414
Speech Engine 596
Speicherabbild 509
Speicherplätze 31
    direkte 43
Sprachbefehle 609
Sprachfunktionen 610
Sprachnachrichten 597
Sprachpakete-Installation 54
Sprachsteuerung 598
SSL-Einstellungen 60, 244
SSO *siehe* Single Sign-On
Stammzertifizierungsstelle 63
Standardauthentifizierung 129, 135, 248
Standardrichtlinientags 341
Standardschreibbereich 452
Standardwarntext 407
Standby Active Manager 514
Standby-Rechenzentrum 536
Standortreplikation 73
Start-CsPool 622

Start-EdgeSynchronization 429
Start-ManagedFolderAssistant 349
Startprotokollierung 507
Stellvertretung 256, 271–272, 331
Stop-DatabaseAvailabilityGroup 537
Stoppaktion 75
Stop-Service 537
Storage Spaces *siehe* Speicherplätze
Subdomäne
    alle umschreiben 399
    einzelne umschreiben 399
    mehrere umschreiben 399–400
Support-Ordner 303
Suspend-MailboxDatabaseCopy 531
Suspend-MailboxExportRequest 185
Suspend-MailboxImportRequest 184
Suspend-MailboxRestoreRequest 498
Switchover 535
Systemeinstellungen 509
Systemfehler 507
Systemimage-Wiederherstellung 505
SystemMailbox 355
Systemsteuerung 508
Systemvoraussetzungen 26

T

T.38-Protokoll 597
Tablet-PC 231, 558
Taktintervall 231
Task
    beenden 510
    neu ausführen 510
Task-Manager 503
Taskmgr 503
TCP-Chimneyabladung 40
Teamworkfunktionen 299
Telefonanlagen 597
Telefondurchwahl 601
Telefoniewähleinstellungen 601
Telefonzentrale 598, 608
Telekonferenzsystem 614
Telnet 161, 246
Terminplanung 257
    Assistent 280
Test-ActiveSyncConnectivity 205, 236
Test-ArchiveConnectivity 205, 332
Test-CalendarConnectivity 205
Test-EcpConnectivity 201, 205
Test-ExchangeServerHealth.ps1 57
Test-FederationTrustCertificate 635, 638
Test-ImapConnectivity 201, 205
Test-Mailflow 138
Test-MAPIConnectivity 205
Test-OAuthConnectivity 205
Test-OutlookConnectivity 200, 205
Test-OwaConnectivity 201
Test-PopConnectivity 201, 205
Test-PowerShellConnectivity 205
Test-ReplicationHealth 530, 535
Test-ServiceHealth 57–58
Test-SmtpConnectivity 205
Test-UMConnectivity 205
Testvirus 405
Test-WebServicesConnectivity 205
Text-to-Speech 596

Timeout 248
TLS 129
    Verbindung 248
Toolbox 591
Transaktionsprotokoll 175, 481
    Dateien 474
    verwalten 192
Transport-Agents 139–140
    verwalten 140
Transportcache 117–118
Transportdienst 513
Transportdumpster 121, 513
Transportgrenzwerte 142
    konfigurieren 142
Transportprotokoll 157
Transportregel 115, 165, 363, 369, 404, 416, 432, 585
    Agent 165, 432
    erstellen 166
    in der Exchange Management Shell
        erstellen 169
Transportrichtlinien 34
Transportschutzregeln 372
Transportserver 137
    Einstellungen 141
Treiber 505
    Signatur 507
Trust Center 225, 432
trusted 457
trusting 457

U

Übermittlungswarteschlange 115, 153
Überwachung 379, 382, 387, 465
    Protokollierung 649
UCMA siehe Unified Communications
    Managed API
UM-Funktionen 596
UM-IP-Gateway 598, 604
Umlaufprotokollierung 178, 193
UM-Postfachrichtlinie 598, 607, 611
UM-Server 599
UM-Sprachpakete 600
Unified Communications Managed API 42
Unified Messaging 24, 595, 630
Uniform Resource Locator 80
Uninstall-TransportAgent 141
Unreachable Queue 153
UnscopedTopLevel 450
Unzustellbarkeitsbericht 149, 261
Update-AddressList 295
Update-ExchangeHelp 32
Update-MailboxDatabaseCopy 531
Update-MalwareFilteringServer.ps1 405
Update-Safelist 428
UPN siehe User Principal Name
UPN-Anmeldename 240
URL siehe Uniform Resource Locator
User Principal Name 91
UUencode 115

V

Verbindungsfilter 417
    Agent 413
Verbindungsuntersuchung 207
Verbindungsuntersuchungs-Tool 550
Verbundvertrauensstellung 634, 639
Verhinderung von Datenverlust 363
    Richtlinie 369
Verkehrsausscheidungsziffer 603
Vermittlungsserver 619
Verschlüsselung
    E-Mails 225
    Zertifikat 226
Verteilergruppen
    abfragebasierte 291
    erstellen 285–286
    Verwaltung delegieren 292
Vertrauensstellung 73, 457, 636
    bidirektional 457
    unidirektional 457
Verwaltungsbereiche 450
Verwaltungsrollen 448
    Einträge 466
    Gruppen 443, 456
Verwaltungswerkzeuge 29
vhd-Dateien 74
Video Interoperability Server 614
Viren 409
Virenscanner 194, 409
Virenschutz 404
    Einstellungen 50
Virtualisierung
    Lösungen 73
    von Exchange 2016 73
Virtuelle Verzeichnisse 66
Voice over IP 597
Voice User Interface 597
Voicemails 596
Voicemessaging 600
VoIP 597
    Gateway 599
Volume Shadow Copy Service siehe Volumeschat-
    tenkopie-Dienst
Volumeschattenkopie-Dienst 76
Vorgängerversionen 195
vSphere 76
VSS siehe Volumeschattenkopie-Dienst
Vssadmin 533
VUI siehe Voice User Interface

W

Wählplan 599
    konfigurieren 630
    Typ festlegen 601
Warnmeldung 179, 261
Warteschlange 151, 512
    anzeigen 151
    Datenbank 156
    Mail.que-Datei 157
    Typen 153
    verwalten 153

Wartung 193
Wartungsarbeiten 180
wav-Dateien 598
Webfrontend 61
Webserverkomponente 208
Websitepostfach 250, 321
WebSQL 219
Weiterleitung
   Adresse 262
   Benachrichtigungen 149
Wiedergabewarteschlange 531
Wiederherstellung 478, 521
   Anforderungen 499
   Datenbank 482, 484
   Server 482
Wiederholungsintervall 142
Windows Server 2012 R2 43
Windows Server 2016 43
Windows-Authentifizierung 135, 248
Windows-Protokolle 405
Winrm 278
Wldap32.dll 645
Wuapp 42

X

XQDISCARD 116
XSHADOW 116

Z

Zeitsynchronisierung 75
Zertifikat 211, 226
   Anforderung erstellen 62
   Authentifizierung 242
   definieren 60
   Dienste 239
   Import-Assistent 211
   in Exchange integrieren 63
   von Zertifizierungsstelle abrufen 62
Zertifizierungsstelle 61, 210, 635
Zeugenserver 515
Zugriffsnummern 609
Zugriffssteuerung 439
   rollenbasierte 49
Zugriffssteuerungsliste 174
Zustellungs-Agent 138
Zuweisungen 442

Über den Autor

Thomas Joos

ist selbstständiger IT-Consultant und seit 20 Jahren in der IT-Branche tätig. Er schreibt Fachbücher und berät Unternehmen im Mittelstands- und Enterprise-Bereich in den Themenfeldern Active Directory, Exchange Server und IT-Sicherheit. Durch seinen praxisorientierten und verständlichen Schreibstil sind seine Fachbücher für viele IT-Spezialisten eine wichtige Informationsquelle geworden. Seinen Blog finden Sie auf *http://thomasjoos.wordpress.com/*. Neben vielen erfolgreichen Büchern schreibt er für zahlreiche IT-Publikationen wie z.B. *c't*, *iX*, *IT Administrator* und *tecchannel.de*.

Lorenz Hölscher

Microsoft Access 2016

Lorenz Hölscher

Microsoft Access 2016 - Das Handbuch

1. Auflage Februar 2016
ISBN 978-3-96009-011-3
988 Seiten, Hardcover

Access ist und bleibt der Desktop-Datenbank-Standard für die nächsten Jahre, auch wenn die neue Access-Version keine spektakulären neuen Features bietet. Solides Know-how rund um Access ist also unerlässlich.

In diesem umfassenden Handbuch finden Sie alles, was Sie für die Arbeit mit Microsoft Access 2016 benötigen: vom Schnelleinstieg über Web-Datenbanken bis hin zur Erstellung kompletter Anwendungen.

Der erfahrene Softwaredozent und Datenbankexperte Lorenz Hölscher zeigt anschaulich anhand von Beispieldatenbanken, worauf es bei der Erstellung von Tabellen, Abfragen, Formularen und Berichten ankommt und wie Sie die Leistungsfähigkeit von Access für Ihre Datenbank nutzen können.

www.oreilly.de

Bernd Held

Richtig einsteigen: Excel VBA-Programmierung

Bernd Held

Richtig einsteigen: Excel VBA-Programmierung
Für Microsoft Excel 2007 bis 2016

2., aktualisierte Auflage
ISBN: Print: 978-3-96009-003-8
294 Seiten, Softcover

Dieses Buch hat sich als verständlicher Einstieg in Excel VBA außerordentlich bewährt. Auf Grundlage seiner Kurse und langjährigen Praxiserfahrung vermittelt Bernd Held das Wichtigste über Schleifen, Verzweigungen und die relevanten Objekte von Excel. In kurzer Zeit sind Sie in der Lage, Alltagsaufgaben erfolgreich zu lösen und sich das Leben erheblich zu erleichtern. Neben schnellen Erfolgserlebnissen bietet diese Einführung genau die richtige Dosis Know-why.

www.oreilly.de